직업
사회학

박강석

박영사

머리말

1

기원전 3500년 이전에 만들어진 것으로 추정되는 울산 반구대 암각화에는 바다와 육지의 다양한 동물들의 모습이 그려져 있을 뿐만 아니라 배와 어부의 모습, 고래 잡는 장면이 매우 사실적으로 묘사되어 있다. 고창, 화순, 강화지역에 분포한 고인돌은 세계적으로 유명하며 유네스코 세계문화유산으로도 등재되어 있다.

이 땅에는 이렇듯 오래 전부터 사람이 살고 있었으며 이들의 삶이 대대로 이어져 오늘날 우리 또한 이 땅에 살고 있는 것이다. 인류는 이와 같은 긴 역사를 통해 많은 변화를 거치면서 문명의 발전을 이룩했지만 여전히 변하지 않은 것이 2가지가 있다고 한다면 생존을 위해 일을 해왔다는 점과 무리를 지어 살아 왔다는 점이다. 이로 인해 야기된 '먹고 사는 문제'와 '함께 사는 문제' 또한 인류의 역사와 궤를 같이하지만 최선의 해답을 찾지 못한 채 오늘날까지 미완의 과제로 남아 있다.

인간은 이 '먹고 사는 문제'의 해결을 위해 원시시대부터 수렵이나 천렵과 같은 일을 해왔다. 이렇게 인류의 기원과 함께 시작한 일은 선사시대를 지나 고대와 중세 그리고 근대사회를 거쳐 현대사회에 이르기까지 인류문명의 발전과 함께 다양한 형태로 진화하여 왔다. 오늘날 이를 '직업'이라고 하는데 여전히 중요한 생계유지수단이 되고 있다. 직업은 이와 같이 긴 역사적 배경을 가지고 있기 때문에 각 나라마다 직업을 의미하는 용어가 많고 다양한 의미로 사용되고 있다. 그러므로 이들 각 용어는 그 시대의 사회상과 시대정신을 나타낸다고 할 수 있다. 다시 말하면 직업발달의 역사를 상징하고 있는 것이다. 이렇게 보면 직업의 역사는 인간의 역사라고 할 수 있다.

또한 인간의 역사는 곧 공동체의 역사라고 할 수 있다. 인간은 처음부터 다른 동물들과 마찬가지로 무리를 지어 생활해 왔기 때문이다. 공동체 생활을 시작하면서부터 자연발생적으로 공동체의 질서를 유지하기 위한 방안들이 생겨났는데 인간의 불평등은 여기에서 기인한다고 볼 수 있다. 아무튼 이러한 공동체는 그 성격과 목적 등에 따라 생성과 소멸, 변용과 진화를 거듭해 오면서 다양한 형태로 존재해 왔다. 오늘날 이를 '사회'라고 하는데, 어떤 형태의 사회도 그 구성원은 동서고금을 막론하고 소수의 우두머리와 다수의 추종자 즉, 지배자와 피지배자로 나뉘어진다. 그리고 시대의 변화에 따라 각 그룹의 내에서 계층의 분화와 통합, 그룹 간, 계층 간의 충돌 및 이동을 거치면서 각 계층이 다양한 형태로 달라져 왔다. 계층의 변화가 시대의 변화를 가져 왔다고도 할 수 있다.

우리는 여기에서 '함께 사는 문제'를 만나게 된다. 인간의 불평등에 의해 필연적으로 야기될 수밖에 없는 이 '함께 사는 문제'가 소위 사회학이라는 학문으로서의 기틀을 마련하게 된 것은 산업혁명이 일어난 시기의 일이다. 산업혁명이란 18세기 중엽 영국에서 제임스 와트의 증기기관발명이 기폭제가 되어 시작된 기술혁신과 이에 수반하여 일어난 사회·경제 구조의 대변혁을 말한다. 영국에서 제임스 와트가 증기기관으로 특허를 받은 것은 1769년이고, 맨체스터와 리버풀간의 철도가 개통된 것이 1830년의 일이다. 기계 때문에 직장을 잃은 노동자들에 의한 기계 파괴운동 즉, 러다이트 운동이 처음 일어난 것은 1811년이었다. 이후 산업혁명은 유럽 여러 나라와 미국, 러시아 등으로 확대되었는데 이를 바탕으로 19세기에 소위 서구열강에 의한 제국주의 시대가 열리게 된다.

이와 같은 제국주의 서구의 열강이 형성되고 침탈이 자행되는 시기가 불행히도 우리나라에는 세도정치가 대두되어 왕권은 지리멸렬해지고, 삼정의 문란으로 백성들이 도탄에 빠지고 반상의 계급체계도 허물어지는 시기로 조선왕조의 후기에 해당한다. 더 불행한 것은 영국에서 러다이트 운동이 일어난 해인 1811년 12월에 우리나라에는 '홍경래의 난', 즉 농민봉기가 일어났고, 바로 직전이 조선의 르네상스라 불리는 영·정 시대(1724~1776~1800)로 유형원을 비롯한 이익, 박제가, 정약용 등의 세대를 이은 부국강병을 위한 국가개조론을 주창한 불세출의 실학파가 출현하여 우리나라 근대여명기를 제대로 열 수 있는 절호의 기회가 있었음에도 불구하고, 신유사옥 등 천주교 박해, 강화도 조약, 병인양요와 신미양요, 임오군란과 갑신정변, 동학혁명 등 국운과 관련한 일련의 비극적 사태를 겪으면서 유사한 시기에 메이지 유신을 거쳐 서구의 열강대열에 합류한 일본에 의해 경술국치를 당하고 말았다는 것이다.

이후 우리나라는 최근까지 거의 모든 분야에서 서구의 문물을 배우고 따라하는 것에만 급급하게 된 것은 주지의 사실이다. 학문의 세계도 마찬가지이다. 17세기 이후 서양사상계는 실증주의가 일반적인 경향이었다. 과학적이면 거의 진리라고 믿었던 이들은 자연과학의 방법론에 입각한 '과학적 방법론'을 적용시켰다. '과학적 방법론'이란 인간이 직관 등에 의해 고찰해 놓은 가설에 입각해서 관찰과 실험 등을 통하여 이 가설을 입증하는 방법이다. '과학적 방법론'을 자연과학 이외의 학문분야에 적용하는 것이 보편타당한 것인지 의문이 드는 것은 차치하고, 당시 생시몽은 사회현상을 실증적 방법에 의해서 통일적으로 설명하는 '사회생리학'을 제창했다. 이를 물려받아 '사회학'으로서 체계적으로 완성시킨 것은 그의 제자 콩트였다. 콩트를 비롯한 여러 학자들은 당시의 급격한 사회변화의 과정에서 나타나는 다양한 사회문제를 연구대상으로 삼아 이를 해결하고, 사회를 보다 발전적인 방향으로 변화시키기 위한 실천적인 방안들을 제시하고자 했다.

이와 같이 기틀이 마련된 사회학은 19세기 전후의 전통사회에서 근대사회로의 엄청난 사회변동의 원동력과 새로운 사회구성의 원리를 밝혀내고자 했다. 당연히 복잡하고 격변하는 사회만큼 이를 인식하는 방법 또한 다양했다. 콩트, 스펜서, 뒤르켐 등은 새로운 사회를 공업의 발달에 따라 분업화, 전문화되고 시장에서 자유로운 계약과 교환이 이루어지는 분업사회로 이해했고, 베버는 화폐경제의 발달에 따라 합리적 계산에 근거한 효율적 생산과 관리통제가 이루어지고 관료제를 통한 합리적인 지배관계가 형성되는 전문화, 합리화된 사회로 보았다. 그리고 마르크스는 자본가의 착취로 인해 불평등과 갈등이 심화되는 자본주의의 계급사회로 본 것이다. 여기에서 세계 역사의 물줄기를 가르는 마르크스와 엥겔스의 유물사관이 탄생한다.

이렇게 태동한 사회학은 역사의 흐름과 더불어 변화하는 사회현상을 설명하고 거기에서 야기되는 사회문제 해결을 모색하면서 학문영역이 다양하게 확대되어 왔다. 오늘날은 사회학의 학문 영역이 보다 전문화되고 세분화되면서 사회전체에 대해 종합적인 관점에서 이해하고 보다 나은 사회의 방향을 제시하려는 학문으로 자리매김 했다고 할 수 있다.

이와 같은 사회학이 우리나라에 소개된 것은 20세기 초였다. 중국에서는 스펜서의 저서 '사회학 연구'의 '사회학'을 '군학'으로 번역했는데 1909년 장지연의 '만국사물 기원역사'에서 이 말이 소개되었다. 사회학은 1910년대 우리나라의 선각자들에게 사회의 진보와 진화의 맥락에서 민족과 국가들 사이의 다툼을 냉엄히 주목하게 하는 민족각성의 이론적 도구를 제공했다는데 의의가 있다. 이렇게 구한말에 도입, 소개된 사회학은 광복이후 독립된 학과로 대학 속에 정착되었고, 1970년대에 접어들어 학문영역이 다양하게 확대되면서 크게 성장하여 오늘에 이르게 된다.

그런데 사실 이 '함께 사는 문제'는 서구의 사회학이 아니더라도 인류가 살아 숨쉬고 있는 곳이라면 세계 도처의 어느 공동체에서나 존재하는 문제로, 모든 공동체가 이에 대처하는 나름의 적절할 문화를 형성하여 관습과 전통으로 이어져 왔다고 볼 수 있다.

 우리나라의 경우 태고적부터 만유합일의 천부사상을 생활화하여 왔다. 즉 우주 만물은 하나에서 비롯하여 하늘과 땅과 사람의 세 갈래로 나누어지는데, 결국은 사람을 중심으로 하늘과 땅이 하나라는 것이다. 이러한 사상은 우리나라에 불교나 기독교가 전파되기 이전부터 존재한 것이다. 오늘날 우리나라 정치·경제·사회·문화의 전 분야를 아우르는 최고 이념으로 간주되고 있는 '홍익인간'은 고조선의 건국이념이다. 이후 근대에 이르기까지 장구한 역사의 흐름 속에서 원효사상, 불교, 유교, 인내천의 천도교, 대종교, 원불교 등 전통사상과 외래사상의 융합을 거치면서 각 시대를 표상하는 사상이 면면히 이어내려 왔다. 태고의 신인일체의 천부사상과 시대정신을 바탕으로 두레와 품앗이와 같은 공유와 나눔을 근본으로 하는 공동체의 생활문화를 형성·유지시켜온 것이다. 따라서 태초부터 공동체를 규율하는 소위 오늘날의 사회학에 해당하는 실천적 학문체계가 옳든 그르든, 우리가 인식하든 못하든, 이론적으로 정립이 되었든 안 되었든, 알게 모르게 우리생활 속에 녹아있다고 할 수 있다.

 이러한 관점에서 보면 떠오르는 의문이 하나 있다. 19세기 이전의 동·서양의 문명은 학창시절에 배운 세계사의 상식만으로도 크게 차이가 나지 않았다는 것을 알 수 있다. 동·서양 대부분의 국가가 왕정의 계급사회였고, 토지중심의 농경사회였다. 그리고 백성이 대체로 가난하고, 문맹이 많고, 종교적 수준도 낮은 점도 유사하다. 오히려 우리나라는 훨씬 더 높은 문화수준을 유지하고 있었다. 세계최초의 금속활자라든가, 고려청자, 고대건축술, 한글창제, 조선왕조실록 등 이때까지의 가장 우수하다는 서양문화와 비교했을 때 버금가거나 이를 능가하는 찬란한 문화를 꽃피웠던 것이다.

 그럼에도 불구하고 어찌하여 우리나라는 20세기 중반까지도 세계 최빈국의 하나로 남아있었고 오늘날까지도 서양을 따라 하기에 급급하게 되었는지 도저히 이해가 되지 않는다. 그 원인이 도대체 무엇인지 의문이 가시지 않는 것이다. 2017년 현재 일본은 13명이나 받았다는 노벨과학상도 우리나라는 받은 사람이 단 한명도 없다. 물론 노벨과학상이 어떤 기준이 되는 것은 아니지만 기술후진국이라고 해도 할 말이 없을 것 같다,

 이렇게 보니 우리민족이 매우 우수한 민족이라든지 세계최초로 뭘 만들었다든지 하는 말들이 전혀 체면이 서지 않은 말로 들린다. 물론 1960년대만 하더라도 지디피가 100달러도 안 되고 농업·어업취업자가 국민의 63%를 차지하는 최빈국의 하나였던 나라가 반세기만에 세계 10대 경제대국이 되고 1996년에는 오이시디 회원국이 되어 당당히 선진국의 반열에 들어선 것은 세계가 인정한 엄연한 사실이기는 하다. 그러나 21세기 초엽에 선 우리 사회의 현실은 이것을 마음 편히 자랑할 만한 형편이 전

혀 되지 못한다.

아울러 또 하나 감출 수 없는 것이 있다. 그것은 그들의 서구문명을 이룩해가는 과정에 대한 동경이다. 19세기 이후 서구의 각 나라의 근대화 과정을 조금만 들여다보아도 이들이 격변하는 사회 환경에 얼마나 치열하게 대응하고, 드러나는 사회 문제를 얼마나 치밀하게 탐구·분석하고 대안을 마련하여 현실사회에 적용해 왔는지 감탄하지 않을 수 없다. 이들은 근대이후의 세계를 자본주의와 공산주의로 양분했다. 그리고 그로부터 한 세기가 채 지나기도 전인 20세기 말엽에 공산주의가 몰락하고 이후 세계의 거의 모든 나라가 자본주의 경제체제에 편입되었다.

그러나 2000년대에 들어서서는 자본주의의 본체라 할 수 있는 유럽이 세계경제위기의 진원지가 되어 몇 차례 금융위기를 겪으면서 쇠락의 길로 들어서자 자본주의 위기론이 자본주의가 고도로 발달한 선진국의 내부로부터 표출되었다. 상황이 이렇게 전개되면서 자본주의의 폐해와 역기능을 설파하고 기업국가와 자유민주주의의 위기를 논하는 등 자본주의에 대한 근본적인 회의를 드러내는 시각이 일반화 되고 새로운 대안을 모색하는 분위기가 형성된 것이다. 이는 자본주의가 성립된 지 2세기만의 일이다.

이 책 직업사회학은 이 '의문'과 '동경'을 화두로 삼아 쓴 책이다. 소위 선진국 반열에 낄 수 있는 필요·충분조건이 다 갖추어져 있음에도 불구하고 여전히 후진성을 면치 못하고 있는 현실에 대해 왜? 그럴 수밖에 없는지에 대한 끊임없는 물음과 19세기 이후 세계를 주도한 소위 서구열강의 자신들의 현실세계에 대한 치열한 탐구정신을 본받아 우리의 '먹고 사는 문제'와 '함께 사는 문제' 즉, '직업'과 '사회'를 천착하고자 노력한 것이다.

2

직업사회학은 사회학을 배경으로 직업사회를 연구하는 직업학의 한 영역이다.

직업학은 일의 세계를 탐구하는 학문이다. 그래서 인간과 직업을 연구대상으로 한다. 즉 인간이 직업을 선택하고 직업생활을 하며, 은퇴하기까지의 생애동안 발생되는 직업관련 발달, 행동, 직업적응 등을 다루는 한편, 직업의 생성, 융합, 소멸 등 직업과 직업에 관련된 문제를 연구한다. 또한 직업학은 직업심리학과 노동경제학을 학문적 토양으로 하여 인문·사회, 교육, 복지, 정치·경제, 경영, 산업분야 등의 관련 학문과의 복합적인 관련성을 가지고 독자적인 학문영역을 구축한 학문이다.

이 학문 영역은 크게 인간관련 영역과 직업관련 영역으로 구분할 수 있는데 전자에 속하는 것은 직업심리학, 직업상담 심리학, 직업사회학, 직업비교문화, 직업의학 및 직업재활, 직업행동, 직업복지 등을 들 수 있고, 후자에 속하는 것은 인적자원, 직업정보, 직업정책, 직업분석, 직업지원, 직업 훈련, 직업발달사 등을 들 수 있다.

　이와 같은 직업학의 학문적 기틀이 마련된 것은 1999년에 '직업심리학(김병숙 저)'이 출간되면서부터이다. 이후 2000년 경기대학교 대학원에 직업학과가 설치되고 다른 일부 대학에서도 관련학과가 개설되면서 탄탄한 학문적 기반을 다지면서 성장해 온 것이다.

　직업학이 직업관련 문제를 다루는 다른 학문들과 구별되는 차별성은 인간의 관점에서 직업을 바라본다는 점이다. 일하는 사람을 중심으로 하는 인본주의를 기본 철학으로 하는 학문이다. 그래서 직업인과 직업을 객체가 아닌 주체로 본다.

　이러한 관점에서 직업의 미래에 대한 새로운 비전과 패러다임을 제시하여 보다 나은 일의 세계를 구축하고자 하는 것이 이 학문의 목표이다.

　한편 사회학은 인간사회에 대해 연구하는 학문이다. 이 학문의 목표는 앞서 살펴본 바와 같이 사회전체에 대해 종합적인 관점에서 이해하고 보다 나은 사회의 방향을 제시하려는 데 있다. 그래서 인간사회의 모든 분야를 연구대상으로 한다. 연구분야도 사회의 변화에 따라 기존의 사회계급, 산업과 노동, 사회운동 등에서 문화, 정보화, 세계화, 지구환경, 여성 등으로 매우 넓고 다양하게 확산되어 왔다. 이에 따라 모든 학문이 그렇듯이 정치·경제사회학, 산업·노동사회학, 정보사회학, 비교사회학, 문화사회학, 환경사회학 등 전문분야 별로 독자적인 학문 영역을 구축하면서 더욱 심화·확대되고 있다.

　그런데 이 책에서 다루고자 하는 직업사회학 분야는 연구 성과가 미미하고 관련 연구물도 직업관련 주제들을 단편적으로 다루고 있어 한 학문의 영역으로 분류하기에는 미흡함이 많다. 사실 직업사회학의 정의조차 명확히 설정되어 있지 못하고 있는 실정이다. 사회학이나 직업관련 다른 인접학문에서 직업과 관련된 주제들 즉, 일과 노동, 노사관계, 고용, 복지. 직업심리, 직업윤리, 직업문화, 직업정보, 직업능력. 직업 선택, 은퇴 등에 대해 문제의식을 가지고 다양하게 접근하고 있는데 이를 직업사회학의 측면에서 보면 부분적이고, 중복적이기도 하여 체계적이지 못하다고 할 수 있다. 이와 같은 현실은 직업사회학의 학문체계를 정립할 필요가 있음을 말해 준다. 이는 직업사회학을 집필하게 된 동기이기도 하다.

　그리고 직업사회학을 '사회학을 배경으로 직업사회를 연구하는 직업학의 한 영역'이라고 구태여 구분한 사유를 설명할 필요가 있다. 이는 '직업'과 관련한 학문영역이 매우 넓고 다양하여 다른 관련 학문에서 다루게 되면 방금 지적한 바와 같이 직업사회학이 비체계적으로 정립될 우려가 있다고 보았기 때문이다. 다시 말하면 직업학에서 이미 직업관련 연구영역을 체계적으로 분류하여 놓고 있으므로 이를 바탕으로 직업사회학을 정립함으로써 연구내용의 중복과 배제를 피하고 보다 체계적인 학문의 틀을 갖추기 위함에서였다.

이 직업사회학의 목적은 직업학과 사회학의 학문적 배경을 바탕으로 직업사회를 진단하고 분석하여 보다 나은 직업사회를 구축하기 위한 실천적인 방안들을 제시하려는 데 있다.

3

이 책은 제1편 '직업사회에 대한 이해', '제2편 직업사회', '제3편 국가사회', '제4편 직업사회의 미래'의 총 4편으로 구성되어 있다.

제1편은 직업사회학의 학문적 배경이 되는 여명기의 한국사회의 모습과 서구의 근대사회의 형성과정을 개관하고 있다. 또한 직업사회학의 바탕이 되는 직업학과 사회학의 학문영역과 직업사회학의 연구범위를 소개했다. 그리고 직업사회의 기본 틀이라 할 수 있는 자본주의 경제체제의 성립배경과 발전과정, 그리고 서구의 경제사를 조망했다.

제2편에서는 직업사회의 구성요소이자, 경제의 3대 주체로 일컬어지는 가계와 기업 그리고 국가의 직업관련 요소들을 탐구했다. 가계의 측면에서는 가계와 직업행동과 관련한 내용, 기업의 측면에서는 기업의 역사와 기업경영에 관한 전반적인 사항을 다루었고, 국가의 측면에서는 직업사회와 관련한 국가정책, 즉 가계 및 고용정책, 대기업과 중소기업정책, 사회정책, 그리고 직업사회에 가장 큰 영향을 미치는 교육정책에 대한 각각의 변천사를 조망했다.

제3편에서는 직업사회에 직접적인 영향을 미치는 국가사회의 과거와 미래에 다가가 보았다. 우선 현대사의 흐름을 바꾼 서구의 산업혁명과 2차에 걸친 세계대전을 조망하여 역사를 바라보는 새로운 시각으로서 '역사의 비등점이론'을 제시했다. 또한 여명기의 코리아가 제국주의의 희생양이 된 원인을 분석하고 단절과 망각의 우리 역사를 조망하여 역사적 교훈을 얻고자 했다. 그리고 위기에 처한 국가사회의 현실을 적시하여 국가사회 재구축을 위한 실천적인 방안들을 제시했다. 국가운용의 틀을 새롭게 짜는 방안, 국가사회가 시스템으로 운영될 수 있도록 하는 제도 개혁, 새로운 교육제도 제안, 고쳐야할 사회심리 등이 그것이다.

제4편에서는 오늘날 직업사회의 현실을 진단하고 분석하여 보다 나은 직업사회를 구축하기 위한 실천적인 방안들을 제시했다. 직업사회의 내·외환경, 인공지능으로 대변되는 직업사회의 변화, 고달픈 삶의 현주소, 전장 속의 기업, 김치 담그는 법을 서양에서 배워야 하는 충격적인 시대가 올지도 모르는 위기의 직업사회의 실상을 적시하고 직업사회가 나아가야 할 방향을 제시한 것이다. 그리고 우리는 누구인지, 특징적인 속성이 무엇인지를 상징적인 사건을 통해 가늠해 보았다. 끝으로 21세기에 들어서서 그 한계를 드러낸 자본주의 경제체제를 대체할 수 있는 새로운 경제체제이론으로서 '공유자본주의 이론'을 소개했다.

한편 이 책의 출간의 목표는 직업학의 한 분야로서의 직업사회학이라는 학문의 체계를 세우고 그 기틀을 마련하여, 직업학이나 사회학을 공부하는 학생들에게 보다 넓고 깊은 학문적 안목을 갖출 수 있도록 하려는 데 있다. 따라서 직업사회학을 공부하는 학생들에게는 보다 명확한 학문의 목표와 방향을 제시하는 이정표가 될 수 있기를 기대해 본다. 아울러 이 책의 출간이 우리의 국가사회가 21세기 글로벌 시대를 주도하는 선진사회로 재편될 수 있도록 하는 실천적 논의가 더욱 더 활발해지는 단초가 될 수 있다면 좋겠다는 바람이다.

4

이젠 이 졸저의 출간을 가능하게 해 주신 분들에 대한 감사의 말씀을 드려야 할 차례인 것 같다. 우선 이 책 집필동기를 마련해 준, 동문수학한 선·후배 학우님들에게 깊은 감사의 마음을 전하고 싶다. 아울러 우리의 학연을 마음껏 자랑하고 싶다.

우리는 누가 시키지도 않았는데 서로 다른 학문적 배경을 가지고 '직업학'이라는 새로운 학문의 세계에 뛰어 들었다. 아! 그 지긋지긋한 시험은 대학졸업과 동시에 끝이 난 것으로 알았는데 중간고사와 기말고사가 다시 시작되었다. 어찌어찌하여 이 고비를 넘고 보니 이젠 이보다 더 높은 종합시험이 기다리고 있다. 대대로 이어 온 기출족보를 어느 것이 원조인 줄도 모르고, 졸업생까지 총 동원되어 무슨 국가기밀 문건을 다루듯이 서로 주고받으면서 우리는 또 한 고비를 넘었다, 어렵게 여우를 피하고 나서 안도의 숨을 채 내쉬기도 전에 이젠 호랑이를 만났다. 저만치 논문이 떡 버티고 앉아 있는 것이다.

그러나 우리는 이렇게 함께 고통 아닌 고통만 나눈 것은 아니다. 충정언덕 경기대 캠퍼스, 예지의 파르테논에 황혼이 지면 미네르바가 날개를 편다. 여기 미네르바는 낮에도 난다. 우리는 직업발달역사의 현장을 찾아 전국각지를 답사했다. 조국의 산하 최남단에서 최북단까지 도처에 흩어져 있는 진로유산을 찾아, 보고 만지고 들으면서 조상의 숨결을 함께 나누었다. 진로유산을 찾는 것은 백두산까지 이어진다. 버스 한 대로는 부족한 대 부대가 이동하면서 전국 각지의 맛집을 찾는 것은 덤으로 주어진다. 매년 2회의 엠티는 매번 즐겁고 감동스러웠다. 그 중에서도 한 밤중의 캠파이어와 합창은 아련한 우리들의 향수를 불러일으키기에 충분했다. 오락시간에는 한 해의 웃음을 그날 다 웃었다. 논문발표회장에서 어렵게 발표를 마치면 평소 존경하던 선배가 신랄하게 꼬집어 몸 둘 바를 모르게 만든다. 이 배신감과 야속함!

우리의 학연은 이렇게 넓고, 깊게 여물어가서 어느 덧 졸업을 눈앞에 두게 되면 전우애와 같은 끈끈한 학우애가 형성된다. 졸업 후에도 갖가지 무슨 학술대회다 애경사다 해서 각종 행사에 졸업생과 재학생이 함께 참여하게 되어 이 돈독한 관계가 계속 유지된다. 이는 우리 직업학과의 전통이다, 이것이 가능한 것은 대학원 대학이라고나 할까, 다른 대학원과는 남다른 학과의 성격과 분위기 때문이라고 할 수 있다. 우선 서로 다른 학부나 석사의 전공으로 인하여 석·박사가 함께 수강해야 하는 경우가 많다. 또한 석·박사 과정의 학생 수가 많은 편이다. 그래서 일단 대학교의 냄새가 난다. 그리고 학과 커리큘럼이 우리를 강의실에만 모여 있게 하지 않고 직업발달의 역사를 더듬어 조국의 산하를 배회하게 만든다.

무엇보다도 학문 자체에 매력이 있다. 직업학은 우리의 직업생활을 다루는 학문으로 학문영역이 광범위하다는 점과 새롭게 개척해야 할 학문영역이 많은 신흥학문이라는 점이 그것이다. 이 학문을 전공하게 되면 보람을 느낄 수 있고 인간의 가치를 소중히 아는 분야에서 일할 수 있다. 또한 연령이나 학부의 전공과 상관없이 지원이 가능하다. 혹시 학문에 좀 더 욕심이 있는 분들이나 이 분야에 관심이 있는 분은 망설임 없이 우리와 동문이 되는 길을 택하시라고 권하고 싶다.

내겐 이 졸저의 출간을 가능하게 해주신 두 분 교수님이 계시다.

나의 만학의 길을 열어 주신 김병숙 교수님은 우리나라에 '직업학'이라는 새로운 학문을 세우신 분이다. 교수님은 이 학문을 통해 직업과 인간관계를 새롭게 정립하였을 뿐만 아니라, 7여년에 걸친 집필을 통해 '한국직업발달사'를 세상에 내놓으셨다. 그 동안의 역사책이 왕조나 국가의 치적을 위주로 기술된 것이라고 한다면 이 책은 그 시대를 살았던 인간과 일을 중심으로 기술한 것이라고 할 수 있다. 이 책은 진로유산에 대한 재발견 등으로 직업세계에 대한 새로운 인식을 갖게 만들었을 뿐만 아니라 청소년의 진로대리학습모델, 직업상담, 진로발달, 직업정책 등 직업과 관련한 전 분야에 지대한 영향을 끼쳤다.

교수님은 직업 환경의 변화에 따른 직업상담의 중요성을 일깨워 직업상담사 제도 도입을 이끌어 냄으로써 진로지도, 실업상담 등 직업고충을 상담하는 전문가를 배출, 사회통합에 큰 기여를 할 수 있게 만들었다. 은퇴 후에도 한국직업상담협회 회장 등을 역임하시면서 보다 나은 직업사회건설을 위해 왕성히 활동하고 계시다.

나의 지도교수셨던 강순희 교수님은 한국노동연구원 선임연구위원, 중앙고용정보원장, 대통령비서실 노동고용정책비서관, 한국직업자격학회 및 한국노동경제학회 회장을 역임하는 등 오랜 기간 직업 및 고용분야 연구자이자 정책전문가로 활동하셨다. 특기할 만 한 점은 국가 초유의 아이엠에프 사태로 인한 대량실업 시 한국노동연구원 동향분석실장이자 국무총리실 실업대책위원으로서 고용보험 등을 중심으로 짧은 기간에 실업대책을 마련하여 국가적 위기를 극복하는데 큰 역할을 하셨다는 점이다.

2003년 중앙고용정보원장 시절에는 '진로와 직업'이라는 초등학생용, 중학생용 교과서를 국내 최초로 만들어 유년시절부터 진로지도를 할 수 있는 토대를 마련하였는데, 이 교과서를 고 노무현 전 대통령이 장관들에게 일독하도록 했다는 일화는 유명하다. 현재는 경기대학교 직업학과 교수로서 후진양성에 여념이 없는 가운데도 블라인드채용, 엔시에스제도 확산 등 보다 나은 일의 세계를 만들기 위해 애쓰고 계시다.

이렇게 훌륭한 두 분 교수님을 모시고 수학할 수 있었던 것은 내겐 행운이고 큰 영광이었다. 존경하는 두 분 교수님께 깊은 감사의 말씀을 드린다.

존경하는 친구 김명환 사장에게는 정말 자랑스러운 녀석이 되고 싶었는데 그러지를 못해 항상 부끄럽고 미안한 마음이다. 이 졸저가 이런 내 마음에 작은 위로가 될 수 있다면 참 좋겠다.

끝으로 이 책 출판을 흔쾌히 결정해 주신 박영사 안종만 회장님과 여러모로 힘을 써주신 임재무 이사님, 정연환 대리님, 특히 이 책 모양새를 갖추느라 애쓰신 편집부 전은정 님에게 심심한 감사의 말씀을 드린다.

2018. 2

박강석

차 례

제 2 편   직업사회

제 3 편　국가사회

제 1 편

직업사회의 이해

제 1 장

여명기의 한국사회와 서구의 근대화

1. 은둔의 나라·동방의 등불

사람들이 살아가고 있는 오늘날의 이 세상을 크게 동양과 서양으로 구분해서 본다면 서양이 이 지구상의 세계를 주도하고 있다고 해도 크게 틀린 말은 아닐 성 싶다. 그리고 이렇게 된 시발점으로 19세기 서구의 근대화시기를 꼽더라도 별다른 이의가 없을 것 같다. 사실 19세기 이전의 동·서양 대부분의 국가가 왕정의 계급사회였고, 토지중심의 농경사회로 백성이 대체로 가난하고, 문맹이 많고, 종교적 수준도 낮은 점 등 사회 환경이 대체로 유사하여 동·서양의 문명은 크게 차이가 나지 않았다. 오히려 세계최초의 금속활자라든가, 고려청자, 한글창제 등의 문화유산 등을 당시의 서양문화와 비교해 보면 우리나라가 더 높은 문화수준을 유지하고 있었다고 할 수 있다.

그런 우리나라가 어찌하여 서세동점의 희생양이 되어 경술국치를 당하게 되었는지, 20세기 중반이 지날 때까지도 세계 최빈국의 하나로 남아있었는지, 오늘날까지도 선진국을 따라하고 배우기에 급급한 처지가 되었는지, 도저히 이해할 수 없는 역사적 사실이다. 이는 이 책의 화두와도 같은 것으로써 이미 머리말에서 적시하였는바, 현대사의 갈림길에 서있던 여명기의 은둔 한국, 그때의 코리아로 다시 한 번 되돌아 가봐야 할 것 같다.

서구의 근대화는 산업혁명에서 비롯되었다. 산업혁명이란 18세기 중엽 영국에서 제임스 와트의 증기기관발명이 기폭제가 되어 시작된 기술혁신과 이에 수반하여 일어난 사회·경제 구조의 대변혁을 말한다. 영국에서 제임스 와트가 증기기관으로 특허를 받은 것은 1769년이고 맨체스터와 리버풀간의 철도가 개통된 것이 1830년의 일이다. 기계 때문에 직장을 잃은 노동자들에 의한 기계 파괴운동 즉, 러다이트 운동이 처음 일어난 것은 1811년이었다. 이후 산업혁명은 유럽 여러 나라와 미국, 러시아 등으로 확대되었는데 이를 바탕으로 19세기말에 소위 서구열강에 의한 제국주의 시대가 열리게 된다.

이와 같은 제국주의 서구의 열강이 형성되고 침탈이 자행되는 시기가 불행히도 우리나라에는 세도정치가 대두되어 왕권은 지리멸렬해지고, 삼정의 문란으로 백성들이 도탄에 빠지고 반상의 계급체계도 허물어지는 시기로, 어린 나이에 즉위한 순조시대(1800~1834)를 거쳐 이후 고종황제에 이르는 조선왕조 500년의 말기에 해당한다. 더 불행한 것은 영국에서 러다이트 운동이 일어난 해인 1811년 12월에 우리나라에는 홍경래의 난으로 일컬어지는 농민봉기가 일어났고, 바로 직전이 조선의 르네상스라 불리는 영·정조시대(1724~1800)로 유형원을 비롯한 이익, 박제가, 정약용 등의 세대를 이은 부국강병을 위한 국가개조론을 주창한 불세출의 실학파가 출현하여 우리나라 근대여명기를 제대로 열 수 있는 기회가 있었음에도 불구하고, 신유사옥(1801년) 등 천주교 박해, 병인양요(1866년)와 신미양요(1871년), 운양호사건에 의한 강화도 조약(1875년), 임오군란(1882년)과 갑신정변(1884년), 동학혁명(1894년) 등 국운과 관련한 일련의 비극적 사태를 겪으면서 경술국치를 당하고 말았다는 것이다. 유사한 시기에 메이지 유신을 거쳐 서구의 열강대열에 합류한 일본과는 너무나도 대조적이라 할 수 있다.

그런데 이보다도 더 불행하고 기가 막힌 것은 하필이면 일본의 식민지가 되었다는 점이다. 당시 서세동점의 역사흐름이 거스를 수 없는 대세였다고 한다면 차라리 서구의 식민지가 되었더라면 동양과는 다른 새로운 문화라도 가까이 접할 수 있었으련마는 가장 악랄하고 잔인한 일본의 지배를 받아 그 잔재가 아직까지도 사회 곳곳에 남아 있다.

아무튼 경술국치 이후 은둔의 나라 한국[1]의 빼앗긴 들에도 해마다 봄은 왔지만, 의인은 자결을 하고, 꿈 많은 아해는 무참히 짓밟히고, 비운의 삼학사가 양산되고, 헤아릴 수 없는 무명의 전사가 피를 흘리고, 이름도 성도 빼앗겨 얼마저 있고 없고, 소처럼 일해서 다 뺏기고, 능멸과 굴욕의 주홍글씨를 달고 오도 가도 못한 민초들은 포도청 목구멍을 위해 비굴과 배반의 가시를 삼켜야 했다.

아! 그런데 일제의 식민통치기간 중에서도 무단통치로 조국의 산하도 치를 떨게 만든 가장 어두운 시기, 누망도 없는 질곡의 삶을 살아내고 있던 이 땅의 민초, 어린 백성들에게 한줄기 빛과 같은 메시지가 전해졌다. 인도의 시성 타고르는 시공을 초월하는 예언자적인 한편의 시를 통해 우리 민족에게 무한한 희망과 긍지 그리고 감격을 안겨다 주었다.

---

1) 은둔한국(The Hermit Nation Corea) : 구한 말기 조선시대인 1882년 미국인 그리피스 (W.E.Griffis)가 영문으로 쓴 한국의 역사책이다. 당시의 한국은 쇄국정책으로 나른 나라와 접촉이 없어 잘 알려지지 않았는데 서양인은 이 책의 제목을 본떠서 한국을 '은둔국'이라고 불렀다.

동방의 등불[2]

일즉이 아세아의 황금기에
빛나든 등촉의 하나인 조선이여!
그 등불 한번 다시 켜지는 날에
너는 동방의 밝은 빛이 되리라!

그는 '민족주의'(1917년)라는 자신의 저서에서 "동방에서 영원한 빛이 다시 빛날 것이다. 동방은 인류역사의 아침, 태양이 태어난 곳이다. … (생략) …"라고 선지자적 예지의 눈을 밝혔다. 이 동방의 고요한 아침의 나라가 '코리아'이다.

그래서일까 당시 그의 나라도 영국의 식민지배를 받고 있어 조선을 더 잘 이해하고 있다고 믿은 모든 피압박 민족들이 그의 시집 '기탄잘리'의 35번 시 맨 마지막 구절을 이 시성의 마음의 손을 빌려 다음과 같이 당신들의 염원을 담아내었다.

내 마음의 조국, 코리아여 깨어나소서!

시성 타고르와 더불어 동방의 등불이 다시 켜지기를 바라는 모든 이들은 우리 백성들에게 다시 한 번 감격의 눈물을 흘리게 만들었다.

2. 여명기의 한국사회

조선의 통치체제

조선의 통치규범은 개국공신인 정도전(1342~1398)이 '조선경국전'과 '경제문감'을 편찬했는데 이를 모체로 성종 5년(1474년)에 완성된 '경국대전'이다. 국왕은 인사권과 반역자를 다스리는 권한을 행사할 뿐 중요한 결정은 오늘날의 국무회의와 같은 의사결정기구에서 했다. 매일 국왕이 편전에 나아가 의정부, 6조 그리고 국왕을 측근에서

---

2) "The Lamp of the East"
   In the golden age of Asia
   Korea was one of its lamp-bearers
   And that lamp is waiting to be lighted once again
   For the illumination in the East."
   ― 1929년 3월에 동아일보에 실린 원문(주요한 번역) ―

보필하는 시종신인 홍문관, 사간원, 사헌부, 예문관, 승정원, 대신들과 만나 토의하고 결정했는데 이를 상참이라고 했다. 이밖에 5명 이내의 정6품 이상의 문관과 4품 이상 무관을 관청별로 교대로 만나 정사를 논하는 윤대, 매달 여섯 차례 의정부, 사헌부, 사간원, 홍문관의 고급관리들과 전직대신들을 만나 정책건의를 듣는 차대 등의 국무회의가 있었다.

국왕 다음의 최고 의결기관은 의정부였다. 여기는 정1품의 영의정, 좌의정, 우의정의 3정승이 있고 그 밑에 종1품의 좌찬성과 우찬성 그리고 정2품의 관리 등 7명의 재상이 속해있었다. 의정부 의정(정승)은 예문관, 홍문관, 춘추관 등의 장을 겸임해했고, 실질적인 집행기관인 6조를 관할했다. 6조의 장관은 판서(정2품)이고 참판(종2품), 정랑(정5품), 좌랑(정6품)의 직계를 갖추고 있었다. 한편 6조의 업무를 감시하고 비판하는 사헌부(종2품), 사간원(정3품), 홍문관(정2품)이 있었는데 사헌부는 관리의 비행을 감찰하는 사법기관이고, 사간원은 정책을 비판하는 사간기관이고, 홍문관은 교서를 작성하고 경연을 주도하는 학문기관이었다. 이 세 기관을 언론3사라고 하는데 여기에는 벼슬도 높지 않고 실권도 없었으나 권력을 감시하는 실질적인 기능이 있어 삼사가 합동으로 요청하여 왕비와 종친의 생사를 좌우할 만큼 국왕의 전제를 막는 데 큰 역할을 했다. 관리는 이곳을 거쳐야만 판서나 정승의 반열에 오를 수 있어 과거시험에서 우수한 성적으로 합격한 엘리트가 거치는 '맑고 중요한 자리'라 하여 청요직으로 불렀다.

조선시대의 특이한 제도로 상소제도를 들 수 있다. 이는 관리는 물론 일반 백성도 임금에게 억울한 일이나 정책건의문을 써서 올릴 수 있는 제도인데 지방수령은 이를 받아 중앙정부에 전달하는 것이 제도화 되었었다. 태종 때에는 창덕궁 앞에 신문고를 설치하여 고변을 신고할 수 있게 했다. 조선왕조는 합리적인 관료제도 운영을 위해 상피제라 하여 부자나 형제가 같은 관청에 근무하지 못하게 하고, 수령이 자기 출신지역에 부임하지 못하며, 친족이 과거에 응시하면 고시관이 될 수 없었다. 또한 왕의 종친이나 부마는 원칙적으로 관직에 나갈 수 없었고 왕은 사유재산을 가질 수 없도록 했다. 관료 승진에 있어서도 고과제를 엄격히 했다.

조선시대의 행정조직은 전국을 8도로 나누고 여기에 약 350여 개의 군현을 두었다. 지방행정은 중앙정부에서 파견한 수령3)이 수행했다. 수령은 임금의 분신으로 지방의 행정, 사법, 군사권을 장악하고, 농업발전, 교육진흥, 부세수취, 치안확보, 재판,

---

3) 수령 : 큰 도시에 파견하는 목사(정3품)를 비롯하여 부사(종3품), 군수(종4,5품), 현령(종5품), 현감(종6품)통칭한다. 이 수령을 성주, 지주, 원님, 사또 등으로 불렀다.

군대정비, 인구증가의 7가지 업무를 수행했는데 이를 수령7사라 한다. 각도에 관찰사(감사)를 상근직으로 파견하여 수령을 감사하고 평가하여 승진시키거나 퇴출시키도록 했다. 수령이 파견된 군현 밑에는 면, 리, 통을 두어 다섯 집을 1통으로 편제하고 지방민 중에서 통주, 이장, 면장을 선임하여 수령의 명령을 집행하게 했다. 수령의 업무 집행을 위해 행정기구는 중앙의 6조를 본 떠 6방으로 하여 아전이 실무를 담당했다.

한편 지방민의 자치를 허용하기 위해 각 군현에 유향소(향청)를 설치하여 덕망 있는 이방 인사들이 모여 자율규약을 만들고 좌수 또는 별감을 선출하여 수시로 향회를 소집하여 여론을 수집하고 백성을 교화하고, 수령의 비행을 관찰사에 보호하기도 하여 오늘날의 지장의회와 비슷한 기능을 하였다. 서울에는 경재소를 두어 지방의 유력자를 근무하게 하여 유향소와 중앙정부 사이의 연락관계를 긴밀하게 하고 유향소를 중앙에서 통제할 수 있게 했다. 이와 같이 조선왕조는 군신이 같이 다스린다는 이념아래 권력의 분산과 견제에 역점을 두어 정치의 투명성과 공정성을 높이고 백성을 나라의 근본으로 삼이 존중하는 민본정치를 구현하는 데 목표를 주고 통치제제를 갖춘 것이다.[01]

조선후기사회

유럽의 근대화 시기인 17세기에서 19세기는 조선왕조의 후기에 해당한다. 우리는 이 시기를 근대화의 여명기라고 한다. 여기서 여명기의 후기에 해당하는 1800년대 조선사회의 사회상을 살펴보기로 하자.

조선의 농촌에서는 협동노동이 잘 발달해 있었다. 두레와 품앗이가 대표적인 협동노동방식이다. 두레는 마을단위로 만들었는데 마을의 크기에 따라 보통 15~55명으로 구성된다. 두레의 회원이 되기 위해서는 마을 사람들의 찬성을 얻어야 하고 마음대로 탈퇴할 수도 없었으며 한집에 남자가 여러 명이면 모두 두레의 회원이 되어야 했다. 그리고 이 두레의 운영은 몇 사람의 책임자를 뽑아 이들에게 맡겼다. 우선 연장자이고 믿고 따르는 사람이 많고 리더십이 있는 사람을 뽑아 두레를 이끌도록 했다. 여기에 뽑힌 사람이 우두머리에 해당하는 '행수'이다. 그리고 행수의 비서격인 '도감', 작업을 지휘하는 '숫총각', 두레꾼들의 행동을 감시하는 '조사총각'을 뽑았다. 그리고 글을 알고 계산을 잘하는 사람을 회계담당으로 뽑았는데 이를 '유사'라 한다. '유사'는 지금도 어른들의 친목모임에서 모임을 주관하는 사람의 의미로 사용되고 있다. 또한 방목을 하는 경우 가축으로부터 논이나 밭을 보호하기 위해 '방목감'을 두었다.

두레의 협동노동은 모내기부터 김매기가 끝날 때까지 이어진다. 두레꾼들은 보통 인시에 협동노동을 시작하여 신시에 끝낸다. 일단 풍물[4]소리가 들리면 모두 모인 다음 나팔소리를 신호로 일을 시작한다. 일은 흥을 돋우면서 했다. 한사람이 선창을 하면 모두 따라 불렀고 쉴 때에는 풍물에 맞추어 춤을 추고 노래를 부르면서 피로를 풀었다.

외국에서 온 선교사들은 이 풍경을 보고 '조선의 농민들은 일을 하지 않고 놀이와 술로 시간을 보낸다.'고 했다고 한다. 이분법사고의 서양인 눈에는 일과 놀이가 구분이 되지 않고 여기에 흥까지 가미된 우리 문화를 이해하기엔 무리였을 것이다.

두레는 규모 있는 일을 협동해서 하는 것이고 규모가 작은 일은 품앗이가 이루어졌다. 어느 집에서 김장이나 길쌈을 할 때 몇 가구가 어울려 한 집의 일이 끝나면 다음 집으로 옮겨 갔다. 이와 같이 함께 힘든 일을 서로 도우며 어려움을 헤쳐 나가는 전통을 만들어 간 것이다. 그러나 이러한 전통은 사회 환경 변화로 거의 사라지게 되었다.

조선후기에는 어려움에 대비하고 친목을 도모하는 방안의 하나로 계가 크게 유행하였다. 조선후기 실학자 이규경이 "우리나라에는 계가 많아서 촌마다 계가 있고 집안바다 계가 있다고 있다."고 할 만큼 계가 크게 성행하였다. 계의 정류도 신분, 직업, 지역에 따라 매우 다양하다. 이웃끼리 조직하는 동계, 도살업자는 우피계, 뱃사람들은 선계, 어망계, 농계, 우계 등이 있었다. 또한 뜻이 맞는 사람끼리 모인 동지계, 서당학생끼리 학계, 어려운 일에 대비하는 대동계도 있었다. 특별한 목적을 가진 계도 있었는데 동포계가 그것이다. 당시 조선의 재정은 주로 전세, 군역, 환곡의 3가지 조세로 충당되었는데 이계는 군역과 관련한 계이다.

군역이란 지금의 국방의 의무에 해당한다. 나라에서는 16세부터 60세 사이의 남자에게는 군역의 의무를 지웠다. 군대에 가지 않은 사람은 베나 돈을 바쳤는데 이것이 군포이다. 그런데 군역은 관리가 매우 허술하여 아예 군역 명단에 빠진 사람도 많았고, 대상자 중에도 도망가거나 죽은 사람도 많았다. 양반은 군포를 내지 않았다. 도망자의 경우 친척이나 마을에서 대신 군포를 내야 하기 때문에 여기에 충당하려고 조직한 계가 동포계이다. 아무튼 계는 이웃 간에 서로 돕고 친목을 다지는 아름다운 전통이다. 계는 꾸준히 이어져 지금도 성행하고 있다.

---

4) 풍물(風物) : 꽹가리, 징, 북, 장구, 나팔 등으로 이루어진 악기를 말한다. 백성들의 민속놀이나 행사에 두루 사용되었다.

후기조선의 사회가 혼란에 빠진 것은 위의 3가지 세수제도가 문란해진 것에 기인한다. 이를 좀 더 살펴보면 전세란 농민들이 농사지어 거둬들인 것의 일부를 세금으로 바치는 것인데 농사를 못 짓는 황무지에도 세금을 부과하고, 심지어는 빈 땅에 세금을 물리기도 했다. 반면에 양반·토호들은 자기네 농지를 대장에 올리지 않는 수법으로 탈세를 일삼았다. 위에서 언급한 군역의 경우 허술한 관리는 물론 아이를 어른으로 바꾸어서 세금을 물리거나, 죽은 사람에게 세금을 물리는 등의 관리들이 저지르는 온갖 협잡으로 농민들은 심한 고통을 받았다. 환곡은 가난한 농민에게 정부의 미곡을 이자 없이 꾸어 주었다가 추수 때 받는 것으로, 원래는 빈민 구제의 목적으로 시행하던 제도였지만, 나중에는 농민을 대상으로 하는 고리대로 변해 그 폐단이 가장 심했으며, 농민생활을 파탄으로 몰아넣는 중요한 원인이 되었다. 이와 같은 세 가지 세수제도를 전정·군정·환곡이라 하고 이를 통칭하여 삼정이라고 한다. 이 제도의 운영이 엉망이 된 것을 칭하여 '삼정의 문란'이라고 일컬어진다.[02]

조선후기의 사회가 혼란에 빠진 간접적 원인은 양란(임진왜란, 병자호란)이고 직접적인 원인은 정조의 갑작스런 승하로 볼 수 있다. 정조의 죽음으로 순조가 11세의 어린 나이인 1800년에 왕에 오르고, 뒤이어 헌종은 8세인 1834년에, 철종은 19세인 1849년에, 고종은 12세인 1863년에 왕위에 오르게 된다.

우연일까, 운명일까, 잘못된 제도 탓일까. 서구에서는 지각이 변동하는 사회변혁의 소용돌이 속에서 천지개벽의 사회역사를 쓰고 있는 이 100년의 시기를 하나같이 어린아이가 왕위에 올라 이를 둘러싼 친·인척의 권력다툼으로 세월을 낭비하게 된다. 한 개인이 허송세월을 보내면 자기만의 문제가 되지만, 능력이 있건 없건 리더의 지위에 오른 사람이 허송세월을 보내면 그 리더가 속한 그룹은 같이 허송세월을 보내게 된다. 항차 그 리더가 국가의 권력을 가진 자라면 전 국민을 데리고 망국의 길로 나아가는 것이 아니겠는가.

사실 조선후기의 사회 붕괴의 조짐은 양란 후에 두드러졌다. 양란을 겪으면서 정부는 난국을 극복하기 위한 방편으로써 합법적으로 신분 상승 기회를 열어 준다. 정부가 전쟁의 와중에 전투에서 공을 세운 사람에게 벼슬을 내리고 양반 신분으로 인정해 주었던 것이다. 또한 군량을 모으기 위해 임시방편으로 재물을 받고 벼슬을 내려 주던 납속책을 전쟁이 끝난 뒤에도 수시로 시행했다. 양반 수의 증가는 그만큼 혜택을 받는 백성수가 늘어 조세와 군역을 담당하는 국가의 주 생산 층인 상민의 수가 줄어드는 것을 의미한다. 결국 19세기 초에 국가는 아예 국가 소유의 공노비 6만여 명을 해방시키기에 이른다.

삼정의 문란이 극심하여 지방 관료들의 가혹한 가렴주구로 생계가 막막해진 농민들이 마침내 봉기를 일으켰으니 그것이 평안도에서 발생한 홍경래의 난이다. 홍경래는 평안도 용강에서 농민의 아들로 태어났다. 그는 혼란이 극에 달한 사회에서 전국을 다니면서 동지를 모았다. 다복동에서 우군칙과 진사출신의 김창시, 이희저 등을 핵심참모로 하여 40명을 지휘관으로 임명, 대규모의 조직을 갖추고 군사훈련을 시켰다. 이렇게 준비한 홍경래는 1811년 12월 18일 군대를 일으켜 순식간에 곽산, 정주 등 일대를 손에 넣는다. 각 고을의 수령들은 싸울 엄두도 못내고 그대로 항복하거나 도망가 버렸다. 그래서 봉기 일주일 만에 관군과 첫 전투를 하게 된다. 이후 정주성으로 물러난 홍경래의 농민군은 여기서 4개월을 버티다가 이듬해인 1812년 4월 19일 함락됨으로써 막을 내린다. 이후 50년이 지난 1862년 2월 6일 진주 남강가 수곡장터에 모인 농민들은 진주성으로 쳐들어가는 농민 봉기가 다시 일어나게 된다. 이것이 도화선이 되어 전국에 걸친 봉기가 일어나게 되니 특히 경상, 전라, 충청의 삼남지방의 봉기가 많았다.

조선후기의 사회변화에 영향을 미친 여러 요인 중의 하나로 천주교의 전래를 꼽지 않을 수 없다. 새로운 종교인 서학, 즉 천주교가 중국에 와 있던 선교사들에 의해 우리나라에 들어오게 된다. 서학이라는 말은 서양의 학문이라는 뜻으로 천주교는 처음에 서양의 새로운 학문으로 우리나라에 들어와 학자들 사이에서 학문으로 연구되면서 퍼지게 되었다. 그러다가 1784년(정조 8) 이승훈(1756~1801)이 북경에서 프랑스인 그라몽 신부에게 세례를 받고 돌아왔을 때부터 본격적인 신자의 모임이 시작되었다.

이 천주교의 평등사상은 철저한 신분사회인 조선사회에 큰 충격을 주었다. 피지배계층에게는 지금까지는 들어본 적이 없는 이 새로운 종교에 매료되어 신자가 갈수록 늘어났다. 반면에 지배계층에게는 신분제도를 무시하고 더구나 천주교 신자들이 우상 숭배라 하여 조상에 대한 제사를 지내지 않으려 하자, 이는 조선의 신분사회를 근본부터 흔드는 일로 도저히 용납할 수 없는 일이었다. 정조 시대에도 탄압이 없었던 것은 아니나, 순조를 수렴청정 하던 정순황후는 단호히 천주교 금지령을 내린다.

"오늘날 서학이라는 것은 어버이도 없고 임금도 없어서, 사람의 도리를 무너뜨리고 교화를 물리쳐 스스로 오랑캐와 짐승으로 돌아간다. 저 어리석은 백성들이 점점 물들고 빠져들어 마치 어린아이가 우물에 빠져드는 것과 같으니 어이 딱하고 가엾지 않은가?"

이렇게 하여 천주교에 대한 탄압이 시작되었는데 여기에는 교세확장에 따른 위협을 느낀 점도 있지만 집권세력인 벽파세력에 반대하는 시파와 남인들 중에 천주교를 믿는 사람들이 많은 것도 탄압원인의 하나가 되었다. 결국 1801년에 대대적인 탄압이 시작되어 140여 명을 처형하고 400여 명을 유배를 보냈는데 이를 신유박해라한다. 이때 이승훈, 이가환, 정약종 등이 처형되고 청의 신부인 주문모도 사형을 당하였다.

유럽의 근대화 시기인 17세기에서 19세기는 조선왕조의 후기에 해당하는데 우리는 이 시기를 근대화의 여명기라고 했다. 앞에서도 언급했지만 양란 이후 조선사회는 매우 피폐하여 사회 붕괴의 조짐을 보이기 시작했다. 그러다가 영·정 시대를 맞이하여 중흥의 르네상스시대를 맞는 듯했으나, 순조이후 고종에 이르기까지의 기간은 역사를 영·정 시대의 이전으로 돌려놓는다. 농민봉기가 일어날 정도로 국가가 통제권을 잃을 지경에 이른다. 전정·군정·환곡을 통한 관료들의 부정부패가 점점 더 심해지게 된다. 이렇게 된 것은 세도정권의 공공연한 매관매직, 관기의 문란, 세도정권을 뒷받침한 지방토호들의 횡포 때문이었다.

국가가 쇠퇴기에 이르면 새로운 세력이 나타나서 이를 멸망시키고 새로운 왕조가 탄생하게 된다. 조선왕조도 쇠퇴기에 이르러 역성혁명 등으로 멸망에 이를 수밖에 없는 운명인데 하필 이 시기가 서세동점의 서구의 제국주의가 발호하는 시기와 겹쳐 국내의 새로운 세력의 도전이 아니라 제국주의 열강의 도전을 받게 된다.

실학파와 실학사상

국가의 기강이 해이해지고 백성이 먹고 살기가 힘들어지면 이렇게 만든 집권세력에 도전하거나 이를 비판하고 서정개혁, 즉 사회개혁을 주창하는 사람들이 나타나는 것은 당연하다 할 것이다. 조선은 건국 후 300여 년이 지나면서 국가사회의 동력이 사라지고 갖가지 적폐가 누적되어 백성들의 삶이 피폐해지게 된다. 이러한 가운데 발생한 양대 전란은 조선사회를 더욱 혼란 속에 빠지게 만들었다. 이때부터 국가개혁과 부국강병을 주창하는 석학들이 나타나기 시작한다. 이후 약 2세기에 걸친 조선의 쇠퇴기가 진행되는 동안 세대를 이어 시대를 대표할 만한 석학들이 나타나서 국운을 반전시킬 국가개조론을 주창하게 된다.

이들의 면면을 살펴보면, 유형원(1622~1673 : 광해군14~현종14)은 당시 사회개혁을 주창한 대표적인 대학자이다. 그는 통치제도의 개혁안을 담은 26권 13책의 방대한 '반계수록'이라는 책을 49세 되던 해인 1670년에 완성하였다. 이 책은 그가 22년이라는 긴 기간에 걸쳐 집필한 당시 사회의 모순과 불합리를 비판하고 이를 근본적으로 개혁하는 구체적 방안을 담고 있는 평생의 역작이다. 그는 잘못된 제도와 법체계를 바로잡아 모든 국민이 안정된 생활을 할 수 있도록 할 뿐만 아니라 지역적인 불균등과 신분적인 특권을 해소해 모든 사람이 자기 몫을 차지할 수 있는 사회의 실현에 목표를 둔 대안을 제시한 것이다. 이는 후세학자에게 영향을 주어 실학이란 학풍을 일으키는 데에 결정적인 계기가 되었다.

이익(1681~1763 : 숙종7~영조39)은 유형원의 개혁이론을 계승하여 당쟁의 폐해, 과거제도의 결점, 불합리한 전제 등을 지적하고 국가제도를 근본적으로 고쳐야 한다고 주장했다. 당시에 중국을 통하여 들어온 서양의 여러 가지 새로운 과학문명에도 큰 영향을 받은 그는 40대에 이러한 사회개혁안에 대해 집필하기 시작하여 이후 40여년에 걸친 연구결과를 집대성한 '성호사설'을 남겼다. 이는 30책 2,984칙에 이르는 방대한 자료이다.

'서자로 태어난 불우한 천재'로 알려진 박제가(1750~1805 : 영조26~순조5)는 청나라를 선진국으로 인정한 과감한 혁명가였다. 조선후기 3대 연행록이라 일컫는 김창업의 '노가재연행일기'와 홍대용의 '담헌연기', 박지원의 '열하일기'는 조선 지식인들이 중국 문명에 호기심을 가지게 만든 대표적인 책이다. 박지원을 위시한 백탑시파들은 홍대용의 중국여행기를 접하면서 중국 문명에 대해 관심을 가지기 시작했다. 그는 총 네 번에 걸쳐 중국을 여행했는데 자신이 연구한 것과 청나라 여행 및 연경 시찰에서 보고 느낀 것을 쓴 책이 '북학의'다. 1778년(정조) 9월 29일에 완성된 이 책은 2권 1책으로 된 사본으로 내·외편 각 1권으로 구성되어 있다. 내편은 일상생활에 필요한 모든 기구와 시설에 대한 개혁을 논하고 있고 외편은 중국을 본받아서 상공업을 발전시키고 농경기술·농업경영을 개선함으로써 생산력 향상시켜 국부를 증대시키자는 내용을 담고 있다.

정약용(1762~1836 : 영조38~헌종2)은 이익의 학문을 이어 받아 더욱 발전시켰다. 1783년 진사시에 합격한 이후부터 1801년에 이르는 10여 년간은 정조의 총애를 받아 여러 관직을 거쳤다. 특히, 1789년에는 한강에 배다리5)를 준공시키고, 1793년에는 수원성을 설계하는 등 기술적 업적을 남기기도 하였다. 그러나 1801년 신유사옥으로 인해 이때부터 18년간 유배생활을 하게 된다. 이 때 일표이서6)와 경서 등 모두 500여 권에 이르는 방대한 저술을 남겼다. 실학사상을 완성한 인물로 평가받는 그는 당시 사회전반의 개혁을 통한 '국태민안'의 이상적인 사회를 꿈꾸었다.

---

5) 배다리(舟橋)
6) 일표이서(一表二書) : 경세유표(經世遺表), 목민심서(牧民心書), 흠흠신서(欽欽新書)

이와 같이 조선중기이후 17세기 이수광과 유형원을 효시로, 18세기 이익·유수원·박지원·홍대용·박제가, 19세기 정약용·김정희·최한기 등의 학자가 일어나 사회개혁을 주창하였다. 서세동점의 시기를 살았던 이들은 서양의 과학문명에 큰 충격을 받아 자아각성과 자기혁신의 성찰을 통해 새로운 세계관과 가치관을 갖게 된다. 조선의 건국이념인 성리학의 공리공론을 비판하고 실제의 생활 속의 온갖 민생문제와 사회문제를 해결하는 방안을 제시하면서 사실을 추구하여 실생활에 이용할 수 있는 새로운 학문을 주창하게 된 것이다.

이들은 자기들이 처한 역사적 현실을 올바르게 파악하였고 스스로의 역사적 위치와 역사적 사명을 깨닫고 현실의 부조리를 해부하여 비판하여 민생의 활로를 모색했다.[03] 서양의 문물에 눈을 뜨고 비참한 현실을 돌아보면서 정치·경제 분야뿐만 아니라 철학·종교, 나아가 역사·지리·언어·천문·과학·의학 등 모든 부문에 역작을 쏟아내면서 사회전반에 대한 개혁의 방안을 제시하였다. 17세기부터 19세기에 이르는 기간 동안 '경세치용'과 '이용후생'으로 대표되는 사회개혁을 위한 실천적인 학문과 사상을 제시하여 국가근대화의 여명기를 장식한 이들을 우리는 '실학파'라고 부른다. 물론 '실학'은 조선후기 거의 2세기에 걸친 소위 재야의 학풍을 후세의 학자들이 통칭하여 이르는 일반화된 개념으로 당시대에는 없던 용어이다.

(1) 유형원의 반계수록

반계 유형원(1622~1673)은 광해군 14년에 한성에서 태어났다. 아버지를 2세에 여의고 이원진과 고모부 김세렴 밑에서 수학했다. 이원진은 이익의 당숙으로 하멜 표류사건 당시 제주목사로 있었던 사람이고 김세렴은 대사헌을 지낸 분이다. 그의 나이 15세에 병자호란이 일어났으며 27세 되던 해에는 어머니의 상을 당했으며, 조부의 염원으로 소과 시험에 응시하여 진사에 합격한 바 있으나 문과에 낙방한 후로는 관직 경험은 없는 것으로 알려져 있다. 양평, 여주 등에서 거주하다 32세 되던 해 전라도 부안의 우반동에 정착하여 20여 년에 걸쳐 반계수록을 집필하였고 이 책을 완성한 3년 후인 1673년(현종 15)에 향년 52세의 일기로 사망하였다.

그의 역작 반계수록은 사회 거의 모든 분야에 걸쳐 개혁을 논하고 있는 방대한 사회개혁론이다. 특히 전제(토지 제도), 병제(군사 제도의 운용 관계), 임관지제(관료 제도의 운용 관계), 직관지제(정부 기구의 관계), 녹제(관리들의 보수 관계) 등에 대한 개혁안을 보면 가히 '국가개혁을 위한 정책론'이라 할 수 있다.

조선사회는 주지하는 바와 같이 철저한 계급에 의한 신분사회였다. 모든 백성을 양인과 천인(양천제도)으로 구분하였다. 과거에 응시할 수 있어 관료가 될 수 있었던 양인은 조세와 군역의 의무를 졌다. 천인은 자유가 없이 개인이나 국가에 소속되어 천역을 담당하였다. 양인은 지배층과 피지배층으로 차별되는데(반상제도) 지배층은 양반과 중인, 피지배층은 상인과 천민을 말한다. 양반은 토지와 노비를 소유했고 과거, 음서제도 등을 통해 관직을 독점하고 국역은 면제되었다. 문반과 무반을 통칭하는 말로 양반이라 불렀는데 이들의 가족이나 가문까지도 양반에 속했다. 중인은 양반과 상인의 중간 계급층을 말한다. 서리와 향리, 역관, 기술관 그리고 서얼도 중인에 속했다. 이들은 전문기술이나 행정실무를 담당했으나 문과에 응시할 수는 없었다. 상인은 농민, 수공업자, 상인을 지칭하는데 이들이 백성의 대부분을 차지한다. 과거에 응시할 수는 있었으나 현실적으로 쉬운 일이 아니었던 이들은 평인이나 양인으로도 불리었다. 천민은 노비가 대부분으로 이들은 재산으로 취급되어 매매, 증여, 상속의 대상이었다. 국가에 속한 노비를 공노비라 하고 개인에게 속한 노비를 사노비라고 하는데 주인과 같이 살면서 노동력을 제공하는 솔거노비와 따로 살면서 노동력 대신에 신공(몸값)을 납부하는 외거노비가 있었다. 칠반천역이라 하여 상인이면서도 봉수업무 등 힘든 잡역에 해당하는 일에 종사하는 사람은 천민과 다름없는 지위에 있었다.

또한 조선시대는 농업이 경제의 기반이 되는 농경사회였다. 그래서 토지와 관련한 제도가 가장 중요한 문제로 조선시대 이전부터 다양한 정책의 변화를 거치면서 유형원이 살던 시대는 두 번의 전쟁으로 인하여 경제의 기반인 토지가 큰 피해를 입어 민생이 도탄에 빠지게 되었다. 당시 토지의 피해가 얼마나 컸는지는 세종대왕 시절 150만 결에 이르던 토지가 임진왜란 후 50만결로 줄었다는 것만 보아도 잘 알 수 있다.

또한 군대가 허약하기 짝이 없어 임진왜란으로 전 국토가 유린되고, 그 후 반세기도 지나지 않아 병자호란으로 청나라에 무릎을 꿇는 치욕을 당하게 된다. 조선초기의 군사제도는 양인은 모두 군역의 의무가 있었다. 그러나 군인을 업신여기는 사회풍조로 양인 모두가 군대 가는 것을 꺼려 양반은 군대를 가지 않은 사람이 많아졌고 평민도 군대를 안 가려고 했다. 당시에 "우리나라 유생들은 보통 때 군인을 노비처럼 대한다."라든가 "하늘 천자만 알아도 귀한 사람으로 대접받고, 활이나 칼을 잡으면 천한 사람으로 여긴다."라는 말이 퍼진 것만 보아도 군인을 업신여기는 정도가 어느 정도였는지 짐작할 수 있다.[04]

당연히 나라의 군인 수는 줄고 군사력도 약해질 수밖에 없다. 실태가 이러하니 실제 전쟁이 발생하자 변변한 저항 한번 못하고 패퇴하고 만 것이다. 이는 임진왜란 당시 부산에 상륙한 왜군이 자동차를 타고 진격한 것도 아닌데 20여 일 만에 한양을 점령했다는 사실이 잘 대변해 준다. 임진왜란 당시 군대는 물론 통치체제가 얼마나 어이없었는지는 징비록[7]에 잘 나타나고 있다. 선조가 피난 갈 때 신하들은 다 어디 가고 나무꾼이 업어서 피난시켰다니 무슨 뚱딴지같은 소리인지 모를 일이다.

소 잃고 외양간을 고쳐 임진왜란 후 군사제도를 개혁했다. 양인뿐만 아니라 천인도 군대를 갈 수 있는 훈련도감[8]을 설치하여 여기에 소속된 자는 급여도 지급하고, 천인의 경우 면천도 가능하게 한 것이다. 월급을 받고 근무하는 직업군인이 생겨나게 만든 이 제도는 조선중기의 사회에 커다란 변화를 불러 일으켰다.

여기서 반계수록에서 적시하고 있는 토지, 군사, 노예제도 등에 대해 살펴보기로 하자.

「옛날의 정전법은 이상적인 토지 제도였다. 경지정리가 올바르게 이루어 모든 일이 바로 잡히는 것이다. 백성들은 영구적이고 확고한 생업을 가지게 되며, 군대동원에 있어서는 폐단이 없어지고, 모든 신분의 사람이 각기 직업을 가지게 되므로 인심이 안정되고 풍속이 돈후하게 되는 것이니 옛날부터 나라가 공고하게 유지되고 수천 년 동안 문화가 발달해 온 것은 모두 토지제도가 올바르게 이루어진 데 기인한 것이다.

후세에 이르러 이와 같은 토지제도가 무너지고 토지의 무제한적인 사적소유가 가능하게 됨으로써 이상적인 모든 제도가 무너지고 오히려 그 반대의 현상이 발달하게 된 것이다. 즉, 국민의 부역이 절제가 없어졌고 빈부의 격차가 커졌으며, 토지를 겸병하고 이익을 독점하여 양민들이 생활의 기반을 잃은 일이 허다하여, 인구가 줄어들고 소송이 번거로워지고 귀천의 분별이 없어 분수가 분명하지 못하게 되었다. 또 이 때문에 권력가들이 방자하여 도의가 떨어지고 뇌물이 횡행하여도 법이 이에 미치지 못하기 때문에 인심은 들뜨고 민심은 각박해졌다. 또 토지제도와 군사제도가 분리되어서 백성들 중에는 병역을 기피하는 폐단이 많아졌다. 따라서 관리들은 기피자들을 색출하느라 소요를 일으켰고 부유한 자들이 갖은 계략을 써서 병역을 기피하므로 병역에는 가난하고 잔열한 자들만이 등록되어 있었다. 그러므로 이들은 평시에도 생활이 어려워서 마음이 안정되지 못하기 때문에 전쟁에 임해서는 쉽게 흩어져 버리니

---

7) 징비록(懲毖錄) : 조선 중기의 문신 유성룡(柳成龍)이 임진왜란 동안에 경험한 사실을 기록한 책. 16권 7책으로 된 목판본이다. '징비(懲毖)'란 「시경」의 "내가 징계해서 후환을 경계한다[予其懲而毖後患]."는 구절에서 따온 말이라고 한다.
8) 훈련도감 : 조선선조 때 유성룡이 건의하여 새로 조직된 군대로 주로 수도인 한양의 경비를 담당했다.

그 폐단은 대단히 큰 것이다.

세상의 모든 일이 제대로 되어 가는 것이 없으니 나라를 다스리는 자들이 구차하게 세월만 보내어 옛날의 삼대시대와 같이 오래고 또 굳건한 나라가 없었으며, 간혹 현명한 왕과 바른 신하가 있어서 옳은 정치를 한 일이 있어도 그 효과가 오래가지 못하였으니, 천하의 대체가 이미 그 근본을 잃었기 때문이다. 집을 짓는 자가 그 터를 바로 닦지 않으면 그 단청을 아무리 아름답게 하여도 곧 무너지는 것과 같은 이치인 것이다.」[05]

다음은 임진왜란(1592년)과 병자호란(1636년) 후유증으로 사회가 극도로 어지럽고 양반 사회의 모순이 노정된 당시의 사회상을 적시하고 백성의 피폐한 삶에 대한 원인을 분석한 글이다.

「지금 조세에 시달리지 않은 백성이 없으나 정부의 재정 수입은 대단이 적고, 군역 때문에 침해를 받지 않은 백성이 없지만 군인의 수는 또한 지극히 적으니, 이는 대게 근본적으로 제도가 문란한데다가 또 가혹한 법으로 독촉하기 때문이다. 이에 사람들은 교묘한 방법으로 조세와 병역을 기피하여 민정9)과 재물이 모두 권세 있는 집으로 들어가고 또 간사한 아전들이 문서를 조작하여 부정을 자행함으로써 민정과 재물이 또한 부정하게 되는 것이다.」[06]

이와 같이 <반계수록>은 조선건국의 기반이 되는 제도들이 조선 중기에 이르러 특히 두 차례의 전쟁을 겪은 후 난맥상, 즉 반상제도의 문란, 경제의 기반이 되는 토지제도의 폐해, 국가의 운영주체인 관료제도의 불합리 등으로 인한 피폐한 사회의 참상과 혼란을 직접 경험하고 목도하여 이의 원인과 문제점을 철저히 분석하여 대안을 제시한 부국강병의 사회개혁론이다.

그는 토지제도의 개혁방안에 대해 다음과 같이 구체적으로 제시하고 있다.

「모든 토지의 특정단위를 결부법에서 경묘법으로 바꾸어야 한다. 우리나라 결부법은 본말이 전도된 제도이다. 만약 공전제도를 실시하려면 더욱 경묘법으로 개정하지 않을 수 없는 것이다. 경묘법은 각 등급의 토지를 넓이는 같게 하되 그 세액은 차이가 있게 하는 것이니 이는 토지의 수세를 기본으로 삼는 법이요 반대로 결부법은 각 등급의 토지를 세액은 같이 하되 넓이는 다르게 하는 정하는 이는 세액을 기본으로 삼는 것이다.

지금의 제도는 토지와 병역이 무관하여 토지에서는 조세만을 거두고 인민을 상

___

9) 민정(民丁)

대로 병정을 차출하니 토지를 지급받은 자가 반드시 병역을 담당해야 한다는 규정이 없고 병영의 의무를 가진 자가 반드시 토지를 지급받는 다는 규정도 없다. 이 때문에 결부법을 실시 할 수도 있는 것이다. 공전제도는 모든 백성에게 토지를 고루 지급하고 그 토지를 근거로 하여 병정을 차출함으로써 토지를 지급받은 자는 반드시 병역의 의무를 지게 되고 또 병역의 의무를 지는 자는 반드시 토지를 지급받게 되어 토지와 백성이 일치하게 된다. 이것은 반드시 경묘법을 실시하여 경계를 바로 잡은 후에야 모든 것이 균평하게 될 것이다」.[07]

유형원은 또한 노비[10]제도의 폐지도 강력히 주장했다.

「조헌은 중국에 사신으로 다녀온 후 선조에게 상소를 올려 "신이 듣건대 중국은 성이 바둑판 같이 별러있어서 그 수를 알지 못하며 국방이 튼튼하여 우려가 없는 것은 천하의 백성들을 섞어서 사부이외에는 농민이나 공장 아니면 군인이며 농민과 공장들의 생산품이 군인들을 양성하는 자원이 되기 때문입니다. 우리나라는 삼국의 정립시기에는 삼국이 서로 침공하였을 뿐만 아니라 일본과 말갈이 번갈아 침입하여 해마다 전사하는 병졸이 수만 명이 되어 나라가 거의 망하게 되었다가도 다시 일어난 것은 노비의 법이 널리 시행되지 않고 국내의 모든 백성이 군인으로 동원될 수 있었기 때문입니다.

고려시대 이후에는 삼국을 통일하여 마땅히 군사가 많고 그 힘이 강하여 전쟁에 나아가 이기지 못할 것이 없을 것이로되 출병하면 곧 패배하여 마침내 군사력이 떨치지 못한 것은 실로 노비제도가 점차 확장되고 승려가 날로 증가하여 군인으로 뽑아 쓸 사람이 적어진 데 그 원인이 있었던 것입니다.

이조에 이르러 군역이 가장 괴로운 것이 되어 백성들이 견디지 못하였으므로 아들을 가진 백성은 승려가 되게 하지 않으면 천비에게 장가 들게 하였고, 딸을 가진 자에는 천노에게 시집보내어 값을 받고 또 군역을 짐으로써 가해지는 일족의 침해를 면하였습니다. 더구나 내수사의 노는 생활이 넉넉하므로 가난하여 파산한 자들이 다투어 내수사의 노가 되기를 원하고 있으며 … (중략) … 양민의 토지와 호수는 점점 줄어들어 정군의 수가 20만 명에 못 미친다 하니 비록 호를 아울러 계산하더라도 40만 명이 되지 못할 것입니다. 또 이 수십만의 군인이 만약 모두 정병이라 하더라도 가령 고려 말기와 같이 왜선이 경상·전라·황해도 지방에 운집하거나 몽고군과 홍건적이 서북방과 동북지방에 침입할 때는 이 수십만 군사로도 방어할 수 없었음이 명백한데

---

10) 노비(奴婢) : 사내종[奴]과 계집종[婢]을 일컫는 말.

더구나 이십만 군사 중에는 사실 쓸 만한 군사가 천명도 없는 것입니다. 안일한 생활이 극도에 이르렀다가 변란이 일어나면 그것에 대한 방어책이 이렇게 허술하므로 몇해 전에 그 원인이 노비가 너무 많은데 있다는 의논이 있었지만 모두 사사로운 이익에 끌려서 그 근본적인 해결책을 강구하지 못하고 말았으니 대단히 애석한 일입니다."라고 하였다.

생각건대 노비라는 이름은 본디 죄지은 자를 다스리는 한 방법으로서 생겨난 것이며 죄 없는 자를 노비로 만드는 것은 옛날에는 없던 법이다. 그리고 죄를 지어서 노비가 된 자들일지라도 그 벌이 자손에게까지 미치지는 않은 것인데 하물며 죄 없는 자야 말할 나위가 있겠는가!

중국의 옛 법에는 비록 죄를 지어서 노비가 된 자라도 한번 면죄하고 또 다시 한번 면죄해 주는 한도가 있고, 세 번 면죄하면 양인이 되며 종신토록 노비생활을 하는 자라도 자손에게는 미치지 않도록 했는데 이는 벌이 후손에게까지는 적용되지 않는다는 뜻에서이다.

우리나라의 노예제도는 죄가 있고 없음을 불문하고 그 세계11)를 따져 백대라도 노비로 삼으니 이 때문에 혹 무지한 자라도 양반이면 남을 죽이거나 살릴 수 있으며 천인이면 설령 현명한 인재가 나오더라도 금고되어 남의 종이 되니 이것이 어찌 도리이겠는가. 이 잘못된 법이 언제부터 시작되었는지 알 수 없지만 대게 고려 초부터 점차 성행되었다. 삼국시대 이전에는 비록 노비가 있었지만 죄를 지었거나 뇌물을 받았거나 도둑질을 하여 노비가 된 자와 전쟁에서 포로가 되어 노비가 된 자가 있었을 뿐 대대로 노비가 되는 일은 없었으나 고려 태조가 후삼국을 통일할 때 포로가 된 많은 적과 반란군을 공신들에게 나누어 줌으로써 이들을 노비로 삼고 대대로 종이 되게 하였다.

이조시대에 이르러 법이 사람을 몰아 천인이 되게 할 뿐 천인의 신분에서 빠져나오는 사람은 없게 제정되어 천인이 점점 많아져 10명에 8~9명이나 되었으며 양인은 점점 줄어 1~2명밖에 안되었다. 지금의 법은 천인은 어머니의 신분을 따르게 되어 있지만 만약 아버지가 천인이고 어머니가 양인인 경우에는 아버지의 신분을 따르게 되어 있으니 오직 사람을 몰아 천인으로 만들 뿐 천인 신분에서 해방되는 일을 없는 것이다. 또한 양인이 지는 군역이 고통스러우므로 백성들이 자녀들을 사천과 결혼시켜 양인이 점점 더 적어지는 것이다. 이 법이 이대로 실시되면 몇 백 년이 못가서

11) 세계(世系)

나라 안에는 양민이 없어질 것이며 지금 10명 중 1~2명 있는 것도 도망쳐 온 노비이
거나 양민의 서자로 잔약한 자들이다. 나라에 공민이 없고 모두 사유가 될 뿐이다.

　　… 우리는 지금 노비를 재물로 삼고 있다. 사람은 모두 같은데 사람이 어찌 사람
을 재물로 삼을 수가 있겠는가? 옛날에는 나라의 부를 물으면 말의 수로써 대답하였
으니, 이는 천자나 제후라 하더라도 모두 사람을 다스리는 임무일 뿐이니 사람을 자
기의 재물로 삼는 일은 일찍이 없었다. 지금 우리나라의 습속은 어느 사람의 부를 물
의면 반드시 노비와 토지로써 말하니 이것 역시 그 법의 잘못된 점과 습속의 고루함
을 알 수 있는 것이다. 이와 같이 우리나라의 노비법은 그 사리의 시비를 알기 어려
운 것이 아니지만 각각 눈앞의 사사로운 마음에 가리워서 모두 고치기를 어렵다고
말한다. 그러나 임금은 하늘을 대신하여 사람을 다스리기 때문에 나라는 곧 임금의
나라이며 백성은 곧 임금의 백성이니 어찌 다시 그 사이에 따로 노비를 만들어서 임
금의 백성을 해칠 수 있겠는가. 이로 인하여 해가 가까운 친척에게 미치고 또 일반백
성에게 까지 미치게 되니 이는 스스로 나라를 병들게 하는 것이다. 이로써 노비법의
득실은 말하지 않아도 알 수 있을 것이다. 이 법의 개혁은 하려고만 하면 가능하여
근원적으로 어려움이 없는 것이다.」[08]

　　유형원은 노비제도의 폐해를 매우 구체적으로 적시하고 노비가 아니면 부릴 사
람이 없고 또 노비가 아니면 부림을 당할 사람 또한 없는 당시의 현실을 고려하여 단
계적인 노예폐지 방안을 제시하고 있다. 우선 노예 신분 세습 제도부터 폐지하고 중
국처럼 고공제도를 발달시켜 이 제도가 정착 된 후 노예제도를 완전히 폐지하자는
것이다. 그는 반대여론을 의식하여 「혹자는 말하기를 "우리나라는 인심과 풍속이 중
국과 다르므로 고공이 되려는 자가 없으므로 어떻게 하겠는가."라고 말하는 사람이
있다면서 현재의 사정을 말하면 누구나 그렇게 말할 것이다. 그러나 법이 변하면 사
세(세상)가 변하고 사세가 변하면 풍속이 따라서 변하는 것이니 지금의 사세에만 빠져
서 변화를 몰라서는 안 될 것이다.」라고 했다.

　　고공제도란 오늘날 근로를 제공하고 이의 대가를 받는 노동자를 의미한다고 볼
때 그의 노비제도 폐지의 주장은 당시의 철저한 신분에 의한 계급사회에서는 상상하
기 어려운, 획기적을 넘어서는 파격, 그 자체라고 할 수 있다. 더구나 노비제도의 폐
지를 주장하는 논리 즉, 하늘을 대신하여 백성을 다스리는 임금의 백성에게 차별을
두어서는 안 된다는 주장은 우주만물은 하나에서 비롯하여 하늘과 땅과 사람의 세
갈래로 나누어지는데 결국은 사람을 중심으로 하늘과 땅이 하나라는 우리고유의 만
유합일의 천부사상을 뒷받침하는 인간평등주의의 주장이다. 17세기 중엽 당시의 세

계 어느 나라에서도 찾기 어려운 인본주의 그 자체라 할 수 있다.

「대개 법이라는 것은 시대정신에 적합하고 인정에 순응하여 균평 되게 제어하며 각각 그 분수를 얻게 하는 것이 가장 좋은 것이다.」라는 그의 법 정신은 법치국가에서 살고 있는 오늘날의 법 정신으로 삼아도 손색이 없을 정도이다. 법 앞에서 평등, 신앙의 자유, 사유재산의 존중, 계약자유의 원칙, 과실책임주의, 소유권의 절대성 등 유럽의 시민혁명에 의해 정착된 근대시민법의 기본 원리의 효시인 프랑스 1804년 나폴레옹 1세가 제정, 공포한 프랑스의 민법전보다 100여 년을 훨씬 앞선 법정신으로 보아도 무방하다 할 것이다.

(2) 이익의 성호사설

성호 이익(1681~1763)은 집안이 당쟁의 피해로 몰락한 남인출신의 학자이다. 아버지 이하진이 경신대출척[12]으로 평안도 운산으로 유배되었는데 이 유배지에서 태어났다. 증조부 이상의는 의정부 좌찬성, 조부 이지안은 사헌부 지평을 지냈으며 아버지도 대사간까지 오른 명문가문의 후손이다. 이익이 태어난 이듬해에 아버지가 죽자 편모슬하에서 자란다. 둘째형에게서 글을 배웠고 25세 되던 해에 증광시에 응시하였으나 낙방하였고 이후 형이 장희빈 사건을 두둔하는 상소를 올려 역모로 몰려 죽임을 당하자 큰 충격을 받고 평생을 학문연구에 전념했다. 일 년 내내 부지런히 일을 하여도 호구조차 하지 못하는 농민들 곁에 살면서 마음 아파하였고, 조상이 물려준 토지와 노비를 가지고 육체노동을 하지 않고 살아가는 자신의 생활에 대해 항상 겸허했다고 한다. 그런 그도 노년에 매우 궁핍했는데 65세 되던 해 그의 학덕을 높이 산 조정에서 벼슬을 내렸으나 이를 마다하고 평생을 야인으로 살았다. 그러나 이익은 학문에 큰 업적을 남겼다. <성호사설>은 이익이 학문을 닦으면서 느낀 것, 들은 것들을 적은 것을 모아 논 것으로 40년간에 걸친 대기록이다. 이외에도 <곽우록>, <해동악부>, <이저수어>, <사칠신강> 등 다수의 저서가 있다. 그의 문하에서 안정복, 신후담, 권칠선 등 많은 인재들이 배출되었고 그의 학문은 후대의 정약용에게 큰 영향을 미쳤다.

성호사설은 백과사전과 같은 저술로써 천문, 지리, 역사, 군사, 관재, 경제, 풍속 등 사회 전반에 관한 내용을 3.057개 항목에 걸쳐 다루고 있다. 우선 정치부분을 보

---

12) 경신대출척(庚申大黜陟) : 1680년(숙종 6년) 남인이 정권에서 축출되고 서인이 정권을 잡은 사건을 말한다. 1674년 남인은 2차 갑인예송 문제로 서인을 몰아내고 정권을 잡았으나 이 사건으로 다시 실각하게 되어 경신환국이라고도 한다.

면 당쟁문제를 크게 다루고 있다. 「당쟁은 쟁투에서 일어나고 쟁투는 이해에서 일어난다. 이는 관작의 수가 고정되어 있는데 반하여 그것을 원하는 사람이 많아짐으로써 당쟁이 일어나는 것이며, 이로써의 관작이 부를 수반하고 있기 때문에 그것을 얻기 위한 쟁투가 치열해지는 것이다.」라고 하여 양반이 부를 취하는 방법은 관작을 얻는 길밖에 없었던 제도적 문제점을 당쟁의 근본원인으로 인식했다. 이익은 양반이 무위도식을 하지 말고 농업에 종사하여 생산적인 일을 해야 한다고 주장했다. 아울러 양반이 재와 부를 가지고 있으면서 덕이 없는 것보다는 차라리 재와 부가 없더라도 덕을 지니는 것이 바람직하다고 하였다.

그가 제시하고 있는 정치개혁안으로써 관제개혁론을 보면 임진왜란 이후 국가최고의결기관이 된 비변사의 개혁, 의정부의 기능회복, 겸직제도, 너무 빈번한 관리이동, 서리의 폐단 등을 지적하고 중앙과 지방의 관직을 통폐합하여 관직의 수를 대폭 줄여야 한다고 주장했다. 관원이 너무 많아 그들의 작폐를 막기 어려우므로 관원수를 대폭 줄이고 이들에게 충분한 녹봉을 지급해야 이런 적폐를 막을 수 있다고 했다. 또한 환관과 궁녀 수 감축 등 궁중부터 낭비요소를 없애야 한다면서 그 타당성을 다음과 같은 논리로 뒷받침 했다.

「임금이 없어도 백성은 있을 수 있지만, 백성이 없으면 임금이 있을 수 없는 것이니 결국 백성들의 은혜가 임금의 그것 보다 더 중한 것이다. 어찌 수많은 백성의 힘으로 한 사람의 임금을 받들어 항상 물자가 부족하게 하고 혜택이 고루 돌아가지 못하게 할 수 있겠는가.」

농경사회에서 경제의 기반이 되는 토지문제는 시대를 막론하고 항상 논의의 중심에 있어 왔다. 이익이 살던 시대는 양대 전란을 겪으면서 토지제도가 문란해져 대토지소유자가 늘어나 부의 편중이 심화되었다. 그는 부호에 의한 토지의 독점을 막고 모든 국민이 골고루 소유할 수 있도록 하자는 균전론을 주장했다. 균전론은 일정한 넓이의 땅을 영업전[13]으로 하여 매매를 금하고 영업전 이상의 토지를 소유한 사람들만 매매를 할 수 있도록 하자는 이론이다. 이 개혁론은 대토지소유를 철폐하려는 방법론에서 유형원의 공전론과는 다소 차이가 있으나 그 연장선상에 있다고 볼 수 있다. 이는 시대의 변화에 따라 상품경제가 한층 발달하여 중소지주층이나 자영농민의 토지가 대 지주층에 의해 매수되는 것을 방지하고, 대 지주층끼리의 토지거래가 활발히 전개되도록 하여 어떻게든 토지소유의 분산을 꾀하려는 것이 이 개혁론의 의도라

---

13) 영업전(永業田)

고 할 수 있다.

조선 초기부터 이때까지의 토지제도의 변화를 개관해보면 조선 초기에 시행한 과전법[14]은 현직 관리뿐 아니라 퇴직자와 유가족에게도 토지를 지급하였다. 그러나 관리의 증가로 지급할 토지가 부족하게 되고 지나친 수조권의 행사로 많은 문제점이 노정되어 세조 때 직전법으로 바뀌게 되는데 이 직전법은 현직 관리만을 대상으로 토지의 수조권을 지급하는 제도이다. 이 제도는 또한 양반관료의 수조권 횡포가 심하여 15세기 후반 성종 때 관수관급제를 실시, 지방 관청이 수조권을 대행하게 된다. 이후 16세기 중엽인 명종 때는 직전법을 폐지하고 녹봉제를 실시하게 되었다. 이와 같은 토지제도의 변화는 거의 유일하다시피 한 경제권의 원천인 토지문제가 다루기 어렵고 해결도 쉽지 않은 국가적인 문제였음을 보여준다고 하겠다.

이익이 활동하던 시대는 임진왜란 이후 1세기가 지난 시점이었으나 전쟁의 여파가 워낙 커서인지 성호사설에서 임진왜란 당시의 전략에 대해 아쉬운 점을 적고 있다. 현감 변응정이 웅치 싸움에서 죽기 수일 전에 "적이 수 천리에 둔병했으니, 30만 명은 족히 될 것입니다. 적의 나라는 반드시 비었을 테니 우리 수군 4, 5만 명이 순풍에 돛을 올리고 바로 놈들의 근본을 두드린다면 나머지는 반드시 저절로 무너질 것입니다."라고 대마도를 침공할 것을 상소한 사실을 적시하면서 우리나라 사람 중에 계책이 여기에 이른 사람도 있었다는 사실에 대견해 하면서 왜군이 침범할 때 거의 자기 나라를 비우고 나왔으므로 손빈의 계책[15]을 이용하여 대마도를 점령했다면 가장 기이한 계책이 되었을 것인데 이를 조정에서 채택하지 않은 것을 개탄한 것이다. 또한 원균이 수군을 거느리고 전전하다가 풍파에 밀려 대마도에 가까운 데까지 갔으나 주변 권유에도 불구하고 대마도를 공격하지 않고 군사를 돌이킨 일과 이전에 청군의 황제가 기유에 대마도를 징벌하는 것이 좋겠다고 했으나 이를 실행하지 않은 점 등도 적고 있다.[09]

대마도는 예로부터 한국과 일본 열도 사이의 중계지로서의 위치를 차지하여 대

---

14) 과전법(科田法) : 조선 초기 이성계와 개혁파 사대부들은 토지제도를 개혁해 국가재정을 확충하고, 농민에 대한 무질서한 수탈을 제한하며, 대토지를 소유하고 있던 권문세족들의 기반을 약화시키고 신진관료들의 경제적 기반을 확충하려는 목적으로 고려말기(1391)에 시행된 제도이다. 이법은 농민에게 전조(田租)를 거둘 수 있는 수조권(收租權)을 국가기관이나 관리 등에게 직역에 따라 나누어주는 수조권 분급제도를 근간으로 한다. 1556년(명종 11) 직전법(職田法)을 폐지하고 녹봉제(祿俸制)를 실시할 때까지 조선의 양반관료사회를 유지하는 제도적 기초가 되었다.
15) 손빈의 계책 : 위나라가 조나라를 공격하자 조나라는 제나라에 청원을 했는데 조나라 장수 손빈이 바로 위나라 서울을 공격하여 조나라를 공격하던 위나라가 군사를 철수하지 않을 수 없었던 고사

외적으로 중요한 역할을 해왔다. 특히 부산에서 약 50키로의 거리에 있어 한국과 관계가 깊었다. 고려 말에는 대마도 영주가 조공을 바치고 쌀·콩 등을 답례로 받는 관계에 있었다. 1274년, 1281년 두 차례 몽골군은 일본 본토정벌을 위해 대마도에 상륙한 일이 있었고, 조선시대에는 대마도를 근거지로 조선의 해안으로 출몰하는 왜구의 폐해가 막심하여 이들을 퇴치하기 위해 많은 노력을 기울였지만 근절하지 못했고, 굶주린 왜구들에게 쌀을 제공하는 회유책과 벼슬을 하사하는 귀화정책 등의 정책을 구사하기도 했다. 하지만 이마저도 효과를 거두지 못하게 되자 세종 때에는 이종무 장군이 200척의 군선을 이끌고 대마도를 정벌한 바도 있다. 1488년 당시 명나라 사신이었던 동월이 영종의 명을 받아 조선 땅을 둘러본 뒤 작성한 견문록 <조선부>에 나와 있는 '조선팔도총도'라는 지도에 대마도가 조선의 영토로 표기돼 있다.[10] 한편 이승만 대통령은 1949년 1월 신년 기자회견에서 대마도의 영유권을 주장하며 일본에게 대마도의 반환을 요구하기도 했다.

이익은 당시의 사회상과 잘못된 관습에 대해 설파하면서 문벌을 숭상하는 폐단이 오늘날보다 심한 적이 없었다고 지적했다. 사람이 관직에 나아가게 되면 "그 할아버지에게 관직이 있었던 것이 아버지에게 관직이 있음만 못하고 대부의 아들이 경의 아들만 못하다."라고 한다면서 사람을 평가할 때 그 사람의 행실과 지식을 논하지 않고 조상의 문벌이나 관직여부를 따지고, 자신이 직접 농사를 지었다거나 가난했다거나, 서북지방출신이라거나 이런 것으로 기준을 삼아 사람을 내치므로 재능 있는 사람이 초야에 묻히고 마는 현실을 개탄하였다.

또한 「우리나라는 본디부터 인정의 나라라고 일컫는다고 하면서 이는 크거나 작거나 뇌물을 연유해서 되지 않은 일이 없음을 이른 것이라 했다. 물품을 공납하는 데에도 뇌물이 아니면 되지 않으므로 인정이라 이른다. 까닭에 "진상하는 물품은 꼬챙이에 꿰고 인정 쓰는 물건은 바리에 가득하다."라는 속담이 있다면서 이것은 사사로이 쓰는 뇌물이 공적으로 바치는 것보다 도리어 많은 것을 이른 것이다. 민생의 고달픔과 국정의 어지러움은 항상 이것이 폐단으로 된다. 귀인도 천인도, 착한사람도 악한사람도, 어리석은 사람도 이런 것을 모르는 자가 없건마는 이런 것을 없애버리기로 마음먹는 자가 없으니 어찌 괴이한 일이 아닌가.」 하면서 이런 폐습으로 중국에서는 황건적이 일어나서 한나라가 망했다면서 앞 수레가 넘어지는 것이 가히 경계가 될 만한데도 개선은커녕 인정이 더 심해지는 현실을 개탄했다.

그는 선비의 가난에 대해 다음과 같은 가슴 먹먹한 이야기를 전해 주고 있다.

「가난한 것은 선비의 떳떳함이다. 선비란 작위가 없다는 호칭이니 선비가 어찌 가난하지 않겠는가. 대저 재물이 없는 것을 가난이라 한다.」고 하면서 선비로써 재물이 있게 되는 것은 세 가지가 있다고 했다. 첫 번째는 선조가 가업을 세워서 후손에게 물려주는 경우이고, 두 번째는 재물을 요리해서 이익을 취한 경우이고, 세 번째는 정당치 못하게 남의 재물을 빼앗은 경우이다. 그런데 첫 번째의 경우 자신도 자식이 있으면 자녀의 혼인이나 상사 등으로 소비는 있어도 보태지는 것은 없고, 두 번째 모리[16]하는 일이나 세 번째 의[17] 아닌 물건을 취하는 것은 선비로써 부끄러워해야 할 것이므로 선비가 가난할 수밖에 없다고 선비가 가난한 연유를 이렇게 분석했다. 그리고 가난의, 그 참담함에 대해 이렇게 설파하고 있다.

「가난한 즉 오직 붕우가 멀어질 뿐만 아니라 처첩마저 나무람을 더해 온다. 오직 딴 사람이 천케 여길 뿐만 아니라 제 마음이 먼저 더럽고 자잘하여진다. 까닭에 가난하면 반드시 본심을 잃는데 이것이 상도[18]임을 알지 못하는 것이 걱정이다. 그러므로 보는 것이 깊으면 걱정이 얕아지고 앎이 심원하면 근심이 떠버린다. 예사로 알고 버린다면 어느 곳엔들 이르지 못하랴.」

고위관료를 지낸 청백리의 궁색한 삶에 대해서도 적고 있다. 서애 유성룡의 이야기다.

「유서애가 조정을 떠날 때 그를 탄핵한 말에 '세 곳 전장은 미오[19]보다 심하다'라는 것이 있었다. 그런데 국가에서 청백리를 선포하는데 서애가 포함되었는데 이는 백사 이정승의 뜻이었다. 백사가 "이것으로 유정승을 평하기에는 부족하지마는 간사한 사람들의 '미오'라는 두 글자만은 씻고 싶었다."고 했다. 서애가 죽자 집에는 곡식 한 섬이 없었고, 여러 아이들은 추위와 굶주림에 능히 살 수가 없었다. 정우복이 유계화에게 기증한 시에 "하회에 물려준 짐은 다만 묵장뿐, 아손은 싸라기밥도 배를 채우지 못한다. 어찌 했길래, 장상 삼천 날에, 성도 뽕나무 팔백그루도 아울러 없었던가."라고 하였다. 세상에 전해오는 말에 서애가 새로 과거하고 동고 이 정승을 [20]뵈

---

16) 모리(牟利) : 도덕과 의리는 돌보지 않고 오직 제 이익만을 취하는 것을 말함.
17) 의(義)
18) 상도(常度) : 정상적인 법도.
19) 미오 : 중국 후한말엽 동탁이 어린 헌제를 끼고 수도를 장안으로 옮기고 '미'라는 곳을 근거지로 삼아 거기에 보루를 쌓고 만세오(이를 세상에서 미오라 했음)라 불렀는데 동탁이 이 창고에 30년 이상 먹을 곡식을 저장하였다 함. 그는 여포에 의해 죽고 멸족의 화를 당했다.
20) 이정승 : 동고 이준경(東皐 李浚慶, 1499년~1572년)을 말함. 조선 중기 중종, 명종, 선조때의 문신으로 우·좌·영의정 등을 지낸 명재상이었다. 죽음을 앞둔 1571년(선조 4년) "지금 벼슬아치들이 이런저런 명목으로 붕당을 만들고 있습니다. 이는 대단히 큰 문제로서 나중에 반드시 나라의 고치기 어려운 환란이 될 것입니다."라는 유차를 올렸는데 3년 뒤 실제로 동인·서인의 분당이 일어난다.

었더니 이 정승이 이르기를 "서울 가까운 곳에 전장이 없는가?" 하니 대답하기를 "없습니다." "벼슬하는 사람은 모름지기 이것이 있어야 편리하다." 했는데 서애는 마음 속에 의아하여 자못 불만스러움을 말했다. 그 후 허둥지둥 조정을 떠나자 의지할 곳이 없었다. 절에 기숙하면서 크게 궁색을 당하고서야 이르기를 "그 때 이정승의 말씀이 참으로 이치가 있었다." 하였다.」

이익은 조선건국 이후 중세에 이른 당시의 흐트러진 국정과 허약한 사회상을 다음과 같이 묘사하고 있다. 「사대교린 정책에 의해 150년을 지내오는 동안에 나라에 일이 없어 모두 한결같이 게으르기만 하여 용렬한 자가 존귀하여지고, 슬기로운 자는 물러나니 관중과 제갈량 같은 사람이 있더라도 쓸모가 없게 되었다. 새는 곳을 얽매어서 이력저럭 넘기니 온갖 법도가 다 느슨해지고 간사함이 제 마음대로 방자하니 백성이 살아가기가 나날이 고달파졌다. 진실로 하루아침에 사단이라도 부딪히면 다만 손길을 마주 잡을 뿐이고 흙더미 무너지듯 할 것이다.

중세이전에는 인재를 양성하는데 그런대로 방법이 있었다. 미천한 집에서 출생하여 장상으로 된 자도 있었다. 그리하여 임진년 왜란으로 유서애가 있었고, 무신으로는 충무공이 있었다. 나라가 이분들에 힘입어 망하지 않았다. 지금에 있어서는 공이 있는 자가 능히 발탁되지 못할 뿐만 아니라 비록 등용코자 하여도 초야에는 사실 발탁할 만한 인재가 없다. 어찌 인물의 남이 전후가 있고 화이21)에 구별이 있겠는가. 사람들은 영토기 비좁고 풍속이 비루한 탓에 돌리나 어찌 그리 하겠는가. 이것은 실상 윗사람이 아랫사람을 대우함에 국한되고 사람이 자신을 가볍게 여김에 달려 있는 것이다. 진실로 문명한 세대를 만나 중국과 내지·외지란 구별만 없애면 우리도 또한 대국사람이다.」

(3) 박제가와 북학의

초정 박제가(1750~1805)는 영조 26년에 우부승지를 지낸 박평의 둘째 아들로 태어났다. 특기할만한 점은 그가 서자 출신이라는 점이다. 조선시대에는 서얼 출신은 과거에 응시하지 못하게 하는 '서얼금고'22)라는 서얼을 차별하는 악법이 있었다. 서얼 차별은 유교의 영향도 있었지만, 과거시험에서 이른바 양반 적자들의 가장 유력한 경쟁자를 배제하려는 목적이 더 컸다고 볼 수 있다. 이 제도에 대해서는 많은 비판이 있어 왔으나 조선후기에 이르러서야 규제가 완화되면서 서얼 출신 중에서도 문과급

---

21) 화이(華夷)
22) 서얼금고(庶孽禁錮) : 서얼 출신은 관직에 나가는데 일정한 제한을 두었던 제도

제자들이 나오게 되었다. 특히 정조 재위 기간에 30명의 서자 출신 관료가 임용되었다. 이는 이전 시대에는 상상할 수 없는 대사건으로 이 일 하나만으로도 정조를 세종 이후 가장 현군으로 꼽는 사유로 족하다 할 것이다. 물론 그 30명 안에 박제가도 들어있다.

어려서부터 붓을 입에 물고 다닐 정도로 글 쓰는 것을 좋아했던 박제가는 그의 나이 11세에 부친을 여의었다. 부친이 돌아가신 뒤로는 생계가 곤란해져 어머니는 삯바느질로 자식들을 키웠다. 그런 어머니 또한 박제가가 24살이 되던 해에 돌아가셨다. 그런데 충무공의 5대손이었던 이관상은 박제가를 보자마자 맘에 들어 사위로 삼았다고 한다. 박제가가 학자로 우뚝 서게 된 데에는 이 두 분, 어머니와 장인이 큰 힘이 되었다.

박제가는 청나라의 선진 문물을 시찰하고 돌아와 조선의 상공업과 농업, 기구와 시설에 대한 전반적인 개혁론을 주장했다. 이 주장을 1778년(정조2) 9월에 책으로 펴냈는데 이것이 <북학의>이다. 박제가의 주장을 하나로 요약하면 부국강병의 길을 '무역'에서 찾아야 한다는 것이다. 서구의 중상주의에 해당한다고 볼 수 있는 이와 같은 주장은 후대의 북학파로 이어진다. 조선이 가난한 것은 무역이 부진한 탓이라 여겼고, 그렇게 된 원인은 우물물을 긷지 못한 것처럼 부의 원천을 제대로 활용하지 못했기 때문이라고 보고, 파격적으로 누구나 중시했던 검소와 절약 관념을 정면으로 비판했다. 가난을 구제할 길은 중국과 통상하는 것 밖에 없다고 주장하고, 일본, 베트남 안남,23) 서양의 여러 나라는 민중, 절강, 교주, 광주 등에서 교역을 하고 있는 실례를 들고 우리도 그렇게 해야 한다면서 국내 교역물품을 어떻게 모으고 중국과 어떻게 교역해야 하는지를 소상히 적고 있다. 수레를 널리 이용하여 국내 상업을 발전시키고 동시에 견고한 선박을 만들어 해외 여러 나라와의 무역에 적극적으로 진출해야 한다는 것이다. 생산력과 상품유통의 발전, 그리고 통상무역은 박제가의 부국강병론의 핵심이다. 삼면이 바다로 둘려 쌓여 있는 조선의 자연환경을 적극적으로 이용하고 이를 해상무역으로 발전시키면 국력은 자연히 강성해 질 것이고 백성의 생업도 안정될 것으로 본 그의 소위 경제정책은 오늘날의 그것과 별반 다를 게 없다.

파격적 주장은 여기서 끝나지 않는다. '사농공상'이라는 신분제로 상공업을 천시한 이 제도를 비판하고 폐지를 주장했다. 양반도 일을 하게 하고 중국의 서양인을 통해 발달된 그들의 문명을 알고 그들을 초빙하여 우리나라 자제들이 배우게 해야 한

---

23) 안남(安南) : '베트남'을 말함. 중국 당나라 때, 지금의 베트남 령에 안남도호부를 둔 데서 유래한다.

다면서 배워야 할 것을 구체적으로 수십 가지를 나열하고 있다.

「무릇 놀면서 먹는 자는 나라의 큰 좀입니다. 놀고먹음이 날로 심하면 사족24)이 날로 번성합니다. 이런 무리들이 나라에 온통 깔려서 일조의 벼슬로는 옭아맬 수가 없습니다. 반드시 그것을 처리하는 방법이 있으면 뜬 말이 없고 국법이 행하여집니다. 신은 수륙교통을 통해 판매하고 무역하는 일을 모두 사족에게 허락하여 호적에 올릴 것을 청합니다.」[11]

양반족도 장사를 하게해서 놀고먹는 추세를 없애서 생업을 즐기는 마음을 열어주면 풍속도 변화시킬 수 있다는 주장이다. 생산의 원천이라 할 수 있는 농업에 대해서도 다음과 같이 주장하고 있다.

「신이 엎드려 생각하옵건대 농정에 힘쓰려 하시오면 반드시 먼저 그 농업을 해하는 자를 없애고 난 후에야 말할 수 있겠습니다.

첫째 선비를 줄여야 하겠습니다. 오늘날 3년 만에 식년에 대·소과에 응시하는 자를 계산해 보면 10만이 넘습니다. 오직 10만뿐이 아닙니다. 이들의 부자, 형제도 비록 과거에는 응시하지 않으면서 농사에 종사하지 않습니다. 농사에 종사하지 않을 뿐만 아니라 농민을 부리고 있는 자들입니다. 마지 못하여 농사를 짓는 자는 어리석은 아랫것들이나 남의 종들뿐입니다. 이들의 처자까지도 들일에 종사하게 합니다. 황폐한 마을에는 다듬이 소리가 끊어진 듯 적어지고 온 나라의 옷이 몸을 덮지 못하게 되었습니다. … 이제 날로 수가 많아지고 늘어가는 선비를 줄이지 않고 오직 날로 쇠퇴하는 농부만을 책망하여 "어찌하여 너희들이 힘을 다하지 않느냐?"고 한다면, 비록 조정에서 매일 천 가지 통첩을 내고 지방의 수령이 매일 만 마디의 꾸짖는 말을 한다고 하여도 마치 한 차의 장작에 붙은 불을 한주발의 물로 끄려는 것과 같아서 아무런 소용이 없습니다.

두 번째는 차를 사용하는 것입니다. 일찍이 대신 김 관이 평생토록 고심한 바는 차와 돈을 사용하는 두 정책이었습니다. 만약 차를 사용한다면 10년 이내 백성들이 이를 즐거이 이용하는 것이 돈을 사용하는 것보다도 더할 것입니다. '이른바 백성이란 이를 따라오게 할 뿐이지 이를 알게 하기는 어려운 것이며, 성공을 같이 즐길 것이지 그 시초는 같이 걱정하여서는 안 되는 것'(논어)이라 하겠습니다. 대게 농사란 신체에 비유하면 창자와 같고 차는 혈맥과 같습니다. 혈맥이 통하지 아니하면 사람이 살찔 리가 없습니다. 이는 농사는 아니지만 농사를 돕는 것인 만큼, 나라를 다스리는

---

24) 사족(士族)

데 먼저 힘써야 할 것입니다.

우리나라는 옛날에 없던 선비가 오늘날에는 있고, 옛날에는 있던 이로운 차가 오늘날에는 없습니다. 이해의 상반이 이렇게까지 되고 보면 백성의 고생스럽고 쇠약함이 이상할 것도 없습니다. 당연한 것입니다. 말하기 좋아하는 사람은 "풍속은 갑자기 바꿀 수 없으니, 다만 오늘의 농사만 가지고 증감하자"고만 하지만, 이에 대해서는 더 말할 필요가 없습니다. 시험 삼아 몸소 먼저 용양의 여러 농기구를 사다가, 대장간을 서울에 두고 여러 모양에 따라서 만들게 하고, 먼 거리에 있는 철의 생산지에는 속관을 보내어 나누어 만들게 하여 그 이로움을 알게 해야겠으며, 그 만드는 법과 모양을 나누어야 하겠습니다.」

박제가는 '병론'에서 군사제도의 문제점에 대해서 다음과 같이 지적하고 있다.

「우리나라 사람은 빈말을 잘하면서 실효에는 모자라며, 눈앞의 계교에는 부지런하면서 큰일에는 어둡다. 현은 장정을 점검하기에 피폐하며, 주는 군사훈련하기에 피곤해서 날로 나라의 화약만 소비할 뿐이다. 사대교린을 맡은 사람들이 도로에 깔렸지만 다른 나라의 법은 마침내 하나도 배우지 못하고 웃으면서 말하기를 왜놈, 되놈하며 천하만국이 우리만 못한 것같이 믿고 있다. 그러면서 임진년에 한번 패하고 정축년에 두 번째 함락되었는데 구대의 원수와 평성의 수치에 대해서 지금까지 거론하지 않은 것이 괴이할 것이 없다. … (중략) …

우리나라의 군사제도가 당나라의 부병제도와 비슷하여 훌륭하지만 타인의 칼은 반드시 자를 수 있는데 우리의 칼은 무디어 타인의 갑옷은 뚫지 못하고 우리의 갑옷은 뚫기가 쉬우니 이는 쇠를 단련하는 데 잘못이 있다. 남의 담벽은 모두 견고하나 우리의 성곽은 완전하지 못하니 벽돌이 없기 때문이다. 타인의 활은 비가 와도 상하지 않는데, 우리의 활은 한 번 불에 쬐어도 쓰지 못하니 이것은 활의 잘못이다. 적은 말을 타고 수레를 타서 날카로움을 돋구는데, 우리 병사의 다리는 힘이 미리 피로하고 무거운 짐을 짊어지니 싸울 수 없다. 다른 일도 이로 미루어 보면 모두 그렇다.」

그는 다음의 네 가지 속임과 세 가지 폐단을 제거하면 국가를 다스리는 일은 반은 이루진 것과 다름없다고 매우 구체적으로 적시하고 있다.

「무릇 인재가 아주 적은데 키울 바를 생각지 않고 재물을 씀이 날로 고갈되어 가는데 통할 바를 생각하지 않고 '세상이 침강되어 백성은 가난하다.' 할 바이면 이는 나라가 스스로를 속이는 것입니다. 지위가 높을수록 살피는 것은 더욱 간략하고, 관천[25]에 거해서는 모든 일을 아랫사람에게 맡기고, 관청에 나서서는 여러 아전에게 맡기면서 좌우를 옹호하고 부추겨주면서 말하기를 '체모[26]는 허술하게 못 한다'고 하면 이는 사대부가 스스로를 속이는 것입니다. 마음은 의의의 틀에 얽매이고 병려[27)의 방법에 소멸되어 천하의 서적을 묶어 놓고 '볼만한 것이 족하지 않다' 고 하는 것은 공령[28)에 스스로 속는 것입니다.

아버지를 아버지라 부르지 아니하는 자가 있고 형을 형이라고 부르지 않은 자가 있습니다. 같은 혈육으로써 종으로 부리는 자가 있으며, 누런 머리에 등이 굽은 노인을 쌍 상투머리를 땋은 아이의 아랫자리에 앉게 하는 자가 있습니다. 할아버지나 아버지뻘에 인사하지도 않고. 손자 조카 벌 되는 자가 인사하지도 않고, 손자 조카 벌 되는 자가 어른을 꾸짖는 일이 있습니다. 점점 교만해져서 천하를 모두 오랑캐로 여기고 스스로 예의가 있다고 하고, 중화[29)의 법이라고 하니 이는 습속에 스스로 속는 것입니다.

사대부는 국가가 만든 것인데 국법이 사대부에 행해지지 못하니 스스로 만든 폐단이 아니옵니까? 과거는 인재를 뽑으려는 것인데 뽑음이 과거로 말미암아 잘못되니 스스로 만든 폐단이 아니옵니까? 서원에서 제사지내는 것은 승유하는 까닭이온데 장정을 도망시키고 금하는 술을 빚는 것은 스스로 만든 폐단이 아니옵니까?

국가가 이 네 가지 속임과 세 가지 폐단을 파헤쳐서 저촉되는 것은 펴고 병든 것은 잘라내고 어리석은 사람을 가르쳐 일깨워 주면 나라 다스리는 일은 반은 된 것입니다.」[12]

중국의 서양인을 통해 발달된 그들의 문명을 알고 그들을 초빙하여 우리나라 자제들이 배우게 해야 한다면서 배워야 할 것을 구체적으로 수십 가지를 나열하고 있다. 특히 신부에 대한 견해를 보면 그의 혜안에 놀라움을 금할 수 없다.

「신이 생각해보니 수십 인의 무리가 한 집에 살아도 반드시 난을 일으키지는 못할 것입니다. 또 그 사람들은 결혼과 벼슬을 끊어 버리고, 기욕[30)도 물리치면서 먼 나라에 와서 포교하는 것만을 마음에 두고 있고, 그 교가 천당과 지옥을 독실히 믿음

---

25) 관천(貫穿) : 꿰뚫는다는 뜻으로, 학문에 널리 통함을 의미 하나 여기에선 집에서는 다른 일은 안하고책만 읽는다는 의미로 해석 됨.
26) 체모(體貌) : 몸차림이나 몸가짐.
27) 병려(駢儷) : 문체종류의 하나로 수사시 대귀를 많이 사용하여 미감을 줌. 육조와 당초(唐初)에 성행
28) 공령(功令) : 고려·조선 시대에, 문과(文科) 과거에서 시험을 보던 여러 가지 문체.
29) 중화사상(中華思想) : 중국 사람이 자기 민족을 세계 문명의 중심이라고 생각하여 자기 민족의 우월성을 자랑하여 온 사상. 대체로 통일적인 민족 문화가 형성된 춘추 전국 시대에 일어나 오랫동안 한민족(漢民族)의 사상의 기본이 되어 왔다.
30) 기욕(嗜慾) : 좋아하고 즐기려는 욕심.

이 불교와 다름이 없지만 후생을 갖추는 것이 불교에는 없는 것입니다. 열 가지를 취하고 한 가지만 금한다면 득이 된다는 계산입니다. 다만 그들을 대접하는 데 있어 마땅함을 잃어 불러도 오지 않을까 두려울 따름입니다.」

시대를 앞서가서 일까. 박제가는 정조가 사망한 이듬해인 1801년에 북경을 방문했다가 돌아오는 길에 당시의 실세인 노론에 의해 함경도 종성 땅으로 유배되었다. 2년 7개월간 귀양살이를 마치고 고향으로 돌아온 그는 이듬해인 1805년 4월 25일 56세를 일기로 생을 마감했다.

한편 박제가는 젊은 시절인 1767년 '백탑시파'31)라는 문학동우회를 결성했다. 동우회 회원들은 10여 년간 왕성히 활동하여 중국에까지 알려졌다. 유득공의 숙부였던 유금은 1776년 중국사절단으로 중국에 가면서 박제가, 이덕무, 유득공, 이서구의 시 399편을 모은 <한객건연집>32)이라는 책을 북경에서 펴냈다. 중국 최고의 지식인 이조원과 반정균이 이들의 시를 높이 평가했고, 이들 네 사람은 북경의 시단에서도 시인으로 명성을 날렸다.

박제가는 사고전서의 편찬 주관자인 청나라의 문인 기윤33)과 교유관계를 맺었는데 훗날 기윤이 조선에서 온 사신의 인편으로 박제가를 그리워하는 서신을 보내자, 그것을 본 정조는 "기윤의 편지를 보니 박제가는 나라를 빛낼 인재가 아닌가."라고 감탄하기도 했다. 훗날 박제가의 셋째 아들인 박장암이 <호저집>34)을 펴냈는데 여기에 등장하는 중국 인사만도 172명이나 된다. 박제가는 중국 명사와 폭넓은 교유 관계를 맺은 흔치않은 국제적인 인물이었다.[13]

(4) 박지원의 열하일기

연암 박지원의 <열하일기>는 독서의 즐거움을 저절로 느끼게 해주는 책이다. 실학파의 책을 읽어나가다가 보면 마치 우국지사가 된 것처럼 긴장하게 된다. 그리고 잘 이해하기 어려운 부분도 많아 그런 부분은 대충 넘어가기 십상이다. 그러다가 문득, <열하일기>를 보게 되면 지금까지와는 전혀 다른 세상을 만나게 된다. 이 책은

---

31) 백탑시파(白塔詩派) : 박지원, 박제가, 홍대용, 정철조, 이덕무, 백동수, 이서구, 서상수, 유금, 유득공등의 문인들이 결성한 문학동우회이다. 서울 대사동(현재의 인사동 일대) 원각사 절터에 10층 석탑이 있었는데, 당시 이것을 '백탑'이라 불렀다. 많은 문인들이 백탑주변에 살았기 때문에 백탑시파라고 칭했다.
32) 한객건연집(韓客巾衍集)
33) 기윤(紀昀)
34) 호저집(縞紵集)

말하자면 기행문인데 마치 여행지를 연암과 같이 직접 다니면서 보고 있는 듯이 착각할 만큼 생생하게 묘사하고 있다. 한문으로 된 이 책을 번역을 잘해서일까, 입가에 저절로 미소를 머금게 만드는 위트와 해학, 가늠하기 힘든 사유35)의 깊이, 은연중에 일깨우는 자기성찰, 무엇보다도 매혹적인 인품이 도저히 흉내내기 어려운 그 주옥같은 문장들 속에 녹아 있다. 이 책을 한마디로 표현한다면 '심신을 맑고 가볍게 해주는 청량제'라고나 할까, 계속 읽다보면 연암의 향기에 매료되어 간청하여 강연이라도 듣고 싶은 심정이 된다.

여기서 <열하일기>를 보기 전에 한 가지 언급하고 넘어갈 것이 있다. 리더는 '장'을 만들어 줄줄 알아야 진정한 리더라 할 수 있다. 조선시대에는 과거라는 시험제도가 있어 이들이 모이는 난장이 생겼고 이것이 난장판도 되었다. 말하자면 이 난장과 같이 사회의 모든 분야에서 국민들이 마음껏 기량을 펼칠 수 있는 장을 만들어 주어야 한다는 것이다.

본론으로 돌아와서 연암은 10대 때 혼탁한 세상에 대한 실망감과 과거급제를 위한 글공부에 대한 회의가 있었다고 한다. 그래서인지 34세에 과거에 응시하는데 두 번의 초시에서 모두 수석을 차지한다. 이를 기특하게 여긴 영조의 명으로 국왕 앞에서 시권을 낭송하는 특전을 누렸으나, 마지막 관문인 회시에서 답안지를 제출하지 않았다고 한다. 이처럼 세속적인 입신양명에 전혀 관심이 없었던 연암의 집안은 노론의 별열 가문인 데다가 삼종형 박명원은 영조의 극진한 사랑을 받은 화평옹주의 남편이다. 이 박명원이 1780년(정조 4) 청나라 건륭제의 칠순 연을 축하하기 위하여 외교사절로 가게 되었는데 이때 평소 연암이 청나라 문명을 동경한다는 것을 알고 그를 자제군관(개인수행원)으로 임명하여 데리고 간 것이다.

이 박명원이 연암을 청나라에 데려가지 않았으면 오늘날 우리는 <열하일기>를 만날 수가 없다. 더 극적이고 감사할 일은 연암이 위에서 본 것처럼 벼슬에 뜻이 없었으니 생활 또한 궁핍했을 것임은 미루어 짐작할 수 있다. 설상가상으로 홍국영의 세도정치로 벽파에 속했던 그의 생활은 더욱 어렵게 되고 생명의 위협까지 느끼게 되어, 결국 황해도 금천, 연암협으로 은거하게 된다. 박지원의 아호가 연암으로 불리어진 것도 이에 연유한다. 이런 상황에 처해 있던 그를 중국에 데려간 것이다.

<허생전>으로도 유명한 박지원(1737~1805)은 영조 13년 서울의 서쪽인 반송방 야동에서 출생하였다. 아버지는 사유이며, 어머니는 함평 이씨 창원의 딸이다. 아버

---

35) 사유(思惟)

지는 그냥 선비로 지내신 분이라 돈령부지사를 지낸 조부 슬하에서 자랐다. 1752년 (영조 28) 전주 이씨 보천의 딸과 혼인하면서 보천의 아우 양천에게서는 사마천의 <사기>등 역사를 교훈 받았고, 처남 이재성과는 평생 문우로 지내게 된다. 30세가 되던 1768년 백탑 근처로 이사를 하여 박제가·이서구·서상수·유득공·유금 등과 이웃하면서 학문적으로 깊은 교유를 가졌다. 이때를 전후해 홍대용·이덕무·정철조 등과 이용후생 등 부국강병을 위한 논의로 열정을 불살랐다. 특히 당시에 조야에서 인정을 하려들지 않은 청나라의 선진문명을 받아 들여야 한다는 주장을 펴 북학파로 불린다.

당시는 외국에 나간다는 관료조차 쉬운 일이 아니어서 일반 백성은 꿈도 꾸기 어려운 시대였다. 평소 전해듣기만 했던 북경을 연암도 실제로 방문할 기회가 생겼으니 이때가 그의 나이 34세였다. 1780년 6월 25일 한양을 출발해서 압록강을 건넌 뒤 요동벌판을 거쳐, 8월 초 드디어 북경에 도착했다. 그런데 예기치 않았던 건륭황제의 특명이 내려, 북경에서 약 250킬로미터 떨어진 만리장성 너머 열하까지 가게 된다. 열하는 청나라 최성기 90년간 여름 서너 달 동안 임금을 비롯한 문무백관이 옮겨 집무했던 제2의 수도로 온천이 솟는 곳이어서 열하라고 불렀다고 한다. 다시 북경으로 돌아와 약 한 달 동안 머문 뒤 그해 10월 27일 귀국한다. 이 기간 약 4개월에 걸친 중국견문을 정리하여 쓴 책이 26권 10책의 <열하일기>다.

박지원의 실학사상은 청나라의 선진문물을 수용하여 부국강병을 이루자는 것이다. 그런데 당시 조선의 양반들은 경제보다 도덕을 중시하는 유교사상으로 인해 상공업이나 농업의 실무에 무지하고 무관심했다. 또한 청나라는 오랑캐요, 조선은 소중화라는 의식이 뿌리 깊어 한족이 아닌 청나라의 선진문물조차 싸잡아 배격했다. <열하일기>에는 이러한 양반들의 고루한 사고방식을 근본적으로 바꾸어 놓을 만한 내용들이 많다.

열하일기는 직접 읽어 보기로 하고 여기서는 가벼운 마음으로 연암이 중국에서 난생 처음 코끼리를 본 충격을 표현한 「상기」[36]의 일부만 감상해 보기로 한다.

「소의 몸뚱이에 나귀의 꼬리, 낙타 무릎에 호랑이 발, 짧은 털, 회색 빛, 어진 표정, 슬픈 소리를 가졌다. 귀는 구름을 드리운 듯하고 눈은 초승달 같으며, 두 개의 어금니 크기는 두 아름이나 되고, 키는 1장 남짓(약 3미터)된다. 코는 어금니보다 길어서 자벌레처럼 구부렸다 폈다 할 수 있으며 또 굼벵이처럼 구부려지기도 한다. 코끝은 누에 끄트머리 같은데 물건을 족집게처럼 집어서 둘둘 말아 입속에 집어넣는다. 어떤

---

36) 상기(象記)

사람은 코를 부리라 여기고는 다시 코를 찾는다. 코가 이렇게 생겼을 줄은 생각지도 못하는 것이다.

어떤 사람은 코끼리의 다리가 다섯 개라 하고, 어떤 사람은 코끼리의 눈이 쥐와 같다고 하지만 이는 무엇보다 관심이 코와 어금니사이에 집중된 탓이다. 몸뚱이 중에서 가장 작은 부분을 보다 보니 엉뚱한 오해가 생긴 것이다. 대체로 코끼리의 눈은 매우 가늘어서 간사한 인간이 야양을 떨 때의 모양과 비슷하다. 하지만 그것은 전적으로 오해다. 코끼리의 어진 성품은 어디까지나 눈에 있기 때문이다.」[14]

「아! 사람들은 사물 중에서 터럭만큼 작은 것이라도 하늘에서 그 근거를 찾는다. 그러나 하늘이 어찌 하나하나를 명령을 해서 냈겠는가. 하늘이란 것이 실로 오묘하기 짝이 없어 형체로 말한다면 천이요, 성정으로 말한다면 건이며, 주제하는 것으로 말하자면 상제37)요, 오묘한 작용으로 말하자면 신38)이라 한다.

하지만 사람들은 이 변화무쌍함을 간단한 원리로 정리해 버린다. 즉 이와 기39)를 화로와 풀무로 삼고, 뿌리는 것과 품부40)하는 것을 조물로 삼아, 하늘을 마치 정교한 공장으로 보면서 망치·도끼·끌·칼 등으로 조금도 쉬지 않고 일을 한다는 식으로, 그러므로 역경41)에 이르기를 "하늘이 초매42)를 만들었다."고 하였다. 초매란 것은 그 빛이 검고 그 모양은 흙비가 내리는 듯하여, 비유하자면 새벽이 되었지만 아직 동이 트지 않은 때와 같아서 사람이나 사물이 뒤엉켜 있는 혼돈 그 자체를 말한다.

나는 알지 못하겠다. 캄캄하고 흙비 자욱한 속에서 하늘이 만들어 낸 것이 과연 무엇이었는지. 국수집에서 보리를 갈면 작거나 크거나 가늘거나 굵거나 할 것 없이 마구 뒤섞여 바닥에 쏟아진다. 무릇 맷돌의 작용이란 도는 것뿐이니, 가루가 가늘거나 굵거나 간에 거기에 무슨 의도가 있었겠는가.

그런데 사람들은 "뿔이 있는 놈에게는 이빨을 주지 않았다."고 말한다. 사물을 만들면서 빠뜨린 게 있는 듯 여기는 것은 또 뭔가. 그래서 나는 감히 묻는다.

"이빨을 준건 누구인가?"
사람들은 이렇게 대답하리라.
"하늘이 주었지."

---

37) 천, 건, 상제(天, 乾, 上帝)
38) 신(神)
39) 이와 기(理, 氣)
40) 품부(稟賦) : 선천적으로 타고 남
41) 역경(易經)
42) 초매(草昧)

다시 묻는다.

"하늘이 이빨을 준 까닭은 무엇인가?"
"하늘이 그것으로 사물을 씹도록 한 것이다."
"사물을 씹도록 한 것은 무엇 때문인가?"
"그것이 바로 이치입니다. 짐승들은 손이 없으므로 반드시 그 주둥이를 구부려 땅에 대고 먹을 것을 구하지요. 그러므로 학의 정강이가 높으면 부득이 목이 길어야만 합니다. 그래도 여전히 간혹 땅에 닿지 못할까 염려하여 부리를 길게 만들었습니다. 만일 닭의 다리를 학과 같게 하였더라면 뜨락에서 굶어 죽었을 것입니다."
나는 크게 웃으면서 다시 말하리라.
"그대들이 말한 이치란 소·말·닭·개에게나 맞을 뿐이다. 하늘이 이빨을 준 것이 반드시 구부려서 사물을 씹도록 한 것이라면, 지금 저 코끼리는 쓸데없는 어금니를 만들어 준 탓에 땅으로 고개를 숙이면 어금니가 먼저 닿는다. 이른바 사물을 씹는 것에 방해가 되는 게 아닌가?"

그러면 어떤 사람은 이렇게 말할 것이다.

"그것은 코가 있기 때문이지."
"긴 어금니를 주고서 코를 핑계로 댈 양이면, 차라리 어금니를 없애 버리고 코를 짧게 하는 게 낫지 않겠는가?"

그러면 더 이상 우기지 못하고 슬며시 무릎을 꿇고 만다. 우리가 배운 것이라고는 생각이 소·말·닭·개 정도에 미칠 뿐, 용·봉·거북·기린 같은 짐승에게까지는 미치지 못한다. 코끼리가 범을 만나면 코로 때려죽이니 그 코야말로 천하무적이다. 그러나 쥐를 만나면 코를 둘 때가 없어서 하늘을 우러러 멍하니 서 있을 뿐이다. 그렇다고 쥐가 범보다 무서운 존재라고 말한다면 조금 전에 말한바 이치에 어긋나고 만다.
대저 코끼리는 눈에 보이는 것인데도 그 이치를 모르는 것이 이와 같다. 하물며 천하 사물이 코끼리 보다 만 배나 더한 것임에랴. 그러므로 성인이 <역경>을 지을 때 코끼리 상자를 취하여 지은 것도 만물의 변화를 궁구하려는 뜻이었으리라.」[15]
그는 <동양시집서>에서 다음과 같이 적고 있다.
「본 것이 적은 자는 해오라기를 기준으로 까마귀를 비웃고 오리를 기준으로 학을 위태롭게 여긴다. 그 사물들 각각은 아무 문제가 없는데도 자기 혼자 화를 낸다. 한 가지 일이라도 자기 생각과 같지 않으면 만물을 모조리 모함하려 드는 습성 때문이다. 하지만 저 까마귀를 한 번 보라. 그 깃털보다 더 검은 것이 없건만 홀연 우윳빛이 번지기도 하고 다시 녹색 빛을 반짝이기도 하며, 해가 비추면 자줏빛이 튀어 올라 눈에 어른거리다가 비췻빛으로 바뀐다. 그렇다면 내가 그 까마귀를 '푸른 까마귀'라 불러도 되고, 혹은 '붉은 까마귀'라고 불러도 될 것이다.

그 새에게는 본래 일정한 빛깔이 없거늘, 사람의 눈으로써 먼저 그 빛깔을 정한 것이다. 어찌 단지 눈으로만 정했으리요. 보지도 않고서 먼저 그 마음으로 정해버린 것이다. 거기다 까마귀를 검은색으로 고정시킨 것만으로도 부족하여 또다시 까마귀로써 천하의 모든 색을 묶어 두려 한다. 까마귀가 과연 검기는 하지만, 누가 다시 이른바 푸른빛과 붉은 빛이 안에 들어 있을 줄 짐작이나 하겠는가.」[16]

연암은 그의 <연암집>에서 코끼리의 형상과 형태를 다음과 같이 묘사했다.

「코끼리는 서면 집채만 하고 걸음은 비바람같이 빠르며, 귀는 구름을 드리운 듯하고, 눈은 초승달과 비슷하며, 발가락 사이에 진흙이 봉분같이 붙어 있어, 개미가 그속에 있으면서 비가 오는지 살펴보고 기어 나와서 장을 보는데, 이놈이 두 눈을 부릅 뜨고 보아도 코끼리를 보지 못하는 것은 어인 일인가? 보이는 바가 너무 멀기 때문이다. 또 코끼리가 한 눈을 찡긋하고 보아도 개미를 보지 못하니, 이는 보이는 바가 너무 가까운 탓이다. 만약 안목이 좀 큰 사람으로 하여금 다시 백리 밖에서 보게 한다면, 어둑어둑 가물가물 아무 것도 보이는 바가 없을 것이니, 어찌 고라니와 파리, 개미와 코끼리를 구별 할 수 있겠는가? 또 코끼리는 범을 쉽게 때려눕히지만, 쥐를 만나면 어쩔 줄을 모른다. 그렇다고 쥐가 범보다 무섭다고 할 수는 없는 노릇이다.」[17]

불교를 상징하는 동물은 극락조, 용, 목어, 사자 등 여러 가지가 있으나 코끼리가 단연 앞선다고 한다. 이는 마야부인이 6개의 상아가 달린 흰 코끼리가 옆구리로 들어오는 태몽을 꾸고 부처를 잉태했기 때문에 흰 코끼리는 신성하고 영험한 존재로 여겨진다고 한다. 연암의 코끼리에 대한 글을 읽으면, 불교를 상징하는 동물을 코끼리로 했는지 조금은 이해가 된다.

연암은 조선 땅에 태어나 평생 조선을 벗어나보지 못한 반상 모두에게 세상이라는 것이 얼마나 넓은 것이며, 우리의 좁은 식견으로는 도저히 이해할 수 없는 현상들로 가득 차 있다는 것을 알려주고 있다.

(5) 정약용의 경세유표

다산 정약용은 우리 역사상 인물 중에 우리에게 가장 많이 알려진 익숙한 이름이다. 그는 1762년 경기도 광주군 마현에서 진주목사의 벼슬을 지낸 정재원의 넷째 아들로 태어났다. 모친은 실학자이고 화가였던 윤두서의 손녀였다. 4세에 이미 천자문을 익혔고, 7세에 한시를 지었으며, 10세 이전에 이미 자작시를 모아 <삼미집>을 편찬할 정도로 매우 영특했다. 광주에는 성호 이익계열의 남인들이 많이 살았고 우리나라 최초의 신부인 이승훈은 그의 매부이다. 14세에 아버지가 서울로 전임되어 서울로 오게 된다. 16세부터 성호 이익의 유고를 읽은 그는 채제공, 권철신 등의 선배학자와 교류하고 박지원, 이덕무, 박제가 등과도 접촉했다. 25세 되던 해는 서학에 대해 많은 영향을 받았다. 22세에 초시에 합격하였고, 성균관에 입학하여 교유 관계를 넓혔다. 성균관 재학 시에 이미 정조에게 인정을 받았고 28세에 대과에 합격하여 관직에 나아가게 되었는데 본인은 역량과 정조의 총애를 한 몸에 받아 병조참의, 좌부승지 등을 역임하면서 순탄한 관료생활을 할 수 있었고 배다리와 거중기의 설계 등 기술면에서도 특출한 재능을 나타냈다.

그러나 1800년 갑작스런 정조의 승하로 모든 것이 달라지기 시작했다. 그의 환경 상 서학과 천주교와 밀접한 관계에 있었는데 이로 인해 본인은 물론 집안에 큰 화를 당하게 된다. 정조가 승하한 이듬해에 정조의 아버지 사도세자의 죽음(1762년)을 둘러싸고 일어난 시파와 벽파의 당쟁이 종교탄압으로 발전하여 '신유사옥'이 일어나게 된다. 순조(재위 1800~1834)가 어려서 즉위하자 대왕대비 김씨(영조의 비)의 수렴정치가 행하여져서, 대비의 오빠로 노론벽파의 리더 김귀주가 실권을 장악해서 시파를 억압했다. 시파에는 노론의 일부도 포함되어 있는데, 남인 시파에는 천주교도가 많았기 때문에 종교탄압으로 발전한 것이다. 1801년 4월 신부 이승훈, 실학자로 유명한 정약용의 셋째형인 정약종, 최필공, 홍락민, 홍교만, 최창현 등이 처형되고, 이가환, 권철신 등은 옥사했다. 정약용과 그의 둘째 형인 정약전은 유형에 처해졌다. 6월에는 중국인 신부인 주문모가 처형되었다.

이런 탄압에 대해서 주문모의 신도인 황사영은 북경의 구베아 주교에게 비단에 기록한 구원요청서를 보내려고 하였는데 체포되어서 <백서>도 압수되었다. 이로 인해 천주교탄압은 더욱 거세져서 순교자가 약 140명에 이르렀는데 이를 '신유사옥'이라고 한다. 이 사건으로 1801년 초봄에 다산의 형 정약전은 흑산도로, 다산은 강진으로 유배를 가게 된다. 이후 두 형제는 평생 만날 수 없었다. 귀양살이 16년째인

1816년 6월 6일 형이 흑산도에서 사망한 것이다.

그가 평생에 걸쳐 집필한 책은 경학에 관한 연구서가 240여 권에 이르고, 경세학인 '일표이서'가 120여 권, 그 이외의 온갖 종류에 관한 저술을 합하면 500권이 넘는다.[18] 여기서 경세학이란 세상을 다스리는 학문을 말하는데 '일서이표'란 '경세유표', '목민심서'. '흠흠심서'의 3권의 책을 말한다. '흠흠심서'는 목민관의 주요업무인 형정43)을 다룬 저서이다. 책의 이름은 판결을 할 때 인명에 관한 일은 신중하게 또 신중하게 처리하라는 의미라고 한다. '목민심서'는 지방행정 개혁에 관한 내용인데 지방수령인 목민관의 관리로써의 몸가짐에 관하여 구체적으로 적고 있다. 이 책은 우리나라뿐만 아니라, 다른 나라에서도 공직자 필독서로 선택될 정도로 잘 알려져 있다. '경세유표'는 부국강병을 위한 국가개혁사상이 집대성되어 있다. 다산은 이 책의 저술 동기를 다음과 같이 밝히고 있다.

「가만히 살펴 보건대 이 사회에 무엇 하나 병들지 않은 것이 없다. 지금에 와서 이병을 고치지 않으면 반드시 나라를 망친 후에야 고치게 될 것이니 어찌 충신과 열사가 그저 팔장만 끼고 옆에서 보고만 있을 것인가. … (중략) … 이것을 '초'라고 한 것은 이를 후대에도 계속 가다듬어 나가기를 기대해서다.」

여기서 경세유표의 일부분을 살펴봄으로써 그의 경세치용과 이용후생의 개혁사상의 일단을 엿보기로 한다. 그의 부국강병론은 오늘날의 용어로 말하자면 큰 틀에서 통치체제와 경제제제의 개혁론이라고 할 수 있다. 특기할만한 점은 각 분야의 개혁론이 눈으로 보고 직접 경험한 사회상황을 정밀하게 파악하여 분석하고 이를 토대로 개혁의 방안을 더할 나위 없이 구체적으로 제시하고 있다는 점이다. 그는 국가재정개혁의 문제를 당시 경제의 기반인 토지제도의 문제와 직결시켜 가계의 측면에서 접근한다. 다음의 글은 그의 토지개혁론의 서문에 해당하는 글이다.

「어떤 사람이 있는데 그의 전지44)는 10경이고 그 아들은 10명이라고 하자. 그 중 한 아들은 3경을 얻고, 두 아들은 각 2경을 얻고, 세 아들은 각 1경씩을 얻고, 나머지 네 아들은 전지를 얻지 못하여 울면서 길거리에 뒹굴다가 굶어 죽게 된다면 그 사람이 부모노릇을 잘 한 사람이라고 할 수 있겠는가?

하늘이 이 백성을 내릴 때 먼저 전지를 마련하여 그들로 하여금 먹고 살게 하였고, 또한 백성을 위하여 군주와 목민관을 세워 그들의 부모가 되게 하였으며, 백성의 재산을 균등하게 하여 다 함께 잘 살도록 하였다. 그런데도 군주와 목민관이 팔짱만

---

43) 형정(刑政)
44) 전지(田地)

끼고 앉아 아무 일도 안한다면, 이들이 서로 싸워서 재산을 빼앗아 자기에게 합치는 일을 못하게 막을 자는 누구란 말인가. 힘센 자는 더 많이 얻게 되고 약한 자는 떠밀리어 땅에 넘어져 죽게 된다면 그 군주와 목민관이 된 자는 군주와 목민관의 노릇을 잘 한 사람이라고 할 수 있겠는가? 그러므로 백성들의 재산을 능히 균등하게 하여 다 함께 잘 살 수 있도록 한 사람은 군주와 목민관 노릇을 잘 한 사람이요, 능히 백성들의 재산을 균등하게 하지 못하여 다 같이 살 수 있게 하지 못하는 사람은 군주와 목민관의 직무를 저버린 사람이다.」

그는 38세에 '전론'을 썼는데 이 개혁론이 지나치게 급진적이어서 실현성이 크게 떨어진다는 것을 알고 후에 <정전론>과 <정전의>로 대체한다. 이는 그가 <경세유표>를 '초'라고 한 것에 대한 실천으로 토지개혁론의 핵심에 해당한다.

그의 '상공업 진흥론'편에는 다음과 같이 적고 있다.

「규장각 검서관 박제가가 지은 <북학의> 6권을 보았다. 또 그 뒤에 박지원이 지은 <열하일기> 20권을 보았다. 그에 실려 있는 중국의 기계제도는 사람의 생각으로는 측량할 수 없는 것이 많다. … (중략) … 나는 생각하기를 '이용감'이라는 기관을 별도 설치하여 북학을 전문적인 직책으로 삼게 해야 한다. … (중략) … 수리에 정통한 사람과 눈썰미와 손재주가 있는 사람을 엄선하여 해마다 북경에 보내 신기술을 배워오게 해서 본감에 바치도록 한다. 그러면 본감은 정교한 기술자를 모아 그 법을 을 연구하여 시험적으로 만든다. 성공하여 효용성이 있는 것은 제조와 공조판서가 그 기술을 조사하여 공로를 정하고, 혹 목사, 혹은 참방, 혹은 현령·군수 등의 벼슬을 준다. 그 가운데 큰 공이 있는 사람은 승진시켜 '남북한부사'를 시키고 혹은 그 자손에게 벼슬을 내린다. 이렇게 하면 10년 내에 반드시 업적이 나타나 국가는 부유하고 병력은 강대하여져 다시는 천하의 비웃음을 받지 않을 것이다」. 그리고 개발해야 할 기술의 예로 철, 동의 제련, 기계를 이용한 경작, 바람을 이용한 맷돌, 화기, 수총 등 많은 것을 열거하고 있다.

이와 관련하여 대부인 이기양(1744~1802)이 연경에 사신으로 갔다가 박면교거(방적기)를 가져왔는데 선왕이 5개 궁문에 명령하여 모양을 본 떠 만들어 팔도에 분배토록 했는데 이 명령을 내리자마자 임금이 돌아가셔서 실행을 보지 못한 사실을 두고 「이 제도가 소박하고 누추하여 기특한 것은 아니나 한사람이 한가히 앉아 수레를 밟아서 매일 2백근의 솜을 탈 수 있으니 족히 방적을 편리케 하며 재물을 유통시킬 수 있다.」고 하면서 이를 실행하지 못한 것을 애석해 했다. 후술하겠지만 이런 것도 우리나라 단절의 역사의 한 단면이다.

중국과의 무역품목에 관해서도 다음과 같이 적고 있다.

「… 오금과 활석은 모두 해, 달과 여러 별들의 정기가 오랫동안 응결하여 그 모양이 이루어진 것이다. 광산 하나를 이미 파내면 천년이 가도 회복되지 않는다. 그러니 이것은 한정되고 얻기 힘든 보배이다. 비단과 베는, 누에실과 양털이 해마다 생산되니 이것은 한정 없고 얻기 쉬운 물건이다. 우리나라에서 해마다 금과 은, 수만 냥을 중국에 수출하여 비단과 명주 베를 사들인다. 이것은 한정 있는 것으로 한정 없는 것과 내기를 하는 것이다. 어찌 기운과 힘이 다되어 황폐하게 되지 않겠는가? 우리 금과 은이 다 떨어지면 저쪽 비단도 나오지 않는다. 그러니 산뜻한 의복을 항상 얻을 수 있겠는가? 내가 생각하기에 금과 은전이 국내에 통용되면 중국에 들어가는 것이 감소하리라 믿는다.

또한 비단과 명주는 절대로 사들이지 말고 이용감에서 그 법을 배워서 국내에 보급시키면 양면으로 이익이 되지 않겠는가. 그 법을 배울 수 없다면 차라리 떨어지고 나쁜 옷도 수치로 여기지 말아야 하며 금과 은은 중국에 들여보낼 수 없다.」

또한 오늘날의 유통과 물류에 해당하는 문제점을 적시하고 있다.

「우리나라는 삼면이 바다로 둘러싸여 있어서 수운에 편리하다. 때문에 옛날에 수레는 없었다. 그러나 바람과 파도로 전복, 몰락하여 잘 건너가기가 매우 어렵다. 위험하고 막혀서 비용은 많고 이익은 적으니 장사가 흥행하지 않으며 상품이 유통되지 않아 나라는 피폐해지고 국민이 가난한 것은 모두 수레가 없기 때문이다.」

당시의 백성의 기술수준과 역량을 짐작케 하는 글도 있다.

「나의 형인 약전이 "내가 섬사람들을 보면 누구의 배는 능히 빨리 달리며 누구의 배는 능히 잘리지 못하고 누구의 배는 작아도 능히 무거운 짐을 이겨내며 누구의 배는 커도 능히 무거운 짐을 이겨내지 못한다."고 말하곤 했다. 이는 천하에 기이한 일이다. 내가 보니 배를 만들 때 척도를 사용하지 않고 눈으로 보고 만들며 제목도 균형이 잡히지 않고 제목에 따라 그 모양을 달리 했다. 혹 바닥은 짧되 뱃전은 길며, 혹 바닥은 좁되 들보는 넓고, 혹 몸뚱이는 작아도 키는 크며, 혹 몸뚱이는 커도 돛대는 짧아 머리와 꼬리가 서로 응하지 않아 배와 등이 자주 막혀 혹 키에 부딪혀 머리가 열리지 않고 혹 돛을 벌려 놓아도 뱃머리가 앞으로 나가지 않는다. 그러다가 혹 배 하나가 우연히 법도에 가까워 잘 달리며 무거운 짐도 이겨낸다. 그러면 이때 "저 배는 이와 같은데 이 배는 어찌 이와 같을까" 한다. 슬프도다! 배는 달리는 말이 아니다. 어찌 능히 용기와 둔함·강건함·졸렬함이 있겠는가.」라고 한탄하면서 잘 나가는 수레의 예를 들어 오늘날로 말하면 배가 잘나가게 할 수 있게 과학적 방법으로 제작하는 법을 자세히 적고 있다. 뿐만 아니라 운송을 위한 도로 개설, 각 지역 수영에 정박해 있는 배를 활용하는 방법, 방적기술 등 기술자를 양성하고 관리하는 방법을 구체적으로 적고 있다. 아울러 이 배를 만드는 것이 이용감에서 할 수 있는 것도 아니고 북학을 북에 가서 배운다고 되는 것도 아니라고 딱한 심정을 드러낸다.

정약용이 유배에서 풀려나 고향인 마현으로 돌아온 것은 1818년 가을, 그의 나이 57세 때였다. 이후 1836년 75세의 나이로 세상을 뜰 때까지 고향인 마현에서 자신의 학문을 마무리하여 실학사상을 집대성하였다. 그는 말년에 사암[45]이라는 호를 즐겨 썼는데 이는 '자신에 대한 평가를 후세 사람들에게 맡겨 기다린다.'는 뜻이라고 한다.

3. 실학유감

실사구시

'실사구시'의 의미를 사전에서 찾아보면 "실질적인 일에 나아가 옳음을 구한다.", "실제로 있는 일에서 진리를 구함", "사실에 토대를 두어 진리를 탐구하는 일" 등으로 설명하고 있다. 그런데 이 용어는 중국의 한서 <하간헌왕전>에 나오는 '수학호고 실사구시'[46]에서 비롯된 말로 청나라 초기에 고증학을 표방하는 학자들이 공리공론만을 일삼는 송명이학[47]을 배격하여 내세운 표어라고 한다. 고증학이란 중국의 명나라 말기에서부터 청나라 초기에 걸쳐 일어난 실증적 고전 연구의 학풍을 말하는바, 고증학의 일차적인 목표는 진리나 이치를 탐구하는 데에 도움이 되도록 문헌을 정비하고 그 뜻을 바로 잡는 것이었다.

이러한 관점에서 보면 위의 '실사구시'의 사전적 의미는 원 뜻을 잘 표현하지 못하고 있는 것으로 보여 주46)의 원문 '수학호고 실사구시'를 직접 번역해서 다시 정의해 보기로 한다. 원문의 첫 번째 글은 동사이고 두 번째 글은 목적어로 '수학호고'와 '실사구시'가 대구[48]를 이루고 있다고 볼 수 있다. 그렇다면 앞의 '수학호고'는 '배움을 닦고 옛것을 좋아하다.'로 해석하고, 뒤의 '실사구시'는 '본뜻을 밝히고 옳은 것을 찾아내다.'의 의미로 해석할 수 있다.

---

45) 사암(俟菴)
46) 수학호고 실사구시(修學好古 實事求是), <출전 : 한서(漢書) 하간헌왕전(河間獻王傳)>
47) 송명이학(宋明理學)
48) 대구(對句)

이는 사전적 의미와는 상당히 다른 해석이다. 사전적 의미는 '실사'가 '구시'의 부사구와 같은 역할을 하는 것으로 해석한 결과인데, 전체 원문의 앞 '수학'과 '호구'가 대등한 관계로 보고 해석하지 않을 수 없어, 대구를 이룬 '실사'와 '구시'도 사이에 접속사 '그리고'를 넣어 대등한 관계로 해석하는 것이 타당하다고 본 것이다. 이렇게 해석하는 것이 고증학의 학문접근방법과 태도를 보다 적합하게 표현하는 것으로 보인다.

이러한 의미를 가진 '실사구시'는 마치 고증학을 상징하는 한마디로서 이 용어를 사용한 것처럼 조선후기인 17~18세기에 걸쳐 정립된 새로운 학풍으로서의 실학사상을 표상하는 용어가 되어 있다. 어떤 의미에서는 당시에 실학사상을 표현할만한 적당한 용어를 찾다가 이 용어가 비교적 적합한 의미를 담고 있어 이를 차용한 것으로 보인다. 그래서 이 용어의 원래의 의미가 무엇인지를 이해하기 위해 위와 같이 구체적으로 살펴본 것이다. 검토 결과 '실사구시'의 두 가지 해석방법, 즉 각 한자의 의미를 해석한 사전적 의미와 고증학의 학문접근방법을 의미하는 원문해석의 두 경우 모두 학문을 탐구하는 방법론적인 의미로 볼 수 있다.

따라서 실학사상을 상징하는 용어의 의미로는 적합하지 않다. 실학사상이 학문이라기보다는 실천과학으로서의 성격이 강하기 때문이다. 사실 '실사구시'의 본래의 의미는 중요하지 않다. 중요한 것은 이 용어가 당시의 실학사상을 상징하는 용어로 사용되었기 때문에 이에 상응하는 의미를 나타내는 용어가 되어야 한다는 점이다.

이러한 관점에서 '실사구시'의 의미를 새롭게 정의하고자 한다. 실학이란 "자기가 살고 있는 현실사회를 냉철히 탐구·분석하여 찾아낸 문제들을 고침으로써 보다 나은 사회로 바꿀 수 있는 실천적 방법을 찾아내어 이를 적용하려는 학문"이다. 당시의 피폐한 백성들의 삶을 목도하고 부국강병을 위해 국가사회를 바닥에서부터 맨 위까지 모든 것을 개혁하자는 것을 주장한 것이다. 철저한 신분사회였던 당시에 이런 신분차별 철폐를 주장하고, 경제부흥을 위해 상공업 육성방안은 물론 통치체제에서부터, 병제, 토지제도 등 사회 전 부분에 대한 현실을 분석하고 새로운 제도와 혁신방안을 제시한 것이다.

이러한 실학사상을 상징하는 '실사구시'를 이 책에서는 실학사상을 실천하는 방법론으로서 "현재의 사회운영체제를 객관적인 관점에서 과학적인 방법으로 분석하고 진단하여 보다 나은 사회운영체제를 찾아내는 일"로 정의하여 사용하고자 한다.

실학유감

우리는 지금까지 실학파의 비조 반계 유형원(1622~1673)으로부터 각 시대를 대표한다고 볼 수 있는 성호 이익(1681~1763), 초정 박제가(1750~1805), 다산 정약용(1762~1836)의 주요 저서의 극히 일부를 개관했다. 유형원의 탄생으로부터 정약용의 사망에 이르는 기간은 200년이 약간 넘는 기간으로, 광해군으로부터 순조에 이르는 임금이 9명이나 바뀐 기간이다. 또한 이 기간은 서구의 근대화 시기에 해당하는데, 다산이 산 시대의 경우 이미 서양과 교류가 시작된 조선의 여명기에 해당한다.

인류역사의 흐름 속에서 동서가 운명적으로 만나게 되는 서구의 근대화 바로 이전, 우리나라의 국운을 좌우하는 준비기간에 해당하는 결정적인 시기에 등장한 실학파가 우리에게 주는 충격과 감동, 절망감과 분노, 그리고 한탄을 어떻게 다스려야 할까.

머리말에서 이 책은 다음의 '의문'과 '동경'을 화두로 썼다고 했다. 그것은 19세기 이전의 동·서양의 문명은 크게 차이가 나지 않았음에도 불구하고 우리나라는 20세기 중반까지도 세계 최빈국의 하나로 남아있었고 오늘날까지도 서양을 따라하기에 급급하게 되었는지에 대한 '의문'과 19세기 이후 서구의 각 나라가 격변하는 사회 환경에 얼마나 치열하게 대응하고 드러나는 사회 문제를 얼마나 치밀하게 탐구·분석하고 대안을 마련하여 현실사회에 적용해 왔는지 이들의 근대화 과정에 대한 '동경'이 그것이다.

그런데 두 번째 '동경'의 마음은 수정해야 할 것 같다. 반계부터 읽어나가다가 다산에 이르기도 전인 초정에 이르러 자기가 살아 숨 쉬고 있는 사회를 보다 나은 사회로 만들기 위한 평생에 걸친 이렇듯 치열하고 치밀한 실질적인 연구가 세상에 또 있을까 하는 생각이 들었다. 더구나 이 책을 다 본 것도 아니고, 원본을 읽을 만한 한학의 기초도 없어 편집한 번역본의 극히 일부를 본 것에 불과하지만 스스로 실학에 대한 정의를 내렸다.

실학이란 위에서 언급한 바와 같이 "자기가 살고 있는 현실사회를 냉철히 탐구·분석하여 찾아낸 문제들을 고침으로써 보다 나은 사회로 바꿀 수 있는 실천적 방법을 찾아내어 이를 적용하려는 학문"이다. 온고지신으로 아무리 오래된 전통이라 할지라도, 그것이 무엇이라 할지라도 현실에 맞지 않으면 과감히 버리고 새로운 시대정신을 창출하려는 것이 실학사상의 근본이다. 성호 이익도 "경서를 공부하는 것이 장차 세상에 쓸모가 있기 위함이다. 경서를 말하면서도 천하만사에 아무런 조처가 없다면 이것은 헛되이 읽기에만 능한 것이다."라고 했다. 박제가의 글은 구구절절 감탄을 자아내게 만든다. 당시의 이데올로기라 할 수 있는 유교를 뛰어 넘고, 조선건국 이후 박제가가 활동할 때까지의 150여 년에 걸쳐 형성된 문벌사회와 신분사회의 체계를 무너뜨리려고 했던 그의 사상은 혁명을 뛰어 넘는 그 이상의 것이다.

다산에 이르러서는 절망감을 넘어서 분노를 치밀게 한다. 우선 짚고 넘어갈 일은 18년에 걸친 다산의 유배생활이다. 세기의 천재, 국운을 좌우할 역량을 가진 위대한 인물을 1~2년도 아니고 18년이나 옭매어 온 자들은 도대체 누구인가. 역모를 꾀한 죄인도 아니고, 극악무도한 범죄자도 아니고, 당시 조야에서 그의 인품과 그릇의 크기를 아는 사람도 많았던데 왕권신수설은 들어 보았어도 정적이라는 이유만으로 그보다 못한 인간들이 자기보다 뛰어난 인간을 그렇게 무지막지 하게 장기 구금할 권리가 있다는 말은 들어 본적이 없다. 이는 세계역사에는 없는 일일 것 같다.

목숨을 건, 국가의 존망을 내건 전쟁에서도 유능한 적장은 존경하고 예우를 갖추는 법이다. 인간은 누구나 세월이 지나면 한줌의 흙으로 돌아간다는 평범한 진리도 외면하고 눈앞의 이익과 대단치도 않은 가문의 영광을 위해 조국의 미래라든가 부국강병의 당장의 목표도 모른 채 이와 같은 위대한 지도자를 사장시킨 결과로 2세기가 지난 후에 경술국치를 당하고 그로부터 반세기도 자나기 전에 동족 간에 전쟁이 일어나고 분단국가가 되었다. 이는 이미 다산이 예견한 일이다.

다음으로 장탄식을 금할 수 없게 만드는 것은 실학의 개념이 대두되어 200년이 흐르기까지 왕이 아홉 번이나 바뀌었는데 그 동안에 어느 왕이라도 한 명쯤은 이를 정책에 반영시켰을 법도 한데 그렇지 못했다는 사실이다. 다산의 경우 젊은 시절 정조의 총애를 받아 거의 정책을 집행할 수 있는 단계에 가까이 가 있었다는 점이 더욱 애석하게 만든다. 다산이 평생에 걸쳐 역작을 남긴 것도 훌륭한 일이지만, 그보다는 유사한 시기에 독일통일을 완성시킨 철혈 재상으로 알려진 비스마르크와 같은 역할을 했던지, 1805년 영국함대와 프랑스－에스파냐 연합함대 간에 벌어진 트라팔가르 해전의 넬슨이나 빌뇌브 제독과 같은 역할을 했어야 했다. 성공이든 실패든 실질적인 리더로서 왕을 보좌하여 국가경영을 직접 했어야 하는데 그러지를 못한 것이 한스러울 뿐이다.

당시 집권자들의 행태는 오늘날의 리더와 리더그룹이 타산지석으로 삼아야 한다. 중국을 섬기면서, 주희나 공·맹을 그렇게 열심히 공부하면서, 중국을 통일하였을 뿐만 아니라 말과 글을 통일하여 오늘날의 중국의 기틀을 다진 진시황의 리더십은 배우지 못했는가. 진시황은 인재를 모셔오는 데는 아군, 적군을 가리지 않고 진정을 다했다. 그리하여 오늘의 경제대국 중국이 존재하는 것이다. 아하! 정조임금이 갑자기 돌아가시지만 않았어도, 당시 집권세력이 진시황과 같은 안목이 반만 있었어도 본인들이 지켜본 다산을 그렇게 내치지는 않았을 것이다.

오늘날 우리나라는 여·야 정권교체라는 금자탑을 쌓아 민주주의 국가로 우뚝 섰다. 그 후 정권이 교체될 때마다 반복되는 예외 없는 공통점이 있다. 정말 하나같이 집권을 하게 되면 객관적 기준으로 역량이 되든 말든 어떻게든 선거에서 자기를 도와준 사람을 무슨 자리에든 앉히려 한다는 점이다. 또 하나의 공통점은 집권초기에는 80%가 넘던 지지율이 1년도 채 되지 않아 곤두박질쳤다는 점이다. 첫 번째의 공통점은 2017년 정권교체 후도 마찬가지이다.

지금 우리는 정조시대 폐막 후 200여 년이 지난 시점에 있다. 지금의 리더와 리더그룹들은 정조 이후 집권세력의 공과를 깊이 공부해야 한다.

다시 다산의 이야기로 돌아와서 세계역사에서 권력쟁탈은 셀 수도 없이 많았기 때문에 이것에 대해서는 이견이 있을 수 없다. 그러나 쟁탈전에서 이긴 자가 훌륭한 리더십을 발휘한 경우는 많다. 예를 하나 들자면 루이 14세는 순조(11세)보다 더 어린 5세에 즉위했으나 당시 섭정을 하는 자가 유능하여 프랑스를 부국강병으로 이끌었다. 그러나 우리나라는 국운을 좌우하는 순간에는 하나같이 무능한 리더가 실권을 쥐고 있었다. 참으로 통탄스러운 일이다.

다산이 누구인가. 근대 이후 조선의 3대 천재의 한명으로 일컬어지는 위당 정인보가 다산학을 제창하면서 "선생 일인에 대한 고구[49)는 곧 조선의 연구며, 조선근대사상의 연구이고, 조선 심혼의 명의 내지 전조선의 성쇠존멸[50)에 대한 연구"라고 갈파했다. 백가지 경륜을 단 하나도 제대로 펴보지 못한 다산의 심정은 어떠했을까. 오죽하면 그는 말년에 자신을 사암으로 부르기를 원했고, 자신의 저술에 대해 자찬묘지명[51)에서 "육경과 사서는 자신을 수양하는 것이고, 일표와 이서는 천하와 국가를 위함이니, 본말이 갖추어졌다고 할 것이다."라고 자평하고, "알아주는 이는 적고, 꾸짖는 자는 많으니, 천명이 허락해 주지 않는다면 불에 태워버려도 괜찮다."고 소회를 밝히고 있다.

끝으로 한번만 더 한탄을 토로하기로 하자. 다산의 <일서이표>는 무슨 사상을 논하는 이론서가 아니다. 이 책은 부국강병을 위해 무엇을 어떻게 해야 한다는 것을 구체적인 내용을 담은 것으로 지구상에는 다시는 없을 것 같은 책이다. 이 책은 정

---

49) 고구(考究) : 자세히 살펴 연구함.
50) 성쇠존멸(盛衰存滅) : 성하고 쇠퇴함, 존속과 멸망
51) 자찬묘지명(自撰墓誌銘) : 정약용이 지은 자신의 묘지명(墓誌銘)

치·경제의 전 부분, 그러니까 상업과 공업의 진흥을 통한 부국강병론이자 산업혁명의 실천적 방법론이다.

우리나라가 어떤 나라인가. 1960년대 초 경제개발 5개년 계획이 시작된 이후 반세기가 채 지나기도 전에 세계 10대 경제대국이 되었다. 이러한 국민적 역량으로 볼 때 <경세유표>가 나온 때가 1817년이니까 이때부터 이에 바탕으로 한 정책을 본격적으로 시행했다면 제1차 산업혁명은 틀림없이 우리나라에서 일어났을 것이고 우리나라의 역사는 물론 세계사도 달라졌을 것이다. 이와 같은 아쉬움의 역사는 다시는 반복되지 말아야 한다는 다짐을 하면서 서세동점의 시발점이 된 서구의 초기 자본주의 성립과 근대화 과정을 들여다보자.

4. 서구의 근대화

근대화의 가교 르네상스

유럽의 산업혁명의 전조는 이미 산업혁명이 일어나기 1세기 이전부터 태동하기 시작하였다. 14세기부터 16세기 사이에 이르는 소위 르네상스시대를 거치면서 과학혁명의 토대가 만들어지고 시민의식도 크게 성장한 것이다. 우리는 기존의 학설이나 견해를 정반대로 바꾸거나 크게 다르게 주장하는 것을 '코페르니쿠스적 전환'이라고 표현한다. 코페르니쿠스(1473~1543)는 폴란드 사람으로 1543년에 지구가 우주의 중심으로 고정되어 있어서 움직이지 않으며, 지구의 둘레를 달·태양·행성들이 각기 고유의 천구를 타고 공전한다고 하는 '천동설'을 숭배하던 세상에서 천체운행은 태양을 중심으로 지구가 돈다는 '지동설'을 발표하여 당시 사회를 큰 충격 속에 빠뜨렸다. 그는 근대과학의 문을 연 사람으로 인정받는다.

이로부터 거의 1세기가 지난 후 지금도 회자되는 '그래도 지구는 돈다' 라는 말로 유명한 이탈리아 과학자 갈릴레오 갈릴레이(1564~1642)가 1632년에 <두 가지 주요 세계관에 관한 대화>라는 논문에서 태양계의 중심이 지구가 아니라 태양이라는 주장하여 신을 모독했다. 실험적 지식을 수학과 최초로 결부시킨 근대 과학의 아버지로 불리우는 갈릴레오가 등장한 것이다. 이보다 이른 1628년에는 윌리엄 하비가 <동물의 심장과 혈액의 운동에 관한 해부학적 연구>를 발표하면서부터 중세 이래의 고전 의학에 코페르니쿠스적 전환을 이루게 된다. 1664년에는 로버트 훅이 자신이 발명한

현미경을 통해 곤충, 식물, 살아 있는 세포에 대한 관찰일지 등을 실은 <미크로그라
피아>를 출간했다. 이로써 근대적인 생물학과 화학의 시발점이 되었다고 한다. 이로
부터 23년이 지난 1687년 7월 5일 잉글랜드에서 아이작 뉴턴이 인류과학 문명사에
한 획을 긋는 <자연 철학의 수학적 원리>[52]라는 책을 출간하여 '만유인력'과 우리
가 고교시절 열심히 배웠던 뉴턴의 3대 법칙으로 불리는 '운동의 법칙', '작용-반작
용의 법칙', '관성의 법칙'을 발표했다. 이후 독일에서 태어난 유대인 알버트 아인슈타
인(1879~1955)에 이르기 까지 눈부신 발전을 하게 된다.[19]

　　한편 중세 말에 교회의 권력이 쇠퇴하기 시작하고 봉건제도가 약화되면서 군주
의 권한이 강화되고 중상주의 정책으로 신흥 부르주아가 탄생한다. 이 시기에 지리상
발견이라는 것을 통하여 활동영역도 세계로 넓어졌다. 지리상 발견이란 15세기 초 포
르투갈의 엔히크 왕자의 아프리카 항로 개척을 시작으로 하여 15세기 말 콜럼버스의
아메리카 대륙 발견을 거쳐 16세기에서 17세기 초에 이르는 유럽 각 국민의 탐험 및
항해를 통해 미지의 세계를 발견하게 된 것을 말하는바, 이때를 근대화에 이르는 가
교적 시대라 할 수 있다.

　　이를 좀 개략적으로 살펴보자. 1415년 포르투갈의 왕자 엔히크가 중심이 되어
서아프리카 연안의 탐험을 위한 항해가 시작되어 1469년 상아해안·황금해안 등에 탐
험선이 진출하였고 1482년에 장래 노예무역의 중심지가 된 에루미나에 성채가 구축
되고, 콩고·앙골라 지방에 발견기념비가 세워졌다. 콜럼버스가 아메리카 대륙을 발
견한 것은 1492년의 일이다. 마젤란은 1519년 9월 20일 에스파냐를 떠나 남아메리카
의 동쪽 연안을 따라 남하하여 1520년 10월 21일 드디어 해협을 발견하였다. 그는 천
신만고 끝에 태평양을 횡단하여 1521년 3월 16일 필리핀 제도의 사마르섬에 도착하
였다. 이때 그는 원주민과 교전 중에 죽었지만 그의 배는 계속 서진하여 희망봉을 돌
아 1522년 9월 6일 산루카르항에 귀항함으로써 최초의 세계일주 항해를 완수하였다.
1511년에는 인도항로를 발견한다. 향료제도에서 에스파냐·포르투갈의 대립이 시작
되는데 1529년 사라고사조약에 따라 향료제도의 포르투갈 귀속이 결정되자, 에스파
냐는 멕시코를 점령하고 1564년 필리핀으로 항해하여 필리핀에서 아메리카에 이르는
항로를 개척하여, 뒤에 마닐라 항로를 여는 선구가 되었다. '향료 제도'란 인도네시아
동부 술라웨시 섬과 뉴기 섬 사이에 있는 말라카 제도를 말하는데 여기서 나오는 후
추, 계피, 정향, 육두구 등 육류가 부패하지 않도록 저장하거나 맛을 낼 때 사용하는

---

52) 자연철학의 수학적 원리(Philosophiae Naturalis Principia Mathematica)

향료(향신료)는 15세기만 해도 인도나 말라카 제도 등에서만 생산되는 매우 귀한 것이어서 향료가 생산되는 여러 섬이라는 의미이다. 이때까지만 해도 유럽의 강대국은 포르투갈과 에스파냐였다.

뒤늦게 이 지리상 발견에 뛰어든 프랑스나 영국은 이미 에스파냐·포르투갈의 세력이 확립된 지역에 파고들든가 아니면 전혀 새로운 항로를 개척하지 않으면 안 되어 이들 지역에서 약탈을 감행하기도 한다. 이 당시부터 유럽국가 간에 유독 전쟁이 많게 되는 분쟁의 씨앗이 잉태된 셈이다. 아무튼 영국은 북방항로를 개척하여 1553년 윌로비의 항해로서 노바야젬랴섬이 발견되었다. 프랑스도 1576년 북서항로를 탐색하면서 그린란드·뉴펀들랜드·허드슨만·배핀만 등의 지형을 밝혀냈다. 러시아도 16세기 후반부터 동으로 눈을 돌려 시베리아로 진출을 시작하였다. 1643년에 바이칼호를 발견하였으며, 1649년에는 하바롭스크의 아무르강 지역 등을 탐험하였다.

한편 경제·사회적으로도 큰 변화가 있어 중상주의와 더불어 제자백가의 쟁명과도 같은 많은 사상과 주장이 탄생한다. 중상주의는 애덤 스미스가 1776년에 출간한 <국부론> 이전 즉, 산업혁명에 의한 초기자본주의 이전까지의 경제정책과 이론을 통칭하는 용어로 이해하면 된다.

「나는 생각한다. 고로 나는 존재한다.」53)로 유명한 프랑스 철학자 데카르트(1596~1650)는 수학적 방법을 모든 학문에 보편적으로 적용할 것을 이념으로 하는 새로운 원리 위에서 모든 학문을 통일적으로 재건하고자 하였다. 이 시기부터 근대화시기에 이르기까지 시대를 이어 시민사상을 주창하는 대가들이 탄생하는데 홉스(1588~1679), 로크(1632~1704), 장 자크 루소(1712~1778) 등이 그들이다.

영국의 철학자 홉스는 <정치론>에서 인간의 자연 상태를 '만인의 만인에 대한 투쟁'이라 하여 이 무질서 상태를 벗어나기 위해 국가가 계약을 바탕으로 만들어졌다는 국가 계약설을 폈다. 이 계약은 1회에 한한 것으로 취소할 수 없다고 하여 절대주의적 군주제의 기초가 되었는데, 그의 역점을 국가 권력의 절대성에 두어, 이것은 17세기 영국 혁명을 이룩한 여러 계급의 이해에 합치할 만한 이론이었다.[20]

계몽철학 및 경험론철학의 원조로 일컬어지는 영국의 철학자 로크는 홉스의 전제주의를 자연 상태보다도 더 나쁘다고 생각하고 주권재민과 국민의 반항권을 인정하여 대표제에 의한 민주주의, 입법권과 집행권의 분립, 이성적인 법에 따른 통치와 개인의 자유·인권과의 양립 등을 강조하였다. 그의 정치사상은 명예혁명을 대변하고

---

53) 나는 생각한다. 고로 나는 존재한다. : cogito ergo sum

프랑스혁명이나 아메리카 독립 등에 커다란 영향을 주어 서구민주주의의 근본 사상
이 되었다.[21]

산업혁명과 시민혁명

르네상스 시대를 지나면서 사회의 모든 분야에서 새로운 꽃을 피운 유럽사회는
마침내 태양이 도는 것이 아니라 지구가 돈다는 것만큼이나 경천동지할 사회사상이
1762년 루소의 <사회계약론>에 의해 탄생한다. 영국의 산업혁명의 촉매제가 된 제
임스 와트의 증기기관 발명은 이로부터 7년이 지난 1769년의 일이고, 이로부터 20년
이 지난 1789년에 프랑스 대혁명이 일어난다. 시민혁명의 불이 타오르게 된 것은 산
업혁명이 진행되면서 갈수록 삶이 피폐해지는 도시의 시민들의 의식에 변화의 기름
을 부은 <사회계약론>이라고 진단할 수 있다.

<사회계약론>의 핵심은 시민이 스스로 사회와 국가를 새로 창설, 운영한다는
혁명성에 있다. 인간이 범접할 수도 없는 절대적 신이나 초월자에 의해서만 국가는
건립되고 유지된다는 신본주의 사상이 지배한 중세 이전의 세상에서는 시민이 직접
국가를 새로 만들 수도 있고 직접 운영한다는 것은 상상조차 할 수 없는 일이었다.
르네상스를 지나 계몽기를 거치면서 인간이 감히 신의 영역에 도전한 것이다. 국가경
영은 신의 부름을 받은 성직자와 왕과 귀족만이 할 수 있는 것이 아니라 인간이면 누
구든지 계약에 의해 할 수 있다는 자각에 이른 것이다. 신이 아닌 인간주의가 도래하
여 인간 자신이 우주의 지배자요, 세계의 주인임을 깨닫게 되고 마침내 세계사의 축
을 바꾸는 실천에 이르게 된다.

1789년 프랑스혁명은 사상 처음으로 세계를 완전히 새롭게 바꿔 다른 사회를 만
들어 낸 개벽이었다. 신에 기댄 귀족과 성직자가 지배하던 정치체제를 완전히 파괴,
해체했고, 이들이 장악한 토지와 부를 박탈한 후 불평등한 신분제를 타파하고 새로운
세상을 열었다. 평등한 시민들이 역사상 최초로 스스로의 힘으로 주인의식을 가지고
사회와 국가를 새로 만든 것이다. 이는 오늘날의 민주주의를 위한 연주의 서곡이자
새로운 시민사회의 탄생이기도 하다. 우리는 여기서 이러한 시민혁명을 가져오게 한
산업혁명이후의 사회변화를 살펴볼 필요가 있다.

영국에서 산업혁명의 시초가 된 것은 18세기 후반 아크라이트 등이 발명한 방적
기와 제임스 와트의 증기기관 그리고 제철기술이다. 이 세 가지 발견은 산업 혁명의
비약적인 경제발전을 가져 왔다. 방직기의 발명은 면직물 산업을 크게 일으켰고, 고

압증기는 터빈을 돌려 기계, 선박, 기차 등을 움직였다. 철강은 간단한 연장부터 기계, 선박, 기차, 건물에 이르기까지 모든 산업시설의 기초소재가 되었다. 사람과 가축의 힘에 의존하던 농업경제가 기계의 힘에 의존하는 산업경제로 한꺼번에 바뀐 것이다. 방적기는 1769년에 특허를 얻었는데 이 당시에 특허제도가 있을 만큼 사회제도도 갖추어져 있었고 기술개발도 매우 활발하게 일어난 것이다. 이러한 변화들로 인해 정치·경제·사회의 모든 부문에서 큰 변혁이 일어났는데 18세기 중반부터 19세기 초반에 이르는 시기에 일어난 이 산업의 변화를 이전시대에는 없던 가히 혁명적인 것이라 하여 산업혁명이라고 한다. 특히 이후의 산업혁명과 구분하여 제1차 산업혁명으로 부른다.

아무튼 제1차 산업혁명이 유럽사회에 미친 영향은 매우 컸다. 가장 큰 변화로 부르주아지라는 새로운 지배계급의 탄생과 도시의 형성을 들 수 있다. 새로운 도시가 생겨나고 많은 농업인구가 도시에 몰려들어 임금 노동자가 되었다. 이때부터 도시는 노동문제를 비롯한 모든 사회문제의 진원지가 된 것이다.

산업혁명에 의한 영국의 사회구조의 변화는 일반적으로 부르주아지의 정치 참여가 인정된, 1832년의 제1차 선거법 개정에서 잘 나타난다. 이는 정치권력의 변화와 평등한 시민사회를 향한 서막이라 할 수 있다. 그러나 이 과정은 순탄치 않았다. 차티스트 운동54)이 영국전역을 휩쓸었는데 이 운동은 엄청난 실업사태와 빈민구제 수정법의 폐해가 발생한 1837년과 1838년의 경제 불황에서 태동했다. 이 운동의 이름은 1838년 5월 윌리엄 러벳이 기초한 법안인 인민헌장에서 유래된 것인데, 인민헌장의 요구조항 6개는 남성의 보통선거권, 균등한 선거구 설정, 비밀투표, 매년 선거, 의원의 보수지급, 의원 출마자의 재산자격제한 폐지였다.

마침내 1839년 11월 뉴포트에서 무장봉기가 일어나는데 이는 바로 진압되었고, 1840년대에 경기가 회복되면서 대중적 지지를 잃고 시들해 지게 된다. 그러나 영국에 흉년이 들고 유럽 대륙에서 혁명이 일어난 1848년에 또 다시 대투쟁이 벌어진다. 차티스트 운동은 영국의 새로운 산업 질서의 형성과정에서 드러난 불공정과 불의에 항거하여 일어난 최초의 전국적인 노동계급운동이었다. 이러한 격렬한 운동에도 불구하고 노동자에게 선거권이 인정된 제2차 선거법 개정은 1867년에야 이루어지게 된다.

노동자들이 거주하는 도시는 공장에서 날마다 매연을 내뿜고 상하수도와 같은

---

54) 차티스트운동(Chartism) : 1838~848년 노동자층을 주체로 하여 전개된 영국의 민중운동

기반시설이 제대로 갖추어지지 못해 불결하고 비위생적인 환경에서 북적되는 사람들로 인해 폐병 등 전염병이 창궐했다. 이런 환경에서 이들은 물론 어린이들까지 동원된 살인적인 노동시간은 이들의 수명을 단축시켰다. 일할 사람은 넘쳐나고 해서 병이들거나 맘에 안 들면 공장주들은 가차 없이 이들을 해고했고, 지각했다고 임금을 삭감하기도 했다. 이들의 불안한 일자리와 낮은 임금은 삶을 더욱 피폐하게 만들었다. 이전 시대의 노예만도 못한 비참한 삶이 도시노동자들의 삶이 된 것이다. 노동시간을 12시간으로 규정하고 특히 여성과 어린이 등 유·약자를 보호대상으로 정한 1833년의 공장법이 이를 잘 설명해준다. 이는 프랑스도 마찬가지였다. 루이 빌레르메[55]가 면방직 공업의 중심 도시인 프랑스 북부 릴의 빈민가를 다음과 같이 묘사했다.

「대부분의 노동자들이 다섯 평이 채 되지 않은 음침한 공간에서 먹고, 잠자고, 일을 한다. 보통 세간은 일에 필요한 연장들과 함께 찬장, 식료품을 올려 두는 선반, 스토브가 고작이고, 간혹 항아리 몇 개, 작은 테이블, 허름한 의자, 낡은 담요의 초라한 잠자리 정도이다. 이러한 방들은 통풍과 환기는 거의 불가능하고, 온갖 폐기물을 벽의 마감 재료로 사용한 경우가 대부분이어서 감염의 온상이 되고 있다. 간혹 침대가 있는 경우도 있으나 이마저도 먼지와 때에 절어 원래 색을 알아볼 수 없는 천이나, 축축하고 썩은 내 나는 지푸라기로 조잡하게 만든 침상에 불과하다. 가구는 하나같이 못이 빠져 흔들거리고, 그 위에는 케케묵은 먼지가 수북이 쌓여 있다. 정리 정돈은 생각할 수도 없어 좁은 실내는 난장판이다. 언제나 굳게 닫혀 있는 창문은 종이와 유리를 덧대 놓아 빛 한 줄기 들어올 수 없게 되어 있다. 도처에 온갖 종류의 쓰레기 더미가 악취를 풍기며 널려 있고, 동물들의 거처마저 어렵지 않게 발견할 수 있다. 마치 가축의 우리를 방불케 하는 이곳의 퀴퀴한 공기는 숨쉬기가 곤란할 정도이다.」[22]

작업장의 노동자들에 대해서는 그는 다음과 말하고 있다.

「그것은 일이나 작업이 아니라 고문이며, 게다가 6~7살 난 아이들에겐 엄청난 고통일 수밖에 없다. 이 매일 매일의 기나긴 고문이 방적 공장 노동자들을 소진시키고 있다.」

영국에서 비롯한 산업혁명의 영향은 모든 유럽국가로 퍼져나가 경쟁적으로 동참했다. 당연히 유럽의 모든 국가들의 열악한 노동환경은 예로 든 영국이나 프랑스와

---

55) 빌레르메(René Louis Villermé, 1782~1863) : 프랑스의 내과의사로 「파리 시에 관한 통계학 연구(1821)」 연구논문, 「면·양모·비단공장에 고용된 노동자의 육체적·도덕적 상태(1840)」 사회조사자료 등 노동자들의 일반적인 생활 여건과 빈민가의 상황에 대하여 광범위한 기록을 남겼다.

별반 다를 게 없었다. 이와 같은 노동자들의 비참한 삶은 이 초기 자본주의를 극복하려는 사회주의를 대두하게 만들었으며 마르크스의 <자본론>은 이러한 시대적 상황을 배경으로 탄생한 것이다.

한편 영국의 산업혁명이 얼마나 큰 격변을 동반했는지는 다음의 글에 실감나게 잘 나타난다.

「18세기 전반까지만 해도 글래스고, 뉴캐슬, 론다밸리 등은 대부분 황무지였거나 농장이었다. 1727년 대니얼 디포는 맨체스터를 '촌락에 불과'하다고 묘사했다. 그런데 그로부터 40년이 지나자 맨체스터는 100개의 서로 연관된 공장들과 기계공단, 용광로, 피혁 및 화학공장 등으로 이루어진 거대한 공단지역으로 변해버렸다. 근대적인 산업도시가 생겨난 것이다」[23]

이와 같은 산업혁명 당시의 사회상에 관한 자료를 종합해 보면 200년이 지난 후에 우리나라에서 영국의 산업혁명이 그대로 재현되었다고 해도 전혀 틀린 말이 아니라고 단언할 수 있다. 경부고속도로 개통, 상전벽해가 된 공업단지, 이농과 인구의 도시집중, 노동운동 등 한창 산업화가 진행 중이던 1970년대 우리나라의 사회변화의 현상이 그대로 닮아 있다. 그나마 아이러니컬하게도 위로가 되는 것은 문제가 많았던 우리나라의 노동자의 처지가 산업혁명 당시 영국의 노동자에 비하면 양반이었다는 점이다.

아무튼 자본주의 초기의 혼란과 모순을 극복하고 오늘날의 평등한 시민사회가 전개된 것은 20세기에 이르러서다. 이를 상징적으로 보여주는 것이 여성의 참정권이다. 핀란드는 유럽 최초로 1906년 여성에게 선거권과 피선거권을 부여했고 제1차 세계대전 이전에 노르웨이(1913)와 덴마크(1915), 1차 대전이 끝날 무렵에는 캐나다와 소비에트 러시아, 독일, 폴란드가, 1918년에 영국에서는 30세 이상의 여성에게, 1919년에는 네덜란드, 1920년에는 미국이, 1928년에 영국에서는 남성과 마찬가지로 21세 이상의 여성에게 동등한 참정권이 부여되었다. 프랑스에서 여성에게 참장권이 주어진 것은 1944년의 일이다.

서구문명의 세계화

서구사회가 산업혁명을 계기로 근대화를 이루었다고 하더라도 서구문명이 어떻게 해서 오늘날 세계화가 될 수 있었는지는 좀 더 살펴볼 필요가 있다. 물론 서구의 여러 국가들이 흥망성쇠를 거치면서 복잡한 역사를 이어온 결과로서 그렇게 된 것이겠지만 그 실은 다음과 같이 정리할 수 있다.

중세 이후 르네상스 시대를 거치면서 그들은 과학문명의 꽃을 피웠다. 이것이 바탕이 되었는지 신이 중심이 된 자신들의 세상을 인간 중심의 세상으로 바꾸려고 했다. 그래서 삶의 양식이 정신적인 것에서 육체적이고 물질적인 것을 지향하는 방향으로 바뀌게 된다. 이러한 변화의 과정에서 시민사회가 형성되고 새로운 사회질서를 만들어 냄으로써 중세의 봉건질서를 타파하고 근대라는 새로운 역사시대의 문을 열게 된 것이다.

시민의식이 혁명적으로 진화한 그들은 빈곤타파의 수준을 뛰어 넘어 부의 창출과 축적을 통해 힘의 우위를 확보하여 혁명과 전쟁, 다시 말하면 피의 살육과 정복에 의해 기존질서를 타파하고 자유와 평등을 쟁취했다. 이러한 과정에서 성장하지 않으면 안 되는, 이윤이라는 탐욕을 위해 무한한 자기복제를 필요로 하는 자본주의를 만들어 내고, 국가의 운영주체와 운영방법을 송두리째 바꾸면서 부국강병의 제국주의로 무장했다. 그리고 더 나아가 풍요로운 땅에서 평화롭게 살고 있는 아프리카를 비롯한 6대륙 대부분의 국가를 그들이 자유를 쟁취하던 무자비한 방식으로 침략하여 경쟁적으로 식민지로 만들었다. 그리고 이들 국가를 야만과 미개로 매도함으로써 그들의 지배를 정당화하고 미화했다. 제2차 세계대전이 끝난 후 6대륙에 걸쳐 신생독립국가가 80여 개나 된 것을 보아도 이들의 만행이 어찌했는지가 여실히 드러난다. 서구문명은 이렇게 세계화가 된 것이다.

이상을 종합해 보면 영국을 비롯한 서구에서는 산업혁명 이후 거의 2세기에 걸친 목숨을 건 계급 간의 투쟁과 혁명 그리고 국가 간의 전쟁 등을 겪으면서 오늘날의 평등한 시민사회를 건설했다. 그러나 그것은 어디까지나 그들이 중심이 된 이야기다. 공업기술의 발달로 대량생산이 가능하게 된 그들은 경쟁적으로 전근대적인 생활양식으로 살아가고 있는 지구상의 많은 국가들을 무력으로 점령하여 식민지화 하고 원재료의 공급처 겸 생산물의 소비처로 활용했다. 그러나 제국주의 국가 간에 이해가 첨예하게 대립되면서 1914년 제1차 세계대전이 일어나고 25년이 채 지나지 않아 제2차 세계대전이 일어남으로써 식민지배의 역사는 끝이 났다.

이러한 와중에 우리나라는 외세에 의해 국가를 빼앗기고, 외세에 의해 해방이 되고 외세에 의해 분단국가가 되었다.

5. 조선왕조는 어떻게 멸망했나?

서세동점의 서막 - 제너럴셔먼호사건

고요한 아침의 나라 조선의 1866년은 국운이 기우는 단초가 되는 중요한 한해였다. 대원군은 정초부터 천주교 금압령을 내렸다. 이후 4개월에 걸쳐 프랑스 신부 12명 중 9명과 남종삼·정의배 등 한국인 천주교도 8천여 명이 학살되었다. 이른바 병인사옥이다. 이로 인해 장안에 프랑스 선교사를 처형한 것에 대한 보복으로 프랑스 함대가 쳐들어오리라는 소문이 파다한 가운데, 그 해 8월 정체불명의 이양선56) 1척이 대동강을 거슬러 평양까지 올라왔는데 이것이 바로 제너럴셔먼호였다. 미국인 프레스턴57)이 선주인 셔먼호는 80톤급 증기선으로 12파운드의 대포 2문을 갖춘 배로 승무원은 선주 프레스턴, 선장 페이지, 항해사 윌슨58) 등 미국인 3명, 통역 담당 토머스, 화물 관리인 호가스 등 영국인 2명, 그리고 기타 중국인과 말레이시아인 19명으로 총 24명으로 선원은 완전 무장하고 있었다. 셔먼호는 프레스턴이 텐진에 기항 중, 그곳에 주재하던 영국 메도즈 상사와 위탁용 선계약을 체결하여, 메도즈 상사는 셔먼호에 조선과 교역할 상품을 싣고, 영국인 개신교 선교사 토머스59)를 통역관으로 채용한 뒤 8월 9일 텐진에서 출항, 즈푸를 거쳐 조선으로 출발하게 된 것이다.

셔먼호는 백령도·초도·곳석도를 거쳐, 대동강 하구의 급수문을 지나 거침없이 대동강을 거슬러 올라왔다. 셔먼호의 승조원들은 프랑스 신부를 학살한 것에 대한 보복으로 프랑스 함대가 쳐들어올 것이라고 위협하면서 통상과 교역을 강요하였다. 그러나 조선 관리는 통상·교역은 조선의 국법에 절대 금지되어 있으며, 외국선의 내강항행60)은 국법에 어긋난 영토 침략·주권 침해 행위라고 지적, 대동강 항행을 강력히 만류했다. 그러나 중무장한 셔먼호는 이를 뿌리치고 항행을 강행, 드디어 평양 만경대까지 올라왔다. 조선 관리는 이러한 무법 행위에도 불구하고 유원지의61)에 따라 세 차례나 음식물을 후하게 공급하는 등, 도움을 아끼지 않았다.[24]

---

56) 이양선(異樣船) : 조선 후기 우리나라 연해에 나타난 외국선박을 일컫는 말이다. 한자의 의미는 '모양이 다른 배'라는 뜻으로 당시 서양의 배가 우리나라 배와 모양이 달라서 붙여진 이름이다.
57) 프레스턴(Preston,W.B) : 제너럴셔먼호
58) 페이지(Page), 윌슨(Wilson)
59) 토머스(Thomas, R.J., 崔蘭軒)
60) 내강항행(內江航行)
61) 유원지의(柔遠之義) : 조선은 먼 곳(遠地)에서 온, 낯선 사람을 잘 대접한다는 의미

이 사건을 좀 더 구체적으로 살펴보면 제너럴 셔먼호가 대동강을 거슬러 올라가 평양 경내에 정박하자 평안도 관찰사 박규수는 셔먼호에 사람을 보내어 셔먼호의 목적을 물었다. 토머스는 백인들의 국적을 소개하고 항해 목적에 대하여서는 상거래뿐임을 강조하였다고 알려져 있지만 실상은 그렇지 않다. 셔먼호 측은 프랑스 선교사 처형에 대해 문제를 삼으면서 프랑스 함대가 오고 있다고 협박하면서 통상을 압박하였다. 심지어 평양감사가 교역을 거부할 경우 서울로 쳐들어가겠다고 선언했다.[25] 조선은 천주교와 야소교(기독교) 모두 국법에 의해 금지되어 있었고, 대외무역도 국법으로 금지되어 있다고 밝히며 제안을 거절하였다. 대신 제너럴 셔먼호가 요청하는 데로 백미 1석, 소고기 50근, 닭 25마리, 계란 50개, 장작 20묶음을 지급하고 중앙정부의 지령이 있을 때까지 현장에서 대기할 것을 요구하였다.[26]

그러나 셔먼호는 조선 측의 요구를 무시하고 불법적으로 수심측량을 하면서 대동강을 더 거슬러 올라가 만경대 한사정에 까지 도달하였다. 이에 평안도 관찰사 박규수는 중군 이현익과 서윤·신태정을 파견하여 즉각 퇴거할 것을 요구하였다. 그러나 셔먼호는 물러가지 않고 불법적인 측량 활동을 계속하였다. 뿐만 아니라 이들의 불법적인 행동을 제지하던 순영 중군 이현익과 부하 박치영·유순원을 붙잡아 감금하였다. 이에 신태정이 제너럴 셔먼호에 접근하여 이현익 등의 석방을 요구했으나, 셔먼호 측에서는 석방조건으로 쌀 1,000석과 금·은·인삼 등을 요구하는 강도적인 행각을 보였다. 사태가 이에 이르자 평양성 내의 관민은 크게 격분하여 강변으로 몰려들었고 셔먼호에서는 조총과 대포를 이들 관민에게 마구 쏘는 만행을 저질렀다. 여기에 격분한 강변에 모인 관민들은 돌팔매·활·소총으로 맞서 대항하였다. 불안감을 느낀 셔먼호 측은 뱃머리를 돌려 하류로 내려가 양각도에 이르렀다. 이 때 퇴역장교였던 박춘권이 제너럴 셔먼호에 잠입하여 이현익을 구출해내었지만 유순원과 박치영은 결국 살해되고 말았다.

당시 며칠씩 계속된 비로 강의 수위가 높아졌다가 여러 날이 경과하는 동안 평상시로 돌아가게 되자 셔먼호는 양각도 서쪽 모래톱에 선체가 걸려 항행이 불가능하게 되었다. 그러자 셔먼호의 승무원들은 강도·약탈·총포격 등의 침략적인 행동을 자행하여 사망 7명, 부상 5명이 발생하는 유혈사건이 발생하였다.

결국 셔먼호를 조용히 퇴거시킬 수 없다고 판단한 박규수는 철산부사 백낙연 등과 상의하여 포격 및 화공을 가하였다. 조선은 24일 썰물 때 작은 배에 연료를 싣고 불을 지른 다음, 그 배를 제너럴 셔먼호 쪽으로 띄움으로써 제너럴 셔먼호를 소각시켜버리고, 2문의 대포를 노획했다. 고종실록 7월 27일자에 따르면 배에 불이 번지자

영국 선교사 토머스와 중국 상인이 뱃머리로 기어 나와 살려달라고 애원하여 박규수가 이들을 강안으로 데려왔다. 그러나 성난 평양부민들이 삽시간에 달려들어 그들을 때려죽였으며, 나머지 생존자들도 전원 사망했다고 한다. 한편 이양선을 격파하고 승리를 거두었다는 소식을 접한 대원군은 박규수·백낙연·신태정의 품계를 올려주고 중국에 양이쇄멸[62])의 사실을 알렸다고 한다.

미국배가 조선의 영해에 허락도 받지 않고 대동강까지 들어와 불법으로 측량을 한 행위는 명백한 주권침해로 간주될 수 있는 사안이었다. 게다가 셔먼호는 자신들이 순수한 물물거래를 위해 왔다고 주장하였지만 처음부터 프랑스인 신부 학살사건을 추궁하였고, 조선의 공권력인 중군을 납치하고 식량을 약탈하는 등 해적행위로 무력충돌을 자초하였다.[27]

사건 발생 후 미국은 1867년 1월 슈펠트[63])의 탐문 항행과 1868년 4월 페비거[64])의 탐문 항행을 통해 셔먼호가 조선으로부터 양이를 동반한 중국 해적선으로 오인받았으며, 승조원의 도발적 행동으로 인해 화를 당했다는 사실을 확인하였다.

그러나 미국 정부는 두 번에 걸친 탐문 보고서 중, 슈펠트의 온건한 포함책략보다는 페비거의 강경한 포함책략에 따라, 마침내 1871년 대한포함외교정책을 수립하고 응징적인 조선 원정을 단행하였다. 이것이 바로 신미양요이다.

미국의 조선 원정 의사결정과정은 조선 선조가 일본의 전쟁도발여부를 알아보기 위해 김성길(전쟁할 의도 없음)과 황윤길(전쟁 가능성 농후)을 통신사로 보낸 것과 매우 유사하다. 우리는 온건론을 따랐지만 미국은 강경론을 택했다는 것만 다를 뿐이다.

조선과 프랑스의 전쟁 - 병인양요

병인사옥이 일어난 1866년 5월 조선을 탈출한 펠릭스 클레르 리델[65]) 신부는, 중국 톈진에 주둔한 프랑스 인도차이나함대 사령관 피에르 로즈[66]) 제독에게 한국에서 일어난 천주교도 학살사건을 알렸다. 보고를 받은 베이징주재 프랑스 대리공사는 청국정부에 공한을 보내어 한반도로 진격할 결심을 표명하고, 이후 어떠한 사태가 발생하든 청국정부는 이에 간섭할 수 없다고 통고하였다. 한편 청국 총리사무아문[67])의

---

62) 양이쇄멸(洋夷殺滅)
63) 슈펠트(Shufeldt,R.W)
64) 페비거(Febiger,J.C)
65) 펠릭스 클레르 리델(Félix Clair Ridel)
66) 피에르 로즈(Pierre Roze)

공한을 통해 프랑스 동태를 알게 된 대원군은 천주교도에 대한 탄압과 변경수비를 강화했다.

1866년 9월 18일 리델 신부와 한국인 신도 3명의 안내로 로즈 제독이 인솔한 프랑스 군함 3척은 인천 앞바다를 거쳐 양화진을 통과하여, 서울 근교 서강에까지 이르렀다. 극도로 긴장한 조정에서는, 어영 중군 이용희에게 표하군·훈국마보군[68]을 거느려 경인연안을 엄중 경비하도록 하였다. 그러자 프랑스 함대는 9월 25일 강류·연변만 측량하고 중국으로 퇴거하였다.

그러나 10월 로즈 제독은 순양전함 게리에르를 비롯, 모두 함대 7척과 600명의 해병대를 이끌고 부평부 물치도에 나타났다. 10월 14일 이 중 4척 함정과 해병대가 강화부 갑곶진 진해문 부근의 고지를 점거하였다. 프랑스군은 한강수로의 봉쇄를 선언하고, 16일 전군이 강화성을 공격하여 교전 끝에 이를 점령하였다.

조선은 이경하·신헌·이기조·이용희·한성근·양헌수 등 무장들에게 서울을 위시하여 양화진·통진·문수산성·정족산성 등을 수비하도록 하였다. 그리고 19일 프랑스 측에 격문을 보내 선교사 처단의 합법성과 프랑스함대의 불법 침범을 들어 퇴거할 것을 통고하였다. 로즈는 회답을 통하여 선교사 학살을 극구 비난하고, 그 책임자를 엄벌할 것과, 전권대신을 파견하여 자기와 조약의 초안을 작성하라고 맞섰다. 10월 26일 프랑스군 약 120명은 문수산성을 정찰하려다 미리 잠복, 대기 중인 한성근의 소부대에게 27명이 사상되는 등 처음으로 막대한 인명손실을 입었다. 이로부터 민가·군영을 가리지 않고 무차별 포격을 가했으며, 이러한 만행은 황해도 연안에까지 미쳤다. 11월 7일에는 올리비에 대령이 이끄는 프랑스 해병 160명은 정족산성을 공략하려다가 잠복하고 있던 500여 명의 조선군 사수들에게 일제히 사격을 받아 큰 손실을 입고 간신히 갑곶으로 패주하였다. 정족산성 전투의 참패는 프랑스군의 사기를 저하시켰고, 결국 로즈 제독은 철수를 결정하였다.

<조선왕조실록>에 따르면, 정족산성 수성장인 양헌수가 그해 11월 9일에 "저들은 죽은 자가 6명이고 아군은 죽은 자는 1명입니다"라고 보고하고, 다시 11월 11일에는 "6명의 적들이 남문 밖에서 죽은 것을 우리 군사들이 목격하였습니다. 어젯밤 촌민들이 와서는 저놈들이 행군해가면서 또한 죽은 자가 40여 명이나 되었는데 저놈들이 모두 시체를 묶어서 여러 대의 짐바리에 실어갔다고 했습니다. 저놈들이 죽은

---

67) 총리사무아문(總理事務衙門) : 청(淸)나라 말기에 외국교섭을 담당한 관청. 원명은 총리각국사무아문(總理各國事務衙門)인데 약칭으로 '총리아문'으로 표기함.
68) 표하군(標下軍)·훈국마보군(訓局馬步軍)

수는 50여 명입니다"라고 보고했다고 기록되어 있다. 그러나 프랑스 측의 기록에서는 당시 전투에서 3명이 죽고, 35명이 부상을 입었다고 되어 있다.[28]

11월 11일 프랑스군은 1개월 동안 점거한 강화성을 철거하면서, 장녕전 등 모든 관아에 불을 지르고 앞서 약탈한 금괴·은괴와 대량의 서적·무기·보물 등을 가지고 중국으로 떠났다. 후술하겠지만 고 박병선 박사(1928~2011)가 1967년 프랑스국립도서관에서 세계최초의 금속활자본 <직지심체요절>을 발견했다. 1975년에는 '외규장각 의궤'를 프랑스국립도서관 베르사유 별관 창고에서 발견하여 2011년에 반환받게 된다. 모두 이때 약탈해 간 것이다.

대원군은 그 기세를 돋우어, 척화비를 만드는 등 쇄국양이 정책을 더욱 굳히고, 천주교 박해에도 박차를 가하였다. 구미열강은 병인양요를 계기로 조선을 청국의 종속국가가 아닌 독립한 주권국가로 인식하게 되어 종래의 한·청 관계를 재검토하였다. 프랑스군이 탈취한 많은 서적·자료 등은, 뒷날 유럽 사람들이 한국·동양을 연구하는 데 사용되었다고 한다.

조선과 미국의 전쟁 - 신미양요

1870년 4월 4일 피쉬 신임 미 국무장관은 해군성에 훈령을 보내 주청전권공사 로우에게 조선과 조약을 체결하러 가라는 명령을 하달하였다. 이 명령에 따라 1870년 11월, 미국의 주청전권공사 로우와 미국아시아함대사령관 로저스, 상해주둔 미국 총영사 조지 슈어드는 협의를 통해 조선을 개항시키기 위한 '조선원정'을 하기로 합의했다. 1854년 페리가 일본을 개항시켰던 것처럼 조선을 개항시키려고 한 것이다.

국무성은 1871년 4월 로우에게 조선원정 전권을 위임한다. 국무성은 훈령 9호에서 조선과의 개항을 원만하게 달성하기 위하여 무력의 시위가 필요할 경우 이를 할 수 있으며, 무력시위를 위해서 아시아 함대 사령관 로저스 제독을 휘하에 배속하니 그의 조언을 청취할 것과 조·미 통상조약문을 작성함에 있어 동봉한 미·일 통상조약문을 참고하라고 지시하였다.

아시아 함대 사령관 로저스는 조선원정 명령을 받아 콜로라도호를 포함한 군함 5척, 함재대포 85문, 해군과 육전대원 총 1,230명을 이끌고 5월 16일 일본의 나가사키 항구를 출발하였다. 이들은 5월 21일 경기도 남양부 풍도 앞바다에 정박하여 수로를 측량하였고 5월 26일에는 물류도 앞바다에 이르렀다. 조선정부는 남양부사로부터 이러한 급보를 전해 듣고 어재연을 진무중군으로, 이창회를 강화판관에 임명하여 현지로 파견하는 한편, 서울에 있는 각 영으로부터 군대를 차출하고 대포·화약·군량미를 수송했다. 이러는 사이 미국 함대는 5월 27일 인천 제물포를 지나 강화도에 도착하였다. 그리고 5월 29일 작약도에 정박했다.

한편 조선에서는 5월 26일부터 이들의 목적을 알기 위해 관리를 파견하였다. 김원모의 근대 한미관계사에 따르면 5월 28일 필담자리에서 "이 배는 대아미리가[69] 합중국 소속의 군함이며, 이곳에 온 목적과 이유는 우리나라 흠차대인과 조선의 대사헌과 회담할 일이 있어서 이곳에 왔다."고 밝혔다고 한다. 배의 소속이 미국이라는 것만 밝히고 나머지는 전혀 밝히지 않은 것은 조선을 무시한 처사였다. 5월 31일 조선 대표가 왔으나 대사헌이 오지 않았다는 이유로 로우는 불참하고 대신 서기를 참석시켰다. 드루 서기는 "수도 서울을 방문, 조선의 최고 당국자와 직접 교섭할 것이다"라고 언명하면서 "서울로 통하는 해상관문인 강화해협을 탐측할 것인즉, 조선 군민은 이에 놀라지도 말고, 방해하지 말 것"을 일방적으로 통고했다.

미국이 조선정부의 허가없이 해협을 탐측하고, 서울로 항행하겠다는 의도를 보인 것은 명백한 영토침략행위였다. 애초에 함대를 조선에 끌고 들어온 것부터 함포외교를 통해 조선을 굴복시키겠다는 의도를 보인 것이었다.

6월 1일 오후 로저스는 해군 중령 블레익으로 하여금 작은 배 4척과 포를 실은 배 2척을 거느리고 염하 일대를 측량하게 했는데, 이들이 손돌목을 지나 광성진으로 나가려고 할 때 연안을 경비하고 있던 조선 포대가 포격을 가했고, 덕진진 초지진에서도 합세하여 공격했다. 그 결과 미국 측은 더 이상 북상하지 못하고 퇴각했다.

미국은 손돌목에서 있었던 포격 행위를 빌미로 6월 10일을 공격 디데이로 정하고 조선측의 사과를 요구하였으나 조선은 이를 거부하였다. 이에 미군은 6월 10일 강화도의 초지진을 해상 함포사격으로 공격한 뒤 초지진을 점령하였다. 다음 날에는 광성보를 공격하였다. 조선은 이 전투에서 350명이 넘는 전사자와 10여 명의 부상자가 나왔다. 이 전투에서 지휘관인 중군 어재연, 동생 어재순 등도 전사하였다.

미국인 역사가 그리피스는 이 장면을 이렇게 묘사하였다. 「조선군은 비상한 용기로 응전하였다. 창과 검을 들고 미군을 향하여 돌진했으며 탄약이 없는 병사는 맨손으로 성벽에 올라가서 돌을 던지고 또한 흙을 쥐어 눈에 뿌렸다. 그리고 손에 무기를 쥐지 않은 병사는 죽음을 각오하고 일보일보 전진하면서 분전을 전개하였다. 부상자는 자살하였다. 이 장렬한 백병전을 통하여 포로는 단 한명도 없었다.」

---

69) 대아미리가(大亞美理駕) : Big America

10일 초지진을 점령하고 11일 광성보를 점령한 미국은 6월 12일 일단 점령한 진에서 물러나 조선에게 통상을 요구하였지만 조선 정부는 이번에도 통상을 거절하였다. 6월 20일 로우가 피쉬 국무장관에게 보낸 글을 보면 함포외교가 통하지 않은 것에 대한 실망이 묻어나온다.

「나는 … 조선왕과 적절한 조약을 체결하는데 거의 희망을 잃어버렸다. … 많은 나라에 심대한 영향을 끼쳐준 최근에 미군이 보여준 행위는 별효과가 없는 것이 되고 말았다.」

미국은 결국 교역에 성공하지 못하고 강화도에서 철수했다. 조선은 신미양요를 척화주전론의 승리로 인식했으며 흥선대원군은 척화비[70])를 세워 통상수교거부정책을 재확인했다. 신미양요는 서구열강에 대한 조선의 적대감을 높인 사건이었다.

미국은 제너럴 셔먼호, 오페르트 도굴사건, 신미양요 이렇게 3차례에 걸쳐 조선을 침탈하려 하였고 그 중 신미양요는 대대적인 준비를 갖추고 막대한 군사력까지 동원하여 덤벼들었으나 결국 조선 침탈은 실패로 돌아갔다. 결국 미국은 일본에 주목하기 시작했다. 신미양요를 이끌었던 로저스 제독은 일본으로 후퇴한 자리에서 일본 정부의 정한론 결행의지를 간파했다. 로저스는 "일본은 조선침략을 열망하고 있다. 생각건대 일본은 조선침략전쟁을 감행할지 모르지만, 그것은 확실치 않다. 그러나 나는 이 두 나라 간에 평화적 방법으로 수교할 것 같지 않다."고 밝혀 일본이 향후 조선을 침략할 것임을 전망했다.

이후 미국은 일본의 조선침략정책을 적극 지원한다. 1872년 1월 22일 뉴욕 <해럴드지>는 "미국의 태평양정책"이라는 사설을 통해 "일본과 힘을 합쳐 반드시 조선침략의 목적을 이루어야 한다."고 주장하며 미일동맹을 지지하였다. 또한 미국은 조선과 일본이 1876년 강화도조약을 맺자, 이를 이용하여 가장 먼저 1882년 조선과 조미통상수호조약을 체결한다.[29]

흔들리는 조선왕조

철종 승하 후 대원군의 아들이 왕위에 오르니 이가 곧 고종(1863~1907)이다. 당시 고종 나이 12세로 당연히 대원군이 섭정을 하게 된다. 이 시기는 일본이 메이지유신(1868년)을 단행하기 5년 전이다. 그리고 서구는 산업혁명이후 거의 1세기가 지나가는

---

70) 척화비문 : 양이침범 비전즉화 주화매국(洋夷侵犯 非戰則和 主和賣國)

시점이었다. 산업혁명의 본고장 영국에서는 새로운 산업 질서의 형성과정에서 드러
난 불공정과 불의, 말하자면 사회문제가 극에 달해 노동자 계급이 전국적으로 투쟁을
벌린 차티스트 운동(1848년)이 일어나고, 노동자에게 선거권이 인정되는 선거법이 개
정(1867년)되는 등 사회변화가 격변하는 시기였다.

　　대원군은 세도정치 하에 눌려있으면서도 새로운 사회세력으로 성장해가고 있던
상인층, 요호 부민층71) 및 수공업자의 여망을 받아들여 광범위한 정치·사회개혁을
단행했다. 실로 정조가 타계한 이후 60여 년 만에 신선한 개혁의 바람이 다시 일어났
다. 세도정치의 모순을 시정하고 부강한 왕조국가를 중흥시키려는 것이 개혁의 목표
였다.

　　개혁의 주요 내용을 보면, 첫째는 당파에 상관없이 이들을 고루 등용했다는 점
이다. 무신도 등용하여 문치주의의 폐단을 철폐하려 했다. 둘째는 서원철폐이다. 당
시 서원은 면세·면역의 특권이 있어 국가재정을 악화시켰다. 서원을 단계적으로 철
폐하여 1871년에 사액서원 47개만을 남기고 모두 철폐했다. 이는 지방유림의 완강한
반발을 불러 일으켰으나 "백성을 해치는 자는 공자가 다시 살아난다 해도 내가 용서
하지 않는다."는 단호한 결의로 밀고 나갔다. 셋째로 양전사업72)을 실시하여 양전에
빠져있는 은전을 등록시키고, 삼정의 문란을 시정하기 위해 평민에게만 받아오던 군
포를 호포로 바꾸어 양반에게도 징수하였다. 고리대로 변질된 환곡제를 폐지하고, 사
창제를 실시하여 탐관오리와 토호의 중간수탈을 억제하였다.

　　또한 관료정치를 정상화시키기 위해 세도정치의 중심 기반이었던 비변사를 철폐
하고 의정부의 기능을 회복시켰으며 삼군부를 설치하여 군부의 위상을 높였다. 그리
고 삼수병을 강화하고 중국을 통해 서양의 화포기술도 도입하여 국방강화에 힘을 썼
으며, 대전회통, 육전조례 등을 편찬하여 통치규범을 재정비하였다. 그러나 경복궁
중건사업과 군비확장을 위해 원납전이라는 이름으로 기부금을 징수하고, 심도포량미

---

71) 요호부민층(饒戶富民層) : 살림이 넉넉한 사람들 즉 중산층이상의 잘사는 계층을 말함. 요호부
　　민층 가운데 경제력을 배경으로 새로 향안(鄕案 : 지방의 양반 명부)에 오른 자들을 신향이라고
　　부름.
72) 양전사업(量田事業) : 20년에 한 번씩 하게 되어 있는 토지조사사업, 18세기 이후 전국적인 양
　　전사업은 1720년(숙종 46) 이후 단 한 차례도 시행되지 않았다. 이 때문에 전정에 각종 폐단이
　　발생하였고, 이는 19세기 후반 민란과 동학농민혁명의 원인이 된다. 이에 정부는 양전사업의 필
　　요성을 계속 거론하였으나 전국적인 양전은 성사되지 못하였다. 대한 제국 정부가 근대적 토지
　　제도와 지세제도를 수립하고자 전국적 차원에서 광무양전사업(1898~1904)을 실시하였으나, 일
　　본의 방해로 중단되고 말았다. 근대법적인 토지조사는 1912년 이후 조선총독부에 의해 '조선토
　　지조사사업'이란 이름으로 강제되었다.

라 하여 1결마다 1두씩 특별세를 거두기도 하였다. 이로 인해 물가가 오르고 토목공사에 많은 인원이 동원되어 민원을 사는 등 부작용도 없지 않았다.

대원군의 10년에 걸친 내정개혁은 굴절된 세도정치를 바로잡고 중앙집권체제를 안정시켜 부국강병을 이루는 데 상당한 성과를 올렸다. 병인양요와 신미양요에서 적을 물리칠 수 있었던 것은 이러한 내정개혁으로 국력이 신장되고 여러 계층의 지지를 얻은 데 힘입은 것이라고 할 수 있다. 열강들과의 무력충돌에서 연전연승한 결과 대원군과 조야의 민심은 배외의식으로 충만했다.

그러나 강경한 통상거부정책을 취해오던 대원군은 집권 10년만인 1873년(고종 10년)에 권좌에서 물러나게 된다. 고종이 성인이 되고 명성왕후 일족이 권력을 장악하면서 대외정책은 통상론으로 선회하게 된다. 대외통상론은 이미 18세기 실학파의 북학론에서 제기되었던 정책이다. 그 후 이 이론은 19세기에 들어 유신환, 이규경, 최한기 등에 의해 계승되었고, 다시 박규수, 오경석, 유대치, 원명, 이유원 등에 의해 더욱 발전되었다. 박규수는 북학파의 거두인 박지원의 손자로서 조부의 사상을 이어 받아 문호개방을 주장하였고 김정희 문하의 오경석은 중인신분의 역관으로 왕래하며 외국 문물을 소개한 <해국도지>, <영환지략> 등의 서적을 국내에 들여와 권장하였다. 의업에 종사하던 중인 유대치는 오경석의 영향으로 통상과 개화를 주장하였다.

고종의 개화정책은 당시 증국번, 이홍장 등에 의해 추진되었던 중국의 중체서용이나 양무운동과 비슷한 성격을 가진 것으로 서양의 과학, 기술을 빌려 왕조국가를 부강하게 만들려는 자강정책이었다. 1880년에 중국의 '총리아문'과 유사한 '통리기무아문'을 설치하여 개혁의 중심기관으로 삼은 것을 그 예로 들 수 있다. 이러한 성격의 개화논리는 '동도서기론'으로 구체화 되고 대한제국에 와서 '구본신참73)의 논리'로 정착되었다.

그런데 북학을 계승한 대외통상론은 그 후 일본의 영향력이 커지면서 김옥균, 홍영식, 안경수, 김홍집, 거광법, 윤치호 등 북촌 양반 청년들에 의해 일본의 메이지 유신을 모델로 하는 입헌군주제 또는 서양식 공화정으로 나아가려는 급진성향을 보이게 된다. 말하자면 모든 제도와 문화를 서양식으로 바꾸자는 '변법개화사상'으로 발전하게 된다. 이후 이 변법개화론은 양육강식을 긍정하는 사회진화론과 연결되면서 극단적으로 힘을 숭상하는 공리주의로 나아가고, 마침내는 힘이 강한 일본에 의지하려는 매국적 근대지상주의를 낳게 하였다. 이와 같은 주장을 한 변법개화파는 당초

---

73) 구본신참(舊本新參) : 옛 것을 근본으로 하고 새로운 것을 참고함.

부국강병의 애국심에서 출발했으나 결과적으로는 힘을 숭상하고 그 힘에 의지하려는 경향으로 흘러 친일매국으로 전락한 인사가 많았다. 힘보다는 정의를 중시한 위정척사파가 반일항쟁에 목숨으로 던진 것과는 너무나도 대조적인 모습이다.

고종과 황후측근 세력은 동도개화파인 이유원, 박규수의 의견에 따라 대외통상의 첫걸음으로 우선 일본과의 국교를 회복하려고 시도하였다, 임란왜란 후 양국이 국교가 재개되면서 18세기 초까지 12차례의 통신사를 파견하는 등 평온이 유지되었다.

그러나 18세기 이후 일본에서는 조선에 대한 저자세를 비판하고 일본 혼을 강조하는 '국학' 운동이 일어났다. 그러던 것이 19세기 중엽에 이르러서는 조선을 무력으로 굴복시키자는 '정한론'이 일어났다. 이 일로 양국은 국교를 단절하게 되는데 외교 문서에 황실, 봉직 등의 용어를 써서 마치 상국인 것처럼 자처한 일본의 태도는 조선의 공분을 사기에 충분했다.

정한론의 배경에는 고대일본이 조선을 지배했다는 잘못된 역사인식이 깔려있고, 또 한편으로는 어차피 서양에 의해 점령당할 조선을 일본이 먼저 차지하는 것이 동양평화를 위해 좋다는 터무니없는 발상이 깔려있었다.[30]

이러한 마각을 드러내는 데는 오랜 시간이 걸리지 않았다. 일본의 운요호사건[74]이 그것이다. 우리는 이 책에서 화두로 삼고 있는 하나의 역사적 사실을 접하게 된다. 19세기 국제사회는 제국주의 시대로 소위 서구의 열강들이 지구촌 곳곳을 뒤져 식민지로 삼을 나라를 찾기에 혈안이 된 시대이다. 서구의 열강들이 무력을 앞세워 후진국을 압박하여 개항을 유도하거나 점령하는 방식으로 아프리카, 남미, 인도를 지나 극동에 이르기까지 마수를 뻗쳐 왔다.

일본도 예외가 아니어서 1854년 미국의 포함외교[75]에 바로 굴복하고 개항(개국)하였다. 그런 일본이 메이지 유신(1868년)[76]이 무엇이길래 그것을 단행하여 미국의 포함외교에 굴복한 지 불과 20년이 갓 지난 시점에, 미국과 똑같은 방식으로 운요호사건을 일으켜 '강화도 조약'을 체결하게 된다. 미국이 일본을 개방한 것처럼 일본이 조선을 개방한 것이다. 이 무슨 어이없는 일이란 말인가. 금세 포함외교를 배워 그것을 우리나라에 적용하다니 기가 찰 일이다.

74) 운요호사건(雲楊號事件)
75) 포함외교(砲艦外交) : 포함을 앞세운 무력시위로 상대국을 굴복시키는 강제적 외교수단
76) 메이지유신(明治維新)

조선멸망의 서곡 - 운요호사건

일본은 영국에서 수입한 근대식 군함인 운요호를 부산에 침투시켰다. 이에 부산 훈도 현석운이 부산의 왜관77)을 찾아가 군함을 침투시킨 이유를 묻자 운요호 함장은 "조선과의 수교 교섭이 지연되는 이유를 일본의 이사관에게 물으러 왔다"고 거짓으로 설명하고, 오히려 현석운을 군함에 승선시켜 함포사격 훈련을 구경시키는 등 군함의 위력을 과시하였다. 그들은 조선 해안을 탐측하고 연구하기 위한 것이라고 구실을 대었다.

운요호는 동해안을 순항하고 다시 남해안을 거쳐 서해안을 거슬러 올라와 강화도 앞 난지도에 도착하였다. 이때가 1875년 9월 20일이다. 운요호의 함장 이노우에는 일본군 수십명을 데리고 담수 보급의 명목으로 작은 보트를 타고 강화도 초지진으로 접근하였다. 이 때 해안 경비를 서고 있던 조선 수병은 예고도 없이 침투하는 일본군 보트에 포격을 가하였고, 이에 일본군은 모함으로 되돌아가, 함포로서 조선에 보복 포격을 가하였다. 그리고 영종진(오늘날의 영종도)에 상륙하여 조선수군과 격전을 벌여, 근대무기로 무장한 일본군이 조선군에게 큰 피해를 입히고 무기도 다량 탈취하였다. 그리고 주민에 대한 방화, 살육을 하고 퇴각하였다.

그 후 일본은 다시 강화도 앞바다에 무력시위를 하며 나타나, 이 사건의 책임을 조선에 물으며 수교통상을 할 것을 강요하였다. 일본의 통상요구에 조선 정부는 박규수·신헌 등의 의견을 들어 1876년 2월 26일 12개조에 달하는 통상조약을 맺었는데 이를 '병자수호조약' 또는 '강화도 조약'이라고 부른다.[31]

이로써 조선은 일본에 개항을 하게 되었는데 이 조약은 조선이 자주국이라는 점을 명시하고, 부산의 왜관 이외에 경기·충청·전라·경상·함경의 5도 연해 중 항구 2곳을 지정하여 개항하기로 했다. 그리하여 1880년에 원산, 1883년에 제물포를 개항하게 된다. 일본의 선박에 대해서는 항세를 받지 않고, 일본화물에 대해 수년간 면세하기로 한 것이다. 또한 일본인 범죄자에 대한 영사재판(치외법권)을 허용하였다.

조선정부는 일본과의 조약을 체결한 후 청과 일본 그리고 서양세력에 대해 세력 균형정책을 썼다. 힘의 논리가 지배하는 만국공법하의 근대적 국제관계에서는 여러 열강들이 서로 견제하는 것이 낫다고 판단하였던 것이다. 정부는 특히 영국, 프랑스보다는 덜 위험하다고 생각되는 미국과 통상조약을 맺고자 하였다. 이러한 조선 측의

---

77) 왜관(倭館) : 부산에 있는 일본의 상관이 있고 일본인이 거주하는 지역

의도는 러시아의 남하정책을 걱정하던 중국(청)과 이해가 일치되어 청의 이홍장의 주선하에 1882년 '조·미 수호통상조약'을 체결하였다.

그런데 중체서용78)에 입각한 양무운동을 일으켜 서양문명을 받아들이고 점차 산업국가로 나아가고 있던 청나라는 조선에 대한 종전의 기득권을 더욱 강화하기 위해 서울에 파견하고 있는 군사력을 배경으로 역시 1882년 '조·청 상민수륙무역장정'을 체결한다. 이 조약에는 조선이 청의 속방79)이라는 것이 명시되어 있는데 이는 일본의 조선지배를 차단하려는 의도가 담겨있는 것이다. 또한 청상인의 치외법권 인정과 내지통상권, 연안 어업권 등 다른 나라보다 많은 특권이 보장되어 있었다.

이 청국과의 조약이 계기가 되어 그 뒤 영국·독일(1883년), 이탈리아·러시아(1884년), 프랑스·오스트리아(1886년) 등과 잇달아 통상조약을 체결하였다. 이 조약들은 최혜국대우와 치외법권을 인정하는 조항을 담은 것이었으며, 특히 프랑스와는 프랑스 언어와 문자를 배우고 가르칠 수 있도록 하였다.

위장척사론과 동도서기론

정부의 대외통상정책으로 외국인의 특권과 외국상품의 범람을 목격하고 그 피해를 체험하게 된 지방민, 특히 서울 근교의 유생들은 위기감이 고조되었다. 도덕중심의 유교문화 관점에서 군대와 산업문화를 앞세운 서양과 일본의 침투가 비도덕적이고 야만적이라고 보았으며 그들과의 교섭은 장차 조선을 경제적으로나 문화적으로 파멸로 이끌 것으로 예견했다. 따라서 비도덕적인 일본이나 서양과의 교섭보다는 이들의 상품과 문화를 배격하고 이들과 싸우다 죽는 것이 가장 정의로운 일이라고 인식하였다. 이것이 이른바 '위정척사'의 논리이다. 개화정책에 반발이 일어난 것은 필연의 추세라고 하겠다. 학문을 숭상하는 나라로 치면 세계 제일인 선비의 나라에서 정의롭지 못한 것을 보고 가만히 있으면 오히려 그것이 더 이상한 일이 아닌가.

위정척사의 사상은 의리와 도덕을 강조하는 우리의 유교문화를 바른 것으로 수호하고 힘의 논리를 앞세운 서양과 일본문화는 사악한 것으로 규정하여 이를 배척하는 사상이다. 위정척사 사상이 급격히 고양된 것은 1866년 병인양요 이후의 일로, 경기도 양평의 노론 산림학자 이항로와 호남의 기정진의 상소였다. 프랑스와 통상하는

---

78) 중체서용(中體西用) : 청나라에서 일어난 양무운동의 기본사상으로 부국강병(富國强兵)하기 위해 근대 서양문명을 자주적 입장에서 받아들여야 한다는 주장
79) 속방(屬邦)

것을 반대하고 끝까지 싸워 우리 문화와 국가를 지켜야 한다는 주전론을 상소한 것이다. 서양은 채울 줄 모르는 욕심을 가지고 우리나라를 부용국(식민지)으로 만들고, 우리의 재화를 약탈하며, 우리의 국민을 짐승으로 만들려 한다는 것이다. 이러한 주장은 재야유학자의 광범위한 호응을 얻었고 대원군의 척화정책에 큰 영향을 주었다. 대원군이 정국 방방곡곡에 세운 척화비는 위정척사파의 논리를 받아들인 것이다.

일본과 강화조약이 맺어질 무렵에는 이항로의 제자이며 명망 높은 포천의 최익현은 도끼를 들고 대궐문 앞에 엎드려 왜양일체론[80]에 입각하여 일본은 서양 오랑캐와 다름없는 나라라고 규정하고 일본과 조약을 맺으면 나라를 멸망케 할 것이라고 경고하면서 맹렬히 반대했다. 이 경고는 20년이 갓 지나지 않은 1910년 사실로 나타났지만 당시에는 비슷한 상소를 한 사람들과 함께 유배를 당했다. 그 후 풀려났으나 1905년 을사조약이 체결된 것을 보고 74세의 고령으로 호남에서 의병을 일으켰다. 호남의 선비들이 모셔가 그리 된 것인데 의병모집을 하던 중 해산명령을 받고 고심하다가 자진해산을 결심한다. 1906년 6월 14일 최익현 선생 등 의병 일행은 서울로 압송되어 우리 사법부가 아닌 일제에 의해 재판을 받고 대마도에 유배된다. 선생은 1907년 1월 1일 단식 끝에 한 많은 적지에서 순절하였다.

최익현 선생은 1833년(순조 33) 경기도 포천에서 출생했다. 14세 때 성리학의 거두 이항로의 문하에서 수학했다. 1855년(철종 6) 명경과에 급제해 승문원부정자로 관직생활을 시작했던 선생은 1873년 고종의 신임을 얻어 호조참판에 제수되어 누적된 시폐를 바로잡으려 했으나 오히려 미움을 사 제주도로 3년간 유배를 당하게 된다. 이후 선생은 '우국애민의 위정척사'의 한길을 가셨다. 노구를 이끌고 구국의병항쟁의 불씨를 점화시켰을 뿐 아니라 '나라가 흥하는 것은 우리의 문화 우리의 마음을 잃지 않는 데 있으며 국권 없이는 모든 것을 잃는다.'는 진리를 가르쳤는데 이는 일제 강점기의 민족운동의 지도이념으로 계승되었다.

위와 같은 정부의 탄압으로 일시 소강상태를 보였던 위정척사사상은 1881년 <조선책략>[81]이라는 책이 조야에 유포되자 다시 한 번 비등했다. 경상도 예안 유생 이만손 등이 올린 영남만인소를 시발로 전국의 유생들이 잇달아 상소하여 <조선책략> 내용을 비난하고 이것을 들여온 김홍집의 처벌을 요구했다. 충청도 홍주 유생 홍재학의 상소도 이와 유사하여 주화매국을 엄벌하고 서양 물품과 서양 서적을 불태

---

80) 왜양일체론(倭洋一體論)
81) 조선책략(朝鮮策略) : 청국인 황준헌(黃遵憲)이 러시아의 남하정책에 대비하기 위해 조선, 일본, 청국 등 동양 3국의 외교정책에 대해 서술한 책.

울 것을 요구하였다.

정부는 척사상소 운동을 단호하게 억압했다. 이만손은 강진군 신지도로 유배보내고 홍재학은 능지처참하였다. 이 와중에 대원군의 서장자 이재선이 왕궁, 민씨일족, 일본공사관 등을 습격하여 고종과 민씨정권을 타도하고 대원군을 다시 옹립하려한 쿠데타 계획이 발각되었다. 이 사건은 곧 문호정책개방을 추진하려는 집권세력과 위정척사파간의 반목, 대립이 정권쟁탈전까지 발전해가는 조짐을 보여준 것이었다.

문호개방 직후 정부는 동도서기[82] 개화정책을 적극 추진하였다. 1980년 개화정책 중심기관으로 '통리기무아문'이라는 기구를 설치하고 12개의 사를 두어 부국강병을 위한 실무를 담당하도록 하였다. 여기에는 민겸호, 민영익, 조영하, 민치상, 이재민, 김보련 등 고종의 측근들이 참여하였다. 아울러 군제를 개혁하여 5영을 2영으로 바꾸고 신식군대인 교련병대(별기군)를 신설하여 여기에 일본인 장교를 초빙하여 근대적 군사훈련을 받도록 했다.

외국에 대한견문을 넓히기 위해 시찰단을 파견하는 정책도 추진하였다. 1876년 김기수 일행을 일본에 파견하고, 1879년에는 김홍집 일행을, 그리고 1881년에는 조선시찰단(신사유람단)이라는 이름으로 박정양, 조준영 등 12명 관리와 51명의 수행원을 파견하여 4개월간 도쿄, 오사카 등지를 시찰하고 돌아오게 하였다. 이들은 귀국 후 각종 견문설을 작성하여 정부에 보고함으로써 개화정책에 도움을 주었고 실제로 통리기무아문의 핵심적인 역할을 배정받았다. 특히 어윤중의 수행원인 유길준과 윤치호 등은 일본유학을 위해 파견했다. 이밖에도 별군관 임태경을 일본에 파견하여 동제련과 가죽제조기술을 배우게 했다.

조선 정부는 일본뿐만 아니라 청의 변화를 살피기 위해 1881년 김윤식을 영선사로 삼아 38명의 학도와 장인을 청나라에 파견하여 1년간 천진기기국에서 무기기술을 배우게 하였으며 중국기술자를 데려와 삼청동 기지창에서 무기를 제조하도록 하였다. 또한 1882년에는 미국에 민영익, 홍영식, 서광범 등을 파견하여 처음으로 서양문명을 견문하고 돌아오도록 했다.

다시 일본 조사사찰단 얘기로 돌아가 보자. 그 즈음 일본은 자유민권운동가들이 '흥아회'라는 단체를 조직하여 이른바 '아시아 연대론'을 주장하고 나섰다. 내용인즉슨

---

82) 동도서기론(東道西器論) : 1880년대 초 김윤식(金允植)·신기선(申箕善) 등이 주창한 전통적인 사상과 가치관, 문화와 풍습 등의 동도(東道)는 지키면서 서양의 기술과 기기(器機) 등의 서기(西器)는 받아들이자는 주장. 조선 말기에 서세동점(西勢東漸)하는 시대적 상황 속에서 중국의 양무운동(洋務運動)의 기치로 내세운 '중체서용론(中體西用論)'이나 일본의 '화혼양재론(和魂洋才論)'과 같은 의미의 이론

러시아의 남하를 막기 위해서는 청·조선·일본이 군사동맹을 맺어야 한다고 조사사찰단을 설득했다. 일본의 아시아 연대론은 종전의 정한론과는 다르게 보이지만 실은 이를 외관상 그럴듯하게 재포장한 것이었다. 조사사찰단은 그 위험성을 간파하지 못했다. 그들이 귀국할 때 아시아 연대론과 비슷한 내용의 <조선책략>을 가지고 온 연유가 거기에 있었다. 뒷날 김옥균이 삼국합종론 혹은 삼화주의를, 안경수가 일·청·한 동맹론을 내세우게 된 것도 그 영향이었다. 아시아 연대론은 그 후 대한제국시대에 대동합방론으로 발전하여 일본이 조선을 병탄하는 논리를 뒷받침하게 된다.[32]

이후 조선의 조야는 조선을 서로 차지하려는 열강의 각축 속에서 임오군변(1882년)과 청의 간섭, 갑신정변(1884년), 동학농민전쟁과 갑오경장(1894년), 일본의 명성왕후 시해와 을미의병(1895~1896), 대한제국의 성립(1897년), 독립협회와 민권운동(1896~1898)을 겪으면서 자력갱생의 길을 모색하지만 끝내 찾지 못하고 표류하게 된다. 이 풍전등화와 같은 조선왕조의 운명은 러·일전쟁(1904~1905)에서 승리한 일본에 의해 마침내 그 끝이 보이게 된다. 여기서 역사를 건너 뛰어 1905년 을사조약 시점으로 들어가 보자.

일제 마각의 구체화 - 을사조약

일제는 1904년 2월 23일 한일의정서를 강제로 체결하고, 그 해 5월 각의에서 대한방침·대한시설강령[83] 등 한국을 일본의 식민지로 편성하기 위한 새로운 대한정책을 결정하였다. 이어서 그 해 8월 22일에는 제1차 한일협약(한·일 외국인고문 용빙[84])에 관한 협정서)을 체결, 재정·외교의 실권을 박탈하여 우리의 국정 전반을 좌지우지하게 되었다.

그 사이 러일전쟁[85]이 일제에게 유리하게 전개되어 아시아에 대한 영향력이 커지자, 일본은 국제관계를 주시하며 한국을 보호국가로 삼으려는 정책에 더욱 박차를 가하게 되었다. 그러자면 한국과 외교관계를 맺고 있는 열강의 묵인이 필요하였으므로 일본은 열강의 승인을 받는 데 총력을 집중하였다.

먼저 1905년 7월 27일 미국과 태프트·가쓰라 밀약을 체결하여 사전 묵인을 받았으며, 8월 12일에는 영국과 제2차 영일동맹을 체결하여 양해를 받았다. 이어서 러

---

83) 대한방침(對韓方針)·대한시설강령(對韓施設綱領)
84) 용빙(傭聘)
85) 러일전쟁(1904~1905) : 만주와 한국의 지배권을 두고 러시아와 일본이 벌인 제국주의 전쟁.

일전쟁을 승리로 이끈 뒤 9월 5일 미국의 포츠머스에서 맺은 러시아와의 강화조약에서 어떤 방법과 수단으로든 한국정부의 동의만 얻으면 한국의 주권을 침해할 수 있다는 보장을 받게 되었다.

일본이 한국을 보호국으로 삼으려 한다는 설이 유포되어 한국의 조야가 경계를 하고 있는 가운데, 1905년 10월 포츠머스회담의 일본대표이며 외무대신인 고무라, 주한일본공사 하야시, 총리대신 가쓰라 등[86]이 보호조약을 체결할 모의를 하고, 11월 추밀원장 이토를 고종 위문 특파대사 자격으로 한국에 파견하여 한일협약 안을 한국정부에 제출하게 하였다.

11월 9일 서울에 도착한 이토는 다음날 고종을 배알하고 "짐이 동양평화를 유지하기 위하여 대사를 특파하오니 대사의 지휘를 따라 조처하소서."라는 내용의 일본왕 친서를 봉정하며 일차 위협을 가하였다.

이어서 15일에 고종을 재차 배알하여 한일협약 안을 들이밀었는데, 매우 중대한 사안이라서 조정의 심각한 반대에 부딪혔다. 17일에는 일본공사가 한국정부의 각부 대신들을 일본공사관에 불러 한일협약의 승인을 꾀하였으나 오후 3시가 되도록 결론을 얻지 못하자, 궁중에 들어가 어전회의를 열게 되었다. 이 날 궁궐 주위 및 시내의 요소요소에는 무장한 일본군이 경계를 선 가운데 쉴 새 없이 시내를 시위행진하고 본회의장인 궁궐 안에까지 무장한 헌병과 경찰이 거리낌 없이 드나들며 살기를 내뿜고 있었다. 그러나 이런 공포 분위기 속에서도 어전회의에서는 일본 측이 제안한 조약을 거부한다는 결론을 내렸다. 이에 이토가 주한일군사령관 하세가와와 함께 세 번이나 고종을 배알하고 정부 대신들과 숙의하여 원만한 해결을 볼 것을 재촉하였다. 고종이 참석하지 않은 가운데 다시 열린 궁중의 어전회의에서도 의견의 일치를 보지 못하자 일본공사가 이토를 불러왔다. 하세가와를 대동하고 헌병의 호위를 받으며 들어온 이토는 다시 회의를 열고, 대신 한 사람 한 사람에 대하여 조약체결에 관한 찬부를 물었다. 이 날 회의에 참석한 대신은 참정대신 한규설, 탁지부대신 민영기, 법부대신 이하영, 학부대신 이완용, 군부대신 이근택, 내부대신 이지용, 외부대신 박제순, 농상공부대신 권중현 등이었다. 이 가운데 한규설과 민영기는 조약체결에 적극 반대하였다. 이하영과 권중현은 소극적인 반대의견을 내다가 권중현은 나중에 찬의를 표하였다. 다른 대신들은 이토의 강압에 못 이겨 약간의 수정을 조건으로 찬성 의사를 밝혔다. 격분한 한규설은 고종에게 달려가 회의의 결정을 거부하게 하려다 중도에 쓰

---

86) 고무라(小村壽太郞), 하야시(林權助), 가쓰라(桂太郞]), 하세가와(長谷川好道), 이토(伊藤博文)

러졌다.

　이날 밤 이토는 조약체결에 찬성하는 대신들과 다시 회의를 열고 자필로 약간의 수정을 가한 뒤 위협적인 분위기 속에서 조약을 승인받았다. 박제순·이지용·이근택·이완용·권중현의 5명이 조약체결에 찬성한 대신들로서, 이를 '을사오적[87]'이라고 한다. 이리하여 외무대신 박제순과 일본특명전권공사 하야시 사이에 조약이 체결되었는데 이것이 을사조약[88]으로 그 내용은 <표 1-1>과 같다.

　이 조약에 따라 한국은 외교권을 일본에 박탈당하여 외국에 있던 한국외교기관이 전부 폐지되고 영국·미국·청국·독일·벨기에 등의 주한공사들은 공사관에서 철수하여 본국으로 돌아갔다. 이듬해인 1906년 2월에는 서울에 통감부가 설치되고, 조약 체결의 원흉인 이토가 초대통감으로 취임하였다. 통감부는 외교뿐만 아니라 내정면에서까지도 우리 정부에 직접 명령, 집행하게 하는 권한을 가지고 있었다.

〈표 1-1〉 을사조약 내용

한국정부 및 일본국정부는 양제국을 결합하는 이해공통의 주의를 공고히 하고자 한국의 부강의 실을 인정할 수 있을 때에 이르기까지 이를 위하여 이 조관을 약정한다.

제1조, 일본국정부는 재 동경 외무성을 경유하여 금후 한국의 외국에 대한 관계 및 사무를 감리, 지휘하며, 일본국의 외교대표자 및 영사는 외국에 재류하는 한국의 신민 및 익을 보호한다.
제2조, 일본국정부는 한국과 타국 사이에 현존하는 조약의 실행을 완수할 임무가 있으며, 한국정부는 금후 일본국정부의 중개를 거치지 않고는 국제적 성질을 가진 어떤 조약이나 약속도 하지 않기로 상약한다.
제3조, 일본국정부는 그 대표자로 하여금 한국 황제폐하의 궐하에 1명의 통감을 두게 하며, 통감은 오로지 외교에 관한 사항을 관리하기 위하여 경성(서울)에 주재하고 한국 황제폐하를 친히 내알[89]할 권리를 가진다. 일본국 정부는 또한 한국의 각 개항장 및 일본국정부가 필요하다고 인정하는 지역에 이사관[90]을 둘 권리를 가지며, 이사관은 통감의 지휘 하에 종래 재 한국일본 영사에게 속하던 일체의 직권을 집행하고 아울러 본 협약의 조관을 완전히 실행하는 데 필요한 일체의 사무를 장리[91]한다.
제4조, 일본국과 한국 사이에 현존하는 조약 및 약속은 본 협약에 저촉되지 않는 한 모두 그 효력이 계속되는 것으로 한다.
제5조, 일본국정부는 한국 황실의 안녕과 존엄의 유지를 보증한다.

87) 을사오적(乙巳五賊)
88) 을사조약 : 을사5조약, 한일협상조약, 제2차 한일협약, 을사늑약 등으로 칭함.
89) 내알(內謁)
90) 이사관(理事官)
91) 장리(掌理)

이에 대해 우리 민족은 여러 형태의 저항으로 맞섰다. 장지연이 11월 20일자 <황성신문>에 논설 '시일야방성대곡[92]'을 발표하여 일본의 침략성을 규탄하고 조약체결에 찬성한 대신들을 공박하자, 국민들이 일제히 궐기하여 조약의 무효화를 주장하고 을사5적을 규탄하며 조약 반대투쟁에 나섰다. 고종은 조약이 불법 체결된 지 4일 뒤인 22일 미국에 체재중인 황실고문 헐버트[93]에게 "짐은 총칼의 위협과 강요 아래 최근 양국 사이에 체결된 이른바 보호조약이 무효임을 선언한다. 짐은 이에 동의한 적도 없고 금후에도 결코 아니할 것이다. 이 뜻을 미국정부에 전달하기 바란다."라고 통보하며 이를 만방에 선포하라고 하였다. 이 사실이 세계 각국에 알려지면서 이듬해 1월 13일 <런던타임즈>지가 이토의 협박과 강압으로 조약이 체결된 사정을 상세히 보도하였으며, 프랑스 공법학자 레이도 프랑스 잡지 <국제공법> 1906년 2월호에 쓴 특별 기고에서 이 조약의 무효를 주장하였다.

한편, 유생과 전직 관리들은 상소투쟁을 벌였으나 실효를 거두지 못하자, 뜻있는 인사들이 죽음으로써 조국의 수호를 호소하기에 이르렀는데 시종무관장 민영환을 비롯하여 특진관 조병세, 법부주사 송병찬, 전 참정 홍만식, 참찬 이상설, 주영공사 이한응, 학부주사 이상철, 병정 전봉학·윤두병·송병선·이건석 등의 중신과 지사들이 자결하였다. 이밖에 청국인 반종례와 일본인 니시자카도 투신자결로 조약 반대의사를 천명하였다.

적극적이고 과감한 투쟁에 나선 이들도 있었다. 충청도에서는 전 참판 민종식이, 전라도에서는 전 참찬 최익현이, 경상도에서는 신돌석이, 강원도에서는 유인석이 각각 의병을 일으켰고, 이근택·권중현 등을 암살하려는 의거도 일어났다. 그와 함께 구국계몽운동도 활발하게 펼쳐졌다. 유교와 기독교 단체를 중심으로 기독교청년회·헌정연구회·자신회·대한자강회·동아개진교육회·서우학회·상업회의소 등이 표면상으로는 문화운동을 표방하며 국민의 계몽을 위해 노력하는 한편, 산하에 비밀결사를 두고 항일구국운동을 전개하기에 이르렀다.[33]

1907년 4월 네덜란드 헤이그에서 40여 개국 대표가 참석하는 제2회 만국평화회의가 열린다는 소식을 접한 고종은 전 의정부 참찬 이상설에게 신임장과 러시아 황제에게 보내는 친서를 주어 만국회의에 나가 우리 실상을 만천하에 고하도록 했다. 이상설은 전 평리원검사 이준과 함께 블라디보스토크·시베리아를 거쳐 당시 러시아의 수도 페테르스부르크(레닌그라드)에 도착, 전 러시아 공사관 서기 이위종을 데리고

---

92) 시일야방성대곡(是日也放聲大哭)
93) 헐버트(Hulburt, H. B.)

회담 개최 며칠 전에 헤이그에 도착했다.

그러나 회의 자체가 열강이라는 국가들의 회의였을 뿐만 아니라, 일본과 영국 등의 집요한 방해와 열국의 방관으로 인해 우리 대표들은 회의참석과 발언을 거부당하고 말았다. 그러나 네덜란드 언론인 스테드의 주선으로 한국대표들은 평화회의를 계기로 개최된 <국제협회>에서 호소할 기회를 얻어, 노어·불어·영어 등에 능통한 젊은 이위종이 세계의 언론인들에게 조국의 비통한 실정을 호소하는 연설을 하게 되었다. 그 연설 전문은 <한국을 위해 호소한다>라는 제목으로 세계 각국에 보도되어 주목을 끌었으나 구체적인 성과를 얻지는 못했으며, 이에 이준은 울분을 삭이지 못한 채 그곳에서 분사하고 말았다.

이 사건을 빌미로 일제는 고종을 강제로 퇴위시키고 7월 20일 양위식을 강행했다. 이에 흥분한 군중은 친일단체 일진회의 기관지를 내는 <국민신문사>와 경찰서 등을 파괴하고, 친일괴수 이완용의 집에 불을 지르는 등 격렬한 항일시위를 벌였다. 그러나 일제는 이에 아랑곳없이 7월 24일에는 일제의 차관정치[94]를 위한 한일신협약 (정미7조약)을 체결한다. 이어, 27일에는 언론탄압을 위한 「신문지법」을, 29일에는 집회·결사를 금지하는 「보안법」을, 31일에는 한국 군대 해산명령을 각각 공포했다. 이런 상황 속에서 순종이 황제로 즉위하여 연호도 광무에서 융희[95]로 바뀌었으며, 전국 각지에서는 일제에 항쟁하는 정미의병이 일어났다.[34]

여기서 정미7조약의 차관정치라 함은 행정실권을 장악하기 위해 한국인 대신 밑에 일본인 차관을 임명하는 것을 말한다. 이때부터 1910년 대한제국의 국체를 말소하기까지 통감부에 의한 차관정치가 실시되었다. 한국 병탄[96]의 마지막 단계로 1907년 7월 24일 이완용과 이토 히로부미 사이에 체결된 이 조약의 내용은 <표 1-2>와 같다.

'정미7조약' 조인에는 내각총리대신 이완용을 비롯하여 농상공부대신 송병준, 군부대신 이병무, 탁지부대신 고영희, 법부대신 조중응, 학부대신 이재곤, 내부대신 임선준 등 7명이 찬성하였는데, 이들을 일컬어 흔히 '정미7적'이라고 부른다. 이토 히로부미는 '정미7조약'에 조인한 지 불과 3개월 후인 1909년 10월 26일 하얼빈에서 안중근 의사가 쏜 총에 3발을 맞고 사망한다. 안중근 의사에 의해 단죄되어 비참한 최후를 맞게 된 것이다.

---

94) 차관정치(次官政治)
95) 광무(光武), 융희(隆熙)
96) 병탄(倂呑) : 남의 재물이나 영토를 강제로 뺏음.

〈표 1-2〉 정미7조약 내용

1. 한국정부는 시정개선에 관하여 통감의 지도를 받을 것
2. 한국정부의 법령제정 및 중요한 행정상의 처분은 미리 통감의 승인을 거칠 것
3. 한국의 사법사무는 보통 행정사무와 이를 구분할 것
4. 한국 고등 관리의 임명은 통감의 동의로써 이를 행할 것
5. 한국정부는 통감이 추천하는 일본인을 한국 관리에 용빙할 것
6. 한국정부는 통감의 동의 없이 외국인을 한국 관리에 임명하지 말 것
7. 1904년 8월 22일 조인한 한일외국인 고문 용빙에 관한 협정서 제1항은 폐지할 것.

경술국치

이후 일본은 1910년 6월 30일 한국의 경찰권을 빼앗은 후 7월 12일 새로 부임하는 데라우치[97] 통감에게 '병합 후의 대한 통치방침'을 쥐어 보냄으로써 본격적으로 '한일병합'을 추진하기 시작했다. 8월 16일 데라우치는 총리대신 이완용과 농상공대신 조중응을 통감관저로 불러 1차로 병합조약의 구체안을 논의하였다. 그리고는 이틀 뒤 18일 각의에서 이를 합의를 보게 한 다음 22일 순종황제 앞에서 형식적인 어전회의를 거쳐 그날로 이완용과 데라우치가 조인을 완료하였다. 조약의 조인 사실은 1주일간 비밀에 부쳐졌다가 8월 29일 이완용이 시종원경 윤덕영을 시켜 황제의 어새를 날인하여 칙유[98]와 함께 반포함으로써 세상에 알려지게 됐다. 이로써 조선왕조는 27대 519년 만에 막을 내리게 된다.

나라가 망하여 일본의 식민지로 전락하게 만든 이 '한일병합조약' 체결을 '경술국치'라 하고, 이 조약이 체결된 1910년(경술년) 8월 29일을 흔히 '국치일'이라고 부른다. 또 이 조약에 찬성한 내각총리대신 이완용, 시종원경 윤덕영, 궁내부대신 민병석, 탁지부대신 고영희, 내부대신 박제순, 농상공부대신 조중응, 친위부장관 겸 시종무관장 이병무, 이완용의 처남인 승녕부총관 조민희 등 8명을 '경술국적[99]'이라고 부른다.[35]

아아! 고위관리가 조약에 서명만 하면 나라가 망하는 것이 되는가? 일본이 우리나라를 차지하기 위해 마각을 드러낸 운요호 사건 이후 35년 만에 그 뜻을 이루니 이

---

97) 데라우치(寺內正毅)
98) 칙유(勅諭) : 임금이 몸소 이름. 또는 그런 말씀이나 그것을 적은 포고문
99) 경술국적(庚戌國賊)

어찌 애통, 절통한 일이 아닌가. 단군왕검이 이 나라를 세우신 이래 우리나라는 외국과 수많은 전쟁에서 단기 3960년(1637년, 조선 인조 15년의 병자호란)의 단 한 번을 제외하고는 결코 적국에 항복한 없었는데 단기 4243년(1910년, 순종 4년)에 일제에 항복을 하게 되니 민족역사에 씻을 수 없는 치욕이 되었다.

에필로그 취운정

취운정[100]은 종로구 가회동에서 삼청동으로 넘어가는 북촌길 고갯마루에 있던 정자다. 이곳은 갑신정변의 주요 인물인 김옥균, 홍영식, 서광범 등이 내외정세를 토론한 장소로 유명하다. 특히 갑신정변 관련 혐의로 유폐된 유길준이 1887년 이후 이곳에 머물면서 1892년 11월 민영익의 주선으로 유폐가 풀릴 때까지 <서유견문록>을 저술한 곳으로도 유명하다. 청일·러일전쟁이 끝난 후에는 많은 지사들이 우국의 심정을 토로하던 역사의 현장이다.

나철, 이기, 오기호 등은 1909년 2월, 나라가 파괴되고 백성이 망하는 근본 원인을 사대주의에 기운 교육으로 민족의식이 가려진 데 있음을 통감하고 '단군교' 포명서를 공포했다. 독립을 꿈꾸던 이들이 비밀리에 이곳에 모여 독립운동을 모의하였으며, 학생들이 동맹휴학을 계획하던 곳이기도 하였다.

우리도 잠시 취운정에 앉아 국망에 이르는 격랑의 시대를 살다 간 우리 선조들의 삶을 반추해 보면서 온고이지신으로 오늘날의 우리사회를 직업학적 시각에서 어떻게 바라보고 어떤 사회를 지향해야 하는지에 대해 고민해보면 어떨까 싶다.

그런데 1909년 7월 13일 오전 10시, 취운정에서 한국병합을 실질적으로 이끈 이토 히로부미를 찬양하는 시회[101]가 열렸다는 것을 늦게 알았다. 이 날은 일본 메이지 정부가 7월 6일 각의에서 '한국병합방침'을 결정하였고, 7월 12일 대한제국은 사법과 감옥 사무를 일본정부에 위탁하는 약정서에 조인해 사법권마저 강탈당한 다음 날이다. 유일하게 정미7조약과 한일병합조약 두 군데 서명을 한 조중응이 이날 취운정에서 직접 써서 이토 히로부미에게 바쳤다는 시를 한 번 읽어 보자.

---

100) 에필로그 취운정(epilogue 翠雲亭)
101) 시회(詩會)

「춘묘102)는 칠십 노인이면서도 기개가 높아

살아있는 부처요 하늘에 오른 신선이라.

평생 수고한 뜻을 누가 알리오.

다만 근심하는 것은

서양의 세력이 동쪽으로 밀려옴이라.」103)

---

102) 춘묘(春畝) : 이토 히로부미의 호

103) 조중응 시 원문 : 春翁七十氣昻然 活佛身兼到上仙 誰識平生勞苦意 只憂西勢漸東邊

　　(時 隆熙三年 七月 於京城翠雲亭 賦別 伊藤公舜 一絶 書爲井上君雅囑韓國從一品 農相 趙重應)

　　융희 3년 7월, 경성의 취운정에서 이토공과 이별하며 절구 한수를 지었다. 이노우에군께서 부

　　탁하셔서 썼다. ―한국 종1품 농상 조중응―

제 2 장

직업사회학의 이해

1. 직업사회와 직업사회학

직업사회

유럽은 산업혁명을 거치면서 농업중심의 봉건제적 전통사회가 붕괴되면서 도시가 생겨났고 농사일을 하던 사람들이 도시로 유입되어 산업노동자가 되었다. 이처럼 농촌이 해체되고 도시화가 급속하게 진행되면서 동시에 경제의 중심이 농업에서 공업으로 이전되는 것을 산업화 과정이라고 하고, 이런 사회를 산업사회라고 부른다. 따라서 산업사회란 산업적 측면에서 본 사회유형의 하나라고 할 수 있다.

이와 마찬가지로 직업사회란 직업적 측면에서 본 사회의 유형이라고 할 수 있다. 그런데 직업과 관련해서는 여러 학문분야에서 '일의 세계'나 '직업의 세계'와 같은 용어를 사용하여 주로 노동자를 중심으로 한 노동시장과 이와 관련 다양한 주제들을 다루고 있다. 직업사회라는 용어도 이와 유사한 개념으로 사용되기도 하는데 상용화된 용어는 아니다. 따라서 산업사회와 같은 관점의 직업사회에 대한 일반화된 개념은 없다고 할 수 있다. 후술하겠지만 직업사회학은 직업사회를 연구대상으로 하는 학문으로 연구영역을 새롭게 정립할 필요가 있는 학문이다. 따라서 아직 일반화된 개념이 없는 직업사회에 대한 정의는 매우 중요한 문제라고 할 수 있다. 직업사회를 어떻게 정의하느냐에 따라 직업사회학의 연구대상과 연구영역이 달라질 수 있기 때문이다.

앞서 인류는 태초부터 생존을 위해 공동체 생활을 해 왔으며 이 공동체는 시대의 흐름에 따라 여러 계층으로 분화되면서 다양한 형태로 변화되어 왔는데 오늘날 이를 사회라고 하고, 이 사회는 공동체 생활을 시작한 태고 때부터 '먹고 사는 문제'와 '함께 사는 문제'를 안고 있었는데 오늘날에 이르기까지 여전히 최선의 해결방안을 찾지 못한 채 미해결의 과제로 남아 있음을 적시했다. 그래서 인간의 역사를 곧 공동체의 역사로 인식했다.

이 논리를 좀 더 전개시키면 이러한 다양한 여러 사회를 하나로 아우르는 가장 배타적이고 동질성을 가진 독립적인 사회로 국가를 들 수 있다. 이 국가는 기원 훨씬 이전부터 형성되었는데 한 국가에 속한 사람들의 삶은 국가의 운영주체와 운영주체의 변경에 따라 크게 달라져 왔다고 볼 수 있다. 그래서인지 역사학자들은 주로 국가를 단위로 역사를 기술하였다. 이렇게 보면 국가들의 흥망성쇠의 역사가 곧 인류의 역사라고 할 수 있다.

주지하는 바와 같이 유사 이래 국가는 신생·소멸하면서 다양한 형태로 변화되어 왔는데 20세기 이후에는 대부분의 국가가 민주주의 형태로 자본주의의 자유경제 체제하에서 운영되면서 오늘에 이르고 있다. 이와 같은 체제하에 있는 오늘날의 국가사회는 '먹고사는 문제'의 관점에서 보면 다음의 3개의 큰 틀로 구분할 수 있다. 생계의 최소의 단위로서의 가정, 가정의 각 구성원이 생계를 위해 일을 하는 일터, 양자가 원만히 작동할 수 있도록 적절히 조정하고 통제하는 역할을 하는 기관이 그것이다. 전체 가정을 통칭하여 가계라 하고 모든 일터를 통칭하여 기업이라고 한다. 그리고 이를 보호하고 관리하는 기관은 정부, 즉 국가인데 오늘날 이 3자를 소위 자본주의 경제체제의 3대 주체로 일컫는다.

여기에서 우리는 자본주의 경제체제하에서 살고 있다는 현실과 사회학이 지향하는 학문의 방향 그리고 직업과 관련한 학문연구대상을 고려하여 직업사회에 대해 다음과 같이 정의를 내리고자 한다.

「직업사회란 직업 활동을 하거나 할 수 있는 사람들과 이들과 이해관계가 있는 개인과 단체들로 구성된 집합체 즉, 직업과 관련한 가계와 기업 그리고 국가의 3대 주체를 기본적인 틀로 하여 구성된 실재적 및 관념적 집단을 말한다.」

위에서 지구촌 사회를 가장 배타적이고 동질성을 가진 독립적인 단위로 구분한다면 국가사회를 기준으로 나눌 수 있다고 했는데 이 국가사회를 한 단위로 하여 기능이나 역할 면에서 구분을 한다면 이와 같이 정의한 직업사회가 가장 큰 부분을 차지한다고 할 수 있다. 대부분의 개인들이 생계유지의 수단인 직업을 가지고 사회생활을 하고 있을 뿐만 아니라 많은 단체나 기관이 직업과 연관되어있기 때문이다. 따라서 여기에서 정의한 직업사회는 우리가 살아가고 있는 공동체인 이 사회를 또 다른 시각으로 바라보는 것이기도 하다.

한편 국가사회나 직업사회뿐만 아니라 자본주의 사회, 공산주의 사회, 씨족사회, 상류사회와 하류사회 등 어떤 단체사회도 개인적인 관점에서 보면 인간사회이다. 이 인간사회는 인간이 집단을 이루고 살기 시작한 때부터 신분에 의한 계급사회였다. 고대와 중세 그리고 근대를 지나 오늘에 이르기까지의 절대 다수의 하위계층의 삶의 역사는 이 계급의 타파, 즉 자유와 평등을 위한 투쟁의 역사로 볼 수 있다. 그래서 인류의 역사는 개인의 입장에서 볼 때 인권신장의 역사였다고 할 수 있다.

이러한 개인의 인권은 18세기 이후 서구에서 태동한 자본주의의 성장·발전과 더불어 급속히 신장되어 왔는바, 오늘날 개인은 생계의 최소단위인 가계로서 자본주의의 본체라 할 수 있는 기업 그리고 정부 즉, 국가와 더불어 자본주의 경제체제의

3대 주체의 하나로 자리매김하게 된 것이다. 우리 헌법에서도 "모든 국민은 인간으로서의 존엄과 가치를 가지며, 국가는 개인이 가지는 불가침의 기본적 인권을 확인하고 이를 보장할 의무를 지며 모든 국민은 법 앞에 평등하고 신체의 자유를 가진다."고 선언하고 있다.

그럼에도 불구하고 노동자로서의 대다수의 개인의 지위는 여전히 낮은 위치에 있다고 할 수 있다. 국가는 실질적인 권력의 주체로써 가장 우위에 있으며 기업 또한 개인(노동자)보다 우위에 있다. 생산의 경제주체인 기업이 소비의 주체가 되는 가계 즉, 가계의 구성원인 노동자를 생산요소를 제공하는 경영관리의 대상으로 간주해 왔다는 점에서도 기업의 우위는 잘 드러난다. 물론 기업은 자본주의 초기의 노동의 가치를 노무비 개념으로 보는 데서 출발하여 근래에 노동자를 인적자원으로 보는 인식의 전환으로 크게 진화한 면은 있으나, 노동자를 투자수익률과 관련한 인적자본투자의 대상, 개발의 대상으로 파악하고 여전히 기업의 중요한 생산요소로써 관리의 대상이라는 근본적인 시각에는 변함이 없기 때문이다. 여기에 국가는 기업의 역할을 보다 더 중시하는 정책을 지속적으로 추진해왔다. 결국 노동자는 소비의 주체로서는 대등한 관계에 있을 수 있을지는 몰라도 절대적 열위에 있게 된 것이다. 결론적으로 우리가 정의한 바의 직업사회는 평등하지 않은 것이다.

계급사회를 해체하고 등장한 시민사회가 시장이라는 보이지 않는 손에 의해 경제 질서를 확립하고 부와 번영을 이루게 되었는지는 모르나, 직업사회의 불평등은 오늘날의 시민사회를 화폐(부)라는 보이는 손에 의해 보이지 않는 계급사회로 환원시키고 있다고 볼 수 있다. 이는 직업사회가 형성되기 시작한 때부터 내재한 자본주의 경제체제의 3주체 간 불균형 관계의 오랜 누적의 결과라고 할 수 있다.

이러한 결과가 우리사회에 극명하게 나타난 것이 양극화 현상이다. 이는 국가사회의 존재의 이유가 무엇인지를 물어야 할 만큼 심각한 사회문제로 나타나고 있다. 이러한 현실에서 두드러지고 있는 저출산의 사회풍조와 인구의 고령화 추세는 우리사회의 미래에 대한 희망마저도 빼앗아가 버리는 것은 아닌지, 두고만 볼 수 없는 사회현상이라 하겠다.

이는 직업사회의 누적적 불균형이 낳은 산물이다. 직업사회를 구성하고 있는 기본 틀의 하나인 가계경제의 구조적인 취약성에 근본적인 원인이 있는 것이다. 그렇다고 한다면 우리가 서둘러야 할 것은 직업사회의 불균형을 해소하는 일이다. 불균형 해소를 위해서는 우선 기본적으로 가계를 경제적으로 안정되게 해야 한다. 가계가 경제적으로 안정되기 위해서는 안정된 소득원이 확보되어야 한다. 이를 위해서는 각 가계마다 직업을 가져야 하고 그 직업이 매우 안정적이여야 한다. 결국 문제해결의 근본은 일자리 문제를 어떻게 가져가느냐에 달려 있다고 할 수 있다. 이 일자리를 제공하는 곳은 기업이다. 따라서 기업은 일단 존속해야 하고 나아가 성장·발전이 뒷받침되지 않으면 안 된다. 그리고 국가는 이 기업과 가계에 생기를 불어 넣을 수 있는 적절한 역할을 수행해야 하는 것이다.

결론적으로 자본주의 경제체제가 유지되는 한은 직업사회를 구성하는 3대 주체인 국가와 기업 그리고 노동자의 관계와 역할이 제대로 정립되고 작동되어야 직업사회의 불균형이 해소될 수 있다. 즉, 기업은 계속 성장할 수 있는 환경을 조성해 주어야 하고, 노동자는 인간으로써의 존엄과 가치가 훼손되는 일이 없도록 하는 것이 국가의 의무이자 역할이라 할 수 있다. 그리고 기업은 생산의 주체로써 계속 존속을 해야 하고 노동자는 자신의 생존을 위해서도 그렇지만 기업의 성장·발전을 뒷받침해야 할 책무가 있다 할 것이다.

이는 직업사회학이 연구대상으로 하는 직업사회를 바라보는 기본적인 시각이다. 자본주의 경제체제의 3주체들 간에 균형을 맞추어 직업사회구조의 틀을 견고하게 유지할 수 있게 하려는 것이 이 학문의 목표이기도 하다.

직업사회학

직업사회학은 머리말에서 밝힌 바와 같이 사회학을 배경으로 직업사회를 연구하는 직업학의 한 학문영역이다. 사회학이 사회현상 탐구하여 이를 설명하고 분석하여 거기에서 야기되는 사회문제 해결을 모색하면서 사회의 미래의 방향을 제시하려는 학문임은 주지하는 바와 같다. 당연히 직업사회학은 직업사회를 탐구하여 보다 나은 직업사회의 미래의 방향을 제시하려는 학문이다.

그러나 앞서 언급한 바와 같이 직업사회학은 아직 연구가 더 필요한 분야이다. 이를 좀 더 구체적으로 살펴보기로 한다. 우선 직업사회학에 대한 사전적 용어의 정의를 보면 "직업사회학이란 사회학적 연구 분야를 명확하게 지적하는 것이 아니라 직업의 구조와 특수한 직업들이 어떻게 가족, 경제, 교육체계, 정치체계, 사회계층의 체계와 연계되어 있는가 하는 문제들을 다루는 특수한 범위의 연구를 지적하는 말이다." 라고 정의하고 있다. 또 다른 사전에서는 "사회생활의 요인으로서의 직업을 실증적으로 연구하는 학문. 산업사회학의 기초가 되는 것으로 각기 다른 성격·욕망을 가진 개인이 생활을 함께 하며 일을 함께 함으로써 하나의 공동생활을 성립시킴에 있어 직업이 어떠한 사회적 의미를 갖는가에 대하여 경험과학적 방법으로 추구하는 것이 중심과제이다. 대체로 직업은 생계의 유지, 개성의 발휘, 역할의 실현이라는 세 측면의 동적통일로서 파악되는 것이지만, 직업사회학에서는 주로 역할실현이라는 측면에서 포착하여 직업의 전면적 파악을 지향한다.”고 정의하고 있다.

솔직히 이와 같은 정의가 무슨 말인지 이해하기가 어렵고, 이 정의를 바탕으로 한 연구도 찾아보기 어렵다. 사실 직업사회라는 용어의 의미조차도 정립되어 있지 않은 것이다. 사회학에서도 직업관련 분야는 주로 일과 노동세계를 중심으로 접근하고 있어 부분적이기도 하고 다른 학문과 중복되는 경향이 있다.

결론적으로 앞서 정의한 직업사회의 관점에서 볼 때도 그렇고, 직업사회학으로 분류할 만한 연구가 많지 않아 직업사회학이 하나의 학문으로 체계가 정립되어 있다고 보기는 어렵다고 할 수 있다. 따라서 직업사회학을 하나의 학문으로 정립하기 위해서는 연구영역과 연구목표를 명확히 하여 학문적 기틀을 마련할 필요가 있다.

이와 같은 의도에서 직업사회를 새롭게 정의하였고, 직업사회학을 구태여 직업학의 한 연구영역으로 구분한 것이다. 다시 말하면 기존의 직업사회 관련 책이나 연구에서 기술하고 있는 직업관련 내용들은 직업학에서 이미 각 분야별로 정리·연구되고 있어 직업사회학에서는 중복 기술을 피하고 직업사회를 중심으로 학문의 영역을 설정함으로써 독자적인 학문체계를 갖추기 위해서였다. 뿐만 아니라 이 책 직업사회학의 목표가 현재의 직업의 세계를 보다 바람직한 방향으로 개선하고 나아가 직업세계의 미래에 대한 새로운 비전과 패러다임을 제시하려는 직업학의 목표에 부합하여 직업사회학의 학문체계를 정립하는데 매우 유용하고 상호보완적이기 때문이다. 또한 이 책에서 정의한 직업사회를 연구영역으로 하는 것이 이러한 직업학의 목표달성을 위한 가장 현실적이고 실질적인 접근방법이기도 하기 때문이다.

이와 같은 직업사회학의 목적은 직업학과 사회학의 학문적 배경을 바탕으로 직업사회를 진단하고 분석하여 보다 나은 직업사회를 구축하기 위한 실천적인 방안들을 제시하려는 데 있다.

이제 이 책 직업사회학의 성격과 내용에 대해 얘기하고자 한다.

앞서 정의한 직업사회를 구성하는 그룹 중 구성원이 가장 많은 그룹은 근로자 그룹이다. 직업사회의 구성원의 대부분이 근로자인 셈이다. 이 근로자에게 직접적으로 가장 큰 영향을 미치는 그룹은 기업과 노동에 관한 정책을 수립하고 추진하는 기관이다. 그리고 이 기관의 의사결정에 직간접으로 영향을 미치는 기관은 행정부의 각 기관이고 이를 총괄하는 책임자는 행정부 수반이다. 이렇게 보면 직업사회에 가장 큰 영향을 미치는 것은 국가정책이라고 할 수 있다. 따라서 직업사회학의 학문목적이 직업사회를 탐구하여 보다 나은 직업사회의 미래를 제시하려는 것에 있는 한, 직업사회에 가장 큰 영향을 미치는 부문을 중심으로 연구가 이루어져야 할 필요가 있다. 그래서 이 책은 국가정책에 주된 초점을 맞추고 있다. 이와 같은 사유로 이 책의 성격을 '직업사회학은 직업사회정책론 내지는 국가사회정책론이다.'라고 규정한다 해도 이상할 것이 없다고 하겠다.

또한 앞서 언급한 바와 같이 직업사회 불균형 해결의 근본이 일자리에 있다고 본다면 일자리는 기업에 의해 생성·소멸되기 때문에 기업의 역할이 무엇보다도 중요하다. 기업은 조직체로 하나하나가 작은 국가사회로 볼 수 있다. 그래서 이 책은 기업과 이와 관련한 것들을 주된 주제로 하고 있다. 이렇게 보면 이 책의 성격을 '직업사회학은 기업론 내지는 작은 국가사회론이다.'라고도 규정할 수 있다.

결론적으로 직업사회학은 인류가 생겨난 이래 오늘날에 이르기까지 미완의 과제로 안고 있는 '먹고 사는 문제'와 '함께 사는 문제'에 대해 최선의 해답을 찾으려는 학문으로 그 성격을 규정할 수 있다.

이와 같은 직업사회학의 성격을 잘 이해할 수 있도록 이 책의 내용은 머리말에서도 소개했지만 4개의 큰 틀로 구성하였다. 제1편이 직업사회에 대한 이해, 제2편이 직업사회, 제3편이 국가사회, 제4편이 직업사회의 미래이다.

제1편에서는 이 학문의 화두라고 할 수 있는 여명기의 조선후기사회와 서구의 근대화 과정을 조망하고, 이 학문의 목표와 이 목표에 접근을 위해 기본적으로 이해해야 할 사항을 연구했다. 직업사회학의 정의와 학문영역, 관련학문인 사회학과 직업학의 개요, 직업사회의 기본 틀이라 할 수 있는 자본주의와 자본주의 경제체제 등이다.

제2편에서는 이 학문의 본론인 직업사회, 즉 직업사회의 구성요소인 가계, 기업, 국가의 직업사회와 관련된 부문을 연구한다. 가계의 직업행동, 직업사회의 이탈자 그리고 기업과 경영에 대한 전반적인 사항, 또한 직업정책, 사회정책, 교육정책 등 국가정책이 연구대상이다.

제3편에서는 국가사회에 대해 접근하고 있다. 직업사회는 국가사회의 부분집합이다. 따라서 이 책이 목표로 하고 있는 보다 나은 직업사회의 건설은 직업사회 자체의 동인에 의해서도 가능하지만 국가사회의 변화가 더 직접적인 영향을 미친다. 그래서 여명기의 우리역사를 분석하고 진단하여 바람직한 국가사회에 대한 교훈을 얻고자 하였다. 역사를 보는 새로운 눈으로서의 '역사의 비등점' 이론을 제시하고, 또한 위기의 국가사회의 현실을 적시하고 직업사회의 재정립을 위한 방안들을 제시했다.

제4편에서는 보다 나은 미래의 직업사회를 건설하기 위한 방안들을 모색하였다. 직업사회의 국·내외의 환경과 위기의 직업사회의 현실을 적시하고 직업사회의 재구축방안들을 검토했다. 그리고 한계에 이른 자본주의를 대체할 새로운 경제체제이론으로 '공유자본주의'이론을 소개했다.

2. 사회와 사회학

인간은 태초부터 다른 동물들과 마찬가지로 무리를 지어 생활해 왔기 때문에 인간의 역사는 곧 공동체의 역사라고 할 수 있다. 공동체는 그 성격과 목적 등에 따라 생성과 소멸, 변용과 진화를 거듭해 오면서 다양한 형태로 존재해 왔다. 오늘날 이를 사회라고 하는데 공동체를 이렇게 칭하기 이전부터 각 공동체마다 고유의 존재양식이 있었음을 서론에서 밝힌 바 있다.

이 사회라는 용어는 라틴어 '소시에타스'[104]에서 유래한 것으로 이 '소시에타스'는 동료, 동업자 등의 관계를 포함한 친근한 사람들을 일컫는 말이었다고 한다. 그런데 새로운 개념으로 이 말이 사용된 것은 19세기 산업혁명을 계기로 유럽에서 사회학이 태동하면서부터였다. 당시 이전의 공동체에는 없었던 공업발달에 따른 도시화, 새로운 시민계급의 등장과 기존의 신분질서의 붕괴 등 격변하는 공동체의 성격을 규정하기 위해 사용된 것이다. 이후 그 개념이 구체화되고 확대되어 오늘날은 정치, 문화, 제도적으로 독자성을 지닌 공통의 관심과 신념, 이해에 기반한 개인들의 집합, 결사체를 의미하게 되었다. 사회는 소규모의 가족에서부터 직장과 학교, 전체사회 및 그 일부인 정치·경제·시민·노동·문화사회 등을 지칭하는 의미로 사용되기도 하고, '한국사회', '중국사회'와 같이 국가에 따른 구분과 '쿠르드 사회'와 같이 민족에 따라 구분하기도 하고 문화, 지역에 따라 구분하기도 하는 등 연구대상과 관점에 따라 다양하게 정의되고 있다. 나아가 사회는 인류사회, 지구사회, 지식인 사회와 같은 이념적 집단은 물론 동물사회, 식물사회와 같이 모든 생물체의 집단을 의미하는 개념으로 사용되기도 한다. 또한 원시사회, 봉건사회 등과 같이 신개념의 사회라는 용어가 나오기 이전의 사회도 지칭하는 용어로 사용되고 있다.

따라서 사회는 여러 사전에서 정의하고 있는 바와 같이 '공동생활을 하는 사람들의 조직화된 집단이나 세계' 또는 '공통의 목적과 이해관계를 기초로 하는 개인들의

---

104) 소시에타스(societas)

집합'을 지칭하는 실재적 의미로 사용되기도 하고 집단의 성격과 동질성을 가진 집단을 나타내는 관념적 의미로도 사용되는 일반적인 용어가 된 것이다.

한편 이 사회의 구성원은 동서고금을 막론하고 소수의 우두머리와(지배자)와 다수의 추종자(피지배자)로 구분되어 진다. 그리고 시대의 변화에 따라 각 그룹의 내에서 계층의 분화와 통합, 그룹 간, 계층 간의 충돌 및 이동을 거치면서 각 계층이 다양한 형태로 달라져 왔다. 계층의 변화가 시대의 변화를 가져 왔다고도 할 수 있다. 서구에서는 이와 같은 사회의 변천을 크게 원시사회에서 봉건사회, 봉건사회에서 근대사회로, 근대사회에서 오늘날의 자유민주주의사회로 발전해 온 것으로 규정짓고 있다.

원시사회는 사회의 기능 분화가 일어나지 않는 가족이나 씨족 중심의 사회를 말한다. 즉, 생존을 위한 자급자족의 공동생산과 공동소비의 사회라고 할 수 있다. 봉건사회는 씨족중심으로 통합된 사회의 기능이 정치, 종교, 경제 등으로 분화되면서 지배와 종속관계가 주로 토지를 중심으로 해서 이루어진 사회를 말한다. 사회의 기능분화에 따라 우두머리가 성직자, 왕족과 귀족, 영주 등으로 다양해지기는 했으나 신분에 의한 철저한 계급사회였다.

산업혁명으로 촉발된 사회변화는 봉건사회를 붕괴시키고 근대사회를 탄생시킨다. 근대사회의 가장 극적인 현상은 시민계급의 출현이다. 시민계급은 새로운 우두머리라 할 수 있는 자본가를 낳고 급격한 신분성장으로 기존질서를 흔들게 된다. 결국 프랑스혁명(1789년)을 통해 기존의 신분에 계급사회의 질서를 완전히 무너뜨리고 시민사회라는 새로운 질서를 만들어 낸다. 프랑스혁명은 신이 부여하던 왕권을 시민이 뺏어온, 그야말로 인류역사상 천지를 개벽한 초유의 일대 사건이라고 할 수 있다. 그래서 인류의 역사를 이 사건을 중심으로 크게 근대 이전과 근대 이후로 구분하기도 한다.

이러한 사회 환경에서 탄생한 학문이 사회학이다. 사회라는 용어가 새로운 개념으로 정립된 것도 이때임을 앞서 설명했다. 감히 인간이 범접하기 어려운 신에 버금가는 절대 권력을 무너뜨린 시민혁명을 통해 이들 누구도 경험해 보지 못한 새롭게 전개되는 사회를 분석하고 설명하여 이 사회의 미래의 방향을 제시하려는 사회학의 이론은 당시 사회현상만큼이나 혼란스럽고 격동적인, 제자백가의 쟁명이었음은 너무나도 당연하다 하겠다. 이 이론들을 기능론적 사회관과 갈등론적 사회관으로 구분하기도 하고 사회명목론과 사회실재론으로 구분하기도 한다.[36]

전자의 경우 사회구성원들 간의 관계를 보는 관점에 따라 구분한 것으로 기능론적 사회관은 사회구성원들 간의 관계를 협조적 관계로 보는 것이고 갈등론적 사회관은 대립적 관계로 보는 것이다. 후자의 경우 사회실재론은 사회가 인간들의 지속적인 상호작용과 관계들로 얽혀있어 안정적인 구조를 이루며, 개개인들의 외부에 개인들의 사고와 행동을 규정하는 개인으로 환원될 수 없는 고유한 성격을 지니고 있다고 보는 것이고, 사회명목론은 이와는 반대로 사회는 단지 이름으로만 존재할 뿐 사회는 개인들의 성질에서 유래한 것으로서 개인들의 속성으로 환원될 수 있다고 보는 것이다.

기능론적 사회관의 대표적 학자는 콩트, 막스, 베버 등이 유명하며 갈등론적 사회관을 가진 사회학자들은 마르크스, 안토니오 그람시 등으로 알려져 있다. 이들의 대부분은 사회실재론의 관점을 가지고 있었고, 스펜서, 베버, 짐멜 등이 사회보다 개인을 더 중시하는 사회명목론의 관점을 가지고 있었다. 이들의 이론을 고전사회학으로 분류하는데 대표적인 학자들의 주장을 요약하면 다음과 같다.

꽁트(1789~1857)

사회학의 창시자로 일컬어지는 꽁트의 사회학적 연구 활동은 부르주아 혁명 이후 혼란에 빠진 프랑스에서 사회 질서를 어떻게 재구축할 수 있을 것인가 하는 지적 고민의 산물로, 그는 사회학에 실증적·경험적 학문방법을 도입했다. 그는 인류사회는 공상적인 정신이 지배하는 '신학적 단계'로부터 추상적인 정신이 지배하는 '형이상학적 단계'를 거쳐 실증적 정신이 지배하는 '과학적 단계'로 진화해 왔다는 정신적 진보의 3단계 법칙을 주장했다. 그리고 사회학 연구 분야를 사회질서와 안정을 탐구하는 사회정학[105]과 사회변동과 진보를 탐구하는 사회동학으로 구분하는 것이 바람직하다고 보고 이를 생물유기체에 비교하여 연구했다. 전자는 스펜서 등을 통해 기능주의 이론으로 발전하고 후자는 뒤르켐 등의 분업 및 유기적 연대이론으로 발전하게 된다.

스펜서(1820~1903)

꽁트의 유기체론과 진화론의 영향을 받은 스펜서[106]는 사회성과 연대성을 주장한 꽁트와는 달리 자유방임과 적자생존을 주장했다. 그는 최초의 저서 <사회정

---

105) 사회정학과 사회동학(social statics and social dynamics)
106) 스펜서(H. Spencer)

학>(1851년)에서 개인주의적·공리주의적 입장을 표명했다. <진보에 대하여>(1857년)에서 모든 것의 진화를 동질적인 단순 상태로부터 이질적인 요소가 유기적으로 결합한 복잡 상태에 이른다고 하는 '유기적 진보의 법칙'에 의해 설명했다. <제1원리>(1862년) 이후 스펜서의 이론은 '종합철학'의 성격으로 발전하게 된다. 스펜서는 사회성과 연대성을 강조한 콩트와 달리 사회가 정부나 개혁가들의 간섭으로부터 자유로워야 한다는 것을 대중에게 확신시켜 주어야 한다고 생각했다. "인간 외부의 자연적 질서에 타당한 것이라면 인간들의 사회적 배열 속에 존재하는 자연적 질서에도 역시 타당하다."고 주장했다. 말하자면 자연에서의 적자생존 논리가 사회에서도 그대로 적용되어야 한다고 생각한 것이다. 그래서 국가는 개인의 권리를 보호하는 일과 외부의 적으로부터 집단을 보호하는 일 이외에는 서로 계약을 하거나 합의를 하는 등의 모든 일을 개인들의 자유로운 판단에 맡겨야 한다고 주장했다. 그리고 좋은 사회란 각자의 이익을 추구하는 개인들 간의 계약에 기초한 사회이며, 국가가 사회복지 등을 이유로 이 계약적 협정을 방해하면 사회질서가 붕괴되거나 공업사회[107]의 유익함을 잃고 군사적 질서로 퇴보하게 될 것으로 보았다.

그는 최소한의 정부와 자유방임적 시장경제를 긍정적으로 생각하고 적자생존이론을 옹호하기 위하여 명목론적인 개인의 시각, 즉 사회에서는 생물유기체와는 달리 의식과 의지가 개인들로 환원될 수 있으며, 집합적 정신을 소유한 사회체는 존재하지 않는다는 관점을 가지면서도 사회유기체의 부분들 간의 기능적 상호의존의 관계를 개인들로 환원하여 설명하려 했다. 다시 말하면 그가 옹호한 적자생존의 이론은 열등한 개인이나 집단은 소멸하고 최고의 지식인만 살아남는 다는 논리이다. 사회를 개인들의 단순한 총합, 즉 추상적 전체로 보는 사회명목론적, 개인주의적 시각을 보여주면서 사회의 작동을 '생물학적 유추'를 사용하여 설명하려고 한 것이다. 그는 사회속의 개인은 생물 유기체의 기관처럼 각자 정해진 기능을 담당하고 있으며 이러한 개인들의 기능이 유기적으로 결합하여 사회가 안정적으로 작동하게 된다고 보았다.

그는 또한 사회의 진화를 역사적인 과정 속에서 고찰했다. 가장 먼저 외부의 적을 막는다는 점에서 강제적인 협동을 요구하는 군국주의가 등장했고, 그 다음에는 이러한 강제에 반대하면서 자발적인 협동으로 나아가는 공산주의가 나타났으며, 그리고 마지막에는 인간의 활동이 각자 개인의 만족을 얻는 데 있다고 하여 국가를 배제한 무정부주의 형태로 나타났다. 그러나 이 무정부주의는 물론 유토피아에 지나지 않

---

107) 공업사회 : 산업사회로도 번역하기도 함.

는다. 스펜서는 사회주의의 이론을 반대했을 뿐만 아니라, 이것을 하나의 커다란 위험으로 간주하기까지 했다. 다만 어떤 사람이 자유를 제한받는 것은 그가 다른 사람의 권리를 침해했을 때로 제한해야 한다고 생각했다.

그는 사회의 진화가 생물유기체 진호와 유사한 방식으로 이루어진다고 보았고 진화는 보편성의 과정으로 "운동의 분산과 물질의 통합의 결과로 나타난, 약한 응집상태에서 강한 응집상태로의 변형"이며, "동질성의 상태로부터 이질성의 상태로의 변동"이라고 보았다. 이는 뒤르켐의 사회 분업론에 영향을 미쳤다.

또한 그는 사회유형을 사회규제의 형태, 즉 그 엄격성과 범위에 따라 공업형 사회와 군사형 사회로 사회유형을 구분했는데 군사형 사회는 중앙집권적 규제와 강제적 협동이 그 특징이고, 개인과 사적조직의 자발성과 자발적 합동이 공업형 사회의 특징이라고 했다.[37]

마르크스(1818~1883)

마르크스는 당시 초기자본주의가 형성되어가는 사회의 노동자들의 비참한 삶을 목도하고 자본주의를 비판하게 되었는데 이 때 그의 나이는 20대였다. 그는 인류는 무리 속에서 교류하고 협력하면서 살아가는 가운데 능동적인 활동을 함으로써 삶의 의미를 느끼는 정신적·지적존재라고 보았다. 그는 이후부터 30여 년이 흐른 50세에 <자본론>을 썼다. 초기 자본주의의 진행과정을 평생에 걸쳐 지켜보면서 자본주의의 모순을 갈파하고 이를 극복할 새로운 사회를 건설해야 한다고 주장한 것이다. 자본주의 사회는 생산수단인 자본을 소유한 자본가 계급이 무산자인 노동자 계급의 노동력을 이용하여 상품을 생산하고 이를 판매하여 이윤을 추구하는 사회로 정의했다. 그는 이 과정에서 자본가 계급이 노동자 계급을 착취함으로써 계급의 불평등이 생겨나며 나아가 자본가 계급은 착취를 통한 부의 안정적 축척을 위해 국가권력을 동원하고 지배이데올로기를 유포하게 된다고 보았다. 그는 자본주의 사회가 적대적인 계급들 간의 상호의존에 의해 유지되면서도 계급간의 분열과 갈등을 필연적으로 발생시켜 피지배계급인 노동자 계급의 저항과 투쟁을 통해 적대적 모순관계가 해결되는 공산주의사회로 이행해 갈 것이라고 본 것이다.

그리고 공산주의 사회란 생산수단의 공동소유에 기초한 공동생산과 분배를 통한 평등하고 평화로운 사회로 자본주의 사회에서 나타나는 현상인 자본과 같은 생산수단을 독점적으로 소유한 자본가 계급과 그렇지 못한 노동자 계급 등 피지배계급 간에 지배와 종속, 적대적 갈등관계가 사라지게 된다는 것이다. 근대 인류사에 거대한 실제적 이념을 탄생시킨 그는 인간과 노동에 대해 류적 존재[108]로서의 인간, 총체적 존재로서의 인간, 인간의 총체적 활동으로서의 노동이라는 철학적이고 이상적인 인간관을 가지고 있었다고 볼 수 있다. 그는 자본주의의 생산방식인 분업이 자유롭고 창조적 정신적 활동으로서의 노동을 단순히 생계를 위한 육체적 생존수단으로 전락시킨다고 보았다. 즉, 사유재산제도의 발달에 따른 계급적 분열과 분업에 따른 노동 및 인간소외를 비판한 것이다.

그는 이미 30세에 <공산당선언>을 썼는데 여기에서 인류역사를 지배 계급과 피지배 계급간의 투쟁의 역사로 파악하고 계급 없는 사회를 건설하는 것을 이상으로 삼고 프롤레타리아의 혁명이라는 실천적 행동을 주창한 것이다.[38] 마르크스의 사상은 경제의 역사를 다루는 장에서 자세히 살펴보기로 한다.

베버(1864~1920)

베버는 사회현상을 자연과학적 방법으로 연구하려는 실증주의에 반대하면서 사회과학연구는 개인행위의 의도나 동기에 기초해야 한다고 주장했다. 그는 사회학을 '사회적 행위를 연구하는 과학'으로 보았다. 그래서 사회현상을 외적으로 관찰하는 실증주의와 달리 개인행위의 내면적 동기와 의도를 이해하는 것이 중요하다고 본 것이다.

베버는 마르크스의 영향을 받았지만 역사유물론 등에 대해서는 비판적인 입장이었다. 그는 <프로테스탄트 윤리와 자본정신>에서 프로테스탄트 윤리, 특히 캘빈주의 교리에 따라 직업에 대한 소명의식을 가지면서 근면과 금욕에 힘쓰는 노동윤리가 자본주의발전에 기여했다는 점을 입증했다. 다시 말하면 프로테스탄트의 종교윤리와 합리적으로 이윤을 추구하고 자본을 축적하려는 자본주의 정신 사이에 선택적 친화성이 있어서 자본주의 급속한 발전이 가능했다는 것이다.

그는 이와 같이 역사를 합리화 과정으로 이해했다. 자본주의 시장경제는 화폐경제와 더불어 가계와 직장의 분리에 기초하여 합리적 계산이 가능하게 됨으로써 생산

---

108) 류적 존재(類的 存在) : 인간들은 아주 다양하고 상이한 성질을 지니고 있기 때문에 그들은 더불어 있을 때 비로서 완전한 인간을 형성할 수 있다는 의미, 즉 인간이 따로 고립되어 살 수 없고 무리를 지어 살아갈 수밖에 없는 존재라는 것이다. 마르크스는 인간의 본질을 인간은 사회적 존재로서 자유롭고 의식적인 활동인 노동을 통해서 자신의 전면적인 능력을 발휘하고 이를 통해 자신을 확인하는 존재, 즉 '유적존재로서의 인간'으로 파악했다.

의 효율성이 증대된 결과로 발전이 이루어진 것으로 보았다. 그리고 지배양식에 있어서도 카리스마적 지배에서 전통적 지배로, 전통적 지배에서 법적·합리적 지배로 변천되어 왔다고 지배의 합리화 과정을 설명하면서 국가의 합법적 지배는 합리화된 조직인 관료제의 발달을 가져왔다고 보았다.

그는 당시의 사회가 합리화 과정을 통해 발전해 왔지만 이로 인해 오히려 비관적인 결과가 나타날 수 있다는 소위 합리화의 역설을 우려했다. 그는 합리성을 목적달성을 위해 합리적 수단을 추구하는 '형식적 합리성'과 목적자체를 추구하는 '실질적 합리성'으로 구분했다. 그리고 당시 사회가 합리화 과정이 형식적 합리성 추구로 나아가면서 실질적 합리성이 훼손될 수 있다고 보았다. 즉, 관료제의 발달이 인간을 수단화하여 철제에 가둠으로써 인간소외를 가져올 수 있으며 이는 시민참여를 통한 민주주의 발달에 부정적인 결과를 낳을 수 있다고 본 것이다.

뒤르켐(1858~1917)

뒤르켐[109]은 프랑스의 사회학자이자 교육학자이다. 그는 자신이 살던 당시 사회의 특징을 분업이 발달한 공업사회로 규정하면서, 분업사회에서 어떻게 사회적 연대가 가능할 것인지를 고민했다. 분업과 개인주의의 발달로 종교와 같은 전통적 규범이 약화된 현대사회에서, 규범적 혼란 상태인 '아노미'[110]를 극복하고 사회통합을 이루기 위해서는 전통사회와 다른 새로운 사회규범이 필요하다고 보았다. 그리고 그 대안으로 '도덕적 개인주의'를 제시했다.

뒤르켐은 사회학은 '사회적 사실'을 연구하는 것이라고 했는데 이 '사회적 사실'이 단순히 개인적 사실을 모아 놓은 것이 아니라 법, 관습, 종교생활 등과 같이 개인의 밖에 존재하면서 개인을 제약하는 것으로 보았다. 그는 콩트의 '실증철학'이 너무 사변적이라고 생각하면서 이것을 좀 더 체계적인 실증적·경험적 연구방법론으로 발전시키고자 했다. 그는 사회적 사실을 과학적·객관적으로 연구하기 위해 "사회적 사실을 사물로 취급하라"는 원칙을 내세웠다. 사회현상도 자연현상이나 물질들처럼 객관적으로 엄밀하게 분석해야 한다는 것이다. 그런데 사회적 사실들은 직접적으로 관찰하기 어렵기 때문에 성문화 된 법이나 규칙들을 관찰함으로써 연구할 수 있다고

---

109) 뒤르켐(E. Gurkheim)
110) 아노미(anomie) : 사회적 규범의 동요·이완·붕괴 등에 의하여 일어나는 혼돈상태 또는 구성
    원의 욕구나 행위의 무규제 상태.

보았다.

또한 그는 사회현상에 대한 완전한 설명을 위해서는 '원인분석'과 '기능분석'이 함께 이루어져야 한다고 보았다. 예를 들어 분업에 관해서 완전하게 설명하려면 인구 증가와 개인들 간의 상호 작용의 증대에 따른 '동적 밀도' 또는 '도덕적 밀도'의 증가와 같은 '분업의 원인'을 분석해야 할 뿐만 아니라, 유기적 연대의 형성이라는 '분업의 기능'을 분석해야 한다는 것이다.

이러한 사고는 이후 사회의 각 구성부분들이 전체 사회의 질서를 형성하고 유지하는 데에 어떤 기능을 수행하는지를 분석하려는 '기능주의'이론 발달에 영향을 미쳤다.

그는 <사회분업론>(1893), <자살론>(1897), <종교생활의 원초적 형태>(1912) 등의 저서를 남겼다. <사회분업론>에서 그는 사회구조의 성격에 따라 형성되는 연대를 기계적 연대와 유기적 연대[111]로 구분했다. 분업이 미발달한 전통사회에서는 동질성이 강하며 공동의 경험과 믿음을 바탕으로 결속되어 있다. 그래서 공동체 규범이 강하며 억압적이다. 이와 같은 동질성 또는 유사성으로 하여, 개성이나 개인적인 차이를 인정하지 않으면서 의견과 신념의 동질성이 강하게 요구되는 것이 기계적 연대이다. 그런데 공업화와 도시화는 분업을 발달시켜 노종의 이질성을 심화시키고, 개인주의를 발달시켜 전통적인 연대의 유지를 어렵게 한다. 종교적 신념이나 의례 등 전통적 집합의식에 기초한 사회규범이나 신념은 더 이상 이질적이고 개별화된 개인들을 통제하고 통합시킬 수 있는 수단이 되지 못한다.

그런데 현대사회에서 분업이 새로운 유형의 연대를 형성하여 이질적인 개인들을 묶어주는 도덕적 기능을 하게 된다고 뒤르켐은 주장한다. 사람들은 서로 이질적인 노동을 하지만 서로 재화와 서비스를 교환하면서 상호의존성을 인식하게 되어 '유기적 연대'를 형성하게 된다는 것이다. 그래서 그는 과거에는 공유된 믿음에 의해 사회를 통합시켰던 기계적 연대가 해체되고 분업에 따른 경제적 교환과 상호의존 관계가 유기적 연대를 형성하여 사회통합을 지속해 나가게 한다는 것이다. 그런데 현실사회에서 생각한 것처럼 사회변화에 따라 기계적 연대에서 유기적 연대로 자연스럽게 이어지는 것이 아니라는 것을 인식했다. 그래서 기계적 연대가 해체되는 과정에서 새로운 사회규범이 형성되지 않은 과도기적 상태를 '아노미'라고 부르면서 이것이 현대사회의 중심적인 사회문제라고 생각한 것이다, 아노미 상태에서 개인들은 어떤 규범에 따

---

111) 기계적 연대와 유기적 연대(mechanical solidarity & organic solidarity)

라야 할지가 불분명하여 가치관의 혼란에 빠져들며, 이로 인해 일탈행동과 범죄 등 사회병리현상과 무질서가 초래된다고 보았다. 그리고 아노미 상태는 유기적 연대에서도 발생하는 것으로 보았다.

뒤르켐은 이런 문제해결을 위해서는 새로운 제도와 사회규범이 필요하지만 국가가 직접 개입하는 것은 바람직하지 않다고 보았다. 그래서 국가와 개인을 매개 할 수 있는 노조나 직능단체 같은 '직업집단'이 그러한 역할을 할 수 있다고 생각했다. 그러나 이것만으로는 한계가 있으므로 새로운 사회규범을 확립하여 시민들에게 확산시키는 일이 중요하다고 생각했다. 그는 개인의 자율성과 권리를 중요시하면서도 타인에 대한 공감과 배려를 강조하는 대안적 사회규범으로서의 '도덕적 개인주의'를 제시했다. 그는 직업윤리와 시민도덕을 확립하기 위한 교육의 중요성을 강조했고 교육을 통한 이 규범의 사회적 확산을 통해 사회질서를 회복하고 사회통합을 이룰 수 있기를 기대했다.

한편 <자살론>은 사회통합에 관한 자신의 이론을 경험적으로 입증하기 위해 쓴 것으로, 자살이 단순히 생리적이나 개인적인 원인에 발생하는 것이 아니라 사회적 조건이나 환경에 따라 달라지는 사회적 사실이라는 것이다. 그는 프랑스의 공식적인 자살통계를 분석하여 어떤 범주의 사람들은 다른 범주에 속한 사람들보다 자살할 가능성이 높다는 것을 밝혀냈다.

뒤르켐의 사회현상분석은 마치 19세기 말의 프랑스가 아니라 21세기의 대한민국 사회를 분석한 것이 아닌지 착각하게 만든다.

3. 직업학

직업과 관련한 주제를 다루는 학문분야는 정치·경제·경영·산업·심리·교육·사회·복지 등 매우 다양하다. 이들 학문은 자기 분야에서 직업을 바라본다. 그래서 직업의 한 부분만을 보게 되는 경향이 있다. 또한 직업발달의 역사를 보면 노동자는 관리의 대상으로 다루어져 왔고 이와 관련한 학문의 시각도 대체로 그래왔던 것을 알 수 있다. 그러나 직업학은 이와는 달리 인간의 관점에서 직업을 바라본다. 즉, 노동자를 관리의 대상으로서의 객체가 아닌 주체로서의 인간과 직업 자체를 연구하는 학문이다. 다시 말하면 직업에 종사하는 인간을 주체로 하여 직업과 관련한 모든 것을 연구하는 것이다. 직업학이 독자적인 학문영역을 구축하고 성장·발전할 수 있었던 것은 이와 같이 학문연구의 대상과 목적이 명확했기 때문이기도 하거니와 근래에 자본주의 경제체제의 성숙과 더불어 생계유지의 수단으로써의 직업이 매우 다양하고 복잡한 양상을 띠게 되면서 직업에 대한 보다 깊은 학문적 연구를 필요로 하는 사회 환경이 조성되었기 때문이기도 하다.

직업학에는 두 가지 대상이 있는데 하나는 일을 하는 사람이고, 다른 하나는 일을 제공하는 직업 현장이다. 직업학이란 궁극적으로 일을 둘러싼 인간의 심리, 행동, 행태, 구직과 관련한 활동, 일터에서의 활동 등을 분석하여 직업심리, 직업상담, 직업소외, 직업건강 등에 적용하는 사람에 대한 학문이자, 노동경제학, 노사관계론, 인적자원 관리와 개발, 조직이론, 직업교육, 산업사회학 등 기존의 경영학, 경제학, 사회학, 교육학, 심리학 영역의 이론들을 직업 현장에 맞게 재해석하는 학문이다. 기존의 경영학이 조직의 입장에서 모든 것을 보아왔다면 직업학은 그 속에서 어떻게 조직의 발전과 일하는 사람의 행복이 함께 충족될 수 있는지를 연구한다. 직업학은 '일하는 사람을 중심으로 하는 인본주의를 기본 철학으로 하는 학문'이다.[39]

오늘날 인간은 급변하고 있는 직업세계 속에서 자신의 능력과 적성에 맞는 직업의 선택, 직업생활의 유지, 직업위기 대처, 직업전환, 은퇴 후의 생활 등 삶에 중요한 직업문제에 대해 적절히 대처하지 못하는 경우가 많다. 이와 같은 인간의 직업생애사건을 효율적으로 대처할 수 있도록 지원하고 실질적으로 도울 수 있는 방안을 강구하는 것과 이들이 보다 안정되고 풍요로운 직업생활을 할 수 있도록 현재의 직업의 세계를 보다 바람직한 방향으로 개선하고 나아가 직업세계의 미래에 대한 새로운 비전과 패러다임을 제시하려는 것이 직업학의 목표이다.

이러한 학문목적을 달성하기 위한 연구영역은 크게 인간과 직업의 두 영역으로 대별할 수 있다. 인간영역 연구는 개인의 직업적 능력을 측정하고 평가하여 직업탐색 및 직업선택과 개인이 생애주기에 맞는 진로설계를 수립할 수 있도록 지원하고, 직업부적응 등 직업행동을 진단하고 처치하는 것을 돕는 것으로 직업심리학, 직업상담 심리학, 직업비교문화이론, 직업의학·재활, 직업사회학 등으로 구성된다.

직업영역 연구는 직업에 인간을 맞추는 것이 아니라 직업을 인간에 맞추어 안정적인 직업생활을 통해 인간의 삶의 질을 높일 수 있도록 직업세계를 개선할 수 있는 방안을 마련하고 미래의 비전을 제시하려는 것으로 직업정책, 직업발달사, 인적자원개발, 직업정보, 직업분석, 직업지원시스템 등의 분야로 구성되어 있다. 직업학의 학문영역 및 내용은 <표 1-3>과 같다.

〈표 1-3〉 직업학의 학문영역

인 간	직 업
직업심리학	**직업정책**
① 직업발달이론	① 노동 및 고용정책론
② 개인의 직업적 능력	② 조직문화
③ 진로능력사정	③ 임금
④ 직업선택과 의사결정	④ 노사관계
⑤ 직업적응과 스트레스	⑤ 노동관련법
⑥ 실업과 직업위기	⑥ 고용보험법
⑦ 노인과 직업	⑦ 청소년 정책
⑧ 청소년과 진로선택	⑧ 취약계층 등 계층별 정책
⑨ 여성의 직업복귀	⑨ 특수집단 정책
⑩ 특수집단의 직업행동	⑩ 직업정책평가
직업상담심리학	**직업발달사**
① 직업상담이론	① 시대별 직업정책
② 개인의 직업적 능력	② 생산시스템의 변화
③ 진로능력사정기법	③ 노동시장특성
④ 직업선택과 의사결정기법	④ 직업생성과 소멸
⑤ 직업적응과 스트레스해소기법	⑤ 인적자원개발
⑥ 실업과 직업위기 대처법	⑥ 국민특성으로 발달된 직업능력
⑦ 개인직업상담기법	⑦ 환경특성으로 발달된 직업능력
⑧ 직업상담 집단프로그램기법	⑧ 문화유산에서의 직업발견
⑨ 직업상담프로그램 기획 및 개발, 평가	⑨ 대리학습 가능한 역사인물들
직업비교문화이론	**인적자원**
① 직업비교문화이론	① 인적자원개발의 의의
② 문화변용	② 국가인적자원개발론
③ 문화충돌의 요인들	③ 직업훈련
④ 직업선택과 의사결정기법	④ 직업교육
⑤ 직업적응과 스트레스 해소기법	⑤ 진로교육
⑥ 실업과 직업위기 대처법	⑥ 인적자원개발 평가
⑦ 문화충돌 극복 직업상담기법	
직업의학·재활	**직무분석과 직업정보**
① 인간의 불안에 대한 심리적·신체적 반응	① 직무분석
② 작업장에서의 인간의 신체적·정신적 위험	② 직업특성
③ 직업병 및 산업재해 공학	③ 직업정보분석
④ 작업조건 및 작업상황	④ 직업정보가공
⑤ 작업환경과 인간	⑤ 성장·융합·소멸 직종 추이 및 전망
⑥ 재활훈련과 직업적응	⑥ 직업정보의 평가
직업사회학	**직업지원시스템**
① 직업사회분석 및 진단	① 직업지원시스템의 역할과 기능
② 자본주의의 경제체제	② 고용보험 운영
③ 국가 및 직업사회 정책	③ 산업안전시스템
④ 직업사회의 미래조망 및 새로운 직업사회 모색	④ 직업안정기관의 기능과 역할

　　결론적으로 직업학은 인간과 직업이라는 두 개의 큰 틀로 짜여져 있기 때문에 기본적으로 직업심리학과 노동경제학의 학문적 기틀을 가지고 행정학, 경영학, 법학, 교육학, 사회학, 산업공학, 사회복지학 등의 인접학문과의 상호보완, 공유와 융합, 그리고 새로운 분야의 개척을 통해 독자적인 학문영역을 구축한 응용사회과학의 한 분야라고 할 수 있다.

제 3 장

자본주의와 사회주의

21세기 초입에 있는 오늘날의 세계는 글로벌 경제시대로 정의할 수 있다. 과거에는 아무런 관련이 없던 지구 반대편의 어느 한 나라의 경제현상이 바로 우리나라에 영향을 미치게 되었다. 세계의 시장이 블록화를 통한 거대한 단일시장으로 통합되어 경제 환경이 빛의 속도로 급변하고 승자가 독식하는 무한경쟁의 네트워크 경제시대가 전개된 것이다. 이러한 시대를 만든 배경에는 자본주의라는 것이 있다.

우리가 민주주의와 더불어 마치 인류의 보편적인 가치인 것처럼 간주하고 있는 자본주의는 18세기 초 유럽에서 태동하여 성장·발전을 거듭하면서 세계의 많은 나라에 파급되었다. 같은 시기에 태동한 사회주의 또한 여러 나라에 확대되어 자본주의와 쌍벽을 이루면서 세계를 양분하였다. 그러나 1세기가 채 지나기도 전에 극단적 사회주의라 할 수 있는 공산주의가 몰락하여 20세기 말엽에는 많은 나라가 자본주의체제로 편입되었다.

이로부터 반세기가 채 지나기도 전에 세계의 경제 질서를 통합한 자본주의 또한 도전을 받고 있다. 머리말에서도 언급했지만 2000년대에 들어서 자본주의의 본체라 할 수 있는 유럽이 세계경제 위기의 진원지가 되어 몇 차례 글로벌 금융위기를 겪으면서 쇠락의 길로 들어서자 자본주의의 위기론이 자본주의가 고도로 발달한 선진국의 내부로부터 표출되었다. 상황이 이렇게 전개되면서 자본주의의 피해와 역기능을 설파하고, 기업국가의 위험과 자유민주주의의 위기를 논하는 등 자본주의에 대한 근본적인 회의를 드러내는 시각이 일반화되고 새로운 대안을 모색하는 분위기가 형성된 것이다. 지금 우리는 위기의 자본주의 시대에 살고 있다. 또한 알파고로 대변되는 상상조차 어렵고 예측불허의 새로운 산업혁명의 여명기에 살고 있기도 하다.

직업사회학을 공부하기 위해서는 직업사회의 바탕이 되는 자본주의와 자본주의의 경제체제에 대한 이해가 필요하다. 또한 초기 자본주의 성립시기부터 자본주의와 대척점에 선 사회주의의 개념에 대해서도 알아야 할 필요가 있다. 공산주의는 사라졌지만 이 세상은 여전히 자본주의와 사회주의가 공존하고 있기 때문이다. 이 장에서는 자본주의의 성립과 발전, 자본주의 한계와 미래 그리고 사회주의를 개관하기로 한다.

1. 자본주의

자본주의 사회의 성립

18세기 초에 태동한 자본주의는 '시장'이라는 것의 출현으로 가능했고, 이 '시장'의 출현은 교환의 매개 수단인 화폐의 등장으로 가능했다. 자본주의는 아담스미스112)를 떼어놓고 생각할 수는 없다. 오늘날까지 회자되고 있는 그의 '보이지 않는 손'과 '자유방임주의'는 '이윤'과 이것을 추종하는 인간의 '이기심과 탐욕'에 족쇄를 풀어 주고 '산업혁명'은 여기에 기름을 부어 초기자본주의 발전의 기폭제가 되었다고 할 수 있다. 그래서 아담스미스가 살다간 이 시기(1702~1790), 즉 자본주의가 성립하고 발전을 거듭한 이 시기를 아담스미스의 시대라고 칭하기도 한다.

'시장의 출현'이란 사회를 근본부터 바꾸는 신호탄을 의미한다. 가장 큰 변화는 사람들이 타고난 신분이 아니라 각자의 경제활동의 결과에 따라 지위가 정해지고 규제 없는 자유로운 경제활동이 보장되어 누구나 개인적 이익을 추구할 수 있는 시민사회가 전개된 점이다. 수요와 공급이 만나는 데서 가격이 결정되는 시장이 형성되고, 모든 것이 화폐로 보상되어 화폐가 본래의 교환기능을 넘어서 부를 축적하는 수단이자 목표가 된 것이다.[40]

이는 모든 것이 새롭게 생겨나고, 기존에 있던 것은 변형된 결과로 나타난 것이다. 다시 말하면 시장출현 이전의 사회가 정치와 종교, 즉 권력과 권위가 중심이 되어 운용되어 왔다고 한다면 시장출현 이후는 시장이 중심이 되어 경제에 의해 운용된 것이라고 할 수 있다. 오늘날의 경제체제도 이 시장경제가 바탕이 되어 있다. 또한 자본주의의 성립과 발달에 결정적인 역할을 한 화폐는 그 기능이 계속 확대, 재생산되어 거대한 금융 산업을 형성하여 한 나라의 경제는 물론 세계경제를 선도하는 역할을 하기에 이르렀다. 화폐가 모든 가치선정의 기준이 되고 척도가 된 것이다.

이와 같이 세계경제질서를 통합한 자본주의의 태동을 알기 위해서는 그 이전의 시대를 조망할 필요가 있다. 물론 서구의 역사이다. 전통과 권위가 지배하던 과거의 사회가 어떻게 하여 우리가 살고 있는 시장경제사회로 전환되었는지 궁금증을 가지고 그들의 고대사회와 중세사회를 경제적 측면의 관점에서 살펴보기로 한다.

---

112) 아담스미스(Adam smith)

자본주의 이전의 사회

(1) 고대사회

고대사회는 시장이전의 경제체제로 분류되는데 이 시대의 경제적 기반은 농업이었다. 고대 농민들은 가난하고 등이 휠 만큼 많은 세금에 시달렸으며, 자연의 변덕이나 전쟁으로 착취 같은 일들이 벌어질 때마다 희생물의 대상이었으며 법과 관습으로 토지에 꼭꼭 묶인 채 전통적인 경제적 규칙의 지배를 받고 있었다.

하지만 고대사회에서도 고대이집트, 그리스나 로마의 도시는 당시 농민들과는 전혀 다른 역동적인 것이었다고 한다. 피레우스 항에는 이탈리아의 곡물, 크레타섬과 심지어 멀리 영국에서 철이, 이집트에서 서적이, 더 먼 곳에서는 향수가 들어왔다. 기원전 6세기 이소크라테스는 "여기저기 세계의 곳곳에 흩어져 있어서 얻기 힘든 모든 물건들도 아테네에서는 손쉽게 살 수 있다."라고 적고 있고 로마도 국내외 상업이 발달하였다. 이러한 도시가 오늘날의 시장사회와 비슷하게 보일 수도 있으나 고대도시의 시장기능은 매우 제한적이어서 성격이나 범위에서 본질적으로 달랐다. 도시로 들어오는 상품들이 가공되어 완제품으로 시장에서 유통되는 것이 아니라 귀족의 사치품에 지나지 않아 시장 기능을 할 수 없었던 것이다. 또한 노예제에 의한 노예노동이 경제를 뒷받침하고 있었다는 점에서도 그렇다.

한편 고대사회에서 부113)가 무엇이었는지를 알아볼 필요가 있다. 고대 문명에서의 부란 경제적 활동의 보상이 아니라 정치적, 군사적 혹은 종교적 권력 및 신분에 주어지는 보상이었다. 그래서 경제적 역할을 한 이들에게는 돌아가지 않았다. 오히려 경제적 활동 자체는 본질적으로 천한 것으로 경멸당했다. 기원후 1세기에 키케로는 "돈을 주고 고용한 노동자는 기예가 아니라 그저 노력봉사를 바쳐 돈을 받는 것이며, 이런 짓은 성격상 비천한 것으로 자유인이 할 짓이 못된다. 이 경우에 그가 받는 대가는 노예가 되어 준 대가로 받는 돈이기 때문이다. 또 도매로 물건을 떼와서 소매로 판매하는 직업 또한 비천한 것이다. 그 과정에서 이윤을 남기려면 수많은 거짓말을 해야 하니까 …"

이와 같이 상인의 기능이 멸시를 당한 것은 당시 사회가 부란 그저 정복을 통해 강탈하거나 농업이나 노예들의 노동에 의해 만들어지고 그 소유자는 특권층이 되는, 재화의 생산과 부의 소유는 별개인 사회였기 때문이다. 이런 상태가 몇 천 년을 지속

---

113) 부(富, wealth)

하게 되는데 이는 사회가 신분에 의한 철저한 계급사회가 유지되었기 때문으로 보인다. 재화의 생산이 배분을 통해서 부의 생산으로 이어지는 사회는 까마득한 후의 일이 된다. 생산을 지속적으로 증가시켜서 늘어난 사회적 총생산의 일부를 여러 계급에 배분하고 그 결과로써 부가 등장하는 시스템은 먼 후세의 이야기다. 그래서 고대사회는 부가 권력을 추종하는 사회이고 자본주의 성립 후에는 정반대의 사회가 되었다고 볼 수 있다.

(2) 중세사회

서구의 중세시대란 5세기 서로마제국의 멸망(에이디114) 476년)에서 시작하여 1천년 후인 16세기 르네상스 시대까지를 말하기도 하고, 통상 14세기에서 16세기에 걸친 문예부흥시기를 르네상스시대라고 하는데 이 이전까지를 중세시대로 보기도 한다. 유럽은 르네상스의 시작과 더불어 기나긴 중세시대의 막을 내렸으며, 동시에 르네상스를 거쳐서 근세시대로 접어들게 되었다고 보는 후자의 주장이 더 일반적이다.

당시의 역사적 사실을 개관해보면 봉건제가 개시되던 5세기 전반에 로마의 인구는 150만에서 30만으로 감소한다. 그런데 12세기경에 도시가 다시 발전하여 예전의 로마제국을 넘어섰고, 14세기 초까지 유럽의 여러 지역이 상당한 정도의 부를 누리기도 한다. 그러나 1315년에는 2년의 대기근이 찾아오고 그 뒤로 1348년에는 흑사병이 퍼져 도시인구의 2/3 정도가 사라져버린다. 그리고 영국과 프랑스, 독일, 이탈리아 사이에 백년전쟁이 일어난다.

한편 중세초기 봉건제와 함께 경제조직의 새로운 기본단위로 등장한 것이 장원115)이었다. 장원은 봉건영주의 소유인 수천 에이커의 토지를 말한다. 이 안에 거주하는 농노들은 노예는 아니지만 다른 작물이나 가옥처럼 영주의 재산이었다. 농노는 영주에게 사망세 등 각종 세금 등을 바쳐야 했지만 영주로부터 큰 틀의 정치조직이 붕괴하여 안전망이 사라진 세상에서 신변안전이란 보장을 받은 상호보완적인 관계가 유지된 것이다. 1330년과 1479년 사이에 영국공작들의 46%는 폭력으로 목숨을 잃을 만큼 무법천지에서 자기영내의 안전은 영주가 책임을 졌고, 농도는 그 안에서 영주에게 종복으로써 생산을 담당하며 받으며 보호를 받았던 것이다.

중세 농촌의 전형적인 삶이 장원이었다면 도시의 전형적인 삶의 방식은 길드였

---

114) 에이디(AD, Anno Domini) : 라틴어로 '그리스도의 해'라는 뜻. 기원후-년이라고 할 때 사용한다.
115) 장원(莊園, manorial)

다. 길드는 직종이나 기술 등을 공유하는 사업 단위로써 엄격한 규제에 의해서 운영되었다. 도제, 마스터피스는 이 길드의 계급과 같은 것이었다. 이 길드 역시 현대기업처럼 영리가 목적이 아니라 질서 잡힌 생활의 보전, 안정이었다. 그래서 노동조건, 임금, 도제의 승급과정 등이 모두 관습으로 고정되어 있었다. 길드는 단순히 생산을 위한 제도가 아니라 사재기, 매점, 경쟁 등도 엄격히 제한하는 구성원의 사회적 행동까지도 규제하는 조직이었다. 중세는 경제가 삶의 지배적인 측면이 아니라 종속적인 측면이었고 종교적 이상이 지배적 측면이었다. 이 시대에서 종교적 권위에 의해 이득은 부끄러운 것으로 간주되고 고리대에 대해 교황이 '죽음에 이르는 대죄'라는 칙령까지 내린다. 이는 알리 피렌의 글에 잘 나타난다.

「이윤이라는 생각 전체 아니 실로 이윤의 가능성 자체도 중세 대주주들이 처했던 입장과는 모순이었다. 시장이 없었기에 판매를 위해 생산한다는 것 자체가 불가능하였고, 또 그래서 대주주들이 자기들이 거느린 인간과 토지로부터 잉여를 뜯어 내봐야 골칫거리였으므로 굳이 이를 위해 머리를 굴릴 필요가 없었다. 또 이 대주주들은 그 스스로의 생산물을 소비해야 했으므로 그것의 양을 자기들 필요로 제안시켰다. 그들의 생존 수단은 대대로 내려오는 전통적 조직의 작동으로 보장되었기 때문에 그것을 굳이 개선시키려 들지도 않았다.」

자본주의 사회의 발전과 한계

앞서 자본주의의 태동으로 인한 시장출현으로 시장출현 이전의 사회에서 정치권력이나 종교권력이 했던 중심적 역할을 이제 이윤동기에 기반한 시장권력이 대신하게 됨으로써 경제가 사회운용의 기본원리가 된 것이라고 밝힌 바 있다. 그러나 이와 같은 논리는 어디까지나 자본주의의 태동과 발전에 의한 서구의 근대화 과정에 대해, 다시 말하면 자기들의 역사와 사회발전에 대해 스스로 정의내린 것이라고 할 수 있다. 그들은 르네상스 시대를 거쳐 오면서 새로운 물질·문명을 창조해 내어 신기술과 당시에는 존재하지도 않았던 경제력이란 것으로 무장하고 18세기에 이르러 제국주의라는 명분을 내세워 다른 대륙에 살고 있는 나라들을 정복하기 시작하였다. 이들은 경쟁적으로 세계의 많은 나라를 복속시키고 영국은 해가 지지 않는 나라라고 자칭할 만큼 그야말로 제국이 되었다.

그러나 제국주의에 희생된 동양과 남미 그리고 아프리카의 여러 나라는 피지배자로써 모든 권리를 상실당하고 자국의 오랜 전통과 사회관습에 의해 유지되어 오던 모든 것이 무시되고 미개와 야만이라는 칭호를 받는 굴욕과 곤욕 속에서 원하든 원하지 않든 서구의 근대화의 과정을 밟게 되었던 것이다. 이들 국가가 제2차 세계대전 이후 새로 나타난 신생독립국가나 개발도상 국가들이다. 이후 오늘날에 이르기까지 세계는 거대한 이슬람, 아프리카, 남미, 동양의 문명권이 엄연히 존재하지만 민주주의와 자본주의라는 서구의 국가이념과 경제 틀에 의해 주도되고 있다고 할 수 있다. 소위 시장권력이 사회운용의 원리가 되었다는 논리는 이전 시대에는 없었던 시장을 중심으로 이루어지는 경제활동이 사회를 움직이는 동력이 되었다는 의미이지 여전히 사회는 국가권력에 의해 유지되어 왔다고 볼 수 있다. 다만 다음 두 가지면에서 크게 달라졌다고 볼 수 있다.

첫 번째는 시장출현 이전의 사회에서는 국가 권력자가 세습에 의해서 유지해왔고 이를 바꿀 수 있는 수단은 혁명이나 내란과 전쟁 등 극히 제한적이었던 것이 시민사회가 형성되어 국가권력자를 시민에 의해 선출하고 바꿀 수 있게 된 점이다.

두 번째는 과거의 왕이나 종교지도자 그리고 귀족과 영주 등 지배계급이 다양하지 않고 한정되어 있어 지배계급으로 진입하기가 매우 어려웠으나 자본가라는 새로운 계급이 이를 대체하게 되었다는 점이다. 그리고 이 자본가 계급이 다양하게 분화되었고 개인의 자유가 급격히 신장하여 누구나 자본가가 될 수 있게 되었다.

그러나 이와 같은 변화는 쉽게 정착된 것은 아니다. 자본주의가 태동하는 시기에는 지구상에 누구도 급변하는 사회현상을 경험한 일이 없기 때문에 매일매일 일어나는 일과 여기에 대처하려는 방식들이 결과적으로 새 역사를 만들어 낸 것으로 볼 수 있다. 혼란과 격동의 사회가 지속되는 가운데 반세기도 지나기 전에 자본주의와 사회주의의 큰 물줄기가 형성되었고 자본주의 초기부터 경기변동의 조짐이 나타났고 1929년 대공황 등으로 자본주의와 사회주의요소가 혼합되고 국가권력이 개입되어 복잡한 양상으로 전개되었다. 이 과정에서 이전 시대의 전제군주와도 같은 독재국가도 출현하고 20세기가 채 지나기도 전에 제1차 세계대전과 제2차 세계대전이 일어났다. 20세기 말엽에는 공산주의가 쇠퇴하고 세계의 대부분의 나라가 자본주의의 경제체제에 편입되었다. 자본주의 경제체제가 태동한 이후 2세기가 지나는 21세기 초엽에는 이 자본주의 경제체제에 대한 회의론이 대두되어 새로운 질서가 모색되고 있음은 앞서 언급한 바와 같다.

이렇게 보면 오늘날의 자본주의는 초기자본주의와는 전혀 다른 새로운 것이라고 할 수 있다. 자본주의가 자유로운 이윤추구, 시장과 화폐 등 초기자본주의 성립시의 기본적인 틀에 의해서 운영되고 있다는 점에서는 자본주의의 용어가 적합할지는 몰

라도 자본주의가 태동한 서구 여러 나라도 그렇지만 이를 토대로 근대화의 길을 밟
게 된 세계의 여러 나라의 경우를 보더라도 자본주의를 다른 용어로 정의해야 할 만
큼 많은 변화가 일어난 것이다.

　　이러한 관점에서 보면 자본주의란 시장권력을 탄생시킨 경제운용체계의 하나로
국가권력과 함께 다루어져야 할 문제이지 따로 독자적인 논리를 전개하는 것은 생각
해볼 문제이다. 국가권력의 경제정책은 시장권력의 입장에서 보면 간섭이요 개입인
것이다. 국가는 시장만으로 구성된 것은 아니기 때문에 이러한 시각을 옳다고는 할
수 없으나 그렇다고 이를 비판적인 시각으로만 바라볼 일도 아니라고 본다. 오늘날
국가사회는 시장권력이 지나치게 신장하여 기업국가라고 정의할 만큼 기업이 국가권
력과도 대등하거나 우위를 점하게 되는 상황이 되었다. 말하자면 자본주의 태동기에
국가사회가 어떤 방향으로 나아가야 할지, 혼돈 속에서 새로운 사회질서를 모색해 온
것처럼 자본주의의 한계를 외치는 21세기가 새로운 사회질서를 모색하는 시대가 된
것이다. 이는 모든 변화가 그렇듯이 현존하는 정치·경제·사회를 바탕으로 하여 보
다 나은 세계로 나아가려 하기 때문이다.

　　무릇 인류의 역사는 자유를 위하여 투쟁하여 온 역사이다. 오늘날 시민의 평등
과 자유는 피지배자들이 이를 위해 목숨을 걸고 투쟁하여 쟁취한 것이지 누가 거저
가져다 준 것이 아니다. 그러나 지구상에 소위 프롤레타리아의 혁명은 없다고 보아
무방하다. 마르크스, 엥겔스도 그렇고, 레닌이나 마오쩌둥도 프롤레타리아는 아니었
다. 모든 혁명은 지식인이나 비범한 재능과 역량을 가진 자가 이끌었으며 인민은 이
들의 성실한 추종자로 그들을 신봉하여 기꺼이 목숨을 바친 것이다.[41]

　　사실 인류의 역사가 시작된 이래 모든 집단은 우두머리에 의해 지배되어 왔으며
혁명이나 전쟁과 같은 엄청난 사회변화를 가져온 대사건들은 기존의 우두머리에 대
한 새로운 우두머리의 도전이자 대체라고 할 수 있다. 이는 역사가 발전해도 프롤레
타리아는 여전히 프롤레타리아로 남아 있는 역사적 사실이 입증해 준다. 고대의 하급
계층은 여전히 하급계층으로 근대이전에는 농민이 주를 이루었고 시민혁명으로 국가
권력자를 자신들의 손으로 선택할 수 있게 된, 천지가 개벽한 세상에서도 이들은 궁
핍한 도시의 노동자로 전락하여 여전히 프롤레타리아로 남아 있었다. 시민의 권리와
지위가 절대적으로 향상된 현대사회에서도 먹고 살기가 힘든 서민으로 취약계층을
형성하고 있는 것이다. 더욱이나 소위 오이시디 회원국이 아닌 국가에서는 서구의 자
본주의 초기단계에 있는 나라도 많고 어느 정도 진행된 나라도 많다.

　　따라서 오늘날의 지구상에는 표면적으로 계급에 의한 신분사회는 사라지고 평등

사회가 되었지만 경제에 의한 눈에 보이지 않는 계급사회가 형성되어 자본주의 초기와는 다소 성격이 다르기는 하나 프롤레타리아가 여전히 압도적으로 많이 존재한다. 결국 인류의 역사와 궤를 같이하는 '먹고 사는 문제'와 '함께 사는 문제'는 그 동안 지구상에 명멸한 수많은 국가권력이 이 문제를 해결하기 위해 노력해 왔지만 최선의 해답을 찾지 못한 채 오늘날까지 여전히 미해결의 과제로 남아있는 것이다.

2. 사회주의

사회주의의 성립과 발전

서구의 근대사에서 본 바와 같이 새롭게 등장한 시민세력은 스스로 성장한 그들은 힘으로 새로운 국가운영체계를 세우려고 했다. 그 때까지는 국가는 왕조와 교회가 운영하여 왔기 때문에 그들이 찾는 방법은 지구상에는 전례가 없는 것이었다. 그래서 중국의 제자백가와 같은 많은 주장들이 대두된 것이다. 이 주장들은 크게 자본주의와 사회주의로 대별할 수 있는데 실제 서구국가들이 이 둘 중 하나를 국가운영체계로 채택하게 된다.

우리나라의 경우 구한말이 이런 상황이었다. 왕조가 끝나서 나라가 어떤 체계를 갖추어야 하느냐의 문제가 대두된 것이다. 자국민에 의해 왕조가 끝난 것은 아니고 외세에 의해 끝났다는 점만 다를 뿐이다. 머리말에서 서구의 문명을 따라하고 배우기에 급급했다고 적시했는데 그 시발점이 이때인 것이다. 당대의 선각자들은 나라를 찾기 위해 고군분투하면서 서구의 문물제도를 검토하고 국가운영체계를 어떤 방법으로 해야 할지를 고민했다. 독립투쟁에서부터 각각 자본주의와 사회주의를 신봉하는 사람들로 나누어지게 된 것은 이것이 발생한 서구의 여러 나라에서도 그랬던 것처럼 어쩌면 당연한 일이 아니겠는가. 그러나 결과를 놓고 보면 조국분단이라는 우리민족 비극의 씨앗이 이때 잉태된 것으로 볼 수 있다. 아무튼 이 두 사상에 기반한 국가체제는 민주주의 그리고 경제체제와 밀접한 관계를 가지면서 변화해 온 것이다.

사회주의[116]는 생산 수단의 사적 소유와 소수 관리에 반대하고 공동체주의와 최대 다수의 행복실현을 최고 가치로 하는 공동이익 인간관을 사회 또는 윤리관의 기반으로 삼고, 자원을 효율적으로 분배하며 생산수단을 공동으로 운영하는 협동경제

---

116) 사회주의(社會主義, socialism)

와 모든 민중이 노동의 대가로서 정당하고 평등하게 분배받는 사회를 지향하는 다양
한 사상을 통틀어 일컫는 말이다. 사회주의 창시자라 할 수 있는 로버트 오언[117]은
1826년 이 용어를 처음 사용했다.

그 후 유럽 각지에서 푸리에 같은 여러 공동체, 집단주의를 지향하며, 이상적인
사회를 꿈꾸는 진보적 학자들에 의해 사회주의는 발전되었다. 사회주의는 단일한 이
론에 의해 고정되어 있는 이념이 아니다. 사회와 경제에 대하여 공공성과 사회화가
얼마나 적용되어야 하는지를 놓고 완전한 계획경제를 주장하는 '공산주의'에서부터
자본주의의 시장경제를 상당부분 인정하는 '사회민주주의'까지 여러 갈래로 나누어진
다. 공상적 사회주의니 과학적 사회주의니 하는 용어들이 사회주의의 다양성을 나타
내고 있다.

오늘날은 20세기 말에 공산주의가 몰락함으로써 세계 여러 나라는 진화한 수정
자본주의와 사회민주주의의 두 형태로 운용되고 있다. 수정자본주의란 사회주의 요
소를 상당 부분 수용하여 조정자본주의, 수퍼자본주의, 자유민주주의 등 다양하게 진
화하였는데 이렇게 진화한 자본주의를 통칭하는 용어로 쓴 것이다.

결국 이들 이념은 경제, 즉 '먹고사는 문제'의 가장 합리적인 해결방안으로써 제
시된 것으로 크게 다음의 세 가지 범주로 나눌 수 있다. 다음 장에서 공부하게 될 서
구의 경제이론변천사에서 자세히 공부하게 되겠지만 1) 초기자본주의 시대의 아담스
미스, 2) 공산주의의 마르크스, 3) 케인스의 이론을 따르는 사회민주주의가 그것이다.
이는 각 나라마다 자기나라의 사회가 처한 상황에서 분배문제, 국가와 시장과의 관
계, 경제정책 문제 등 어느 하나가 이슈가 될 때마다 이 세 가지의 경제적 관점의 세
계관이 반복적으로 나타나게 되는 것으로 그 내용은 다음과 같이 설명될 수 있다.

첫 번째는 국가는 경제과정에 참여하지 말아야 한다는 것이 기본이념이다. 재산
을 위한 노력은 경제활동의 원동력이며 이에 따라 방해를 받으면 안 된다는 아담 스
미스의 이론을 따르는 자유주의자들의 관점인 것이다.

두 번째는 생산수단의 사적 소유와 경쟁에 기초한 자본주의 시스템은 대중에 대
한 착취와 이로 인한 빈곤을 야기 시킨다는 것이다. 이러한 사유로 자본주의는 철폐
되어야 한다는 것이 마르크스 이론을 따르는 공산주의자들의 관점인 것이다.

세 번째는 경제 질서는 재산과 시장경제를 기반으로 하지만, 국가는 규제, 재분
배, 거시경제 관리, 즉 수요에 대한 계획적인 관리를 통해 경제에 관여를 해야 한다

---

117) 로버트 오언(Robert Owen, 1771.05.14.~1858.11.17.)

는 것이다. 재산은 보호받아야 하지만 사회 속에 위치 지워진 것이며, 사회에 대한 책임이 있다는 케인스의 이론을 따르는 사회민주주의자들의 관점이다.[42]

이 세 가지 관점은 어느 하나로 통합되기 어려운 것으로 보인다. 이 세 가지 이념이 현실세계에서 표면화 될 때 부딪힐 수밖에 없는 상충성을 안고 있기 때문이다. [그림 1-1]은 이와 같이 초기자본주의와 사회주의가 진화한 모습을 보여준다.

[그림 1-1] 자본주의와 사회주의

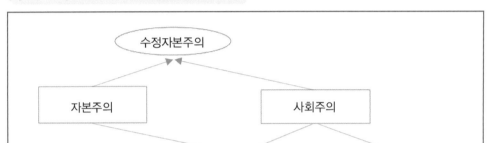

사회주의 국가들

그러면 앞서 사회주의는 다양한 갈래로 발전해 왔다고 했는데 오늘날 사회주의 국가들은 어떤 형태의 국가 운영체제를 가지고 있는지 살펴보기로 하자.

공산주의형 사회주의 국가로 북한, 중국, 쿠바, 베트남, 라오스 등을 들 수 있고, 민주주의적 사회주의 국가로는 인도, 포르투갈, 네팔, 스리랑카, 탄자니아 등을 들 수 있다. 사회민주주의 국가로는 덴마크, 스웨덴, 노르웨이, 핀란드 등의 북유럽국가들이 있고, 프랑스는 사회당, 독일은 사회민주당, 영국은 노동당이 사회민주주의를 지향하고 있다.

21세기 사회주의118)는 1996년 이후부터 베네수엘라의 우고 차베스, 에콰도르의 라파엘 코레아, 볼리비아의 에보 모랄레스와 같은 라틴아메리카의 지도자들이 처음 창시한 개념으로 사회주의 원칙을 독특하게 해석하였다.

21세기 사회주의자들은 자유시장과 자본주의는 빈곤, 기아, 착취, 경제적 억압,

---

118) 21세기 사회주의(21世紀 社會主義, Socialism of the 21st century)

차별주의, 제국주의, 환경 파괴, 자원 고갈 등 인류의 문제를 해결하는 데 실패했고, 소비에트 연방으로 대표되는 20세기 사회주의 역시 인민의 복지를 향상시키고 노동 계급의 삶을 개선하는 데에 기여하였으나 엘리트주의로 귀결되어 현실 사회주의 국가들이 전체주의로 고착되는 결과를 초래하는 등 한계를 보였다고 비판한다. 이에 21세기 사회주의자들은 자본주의와 20세기 사회주의의 한계를 극복하기 위해 민중의 직접참여를 민주적으로 보장하고 그 범위와 정도를 확장함과 동시에 세계 각 민족의 고유한 역사 조건과 지역 특색을 고려함으로써 20세기 사회주의와는 차별화된 새로운 사회주의를 정립할 필요성을 주장하며, 그와 같은 새로운 사회주의를 '21세기 사회주의'라는 용어로 설명한다. 브라질 노동자당, 베네수엘라 연합사회당, 프랑스 반자본주의신당, 이탈리아 재건공산당 등이 여기에 속한다.

여기서 북유럽국가들의 사회를 한번 들여다보자.

「국영 의료기관에서 태어나 영아부터 대학원에 이르기까지 무상으로 교육받고, 오히려 교육 학습비까지 받으며, 학교에서는 중상 이상의 수준인 식사를 할 수 있습니다. 의료보험과 생활보조는 기준 소득 이하의 사람들을 실질적으로 도와주기 위한 혜택으로 현금보조 등의 정책이 실시됩니다. 강력한 노동법과 고용을 보장하고, 은퇴 후에는 연금과 정부 지원 아파트가 기다리고 있습니다. 주당 근무시간은 오이시디국가 중 가장 적은 편에 속하고, 일 년에 적으면 한 달 또는 두 달 이상의 유급휴가가 있습니다.」[43]

마치 이상적인 사회를 그리는 듯한 이 사회는 스웨덴의 실제 사회모습이다. 1889년 설립된 사회민주당이 40~50%의 꾸준한 지지를 받으면서 만들어 낸 사회제도라고 한다. 2006년부터 현재에는 보수 우파당의 다수당이 되어 있지만 사민당의 지지는 여전하다고 한다. 스웨덴이 공식적으로 발표하는 국가의 이념과 사회 시스템은 "자유 시장경제를 기반으로 하는 사회 민주주의 국가"인데 이것은 스웨덴뿐 아니라 북유럽 모든 국가에서 공통적으로 표방하는 이념이다.

이에 대비되는 수정자본주의로서의 자본주의 시장 경제의 자유 민주주의 국가가 있다. 미국이 대표적인 국가이다. 수요에 대한 계획적인 관리를 하는 사회주의 국가와는 달리 자본주의 국가는 자본을 바탕으로 하는 모든 경제 활동이 자유이다. 가장 알기 쉬운 예로 술, 담배, 전기, 수도, 교통 같은 공공성이 강한 제품이나 서비스는 사회주의 국가에서는 이를 국가가 독점하여 관리를 하기 때문에 국민에게 같은 가격으로 평등하게 제공되는 데 비해 자본주의 국가인 미국에서는 모든 상품과 서비스는 자유 경쟁으로 이루어지기 때문에 전기, 전화, 교통요금은 물론 자동차용 기름과 술,

담배의 가격은 지역과 제공하는 회사에 따라 다르다.

　　모두 경쟁이며 정부의 독점은 없다. 다만, 정부가 관여하는 극히 일부의 서비스와 상품은 이윤이 발생하지 않아서 아무도 안 하려고 하기 때문에 공공이익을 위해 정부가 손해를 감수하는 것으로 사회주의 국가의 관리와는 근본적으로 다르다.

　　자본주의와 사회주의가 태동한 유럽에서는 여전히 두 제도가 공존하고 있다. 물론 공산주의와 자본주의가 부딪혀 세계대전이 일어났고 냉전체제가 유지되는 시대도 있었다. 그런데 이 두 제도의 가장 큰 희생자라 할 수 있는 우리나라는 세계유일의 분단국가로 여전히 자본주의와 사회주의의 대척점이 되어 있다.

제 4 장

서구경제이론의 변천사

1. 경제용어의 이해

국내총생산

국내총생산(지디피)[119]은 한 나라의 경제실적을 분석, 평가하고 미래를 예측하는 데 사용하는 매우 중요한 기초통계지표이다. 경제성장률이나 1인당 국민소득 등 중요한 경제자료를 이 지표를 토대로 산출한다. 지디피는 한 나라의 영역 내에서 가계, 기업, 정부 등 모든 경제 주체가 일정기간 동안 생산 활동에 참여하여 창출한 부가가치 또는 최종 생산물을 시장가격으로 평가한 합계를 말한다. 당초에는 거시경제 분석의 초점이 소득측면에 있었기 때문에 국민총생산[120](지엔피)을 경제성장의 중심지표로 삼았지만, 1970년대 이후 세계적으로 경제의 국제화가 급격히 진전되면서, 노동이나 자본의 국가 간 이동이 확대됨에 따라 소득지표에 가까운 지엔피기준 성장률이 국내 경기 및 고용사정 등을 제대로 반영하지 못하게 되면서 각 국은 경제성장의 중심지표를 지디피로 바꾸기 시작했고, 세계은행[121]이나 경제협력개발기구[122]와 같은 국제기구에서도 국내총생산을 채용하고 있으며, 우리나라도 1995년부터 경제성장률 중심지표를 지디피로 변경하여 사용하고 있다.

국민총생산과 국내총생산의 개념과 차이점은 <표 1-4>에서 보는 바와 같다. 현재 한국의 국민총생산 통계는 유엔이 각국에 권고한 국제기준인 국민계정체계[123]에 따라 한국은행에 의해 작성되어 분기별로 공표되고 있다.

〈표 1-4〉 국민총생산과 국내총생산

용어	기준	개념	주요내용
국민총생산 (지엔피)	국민	한 나라의 국민이 일정 기간 동안에 생산한 재화와 용역의 부가가치의 합계액	한국인(기업)이 외국에서 생산한 것 (㉠)포함, ㉡은 불포함
국내총생산 (지디피)	영토와 국경	국내에서 일정한 기간 동안 생산된 재화와 용역의 부가가치의 합계액	외국인(외국기업)이 한국에서 생산한 것 (㉡)포함, ㉠은 불포함

---

119) 국내총생산(GDP: Gross Domestic Product)
120) 국민총생산(GNP: Gross National Product)
121) 세계은행(IBRD: International Bank for Reconstruction and Development)
122) 경제협력개발기구(OECD: Organization for Economic Cooperation and Development)
123) 국민계정체계(SNA: System of National Accounts)

경제성장률

경제성장률[124]이란 1회기 동안 각 경제활동 부문이 만들어낸 부가가치가 전기에 비하여 얼마나 증가하였는가를 보기 위한 지표이다. 이는 한 나라의 경제성과를 측정하는 매우 중요한 척도가 되는데 국내총생산의 증감률로 나타낸다. 산식은 다음과 같다.

$$경제성장률 = \frac{금년의\ 지디피\ -\ 전년의\ 지디피}{전년의\ 지디피} \times 100$$

국내총생산이 1회기 년도에 창출한 부를 말하므로 다음회기에 전기보다 더 많이 부를 창출해야, 다시 말하면 경제가 정(+)의 성장을 해야 개인도 더 잘 살게 되고 국가도 부강해지는 것이다. 그런데 부(−)의 성장을 하게 되면 정반대의 현상이 일어난다. 그래서 경제가 지속적으로 성장해야 하는 것이다. 최근 10년의 중국이나 과거 우리나라 고도 성장기에는 매년 경제성장률이 10% 내외를 기록하여 국가사회가 매우 역동적이었으나 근래에는 3%도 되지 않아 경기가 침체를 면치 못하고 있는 것이다.

그런데 이와 같이 중요한 경제성장률은 경기변동이 심한 경우 기저효과[125]로 인해 경기흐름을 제대로 파악하기가 어렵다. 그래서 전년 동기 대비도 필요하지만 일정 기간의 추이를 봐야 한다. 기저효과란 어떤 최종의 결과 값을 산출하는 과정에서 기준시점과 비교대상의 시점의 상대적인 위치에 따라 결과 값이 다르게 나타나는 현상을 말한다. 말하자면 기준시점이 불황기였다고 한다면 비교대상의 시점의 결과 값은 실제보다 높게 나타나게 되는데 이것을 기저효과라고 한다. 반대의 경우도 마찬가지이다.

한편 경제성장률은 두 가지로 구분해볼 수 있다. 명목성장률과 실질성장률이 그것이다. 금년에 급여가 작년보다 5%가 올랐는데 물가가 3%가 올랐다면 명목상 5%가 올랐지만 실제는 급여가 2%밖에 오르지 않은 것과 같다. 이와 마찬가지로 실질성장률은 명목성장률에서 물가상승률을 뺀 성장률을 말한다. 당연히 실질성장률이 중요한 지표이다.

---

124) 경제성장률(Economic growth rate)
125) 기저효과(基底效果, Base Effect)

잠재성장률과 실질성장률

잠재성장률[126]은 물가 상승을 유발하지 않고 달성할 수 있는 성장률이다. 다시 말하면 한 나라 경제가 보유하고 있는 자본, 노동 등 생산요소를 모두 활용했을 때 달성할 수 있는 성장률로 가용 생산요소가 완전 고용된 상황에서 이룰 수 있는 최대 성장치를 의미한다. 이에 비해 실질성장률은 실제 총수요와 총공급이 균형을 이룬 수준을 의미한다.

실질성장률이 잠재성장률을 상회하게 되면 국내총생산 격차가 정(+)이 되어 수요가 공급을 초과, 즉 호황으로 물가가 상승하고 국제수지 적자폭이 확대되는 부작용이 발생하게 된다. 반대로 국내총생산 격차[127]가 부(−)가 되는 경우는 불황으로 물가하락에 의한 기업의 이윤감소, 실업률 증가 등으로 경기가 침체하게 된다.[44]

결론적으로 잠재성장률은 물가불안과 국제수지 악화를 불러오지 않을 최고의 성장률, 다시 말하면 경제성장을 지속가능하게 하는 최고의 성장률을 의미한다.[45] 따라서 잠재성장률은 실무적으로 이를 산출하는 데 어려움이 있으나 경제성장에 관한 중요한 지표로써 통화정책 등 주요 거시경제 정책의 수립과 운용에 기초자료로 활용된다.

인플레이션 · 디플레이션 · 스태그플레이션

인플레이션[128]은 물가가 지속적으로 오르는 것을 말한다. 보통 경제가 성장하면 물가도 상승하게 된다. 학교에서 인플레이션하에서는 봉급생활자에게는 불리하다고 배운 것처럼 실질소득을 따져봐야 할 필요가 있다.

디플레이션[129]은 정반대로 물가가 지속적으로 하락하는 것을 말한다. 이렇게 되면 봉급생활자(소비자)는 돈의 가치가 올라가므로 좋은 현상일 것 같지만 그렇지만은 않다. 이는 경기불황의 조짐인 것이다. 물가가 하락하면 기업의 이윤이 감소하고 이는 고용불안으로 이어지고 당연히 소비가 침체되고 이는 다시 물가하락을 가져오게 된다. 이런 현상이 지속되는 것을 디플레이션 스파이어럴[130]이라고 하는데 일본이

---

126) 잠재성장률(potential growth rate)
127) 국내총생산 격차(GDP Gap)
128) 인플레이션(Inflation)
129) 디플레이션(Deflation)
130) 스파이어럴(spirial)

1990년 이후 10여 년간 이런 현상이 지속하여 불황에서 벗어날 수가 없었다.

한편 스태그플레이션[131]은 스태그네이션[132]과 인플레이션의 합성어이다. 통상 불황기에는 물가가 하락하고 호황기에는 물가가 상승하는 것이 일반적이었다. 그러나 제2차 세계대전 후에는 경기가 침체되어 있는데도 물가가 계속 상승하는 현상이 나타났는데 이를 스태그플레이션이라고 한다. 불황과 인플레이션이 공존하는 사태를 말한다. 대표적인 예로 1970년대의 석유파동이 경기를 침체시켰는데 물가는 계속 상승하였다. 이러한 현상은 물가의 만성적인 상승이 직접적인 원인이 되는데 경제정책이 물가안정보다 경기안정을 우선하는 방향으로 전환되고 대기업이 주요산업을 장악하여 제품가격이 수급동향과 무관하게 고정화 되는 것 등이 주요원인으로 꼽히고 있다.

1인당 국민소득

앞서의 경제성장률과 더불어 1인당 국민소득은 한 나라의 중요한 경제지표가 된다. 1인당 국민소득은 국민들의 평균적인 생활수준을 알아보기 위해서 사용되는 지표이다. 이는 원화표시 명목국민총소득[133]을 인구수로 나누어 계산된 원화표시 1인당 국민총소득을 원/달러 연평균 시장환율로 나누어 구한다. 국제비교를 위해 미국 달러화로 표시하는 것이다.

국민총소득은 한 국가의 국민이 생산 활동에 참여한 대가로 받은 소득의 합계이다. 따라서 국내총생산에 자국민(거주자)이 외국에서 받은 소득(국외수취요소 소득)을 더하고 외국인(비거주자)에게 지급한 소득(국외지급요소 소득)을 차감하면 국민총소득이 된다. 국내총생산이 한 국가의 영토 내에서 거주하는 경제주체(외국인 포함)가 창출한 부가가치의 합을 의미하므로 이를 자국민만을 산출대상으로 하기 위해 이와 같이 외국에서 자국민이 번 소득을 더하고 국내의 외국인 소득을 빼는 것이다.

1인당 국민소득은 또한, 명목국민총소득 증가율은 실질 경제성장률과 물가상승률의 합으로 볼 수 있기 때문에 이 두 요인과 환율변동률 및 인구증가율 등이 1인당 명목국민총소득을 결정하는 요인이 된다. 경제성장률과 물가상승률은 1인당 국민소득의 증가요인으로, 환율상승과 인구증가는 감소요인으로 작용한다. "싱가폴은 1인당

---

131) 스태그플레이션(stagflation)
132) 스태그네이션(stagnation)
133) 명목국민총소득(GNI: Gross National Income)

국민소득이 훨씬 전에 50,000 달러가 넘었는데 우리나라는 아직도 20,000 달러를 벗어나지 못한다.”고 하는 말과 같이 1인당 국민소득은 한 나라의 경제수준을 평가하는 중요한 지표가 된다.

통화(화폐)와 환율

지구상에 화폐가 등장하기 전까지는 서로 필요한 것을 물물교환에 의해 주고받았다. 물물교환의 문제점은 많다. 우선 서로 바꾸려는 물건의 가치가 다르다는 점이다. 그리고 바꾸었다고 해도 그것을 저장한다거나 또 다른 것으로 바꾼다거나 가지고 다닌다거나 하는 데 있어 어려움이 많다. 이 모든 것을 일거에 해결한 것이 화폐이다. 즉, 화폐는 가치의 척도가 되고 가치의 교환수단이 된다. 뿐만 아니다. 재화나 용역의 대가를 화폐로 지급하면 되고 많이 가지면 가질수록 더 큰 부자이다.

그런데 물물교환 문제점을 고대인도 알았는지 오래 전부터 금이나 은이 교환수단으로 사용되었다. 그러던 것이 영국에서 일어난 산업혁명으로 국제간에 교역이 매우 활발하게 되어 규모가 커지자 금화나 은화로 교역대금을 지급한다는 것이 보통일이 아니었다. 그래서 영국에서 교환수단으로 생각해 낸 제도가 금본위제도이다. 이 제도는 19세기 말엽 그러니까 1870년 이후 모든 나라에서 채택되어 국제무역의 결제수단이 된다. 이 국제금본위제도는 1914년 제1차 세계대전이 일어나기 전까지 약 100년간 유지되다가 제1차 세계대전을 계기로 일시 붕괴되기에 이른다. 그리고 전쟁이 끝나자 다시 부활했는데 1929년 미국발 세계대공황에 뒤이은 제2차 세계대전으로 인해 이 국제금본위제는 다시 붕괴되고 새로운 제도가 탄생한다.

제2차 세계대전이 막바지에 이른 1944년에 미국의 브레튼우즈에서 국제회의가 열려 여기에서 새로운 국제통화제제를 결정했는데 이를 ‘브레튼우즈협정’ 또는 ‘금달러본위제’라고 한다. 이후 30년이 채 지나기도 전인 1971년 8월에 미국의 닉슨대통령의 금과 달러의 태환(교환)을 정지하는 선언을 하여 금달러본위제도는 짧은 수명을 다하게 된다. 이후의 제도변화에 대해서는 금본위제도와 금달러본위제도에 대해 알아본 다음에 살펴보기로 하자.

금본위제도란 금과 교환할 수 있는 지폐(금태환 지폐)를 통용시킨 화폐제도를 말한다. 국제적으로는 금이 국제통화가 되고 자국의 통화가 금에 대해 고정되어 있기 때문에 국가 간의 통화결제는 이 비율(환율)로 이루어진다. 그래서 각 정부는 지폐를 발행하는 분만큼의 금을 보유하고 있어야 한다. 그래서 각국이 금을 차자하려고 세계를 뒤지고 다녔고 보아전쟁도 그 와중에 발생한 것이다. 여기서 고정되어 있다는 말은 예를 들면 금 1온스당 35,000원으로 정하면 이 교환금액이 바뀌지 않는 것을 말한다. 이는 환율이 고정되어 있음을 의미하는데 '브레튼우즈협정'도 고정환율제도를 기본으로 하고 있다. '브레튼우즈협정'이 금본위제도와 다른 점은 미 달러를 기축통화[134]로 하여 금 1온스를 35달러로 고정하고 각국의 통화는 이 달러에 대한 환율을 고정한 점이다. 그래서 금달러본위제라고 부르기도 한다.

이후 30년이 채 안되어 이 제도가 바뀌게 된 사유는 이렇다. 제2차 세계대전의 패전국인 독일과 일본의 전후 경제성장은 이 제도에서 기인했다고 해도 과언이 아니다. 두 나라의 대미 환율이 고정되어 있어 두 나라의 화폐가치가 실물경제에 비해 저평가된 상태가 지속된 것이다. 바꾸어 말하면 미국국민 입장에서 보면 질 좋은 수입품이 자기나라에서 만든 제품보다 훨씬 더 싸서 너도나도 구입하게 되어 자동차, 전자제품 등 각종 상품이 미국으로 쏟아져 들어왔다. 미국시장은 일본제품천지가 되고 일본은 '노'라고 말할 수 있는 나라가 된 것이다. 자국의 산업이 괴멸지경에 이른 미국은 더 이상 두고 볼 수 없어 금과 달러의 태환을 정지한다는 닉슨대통령의 일방적인 선언이 나온 것이다.

이와 같이 '환율'은 국가경제에 미치는 영향이 크고 환율변동에 따른 경제예측도 가능하다. 그래서 국제무역에 있어서 '환율'은 매우 민감하다. 일본이 잃어버린 10년 등등의 말로 장기간 경기침체를 말하는 이면에는 고평가된 대미환율이 자리라고 있다고 보아 무방하다.

환율이 자국경제에 미치는 영향은 <표 1-5>으로 요약 정리했다. 그리고 우리나라 환율제도의 변천과정은 <표 1-6>과 같다.

〈표 1-5〉 환율이 경제에 미치는 영향

	환율변동		원화 관점		경제에 미치는 영향
1달러	₩1,000→₩1,500	환율상승	원화약세 (달러강세)	원화기치 하락	수출(상품) 증가 수입(원자재)가 인상
	₩1,500→₩1,000	환율하락	원화강세 (달러약세)	원화가치 상승	수출감소 →경기침체 외화부채 감소

---

134) 기축통화 : 국제간의 자금결제나 교환에 쓰이는 통화. 제2차 세계대전이후 기축통화는 미 달러이다.

〈표 1-6〉 우리나라 환율제도의 변천

구분	기간	내용
고정환율제도	1945.10~ 1964.03	정부가 환율을 일정범위 내로 고정
단일변동환율제도	1964.05~ 1980.02	외환시장에서 형성되는 외환증서율 그대로 환율이 변동하는 제도이나, 실질적으로 미 달러화에 연동된 고정환율제도
복수통화바스켓제도	1980.02~ 1990.03	환율을 미 달러화뿐만 아니라 주요 교역상대국 통화의 국제시세에 연동하는 환율제도
시장평균환율제도	1990.03~ 1997.12	전 일자 외국환은행들이 외환시장에서 거래한 환율을 가중평균하여 당일의 시장평균환율이 결정되도록 하는 제도
변동환율제도	1997.12~ 현재	외환의 수요와 공급에 의해 환율이 결정되도록 하는 제도

2. 무역을 규율하는 국제기구

국제무역기구의 변천

당초 제2차 세계대전 이후 미국을 중심으로 한 연합국 측은 1944년 7월 미국의 브레튼우즈에서 회의를 가지고 국제통화기금·국제부흥개발은행·국제무역기구[135]의 3개 국제기구 설립을 통해 고정환율과 금환본위제를 통하여 환율의 안정, 부흥개발 기금제공, 자유무역체제를 확립하고자 하였다. 그 결과 브레튼 우즈에서 1930년 이래의 각국 통화가치 불안정, 외환관리, 평가절하경쟁, 무역거래제한 등을 시정하여 국제무역의 확대, 고용 및 실질소득증대, 외환의 안정과 자유화, 국제수지균형 등을 달성할 것을 목적으로 협정이 체결되었다. '브레튼우즈 체제'[136]가 출범하게 되었는데 국제통화체제를 말한다.[46]

이 '브레튼우즈 체제'는 1960년대 이후 지속된 국제유동성 문제와 기축통화인 달러화 신용의 계속적인 실추로 붕괴의 과정에 들어섰고 마침내 1971년 미국이 달러화의 금 태환을 정지하자 와해되고 말았다.

그런데 당초 협정 시 3개의 가구를 설립하고자 했는데 각 국에 필요한 외화를 공

---

135) 국제통화기금(IMF, International Monetary Fund), 국제부흥개발은행(IBRD, International Bank for Reconstruction and Development), 국제무역기구(ITO, International Trade Organization),
136) 브레튼 우즈체제(Bretton Woods system)

급하는 '국제통화기금'과 전후 부흥과 후진국 개발을 위한 '국제부흥개발은행'은 창설되
었으나 이를 통해 국제무역상의 관세인하와 양적제한 등의 장벽을 철폐하는 한편 최혜
국대우 원칙을 부활시킴으로써 무역상의 차별을 제거하여 국제무역의 평형원칙을 확립
하려 하였던 '국제무역기구'는 창설하지 못했다. 이것을 통상 '아이티오' 또는 '아바나 헌
장'이라고도 하는데 조인국 과반수의 비준을 얻지 못하여 발효를 보지 못한 것이다.

이에 따라 이 헌장의 내용을 대폭 축소하여 각국의 합의가 이루어진 부분만을
발췌하여 4년 후인 1948년 1월에 23개국 간 잠정적인 국제협정으로 '관세 및 무역에
관한 일반협정'(가트)[137]이 발효되었다. 그런데 가트는 무역상의 규약을 규정한 일반
협정에 불과하여 법적 기구로서의 성격을 갖지 못하였고 많은 예외규정을 두고 있어
국제협정으로서의 법적 구속력이 제한되어 협정 참여국들의 불공정행위 및 자위적
행위를 효율적으로 규제하기 어려웠다. 그럼에도 불구하고 가트는 하나의 국제기구
로 간주되어 왔고 한국은 1967년 정회원국으로 가입했다.

결국 가트의 근본적인 한계가 문제가 되어 1986년 개시된 '우루과이라운드협상'
에서는 가트체제의 여러 문제점을 해결하기 위하여 가트체제를 다자간 무역기구화
하는 작업을 협상과제로 채택하게 되었다. 우루과이라운드 다자간 무역협상의 타결
로 마련된 세계무역기구 설립을 위한 '마라케시협정'[138]에 근거하여 1995년 1월 1일
출범하게 된 것이 '세계무역기구'(더블유티오)[139]이다. 이로써 가트체제는 종말을 고했다.

세계무역기구와 자유무역협정

'세계무역기구' 회원국은 국내법을 협정에 일치시켜야 함으로 다자간 무역체제가
보다 강화되었다. 그 간 가트체제에서 제외되어온 농산물·서비스·지적재산권·무역
관련투자 등이 모두 포함됨에 따라 국제무역규범의 적용범위가 크게 확대되었으며,
반덤핑협정 등이 명료화되어 국제무역규범의 일관성이 제고되게 되었다. 본부는 스
위스 제네바에 있고, 161개국(2015년)이 가입하고 있다.

'자유무역협정'[140]이란 약국가 간 상품의 자유로운 이동을 위해 모든 무역 장벽
을 완화하거나 제거하는 협정으로 영문 머리글자를 따서 '에프티에이'로 약칭한다. 특
정 국가 간의 상호 무역증진을 위해 물자나 서비스 이동을 자유화시키는 협정으로,

---

137) 관세 및 무역에 관한 일반협정(GATT : General Agreement On Tariffs and Trade)
138) 마라케시협정(Marrakesh Agreement Establishing The World Trade Organization)
139) 세계무역기구(WTO, World Trade Organization)
140) 자유무역협정(FTA : Free Trade Agreement)

나라와 나라 사이의 제반 무역장벽을 완화하거나 철폐하여 무역자유화를 실현하기 위한 양국 간 또는 지역사이에 체결하는 특혜무역협정이다. 그러나 자유무역협정은 그동안 대개 '유럽연합'141)이나 '북미자유무역협정'142) 등과 같이 인접국가나 일정한 지역을 중심으로 이루어졌기 때문에 흔히 '지역무역협정'143)이라고도 부른다.

'세계무역기구' 체제에서는 크게 두 가지 형태가 있는데, 하나는 모든 회원국이 자국의 고유한 관세와 수출입제도를 완전히 철폐하고 역내의 단일관세 및 수출입제도를 공동으로 유지하는 방식으로, '유럽연합'이 대표적인 예이다. 다른 하나는 회원국이 역내의 단일관세 및 수출입제도를 공동으로 유지하지 않고 자국의 고유관세 및 수출입제도를 그대로 유지하면서 무역장벽을 완화하는 방식으로, '북미자유무역협정'이 대표적인 예이다.

'세계무역기구'가 모든 회원국에게 최혜국대우를 보장해 주는 다자주의를 원칙으로 하는 세계무역체제인 반면, '자유무역협정'은 양자주의 및 지역주의적인 특혜무역체제로, 회원국에만 무관세나 낮은 관세를 적용한다. 시장이 크게 확대되어 비교우위에 있는 상품의 수출과 투자가 촉진되고, 동시에 무역창출효과를 거둘 수 있다는 장점이 있으나, 협정대상국에 비해 경쟁력이 낮은 산업은 문을 닫아야 하는 상황이 발생할 수도 있다는 점이 단점으로 지적된다.[47]

우리나라는 세계적인 '자유무역협정' 확산추세에 대응하여 안정적인 해외시장을 확보하고 우리경제의 경쟁력을 강화하기 위해 '자유무역협정'을 적극적으로 추진한 결과, 2017년 현재 인도, 이유144), 페루, 미국, 터키, 호주, 캐나다, 중국, 뉴질랜드, 베트남, 콜롬비아 등을 추가하여 총 52개국과의 15건의 '에프티에이'가 발효되었다. 현재 한중일, 역내 포괄적 경제동반자협정, 에콰도르, 이스라엘145) 등과 자유무역협정

---

141) 유럽연합(EU: European Union)
142) 북미자유무역협정(NAFTA: North American Free Trade Agreement) : 미국·캐나다·멕시코 3국이 관세와 무역장벽을 폐지하고 자유무역권을 형성한 협정. '나프타'라고도 한다. 1992년 12월 미국·캐나다·멕시코 정부가 조인하여, 1994년 1월부터 발효되었다
143) 지역무역협정(RTA: Regional Trade Agreement) : 인접 국가나 일정 경제권역을 중심으로 역내 국가간에 체결하는 지역간 경제통합을 말한다. 자유무역협정, 관세동맹, 공동시장 등을 총칭하는 광범위한 개념이다. 지역무역협정은 경제협력의 정도에 따라 1) 역내 관세철폐를 주내용으로 하는 자유무역협정(FTA), 2) 공동관세부과를 주내용으로 하는 관세동맹(customs union), 3) 생산요소 이동의 자유를 보장하는 공동시장(common market), 4) 재정, 금융 등 모든 경제정책을 상호 조정하는 경제동맹(economic union), 5) 단일경제체제하에 모든 경제정책을 통합 운영하는 완전경제통합(complete economic union) 등으로 나뉜다.
144) 이유(EU)
145) 역내 포괄적 경제동반자협정(RECP: Regional Comprehensive Economic Partnership)

협상이 진행 중이며, 동아시아 내에서는 중국, 일본 등과의 '에프티에이'를 통해 동아시아 지역통합에 기여한다는 구상을 가지고 있다.[48]

3. 서구경제이론의 변천사

시대적 구분에 의한 경제이론

경제가 학문으로서 연구대상이 된 것은 중상주의 시대 이후의 일이다. 이후 경제학에 대한 정의는 가치관과 바라보는 시각 그리고 접근방법에 따라 학자마다 실로 다양하게 내리고 있다. 단순명료하게 '경제현상을 탐구하는 학문'[49]으로 정의하기도 하고. '인간의 물질적 욕구를 충족시키기 위해 희소한 자원을 어떻게 활용할 것인가를 연구하는 학문'[50] 또는 '인간의 생존을 연구하는 학문'[51]으로도 정의한다. 사전에서는 '인간의 생활에 필요한 재화나 용역을 생산·분배·소비하는 모든 활동, 또는 그것을 통하여 이루어지는 사회적 관계'라고 정의하고 있다. 그런가 하면 언제부턴가 경제의 개념이 다양한 의미로 확대되었다. 예를 들어 '가정경제', '규모의 경제', '경제적이다'라는 표현에서 보듯이 경제는 절약이나 최소비용으로 최대의 효과를 얻는 그런 의미로도 통용되고 있는 것이다.

결론적으로 경제학이란 이 책 머리말에서 적시한 바와 같이 인류의 역사와 궤를 함께하지만 여전히 미해결의 과제로 남아있는 '먹고 사는 문제'에 대해 최선의 해답을 찾기 위한 학문적 접근으로 이해하면 될 것 같다.

사실 정치와 더불어 경제는 국가사회 존립의 근간이라고 할 수 있다. 이 책에서 다루고 있는 직업사회도 이 토대 위에서 성립하는 것이다. 따라서 보다 나은 직업사회 건설을 목표로 하고 있는 직업사회학을 공부하기 위해서는 경제에 대한 이해는 필수적이다. 그래서 경제학이 태동한 시기인 중상주의 시대부터 현대에 이르기까지 경제가 어떻게 변화되어 왔는지를 살펴보기로 한다.

경제사의 흐름을 체계화 하여 전체를 개관할 수 있도록 다음과 같은 방법으로 기술하였다.

첫 번째는 경제사의 흐름을 체계적으로 이해하여 전체를 개관할 수 있도록 크게 7개의 학파를 중심으로 시대를 구분하였다. 이 학파의 대표적 학자와 이론을 정리한 것이 <표 1-7>이다. 두 번째는 이 표에 의해 각 시대별로 대표적인 경제학자의 이론을 중심으로 경제의 역사를 조망하였다. 경제의 역사는 곧 경제학 내지는 경제이론의 변천사라 할 수 있기 때문이다. 세 번째는 직업사회학적 관점에서 경제의 역사를 재조명하려고 노력했다는 점이다.

〈표 1-7〉 경제이론의 변천사

구분		시기	주창자	주요이론	비고
중상주의		15~18세기	절대주의 국가	부국강병	식민지
고전학파(가)		18~19세기	아담 스미스(스콧트)	국부론, 시장메커니즘	경제학의 성립
			리카도(영국)(가ㄱ)	비교생산비설, 차액지대론	자유무역
			맬더스(영국)(가ㄴ)	시장의 관리	보호무역
			밀(영국)	부의 재분배	
역사학파(독일)		19세기	리스트, 힐데브란트	국가주의	고전학파 비판
			슈몰러,바그너, 베버	이윤-기독교적 금욕	신역사학파
가-1 (가ㄴ)	신고전학파 (한계효용 학파)	19세기 (1870년대)	왈라스(프랑스)	한계효용체감의 법칙 *효용이론 *균형이론	오스트리아학파
			제본스(영국)		
			맹거(오스트리아)		
		1890년대	마샬(영국)(가-1ㄱ)	시장메커니즘	케임브리지학파
		20세기	피구(영국)	복지경제학	후생경제학파
가-2 (가ㄱ)	마르크스 학파	19~20세기	마르크스(독일)	자본론, 변증법적 유물론, 역사적 유물론	사회주의 공산주의
			엥겔스(독일)		
			레닌(러시아)	계획경제	
	제도학파	20세기	베블린(미국)	제작본능, 지배본능	구제도학파
			갈브레이스(미국)	의존효과, 풍요사회	
			게리 베커(미국)	경제학 영역확대	신제도학파
가-3 (가-1ㄱ)	케인스학파 (거시경제학)	20세기	케인스(영국)	유효수요이론	
			헤롯드, 로빈슨(영국)	동태경제학	
			새무엘슨(미국)	메크로+마이크로	신고전파 종합
			힉스(영국)	일반균형, 경기순환	
현대		20세기	슘페터(오스트리아)	기업가 혁신	
	산자유주의	20~21세기	하이에크(오스트리아)	신자유주의	반 케인스 주의
			프리드먼(미국)	소비이론, 화폐이론	
			루카스(미국)	합리적 기대가설	
			레퍼	공급경제학	

(1) 중상주의 시대

18세기의 산업혁명을 계기로 경제의 자유방임을 주장하는 세력이 힘을 얻게 됨으로써 이제까지의 중상주의 시대는 막을 내리게 된다. 중상주의란 국가의 강력한 보호아래 무역과 상업을 통해 국부를 증대시키는 것을 말한다. 이는 15~18세기 유럽의 절대국가가 채용한 경제정책이었다. 당시에는 금과 은을 확보하는 것이 국부를 증대시키는 것이었기 때문에 식민지를 꾸준히 확보하고 17세기 동인도회사와 같은 무역회사를 만들어 무역을 통해 국부를 쌓았다.

그러나 중상주의가 태동할 무렵에는 중세의 봉건 영주와 세력다툼을 하고 있던 군주는 귀족을 물리치고 강력한 민족국가를 건설하고자 하였다. 이를 지지해준 계급이 상인, 소지주 등이었다. 이러한 정책이 지속되면서 대상인과 대자본가가 등장하고 국가권력도 강화되었다. 자연히 권력과 부의 집중을 낳았고 수입과 수출에 대한 규제가 엄격한데다 각종 세금이 부과되어 소사업가, 농업, 공업종사자, 일반국민들은 불만이 커지게 되었다. 중상주의를 반대한 대표적인 사람은 프랑스의 케네(1694~1774)였다. 그는 중농주의자로 부의 원천이 상공업과 무역에 있지 않고 자연의 생명력에 의해 농업만이 투하된 노동력 이상의 잉여가치를 낼 수 있어 부는 토지로부터 나온다고 주장했다. 그는 1758년 <경세표>를 만들어 농업에서 생산된 잉여가 어떻게 순환되는지를 설명하고 무역과 산업에 대한 규제는 소득과 상품의 흐름을 방해함으로써 경제발전을 저해한다는 것과 모든 세금은 지주가 납부하여야 한다는 결론을 얻는다. 이와 같은 중농학파의 사상을 뿌리로 하여 자유주의 경제가 탄생하게 된다.

중상주의를 요약하면 다음과 같다.

첫째, 국가는 왕실에게 충성을 다하는 소수에게 독점권, 특허권, 보조금 등의 특혜를 부여함으로써 국가의 위계질서를 확립해야 한다.

둘째, 국가는 정복을 위한 전쟁을 치루기 위해서 부강해야 한다. 그리고 국부의 척도인 금과 은, 원재료들을 얻기 위해서는 식민지 확보에 주력해야 한다.

셋째, 국가무역에 있어서는 완제품의 수출량이 수입량을 초과하도록 제재를 가해야 한다. 무역수지의 흑자는 채무국으로부터 금과 은을 빼앗아 오기 때문이다.[52]

(2) 고전학파

불멸의 위대한 경제학자로 추앙받고 있는 아담스미스[146]는 1776년 경제학의 바이블과 같은 <국부론>[147]을 세상에 내어 놓는다. 재림 예수와도 같이 200년이 지난 오늘날에도 여전히 영향력을 행사하고 있는 이 책은 5권으로 구성되어 있다. 총 분량이 900페이지가 넘는데 제1권은 국부의 증대와 생산물의 분배문제를 다루고 있고(전체의 25%), 제2권은 자본축척과 그의 역할을 다루고 있고(전체의 14%), 제3권은 경제 발전사, 제4권은 경제학사를 다루고 있으며 제5권은 재정학을 다루고 있다. 분량은 5권이 제일 많지만 국부론을 인정받게 한 것은 1권과 2권이다.[53] 그는 <국부론>에서 지금도 널리 회자되고 있는 '보이지 않는 손'에 의해서 경제 질서가 조화와 균형을 이루어 나간다고 보았다. 그의 이론을 요약하면 다음과 같다.

첫 번째는 분업에 의한 생산이론이다. 그는 핀 공장의 분업을 예로 들어 교육을 받지 않은 한 사람이 핀을 만들면 하루에 20개는커녕 1개도 제대로 만들 수 없는데 공정을 18개로 세분화하여 각자 맡은 작업만 하게 되면 하루에 1인당 4,800개를 생산할 수 있다는 분업에 의한 생산성 향상을 주장했다. 스미스는 국제 간의 분업도 중시하는 자유무역지지자였다.

두 번째는 노동가치 이론이다. 그는 가치의 본질을 노동이라고 생각했다. 다양한 재화의 가격이 다른 원인을 노동력의 차이에서 찾고자 한 것이다. 가치에는 사용가치와 교환가치가 있는데 물은 사용가치가 큰 재화이고 다이아몬드는 교환가치가 큰 재화인데 이 두 재화의 현저한 가격 차이에 대해 설명할 수 없다며 '가치의 모순148)'이라고 했다. 이 문제의 해답은 후일 재화의 가격은 한계효용에 의해 결정된다는 한계효용학파가 제시한다.

세 번째는 가격과 분배에 관한 이론이다. 가격을 시장가격과 자연가격으로 구분했다. 시장가격이란 우리가 배운 수요·공급의 법칙에 의해서 형성되는 가격을 말한다. 자연가격은 제품생산에 드는 비용에 이윤을 합한 가격을 말한다. 스미스는 시장가격이란 실재로 시장에 공급되는 상품의 양과 그 상품에 대해 자연가격을 지불하고자 하는 사람들의 유효수요에 의해 결정된다고 보았다. 분배이론은 임금과 이윤 및 지대가 어떻게 배분되는가를 다룬 이론이다.

네 번째는 중상주의의 배격이다. 생산을 증대시킬 수 없는 금과 은이 부가 아니고 상품이 부라고 하였는데 이는 중상주의 시대의 막을 내리게 하는 발상의 대전환이라고 할 수 있다.

이외에도 보호무역보다는 자유무역을 중시하고 해외무역보다 국내교역을 더

---

146) 아담스미스(Adam Smith, 1723~1790)
147) 국부론(An Inquiry into the Causes and Nature of the wealth of Nations)
148) 가치의 모순 : Smith's paradox

생산적이라고 생각한 점, 자본축적을 중시하여 자본축적이 있어야 생산성이 향상된다고 보고 근검·절약, 정부의 낭비, 관료의 비대화, 군부의 팽창 등을 반대한 점, 재정적 측면에서 작은 정부가 사회발전에 유용하다고 생각해서 정부의 예산과 기구를 축소하고 민간부분을 확대하여 경제를 활성화시켜야 한다고 주장한 점을 들수 있다.

위 내용에서 보는 바와 같이 아담스미스는 오늘날에도 통용되는 모든 경제현상을 총망라하여 이론적으로 집대성했다. 이때 산업혁명으로 공업화에 의한 대량생산 시대가 막을 올리고 새로운 시민계급이 형성되어 세기에 걸쳐 경제체제를 지탱해온 중상주의 시대가 끝이 나고 자본주의 시대가 시작되었다. 아담스미스는 자본주의 경제에 대한 체계적인 학문의 틀을 완성하여 경제학이라는 학문을 탄생시킨 것이다.

맬더스와 리카도

맬더스[149]와 리카도[150]는 모두 영국의 경제학자로 평생 논쟁을 별린 학문의 라이벌이었다. 나이는 맬더스가 6살이나 많지만 사회적 명성은 리카도가 훨씬 높았다. 그럼에도 불구하고 이들은 매우 깊은 우정을 나누었다. 이들의 논쟁을 기술하려다 보니 문득 13년 논쟁으로 유명한 조선중기의 성리학의 대가, 퇴계 이황(1501~1570)과 고봉 기대승(1527~1572)의 일화가 떠올라 이를 잠깐 소개한다. 퇴계가 고봉의 편지를 받고 쓴 답장 '기 명언에게 보냄'에 이런 구절들이 나온다. 「"중간에 다시 생각해 보건대 의리를 변석[151]하는 것은 진실로 지극히 정미하고 해박해야 하는데 돌아보면 그동안 논변한 것은 단서가 매우 많고 사설이 매우 길어서, 나의 견해가 이루 다 망라하지 못하고 조예가 미치지 못한 곳들도 혹 있었습니다. … 보내온 편지에서 두 사람이 나귀에 짐을 실은 것에 비유한 말씀을 가지고서 장난삼아 절구 한 수를 지어 보냅니다.

'두 사람이 나귀에 짐을 싣고 경중을 다투는데
헤아려 보니 높낮이가 이미 고르거늘
다시 을 쪽의 짐을 갑 쪽에 죄다 넘기니
어느 때에나 짐 형세가 균평하게 될 거나'

149) 맬더스(Thomas Rovert Malthus, 1766~1834)
150) 리카도(David Ricardo, 1772~1823)
151) 변석(辨析) : 옳고 그름을 따져서 사물의 이치를 분명하게 해석함.

그저 웃고 마시기 바랍니다.」

퇴계와 고봉이 편지를 주고받으며 토론한 사단칠정 논변은 우리 사상사에서 가장 큰 사건이었다고 해도 과언이 아닐 것이다. 두 학자의 본격적인 논변은 대략 1559년부터 1561년에 벌어졌고 이 편지는 1562년 10월 16일에 보낸 것이다. 이때 퇴계는 62세였고 고봉은 36세였다.

고봉은 한 필의 나귀에 짐을 싣고 두 사람이 양쪽에서 나귀를 몰고 가는 것으로 두 사람의 논변을 비유했다. 즉 길을 가다 보면 나귀 등에 실은 짐이 한쪽으로 기울지 않을 수 없는데 짐이 기우는 쪽 사람이 상대편 쪽으로 짐을 들어 넘기면 상대편도 그렇게 하여, 서로 상대편 쪽으로 짐을 넘기기를 반복하므로 짐이 평정해질 수 없게 된다고 했다. 고봉의 이 비유를 퇴계는 시로 읊은 것이다.

사단과 칠정[152]에 대해 간략히 정리하면, 퇴계는 사단과 칠정의 개념을 둘로 나누어 보았고, 고봉은 하나로 합하여 보았다고 할 수 있다. 동양학에서는 '체'와 '용',[153] '일'과 '다',[154] 전체성과 변별성의 어느 쪽을 중시하느냐에 따라 학문의 성격이 결정된다. 크게는 불교의 선과 교, 유학의 주자학과 육왕학 내지 리학과 심학[155]의 논쟁이 각각 이러한 개념들의 어느 한 쪽에 섬으로써 벌어진다.

사단과 칠정에 대한 논변에서 퇴계는 '다', 고봉은 '일' 쪽에 서 있었다고 볼 수 있지만, 양자는 모두 상대방이 선 자리를 아주 부정하지 않고 일정 부분 긍정하는 위에서 자기의 주장을 폈다. 퇴계는 '일'만을 주장하면 사물의 변별성을 드러낼 수 없어 '리'의 개념을 밝히는 성리학의 참된 의미가 없어진다고 우려하고, 고봉은 그렇다고 하여 '다'만 강조하면 '일'을 본체로 삼은 '다'를 각개로 만들어 실상을 보지 못하게 된다고 반박한다.

「이와 같이 양자가 서로의 치우침을 경계하는 과정을 통해 각자의 착오를 깨닫고 마침내 중정한 결론에 이르렀다. 그리하여 퇴계가 고봉의 견해를 일정 부분 수용

---

152) 사단은 인간의 마음에서 일어나는 단서가 되는 네 가지가 있는데 이는 인의예지(仁義禮智)를 말한다. 측은한 마음은 인(仁)의 단서이고, 부끄러워하고 싫어하는 마음은 의(義)의 단서이며, 사양하는 마음은 예(禮)의 단서이고, 시비하는 마음은 지(智)의 단서이다. 인간에게 기본적인 일곱가지 정이 있는데 이는 희노애락애오욕(喜怒哀樂愛惡欲)을 말한다.

153) 체용론은 사물을 본체와 작용, 원리와 응용의 두 측면으로 나누어 이해하려는 이론이다. 체(體)는 원기가 움직이지 않은 불변의 것, 용(用)은 원기가 천지사이에 작용하는 것으로 정의하기도 하고, 마음의 작용으로 보아 발하기 전의 마음의 체, 이미 발한 것을 마음의 용이라고 정의하기도 한다.

154) 일(一)과 다(多)

155) 리학(理學)과 심학(心學)

해 만든 <성학십도>156)의 '심통성정도'에 이르면 사단과 칠정이 본래 하나의 정이면서 발현하는 단서에서 개념을 달리하여 나뉜다. 여기에서 '일'과 '다'는 균형을 이루어 어느 한쪽에 치우치지 않고 서로를 융회할 수 있게 된다. 즉 각개의 '다'는 전체성인 '일'을 전제한 '다'이므로 개체만 보고 전체를 망각하는 우를 범하지 않으며, 전체성인 '일'은 각개의 '다'를 포함한 '일'이므로 사물의 다양한 개념을 무시한 채 공허한 관념에 떨어지지 않는 것이다.」[54]

다시 리카도와 맬더스에게 돌아와서 리카도는 산업혁명이 무르익어 급변하는 영국의 경제를 목도하면서 경제이론을 정립해나갔다. 당시의 복잡한 사회 환경을 곡물법을 예로 들어 설명해보면 1793년에 프랑스 혁명세력이 루이 16세를 교수형에 처하는 사건이 일어났고, 프랑스와 영국이 주축이 된 15년에 걸친 나폴레옹 전쟁(1789~1814)이 있었다. 당시만 해도 영국은 봉건영주(지주)가 지배세력이었는데, 이 기득권 세력에 의해 '곡물법'은 전쟁 직후인 1815년에 발효되었다. 이 법은 1쿼터(약 12.7kg)당 80실링 이하로는 외국산 밀을 수입하지 못하게 한 것이 골자이다. 영국정부가 값싼 외국곡물의 수입을 막아 국내 곡물가격의 하락을 방지하여 농업을 보조하겠다는 보호무역성격의 법이다.

당시의 상황을 보면 전쟁 전에는 1쿼터당 약 40실링 정도였던 밀의 가격이 전쟁으로 수입이 제대로 이루어지지 않아 전쟁 중에 곡물가격이 최고 177실링까지 폭등한 것이다. 그러다가 전쟁이 끝나고 다시 무역이 재기되자 외국산 밀들이 밀려오면서 밀 가격이 60실링 밑으로 폭락했다. 그러자 곡물 폭등으로 큰 재미를 본 당시 영국을 지배하던 지주들의 기득권을 보호하기 위해 이 법이 통과된 것이다. 이렇게 되자 높은 임금을 주어야 하는 신흥자본가와 생계비가 상승하고 여기에 전후 군인들이 돌아와 풍부한 노동력으로 이들의 임금도 낮아지는 이중고를 겪게 된 도시 노동자들의 불만이 고조되었다.

가난한 도시노동자들이 세인트피터 광장을 가득 메웠다. 영국정부는 바로 몇 년 전에 일어난 프랑스 혁명과 같이 되지 않을까 두려워서 강경진압하게 된다. 이와 같이 큰 사회문제가 된 '곡물법'은 격렬한 논쟁에 휘말렸으나 1832년에서야 폐지되기에 이른다.

리카도는 영국국민의 대부분이 착취당하고 소수에게만 이익이 돌아가는 이 곡물법에 대해 분개하나 맬더스는 이를 지지하고 나선다. 리카도는 자유무역이야말로 국

---

156) 성학십도(聖學十圖)

가를 성장시킨다고 주장했다. 이에 맬더스는 보호무역으로 자국의 산업을 지켜나가
야 한다는 반론을 폈다. 특히 불황의 원인과 해법에 대해서는 둘 사이에 견해 차이가
컸다. 세이의 법칙[157]을 받아들인 리카도는 불황이 부분적이고 일시적인 현상이라고
생각한 반면, 맬서스는 과잉생산이 일반적인 현상이라고 생각했다. 경제도 그대로 놔
두어도 시장메커니즘에 의해 자연히 안정된다는 주장을 한 리카도에 대해 맬더스는
이를 신뢰하지 않았다. 누군가가 관리하지 않으면 안 된다고 본 것이다. 이와 같이
두 사람은 경제문제에 대한 서로 다른 견해로 건건이 맞서게 된다.

　　　리카도의 대표적인 학설은 '비교우위론'[158]과 '차액지대론'이다. '비교우위론'은
자유무역의 이론적 근거가 되고 '차액지대론'은 마르크스에 영향을 미친다.

　　　그는 스미스의 국부론이 나온 후 41년이 지난 1817년에 <정치경제와 조세의 원
리>[159]를 펴내 그 동안의 이론들을 집대성했다. 인구는 기하급수적으로 증가하나
식량은 산술적으로 증가한다는 <인구론>으로 잘 알려진 맬더스는 리카도를 공박하
기 위해 1820년에 <정치경제원론>[160]을 펴냈다. 학문적으로 논쟁의 상대였던 두
사람은 출신부터가 아주 다르다. 맬더스는 명문가 출신의 귀족이고 리카도는 대학도
다니지 못했지만 탁월한 능력으로 경제이론을 펼쳐 큰 명성을 얻었고 이재능력도 뛰
어나 큰 재산을 모았다.

　　　그러나 두 사람의 우정은 남달랐다고 한다. 리카도는 죽기 전 맬더스에게 보낸
마지막 편지에서 '만약 자네가 내 의견에 모두 찬성했다 할지라도 지금보다 자네를
더 좋아할 순 없었을 걸세'라고 썼다. 리카도는 자신의 유산 상속인으로 3명을 지명
했는데 그중 한명이 맬더스다. 나중에 맬더스는 리카도에 대해 이렇게 회상했다. 「내
가족을 제외하고 일생을 통해 내가 그토록 사랑했던 인간은 없었다.」[55]

존 스튜어트 밀

　　　<임금기금설>로 잘 알려진 밀[161]의 아버지 제임스 밀은 리카도에게 학문적,
정치적 격려를 아끼지 않았다고 한다. 아버지는 밀을 3살 때 희랍어를 가르치고, 8살

---

157) 세이의 법칙 : 자유경쟁 경제하에서는 일반적인 생산과잉은 발생하지 않고 '공급은 그 스스로
　　　의 수요를 창조한다.'고 한 프랑스의 고전파 경제학자 세이(J. B. Say)의 시장 이론으로 '판로의
　　　법칙'이라고도 한다. 즉, 공급이 이루어지면 그만큼의 수요가 생겨나므로 경제 전체를 볼 때 수
　　　요 부족에 따른 초과공급이 발생하지 않음을 의미한다.
158) 비교우위론(Law of Comparative Advantage)
159) 정치경제와 조세의 원리(On the Principles of Political Economy and Taxiation)
160) 정치경제원론(Principles of Political Economy)
161) 존 스튜어트 밀(John Stuart Mill, 1806~1873)

때 플라톤, 디오게네스 등의 저서를 원문으로 깨우치고 라틴어 교육을 받게 했다. 또한 리카도에 대해서도 가르쳤다.[56] 그의 삶에 가장 큰 영향을 준 것은 벤덤[162]이었다. 16세가 되던 1822년 봄에 밀은 벤덤의 <입법론>을 읽고 나서 그 소회를 이렇게 적었다.

「… 나는 이미 다른 인간이 되어 있었다. 벤덤이 이해하고 적용시킨 공리원칙은 내가 그동안 지녀왔던 단편적인 지식들과 신념을 한데 연결하는 구심점이 되었다. 모든 이치가 드디어 맞아 떨어지고 내 사상은 비로소 일관성을 띄게 되었다. 나는 이제 의견이라는 것을 갖게 된 것이다. 그냥 믿음이라 해도 좋고 신조라고 해도 좋으며 철학이라고 해도 좋다. 이는 가장 고차원적인 의미에서의 종교 즉, 인생의 근원적 목적을 창조해 낼 수 있는 감화와 그 감화의 확산인 것이다. 내 머리 속은 그 종교를 통해 인류의 지평을 바꿔놓을 착상으로 충만하다.」

밀은 1848년에 <정치경제의 원리>를 썼는데 옥스퍼드 대학은 1919년까지 이 책을 교재로 사용했다. 그는 생산의 법칙과 분배의 법칙을 성격이 다른 것으로 구분하였다. 그리고 그의 임금기금설은 맬서스 이후 리카도, 머컬럭 등의 근대경제학자들에 의해 주장되어 온 것을 밀이 보완한 이론이다. 이 이론은 일정한 사회 상태에서는 임금으로서 지급되는 기금이 일정하며, 노동자 개인이 받는 임금액은 이 기금총액을 노동자총수로 나눈 것이라고 생각하였다. 따라서 노동조합의 임금인상운동은 이 기금이 고정적인 한, 노동자 전체에는 아무런 효과도 가져오지 못하고 오히려 일부 노동자의 임금하락을 초래하는 결과가 되며, 계급으로서의 임금인상운동은 부질없는 결과가 되므로, 임금을 인상하려면 결혼의 억제 등으로 노동자인구를 제한할 수밖에 없다고 보았다.[57]

이 이론은 임금으로 사용할 기금이 고정적이라고 전제하고 있다는 점 등으로 문제가 많아 밀이 포기한 이론인데 임금이란 노동자의 최저생활비로 귀착되고 그것을 인상시키려는 어떤 시도도 효과가 없다는 부르주아적 발상으로 인해 '우울한 경제학', '도시상인의 경제학' 등으로 냉소를 받기도 했다.

영국의 산업혁명을 전후한 사회는 신기술에 의한 대량 생산, 인구의 도시집중, 신흥자본가과 신민계급의 탄생, 전쟁과 국제무역의 증가 등으로 급변하게 된다. 이렇게 변화하는 사회를 이끌어 가는 가장 이상적인 방안을 찾아내려는 과정에서 정치·경제·사회분야에 갖가지 이론과 정책이 제시되고 수행되어 온 것이다. 자본주의나

---

162) 제레미 벤덤(Jeremy Bentham, 1748~1832)

사회주의가 뚝 떨어진 것이 아니라 이런 과정에서 형성된 것이다. 리카도의 차액지대론을 예로 들면 경제성장에 따라 소득이 증가하고 소득의 증가는 인구의 증가를 가져온다. 인구의 증가는 노동자의 수를 증가시키고 노동의 공급초과는 임금을 하락시킨다. 이렇게 되면 국물의 가격이 오르게 되고 정부는 가난한 노동자를 먹여 살리기 위해 더 많은 경작지를 개발해야 한다. 결국 농민이나 농업 자본가들은 큰 수익을 올릴 수 없는 반면에 지대를 받아 챙기는 지주들만 이득을 보게 된다. 이를 바로잡으려면 지대를 낮추어야 하고 토지를 국유화해야 한다고 주장한다. 이런 이론이 발전하여 모든 생산수단을 국유화하는 사회주의로 발전하게 된 것이다.

자본주의의 경제체계도 초기 아담 스미스에서부터 멜더스, 리카도를 거쳐 스튜어트 밀에 이르기까지 여러 학설이 주장, 수정, 보완되는 과정을 거쳐 이론적 토대가 마련된 것이고, 경제이론도 이렇게 하여 하나의 통일적인 이론체계가 확립된 것이다. 후세사람들이 이를 경제학이라고 명명하여 경제학이 탄생하고 아담 스미스는 경제학의 아버지로 일컬어지게 되었다. 이와 같이 자본주의 경제사회를 체계적으로 파악하려고 한 초기의 경제학자들을 통칭하여 우리는 고전학파라고 부른다.

(3) 역사학파

역사학파는 리스트,[163] 로셔,[164] 힐데브란트,[165] 브렌타노[166]로 대변되는 독일의 경제학파를 말한다. 19세기의 독일은 봉건적 농업국이었다. 당시의 독일은 39개의 영주 국가들로 나누어져서 지방토후세력이 권력을 장악하고 있어 영국이나 프랑스와 같이 강력한 중앙집권국가체제가 아니었다. 리스트가 활동하던 시기는 1806년 예나 전투에서 프로이센이 프랑스의 나폴레옹에 대패하고 1808년 피히테가 그 유명한 '독일국민에게 고함'을 발표하던 때였다. 리스트는 대표적인 역사학파로 독일의 후진성을 국토분단에 있다는 것으로 진단하고 독일의 통일과 국민경제체제 많은 관심을 기울였다. 그는 뮬러[167]의 사상을 체계적으로 정립했다. 뮬러는 고전학파의 이론을 비판하고 이는 어디까지나 영국의 경우이며 독일과는 상황이 다르다는 것을 강조했다. 그는 고전학파의 자유무역주의를 반대하고 자급자족의 경제체제를 주장했는데 고전학파는 인간의 이기주의를 강조하고, 경제현상을 지나치게 단순화하고 있다고 비판

---

163) 리스트(F. List, 1789~1846)
164) 로셔(W. Roscher, 1807~1894)
165) 힐데브란트(B. Hildebrand, 1821~1878)
166) 브렌타노(L. Branano, 1844~1931)
167) 뮬러(Adam Muller, 1779~1829)

했다. 리스트는 이런 영향을 받아 다음과 같이 경제이론체계를 정립했다.

첫 번째는 고전학파는 영국경제의 특수한 상황을 일반화시켰다는 것이다. 그래서 경제적 환경이 다른 독일에 영국의 이론체계를 적용시킬 수 없다는 것이다.

두 번째는 경제현상이란 역사적 산물이므로 비현실적인 전제조건과 가정을 가지고 현실의 경제문제를 이해하려고 하는 것보다 역사적 사실을 바탕으로 귀납적으로 접근하는 것이 더 낫다는 입장이다.

세 번째는 고전학파의 개인주의와 세계주의를 부정하고 국가주의를 강력히 주장했다. 이는 영국이 강력한 중앙집권국가인데다가 섬나라로 이런 주장이 대두된 것이고 독일을 분권화된 영주국가여서 통일된 국가경제체제를 주장하게 된 것이다.

이외에도 혁신과 개혁 등을 주장하였는데 역사학파의 관점은 한 나라에 적합한 이론이라 할지라도 다른 나라에도 적합하다는 보장이 없다는 것으로 독일은 유치산업을 보호하고 국가경쟁력이 충분히 갖추어진 후에 시장을 개방해야 한다는 주장을 폈다.

역사학파 주장자들 중에서도 경제학을 단순한 경제현상의 분석으로만 보지 않고 경제현상을 사회현상의 일부로서 정치, 법률, 종교 및 윤리의 측면을 포함하여 종합적으로 접근해야 한다는 시각을 가지고 있던 사람들을 신역사학파라고 부른다. 슈몰러,[168] 바그너, 브렌타노, 좀바르트, 막스웨버 등이 여기에 속한다.

바그너[169]는 고전학파가 인간을 단순히 이윤극대화를 추구하는 동물로 본 점을 비판하고 아무리 정교한 이론일지라도 윤리성, 도덕성, 가치판단, 의식구조가 바뀌면 무너질 수밖에 없다고 보았다. 그는 재화와 조세분야에 큰 공헌을 하였다. 조세의 4원칙인 재정정책의 원칙, 국민경제의 원칙, 공평의 원칙, 세무행정의 원칙은 오늘날 조세이론의 근간을 이루고 있다. 브렌타노[170]는 노동조합 운동의 이론적 전문가로 명성이 높았다. 좀바르트[171]는 자본주의 발전의 원동력을 영리주의와 합리주의로 간주했다.

막스웨버[172]는 사회학자로 더 유명하다. 슈몰러와의 가치판단 논쟁을 통하여 역사학파가 가지는 이론적 약점을 지적하고, 그 극복에 노력하였다. 그는 여러 경제적 요인에 의하여 역사적 인과관계를 설명하는 유물사관에 대하여 종교나 정치 영역에

---

168) 슈몰러(Gustave von Schmoller, 1838~1917)
169) 바그너(Avolf Wagnaer, 1835~1917)
170) 브렌타노(Ludwig Brentano, 1884~1931)
171) 좀바르트(Werner Sombart, 1863~1941)
172) 막스웨버(Max Weber, 1864~1920)

서의 행위의 동기와 관련시켜 역사적 현상을 설명하려고 하였다. 그의 논문 <프로테스탄티즘의 윤리와 자본주의의 정신>(1905)에서 근대 유럽에서의 자본주의의 발생을 프로테스탄티즘 특히 칼뱅주의의 금욕과 근로에 힘쓰는 종교적 생활태도와 관련시켜 설명하고 있다.

(4) 신고전학파

마샬

영국출신 마샬[173])은 존 스튜어트 밀의 아버지처럼 엄격했던 아버지 밑에서 어린 시절에 매일 밤 11시까지 히브리어를 배웠다고 한다. 수학의 우등상을 휩쓸 정도로 수학에 특출한 재능을 보인 그는 1865년에 케임브리지 수학과를 졸업했으나 이미 도덕학, 철학, 분자물리학 등의 학문의 세계를 넘나든 학자였다. 케임브리지 학파의 창시자라고 할 만큼 경제학 분야에서도 큰 업적을 남겼다. 그러나 이렇게 되기까지에는 많은 시간과 노력이 필요했다. 옛날에는 학문이 오늘날과 같이 세분되어 있지 않았다. 그냥 훌륭한 사람이 나오면 그 사람의 말과 글을 전해내려 온 것으로 그야말로 철학이었다고 할 수 있다. 그러던 것이 후대에 내려오면서 점점 사회가 복잡해지고 다양해지면서 학문도 여러 분야로 분화된 것이다.

마샬은 평생에 걸쳐 경제학을 역사철학이나 도덕과학으로부터 독립시키려고 노력했다. 전통의 케임브리지에서 1903년에서야 역사상 최초로 경제학과를 만들었으니 이때 그의 나이는 61세였다. 또한 케인스와 같은 제자도 두었다.

그의 학문을 요약하면, 첫 번째로 '수요의 가격탄력성'이다. 이는 오늘날은 쉽게 이해할 수 있는 개념이지만 당시에는 경제학에 수학과 물리학을 도입한 것으로 (수요의 변화율/가격의 변화율)을 나타내는 매우 독창적인 개념이었다. 어떤 재화의 가격이 떨어지면 그 수요는 증가되고 가격이 오르면 수요는 감소된다. 이것을 수요의 법칙이라고 한다. 또 가격이 변화했을 경우에 수요가 크게 변화되면 수요는 탄력적이라고 하며 수요가 그다지 변화하지 않으면 비탄력적이라고 한다. 예를 들면 사치품은 가격이 조금 움직여도 수요가 크게 변하기 쉬우므로 그 수요는 탄력적이며 반대로 생활필수품의 수요는 비탄력적이다. 일반적으로 어떤 재화에 대한 탄력성이 탄력적이다, 아니다 함은 그 재화의 가격이나 소득은 물론 그 재화에 대한 대체재의 수와 그 대체정도의 크기, 소비자의 그 재화에 대한 중요도에 따라 결정된다. 수요의 탄력성은 경제학

---

173) 마샬(Alfred Marshall, 1842~1924)

의 가장 기본적인 개념으로서 기업의 가격인상, 인하 등 가격결정에 있어서나 정부의 물가정책 등에서 매우 중요한 위치를 차지하고 있다.[58]

두 번째는 '소비자 잉여'라는 개념을 사용했다. 이 개념은 재화를 구입할 때 기꺼이 지급할 용의가 있는 금액보다 적은 금액으로 구입했을 때 그 차액을 소비자 잉여라고 한다. 소비자 잉여는 소비자 입장에서 이득을 측정한 것이므로 정책 담당자가 경제 후생을 측정할 수 있는 좋은 지표가 된다. 정부의 정책은 소비자 잉여를 증가시키거나 감소시킬 수 있으며 정책이 사회에 미치는 가치의 크기는 소비자 잉여의 개념을 이용해 측정할 수 있기 때문이다.

세 번째는 대체의 원리이다. 이는 모든 생산에 있어 대체가 가능하다는 것이다.

네 번째는 외부경제이다. 당초 이 개념은 산업의 일반적 발달에 기인하는 기업의 생산비 절감효과를 의미했으나, 다른 경제 주체의 경제활동에 의해 무상으로 유리한 영향을 받는 것을 뜻하는 것으로 의미가 확대되었다. 즉 어떤 개인 또는 조직의 행동이 다른 사람에게 이득이나 손해를 가져다주는 외부효과 가운데, 사회적인 편익이 개인적 편익보다 큰 경우를 말한다. 예를 들어 과일나무를 심는 과수원 주인의 활동이 양봉업자의 꿀 생산 증가를 가져오는 경우나, 교육 및 기술혁신 활동 등이 외부경제의 효과를 갖는다고 할 수 있다. 개인이나 기업이 그들의 경제활동을 통해 외부경제 혹은 외부불경제를 창출할 경우에 시장 기구를 통한 자원의 배분은 비효율적이 된다. 따라서 이러한 상황을 방지하기 위해 정부 개입의 필요성이 제기되는 것이다.[59]

다섯째는 준 지대 개념이다. 마샬은 공장, 기계 등과 같이 내구적 자본설비의 이용에 대하여 지불되는 대가를 준지대라고 하였다. 즉 자연의 선물인 토지에서 얻어지는 소득을 지대라고 하는 것을 본떠서 어떤 특정한 기계가 지대에 준하는 소득을 낳는 데 대해서 준지대라고 이름 지었다. 이 준지대는 이자와는 다르다. 이자는 자유로운 화폐자본의 운용에서 얻어지는 소득으로 토지나 기계와 같이 고정된 자산에서 얻어지는 소득과는 다르기 때문이다. 원래 마샬은 토지개념을 내구적 자본설비의 경우에까지 확장하려고 한 것이다. 즉 내구적 자본설비는 그 생산이 장기간을 요하기 때문에 단기적으로는 토지용역과 같이 볼 수도 있는 것이다. 그렇지만 그 이용에서 이루어지는 초과이윤으로서의 소득은 지대와 같은 성질의 것으로 보지만 지대라고 하는 말은 자연의 은혜로 이루어지는 소득에만 한하기 때문에 토지와 비슷한 고정적인 내구적 자본설비에서 이루어지는 소득을 준 지대라고 부르게 된 것이다.[60]

피구

19세기 영국은 자본주의가 계속 발전하여 기업이 전 세계에 상품판매를 통해 벌어드린 돈으로 번영을 구가하던 시기이다. 그러나 번영의 이면에는 노동자의 열악한 근무환경, 빈곤 등 사회 불평등이 자리하고 있다. 이와 같은 문제점을 인식하고 처음으로 정부의 개입의 필요성을 밝혀낸 인물이 피구[174]이다. 그는 케임브리지 대학에 역사전공 장학생으로 입학했으나 마샬의 제자로 경제학을 공부하여 1908년에 31세 나이로 마샬의 뒤를 이어 경제학 교수가 된다. 그는 1920년 그를 후생경제학파의 창시자로 일컬을 만큼 저명하게 만든 역작 <후생경제학>[175]을 세상에 내 놓았다.

이 책은 환경문제를 외부성을 이용 설명했고 대기업의 불공정 행위에 대한 정부의 규제를 주장했다. 외부성이란 경제주체의 경제활동이 다른 사람에게 일방적으로 피해나 이득을 주는 데 대해 그 대가를 지불하지 않은 것을 말한다. 피해에 대한 대가가 지불되지 않는 것을 '외부불경제'라 하고 외부이익에 대한 보상이 이루어지지 않는 것을 '외부경제'라 한다. 외부불경제에 대해서는 외부비용만큼의 조세를 부과해야 하고 외부경제에 대해서는 외부이익만큼의 보조금을 지급해야 한다는 이론이다. 그래서 오늘날의 환경 분담금 같은 조세를 피구세라고 한다.

아무튼 피구가 평생 연구한 주제는 어떻게 하면 사회적 후생을 증진시킬 수 있느냐의 문제였다. 그는 시장경제가 정부의 개입이 없어도 '보이지 않는 손'에 의해 보편적인 번영을 가져 온다는 주장을 비판하였다. 자원배분의 비효율을 초래하는 이유가 시장경제의 독과점 때문으로 보고 강력한 규제를 해야 한다고 주장하면서 철도, 석탄 같은 독점산업의 국유화를 주장했다. 그의 이론은 당대의 케인스 이론이 힘을 얻어 크게 빛을 보지 못했으나 그의 시장한계에 관한 분석과 이를 보정할 수 있는 조세제도 등의 대안은 후대에 큰 영향을 미쳤다. 독과점 규제를 위한 공정거래법이나 지구온난화의 주범인 이산화탄소 배출을 규제하는 탄소세 도입은 피구의 이론을 바탕으로 하고 있다.

신고전학파는 19세기 중엽 마샬을 창시자로 하여 피구, 로버트슨, 로빈슨 등의 경제학자들에 의해서 전통적인 고전학파의 이론을 계승·발전시키는 동시에 당시의 시대적 요구에 부응하기 위하여 한계효용이론을 도입하여 절충적인 이론체계를 수립한 학파를 말한다. 영국의 케임브리지대학 경제학 교수가 중심이 되어 케임브리지 학

---

174) 피구(Arther Cecil Pigou, 1877~1959)
175) 후생경제학(The Economy of Welfare)

파라고도 한다.

(5) 마르크스 학파

마르크스와 엥겔스

19세기 후반부터 20세기 후반에 이르기까지 거의 100여 년 동안 사상적, 실천적으로 가장 큰 영향력을 발휘했던 사상은 마르크스주의였다고 해도 별다른 이의가 없을 것 같다. 그리고 이 사상은 마르크스와 엥겔스를 빼놓고는 따로 놓고는 생각할 수가 없다. 이들은 비슷한 시기에 태어나서 청년기인 1844년에 만나게 된다. 이후 이두 사람은 평생을 사상적 동지로서의 연대감을 가지고 깊은 우정을 나누며 지냈다. 1870년 이후에는 런던에서 집도 서로 가까운 데서 살면서 마르크스주의를 완성해 나갔다.

엥겔스[176]는 1820년 11월 28일 독일의 바르멘에서 태어났다. 그의 아버지는 공장을 운영하는 경영주였기 때문에 그는 경제적으로 풍족한 가정에서 자랄 수 있다. 엥겔스는 엘버펠트에 있는 김나지움에서 수학했으며 브레멘의 한 상점에서 견습 생활도 했다. 1842년 엥겔스는 영국의 맨체스터로 이주하였는데, 여기서 그는 공장 노동자들의 비참한 생활을 경험하게 되었고 이를 계기로 영국의 노동 운동의 지도자들과도 사귀게 되었다. 이러한 과정을 통해 엥겔스는 프롤레타리아트[177] 혁명을 주장하는 공산주의자가 되었다.

뛰어난 이론가이자 혁명가로서 노동자 계급을 위해 열정적인 삶을 살았던 엥겔스는 74세에 영국에서 삶을 마감하였다. 엥겔스는 영원한 친구이자 사상적 동반자인 마르크스[178]와 끝까지 우정과 신뢰 관계를 유지하면서 그에 대한 정신적, 물질적인 성원을 아끼지 않았다. 아마 엥겔스가 없었다면 마르크스가 이룩한 이론적, 실천적 성과는 불가능했을는지도 모른다. 엥겔스는 마르크스와 함께 자연과 사회에 대한 철학 이론, 즉 변증법적 유물론과 역사적 유물론을 체계화하였을 뿐만 아니라, 자본주의의 운동방식과 그 문제점을 규명하는 정치경제학 이론, 그리고 사회주의 사회의 건설 방법과 관련된 과학적 사회주의 이론을 체계화하였다. 엥겔스는 이렇게 마르크스주의를 이론적으로 체계화한 이론가였을 뿐만 아니라 또한 노동운동이나 사회 변혁 운동과 같은 실천적 활동에도 적극적으로 참여하였던 혁명가이기도 하였다.[61]

---

176) 엥겔스(Engels, Friedrich, 1820~1895)
177) 프롤레타리아트(Proletariat) : 유산계급인 부르주아지(Bourgeoisie)에 대비되는 무산계급
178) 마르크스(Karl Heinrich Marx, 1818~1883)

한편 마르크스는 1818년 5월 5일에 독일 라인주 트리어시에서 유대인 기독교 가정의 7남매 중 셋째로 태어났다. 변호사였고 칸트 신봉자였던 아버지 밑에서 자란 마르크스는 1835년에 본 대학에 입학하여 그리스와 로마의 신화, 미술사 등 인문계 수업을 받았다. 그 후 베를린 대학 법학부로 전학하여 법학, 역사학, 철학을 공부하였다. 그러나 마르크스의 일생은 평탄하지 않았다. 그는 어려서 한동네에서 자란 폰 베스트팔렌 남작의 딸 제니와 결혼한다. 정말 아름다운 여인이었던 그녀는 결혼 이후 매우 힘든 생활을 하게 된다. 이들 부부는 런던에서 5년 동안 3명의 자녀를 각각 폐렴, 기관지염, 결핵으로 잃는다. 비극은 거기서 끝나지 않는다. 장의사들이 외상을 거부하는 바람에 제니는 2파운드짜리 아이의 관조차 구하지 못해 우울증에 빠지기도 했다. 아내를 끔찍이도 사랑했다는 마르크스는 그 와중에 자기 집 하녀를 임신시키고 들통이 나자 엥겔스가 그랬다고 둘러대었다고 하니 어떻게 된 일인지 모르겠다.

마르크스주의를 나타내는 대표적인 저서는 마르크스와 엥겔스에 의해 1848년에 발표한 <공산당 선언>[179]과 1867년부터 3번에 걸쳐 간행된 마르크스의 <자본론>[180]이다. 그리고 이들의 사상적 기반이 된 사람은 헤겔과 포이엘 바흐[181]이다. 우리는 포이엘 바흐와 두 책의 상징이 될 만한 글을 읽어 봄으로써 왜 마르크스주의가 20세기의 세계를 자본주의와 공산주의를 양분하게 되었는지 짐작해보기로 하자.

포이엘 바흐는 그의 저서 <기독교 본질>에서 다음과 같이 주장했다.

「신이란 단지 인간의 욕망, 필요, 속성 등의 투영에 지나지 않는다. 인간이 신을 창조했지 신이 인간을 창조한 것이 아니다. 실존하는 것은 신이 아니라 인간이며, 신이란 하나의 관념에 불과하다.」

다음은 <공산당 선언>의 맨 첫 장 처음에 나오는 글이다.

「지금까지 존재한 모든 사회의 역사는 계급투쟁의 역사다.

자유민과 노예, 귀족과 평민, 영주와 농노, 동업 조합의 장인과 직인, 간단히 말해서 서로 영원한 적대적 관계에 있는 억압자와 피억압자가 때로는 은밀하게, 때로는 공공연하게 끊임없는 투쟁을 벌려왔다. 그리고 이 투쟁은 항상 사회전체가 혁명적으

---

179) 공산당 선언(Manifesto of The Communist Party)
180) 자본론(Das Kapital)
181) 포이엘 바흐(Ludwig Andreas von Feuerbach, 1804-1872) : 19세기 독일의 철학자로 헤겔철학이 "신이 자연을 창조했다는 신학을 합리적인 형태로 표현하는 데 지니지 않았다"고 비판하고 인간의 구체적 현실을 철학적 사색의 중심에 두려고 했다. 그의 철학의 공적은 그리스도교 및 관념적인 헤겔철학에 대한 비판을 통하여 유물론적인 인간중심의 철학을 제기한 데에 있다. 그의 철학은 후일, K.마르크스와 F.엥겔스에 의해 비판적으로 계승되었다.

로 개조되거나, 그렇지 않으면 다투는 계급들이 함께 몰락하는 것으로 끝이 났다.

우리는 과거 역사에서 각각의 시대 거의 어느 곳에서나 사회가 여러 신분으로 완전히 분열되고, 각 신분에는 사회적 지위에 따라 엄격한 등급이 매겨져 있음을 알게 된다. 고대 로마에는 귀족, 기사, 평민, 노예가 있었고 중세에는 봉건 영주, 가신, 동업조합의 장인, 직인, 농노가 있었으며, 다시 이 계급들 하나하나가 거의 다 특수한 계층들로 나뉘어 있었다.

봉건사회의 몰락위에 생겨난 현대 부르주아 사회 또한 계급적 모순을 폐기하지 못했다. 이 부르주아 사회는 과거의 계급, 억압의 환경, 투쟁의 형태를 단지 새로운 계급, 새로운 억압의 환경, 새로운 투쟁의 형태로 바꾸어 자리 잡았을 뿐이다.

그러나 우리의 시대, 즉 부르주아 시대는 계급적 모순을 단순화 시켰다는 점에서 특이하다. 사회전체가 부르주아지와 프롤레타리아182)라는 두 개의 커다란 적대진영으로 나뉘어, 서로 직접 맞서는 커다란 두 개의 계급으로 점점 더 분열되어 가고 있다.」[62]

포이엘 바흐의 영향을 받은 마르크스는 '종교는 아편'이라고 선언한다. 사람들이 속세에 뿌리내리지 않고 모든 갈망을 신에게 투영할 경우 그들은 세상의 물질적 비리와 불법을 다소곳이 받아들일 것이기 때문에 그렇다고 했다. 그는 이런 유물론적 사상의 바탕과 정(테제)183)이 그것과 반대되는 반(안티테제)184)과의 갈등을 통해 정과 반이 모두 배제되고 합(진테제)185)으로 초월한다는 정반합의 헤겔의 변증법을 결합하여 그 유명한 변증법적 유물론을 탄생시킨다. 이러한 사상을 바탕으로 이렇게 외친다.

「역사란 땅에서 생겨나지 하늘에서 생겨나지 않는다. 종교가 무엇이고, 윤리가 무엇이며, 민족주의 따위가 다 뭐란 말인가! 창밖을 내다보고 인간이 빵 한 조각을 얻기 위해 발버둥치는 것을 똑똑히 보라. 인간 없는 역사란 있을 수 없고 빵 없는 인간이란 있을 수 없다. 즉 빵 없는 역사란 있을 수 없다. 그리하여 최초의 역사적 행위는 …(중략)… 이 기본적 필요를 충족시키기 위한 수단인 생산이다.」[63]

<자본론>은 1860년대 초반부터 1880년대 초반까지 마르크스에 의해서 쓰여진 총3권으로 구성된 방대한 경제학 저서이다. 그 중에서 제1권은 1867년에 마르크스에 의해 출판되었으며, 제2권과 제3권은 마르크스가 사망한 후에 엥겔스에 의해서 1885년과 1894년에 각각 출판되었다. 마르크스의 <자본론>은 '상품'에 대한 분석에서 출발하여 '자본의 순환 과정'을 중심으로 자본주의 경제가 어떻게 운영되고 있는지를

---

182) 부르주아지(Bourgeois)와 프롤레타리아(Proletarians)
183) 테제(these, 定立)
184) 안티테제(antithese, 反定立)
185) 진테제(synthese, 綜合)

밝히고 있다. 나아가 자본주의가 그 자체의 내적 모순에 의해서 붕괴될 수밖에 없음을 규명하고 있다.[64]

여기에서 그가 설명한 자본주의가 몰락하는 과정에 대해 검토해 보기로 하자. 마르크스는 자본주의 경제에 내제된 모순을 다음과 같이 지적했다.

「자본가는 자본을 더욱 축적하려는 욕구를 가지고 있어 노동대가의 착취와 사회적 통제를 도모한다. 이렇게 하여 노동자로부터 착취된 가치는 자본으로 전환되어 더 큰 가치를 낳기 위해 사용된다. 축적된 자본이 생산증대를 위해 노동의 수요를 증가시키는 것이 아니라 기계화 등 시설투자로 실업자가 늘어나게 된다. 자본은 이윤율의 저하를 상쇄하기 위하여 다시 생산력을 향상시키려고 하기 때문에 생산은 계속 늘어나나 대중의 소비력은 한정되어 있기 때문에 언젠가는 이 불균형이 한계에 이른다. 물론 자본주의의 성숙과정에서 기계화와 분업에 의한 대량생산으로 많은 노동자를 고용하는 순기능의 역할도 하게 된다. 그러나 결국은 대중들의 구매력을 넘어서는 생산으로 공급과잉이 되어 부도가 나는 기업이 생겨나고 경기는 침체에 빠진다. 이러한 악순환이 되풀이 되면서 중간에 경기가 다소 회복하기도 하나 결국엔 침체가 가중되어 소위 공항이 발생하게 된다. 더구나 자본축척이 노동수요로 이어지지 않고 축적된 자본은 자본가의 것이 된다.」

이러한 구조적 모순이 노동계급의 혁명으로 이끌어 자본주의는 붕괴하게 된다는 것이다.

마르크스 학파의 역사적 의의

후대에 끼친 영향력의 측면에서 볼 때 마르크스는 프로이트, 다윈 등과 함께 20세기 역사를 바꿔 놓은 위대한 사람 중의 하나이다.[65] 머리말에서도 밝힌 바와 같이 마르크스 사상은 세계를 자본주의와 공산주의로 양분시킨다. 19세기의 마르크스의 사상을 계승·발전시킨 러시아의 레닌[186]은 프롤레타리아에 의한, 프롤레타리아를 위한 정부를 만들어야 한다고 생각했다. 그는 20세기 초인 1917년에 러시아 혁명을 통해 드디어 소비에트 연방을 만드는 데 성공한다. 또한 제2차 세계대전 후인 1949년에는 중화인민공화국이 탄생한다. 동유럽을 중심으로 연이은 사회주의 국가의 탄생으로 지구상의 거의 1/3에 해당하는 국가가 사회주의 국가가 된다.

사회주의 국가의 경제는 계획경제이다. 계획경제란 말 그대로 국가가 경제를 계

---

186) 레닌(Vladimir Lenin, 1870~1924)

획하는 것을 말한다. 생산수단을 국유화하여 경제활동 전반을 통제하여 계획에 맞게 실현해 나가는 것으로 경쟁의 원리가 작동되지 않고 일정한 노동과 임금을 국민 각 개인에게 할당하는 경제체제를 말한다. 이는 기업이나 개인의 자유로운 활동이 보장되는 자유주의의 경제, 다시 말해서 시장경제와 극명하게 대비된다.

제2차 세계대전 후의 세계는 이 상반된 두 경제체제가 패권을 차지하기 위한 대결의 장이었다고 볼 수 있다. 그러나 이 대결은 반세기도 지나기 전에 끝나고 말았다. 1989년 베를린 장벽이 무너지면서 붕괴가 시작되더니 1991년에는 소비에트연방도 붕괴되었다. 중국은 공산당이 정권을 유지하고 있으나 2001년 '세계무역기구'에 가맹하고 시장경제 체제로 이행이 진행 중이다. 이제 지구상에 사회주의 국가는 사라졌다고 보아 무방하다.

그런데 마르크스는 초기 자본주의의 비관적인 미래에 대해 다음과 같이 예측했다. 자본주의가 발전하면 할수록 산업이 발달하여 더 많은 생산을 하게 되므로 공급과잉이 된다. 이 공급과잉 문제를 해결해야 하는 데 수출만으로는 한계가 있어 새로운 시장을 개척해야 한다. 그래서 다른 나라를 무력으로 점령하여 식민지화 한다. 식민지는 원료의 공급지이자 상품의 소비지가 되기 때문이다. 결국은 식민지 쟁탈전이 일어나서 국가 간에 전쟁이 발생하게 된다. 또한 공급과잉으로 전체의 이윤율이 점점 낮아지게 되면 공황이 발생하게 되고 결국 자본주의는 붕괴된다는 것이다.

사실 마르크스의 예언은 적중한 셈이다. 제국주의 국가 간에 수많은 전쟁이 일어났고 이 전쟁은 대부분이 식민지 쟁탈전이었다. 그리고 제2차 세계대전 직전에 미국 발 대공황이 발생한 것이다. 그럼에도 불구하고 자본주의가 사라지지 않고 사회주의가 사라진 이유는 무엇인가? 이렇게 된 원인을 다음 몇 가지로 정리해 볼 수 있겠다.

첫 번째는 사유와 공유의 차이에서 찾을 수 있다고 본다. 인간이 가진 본능의 하나로 이기심에 근저한 소유욕을 꼽는데, 사회주의는 어떤 면에서 자본주의보다 더 높은 차원의 이상을 가지고 있다고는 할 수 있으나 사유를 인정하지 않은 데서 이미 그 한계가 드러났다고 보아야 한다. 오늘날 자본주의 기틀이 된 근대시민법의 3대 원칙의 첫 번째가 소유권의 절대의 원칙이다. 이와는 달리 생산수단의 사유를 인정하지 않은 사회주의의 생산의 비효율성과 불합리에 대해서는 사회주의의 국가가 증명했다. 인간의 탐욕과 이기심에 호소하는 자본주의를 어떻게 이길 수 있단 말인가.

두 번째는 사회주의의 바이블과 같은 <자본론>이 자본주의의 성장·발전을 도왔다는 데서 찾을 수 있다. 사실 오늘날의 자본주의는 초기 자본주의에서 거의 자본주의라 할 수 없을 만큼 많은 수정과 보완을 거쳐 발전된 것이라는 것은 누구도 부인하기 어렵다. <자본론>은 자본주의 사회를 분석하고 비판하는 이론적 작업에서 중요한 개념적 틀을 제공해 주었을 뿐만 아니라 이 책이 나온 지 100년이 지난 오늘날에도 여전히 이와 같은 역할을 하고 있다. 그렇다고 한다면 여기서 드는 의문이 하나 있다. 사회주의도 자본주의에서 배워 수정과 보완을 거쳤으면 될 것이 아니겠느냐는 것이다.

여기에서 세 번째 원인을 찾을 수 있다. 사회주의의 시대를 거스르는 역사의 역류가 그것이다. 말하자면 세계사의 흐름이 왕조시대가 망하고 근대사회가 형성된 것인데 사회주의는 왕조시대로 복귀한 것이다. 그래서 망하게 된 것이다. 공유에 바탕한 계획경제는 이를 제대로 유지하기 위해서는 철저한 통제와 관리가 필요하다. 통제와 관리는 누가하는 것인가? 체제의 속성상 절대 권력이 필요하다. 절대 권력의 왕조시대에는 온 세상이 왕조시대였기 때문에 오래 유지가 되었으나, 20세기 사회주의 왕조 옆에는 왕조를 무너뜨린 자본주의가 존재하고 있는데 어떻게 이 체제가 오래 갈 수가 있을까, 반세기도 못가서 사라지는 운명을 맞이하였다.

우리는 여기서 마르크스의 사상에 대해 재검토해 볼 필요가 있다. 생존 시의 마르크스는 명성도 추종자도 얻지 못했다고 한다. 그 당시 최고의 지성이었던 존 스튜어트 밀의 경우는 그의 이름조차 들어 보지 못했다고 한다. 마르크스 또한 1848년의 <공산당 선언>에 대해 일부 오류를 시인하고 <자본론>도 오류와 왜곡이 발견되었다고 한다. 실제는 자본주의 몰락에 대해서도 예언을 하지 않았고 식별 가능한 경향들에 근거하여 역사의 진로를 과학적으로 예측하려 했던 것뿐이라고 한다. 슘페터[187]는 그의 경제학 전체는 오류에 감염되어 있다고 비판한다. 폴 사무엘슨[188]은 노동가치설을 형이상학적 궤변으로 간주했고, 천재 경제학자라고 해도 지나침이 없는 케인스[189]도 다음과 같이 말했다.

「… 제가 직접 읽어 보면 이따위 책이 어찌하여 그토록 반향을 불러일으킬 수 있었는지 아연해집니다. 지루하고 시대착오적이며 논쟁을 위한 논쟁으로 가득 찬 책이기 때문입니다.」

양 진영이 전쟁까지 일으켰는데 어디 저명한 학자만이 비판을 했겠는가.

아무튼 이와 같이 이제 사회주의 국가가 지구상에서 사라졌으므로 마르크스의

---

187) 슘페터(Joseph Alois Schumpeter, 1883~1950)
188) 폴 사무엘슨(P. Samuelson, 1915~2009)
189) 케인스(John Maynard Keynes, 1883~1946)

주의도 지구상에서 완전히 사라지는 것은 당연한 일이 아닐까? 아니다. 참 아이러니
하게도 당연한 일이 당연한 일이 아니게 되었다. 마르크스주의는 오늘날 유럽에서 사
회 민주주의라는 개념으로 새롭게 뿌리를 내리고 있다. 이 얼마나 아연할 일인가? 그
러나 여기에는 그럴만한 이유가 있다고 보여 진다. 사회주의 사상의 어떤 면에서는
인류의 이상을 담은 부분이 있다. 그래서 역사적으로 볼 때 자본주의에서도 이 사상
의 많은 부분을 수용한 것이다. 그의 노동가치설에는 어느 국가나 절대다수를 차지하
는 서민들을 유인하는 강력한 마력 같은 것이 있다. 따라서 인류가 '먹고사는 문제',
즉 빈곤문제를 해결하지 못하는 한 사회주의 사상은 쉽게 소멸되지 않는다고 보아야
한다. 혹시 역사의 흐름에서 자본주의의 모순이 심화되어 어떤 빌미를 제공하게 되면
구소련을 위시한 공산주의 체제였던 여러 국가들이 마르크스주의를 실현하는 방법이
잘못되어서 그런 운명을 맞았다고 주장하고 새로운 방법을 외치는 변용이 나타날지
도 모를 일이다.

　　또한 마르크스도 이렇게까지 되리라고는 생각하지 못했을 것 같은 역사의 흐름,
즉 20세기를 자본주의와 공산주의로 양분하게 된 것에 대해서는 이렇게 생각해 볼
수도 있다. 기독교나 불교가 오늘날까지 많은 사람들이 추종하는 종교로 살아남아 있
는 것은 예수 사후에 사도 바울, 석가 사후에 총수나 아난[190]과 같은 대선각자가 이
들의 업적을 정리하여 체계를 세우고 이후 많은 성직자가 나타나 선각자가 말한 것
을 몸소 실천하고 논리를 추가하고 설파했기 때문으로 볼 수 있다. 모순투성이라고
하는 마르크스주의가 아직까지 살아남아 있는 것은 이와 유사한 점이 있어서라고 보
여진다.

　　사실 역사의 흐름에서 보면 능력 있는 한 우두머리가 나타나서 역사의 물줄기를
바꿀만한 어떤 단초를 제공해서 만약 그것이 옳든 그르든 다수의 추종자가 생겨나면
도도히 흐르는 대세를 거스를 수 없는 것이 되었음을 알 수 있다. 진실과는 무관한
것이다. 자본주의를 고쳐 써야 한다든지, 버려야 한다는 주장을 공공연히 펼치는 21
세기의 초엽에 선 우리는 자본주의의 미래를 심각히 고민해야 할 때인 것 같다.

(6) 한계효용학파

　　경제학의 원조라 할 수 있는 고전학파의 경제이론을 과학의 발전과 더불어 과학

---

190) 아난(阿難) : 석가모니의 종제로서 십대제자의 한 사람이며, 십육나한(十六羅漢)의 한 사람. 석
　　가의 상시자(常侍者)로서, 불멸후에 경권(經卷)의 대부분은 이 사람의 기억에 의하여 결집되었
　　다고 한다.

적인 학문으로 이끌어 자본주의 경제를 뒷받침하는 이론으로 성장, 발전할 수 있게 만든 학파가 한계효용학파이다. 최초로 한계효용개념을 연구한 학자는 고센[191]이다. 그는 1850년에 한계효용이론을 발표했으나 주목을 받지 못했고, 1871년 <정치경제학의 이론>이라는 책에서 이를 보다 체계화하여 발표한 제본스[192]에 의해서 빛을 보게 되었다. 한계효용학파의 학자로는 스위스의 왈라스[193], 오스트리아의 맹거[194] 등을 들 수 있다. 이들은 1870년대 거의 같은 시기에 저마다 한계효용이라는 개념으로 상품의 가격을 설명하는 학설을 내놓아 경제현상에 대해 주관적이고, 개인적인 입장에서 접근했다. 맹거는 한계효용가치설을 체계적으로 전개하였고, 비저, 뵘바베르크 등이 이를 계승하여 하나의 학파를 이루었다. 맹거 이하의 사람들은 모두 오스트리아의 빈 대학 교수였기 때문에 이 학파를 오스트리아학파라고 부르기도 한다. 이 한계효용학파의 등장은 고전학파 경제학에서 근대 경제학으로의 전환을 고하는 경제학의 세대교체라고 할 수 있다.

고센과 제본스

'한계효용이론'을 최초로 발표한 고센의 제1법칙은 '한계효용의 체감의 법칙'이고 제2법칙은 '한계효용균등의 법칙'이다. 소비자가 재화를 소비할 때 거기서 얻어지는 주관적인 욕망충족의 정도를 효용이라 하고, 한계효용[195]은 재화 소비량을 한 단위 증가시킬 때, 소비자가 그 한 단위 소비로부터 추가적으로 얻는 효용을 말한다. 즉, 한계효용은 순증(Δ)분의 효용을 말한다. 일반적으로 어떤 재화의 소비량이 증가함에 따라 필요도는 점차 작아지므로, 한계효용은 감소해가는 경향이 있다. 이것을 '한계효용 체감의 법칙'이라고 한다.

이와 같은 한계효용체감하에서 여러 종류의 재화를 소비할 경우, 만약 각각의 재화의 한계효용이 같지 않다면, 한계효용이 낮은 재화의 소비를 그만두고 한계효용이 보다 높은 재화로 소비를 바꿈으로써 똑같은 수량의 재화에서 얻어지는 전체효용은 더 커지게 된다. 이와 같이 각 재화의 한계효용을 극대화할 수 있도록 소비를 한다면 각 재화의 한계효용은 균등하게 되는데 이를 '한계효용 균등의 법칙'이라고 한다.

제본스는 이와 같은 한계효용의 원리를 체계화했다. 그는 영국의 공리주의를 이

191) 고센((H.H. Gossen, 1810~1858)
192) 제본스(William Stanley Jevons, 1835~1882)
193) 왈라스(Marie Esprit Léon Walras, 1834~1910)
194) 맹거(C. Menger, 1840~1925)
195) 한계효용(MU: marginal utility)

이론으로 체계화하여 한계효용학파의 창시자로 일컬어진다. 그의 업적은 고적학파가 지나치게 생신중심인 데 비해 수요의 문제를 새롭게 부각시켰다는 점이다. 제본스는 케임브리지학파와 마샬에게는 강한 영향을 미쳤지만 영국에서의 영향력은 거의 없었다고 한다.

왈라스와 파레토

왈라스[196])는 19세기에 배출된 경제학자 중 가장 탁월한 사람 중의 하나로 꼽힌다. 19세기 경제학자들의 성장과정을 보면 매우 어린 나이에 공부를 시작했다는 점과 경제학에 이르기까지 다양한 학문을 섭렵한 것을 알 수 있다. 물론 학문이 크게 세분화 되어 있는 것이 아니고 경제학이라는 독자적 학문이 성립된 역사가 일천하다는 데에도 원인이 있어 보인다.

왈라스 또한 문학사와 이학사 학위를 받은 후인 24세에 경제학에 입문하게 된다. 그는 1873년에 <교환에 관한 수리적 이론의 원칙>을 발표했으나 이미 영국의 제본스가 먼저 효용이론을 발표했다는 것을 알고 매우 실망하고 제본스에게 질투심도 컸으나 후에 제본스 이전에 고센이 더 먼저 발표했다는 것을 알고 마음을 누그려 뜨렸다고 한다. 이런 것을 보면 유럽은 국가 간의 교류가 매우 활발하다는 것을 알 수 있다. 후술하겠지만 지리적, 역사적인 영향으로 보인다. 그는 이후 추가로 논문을 발표하면서 경제현상에서 일반균형이 존재할 수 있느냐의 문제는 매우 중요한 과제인데 오늘날의 이론경제학이 적어도 이론적으로는 모든 상품시장에서 동시적인 균형의 존재를 도출할 수 있다는 것을 증명함으로써 왈라스의 위치를 더 올려놓았다. 오늘날 많은 경제학자가 왈라스적인 분석의 틀을 이용하고 있다. 현대 경제학자 밀턴 프리드먼[197])은 "우리는 마샬에게는 경의를 표하지만 왈라스와는 함께 걷고 있다"고 말할 만큼 현대 경제학의 중심에 들어 와 있다고 할 수 있다.[66]

왈라스의 연구를 '균형경제학'이라고 한다면 파레토[198])는 '최적경제학'이라고 할 수 있다. 파레토는 퓨링 대학 졸업 후 직장생활을 했는데 광산 및 제광소의 총지배인이 되었을 때 직무상의 관심으로 경제학 연구를 시작하였다고 한다. 1891년에는 왈라스와의 교신이 시작되어 그를 스승으로 모셨다. 1893년에는 로잔느 대학에서 경제학 및 사회학을 강의하게 되었다. 경제학 분야에 있어서의 초기업적 중 중요한 것은 소

---

196) 왈라스(Leon Walras, 1834~1910)
197) 밀턴 프리드먼 (Milton Friedman, 1912~2006)
198) 파레토(Vilfredo Federico Damasso Pareto, 1848~1923)

득분배에 관한 '파레토의 법칙'이다.

그는 왈라스의 일반균형이론을 확장하였으며 주체분석의 측면에 있어서는 오히려 왈라스를 능가하고 있어 그의 업적을 획기적인 것이라 보고 있다. 또한 에지워드[199]의 무차별곡선을 확장한 그의 선택이론은 높이 평가되고 있으며, 바로네,[200] 슬루츠키,[201] 힉스,[202] 알렌[203] 등에 의해 계승·정리되었다. 그리고 이 새로운 이론에 의하여 '효용의 가측성'에 관한 중대한 장애를 서수적 효용개념으로 처리하게 되었다. 즉 보다 안정된 기초 위에 오늘날의 선택이론을 구축하게 되었다. 파레토는 또한 선택이론의 적용과 왈라스의 한계생산력의 비판 위에 생산이론을 전개하고 선행자의 업적들을 일반화하는 데 큰 공헌을 하였다.[67]

한계효용학파를 근대경제학의 시작이라고 하는 것은 경제학에 수학을 접합시킨 시발점인 학문이기 때문이다. 또한 왈라스의 1873년 <교환에 관한 수리의 이론적 원칙> 논문 제목에서 보듯이 재화의 사용가치와 교환가치의 관계를 밝혔다는 것이다. 즉, 재화의 필요도가 높은 것이라도 소비자가 구입하는 양이 많아질수록 그 한계효용은 그만큼 낮아지게 되어 보다 적은 대가밖에 지급하지 않으려고 한다. 높은 사용가치를 가지는 상품의 교환가치가 반드시 높은 것은 아니라는 내적 관련성을 한계효용개념으로 풀어낸 것이다.

이를 경영과 관련하여 좀 더 설명하자면 어떤 물건을 생산하는 공장에서 한 사람이 일할 때와 두 사람, 세 사람 이렇게 늘어날 때 생산량도 이에 비례하여 몇 배로 증가하게 될 것이다. 그런데 100명이 되었을 때 한 명이 더 늘어 101명이 되었다고 한다면 처음 한두 명 늘어날 때만큼 생산량이 그만큼 더 늘어나겠는가? 이와 같이 생산요소(자본, 토지, 노동력)의 지속적 추가투입에 의해 얻어지는 수확량은 당연히 늘어나지만 어느 시점부터는 증가율이 점점 둔화되어 간다는 것을 '한계수확체감의 법칙'이라고 한다. 이는 모든 산업에 적용되는 중요한 법칙이다. 생산요소를 투입해서 예를 들어 노동력을 계속 투입하면 인건비가 계속 체증하여 한계수익률, 즉 추가 1단위당 수익률은 낮아지게 된다.

자동차 신 모델을 만들었을 때 인기가 좋아 계속 잘 팔린다면 엄청난 수익이 발생한다. 그래서 더 많이 팔기 위해 계속 생산라인을 증가시킨다. 그러면 더 많은 수

---

199) 에지워드(Francis Ysidro Edgeworth, 1845~1926)
200) 바로네(Barone, E.)
201) 슬루츠키(Slutsky, E.)
202) 힉스(Hicks, J.R.)
203) 알렌(Allen, R.G.D.)

익이 발생한다. 그런데 이런 현상은 영원히 확대 재생산될 수는 없다. 한계수확체감의 법칙이 적용되어 어느 시점부터 한계수익률이 떨어지기 시작하고 결국은 제로(0)가 된다. 이는 제품 수명이 다 되었다는 의미이고 회사는 이런 조짐이 보일 때 새로운 제품생산 계획을 세워야 하는 것이다.

그런데 여기서 주목할 것은 직업사회의 환경이 변하여 21세가 들어서서는 이런 법칙이 적용되지 않은 산업이 생겨난 것이다. 소프트웨어204)산업이 대표적인 예이다. 눈에 보이지 않은 소프트웨어가 한 번 출시되면 처음 이 제품을 만들 때까지는 한계수확체감의 법칙이 적용되지만 이후는 자기 복제와 같이 제품생산이 가능하여 생산요소의 추가 투입이 없어도 한계수익이 체증하게 된다.

맹거

오스트리아 출신 맹거205)는 1871년에 <국민경제학 원리>를 출판했다.

맹거의 업적 중 하나는 한계효용이론을 체계화한 것이고 또 하나는 경제학의 방법논쟁이다. 역사학파의 거두 슈몰러206)가 구체적이고 개별적인 현상을 관찰하여 역사적·귀납적인 방법으로 경제 분석을 해야 한다는 입장이고 경제사, 경제이론을 이론경제학에 포함시켜야 한다는 입장인 반면, 맹거는 추상적이고 연역적인 방법에 의해 경제이론을 확립했으며 경제사, 경제이론, 경제정책은 별도의 학문으로 다루어져야 한다는 입장을 취한 것이다. 뵘바베르크207)나 비저208) 등은 오스트리아 빈 대학 교수로 맹거의 이론을 계승·발전시켰다.

우리가 지금까지 공부한 경제이론을 돌아보면 경제사의 흐름이란 변화하는 경제상황에 맞는 대처방안을 만들어 내고, 이것이 시행착오를 겪으면서 새로운 이론으로 정립되고, 이 새로운 이론이 또 다시 경제상황을 변화시키게 되는, 이와 같은 일련의 과정이 되풀이 되는 것이라고 해도 될 것 같다. 말하자면 경제사의 흐름이란 이론과 실제가 상호 견인하는 가운데 경제와 학문이 전진과 후퇴를 반복하면서 나아가는 과정이라는 것이다.

---

204) 소프트웨어(S/W, Software)
205) 맹거(Karl Menger, 1840~1920)
206) 슈몰러(Gustav von Schmoller, 1838~1917)
207) 뵘바베르크(Eugen von Böhm−Bawerk, 1851~1914)
208) 비저(Friedrich von Wieser, 1851~1926)

(7) 제도학파

산업혁명을 계기로 시대가 바뀌어 이후의 세계를 근대라 하는데, 우리는 그로부터 20세기에 이르기까지의 경제변천사를 개관해 왔다. 그런데 공부를 하면서 유럽의 각국의 많은 학자가 등장했는데 오늘날 세계를 주도하는 초강대국으로 알고 있는 미국의 경제학자가 단 한명도 언급되지 않았다는 사실에 의아해 하는 사람이 있을지도 모르겠다.

그러나 우리가 잠깐 잊고 있었지만 사실 불과 2세기 전만하더라도 미국은 지구상에 없는 국가였다. 1492년 콜럼버스가 아메리카 대륙을 발견한 이후 미 대륙은 유럽국가의 식민지 확보의 각축장이었으며 1776년 미국 13개주가 영국으로부터 독립을 선언하면서 미국이라는 나라는 탄생한다. 1861년부터 1865년의 4년에 걸친 남북내전으로 미국의 남부와 북부가 통일되고, 1862년부터 1896년까지 장장 35년에 걸친 대륙횡단철도공사를 통해 동과 서를 하나로 연결하였다. 또한 1848년 캘리포니아 지역에 금광이 발견됨으로써 서부지역의 약 500만 인디언들은 인디언 보호구역으로 이주시키려는 미국정부와 토착민 인디언들과의 유혈 전쟁이 벌어져 1886년까지 이어졌다. 19세기 후반까지 미국은 신생 독립국가로 내치에 여념이 없어 국제사회에서도 그렇고 자본주의 경제체제의 흐름에 동참할 능력도 여력도 없었던 것이다.

그러나 이렇게 국가체제를 정비한 미국은 제1차 세계대전을 겪으면서 고속성장을 하게 되고 1930년대 대공황을 겪는다. 미국이 국제사회의 맹주로 나서게 된 것은 제2차 세계대전 후의 일이다. 이제 경제사 분야에서도 제도학파라는 경제이론으로 미국의 경제학자가 등장한다. 그리고 마침내 1970년에 폴 사무엘슨이 미국 최초로 노벨 경제학상을 수상하게 된다.

베블런

베블런[209]은 경제문제는 사회의 법, 제도, 관습 등과 관련하여 연구되어야 한다는 입장에 있는 미국의 사회학자이다. 그는 예일대학에서 철학 박사학위를 받았고 나중에는 시카고대학에서 경제학을 가르치면서 <유한계급이론>을 썼다. 신고전학파를 비판한 그의 진화론적인 인식의 틀을 가지고 인간사회를 생태학적으로 이해하려 했고 경제발전에 있어서 역사성을 중요시했다. 특히 유토피아적 무정부주의를 신봉

---

209) 베블렌(Thorstein Veblen, 1857~1929)

하여 경제문제를 이해하는 데 있어 본능과 관습을 중시했다. 인간에게는 무엇인가 만들어 내려는 제작본능이 있고 약탈하고 지배하고자 하는 사유욕이 있어 이 양자 간에 갈등을 불러일으키는 존재로 보았다. 제작본능은 생산하고 창조하는 것인데 약탈본능은 힘으로 남의 생산을 착취하기 때문이다. 고전학파는 모든 인간은 언제든지 가장 효율적인 생산과 소비방법을 알고 있는 합리적인 이기주의자로 전제하고 있다. 그들은 모든 것을 자유 경쟁적 풍토와 제도 속에 놔두면 최선의 방법으로 배분이 이루어지고 생산성이 증대된다고 보는 것이다. 그러나 배블런은 이러한 관점을 부인하고 인간사회를 움직이는 원동력은 제작본능과 지배본능으로 본 것이다.

갤브레이스

베블런의 제자는 웨슬리 미첼, 존 커먼스, 화이트 밀스 등 출중한 제자가 많았는데 그 중에서도 캐나다 출신의 갤브레이스[210]가 가장 충실한 제자였다. 그는 베블런의 뒤를 이어 <경제학과 공공목적>이라는 책을 통해 신고전학파를 비판했다. 그는 과시소비와 의존효과를 주장했다. 인간은 생존을 위해 행동하지만 그 다음에는 자기를 과시하기 위해 행동한다는 것이다. 의존효과란 소비재에 대한 소비자의 수요가 소비자 자신의 자주적 욕망에 의존하는 것이 아니라 생산자의 광고·선전 등에 의존하여 이루어진다는 현상을 나타내는 말로 전통적 소비자주권의 생각과는 대립되는 개념이다.

그의 저서 <풍요한 사회>[211]에서 물질의 양이 풍부해지면 인간의 물질적 욕망은 줄어들 것으로 흔히 생각하기 쉬우나 실제로는 풍요해질수록 욕망도 따라서 커진다고 했다. 타인은 어떠하든 자기만은 그것을 가져야 한다는 자립적·절대적 욕망에 비하여, 그 물질을 가짐으로써 타인보다 돋보일 수 있다는 상대적 욕망의 비중이 높아지기 때문이다. 이 같은 상대적·수동적 욕망의 충족 과정은 동시에 욕망을 창출해 내는 과정이기도 하다. 이러한 수동적 욕망의 창출 외에도 풍요한 사회에 있어서 재화의 생산자는 선전·판매술로 적극적으로 욕망을 생성해 내려고 한다. 이와 같은 과정을 통해 욕망은 생산에 의존하게 된다. 높은 수준의 생산은 욕망 창출 수준도 높으며, 욕망충족의 정도도 높다. 즉, 욕망은 욕망을 만족시키는 과정에 의존한다는 현상을 갤브레이스는 풍요한 사회의 특질이라 강조하였다.[68]

아울러 미국사회에 대해 극도의 개인주의와 이기주의로 사적미국이 포식하는 동

---

210) 갤브레이스(John Kenneth Galbraith, 1908~2006)
211) 풍요한 사회(The Affluent Society, 1958)

안 공적미국은 굶주린다고 비판하면서 황폐한 공원과 빈민가 사이로 번쩍이는 리무진이 돌아다니는 미국사회를 개탄했다.

(7-1) 신제도학파

신제도학파는 사회제도가 마샬의 경제학과 모순이 되지 않는다고 하여 구제도학파의 주장을 뒤엎는 주장을 하게 된다. 법률과 제도의 대부분을 경제이론으로 해석할 수 있다고 믿는다. 경제학자 베커[212]는 마샬의 경제학을 가족법과 형법에도 적용시키려 했다. 범죄자들은 범죄를 저지르기 전에 자신에게 돌아올 혜택과 비용을 저울질해본다는 것이다. 이와 같이 범죄예방이나 마약문제 등 모든 사회문제를 이런 관점에서 바라보려고 한 것이다. 거의 모든 제도나 사회현상은 경제학적 문제와 연결되어 있다고 보기 때문이다. 이에 대한 비판도 만만치 않다. 경제학은 능률을 추구해야하지만 법은 공명정대를 추구해야 한다면서 능률이 곧 공정인지, 공정하지만 비능률적인 법들은 철폐해야 하나 등 많은 의문을 제기한다.

아무튼 이런 논란에도 불구하고 제도학파 경제학자들이 법학의 지평을 넓혀놓은 것만은 틀림없는 사실이다. 가격, 이윤, 지대, 비용만이 경제학의 전부는 아니고 법, 도덕, 패션, 철학 등도 경제학의 일부로 본다. 신제도학파는 한계분석도구를 이용하여 복잡한 온갖 사회현상에 대해 적용시킴으로써 마샬의 도구가 얼마나 위력적인가와 경제학이 얼마나 크고 넓은 학문인가를 보여주었다.

직업사회학의 입장에서는 가격, 이윤, 지대, 비용만이 경제학의 전부는 아니고 법, 도덕, 패션, 철학 등도 경제학의 일부로 간주하는 제도학파를 눈여겨 볼 필요가 있다.

(8) 케인스 학파

케인스 학파를 공부하기 전에 지금까지 공부해온 경제사를 큰 틀에서 한번 정리해 보기로 하자. 고전학파라는 이름으로 경제학이 생겨난 이후 경제사의 흐름은 크게 네 개의 갈래로 구분할 수 있다. 이러한 구분은 경제사의 흐름의 방향이나 갈라짐이 이전과는 비교하기 어려울 만큼 큰 경우를 기준으로 했을 때 그렇다는 것으로 물론 주관적인 구분이다.

네 개의 갈래는 신고전학파, 마르크스 학파, 케인스 학파 그리고 현재 진행 중인

---

212) 베커(Gary Becker, 1930~2014)

경제상황의 현대경제학파이다. 고전학파의 이론을 계승·발전시킨 신고전학파는 자유주의의 바탕이 되는 학파이고, 마르크스의 학파는 세계를 자본주의와 공산주의로 구분할 수 있는 시대를 창출한 학파이고, 케인스 학파는 유효수요라는 새로운 개념으로 경제학의 혁명을 일으킨 학파이다. 말하자면 마르크스 학파는 경제사의 물줄기를 가른 학파이고 케인스 학파는 고전학파의 경제학을 부정했다고 할 만큼 완벽히 경제사의 흐름을 바꾼 학파라고 할 수 있다. 경제사의 흐름만 바꾼 것이 아니다. 드디어 케인스에 이르러 경제학의 주된 연구 분야가 미시적인 것에서 거시적인 것으로 바뀌어 경제학은 새로운 분류체계를 세워야 할 상황에 처하게 된다.

미시경제학과 거시경제학

경제학이라는 학문이 성립된 이후 여태까지는 개인의 입장, 즉 개별경제주체들의 입장에서 연구되고 발전되어 왔다. 개별경제주체들의 선택과 시장의 균형 등 시장의 메커니즘의 연구가 주요 주제였다. 그래서 경제주체들이 자신들이 원하는 것은 최대화하고 원하지 않은 것은 최소화하는 '최적화'와 그를 위한 '합리적인 선택'에 초점을 맞춘다. 이러한 맥락에서 수요와 공급에 따라 달라지는 재화와 서비스의 가격이나 거래량의 변화 등 가계의 소비활동과 기업의 생산 활동 등을 분석해 온 것이다. 우리는 이를 미시경제학이라고 부른다. 미시경제학은 상대적으로 규모가 작은 경제요소에 관심을 갖는다.

반면에 거시경제학은 경제의 안정과 성장에 초점을 맞춘다. 이러한 안정과 성장은 개별적인 경제주체들의 경제활동보다는 거시적인 활동부분에 초점을 맞추어야 하기 때문에 거시경제학에서는 실질지디피, 실업률, 인플레이션 등 비교적 규모가 큰 경제요소에 관심을 갖는다.

다시 말하면 미시경제학이 개별경제주체들의 행동을 설명하는 학문이라면 거시경제학은 개별경제주체들의 합인 조직의 행동을 설명하는 학문이라고 할 수 있다. 그래서 미시경제학은 경제의 개별 주체 즉, 기업과 가계 등의 경제 상태를 중심으로 다루며, 거시경제학은 국가 등의 경제 규모와 구조 그리고 상태를 중심으로 다루는 학문이다.

케인스

「경제학자 및 정치철학자의 관념[213]의 힘은 옳고 그름을 떠나 일반적으로 이해

---

213) 관념(idea)

되는 것보다 훨씬 더 강렬한 것이다. 세계는 그 관념들이 움직여 나간다. 여하간 지적영향도 받지 않고 있다고 믿는 실질적인 사실은 죽은 어느 경제학자의 노예이기 일수다. 권력을 쥔 미치광이가 하늘의 계시를 들었다고 주장할 때, 이는 흘러간 삼류학자 하나를 증류하여 새로운 광기를 생산해 내었다는 뜻과 다름이 아니다. …(중략)… 선용이 되든 악용이 되든 궁극적으로 위험한 것은 관념이지 사리가 아니다.」[69]

이 글은 케인스가 1936년에 쓴 <고용, 이자 및 화폐에 관한 일반이론>214)에 나오는 글이다. 천성적으로 진보주의적이고 사회계량주의자였던 그는 케임브리지 대학에서 철학과 경제학을 공부했다. 제1차 세계대전 시에 제정공무원이 되었고 1919년 공무원생활을 그만두고 케임브리지 대학의 교수가 된다. 그는 증권투자 등을 통해 많은 부를 축적하여 역사상 이론과 실제를 겸비한 몇 안 되는 경제학자라고 할 수 있다. 이와 같이 현실감각이 뛰어나서인지 이 책은 미국의 대공황 발생 이후에 출간된 것으로 경제학을 다시 분류하게 만든 대작이다. 이 책은 당시 주류였던 고전경제학의 이론과 현실과의 괴리를 비판하고 나선 자체가 이슈라 할 만큼 큰 반향을 불러 일으켰다. 그는 이 책에서 실업을 설명하는 이론적 틀과 노동의 완전고용을 달성하기 위한 정책을 제시하여 경제학의 새로운 지평을 열었다는 평가를 받고 있다.

조앤 로빈슨

영국 출신의 조앤 로빈슨215)은 평생 케임브리지 대학 교수로 지낸 경제학자이다. 그녀는 제2차 세계대전 전까지는 완전경쟁과 완전독점의 이원론적 가정을 극복하여, 독점하에 있어서의 경쟁의 이론화를 시도한 불완전경쟁의 이론을 확립하여, 케인스 이론의 장기화를 목표로 한 고용이론을 전개하는 등 케인스학파의 일원으로 그 이론의 보급과 확충에 노력하였다. 전후에는 마르크스 경제학 분야에도 진출하여 자신의 적극적 주장을 체계화한 <자본축적론>(1956)을 발간하여 1인당 산출량의 상승, 국내생산의 분배과정, 기술진보, 인구증가, 기업가의 활동 등에 의해 자본축적이 이루어져 찬란한 성장을 구가할 수 있다고 보았다. 그녀는 1972년 '제2경제학의 위기'를 선언하고 정치경제학의 필요성을 역설했다.

---

214) 고용, 이자 및 화폐에 관한 일반이론(The General Theory of Employment, Interest and Money)
215) 조앤 로빈슨(Joan Violet Robinson, 1903~1983)

새뮤얼슨과 힉스

경제 신동으로 알려진 새뮤얼슨[216]은 미국인 경제학자 중 최초로 1970년 노벨경제학상을 받았다. 새뮤얼슨은 시카고 대학을 조기입학, 졸업한 뒤 하버드 대학에서 박사학위를 받았다. 그의 하버드 동창생 중에는 존 갤브레이스, 폴 스위지, 리처드 머스그레이브, 쓰루 시게토 등 쟁쟁한 인물이 많다. 그는 하버드대학 교수가 되기를 바랐지만 1930년대만 해도 유대인 차별이 심해 뜻을 이루지 못했다. 그는 같은 도시 케임브리지에 있는 유명한 공과대학 엠아이티[217]에 가서 경제학과를 개척해 세계 굴지의 학과로 만듦으로써 한을 풀었다. 그는 박사논문 <경제분석의 기초>로 명예를 얻었다. 그가 1948년에 쓴 <경제원론>은 40개국에서 번역돼 세계에서 제일 많이 읽힌 경제학 교과서인데 처음 나왔을 때는 좌파 교과서로 매도당했다고 한다.

그는 국가 개입을 옹호하는 대표적 케인스주의자였다. 시장만능을 신봉하는 시카고 학파의 대부 밀턴 프리드먼은 그의 평생 라이벌이었다. 한때 프리드먼은 공화당 대통령 후보 골드워터의 경제참모로 일했고, 새뮤얼슨은 민주당의 케네디, 존슨 대통령 밑에서 경제참모로 일했다.[70]

새뮤얼슨의 학문의 업적은 신고전학파의 미시적 시장균형 이론과 케인스의 거시경제 이론을 접목시켜 「신고전파 종합이론」[218]이라는 새로운 학문체계를 완성하여 경제학을 미시경제학과 거시경제학 양쪽 시각에서 종합적으로 바라볼 수 있게 한 데 있다. 그의 업적으로 인정받는 또 하나는 경제학에 수학을 본격적으로 도입한 것이다. 1947년 펴낸 <경제 분석의 기초>는 물리학의 열역학 방정식을 기존 경제이론에 적용해 수학적으로 다시 쓴 '현대 경제학의 고전'으로 알려져 있다.

1929년 대공황이 발생하기 전까지 신고전학파는 경제학의 주류였다. 한계효용과 시장가격 균형 등으로 대표되는 신고전학파 이론에서는 '공급은 수요를 창출한다'는 '세이의 법칙[219]'은 움직일 수 없는 명제였다. 불완전 고용을 초래하는 유효수요의 부족은 발생할 수 없었다. 하지만 대공황을 계기로 새로운 도전을 받게 된다. 케인스는 시장에서 공급과 수요가 균형을 이루었는데, 왜 실업자가 생기고 물건이 팔리지 않느냐며 의문을 던진다. 그는 세이의 법칙과는 정반대로 수요가 공급을 결정한다고 주장한다. 또 불완전 고용을 극복하려면 유효수요를 창출해야 한다고 강조한다. 케인스는

---

216) 새뮤얼슨(Paul Anthony Samuelson, 1915~2009)
217) 엠아이티 대학(MIT: Massachusetts Institute of Technology)
218) 신고전파 종합이론(Neoclassical Synthesis)
219) 세이의 법칙(Say's law)

유효수요 원리로 대공황을 설명한다. 전자가 개인과 기업 차원의 미시경제학이라면 후자는 거시경제학의 입장인 것이다.

요약하면 신고전파 종합이론은 완전 고용을 위해서는 적절한 정부 개입이 필요하지만(케인스 이론) 일단 완전고용이 달성되면 오직 수요·공급이라는 시장 메커니즘에 맡겨 경제를 자율적으로 운영해야 한다(신고전학파)는 것이다. 그의 이론은 제2차 세계 대전 이후 30여 년간 경제학계에서 가장 중심적인 이론으로 자리 잡았으나 1980년대 이후 스태그플레이션이 발생하고 신자유주의가 대두하면서 퇴조했다.[71]

한편 영국의 경제학자 힉스[220]는 1922년 클립톤 대학을 졸업하고 옥스퍼드 대학에서 1926년 박사학위를 취득했다. 20세기의 가장 영향력 있고 중요한 경제학자 중 한 명으로 평가받는 그는 노동경제학자로서 더 잘 알려져 있다. 그의 초기 연구내용은 <임금의 이론>(1932년)에 잘 나타나 있으며, 지금까지도 노동경제학의 정석으로 인정받고 있다. 이 책에서 그는 임금의 결정이 생존비에 의하여 결정되는 것으로 보았던 종전의 이론에서 과감하게 벗어나 임금은 노동의 공급과 수요에 의하여 결정된다고 주장하였다.

그의 업적 중 가장 유명한 것은 <가치와 자본>(1939년)이다. 이 책에서 설명된 대체효과, 소득효과, 소비자 이론, 비교정태분석 등의 개념은 현대 경제학의 기본 이론이 되었다. 또한 이 책은 일반균형이론[221]에 큰 기여를 한 것으로 평가된다. 거시경제학에서 가장 잘 알려져 있는 힉스의 업적은 케인스의 이론에 대한 해석을 구체화시킨 '아이에스-엘엠 모형'[222]이 있다. 이 모형은 경제를 돈, 소비, 투자의 균형으로 설명한다. 그는 일반균형이론과 후생경제학에 대한 기여를 인정받아 1972년 케네스 애로[223]와 함께 노벨 경제학상을 받았다.[72]

(9) 현대경제 학파

우리는 지금까지 경제사를 개관하면서 경제에 있어서는 자연과학에서 발견한 법칙들처럼 만고불변의 법칙은 없다는 것을 알았다. 시대마다 다른 이론들이 등장하게

---

220) 힉스(John Richard Hicks 1904~1989)
221) 일반균형이론(General equilibrium theory)
222) 아이에스-엘엠 모형(IS-LM Model) : 거시경제모형에서 실물부문의 균형조건은 I=S(I : 사전적 투자, S : 사전적 저축)이며, 화폐부문의 균형조건은 L=M(L : 화폐의 수요 즉 유동성선호, M : 화폐공급량)이다. 양 부문에서 균형이 동시에 성립하는 상태를 일반균형이라고 하며, 그것은 I=S, L=M을 동시에 만족시켜 주는 국민 소득 Y와 이자율 i에서 달성된다.(경제학 사전)
223) 케네스 애로(Kenneth Joseph Arrow, 1921.08.23~2017.02.21.)

되는 것은 경제가 살아있는 생명체와 같이 성장해 나가기 때문에 그 과정에서 병에 걸린다든지 무슨 문제가 생기면 이를 진단하고 어떤 방법이든지 동원하여 고치게 되는데 이 다양한 처치방법들이 경제이론이고 이들을 합쳐놓은 것을 경제이론 변천사로 이해하면 될 것 같다.

1929년 발생한 대공황을 계기로 탄생하여 이를 극복하고 전후경제를 눈부시게 성장하게 하는 커다란 업적을 남김으로써 경제사의 흐름을 바꾼 위대한 이론으로 평가 받은 케인스 이론도 30여 년이 채 못가서 명성에 흠이 생기게 된다.

1960년대 후반에 들어서 세계경제는 인플레이션이 누적되고 실업률도 증가하면서 매우 어려운 형편에 처하게 되었다. 대공황 이후 반세기가 채 지나기도 전에 경제사회환경이 많이 변하여 경제사에 한 획을 긋는 빛나는 케인스식 처방으로도 치유가 어려운 경제상황에 처하게 된 것이다. 그래서 이를 비판하고 나온 새로운 경제이데올로기를 신자유주의라고 한다. 사실 현재진행 중인 경제상황에 대한 다양한 주장들을 하나의 학파로 구분하여 부르기에는 아직 시간이 더 필요하다고 본다. 다만 비교적 알려진 주장을 중심으로 개념을 정리해 보기로 한다.

슘페터와 기업가 혁신

슘페터[224]는 흔히 '21세기의 경제학자'로 일컬어진다. 상당수 전문가들은 20세기가 케인스의 시대였다면 21세기는 슘페터의 시대라고 말한다. 하버드대 경영대학원 명예교수인 토머스 매크로가 쓴 슘페터 평전 <혁신의 예언자>에 따르면, 21세기 들어 슘페터의 저작 인용이 케인스를 넘어서기 시작했다고 한다. 2008년 미국 발 글로벌 금융위기에서 보듯 여전히 되풀이되는 자본주의의 위기를 헤쳐 나가기 위해서는 평생을 자본주의라는 수수께끼에 매달려 온 슘페터의 혜안이 절대적으로 필요하다는 것이다.

그는 기업가의 기업의 혁신[225]에 의해 경제가 발달한다는 독특한 이론 체계를 구축했다. 여기서 기업가란 '새로운 결합을 능동적으로 수행하는 경제 주체'라고 정의된다. 일상적 업무만을 처리하는 경영자는 기업가가 아니라는 것이다. 기업가는 기업이 성장하면 조직이 관료화되어 기업가 정신도 사라지고 신기술이나 신제품도 점차 진부화 되어가는 것을 피할 수 없는데, 획기적 방식으로 '새로운 결합'을 수행해야 기업은 지속적인 성장·발전을 할 수 있다. 이 새로운 결합이 즉 혁신인데, 슘페터는 이

---

224) 슘페터(Joseph Alios Schumpeter, 1883~1951)
225) 혁신(innovation)

혁신을 다섯 가지 유형으로 분류했다. 1) 소비자들이 아직 모르는 재화 또는 새로운 품질의 재화의 생산 2) 해당 산업 부문에서 사실상 알려지지 않은 생산 방법의 도입 3) 새로운 판로의 개척 4) 원료 혹은 반제품의 새로운 공급 5) 독점적 지위 등 새로운 조직의 실현 등이다.

이러한 혁신에 의해 과거의 지식이나 기술, 투자를 쓸모없게 만들어 새로운 시장 질서를 가져오게 되는데 이를 '창조적 파괴'라고 한다. 슘페터는 이러한 창조적 파괴 행위가 자본주의의 역동성과 경제 발전을 가져오는 원동력이라고 강조한다. 그는 기업가가 혁신을 일으키는 동기는 단순한 돈벌이가 아니라는 것이다. 그가 꼽은 기업가의 동기는 1) 사적 제국 또는 자신의 왕조를 건설하고자 하는 몽상과 의지 2) 승리하고자 하는 의지 또는 성공하고자 하는 의욕 3) 창조의 기쁨 등이다. 혁신에 성공한 기업가는 '추가 이윤'이라는 보상을 얻는데, 슘페터는 기업가가 가져가는 이러한 이윤이 자본주의 사회에서 유일한 잉여가치의 원천이라고 봤다.[73]

그는 호황과 불황도 이러한 기업가의 출현과 관련지어서 설명한다. 그는 기업가의 '다발적' 출현이 호황기를 이끌어내는 단 하나의 이유라고 설명한다. 한 사람 또는 여러 명의 기업가가 출현하면 다른 기업가의 출현을 더욱 용이하게 만들어 그 수가 점점 늘어난다. 이렇게 되면 경제가 발전하게 되는데 이러한 호황기 뒤에 찾아오는 불황은 혁신 기업을 경쟁적으로 모방해 가격과 이윤이 떨어지게 되면 찾아오는 현상으로 새로운 호황이 찾아오기 위한 전조이다. 이는 슘페터의 경기순환론인데 이 과정에서 혁신하지 못한 기업은 도태되지만 혁신기업에 의해 국가 전체의 산업구조도 바뀌게 된다. 불황은 호황으로 방만하게 몰려든 기업들을 정리해주는 과정으로 본 것이다.

슘페터는 옛 합스부르크 제국 모라비아 지방의 트리시에서 태어났으며, 빈 대학교에서 뵘-바베르크[226)]와 비저[227)] 아래에서 경제학과 법학을 전공했다. 그는 체르노비치 대학교를 필두로 그라츠 대학교의 교수를 거쳐 1919년 오스트리아 연립내각의 재무장관을 역임했다.

미국의 경제의 변화는 슘페터의 혁신에 의해 1980년대의 구조조정으로 실업자도 늘고 긴 불황의 터널을 지나왔다. 금융시장이 아이티와 결합하여 금융공학이라는 신기술에 의해 파생상품 출현 등으로 금융시장이 격변했고 군수산업의 변화, 구 산업의 해체 등 슘페터이론 실천의 장이 된 것이다. 창조적 파괴의 보다 실감나는 예는

---

226) 뵘-바베르크(Eugen von Böhm-Bawerk)
227) 비저(Friedrich von Wieser)

1960년대 연간 4만 2,000대를 생산하던 도요타자동차가 새로운 조직 관리, 생산 방식
을 탄생시키며 1980년대 230만대 생산이라는 경이적 생산량 증가에 성공하자 70년
동안 세계를 지배해 온 디트로이트 자동차 시대는 종지부를 찍었다는 것이다.

사실 혁신, 기업가 정신, 경영전략, 창조적 파괴 등 일상적으로 쓰이는 핵심 경
제·경영 용어는 슘페터로부터 비롯된 것이다. 케인스와 같은 해에 태어난 슘페터는
케인스에 비견되는 현대를 대표하는 경제학자였으나 그만큼 명성을 얻지는 못했다.
그러나 앞서 언급한 바와 같이 오는 날을 '21세기는 슘페터의 시대'라고 새롭게 주목
을 받게 된 것은 오늘날의 자본주의가 그의 이론을 접목시키게 하기 때문이다.

여기서 우리가 직업사회학적 입장에서 새롭게 주목해야할 것이 두 가지가 있다.

하나는 슘페터는 경제사를 통틀어 처음으로 기업과 기업가를 경제문제의 주제로
경제이론을 전개했다는 사실이다. 또 하나는 그가 자본주의 미래를 어둡게 보았다는
사실이다. 그는 경제학·사회학·역사 및 정치학을 아우르는 종합적인 사회과학을 발
전시키기 위해 사회학자 파슨스[228]와 긴밀히 협력했고, <자본주의 사회주의 민주주
의>(1942년)에서 자본주의는 하부구조의 안정성에도 불구하고 자신의 성공이 만들어
낸 상부구조의 불안정성으로 말미암아 사멸하고, 사회주의에 의해서 불가피하게 대
체될 것으로 보았다.

직업사회의 가장 핵심적인 구성원이 기업이고 직업사회학의 목표가 보다 나은
직업사회를 구축하려는 데 있으므로, 직업사회학의 입장에서는 슘페터의 경제이론을
깊이 연구할 필요가 있다.

신자유주의

신자유주의자는 근대서구의 가치이념을 계승하고 자유와 자기책임을 중시한다.
그들은 인간은 마땅히 자유를 누려야 하고 그 자유는 자신의 행동에 대해서 자신이
책임을 짐으로써 뒷받침되어야 한다고 주장한다. 신자유주의 경제학은 인간의 자유
라는 이념을 신봉하는 입장에 서 있다. 그래서 중앙통제 경제제도를 부인하고 시장경
제제도에 기초하여 경제적인 문제를 해결해 나가야 한다고 주장한다. 여기서 자유란
자유방임사상과는 구별되는 강력한 통제수단의 자유라고 주장한다. 신자유주의 사상
은 20세기 중반에 하이에크, 프리드만 등이 중심이 되어 모임을 결성함으로써 알려지
게 되었는데 이러한 주장이 관심을 받게 된 것은 21세기에 들어서면서 세계경제가

---

228) 파슨스(Talcott Persons)

위기에 처하면서 자본주의에 대한 회의론이 대두되면서라고 할 수 있다.

하이에크

오스트리아 출신 하이에크[229]는 비인대학에서 법률학 및 경제학 박사학위를 받았다. 1921년부터 6년간 오스트리아 관리로 근무한 후, 1927년 오스트리아 경기연구소 초대소장이 되었다. 1929년 이래 비인대학 강사, 1931년 런던대학의 정교수, 1950년 미국 시카고대학, 1960년에 독일 프라이부르크[230]대학에 재직하였다. 1974년에 노벨 경제학상을 받았다. 그는 자유를 사람이 타인의 자의적 의사에 의해서 강제되지 않은 상태라고 정의했다. 그리고 자유란 인간상호관계에 있다는 데 초점을 맞추고 인간이 물질적으로 제한을 받고 있다는 것은 자유의 문제와는 관계가 없다고 보았다. 자유란 사람들과의 관계이기 때문에 자의에 의한 강제가 문제가 된다고 보고, 자유주의는 국가 권력에만 강제를 허용하며 국가가 제정하는 법에 따라 자유를 수호할 수 있다고 믿었다. 자유주의 경제에 있어서도 정부가 선택한 모든 경제적 간섭을 반대하는 입장이 아니고 자유경쟁 밑에서 시장경제를 견지할 수 있는 일반적인 테두리는 정부의 권력에 의해서 정해지고 유지되어야 한다고 보았다. 그의 자유주의 경제론은 사회주의 사회의 기능분석에서 나온 것인데 그는 사회주의 사회에는 화폐가 없고 따라서 가치의 척도가 없으므로 경제계산이 불가능하여 사회가 원활하게 운영될 수 없다고 말함으로써 자유주의 경제학자로서의 태도를 명확히 하였다.[74]

그의 연구 중 주목할 만한 것은 경기순환론과 자본의 순수이론이 있다. 경기순환론은 경기순환에 있어서 은행의 신용창조에 의하여 경기의 상승기에 야기되는 생산구조의 수직적 불균형을 매우 상세히 분석하고, 호황의 파탄을 생산구조의 수직적 불균형의 결과라고 해명하여 중립화폐정책을 주장한 것이다. 그리고 자본의 순수이론은 그 이론적 분석을 통해서 실물적 요인의 근본적 중요성을 시종 역설하고 화폐정책의 효용범위는 일반적으로 믿고 있는 것보다 훨씬 협소하다는 것을 주장한 것이다.[75]

프리드먼의 통화경제학

"국가가 당신을 위해 무엇을 해줄 수 있는가를 묻지 말고, 당신이 국가를 위해 무엇을 할 수 있는가를 물으십시오." 이는 1960년 미국대통령 선거에서 당선된 제35

---

229) 하이에크(Friedrich August von Hayek, 1899~1992)
230) 프라이부르크(Freiburg)

대 대통령 존 에프 케네디231)의 취임사에 나오는 말이다. 이 외침은 당시 신드롬을 일으킬 만큼 명언으로 알려지고 많은 사람들이 응용해서 따라하게 만들었다.

그런데 당시는 그렇게 유명하지도 않았던 프리드먼232)이라는 경제학자가 이 말을 비판하고 나섰다. 이 말이 '자유국가의 시민이 이상으로 삼아야 할 국민과 국가 사이의 올바른 관계를 나타내지는 못한다.'는 것이다. 그 이유인즉슨, 전반부 '국가가 당신을 위해 무엇을 해줄 수 있는가를 묻지 말라'는 것은 국가가 무엇을 해주기를 바라는 사고방식으로 보호주의적인 간섭주의 사상이라는 것이다. 다시 말하면 이와 같은 사고방식은 자기의 일을 스스로 책임져야 하는 자유인의 신념에 맞지 않다는 것이다, 후반부의 '당신이 국가를 위해 무엇을 할 수 있는가를 물으라'는 것은 국민이 국가를 위해 봉사해야 한다는 사고방식이므로 이 역시 자유인의 신념에 맞지 않다는 것이다.

프리드먼은 참된 자유인이 물어야 할 것은, 그와 그의 동료들이 각자의 의무를 다하는 가운데 개인적 자유가 최대한 보장되는 자유사회를 건설함에 있어 정부를 어떻게 활용할 것인가라는 물음이라고 주장한다. 또한 국민이 세운 정부가 오히려 개개인의 자유를 짓밟는 억압적인 존재로 변모되지 않게 하려면 어떻게 해야 할 것인가를 질문하라고 말한다.

프리드먼은 자유주의적 국가관을 가진 경제학자다. 사실 이 자유주의 국가관은 우리 사회에 여러 사람을 헷갈리게 만드는 것이기도 하다. 그래서 이를 좀 더 살펴보기로 한다. 프리드먼은 국민에 의해 만들어진 정부가 국민의 자유를 빼앗는 것을 두려워하였다. 그래서 정부가 국민의 자유에 대해 위협이 되지 않기 위해서는 첫 번째는 정부가 해야 할 범위를 한정해야 한다는 것이고 두 번째는 정부의 권력을 분산시켜야 한다는 것이다. 그는 경제적 측면에서 경제적 활동을 통합하는 방법에는 정부가 명령하는 방법과 개개인이 임의적으로 협조하는 방법이 있다고 했다. 전자는 전체주의 국가의 방법이고 후자의 경우 시장을 통해 이루어지는 경쟁적 자본주의가 바람직하다고 했다. 시장에서는 정부나 특정집단의 간섭을 받지 않고 얼마든지 서로가 필요로 하는 상대자를 자유롭게 선택할 수가 있기 때문이다.

경제적 자유는 그 자체뿐만 아니라 정치적 자유를 얻기 위해서도 필요하다고 보았다. 정치적 자유란 군주이든, 다수당이든 강요하지 못함을 뜻한다. 자유를 실현시키기 위해서는 권력의 집중을 가능한 제거해야 하고 그러기 위해서는 되도록 권력을 분화하야 하는 것이 경제적 자유를 얻기 위한 필수적 조건으로 보았다. 경제적 자유

231) 존 에프 케네디(John Fitzgerald Kennedy, 1917~1963)
232) 프리드만(Milton Friedman, 1912~2006)

가 보장된다면 그만큼 정부가 정치적 권력을 행사하는 영역이 줄어든다고 보았기 때문이다. 그래서 정부가 해야 할 일은 룰[233]을 만들어 공정하게 심판하는 일이라고 했다. '게임'이 일정한 룰에 따라 이루어지는 것과 같이 사람들은 사회의 관습이나 법률의 테두리(룰)속에서 행동한다. 좋은 게임이란 룰에 의해 공정하게 진행되는 심판들이 플레이어[234]로부터 인정받아야 한다는 것이다.

그는 독점의 경우는 대체물이 존재하지 않아 교환의 자유가 제한된다는 이유로 반대했다. 정부는 독점의 조성을 중지시켜야 하며 효과적으로 규제해야 한다고 했다. 그리고 자유경제체제가 잘 작동될 수 있도록 정부가 최적의 간섭을 해야 한다고 보고 국민경제가 바람직한 상태로 나아갈 수 있도록 법적·제도적 테두리를 만들어야 한다고 했다. 경제활동에도 자유무역이나 변동환율제를 제안하고 국제무역에서 관세나 무역제한, 외한통제 등은 경제적 자유를 저해하는 요인으로 간주했다.

지금까지의 논리를 종합해보면 그는 자유사회에 있어서 정부의 역할을 인정하고 있으며 개인의 절대적 자유를 주장하는 것만도 아닌 매우 합리적인 주장으로 보인다. 그러나 분배정책과 관련한 그의 논리를 보면 기업가가 사주에게 최대의 이익을 확보해 주는 것 이외에 사회적 책임이 있다고 보는 관점은 자유사회의 기초를 무너뜨리는 것으로 이를 반대한다. 또한 당시의 인플레이션의 원인을 기업가나 노동조합에 그 책임을 묻고 있는데, 말하자면 기업가나 노동자의 가격이나 임금을 낮추어 인플레이션을 억제해야 하는 사회적 책임이 있다는 논리에도 반대한다. 그리고 기업이 자선활동이나 대학에 기부해야 한다는 주장에 대해서도 기업의 임금을 이러한 방식으로 사용한다는 것은 적절치 못하다는 것이다. 이와 같은 맥락에서 프리드먼은 퇴직연금제도를 비롯한 복지 제도, 누진세, 농업 보조금, 주택 보조금, 최저임금제, 최고 가격제, 징병제 등 사회를 유지하고 사회정의를 실현하기 위해 현대국가가 당연히 해야 할 일로 받아들이는 많은 제도를 폐지하거나 대폭 축소해야 한다고 주장했다.

앞의 논리와 언뜻 상반된 것처럼 보이는 이와 같은 주장의 근저에는 분배정책에 있어서의 평등은 자유와 양립하는 선에서만 평등이 용인되는 것으로, 다시 말하면 자유를 희생하면서까지 평등주의를 관철해서는 안 된다는 원칙이 서 있는 것이다. 앞의 첫 번째 예에서 만약 기업가가 주주의 피사용인이 아니고 공동인이 되어야 한다면 기업가는 선거라든가 임명에 따라 선택되어져야 하고, 두 번째의 기업이나 노동조합이 사회적 책임을 받아들여 인플레이션을 억제하는 데 성공했다 하더라도 이로 인한

---

233) 룰(rule)
234) 플레이어(player)

비효율이 발생, 결국 정부의 통제가 이루어지게 된다는 것이다. 그리고 물가나 임금의 수준을 결정하는 것은 화폐량이며 기업가나 노동자의 탐욕이 아니라는 것이다. 세 번째의 경우 최선의 해결책은 법인세를 폐지하는 것이고 기부는 그 사회에서 재산의 궁극적인 소유자인 개인에 의해서 이루어져야 한다는 것이다. 네 번째의 사회보장이 그러한 형태로 이루어지면 자유경제와 충돌하게 된다는 것이다. 빈곤을 제거하기 위해서는 부의 소득세를 실시, 즉 보조금제를 실시해야 한다고 제안했다.

예를 들어 면제점이 1인당 600달러라고 하면 어떤 사람이 700달러 소득이 있다고 하면 과세소득은 100달러이므로 이에 대한 세금을 지불한다. 소득이 500달러인 사람은 면세점보다 100달러가 적으므로 부의 소득세, 즉 보조금을 받게 한다는 것이다. 여기서 보조금률이 50%라고 한다면 그는(100달러의 50%인) 50달러를 받게 되고 소득이 전혀 없는 사람은 600달러의 50%, 즉 300달러를 받게 된다. 보조금률이 누진제여도 좋다. 이와 같은 방법으로 빈곤을 제거하면 비용도 적게 들고 오늘날 이루어지고 있는 각종 복지정책보다 정부간섭이 적어 바람직하다는 것이다.

프리드먼은 이러한 논리로 균등한 기회 보장이나 소득재분배를 통한 사회평등을 강화하는 방식에 반대 입장을 분명히 한 것이다. 대부분의 사회문제는 정부가 개입하면 할수록 이상해질 따름이고, 개인들의 자유로운 판단의 집합에, 즉 시장에 맡기는 게 제일 낫다는 것이다. 나아가 시장을 사회 전반에 확대하는 것이 가장 자연스럽고 이상적이라고 보았다. 왜냐하면 귀족이 노예를 착취하고, 남성이 여성을 비하한 전통 사회의 규범은 인간을 자유롭고 평등하게 해주지 못했다는 비판에서 나온 것이다. 시장이야말로 차별을 가장 효과적으로 없애준다고 보는 그는 관습이나 종교가 아니라 상품 가치가 군림하는 자본주의가 발전한 것과, 구체제가 붕괴하고 시민사회가 수립된 것 사이에는 결정적인 상관관계가 있다고 보았다.

아무튼 설명을 들어도 여전히 앞뒤가 맞지 않는 것 같으니 이쯤에서 프리드만의 신자유주의를 좀 더 알기 쉽게 구체적인 예를 들어 볼 필요가 있겠다.

「시장 시스템에 따른 평등이 가난한 유대인이 명문 대학교수가 될 기회를 부여한다고 하자. 그런데 필연적으로 그 과정에서 소외되는 사람들이 있지 않은가? 교수가 되고 싶었지만 엠마처럼 부모가 가난할 뿐 아니라 폭력적이기까지 해서 공부할 기회를 얻지 못했다면 어떤가? 아니, 애초에 시장 원리에 따른 경쟁 체제에서는 누구나 치열한 경쟁에 허덕일 수밖에 없으며 필연적으로 다수가 목표 달성에 실패하게 되는데, 그런 자들이 불쌍하지 않은가? 그들에게도 무언가 베풀어주어야 하지 않을까? 프리드먼은 이에 대해 '노'라고 대답한다. 그가 애초에 생각하는 평등은 효율이라는 면에서만 의미가 있기 때문이다. 가령 유대인이나 여성을 사회 관습이나 편견에 따라 배제한다면, 그만큼 인적 자원의 풀235)이 좁아지며 최적의 인재를 선발할 가능성이 낮아진다. 따라서 평등은 필요하다. 그러나 평등을 통해 되도록 소외되고 고통받는 사람을 줄여야 한다는 인도주의적 의미의 고려는 별개인 것이다. 복지 제도도 유효수요를 창출하고 노동력을 공급한다는 효과 면에서는 나무랄 데가 없다. 그러나 기업의 투자나 기부를 통하지 않고 정부를 거치는 과정에서 비효율이 발생하기 때문에 쓸모없는 것이다. 기업투자가 냉혹한 계산을, 기부가 개인의 취향과 편견을 반영함으로써 공명정대하지 않을 수 있다는 도덕적 문제는 고려 대상이 아니다. 신자유주의자는 소외가 늘, 어디서나 있었던 것으로 본다. 그들의 과제는 국가권력을 앞세워서 소외를 없애려는 얼토당토않은 것이 아니라, 최대한 효율적인 소외가 되도록 유도하는 것이다.」[76]

　　이상으로 프리드먼의 자유주의적 국가관을 살펴보았다. 보다 구체적으로 살펴본 것은 그의 논리가 지금 우리 사회를 얘기하고 있기 때문이기도 하거니와 신자유주의에 대해 일부분만 보고 왜곡할 수도 있기 때문이다. 모든 새로운 이론이 그렇듯이 신자유주의 이론은 이전의 이론의 단점이나 한계를 극복하기 위한 것으로 제시된 것이다. 이를 적용하기 위해서는 경제제체의 틀을 상당부분 새로 짜야 하는 어려움이 있어 보이나 보다 나은 경제사회의 방안을 제시하려는 것임은 틀림없는 사실이다. 따라서 이를 악용하는 것도, 왜곡하는 것도 삼가야 할 것으로 보인다.

　　사실 자유주의 국가관을 설명하느라 언급을 못했지만 프리드먼의 경제학은 통화경제학이라 할 만큼 통화정책의 중요성을 강조한다. 20세기 세계 대공황을 극복한 케인스 학파의 이론을 감히 비판하고 자신들의 주장을 입증하여 케인스 학파와 어깨를 나란히 할 만큼 우뚝 선 것이다. 케인스주의 재정정책인 1964년의 존슨 행정부의 감세정책은 소비를 진작시키면서 경제 활성화에 큰 도움이 되었다. 그러나 1968년 베트남 전쟁의 장기화에 따른 전쟁비용과 인플레이션 우려로 경기과열을 늦추기 위해 세금인상 조치를 취했는데, 소비자의 지출은 줄어들지 않았다. 저축이 감소한 것이다. 또한 1975년에 시행된 일시적인 세금환급 조치 역시 별다른 영향을 미치지 못하게 되었다. 케인스주의 재정정책이 효과를 발휘하지 못하게 된 것이다.

　　프리드먼은 <미국의 통화의 역사>에서 지난 세기동안 발생한 모든 심각한 경기침체와 인플레이션은 통화정책의 실패에서 기인한 것이지 케인스주의자들이 말하

---

235) 풀(pool)

는 유효수요의 부족에서 오는 경기침체나 인플레이션은 없었다고 주장한다. 더구나 1970년대 나타난 스태그플레이션236) 현상은 프리드먼을 더욱 유명하게 만들었다. 이는 미국 가계 입장에서 보면 큰 재앙이었지만, 프리드먼에게는 자신의 분석이 옳다는 것을 증명하는 또 다른 역사적 사실이 되었다. 프리드먼은 평생에 걸쳐 개인적 자유에 바탕을 둔 자유민주사회의 건설을 위해 학문적 정열을 불태운 경제학자로 20세기 경제학계가 배출한 가장 위대한 자유주의자로 칭송되고 있다.

루카스의 합리적 기대이론

합리적 기대가설은 1950년대 이후 시몬스,237) 무스,238) 루카스239) 등이 주장했는데 1960년대 이후 경제가 악화되어 스태그플레이션이 지속되자 케인스 주의에 대한 비판이 높아지게 되면서 관심을 끌게 되었다. 1970년대에 이르러서는 서전트240), 바로241) 등에 의해 더욱 발전하여 현대거시경제학의 새로운 흐름을 형성하게 되었다. 1970년대 미국경제학계에 커다란 충격을 준 이 합리적 기대가설은 케인스의 경제학을 부정하고 통화 공급관리의 중시, 정부의 재정정책과 시장개입의 폐기, 저유시장 기능의 극대화 등을 주장함으로써 거시경제학의 새로운 틀을 만들었다.

이들은 개인이나 기업가들이 과거나 현재보다도 미래에 대한 예상에 의존하여 행동한다는 점과 사람들은 합리적으로 판단하고 정부의 정책에 예견하고 거기에 맞추어 행동한다는 것이다.

이런 관점에서 보면 케인스 이론은 불합리한 기대 그리고 모순성과 같은 중요한 단점을 가지고 있다고 했다. 예를 들어 실업률 증가와 더불어 경제가 불경기에 빠진다고 가정했을 때 대부분의 주류경제학자들은 경제팽창정책을 쓰면 총수요의 증가로 총생산성의 증가를 가져오고 이는 고용증대로 이어져 불경기를 탈출할 것으로 본다.

그러나 합리적 기대론자는 이와 같은 과거의 경험치나 행동에 기초하여 고안한 정책은 쓸모가 없다고 주장한다. 국민들은 이러한 계획을 알았거나 알게 되면 이 새로운 정보에 의해 각자의 판단과 행동을 바꿔버린다는 것이다. 그러므로 국민들이 전혀 알 수 없는 갑작스러운 일들만이 성공할 수 있다는 것이다. 그 예로 정부가 불경

---

236) 스태그플레이션(stagflation) : 스태그네이션(경기침체)과 인플레이션의 합성어로 경기침체 상태에서 물가가 계속 오르는 현상을 말한다.
237) 시몬스(H. Simons)
238) 무스(Jhon F. Muth)
239) 루카스(Robert Lucas Jr.)
240) 서전트(Sargent)
241) 바로(Presscott Barro)

기를 치유하기 위해 총수요를 증가시키리라는 것을 예전과 달리 국민이 다 알고 있기 때문에 제2차 세계대전 전에는 불경기마다 물가가 떨어졌지만 전후에는 불경기가 와도 물가는 여전했다는 것을 증거로 들었다.

그들은 나아가 중앙은행이 인플레이션도 별 피해 없이 간단하게 해결할 수 있다는 주장도 내놓았다. 주류경제학자들의 이론에 따르면 통화긴축정책은 향후 불경기를 가져오게 되고 결국 물가를 낮추게 되어 인플레이션을 잡을 수 있다는 것이다. 그러나 합리적 기대론자는 중앙은행이 통화증가율을 0%로 유지시키겠다고 발표하는 순간 국민들이 경제 불황이 오게 된다는 것을 예상하고 행동하여 상품가격과 임금을 낮추게 만들어 버린다는 것이다.

이와 같은 합리적 기대론자의 주장은 케인스주의자들뿐만 아니라 통화주의자들까지도 큰 충격을 주었다. 루카스[242]는 국가가 정책을 수립하면 사람들은 그 정책에 따라 예측을 다르게 하고 그 예측에 따른 대처 또한 바뀌는데 이는 정책을 무력하게 한다고 생각하여 화폐 발행을 방만하게 운영할수록 화폐정책은 점차 그 효과를 잃을 것이라고 주장했다. 그는 워싱턴주 야키마 출생으로 1959년 시카고대학교에서 역사학을 전공한 후 동 대학원 경제학과에서 1964년 박사학위를 받았다. 시카고 학파의 프리드먼의 수제자로 케인스 학파의 계량경제학의 맹점을 비판한 <루카스 비판>으로 명성을 얻었다. 그리고 '합리적 기대'는 원래 1961년 존무스[243] 교수가 기업의 재고관리방식의 모형화를 위해 소개한 개념이었으며, 루카스 교수는 이러한 무스의 가설을 발전시켜 합리적 기대를 '산출과 인플레이션' 문제에 적용하여 '합리적 기대 거대경제모형'을 제시하였다. 이 모형은 <경기순환이론연구>(1981년)를 통해 발표했는데 그는 이 연구를 통하여 경제는 시장경제 원리에 맡기고 정부는 인위적 경제개입을 줄여야 한다고 주장했다. 이러한 연구 성과로 1995년에 노벨경제학상을 받았다.

레퍼와 공급경제학

1970년대 이후 미국경제가 높은 실업율과 저성장의 늪에 빠지게 되자 이를 해결하기 위한 정책의 대안으로 등장한 이론이 공급경제학이다. 공급경제학은 용어에서 보듯이 국민의 노동수준, 물가수준을 결정하는 데 있어 수요의 측면보다 공급의 측면이 더 중요하다는 인식을 바탕으로 하고 있다. 주요 특성은 전통경제학이 조세의 문제를 간과하였다는 점을 비판하고 조세문제를 중요하게 다루고 있다는 점이다. 이 이

---

242) 루카스(Robert Lucas Jr. 1938~)
243) 존 무스(John Muth)

론 또한 신자유주의와 마찬가지로 소득재분배 정책에 대해 반대하는 입장이다. 복지국가를 지향하는 사회보장제도가 강화되면 건전한 노동윤리를 타락시킨다는 것이다. 예를 들어 실업보험제도는 근로의욕을 손상시켜 실업을 증가시킨다. 이러한 복지제도의 확대는 근로의욕을 감퇴시킬 뿐만 아니라 가계나 기업의 증세를 가져오고, 이는 다시 저축의욕과 투자의욕을 가져온다.

미국 경제학자인 아서 레퍼[244]는 이것이 반복·악순환 되지 않기 위해서는 감세와 정부지출의 축소를 통해 공급자의 경제의욕과 창의력을 자극하고 국민경제의 생산능력을 확대해야 한다고 주장했다. 이와 같은 레퍼의 주장을 보면 아담스미스, 리카도, 세이 등 작은 정부를 주장하고 공급경제이론을 가진 고전학파에 닿아 있다고 할 수 있다. 공급경제학은 근본적으로 소득의 재분배보다는 자원배분의 효율성과 경제성장을, 형평보다는 시장기능과 경제적 자유를 더 중요시하기 때문이다.

고전학파와 다른 점은 정부의 재정정책, 특히 조세문제를 구체적으로 다루고 있다는 점이다. 그는 이 문제를 레퍼곡선을 통해 주장했는데 조세감면에 대한 이론적 근거로 제시한 것이다. 주245)의 레퍼곡선[245]에서 보면 세율이 0%인 경우 경제활동 유인은 최대가 되나 조세수입은 없다. 세율이 100%인 경우는 반대로 번 돈을 모두 세금으로 내야 하므로 경제활동 유인은 없다는 경우로 극단적인 예이다. 세율이 점차 상승하다 티* 수준을 넘어가게 되면 경제주체들의 경제활동 유인이 줄어 생산 활동이 위축되므로 세율을 낮추어 위에서 예로 든 악순환의 반복을 막고 오히려 세율을 낮추면 근로수입이 증가하게 되고, 이는 기업의 생산성 증가로 이어져 기업의 설비투자가 늘어나 수익이 확대되고 결국은 조세수입의 증대를 가져온다는 것이다. 레이건은 감세를 주 공약으로 내세워 대통령으로 당선이 되고 실제로 이 정책을 추진했는데 이를 레이거노믹스[246]라고 한다.

펠드스타인[247]은 레퍼와 더불어 공급경제학을 대표하는 학자이다. 그는 현행 미국의 조세제도와 사회보장제도가 근로자 및 기업의 투자의욕을 저하시켜 생산성이 낮아지게 된다고 보았다. 그는 1960년대 중반부터 1970년대 말까지의 예금 명목이자

---

244) 아서 레퍼(Arthur Laffer, 1940~)
245) 레퍼곡선
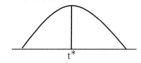
246) 레이거노믹스(Reaganomics)
247) 펠드스타인(Martin S, Feldstein, 1939~)

율은 계속 상승했으나 세금과 인플레이션을 감안한 실질이자율은 오히려 하락했다는 것을 찾아내었다. 이것이 저축의욕을 저하시키고 주택구입 등 소비를 조장하는 데 기여했고 당시 명목이자율을 낮추기 위해 팽창적인 통화정책을 추진한 결과 인플레이션을 가져왔다고 주장했다.

그는 이와 같은 조세의 역할을 간과한 정통적인 경제 분석을 비판하였다. 케인스의 일반이론이 발표된 당시에는 미국에서 소득세가 부과되는 가구 수가 전체의 5%도 안 되어 소득세 비중도 커졌을 뿐만 아니라 실업보험 등 사회보험 규모가 전체 재정에서 차지하는 비중이 훨씬 커진 현재의 경제상황과는 환경이 달라 새로운 정책이 필요하다고 본 것이다,

이들이 주장하는 이론은 새로운 경제상황을 기존의 경제로는 처방할 수 없다는 문제의식에서 제시되었으나 세율인하가 조세수입을 증가시킬 수 있다는 주장이나 세율인하가 생산성 향상, 근로의욕 증대, 투자의욕을 증가시킨다는 논리는 확실히 검증된 것이 아니다. 또한 분배보다는 성장에 중점을 두는 것이 더 효율적인가도 마찬가지고 사회보장제도의 축소는 소득분배를 악화시킬 가능성이 오히려 더 클 수 있다는 점에서 지속적인 연구가 필요하다고 하겠다.

실제로 레이건의 대통령 임기가 끝날 무렵 미국은 경상수지 적자와 재정수지 적자가 발생하여 아서 레퍼의 공급경제학은 실패한 이론이라는 주장도 나왔다. 그러나 부시 등 3대 대통령을 거치는 동안 미국의 경제는 놀라울 정도로 호황을 누리게 되자 반대이론도 만만치 않았다.

뷰캐넌과 공공선택이론

「공공선택이론[248]」의 주창자이자 1986년 노벨경제학상 수상자인 미국학자 제임스 엠. 뷰캐넌이 10일 버지니아 주 블랙스버그 루이스게일 병원에서 향년 93세로 타계했다. 그의 공공 선택 이론에 따르면 '이기적 개인 대 공공의 정부'라는 가정은 환상이다. 국가와 정부를 위해 일하는 사람 역시 이기적인 동기에 따라 움직인다. 사회적 후생, 정의·복지 등을 내세우지만 실제로는 정부 기능과 규모를 키울수록 해당 부처가 이익을 얻는다. 결국 정부는 점점 몸집을 불리고 재정 적자는 눈덩이처럼 불어난다. <뉴욕타임스>는 실제 이 같은 일이 미국 정부에서 일어나고 있다고 지적했다. 뷰캐넌은 정치인의 위선이 성품 때문이 아니라 잘못된 정치제도에서 비롯된다고

---

248) 공공 선택 이론(public choice theory)

봤다.」[77]

이 글은 2013년 1월 11일자 중앙일보에 실린 뷰캐넌[249]의 타계소식과 관련한 기사이다. 우리는 마침내 경제사의 과거로부터의 긴 여정을 끝내고 현재 우리가 살고 있는 이 시대까지 왔다. 이제 가장 최근에 논의가 되고 있는 공공선택이론에 대해 살펴보기로 한다.

이 이론은 정부와 정치가 어떻게 작동하는지를 탐구하는 데 경제학의 방법과 도구를 사용한다. 그래서 이 이론은 행정학으로 분류되기도 하고 경제학의 한 학파로 분류되기도 한다. 경제학의 입장에서 보면 그만큼 경제학의 범위가 넓어졌다고도 할 수 있다. 공공선택이론은 예를 들어 새로운 도로나 공항 같은 정책결정이 전체 공동사회의 복리가 증대되고 극대화되는 방향으로 이루어진다는 전통적 사고에 도전장을 낸 이론이다. 이와 같은 전통적 사고는 그러한 정책결정들이 공익을 추구하는 식견 있고 불편부당한 공무원들에 의해 논리적이고 합리적으로 내려질 것이라는 것 그리고 그런 결정들은 자기이익과 사적 이윤에 따라 움직이는 시장의 선택보다 훨씬 더 우월할 것이라는 가정 하에 그렇다는 것이다.

이러한 가정을 깨뜨린 것이 공공선택이론이다. 공공결정을 내리는 관료들도 같은 사람들로 공무원이 되었다고 해서 갑자기 천사가 되는 것은 아니고 다른 사람들과 마찬가지로 자기이익을 추구하는 방식으로 의사결정을 한다는 것이다.[78] 다시 말하면 개인이나 기업 등 경제주체들이 합리적이고 자기중심적으로 행동하여 수익의 극대화를 꾀하려는 것과 마찬가지로 정치가나 정부의 관료도 권력의 극대화와 관리의 극대화를 위해 행동한다는 것이다.

공공선택이론은 뷰캐넌이 고든 털럭[250]과 함께 1962년에 출간한 <국민합의의 분석 : 입헌민주주의의 논리적 근거>[251]라는 책을 발간하여 이론의 기초를 세웠다.

이들은 정치체제와 헌법진화를 '공익'을 달성하기 위해 애쓰는 과정으로 보기보다는 개인들이 자기의 이익을 보호하려는 과정으로 보았다. 그들은 '시장실패'의 사례를 교정함으로써 사의 후생을 증진시키는 보다 광범위한 정부의 개입이 필요하다는 기존 논리에 도전한 것이다. 시장실패보다는 '정부실패'라는 것이다.

좀 더 구체적으로 말하면 국회의원들은 자신의 권력과 이익을 극대화하기 위해

---

249) 제임스 뷰캐넌(James M. Buchanan, 1919~2013)
250) 고든 털럭 (Gordon Tullock, 1922~2014)
251) 국민합의의 분석 : 입헌민주주의의 논리적 근거,
   The Calculus of Consent : Logical Foundations of Constitutional Democracy

모든 정치적 경제적 상황을 분석하고 자신에게 가장 유익한 방법으로 의사결정을 한다. 기업은 물론 사회단체, 노동조합, 협회 등 이익집단 역시 자신의 이익과 효율을 위해 행동한다. 「사회에는 공익과 애국을 의식하며 행동하는 어리석은 바보는 없다.」[252]는 것이다.

그들은 집단적 선택의 중요성을 강조한다. 조직화되어 있지 않은 다수의 대중보다 똘똘 뭉쳐진 소수집단들이 훨씬 더 강력한 힘을 발휘한다는 것이다. 예를 들어 의사나 변호사, 변리사 등의 전문직 집단의 이익이 어느 수준으로 보장되어야 하는지는 어떤 시장의 원리에 의해 정해져야 하고, 설사 일반근로자보다 상식을 뛰어넘는 소득을 얻는다고 할지라도 이것이 경제정의의 차원에서 어떤 의미가 있는 것인지는 정부나 경제정책의 주체들이 관여할 문제가 아니고 시장에 맡겨야 한다는 것이 전통적 경제이론이다. 만일 시장이 과거의 어떤 선험적인 가격체계에 의해 특수집단이 부당하게 많은 이익을 보장하게 되어있다 하더라도 수요·공급의 법칙에 의해 시장의 균형에 이르게 된다. 즉 위와 같은 전문가가 많은 소득을 올리니까 너도나도 여기에 뛰어들면 그 숫자가 늘어나서 소득도 감소하게 된다는 것이다.

그러나 국가가 제도적으로 전문직 숫자를 늘리지 않는 한 전문직의 수는 늘어날 수 없다. 물론 분권화된 시장에서 자원의 효율적 배분이 실현되고 모든 시장에서 시장원리가 제대로 작동한다면 정부의 역할은 필요가 없다. 그러나 현실의 시장에서는 많은 부분에서 시장의 실패가 일어나고 있고 그러한 위험이 상존하고 있다. 그래서 이를 치유하고 바로잡기 위해 정부의 기능과 역할이 필요하다는 것이다. 그런데 경제주체들의 공공재에 대한 선호를 실현하는 방법이나 제도가 미흡하여 '무임승차자'[253]가 존재하게 되는데 이를 타개하는 접근 방법으로 제시된 이론이 공공선택이론이다. 이 이론의 핵심은 시장의 실패에 대한 치유를 정부의 시장개입에 의하기보다는 정치적 의사결정과정을 중심으로 한 비시장적 의사결정에 의하려는 것이다.

이 이론은 크게 두 가지로 나눌 수 있다. 뷰캐넌과 툴록[254]의 개인주의적 입장에서 분석하는 방법과 린드블롬[255] 등에 의한 국가를 사회구성원과는 별도의 것으로

---

252) 경제학자 프리드만의 말
253) 무임승차자(free rider) : 공공재와 같이 정당한 대가를 지불하지 않고 재화나 서비스를 소비하여 야기되는 시장실패를 말한다. 일반적인 재화나 서비스는 대가를 지불하지 않고는 사용할 수 없고 공급이 한정되어 있어 소비자 간에 경합이 발생하나, 국방서비스나 치안시스템과 같은 공공재의 경우 비배제성(대가를 지불하지 않은 사람이 이용하는 것을 배제하기 어려운 특징)과 비경합성(한 사람의 소비가 다른 사람이 소비할 기회를 감소시키지 않아 수요의 경쟁이 생기지 않는 현상)이라는 특징 때문에 무임승차자가 발생한다.
254) 툴록(G. Tullock)

하나의 인격체 또는 조직의 유기체로 보고 접근하는 전통적인 방법이다.

공공선택이론은 정치를 경제학적 연구대상으로 했다는 점에서 '정치경제학'으로 정의할 수 있다. 그러나 정치뿐만이 아니라 정치와 경제, 정치와 시장과 관련한 복잡한 문제들을 경제학적으로 접근을 시도한 것이다. 따라서 현대경제학의 영역을 가늠할 수 없을 만큼 확대시켰다고 볼 수 있다.

4. 서구경제이론의 소감

국가사회는 우리가 탐구하고자 하는 직업사회는 물론 다양한 분야로 구성된 사회 전체를 떠받치고 있는 기본 틀이라고 할 수 있다. 따라서 보다 나은 직업사회의 건설을 위해서도 그렇지만 국가의 미래를 위해서도 이 틀을 보다 견고하게 짜 맞출 필요가 있다. 그래서 우리는 직업사회를 탐구하기에 앞서 이 기본 틀을 이해할 필요가 있어 서구의 자본주의의 성립과 발전과정을 살펴보고, 경제체제의 변화를 알아보기 위해 서구경제이론 변천사를 돌아보았다.

그 결과 다음과 같은 몇 가지 사실을 인지할 수 있었다.

첫째, 산업혁명을 계기로 전통사회가 산업사회로 전환되면서부터 경제사회 환경이 급변하게 되고, 이로부터 국가사회를 운용하는 새로운 주체와 체제에 대해 끊임없는 시도가 있어왔다는 점이다. 그 대표적인 것이 지금의 자본주의와 사회주의 체제이다.

둘째, 자본주의 경제체제의 성립 이후 매 시대마다 제시되거나 적용된 이론들은 각 나라마다 자기의 국가사회가 당시에 처한 문제적 경제상황을 치열하게 탐구하고, 철저하게 분석하여 이를 개선하기 위한 방안으로 제시된 것들이라는 점이다. 다시 말하면 서구의 경제이론 변천사는 보다 나은 사회건설을 위해 자기가 살고 있는 현실 세계에 대한 철저한 탐구와 대안의 제시 및 적용이라 할 수 있다.

셋째, 경제이론 변천사에 등장하는 사람들의 다양한 국적에서 보는 바와 같이 여러 국가 간의 교역과 때로는 전쟁도 불사하는 경쟁을 통해 경제가 성장했다는 점이다. 사실 유럽의 경제사는 국가 간의 전쟁을 빼놓고는 생각할 수 없다. 이 교역과 전쟁을 불사하는 경쟁은 거대시장의 형성을 가능하게 하였다고 볼 수 있다. 그리고

255) 린드블롬(Charles E. Lindblom, 1917~)

이러한 시장형성은 유럽의 지리적 특성의 영향이 크다고 할 수 있다.

넷째, 경제체제와 운용에 있어서 자연과학에서 발견한 법칙처럼 만고불변의 법칙은 없다는 것이다. 단지 그 시대의 집권자의 그 당시 국가사회가 처한 경제현실에 최적이라고 판단되는 정책 집행이 있었을 뿐이다. 그것이 옳았는지 틀렸는지는 차후의 문제였다.

다섯째, 이 모든 것이 남의 나라 이야기라는 것이다.

제 1 편   출전

[01],[30],[32] : 한영우(2007). 다시 찾는 우리역사. 서울 : 신일기획문화

[02] : 심재우(2003). 눈으로 보는 한국역사 조선후기Ⅲ. 서울 : 교원

[03] : 이기을(1979). 한국의 실학사상. 서울 : 삼성출판사

[04],[06] : 오천영 외(2003). 눈으로 보는 한국역사 8. 서울 : 교원

[05],[07],[08],[11] : 강만길 외(1979),「한국의 실학사상」, 삼성출판사

[09] : 이익성 역(1979). 성호사설. 서울 : 삼성출판사

[10] : 시사상식사전, 박문각

[12] : 김응용 역(1979). 한국의 실학사상(북학의). 서울 : 삼성출판사

[13] : 이헌창(2011). 정유집(貞蕤集), 초정 박제가. 서울 : 실학인물총서

[14],[15],[16],[17] :고미숙(2017). 삶과 문명의 눈부신 비전 열하일기. 서울 : 작은 길 출판사

[18] : 박석무(2016). 다산연구소. 832회

[19] : 프리초프 카프라(김용정, 이성범 옮김)(2010). 현대 물리학과 동양사상. 서울 : 범양사

[20] : 중원문화(2009). 철학사전

[21],[28],[31],[32],[37],[47],[57] : 두산백과

[22] : http://kisslog.tistory.com/92

[23],[40] : 로버트 L, 하일브로너, 윌리엄 밀버그/홍기빈 옮김(2007/2011). 자본주의 어디서 와서 어디로 가는가, 서울 : 미지북스 (Rovert L. Heilbroner William Millberg. The making of economic society. Person education, Inc, publishing as Prentice Hall, 2007),

[24],[33] : 한국민족문화대백과(한국학중앙연구원)

[25] : 김원모(1998.11). 셔먼호 사건과 미국함대의 침입. 단국대학교 동양학 연구소

[26] : 서울특별시. 셔어먼호 사건의 발생, 서울 600년사

[27] : 이동훈(2013). 교전으로 시작된 악연, 제너럴셔먼호 사건과 신미양요. 우리사회 연구소

[34],[69] : 한국근현대사사전(2005. 9). 가람기획

[35] : 민족문제연구소(2016. 7. 20.)

[36],[37],[38] : 비판사회학회(2013). 사회학 비판적 사회읽기. 서울 : 한울

[39] : 강순희(2015.03). 일하는 사람이 중심이 되는 직업학. 월간파워코리아

[41] : 이상현(1978). 자유투쟁의 역사. 서울 : 도서출판 명진

[42] : 시몬바우트 외 지음/김종욱 옮김(2012). 경제와 사회민주주의. 파주 : 도서출판 한울

[43] : http://www.nordikhus.com/

[44],[46] : 경제용어사전

[45],[49] : 최용식(2015), 경제전쟁. 춘천 : 강단

[48] : www.fta.go.kr, 2017년 10월 기준

[50] : 이준구, 이창용(2012). 경제학 들어가기. 서울 : 법문사

[51],[53],[74] : 박천익(2014). 경제사상의 이해. 서울 : 탑북스

[52],[55],[56],[63],[65] : 이승환 역(2004). 죽은 경제학자의 살아있는 아이디어. 서울 : 김영사

[54] : 이상하, 고전포럼-고전의 향기, 한국고전번역원(www.itkcor.kr)

[59] : 행정학사전(2009). 대영문화사

[58],[60],[67],[72],[75] : 경제학사전(2011). 경연사

[61] : 서울대학교 철학사상연구소(2004). 마르크스 '독일 이데올로기' 해제

[62] : http://www.davincimap.co.kr/davBase/Source

[64] : 서울대학교. 자본론(Das Kapital, Capital). 철학사상연구소

[66],[74] : 박천익(2014). 경제사상의 이해. 서울 : 탑북스

[70] : 한계레 신문(2009.12.20.)

[71] : 위키백과

[73] : 주간조선(2013.06.17.). 2261호

[76] : 함규진(2015). 유대인의 초상. 서울 : 인물과 사상사

[77] : 중앙일보(2013.01.11.). 강혜란, '이기적 개인, 공공의 정부는 환상'

[78] : 에이먼 버틀러(화수연 옮김)(2012). 공공선택론 입문. 서울 : 리버티

제 2 편

직업사회

가계와 직업행동

1. 개인의 삶과 직업생애

진로 발달에 따른 직업생애의 구분

한 인간이 태어나면 보통 부모의 보호 속에 성장하여 성인이 되면 부모로부터 독립하여 자신이 직업을 가지고 경제의 주체로서 사회활동을 하면서 살아가게 된다. 그 과정에서 결혼도 하고 자식도 낳아 기르면서 자신의 부모와 같은 삶을 살아가는 것이다. 이후 나이가 들어 은퇴하게 되고 더 늙어 사망함으로써 삶을 마감하게 된다.

이와 같은 인간의 탄생에서부터 사망하기까지의 생애 전 과정을 여러 분야에서 필요에 따라 다양하게 구분하고 있다. 그 중에서도 대표적인 구분방법은 인간의 성장에 따른 생물학적 변화의 관점에서 구분하는 것이다. 이는 다른 모든 생애주기 구분의 토대가 되는 것으로 이 또한 다양하게 구분하고 있으나 크게 아동기, 청소년기, 중년기, 노년기의 4단계로 구분하면 대부분의 구분방법을 이 범주에 포함시킬 수 있다. 다만 과학발달로 인간의 수명이 늘어나 고령사회가 전개되면서 중년기와 노년기의 구분이 애매하게 된 점은 있다.

한편 직업심리학에서 다루고 있는 진로발달이론에는 파슨스의 특성·요인이론, 로의 욕구이론, 홀랜드 이론, 크롬볼츠의 사회학습이론 그리고 20세기 후반의 준커의

〈표 2-1〉 직업생애의 구분

주장자	내용	비고
긴즈버그(1951)	(1) 환상기(6~10) (2) 잠정기(11~17, 흥미기, 능력기, 가치기, 전환기) (3) 현실기(18~22, 탐색기, 구체화기, 특수화기)	진로발달 이론
수퍼(1953)	(1) 성장기(10~14, 환상기, 흥미기, 능력기) (2) 탐색기(15~24, 잠재기. 전환기, 시행기) (3) 확립기(25~44, 정착기, 안정기, 발전기) (4) 유지기(45~64) (5) 쇠퇴기(65~ 하강기, 은퇴기)	생애공간 접근
타이드만(1961) 오하라(1968)	(1) 예상기((탐색기 → 구체화기 → 선택기 → 명료화기) (2) 실천기(순응기 → 개혁기 → 통합기)	의사결정 접근
고트후레드슨 (1981)	(1) 힘과 크기 지향성(3~5) (2) 성역할 지향성(6~8) (3) 사회적 가치 지향성(9~13) (4) 내적, 고유한 자기지향성(14~)	제한과 타협
박강석(2018)	(1) 성장발달기(0~19) (2) 진로선택기(20~27) (3) 직업활동기(28~60) (4) 직업전환기(61~75) (5) 은퇴생활기(76~85) (6) 황혼기(86~)	직업사회 현실

인지적 정보처리 접근, 렌트·브라운 등의 사회인지적 진로이론, 반두라의 자기 효능
감이론, 오시퍼의 구성주의 접근 방법 등이 있다.

그리고 진로발달은 전 생애단계에서 일어난다는 것을 전제로 한 이론 즉, 인간
의 생애주기를 직업활동의 관점에서 구분한 이론이 있다. <표 2−1>은 이 이론의
대표적인 주장자와 그 내용을 나타낸 것이다.

이를 개관해 보면 긴즈버그는 직업선택은 발달적 과정으로 6~10년 정도의 시간
이 걸리고 초기 청소년기(잠정기)에 끝나는 것으로 보았다. 그는 초기에 직업적 결정과
정이 불가역적으로 보았으니 이를 수정하고 나중에 "직업선택은 일생동안의 의사결
정 과정이며 사람들은 자기 일로부터 상당한 만족을 추구한다. 이를 통해서 사람들은
자신의 변경된 진로목표와 직업세계라는 현실간의 조정을 어떻게 해 나갈 수 있는지
를 반복적으로 재평가 하게 되는 것이다."라고 주장했다.

수퍼는 인생에 있어서 직업과 생활의 관계를 연령에 따라 위와 같이 5가지 직업
생활단계로 구분하였다. 여기서 확립기(25~44세)는 성인이 되어 직업생활을 시작하여
진로유형이 결정되기까지를, 유지기는 진로유형이 결정된 이후 지위가 확립되어 64
세까지를, 은퇴기는 71세 이후를 말한다.

타이드만은 에릭슨의 심리사회적 위기이론의 8단계[1])로부터 이론을 전개하였다.
타이드만은 개인들이 자신의 심리사회적 위기를 해결해 나감에 따라서 일에 대한 태
도와 자아가 발달한다고 보고 자기정체감이 발달하면서 의사결정이 이루어진다고 하
였다.

고트후레드슨은 개인은 자기심상에 알맞은 직업을 원하기 때문에 자기개념은 진
로선택의 중요한 요인이 되고 직업적 선호는 자기개념이 발달하면서 포부의 한계가
설정된다고 주장하고 직업포부 발달단계를 위와 같이 구분했다. 그는 타협개념을 도
입하였는데 타협은 성 유형, 직업수준, 직업분야 등에 대한 유사성과 차이점 등을 평
가함으로써 자신이 선택할 직업의 영역 혹은 한계를 설정하게 된다고 하였다.[01]

직업생애이론의 현실적 한계

위와 같은 직업생애이론들을 우리의 직업사회의 관점에서 검토해 보면 다음과
같은 몇 가지 한계점을 적시할 수 있다.

---

1) 에릭슨의 위기이론 8단계 : ① 신뢰(trust), ② 자율(autonomy), ③ 솔선(initiative), ④ 근면(industry), ⑤
   자기정체감(self−identity), ⑥ 친밀감(intimacy), ⑦ 생산성(generativity), ⑧ 자아통합(ego integrity)

첫 번째는 이들의 직업관련 생애주기를 구분한 때가 1960~80년대로 지금의 직업 환경과는 많이 다르다는 점이다. 물론 이들 주장은 후에 수정·보완된 경우도 있으나 21세기 직업사회의 직업생애를 설명하기에는 무리가 있다고 보여 진다.

두 번째는 직업 관련한 생애주기를 이렇게 연령별로 지나치게 세분하여 보는 것이 타당성이 있느냐는 점이다. 수퍼의 경우 확립기(25~44세)의 첫 번째의 정착기(25~30세)에는 전직 등이 이루어지는 시기로 보고 있는데 이와 같은 세분은 당시의 현실을 반영하고 있는지는 모르나 오늘날 우리의 직업사회현실과는 거리가 먼 구분이다.

세 번째는 긴즈버그는 직업생애를 청소년기까지 만을 제시했고 고드후레드슨도 14세 이상을 고유한 자기지향성을 보이는 시기로 구분하였는데 전 생애에 걸친 인간의 직업 활동은 너무 다양하기 때문에 진로를 결정하게 되는 시기까지만을 제시한 이들의 주장이 전 생애를 구분한 다른 이론보다 더 타당성이 있어 보인다는 점이다.

네 번째는 이들 이론이 태어나서 청소년 시기까지를 구체적으로 구분한 것을 보면 서구의 사회는 청소년들이 비교적 어린 나이에 독립적인 행동을 하게 만드는 풍토가 조성되어 있는 것으로 보여 우리 사회 환경과는 너무 다르다는 점이다.

종합적으로 위와 같은 구분은 오늘날 우리의 직업사회와는 잘 맞지 않는 구분이라고 결론지을 수 있다. 우리나라의 경우 아이엠에프 외환위기 이전까지는 평생직장이 일반화 되어 있어 개인의 직업생애 예측이 어느 정도 가능했다. 그러나 오늘날의 직업사회는 크게 변하였다. 가장 큰 변화는 평생직장의 개념이 사라진 점, 인간의 수명이 늘어나서 생애주기가 달라진 점 그리고 급격한 고령화를 들 수 있다. 따라서 시대의 변화에 맞게 개인의 직업생애 구분을 달리해야 할 필요가 있다.

앞서 인간의 생애를 아동기, 청소년기, 중년기, 노년기의 4단계로 구분하면 여러 분야의 서로 다른 분류체계가 대부분 이 범주에 속한다고 했는데 여기서 아동이란 초등학생시기인 13세까지를, 청소년기란 청소년기본법(제3조 제1항)에서는 '청소년이라 함은 9세 이상 24세 이하의 사람을 말한다'라고 규정하고 있으나 통상 중학생이 되는 나이인 14세부터 24세를 전후한 나이로 보면 된다. 이후 생애는 통상 중년기와 노년기로 나눈다. 얼마 전까지만 해도 노년기 시작연령을 60세로 보았는데 이제는 65세로 보는 것이 일반적이다. 그리고 중년기를 40세 또는 45세를 전후하여 장년기와 중년기의 2개로 구분하기도 하는데 전기를 중년기로 부르기도 하여 이 두 용어는 혼용하여 사용하고 있다. 또한 50(55)~64세의 연령대를 준고령자 또는 중장년층으로 구분하기도 한다.

그런데 이와 같은 생애연대기의 구분 또한 직업생활의 관점에서 보면 잘 맞지 않는다. 그 사유를 살펴보면 다음과 같다.

첫째 청소년기가 길어지고 있는 점을 들 수 있다. 이는 경제사회의 환경변화로 부모로부터 경제적 독립이 늦어지고 있는 데서 기인한다. 남자의 경우 우리나라에만 있는 20세를 전후한 군복무기간도 영향을 미친다.

둘째 청소년의 작업 선택의 시기를 일률적으로 정하기가 쉽지 않은 점을 들 수 있다. 사회문제가 될 만큼 청년실업이 늘어 청소년이 성인이 된 후 입직하는 시기가 늦어지면서 제각기 달라지고 있기 때문이다.

셋째는 노동시장환경이 달라져서 진로발달에 따른 직업생애구분이 어렵게 된 점이다. 대기업이나 공공기관 등에 근무하는 극히 일부의 근로자를 제외하고 전반적으로 근로자의 직업안정성이 매우 낮아진 데다가 자영업자의 비중도 지나치게 높아 진로발달에 따른 직업생애구분을 어렵게 하고 있다.

넷째는 과학의 발달로 인간의 수명이 늘어나게 되어 생물학적 생애주기가 달라진 점을 들 수 있다. 100세 시대가 전개되어 60세에 은퇴한다고 가정하면 은퇴 후의 기간이 가장 활발하게 직업 활동을 하는 중년기보다 길게 되는 초유의 상황이 전개되기 시작한 것이다. 당연히 직업에 종사하는 기간이 길어지게 되고 이미 우리나라 근로자는 71세까지 일을 하는 것으로 공인되다시피 하여 실질적인 은퇴연령은 70세 이후라고 할 수 있다.

다섯째 급격한 고령화로 세대별 인구구조가 크게 달라지고 있는 점을 들 수 있다.

우리나라 개인의 직업생애 구분

위에서 살펴 본 바와 같이 생애주기를 직업 활동의 관점에서 구분한 이론이나 직업생활의 관점에서 본 생애연대기에 의한 기존의 직업생애 구분이론들은 오늘날 우리의 직업사회를 잘 반영하지 못하고 있다. 이에 우리 직업사회의 환경과 그 변화의 요인들을 고려하여 직업생애를 <표 2-1>에서 보는 바와 같이 크게 6단계로 구분하였다.

첫 단계는 성장·발달기(0~19세)로 태어나서 고등학교 졸업 때까지이다. 생후 아동기에 이르는 시기는 인지능력과 성품이 결정되는 중요한 시기이므로 관련 분야에서 자세히 세분하여 연구하고 있고 또 그렇게 해야 할 당위성이 있다. 청소년기도 마찬가지이다. 그런데 직업생애의 관점에서 보면 태어나서 고등학교의 졸업시기까지는 성장과 발달이 이루어지는 직업생활을 위한 준비기간으로 볼 수 있다. 그래서 이를 하나의 단위로 묶은 것이다. 이 시기의 끝 단계는 직업적성파악과 진로상담 등을 통하여 진로계획을 세우는 단계이나 자기의 수능점수에 의해 서열화 된 대학을 선택하거나 바로 직업세계로 뛰어 들어야 하는지를 결정하는 시기라고 하는 것이 더 현실적이다.

둘째 단계는 진로선택기(20~27세)로 다양한 형태의 진로선택유형이 나타나는 시기를 말한다. 27세까지로 한 것은 남자의 군복무기간을 감안해서다. 이 시기의 가장 안정적인 진로선택유형은 전문적 직업을 가질 수 있는 대학 학과의 진학이다. 의학 관련 학과나 경찰, 군인, 세무, 해양, 교사 등과 같이 졸업 후 바로 전공 관련 직업에 종사할 수 있는 경우가 이에 해당한다.

이와 같이 전문화되어 있는 학과로 진학하지 않거나 진학하지 못한 대학생은 진로선택기를 취업도전기라고 표현해도 과언이 아닐 만큼 취업문제에 매달리는 시기이다. 여기에는 선택한 학과가 적성에 맞지 않아 학과를 바꾼 경우도 있고, 고교졸업 후 취업전선에 나섰다가 대학진학으로 진로를 바꾼 경우도 있고, 일단 대학을 졸업하고 뒤늦게 진로를 바꿔 다시 전문대로 진학한 경우도 적지 않다. 자발적이든 비자발적이든 입대를 택한 경우도 있다. 진학 재수생과 삼수생, 취업 재수생과 삼수생도 또 다른 유형이다. 매년 어렵게 취업에 성공한 신입사원의 20~30%가 1년 이내에 그 직장을 포기한다고 하는데 이 경우도 하나의 유형이다. 고교졸업 후 직업생활을 시작하는 사람과 근로중심의 현장실습이라는 부작용이 많아도 좀 채로 고쳐지지 않은 제도에 엮이어 고교 때부터 자기진로에 절망감을 맛본 실업계 고등학생도 여기에 포함되는 한 유형으로 볼 수 있다. 연령에 상관없이 안정된 직업을 갖기 위해 바늘구멍 같은 공무원 시험에 통과하기 위해 이를 준비하는 소위 '노량진 공시생'도 여기에 포함시켜야 할 것 같다. 어렵게 직장은 잡았는데 인턴제라는 어이없는 제도 속에 진로성숙의 기회조차 박탈당하게 되는 취업의 회색지대를 맴돌 수밖에 없는 경우도 마찬가지이다. 성 차별에 의해 취업에 불이익을 받는 경우도 있다. 이 시기는 진로선택기라기보다는 가히 진로선택을 위한 방황기라 정의할 수 있다.

여기서 진로지도에 관해서 한 가지 짚고 넘어가야 할 것이 있다. 흔히 진로지도를 할 때 '자기가 하고 싶은 것을 하라'는 조언을 하는 경우를 보는데 이는 참으로 무책임한 조언이라 할 수 있다. 왜냐하면 직업생애의 첫째 단계인 성장·발달기에는 특출한 재능을 가진 극소수를 제외하고는 자기가 무엇을 좋아하는지 잘 알 수도 없을 뿐만 아니라 예술 분야 등 일부 분야 외에는 좋아하는 것을 할 수 있도록 어떤 훈련 체계가 갖추어진 것도 아니기 때문이다.

　　사실 자기가 무엇을 하고 싶은지는 다양한 분야의 직업에 종사하는 직업인이 그 분야의 직업역량을 쌓아가는 과정에서 사명감에서 또는 호기심에서 또는 절실한 필요에 의해서 찾아지는 경우가 다른 어떤 경우보다 훨씬 많다. 비록 성장·발달기에 검사해 본 적성이나 받아 본 진로지도와 무관하게 어떻게든 직장을 잡아 사회생활을 시작 했다 할지라도 일을 해 나가는 과정에서 자기가 하는 일에서 보다 나은 방법을 찾는 과정에서 그게 하고 싶은 것이 되는 경우도 있고, 지기가 종사하는 분야가 국제적으로 기술경쟁을 하는 분야여서 어떻게든지 경쟁우위를 확보하려는 회사목표를 위해 밤샘 노력한 결과로 자기가 속한 기업을 구멍가게 수준에서 소기업으로 소기업에서 중기업으로 중기업에서 대기업으로 성장하게 만드는 역할을 하여 자기가 하는 일에 보람과 긍지를 느끼게 되면서 하고 싶은 일이 되기도 하는 것이다. 또한 직업이력이 쌓이면서 관련 분야나 새로운 분야에 하고 싶은 일이 생기기도 한다.

　　결론적으로 보통 사람들은 자기가 무엇을 좋아하는지, 하고 싶은 것이 무엇인지를 잘 모르는 경우가 대다수이고, 일단 무슨 일이든지 시작하고 난 다음에 자기가 하는 일에서 또는 자기 주변에서 하는 일에 흥미를 느끼거나 관심을 갖게 되면서 하고 싶은 것이 생겨나거나 알게 된다고 볼 수 있다. 이는 직업생애 전 과정, 즉 직업 활동기(28~60세)의 전 과정에서 나타나는 것으로 진로선택기(20~27세)에 있는 젊은 연령층에 한정되는 얘기가 아니다.

　　현실적으로 '하고 싶은 것을 할 수 있는 사람'은 일단 어떤 분야에 특출한 재능을 타고 나야 하고, 동시에 진로선택기 이전부터 그것을 할 수 있는 환경에 처해 있어야 하기 때문에 이런 경우는 극소수에 지나지 않는다. 다시 말하지만 대부분의 사람들은 자기가 하고 싶은 것이 무엇인지를 잘 모르는 가운데 직업생활을 시작하고 이후 학습과 훈련을 통해 역량을 쌓아가는 과정에서 비로소 하고 싶은 것을 알게 되고 찾아내기도 하는 것이다.

　　그럼에도 불구하고 '하고 싶은 것'을 이와 같은 직업적 경험보다는 이와 무관한 분야에서 찾게 되는 경우가 훨씬 더 많고, 그런 분야는 직업시장이 미성숙한 경우가 대부분이다. 직업적 경험과 관련이 있는 분야도 대체로 그렇다. 더구나 하고 싶은 것을 찾았을 때에는 직업생활을 상당히 영위한 다음이어서 이를 실행에 옮기기에는 위험이 너무 크다. 이는 직업생활 초기에 찾은 경우도 마찬가지이다. 하고 싶은 것을 하여 성공한 사람들의 사례를 보면 준비기간이 너무 오래 걸리고 그렇게 해서도 성공하기도 결코 쉽지 않다는 것을 알 수 있다. 말하자면 하고 싶은 것을 해서는 현실적으로 먹고 살기가 힘들다. 따라서 '하고 싶은 것을 하라'고 권유하기 위해서는 '하고 싶은 것을 하고' 살아도 먹고 사는 데 별 어려움이 없는 직업사회시스템을 구축하는 일이 선행되어야 한다.

사실 하고 싶은 일을 하여 성공했다고 한다면 이 말 자체에 모순이 있다. 하고 싶은 일을 하는 것은 성공을 목표로 하는 것이 아니다. 자기가 좋아하는 일을 하다보니까 시간가는 줄도 모르면서 지내는 가운데 스스로 만족하여 행복하고 가치 있는 삶을 살고 있다고 생각하게 되는 것이지 성공과는 무관한 것이 아니겠는가.

아무튼 이렇게 되기 위해서는 자기가 하고 싶어 하는 일이 어떤 일이든 간에 그 일을 함으로써 생계를 유지하는 데 별 어려움이 없어야 한다는 전제가 바탕이 되어야 한다. 이는 직업사회의 목표와도 같은 직업사회 균형발전의 초석이 되는 일이기도 하다. 뿐만 아니라 이와 같은 직업사회시스템이 구축된다면 대체로 하고 싶은 분야의 직업시장이 취약한 점을 고려할 때 다양한 여러 분야에서 뜻하지 않게 글로벌 블루오션 시장을 개척하게 되는 개연성도 커진다고 볼 수 있다.

'하고 싶은 것을 하라'는 권유에는 선행조건이 하나 더 있다. 이는 '하고 싶은 것'의 의미를 새롭게 정의하고 가르치는 일이다. 만약에 모든 근로자가 진정 하고 싶은 것을 잘 모르거나 하고 싶은 것은 따로 있는데 매일 아침마다 출근하여 저녁까지 하루종일 지금 다니고 있는 직장에서 하고 싶지도 않은 일을 먹고 살기 위해 돈을 벌어야 하기 때문에 하고 있다고 가정해 보자. 그렇다고 한다면 근로자는 어쩔 수 없이 직장에 나와서 매일 인생을 허비하고 있는 셈이고 이를 고용한 기업의 입장은 또 무엇이 되는가.

여기에서 우리는 '하고 싶은 것'에 대한 정의를 다시 내려야 하는 당위성을 찾을 수 있다. 하고 싶은 것이 취미와 같은 것이 아니라 직장에서 자기가 하는 일에 가치를 부여하여 '해야 하는 일'을 '하고 싶은 일'로 인식할 수 있도록 해야 한다. 또한 기업은 직장을 '하고 싶은 일을 하는 곳'으로 만들기 위해 최선을 다해야 한다. 직업적성에 맞는 '직무를 수행'할 수 있도록 해주고 맞지 않은 경우에는 전직이나 이직 및 재취업을 통하여 직업적성에 맞는 직장에서 일할 수 있도록 직업사회시스템이 구축되어야 한다. 어떻게든 하루의 주된 시간을 보내는 직장생활에서 보람을 느끼고 만족할 수 있게 만들어야 직업사회의 미래가 있다. 이는 '하고 싶은 것'의 개념을 재정립시키는 데서 부터 시작된다고 본다.

말하자면 '하고 싶은 것'은 취미나 이와 유사한 것을 의미하는 것이 아니다. '하고 싶은 것'은 원래부터 내 안에 존재한 것이 아니라 내가 일을 해나가는 과정에서 보다 나에게 적합한 일을 찾아내어 '하고 싶은 것'으로 만드는 것이다. 그래야 '하고 싶은 것'이 성공의 목표가 될 수 있다. 이는 마치 '앙코르커리어'를 만드는 일과 같다. '앙코르커리어'란 다양한 역량을 가진 은퇴자들이 새로운 삶을 위해 가장 많이 선택하기를 희망하는 제2의 직업의 하나로 '삶의 의미를 찾을 수 있고, 사회적으로 기여할 수 있으며 수입도 있는 일'을 말한다.

지금까지 직업선택기에 있는 사람들에게 '하고 싶은 것을 하라'고 권유하기 위해서는 '하고 싶은 것을 하고' 살아도 먹고 사는 데 별 어려움이 없는 직업사회시스템을 구축하는 일이 선행되어야 한다는 점과 '하고 싶은 것'의 정의를 다시 내려야 하고, '하고 싶은 것'은 가급적 일에서 찾아야 한다고 주장했다.

설사 이 주장이 잘못되었다 하더라도 곰곰이 생각해보면 '하고 싶은 것'이 무엇이든지 간에 그것을 실제로 하고 있다면 거의 반세기가 훨씬 넘는 직업생애에서 이 '하고 싶은 것'이 바뀔 개연성이 너무 높다는 것은 틀림없는 사실일 것 같다. 또한 '하고 싶은 것'이 바뀌었어도 뾰족한 다른 방도가 없어 계속하고 있는 경우도 많을 것으로 보인다. 이 문제는 한 번 더 후술하기로 하자.

세 번째 단계는 직업활동기(28~60세)이다. 이 시기 특히 전반기에 해당하는 45세를 전후한 장년기는 인생의 황금기라 할 수 있다. 가정을 이루고 자식 낳아 키우면서 경제적으로도 기반을 갖추게 되고, 사회적 지위도 상승하게 되어 가정·경제적으로 가장 안정되는 시기이다. 또한 미래에 대한 꿈과 포부도 커서 과업을 성취해내려는 욕구도 크고 신체적으로도 가장 건강한 시기로 일도 가장 성실히 수행에 내는 시기이기도 하다. 특히 성공가도를 달리는 자영업자의 경우는 그야말로 잠을 잊고 일하는 시기이다. 그러나 이는 어디까지나 20세기 중반 이후 아이엠에프 외환위기 이전까지의 고도의 경제상장기의 직업사회의 모습이라고 할 수 있다. 사실 1980~90년대까지만 하더라도 아버지는 직장을 다니고 어머니는 살림을 하는 것이 전형적인 한 가정의 모습이었다. 이때의 은행의 경우 사복경찰차림으로 은행지점 경비를 담당한 직원이나 본점과 지점의 문서수발을 담당하는 순무원이라는 직함을 가진 직원도 모두 정식 은행직원이었다. 이와 같이 당시 아버지들 대부분은 질적인 차이는 있을지언정 평생 안정된 직장을 가지고 있었다. 또한 많은 어머니들은 처녀시절에 '현모양처'가 인생의 목표였고 결혼과 동시에 직장을 그만두는 것이 관행처럼 되어 있었다.

평생직장도 일반화된 개념이었다. 우리사회가 1960년대 초 7.7%의 높은 실업률이 이후 30년간의 고도성장과정에서 꾸준히 감소하여 1988년부터 2%대로 진입하여 아이엠에프 외환위기 전까지 완전고용에 가까운 상태에 있었다는 점이 이와 같은 사회현상을 잘 뒷받침 해준다.

그런데 아이엠에프 외환위기 이후 우리의 직업사회의 패러다임이 근본적으로 바뀌었다. 이는 <표 2-1>에서 보는 바와 같이 이 시기를 직업확립기나 유지기 또는 발전기 등과 유사한 용어를 쓰지 않고 직업활동기라고 표현한 사유이기도 하다. 어느 한 직장에 들어가면 그 직장을 언제까지 다닐 수 있는지 예측하기가 어렵게 된 것이다. 이전의 직장에서는 설사 승진에 누락되더라도 본인이 직장을 계속 다닐 의향이 있으면 그것이 가능했다. 그러나 이제는 40세가 넘으면 지속적인 고용상태를 장담하기 어렵게 되었다. 이는 직장 내에서 소위 엘리트에 속한 사람도 마찬가지이다. 전에 없던 헤드헌터라는 직종이 생겨나서 유능한 직장인은 스카웃의 표적이 될 수 있다.

직업윤리와 직업생활의 가치관이 달라진 오늘날의 직업사회에서는 이직과 전직 그리고 퇴직이 빈번하게 일어나고 있다. 이 시기가 전통적인 직업의 개념에 의한 구분과는 맞지 않아 직업활동기로 표현하고 기간도 우리 직업사회현실에 맞게 늘린 것이다.

네 번째 단계는 직업전환기(61~75세)이다. 앞의 직업활동기(28~60세)가 전직과 이직 그리고 퇴직이 일어나는 직업생활시기라고 한다면 직업전환기는 정년퇴직 이후의 이와 같은 직업생활을 의미한다. 퇴직과 은퇴의 의미는 상식적으로 통용되고 있으나 다소 차이가 나는 견해들이 있으므로 여기서는 퇴직이란 주된 직무에서 물러나는 것을 의미하고, 은퇴란 직업생활을 그만 둔 상태를 의미하는 것으로 정의하여 사용하기로 한다.

아무튼 이 시기를 따로 구분한 것은 공식 은퇴연령이 60세이므로 이후에는 정년퇴직 이후의 직업생활을 따로 구분해 볼 필요가 있기 때문이다. 정년퇴직 후에는 다시 주된 직무로의 전직을 하거나, 주된 직무는 아니더라도 주변업무나 새로운 직무를 수행하는 등 직업생활을 계속할 수도 있고, 은퇴하여 더 이상 직업생활을 하지 않을 수도 있다. 정년퇴직은 비자발적인 퇴직으로 이후 은퇴보다는 새로운 직업생활을 시도하려는 경우가 많다. 정년퇴직 이후에도 여전히 건강하여 직업 활동을 하는 데 전혀 지장이 없을 뿐만 아니라 생계유지를 위해서도 재취업을 원하고 또 해야만 하기 때문이다. 그래서 이 시기를 직업전환기로 구분했다. 사실 전문직에 계속 종사하는 사람이나 이전부터 자영업을 해온 사람은 나이와 상관없이 해오던 일을 계속할 수 있기 때문에 직업활동기와 직업전환기의 구분이 무의미하다. 직업전환기의 구분은 직업활동의 절대다수를 차지하는 근로자를 기준으로 한 것이다.

이 직업전환기는 우리나라에서는 매우 큰 상징적인 의미를 갖는다. 1955년에서 1963년 사이에 태어난 720만여 명에 이르는 소위 베이비부머 세대[2])가 2010년부터 은퇴가 시작되어 이전에 매년 약 40만 명이었던 은퇴인구가 그 두 배에 이르는 약 80만명이 된다. 2025년경에는 65세 인구가 20%이상이 되는 초고령 사회가 된다. 이는 세계 역사상 유례가 없는 우리나라만의 초유의 현상이다. 직업전환기 인력이 급격하게 증가하고 있는 것이다.

이 베이비부머 세대는 한국의 산업화와 민주화를 이끈 현대사의 실질적인 주역이자 자녀양육과 부모 부양의 책임을 동시에 지고 있는 유교의 마지막 세대이며,[02] 노후에 대한 대책 없이 은퇴가 시작된 세대라는 특징이 있다. 이제 고령사회를 가속시키는 심각한 사회문제의 주역이 될 처지에 놓여 있는 이들 세대는 이전의 노년층과는 달리 학력이 높고, 건강하고 다양한 전문성을 가진 사람들이 많다. 이 직업전환기에 선 이들이 직업사회에서 어떤 역할을 하느냐에 따라 향후 우리나라의 운명이 달려있다고 해도 전혀 틀린 말이 아닐 성싶다. 그러나 이들의 현실은 만만치가 않다. 직업전환기의 직전에 있는 사람들은 구조조정대상 0순위로 정년퇴직 전에 실업자가 될 확률이 높은 고용불안 상태에 있고, 직업전환기에 선 사람들은 질 낮은 일자리를 전전하면서 취업과 실업을 반복하고 있는 것이 오늘날 우리 직업사회의 현실이기도 하다.

다섯 번째 단계는 은퇴생활기(76~85세)이다. 이전 단계인 직업전환기와 이 은퇴생활기의 구분의 기준은 경제활동의 여부이다. 말하자면 직업전환기는 어떤 형태로든지 재취업을 하는 경우이고 은퇴생활기는 경제적 활동이 아닌 여가 중심적 생활이나 평생 쌓아온 직무역량을 이용하여 사회적으로 기여할 수 있는 삶을 사는 시기를 말한다. 따라서 정년퇴직 이후 더 이상 경제활동을 하지 않고 바로 이와 같은 생활을 하는 사람은 직업전환기를 거치지 않고 바로 은퇴생활기에 들어선 사람들로 구분하면 된다.

한편 우리나라는 퇴직자의 생애형태에 대하여 제2인생, 제3기 인생, 인생이모작, 노후 등으로 표현하고 있다.[03] 그리고 퇴직자의 생애형태를 직업능력개발의 관점에서 생활유지형, 경력개발형, 사회공헌형의 3가지 유형으로 구분하기도 하고,[04] 수입창출에 기준하여 자유로운 삶, 앙코르커리어, 재취업의 3가지 유형으로 구분하기도 한다.[05] 앙코르커리어란 앞서 언급한 바와 같이 지속적인 수입원이 되고, 일을 통해

---

2) 베이비부머(baby boomer) : 미국에서 제2차 세계대전이 끝난 이후 헤어져 있던 부부들이 다시 만나고, 결혼이 한꺼번에 이뤄진 결과 출산율이 높아진 시기에 태어난 세대를 일컫는 말이다. 우리나라에서는 6.25 전쟁 이후 1955년~1963년 사이 태어난 사람을 베이비부머로 지칭한다. 이들은 약 7백 2십만여 명으로 대한민국 인구의 14.7%를 차지하고 있다.

삶의 의미를 추구할 수 있으며, 사회적 기여가 가능한 인생 후반기의 일자리를 의미한다. 이는 시빅 밴처스3)의 설립자인 마크 프리드먼이 주장한 은퇴이후의 일에 대한 새로운 개념의 하나이다.

마지막 단계인 여섯 번째 단계는 황혼기(86~)로 은퇴생활기 이후 생을 마감하는 때까지를 의미한다. 이 시기는 개인의 형편에 따라 다양한 삶의 모습이 나타나게 된다. 건강하게 생활하다가 임종을 맞는 경우도 있고 질병이 원인이 되어 투병생활 후 유명을 달리하는 경우도 있다. 본 직업생애의 구분에서 정년퇴직 후를 연령을 기준으로 직업전환기와 은퇴생활기 그리고 황혼기의 3가지로 구분한 것에는 직업전환기의 경우 70세가 넘게 일하는 우리나라의 현실을 반영한 것이고 최소한도로 85세까지는 건강하게 은퇴생활을 할 수 있어야 한다는 기대가 포함되어 있다. 개인에 따라 이 3가지 유형의 삶을 다 살아가는 경우도 있고 그렇지 못한 경우도 있게 될 것이다. 아예 직업사회를 이탈하여 이러한 구분을 무의미하게 만드는 절대빈곤의 취약계층도 저만치 존재하고 있다.

2. 가구와 가계

가구와 가계

거주와 생계를 같이 하는 사람의 모임을 가구라고 한다. 가구는 1인 또는 2인 이상이 모여서 취사, 취침 등 생계를 같이 하는 생활단위를 말한다. 한 사람이라도 별도로 거주하고 독립적인 가계를 이루고 있는 경우에는 하나의 가구로 간주하여 1인가구라고 하고 가구 내에서 호적이나 주민등록상의 호주 또는 세대주와 관계없이 실질적으로 가구를 대표하고 가계를 책임지고 있는 생계책임자를 가구주로 정의하고 있다. 가구구분의 특징의 하나는 5인을 기준으로 비혈연 5인 이하의 가구는 일반가구로 분류하고 5인이 넘은 경우는 집단가구로 분류한다는 점이다. 통계청에서는 <표2-2>와 같이 가구를 구분하고 있다.

한편 '가계'라는 용어는 다음의 두 가지 개념으로 사용된다. 단어의 의미 그대로 가정의 계산. 즉 '집안 살림의 수입과 지출의 상태'를 의미하는 용어로 사용되기도 하고 '자원·목표·가치관을 공유하는 가족원을 인적 구성으로 하여 자원의 배분활동 및

---

3) 시빅벤쳐스(Civic Ventures) : 고령자를 위한 미국의 비영리 단체

소비활동을 행하는 경제단위'를 의미하는 용어로 사용되기도 한다. 통상 가계, 기업, 정부를 경제의 3대 주체로 일컫는데 이때의 가계의 의미는 이 두 개념을 다 포함하는, 말하자면 경제생활 단위로서의 소득과 소비의 실태로 파악되는 가구(가정)를 의미한다고 보면 된다.

〈표 2-2〉 가구의 구분

가구	일반가구	■ 가족으로 이루어진 가구, 가족과 5인 이하의 남남이 함께 사는 가구 ■ 1인 가구, 가족이 아닌 남남끼리 사는 5인 이하의 가구
	집단가구	■ 가족이 아닌 남남끼리 함께 사는 6인 이상의 가구 ■ 기숙사나 노인 요양시설, 보육원 등 사회시설에 집단으로 살고 있는 가구
	외국인가구	외국인으로만 구성된 가구(한국인과 외국인이 함께 사는 가구는 '일반가구'로 분류)
가구주		■ 호주 또는 세대주와는 관계없이 가구를 실질적으로 대표하는 사람 ■ 혈연관계가 없는 사람끼리 모여 사는 경우에는 그중 한 사람(대표자)
세대주		■ 일반가구에 한하여 가구주와 그 가족의 친족관계에 따라 구분 ■ 1세대 가구 : 가구주와 동일세대에 속하는 친족만이 같이 사는 가구 　예) 부부, 부부＋형제자매, 가구주＋형제자매 등 ■ 2세대 가구 : 가구주와 그 직계 또는 방계의 친족이 2세대에 걸쳐 같이 사는 가구 　예) 부부＋자녀, 부＋자녀, 모＋자녀, 부부＋부모 등 ■ 3세대 가구 : 가구주와 그 직계 또는 방계의 친족이 3세대에 걸쳐 같이 사는 가구 　예) 부부＋자녀＋부모, 부부＋자녀＋손자녀 등

　가계와 가구의 용어의 차이는 이 용어가 어떻게 사용되는지를 보면 알 수 있다. 통계청에서는 매 분기별로 가계 동향조사를 하는데 이 조사의 목적을 「가구」의 생활수준실태와 그 변동 사항을 파악하기 위해서 '가계'의 수입과 지출을 조사하여 국민 소비수준의 변화를 측정하고 분석하는 것」으로 정의하고 있다. 대체적으로 가족의 구성원의 수나 성격 등 생활단위를 말할 때는 '가구'라는 표현을 쓰고, 가계부채나 가계대출 등과 같이 경제단위를 말할 때는 '가계'라는 표현을 쓴다고 보면 된다.
　결론적으로 가계나 가구는 같은 개념으로 사용되는데 가구란 각 가정을 뜻하고 가계란 3대 경제주체의 하나로 소비주체가 되는 개별적 및 포괄적인 의미의 가구라고 할 수 있다.

우리나라 가구현황

우리나라의 지역별, 거주형태별 가구현황은 <표 2-3>과 같다. 이 표에 의한 가구의 특성을 몇 가지로 요약하면 첫째는 우리나라 가구의 43.2%가 수도권에 거주하고 있다는 점이다. 두 번째는 지역별 편중이 심하다는 점이다. 세 번째는 이 표에는 나와 있지는 않지만 1인 가구, 집단시설가구가 늘고 있다는 점이다. 네 번째는 외국인 가구의 증가를 들 수 있다.

〈표 2-3〉 지역별, 거주형태별 가구 현황(2015년)

(단위 : 가구)

	총가구	일반가구	집단가구1	집단가구2	외국인가구
전국	19,560,603	19,111,030	6,174	10,290	433,109
서울특별시	3,914,820	3,784,490	1,489	772	128,069
부산광역시	1,348,315	1,335,900	299	387	11,729
대구광역시	937,573	928,528	172	402	8,471
인천광역시	1,066,297	1,045,417	270	443	20,167
광주광역시	573,181	567,157	200	238	5,586
대전광역시	588,395	582,504	177	243	5,471
울산광역시	434,058	423,412	88	151	10,407
세종시	76,419	75,219	17	48	1,135
경기도	4,537,581	4,384,742	1,324	2,555	148,960
강원도	611,578	606,117	288	500	4,673
충청북도	613,004	601,856	218	596	10,334
충청남도	816,247	796,185	319	788	18,955
전라북도	726,572	717,311	219	615	8,427
전라남도	730,743	720,612	306	627	9,198
경상북도	1,078,479	1,062,724	373	939	14,443
경상남도	1,282,617	1,258,487	328	848	22,954
제주도	224,724	220,369	87	138	4,130

* 집단가구1 : 비혈연 6인이상가구. 집단가구2 : 집단시설가구

한편 1980년 이후 연도별 가구수 및 증가율은 <표 2-4>와 같다. 1980년 7,979천 가구에서 25년이 지난 2015년에는 19,561천 가구로 11,582천 가구가 늘었다.

이 변화의 특징은 가구의 소가족화 및 분화 등으로 가구 증가율이 인구 증가율보다 높게 나타났으나 증가폭은 둔화하는 추세를 보였다는 점이다.

〈표 2-4〉 연도별 총가구수 및 증가율 (단위 : 천가구)

년도	1980	1985	1990	1995	2000	2005	2010	2015
가구수	7,979	9,582	11,361	12,975	14,391	15,988	17,574	19,561
증가율	–	20.1%	18.6%	14.2%	10.9%	11.1%	9.9%	11.3%

출처 : 통계청

가구유형의 변화

이와 같은 인구감소와 구조변화로 사회 환경도 변하여 가구구성원도 변하게 되었다. 일반가구 변화의 특성은 주된 가구의 유형이 4인 가구에서 2인 가구로 바뀌었다는 점이다. 1990년 이후 가장 주된 유형의 가구는 4인 가구였으나 2인 가구의 비중이 급속이 증가(24.3%)하면서 2010년에는 2인 가구가 가장 주된 가구 유형으로 등장한 것이다. 이는 도시화에 따른 가족 분화가 주된 원인으로 보인다. 1인 가구 비율도 23.9%로 2005년 20.0%보다 3.9%포인트 증가했는데 이는 결혼연령이 높아져서 미혼 남녀가 증가한 데 주된 원인이 있어 보인다. 또한 평균 가구원 수는 2.69명으로 2005

[그림 2-1] 가구원 수에 따른 가구 구성비(1980~2010)

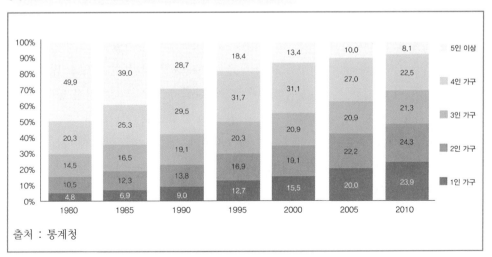

출처 : 통계청

년(2.88명)과 비교하면 0.19명 감소했다. 가구원 수에 따른 가구 구성비는 [그림 2-1]과 같다.

　가구주의 고령화 및 여성화도 빠르게 진행되는 것으로 밝혀졌다. 2010년 가구주의 중위연령은 49.0세로 2005년의 46.7세보다 2.3세가 높아졌다. 또한 2005년에 21.9%였던 여성 가구주 비율 역시 2010년 25.9%로 4.0%포인트 증가했다.

노인가구의 증가와 주거형태의 변화

　노인 주거형태의 변화는 증가하는 독거노인에 관한 통계자료에서도 잘 나타난다. 전국 16개 시·도의 독거노인 수는 총 137만 9천여 명(2015년 기준)으로 5년 전에 비해 18.5%나 증가했다. 지역별로는 경기도가 20만 3천여 명으로 가장 많았고 서울이 18만 1천여 명으로 그 뒤를 이었으며, 제주도는 1만 8천여 명으로 가장 적었다. 같은 기간 증가율은 인천이 24.3%로 가장 높았고 대전 23.7%, 부산 21.1%, 대구 20.7%, 울산 20.7% 등의 순이었다. 그리고 전체 노인인구 642만 9천여 명 대비 독거노인 비율은 20%(2014년 기준)로 집계됐다. 전남이 31%로 가장 높았고 경북과 경남이 각각 27%였으며, 서울은 15%로 가장 낮았다. 서울시에 따르면 65세 이상 독거노인은 2007년 15만 8천 424명에서 매년 증가해 2013년에는 25만 3천 302명으로 늘었다. 2015년 기준으로 60세 이상 가구주 중 24%가 혼자 사는 것으로 파악됐다고 발표했다.

　앞으로도 독거노인의 수는 지속적으로 늘어날 전망이다. 서울시는 2000년부터 올해까지 60세 이상 1인 가구가 14만 6천명 늘었으며, 2030년까지는 22만 7천명이 더 늘 것이라고 설명했다. 통계청 사회조사(2015년)에서도 앞으로 자녀와 함께 살고 싶지 않다는 응답이 2002년 49.3%에서 2013년 71.4%로 크게 증가했다. 실제로 60세 이상을 대상으로 자녀와 동거 여부를 조사한 결과 54.8%가 함께 살고 있지 않다고 답했다. 자녀와 따로 사는 이유로는 '따로 사는 게 편해서'가 35.3%로 가장 많았고, '독립생활이 가능해서(34%)', '자녀에게 부담될까 봐(23%)' 순으로 나타났다. 이 조사에서 부모의 노후생계를 주로 누가 돌보아야 하는지에 대해 자녀가 해야 한다는 의견은 64.8%(2002년)에서 31.2%(2014년)로 감소한 것만 보아도 부모봉양이라는 유교문화 전통이 시나브로 사라지고 있고 사회 환경도 변하고 있음을 여실히 보여준다.

3. 직업행동 관련용어

직업행동에 따른 인구의 분류

직업인의 경제활동, 즉 직업행동과 관련한 각종 통계지표의 조사방법은 크게 샘플에 의한 노동력 조사방법[4]과 직업관련 부처의 통계에 의한 방법[5]으로 구분한다. 노동력 조사방법은 국제노동기구의 권고방식으로 가계조사를 통하여 일정 연령 이상의 인구를 취업자, 실업자, 비경제활동인구로 구분하여 조사하며 우리나라, 미국, 일본, 캐나다, 프랑스 등에서 채택하고 있다. 부처의 통계방식은 이 기관에 실업자로 등록된 자료에 의하여 실업자를 조사하는 방법으로서 독일, 스위스, 스웨덴, 오스트리아 등과 같이 사회보장제도가 비교적 잘 발달된 국가에서 채택하고 있다.

[그림 2-2]는 통계청에서 노동력 조사방법에 의한 각종통계지표를 산출하기 위해 인구를 직업행동에 따라 분류한 것이다. 이 표에서 보는 바와 같이 노동력 조사는 15세 이상의 인구를 대상으로 하여 크게 경제활동인구와 비경제활동인구로 구분한다. 경제활동인구는 취업자와 실업자로 구분하고 비경제활동인구는 잠재취업가능자와 잠재구직자 그밖에 비경제활동인구로 구분한다. 이를 기준으로 하여 통계청에서

[그림 2-2] 직업행동에 따른 인구 분류

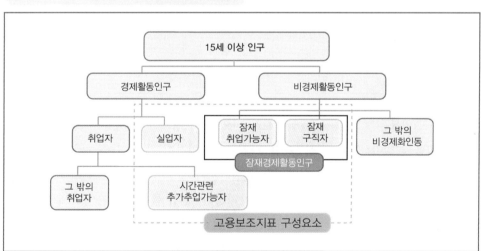

---

4) 샘플에 의한 노동력 조사(labor force sample survey)
5) 직업관련 부서 통계(employment office statistics)

사용하고 있는 이들 용어에 대한 정의와 각종지표산출 방법을 살펴보기로 한다.

경제활동인구 · 비경제활동인구 · 취업자 · 실업자

경제활동인구, 비경제활동인구, 취업자, 실업자에 대한 정의 그리고 실업률과 고용률의 정의는 각각 <표 2-5>와 <표 2-6>과 같다. 여기서 특기할 만 한 점은 공식적인 실업율이 실제의 실업상태를 제대로 반영하지 못한다는 비판을 받아왔다는 점이다. 이러한 비판이 제기되는 가장 큰 이유는 실제는 실업자라 하더라도 구직활동을 하지 않으면 비경제활동인구로 분류되어 실업률을 축소시키는 효과를 가져 오기 때문이다.

〈표 2-5〉 경제활동관련 용어의 정의

경제활동인구	만 15세 이상 인구 중 취업자와 실업자를 말한다
비경제 활동인구	조사대상주간 중 취업자도 실업자도 아닌 만 15세 이상인 자, 즉 집안에서 가사와 육아를 전담하는 가정주부, 학교에 다니는 학생, 일을 할 수 없는 연로자와 심신장애자, 자발적으로 자선사업이나 종교단체에 관여하는 자 등을 말한다
취업자	① 조사대상주간 중 수입을 목적으로 1시간 이상 일한 자 ② 자기에게 직접적으로는 이득이나 수입이 오지 않더라도 자기가구에서 경영하는 농장이나 사업체의 수입을 높이는 데 도운 가족종사자로서 주당 18시간 이상 일한 자(무급가족종사자) ③ 직장 또는 사업체를 가지고 있으나 조사대상 주간 중 일시적인 병, 일기불순, 휴가 또는 연가, 노동쟁의 등의 이유로 일하지 못한 일시휴직자
실업자	조사대상주간에 수입 있는 일을 하지 않았고, 지난 4주간 일자리를 찾아 적극적으로 구직활동을 하였던 사람으로서 일자리가 주어지면 즉시 취업이 가능한 사람

현재 실업률은 <표 2-6>에서 보는 바와 같이 경제활동인구(취업자+실업자) 대비 실업자 비율을 의미하므로 구직활동을 하지 않아 비경제활동인구에 속하면 실업자로 분류되지 않는다. 이는 통계작성의 기준상 취업자와 실업자를 <표 2-5>와 같이 정의하고 있어 이 기준의 한계에서 오는 불가피성이 있다. 특히 실업자의 경우 위와 같이 정의하고 있기 때문에 그렇다. 예를 들어 파트타임으로 근무를 하는 경우 원래 통계상으로는 취업자에 해당하나, 원하는 일자리를 구하지 못해 임시적으로 시간제 근무를 하는 경우(시간 관련 추가취업가능자) 제대로 된 취업상태에 해당한다고 볼 수 없다.

〈표 2-6〉 실업률과 고용률

경제활동 참가율	만 15세 이상 인구 중 경제활동인구(취업자+실업자)가 차지하는 비율
실업률	실업자가 경제활동인구(취업자+실업자)에서 차지하는 비율
고용률	만 15세 이상 인구 중 취업자가 차지하는 비율

또한, 졸업을 미루고 취업을 위해 공무원 시험이나 각종 자격증 시험을 준비하는 대학생들(잠재구직자), 취업이 계속 되지 않아 더 이상 구직활동을 하지 않고 취업을 포기한 경우(잠재취업가능자), 취직이 하고 싶어 구직활동은 하고 있지만 육아 등의 이유로 당장은 일을 하지 못하는 경우(잠재취업가능자)에 해당하는 사람들 모두가 비경제활동인구로 분류되어 공식 실업률 산정에서 제외된다.

이와 같이 공식 실업률이 노동시장을 제대로 반영하지 못한다는 문제점을 보완하기 위해 통계청에서는 2013년 10월 국제노동기구에서 개정된 국제기준을 근거로 2014년 11월부터 고용보조지표를 매월 함께 발표하고 있다.

<표 2-7>의 정의에 의해 작성되는 고용보조지표는 <표 2-8>에서 보는 바와 같이 3가지로 작성되는데 공식 실업률의 한계를 보완하여 고용시장의 현황을 보다 더 실제에 가깝게 분석하려는 것으로 '일하고 싶은 욕구가 충족되지 못한 노동력'을 포함하여 나타내려는 지표이다. 이처럼 고용보조지표는 확장된 개념의 실업자 및 경제활동인구를 적용함으로써 비교적 현실을 잘 반영하고 있다. 실제 통계청이 발표한 2015년 12월의 실업률은 3.2%이지만, 같은 시기 '고용보조지표-3'은 10.7%를 기록하였다.

이와 같이 고용보조지표와 공식 실업률의 격차가 큰 가장 큰 이유는 '취업을 희

〈표 2-7〉 고용보조지표관련 용어

시간관련 추가 취업가능자	실제취업시간이 36시간 미만이면서, 추가취업을 희망하고, 추가취업이 가능한 자
잠재취업가능자	비경제활동인구 중에서 지난 4주간 구직활동을 하였으나, 조사대상주간에 취업이 가능하지 않은 자
잠재구직자	비경제활동인구 중에서 지난 4주간 구직활동을 하지 않았지만, 조사대상주간에 취업을 희망하고 취업이 가능한 자
잠재경제활동인구	잠재경제활동인구 = 잠재취업가능자 + 잠재구직자
확장경제활동인구	확장경제활동인구 = 경제활동인구 + 잠재경제활동인구

망하고 있지만 구직활동을 하지 않는 사람'이 많기 때문인 것으로 파악된다. 통상 이 보조지표를 '체감실업률'이라는 용어로도 표현한다.

〈표 2-8〉 고용보조지표

고용보조지표-1(%)	= (시간관련추가취업가능자 + 실업자) ÷ 경제활동인구 × 100
고용보조지표-2(%)	= (실업자 + 잠재경제활동인구) ÷ 확장경제활동인구 × 100
고용보조지표-3(%)	= (시간관련추가취업가능자 + 실업자 + 잠재경제활동인구) ÷ 확장경제활동인구 × 100

이외에도 국제노동기구에서 개정한 내용 중 중요한 것은 실업자의 구직기간을 1주에서 4주로 확대했다는 점과 구직단념자 일부 조건인 취업희망과 취업가능성의 개념도 확대·변경한 점이다. 이들 용어의 정의는 <표 2-9>와 같다.

〈표 2-9〉 구직단념자 정의

18(36)시간 미만 취업자 중 추가취업희망자	18(36)시간 미만 취업자 중 경제적 이유(일거리가 없거나 사업부진)로 18(36)시간 미만 일하였으면서 추가 취업을 희망하는 자
구직단념자	비경제활동인구 중 취업의사와 일할 능력은 있으나 아래의 사유로 지난 4주간에 구직활동을 하지 않은 자 중 지난 1년 내 구직경험이 있었던 자 ① 적당한 일거리가 없을 것 같아서(전공, 경력, 임금수준, 근로조건, 주변) ② 지난 4주간 이전에 구직하여 보았지만 일거리를 찾을 수 없어서 ③ 자격이 부족하여(교육, 기술 경험 부족, 나이가 너무 어리거나 많다고 고용주가 생각할 것 같아서)

종사상 지위

종사상 지위란 취업자가 실제로 일하고 있는 신분 또는 지위상태를 말한다. 종사상 지위에 따른 취업자의 정의는 <표 2-10>과 같다. 종사상 지위에 따른 취업자는 자영업자와 근로자로 구분한다. 자영업자는 고용원이 있는 자영업자와 고용원이 없는 자영업자로 구분하고 여기에는 무급가족종사자가 있다.

한편 근로자는 임금근로자와 비임금 근로자로 구분한다. 임금근로자란 자신의 근로에 대해 임금, 봉급, 일당 등 어떠한 형태로든 일한 대가를 지급받는 근로자를 말하는 바, 통상 무급가족종사자, 상용근로자, 임시근로자, 일용근로자로 구분한다.

〈표 2-10〉 종사상 지위에 따른 취업자의 정의

구분	정의
고용원이 있는 자영업자	한 사람 이상의 유급 고용원을 두고 사업을 경영하는 사람
고용원이 없는 자영업자	자기 혼자 또는 무급가족종사자와 함께 자기 책임하에 독립적인 형태로 전문적인 업을 수행하거나 사업체를 운영하는 사람을 말함
무급가족 종사자	동일가구 내 가족이 경영하는 사업체, 농장에서 무보수로 일하는 사람 조사대상주간에 18시간 이상 일한 사람은 취업자로 분류 한다
상용근로자	고용계약설정자: 고용계약기간이 1년 이상인 경우 고용계약미설정자: 소정의 채용절차에 의해 입사하여 인사관리 규정을 적용받는 자
임시근로자	고용계약설정자: 고용계약기간이 1개월 이상 1년 미만인 경우 고용계약미설정자: 일정한 사업(완료 1년 미만)의 필요에 의해 고용된 경우
일용근로자	고용계약기간이 1개월 미만인 자 또는 매일매일 고용되어 근로의 대가로 일급 또는 일당제 급여를 받고 일하는 자 등
비임금근로자	고용원이 있는 자영업자, 고용원이 없는 자영업자, 무급가족종사자 형태의 근로자

출처: 통계청

4. 소득분배지표

10분위 분배율

10분위 분배율[6]은 1973년 스탠포드 대학 아델만 교수와 모리수 교수가 발표한 소득분배정도 판별법으로서, 소득분배의 정도를 나타내는 것들 가운데 빈부의 격차를 가장 잘 설명해주는 것으로 알려져 있다. 이 분배율은 빈부 격차와 계층 간 소득분포의 불균형 정도를 나타내는 수치로, 한 나라의 모든 가구를 소득의 크기순으로 배열하고 이를 10등급으로 분류하여, 소득이 낮은 1등급에서 4등급까지의 소득합계를 소득이 가장 높은 9, 10등급의 소득 합계로 나눈 비율을 말한다. 즉 상위소득 20%의 소득합계에 대한 하위소득 40%의 비율을 말한다.

이 비율이 높으면 소득 격차가 작고, 반대로 낮으면 소득 격차가 큰 것이다. 따

---
6) 10분위 분배율(deciles distribution ratio)

라서 완전히 평등한 나라라면 10분위 분배율은 1, 완전히 불평등하다면 10분위분배율은 0이 된다. 아델만 교수는 이 비율이 45% 이상이면 분배가 잘된 국가이고 35~45%는 중간 수준, 35% 이하이면 불평등 국가로 분류한다. 이 비율의 단점은 중간 계층의 소득이 어느 정도인지 알기 어렵다는 점이다.

소득배율

10개 분위로 나누느냐, 5개 분위로 나누느냐에 따라서 10분위 소득배율, 5분위 소득배율이라 한다. 10분위 소득배율은 도시 근로자가구를 월평균소득이 작은 가구부터 큰 가구 순으로 일렬로 세운 뒤 10개 소그룹(분위)으로 나눴을 때 최상위 10%에 해당하는 가구의 소득을 최하위 10%에 해당하는 가구의 소득으로 나눠 구한 값이다. 5분위 소득배율은 같은 방식으로 5개 그룹으로 나눈 후, 최상위 20%의 소득을 최하위 20%의 소득으로 나눈 값을 말한다.

로렌츠 곡선과 지니계수

주7)에서 보는 바와 같이 로렌츠 곡선[7]은 미국 통계학자 로렌츠가 고안한 것으로, 저소득층에서 고소득층을 향하는 사람의 수를 누적백분율로 하여 가로축으로 나타내고 그 사람들의 소득에 대한 누적 백분율을 세로축으로 나타낼 때 그려지는 대각선을 현으로 하는 활모양의 곡선이 로렌츠 곡선이다. 45도의 대각선(소득분배 균등선)은 누적인구와 누적소득이 같은 비율로 증가하기 때문에 완전한 평등을 나타낸다. 소득분배균등선과 로렌츠 곡선 사이의 면적이 커질수록 불평등이 심하다는 뜻이다.

7) 로렌츠 곡선과 지니계수

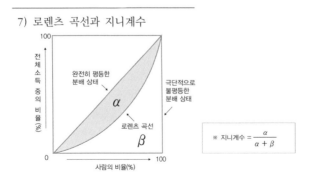

<출처 : 한국은행경제교실>

한편 지니계수는 이탈리아의 통계학자 지니가 개발한 소득불평등 측정지표이다. 빈부격차와 계층 간 소득분포의 불균형 정도를 나타내는 수치로, 소득이 어느 정도 균등하게 분배되어 있는지를 평가하는 데 주로 이용된다. 계산방법은 소득분배균등선(대각선)과 활 모양의 곡선인 로렌츠 곡선으로 둘러 쌓인 면적을 대각선 아래쪽의 직각 삼각형의 면적으로 나눈 비율이다. 지니계수는 0과 1 사이의 값을 가지는데, 값이 0에 가까울수록 소득분배가 평등하게 이루어졌다는 의미다. 보통 0.4가 넘으면 소득분배의 불평등 정도가 심한 것으로 본다. 통계청에서는 매년 지니계수를 발표하는데 2006년부터는 65세 이상 노인의 지니계수도 발표하고 있다.

지니계수를 이해하기 쉽게 로렌츠 곡선과 함께 좀 더 설명하면, 로렌츠 곡선은 인구누적비율을 가로축에, 최하위부터의 소득누적비율을 세로축에 나타낸 것이므로 모든 사람의 소득이 똑같으면 로렌츠 곡선은 기울기가 1인 직선이 된다. 예를 들어 10% 인구를 모아보면 10%의 소득이 모이기 때문이다. 그런데 최하위 10% 인구를 모아보면 소득의 합은 당연히 전체소득의 10%보다 훨씬 적을 것이다. 따라서 로렌츠 곡선을 그려보면 항상 직선보다는 아래쪽을 지나게 된다. 따라서 완전 평등사회가 아닌 한 로렌츠 곡선은 직선보다 아래쪽으로 늘어지는 곡선 형태가 된다. 가장 극단적으로 한 사람 빼고 모든 사람의 소득이 0이라면 그림에서 우측 세로선이 될 것이다. 지니계수는 완전 평등한 상태를 나타내는 직선과, 그 사회의 로렌츠 곡선이 만들어 내는 초승달 모양의 면적을 아래쪽 삼각형의 면적으로 나눈 값이다. 삼각형의 면적은 일정하므로 로렌츠 곡선이 아래쪽으로 더 늘어질수록 지니계수의 값도 높아지고, 불평등도도 커진다. 그런데 소득불평등 지표로 쓰이는 이 지니계수의 추정치에 대해서는 논쟁이 확산되고 있다. 대표적인 것이 우리나라의 소득불평등도를 나타내는 지니계수가 4.0을 초과해 오이시디 회원국 34개국 중 5위에 해당해 국제적인 평균보다 훨씬 높게 나온 연구 결과에 근거하여 김낙년 교수가 연구결과가 그 동안 통용되던 통계청 공인 지니계수에 비해 매우 높은 수준이어서 정부의 공식통계에 대한 의심은 물론 우리나라 소득불평등에 대한 우려를 낳고 있다고 주장한 것이다. 따라서 지니계수 측정방법을 수정·보완해야 한다는 것이다.

이에 김우철 교수는 김낙년 교수의 주장은 분석방법이 갖는 한계로 인해 현실과 맞지 않다고 비판했다. 그는 "김낙년 교수의 방법론이 갖는 가장 큰 특징은 통계청 가계조사의 소득자료를 국세청의 소득세 자료를 이용하여 보정하려는 것으로 가계조사 자료의 결함을 국세청의 소득세 자료를 이용하여 시정하려고 한 것은 높게 평가할 일이다. 그러나 국세청 자료는 전체 근로소득자와 종합소득신고자의 소득과 공제,

소득세 정보를 소득 수준별로 집계화한 전수 자료라는 점에서 강점을 지닌 반면, 개인이 지불하는 다양한 종류의 개인소득세 정보가 납세자별로 집계되어 제공되는 것이 아니라 소득의 종류별, 또는 납세형태별로 제공되고 있어 개인 소득에 대한 전체적인 파악이 어렵다는 단점이 있다는 것이다. 따라서 국세청 자료를 통해 우리나라 국민의 소득 수준이나 분포를 종합적으로 파악할 수 없다"고 반론을 제사한 것이다.[06]

이러한 논쟁의 핵심은 우리나라의 소득불평등 정도를 보다 객관적으로 측정하여 정책수행의 기초자료로 삼으려는 데 있다. 그런데 측정결과는 표본에 의한 추정치이므로 어떻게 측정해도 정확한 측정은 어렵다. 따라서 어떻게든 추정치의 추정율을 높이는 방향으로 보완하도록 하고 더 좋은 방법은 다른 모든 부분에서도 마찬가지이지만, 우리의 현실을 보다 정확히 추정할 수 있는 새로운 방법을 개발하는 것이라고 할 수 있다.

한편 소득분배지표의 하나로 쿠츠네츠의 역유자 가설이 있는데 이는 경제성장의 초기단계에는 불평등이 악화되지만 성숙단계에 들어서면 소득 분배가 개선된다는 이론이다. 그동안 이 주장은 한때 거의 정설로 받아들여져 '선 성장－후 분배' 정책의 이론적 근거가 되기도 했다. 그러나 최근에는 이 가설을 뒤엎는 실증연구들이 많이 나오고 있다. 경제성장이 소득분배에 미치는 영향은 정부의 사회경제 정책과 시대적 조건에 따라 얼마든지 달라질 수 있다. 따라서 쿠츠네츠 가설은 보편적 이론으로 볼 수 없다는 것이 이 분야 전문가들의 견해이다.

우리나라에서 발표하는 소득분배지표

통계청에서는 매년 가계동향조사, 농가경제조사 자료를 이용하여 1인가구를 포함한 전체인구를 기준으로 소득분배지표를 오이시디기준에 따라 작성하여 발표한다. 소득분배지표는 크게 시장소득기준과 처분가능소득기준의 2가지로 작성한다. 계산방법은 <표 2－11>과 같다.

〈표 2-11〉 시장소득기준과 처분가능소득 산출방법

시장소득(㉮)　　 ＝ 근로소득 ＋사업소득 ＋ 재산소득 ＋사적이전소득<세전소득>
처분가능소득(㉯) ＝ 시장소득(㉮) ＋ 공적이전소득 － 공적비소비지출
* 공적이전소득　 : 공적연금, 기초노령연금, 사회수혜금, 세금환급금
* 공적비소비지출 : 경상조세, 연금, 사회보험

한편 발표되는 분배지표는 <표 2-12>와 같다. 이들 지표는 소득의 연간화, 균등화, 개인화를 통해 작성된다. 소득연간화란 월 소득을 가구별 연간소득으로 재집계한 후 해당연도를 대표하는 연간 월평균 소득으로 재구성(명목금액)하는 것을 말한다. 소득균등화란 가구원수가 다르면 동일한 후생수준 유지에 필요한 소득이 다른 점을 반영하여 가구원수에 따라 표준화하기 위해 소득을 조정(가구소득을 가구원수 제곱근으로 나눔)하는 것으로 오이시디기준을 따른 것이다. 소득개인화는 소득분배지표 산출을 위해 가구 가중치에 가구원수를 곱하여 개인(인구)단위 지표로 전환하는 것을 말한다.

〈표 2-12〉 발표지표 종류 및 내용 (단위 : %, 배, 원)

발표지표	내용 및 계산방법	비고
지니계수	소득불평등도를 나타내는 지표. 0에서 1 사이 값을 가지며 1에 가까울수록 불평등도가 높음	
빈곤선(원)	중위소득의 50(60)%에 해당하는 소득	
평균빈곤갭	빈곤인구(소득이 빈곤선보다 적은 인구)의 평균소득과 빈곤선의 차이를 빈곤선으로 나눈 값. 중위소득의 50(60)%	
상대적빈곤율	소득수준이 빈곤선 미만인 인구의 비율. 소득수준으로 정렬한 상태에서 한가운데 소득(중위소득)의 50(60)% 미만의 인구비율	
중위소득 (50~150%) 비율	소득이 중위소득의 50%와 중위소득의 150% 구간 내에 속하는 인구비율	
중위소득 (150% 이상) 비율	소득이 중위소득의 150% 이상 구간에 속하는 인구비율	
10분위 배율	상위 10% 소득을 하위 10% 소득값으로 나눈 값	
소득5분위 배율	상위 20% 소득을 하위 20% 소득값으로 나눈 값으로 계층간 소득격차를 보여줌	
균등화 중위소득	동일 후생수준 측정을 위해 균등화된 소득을 소득크기로 정렬한 상태에서 한가운데 소득	
균등화 5분위 소득	전체 인구를 소득기준으로 정렬한 후 인구를 5등분(20%)으로 구분하여 각 분위에 속하는 인구에 대해 구한 평균소득	
균등화 10분위별 소득	전체 인구를 소득기준으로 정렬한 후 인구를 10등분(10%)으로 구분하여 각 분위에 속하는 인구에 대해 구한 평균소득	
균등화 10분위 경계값	전체 인구를 소득기준으로 정렬한 후 인구를 10등분(10%)으로 구분하여 각 분위의 경계에 해당하는 소득	
p90/p10	상위 10% 소득의 경계값을 하위 10% 소득의 경계값으로 나눈 값	
p80/p20	상위 20% 소득의 경계값을 하위 20% 소득의 경계값으로 나눈 값	

　　<표 2-12>의 발표지표 종류는 이미 이론에서 검토한 것이나 실제 발표하고 있는 지표의 구체적인 내용을 설명한 것이다. 이 표에서 설명하고 있는 계산방식에 의해 2010년부터 2015년까지의 산출한 지표를 나타낸 것이 <표 2-13>과 <표 2-14>이다.

　　<표 2-13>에서 보면 우선 상대적 빈곤률이 매년 14%대로 나타나는데 오이

〈표 2-13〉 가구별 처분가능소득의 소득 분배지표

분배지표별	2010년	2011년	2012년	2013년	2014년	2015년
5분위 배율	5.66	5.73	5.54	5.43	5.41	5.11
상대적 빈곤율	14.9	15.2	14.6	14.6	14.4	13.8
중위소득 50%~150% 비율	64.2	64.0	65.0	65.6	65.4	67.4
중위소득 150% 이상 비율	20.9	20.8	20.3	19.8	20.2	18.8
균등화 5분위소득	1,728,745	1,824,215	1,936,038	1,985,614	2,051,065	2,099,400
1분위	577,938	603,729	654,908	678,070	705,153	756,470
2분위	1,163,208	1,226,073	1,304,263	1,351,760	1,400,049	1,451,647
3분위	1,573,029	1,667,189	1,772,575	1,831,281	1,879,580	1,937,343
4분위	2,057,274	2,164,533	2,319,731	2,383,828	2,452,381	2,483,537
5분위	3,270,657	3,457,677	3,627,835	3,680,658	3,816,895	3,864,608
균등화 10분위소득 경계 값						
p10	620,458	643,438	695,477	712,757	746,404	784,269
p20	929,720	973,095	1,057,409	1,093,417	1,131,697	1,188,526
p30	1,162,682	1,233,569	1,307,138	1,351,069	1,401,477	1,460,763
p40	1,376,870	1,454,568	1,545,250	1,592,385	1,643,897	1,699,991
p50	1,569,030	1,665,469	1,770,830	1,832,525	1,878,932	1,934,748
p60	1,788,347	1,885,734	2,015,960	2,071,538	2,130,690	2,176,517
p70	2,045,944	2,151,140	2,313,145	2,368,469	2,436,944	2,466,434
p80	2,388,744	2,533,556	2,672,480	2,738,781	2,828,893	2,843,602
p90	2,978,920	3,100,795	3,341,864	3,370,704	3,501,772	3,488,437
p90/p10	4.80	4.82	4.81	4.73	4.69	4.45
p80/p20	2.57	2.60	2.53	2.50	2.50	2.39

출처: 통계청

시디 평균이 약 11%대이고 선진국 대부분은 10%를 넘지 않은 점에 비추어 볼 때 매우 높은 편임을 알 수가 있다. 시계열적으로 봐도 전혀 개선의 효과가 나타나지 않는 것을 알 수 있다. 그리고 5분위 소득에 비해 1분위 소득이 지나치게 낮다는 것을 알 수 있다. 이 표를 보면 논란이 되고 있는 최저임금수준이 현실을 반영하지 못함을 알 수 있다. 2분위도 1분위보다는 양호하지만 높은 편이 아니다. 이 또한 매년 상승폭이 낮아 물가상승률을 고려하면 거의 소득이 증가하지 않은 상태가 지속되고 있다고 할 수 있다.

5분위 배율을 보면 매년 5.5 수준이다. 이는 5분위 소득이 1분위 소득의 5배가 넘는 것을 의미하는 것으로 나타나 양극화 현상을 여실히 보여주고 있다. 10분위 배율에서도 매년 유사하게 나타나고 있어 양극화 현상이 고착화 되고 있음을 알 수 있다.

<표 2-14>는 소득분배지표를 성별, 연령별로 보다 구체적으로 나타내고 있다. 여기서 근로연령인구(오이시디 기준)는 18~65세의 인구를, 은퇴연령인구는 66세 이상의 인구를 그리고 노인인구(노인복지법)는 65세 이상의 인구를 나타낸다.

이들 지표의 전체적인 추이의 특징은 남성보다는 여성이, 근로연령인구보다는 은퇴연령인구가 더 취약함을 나타내고 있다는 점이다. 먼저 지니계수를 보면 전체적으로 0.3대이나 근로연령이 0.2대인 점에 비해 은퇴연령은 0.4대로 확연히 차이가 난다.

이는 빈곤노인이 그만큼 많다는 의미이다. 전체적으로도 소득불평등도가 높은 편인데 은퇴 후에 더 높아지는 것은 노후대비가 안된 노인들이 많고 노후의 소득이 낮다는 것으로 노인빈곤의 문제점을 보여주는 지표로 해석할 수 있다. 이는 은퇴연령인구의 균등화 중위소득이 근로연령인구의 절반밖에 되지 않은 데서도 잘 드러난다.

앞서 살펴본 상대적 빈곤율의 경우 남성보다는 여성이 더 높다. 그리고 이런 추이는 좀체로 개선되지 않고 있다. 이는 여성이 남성보다는 경제적으로 더 취약한 상태에 있음을 보여주는 것으로 남성위주의 사회관행이 크게 개선되지 못하고 있음을 보여주는 지표라고 하겠다.

2016년 이후부터는 중위소득이 기초생활보장제도 수급자 선정 및 급여의 기준이 되어 저소득층 지원정책에 중요한 기초자료가 되었다. 이에 따라 소득인정액(소득+재산의 소득환산액)이 기준 중위소득의 일정 비율 이하인 자는 기초생활보장 수급권자가 될 수 있다.

〈표 2-14〉 성별, 연령별 소득분배지표

분배지표	구분	2010년	2011년	2012년	2013년	2014년	2015년
균등화 중위소득	계	1,569,106	1,665,636	1,771,177	1,832,641	1,878,941	1,935,304
	남성	1,605,345	1,703,673	1,814,566	1,874,329	1,916,820	1,989,782
	여성	1,538,665	1,627,701	1,734,353	1,789,656	1,836,659	1,883,521
	근로연령인구	1,671,240	1,785,005	1,898,097	1,977,106	2,028,384	2,093,629
	은퇴연령인구	836,662	861,559	906,852	927,472	960,848	1,037,066
균등화 10분위별 소득	계	1,728,745	1,824,215	1,936,038	1,985,614	2,051,065	2,099,400
	남성	1,763,901	1,873,859	1,980,986	2,034,260	2,108,214	2,160,665
	여성	1,697,188	1,779,758	1,896,205	1,941,697	1,999,989	2,045,086
	근로연령인구	1,848,471	1,966,793	2,089,025	2,144,875	2,230,174	2,286,386
	은퇴연령인구	1,075,081	1,116,352	1,194,290	1,193,099	1,218,991	1,300,458
지니계수	계	0.310	0.311	0.307	0.302	0.302	0.295
	근로연령인구	0.297	0.294	0.287	0.280	0.281	0.273
	은퇴연령인구	0.411	0.422	0.430	0.422	0.397	0.381
상대적 빈곤율 (가)(50%)	계	14.9	15.2	14.6	14.6	14.4	13.8
	남성	13.3	13.4	12.8	12.5	12.1	11.5
	여성	16.3	16.8	16.3	16.5	16.4	15.9
	근로연령인구	11.3	10.8	10.0	9.6	9.3	8.5
	은퇴연령인구	47.2	48.6	48.5	49.6	48.8	45.7
(가)(60%)	계	20.5	20.9	20.1	20.4	19.8	19.1
평균빈곤 갭(50%)	계	38.7	39.0	39.2	39.4	38.7	36.8
	근로연령인구	37.2	36.5	34.9	35.0	36.4	34.7
	은퇴연령인구	43.7	45.2	46.6	46.1	42.9	40.0
(가)(60%)	계	37.7	37.9	38.2	37.7	37.7	36.5
고정 빈곤율	계	14.0	13.6	12.7	11.9	11.4	10.9
	근로연령인구	10.5	9.4	8.2	7.3	6.8	6.3
	은퇴연령인구	45.3	45.6	45.3	44.9	42.8	38.7

출처 : 통계청

제 2 장

빈곤이론과 직업사회 이탈자

1. 빈곤의 개념들

　가난, 즉 빈곤에 대해서는 누구나 알고 있지만 '빈곤이 무엇이냐?'고 물으면 딱 잘라 말하기가 어렵다. 사전에서는 빈곤을 '살림살이가 넉넉하지 못하거나 그런 상태' 또는 '내용 따위가 충실하지 못하거나 모자라서 텅 빔'이라고 정의하고 있다. 이는 우리가 알고 있는 상식수준이다. 그런데 빈곤의 개념은 시대에 따라 변화하여 왔을 뿐만 아니라 빈곤의 판단기준이 무엇이며, 빈곤의 원인이 무엇이고, 빈곤이 왜 문제가 되는지, 누가 가난하며 이 책임은 어디에 있는가? 등의 관점에 따라 관련기관이나 국가마다 다양하게 정의를 내리고 있다.

　한국사회복지협의회는 빈곤을 "일반적으로 기본수요의 부족현상으로 생활필수품의 결핍과 그것이 가져오는 육체적·정신적 불안감을 포함하는 생활상태"라고 정의한다. 경제협력개발기구는 "빈곤은 경제적 복리, 사회적 복리, 기타 영역의 복리를 누릴 수 없는 것"으로 정의하고 있다. 세계은행은 "권한(역량)과 사회적 보호가 부족한 상태에 있을 뿐만 아니라 경제적 기회, 교육, 건강, 영양의 측면에서 인간이 받아들일 수 없는 박탈상태에 있는 것"으로 정의한다. 보건복지부는 빈곤을 "경제력이 최저생활수준에 미달하는 상태"로 정의한다.

　이와 같은 여러 정의를 종합하면 빈곤은 경제적 관점에서 개인이나 가족이 처한 궁핍한 상태를 의미하였으나 시대의 흐름에 따라 사회적 관계에서 정의하려는 방향으로 개념이 확대되어 왔음을 알 수 있다. 그리하여 사회적 박탈과 사회적 배제라는 개념이 등장하였다. 또한 빈곤의 형태를 비교기준에 따라 절대적 빈곤과 상대적 빈곤으로 구분하기도 하고 시대의 변화에 따라 구 빈곤과 신 빈곤으로 구분하기도 한다. 최근에는 신 빈곤으로서 근로빈곤이 이슈가 되어 있다.

경제적 빈곤

　빈곤의 개념은 개인의 경제적인 관점에서 정의되어 왔다. 우리나라도 가난과 관련한 속담 '가난구제는 나라도 못한다.'라든가 '가난이 원수,' '가난한 집 제사 돌아오듯' 등에서 보는 바와 같이 가난에 대한 인식이 기본적으로 개인에게서 출발한다. 이는 어느 나라나 마찬가지이다. 가난을 '최소한의 인간다운 생활을 하는 데 필요한 경제적 자원의 결핍'[07] 등과 같이 개인적인 문제로 접근하고 있다. 경제적 빈곤은 이와 같이 개인의 소득과 소유재산을 기준으로 정의하는 것을 말한다. 소득이나 재산(부)이 일정수준 이하인 경우 빈곤층으로 보는 것이다. 특히 경제적 빈곤의 측정은 소득이 핵심적이라고 할 수 있다. 소득의 범위에 대한 논란은 있지만 소득은 측정이 용이하고, 계량적 실태파악이 가능하여 대부분의 나라에서 빈곤정책은 소득에 의한 경제적인 관점의 빈곤개념을 사용한다.

사회적 박탈

'사회적 박탈[8]'의 개념은 1940년대 미국에서 실시한 연구에서 등장하였고, '사회적 배제[9]'라는 용어는 프랑스의 장관이었던 르느와르[10]가 처음 사용한 것으로 알려져 있다. 이 용어에 대해서도 가난과 유사한 개념으로 보는 관점과 빈곤의 범위가 확대된 개념으로 보는 관점 등 다양한 관점이 있다. 어떤 관점이든 빈곤과 밀접하게 연관되어 있고 시대적 환경변화에 따라 새롭게 정의된 빈곤의 포괄적인 개념으로 보아 무방하다 할 것이다.

박탈은 사전적 의미로 '남의 재물이나 권리, 자격 따위를 빼앗음'을 뜻한다. 사회적 박탈이란 개인, 집단이 자기가 속한 사회에서 널리 인정되는 음식, 의복, 집안의 문화시설, 주거조건과 그 부대시설 등의 물리적 자원을 누리지 못하고 보통사람이 경험하는 노동, 교육, 오락, 가족관계 및 사회활동에 참여할 수 없는 경우로 정의된다.[08]

이와 같이 빈곤의 개념이 확대되어 소득에 대해서만 제한되지 않고 주택, 교육, 고용과 같은 여타의 사회적 요인들을 포함하게 되었다. 많은 연구들은 다양한 사회적 요인에 접근하는 데 있어서의 불평등이 소득의 불평등을 반영하는 것이고, 많은 경우 비 소득 요인에의 접근 불평등은 중첩되고 있다는 것을 보여 준다고 설명하고 있다. 즉, 열악한 주택은 종종 병약함, 낮은 교육수준, 실업 등과 결합된다는 것이 그 예이다. 이와 같은 사회적 박탈의 개념은 사회 환경 변화에 따라 나타난, 특히 도시의 인구집중으로 생활환경이 매우 열악한 취약계층으로 인해 생겨난 개념이라 할 수 있다.

---

8) 사회적 박탈(social deprivation)
9) 사회적 배제(social exclusion)
10) 르느와르(Lenoir) : 사회적 박탈이라는 용어를 처음 사용한 프랑스의 장관

사회적 배제

배제는 사전적 의미로 '받아들이지 아니하고 물리쳐 제외함'을 뜻한다. 단어의 의미에서도 알 수 있듯이 사회적 배제는 취약상태에 있거나 주류생활에 완전히 참여하지 못하거나 사회적 유대가 파괴되는 측면을 포함하는 경향이 있다. 1970년대 중반 이후 선진국에서는 복지국가라는 이름에 걸맞지 않은 새로운 사회문제가 등장했는데 소득불안정으로 고통을 받거나, 공공부조 프로그램에 의존하거나 사회보험의 혜택을 전혀 받지 못하는 사람의 수가 늘어나게 된 것이 그 예이다. 과거에는 이런 상황을 '빈곤'이나 '실업'의 개념으로 분석했는데 이러한 새로운 상황을 설명하려는 개념들이 등장했다. 이러한 개념의 하나가 사회적 배제인 것이다.[09]

이 개념은 프랑스에서 처음 사용하기 시작하여 유럽으로 퍼져나가 유럽연합에서 주요한 개념의 하나로 정립되었다. 이후 이 용어는 유럽 이외의 국가로도 퍼져나갔다. 프랑스에서는 1998년 6월에 '사회적 배제 방지·퇴치법'이 제정되었는데 이 법령에서는 10가지 영역에 개입하도록 되어 있다. 이를 보면 사회적 배제의 개념을 보다 구체적으로 이해할 수 있다. 10가지 영역은 고용, 훈련, 사회적 기업, 사회적 최저선, 주택, 교육, 건강, 사회서비스, 문화, 시민권이다. 사회적 배제에 대한 많은 나라의 다양한 정의들은 모두 이 범주에 포함시킬 수 있다.

상대적 빈곤과 절대적 빈곤

빈곤은 비교기준에 따라 상대적 빈곤과 절대적 빈곤으로 구분한다. 상대적 빈곤은 사회일반의 생활수준에 미치지 못하는 상태를 말하고 절대적 빈곤 사회에서 규정된 최소한의 생활수준에 미치지 못하는 상태를 의미한다.[10] 우리나라에서는 보통 상대적 빈곤은 중위소득의 일정비율을 활용(20%, 40%, 60%)하여 측정하고 절대적 빈곤은 최저생계비를 사용하는데 빈곤의 측정방법에서 살펴보기로 한다.

1995년 '사회발달을 위한 세계정상회의의 코펜하겐 선언11)'에서는 절대적 빈곤과 구분하기 위하여 '전반적 빈곤'을 별도로 정의하였다. 이 정의에는 「생존을 유지하기에 충분한 소득과 자원이 부족하다, 배가 고프고 영양상태가 열악하다, 건강이 좋지 않다, 교육 및 기타 기본적인 서비스를 이용하는 데 제약이 있거나 이용할 수 없

11) 코펜하겐 선언 : Copenhagan Declaration of the World Summit for Social Development

다, 질병에 걸리는 경우가 많고, 질병 때문에 사망하는 경우가 많다, 집이 없거나 주거여건이 적절하지 않다, 환경이 안전하지 않다, 사회적으로 차별을 당하고 사회적 배제를 겪는다.」 등의 내용이 포함되어 있다.[11] '전반적 빈곤'은 '사회적 배제'보다 더 넓은 의미를 지닌 개념이라고 할 수 있다

구 빈곤과 신 빈곤

궁핍하여 생활이 어려운 상태를 말하는 전통적인 빈곤의 개념을 구 빈곤이라 하고, 사회·경제적 환경변화에 따라 근래에 새롭게 나타난 빈곤의 양상을 신 빈곤이라고 한다. 신 빈곤은 문자 그대로 근래에 새롭게 정의되고 있는 빈곤을 말한다. 대표적인 신 빈곤의 예가 '근로빈곤'이다. 서구에서는 근로빈곤에 대해 나라마다 다양하게 정의하고 있는데 이는 기본적으로 일을 하고 있는데도 빈곤상태에 있는 것을 의미한다.[12]

우리나라는 1998년 외한위기 이후 근로빈곤이 중대한 사회문제로 대두되었다. 우리나라의 아이엠에프 외환위기 이전의 빈곤층은 구 빈곤층에 해당한다. 1960년대 1차 산업이 주된 산업이었던 당시의 빈곤층은 노동능력이 없거나 실업상태에 있는 사람들이 대부분이었고, 이들은 일을 하고 싶어도 할 일도, 일할 곳도 없어 가난했던 것이다. 그래서 빈곤은 직장을 구하지 못했거나 실직을 의미했고 취직만 하면 해소되는 것으로 인식되어 왔다. 이러한 인식은 70~80년대 고도성장과정에서 실증적으로 경험하면서 당연한 것으로 간주되었다. 자기가 기술이든 뭐든 열심히 배워서 성실히 일만 하면 얼마든지 성공할 수 있고 최소한 굶어죽지는 않는다는 것이 보편적인 사회정서였기 때문이다. 그래서 빈곤은 무능, 게으름, 건강 악화 등에 의한 근로능력 상실 등의 원인에 의한 것으로 모두 개인의 탓으로 돌리는 분위기가 팽배했었다.

그러나 아이엠에프 외환위기는 직업사회의 패러다임을 근본적으로 바꿔 놓았다. 외환위기 당시 실업률이 6.7%(1998년 4월 현재)에 달했는데 이는 143만 명 이상의 실업자가 대량으로 발생한 것을 나타내는 지표이다. 이 대량실업사태는 직업이나 종사상 지위에 상관없이 누구나 실업에 노출될 수 있는 시대가 되었다는 것을 보여준 실로 엄청난 사회적 충격을 가져다 준 사건이었다. 자기가 아무리 노력을 해도, 열심히 일을 해도 빈곤을 벗어날 수 없는 경제·사회적 구조가 형성된 것이다. 취직만 하면 빈곤을 벗어날 수 있었던 직업사회가 취직을 해서 일을 해도 여전히 빈곤상태를 벗어나기 어려운 근로빈곤자를 양산하게 되었다. 정부에서도 '근로빈곤(층)'의 용어를

2012년부터는 공식적으로 사용할 만큼 근로빈곤은 대표적인 신 빈곤이다.

근로빈곤

　방금 살펴본 바와 같이 전통적으로 빈곤은 근로능력이 없거나 취약계층에 속한 고령자, 장애인 등 경제활동에 참여하지 못해서 발생하는 것으로 이해되었으나 근래에는 근로능력이 있거나 취업상태, 즉 경제활동을 하고 있음에도 불구하고 빈곤상태에 있는 새로운 빈곤양상이 나타나게 되었는데 이를 근로빈곤이라고 한다.[13]

　'근로'에는 '근로능력이 있는'의 의미와 '근로를 하고 있는'의 의미의 두 가지 개념이 있다. '근로능력이 있는'의 개념은 연령, 건강상태, 근로이력, 학력, 장애나 만성질환 등의 변수를 활용하여 근로능력 유무를 구분하는 것을 말한다.[14] '근로를 하고 있는'의 개념은 통상 취업자와 실업자를 포함하는 경제활동참여자를 지칭한다. 즉, 취업자는 상용직, 임시직, 일용직을 포함하는 근로자와 고용주, 자영업자, 무급종사자를 포함하는 비임금 근로자를 말하고, 실업자는 구직활동을 하는 자를 말한다.

　이러한 개념을 바탕으로 근로빈곤층(가구단위개념)을 근로연령빈곤층, 근로능력빈곤층, 취업빈곤층으로 구분하기도 한다. 근로연령빈곤층은 전체 근로연령대 인구(생산가능 인구)를 포함한 가구 가운데 빈곤층을 말하는데 근로능력 유무를 구분해 주지는 않는다. 근로능력빈곤층은 전체 근로인구 가운데 근로무능력자를 제외한 모집단에서 빈곤층을 추산한다. 취업빈곤층은 위에서 파악한 바와 특정조사시점에서 일을 하고 있거나 구직활동중인 빈곤층을 지칭한다. 근로빈곤층이란 취업빈곤층만을 의미하기도 하고 세 개념을 포함하는 의미로 사용되기도 한다.

　근로빈곤층 연구에서 다루는 주요 주제는 노동경력과 빈곤이력12)이고 근로빈곤층 측정을 위한 빈곤선은 주로 상대적 빈곤을 측정하는 중위소득의 일정비율을 활용하거나 절대적 빈곤을 측정하는 최저생계비를 사용한다. 참고적으로 근로라 함은 취업자 기준에서의 근로와 근로시간 기준에서의 근로를 말한다. 취업자는 통상 임금근로자, 비임금 근로자, 구직자 모두를 포함하여 일컫는 것이고 근로시간은 특정기간 중 취업기간과 구직기간을 말한다.

---

12) 노동경력과 빈곤이력(job sequences & poverty profiles)

2. 빈곤의 측정기준 및 방법

빈곤은 통상 구체적 기준에 의해 기준선을 정하여 판단하는데 이 기준에 의해 산출된 기준선을 '빈곤선'[13]이라고 한다. 빈곤선을 측정하는 구체적인 기준은 소득, 소득의 분포비율, 기본적 욕구, 식품비율, 조사자료, 상대적 박탈, 법적 기준 등 다양하다.[15] 빈곤선의 측정방법은 나라마다 다르고, 관련 기관 간에도 차이가 있고, 학자마다 분류 방법과 사용하는 용어에 다소 차이가 있으나 대체적으로 사용하는 측정기준에 의해 절대적 방법, 상대적 방법, 주관적 방법, 법적 방법, 박탈기준 방법, 기타 방법으로 대별할 수 있다. 빈곤선은 국가의 빈곤정책을 수립하고 평가하는 실질적인 도구인데 소득에 근거하는 방법이 여러 나라에서 가장 많이 사용되고 있다.

절대적 방법

절대적 빈곤은 '총수입이 순전히 육체적 효율성을 유지하는 데 필요한 최소한의 생활품을 획득하기에도 불충분한 상태'라고 정의할 수 있다.[16] 즉 절대적 빈곤은 인간이 생존하기 위해 필요한 최소한의 욕구조차 충족하기 어려운 상태를 말한다. 이와 같은 최소한의 욕구를 충족시킬 수 있는 소득수준, 즉 생존을 위한 생활필수품을 구입하는데 필요한 소득수준을 절대적 빈곤선이라고 칭한다. 따라서 어떤 개인이나 가구의 소득이 절대적 빈곤선 아래에 있다고 한다면 이들은 절대적 빈곤상태에 있다고 보는 것이다.

절대적 빈곤선을 정하는 방식은 크게 다음 두 가지 방식이 있다. 첫 번째는 전물량방법[14]이다. 이는 인간이 생활하는 데 필요한 필수품의 최저수준을 정하고 이를 화폐가치로 환산한 총합(각 필수품의 가격×최저소비량)을 절대적 빈곤선으로 정하는 방식이다.

두 번째는 반물량방법이다. 이는 최저생활에 필요한 음식비만을 구하여 여기에 일정한 값을 곱하여 산출하는 방식인데 주로 엥겔계수(식료품비/총소득)를 이용하여 산출한다. 즉 최저식료품비를 구하여 여기에 엥겔계수의 역수를 곱하여 절대적 빈곤선을 산출한다. 절대적 빈곤선은 주로 가계소득이나 최저생계비로 측정하는데 우리나라는

---

13) 빈곤선(poverty line 또는 poverty threshold)
14) 전물량방법(Market basket Method or Rowntree Method)

1973년부터 최저생계비를 발표해 왔다. 초기에는 반물량방법에 의해 측정했는데 1999 년부터는 3~4년 간격으로 전물량방법에 의해 측정하고 있다. 이와 같은 측정방법은 최저생계비를 구성하는 필수품의 결정에 전문가의 자의성이 개입되는 문제가 있다.

상대적 방법

상대적 빈곤은 대부분의 사회인이 누리고 있는 생활수준을 누리지 못하는 상태 로 정의할 수 있다. 절대적 빈곤이 생존을 위한 최소한의 수준을 기준으로 하기 때문 에 일반국민의 생활수준을 고려하지 못하는 데 비해 상대적 빈곤은 일반국민의 생활 수준을 고려하여 빈곤을 정의하려는 것이다.

상대적 빈곤선은 개인소득, 평균가구소득, 중위가구소득 등으로 산출한다. 이 방 법은 빈곤상태여부를 상대적 빈곤의 관점에서 파악하기 때문에 경제적 수준과 사회 환경이 다른 국가들 사이의 빈곤선을 비교할 수 있다. 그래서 상대적 빈곤선이 널리 사용되고 있다. 평균가구소득은 전체가구소득의 평균을 말하는 것이고 중위가구소 득15)은 전체가구를 소득의 크기순으로 배열했을 때 중앙에 위치한 가구의 소득을 말 하므로 대체적으로 평균가구소득이 중위가구소득보다 높은 편이다. 오이시디는 중위 가구소득의 40%, 50%, 60%를 상대적 빈곤선으로 정하고 있고 유럽연합은 50%를 사 용하며 세계은행에서는 개발도상국의 경우 평균가구소득의 1/3, 선진국은 1/2을 상 대적 빈곤선으로 제시하고 있다. 영국은 평균가구소득의 50%, 프랑스는 중위가구소 득의 50%, 일본은 근로자 가구 평균소비지출의 68%를 상대적 빈곤선으로 정하고 있 다.[17] 우리나라의 경우 중위소득 50%를 사용하기도 하고, 40%, 50%, 60%를 모두 적 용해서 비교하기도 하고, 최저생계비 또는 최저생계비의 120%나 150%(차상위, 차차상위 계층)를 기준으로 하는 등 다양한 기준으로 접근하고 있다.

상대적 빈곤선은 위와 같이 측정되기 때문에 그 사회의 소득불평등과 밀접한 관 계가 있다. 그리고 상대적 빈곤선은 그 사회의 생활수준의 변화를 빈곤측정에 반영할 수 있다는 장점이 있는 반면에 기준선을 임의로 정하기 때문에(어떤 소득을 기준으로 하느 냐, 설정비율을 몇 %로 할 것인가 등) 논란이 있을 수 있다. 또한 이 접근법은 저소득 개념에 서 출발하기 때문에 이에 대한 비판으로 박탈 등의 개념이 대두된 것이다.

---

15) 중위소득(median household income)

주관적 방법

'주관적 방법'은 최저소득수준에 대해 일반인들에게 설문을 통해 얻은 답변에 근거하여 빈곤선을 정하기도 하고 본인이 직접 평가해서 정하기도 한다. 그래서 이 방법을 '합의적 방법'이라 칭하기도 한다. 이 방법은 네덜란드의 라이덴대학 교수들이 처음 개발했는데 장점은 빈곤선을 전문가나 정부가 정하는 것이 아니고 일반사람들이 정하기 때문에 보다 더 현실성이 있다는 점이다. 그러나 설문지 구성이 쉽지 않아 설문지 작성자의 주관이 개입되기 쉽고, 빈곤선을 정하는 시기, 기준선을 정하는 집단의 특성, 지역과 국가, 경제적, 사회적 상황에 따라 빈곤선이 크게 달라질 수 있다는 단점이 있다.[18]

주관적 방법의 하나로 '법적방법'을 들 수 있는데 이는 사회보장과 공공부조 등을 위해 법에서 정한 것을 말한다. 법에서 정한 국민의 기본권을 보장할 수 있도록 정책시행을 위해 구체적으로 정하는 것으로 정책적 빈곤선이라고 할 수 있다. 정책적 빈곤선은 성격상 앞서 제시한 빈곤선을 정하는 방법을 사용하여 정하는 것으로 새로운 빈곤선을 정하는 방법은 아니다.

3. 배제자와 박탈자

빈곤의 함정과 책임

빈자의 새로운 이름인 배제자와 박탈자는 어떻게 생겨나는가? 우리 사회는 오래 전부터 가난의 탓을 개인에게 돌리는 경향이 강했다. '가난은 나라님도 구제 못한다.', '가난이 원수' 등의 속담 속에서도 이러한 사회의식이 잘 드러나는데 이는 어느 정도 옳은 진단이다. 사실 적은 수입을 가지고도 오랜 기간 절약과 저축을 통하여 어느 정도 부를 이룬 사례도 많고 무일푼으로 시작하여 사업에 성공하여 큰 부자가 된 경우도 많다. 또한 일찍이 부모유산을 받아 처음부터 부자로 인생을 출발한 경우도 있다. 반면에 있는 돈도 계획성 없이 흥청망청 쓰다가 망해버린 경우도 있고, 투자를 잘못하여 재산을 순식간에 잃어버린 경우도 있다. 열심히 돈을 벌어 어느 정도 안정적인 상태가 되었으나 도박이나 마약 등 투기에 빠져 패가망신하는 경우도 있다. 평생 모은 재산이나 퇴직금을 사기에 휘말려 일순간 잃어버린 경우도 있다. 가난한 환경에서 자랐으나 열심히 공부하여 전문가로 성공한 사람도 있고 개인적인 능력부족으로 평생을 수입이 적은 직업을 전전하다가 생을 마감한 경우도 있다. 그뿐이 아니다. 심신의 장애로 인하여 아예 직업사회에 발을 들여 놓지도 못한 사람이 있는가 하면 열심히 경제활동을 하다가 불의의 사고로 경제력을 상실하여 빈곤에 처하게 된 경우도 있다. 노후대책이 잘되어 여생을 편히 보내던 중 자식의 사업자금 대출에 보증을 섰다가 잘못되어 하루아침에 월세 방을 전전하는 처지가 된 사람도 있다.

이렇듯 긴 인생의 여정에서 가는 곳곳마다 갖가지 빈곤의 함정이 도사리고 있는 것이다. 어쩌다가 이 함정에 한번 빠지면 여간해서는 벗어나기가 어렵다. 함정에 빠진 자는 박탈자로서 배제자의 길을 가게 되는 것이다. 이렇게 보면 빈곤의 원인이 개인적 요인에 있다고 해도 과언이 아닐 성싶다.

그러나 빈곤발생의 원인을 자세히 들여다보면 빈곤문제를 개인적인 문제만으로 치부하기 어려운 보다 근본적인 문제가 있다는 것을 알 수 있다. 그렇다고 한다면 빈곤의 원인은 어디에 있으며 어떻게 발생하게 되고 그 책임은 누구한테 있는 것인가?

빈곤의 근본적인 원인은 소득의 불평등에 있다. 이 소득불평등이 개인 간에 부의 격차를 야기시키고, 이 격차에 의해 빈곤이 발생하게 된다고 볼 수 있다. 즉, 빈곤의 원인이 되는 부의 격차는 개인적 요인과 사회 환경적 요인이 복합적으로 작용한 결과로써 발생하게 되는 것이다. 각 개인은 타고난 능력이 다르고, 가정의 환경이 다르고, 교육훈련 등 성장과정이 다르다. 이렇게 각자 서로 다른 배경을 가지고 직업사회에 뛰어든다. 처음부터 불평등하게 출발하여 경쟁 속에서 살아가게 되는 것이다.

이와 같이 시작부터 발생한 부의 격차는 시간이 흐름에 따라 더욱 심화 또는 조정되는 과정을 겪게 된다. 이는 경제활동과정에서 인간의 탐욕과 부익부 빈익빈과 같은 자본주의의 구조적 모순이 상호작용한 결과라고 할 수 있다. 각 개인들은 이러한 과정에서 위에서 본 바와 같이 많은 부를 쌓기도 하고, 순간 부를 잃기도 하고, 처음부터 부의 축적기회를 얻지 못하기도 하고, 꾸준한 노력으로 일정한 부를 쌓기도 하는 등 다양한 삶의 궤적에 의한 부의 스펙트럼을 형성하게 되는 것이다.

결론적으로 자본주의 체제와 개인의 자유와 권리가 보장되는 한 사회정의에 입각한 어떠한 공정한 경쟁의 룰을 적용한다 하더라도 빈곤의 발생은 불가피하다고 할 수 있다. 따라서 어떤 경우든 부의 격차는 불가피하고 빈곤의 문제는 이 격차의 크기에 비례한다고 볼 수 있다. 격차의 최하위에 있는 계층이 빈곤층에 해당하고 이 계층 중에서도 생계유지가 어려울 정도의 극 빈곤층이 절대 빈곤층에 해당한다. 우리는 이들을 배제자와 박탈자라고 부른다.

이렇게 보면 빈곤의 문제는 격차의 최하위에 있는 이 계층을 어떻게 관리하느냐의 문제라고 할 수 있다. 이는 소득불평등과 자산불평등을 어떻게 다루어야 하는지의 문제이고, 이를 다루는 것은 사회정의와 맞닿아 있는 것이다. 그런데 이 격차의 크기는 같은 자본주의 체제 내에 있다 하더라도 나라마다 차이가 있다. 각 나라의 사회환경적 요인, 즉 개인의 능력의 차이에 의한 부의 축적을 용인하는 범위와 직업사회의 낙오자, 다시 말하면 배제자와 박탈자를 대열에 합류시키는 역량이 격차의 크기를 결정한다고 할 수 있다. 결국 빈곤은 소득불평등을 야기시키는 국가사회운용시스템에 의해 발생되고 이에 대한 책임은 이 시스템을 운용하는 주체에 있다고 할 것이다.

배제자와 박탈자

빈곤의 함정에 빠져 있는 사람들, 즉 배제자와 박탈자를 '취약계층'이라고 부른다. 사회적 기업 육성법 제2조 제2호에서 「취약계층이란 자신에게 필요한 사회서비스를 시장가격으로 구매하는 데에 어려움이 있거나 노동시장의 통상적인 조건에서 취업이 특히 곤란한 계층」으로 정의하고 있고, 동법 시행령 제2조에서 취약계층을 다음과 같이 구체적으로 열거하고 있다.

〈표 2-15〉 취약계층

---

01. 가구 월평균 소득이 전국 가구 월평균 소득의 100분의 60 이하인 사람
02. 고령자 ('고용상 연령차별금지 및 고령자고용촉진에 관한 법률' 제2조 제1호)
03. 장애인 ('장애인고용촉진 및 직업재활법' 제2조 제1호)
04. 성매매피해자 (성매매알선 등 행위의 처벌에 관한 법률' 제2조 제1항 제4호)
05. 신규고용촉진장려금의 지급대상이 되는 사람 ('청년고용촉진특별법' 제2조 제1호에 따른 청년 중 또는 '경력단절여성 등의 경제활동 촉진법' 제2조 제1호에 따른 경력단절여성 등 중 '고용보험 법 시행령' 제26조 제1항 및 별표 1에 의한 대상자)
06. 북한이탈주민 ('북한이탈주민의 보호 및 정착지원에 관한 법률' 제2조 제1호)
07. 가정폭력 피해자 ('가정폭력방지 및 피해자보호 등에 관한 법률' 제2조 제3호
08. 결손가정 보호대상자 ('한 부모가족지원법' 제5조 및 제5조의 2)
09. 결혼이민자 ('재한외국인 처우기본법' 제2조 제3호)
10. 갱생보호 대상자 ('보호관찰 등에 관한 법률' 제3조 제3항)
11. 구조피해자가 장해를 입었거나 사망한 경우 그 구조피해자 및 그 구조피해자와 생계를 같이 하는(했던) 배우자, 직계혈족 및 형제자매 ('범죄피해자 보호법' 제16조)
12. 1년 이상 장기실업자 등 고용정책심의회의 심의를 거쳐 취약계층으로 인정한 사람 ('고용정책기본법' 제10조)

위와 같은 취약계층의 면면을 보면 독자적으로 경제활동을 하기가 쉽지 않은 사람들이다. 이 계층은 이 책의 화두와도 같은 '먹고 사는 문제'와 '함께 사는 문제'가 모두 걸려있는 계층이다. 국가는 이들의 문제를 해결해야 할 책임이 있다. 그래서 문제해결을 위한 여러 가지 정책을 시행해왔다. 이를 통칭하여 사회정책이라고 할 수 있는데 사회정책은 정책대상의 범위, 시기, 방법 등을 두고 국가마다 많은 논쟁을 거치면서 다양한 형태로 수행되어 왔다.

제 3 장

기업과 경영

1. 우리에게 기업이란 무엇인가?

기업의 생로병사

인간은 태어나면 부모의 보호하에 성장하여 청년기를 지나면서부터는 독립적으로 자기인생을 살아간다. 실아기는 과정에서 어떤 사람은 평범하게 생을 마감하기도 하고 어떤 사람은 커다란 업적을 남기기도 한다. 또한 어떤 사람은 장애자가 되기도 하고 병이 들거나 사고로 생을 마감하기도 한다. 그리고 후손들은 선대의 유지를 받들어 대를 이어 또 다른 삶을 살아가게 된다. 이것이 모여 가문의 역사가 되고 이 가문의 역사가 모여 국가와 민족의 역사가 되는 것이라 할 수 있다.

기업은 법인16)이다. 즉, 기업은 법으로 만든 인간인 것이다. 그래서 기업도 인간의 삶과 유사한 생을 보내게 된다. 한 기업이 태어나면 잘 자라서 크게 성장할 수도 있고 중간에 병이 들거나 사망할 수도 있다. 잘 성장한 경우는 후대에 물려주어 대를 잇게 됨으로써 인간과 같이 생로병사의 과정을 거치면서 인간과 유사한 역사를 만들어 가게 되는 것이다.

바꾸어 말하면 기업은 회사라는 형태로 운영되는데 회사는 상법상 회사 설립절차에 의해서 태어난다. 회사가 성장과정에서 잘못되는 경우 관련법에서 정한 회생절차를 거쳐 재생할 수도 있고, 재생이 불가능한 경우는 해산 및 정산절차에 의해 사망선고를 받게 된다. 잘 성장한 경우에는 기업승계라는 상속의 절차를 거쳐 후대에 이어지면서 기업의 역사를 만들어 나가는 것이다.

그런데 기업의 역사를 살펴보면 그 생애가 순탄치 않다는 것을 알 수 있다. 포춘지가 세계 500대 기업을 선정하기 시작한 1955년 이래 2008년까지의 53년 동안 최초 500개 기업 중에서 이때까지 살아남은 기업은 71개에 불과하고 429개가 사라졌다고 한다. 그리고 이 53년 동안 2,000여 개의 기업이 등장했던 것이다.[19] 기업의 생애는 과도하게 짧다.

우리나라의 경우 특혜 속에 태동하고 성장했다는 1960년대에 한국 10대 기업 중 1992년 기업조사 당시까지 10대 재벌에 남아있는 기업은 삼성과 엘지 두 개뿐이었다고 한다. 그리고 지난 1965년 이후 국내 100대 기업 가운데 35년이 지난 2000년 말 현재까지 생존한 기업은 제일제당, 제일모직, 한진해운, 두산, 대림산업, 한화, 엘지전

---

16) 법인(法人)

자, 삼성생명 등 16개에 지나지 않는다고 한다. 겨우 16%만 생존했고 나머지 84%의 기업은 35년도 채 안되어 운명을 달리한 것이다.

1997년에 발생한 아이엠에프 사태는 수많은 기업을 사망에 이르게 했다. 그해 1월 한보철강의 부도를 시작으로 삼미, 진로, 대농, 기아, 한라, 쌍방울, 수산, 극동, 청구, 나산, 동아, 거평 등의 많은 재벌그룹이 붕괴했다. 이 여파는 금융기관의 부실화로 이어져 은행의 경우 국내 최장수 기업이었던 조흥은행을 비롯한 상업은행, 한일은행, 그리고 신설은행이었던 동화은행, 대동은행 등이 모두 생을 마감하고 역사 속으로 사라졌다. 1997년 26개였던 은행이 2004년에는 14개로 거의 절반가량이 감소한 것이다. 앞서 포춘지가 선정한 세계 500대 기업을 다시 한 번 살펴보면 2000년에는 우리나라기업이 11개 기업이, 그로부터 10년 후인 2010년에는 14개 기업이 포함되었다. 1969년에 설립된 삼성전자의 순위는 2000년에는 92위였고 2010년에는 22위를 기록했다.

이렇듯 기업은 지속적으로 생존하기가 매우 어려운 환경에 처해 있다. 이는 기업이 치열한 경쟁 속에 있을 뿐만 아니라 계속 기업으로서 생존을 위해서는 지속적인 성장을 해야 하는데 이 성장 또한 보통 문제가 아니기 때문이다.

삼성전자의 기적

사실 기업은 직업인의 일터로서 직업인의 생계를 책임지고 있는 직업사회의 본체라고 할 수 있다. 기업이라는 것이 우리에게 의미하는 것이 무엇인가를 설명하려다 보니 문득 소싯적에 어르신들이 뒷짐 진 손에 까맣고 큼직한 배터리에 왕관과 같은 상표가 달린 금성트랜지스터라디오를 묶은 것을 쥐고, 크게 틀고 걸어가던 모습이 떠올랐다. 이는 1960년대 어린 시절을 보낸 사람은 누구나 본 적이 있는 흔한 풍경이었다. 그 무렵이 초등학교 시절이었는데 어느 날 음악을 좋아하시던 아버지가 무슨 제품인지는 잘 기억이 나지 않으나 일본전축을 사오셨다. 당시 동네사람들이 구경 와서 들은 그 전축에서 흘러나오는 환상적인 소리를 잊을 수가 없다. 그 소리는 지적거리는 트랜지스터라디오에서 나오는 노래와는 비교할 수가 없는, 아니 비교 자체가 황송한 천상의 선녀들의 합창이라고 해도 모자랄 성싶은 소리였다.

그 뒤로 까까머리 중학생이 되었다. 물리, 화학, 생물 등 새로 배우는 과학과목에서 오옴의 법칙 등 그렇게 많은 법칙들이 나오는데 한국 사람의 이름은 단 한명도 없었다. 과학 선생님께 '우리나라 사람이 만든 법칙은 없습니까?'하고 물었던 기억이

나고, 우장춘 박사의 씨 없는 수박이야기를 그때 들었는지 잘 모르겠으나 크게 실망했던 기억도 난다.

아무튼 당시 조악한 우리 전자제품을 볼 때 우리 제품이 소니 제품을 능가한다는 것은 상상조차 할 수 없는 기적에 가까운 일로 결코 있을 수 없는 일이었다. 일본제품과 비슷한 것을 만드는 것조차 도저히 불가능해 보였다. 극단적으로 표현하면 당시 우리나라 전자제품이 인간이 만든 것이라면 일본의 전자제품은 신이 만든 것이다. 정말 그렇다. 감히 어떻게 신에게 도전할 수 있단 말인가.

그들이 누구인가. 쏘니, 도시바 등등의 대기업들이 기존 전자제품은 물론 워크맨 등의 신제품을 앞세워 세계를 평정한 회사들이 아닌가. 어디 그 뿐인가 그로부터 반세기 전에는 우리 귀에도 익숙한 미쓰이, 미쓰비시, 스미토모와 같은 대기업들이 힘을 모아 지금도 우리나라는 만들기가 어려운 군함을 만들어 자기나라가 미국과 전쟁을 하게 만든 장본인들이 아닌가.

그런데 엘지가 골드스타 트랜지스터라디오를 만들기 시작한지 반세기도 채 지나지 않아 기적이 일어났다. 오늘날 삼성전자는 소니, 샤프, 파나소닉 등 일본의 대표적인 전자업체를 따돌리고 세계적인 기업으로 우뚝 선 것이다. 더욱이나 산업의 쌀이라고 일컬어지는 반도체 분야에서 전인미답의 신천지를 발견하여 우리 것이라는 깃발을 꽂았다. 새로운 기술진보의 주기를 설명하는 '황의 법칙'이라는 국제적 통용어를 만들어 내면서 세계의 모든 나라들을 제치고 맨 앞에서 새로운 길을 개척해 나가고 있는 것이다. 그야말로 이 회사는 감히 신에게 도전하여 이긴 것이다. 이 회사는 근대 개화기 이후 모든 분야에서 서구문명을 배우고 따라 하기에 급급한 은둔의 나라, 코리아에서 태어나고 성장한 법으로 만든 인간이다.

기업이 우리에게 주는 의미

우리나라가 자본주의 경제체제를 유지하고 있는 한은, 그리고 생계를 위한 어떤 새로운 개념의 일터를 만들어 내지 않은 한은, 생계유지 수단인 일자리를 제공하는 곳은 기업이다. 따라서 기업이 존속해야 함은 이론이 있을 수 없는 당연한 명제라고 하겠다. 사실 기업이라는 것은 서구의 산물이지만 우리나라도 찬란한 문화유산을 꽃 피운 장인정신이라는 것이 있다. 만약 자본주의가 우리나라에 도입되지 않았다면 생계를 위한 일자리 문제는 꼭 오늘날의 기업이 아니더라도 어떤 형태로든지 일터가 만들어져서 계승·발전되어 왔을 것이다.

200년 전 정조대왕은 경기도에 화성을 축성했다. 연인원 70만 명이 동원된 대규모 공사로 당초 계획 시 10년이 넘게 걸릴 것으로 예상했는데 2년 4개월 만에 완성했다고 한다. 1974년 7월 초6일 정조의 교지를 보면 「… 이 공사는 어느 일이든지 마땅히 민심을 기쁘게 하고 백성들의 부역을 늦추어 주는 데에 힘써야 한다. 만약에 만의 하나라도 백성을 괴롭히는 처사가 있다고 한다면 설영 공역이 단시일 내에 이루어지는 일이 있다손 치더라도 이는 나의 본의가 아니다」라고 되어 있다.[20]

요즈음 건설회사에서 강조하는 공기단축을 하지 못하게 하면서도 이렇게 빨리 공사를 완성한 것이다. 이 화성공사의 백서에 해당하는 의궤를 보면 전체공사를 총지휘하는 리더십, 직무분석, 성과관리, 실명제 노무관리, 공정성과 솔선수범, 책임과 권한 등을 완벽하게 적용하여 이 대역사를 완성했다는 것을 알 수 있다. 공사과정을 보면 오늘날의 건설회사의 관리체계보다 오히려 더 낫고, 직업윤리도 잘 확립되어 있었던 것 같다.

이와 같이 근대 이전에도 사회 각 분야에서 나름 일을 해왔으나 불행히도 우리는 일을 통한 '먹고 사는 문제'의 해결방안을 우리방식대로 계승·발전시키지 못한 것이다. 우리는 우선 기업의 생존, 나아가 성장·발전의 방안을 꾸준히 모색해야 한다. 그리고 지금까지 운영해 온 자본주의 경제체제의 모순과 드러난 문제점에 대해 이를 제거하고 해결하는 방안도 함께 찾아내야 한다, 또한 실학파의 탐구정신을 본 받아 자본주의 경제체제보다 더 나은 경제운영방식은 없는지 연구해야 한다.

우리 조국의 산하에서 배워야

그러나 이보다 더 중요한 것은 현재의 상황, 즉 글로벌 경쟁시장에서 어떻게든 살아남는 일이다. 나아가 각 산업분야에서 시장점유율 1위를 달성하여 세계적인 선도 기업으로 성장·발전하는 일이다.

우리는 앞서 기업의 생애는 인간의 생애와 비슷하다는 것을 알았다. 다만 다른 점이 있다면 기업은 생존자체를 위해 그야말로 사투를 벌여야 하는 환경 속에 있다는 점이다. 세계적인 기업이었던 소니와 같은 회사가 몰락하리라고 누가 상상이나 했겠는가? 아무리 강한 기업이라도 지속적인 생존을 보장할 수 없는 것이다. 그래서 인지는 모르나 생존기간이 인간에 비해 지나치게 짧다. 그러나 인간은 늙으면 반드시 죽지만 기업은 영원히 살 수도 있다는 점 또한 다른 점이다. 그래서 인간과 마찬가지로 기업의 생애가 성공적인 것이 될 수 있도록 관리를 해야 한다. 일단 법인이 태어나면 건강하고 훌륭한 성인으로 자랄 수 있도록 잘 돌보아야 하고 성인이 되면 독립적으로 잘 살아갈 수 있도록 역량을 강화해주어야 한다. 살아가는 과정에서 병에 걸리면 치료를 해주어야 하고 불가피하게 사망한 경우 피해를 최소화 할 수 있게 해주어야 한다. 그리고 기업은 태어날 때부터 국가적 사명과 사회적 책임을 다하도록 가르쳐야 한다. 이는 국가를 운영하고 있는 책임자의 책무이자 의무이다. 책무와 의무는 정부에만 있는 것이 아니다.

기업은 가계의 생계를 책임져야 한다. 가계 또한 자기가 속한 기업이 계속기업으로써 성장·발전할 수 있도록 하는 책임이 있다.

우리는 우리 조국의 산하에서 배워야 한다. 백두산과 한라산과 같은 장대한 산과 아름다운 금강산을 비롯하여 백두대간으로 이어지는 견고한 산맥을 따라 크고 작은 산들이 갖가지 모습으로 위용을 뽐내고 장관을 이루고 있는 이들은 마을 앞 작은 동산까지 모두 힘을 합하여 젖줄을 만들어 강물을 흘려보내고 크고 작은 들을 감싸고 있다. 우리는 우리의 직업사회가 이러한 모습으로 전개될 수 있도록 기업을 가꾸고 키우는 토양과 풍토를 조성해야 한다.

직업사회의 3주체의 책무와 역할에 대해 좀 더 구체적으로 논의해 보자. 가장 큰 역할을 해야 하는 주체는 국가운영을 책임지고 있는 정부이다. 보다 명쾌하게 국가로 표현하기로 한다. 국가는 새로 태어난 기업이 크게 성장할 수 있도록 여건을 조성해주어야 한다. 또한 이 기업이 성장·발전하는 과정에서 사회적 책임과 의무를 다하는지를 지켜보아야 한다. 그리고 이 기업을 후대에 물려주고자 할 때 이를 순조롭게 물려줄 수 있도록 지원을 아끼지 말아야 한다. 이를 이어 받은 후손은 대를 이어 기업을 존속시키는 것은 물론 성장·발전할 수 있도록 최선을 다해야 한다. 이렇게 하여 모든 국민이 흠모하고 존경을 한 몸에 받는 100년이 넘는 전통을 가진 기업이 많이 나타날 수 있도록 해야 한다. 우리 조국의 산하와 같이 크고 작은 산봉우리들이 우뚝 설 수 있도록 해야 하는 것이다.

뿐만 아니라 이런 찬란한 기업승계문화를 본받아 이와 같은 기업의 시조가 되겠다고 나서는 젊은이가 넘쳐나도록 직업사회의 분위기를 조성해 주어야 한다. 이렇게 젊은이의 도전정신을 일깨우려면 만약 도전에 실패로 끝났더라도 인생이 끝난 것이 아니라 얼마든지 오뚝이처럼 다시 일어설 수 있다는 믿음을 가질 수 있는 환경을 만들어 주어야 한다. 국가가 해야 할 일은 또 있다. 모두가 기꺼이 따를 수 있는 원칙과 공정경쟁의 룰의 예외 없는 적용으로 기업이 마음껏 능력을 발휘할 수 있는 장을 만들어 주어야 한다. 백두산과 같은 산이 더 많이 생겨나도록 해야지 백두산이 너무 높다고 무너뜨리는 일을 해서는 안 된다.

다음은 직업사회 자체라 할 수 있는 기업과 가계의 바람직한 관계에 대해서 논의해 보자. 양자가 상호 신뢰하에 역할과 책임을 다할 수 있도록 하는 새로운 문화 창조가 필요하다고 보여 진다. 법으로 인격을 만들어 법인, 즉 기업을 만든 것처럼, 관습법으로 새로운 혈연관계, 즉 '기업가족제도'를 만들어 내는 것도 한 방안이다. 우리의 가족관계는 세계적으로 그 유래가 없을 만큼 끈끈하다고 한다. 우리나라 기업을 '많은 입양자녀를 둔 가정'으로 정의내리고, '법인'에 대해 법적으로 뒷받침하여 존립을 보장하는 것처럼 이 가정에 대해서도 그렇게 하여 '기업가족' 문화를 조성해야 한다고 본다. 가족은 공동운명체다. 입양한 자식과 친자식은 다르다는 점은 분명히 인식해야 한다. 그러나 입양한 자식도 엄연한 자식이다. 가정이 경제적으로 아무리 어려워졌다고 할지라도 가장은 자식을 버릴 수는 없는 노릇이다. 그리고 자식들은 가족의 행복과 명예를 위하여 성과 실을 다하여 헌신해야 한다. 부모가 이혼하여 가족이 해체되어 버린다면 몰라도 가족구성원은 자기 가정에 어떤 난관이 있더라도 함께 힘을 합하여 이를 헤쳐 나가는 것이 아니겠는가.

2. 기업의 역사 및 사회변화의 조망

우리나라는 거의 반세기 전만 하더라도 신생독립국가로 정치적·사회적 불안이 팽배했고 1950년에는 내전까지 발생, 3여 년에 걸친 전쟁으로 폐허가 되었다. 1960년대 초만 하더라도 지디피가 100달러도 안 되고, 농업·어업취업자가 63%를 차지하는 최빈국의 하나였다. 지금의 서울의 장충동 실내체육관은 1963년에 지은 것인데 당시 지붕 돔을 설치할 기술이 없어 필리핀에서 기술자를 모셔 와서 시공했다고 한다. 이 믿기지 않은 사실이 사실일 만큼 변변한 기술력 하나 없는 보잘 것 없는 나라였다. 그러나 오늘날 우리나라는 지디피가 27,000달러에 이르고, 교역량이 세계 10위 안팎을 기록하고 있는 경제대국이 되었다.

이와 같은 경제발전의 실체는 기업의 성장·발전과 그 성과물에 다름없다 할 것이다. 따라서 기업성장·발전과정을 살펴보는 것은 보다 나은 직업사회의 미래의 초석이 된다는 점에서 중요한 의의가 있다고 하겠다.

기업의 역사를 다룬 여러 연구들을 보면 주로 정권교체를 기준으로 구분하여 기술한 경우가 많고, 경제발전과정에 대한 연구의 경우는 10년 주기, 또는 전환점이 될 만한 주요 경제적 이슈를 중심으로, 또는 정치적 변화에 따라 다양하게 구분하여 기술하고 있으나 내용면에서는 크게 다를 바 없다. 또한 연구 자료들 간에 중복기술된 부분이 많은데 이는 역사적 사실을 중심으로 기술한 것으로 당연한 것이라고 할 수 있다. 따라서 이와 같은 연구들을[21] 참조하여 <표 2-16>에서 보는 바와 같이 기업의 성장·발전과정을 8단계로 구분하여 당시의 경제·사회적 환경과 함께 조망하였다.

〈표 2-16〉 기업의 발전단계 구분

구분	년도	단계별 구분	구분기준
제 1 기	1945~1961	근대기업 형성기	제1차 경제개발5개년계획 직전
제 2 기	1962~1971	기업성장기반 구축기	제1,2차 경제개발5개년계획 기간
제 3 기	1972~1979	기업의 비약적 성장기	유신체제 기간
제 4 기	1980~1992	기업구조 고도화와 글로벌시장 진출기	제5, 6공화국
제 5 기	1993~1997	재벌기업 성숙기	문민정부(아이엠에프 외환위기)
제 6 기	1998~2007	기업구조 조정과 사회패러다임 전환기	국민정부, 참여정부
제 7 기	2008~2012	양극화 및 기업국가 형성기	실용정부
제 8 기	2013~현재	글로벌 시장 및 인공지능 시대 진입기	박근혜 정부 이후

기업의 역사 및 사회변화의 조망

(1) 제1기 근대기업 형성기(1945~1961)

기업태동 시점을 언제부터 보아야 할지는 애매하다. 일제강점기에서 민족기업이 설립되는 때로 볼 수는 있으나 근대적 기업형태를 갖춘 기업으로 보기는 어렵다. 더구나 해방과 더불어 정치·사회적 혼란이 지속되다가 1950년 남·북간 내전으로 인해 모든 자원이 파괴되어 기업이 정상적으로 경제활동을 할 수 있는 여건도 아니었다. 전후 외국, 특히 미국의 무상원조에 의해 우리나라 경제가 회복되었다고 볼 수 있는데 이 원조에 의해 경공업 중심의 근대적인 의미의 기업이 형성된 것으로 보는 것이 대체적인 시각이다. 따라서 이 시기에는 대기업과 중소기업의 구분이 불필요할 정도로 기업규모도 크지 않았고 내수위주의 소비재공업이 발달하게 된다. 1960년도에 중소기업육성을 중심으로 하는 물가안정, 수출증대, 세제문제 등에 관한 6개 주요경제시책을 발표하였고 1961년에 '중소기업협동조합법'과 '중소기업사업조정법'이 제정되고 중소기업은행도 설립되었다.

(2) 제2기 기업성장기반 구축기(1962~1971)

이 기간은 제1, 2차 경제개발 5개년계획 기간인 약 10년간의 기간이다. 이 기간에는 국가에서 육성하기 위한 특정산업을 선정하여 각종 지원을 집중함으로써 관련기업을 육성하였다. 제1차 계획기간(1962~1966)에는 정책목표를 기간산업의 육성에 두고 전력, 비료, 합성섬유, 시멘트 등의 산업을 육성시켰는데, 이 기간에 무상원조가 끝이 나자 정부는 유상원조와 외자에 의한 합작방식으로 기업을 설립하도록 지원하였다.

이 기간에 비로소 중소기업에 대한 정부의 정책이 본격적으로 추진된다. 1966년에 이르러 '중소기업기본법'이 제정·시행되는데 이때에는 이미 대기업과 중소기업의 격차가 드러나면서 중소기업에 대한 정책이 이전의 포괄적인 정책에서 선별적인 육성정책으로 전환하게 되고 취약한 중소기업의 문제점을 해결하는 방안을 마련하는 시기이기도 하다.

제2차 경제개발 5개년계획(1967~1971)에서는 자립경제를 확립한다는 장기목표 아래 철강, 석유화학, 기계 산업을 3대 전략산업으로 육성에 힘을 기울였다. 이 기간에는 석유, 비료, 시멘트, 화학섬유, 전기기기 등 수출산업 및 수입대체산업이 집중적으로 육성되었는데 수출금융과 원자재구입자금 등 저금리 정책자금을 집중 지원하여 해당기업의 안정성장의 기반을 구축할 수 있게 지원하였다. 이러한 정책추진은 오늘날 각 분야에서 많은 문제점을 제기하고 개혁을 외치게 만드는 재벌탄생과 독점자본주의의 배경이 된다.

이 시기는 재벌의 기반이 조성되는 독점자본주의 형성의 시대였다고도 정의할 수 있는데 이때는 삼성, 한진, 쌍용, 신진, 현대, 한국화약, 극동, 대농 등이 대표적인 재벌기업이었다. 이 기간에는 월남파병으로 월남특수가 발생하였고, 1965년 한일국교 정상화와 대일청구권자금 타결로 이 돈이 포항종합제철공장 건설 등에 사용되었다는 점과 중공업비율이 높아져 1966년에는 중공업비율이 30%를 넘어 중화학공업이 본격 육성되었다는 점을 특기할 수 있다.

(3) 제3기 기업의 비약적 성장기(1972~1979)

제3기는 제3차 경제개발 5개년 계획 시작년도부터 10.26이 발생한 1979년까지의 8년간을 말한다. 이 기간은 강력한 경제관료 중심의 경제운용으로 정부가 경제성장의 주도적인 역할을 한 시기이다. 기업의 생사여탈권을 가질 만큼 지나친 권한행사 즉 과도한 인허가제 실시에 따른 특혜, 수출입허가제, 자의적인 시장진입제한 등 많은 부작용을 낳은 관료자본주의 시대였다고 정의할 수 있는 시기이다. 이러한 정책은 세계사에 유래가 없을 만큼 단기간에 부국(경제)의 기적을 이뤄낸 것으로 그 공을 누구도 부인할 수 없지만 과[17] 또한 공에 못지않은 정책이기도 하다. 수출만이 살길이라는 정부의 구호 아래 수혜를 입은 기업은 비약적으로 성장하였는데 수출위주의 정책으로 대외의존도가 심화된 시기이다.[22]

1970년대는 1973년·1979년 2차례의 석유파동과 외채의 누증, 국제무역수지의 약화, 중소기업의 위축, 수출과 내수산업간의 불균형 등 각종 악재에도 불구하고 거의 10%에 가까운 경제성장을 기록한 시기이기도 하다.

그러나 정치적으로는 1972년 '10월 유신'이 발생하여 긴급조치가 1~9호까지 발동되면서, 와이에이치 사건[18], 부마항쟁 등 민주화 운동이 끊이지 않았고 결국 1979년 10.26사태가 발생하여 군사독재정권이 막을 내림으로써 한 시대를 마감하게 된다.

사회적으로는 이 시기는 1960년대 방송을 시작한 텔레비전의 본격적인 보급으로 대중문화가 크게 발달하게 되었고, 큰 화제가 된 미니스커트, 장발, 청바지, 통기타 등으로 대변되는 청년문화론이 급속하게 번져 이후 80년대까지 다양한 대중문화를 꽃피우게 만드는 기반을 조성하는 시기로 80년대의 민주화를 위한 대학생의 데모로 시작하여 데모로 날이 새는 격정의 시대를 여는 미명의 시기이기도 하다.

(4) 제4기 기업구조 고도화 및 글로벌 시장 경쟁기(1980~1990)

이 시기도 매년 10% 이상의 높은 경제성장율을 기록하였다. 1980년대 후반기에는 국민 1인당 지엔피가 5,000달러를 넘게 되는데 저유가, 저금리, 저달러의 소위 '3저 효과' 등으로 인해 단군 이래 최대호황이라는 풍요의 시대였다. 이 시기의 정부정책은 지식·정보산업의 개발에 중점을 둔 것으로 주요산업도 70년대 석유화학, 시멘

---

17) 공과(功過) : 공로와 과실(잘잘못)
18) 와이에이치 사건 : 가발제조업체인 YH무역이 부당한 폐업을 공고하자 이 회사 노동조합원들이 회사 정상화와 노동자의 생존권 보장을 요구하며 1979년 8월 신민당 당사에서 농성을 벌인 사건.

트, 철강위주에서 조선, 자동차, 전자제품으로 변화되었고 우리나라 기업구조도 고도화되어 기술집약적 산업이 비약적으로 성장하게 된 것이다.

이 시기는 민주화 요구가 봇물처럼 터져 나온 시기이기도 한데 노사분규가 매우 심하여 기업의 입장에서는 특히 임금인상요구로 몸살을 앓은 시기이기도 하다. 노사분규 결과 생산직 근로자의 임금증가율은 1987년 11.8% 1988년 20.5%, 1989년 18.1%로 매년 두 자리 수 이상을 기록하였다. 이는 화이트컬러와 블루컬러의 임금격차를 해소하는 역할도 한 것인데 기업경영에 많은 변화를 가져왔다.

정치·사회적인 면에서 이 시기는 민주화에로의 큰 전환점이 된 시대이기도 하다. 12.12사태와 더불어 등장한 신군부의 언론 통폐합과 정치탄압, 6.25 이래 민족 최대비극이라는 1980년 광주민주항쟁, 박종철 고문치사 사건, 이한열 최루탄 치사사건 등이 모두 이 시기에 일어났다. 전두환 정권이 4.13호헌조치를 발표하고 대통령 간선제를 밀어부치려 하였으나 대학교수들의 각종 시국선언 등 각계각층의 반대여론과 학생은 물론 소위 넥타이 부대의 반대시위가 격화되어 결국 6.29 선언을 이끌어 내고 대통령 직선제가 실시된 것이다.

사회적으로는 앞서 언급한 바와 같이 민주화, 자유화바람이 거세지면서 노사분규도 극심하게 발생했는데 1979년 소위 10.26 이듬해 '서울의 봄'으로 고조된 민주화 분위기 속에서 발생한 강원도 탄광의 '사북사태'는 사회적으로 큰 충격을 주었으며 이는 80년대 노동자 투쟁의 발화점이 되었다.

이 시기에 야간 통행금지가 해제되고 일제잔재의 상징물과 같았던 중·고생의 두발과 교복의 자율화가 시행되었다. 또한 프로야구가 출범하고 1984년에는 모든 방송이 컬러로 송출되었는데 이는 우리나라 문화계에 컬러 혁명을 일으켜 70년대에 기반이 조성된 다양한 대중문화를 활짝 꽃피게 만드는 계기가 된 것이다.

1989년 7월에 '경제정의실천시민연합(경실련)'이라는 우리나라 최초의 시민단체가 출범했다. 이 단체는 '일한 만큼 대접 받는 공정한 사회, 검은 돈이 사라지는 투명한 사회, 돈 안 드는 선거, 깨끗한 정치가 실현된 사회, 부정과 부조리가 근절된 밝은 사회, 자연과 인간이 함께 하는 건강한 사회, 사회적 공공성이 실현되는 합리적인 사회'를 정착시키는 데 목표를 두고 활동을 전개하였다. 이후 시민단체는 우후죽순처럼 생겨나 공해라 일컬을 만큼 평가절하 되었지만 경실련에서 비롯한 시민단체는 많은 영향력을 행사하면서 시민의 주권의식과 민주의식을 고양시키는 데 크게 기여하였다. 특기할만한 것은 1986년 아시안 게임이 개최되고 뒤이어 1988년 우리나라에서 올림픽이 개최됨으로써 민주화와 더불어 은둔의 나라 '코리아'를 세계에 널리 알리는 계기가 된 시기이기도 하다.

(5) 제5기 재벌기업의 성숙기(1991~1997)

이 시기는 우리나라가 경제대국으로 성장하면서 국제적으로 시장개방의 압력이 가중되어 금융 및 국제무역의 자유화를 추진하지 않을 수 없었던 시기이다. 1995년부터 출범한 '세계무역기구'는 강력한 법적 구속력을 가진 기구이다. 이는 세계경제의 글로벌 시장을 형성하여 국경 없는 무한경쟁의 시대를 연 것인데 우리나라도 1996년에 선진국 간 경제그룹인 경제개발협력기구에 가입하여 선진국대열에 합류하고 당당히 경쟁대열에 선 것이다. 그러나 외형 면에서 보면 선진국이 되었다고 할 수 있으나 실질은 그렇지가 못하였다.

「개방화, 국제화 시대에 대비 정부는 기업의 대형화를 유도하였고 이 결과 급속한 재벌 확장을 초래하였는데 이런 재벌들의 양적 팽창은 요즘 뜨거운 이슈가 되어 있는 상호지급보증을 통한 지금조달과 계열사 간의 상호출자에 의한 것이다.

30대 재벌의 1993년 당시 자기자본은 총35조 2천억 원이었는데 1997년에는 70조 5천억 원으로 5년 만에 200.2%나 신장한 것으로 이들의 다각화 및 양적 팽창을 확인할 수 있다.」[23]

이러한 정부의 확장정책은 재벌기업의 무리한 해외차입에 의한 양적성장을 유도하여 경제력 집중과 시장기능 왜곡, 재정적자와 외채 급증, 중소기업 문제, 노사문제, 분배문제, 기업가의 반사회적 문제 등 하나하나가 해결하기 어려운 과제인데 이런 경제·사회적인 문제를 양산하고 이를 눈덩이처럼 키운 결과를 낳았다.

이 시기에서 빼놓을 수 없는 것은 1992년 혜성처럼 등장한 '난 알아요'의 <서태지와 아이들>이다. 이 놀라운 10대들은 우리나라 대중음악의 흐름을 뿌리째 바꿔버렸다. 그 동안 꾸준한 변화는 있었지만 그래도 대중음악의 주류였던 '트로트'를 '댄스 팝'으로 완전히 바꿔버린 것이다. 이는 대중문화의 변화에 기폭제가 된 일대 사건이라 할 수 있다. 또한 이 시기에 '야타 족'이라는 단어가 생겼는데 이는 '야! (차에) 타!'를 간결하게 붙여 만든 말이다. '야타 족'은 부모의 자동차나 혹은 부모가 사준 차를 몰고 길거리 헌팅에 나선 오렌지족 계열의 젊은이들을 일컫는 말이다. 이들 세대는 이들의 부모세대에서는 상상조차 할 수 없었던 그야말로 젊음을 만끽할 수 있도록 만들어 준 부모세대의 혜택을 향유하는 세대가 된 것이다.

(6) 제6기 기업의 구조조정 및 사회 패러다임 전환기(1998~2007)

제6기는 아이엠에프 사태 이후 이명박 정권 시작 직전년도까지의 기간이다. 이 기간은 우리 사회 전반의 패러다임을 바꿔놓은 아이엠에프 사태 이후의 시기이다. 아이엠에프 사태를 극단적으로 표현하면 경제적인 면에서 '제2의 경술국치'라 할 수 있는 엄청난 사건이다. 이는 차입위주의 방만한 경영이 원인이 된 대기업의 연쇄부도, 즉 1997년 1월 한보철강의 부도를 시작으로 삼미, 진로, 대농, 기아, 한라, 쌍방울, 수산, 극동, 청구, 나산, 동아, 거평 등의 많은 재벌그룹의 붕괴와 금융기관의 부실화 등으로 국가 대외신용도가 크게 하락하고 단기외채의 급증으로 외환위기를 맞아 1997년 11월 아이엠에프의 구제 금융을 받게 된 것을 말한다.

이 아이엠에프 사태를 경술국치에 비교한 것은 아이엠에프 구제금융의 조건이 주권국가로써의 권리를 잃어버린 것과 같은 가혹한 것들이여서 그렇다. 결국 일제 강점기의 국채보상운동과 같은 금모으기 운동이 벌어져 전 국민 스스로 감동을 한 바와 같이 온 국민과 정부의 노력으로 3년 8개월 만인 2001년 8월에 차입금 전액을 상환하면서 끝이 났는데 그 후유증은 컸다. 가장 큰 충격은 국가건설 이래 초유의 대량 실업사태이다.

보통 오이시디의 실업률 평균이 2%대인데 외환위기 당시 실업률이 6.7%에 이르러 무려 143만여 명의 엄청난 실업자가 발생한 것이다. 우리나라는 1960년대 초부터 굴곡은 있었으나 꾸준한 경제성장으로 일자리가 늘어나면서 실업이 문제가 되지는 않았다. 즉 개인이 취업의 의사가 없거나 구조적 실업이나 마찰적 실업과 같이 불가피하게 발생하는 실업을 제외하고는 본인이 일할 의지가 있고 일정 요건만 갖추면 누구나 취업할 수 있는 시대였다. 그런데 일할 의지가 있고 능력이 있어도 일자리를 구하지 못하는 시대가 전개된 것이다.

사실 아이엠에프 사태 이전까지만 하더라도 「우리나라는 선진국이 100여 년에 걸쳐 이룩한 국민총생산 규모를 한 세대 안에 달성함으로써 압축 성장을 이룩하였으며, 1980년에 들어 신흥공업국의 선두에 서게 되었다. 1인당 국민 총생산은 경제개발계획이 시작된 1962년 87달러에서 1996년 이후 1만 달러를 넘어섬으로 34년 만에 100배 이상이 성장하였다.」[24]는 자부심으로 매우 역동적인 사회였다. 그러나 아이엠에프 사태를 기점으로 성장의 그늘에 가려있던 성장의 역기능이 우리사회를 짓누르게 된다. 이 시기는 많은 문제점을 남기고 실패했다고는 하지만 벤처신화가 탄생하는 등 다양한 기업창업의 도전이 이루어진 시기이기도 하다.

사회적인 면에서 보면 시민단체의 활성화와 인터넷 시대가 전개된 점이 특기할 만한 하다. 인터넷 이용이 본격화 된 것은 1990년대 중반부터인데, 이는 정보의 바다에서 마음껏 노닐 수 있는 장을 마련한 결과가 되어 대중에 대한 기존 언론 매체의 영향력을 현저히 약화시키고 네티즌이라는 새로운 세대를 탄생시켰다. 이 네티즌은 시민단체[19]와 더불어 실질적 주권 시민사회를 연 의미 있는 사회변화의 주역이 된 것이다.

아이엠에프 사태는 '88만원 세대'의 선발주자라 할 수 있는 청년백수 시대의 서막을 열었다. 사회전반적인 분위기가 암울한 가운데 아이러니컬하게도 국민의 경제인식 수준이 크게 향상되었다. 워크아웃, 구조조정, 명예퇴직, 연봉제, 비정규직, 벤처기업, 엔젤투자, 환리스크, 브릿지론, 유동성, 에스피시, 엠앤에이, 지엔아이[20] 등 쉽지 않은 경제용어를 웬만한 사람은 누구나 사용하는 단어가 된 것이다.

그래도 이 시기의 2002년 월드컵 4강 신화는 빼놓을 수 없는 사건이다. 한국은 히딩크, 태극기, 붉은 악마, 대~한민국의 신드롬에 빠졌다. 모두가 하나였고, 국민 모두가 구름 속을 걸었다. 세계경제 침체 속에서도 모처럼 국민대통합이라는 잊기 어려운 역사의 한 페이지를 장식한 것이다.

(7) 제7기 양극화 및 기업국가 형성기(2008~2012)

뒤이어 살펴보겠지만 이 시기에는 재벌기업의 지나친 경제력 집중으로 인해 기업국가라고 일컬을 만큼 재벌의 실질적 권한이 강화되었다. 여기에 세계적인 경제침체가 이어지면서 세계 각국에서 자본주의체제 자체에 문제를 제기하는 등 국제 경제환경이 요동쳤다. 우리나라의 경제기조는 수출위주의 국제교역에 기반을 두고 있어이 변화에 민감할 수밖에 없다.

국제교역의 질서를 통제하는 국제기구의 변화과정을 다시한번 살펴보면 2차 세계대전 이후 브레튼우드 체제가 출범했는데 금융부분의 아이엠에프와 세계은행 그리고 국제교역의 가트가 세계경제질서를 이끌었다. 1994년 우루과이 라운드를 끝으로 브레튼우드 체제가 막을 내리고 1995년 더블유티오 체제(세계무역기구)가 출범하였다. 그 동안 세계경제는 지역을 중심으로 블록화 되었는데 아세안,[21] 아팩,[22] 나프타, 유

---

19) 시민단체(NGO, Non Government Organization) : 비정부기구 또는 비정부단체. 정부기관이나 관련 단체가 아닌 순수한 민간조직을 모두 일컫는다.
20) 에스피시, 엠앤에이, 지엔아이(SPC, M&A, GNI)
21) 동남아시아 국가연합(ASEAN, Association of South-East Asian Nations)
22) 아시아태평양경제협력체(APEC, Asia-Pacific Economic Cooperation) : 아시아·태평양 지역의

럽연합 등이 그것이다. 이후 각국 간의 에프티에이체결로 블록화 된 세계시장이 거대한 글로벌 단일시장으로 통합되었다고 볼 수 있는데 우리나라는 2004년 한－칠레 에프티에이를 시작으로 2009년 한－이유 에프티에이를 체결했고, 2011년 11월 많은 국민의 반대를 무릅쓰고 국회에서 여당이 날치기 통과시킴으로써 한－미 에프티에이가 체결되었다. 한－미 에프티에이에 대해 긍정적인 평가도 많은데 그 효과는 두고 볼 일이다. 그런데 5년이 채 지나지 않아 미국의 대선으로 2017년 새로이 정권을 잡은 트럼프 대통령은 에프티에이 전면 재검토를 주장하고 나섰다. 우리는 찬·반 양론으로 국론이 갈리고, 여당이 날치기 국회통과를 시키고 그렇게 어렵게 협약을 체결했는데 미국 대통령의 한마디로 국가 간에 체결한 구속력 있는 조약을 다시 협상을 체결해야 하는 처지에 놓였다. 강자의 논리가 지배되는 약육강식의 국제질서의 한 단면을 보여주는 사례이다. 그렇다 하더라도 국가 체면이 말이 아니다. 아무튼 정부는 중국과 일본 등과도 에프티에이 체결을 추진하고 있다.

2008년 미국의 리먼 브라더스 사태에서 촉발된 세계경제위기와 2010년 유럽의 재정 적자에 의한 세계경제의 불안의 확산으로 자국의 보호무역주의가 점차 강화되고 있다. 우리나라도 경제정책의 전환점을 모색해야 할 시점인 것이다. 아무튼 세계경제의 위기로 우리나라도 위기가 닥쳤다. 위기의 가장 큰 영향은 부동산 불패의 신화가 깨졌다는 현실이다. 그러나 이것도 잠시 2010년이 지나면서 시나브로 오르기 시작하더니 급기야 2017년 새 정부는 초강경 부동산 정책을 쏟아내기 시작했다. 우리나라에서 부동산이 의미하는 것은 다른 나라와는 남다른 데가 있다는 것은 주지의 사실이다. 특히 집값문제는 서민들의 평생 꿈이 내집 마련이라고 해도 과언이 아닐 만큼 심각한 문제이다. 이 문제는 후술하기로 한다.

문제는 이것뿐만이 아니다. 오늘날 우리 사회는 국가경제의 성장과 발전과정에서 누적된 문제점들과 역기능이 총체적인 사회문제로 노정되고 있다. 기업은 기업대로 가계는 가계대로 양극화가 심화되고, 중산층의 몰락, 청년실업, 가계 부채의 증가, 베이비부머의 은퇴 불안, 자살자 증가, 소득감소와 고용불안 등 사회통합의 난제를 껴안아야 하는 시대이기도 하다. 또한 우리나라 기업형성 초기 숙명적 결함을 안고 탄생한 재벌의 과제와 역할이 재조명되어야 하는 시기인 것이다.

또한 서론에서 지적한 바와 같이 오늘날 자본주의의 본체라 할 수 있는 유럽이 세계경제 위기의 진원지가 되어 쇠락의 길로 들어서면서 자유민주주의와 자본주의의

경제협력 증대를 위해 1989년 11월 창설된 기구로 한국·미국·일본·오스트레일리아·캐나다·뉴질랜드 등 21개국이 회원국임.

위기와 한계를 지적하고 사회의 정의를 실현할 수 있는 새로운 체제를 모색하려는 욕구가 분출하는 등 세계 거의 모든 나라가 경제위기 속에 헤매는 혼돈과 혼란의 시대가 전개되고 있는 것이다.

(8) 제8기 글로벌 시장 및 인공지능 시대 진입기(2012~현재)

앞서 언급한바, 오늘날의 자본주의는 '시장'이라는 것의 출현으로 가능했고, 이 '시장'의 출현은 교환의 매개 수단인 화폐의 등장으로 가능했다. 결국 자본주의의 성립과 발달에는 화폐가 결정적인 역할을 했다고 볼 수 있다. 이러한 화폐는 그 기능이 계속 확대·재생산되어 오늘날 거대한 금융 산업을 형성하면서 한나라의 경제를 선도하는 역할을 하기에 이른 것으로 볼 수 있다. 각 나라의 통화정책, 외환정책 등이 그 나라의 경제에 미치는 영향은 절대적이다. 세계적 기업 1위에서 5위가 금융업인 것만 보아도 그 위세를 짐작할 수 있다. 어떤 의미에서 수단이 목적이 된 것이다.

어쨌거나 금융 산업이 한 나라의 경제는 물론 글로벌 경제에 미치는 영향력이 지나칠 정도로 커졌다는 것은 부인할 수 없는 사실이 되었다. 이러한 금융시장의 최근 트렌드는 국제적 동조화 현상이라고 할 수 있다. 금융상품이 다양화되고 세계화되어, 소위 금융공학에 바탕하여 금융종사자들 조차도 헷갈릴 만큼 다양한 금융 파생상품들이 쏟아져 나와 글로벌 금융시장을 형성하고 있는 것이다. 그리고 또 하나의 경향을 꼽는다면 바젤위원회23)의 바젤Ⅲ 시행의 연기, 양적완화, 환율정책 등 자국의 금융시장 보호주의가 당연시되고 있다는 점이다.

우리나라는 아이엠에프 사태로 시장을 완전개방하다시피 하여 글로벌 금융시장의 트렌드에서 자유로울 수가 없을 뿐만 아니라 초국적 금융자본의 투기적 금융시장 교란에 대해 매우 취약하다. 그래서 시의적절한 통화정책, 외환정책 등을 통하여 글로벌 금융시장의 위협에 순발력 있게 대응할 수 있는 역량을 키우는 것이 무엇보다도 중요하게 되었다.

금융 산업의 경우 개방에 따라 외국 자본이 급속히 유입되고 아이엠에프의 권고

---

23) 바젤 위원회(BIS Committee on Banking Regulation and Supervisory Practices) : 은행감독 업무의 국가간 협력과 국제적 기준을 마련하기 위하여 구성된 국제결제은행(BIS) 산하 '은행규제감독위원회'로 선진 10개 나라(G-10)의 중앙은행총재회의 결과 1975년 설치되었다. 위원회는 1992년 Basel Ⅰ(BIS자기자본규제제도)을 시행하였고 2004년 규제를 강화한 Basel Ⅱ를 발표하였는데 2008년 미국발 금융위기를 계기로 금융권의 레버리지 확산에 따른 유동성 위험을 방지하기 위한 Basel Ⅲ(은행자본 건전화방안)를 제정하여 2013년부터 순차적으로 시행하기로 하였는데 회원국 간의 이견으로 2019년으로 연기되었다.

에 따른 금융기관의 구조조정으로 은행의 경우 1997년 26개에서 2004년에는 14개로 거의 절반가량이 감소하였다. 이에 따라 은행권 평균 자산이 1997년 16조원에서 2004년에는 51조원으로 3배 이상 증가해 대형화가 이루어졌다. 제2금융권도 이 파고를 벗어날 수 없었으며 결국 금융 인력을 시작으로 산업전반에 걸쳐 엄청난 인력이 구조조정의 희생양이 되어 큰 사회적 문제를 야기하면서 일단락되었다.

앞서 언급한 리먼브러더스 사태란 2008년 9월, 미국 투자은행인 리먼브라더스가 파산한 사건인데 서브프라임모기지(비우량주택담보대출)의 후유증으로, 파산 보호를 신청할 당시 자산 규모가 6,390억 달러로 미국 역사상 최대 규모의 기업파산으로 미국발 금융 위기가 전 세계로 급속히 확산된 상징적인 사건을 말한다. 뒤이은 2010년의 유럽재정위기에서 비롯된 국가부도 위기로 글로벌 경제는 장기적 경기침체와 저성장, 그리고 디플레이션이라는 늪에서 허우적거리게 될 것이라는 전망이 지배적이다.

한편 나라마다 차이는 있으나 소위 제4차 산업혁명이 진행되고 있어 머지않은 장래에 인공지능 시대가 열리게 될 것이다. 인공지능사회란 인간과 인간과 똑같은 오감을 가진 로봇이 공존하는 사회를 말한다. 이이티 기술의 발달로 직업사회에는 자동화의 진전이 이루어져왔는데 이제 인간보다 능력이 뛰어난 인조인간이 탄생할 날도 멀지 않았다. 인간의 일은 전형적인 업무와 비전형적인 업무로 나눌 수 있는데 전형적인 업무는 인지적 노동과 육체적 노동으로 구분할 수 있고 비전형적 업무에는 추상적 업무와 육체적 업무로 나눌 수 있다. 추상적 업무는 문제해결능력, 통찰력, 설득력, 창의력 등을 요구하는 업무를 말하는바, 여기에는 전문직, 관리직, 연구직, 예술가 등의 직업이 있다. 비전형적 육체적 업무에는 상황에 따른 적응력, 시각적 또는 언어적 인식이나 직접적 상호작용이 필요한 일이다. 예를 들면 중환자를 돌보는 일, 식사를 준비를 하는 일 등이다. 기술의 진보로 전형적 업무의 일자리를 기계가 대체해왔는데 앞으로는 비전형 업무의 일자리도 대체될 전망이다.[25] 인간이 할 일이 줄어들게 되면 기업의 역할도 달라질 수밖에 없다. 오늘날의 기업은 시대의 전환기에 서 있다고 하겠다.

3. 법인에 대한 이해

법인의 종류

법인이란 사람(자연인)과 같이 법으로 인격을 부여한 사람을 말한다. 말하자면 사람에는 자연인과 법인이 있는 셈이다. 자연인도 동양인, 서양인 등 여러 유형이 있듯이 이 법인에도 다양한 종류가 있다. 구분의 틀은 민법에서 정하고 있고 구체적인 법인의 종류는 이 틀 안에서 상법 등 개별법에서 정하고 있다.

민법상 법인은 크게 공법인과 사법인으로 구분한다. 공법인이란 공법(헌법·행정법·형법·소송법 등)의 적용을 받는 법인 즉, 국가에 의해 설립된 국가·지방자치단체·공공단체 등을 말하고, 사법의 적용을 받는 법인을 사법인이라고 한다.

사법인에는 사단법인과 재단법인이 있다(민법 제40조, 제43조). 사단법인은 일정한 목적 아래 결합한 단체(합동행위)로써 사람이 그 구성인인 법인을 말하고, 재단법인은 일정한 목적을 위해 출연된 재산을 기초(단독행위)로 설립된 법인을 말한다. 사단법인과 재단법인은 모두 재산을 출자한 사람이 그 지배력을 지분에 따라 공유하는 것이 공통점이다. 다른 점은 사단법인은 영리를 목적으로 하며 영리추구 결과의 재산을 지분에 따라 나누어 갖는 데 비해 재단법인은 영리를 목적으로 하지도 않고 재산을 지분에 따라 나누어 갖지도 않는다는 점이다. 또한 사단법인은 사람이 구성원이므로 자율적으로 운영되고 재단법인은 재산이 설립요건이므로 타율적으로 구속된다는 특징

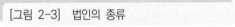

[그림 2-3] 법인의 종류

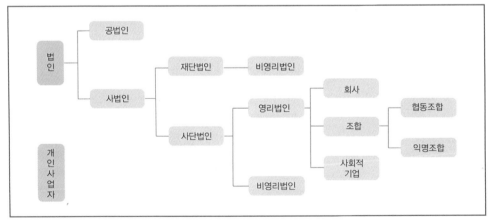

이 있다. 이를 그림으로 나타내면 [그림 2-3]과 같다.

　　재단법인에는 학교법인, 장학재단, 사찰, 사회복지재단 등이 있고, 사단법인은 영리가 목적이냐 아니냐에 따라 영리법인과 비영리법인으로 구분한다(민법 제32조, 제39조). 여기에서 '영리'라 함은 사업의 이윤을 추구하고 그 이익을 구성원에게 분배하여 경제적 이익을 도모하는 것을 말한다. 학술, 종교, 자선, 기예, 사교 기타 영리 아닌 사업을 목적으로 하는 법인이 비영리법인이고, 영리를 목적으로 하는 영리법인은 종류가 다양하다. 상법에 의해 설립되는 영리법인은 한전, 코레일, 담배인삼공사 등의 공기업과 삼성, 현대, 에스케이, 엘지와 같은 대기업과 중소기업인 주식회사, 그리고 합명, 합자, 유한회사 등이 있다. 또한 영리법인에는 조합이 있는데 조합에는 협동조합법기본법에 의한 협동조합과 상법에 의한 익명조합이 있다. 익명조합은 당사자의 일방(익명조합원)이 상대방(영업자)의 영업을 위하여 출자하고, 상대방은 그 영업으로 인한 이익을 분배할 것을 약정함으로써 그 효력이 발생(상법 78조)하는데 다단계회사가 대표적인 예이다. 협동조합은 특정 직업이나 업종의 종사자를 회원으로 구성한 조합을 지칭하는 것으로 재화 또는 용역의 구매·생산·판매·제공 등을 협동으로 영위함으로써 조합원의 권익을 향상하고 지역 사회에 공헌하고자 하는 사업조직을 말한다(협동조합기본법 제2조). 이 협동조합 중 지역주민들의 권익·복리 증진과 관련된 사업을 수행하거나 취약계층에게 사회서비스 또는 일자리를 제공하는 등 영리를 목적으로 하지 아니하는 협동조합을 사회적 협동조합이라고 하는데 이는 비영리법인이다.

　　요즈음 이슈가 되어 있는 사회적 기업은 '사회적 기업육성법'에 의해 설립되는데 취약계층에게 일자리나 사회서비스 제공, 환경보호처럼 사회적으로 가치 있는 활동을 통해 영리를 창출하는 기업으로 영리와 비영리의 중간 형태이다. 민법에서는 영리와 비영리를 동시에 목적으로 하는 경우에는 영리법인으로 본다.

기업의 종류와 회사

　　기업은 법인과 개인사업자(개인기업)로 구분할 수 있다. 영리법인은 앞서 살펴 본 바와 같이 상법에서 정하고 있는 회사를 들 수 있고, 관련 상법에서 정하고 있는 조합도 영리를 목적으로 하는 경우 넓은 의미의 기업에 속한다. 상법상 회사는 다섯 종류가 있다. 회사는 사원인 개인과 회사와의 관계가 밀접한가 희박한가에 따라 구분할 수 있는데 관계가 밀접한 회사를 인적회사라고 하고 관계가 희박한 회사를 물적 회사라 한다.

[그림 2-4] 회사의 종류

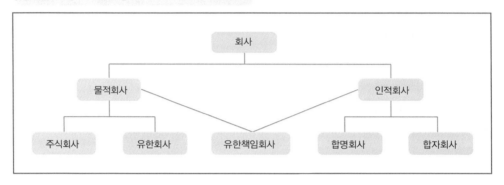

인적회사에는 합명회사와 합자회사가 있고 물적회사에는 주식회사와 유한회사가 있다. 그리고 내부적으로는 인적회사, 대외적으로는 물적회사의 속성을 지닌 중간형태라고 할 수 있는 유한책임회사가 있다(상법 170조). 이를 그림으로 나타내면 [그림 2-4]와 같다.

상법은 위 다섯 종류 외의 회사는 인정하지 아니한다(상법 제170조). 또한 우리가 통상 기업이라고 말할 때 이는 영리법인을 의미하는 것으로 상법상 회사를 말하고, 회사 중에서도 주식회사를 의미하는 것으로 이해하면 된다. 각 회사와 개인사업자의 개요는 다음과 같다.

(1) 합명회사

모든 사원이 무한책임사원으로서 회사채권자에 대하여 직접·연대·무한의 책임을 부담하고(상법 제212조), 원칙으로 회사의 업무를 집행할 권리와 의무를 가지며(법 제200조), 그 지위를 타인에게 자유로이 이전할 수 없는(법 제197조) 회사이다. 무한책임사원이라 함은 회사가 진 채무에 대하여 회사재산으로 그 부채를 다 상환할 수 없을 때 사원의 사유재산으로 사원이 연대하여 갚아줄 의무가 있음을 말한다. 그러므로 회사의 사원은 모든 사원의 동의를 얻지 않으면 회사를 물러나거나 혹은 남에게 넘겨주지 못할 뿐만 아니라 개인사업자와 같이 회사의 업무를 집행할 권리와 의무가 있다.

(2) 합자회사

합명회사와 같은 무한책임사원과 회사채권자에 대하여 출자액을 한도로 책임을 부담하는 유한책임사원으로 성립되는 이원적 조직의 회사이다(상법 제268조). 무한책임사원은 기업경영을 담당하나, 유한책임사원은 업무집행에 참여하지 아니한다. 그러나 회사채권자에 대하여는 모두 직접·연대책임을 부담한다.

(3) 주식회사

주식의 인수가액을 한도로 하는 유한의 간접책임을 부담하는 사원(상법 제331조)만으로 구성된 회사이다. 주주는 주주총회에서 결의에 참석할 수 있고 업무집행에는 참여하지 못한다. 1주당 1표의 의결권이 있다. 이 책에서 기업은 주로 주식회사를 지칭하는 것으로 따로 설명하기로 한다.

(4) 유한회사

주식회사의 주주와 같이 출자액을 한도로 간접의 유한책임을 부담하는 사원(상법 제553조)만으로 성립하는 회사이다. 중소기업에 적합하도록 주식회사의 복잡한 조직을 간단하게 하여 합명회사와 같은 점을 가지고 있는 점에서 주식회사와 다르다.

(5) 유한책임회사

사원의 책임은 출자금액을 한도로 한다(상법 287조의7). 내부관계는 원칙적으로 합명회사의 규정을 준용하며(287조의18), 자본금은 제한이 없고, 1인 이상의 사원의 출자 및 설립등기에 의하여 설립할 수 있는 회사이다. 2012년에 개정된 상법에서 새로 도입한 회사제도로 인적 공헌의 비중이 큰 청년 벤처기업이나 투자펀드, 컨설팅 업종의 창업이 용이하도록 자본금, 임원의 수 등을 축소하였다.

(6) 개인사업자

자연인에 의해 운영되는 사업체로 법인이 아닌 기업을 말한다. 사업에서 발생되는 손실과 이익, 그리고 사업의 모든 책임을 사업을 운영하는 대표가 전적으로 진다. 설립에 다른 특별한 제한이 없기 때문에 통상 사업을 하려는 자는 개인사업자로 출발하는 경우가 많다. 그리고 나서 향후 사업규모가 커진 후에 법인으로 전환하기도 하고 처음부터 법인으로 출발하기도 하는데 세무나 관리·운영상 양자 간에는 일장일단이 있다.

4. 직업과 산업의 분류체계

용어의 정의

(1) 직무와 직업[24]

직무는 자영업을 포함한 특정한 고용주를 위하여 개별종사자들이 수행하거나 수행해야 할 일련의 업무와 과업[25]을 말한다.

직업은 유사한 직무의 집합을 말하는바, 여기서 유사한 직무란 주어진 업무와 과업이 매우 높은 유사성을 갖는 것을 말하고 직업은 계속성과 경제성 그리고 윤리성과 사회성을 충족해야 한다. 여기서 계속성이란 유사한 직무를 계속해서 수행하는 것으로 1) 매일, 매주 매월 등 주기적으로 행하는 것 2) 계절적으로 행해지는 것 3) 명확한 주기는 없더라도 계속적으로 행해지는 것 4) 현재하고 있는 일을 계속적으로 행할 의지와 가능성이 있는 것을 말한다. 그리고 경제성은 경제적인 거래관계가 성립하는 활동을 수행해야 함을 의미한다. 따라서 무급 자원봉사나 학생의 학습행위, 노력을 수반하지 않은 이득의 수취 등도 직업으로 보지 않는다. 또한 비윤리적인 영리행위나 반사회적인 활동에 의한 경제적 이윤의 추구는 직업 활동으로 보지 않는다. 속박된 상태에서의 활동도 직업적 요건의 충족에 상관없이 직업으로 보지 않는다.

(2) 직종과 업종

전문직, 사무직, 서비스직과 같이 직종은 사람들이 종사하고 있는 직업이나 직무를 기준으로 분류했을 때의 호칭이고 업종은 회사를 산업의 분야별로 분류했을 때의 호칭이라고 할 수 있다. 직종은 전문직, 사무직, 서비스직과 같이 수행하는 직무의 유사성에 따라 직업을 분류하는 것이고 업종이란 회사를 주력산업의 유사성에 따라 분류하는 것이다. 예를 들면 제일은행, 국민은행 등은 금융서비스 업종에 속하고 이 금융서비스 업종 내에는 행장과 같은 고위관리직, 텔러와 같은 판매서비스직 등 다양한 직종이 존재한다. 직종은 사람이 하는 일을 중심으로 분류한 것이고 업종은 사람이 다니고 있는 회사를 산업별로 분류한 것으로 이해하면 된다.

---

24) 직무와 직업(job and occupation)
25) 업무와 과업(tasks and duties)

(3) 산업과 산업 활동

산업이란 「유사한 성질을 갖는 산업 활동에 주로 종사하는 생산단위의 집합」을, 산업 활동이란 「각 생산단위가 노동, 자본, 원료 등 자원을 투입하여, 재화 또는 서비스를 생산 또는 제공하는 일련의 활동과정」을 의미한다. 산업 활동의 범위에는 영리적, 비영리적 활동이 모두 포함되나, 가정 내의 가사 활동은 제외된다.

직업분류와 산업분류

우리나라에서 직업 관련한 분류는 크게 직업분류와 산업분류의 두 분류체계가 있다. 직업분류란 직업인이 수행해야 할 직무를 그 수행하는 일의 형태에 따라 체계적으로 분류하는 것을 말하고 산업분류란 한 사업체가 주로 수행하는 산업 활동을 그 유사성에 따라 체계적으로 유형화한 것을 말한다. 직업분류와 산업분류의 종류는 <표 2-17>에서 보는 바와 같다.

〈표 2-17〉 산업 및 직업분류표

직업분류	한국표준직업분류	통계청(2007년 제6차 개정)
	한국고용직업분류	한국고용정보원(2001년 개발)
	국제표준직업분류	국제노동기구
산업분류	한국표준산업분류	통계청(2017년 7월 제10차 개정)
	국제표준산업분류	국제연합

직업과 산업의 분류체계는 직업정보학에서 자세히 다루고 있으므로 여기서 다시 다룰 필요는 없으나 이 장을 공부하기 위해서는 분류체계를 다시 한 번 상기할 필요가 있고 직종과 업종에 대한 파악도 필요하다. 산업분류의 경우 9차 개정 후 10년 만인 최근(2017년 7월)에 10차 개정이 이루어져 이에 대한 이해도 필요하므로 여기서 일부만을 개관하기로 한다.

(1) 한국표준직업분류와 한국고용직업분류

우리나라에서 공식적으로 발표하고 있는 직업분류체계는 통계청에서 국제노동기구의 국제표준직업분류를 기초로 하여 우리나라 직업구조 및 실태에 맞도록 작성한 '한국표준직업분류'가 있고, 한국고용정보원에서 작성한 '한국고용직업분류'가 있다. '한국표준직업분류'는 1963년 최초 작성되어 현재는 2007년의 6차 개정본이 통용되고 있고, '한국고용직업분류'는 2001년에 개발된 것이다.

직업을 분류하는 기준은 직능수준과 직능유형26) 두 가지가 있다.

직능수준이란 직무수행능력을 말하는데 제1직능수준(초등학교 수준)에서 제4직능수준(대학교 수준)으로 구분하여 나타낸다. 직능유형이란 작업자가 수행하는 일의 성격을 말하는데 최종생산물, 일을 수행하는 방법 및 과정, 필요한 지식, 활용도구 및 장비 등이 분류기준이 된다.

한국표준직업분류는 직능수준을 기준으로 분류한 것이고 한국고용직업분류는 직능유형을 기준으로 분류한 것이다. <표 2-18>은 이 3종류의 대분류체계를 나타낸 것이다.

〈표 2-18〉 기관별 직업분류 비교표

국제표준직업분류	한국표준직업분류	한국고용직업분류
1. 관리자	1. 관리자	1. 관리직
2. 전문가	2. 전문가 및 관련 종사자	2. 경영·재무직
3. 기술공 및 준전문가	3. 사무 종사자	3. 사회서비스직
4. 사무 종사자	4. 서비스 종사자	4. 판매 및 개인서비스직
5. 서비스 및 판매 종사자	5. 판매 종사자	5. 건설생산직
6. 농림어업 숙련 종사자	6. 농림어업 숙련 종사자	6. 농림·어업직
7. 기능원 및 관련기능 종사자	7. 기능원 및 관련기능 종사자	7. 군인
8. 장치·기계 및 조립 종사자	8. 장치·기계 및 조립 종사자	
9. 단순노무 종사자	9. 단순노무종사자	
0. 군인	에이27). 군인	

출처 : 국제노동기구, 통계청, 한국고용정보원

이 표에서 보는 바와 같이 한국표준직업분류가 직능수준을 기준으로 분류되기 때문에 같은 계열의 직업이 여러 대분류에 나누어 표시된다.

예를 들어 '법률 및 행정 전문직'과 '법률 및 감사 사무직'은 같은 유형의 직업이지만 대분류상 각각 전문가 및 관련종사자와 사무종사자로 구분이 된다. 그래서 이와 같은 단점을 보완하기 위해서 직능유형을 기준으로 분류한 것이 한국고용직업분류이다. 한국고용직업분류는 직업훈련, 직업자격, 직업정보, 취업 등 수요자가 원하는 정

26) 직능수준과 직능유형(Skill Level & Skill Type)
27) 에이(A)

보를 연계하여 파악하기가 용이하게 개발되어 있다. 그리고 2007년부터는 통계청에서 작성하는 한국표준직업분류와 세분류(426개)를 일치시켜 통합 운영되고 있다. 따라서 이 분류방법이 우리나라 직업세계를 가장 잘 반영하는 효율적인 분류체계라고 할수 있다. 매년 발간되는 「직업사전」이나 「직업전망」은 이 분류체계를 따르고 있다. <표 2-19>는 한국고용직업 분류상 24개 중분류를 나타낸 것이다.

〈표 2-19〉 한국고용직업분류표

코드별 직종	
01 관리직	13 음식서비스 관련직
02 경영, 회계,	14 건설 관련직
03 금융,보험 관련직	15 기계 관련직
04 교육 및 자연과학 사회과학 연구 관련직	16 재료 관련직
05 법률,경찰,소방교도 관련직	17 화학 관련직
06 보건, 의료 관련직	18 섬유 및 의복 관련직
07 사회복지 및 종교 관련직	19 전기전자 관련직
08 문화, 예술, 디자인 방송 관련직	20 정보통신 관련직
09 운전 및 운송 관련직	21 식품가공 관련직
10 영업 및 판매 관련직	22 환경, 인쇄, 목재,
11 경비 및 청소 관련직	23 농림어업 관련직
12 미용, 숙박, 여행, 오락, 스포츠 관련직	24 군인

(2) 한국표준산업분류

한편 또 다른 분류체계로 한국표준산업분류가 있다. 한국표준산업분류는 산업 관련 통계자료의 정확성과 국제 비교성을 확보하기 위해 국제표준산업분류를 기본 틀로 하여 1963년부터 1934년 까지 2년에 걸쳐 제정되었다. 현재는 10차 개정본이 2017년 7월 1일부터 통용되고 있다. 이 분류체계는 당초 통계작성 목적으로 제정하였으나, 현재는 기업 금융 및 조세 부과, 공장설립, 공공요금책정, 각종 사회보험적용 기준 등의 약 90개 법령에서 준용되고 있다. 통상 이 분류는 5년 간격으로 개정되어 왔으나 이번 10차 개정은 2007년 이후 10년 만의 개정으로 대분류의 큰 틀은 그대로 유지하였으나 중분류 이후 많은 부분이 신설되고 변경되었다. 한국표준산업분류는 앞서 설명한 바와 같이 한 사업체가 주로 수행하는 산업 활동을 그 유사성에 따라 체계적으로 유형화 한 것인데 현재 대분류 20개, 중분류 63개, 소분류 194개, 세분류 442개, 세세분류 1,121개의 5단계 분류체계로 구성되어 있다.

(3) 한국고용직업분류와 한국표준산업분류의 세분류

(별표 1)과 (별표 2)는 한국고용직업분류와 한국표준산업분류의 세분류에 의한 직종과 업종을 나타내고 있다. 한국고용직업분류는 중분류인 24개 직종을 기준으로 직종을 세분하여 표시한 것이고 한국표준산업분류는 26개 대분류를 기준으로 업종을 세분화하여 표시한 것이다. 따라서 이 두 개의 표는 현재 우리나라에 존재하고 있는 모든 직업과 직업인들이 하고 있는 일의 모든 직종을 망라하고 있다.

5. 기업경영

기업경영에 대한 이해

상법에서 정하고 있는 회사의 설립절차에 의해서 회사가 설립되면 이 회사는 영리를 목적으로 목적사업을 수행하게 된다. 사업을 수행하는 회사의 구성원은 임원과 직원으로 구성된다. 임원은 사용자(고용자)로 주주총회에서 선임되고 이들을 이사라고 한다. 이사들이 모여서 회사의 주요사항을 의결하게 되는데 이를 이사회라고 하고 이사회에서는 이사를 대표하는 대표이사를 선임(주주총회에서 선임하기도 함)하는데 이 대표이사를 통상 사장이라고 부른다. 사장은 소위 최고경영자이다. 이와 같이 회사를 운영하는 사람들을 총칭하여 경영진이라고 한다. 경영진에는 이사가 아니더라도 회사경영에 참여하는 사람은 모두 포함된다.

한편 피고용인은 근로자를 말한다. 근로자란 사용자와의 근로계약에 의해 사용자에게 노동력의 처분권을 종속시키고 반대급부를 받는 근로계약을 체결한 사람이다. 알기 쉽게 말해서 그 회사에 취직한 직원이다. 회사의 최고경영자가 연설을 시작할 때 '친애하는 임직원 여러분!'이라고 통상 하는 말은 그 회사의 임원과 직원, 즉 고용자와 피고용자, 말하자면 회사의 전체 구성원을 지칭하는 말이다.

회사는 사장, 즉 최고경영자는 임직원을 데리고 어떻게든 회사의 사업을 잘 해서 가급적 많은 이윤을 남겨야 한다. 그 남긴 이윤으로 임직원이 생계를 유지할 수 있는 급여를 지급하고 혹시 모를 위험에 대비하여 일부는 저축을 해 놓아야 하기 때문이다. 그러니까 회사는 이익을 내지 못하면 존속할 수가 없다. 이것을 보다 전문적인 용어로 '계속기업[28]으로서 성장하지 않으면 안 된다'고 표현한다. 회사가 지속적으로 존속한다는 것은 매우 중요하다. 회사가 언제 망할지 모르는 불안한 상태에 있다고 한다면 우선 회사 내부의 임직원이 얼마나 불안하겠는가. 이런 회사와 누가 거래를 하려고 하겠는가. 이런 회사가 많으면 사회가 불안하게 된다. 그래서 회사를 생명체와 같이 계속 살아가는 생명을 가진 조직체로 간주하려는 것이 계속기업의 개념이다. 이와 같이 회사가 지속적으로 성장하여 계속기업으로서의 면모를 유지할 수 있게 하는 것을 경영이라고 한다.

그렇다면 무엇을 어떻게 하는 것이 경영인가. 일반적으로 회사는 물건을 만들어 팔아서 번 돈, 더 구체적으로 말하면 남긴 이윤으로 꾸려가는 것이 기본이다. 따라서 이 전 과정을 잘 관리하여 이익을 극대화시키는 것이 경영의 목표라고 할 수 있다. 이 목표달성을 위한 과정을 보다 구체적으로 살펴보면, 우선 물건을 만들어야 한다. 그 다음에는 만든 물건을 어떻게든 팔아야 한다. 그 다음으로는 돈이 얼마나 남았는지 손해를 보았는지 계산을 해보아야 한다. 그리고 이 모든 것은 사람, 즉 그 회사 구성원인 임직원이 한다. 그래서 사람의 생산성을 높이고 조직원 전체를 효율적으로 관리하는 일이 중요하다.

이 과정에서 가장 중요한 과정이 무엇이냐고 묻는다면 물건을 시장에 내다 파는 일이라고 말할 수 있다. 일단 물건을 팔아서 수입이 생겨야 뭘 하더라도 할 수 있기 때문이다. 그래서 시장이 중요한데 시장은 엄청난 경쟁 속에 있어 대책이 필요하다. 그리고 인간은 살아가다 보면 병에 걸릴 수도 있다. 그러면 치료를 받아야 하고 때로는 예방을 위한 검진도 필요하다. 법인, 즉 회사도 계속기업으로 생명을 가진 법으로 만든 인간이기 때문에 검진이 필요하다.

이와 같은 전 과정을 관리하는 것을 경영이라고 한다. 그리고 이 경영을 연구하는 학문이 '경영학'이다. 이 전 과정을 순서적으로, 경영학에서 연구하는 학문 과목으로 나타내면 생산관리, 마케팅, 재무(회계)관리, 인사(인적자원)관리, 조직심리(행동), 경영전략, 경영컨설팅이다.

모든 학문이 그러하듯이 경영학 연구 분야에는 직업학과 중복되는 부분이 있다. 이는 직업과 관련되어 있는 두 학문의 성격상 불가피한 면이 있다. 경영학이 기업의 생존과 성장·발전을 위해 경영자가 해야 할 일들을 연구하는 실천과학적 학문이라고 한다면 직업학은 보다 나은 직업사회를 건설하려는 것을 학문의 목적으로 삼고 있다. 그래서 같은 연구영역도 관점이 다르다. 경영학의 입장에서 보면 회사를 구성하고 있

---

28) 계속기업(going concern)

는 모든 인적·물적 자원이 관리의 대상이다. 그래서 연구대상의 과목에 위와 같이 '관리'가 붙어있다. 반면에 직업학에서는 인간이 주체가 된다. 이러한 관점의 차이는 '캐리어 디벨로프먼트'[29]라는 용어의 한글표현에서 극명하게 들어난다. 경영학에서는 이를 '경력관리'라고 부르는데 비해 직업학에서는 '진로발달'이라고 표현한다.

또한 경영학에서는 회사가 주체이고 인적자원이 객체인 반면 직업학에서는 인적 자원이 주체이고 회사가 객체이다. 그래서 접근방법도 다르다. 경영학에서는 사람도 관리의 대상이기 때문에 생산원가의 구성요소이다. 그런데 이런 개념이 문제가 있다 하여 인사관리라는 표현을 인적자원관리라는 표현으로 바꾸었는데 여전히 관리가 붙어있다. 그러나 직업학에서는 직업복지와 직업체면이라는 전혀 다른 관점에서 접근하고 있다. 경영학이 '인간 활용의 효율성과 능률을 극대화'하기 위한 방안을 찾으려고 하는 것이라고 한다면 직업학은 '노동에 대한 평등감, 존중감, 자부심 그리고 용기와 격려'를[26] 고취하는 직업 환경을 조성하는 방안을 찾으려는 것이라고 할 수 있다.

아무튼 이 장에서는 회사가 어떻게 설립되고 운영되며 경영실적은 어떻게 나타내고 경영전략은 무엇이고 경영진단을 어떻게 하는 것인지에 대해, 다시 말하면 회사의 경영전반에 대한 이해를 위해 경영의 주요 분야의 개념을 파악해 보기로 한다.

회사의 설립

회사를 설립한다는 것은 법으로 정한 인격체, 즉 법인이 탄생하는 것을 말한다. 여기서 회사란 주식회사를 의미하는 것으로 이해하기로 한다. 회사설립절차는 발기설립과 모집설립의 두 가지가 있다. 발기설립은 발기인만이 주주가 되는 형태이고 모집설립은 일반 주주를 모집하여 회사를 설립하는 형태를 말한다. 어떤 방법으로 회사를 설립하든 결과는 같으므로 특별히 구분할 필요는 없으나 실무상 발기설립 방법을 많이 활용한다. 이 절차는 1) 상호, 목적사항, 발기인 선정, 본사위치 등의 결정 → 2) 자본금 준비 → 3) 정관작성 → 4) 주식발행사항 결정 → 5) 발기인의 주식인수 → 6) 임원선임 → 7) 등록세 납부 → 8) 설립등기 신청의 순서로 진행된다.

회사설립에 따른 주요서류는 정관, 주주명부, 법인인감도장, 법인인감카드, 법인인감증명서 등이 있고 설립등기가 완료되면 법인 등기부 등본이 발급된다. 이로써 하

---

29) 캐리어 디벨로프먼트(career development)

나의 회사가 탄생한 것이다. 이후 회사에서 맨 먼저 해야 할 일은 관할 세무서에 가서 사업자등록증을 발급받는 일이다. 그 다음에는 임직원 4대 보험 가입절차를 완료하고 금융기관에 가서 법인통장을 개설하면 모든 준비가 끝이 난다.

회사의 지배자

회사의 소유자는 주주이다. 1억짜리 회사를 설립하고자 하면 액면가 5,000원짜리 주식을 20,000주를 발행하여 주주를 모집하면 된다. 이렇게 모집한 돈을 자본금이라 한다. 예를 들어 2만 명이 1주씩 사면 이 회사는 주주가 2만 명이고 자본금이 1억인 주식회사가 된다. 주주는 소유한 주식 1주당 1개의 의결권을 갖는다. 회사의 최고의 의결기구는 이 주주가 모여서 개최하는 주주총회이다. 회사의 중요한 의결사항, 예를 들면 이사의 선임, 회사의 매각, 청산, 합병 등은 주주총회의 의결을 거쳐야 하는데 이런 내용은 회사의 헌법에 해당하는 정관에서 정하고 있다. 의결방법은 과반수 또는 2/3의 찬성 등으로 정하고 있어 주식을 과반수이상 소유한 주주나 주주그룹, 또는 최대주주가 회사를 지배하게 된다. 이들이 회사를 운영할 이사를 선임하고 대표이사도 정하기 때문이다. 대표이사는 최대주주 등이 직접 될 수도 있고 주주와는 상관없는 전문경영인이 될 수도 있다. 그래서 주식회사의 가장 큰 특징을 소유와 경영이 분리되어 있다는 점을 들고 있다.

그렇다면 여기서 주주는 누가, 어떻게 되는가가 궁금해진다. 내가 어느 회사 주식을 사면 그 회사의 주주가 되는 것이다. 그러나 통상 그 회사 주식의 1% 이상을 보유해야 주주라고 칭한다. 그리고 개인이 주식의 50% 이상을 소유해야만 회사를 지배하는 것이 아니다. 회사 자본금 규모가 적으면 그렇지만 자본금 규모가 크면 최대주주만 되면 지배가 가능하다. 대기업의 경우 10% 미만을 소유해도 최대주주이다.

이상은 한 회사를 누가 지배하는가를 설명한 것이고 이 회사가 다른 회사를 지배하는 경우가 있다. 이때 지배를 받는 회사를 종속기업이라고 하고, 하나 이상의 종속기업을 가지고 있는 회사를 지배기업이라고 한다. 지배와 종속의 기준은 지배력에 있다. 지배력이란 지배회사가 경제적 효익을 얻기 위하여 종속회사의 기업의 재무정책과 영업정책을 배타적으로 결정할 수 있는 능력을 말한다. 여기서 배타적이란 지배기업이 다른 경제주체의 동의 등 간섭을 받지 않고 독립적으로 정책결정을 할 수 있는 것을 말한다. 종속기업에는 법인격이 없는 회사나 특수목적법인[30]도 포함된다. 특수목적법인은 한정된 특수 목적, 즉 연구개발 활동 또는 금융자산의 증권화 등을 수행하기 위해 설립된 회사로 흔히 서류상으로만 존재한 경우가 많아 페이퍼 컴퍼니라고 부른다. 지배기업과 종속기업 간에는 재무제표의 자산, 부채, 자본, 수익, 비용을 같은 항목별로 합산하여 연결재무제표를 작성해야 한다.

생산관리

생산관리는 경영학의 아버지라고 불리는 프레드릭 테일러[31]의 과학적 관리론에서 비롯되었는데 이는 경영학의 모태가 된 것이라고 할 수 있다. 프레드릭 테일러를 경영학의 아버지라고 부르는 것은 이러한 연유에서다. 그는 효율적인 생산을 위해 노동자의 동작을 스톱워치로 측정하여 표준작업량을 정하였고 이 과업을 달성하기 위해 임금을 차별화 했다. 현장도 기능별로 조직하는 등 공장운영과 관리를 획기적으로 개선하여 큰 성과를 올렸다. 이것이 과학적 관리론의 핵심내용인데 20세기 초의 일이다. 생산관리는 원래 4엠[32]을 잘 관리하여 큐시디[33]를 효율적으로 달성하는 것이 목표였다고 할 수 있다. 그러던 것이 산업이 발달하고 복잡해지면서 생산, 유통, 물류로 범위가 확대되었고 이 또한 서비스업이 발달하면서 서비스업에는 생산이 없어서 생산관리 내용도 생산 전후방 과정인 생산기획과 사후관리 과정도 포함하게 되었다. 이에 따라 용어도 생산관리에서 생산운영관리로 다시 운영관리[34]로 변하여 왔다.

이는 미국의 이야기이고 우리나라에서는 생산관리라는 용어가 통용되고 있다. 다만 생산관리 분야는 경영학보다는 산업공학이나 이와 관련된 공학계열에서 더 심도 있게 다루는 경향이 있다. 경영학 내에서도 제품과 관련한 경영전략 측면에서 다루는 경향이 있다.

마케팅

기업은 제품을 생산하여 판매함으로써 이윤을 얻는다. 그래서 기업은 어떻게든 자신이 만든 제품을 소비자에게 많이 팔기 위해 노력해 왔다. 기업은 오랜 경험과 경쟁과정을 통해 많이 팔기 위해서는 단순히 싸게 파는 차원이 아니라 우선 제품부터

---

30) 특수목적기업(SPC, Special Purpose Company)
31) 프레드릭 테일러(Fredrick Taylor)
32) 4엠(4M) : 사람(Man), 설비(Machine), 자재(Material), 제조 방법(Method)
33) 큐시디(QCD) : 품질(Quality), 비용(Cost), 납기(Delivery)
34) 운영관리(Operations Management)

고객이 원하는 제품을 만들어야 하고, 가격도 소비자를 충분히 유인할 수 있을 만큼 적절해야 하고, 유통경로도 소비자에게 가장 편리한 방법을 선택해야 하고, 제품을 팔고난 다음의 사후관리도 잘해야 하고, 구매 욕구를 자극하는 효과적 광고도 중요하다는 것을 알게 되었다. 그래서 당초 판매개념이 판매의 전후방을 아우르는 개념으로 확대되었는데 이 확대된 개념이 마케팅이라고 할 수 있다. 이러한 관점에서 보면 마케팅[35]이란 기업이 보다 많은 이윤을 창출하기 위해 제품(서비스 포함)을 만들어서 소비자에게 판매하는 데까지 관련된 모든 조직과 과정을 체계적으로 관리하는 경영활동의 한 분야라고 할 수 있다.

그런데 판매개념을 넘어선 마케팅 개념도 점차 확대되어 왔다. 이는 1950년대만 해도 미국 마케팅학회에서 "마케팅은 생산자로부터 소비자 또는 사용자에게로 제품 및 서비스가 흐르도록 관리하는 제반 기업 활동의 수행이다."라고 정의했는데 2000년대에 이르러서는 "마케팅은 조직과 이해관계자들에게 이익이 되도록 고객 가치를 창출하고 의사소통을 전달하며, 고객 관계를 관리하는 조직 기능이자 프로세스의 집합이다."라고 다시 정의한 것에서도 잘 드러난다. 이러한 과정에서 고객만족, 고객중심이라는 용어도 생겨나게 되었다.

한편 한국마케팅 학회에서는 "마케팅은 조직이나 개인이 자신의 목적을 달성시키는 교환을 창출하고 유지할 수 있도록 시장을 정의하고 관리하는 과정"이라고 정의하고 있다. 여기에서 교환이란 기업은 제품과 서비스 정보 등을 소비자에게 제공하고 소비자는 기업에게 금전, 정보 등을 제공하게 되는데 이러한 교환을 통해 기업은 이윤을 달성하고 소비자는 욕구를 충족시킨다는 것을 의미한다.

이러한 마케팅의 정의를 보면 회사가 계속기업으로서 성장 · 발전하기 위해서는 마케팅전략이 매우 중요하다는 것을 알 수 있다. 마케팅 전략에는 고전적인 마케팅전략이라 할 수 있는 4피[36]전략이 있다. 4피란 상품, 가격, 유통, 홍보를 말하는데 이 4가지를 적절히 결합하여 ─이것을 마케팅 믹스라고 함─ 전략을 수립하면 매출을 극대화 할 수 있다는 것이 4피 전략이다. 여기에 사람, 과정, 물리적 증거를 포함하여 7피[37]를 주장하기도 한다. 그런데 오늘날 마케팅 전략은 마케팅의 정의에서 보는 바와 같이 범위가 넓어지고 내용도 다양해졌다. 예를 들어 어떤 회사가 의류시장에 진

---

35) 마케팅(marketing)
36) 4피(4P, Product, Price, Place, Promotion) : 1960년대 제롬 메카시(Jerome McCathy) 교수가 마케팅전략 방안으로 이 4P를 제안했다.
37) 7피(7P, 4p + people, process, physical evidence)

출하기로 결정했다면 여성 옷을 만들어 팔 것인지, 남성 옷을 만들어 팔 것인지 등 우선 목표시장을 정해야 한다. 다음에 여성 옷을 만들기로 했다면 젊은 여성 옷을 만들 것인지, 중년여성 옷을 만들 것인지를 결정해야 한다. 이렇게 목표시장을 구체화하는 것을 시장의 세분화라고 한다. 이 시장의 세분화에 의해 최종목표시장이 정해지면 이제 4피, 즉 효율적인 마케팅 믹스를 통해 매출을 극대화 하는 것이다. 여기에는 소비자 행동 연구가 포함된다. 소비자 행동이란 소비자의 구매행태, 구매의사결정, 의사결정에 영향을 미치는 요인 등을 말한다. 여기에 한 가지를 더 추가한다면 경쟁사에 대한 분석을 들 수 있는데 이는 더 큰 범위의 회사의 경영전략에 포함된다고 볼 수 있다. 아무튼 기업의 경영전략에 있어서 마케팅 전략이 가장 중요한 전략의 하나이다.

기업회계와 주요재무제표

복식부기에 의한 회계처리방법은 매우 오래된 장부정리의 방법이다. 고려의 상인들이 썼던 복식부기는 사개송도치부법[38]으로 근대까지 전통이 이어졌다. 그래서 이것을 복식부기의 기원으로 보는 견해도 있고,[27] 위키백과에서는 아예 사개송도치부법은 현행 복식부기의 원형으로 조선조 초기에 인도, 아랍을 거쳐 베니스로 전래된 것으로 보고 '송도부기'가 현행 서양부기의 원본이라고 단정짓고 있다.

서양에서는 현대의 복식부기는 중세 서유럽에서 기원했고 지중해의 무역을 독점했던 이탈리아 상인들이 주로 발전시켰는데 1494년 이탈리아의 베니스에서 책자형태로 최초로 소개됨으로써 통상 복식부기의 원리에 의한 회계처리는 이탈리아가 원조로 알려져 있다.

1870년, 이탈리아 토스카나 지방의 작은 도시 프라토에 있는 프란체스코 다티니[39]의 저택에서 역사적 가치가 뛰어난 사료 무더기가 발굴됐다. 14~15세기를 살았던 상인 프란체스코 디 마르코 다티니가 남긴 500여 권의 거래 원장과 회계장부, 300여통의 동업계약서, 보험증서, 선하증권, 환어음, 수표, 그리고 15만여 통에 달하는 편지가 저택 구석방에서 자루에 담긴 채 고스란히 발견된 것이다. 이 자료 중에서 회계장부를 분석하여 이렇게 적고 있다.

「피렌체[40]의 거상 프란체스코 다티니는 다른 거상들과 차이점이 있는데, 그는

---

38) 사개송도치부법(四介松都治簿法)
39) 프란체스코 다티니(Prancesco Datini, 1335~1410)

회계에 매우 능했고, 회계 장부를 작성하고 통제하는 것이 대규모 기업을 운영하는데 필수적이라는 것을 절실히 알고 있던 인물이었다. 그는 매일매일 엄청나게 많은 거래처들로부터 계약을 맺었기 때문에, 직원들과 하인에 의해 거래대금이 누락되거나, 재고가 몰래 빠져나가는 일이 없도록 체계적이고 단일화된 운영이 필요했다. 다티니에겐 회계 장부란 그것을 가능하게 하는 유일한 도구였다.」[28]

아무튼 복식부기에 의한 회계처리는 이와 같이 두 개의 중요한 기능, 즉 자산상태의 명확한 표시와 부정을 방지하려는 것을 주요 목표로 하고 있는바, 그 개요를 살펴보기로 한다.

(1) 기업회계기준

기업이 발표하는 경영실적은 사회적 신뢰성이 있어야 한다. 그래서 회계자료를 작성할 때는 객관적이고 통일된 기준에 의해야 하고 이렇게 작성된 회계자료는 그 공정성과 타당성을 확보할 수 있게 외부감사인의 감사를 받아야 한다. 이와 관련한 사항들을 정하고 있는 것이 '주식회사의 외부감사에 관한 법률'이다.

기업회계기준은 이 법에서 회계자료의 구체적인 작성방법을 정한 것인데 우리나라의 기업회계제도는 1959년 '기업회계원칙과 재무제표규칙'이 제정·시행되다가 1981년에 이를 통합한 '기업회계기준'으로 통일된 회계제도로서 정립되었다. 이때부터 대차대조표, 손익계산서, 현금흐름표가 주요 회계자료로 간주되었는데 '주요재무제표'라 함은 이를 말한다. 이후 기업회계기준은 수년 간격으로 계속 개정되면서 2010년까지는 이들을 유지해왔다. 그러던 것이 2011년을 기준으로 크게 바뀌었다. 기업의 회계의 국제비교, 투명성과 신뢰성 제고, 무역거래의 편의성 등을 고려하여 2011년 1월 1일부터 상장기업은 국제회계기준위원회41)에서 제정한, 세계적으로 공통된 회계처리기준이라고 볼 수 있는 국제회계기준을 적용토록 한 것이다.

---

40) 피렌체(Firenze) : 1865년~1870년까지 이탈리아 왕국의 수도. 지금도 로마가 이탈리아의 정치적 수도라면, 피렌체는 문화예술의 수도다. 피렌체는 1982년에 구도심 대부분이 유네스코 세계유산으로 선정될 정도로 거리 곳곳이 볼거리다. 단테, 메디치, 마키아벨리가 이뤄놓은 문화예술적 아름다움과 지적 자산들이 도시에 넘쳐흘러 많은 관광객을 끌어 들이고 있다. 보석세공품이나 가죽공방 등에서 보는 바와 같이 피렌체는 가톨릭, 미술, 문학, 산업과 관련한 다수의 영역에서 앞서나갔고 독특하다. 이 때문에 '이탈리아적'인 것을 뛰어넘어 '피렌체적'인 것으로 묘사되기도 한다(브릿지 경제).

41) 국제회계기준위원회(IASB, International Accounting Standards Board) : 영국에서 1973설립된 비영리 국제민간기구. 여기에서 제정된 국제회계기준(IFRS, International Financial Reporting Standards)을 약 110개국에서 채택하고 있다.

이에 따라 우리나라 기업회계기준은 상장법인 적용대상인 '한국채택국제회계기준'[42]과 비상장법인 적용대상인 '일반기업회계기준'으로 이원화 되었다. 당연히 내용이 바뀌었는데 '한국채택국제회계기준'의 경우 연결대상 계열사와 연결재무제표를 작성해야 한다는 점이 가장 크게 바뀐 점이다. 주요 재무제표의 경우도 대차대조표는 재무상태표로, 손익계산서는 기존의 대차대조표의 기타포괄손익을 포함하는 포괄 손익계산서로 명칭과 내용도 일부 바뀌었다. 여기서 회계기준 명칭에 '채택'이라는 용어를 사용하는 것은 많은 나라가 국제회계기준을 전면 수용하는 것이 아니라 자국에 맞게 선택적으로 수용하고 있는데 우리나라도 그렇기 때문이다.

'일반기업회계기준'[43)은 「주식회사의 외부감사에 관한 법률」의 적용대상기업 중 '한국채택국제회계기준'에 따라 회계처리하지 아니하는 기업의 회계와 감사인의 감사에 통일성과 객관성을 부여하기 위하여 종전의 기업회계기준을 수정·보완한 것이다. '일반기업회계기준' 적용대상 기업도 '한국채택국제회계기준'을 채택할 수 있다.

주요재무제표

(1) 재무상태표(대차대조표)

재무상태표는 '일정시점'에서 기업의 재무상태를 표시한다. 포괄손익계산서가 '일정기간'의 영업의 성과를 표시한다는 점에서 차이가 있다. 재무상태표를 점이라고 한다면 포괄손익계산서는 선에 해당한다. <표 2-20>는 재무상태표의 형식과 내용을 나타낸 것이다. 이를 구체적으로 살펴보면 우선 제목 밑의 날짜를 보면 (20××년 12월 31일)로 되어 있다. 이후 보게 될 포괄손익계산서에는 (20××년 01월 01일

〈표 2-20〉 재무상태표 양식

재 무 상 태 표

(20××년 12월 31일)

○○주식회사 (단위 : 원)

차변(운용)	대변(조달)
자산(1)	부채(2)
	자본(3)

---

42) 한국채택국제회계기준(K-IFRS, Korea-International Financial Reporting Standards)
43) 일반기업회계기준(Korean Generally Accepted Accounting Principles)

-20××년 12월 31일)로 되어 있는데 이를 점과 선이라고 설명한 것이다.

표 위의 좌측에는 해당회사명을 표기한다. 그리고 회계전표는 대차원리에 의한 복식부기방식으로 작성하게 되는데 좌측이 차변이고 우측이 대변이다. 재무상태는 이 차변과 대변에 표시하는데 차변에는 자산을 대변에는 부채와 자본을 표시한다.

이 양자는 다음과 같은 등식이 성립한다.

$$자산(1) \ = \ 부채(2) \ + \ 자본(3)$$

여기서 대변을 조달이라고 하고 차변을 운용이라고 했는데 이는 재무상태표 작성의 기본원칙에 해당한다. 즉, 대변은 회사자금을 어떻게 조달했는지를 나타내는 것으로 조달원천별로 표시한 것이고 차변은 이렇게 조달된 자금을 어떻게 운용했는지를 나타내는 것으로 자금사용을 내역별로 표시한 것이다.

재무상태표가 이와 같이 작성되어 있기 때문에 우리는 이 표를 보면 이 회사의 규모가 어느 정도인지 알 수 있고 부채규모 등도 파악이 가능하다. 여기서 표시하고 있는 각 항목과 후술할 포괄손익계산서 항목을 이용하여 부채비율, 매출액 이익률 등 여러 경영분석지표를 산출할 수 있는데 한국은행에서는 표준재무분석 항목을 정하고 그 비율을 발표하고 있다. 이러한 자료 등을 모아 목적에 따라 회사의 경영상태를 분석하는 것을 경영분석, 경영평가, 경영진단 등의 용어로 표현한다. 재무상태표의 영문표준양식은 (별표 3)과 같다.

(2) 포괄손익계산서

회사의 일정기간 동안의 경영성과(이익과 손실)을 나타내는 것이 포괄손익계산서다. 회사를 경영하는 과정에서 경제적인 거래가 필수적으로 일어난다. 그리고 이 경제적인 거래결과로 수익이나 비용이 발생하게 된다. 전자의 경제적인 거래를 회계처리 하는 데 있어서 어떤 방식으로 정리할 것인지가 문제인데 이는 복식부기방식으로 정리한다.

그리고 이 경제적 거래결과 발생한 후자의 수익이나 비용을 회계처리 하는 것은 별개의 문제로 여기에는 발생한 수익이나 비용을 언제 인식하느냐, 즉 인식시점에 따라 발생주의와 현금주의의 두 가지 방식이 있다. 현금주의란 실제로 현금이 수취되거나 지급되는 때에 수익이나 비용으로 인식하는 회계처리방식을 말하고, 발생주의란 거래의 발생시점, 즉 현금수수와 상관없이 수익이나 비용이 발생한 시점에서 인식하는 회계처리방식을 말한다. 이를 알기 쉽게, 예를 들어 설명하면 어느 회사가 회사의 제품을 12월 초에 외상으로 판매하고 대금은 내년 1월 중순에 받기로 했다면, 이것을 회계처리 하는 데 있어 발생주의 의하면 매출발생이 금년 12월에 일어났기 때문에 12월에 회계처리 하여 금년매출로 계상되고, 현금주의에 의하면 현금이 들어오는 내년 1월에 회계처리 해야 하므로 내년매출로 계상되는 것이다.

　　회계기준에서는 특별한 경우를 제외하고는 수익과 비용의 대응, 합리적인 경영성과표시 등을 고려하여 발생주의를 채택하고 있다. 이와 같이 발생주의 회계는 거래의 발생시점에서 기록하므로 영업활동과 관련된 기록과 현금의 유출입과는 보통 일치하지 않게 되므로 '현금흐름표'와 같은 회계보조 정보를 필요로 한다. 또한 발생주의 회계는 기간이 관련되어 있어 이연, 배분, 상각, 실현, 인식, 대응[44]등의 개념 정의도 필요하게 되었다.

　　이외에도 포괄손익계산서를 작성하는 여러 기준과 원칙이 있는데 우선 전체 표시는 구분표시원칙에 의해 크게 매출 총이익, 영업이익, 경상이익, 법인세 차감전 순이익, 당기 순이익 순으로 구분하여 표시한다. 또한 포괄손익계산서 작성은 수익과 비용을 발생 원천에 따라 분류 후 관련 항목끼리 대응하여 표시하는 수익 비용 대응의 원칙, 항목별로 전채금액을 표시하는 총액주의 등에 따라 작성한다.

　　포괄손익계산서와 앞서 설명한 재무상태표는 회사의 경제적 상황을 나타내는 매우 중요한 자료로써 경영에 있어 의사결정의 기초자료가 된다. 이 자료에 의해 당해 연도 경영실적을 평가하여 상여금 등 직원의 보상근거를 마련하고, 다음 해의 경영전략을 수립하고, 주주들에 대한 배당수준도 결정하는 것이다. 또한 이 회계자료는 투자자, 채권자, 엠앤에이 전문가 등 이해관계들에게는 매우 유용한 정보를 제공해주고 있다. 재무상태표의 영문포괄손익계산서 양식은 (별표 4)와 같다.

(3) 현금흐름표

　　현금흐름표는 일정기간 동안 기업의 현금 흐름을 현금흐름원천별로 보여주는 표이다. 수익과 비용의 회계처리를 발생주의에 의하기 때문에 포괄손익계산서에는 이익이 났는데 과도한 외상매출 등에 의한 실제는 현금이 부족하여 부도가 나는 소위 흑자도산에 이를 수가 있다. 이것이 현금흐름표를 작성해야 하는 중요한 사유의 하나이다. 이와 같이 현금 유동성에 관한 정보를 제공해주는 자료로 현금흐름표는 재무상

---

44) 이연(deferral), 배분(allocation), 상각(amortization), 실현(realization), 인식(recognition), 대응 (matching)

태표와 포괄손익계산서를 보완하는 회계자료이다.

위에서 말한 현금흐름원천별이란 영업활동으로 인한 현금흐름, 투자 활동으로 인한 현금흐름, 재무 활동으로 인한 현금흐름을 구분하여 표시한다는 것을 의미한다. 결국 현금흐름표는 기업의 영업활동으로부터 얼마만큼의 현금이 창출되고 있는지를 알 수 있어 향후 현금흐름을 예측할 수 있어 유동성위기를 예방할 수 있다. 또한 기업의 투자 활동에 대한 정보를 제공하여 주기 때문에 기업의 미래를 예측해 볼 수 있게 한다.

이상에서 주요재무제표로써 재무상태표, 포괄손익계산서 그리고 현금흐름표에 대해서 알아보았다. 우리는 재무상태표를 통해 기업의 자산상태와 재무상태를 파악할 수 있으며, 포괄손익계산서에 의해 경영의 성과를, 현금흐름표를 통해 영업, 투자, 재무 활동의 현금 유출입을 파악할 수 있다. 결론적으로 이 3개의 회계자료는 기능적으로 상호보완을 통해 기업의 실태를 나타내 주고 있다.

6. 경영과 컴퓨터

정보시스템에 대한 이해

19세기의 영국의 수학자 상크스는 평생 원주율(3.14159…)을 계산한 것으로 유명하다. 그는 평생 동안 원주율을 707자리까지 구했다. 컴퓨터로 원주율을 계산하자 40초만에 상크스가 평생에 걸쳐 쌓아올린 기록이 깨져버리고 소수점 이하 528자리에 오차가 있다는 것도 발견되었다.[29] 이는 컴퓨터가 무엇인지를 극명하게 보여주는 예라고 하겠다.

컴퓨터는 그 이전에도 있었으나 통상 1946년에 미국 펜실베니아 대학의 존 에커트와 존 모클리가 만든 에니악[45]을 세계최초의 컴퓨터로 간주한다. 이 컴퓨터는 진공관을 이용하여 만들어 무게가 30톤에 달하고 전력소모도 어마어마했다고 한다. 그런데 트랜지스터라는 반도체가 개발되어 진공관을 대체함으로써 컴퓨터가 획기적으로 작아지게 되었다. 이렇게 진공관을 사용한 컴퓨터를 제1세대 컴퓨터라 하고 트랜지스터를 사용한 컴퓨터를 제2세대 컴퓨터라 한다. 1970년대 초에 집적회로[46]를 사

---

45) 에니악(ENIAC, Electronic Numerical Integrator and Computer)
46) 집적 회로(集積回路, IC, Integrated Circuit)

용하여 컴퓨터의 크기는 훨씬 더 작고 성능은 크게 향상시켰는데 이를 제3세대 컴퓨
터라고 하고, 1970년대 후반에 이를 더욱 발전시킨 대규모 집적회로에 의한 컴퓨터가
등장했는데 이를 제4세대 컴퓨터라 한다. 1980년대에 이르러서는 초대규모 집적회
로[47]에 의한 제5세대 컴퓨터가 등장했는데 여기서 더욱 더 집적도가 높아진 것을 극
초대규모 직접회로[48]라 한다.

'집적회로'라는 것은 하나의 반도체에 여러 기능을 수행하는 회로를 집합시켜 놓
은 것을 말하는데 칩이라고 부르는 것이 대표적이다. 이 칩(두께 1 미리미터, 한 변이 5미리
미터 정도)에 회로소자 몇 개를 넣을 수 있느냐에 따라 달리 부르는데 처음에는 100개
미만이었는데 단기간에 기술이 급속도로 발전하여 10만 개 가까이 집적할 수 있게
되었다. 이것을 대규모 집적회로라고 하고 10만 개 이상을 집적할 수 있는 것을 초대
규모 집적회로라고 한다.

오늘날 이 반도체가 모든 산업에 활용되어 인류문명을 바꾸었다고 할 수 있다.
그래서 반도체가 산업의 쌀이라고 일컬어지는데 1960년대에 반도체 시대가 시작되면
서 인텔의 공동설립자인 고든 무어는 마이크로칩에 저장할 수 있는 트랜지스터 개수
가 18개월마다 2배씩 증가하며 피시[49]가 이를 주도한다는 이론을 제시하였다. 이를
'무어의 법칙'이라고 하는데 실제 인텔의 반도체는 이러한 법칙에 따라 용량이 향상
되었다.

그러나 2002년 국제반도체회로학술회의[50]에서 당시 삼성전자 황창규 사장이 '메
모리 신성장론'을 발표하였다. 그 내용은 반도체의 집적도가 2배로 증가하는 시간이
무어의 법칙을 뛰어 넘어 1년으로 단축되었다는 것이었다. 그리고 이를 주도하는 것
은 피시 분야가 아니라 모바일 기기와 디지털 가전제품 등의 분야라고 하였다. 이 규
칙을 황창규 사장의 성을 따서 '황의 법칙'이라고 하는데 국제적으로 통용되는 용어
이다. 실제 삼성전자는 1999년에 256메가 낸드플래시메모리를 개발하고, 2000년 512
메가, 2001년 1기가, 2002년 2기가, 2003년 4기가, 2004년 8기가, 2005년 16기가,
2006년 32기가, 2007년 64기가 제품을 개발하여 그 이론을 실증하였다.

이와 같은 반도체 기술과 전자기술의 발달로 컴퓨터는 점점 작아지고 처리속도
는 날로 빨라졌다. 그 결과 대형컴퓨터는 중형컴퓨터로 점점 작아지다가 드디어 1970
년대에 오늘날의 모든 개인의 필수품이 되어버린 피시라는 개인용 컴퓨터가 등장하

47) 초대규모 집적회로(VLS,I, Very Large Scale Integration)
48) 극초대규모 집적회로(Ultra scale integration)
49) 피시(PC, Personal Computer)
50) 국제반도체회로학술회의(ISSCC, International Solid Sate Circuits Conference)

였다. 이렇게 초대규모 집적회로의 컴퓨터가 등장하여 사회가 크게 변화한 1980년대 사람들은 자기들이 살고 있는 사회를 정보화 시대라고 정의했다. 정보화 시대란 풍부한 정보의 데이터베이스가 축적되어 이 정보를 거리의 제한 없이 자유롭고 신속하게 유통시킬 수 있는 통신망이 구축되고, 나아가 정보이용자가 정보를 원하는 형태로 가공이 가능한 정보처리의 기능을 갖춘 사회로 정의할 수 있다. 소위 씨앤씨[51]와 텔레마티크[52]로 특정지어지는 사회이다.

이러한 사회변화는 기업경영에도 영향을 미쳤다. 컴퓨터가 기업경영에 도입됨으로써 1776년 아담스미스가 그의 저서 <국부론>에서 주장한 이래 200여 년간을 지탱해 온 '노동의 분업과 전문화, 그리고 그에 따른 노동의 분권화'에 따른 기업의 구조와 경영관리의 틀이 무너지고 프로세스를 중시하는 리엔지니어링이라는 개념이 대두되었다.

돌이켜 보면 경제대공황과 제2차 세계대전 후 기업은 대량생산, 안정, 성장이란 토대 위에 만들어졌다. 당시 기업경영자의 주요 관심사는 계속 증가하는 수요를 따라잡을 수 있는 능력, 즉 생산용량이었다. 지나친 생산설비 증설은 자칫 적자를 낼 우려가 있고 생산용량이 너무 적거나 적기에 생산해 내지 못하면 시장점유율의 하락으로 타격을 입을 수 있다. 그래서 기업들은 이러한 문제해결을 위해 복잡한 계획, 예산 통제체제를 만들어 냈다. 여기에 적합한 피라밋 조직구조를 대부분의 기업에서 채택했다.

이 피라밋 조직구조는 조직의 확대와 축소가 용이하여 고성장환경에 적합하다. 조직을 확대할 때는 맨 밑의 작업자를 충원한 다음 그 위의 관리 층을 보충하면 된다. 이 조직구조는 통제와 계획에도 이상적이다. 업무를 세분화함으로써 감독자들은 작업자의 성과에서 일관성과 정확성을 보장할 수 있었으며 감독자의 감독 또한 마찬가지였다. 예산은 부서별로 승인되고 감시되었으며 계획도 동일한 기준으로 수립되고 실행되었다.

그러나 작업의 수가 증가함에 따라 제품생산과 서비스의 전체 프로세스도 점점 복잡하게 되고 이러한 프로세스를 관리하는 일은 더 어렵게 되었다. 조직 내에서도 중간계층의 관리자가 증가할 수밖에 없는데 이들의 인건비는 업무를 단순화하고 반복적인 단계로 분편화하여 그들을 계층적으로 조직화함으로써 얻는 이득에 상응한 지불해야 할 만만치 않은 비용의 일부였다.[30]

---

51) 씨앤씨(C&C, Cumputer and Communication)
52) Telematique(텔레마티크) : Telecommunication(원격통신) + Informatique(정보처리)

그래서 보다 나은 경영관리기법들이 연구되고 실용화 되었다. 목표에 의한 관리, 다각화, 엑스이론과 와이이론, 제트이론, 제로예산, 품질관리, 분산화, 사내기업, 경영 재구축[53] 등이 그것이다. 우리나라의 더블유 이론도 이 시기에 제시된 것이다.

그러나 정보화 사회에서는 이와 같은 경영방식으로는 안 된다는 것이다. 시장이 세계화 되고, 지역 간·계층 간 격차도 사라지게 되고, 고객의 욕구가 다양해지고, 제품의 라이프 사이클도 더욱 짧아져 기업 간 경쟁도 심화되었다. 과거의 대량생산, 안정, 성장이라는 토대 위에 만들어진 기업이 고객, 경쟁, 변화라는 소위 3씨[54]의 새로운 기업환경에는 적합하지 않다는 것이다. 그래서 리엔지니어링이 대두되었고 2000년 이후에는 블루오션 전략도 대두되었고 오늘날은 빅 데이터가 회자되고 있다.

이와 같은 새로운 경영전략을 가능하게 한 배경에는 컴퓨터라는 것이 있다. 기업에 컴퓨터가 도입된 초기에는 수작업 업무를 컴퓨터로 처리하게 하는 업무전산화를 통해서 대량의 데이터를 신속히 처리하여 인력과 비용을 절감함으로써 경영합리화를 꾀하는 수단으로 사용되었다. 그러던 것이 이러한 통계자료를 받아 본 기업의 경영진이 점점 더 많은 정보를 요구하게 되었다. 컴퓨터의 성능과 기술도 향상되어 가면서 기업에서 요구하는 갖가지 정보를 적기에 제공하게 되었고 나아가 무엇을 요구해야 하는지를 제시하는 수준에까지 이르게 되었다. 즉 축적된 데이터(데이터베이스)를 적절히 가공하여 의사결정의 판단자료로써 경영정보를 제공하게 된 것이다. 나아가 이 경영정보를 잘 활용하면 경쟁업체와의 관계에서 경쟁우위를 확보할 수 있는 전략적 무기가 될 수 있다는 것을 알게 되었다.

실제 이런 사례들이 업계에 속속 나타났는데 도요타의 적기생산시스템[55]이 대표적인 예이다. 이는 일본의 도요타 자동차가 세계 제일의 자동차회사인 미국의 지엠 타도를 목표로 창안한 생산기법이다. 이 기법은 한마디로 무재고 시스템이라고 할 수 있다. 생산관리 자동관리뿐만 아니라 고객, 각종 부품 공급회사와 연결된 정보시스템을 통하여 자동차 주문이 접수되면 납기에 맞추어 매 생산단계 필요한 부품을 적기에 공급 받아 적기에 납품함으로써 고객을 만족시키고 완제품은 물론 모든 부품의 재고를 쌓아 놓지 않아도 되고, 불량률도 최소화 하여 획기적으로 원가를 감소시킨 생산기법이다. 정보시스템을 통해 전 세계에 산재한 생산 공장과 부품공급처 그리고

---

53) 목표에 의한 관리(MBO, Management By Objective), 다각화(Divercification), 엑스이론과 와이 이론(Theory X & Theory Y), 제트이론(Theory Z), 제로예산(Zero based budget), 품질관리(QC, Quality Control), 사내기업(Intrapreneuring), 경영재구축(Restsructuring).
54) 3씨(3C, Customer, Competition, Change)
55) 적기생산시스템(JIT, Just－In－Time) : 간판시스템이라고도 함.

물류를 한데 묶어 각 공정 전과정을 한눈에 살펴보면서 관리가 가능하게 한 것이다.

우리는 여기서 말한 정보시스템이란 용어에 대해 이해할 필요가 있다. 우선 일반적인 용어가 된 '시스템'이란 각 분야마다 다소 차이는 있으나 전체적으로 '서로 연관된 구성요소들이 유기적으로 결합되어 이루어진 전체'를 의미한다고 정의는 할 수 있다. 그리고 '정보시스템'이란 '어떤 공동의 목적을 달성하기 위해 시스템 내부에서 시스템을 구성하는 요소, 즉 컴퓨터, 조직과 구성원, 데이터, 정보 등을 결합시켜 복잡한 문제와 상황에 대한 분석을 용이하게 하는 체계'를 말한다.

이러한 정보시스템은 앞서 설명한대로 이디피에스[56]라고 하여 대량자료의 신속한 처리에서 시작하여 경영정보시스템[57], 의사결정시스템[58], 경영자 정보시스템[59], 전략정보시스템[60], 전사적 자원관리시스템[61]으로 기능과 역할이 발전해 왔다. 최근에는 빅 데이터라는 개념이 회자되고 있는데 여기서 각 시스템의 개요를 살펴보기로 하자.

(1) 전자식 자료처리시스템

앞서 설명한 대로 이는 기업에서 처음 컴퓨터를 도입했을 때 사람이 수작업에 의하던 자료처리를 컴퓨터가 하도록 하여 인력을 절감하는 효과를 얻을 수 있었는데 이때의 컴퓨터는 전자식 자료처리의 기능을 한 것이다. 우리나라의 경우 1970년대 중반 이후에 대학에 컴퓨터 관련학과가 생기기 시작하였는데 이때를 전후하여 상업고등학교에서 전산과 컴퓨터 언어를 가르치기 시작했다.

그리고 1979년 외환은행에서 '서울에서 입금하면 5분만에 부산에서 찾을 수 있습니다'라는 대적인 광고를 통해 새로운 금융서비스의 시대가 열렸음을 알렸다. 지금 사람들은 이게 무슨 말이냐고 할지 모르나 이전까지만 하더라도 은행에 예금을 하면 자기가 통장을 개설한 은행의 그 지점에서만 예금을 찾을 수 있었다. 그런데 자기가 어느 지점에서 통장을 개설했든 전국 아무 지점에서나 예금할 수도 있고 찾을 수도 있게 되었다는 것은 그야말로 어마어마한 사건이었다. 이것을 온라인 시스템이라고 하는데, 아무튼 컴퓨터가 우리의 생활환경을 이렇게 바꿔 놓은 것이다.

---

56) 이디피에스(EDPS, Electrnic Data Processing System)
57) 경영정보시스템(MIS, Management Information System)
58) 의사결정시스템(DSS, Dicision Support System)
59) 경영자 정보시스템(EIS, Exective Information System)
60) 전략정보시스템(SIS, Strategic Information System)
61) 전사적 자원관리시스템(ERP, Enerprise Resource Planning System)

(2) 경영정보시스템

각 기업에서 컴퓨터의 중요성이 인식되면서 이 분야에 인적·물적 자원을 투자하기 시작했다. 시간이 흐를수록 컴퓨터의 기능발전과 더불어 컴퓨터에 의한 업무처리를 하게 되는 사무자동화가 진행되었다. 이를 잘 보여주는 것이 책상위에 수북이 쌓여 있던 각종 장부가 사라지고 피시가 한 대 놓인 것이다. 원장(장부)이 컴퓨터 속으로 들어간 것이다. 이것이 이디피에스인데 이를 잘 통합하여(데이터베이스화) 경영자가 과업을 수행하는 데 필요한 정보를 줄 수 있어야 한다고 생각하게 되었다. 이 생각을 시스템으로 구축한 것이 경영정보시스템이다. 이러한 개념은 구미는 1960년대부터 나타나기 시작하였고 우리나라는 각 조직에 아이비엠, 유니박, 파콤[62] 등 대형컴퓨터가 도입되기 시작한 1970년대 이후의 일이라고 보면 된다.

앞서 기업회계를 설명하면서 기업의 재무상태를 정확히 나타내고 부정을 방지하기 위한 수단으로써 복식부기원리에 의한 회계처리방법이 이미 중세 이전부터 도입되었다고 했다. 그런데 이 장구한 역사를 가진 복식부기도 경영에 컴퓨터, 즉 정보시스템이 도입되면서 이 효용이 사라지게 된다. 꼭 복식부기로 회계처리를 하지 않아도 복식부기의 기능을 살릴 수 있게 된 것이다.

(3) 의사결정지원시스템

경영정보시스템으로 정보는 전형적이고 구조화된 정보, 다시 말하면 의사결정이 반복적이고 정규적인 성질의 의사결정에 필요한 정보를 제공하는 것이 가능하게 되었다. 그러나 이것만으로는 경영자가 정말로 필요로 하는 정보를 제공하는 데는 한계가 있다는 주장이 대두되었다. 즉 재고관리나 수·발주 업무 등 정형화된 업무에는 적합하나 정형화 되지 못한 업무, 예를 들자면 제품이나 서비스 가격을 얼마로 해야 시장점유율이 높아질 것인가? 고객에게 신용대출을 어느 수준까지 해 주어야 하는가? 와 같은 비구조화된 의사결정에는 맞지 않다는 것이다. 그래서 어떤 의사결정 모형을 구축하고 이 모형을 이용하여 비교와 추산 등을 통해 비구조화된 문제에 대하여 의사결정을 할 수 있도록 지원하는 시스템구축을 시도하게 되었는데 이것을 의사결정지원시스템이라고 한다.

---

62) 아이비엠, 유니박, 파콤(IBM, UNIVAC, FACOM)

(4) 경영자 정보시스템

위 경영정보시스템이나 의사결정지원시스템은 합리적이고 신속한 의사결정을 가능하게 하여 기업경영에 큰 영향을 미쳤다. 그럼에도 불구하고 이들 시스템은 최고 경영자들에게는 그다지 유용한 정보를 제공할 수 없다는 비판하에 대두된 시스템이 경영자 정보시스템이다. 즉 의사결정지원시스템은 잘 정의된 의사결정을 하는 중간 관리자 용이며 최고경영자는 날마다 상이한 의사결정을 하는 불확실성의 세계에서 살고 있기 때문에 정보를 스스로 가공하고 조작가능하게 시스템을 구축해주어야 한 다는 것이다. 컴퓨터를 스스로 조작하는 최고경영자에게 기업정보를 제공하여 이렇 게 제공된 정보가 보다 효과적으로 이용될 수 있도록 지원하는 것이 경영자정보시스 템이다.

이때까지만 해도 컴퓨터는 중간관리자 이하의 젊은 사람들이 다루는 것으로 인 식되어 있었고 상급관리자는 대부분 소위 컴맹으로 여전히 문서로 보고를 받는 전통 적인 결재시스템이 거의 모든 조직의 공통적인 방식이었다.

(5) 전략정보시스템

무릇 계속기업[63]으로서의 기업은 지속적 성장[64]이 생존의 바탕이 된다. 기업이 탄생하면 성장·발전단계를 지나 도약기를 거쳐 성숙기에 이르게 된다. 전 과정에서 항상 치열한 생존경쟁을 해야 하는 숙명을 타고 난 기업은 매 단계마다 중대한 전환 점에 서게 된다. 이때가 되면 기업은 자신이 나아갈 새로운 방향을 모색해야 할 단 계, 즉 자신의 정체성을 돌아보아야 한다. 말하자면 자신의 포지션[65]을 어떻게 다시 포지셔닝 해야 할 것인가를 심각하게 고민해야 할 때인 것이다. 이는 생존의 문제와 직결된다고도 볼 수 있다. 여기에서 기업은 생존을 넘어선 도약을 위한 새로운 기업 전략을 요구받게 된다.

전략이란 「일정한 기간이 지난 뒤에 되고 싶은 자신 또는 자기가 속한 조직의 위상을 이룩하기 위하여 지금 시작해야 할 일」을 뜻한다.[31] 따라서 전략에는 기업내

---

63) 계속기업(going concern)
64) 지속적 성장(sustainability growth)
65) 포지션(position) : 제품이 소비자들에 의해 지각되고 있는 모습을 말하며, 포지셔닝이란 소비자 들의 마음속에 자사제품의 바람직한 위치를 형성하기 위하여 제품 효익을 개발하고 커뮤니케이 션하는 활동을 말한다. 1972년 광고회사 간부인 앨리스(Al Ries)와 잭트로우트(Jack Trout)가 도 입한 용어로 '정위화(定位化)'라고도 한다(두산백과).

부와 외부의 환경에 대한 분석과 예측, 비전의 재설정, 목표설정, 구체적 방침, 전략
수행과정의 관리와 전략의 수정 등이 수반되어야 한다.

전략을 성공적으로 추진하기 위해서는 우선 나아갈 방향을 보다 확실히 하기 위
해 전 구성원이 공유하는 비전을 재정립할 필요가 있다. 비전이란 기업이 전략적으로
지향하고자 하는 미래상을 의미한다. 피터 킨은 「비전은 미래의 그림이다. 비록 충분
히 예측하지 못했다 하더라도 실질적이고 소망스러운 목표를 쉽게 이해될 수 있도록
설명한 것이다.」[32]라고 정의하면서 이 비전은 다음과 같은 질문에 대답할 수 있어야
한다고 하였다.[33]

① 지금의 업계와 그 주변의 첨단 분야에서 어떤 일이 일어나고 있는가?
② 무엇으로 차별화 하고 어떻게 그것을 지속해나가야 하나?
③ 경쟁자가 누구인가?
④ 어떤 스타일의 조직이 될 것인가?
⑤ 우리의 사업을 더 낮게 운영하려면?

기업전략수립의 첫 번째 단계라 할 수 있는 기업외부환경 분석방법의 하나로 스
팁66)분석방법이 있다. 스팁은 거시환경을 분석하는 기법인데 여기서 거시환경이란
기업을 둘러싸고 있는 기업이 통제 불가능한 사회적 환경을 의미한다. <표 2−21>
은 거시환경 분석변수와 내용이다.

⟨표 2-21⟩ 거시환경분석 변수

변수	분석내용	비고
사회문화적	소비자 행동, 출생률 등 인구관련 변수, 사회의 변화 등	
기술적	신기술 등 기술변화추이, 연구개발비 등	
경제적	경제 성장률, 환율, 이자율, 국제 수지, 국제경제 환경 등	
생태학적	환경보호규제, 재활용 시설 규모, 신재생 에너지 등	
정책법률적	직업사회 정책, 기업관련법, 국제무역기구, 조약 등	

스팁이란 <표 2−21>에서 보는 바와 같이 기업외부환경의 데이터를 수집하여
이를 분석, 기업에 영향을 미칠만한 이슈를 도출해 내고 이를 전망함으로써 기업경영
전략 수립을 위한 기초자료를 분석하는 것이다. 기업전략이란 이와 같은 외부환경요
인과 내부환경요인을 분석하여 기업경영정책에 대한 방향을 수립하는 것이라고 할

---

66) 스팁(STEEP, Socio culture, Technological, Economic, Ecological, Political & legal)

때 스팁은 이 기업전략을 수립하는 하나의 과정내지는 수단이라고 할 수 있다.

한편 전략이란 「보이지 않는 적과 싸우는 것」이라는 점에서 전술과 다르다. 전술이란 이미 공격할 목표가 정해져 있고 동원할 수 있는 자원이나 소요되는 시간 등의 여건이 주어져있어 그 속에서 최소의 소모로 최대의 전과를 올릴 수 있는 방안을 찾아내는 것에 비해 전략은 장래의 국면을 유리하게 유도하기 위한 방책을 말한다.

따라서 전략정보시스템이란 기업에서 이러한 전략을 효율적으로 수립할 수 있게 지원하는 컴퓨터 시스템을 말한다. 즉 기업이 계속기업으로서의 성장·발전을 가능하게 하기 위한 경쟁의 우위 확보와 유지를 가능하게 전략을 짤 수 있도록 지원하는 전술에 해당한다고 힐 수 있다.

이 시스템은 고유한 기능을 가진 것이라기보다는 정보기술을 이용하여 여러 정보를 취합·가공·유추 등을 통하여 기업의 전략수립에 중요한 역할을 하는 것을 말한다. 이는 씨앤씨라는 컴퓨터와 통신의 결합과 확산에 따른 정보기술의 비약적인 발전으로 기업환경이 크게 변화하였기 때문에 가능하게 된 것이다.[34]

전략정보시스템구축의 한 예를 들자면 미국의 제너럴모터스사는 「고객이 원하는 품질의 자동차를 경쟁적인 가격으로 공급한다.」는 목표를 달성하기 위하여 컴퓨터 통합생산[67)]방식을 전 공장에 적용하고, 전 세계를 커버하는 통신망 구축으로 판매 대리점과 부품 외주처를 자기회사의 정보시스템에 온라인으로 연결하여 시간·거리·정보의 장벽을 극복하는 시스템을 구축하였다. 전략정보시스템 자체가 경쟁우위를 확보할 수 있는 결정적인 무기가 된 것이다. 이는 20세기 후반의 일이다.

(6) 전사적 자원관리시스템

전사적 자원관리란 말 그대로 기업 활동을 위해 쓰여지고 있는 기업 내의 모든 인적, 물적자원을 효율적으로 관리하여 궁극적으로 기업의 경쟁력을 강화시켜주는 역할을 하게 되는 통합정보시스템이라고 할 수 있다. 이 시스템은 당초 제조업의 생산관리를 효율적으로 관리하기 위한 기법에서 출발했다. 합리적인 재고 관리를 위한 방안으로 도입된 이 기법은 생산의 전·후방 즉, 원자재 납품, 물류 등 생산관련 자원 전체를 관리하려는 데로 발전한다. 이 기능이 확대되어 기업 활동의 전 부분 생산, 판매, 물류, 구매, 재고, 인사, 회계, 자금, 원가, 자산 등을 통합적으로 관리하기에 이르렀는데 이러한 관리시스템을 전사적 자원관리하고 한다.[35]

---

67) 컴퓨터 통합생산(CIM, Cumputer Integrated Mamufacturing)

통합관리가 필요하게 된 것은 처음 컴퓨터가 기업에 도입되면서 사무자동화라 하여 경영의 각 부분이 독자적으로 업무전산화가 이루어졌다. 이렇게 진행된 업무전산화는 보다 합리적이고 적시적인 경영정보를 생성, 제공하기 위해서는 각 부분의 데이터를 연계해서 공유함으로써 각 부분에서 기업 내의 모든 데이터를 다룰 수 있게 할 필요가 있다는 것을 알게 되었기 때문이다. 이는 시스템 전반을 다시 재구축해야 하는 힘든 작업을 거쳐야 하는데 이렇게 하여 통합시스템을 구축하는 것을 리엔지니어링이라고 한다. 이 리엔지니어링에 의해 기업의 모든 자원이 통합관리가 가능했다. 말하자면 데이터의 신속처리, 경영정보 제공, 자원관리, 경영자의 합리적인 의사결정 등 앞서 살펴본 정보시스템의 통합이 이루어지게 된 것이다.

컴퓨터에 대한 이해

지금까지 설명한 이디피에스라는 전자식 자료처리시스템에서 이알피의 전사적 자원관리시스템에 이르기까지의 변화는 컴퓨터가 등장하여 실용화되기 시작한 1960년대부터 2000년대까지의 정보시스템의 발전과정을 조망한 것이다. 위에서 보는 바와 같이 컴퓨터는 기업경영에서 떼려야 뗄 수 없는 핵심요소가 되었다. 그래서 앞서 리엔지니어링이라는 용어도 그렇지만 여러 용어가 컴퓨터와 경영에서 혼용하여 쓰는 경우가 많다. 따라서 이런 것들을 이해하기 위해서는 컴퓨터의 발전과정에 대해 알아볼 필요가 있다.

컴퓨터는 이를 작동할 수 있게 하는 운영체계[68]라는 것이 있다. 흔히 오에스로 불리는 이것은 어떤 결과물을 얻기 위해 작성된 프로그램들이 컴퓨터 내에서 작동될 수 있도록 하는 프로그램을 말한다. 그런데 컴퓨터를 판매하는 회사마다 고유의 오에스를 가지고 있어 우리나라에서 대형컴퓨터시장을 석권한 1980년대 중반까지는 이 오에스가 자사제품판매의 최대의 무기였다. 말하자면 한 메이커의 오에스는 다른 기종의 컴퓨터에서는 전혀 작용할 수 없기 때문에 어느 기업이 컴퓨터 기종을 한번 선택하면 현실적으로 다른 컴퓨터로 교체가 불가능하여 그 업체는 자기가 구매한 컴퓨터 메이커에 예속될 수밖에 없다.

그러나 컴퓨터를 보유하는 업체나 조직이 늘어나면서 갖가지 정보교환을 위해 컴퓨터끼리의 접속의 필요성을 절실히 느끼게 되었다. 컴퓨터 메이커는 이러한 고객

---

68) 운영체계(OS, Operating System)

의 강력한 요구를 수용하지 않으면 안 되었다. 이러한 상황은 각 컴퓨터 메이커의 경쟁무기였던 고유의 오에스가 문제해결에 오히려 걸림돌이 되었다. 이러한 와중에 등장한 유닉스[69]라는 오에스는 컴퓨터 시장을 재편하는 계기가 되었는데 오픈 시스템은 이러한 이 기종 컴퓨터 간의 접속 문제를 해결하기 위해 대두된 개념이다.

오픈시스템이란 시스템이 어디에 있든지, 정보를 어떻게 표현하든지, 어떤 오에스를 사용하든지 간에 기종이 다른 컴퓨터가 연결되어 마치 하나의 시스템이 움직이는 것처럼 구축된 시스템으로 이해할 수 있다. 이는 곧 열린 시대, 열린 경영이라는 사회적 변화와 경영의 변화로 이어지게 되었다.

당시 큰 조직이나 기업에서는 매인프레임이라고 하는 대형컴퓨터를 도입하여 사용했다. 이때의 컴퓨터 운용은 중·소형컴퓨터도 마찬가지이지만 중앙집중식이라 하여 컴퓨터 1대에 각 사용자의 단말기가 물려 있어(스타구조라 함) 이 단말기(은행의 경우 창구 여직원이 사용하는 작은 피시와도 같은 것)를 통해 업무처리를 하는데 만약 이 컴퓨터가 다운이 되면 전 업무가 마비되고, 대형시설이 필요하고, 관리의 어려움이 따르고, 과다한 교체비용이 요구되는 등의 많은 문제가 있다. 그래서 기업이나 각 기관은 처리성능이나 기능면에서 큰 차이가 없는 여러 대의 소형컴퓨터로 대체할 필요가 있다고 보고 이를 강력히 요구하게 되었다. 이렇게 대체되는 것을 다운사이징[70]이라고 한다. 다운사이징은 기업이나 각 기관의 요구에 부응하는 컴퓨터 관련 기술의 비약적인 발전과 많은 작은 컴퓨터를 공급하는 회사가 등장하여 대형컴퓨터 메이커가 지배하던 컴퓨터 시장을 세분화함으로서 가능했다.

경영에서 다운사이징이란 기업의 조직이 다단계로 이루어진 계층적, 관료적 구조를 축소하여 기업의 외부환경변화에 용이하게 대처할 수 있도록 조직의 유연성을 높이고 간접비용을 줄이는 효과를 가져 오는 경영개선을 의미한다. 정보시스템의 다운사이징이 조직의 다운사이징을 유도했다고 볼 수 있다. 또한 다운사이징으로 인해 다른 컴퓨터와의 호환 문제 등이 새롭게 발생했는데 이를 해결하기 위해 클라이언트/서버 컴퓨팅개념이 생겨나게 되었는데 이는 데이터를 요구하고 제공하는 관계를 고객개념으로 나타낸 것으로 기업에서 직원 간, 부서 간의 관계를 내부고객으로 간주하는 발상의 전환이 되는 개념이 여기에서 비롯되었다고 볼 수 있다. 이렇게 보면 현대경영의 발전과정은 컴퓨터의 발전과정과 그 궤를 같이 한다고 볼 수 있다.

지금까지는 기업의 경영과 컴퓨터의 관점에서 살펴 본 것이지만 이외에도 여기

---

69) 유닉스(UNIX)
70) 다운사이징(Downsizing)

에서는 기술을 생략했지만 생산과 물류 등의 다른 여러 분야와 관련하여 1세대부터 5세대에 이르는 컴퓨터 언어의 발달, 데이터베이스의 구축방법의 다양화 등에 따른 많은 혁신이 이루어졌다.

빅 데이터

끝으로 2000년대 이르러 등장한 빅 데이터 개념을 살펴보기로 하자. 빅 데이터란 최근에 등장한 용어로 학술적으로 정립된 개념은 아니다. 그러나 단어의 뜻에서 알 수 있는 것처럼 대량의 자료를 처리하는 것을 말한다. 그런데 이 데이터가 여태까지 논의한 정보시스템의 데이터와는 기본적으로 다르다는 데 그 특징이 있다.

정보시스템의 데이터는 말하자면 어떤 목적에 적합한 정보를 집합해 논 데이터베이스를 말한다. 예를 들면 회계정보시스템은 회계자료를 재고관리 시스템은 재고에 관한 자료를 말하는 바, 과거 장부로 기재하던 원장을 전산으로 처리하는 것, 즉 데이터베이스란 전산원장을 의미한다. 반면에 빅 데이터란 이런 정형화된 데이터를 포함한 사회 모든 분야의 비정형데이터를 의미한다. 가트너[71](2011년)는 데이터의 대용량, 다양한 속성, 빠른 속도[72]의 세 가지 특징을 가진 데이터를 빅 데이터라고 정의했다. 기존의 정보시스템이 자기의 분야에서 축적된 정형화된 데이터를 가공·분석하여 경쟁우위를 확보할 수 있는 전략을 도출해 내려는 것이라고 한다면, 빅 데이터는 사회의 각 분야 즉, 정치 경제, 사회의 비정형화된 다양한 정보들을 수집하여 가공과 분석과정을 통해 다가올 미래를 예측하여 바람직한 방향을 제시해 줄 수 있는 한 차원 높은 정보를 제공하는 것이라고 할 수 있다.

말하자면 기업의 경우 새로운 사업의 기회를 발견할 수도 있고 정보시스템보다는 훨씬 강력한 경쟁의 무기로 활용할 수도 있는데 다른 모든 분야에서도 이와 같은 일이 가능하게 하는 것을 빅 데이터라고 할 수 있다. 직업사회에서의 빅 데이터 활용은 직업사회의 변화과정의 추이를 분석하여 보다 바람직한 사회구축을 위한 방향을 제시하는 데 실질적인 수단을 제공받는 것이라고 할 수 있다.

결론적으로 이런 일이 가능하게 된 데는 결국 씨앤씨의 비약적인 발전에서 기인한 것으로 볼 수 있다. 씨앤씨의 발전을 통해 상상을 초월하는 대용량의 비정형화된 자료를 저장할 수 있게 되고. 이를 가공·분석할 수 있는 정보기술의 발달, 그리고 이

---

71) 가트너(Gartner)
72) 대용량, 다양한 속성, 빠른 속도(volume, variety, velocity)

를 가능하게 하는 엄청난 빠르기의 처리속도와 다양한 네트워크를 통한 정보의 신속한 교환 등이 가능하게 되어, 다시 말하면 컴퓨터를 둘러싼 이이씨티[73]의 비약적인 발달로 빅 데이터가 가능하게 된 것이다.

컴퓨터 세대론

컴퓨터는 전자회로 내에 쓰는 소자의 성능에 따른 발전과정을 세대로 구분해 왔다. 진공관 컴퓨터를 제1세대, 트랜지스터의 제2세대, 집적회로의 제3세대, 그리고 대규모집적회로, 초대규모집적회로의 제4세대로 칭하는데 이 4세대까지의 컴퓨터는 인간이 만든 명령(프로그램)에 따라서 주어진 데이터를 처리한다. 그러나 컴퓨터가 비약적으로 발전하여 어떤 데이터가 들어왔는지를 스스로 판단하여 그에 적합한 처리를 스스로 생각하여 실행한다. 또 자동번역이나 각종 문의에 자유롭게 응답하는 시스템이 가능하게 되었는데 이를 제5세대 컴퓨터라고 한다. 인공지능을 가진 컴퓨터라고 할 수 있다.

한편 컴퓨터 언어에 따라 세대를 구분하기도 하는데 1세대 언어는 어셈플리 언어로 0과 1을 그대로 사용하는 기계어를 말하고, 2세대 언어는 코볼이나 포트란을 3세대 언어는 파스칼 같은 구조적 언어를 발하고 4세대 언어는 데이터베이스나 화면, 통신처리 등을 간편히 기술되는 언어를 말한다. 컴퓨터 용량표시 단위와 처리속도를 나타내는 단위는 (별표 5)와 같다.

기업경영컨설팅

'컨설팅'이란 용어를 사전에서 찾아보면 '자문, 조언, 진찰'을 의미하는 것으로 기술되어 있다. 이 용어가 우리사회에서는 성형외과의 마케팅, 부동산 상담, 영업마케팅, 여성문제 등 거의 모든 업종, 직무, 주제, 다시 말하면 대부분의 산업의 각 분야에 대해 자문하거나 조언하는 것을 컨설팅이라 하고 이를 담당하는 사람을 컨설턴트라고 한다.

---

[73] ICT(Information & Communication Technology) : 정보 기술(Information Technology, IT)과 통신 기술(Communication Technology, CT)의 합성어로 정보기기의 하드웨어 및 이들 기기의 운영 및 정보 관리에 필요한 소프트웨어 기술과 이들 기술을 이용하여 정보를 수집, 생산, 가공, 보존, 전달, 활용하는 모든 방법을 의미한다.

원래 컨설팅의 시초는 엔지니어링 컨설팅이었다. 현장 경험이 많은 나이 지긋한 고참 엔지니어가 주로 정년 등의 문제로 현업에서 은퇴한 후에, 또는 기초이론에 밝은 공대 교수진 같은 사람들이 부업으로, 독립 프리랜서로서 기업의 의뢰를 받아 제품제작 과정이나 건설공사 과정에서 발생하는 각종 문제들의 해결책을 제시해 주고 보수를 받는 것이었다.[36]

이것이 기업경영컨설팅으로 확대, 발전되었는데 이는 기업의 경영전략부문과 기업의 경영합리화 부분으로 나눌 수 있다. 전자의 경우 신 시장개척, 기존사업매각, 엠엔에이[74] 등이 있고 후자는 경영조직 재구축, 시스템 통합[75], 재무·회계, 자산관리, 영업전략 등이 있다.

사실 컨설팅 용어는 너무 널리 사용되어 우리나라 말이 되다시피 하였지만 실은 우리에게는 생소한 개념이다. 컨설팅, 특히 기업컨설팅은 서구에서 발달했는데 그들은 무슨 일에 자문을 구하면 반드시 대가를 지불하는 것이 사회관습이다. 그런데 우리 사회에는 이런 관습이 없다. 컨설팅을 하고 수수료를 달라는 것은 마치 바둑을 두는 데 훈수를 하고 훈수한 대가를 내 놓으라는 격이다. 그래서인지 우리나라에는 맥킨지[76]같은 대형 기업컨설팅 회사가 없고 크게 발달하지도 못했다. 반면에 컨설팅 용어는 다소 개념이 변질되어 일반적 용어가 된 것이다.

그러나 기업경영에 있어서의 컨설팅의 효율성이 이미 입증되었다. 컨설팅을 통해 적게는 회사의 경영상의 문제를 해결하기도 하고 크게는 회사의 운명을 바꾸기도 한다. 특히 경영역량이 높이 않은 중소기업의 경우 더욱 그렇다. 그래서 정부는 민법

[그림 2-6] 컨설팅의 목적

---

74) 엠엔에이(M&A, Mergers and Acquisitions)
75) 시스템 통합(system integration) : 기업이 필요로 하는 정보시스템에 관한 기획에서부터 개발과 구축, 나아가서는 운영까지의 모든 서비스를 제공하는 일.
76) 맥킨지앤드컴퍼니(McKinsey & Company) : 미국에 본사를 둔 세계적인 경영컨설팅 회사. 1926년 James O. McKinsey가 시카고에 설립했다. 이후 세계 3대 경영컨설팅 회사의 하나로 성장했다. 이 회사는 세계 상위 기업과 정부, 각종 기관을 대상으로 경영컨설팅 업무를 수행하는데 미국 <포춘>지 선정 '세계 100대 기업' 가운데 3분의 2 가량의 기업을 고객으로 두고 있다.(두산백과)

제32조에 의거하여 '한국경영·기술지도사회'를 중소기업의 성장 발전을 도모하기 위한 목적으로 1986년 7월 30일 중소기업청 산하단체로 설립했다. 이 회는 중소기업에 대한 전문적 컨설팅을 해주는 경영지도사, 기술지도사들을 회원으로 두고 있으며 이들을 양성하는 업무와 정부위탁교육, 중소기업 진단·지도, 진단보고서 감리, 정부컨설팅사업 주관 등의 업무를 수행한다.[37] 또한 이 회에서는 「컨설팅이란 고도의 전문성을 갖춘 자가 기업의 경영과 기술상의 문제점을 찾아 해결하고 변화를 실행함으로써, 경영자와 기업이 추구하는 목표의 달성을 도와주는 독립적인 프로페셔널 서비스를 말한다.」고 정의하고, 컨설팅의 목적을 [그림 2-6]과 같이 밝히고 있다.

경영지도사의 업무는 중소기업 경영문제에 대한 종합 진단(경영컨설팅)과 기업 경영상의 인사·조직·노무 및 사무관리, 재무관리 및 회계, 생산, 유통관리·수출입업무 등 마케팅에 대한 진단·지도 자문, 상담, 조사, 분석, 평가, 확인, 대행 등이 있다. 기술지도사의 업무는 중소기업의 기술 문제에 대한 종합 진단(기술컨설팅)과 공장자동화 기술 및 공정개선 기술, 공업기반기술, 부품, 소재개발, 시제품 등 신기술개발 등에 대한 진단, 지도, 자문, 상담, 조사, 분석, 평가, 증명, 대행 등이 있다.

제 4 장

직업사회의 정책

직업사회와 관련한 국가정책은 정책대상에 따라 크게 3가지로 구분할 수 있다. 첫 번째로 가계의 생계수단인 일자리를 제공하는 기업에 관한 정책이다. 두 번째는 기업에 근로를 제공하는 노동자에 관한 정책이다. 세 번째는 직업사회의 이탈자나 배제자, 즉 취약계층과 관련한 사회정책이다. 그리고 직업사회에 큰 영향을 미치는 교육정책을 들 수 있다. 이를 정책의 성격에 따라 구분하면 크게 일자리 정책, 사회정책 그리고 교육정책으로 구분할 수 있는데 그 종류와 내용은 <표 2-22>와 같다.

〈표 2-22〉 직업사회 정책

구분		내용	비고
일자리 정책	기업정책	기업집단, 산업정책, 기업의 생성과 소멸, 지배구조, 기업경영, 산업안전, 기업의 사회적 책임	
	노동정책	고용정책, 노동시장(수요와 공급, 내부노동시장), 노사관계, 근로조건, 임금체계, 실업대책, 교육·훈련, 진로발달	
사회정책	사회보험	공적연금 : 국민연금, 산재보험, 의료보험, 고용보험	
		사적연금 : 퇴직보험, 기업연금, 개인연금	
	공공부조	기초생활보장	
	사회서비스	근로장려금, 주거지원 등	
교육정책	학교교육	초등, 중등. 고등, 대학의 정규교육	
	사회교육	학교교육 이외의 모든 교육	

<표 2-22>에서 보는 바와 같이 국가의 기업과 가계에 대한 일자리정책의 내용들은 국가경제 전반에 영향을 미치는 매우 중요한 것들이다. 사실 우리나라 자본주의 경제체제가 태동한 1960년대 이후 경제의 고도성장의 실질적인 주역인 기업과 근로자를 육성하고 방향을 제시하는 데 주된 역할을 한 것은 국가의 일자리정책이었다. 국가의 일자리정책은 공과를 떠나서 현실적으로 직업사회에 가장 큰 영향을 미친다. 따라서 이러한 정책에 대한 역사적인 조망은 매우 중요한 의미를 갖는다고 할 수 있다.

1. 기업정책의 조망

대기업 정책의 변천사

오늘날 우리나라를 기업국가라고 일컬을 만큼 기업의 위상이 이전과는 비교할 수 없을 만큼 높아졌고 사회전반에 미치는 영향도 매우 커졌다. 그런데 우리사회의 심각한 사회문제로 되어있는 양극화 문제가 기업에도 예외는 아니어서 기업의 양극화 또한 논란의 대상이 되고 있다. 대기업(대규모 기업집단), 즉 재벌의 지나친 경제력 집중은 경제 전반에 악영향을 주고 국가균형발전을 저해하는 요인으로 작용하게 되므로 재벌을 개혁해야 한다는 비판의 목소리가 높은 게 오늘의 현실이기도 하다.

이와 같은 대기업에 대한 정책의 변천사를 공정거래위원회의 공정거래백서 등 관련 여러 연구 자료를 참조하여 살펴보기로 한다.[38]

제1차 경제개발 5개년계획이 시작된 1962년 이전까지만 하더라도 우리나라 기업은 대기업과 중소기업을 구분할 수 있을 만큼 산업이 발달하지는 못하였다. 그러나 제1, 2차 경제개발 5개년계획이 성공적으로 추진되는 과정에서부터 우려할 만한 대기업과 중소기업의 문제가 대두되었다. 정부주도하의 강력한 고도성장추진과정에서 독·과점 등의 경제력 집중과 관련한 많은 문제점이 야기된 것으로 1966년에 중소기업기본법이 제정된 것으로도 유추할 수 있다.

우리나라의 대기업에 대한 정책은 「공정거래법」 제정(1980년) 이후 이 법이 시행된 1987년 4월부터 시행되었다고 볼 수 있다. 이 법 시행 이전에는 정부의 산업에 대한 정책의 범주 속에 기업 전반에 대한 정책이 추진되어 왔고, 1980년대에 들어서는 대기업에 대한 정책의 필요성이 대두되었으나 대기업을 따로 정책의 대상으로 한 것은 아니었다. 그러나 이 법 시행 이후 대기업에 대한 정책은 공정거래위원회 소관업무가 되어 본격적으로 추진되었다. 대기업에 대한 정책의 변천사는 이 공정거래법의 개정의 역사라 해도 과언이 아니라고 할 수 있다.

이법의 제1차 개정(1986.12.31.)은 대규모기업집단 지정제도를 도입했다는 데 의의가 있다. 이 제도는 대기업의 경제력 집중을 억제하기 위해 30개 그룹을 지정·관리하는 제도인데 대기업의 독점이나 문어발식 기업 확장을 막기 위해 이들 기업집단의 출자 총액을 자산의 40% 이하로 제한하는 출자총액제한제도를 도입한 것이다.

1987년 당시에는 자산규모 4,000억 원 이상인 32개 기업이 지정되었는데 지정기

준을 자산규모로 함에 따라 지정 기업집단이 늘어나 1988년 40개, 1989년 43개, 1990
년 53개, 1991년 61개, 1992년 78개 기업집단으로 늘어나게 되자 이를 시정하기 위해
1993년부터 2001년까지 매년 1회 소속 계열회사의 자산총액 합계가 1위부터 30위까
지인 기업집단을 대규모기업집단으로 지정하였다.[39]

　　법 제2차 개정(1990.01.13)은 상호출자금지 대상을 금융·보험사까지 확대하는 내
용을 골자로 하는 개정이었고 제3차 개정(1992.12.08)은 상호지급보증의 폐해를 줄이기
위하여 30대 기업집단은 자기자본금을 초과한 계열사 채무보증을 금지하였다.

　　1993년 출범한 문민정부는 과거 정권에 비해 대기업에 대한 정책 즉, 재벌개혁
을 보다 강력히 추진하였다. 경제력집중억제를 목표로 하는 대기업집단에 대한 기존
의 정책을 강화하면서 업종전문화와 소유지배구조개선을 추진하였다. 이를 추진하기
위한 법 개정이 제4차 개정(1994.12.22.)이다. 전문화를 위해 주력업종 제도를 도입하여
출자한도의 예외를 인정했으며 출자총액한도도 기존의 40%에서 25%로 낮추어 한도
를 강화했고, 채무보증한도를 자기자본의 200%로 제한한 것이다.

　　그리고 소유분산유도를 위해 소유분산우량기업제도를 시행하여 대규모기업집단
지정 제외 등의 예외를 인정했다. 제5차 개정(1996.12.30)에서는 채무보증한도를 자기자
본의 200%에서 100%로 축소하고 자금이나 인력 지원 등을 부당내부거래로 규제하
게 된다.

　　이후 아이엠에프 외환위기와 여·야간의 정권교체라는 역사적 사건이 발생하면
서 대기업 정책에도 큰 변화가 있게 된다. 아이엠에프는 금융지원의 전제조건으로 기
업지배구조와 재무구조 개선 등을 요구하였고 국내에서도 외환위기를 경험하면서 재
벌개혁에 대한 공감대가 형성되었다. 이러한 국내외적인 환경변화를 배경으로 새로
들어선 국민의 정부에서는 1988년 1월 소위 "5+3 원칙"을 수립하여 대기업집단의
개혁을 추진하였다. "5+3 원칙"은 1998년 1월 설정된 재무구조 개선, 핵심부분 설
정, 경영책임 강화, 상호채무보증 해소, 경영투명성 제고의 5대 원칙과 1999년 9월
추가 설정된 변칙상속과 증여의 방지, 순환출자 및 부당내부거래의 차단, 제2금융권
의 지배구조 개선의 3대 보완과제를 말한다.

　　1998년 6월 55개 기업의 퇴출이 발표되고 나서 이후 4차에 걸쳐 기업 구조조정
이 진행되었고 30개 대기업집단의 804개 계열사 중 101개가 정리되었으며 53개 계열
사 중 277개가 분사화되었다. 인수·합병도 199년 557건, 2000년에는 703건이 처리되
었다(조한대·정성철, 2001). 금융기관도 은행의 경우 1997년 26개에서 2004년에는 14개로
거의 절반 가량이 감소하였다. 이때 우리의 안방까지 모두 내어 주었다고 해도 과언

이 아닐 만큼 금융시장은 물론 모든 부문에서 무차별적인 시장개방이 이루어졌다. 삼성, 현대 등 굴지의 재벌기업은 물론, 포철, 케이티 등 대부분의 기업에 외국자본이 침투, 즉 다국적기업 및 외국자본이 본격진출하게 된 것도 이때부터다. 더욱 뼈아픈 것은 삼일회계법인 등 국내 굴지의 회계법인도 모두 외국기업이 침투하여 우리나라 기업의 내부를 속속들이 들여다 볼 수 있게 되었다는 점이다.

국민의 정부에서는 5차례에 걸친 공정거래법 개정이 추진되었는데 제6차 개정(1998.02.24.)시 출자총액제한제도를 폐지했다가 1년도 안되어 재도입하여 순자산의 25%까지 허용하였다. 신규 상호지급보증도 1998년 4월부터 완전 금지시키고, 기존의 상호지급보증을 2000년 3월까지 완전 해소하도록 하였으며, 이때까지 해소하지 못한 상호지급보증액에 대해서는 3%의 벌칙 금리를 물리도록 조치하였다.

제7차 개정(1999.02.05)에서는 지주회사의 설립을 제한적으로 완화하였으며, 부당 내부거래 조사를 위하여 금융거래정보 요구권을 한시적으로 2년간 도입하였다. 제9차 개정(2001.01.16)에서는 지주회사 설립요건을 완화하고 내부거래 이사회 의결·공시 의무대상을 확대했다. 제10차 개정(2002.01.26.)은 30대 기업집단 일괄지정제도를 폐지하고 규제 별로 적용대상 기업이 설정되는 방식으로 바꾼 것이다. 즉 규제대상을 상호출자·채무보증제한 기업집단(자산총액 2조 원 이상), 출자총액제한 기업집단(자산총액 5조 원 이상), 상호출자제한 기업집단으로 구분했다.

김대중 정부는 기업집단의 재무구조의 건실화, 전문화, 경영 및 회계의 투명성 제고에 역점을 두었으며, 제도적인 부분뿐만 아니라 실효성에서도 많은 성과를 이루었으나, 정부의 의사결정과정이 법의 본래 취지를 벗어나 정치적 관점에서 이루어지거나 법을 무리하게 또는 비논리적으로 적용하는 사례가 발생하여 정부의 산업정책적인 시장개입은 정당화 되지 못한다는 비판과 경제력집중 억제정책들은 본질적인 원인보다는 증상을 치유하려는 발상이라는 비판을 받았다.

참여정부에서는 2003년 12월 "시장개혁 3개년 로드맵"을 발표했는데 이것이 대기업정책의 기조가 된다. 공정위는 "시장개혁 3개년 로드맵"의 기본 방향이 시장경제 질서 확립을 효과적으로 달성하기 위하여 정부의 직접규율보다는 시장자율감시를 중시하고, 시장자율감시체제가 확립될 수 있는 여건을 조성하는 데 있다고 하고, 보다 구체적으로 "가공자본에 의한 지배력확장 억제라는 기본원칙에 따라 대기업집단시책의 기본 틀을 유지하되, 자율규제시스템을 잘 갖추거나 투명성이 높은 기업부터 출자총액제한에서 졸업시키는 등 시장자율감시기능의 개선에 맞추어 정부의 규제를 완화"하겠다는 것으로 설명했다(고동수 외, 2006).

제11차 개정(2004.12.31.)에서 출자총액제한 기업집단 지정기준을 자산총액 5조원에서 6조원으로 상향조정했다. 그리고 내부견제시스템을 잘 갖춘 기업, 계열회사 수가 적고 소유구조가 단순한 기업집단, 소유와 지배 간 괴리가 작은 기업집단, 지주회사에 소속된 회사는 출자총액제한제도 졸업제도를 도입했다. 참여정부의 주요 대기업정책은 기업집단 소유지배구조의 개선, 투명·책임경영 강화, 시장경쟁의 촉진 등을 들 수 있다.

법 제12차 개정(2007.04.13)을 통하여 출자총액제한 기업집단 지정기준을 자산총액 6조원에서 10조원으로 상향조정하고 출자총액한도도 순자산의 25%에서 40%로, 지주회사의 부채비율도 100%에서 300%로 상향조정했다. 참여정부의 출자총액제한제도의 기본 틀 유지와 재벌금융회사의 계열사 의결권 축소에 대해서는 재계와 학계 등에서는 출자총액제한제도는 투자를 가로막을 뿐만 아니라 외국계기업과의 역차별 문제를 야기하는 출자총액제한제도라고 비판해 왔고[40] 한국은행과 금융감독원도 출자총액제한제도와 금산분리에 대해 재검토가 필요하다는 주장을 했다. 시민단체에서는 개혁을 일관성 있게 추진하지 못하고 후퇴하였다는 비판을 하는 재계에서는 참여정부의 개혁이 기업의 활동을 위축시키는 요소를 많이 포함하고 있다고 비판하였다.

황인학(2008년)은 우리나라의 재벌은 그 어마어마한 이름에도 불구하고 경쟁상대인 다른 나라의 초국적기업에 비해 규모가 초라하여 우리의 일반집중 수준이 특별히 정책으로 관리해야 할 만큼 높은 수준이 아니라는 점과 경제력집중 억제는 경쟁촉진과 서로 양립할 수 없는 정책목표이며 개방경쟁 환경하에서 정부가 좀 더 역점을 둘 사안은 경쟁촉진이라는 점 등에 비추어 볼 때, 경제력집중 억제에 편향된 우리나라 대기업정책의 패러다임은 처음부터 단추를 잘못 꿰었다고 주장했다.

그는 재벌정책 초기부터 참여정부에 이르기까지 경제력집중을 억제한다며 지주회사 설립을 오랫동안 금지하다가, 소유지배구조 개선 차원에서 지주회사를 재벌체제의 바람직한 대안으로 주장하는 점, 지배주주 주식의 소유분산을 유도하는 정책을 펴다가 지금에 와서는 재벌문제의 핵심은 지배주주가 적은 지분을 가지고 지배권을 거의 독점하고 있다는 데 있다며 의결권 승수(지배권과 의결권의 괴리)를 일정 수준까지 낮추면 대표적인 재벌규제수단으로 알려진 출자총액제한규제를 완화하는 점 등을 정책 비일관성의 대표적인 사례로 꼽았다.

대선공약부터 기업의 성장을 막는 기업규제완화를 내세웠던 이명박 정부는 대기업집단의 소유구조에 관한 직접적인 규제인 출자총액제한제도를 폐지하였다(제13차 개정, 2009.03.25). 이 제도를 두고 재계는 기업의 출자행위에 대해 직접적으로 규제하는 국가는 우리나라밖에 없으며, 이는 기업의 투자를 위축시키고 기업조직의 왜곡이 초래되는 등 부작용이 심각하기 때문에 이를 폐지해야 한다는 주장하는 반면 공정거래위원회는 계열사 간 출자를 통해 가공재산을 형성하고 지배력을 확장하는 재벌구조는 우리나라밖에 없으며 시장의 감시기능이 불충분한 상태에서 이로부터 발생하는 소유지배구조의 왜곡, 경제력 집중, 동반부실화 위험, 시장의 독과점화 등의 피해를 막기 위해 이 제도는 필수적인 정책이라고 주장한다.[41]

　　이 제도가 시행된 1986년 이후 완화와 강화를 되풀이 하다가 아이엠에프사태 때에는 폐지가 되었다가 1년 만에 다시 도입되고 또 다시 개정되었다가 제13차 개정에서 폐지되었다. 이 제도는 논란만큼이나 많은 개정과 폐지를 거치면서 일관성 없는 정책의 대표적인 사례라고 비판을 받기도 하지만 그만큼 정책의 중요성과 영향력이 크다는 것을 의미한다고도 할 수 있다. 이외에도 지주회사 제도의 개선, 금산분리의 완화 등 이명박 정부는 대기업 중심의 성장정책을 추진했다. 그 결과 국내 20개 대기업집단의 자산 총액이 이명박 정부 5년간 77.6% 늘어난 것으로 나타났다(<표 2-23> 참조). 이는 금액으로 약 526조가 늘어난 것인데 노무현 정부 때(39.6%)에 견줘 증가율이 약 두 배 가량 높은 것이다. 노무현 정부에서는 대기업 규제를 강화한 반면, 이명박 정부에서는 친 대기업 정책을 편 결과로 해석되는바, 정책의 중요성을 여실히 보여주는 통계자료라고 할 수 있다.

〈표 2-23〉 대기업 자산총액의 변화(각 년도 4월 기준)

번호	기업명	2008년 자산총액	2012년 자산총액	증가율(%)	비고
1	삼성	144조 4천억	255조 7천억	77.00%	
2	현대자동차	74조	154조 6천억	109.00%	
3	에스케이	72조	146조 5천억	89.60%	
4	엘지	57조 1천억	100조 8천억	74.60%	
5	롯데	43조 7천억	83조 3천억	90.70%	
6	포스코	38조 5천억	80조 5천억	109.40%	
7	현대중공업	30조	55조 7천억	85.50%	
8	지에스	31조	51조 4천억	65.60%	
9	한진	26조 3천억	37조 5천억	42.60%	
10	한화	20조 6천억	34조 3천억	66.10%	

출처 : 공정거래위원회

대기업에 대한 정책방향은 경제력 집중을 억제하려는 것으로 요약된다. 실질적인 억제수단으로 공정거래법에서 정하고 있는 것은 폐지된 출자총액제한제도, 계열회사 간 상호출자 금지, 금융·보험회사의 의결권 제한, 계열회사 간 채무보증 제한(공정거래법 제10조의2), 중소기업창업투자회사의 계열회사 주식취득금지, 대규모내부거래의 이사회 의결 및 공시의무 등이 있다. 이 중에서도 핵심적 요소는 출자총액제한, 순환출자, 금산분리법인바 그 개념은 다음과 같다.

출자총액제한, 순환출자, 금산분리법의 개념

(1) 출자총액제한

이 제도는 대규모 기업집단에 속하는 회사가 순자산액의 일정비율을 초과해 국내회사에 출자할 수 없도록 한 제도다. 업종 다각화에 따른 대기업들의 무분별한 사업 확장을 막기 위해 자산총액 10조원 이상인 기업집단 소속의 기업에 한해 순자산의 40%를 초과하여 계열사·비계열사를 불문하고 국내회사에 출자할 수 없도록 하던 제도이다.

이 제도는 그동안 대기업들의 과다한 확장을 막는 데는 기여했으나, 기업퇴출과 적대적 인수합병을 어렵게 한다는 이유로 1997년 폐지되었다가, 이후 적대적 인수합병이 한 건도 일어나지 않고 오히려 대기업들의 계열사에 대한 내부지분율이 증가하는 등 부작용이 일어남에 따라 다시 부활하였다가, 기업에 대한 규제의 완화를 이유로 2009년 다시 폐지되었다.

(2) 순환출자·상호출자

순환출자는 계열회사에 대한 지배력 확보를 위해 재벌들이 사용하는 변칙적인 출자방법이다. 예를 들어 ㉮사가 ㉯사에 출자하면 ㉮사는 ㉯사의 최대주주가 된다. 이어 ㉯사가 ㉰에 출자할 경우 ㉯사의 최대주주인 ㉮사는 ㉯사와 ㉰사의 최대주주가 돼 ㉯사와 ㉰사를 동시에 지배할 수 있게 된다. 다시 ㉰사가 지배주주인 ㉮사에 출자하면 ㉮사의 서류상 자본금은 늘어나 확실한 지배주주 역할을 할 수 있게 된다.

상호출자는 서로 독립된 법인끼리 자본을 교환형식으로 출자하는 것을 말한다. 현행 상법과 공정거래법에서는 ㉮와 ㉯의 두 계열사 간 출자 즉 상호출자를 금지하고 있지만, 순환출자에 대해서는 별도의 규정을 두고 있지 않고 있다.

(3) 금산분리법

이는 금융자본과 산업자본을 분리시키기 위한 법률의 규정이다. 이 법의 목적은 금융자본, 즉 은행 등 일반인의 예금이 재벌기업의 개인금고자금으로 이용되는 것을 막는 데에 있다. 현행 법률은 실질적으로 산업자본의 금융자본 소유를 허가하되, 은행자본에 대해서는 소유를 금하고 있으므로 은산[77]분리법이라 할 수 있는데 사실상 없어졌다고 보면 된다.

중소기업 정책의 변천사

우리나라는 기업을 규모에 따라 대기업, 중견기업, 중소기업으로 분류한다. 대기업은 '독점규제 및 공정거래에 관한 법률'에서 정한 상호출자제한 기업집단 또는 채무보증제한 기업집단에 속하는 기업을 말하고, 중견기업은 '중소기업기본법상'의 중소기업이 아니면서 대기업 계열사가 아닌 기업으로, 중소기업기본법상 3년 평균 매출이 1,500억 원 등의 조건을 충족하면서 '공정거래법'상 상호출자제한 기업집단군에는 속하지 않는 회사를 말한다. 중소기업은 '중소기업기본법'에 의한 중기업과 소기업을 말한다.

통상 기업의 분류는 대기업과 중소기업으로 분류했으나 2014년 7월에 '중견기업 성장촉진 및 경쟁력 강화에 관한 특별법'이 시행되면서 중견기업이라는 새로운 구분이 생겼는데, 이는 기업이 성장하여 중소기업 수준을 벗어나게 되면 각종 세금, 정책자금지원, 시장보호, 노동시장 지원 등 여러 방면의 혜택이 사라지게 되기 때문에 중소기업을 벗어나는 것을 꺼리게 되어 나타나는 여러 부작용의 해소의 일환으로 도입된 제도이다. 이러한 중견기업의 성격은 「중견기업의 성장촉진 및 경쟁력 강화를 위하여 필요한 사항을 정함으로써 중소기업이 중견기업으로, 중견기업이 글로벌 전문기업으로 원활하게 성장할 수 있는 선순환 기업생태계를 구축하고, 일자리 창출 및 국민경제의 균형 발전에 이바지함을 목적으로 한다.」는 법의 설립목적에 잘 나타나 있다. 한편 외국계기업은 본사를 외국에 두고 우리나라에 지사(사업장)를 설립한 회사를 말한다. 외국계기업은 중견기업으로 분류한다.

통상 정책의 변천과정도 그렇고 경제발전이나 정치·사회의 제도의 변화과정을

---

77) 은산(銀産)

역사적으로 고찰하는 경우에는 단계적 구분을 정권을 중심으로 하는 경우가 많다. 새로운 정권이 들어서면 과거의 정책이나 제도를 답습하는 경우도 많지만 새로운 방향과 제도의 시행 등으로 차별화되는 경향이 나타나기 때문이다. 중소기업 정책의 변화과정도 이러한 관점에서 분석한 경우가 많다. 여기에서는 이러한 점을 고려하고 여러연구 자료를 종합하여 중기업정책의 변천사를 <표 2-24>와 같이 정권을 중심으로구분하여 조망하기로 한다.

〈표 2-24〉 중소기업 변천사

구분	명칭	기간	정권	비고
제1기	경제개발계획 추진기	1961~1981	제2~제4공화국	제1차~5차 경제개발 5개년 계획기간
제2기	보호육성기	1982~1992	제5~제6공화국	
제3기	자율과 경쟁을 통한 고도화기	1993~1997	문민정부	
제4기	벤처창업 촉진 및 경쟁력 강화기	1998~2002	국민의 정부	
제5기	혁신형 중소기업 육성기	2003~2007	참여 정부	
제6기	상생 및 친기업 정책기	2008~2012	이명박 정부	
제7기	창조경제 추진기	2013~2016	박근혜 정부	

(1) 제1기 경제개발계획 추진기(1962~1981)

제1차 경제개발5개년계획(1962~1966)

제1기(1961~1981) 중 기업정책은 제1차~제5차 경제개발 5개년계획기간별로 구분하여 보는 것이 효율적이다. 제1차 경제개발 5개년계획(1962~1966)이 시작된 1961년이전까지는 해방과 내전으로 인한 혼란기로 중소기업정책을 구분하여 볼만한 경제환경이 아니었다. 제1차 경제개발 5개년계획이 추진되는 과정에서 경제발전과 더불어 중소기업에 대한 정책이 정책으로서의 기능을 하게 되었다고 할 수 있다. 1961년에 중소기업진흥법, 중소기업협동조합법이 제정되고, 1962년에는 중소기업협동조합중앙회가 창립되었다. 그리고 1964년에는 국제수지의 향상을 목적으로 수출산업공업단지개발 조성법이 제정되었다. 이 법에 의해 단계적으로 6개 단지가 조성되는데 인천지역의 한국수출산업공업단지를 비롯하여 구미·이리 수출산업공업단지 등 3개의단지가 조성되었다. 이후 서울 구로동, 부천, 인천 등의 단지에는 화학·금속·전자·섬유·광학기기 산업체가 조성되고, 구미단지는 전자공업의 전문·계열화 단지로서,

전자공업을 수출전략산업으로 육성하기 위하여 조성하였다. 이리 단지는 1976년 수출자유지역의 일부를 해제하고, 지방공업단지를 흡수하여 수출산업공업단지로 조성하였다.

우리나라 산업은 이때부터 수출주도형으로 방향이 설정되고 경제성장과 더불어 중소기업과 대기업의 격차도 현격한 차이를 보이게 된다. 이후 1966년 12월에 이르러서야 '중소기업기본법'이 제정되기에 이르는데 중소기업에 대한 실질적인 정책이 필요한 시기에 '중소기업기본법'이 제정된 것이다.

이 시기의 정부정책은 외국에서 자본을 끌어와 수출산업을 특별히 지원하는 '국가지도에 의한 수출지향'이라는 것이었고 이는 국가경제정책의 근간을 이루는 것이라고 할 수 있다. 1965년 3월에 단일변동환율제를 실시하고 환율을 인상한 점 등이 좋은 예이다. '대외지향적 방식'으로 공업화 정책을 추진한 것이다.

제2차 경제개발 5개년계획(1967~1971)

이후 제2차 경제개발 5개년계획은 1차 기간에 조성된 산업기반을 바탕으로 석유화학, 금속, 기계 등의 중화학공업 육성을 목표로 추진하게 된다. 중소기업정책도 중소기업의 수출증대와 대외경쟁력강화에 두어 다음과 같은 주요정책을 추진하였다. 첫째는 비교우위에 있다고 생각되는 중소기업을 수출특화산업으로 육성하였다. 그 결과 이 기간에 1,020개의 기업이 수출전환업체로 지정되고 213개 업체가 수출특화업체로 지정되었다. 둘째는 수출공업단지 조성을 적극 추진하여 구로와 부평 수출공업단지가 완성되었다. 셋째 잡화공업육성책도 마련하여 가발이나 가구 공예품을 수출품목으로 육성했다. 그리고 이 기간의 정책의 특성으로는 중소기업과 대기업의 계열화를 추진했다는 점이다. 1969년에 계열화 대상 업종이 선정되고 1970년에는 12개 계열화 대상 업종이 선정되었다.

제3차 경제개발 5개년계획(1972~1976)

우리나라는 3차 경제개발 5개년계획이 시작되기도 전에 이미 지나친 해외의존도, 관련 산업 간의 연관성 미흡, 구조개선의 필요 등 경제의 구조적인 취약성이 나타나게 되었다. 그래서 1973년 중소기업정책의 기본방향을 전문화, 계열화, 기업합병 등 기업구조개선으로 설정하였다. 이 시기는 경제고도성장이 본격적으로 이루어지는 시기로 중소기업정책도 수출지원, 전문화와 대기업과의 계열화 등 구조의 고도화, 지방특화사업 육성 등을 중점적으로 추진하였다. 이를 위해 1972년 12월에 '국민투자기금법'이 공표되었고 1974년 12월에 '신용보증기금법'이 공포되었다. 그리고 1975년 12월에 '중소기업 계열화 촉진법'이 통과되었다. 이 기간에 특기할 만한 점은 1972년 8월 3에 공표된 대통령 긴급명령이다. 소위 「8·3조치」로 알려진 이 조치는 모든 채무상환을 일시 중지시키는 것으로 경제에 큰 충격을 주었다.

제3차 경제개발 5개년계획의 특징은 고도성장을 추구하면서도 안정과 지역균형 개발에 중점을 두었다는 점과 공업구조의 고도화를 통한 수출의 지속적인 증가, 중화학공업의 건설에 치중을 한 것이라고 할 수 있다.

제4차 경제개발 5개년계획(1977~1981)

이 시기는 경제개발계획이 시행된 이래 가정 저성장을 가록한 시기이다. 제3기의 경제성장율 평균이 9.2%에 달했는데 이 기간은 5.8%에 그쳤다. 제3기까지의 정부 주도에 의한 주출지향적인 공업화전략이 수출의 급신장에 의한 고도성장을 가능하게 했던 것은 대외적으로는 전후 1974년까지 세계경제가 장기적인 호황으로 꾸준한 소득증대로 대내적으로 값싸고 풍부한 노동력에 의한 수출상품이 이들의 수요를 충족할 수 있었기 때문이었다.

그러나 1973년 10월의 제1차 석유파동에 의한 원자재 가격의 폭등으로 국제 경제 환경이 급변하였다. 더구나 1979년의 제2차 석유파동은 세계경제를 흔들어 놓았다. 세계경제를 정기적인 스태그플레이션에 빠지게 하여 자원내셔널리즘과 보호주의 무역을 강화하게 만들었다. 이로 인해 원자재를 수입에 의존하는 우리경제는 장기적 불황에 빠지게 된다.

이와 같은 경제 환경 변화에 따라 제4차 계획은 균형발전과 능률을 기본이념으로 하여 국제수지의 균형, 자원의 자력조달, 산업구조의 고도화를 통한 자력성장 등을 목표로 했다. 이 기간에 중소기업도 경제 환경에 능률적으로 대처할 수 있도록 자력성장의 기반확충에 역점을 두었다. 1978년 12월 '중소기업진흥법'을 제정하고 중소기업진흥공단을 설립하였다. 1981년 12월에는 '중소기업제품구매촉진법'을 제정하였다. 이는 중소기업 근대화 정책으로 중소기업의 경영합리화, 경영 및 기술정보제공, 자금지원 등을 효율적으로 추진하게 된 것이다. 그리고 이 시기에는 대기업의 문어발 확장에 따른 중소기업 보호가 문제가 되어 대기업과 중소기업 간의 사업조정, 대기업의 침투방지 정책을 추진하게 된다.

(2) 제2기 보호 육성기(1982년~1992년)

10.26 사건(박정희 대통령 시해사건)을 계기로 신군부가 12.12 사태를 통해 정권을 장악하고 광주민주화 운동을 진압한 후 등장한 제5공화국은 또 하나의 권위주의 정권이 되었다. 이후 박종철 고문치사사건이 드러나면서 1987년 6월 항쟁을 계기로 전국적으로 시위가 확산되는 등 갈등과 대립양상이 지속되자 1987년 직선제 개헌을 위한 6.29 선언이 발표되었고 이를 통해 제6공화국이 들어서게 된다.

국제적으로는 1989년 구소련 및 동구 공산권 붕괴로 개방적 분위기가 확산되었다. 이 시기의 특징은 자유화와 개방화로 요약할 수 있다. 뿐만 아니라 저금리·저환율·저유가의 소위 3저 현상에 의해 1986~1988년간 연평균 경제성장률이 13%에 달해 단군 이래 최대호황이라는 말이 유행될 만큼 경제가 크게 성장했다.

한편 중소기업의 경우 1980년대 초반 대기업에 대한 과도한 경제력 집중이 심화되고 박정희 정부의 중화학 공업 육성정책으로 경쟁력이 현저히 약화되자, 전두환 정부는 기존의 대기업 편중에서 벗어나 중소기업에 대한 다양한 보호와 지원을 추진하게 되었다(김종일, 2006). 이에 따라 지정계열화 제도(1980년)를 도입하고, 중소기업진흥장기계획(1982~1991)을 수립(1981년)하여 추진했다. '중소기업제품구매촉진법'(1981년) 및 '하도급 거래 공정화에 관한법률'(1984년)을 제정하고, 중소기업고유업종제도(1982년), 유망중소기업제도(1983년), 중소기업우선육성업종제도(1985년) 등을 본격적으로 실시한 것이다. 당시로서는 중소기업진흥기금에 의한 시설근대화자금이 막대한 규모로 지원되기 시작하였다.[42]

1980년대 후반 들어 균형적인 산업발전의 필요성이 제기되어 중소기업의 설립을 촉진하기 위한 보조수단으로 '중소기업창업지원법'(1986년)을 제정하였다. 이때 중소기업창업투자회사 및 창업투자조합의 설립, 중소기업 창업 간소화 등의 근거를 마련하였다.

아울러 후발 개도국의 경제발전에 따른 도전과 3저 호황에 따른 임금상승으로 저임금에 기초한 노동집약적 중소기업의 경쟁력이 악화되기 시작하였다. 이와 같은 경제 환경의 변화에 따라 중소기업의 경쟁력 강화와 구조조정을 촉진하고자 '중소기업의 경영안정 및 구조조정 촉진에 관한 특별조치법'(1989년)을 제정하였다. 이 법에 의해 중소기업의 안정과 경쟁력강화를 위한 기술개발, 정보화, 대기업사업의 중소기업이양 등의 사업을 추진하였다. 중소기업의 사업영역을 보호하기 위해 중소기업 고유 업종을 120개에서 250개 업종으로 크게 늘린 것도 이 시기이며 유망 중소기업을 발굴하여 금융 및 기술지원을 하였으며, 창업투자회사로부터 자본금 총액의 50% 이내에서 물적 담보 없이 사업타당성에 의해 창업지원을 하였으며, 신기술 제품에 대한 정부 우선구매제도를 실시하였다.

(3) 제3기 자율과 경쟁을 통한 고도화기(1993~1997)

문민정부의 출범은 30여 년에 이르는 군부정권 시대를 마감하고 민간인 출신 대통령에 의한 민간정권 시대가 열렸다는 데 큰 의의가 있다. 또 하나의 큰 변화는 2차 세계대전 이후 가트체제의 국제경제체제가 1995년에 더블유티오 체제로 정립되었다는 점이다. 그리고 중요한 이슈가 될 만한 사건은 1990년대 들어 중국이 국제경제시장에 등장했다는 점이다. 이와 같은 국·내외 환경변화로 우리 사회의 전 분야에서 국제화·세계화·개방화의 바람이 불게 되었다.

정부는 이러한 경제·사회의 환경변화에 대응하기 위하여 그동안 군부정권에서 추진해 오던 국가주도의 계획경제정책을 전환하여 자율과 책임 그리고 경쟁에 의한 시장경제를 목표로 각종 행정규제완화 조치, 금융실명제 실시(1993년), 쌀 개방을 포함한 우루과이 라운드 협상을 타결(1993년), 4대 지방선거 실시에 의한 중앙정부의 권한의 지방자치단체 이양(1995년), 31개 품목의 수입 자유화 등 개방정책을 추진(1996년)하였다.

사회적으로는 경제정의실천연합, 환경운동연합, 참여연대, 행정개혁 시민연합 등의 시민단체가 설립되어 시민운동이 활발히 추진되었다. 시민단체들은 시민의 권익보호에 크게 기여하여 소위 풀뿌리 민주주의의 저변확대에 큰 역할을 하였다.

이 정권의 성과는 오이시디 가입(1996년)으로 명실상부한 선진국의 위상을 확립한 점을 들 수 있다. 그러나 급속한 규제완화·자본자율화·금융시장 개방과정에서 기업의 과도한 경쟁에 의한 차입경영으로 1997년 말에 국가 초유의 아이엠에프 외환위기 사태를 맞게 되었다.

중소기업에 대한 정책도 기존의 중소기업에 대한 '보호와 지원'이라는 정책기조에서 벗어나 '자율과 경쟁'을 통해 중소기업의 자생력을 배양하는 정책기조로 전환되었다. 그러나 1990년대 들어 중국의 세계시장진출로 국내 경공업 위주의 중소기업이 큰 타격을 입게 되었다. 더구나 한·중 수교이후(1992년) 중국과의 교역이 늘어나면서 중소기업의 가격경쟁력이 급격히 저하되었다. 이러한 문제점을 해소하기 위해 중소기업구조 개선사업(1993년)을 시행하였고, 인력난을 겪고 있던 중소기업을 위해 외국인산업연수제도(1993년)를 시행하여 외국인 근로자가 우리나라에 들어오게 되었다. 또한 이시기에 중소기업의 경영합리화를 위해 정보화 지원 사업을 전개하였다. 그리고 지방중소기업과 소기업에 대한 지원을 위해 '지역균형개발 및 지방중소기업육성에 관한 법률'(1994년), '소기업지원특별법'(1997년) 등을 제정하였다.

이와 같은 환경에서 더블유티오 체제가 1995년에 출범하게 되어 이 체제하에서는 고유 업종제도 등 중소기업을 보호하기 위한 각종 제도를 폐지할 수밖에 없게 되어 고유 업종 해제 예시(1994년), 단체 수의계약 품목축소(1995년)를 시행하고, 이를 보완하기 위해 '구조개선 및 경영안정지원법 제정'(1995년) 등이 추진되었다. 더블유티오 체제로 인해 중소기업들도 전 세계 기업들과 경쟁해야 하는 환경이 조성된 것이다. 그리고 1990년대 미국의 실리콘밸리에서 시작된 벤처열풍에 따라 벤처기업의 창업 촉진과 기술개발 활동지원 등을 위해 '벤처기업 육성에 관한 특별조치법'을 제정하였다. 그런데 벤처기업 정책이 활성화 된 것은 다음 정부에서였다. 특기할만한 점은 중소기업정책을 전담하는 행정기구로 중소기업청을 신설(1996년)한 것을 들 수 있다. 이는 정부 내 부서의 위상이 강화된 것으로 그만큼 중소기업에 대한 정책이 중요하게 되었다는 것을 의미하기도 한다.

(4) 제4기 벤처창업 촉진 및 경쟁력 강화기(1998~2002)

국민의 정부 탄생은 국민에 의한 실질적인 여·야의 완벽한 정권교체로 대내·외적으로 명실상부한 선진국임을 입증하여 국가의 위상을 크게 높이는 계기가 되었다. 그러나 이 정부가 탄생하기 직전인 1997년 말 아이엠에프에 구제 금융을 받게 되는 소위 아이엠에프 사태가 발생한다. 대기업 중소기업 가릴 것 없는 기업의 줄도산과 대량실업으로 표상되는 이 사태는 우리사회의 패러다임을 근본적으로 바꾸게 되는 미증유의 국가적 재난에 해당한다고 할 수 있다. 이 사태를 겪으면서 우리의 사회 특히 직업사회는 그 동안의 전통과 관행이 송두리째 무너지고 바뀌었기 때문이다. 오늘날 사회문제가 되고 있는 양극화와 저출산문제는 물론 현저하게 악화된 각종 사회지표는 아이엠에프 외환위기의 잘못된 해결과정에서 비롯되었다고 할 수 있다. 이는 비아이에스 기준,[78] 워크아웃, 정리해고, 구조조정, 비정규직, 브릿지론, 공적자금 등 생전에 들도 보도 못한 용어들로 무장된 아이엠에프도 인정한 지나치게 가혹한 아이엠에프 권고사항을 충실히 이행한 결과라고 할 수 있다.

---

78) 국제결제은행(BIS, Bank for International Settlements) : 1988년 처음으로 'BIS기준'이라는 '자기자본비율규제안'을 발표한 게 유래다. 은행은 최소한 자기자본비율이 8%는 돼야 정상적 경영활동이 가능하다는 뜻이다

1977년 12월 3일 아이엠에프 총재와 한국부총리가 550억 달러의 구제금융 양해 각서에 서명하고 이어 당시 12월 18일이 대통령선거일이였는데 대통령 후보들에게 이 양해각서 이행을 보증하라고 요구했고 후보들은 이행할 것을 약속했다. 2001년 8월 23일 아이엠에프 구제금융 전액을 상환함으로써 3년 8개월에 걸친 아이엠에프의 신탁통치는 끝이 난다.

그러나 이 길지 않은 기간에 너무 많은 일들이 일어났다. 양해각서에 포함된 내용 중에는 외국인 투자한도규제 철폐, 외국금융기관 현지법인 설립허용, 외국인의 주식투자 한도 55%까지 확대, 자기자본비율 8%(10%) 미만의 금융기관 구조조정 등이 있다. 이렇게 나열만 해서는 뭐가 문제인지 실감이 나지 않는다.

당시 은행들의 자기자본비율은 7%를 밑돌아 퇴출당하지 않기 위해 8%를 맞추려고 기업에 대한 위험대출을 회수했고 이 여파로 대부분의 기업들이 자금 줄이 막혀 대기업은 물론 우량기업까지도 줄도산으로 이어졌다. 이미 자본시장의 개방조치로 외국인의 국내기업의 인수합병이 완전히 허용된 상태에서 외국자본은 손쉽게 알짜기업의 지분을 확보하고, 주식시장에서도 불가사리와 같은 무차별 투자로 지배권을 넓혔다. 특히 회계 법인에 대한 외국자본의 침투는 우리나라 기업을 손바닥 안에 놓고 훤히 들여다 볼 수 있게 되었다.

직업사회는 아이엠에프 권고사항을 하나씩 이행하는 과정에서 대혼란에 직면하였다. 우리나라에서 가장 긴 역사를 가진 기업인 조흥은행을 비롯한 상업, 한일 등 5개 은행이 퇴출되고, 9개 종금사가 영업정지 되고 기업의 줄도산이 이어졌는데 1997년 1월 한보철강의 부도를 시작으로 삼미, 진로, 대농, 기아, 한라, 쌍방울, 수산, 극동, 청구, 나산, 동아, 거평 등의 많은 재벌그룹의 붕괴되었다.

이와 같은 기업의 줄도산과 당시 사회에 큰 반향을 불러일으킨 제일은행의 '눈물의 비디오'와 같은 정리해고로 실업자가 넘쳐나게 되었다. 정부는 실업자를 최소화하기 위해 여러 가지 대안을 마련하는 가운데 임시방편으로 기업으로 하여금 비정규직으로라도 고용을 늘리려 했다. 이 임시방편으로 도입한 비정규직은 아이엠에프 졸업 후에도 고용의 관행이 되어 우리 직업사회의 암이 되었다. 이는 고용불안과 저임금의 상징적인 제도이다. 여기에 정리해고도 무분별하게 할 수 있게 하여 자녀 대학등록금, 결혼 등 가장 비용이 많이 드는 세대인 50대도 고용불안에 떨게 만들었다.

아이엠에프 사태 이후 10여년이 흐르면서 우리사회는 전세대가 불안에 처하게 되어 사회 안정성을 크게 해치게 되었다. 20대는 취업불안, 30~40대는 주거불안, 50대는 퇴출불안, 60대는 노후불안 등 모든 세대가 불안에 시달리게 되었다. 이러한 사회현상을 극명하게 보여주는 것이 자살자 수이다. 인구 10만 명당 자살자 수가 10여 년째 오이시디 회원국 중 1위이다. 노인 자살은 더욱 심각하다. 저임금 수준도 마찬 가지이고, 출산율 또한 최하위이다. 시간이 흐를수록 비정규직 노동자가 급증하고 많은 중산층이 몰락하였다. 가계부채가 아이엠에프 사태 당시인 1997년에는 630억 규모였으나 꾸준히 증가하여 2011년 말에는 1,000조를 넘어섰다. 2016년 말에는 1,344조를 기록하였고 2017년에는 1,500조에 이를 전망이다. 아이엠에프 사태 이전과 이후의 각종 사회지표가 나무나 대조적이다.

결과적으로 아이엠에프 사태가 우리사회에 끼친 영향을 볼 때 앞서 언급한 바와 같이 제2의 경술국치라 해도 과언이 아닐 만큼 그 피해가 심각하다. 따져보면 아이엠에프 외환위기는 단기외채 부족에 의한 흑자도산이라고 할 수 있는데 돈은 빌려준 채권자는 이자와 함께 채권만 회수하면 될 일이지 중요한 국가 정책을 자기 마음대로 시행토록 하는 것이 있을 수 있는 일인가 싶다. 차라리 러시아처럼 국가 디폴트를 선언했더라면 우리가 주도권을 쥐고 훨씬 더 양호한 조건으로 해결할 수 있었을 것으로 파악된다. 종합하여 볼 때 아이엠에프 외환위기를 야기한 문민정부의 책임이 크지만 이 사태를 제대로 해결하지 못한 국민의 정부 책임 또한 못지않게 크다 할 것이다.

국민의 정부에서는 대북관계에 있어 '햇볕정책'을 추진, 1998년 금강산 관광, 2000년 평양에서 역사적인 남북 정상회담 등으로 남북관계가 크게 개선되었으나 2002년에는 북한 경비정의 북방한계선 침범으로 남북 간 교전이 발생하기도 했다. 그리고 경제에 있어서는 신자유주의를, 사회정책에서는 신자유주의와는 상반되는 복지확대정책을 폈다.

한편 국민의 정부의 기업에 대한 정책은 대기업은 자율성을 보장하고 중소기업을 집중적으로 지원함으로써 양자를 균형적으로 발전시키려는 것이었다. 이 정부의 가장 큰 특징은 인터넷과 통신분야 기업에 대한 재정지원을 통해 아이티강국을 지향하였고 벤처기업을 강력한 정부주도형으로 적극 육성하는 정책이 추진되었다는 점이다(장지호, 2009). 이를 위해 자금지원, 기술인력 공급, 입지공급 등을 추진하면서 1999년~2002년의 5년간 총 1조 9,200억 원의 창업자금을 8천여 기업에게 지원하였고, 코스닥 등록요건 완화 및 세제지원(1998년) 등을 추진하였다. 이러한 벤처기업육성정책은 성공적인 벤처기업의 탄생으로 벤처신화를 창조하기도 했으나 많은 부작용을 낳기도 했다. 기술혁신형기업(이노비즈)[79] 발굴·육성 및 기술혁신 추진을 위한 이노비즈협회 설립과 인증제 도입(2001년)을 실시하였다. 소상공인과 전통시장을 획기적으로 육성하기 위하여 '소기업 및 소상공인지원을 위한 특별조치법'(2001년)을 제정하여 시장정비사업의 경우 재개발 사업요건 완화하는 등 집중적으로 지원하기 시작하였다. 코스닥시장 활성화를 위한 세제지원 및 등록요건 완화(1998년)를 추진한 점도 특기할 만하다.

남북경협의 활성화와 국제화를 추진하여 2000년 6·15 공동선언 이후 북한이 '개성공업지구법'(2002년)을 공표하고 그해 12월 남측의 한국토지공사, '현대아산'과 북측의 '아태민경련' 간에 개발업자지정합의서를 체결함으로써 개성공단조성사업이 구체화 되었다.

(5) 제5기 혁신형 중소기업 육성기(2003~2008)

참여정부의 특기할만한 사건으로 다음 몇 가지를 들 수 있다.

첫 번째는 1인당 국민소득이 2007년 말 기준 2만 달러를 넘어선 점이다. 국민소득 2만 달러는 일반적으로 후진국에서 선진국으로 가는 분기점으로 알려져 있다. 이에 대한 실질적인 성과에 대해서는 여러 이론이 있으나 1995년에 국민소득이 1만 달러를 돌파하였고 이로부터 12년 만에 2만 달러를 넘어선 것으로 우리의 경제사에 기념비적인 사건이라고 할 수 있다.

두 번째는 개성공단의 성공적 운영으로 남북교류에 새로운 장을 열었다는 점이다. 위에서 설명한 바와 같이 2002년 11월 북측이 '개성공업지구법'을 제정 공포한 이후 12월 남측의 한국토지공사, 현대아산과 북측의 아태·민경련 간 개발업자지정합의서를 체결하였다. 2003년 6월 개성공단 착공식을 가졌고, 2004년 6월 시범단지 2만 8천평 부지조성을 완료했다. 2004년 10월에는 개성공업지구 관리위원회사무소를 개소하였다. 2004년 6월 시범단지 18개 입주업체 선정 및 계약을 체결하였고, 2004년

---

79) 이노비즈(Inno-Biz) : Innovation(혁신)과 Business(기업)의 합성어로 기술 우위를 바탕으로 경쟁력을 확보한 기술혁신형 중소기업을 지칭함. OECD가 1992년 제시한 중소기업 기술혁신성 평가 모델인 '오슬로 매뉴얼(Oslo manual)'을 바탕으로 미국과 OECD 선진국들은 중소벤처기업을 국가경쟁력의 핵심으로 일찍이 95년부터 정부차원에서 전폭적인 지원 정책을 실시해 왔으며 국가 간의 경쟁력을 측정하는 객관적인 척도로도 비교되고 있다. 우리나라도 2001년부터 이노비즈 인증제도를 실시하고 있다. 이노비즈 인증을 받으려면 '오슬로 매뉴얼'에 수록된 혁신성 측정 방법에 따라 만들어진 기술혁신시스템 평가에서 700점(1,000점 만점) 이상을 받아야 한다. 또 창업한 지 3년 이상 된 중소기업이어야 하고, 기술보증기금의 개별 기술 수준 평가에서 B등급 이상을 받아야 한다. 이노비즈 기업은 기술보증기금의 보증에서 우대혜택을 받을 수 있고 보증 심사가 대폭 간소화된다. 또 기술혁신 개발사업 등 각종 중소기업 지원사업을 통한 정책자금을 이용할 수 있고 병역특례 혜택이 부여된다.

12월 시범단지 분양기업에서 생산된 제품의 첫 반출이 있었다. 2005년 9월 본 단지 1차 24개 입주업체 선정 및 계약 후 2006년 9월에는 본 단지 1차 분양기업 첫 반출이 있었다. 2007년 6월에 1단계 2차 분양업체를 선정하였고, 2007년 10월에는 1단계 기반시설 준공이 있었다. 2010년 9월에는 입주기업 생산액이 10억 달러를 돌파하였고, 2012년 1월에는 북측 근로자가 5만 명을 돌파하였다.

세 번째는 헌정사상 초유의 노무현 대통령 탄핵 사태이다. 2004년 03월 12일 국회 본회의장에서 야당 국회의원 195명 가운데 193명이 노무현 대통령 탄핵을 경호권을 발동해 탄핵안 가결을 저지하는 여당 의원들을 물리적으로 몰아낸 뒤 기습적인 투표를 통해 선거법 9조 공무원의 선거중립의무 조항 위반, 대선자금 및 측근비리, 실정에 따른 경제파탄 등을 이유로 한 대통령 탄핵소추안을 기습적으로 가결하였다. 이 탄핵소추안에 대해 5월 14일 헌법재판소가 기각 결정을 내림으로써 두 달 동안 계속된 대통령의 권한정지는 자동적으로 해소되고, 탄핵사태는 종결되었으나 우리사회에 큰 파장을 불러일으켰다.

참여정부는 참여 민주주의, 국가균형발전, 정부혁신, 동북아 균형자론 등을 국가정책방향으로 설정하고 국가보안법 개폐, 과거사 청산, 언론개혁, 사립학교법 개정 등 4대 개혁 등을 의욕적으로 추진하였다. 이러한 개혁성향의 정책추진은 기득권 세력의 저항에 직면하여 보수와 진보와 같은 사회적 갈등이 표면화되는 결과를 낳기도 했다.

경제·사회적인 면에서는 단기적 경기부양책을 자제하여 경제체질을 강화함으로써 5년간 4% 대의 경제성장률을 유지하여 2008년 미국의 서브프라임 모기기 사태에 의해 유발된 글로벌 경제위기를 잘 극복했다. 그리고 사회문제로 대두되기 시작한 양극화 문제를 해결하기 위해 이를 주요 국가의제로 설정하고 일자리 창출, 비정규직 보호법 제정 등 다양한 정책을 추진하였다. 그러나 집값 상승 등으로 오히려 양극화 문제가 더 심화되었다는 비판을 받기도 했다.

한편 참여정부의 기업정책 특징은 시장의 공정성과 기업경영의 투명성을 제고하여 경제의 효율성을 높인다는 정책목표하에 재벌개혁에 초점을 두면서, 혁신주도형 경제로의 이행에서 중소기업의 역할을 강화하기 위해 중소기업의 기술·인력·자금·판로 등 경영전반에 대한 지원체계를 혁신하는 방안을 강구하였다는 데 있다.[43]

참여정부는 2004년 7월 7일, '중소기업 경쟁력 강화 종합대책'을 발표하여 어려운 여건을 타개하기 위한 단기 대책과 체질개선을 위한 중장기 대책을 기업유형(혁신선도·중견자립·소상공인)과 성장단계(창업·성장·구조조정)에 따라 맞춤형으로 제시하고자 하였다(참여정부 국정브리핑 특별기획팀, 2008). 단기대책은 주로 경기양극화, 내수침체, 원자재난 등으로 경영난이 가중되고 있는 중소기업의 일시적 어려움을 덜어주기 위한 금융지원에 중점을 두었고, 중장기대책은 기업유형별로 중소기업 투자사모펀드조성(혁신형), 신용정보회사설립(중견자립형) 등을 추진하고, 성장단계에 따라 자금지원(창업단계), 인력·판로지원(성장단계), 퇴출 및 업종전환 지원(구조조정 단계) 등을 강화하는 것에 두었다.

또한 중소기업과 소상공인을 서민경제의 주역으로 육성한다는 방침하에 신용보험제도 도입, 금융지원 강화, 경영컨설팅 확대 등을 추진하였고 이전 정부의 벤처기업정책을 '혁신형 중소기업'으로 명칭을 변경하여 유사한 지원정책을 지속하였다. 그리고 기존의 보호위주 정책에서 탈피하여 중소기업의 경쟁력을 높이기 위해 '중소기업진흥 및 제품구매촉진에 관한 법률'을 개정(2004.12)하여 40여 년간 시행해 온 단체수의계약제도를 폐지하였다.

참여정부의 중소기업정책을 종합하면 대체적으로 직전 정부의 중소기업 정책을 개선하고 발전시켰다고 할 수 있는데 민생안정을 위한 하나의 방안으로 소상공인과 전통시장 상인들의 지원을 강화한 점을 주요한 성과로 들 수 있다.

특기할 만한 점은 앞서 언급한 바와 같이 개성공단조성을 성공적으로 완료하여 남한의 기술과 자본, 북한의 토지와 인력을 결합하는 남북한 경협의 실례를 만들어 냄으로써 장기적으로는 통일로 가는 구체적 방안을 제시하고 이를 실현했다는 점이다. 아울러 남북경협의 중심에 중소기업을 자리 잡게 했다.

(6) 제6기 상생 및 친기업 정책기(2008~2013)

이명박 정부는 취임 초기인 2008년 미국발 금융위기, 이후 유럽 구제 금융사태 등 전 세계적인 경기침체 국면에 접어드는 매우 불리한 대·내외적 경제 환경에서 출발하였다. 국가비전을 '선진화를 통한 세계 일류국가 구현'으로 설정하고 '창조적 실용주의'를 표방하였으나 10년에 걸친 진보성향의 정권이 퇴진하고 보수성향의 정권이 들어선 것으로 정권의 성격을 규정지을 수 있다. 따라서 이 정권에 대해 보수의 상징인 개발과 성장을 기본으로 하여 시대의 변화를 반영한 규제완화와 자율경쟁을 지향하는 '신보수'라는 개념으로 정의하기도 한다.

이 정부의 특성은 친기업 정책과 4대강 사업추진으로 요약할 수 있다. 후자의 경우 차기정권은 물론 오늘날에 이르기까지 계속 사회문제로 이슈가 되어 있고, 전자의 경우 이미 이전 정권부터 심각한 사회문제로 제기되기 시작한 양극화문제가 더욱 심화되는 부작용을 낳았다. 이와 더불어 청년실업, 부자감세, 동반성장 등이 지속적인 사회적 이슈가 되었다.

한편 기업정책의 경우 이명박 정부는 친기업·비즈니스 프렌들리 정책을 기조로 다양한 규제완화와 대·중소기업의 동반성장 정책을 추진하였다. 2010년 12월 13일 대기업과 중소기업의 최고경영자 각 9인, 공익을 대표하는 학계·연구계 전문가 6인 등 총 25인으로 구성된 동반성장위원회를 출범시켰다. 이는 당시의 글로벌 경쟁 환경 하에서 기업의 지속가능한 성장을 위한 경쟁력을 확보하기 위해서는 대·중소기업이 함께 성장할 수 있는 방안을 모색하여야 할 필요가 있다고 보았기 때문이다. 이 위원회에서는 공정 거래질서의 확립, 사업영역의 보호, 동반성장 전략의 확산, 중소기업의 자생력 강화지원 등의 정책을 추진하였다.

중소기업의 경우 혁신형 중소기업 5만 개 육성 및 50만 개 일자리 창출, 중소기업 창업절차 간소화, 공공구매 제도 확대, 금융지원 강화 등을 정책을 추진하였다. 아울러 글로벌 경쟁 환경하에서 기업의 지속가능한 경쟁력을 확보하기 위해서는 대·중소기업의 동반성장 정책이 필요하다는 점을 강조하였다(이병기, 2011). 이를 위해 2010년 동반성장위원회를 설립하였고 2010년 9월 29일, '대·중소기업 동반성장 정책 추진대책'을 발표하여 공정 거래질서의 확립, 사업영역의 보호, 동반성장 전략의 확산, 중소기업의 자생력 강화지원과 같은 동반성장 전략을 추진하였다. 구체적인 방안으로 '유통산업발전법'(유통법)과 '대·중소기업 상생협력 촉진에 관한 법률'(상생법)의 시행을 들 수 있다. 2010년 시행된 유통법은 지자체가 지정한 전통상업보존구역의 500미터 거리 이내에 대기업이 운영하는 대규모 점포와 준대규모 점포(에스에스엠[80] 등)의 출점을 3년 간 제한하는 내용을 골자로 하고 있다. 이에 따라 이들 점포가 전통상업보존구역에 점포를 출점하려면 공청회와 주민 동의를 거쳐야 한다.

2006년 3월 3일에 제정된 상생법은 유통법을 보완하는 성격의 법이다. 이 법은 대기업과 중소기업 간의 상생협력 관계를 공고히 양극화를 해소함으로써 동반성장을 가능하게 하려는 것으로 영업정지 권고 등의 규제를 가할 수 있는 사업조정신청의 대상 정한 것이다. 처음에는 이 대상을 에스에스엠의 직영점으로만 제한하고 있었으나 이것만으로는 골목상권 침해가 가능하여 중소상인들을 실질적으로 보호하기 어렵

---

[80] 기업형 슈퍼마켓(SSM, Super Supermarket) : 원래 대형 유통업체가 1000~3000㎡ 규모에 넓은 주차장을 보유한 대형 슈퍼마켓을 의미했다. 요즘은 규모와 상관없이 대기업이 운영하는 슈퍼마켓을 뜻한다. 최근 출점하는 SSM 중에는 330㎡(100평) 미만의 소형 점포들도 많다. 선진국의 경우 대형 할인점 다음으로 급성장하는 업태가 편의점과 SSM이다.

다는 비판에 따라 대기업이 지분의 51% 이상을 참여한 프랜차이즈형 에스에스엠 가맹점을 직영점과 마찬가지로 사업조정신청 대상에 포함했다. 또한 유통법을 보완하여 재래시장 반경 500미터 바깥에 입점한 일부 중소상인들도 상생법을 통해 사업조정을 신청할 수 있고 상권을 보장받을 수 있게 되었다.

(7) 제7기 창조경제 추진기(2013~2016)

제18대 대통령 선거(2012년 12월 19일)시 가장 사회적 이슈가 되었던 것은 바로 경제민주화였다. 이와 같은 경제민주화와 무상교육 등의 공약을 걸고 대통령에 당선된 박근혜 정부는 역대 대통령 재임기간에 가장 많은 사회적 이슈를 만들어 낸 정부라고 할 수 있다. 가장 큰 이슈는 헌정사상 초유의 대통령 탄핵사건이다. 2016년 10월 <제이티비시 뉴스 룸>에서 박근혜·최순실 게이트를 연이어 보도하면서 국민들의 공분을 사게 되고, 이는 광화문 촛불집회를 시작으로 전국의 주요 도시로 이어진다. 이러한 여론은 결국 2016년 12월 9일 국회에서 탄핵소추안이 가결되는 결과를 가져왔다. 이후 2017년 3월 10일 헌법재판소의 대통령이 파면선고로 '창조경제와 문화융성'을 모토로 힘차게 출발했던 박근혜 정부는 임기를 채우지 못하고 4년 만에 끝나게 된다. 또 다른 이슈는 문재인 정부 들어 재조사가 이루어지고 있는 이전 대통령선거에서 국가정보원 여론조작 사건이다. 이외에도 청와대 대변인 성추문 의혹사건(2013년 5월), 세월호 침몰사건(2014년 4월), 통합진보당 해산 결정(2014년 12월), 성완종 자살사건(2015년 4월), 역사교과서 국정화 사건(2015년 10월), 일본과의 위안부문제 합의(2015년 12월) 등이 있었다.

무엇보다도 큰 이슈는 남북관계에 커다란 영향을 미치게 된 개성공단의 폐쇄조치 (2016년 2월)라고 할 수 있다. 또한 대통령이 공석인 가운데 미국의 사드배치가 문제가 되어 중국과의 관계에 큰 파장을 미치게 되었다는 점이다.

한편 경제문제에 있어서는 정권 출범초기부터 대기업 문제가 발생했다. 2013년 4월 에스티엑스 그룹 사태, 9월에는 동양그룹 사태, 11월에는 동부그룹 사태가 12월에는 한진그룹 및 현대그룹 사태가 연이어 발생했다. 1997년 아이엠에프 외환위기 시 줄도산 했던 대기업 문제가 15년이 지난 후에 또 다시 등장하게 된 것이다. 이미 재벌개혁을 비롯한 경제민주화문제가 사회문제화 되어 있어 대통령후보 시절부터 경제민주화를 선거공약으로 내세운 것이다. 그러나 경제민주화문제는 후술하겠지만 정권 출범 후 얼마 지나지 않아 흐지부지되고 만다.

박근혜 정부는 창조경제를 경제정책의 기조로 하면서 중소기업을 창조경제의 주역으로 만들겠다는 목표하에 다양한 중소기업정책을 추진하였다. 중소기업정책은 크게 창조정책과 균형정책으로 구분할 수 있는데 창조정책에는 기술창업 활성화, 혁신역량 제고, 성장사다리정책 등을, 균형정책에는 재도전, 공정거래, 동반성장정책 등을 들 수 있다.

창조정책의 하나인 기술창업 활성화 정책과 그 성과는 전국 17개 지역에 창조경제혁신센터를 설치하여 대학생들의 창업 등 '제2의 벤처붐'이라고 일컬어질 정도로 창업과 벤처투자를 활성화 시켰다는 점과 이전 정부에서 시행하던 알엔디 자금지원제도를 개선하여 민간주도투자인 팁스제도[81]를 도입했다는 점을 들 수 있다.

혁신역량 제고정책으로는 일 학습병행제, 핵심인력의 근속을 유도하는 내일채움공제 등을 추진했다. 이외에도 자금, 기술 등에서 여러 정책을 추진했으나 오히려 중소기업의 혁신역량은 대기업과의 격차는 점점 확대되고 있는 것으로 나타났다. 또한 중소기업 성장을 촉진하기 위한 정책(성장사다리정책)으로 엠엔에이, 성장사다리펀드, 한국형 히든챔피언 육성 등이 있으나 엠엔에이에 대한 선호가 낮고 낮은 인지도 등으로 실적은 미미한 것으로 나타났다.

균형정책의 경우 공정거래와 동반성장정책을 들 수 있는데 의무고발, 징벌배상제 등 강도 높은 공정거래정책들이 도입되었고, 동반성장정책으로 주목할 만한 것은 중소기업 기술보호법의 제정과 기술임치제의 확산을 들 수 있다. 적합업종제도는 한정된 지정기간 동안 대기업의 진입을 억제하는 것이기 때문에 경쟁력이 취약한 중소기업을 보호하는 유력한 수단이 될 수 있지만 지정기간 동안 중소기업의 역량이 갖추어져야 한다는 전제가 필요하여 그 효과는 크게 기대하기가 어려웠다고 할 수 있다.

소상공인과 전통시장 정책의 경우 '소상공인진흥 기금사업 및 소상공인보호법'을 개정하여 이를 보다 효율적으로 보호·육성할 수 있도록 했고 임차인의 권리를 보호하는 법도 제정하여 보완하였다.

재도전 지원정책에서는 재창업지원자금, 재도전 성공패키지, 재기교육, 희망리턴

---

81) TIPS(Tech Incubator Program for Startup) : 성공한 벤처인의 멘토링-보육-투자-정부R&D 매칭을 통한 이스라엘식 기술창업기업 육성 프로그램. 이전에는 정부의 심사/판단을 통해 기업들에게 R&D자금이 지원되었으나 TIPS는 민간 영역의 엔젤투자사(운영사)가 회사(스타트업)에 투자를 하면 정부가 R&D자금을 매칭해 주는 방식으로 전문엔젤투자사의 안목과 정부자금지원이 결합된 형태이다. TIPS 프로그램의 가장 큰 특징은 이전에는 정부 R&D 지원금을 받으면 실패하더라도 R&D 지원금을 상환해야 했으나, TIPS는 실패를 하더라도 창업자에게는 어떠한 제재도 없다는 점과 단순히 자금만 지원하는 것이 아니라 성공한 벤처인이 엔젤투자와 더불어 보육, 공간 지원 및 멘토링까지 함께 제공된다는 점이다.

패키지 등 많은 정책이 도입되었다. 중소기업 범위문제도 기준을 근로자에서 매출액 (2015년)으로 바꾸어 기업성장정책을 효율적으로 추진하고자 하는 의지를 드러냈다고 볼 수 있다.

박근혜 정부의 중소기업 정책은 전체적으로 보면 이전 정부에서 추진해 오던 정책을 보다 구체화하고 시행과정에서 나타난 미흡한 부분을 개선하려는 의지가 드러난 것으로 볼 수 있다.

그러나 이러한 여러 노력에도 불구하고 이러한 정책의 수혜를 입은 중소기업이 많지 않아 정책의 실효성과 효과성은 낮았던 것으로 평가되는데 이의 주된 원인으로 이 정권이 임기 1년을 앞두고 끝이 났다는 점을 주된 요인으로 들 수 있고, 단기적인 양적 목표 달성 위주의 사업 추진, 정책당국의 강력한 실천의지 부족, 예산투입의 부족, 전문 인력 부족 등도 그 원인으로 적시되고 있다.

결론적으로 중소기업연구원(2015년)의 진단에 의하면 우리나라 중소기업들은 인력에서는 임금경쟁력 중심경영, 자금에서는 융자 중심경영, 기술에서는 모방기술 중심경영, 판로에서는 내수시장 중심경영, 경영자 리더십에서는 원맨 중심경영을 하고 있는 것으로 평가되었다.

최근의 기업정책

그러나 대선 후 새 정부가 들어선 이후 위에서 살펴 본 바와 같은 경제력 집중 양상은 특히 2000년 중반 이후 급격히 가속화되고 있는데, 이는 재벌그룹에 대한 규제완화 및 친기업정책이 결정적인 영향을 준 것으로 판단할 수 있다. 이후 경제력 집중현상은 심화되었기 때문이다.

2017년 새 정권이 들어서면서 경제력 집중에 따른 기업양극화 문제에 대한 대책

〈표 2-25〉 5대 핵심과제

대상구분	추진과제	비고
대기업	대기업집단의 경제력남용 방지	
중소기업 등	중소기업·소상공인 공정한 경쟁기회 보장	
기업전반	혁신경쟁 촉진	
소비자	소비자 권익 증진	
관련법	공정거래 법집행체계 혁신	공정위 신뢰회복

을 발표하였다. 공정거래위원회는 오늘날의 경제상황 '저성장 구조가 장기화된 가운데 양극화가 심화' 된 것으로 진단하고, '경제적 기회의 편중'과 이로 인한 '경제생태계의 활력 저하'를 그 주된 이유로 분석했다. 아울러 이를 극복하기 위한 방안으로 <표 2-25>와 같이 5대 핵심과제를 발표한 것이다.

동 위원회는 저성장·양극화 동시극복을 위해서는 '소득주도·혁신성장'이 가능해야 하고, 이를 뒷받침하기 위해서는 공정한 시장경제질서 확립이 무엇보다 중요하다고 보았다.

2. 가계정책의 조망

우리나라 고용구조의 현황 및 문제점

2000년대 전·후반에 우리나라 노사관계나 고용정책은 물론 우리사회의 전반적인 문제점을 상징적으로 보여준 2대 사건이 발생했다. 그것은 한진중공업과 쌍용자동차의 대량해고 사건인데 이 두 사건의 전말을 살펴보자.

첫 번째는 한진중공업 309일 크레인 농성사건이다. 1차 사건은 2003년에 한진중공업이 650명의 구조조정을 단행하여 2년 넘게 노사가 대립을 하다가 당시 김주익 노조위원장이 129일간 고공 크레인 농성을 벌이다 스스로 목숨을 끊은 사건이다. 그리고 2차 사건은 2010년 12월에 회사는 400명의 정리해고를 통보하면서 또 문제가 되어 김진숙 민주노총 부산본부 지도위원이 부산 영도 한진중공업의 85호 타워크레인에 올랐다가 2011년 11월 10일 '정리해고자 94명을 1년 내에 재고용'을 골자로 하는 노사합의문에 서명함으로써 309일간의 고공농성을 끝낸 사건이다.

두 번째는 천안의 쌍용자동차 대량해고 사건이다. 쌍용자동차 사태는 2009년 4월 8일 사측이 경영 어려움을 해소하기 위해 전체 인력의 37%에 해당하는 2천646명에 대한 인력감축안을 발표하면서 시작됐다. 이에 노조 측은 총파업과 함께 평택공장 점거에 들어갔고 사측도 직장폐쇄로 맞서며 노사가 극한 대립을 벌였다. 특히 노조원과 경찰, 노조원과 비노조원의 충돌로 현장에는 사제 총, 볼트와 너트를 활용한 새총, 쇠파이프, 전기충격장치인 레이저건 등이 난무해 전쟁터를 방불케 하는 상황이 벌어졌고 이 과정에서 수백명이 부상했다. 노사는 노조의 77일간에 걸친 공장 점거파업 이후 최종 정리해고 대상자 974명 중 48%(468명)의 고용을 유지하는 데 합의함으로써 사태가 일단락된 사건이다.

그러나 이 사건은 여기서 끝나지 않았다. 사건 발생 후 3년이 지난 후까지 해고자와 그 가족이 23명이나 자살 등으로 사망했다. 한겨레신문(2012.09.17)의 "쌍용자동차 함께 살기"라는 제하의 사설은 우리사회의 전반적인 문제점이 무엇이고 무엇을 어떻게 해야 하는지에 대한 답을 주고 있다.

「… 사태 해결의 기미는 보이지 않은 채 쌍용차는 오히려 우리 사회의 갈등과 반목, 무관심을 상징하는 존재로 자리 잡았다. 쌍용차 문제를 상생과 화해의 방식으로 풀지 않는 한 공동체의 통합은 불가능하다고 주장해도 결코 지나치지 않다. 쌍용차 사태는 언뜻 얽히고 설킨 난마처럼 보이지만, 합리적 판단과 소통의 자세로 노력한다면 그다지 풀기 어려운 문제가 아니다. 경영위기를 이유로 노동자를 정리해고한 쌍용차의 결정이 올바랐는지, 쌍용차 구조조정과 외국 매각의 근거가 된 회계법인의 경영분석이 타당했는지, 농성 노동자들에 대한 경찰의 폭력적 진압 행위가 적법했는지 등을 따져 잘잘못을 가리고 책임을 물으면 된다. 회사 쪽이 2009년 당시에 '1년 뒤에 정리해고자 가운데 무급휴직자 461명을 복직시킨다' 고 약속하고도 모르쇠로 일관하고 있는 것 역시 따져봐야 할 핵심 사안이다. …(중략)… 지난 3년여 동안 쌍용차 해고자들과 가족들은 스스로 목숨을 끊는 극단적 방식으로 공동체의 관심을 호소했다. 하지만 그들에게 우리 사회가 보낸 것은 외면뿐이었다고 해도 지나치지 않다. 종교계 인사들은 어제 대국민 호소문을 통해 "갈등과 대립이 없는 세상은 만들기 어렵겠지만 갈등과 대립이 생명을 위협하지 않는 세상은 만들 수 있다"고 밝혔다. 이제 '갈등과 대립이 생명을 위협하지 않는 세상'을 바라는 국민들이 그 호소에 답할 차례다.」

우여곡절 끝에 2011년 인도 마힌드라 그룹으로 인수된 쌍용자동차의 해고노동자의 복직문제는 지금(2017년)까지도 진행 중이다.

고용정책과 노동운동

고용정책이라 함은 인력의 양성(직업훈련), 배치(고용서비스: 고용안정, 고용지원), 활용(일자리 제공, 창출), 보전(실업급여 제공) 등 고용에 관한 일련의 정책을 말하며 고용과 관련한 임금정책, 노사관계정책, 금융·재정정책, 산업정책, 복지정책, 교육정책 등을 포함한다. 그런데 1960년대 초 이전에는 취직이라는 개념조차 애매할 정도로 취약한 산업구조를 가지고 있어 고용정책이라 할 만한 것이 없었고 고용정책은 경제개발이 본격화된 1960년대 이후 시행된 것으로 보아 무방하다.

이러한 우리나라 고용정책의 큰 흐름의 방향은 경제성장을 뒷받침하는 인력공급 정책에서 수급불균형 해소와 고용창출을 촉진하는 방향으로 변화하여 왔다고 볼 수 있다. 이를 시대별로 개관하면 1960년대는 이농인력의 흡수 및 산업인력 수요의 조달이 중요한 정책목표였으며 1970~80년대는 기능 및 기술인력 수요충족을 위한 직업훈련과 외화가득, 실업해소 차원의 해외취업이 중요한 정책이었고, 1990년 이후에는 고용보험제도 도입 등 적극적 노동시장 정책기반을 구축하는 것이 중요한 정책이었다.

그러나 1997년 아이엠에프 외환위기는 우리나라 고용정책 변화의 커다란 전환점이 되었다. 이때까지만 해도 우리나라는 굴곡은 있었으나 꾸준한 경제성장으로 실업이 큰 문제가 되지는 않은 시대였다. 그런데 아이엠에프 외환위기 이후 국가초유의 대량실업사태가 발생했다. 이후 경제상장이 매년 거의 2~3%에 머물면서 인력의 수요보다 공급이 초과하는 시대가 전개되어 능력에 관계없이 누구나 실업에 노출되게 된 것이다. 이에 따라 실업문제를 해결하는 것이 고용정책의 주된 과제가 되었다.[44]

아무튼 고용정책은 노동운동을 빼놓고는 생각할 수 없는바, 우리나라의 노동운동은 1923년 일제식민지 시기 노동자 단체인 '조선노동총연맹'의 주도하에 한국 최초로 노동절 행사를 할 만큼 짧지 않은 역사를 가지고 있다. 노동자 대표기관이 어떻게 생성·발전해왔는지 개관해 보면, 해방 후인 1945년에 이 '조선노동총연맹'이 모체가 되어 '조선노동조합 전국평의회'라는 노동자 대표기관이 결성되었다. 그러나 이 '전평'은 미군정의 탄압으로 와해되고 1946년 3월에 '대한독립촉성 노동총연맹'이 결성

〈표 2-26〉 우리나라 고용정책의 변천과정의 구분

구분	년도	추진정책에 따른 기별 정의	구분기준	비고
제1기	1961~1972	고용정책 태동기	제3공화국	
제2기	1973~1979	고용 인력의 보호·육성과 탄압기	제4공화국	
제3기	1980~1992	취업구조 변화와 고용안정 추진기	제5공화국	
제4기	1993~1997	완전고용과 구조적 고용문제 발아기	문민정부	
제5기	1998~2002	고용정책 전환기	국민의 정부	
제6기	2003~2007	저성장·저고용기	참여정부	
제7기	2008~2012	고용 없는 경제성장기	이명박정부	실용정부
제8기	2013~2016	노동시장 유연안정화기	박근혜정부	

되는데 이것이 지금의 한국노총의 전신이다. 그 후 몇 번의 변신을 거쳐 1960년 11월 이후 '한국노동조합총연맹'의 이름으로 오늘에 이르고 있다. 특기할만한 점은 1987년 이후 민주화 운동을 계기로 보수성향이 강한 '한국노총'에 반기를 들어 1990년에 전노협이 결성되고 이 조직이 확대·개편되어 1995년 11월 '전국민주노동조합총연맹'이 출범하는데 이때부터 이 두 기관이 우리나라 노동자 대표기관의 양대 산맥으로 노동운동을 이끌어 오고 있는 것이다.

고용정책의 변천사

이러한 노동운동 대표기관의 중대한 노동운동과 함께 정치·경제·사회적 변화에 따른 국가고용정책의 변천과정을 1960년대 이후 정권을 중심으로 구분하면 <표 2-26>과 같다. 이 표를 중심으로 우리나라 고용정책 변천사를 조망해 보기로 한다.

(1) 제1기 고용정책 태동기(1961~1972)

1960년대 우리나라는 국민의 호구지책이 최우선일 만큼 최빈국이어서 고용정책은 당연히 고용 인력을 최대화 할 수 있는 방향으로 추진되었다. 이때 고용정책에 관한 최초입법인 '직업안정법'(1961년)이 제정되었다. 당연히 정부의 기업우선 정책이 추진되어 노동자에 대한 정책은 정부개입을 통한 공익중심의 노동행정위주로 추진하였으나(1963년 노사관계법 개정) 앞서 설명한 바와 같이 취직이 큰 문제인 형편이라 1960년대는 노사관계도 원만하였고 근대적인 노사관계도 형성될 만한 여유가 없었다. 그러나 10여 년의 세월이 흐르면서 노사관계에 많은 문제가 누적되어 왔다.

그렇게 일상이 지나가던 1970년 11월 13일에 아픈 이 시대를 상징하는 충격적인 한 사건이 일어났다. 이날 서울 동대문 평화시장 앞에서 평화시장 피복 공장의 재단사로 일하던 22살의 청년, 전태일이 온 몸에 휘발유를 붓고 '근로기준법을 지켜라', '우리는 기계가 아니다', '내 죽음을 헛되이 말라'는 외마디 말을 남기고 분신자살한 것이다.

이 사건을 계기로 언론이 이곳 노동자의 열악하기 짝이 없는 노동환경은 물론 노동문제를 집중 보도하면서 사회적으로 큰 파장을 일으키게 되었다. 곳곳에서 노동자들의 항의가 종래에 볼 수 없을 정도로 격렬하게, 그리고 빈번하게 일어났으며, 1970년대에만 2,500여 개에 달하는 노동조합이 결성되었다. 이렇듯 전태일의 분신자살 사건은 한국 노동운동사에 한 획을 그은 사건으로, 이후 한국의 노동운동은 이 사건을 계기로 새로운 전기를 맞게 된다.

그러나 1972년은 제1기 마지막 년도로 10월에 '유신헌법'이 제정되어 제2기에는 국민의 기본권은 물론 노동기본권도 포괄적으로 제한받게 된다. 아무튼 고도성장의 기반이 조성된 이 시기는 고실업·고성장으로 특정지을 수 있다. '경제성장 및 노동집약적 산업 확대정책'을 야심적으로 추진하여 당시 유행병처럼 번진 무작정상경(이농현상)으로 인한 잉여인력을 경제의 고도성장에 의한 산업인력으로 흡수하였다. 이러한 양상은 당시 사회를 역동적인 사회로 전환시키는 계기가 되었다고 볼 수 있다.

(2) 제2기 고용인력의 보호·육성과 탄압의 혼재기(1972~1979)

이 시기도 1979년 제2차 석유파동이 있기 전까지는 두 자리 수의 경제성장률을 기록한 고도 성장기였다. 그리고 정부의 중화학공업의 육성과 중동진출 인력이 급증하여 이전의 경공업 중심의 단순 업무 위주의 노동자가 아닌 전문 인력 양성이 필요하여 고용정책 또한 산업인력양성에 역점을 두게 되었다. 그리고 지방노동사무소에 직업안정과를 설치하여 직업안정기능의 역할을 하기 시작한 점이 특기할 만하다.

이 시기에 '국가기술자격법'(1973년)과 '기능대학법'(1977년)이 제정되었다. 제2기도 제1기와 마찬가지로 경제의 고도성장으로 인한 꾸준한 노동수요의 증가로 실업이 크게 문제가 되지 않은 시기라고 할 수 있다. 그러나 1972년 10월 유신헌법이 공표되고 긴급조치에 의한 철권통치로 국민의 기본권이 크게 제약받게 되고 노동자 또한 예외가 아니어서 정부통제와 억압이 강화된 시기이기도 하다.

(3) 제3기 고용안정 추진기(1980~1986)

이 시기는 우리나라 산업이 노동집약적 산업에서 자본집약적 산업으로 이동한 시기이다. 그리고 1980년대 초의 오일쇼크, 1986년 이후 3저 호황 등으로 경제의 불안정성이 증대하여 취업구조가 급격히 변화한 시기이기도 하다. 그래서 정부는 고용정책을 고용안정에 두고 제1차 고용안정 기본계획을 수립하여 업무전산화 등 직업안정 기초업무정비를 서두르고 고용안정 관련 여러 정책을 시행하였다. '한국산업 인력공단법'(1981년), '산업안전보건법'(1981년), '최저임금법'(1986년)이 이 시기에 제정되었다. 특기할 만한 것은 1981년 노동청이 노동부로 승격한 것이다. 이는 그 동안 기업위주에서 노동자의 지위향상으로 정부의 시각을 전환한 것으로 상당한 의미가 있는 변화라고 할 수 있다.

(4) 제4기 완전고용 달성 및 구조적 고용문제 발아기(1993∼1997)

이 기간 초기는 앞서 언급한 단군 이래 최대 호황이라는 3저 호황시대가 전개되었다. 경제 성장률이 7%를 넘고 연평균 실업률 2.4% 수준으로 완전고용상태를 유지한 그야말로 국민행복도가 최고점에 이른 시기이기도 하다. 그러나 1987. 6. 29 민주화 선언을 계기로 노사 분규가 폭발하였는데 노사분규 발생건수가 1987년 3,749건, 1988년 1,873건, 1989년 1,616건, 1990년 322건인 것을 보면 당시 노사분규가 얼마나 극심했는가를 알 수 있다. 당시 사측도 무노동·무임금으로 강경하게 대응하였다. 이후 노사분규는 화이트칼라까지 확대되고 연대적 성격이 강해 이전 노사분규와는 다른 양상을 보였다. 그런데 하반기에 이르러 제조업 고용위축, 중소기업인력난에 따른 외국인력 유입, 노동인력의 고학력화, 청년층의 고용불안 대두, 인구증가율의 둔화, 고령화 등 고용에 관련한 구조적 문제들이 대두되기 시작하였다.

이 시기에는 사회 환경 변화에 대응하여 적극적 노동시장정책을 추진하였는데 이를 뒷받침하기 위한 고용관련 갖가지 입법이 추진되었다. 최저임금제도입(1986년)을 시작으로 '남녀고용평등법'(1987년), '기능장려법'(1989년), '장애인고령자고용촉진법'(1990년), '고령자고용촉진법'(1991년), '고용정책기본법'(1993년), '고용보험법'(1995년), '근로자직업훈련촉진법'(1997년) 등이 제정되었다. 이 중에서 특기할 만한 것으로 남녀고용평등법의 시행을 들 수 있다. 이는 그 동안 남녀차별이 심했던 노동시장에 큰 변혁을 가져온 것으로 남녀평등은 물론 여성인력의 노동시장유입에 큰 역할을 했다. 뿐만 아니라 이 법은 우리사회의 오랜 관습이었던 남아선호사상이 시나브로 사라지게 만드는 데 일조를 한 법으로 보아 무방하다.

(5) 제5기 고용정책 전환기(1998∼2002)

이 시기는 아이엠에프 외환위기로 대량실업이 발생하고 사회전반의 패러다임이 바뀌는 대혼란과 충격의 시기이다. 아이엠에프에서는 '참여와 협력'의 21세기 신 노사관계 구현을 요구하였다. 1998년 2월 6일 노사정위원회에서 21세기 대비한 사회적 합의를 위한 '노·사·정 합의'를 선언하여 정부는 새로운 노사관계문화정립을 위해 노력하였고, 국민은 금모으기 운동 등으로 당시 모두가 국난을 극복하여야 한다는 시대적 소명의식이 충만했었던 시대였다.

그런데 난관을 극복하기 위한 사회적 합의의 결과는 참담했다. 돌이켜 생각해 보면 당시에 아이엠에프의 권고가 나중에 아이엠에프도 인정할 만큼 지나치게 가혹했고, 국가위기가 사실 이상으로 강조된 데다가 아이엠에프 권고를 너무 충실히 이행했다는 비판에 자유로울 수가 없다고 보여진다. 구조조정, 정리해고 등이 무자비하게 단행되고, 용어도 생소한 아웃소싱이니, 파견근무니, 명예퇴직이니, 연봉계약제니 하는 것들이 무비판적으로 시행되어 기존의 고용과 근로의 관행을 뿌리째 흔들어 놓은 결과가 된 것이다. 결국 이 시기는 오늘날 사회적 위기의 주된 요인이라 할 수 있는 노동시장의 불안정을 가져온 각종 불공정제도가 시행되어 사회의 패러다임을 근본적으로 바꿔 버린 시기로 정의할 수 있다. 그 중에서도 가장 심각한 것은 비정규직제도이다. 이때부터 본격 시행된 비정규직은 오늘날 근로자의 절반에 해당하는 900만여 명에 이르게 된 것이다.

한편 이 시기의 정부의 고용정책의 핵심은 1996년 7월 시행된 고용보험제도이다. 마치 1년 후의 외환위기를 예견이라도 한 듯이 만들어진 이 법은 아이엠에프의 국난의 시대에 매우 중요한 역할을 하였다. 정부는 대량실업 해소를 위해 '범정부 종합실업대책'을 추진하여 연간 2조원~7조원에 이르는 정책자금을 투입하였고 고용보험 적용대상도 5인 이상에서 1인 이상으로 확대하였다. 실업을 담당하는 고용안정센터도 크게 확대하는 정책을 추진하였다.

(6) 제6기 저성장·저고용기(2003~2007)

이 시기는 국제적인 경제 환경변화로 경제성장률이 그동안 경험하지 못한 3%대로 하락한 시기로 경제성장율 향상에 목표를 두었고 고용정책도 「고용확대 위주의 일자리 창출」을 목표로 하였다. 2005년에는 「국가고용지원서비스 혁신방안」을 국가 전략과제로 하여 그동안 취약하였던 고용지원서비스의 선진화와 직업능력개발체제의 혁신을 위해 노력하였다. 시범고용안정센터 중심으로 구직자 유형별 서비스 제공 및 다양한 지역특화사업의 개발·운영, 취약계층 능력개발 기회확대, 고용보험의 적용범위 지속적 확대 등의 정책을 추진한 것이다.

(7) 제7기 고용 없는 경제성장기(2008~2012)

이 시기는 분노의 시대라 일컬을 만큼 갖가지 사회문제가 노정되어 공정사회가 크게 훼손된 시기이다.

저성장 시대 도래, 양극화, 청년실업, 가계부채, 하우스 푸어, 중산층의 급감, 준비 없는 은퇴세대 급증, 고령화 사회 진입 등이 구체적인 예이다. 고용구조의 후진성, 노동시장의 양극화 등으로 일자리가 지속적으로 감소하는 가운데 그동안 당연시 여

겪던 성장과 고용의 정비례 관계가 더 이상 성립되지 않게 된 시기이다. 적절한 고용
정책 수립이나 추진도 그만큼 더 어려운 시대가 된 것이다.

2010년 10월 정부는 우리나라 노동시장의 문제점을 공급측면에서 인적자원 개
발과 활용의 불균형, 수요 측면에서 생산은 느는데 일자리는 제자리, 노동시장의 이
중구조화 심화 등으로 진단하고 '성장·고용·복지'의 선순환과 국민의 단절 없는 직업
생활을 위해 2020년 고용률 70% 달성을 목표로 하는 <표 2-27>과 같은 국가고용
전략을 수립하였다.

〈표 2-27〉 국가고용전략

추진정책	추진과제	비고
1. 지역·기업주도 일자리 창출	지역주민참여 역할확대	
	관·민 협력강화	
	고용확대형 재정·산업정책 등 추진	
2. 공정하고 역동적인 노동시장 구축	근로자의 기본 권익 보장	
	근로시간 유연화	
	고용규제합리화	
	사내, 하도급 개선	
3. 일·가정 양립 상용형 시간제 일자리 확대		
4. 생애 이모작 촉진 정책	주된 일자리 고용연장	
	재취업 및 사회공헌 등 선택기회 확대	
5. 일을 통한 빈곤탈출 지원정책	근로능력이 있는 기초생활수급자 탈 수급	
	근로빈곤층의 일을 통한 자립 지원	

출처 : 고용노동부, 2010

(8) 제8기 노동시장의 유연안정화 추진기(2013~2016)

이 시기의 고용정책은 노동시장의 유연안정화가 기조였다. 특기할만한 점은
5015년 9월 3일, 17년 만에 노·사·정 대타협을 이루었다는 점이다. 이 타협의 주요
내용은 일반해고지침의 법제화, 임금피크제 도입, 기간제·파견제 근로자의 고용안정,
세대 간 생성고용지원책 강화로 요약할 수 있다. 박근혜 정부는 근로자와 기업 간의
상생, 대기업·정규직 근로자와 중소기업·비정규직 간의 상생, 현재 일하는 부모 세
대와 일자리를 찾는 아들·딸 세대 간의 상생의 3대 상생을 목표로 기간제 근로자 기
간연장, 파견근로자 확대, 실업급여 확대, 통상임금 결정방법과 근로시간 단축 등을
골자로 하는 5대 노동개혁 입법을 추진해왔다.

제8기의 노동정책 추진의 공과는 무엇보다도 시대의 요구에 부응하는 위와 같은 노동정책을 안정적이고 지속적으로 추진해왔다는 점이다. 오늘날 우리 직업사회의 문제점은 양극화, 저출산, 그리고 청년실업과 고령화로 요약할 수 있는바, 고용정책의 3대 상생목표는 이러한 노동시장의 현실을 반영하는 가장 구체적이고 실질적인 정책기조라고 할 수 있다. 특히 <표 2-28>은 중·장년층에 대한 종합적인 고용대책으로 잘 짜여진 기본 틀이라 할 수 있다. 그러나 헌정사상 초유의 대통령 탄핵으로 임기 1년을 앞두고 끝나게 됨으로서 이러한 정책들의 마무리는 다음 정부의 몫으로 남기게 되었다.

〈표 2-28〉 장년의 생애단계별 맞춤형 고용대책

유형	고용실태	추진정책
평생현역 준비	·경력진단·생애설계 기회 부족	·생애경력 프로그램도입
	·퇴직 시 전직지원 서비스 부재	·퇴직예정자 이모작 지원
	·직업능력 향상훈련 등 참여 부족	·평생 직업능력 향상
재직	·50대 초기 조기퇴직	·정년연장 및 인사 급여제도 개선
	·주된 일자리 고용 부족	·근무형태 다양화로 고용안정성 제고
재취업	·취업애로계층 일자리 기회 부족	·빈 일자리 지원 및 인턴제 확충
	·경험·기술 살린 일자리 부족	·전문인력 지원사업 확충
	·생계형 자영업 창업증가	·임금근로자 전환 및 사회경제적 창업지원
은퇴	·은퇴기 사회활동 기회 부족	·사회공헌 활동 기회 확대
	·저소득 장년층 생계불안	·재정지원 일자리 확충 및 효율화
	·노후소득 보장 미흡	·퇴직연금 및 국민연금 개도개선
인프라 강화	·높은 산재율, 건강관리 소홀	·장년 친화적 안전·건강 일터조성
	·전담기관 등 인프라 부족	·장년 취업지원기관
	·장년고용에 대한 인식 부족	·장년고용인식 개선

출처 : 고용노동부

고용정책 변천사 종합

이상에서 우리나라 자본주의 경제체제가 태동하기 시작한 1960년대 초기 이후 오늘날까지의 고용정책의 변천사를 개관하였다. 결론적으로 국민의 복리증진을 위해 각 정부에서 당시에 처한 상황에 따라 나름 최선의 방안을 강구하여 시행해 왔다고 할 수 있다.

그러나 오늘날 우리가 처한 직업사회의 상황은 고용관련 정책이 성공적이었다고 말할 수 없게 만들고 있다. 정책시행의 어느 시점부터 제기되어온 「파이를 키우는 것이 먼저인지, 나누는 것이 먼저인지」의 문제, 즉 성장과 배분이라는 핵심적 과제를 어떻게 슬기롭게 다루어야 할 것인지에 대한 성찰이 필요한 시기이다. 노사관계 또한 짧지 않는 우리나라 기업성장의 역사와 궤를 같이 해 온 기업성장만큼이나 성숙해 왔을 법한데 현실은 그렇지 못하다는 데 고민이 있는 것이다.

3. 사회정책의 조망

사회정책의 개요

사회정책은 서구의 자본주의 발전과정에서 산업화가 야기한 노동문제를 해결하려는 데서 출발했다. 이는 빈곤, 산업재해, 질병, 노령, 실업 등 사회적 위험에 대비하고 각종의 사회적 문제를 해결하여 국민생활의 질을 향상시키기 위한 모든 대책을 말하는데, 각 나라마다 산업화의 역사와 배경이 달라 그 개념과 내용에는 다소 차이가 있다.

우리나라는 사회보장기본법에서 「'사회보장'이란 출산, 양육, 실업, 노령, 장애, 질병, 빈곤 및 사망 등의 사회적 위험으로부터 모든 국민을 보호하고 국민 삶의 질을 향상시키는 데 필요한 소득·서비스를 보장하는 사회보험, 공공부조, 사회서비스를 말한다.」고 정의하고 있다. 사회보장의 내용도 동법 시행령에서 「'사회보험'이란 국민에게 발생하는 사회적 위험을 보험의 방식으로 대처함으로써 국민의 건강과 소득을 보장하는 제도를, '공공부조'란 국가와 지방자치단체의 책임하에 생활유지능력이 없거나 생활이 어려운 국민의 최저생활을 보장하고 자립을 지원하는 제도를, '사회서비스'란 국가·지방자치단체 및 민간부문의 도움이 필요한 모든 국민에게 복지, 보건의료, 교육, 고용, 주거, 문화, 환경 등의 분야에서 인간다운 생활을 보장하고 상담, 재활, 돌봄, 정보의 제공, 관련 시설의 이용, 역량개발, 사회참여 지원 등을 통하여 국민의 삶의 질이 향상되도록 지원하는 제도를 말한다.」고 구체적으로 설명하고 있다.

결국 사회정책은 사회통합을 목적으로 사회·경제적 불평등과 차별을 해소하기 위해 추진하는 분배와 관련한 일련의 정책을 총체적으로 일컫는 용어로 이해하면 될 것 같다.

한편 우리나라에서 시행되고 있는 사회정책의 종류는 <표 2-29>와 같다. 이

표에서 보는 바와 같이 사회보험의 종류에는 국민건강보험, 국민연금, 공공부조 등이 있다. 이들 중 가장 먼저 시행된 제도는 국민건강보험이다. 1963년 '의료보험법'이 제정 되었으나 1977년 12월에 500인 이상 사업장 적용으로 본격 시행되었으며 1998년에 5인 이상 사업장으로 확대 적용되었다.

국민연금의 경우 1973년 12월에 '국민복지연금법'이 제정되었으나 1986년 12월 국민연금법으로 개정되어 1988년 1월부터 본격 시행되었다. 산업재해보상보험(산재보험)은 1963년 11월에 제정되어 1994년 12월부터 5인 이상 사업장으로 적용이 확대되었다. '고용보험법'은 1995년 7월 1일부터 시행되었는데 1998년 10월에 1인 이상의 근로자가 있는 전 사업장에 확대 적용하였다.

〈표 2-29〉 사회정책의 종류

구분	내용	종류
사회보험	공적연금제도	국민연금, 산재보험, 의료보험, 고용보험
	사적연금제도	퇴직보험, 기업연금, 개인연금
공공부조	국민기초생활보장	최저생계비 이하의 저소득층을 대상으로 생계, 주거, 의료, 교육 급여
사회서비스	근로장려금제도	
	주거지원	공공임대주택
	교육비지원	
	보육료 지원	
고령자 지원	기초노령연금제도	경로연금, 교통수당
	노인장기요양보험	
	노인고용촉진	정년연장, 재고용, 우선고용

의료보험·국민연금·산업재해보상보험·고용보험은 통상 '4대보험'으로 불리 우며 근로자나 사업주 모두 당연히 가입해야 하는 것으로 인식되어 있는 기본적인 사회보장제도이다.

'국민기초생활보장법'으로 대표되는 공공부조는 국민생활의 최후의 안전망으로서 그 의의가 크다. 최저생계비 이하의 저소득층을 대상으로 생계, 주거, 의료, 교육 급여 등을 실시한다. 이 법에 의한 기초생활보장제도를 자세히 살펴보기로 한다.

기초생활보장제도

국민기초생활보장제도는 1999년 9월 7일에 제정되고, 2000년 10월 1일 시행된 우리나라의 대표적인 공공부조제도이다. 공공부조제도란 개별가구의 소득이 국가가 정한 일정 기준선에 미달하는 빈곤층을 대상으로 생계, 의료, 주거, 교육 등 기초적인 생활을 영위할 수 있도록 현금 또는 현물을 지원하는 복지제도를 지칭한다. 이 제도는 1997년 말 아이엠에프 사태로 인해 실업과 빈곤문제가 심각했던 상황에서, 빈곤층의 인간다운 삶을 보장하기 위해 시민단체들의 청원과 여야 국회의원들의 공동발의로 제정된 것인데 모든 국민의 최저생활 보장이 국가의 의무이며, 모든 국민은 국가로부터 최저생활을 보장 받을 권리가 있음을 법률로써 정했다는 데 의의가 있다.

이 제도의 핵심적인 내용은 빈곤층에 대한 소득보장을 '사회권'의 하나로 규정하였다는 점, 근로능력 유무와 무관하게 모든 빈곤층에게 소득보장을 하도록 규정한 점, 자활사업을 통해 근로연계복지를 실시하고 있다는 점인데 이는 우리나라 사회보장제도의 역사에서 매우 상징적인 의미를 갖고 있다. 또한 이 제도는 다음의 세 가지 특징을 갖고 있다. 첫째, 보험료 납부 등의 기여를 전제하지 않고, 정부가 일반조세를 통해 그 비용을 부담하는 복지제도이다. 둘째, 자산조사를 통해 지원 대상을 엄격하게 선정하는 잔여적 복지제도이다. 셋째, 빈곤층의 모든 자구적 노력을 전제로 최종적으로 도움을 호소할 수 있는 복지제도이다. 이 점에서 이 제도는 빈곤층이 호소할 수 있는 최후의 사회안전망이라 불리기도 한다.

이 제도의 지원대상과 방법을 보면 우선 지원을 받기 위해서는 수급신청 가구에게 적용되는 소득기준과 부양의무자 가구에게 적용되는 소득기준을 모두 충족시켜야 한다. 수급신청 가구는 월 가구소득이 보건복지부 장관이 매년 발표하는 '최저생계비'를 초과해서는 안 된다. 또한 신청자의 부양의무자 또한 월 가구소득이 정부가 정한 기준을 초과해서는 안 된다. 여기서 말하는 소득은 소득인정액을 말하는데, 이는 가구소득에 재산의 소득환산액을 더하고, 그것에서 각종 공제액을 제외한 소득을 지칭한다. 이를 공식으로 나타내면 다음과 같다.

소득인정액 = 가구소득 + 재산의 소득환산액 - 각종 공제액

이 제도의 수급자로 선정되면, 법률이 정한 바에 따라 모두 7가지의 급여가 제공된다. ① 생계급여, ② 주거급여, ③ 의료급여, ④ 교육급여, ⑤ 해산급여, ⑥ 장제급

여, ⑦ 자활급여가 그것이다. 각종 급여는 급여의 지급방식에 따라 현금급여와 현물급여로 구분할 수 있다. 현행 제도에서는 생계급여와 주거급여가 주로 현금으로 수급가구에게 직접 지급되며, 나머지 급여들은 현물급여의 형태로 급여 및 서비스 공급자에게 비용을 지급하고 있다. 그리고 현금급여는 이론적으로 최저생계비에서 해당 가구의 소득인정액을 제하고 남은 금액만큼을 보장하는 보충급여 방식을 취하고 있다. 보충급여방식은 수급가구의 소득이 증가하면, 그만큼 현금급여가 감소하는 방식을 말한다.

이 제도는 절대빈곤층의 최저생계보장이라는 전통적인 의미의 공공부조에 더하여 근로능력이 있는 수급자에게는 근로의욕을 유지하여 근로를 통해 빈곤의 함정에 빠지지 않도록 하기 위해 조건부 수급제도와 소득공제제도를 두고 있다.

조건부 수급제도란 근로능력이 있는 수급자는 어떠한 형태이든 자신의 근로를 제공하는 자활사업에 참여하는 것을 조건으로 생계급여를 제공받는 제도를 말하고, 소득공제제도란 조건부 수급제도와 근로를 통해서 소득활동을 하는 수급자에게는 소득평가액에서 일정액을 공제함으로써 결과적으로 자신이 받을 수 있는 급여액보다 그 일정액에 해당하는 양의 급여를 부가해서 받을 수 있는 제도를 말한다. 자활사업의 경우 제도시행 이후 수급자의 자립을 촉진하기 위해 취업 및 창업서비스를 제공하고 있다.

최저생계비

최저생계비는 취약계층을 지원하는 여러 프로그램의 기초자료가 되는 매우 중요한 기준이다. 이는 3년마다 정부가 실시하는 최저생계비 실계 측을 기준으로 매년 물가 상승률 등을 반영해 정해진다. 정부가 생계를 보장하는 극빈층(기초생활보장 수급자)을 선정하고 그들에 대한 지원 금액 액수를 정할 때도 이를 기준으로 삼는다. 월 소득이 최저생계비 아래면 기초생활보장 수급자로 선정돼 국가가 생계를 책임지게 되는 셈이다.

2001년 이후 년도별, 가구별 최저생계비는 <표 2-30>과 같다.

이 표에서 보면 2016년부터 금액이 크게 상향된 것을 알 수 있다. 이는 최저생계비의 산출기준이 2016년부터 기준중위소득의 60%로 변경된 데 기인한다. 그동안 최저생계비가 지나치게 낮다는 주장이 제기되어 왔는데 '국민기초생활보장법'을 개정(2014.12.30.)하여 이와 같이 기준이 바뀜으로써 개선의 효과가 나타나게 되었다.

〈표 2-30〉 연도별, 가구별 최저생계비   (단위 : 원)

	1인가구	2인가구	3인가구	4인가구	5인가구	6인가구
2001	333,731	552,712	760,218	956,250	1,087,256	1,226,868
2005	401,466	668,504	907,929	1,136,332	1,302,918	1,477,800
2009	490,845	835,763	1,081,186	1,236,609	1,572,031	1,817,454
2011	532,583	906,830	1,173,121	1,439,413	1,705,704	1,971,995
2015	617,281	1,051,048	1,359,688	1,668,329	1,976,970	2,285,610
2016	974,898	1,659,963	2,147,412	2,634,861	3,122,310	3,609.479
2017	991,759	1,688,669	2,184,569	2,680,428	3,672,1870	4,168,006

출처 : 보건복지부

또한 기초생활수급자 선정과정이 지나치게 엄격하여 실질적인 지원이 필요한 사람이 지원을 받지 못하는 사각지대가 문제가 꾸준히 제기되어 차상위 계층과 차차상위 계층으로 지원 범위를 확대하였는데 이의 기준은 가구별 소득 인정액이 각각 최저생계비의 120% 이하, 150% 이하인 경우이다.

이 기준 또한 2016년 이후에는 중위소득 50% 이하(오이시디 기준)인 경우로 기준이 변경되어 적용범위의 확대효과가 나타나게 되었다. 2017년 기준 중위소득은 <표 2-31>과 같다.

〈표 2-31〉 중위소득(2017년 기준)   (단위 : 원)

	1인 가구	2인 가구	3인가구	4인가구	5인가구	6인가구
중위소득	1,652,931	2,814,449	3,640,915	4,467,380	5,293,845	6,120,312

출처: 보건복지부

차상위 계층이란 기초생활보장 수급자(최하위계층)의 바로 위의 저소득층을 말한다. 가구소득이 최저생계비의 100% 이상, 120% 이하인 '잠재 빈곤층'으로 정부의 기초생활보장수급 대상에 들어가지 못하거나 소득이 최저생계비 이하라도 일정 기준의 재산이 있거나 자신을 부양할 만한 연령대의 가구원이 있어 기초생활보장 대상자에서 제외된 '비수급 빈곤층'을 합쳐서 이르는 말이다. 이 계층에는 기초생활수급자만큼은 지원이 덜하지만 의료급여혜택(희귀난치성질환과 주요 질환 본인부담금 100% 면제), 핸드폰 통신비 감액(35%), 양곡, 심야전력, 도시가스 할인 혜택 등을 지원한다.

기초생활보장 수급자 현황

<표 2-32>과 <표 2-33>은 각각 2001년부터 5년 단위로 국민기초생활보장 수급자와 급여의 현황을 나타낸 것이다. <표 2-30>에 의하면 국민기초생활보장 수급자가 계속 늘어나고 있음을 알 수 있다. 2001년 약 140만 명에서 150만 명으로 10만 명이 늘어나는 데는 10년이 걸렸는데 5년 만인 2015년에 160만 명이 되어 빈곤 계층이 급격히 늘어나는 추세임을 유추할 수 있다. 이는 직업사회의 양극화와 고령화 현상을 보여주는 실례이기도 하고, 그럼에도 불구하고 이 제도의 사각지대에 존재하여 혜택을 받지 못하고 있는 사람이 매우 많다는 것을 의미하기도 한다. 사각지대에는 100만 명에서 400만 명에 달한다는 각종 주장이 제기되고 있다. <표 2-33>에서 보는 급여액은 2001년 2조 원 수준에서 10년만인 2011년에는 4조원 수준으로 거의 2배가 상승한 것이다. 매달 지급되는 생계급여는 기준 중위소득의 일정 비율(기준 중위소득의 30%)의 금액과 개별가구의 소득인정액과의 차액만큼을 지급하고 있다.

〈표 2-32〉 국민기초생활보장 수급자 현황 (단위 : 명)

	2001	2005	2010	2015
총수급자	1,419,995	1,513,352	1,549,820	1,646,363
일반수급자	1,345,526	1,425,684	1,458,198	1,554,484
시설수급자	74,469	87,668	91,622	91,879

출처 : 통계청

〈표 2-33〉 국민기초생활 급여 현황 (단위 : 백만원)

	2001	2005	2010	2011
총 수급자	2,088,073	2,818,411	3,997,766	4,017,271
일반수급자	2,003,984	2,710,673	3,853,891	3,856,062
시설수급자	84,089	107,739	143,875	161,209

출처 : 통계청

<표 2-34>의 주요국가의 상대적 빈곤률을 보면 이와 같은 주장이 타당성이 있음을 뒷받침해 준다. 2008년 기준 오이시디 평균이 11.1%이고 선진국의 대부부분은 10%가 넘지 않은데 비해 우리나라는 14.7%이다. 여기에서 상대적 빈곤이란 앞서

살펴 본 바와 같이 전체 사회의 소득분포를 대표하는 값의 일정 비율을 빈곤선으로 정하고(중위소득의 50%, 오이시디 기준) 경제력이 이 수준에 미달하면 빈곤으로 정의하는 것을 말하고 절대적 빈곤은 전체 사회의 소득분포와 관계없이 최저수준(최저생계비)을 정하여 경제력이 이 수준에 미달하면 빈곤으로 정의하는 것을 말한다.

〈표 2-34〉 주요국가의 상대적 빈곤율 비교 (단위 : %)

스웨덴	노르웨이	프랑스	벨기에('07)	일본('06)	미국	한국	오이시디평균
8.4	7.8	7.2	9.1	15.7	17.3	14.7	11.1

출처 : 오이시디

국민기초생활보장제도의 과제

이 제도의 가장 큰 상징성은 근대적 의미의 공공부조의 틀을 마련했다는 점이다. 그 핵심 내용은 이전까지의 공공부조는 근로무능력자에게만 지원하는 것이었으나 근로능력 여부나 성별, 나이와 상관없이 정부에서 정한 최저소득수준 이하인 취약계층을 지원 대상으로 한다는 점이다. 그런데 이는 이 제도의 지지자나 반대자 모두에게서 비판을 받고 있다.

반대자의 입장에서는 근로능력이 있는 수급자에게도 최저생계를 보장함으로써 이들의 근로의욕을 감퇴시켜서 소위 복지병을 유발할 뿐만 아니라 계속 늘어나는 복지비용으로 재정적자를 초래, 결국은 이미 선례가 있는 1960~70년대의 영국과 같은 국가쇠락의 길을 걷게 될 것이라는 주장이다.

반면에 지지하는 입장에서는 이 제도가 운용의 실효성이 크게 떨어진다고 비판한다. 제도의 시행에도 불구하고 광범위한 사각지대가 존재하고, 수급자에게도 최저생계를 유지할 수 있는 실질적인 지원이 되지 못한다는 것이다.

사실 이 제도에 관한 양자의 주장은 모두 타당성이 있다. 이 제도가 근로빈곤층의 자립지원을 저해하는 유인이 있는 것도 사실이고 늘어나는 빈곤층으로 인해 재정적자도 불가피한 형편인 것이다. 늘어나는 빈곤층에 비해 수급자는 제자리수이고 지원 금액이 현실적으로 최소한의 인간다운 생활을 보장하기에는 부족한 점 또한 엄연한 현실이다. 문제는 이 제도 시행 이후에도 생활고를 이유로 자살하는 사건이 계속 발생하여 여전히 사회문제가 되고 있다는 점이다. 양자의 주장에 해당하는 자립을 지원하는 일과 사각지대의 해소와 실질적인 지원이 되도록 하는 일은 이 제도가 안고 있는 과제이다.

　그동안 정부는 조건부 수급제도와 사각지대를 해소하기 위한 방안들을 끊임없이 연구하고 개선해왔다. 무엇보다도 대상자 선정기준을 완화하여 꼭 지원이 필요한 대상을 포함시키려는 데 초점을 맞추어 제도시행 직후 별도로 적용되었던 소득기준과 재산기준을 통합하여 단일한 소득인정액 기준을 적용하였고, 초기 엄격했던 부양의무자 기준을 점진적으로 완화하는 등 많은 노력을 해왔다. 이 제도는 빈곤층에 대한 소득보장 및 자립지원제도로서 시행된 이후 계속 개선과정을 통하여 기초적인 사회안전망의 역할을 수행하여 온 것이다. 그렇지만 빈곤층을 해소하기 위한 어떤 제도나 정책도 한계가 있을 수밖에 없다. 근본적인 대책은 이들을 직업사회로 끌어들이고 가급적 직업사회의 이탈자가 나오지 않도록 하는 일이다.

빈곤정책의 조망

(1) 아이엠에프 외환위기 이전의 빈곤정책

　우리나라 빈곤정책은 일제강점기의 생활보호제도에 그 뿌리를 두고 있다. 1961년에 오늘날의 공공부조에 해당하는 '생활보호법'이 제정되었는데 이 시기의 복지정책은 무의탁 노인이나 중증장애인 등에게 최소한의 복지를 지원하는 것이 전부였다고 할 수 있다. 1960년대 우리나라는 지디피가 100달러도 채 안되고 농업·어업취업자가 63%를 차지하는 최빈국의 하나로 끼니를 걱정해야 하는 빈곤층이 많은 시대였다. 국가는 빈곤층에 대해 한정적인 최소한의 복지지원을 할 수 밖에 없는 형편이기도 했다. 앞서 언급한 바와 같이 국민들도 가난을 개인의 탓으로 돌렸다. '가난구제는 나라도 못 한다', '가난이 원수', '가난이 죄다' 등의 속담에서 보듯이 가난을 개인의 책임으로 간주하는 것은 오래된 사회의식이다. 이는 빈곤이 일반화 되어 있고, 소득원도 다양하지 못하여 빈곤에 대한 상대적 개념이 형성되지 않은 데서 기인한 것으로 보인다. 이러한 경향은 우리나라의 고도성장 과정에서 빈곤에 대한 이렇다 할 정책이 없었다는 데서도 잘 드러난다. 전통적인 유교중심의 가족관계가 유지되어 오면서 가난한 사람은 가족부양을 못 받거나, 본인이 게으르거나 능력이 없어 일자리를 구하지 못해서 그런 것으로 인식되었다. 사실 빈곤퇴치가 국가 제일의 목표였던 경제발전의 초기에서 1990년대까지 고도의 산업사회로 전환되는 과정에서 의지만 있으면 누구나 일자리를 구할 수 있었고 열심히 일하면 먹고 사는 데는 지장이 없을 만큼 경제발전을 이루어 끼니를 걱정해야 하는 절대빈곤은 크게 감소하였다. 이 시기는 무의탁 노인이나 중중장애인 같은 사각지대의 사람을 제외하면 빈곤에 대한 별다른 정책이 없었고 또 필요로 하지도 않았던 시기라고 할 수 있다. 여기에는 가난은 개인책임이므로 가난을 예방하고 극복하기 위해서는 온 가족이 혼신의 힘을 다해야 한다는 오랜 사회심리도 한 몫을 한 것이다.

그러나 1997년 말 사회의 패러다임을 근본적으로 바꾸게 되는 아이엠에프 외환위기라는 엄청난 사건이 발생했다. 이 사건의 가장 큰 충격은 국가건설 이래 초유의 대량실업사태이다. 보통 오이시디의 실업률 평균이 2%대인데 외환위기 당시 실업률이 6.7%에 이르러 무려 143만여 명의 엄청난 실업자가 발생한 것이다. 거리에는 노숙자가 넘쳐나고 빈곤층이 급증했다. 1960년대 초부터 굴곡은 있었으나 꾸준한 경제성장으로 일자리가 늘어나면서 실업이 문제가 되지는 않았다. 즉 개인이 취업의 의사가 없거나 구조적 실업이나 마찰적 실업과 같이 불가피하게 발생하는 실업을 제외하고는 본인이 일할 의지가 있고 일정 요건만 갖추면 누구나 취업할 수 있는 시대였다.

그런데 일할 의지가 있고 능력이 있어도 일자리를 구하지 못하는, 빈곤을 개인의 탓으로만 돌릴 수 없는 소위 신 빈곤시대가 전개된 것이다. 이때까지는 사회통합을 목적으로 사회·경제적 불평등과 차별을 해소하기 위해 추진하는 근대적 의미의 사회정책은 검토단계에 있었던 시기라고 할 수 있다.

(2) 외환위기 이후의 빈곤정책

아이엠에프 외환위기는 어떤 면에서는 고도성장 신화의 붕괴라는 상징적인 사건이라고 할 수 있다. 사상 초유의 대량실업사태로 큰 혼란이 야기되었는데 그나마 다행이었던 것은 1993년에 제정된 '고용보험법'을 개정, 고용보험 제도를 도입하여 근로자가 실업한 경우에 생활에 필요한 급여를 실시하도록 하는 실업급여 제도를 아이엠에프외환위기 직전인 1996년 7월 1일부터 시행했다는 점이다.

이 제도는 혼란기에 큰 역할을 했다. 이때부터 빈곤정책을 넘어선 사회안전망으로써의 사회정책을 본격적으로 검토, 시행하게 된다. 경제성장과정에서 거의 다 해소된 것으로 간주되던 끼니를 걱정해야 하는 절대빈곤층이 급증한 것이다. 급한 대로 한시생계제도를 도입하는 등 기존의 소극적 복지지원제도를 개선하여 최저생활을 보장하는 정책을 적극 추진하였다. 1997년 이후 아이엠에프 외환위기를 계기로 사회안전망의 정비가 우리 사회의 중심과제로 등장했다. 종래의 '생활보호법'의 문제점을 대폭 개선한 '국민기초생활보장법'을 2000년 10월 1일부터 시행하게 된 것이다. 이 제도는 근로능력에 상관없이 최저생계비 이하의 저소득자에게 국가가 부조를 통해 기초적인 생활을 보장해 주는 제도이다. 가구의 소득 평가액과 재산의 소득 환산액을 합산한 소득인정액이 최저생계비 이하이고 부양의무자가 없거나 부양의무자가 있어도 부양능력이 없거나 부양을 받을 수 없는 사람에게 기초생활급여가 제공된다.

이 법의 시행은 가난의 책임이 개인에게 있다는 사회인식이 사회와 국가가 책임져야 할 문제로 전환되었다는 데 의의가 있다. 이는 사회가 고도의 산업사회로의 전환되면서 변화된 경제·사회적 환경에 걸 맞는 인식의 변화로 이해된다. 무엇보다도 근로능력자에게도 큰 상징적인 의미를 갖는다고 할 수 있다.

(3) 노인빈곤 정책

전통적으로 빈곤노인은 대표적인 사회복지정책의 대상이었다. 당연히 노인빈곤 문제 해결을 위한 접근방법은 공공부조와 사회서비스와 같은 사회정책이 우선이었다. 근래에는 서구의 사회분업 이론에 기초한 전통적 복지정책은 노년층의 급증과 과도한 복지의존에 의한 사회·경제적 부담으로 그 한계가 있는 것으로 복지선진국에서조차 지적되고 있다. 이에 따라 변화하는 사회·경제적 환경하에서 고령자에 대한 정책의 방향은 이들의 경제활동 참여를 촉진하고 생산력을 최대한 활용하면서 동시에 이들의 삶의 의미와 건강을 유지시키고 고령자의 복지 부담을 사회적으로 분산시키는 적극적 복지정책에 초점이 맞추어지고 있다.[45]

'노인복지법', '장애인, 고령자 등 주거약자에 지원에 관한 법률', '고용상 연령차별 금지 및 고령자고용촉진에 관한 법률', '사회적 기업 육성법' 등의 법률이 노인관련정책을 뒷받침하고 있다. 그러나 노인은 재취업이 어렵고, 일자리도 질이 낮고, 불안정한 임시방편적인 것이 많아 정책의 실효성이 높지 않다.

우리나라는 빈곤노인에 대한 사회안전망도 허술한 편이다. 일차적으로 가족이 책임을 지는 우리나라의 전통적인 부모부양의 관습이 크게 허물어지고 있는데다가 전통적 복지측면에서 공·사적부조에 의한 사회보장 제도 또한 제 기능을 다하지 못하고 있다.

사회정책 변천사

우리나라에서 현대적 사회복지 제도가 확립되기 시작한 것은 제1차 경제개발 5개년 계획이 시작된 1960년대부터다. 이후 오늘날에 이르기까지 많은 변화와 발전을

해왔다. 이 과정을 살펴보면 새로운 정부가 들어설 때마다 새로운 제도가 제정되고
시행되어 왔음을 알 수 있다. 그래서인지 사회복지제도의 발전 과정에 대한 연구는
정권을 중심으로 구분하여 설명하는 경우가 많다. 여기에서는 이점과 정책의 목표를
고려하여 우리나라 사회복지제도의 발전과정을 크게 4단계로 구분하였는데 이는
<표 2-35>와 같다. 각 단계별 정책내용은 시행된 관련법을 중심으로 조망했다.

〈표 2-35〉 사회보장정책의 구분

	명칭	기간	비고
제1기	사회복지기반 조성기	1961년~1979년	제1~제4공화국
제2기	복지사회 건설기	1980년~1997년	전두환~김영삼 정부
제3기	사회보장 확충기	1998년~2007년	김대중~노무현 정부
제4기	사회정책 조정기	2008년~2016년	이명박~박근혜 정부

(1) 제1기 사회복지기반 조성기(1961~1979)

제1기는 제1~제4공화국에 이르는 박정희 정부기간이다. 이 제1기 초기에 우리
나라 사회복지의 기반을 구축하는 몇 가지 중요한 정책이 시행되었다. 우리나라 근대
사회보장제도의 상징이라 할 수 있는 산재보험과 의료보험제도가 탄생한 점과 '생활
보호법'을 제정하여 공적부조의 기틀을 마련한 점, 그리고 국가발전주의와 재정적 보
수주의를 사회보장제도 도입과 운영의 근간으로 삼은 점이 그것이다.

이 세 번째의 정책기조는 오늘날까지 유지되어 오게 되는데 당시는 경제개발 5
개년계획이 시행되는 초기로 재정정책은 경제발전을 위한 경제부문이 투자의 최우선
순위였으므로 복지부문의 투자는 여력이 없는 형편이었다. 그래서 사회보장의 근간
은 수급자의 기여가 전제되는 사회보험 위주로 이루어졌고 노동비용의 상승을 가져
오는 사회보장제도의 도입은 지연시키고, 복지수혜도 고용연계수급권[82]의 원칙을 적
용하고자 한 것이다.[46] 이를 구체적으로 살펴보면 정권초기, 즉 1960년에 '공무원연
금법', 1961년에 '생활보호법', '원호법', '아동복지법', 1962년에 '재해구호법', '공무원
연금법', 1963년에 '사회보장에 관한 법', '군인연금법', '산업재해보상보험법', '의료보
험법' 등 기존 법들을 재정비하고 현대사회복지제도의 핵심인 '사회보험법'을 새로이
제정하였다.

---

82)고용연계 수습권(employment-based entitilemen)

특기할 만한 점은 당시 '의료보험법'의 의무시행조항이 삭제되어 의료보험은 1997년에서야 시행된 반면, '산재보험법'은 '근로기준법'의 적용을 받는 500인 이상 사업장에 강제 적용되어, 사업장의 근로자에 대한 업무상의 재해를 신속·공정하게 보상하게 되었다. 또 하나 특기할만한 점은 공무원 및 군인연금제도(각 1962년, 1963년)가 비교적 일찍 시행되고 후에 사립학교교직원연금제도가 시행(1973년)되었는데 이들에게 보험료 기여율에 비해 매우 후한 연금과 재해보상 등 종합사회보장을 약속하여 직업공무원제도의 정착, 직업군인의 충성심 확보 그리고 우수교원의 유인을 기하고자 한 점이다. 이들 제도는 오늘날 특혜논란이 일고 있지만 당시에는 정권의 안정을 위해서 필요한 조치였다고 할 수 있고, 이와 같은 특수직역의 급여는 당시 민간에 비해 상당히 낮은 수준이었기 때문에 큰 혜택이라고 보기는 어렵다. 다만 오늘날 사회 환경이 급변하여 근로자의 고용안정성이 크게 해쳐지면서 상대적으로 높게 보이는 면이 있는데 이 점도 무시할 수는 없다고 본다.

그리고 1961년 12월 '생활보호법'을 제정하여 공적부조의 기틀을 마련하였고 1977년 의료보험과 의료보호제도 시행으로 생활보호대상자들에게 의료보호(의료부조)가 시행되었는데 이는 공적부조에 큰 진전을 이루는 정책시행이라고 할 수 있다.

(2) 제2기 복지사회 건설기(1980~1997)

제2기는 전두한 정부에서 김영삼 정부에 이르는 기간이다. 이 시기에 국민의 기초생활을 보장하는 '최저임금제', '국민연금제도', 그리고 '의료보험의 전 국민확대' 등 소위 '3대복지법'이 시행되었다. 이 3법의 시행은 우리나라 복지사회건설의 초석을 다질 수 있는 그야말로 우리나라 복지정책에 새로운 전기를 마련하는 계기가 되었다는 데 의의가 있다.

최저임금제는 1986년 12월에 법이 제정되어 1988년 1월부터 시행되었다. 국민연금제도도 1986년 12월 '국민연금법'이 제정되어 1988년 1월 1일부터 상시 10인 이상의 근로자를 사용하는 사업장을 대상으로 전면 시행되었다. 의료보험의 전 국민확대는 1987년 12월 '의료보험법'을 개정하여 1989년 7월 시행되었다.

이 시기는 복지사회 건설기로 간주해도 충분하다고 할 만큼 위와 같은 국민의 기초생활을 보장하기 위한 사회복지 관련법이 시행되었을 뿐만 아니라 사회적 약자를 보호하기 위한 여러 복지제도들도 시행되었다. 그 구체적인 예로 '노인복지법'(1981년)의 시행을 들 수 있는데 이 법이 시행으로 비로소 노인전체를 지원 대상으로 하는 노인복지의 제도적 장치를 마련하게 된 것이다. 65세 이상 노인에게 경로우대제를 적용하였고 1983년부터 국·공립병원과 보건소에서 건강진단사업을 실시하였다. 그리고 '아동복지법' 개정 및 시행, '심신장애자 복지법'(1981년)을 제정하여 지원 대상에 대해 전면적인 지원을 가능하게 하였다. 1984년 공공업무시설과 학교 등에 신체장애인의 출입편의를 위한 경사로 설치 등이 의무화 된 점도 상징적인 의미가 매우 크다고 하겠다.

이 시기에 시행된 중요한 제도의 하나는 기업의 근로자에 대한 복지제공을 의무화 한 점이다. '사내복지기금법'(1991년)과 '장애인 고용촉진 등에 관한 법률'(1990년)의 제정이 그것인데 300인 이상의 상시 근로자를 고용하는 사업장을 대상으로 전체 근로자의 1%를 장애인으로 의무고용하게 한 '장애인 고용촉진 등에 관한 법률' 시행은 복지사회건설을 위한 진일보한 정책으로 평가할 수 있다.

이후 김영삼 정부에서는 기존의 제도를 개선하고 사회보험을 점진적으로 확대하려고 노력했다. 1997년에 의료보험 통합을 위한 '국민건강보험법'이 제정되어 조합일부가 통합되었고, 민간복지의 활성화를 기하는 '사회복지 공동 모금법'(1997년)도 제정되었다. 1995년에는 고용보험이 시행되었고, 국민연금도 농어촌 연금으로 확대 시행되었다. 최저생계비도 완전히 보장할 수 있도록 하는 보충급여제를 도입하고자 했다. 이 외에도 '여성발전기본법'(1955년), '정신보건법'(1997년)도 제정되었다.

(3) 제3기 사회보장 확충기(1998~2007)

제3기는 김대중 정부와 노무현 정부시기이다. 김대중 정부 출범초기는 아이엠에프 사태로 많은 기업이 도산하고 구조조정 등으로 실업자가 양산되어 사회가 엄청난 충격과 혼란에 빠져 있을 때이다. 따라서 취약한 사회안전망에 대한 보완이 필요하다는 것을 누구나 인식하게 되었고 현실적으로도 당장 어떤 조치가 필요한 상황이었다.

그리고 이때는 우리나라 헌정사상 민주절차에 의해 여야의 정권이 완벽하게 교체된 시점이다. 복지정책과 관련하여서는 서구의 복지국가가 많은 문제점이 노정되어 '신자유주의 복지이론'이 등장하던 때이다. 김대중 정부에서는 이전과 비교하여 우리나라 사회보장제도를 획기적으로 발전시켰는데 위와 같은 당시의 시대상황이 이를 가능하게 만들었다고 볼 수 있다. 가장 큰 특징은 이전 정권에서 구축한 여러 복지제도들을 활용하여 지원 대상을 확대하고 지원수준을 높였다는 점과 취약계층에 대한 지원이 구체화 되고 현실화되었다는 점을 들 수 있다.

이를 구체적으로 살펴보면 고용보험과 산재보험이 각각 1998년 10월, 2000년 7월부터 1인 이상 전 사업장으로 확대되었고, 1999년 3월 도시지역 자영업자 900만

명에게 국민연금이 확대되었으며, 의료보험의 급여혜택을 받을 수 있는 요양기간이 연간 270일이었던 것이 2002년부터는 기간제한 없이 365일 급여혜택을 받을 수 있게 되었다.

그리고 2000년에는 기존의 '생활보호법'의 대체 입법으로 '국민기초생활보장법' 을 제정, 시행함으로써 공적 부조의 획기적인 진전을 이루었다. 이 제도는 근로능력 이 있는 사람이라 할지라도 자활사업에 참여하기만 하면 기초생계를 받을 수 있는 사회적 권리를 법적으로 부여한 것으로 수혜대상자가 종전의 50만여 명 수준에서 150만여 명 수준으로 확대되었다. 최저생계비 이하의 모든 가구는 연령, 근로능력유 무에 관계없이 의·식·주·의료·교육 등의 기초생활을 보장한 것이다.

한편 노인, 장애인, 여성, 편부모 가정 등 사회적 취약계층에 대한 사회복지서비 스도 구체적으로 시행되었는데 1998년 7월부터 국민연금을 받지 않는 65세 이상의 저소득노인에게 경로연금지원, 2000년부터 장애인의 범주를 만성신장질환 등 중증까 지 확대, 1998년 7월에 '가정폭력방지법'을 제정, 저소득 편부모가정, 농어촌 지역 저 소득층자녀를 위한 무상 보육사업 등을 시행한 것이다. 그리고 이 정부에서는 자영업 자와 임금근로자 구분 없이 국민연금을 전 국민에게 적용하였고 2000년 의료보험 통 합을 달성하여 보편주의 원칙을 사회보험의 개혁방향으로 제시했다고 볼 수 있다.

노무현 정부 시기는 양극화와 저출산 그리고 고령화가 사회문제로 이슈화가 된 시기이다. 그래서 성장과 복지의 조화에 초점이 맞추어 졌다. 저출산 문제와 관련하 여 '장애아 무상보육제도 도입'(2003년), '만5세아 무상보육확대'(2004년), '두 자녀 이상 보육료지원제도'(2005년) 등을 시행하고 2005년 '저 출산 고령사회기본법'을 제정했다.

고령화 문제와 관련해서는 2007년 국민연금의 개혁을 단행했는데 연금보험료율 은 유지하되 소득대체율을 단계적으로 저하시켜 2028년에는 40%로 인하하기로 했다. 또한 연금사각지대 완화를 위해 기초노령연금제도를 도입하였다. 그리고 2007년 4월 '노인 장기요양보험법'을 제정했는데 이는 고령이나 노인성 질병 등의 사유로 일상생 활을 혼자서 수행하기 어려운 노인에게 복지서비스를 제공하는 노인 장기요양보험제 도이다.

기초생활수급자의 선정기준도 완화하여 수급의 사각지대를 없애려고 노력했다. 부양의무자 기준을 1촌 직계혈족 및 그 배우자로 축소하고 부양의무자의 소득기준도 최저생계비의 120%에서 130%로 인상한 것이다. 건강보험의 보장성을 강화하여 전체 의료비 지출 중 본인부담비율을 1987년 62.4%에서 2005년 37.7%로 낮추고, 공공재원 의 비율을 52.6%까지 끌어 올렸다. 또한 근로빈곤층의 근로의욕제고를 통해 빈곤탈출을 지원하는 근로장려세제83)를 2008년 1월 1일부터 시행했다.

이와 같은 여러 복지 분야의 지원확대는 이전과는 비교가 안될 만큼 많은 예산이 소요되었다. 그럼에도 불구하고 경제·사회의 양극화로 지원대상 취약계층 또한 더 많이 늘어난 것이 현실이기도 하다.

(4) 제4기 사회정책 조정기(2008~2016)

이명박 정부의 복지정책에 대해 여러 가지 평가가 있으나 김대중 정부와 노무현 정부의 신자유주의적인 복지정책의 연장선상에 있다고 보는 견해가 많다. 이전 정부에서 사회서비스의 확대를 추진하면서 사회서비스 공급구조의 중요성을 적절히 인식하지 못한 면이 있는데 이명박 정부에서는 공무원의 복지급여 횡령 사건을 계기로 사회복지통합전산망을 구축하였다. 이전 정부와 비교해 조세개혁과제나 사회서비스와 관련해서는 이전에 거의 예견치 못했던 새로운 기이한 경로를 창출하거나 공급구조 파편화시켰다는 비판도 있으나 이전 정부에서도 추진하지 못한 한국사회보험의 공급구조에 새로운 경로를 만들어 낸 것은 중요한 업적이라 할 수 있다.

이명박 정부는 '능동적 복지'를 지향했는데 이를 「빈곤과 질병 등 사회적 위험을 사전에 예방하고, 위험에 처한 사람들이 일을 통해 재기할 수 있도록 돕고, 경제성장과 함께하는 복지」로 정의하였다(보건복지부 2008). 다만 복지문제에 대한 인식은 진보 정부와 달리 서민의 생활고를 덜어주는 실용적인 복지를 강조하였다. 예를 들면, 서민의 어려움을 덜기 위하여 다음 다섯 가지 정책대안을 제시하였다. ① 7% 성장으로 일자리 60만 개 창출 및 청년실업률을 절반으로 ② 서민 세부담 경감 ③ 서민생활비 30% 인하 추진 ④ 서민 주거문제 안정 ⑤ 영세자영업자와 재래시장의 활성화 등이다.

이명박 정부의 복지정책은 2009년 근로장려세제 시행, 취업후 상환 학자금대출과 맞춤형국가장학금 등의 교육투자 확대와 일하는 사람에 대한 지원 강화에 초점을 두었다. 대표적 복지공약으로 '생애 희망 디딤돌 7대 프로젝트'를 제시했다. 디딤돌이란 기회의 사다리란 의미와 위기에 대한 사회안전망이란 뜻을 함께 가지고 있다. 출산, 자녀교육, 일자리, 중년, 노후생활 각각의 생애주기 단계별로 국민에게 희망을 주는 '디딤돌 복지' 개념을 도입하여 정책대상이 저소득층뿐 아니라 중산층까지 포함하도록 하였는데 이는 박근혜 정부의 생애주기별 맞춤형 복지로 이어진다.

가난의 대물림 방지와 균등한 기회보장을 위해 저소득 아동에게 통합서비스를

---

83) 근로장려세제(EITC, Earned Income Tax Credit) : 국가가 빈곤층 근로자 가구에 대해 현금을 지원해 주는 근로연계형 소득지원제도

제공하는 '드림스타트 사업'을 추진하였다. 또한 치매·중풍 등 장기요양이 필요한 어르신을 위한 장기요양보험제도(2008. 07.)를 시행하였다. 복지서비스에 대해서는 공급자 중심의 단편적·분절적 서비스를 수요자 중심의 맞춤형 통합서비스로 전환하고자 했다. 수요자 중심의 복지는 역대 정부에서 추진하려 했지만 대부분 기대에 미치지 못했다. 민간과 공공 간에 정보공유 미흡으로 복지서비스 중복 및 누락 문제가 발생하는데, 복지급여통합정보시스템 구축으로 꼭 필요한 서비스를 제공하고자 한 계획도 실현되지 못하였다.

참여정부에서 추진한 복지프로그램은 계속 확대되었다. 보육료지원 대상이 2007년 도시근로자 평균소득의 100% 가구까지 차등 지원하던 것을 2012년까지 고소득층 일부를 제외한 전 가구로 확대하였다. 기초노령연금 지급대상을 190만명(70세 이상 노인의 60%)에서 2009년 363만명(65세 이상 노인의 70%)까지 확대하였다.

박근혜 정부는 맞춤형 고용·복지 추진전략을 중심으로 국가발전의 선순환을 지향한다. 대체로 이명박 정부에서 논쟁의 대상이 되었던 보편적 복지정책을 수용하여 보수정부의 친 복지정책을 통한 국민행복 실현을 목표로 하고 있다. 구체적으로는 기초연금도입, 고용·복지연계, 저소득층 맞춤형 급여체계 구축, 보육에 대한 국가책임 확충, 4대 중증질환 보장성강화 등을 위시한 23개 국정과제를 추진하는 데 역점을 두었다.

이와 같이 현 정부의 새로운 정책의지와 기존 복지제도에 따른 자동적인 지출 증가가 반영되어, 2014년에는 중앙정부 복지예산이 100조원 시대로 진입하는 전기를 맞았다. 즉 정부는 총지출의 30%에 해당하는 106조원을 복지 분야에 투입하여, 국민이 행복한 희망의 새 시대를 위한 맞춤형 고용·복지 영역의 국정과제 이행에 역량을 집중한 것이다.[47]

사회정책 변천사 종합

우리나라 사회정책의 발전과정을 종합해 볼 때, 새로운 정권이 들어설 때마다 나름 새로운 목표와 방향을 설정하고 사회정책을 시행하여 사회보장의 범위가 꾸준히 확대되어 오긴 했으나 오늘날까지 1960년대 초에 기틀을 마련한 현대적 사회복지제도의 근간이 된 국가발전주의와 재정적 보수주의를 넘어서지는 못하였다. 국가재정은 경제 분야 이외에는 최소화 하고 사회복지제도도 수급권이 연계된 사회보험 위주로 시행되어 왔다. 이는 정권이 바꾸어도 경제성장이 국가의 최우선 목표였기 때문에 불가피한 면이 없지 않은 시대적 배경을 가지고 있다. 다만 제3기 노무현 정부시대인 2004년부터는 경제사업 예산보다 복지예산이 많아지기 시작하여 반세기 동안 유지되어 온 사회복지제도의 근간에 변화가 생기기 시작했다고 볼 수 있다. 그러나 여전히 우리나라 복지정책은 당초의 산업화시기에 주조된 발전주의 복지체제의 틀 안에서 결정되고 시행되고 있다.[48]

아이러니하게도 우리나라가 현대적 사회복지제도가 도입된 이래 지속적으로 지원대상과 범위가 확대되어 왔고 제3기에는 복지예산이 획기적으로 늘어났으나 지원을 필요로 하는 취약계층 또한 더 많이 늘어났으며 지원을 받지 못하는 사각지대가 여전히 존재한다는 현실이다.

이는 사회적 취약계층의 문제를 사회복지제도로 해결하는 데는 한계가 있음을 보여준다. 근본적으로는 소득불평등에서 기인한다. 우리나라 복지관련 사회지출이 오이시디 회원국 지출평균의 반에도 미치지 못한다는 주장도 있고, 지디피 대비 지출규모가 너무 낮다는 비판도 있다. 장기요양제도도 국가의 재정적 투여를 최소화하도록 사회보험형식을 취하는 등, 복지분야의 재정적 보수주의는 아직도 강고하다. 고용과 기여에 수급권이 연계된 사회보험 중심성 또한 여전하다. 따라서 정규직과 비정규직 그리고 대기업과 영세기업의 근로자 사이의 수급권 격차는 크게 개선되지 않고 있다. 그 결과 김대중 정부에서 구조화되기 시작한 사각지대 문제나 광범위한 근로빈곤층 문제가 여전히 해결되어야 할 과제로 남아 있게 된다.

결론적으로 노무현 정부는 김대중 정부의 뒤를 이어 사회복지에 정책적 역점을 두었고, 사회지출을 늘이긴 했지만 산업화시기에 짜여진 한국형 사회보장제도의 기본 틀을 바꾸어 내지는 못하였다 하겠다. 한국의 국가발전주의는 1980년대 중반 민주화와 함께 와해되기 시작하고 1997년 경제위기를 맞아 결정적으로 붕괴하였다고 볼 수 있다. 하지만 경로의 단절보다는 연속성이 아직 강하게 지배하고 있다고 할 수 있겠다. 뒤이은 보수정권의 사회정책도 노무현 정부의 정책을 이어받은 측면이 강하다. 사회보험제도 성숙에 따른 사회보험 지출이 본격화됨과 동시에, 금융위기로 인해 고용보험 지출 급증이 두드러졌다. 이 같은 사회보험 급여지출 급증 등으로 인하여 2011년 일반정부 복지지출 비중은 총 지출의 25.4%에 이르렀고, 의무지출 증가에 대한 우려와 함께 보편적 복지에 대한 우려가 대두되기도 했다. 최근에는 사회적 기업을 통한 새로운 해법을 찾으려는 방안도 모색되고 있으나, 소득불평등이 심한 우리나라 사회구조에서는 복지와 근로관계를 어떻게 설정해야 할지 근본적인 문제가 여전히 과제로 남아있다.

4. 사회정책의 새로운 시도, 사회적 기업

사회적 기업의 개요

오늘날 관심의 대상이 되고 있는 사회적 기업은 사회적 문제를 해결하기 위한 새로운 방식의 하나라고 할 수 있다. 사회적 기업이 본격적으로 등장하게 된 것은 2007년 7월 '사회적 기업 육성법'이 시행되면서 부터이다. 이 법 제2조에서 "사회적 기업이란 취약계층에게 사회서비스 또는 일자리를 제공하거나 지역사회에 공헌함으로써 지역주민의 삶의 질을 높이는 등의 사회적 목적을 추구하면서 재화 및 서비스의 생산·판매 등 영업활동을 하는 기업을 말한다." 고 정의하고 있다. 공익성과 수익성을 동시에 추구하는 기업인 것이다. 말하자면 전통적 기업은 영리 추구가 주된 목적이고, 사회적 기업은 사회적 목적 추구가 기업의 주된 목적인데 과거 전통적 비영리기관과는 달리 일반기업과 같이 영업활동을 통해 얻은 수익을 목적사업에 충당한다는데 차이가 있다.[48] [그림 2-7]은 사회적 기업의 위상을 나타낸 것이다.

[그림 2-7] 사회적 기업의 영역

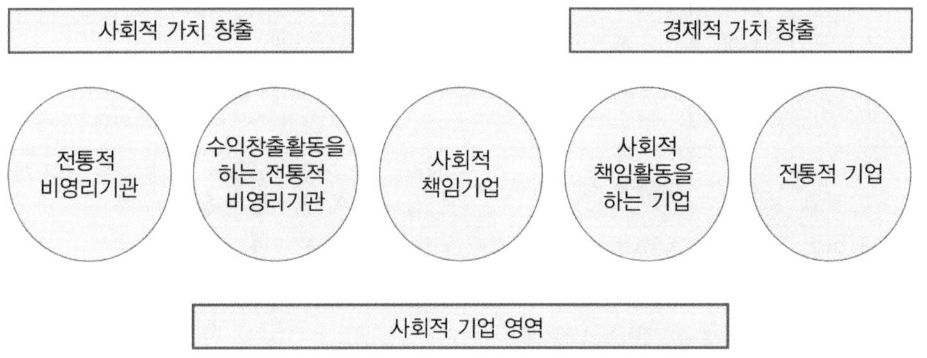

출처 : 한국 사회적 기업 진흥원

이와 같은 사회적 기업은 비영리조직이 진보하여 새롭게 혁신된 조직이라고 할 수 있다. 미국의 경우 1960년대 지역사회 운동가들이 저소득층의 일자리 창출을 위해 사회적 기업을 시험적으로 추진하였고 1970년대와 1980년대에는 비영리민간단체들이 정부의존에서 탈피하여 사회적기업의 자립과 수익창출을 통해 사업의 지속성을 유지하려는 노력을 기울여 왔다. 이 시기에 기업가적 열정과 활동가 의식을 갖춘 사람을 위한 후원 네트워크인 '사회적 기업가들'이 생기면서 사회적 기업이라는 용어가 사용되기 시작하였다. 유럽에서는 1980년대 복지국가 실현과정에서 사회적 기업의 역할이 대두되었다. 당시 사회적 기업이 급격히 성장하게 된 원인은 복지정책이 복지에서 근로복지연계로 전환되면서 노동과 복지를 연계한 사회적 기업이 근로복지연계 정책에 부합하였기 때문이다. 1989년 유럽집행위원회는 '사회적 경제' 부서를 설치하였다. '사회적 경제'란 공동의 욕구를 가진 사람들이 만든 '이해당사자 경제'의 일부를 말하는데 협동조합, 상호공제조합, 민간단체, 재단 등이 포함된다.[49]

우리나라의 사회적 기업의 현황

우리나라는 1990년대 초반 빈민지역을 중심으로 시작된 생산 공동체 운동을 사회적 기업의 시작점으로 볼 수 있다. 이후의 사회적 기업의 제도화 과정은 <표 2-36>과 같다.

〈표 2-36〉 사회적 기업의 제도화 과정

사업명칭	시행연도	주관부처	기업지배구조
공공근로사업	1998	행정안전부	전적으로 정부주관
자활사업	2000	보건복지부	비영리 민간단체에 위탁 운영되나 모든 비용은 정부가 부담
사회적 일자리 사업	2003	노동부 등 8개 부처	민간단체와 기업이 참여하는 발전된 조직체이나 정부의 예산과 통제 하에 수행
사회적 기업	2007	노동부 등 6개 부처	정부 지원 하에 민간 기업이 주도

출처: 배진영(2010). "한국의 사회적기업의 실체와 평가". CFE Report 2010. 7. 8. 자유기업원.

1997년 말에 발생한 아이엠에프 사태는 사회적 기업의 구체화를 앞당기는 역할을 하였다. 이 아이엠에프 사태는 대량실업사태가 발생하여 업종과 종사상 지위, 근로능력, 연령. 성별 등에 상관없이 누구나 실업자가 될 수 있다는 이전에는 없는 충격적인 사회 현상이 나타난 것이다. 그렇지 않아도 사회안전망이 허술하여 여기에 노출된 취약계층은 보호조치가 절실히 요청되는 상황이었다. 정부는 기존의 생활보호제도(기초생활 보장법)를 보완하여 공공부분에 단기적 일자리를 만들어 간기단의 소득보

장을 위한 공공 근로 제도를 시행했다. 아울러 근로능력은 있으나 일자리가 없어 빈
곤상태에 빠지기 쉬운 계층을 보호하기 위해 노력했고, 여러 사회운동단체, 종교기
관, 사회복지기관 등 많은 민간단체들도 긴급구호활동에 나서기 시작했다. 그러나 아
이엠에프 사태로 인한 대량실업 극복을 위해 재정지원으로 시행된 공공근로사업, 자
활사업 등의 정책은 지속가능한 일자리 창출에는 실패했다고 볼 수 있다. 2000년에
국민기초생활 보장제도가 시행됨으로써 근로능력이 있는 계층도 공공부조의 수혜를
받을 수 있게 되었다. 그 대신 자활사업에 대한 참여가 제시되었다. 이는 '일을 통한
복지' 정책수행의 한 방편이라고 할 수 있다.

　　이러한 과정에서 노동시장에 쉽게 진입하기 어려운 장기실업자 등의 취업취약계
층을 위한 제도적 지원이 필요하게 되었는데 이들에게 제공되어 지는 일자리가 '사회
적 일자리'이다. 이는 수익성은 낮지만 사회적으로 유용한 서비스를 제공하는 일자리,
다시 말하면 사회적으로는 유용하지만 수익성이 낮아 민간 기업이 참여하기 어려워
활성화되지 못하기 때문에 정부의 예산지원이나 연계기업[84]의 지원을 통해 비영리단
체에 의하여 창출되는 일자리를 말한다.

　　저소득 근로자 및 맞벌이 부부의 자녀 방과 후 교실보조원, 장애인 교육보조원,
저소득층 독거노인·장애인·소년소녀가장 등을 위한 가사·간병도우미, 방문간호보조
원, 장애인 이동지원 등이 여기에 해당된다. 이러한 '사회적 일자리' 활성화를 위해
공공근로의 민간위탁이 추진되어 저소득층 무료간병과 무료 집수리, 생명의 숲 가꾸
기, 음식물찌꺼기 재활용사업 등이 시도되었다. 또한 아이엠에프 사태 때 국민성금으
로 출범한 실업극복국민재단은 노동부와 별도로 폐 컴퓨터, 음식물 재활용, 친환경
청소업체와 영림사업단을 지원함으로써 긴급구호에서 지속적 일자리 창출을 위한 프
로그램으로 전환되었고, 보건복지부와 서울시 등은 노숙자를 대상으로 한 자활사업
도 추진하였다.

　　2003년에 시작된 이 사회적 일자리 사업은 일자리가 필요한 실직계층에게 근로기
회를 제공하며 사회서비스 특히 보건복지서비스를 필요로 하는 빈곤층이나 취약계층
에게는 필수재적인 사회서비스[85]를 공급한다는 점에서 복합적인 효과를 기대할 수 있

---

84) 연계기업 : 특정한 사회적 기업에 대하여 재정 지원, 경영 자문 등 다양한 지원을 하는 기업으
　　로서 그 사회적기업과 인적·물적·법적으로 독립되어 있는 자를 말한다.
85) 사회서비스 : 교육, 보건, 사회복지, 환경 및 문화 분야의 서비스, 그 밖에 이에 준하는 서비스
　　로서 ① 보육 서비스 ② 예술·관광 및 운동 서비스 ③ 산림 보전 및 관리 서비스 ④ 간병 및
　　가사지원 서비스 ⑤ 문화재 보존 또는 활용 관련 서비스 ⑥ 청소 등 사업시설 관리 서비스 ⑦
　　고용서비스 등을 말한다.

도록 설계되었다. 그래서 취약계층에게 임시일자리를 제공하던 공공근로사업의 연장선
상에서 보다 안정적인 일자리 제공하려는 목적으로 시행된 것인데 재정지원 의존적인
단기 일자리만 양산한 결과를 낳았다고 볼 수 있다. 이는 부족한 사회서비스를 제공하
고 아울러 고용창출도 달성하는 일석이조의 사업이었으나 사회서비스와의 연계 부족,
질 낮은 일자리 등의 문제를 노정시켰다. 그러나 대상인원이 2003년 2천 명에서 2007
년 10.1만 명, 예산은 2003년 73억 원에서 2007년 8,124억 원으로 크게 증가하였다.

정부는 취약계층 일자리사업을 개선하여 지속가능한 일자리와 사회서비스를 제공
하는 사회적 기업 육성을 서두르게 되었는데 2007년 7월 「사회적 기업 육성법」이 시
행됨으로써 이 목적사업이 활기를 띠게 된 것이다. 사회적 기업은 인증 사회적 기업과
예비 사회적 기업으로 구분하는데 인증 사회적 기업이란 「사회적 기업 육성법」에 따라
고용노동부장관의 인증을 받은 사회적 기업을 말하고, 예비 사회적 기업이란 인증을
받지는 못했지만 사회서비스의 제공, 취약계층에의 일자리 제공 등 사회적 기업으로의
실체를 갖추고 장차 사회적 기업으로의 전환을 준비하는 기업으로 광역지방자치단체
장이 지정한 기업을 말한다. 통상 사회적 기업이란 인증 사회적 기업을 의미한다.

〈표 2-37〉 사회적 기업 유형

유형	기업의 주된 목적	비고
일자리 제공형	취약계층에게 일자리 제공	
사회서비스 제공형	취약계층에게 사회서비스 제공	
지역사회 공헌형	지역사회 공헌	
혼합형	취약계층 일자리 제공과 사회서비스가 혼합	
기타형	사회적 목적의 실현 여부를 계량화하여 판단하기 곤란한 경우	

출처 : 한국 사회적 기업 진흥원

한편 인증 사회적 기업은 <표 2-37>에서 보는 바와 사회적 목적 유형에 따라
크게 5가지 유형으로 분류한다. 여기서 사회적 기업에 대한 이해를 높이기 위해 이
유형별로 실제 운용중인 기업의 사례를 들어 그 기업의 하는 일을 살펴보기로 한다.
'일자리 제공형'의 사회적 기업은 '메자닌 아이팩'과 '한빛예술단'을 들 수 있다.
전자는 새터민(탈북자)의 빈곤층 전락을 막기 위해 열매나눔재단(사회복지재단)이 에
스케이 에너지와 협력하여 만든 기업으로 근로자 대부분이 새터맨이다. 50여개가 넘
는 거래처를 확보한 작업공장으로 새터민의 자립·자활에 기여하고 있다. 후자는 시

각장애인의 전문연주를 통하여 음악을 통한 직업창출 및 자립능력을 배양하고 입반인의 장애인에 대한 인식을 변화시킬 목적으로 설립된 사회적 기업이다.

'사회서비스 공헌형'으로는 '휴먼 케어'를 들 수 있다. 이 기업은 요양기관, 복지용구 사업, 장애인활동보조지원 사업 등을 통해 노인과 장애인의 욕구를 충족시키는 일을 하고 있다.

'지역사회 공헌형'으로는 '홍성 풀무나누미 조합법인'이 있다. 이 법인은 여성농촌인력의 생산가공의 참여를 통한 일자리 창출, 가정경제의 활성화, 노동 간의 교류를 통한 생산자와 소비자 간의 공동체를 구현하는 것을 폭표로 하고 있다.

'혼합형'으로는 '행복도시락', '오가네이션 요리' 등을 들 수 있다. 전자는 결식이웃에게 무료도시락을 만들어 배달하고 취약계층에게는 조리와 배송과정에 참여하게 하여 일자리를 제공한다. 후자는 외식문화회사로서 청소년, 여성결혼 이민자, 경력단절 여성에게 요리교육 등을 통하여 요리사 양성 등의 사업을 하는 기업이다.

'기타형'으로는 아름다운 가계. 노리단 등이 있다. 전자는 물건의 재사용, 기부와 수익배분을 통한 나눔을 실천 등을 통한 공익활동을 하는 기업이고 후자는 공연, 디자인 네트워크 사업을 국내는 물론 해외의 공연 등을 통해 삶의 활력을 디자인하는 문회예술 기업이다.[50] 아무튼 사회적 기업법이 시행된 이후 10년이 흘렀다. 이 10년 기간 동안 사회적 기업이 어떻게 변모해 왔는지 구체적으로 살펴보기로 하자.

<표 2-38>은 사회적 기업 및 종사자 수의 변화 추이를 나타낸다. 이표에 의하면 사회적 기업의 수는 출범 당시 55개였으나 10년 만에 1,741개로 30배 이상 증가하였다. 취업취약 계층 또한 1.403명에서 12,399명으로 17배 이상 증가하였다. 그러나 취약계층의 수에 비해 사회적 기업취업자는 매우 적다고 할 수 있다. 사회적 기업 근로자 중 취업자가 차지하는 비중도 낮은 편이라고 할 수 있다.

한편 사회적 기업의 매출액 추이와 2007년 5월 기준 매출액 규모별 업체 수는

〈표 2-38〉 사회적 기업 및 종사자 수의 변화 추이　　　　(단위 : 개, 명)

	2007년	2011년	2014년	2017년	비고
사회적 기업 수	55	644	1.251	1,741	
총 근로자수(A)	2,539	15,990	27,923	38,140	
A중 취약계층 수	1,403	9,484	15.815	23,399	
(취약계층 비율)	(55.3%)	(59.3%)	(56.6%)	(61.4%)	

출처 : 사회적 기업 매거진 36.5

각각 <표 2-39>와 <표 2-40>과 같다. 특기할만한 점은 매출액 10억 미만의 기업이 1,066개로 전체 기업수의 61.2%로 규모가 영세한 사회적 기업이 많다는 점이다.

〈표 2-39〉 사회적기업의 매출액 추이

	2013년	2014년	2015년	2016년	비고
총 매출액	1조 1천 5백억원	1조 4천 6백억원	1조 6천 6백억원	2조 5천억원	

출처 : 사회적 기업 매거진 36.5

〈표 2-40〉 매출액 규모별 업체 수(2017년)   (단위 : 개)

규모	0-1억원	1-2억	2-5억	5-10억	10-20억	20-50억	50억-	비고
업체수	150	230	406	280	196	141	57	

출처 : 사회적 기업 매거진 36.5

참고적으로 2017년 5월 기준 서비스 분야별 사회적 기업 수와 사회적 기업의 지역별 현황은 각각 <표 2-41>과 <표 2-42>와 같다. 특기할만한 점은 문화·예술분야의 기업수가 다른 분야에 비해 압도적으로 많다는 점이다. 문화·예술분야는 우리의 한류열풍에서 보듯이 개발을 잘하면 불우오션 시장을 열 수 있는 신상품과 같은 무형자산인데 이 분야에 사회적 기업이 많다는 것은 이 분야가 그만큼 취약하다는 것으로 시사하는 바가 크다고 할 것이다.

〈표 2-41〉 서비스 분야별 사회적 기업 수 (2017년)   (단위 : 개)

문화예술	청소	교육	환경	사회복지	간병가사	관광운동	보건	보육	문화재	산림보전	고용	기타	비고
210	175	146	112	110	95	41	14	13	8	5	5	807	

출처 : 사회적 기업 매거진 36.5

〈표 2-42〉 사회적 기업의 지역별 현황   (단위 : 개)

서울	경기	인천	충남대전	충북	강원	경북대구	경남부산	전북	전남광주	제주	비고
299	292	101	139	79	105	172	235	109	170	40	

출처 : 사회적 기업 매거진 36.5

한편 인증 사회적 기업의 종사자는 총 14,087명이며 이 중 취약계층은 약 8,458명으로 총 취업자의 60.0%에 해당한다(2007년 기준). 이는 2007년에 비해 종사자수는 4.5배, 취약계층 고용인원은 약 5배가 늘어난 수치이다. 조직형태로는 상법상 회사가 가장 많고, 업종별로는 사회복지, 환경, 문화 등의 분야에서 주로 활동하는 것으로 나타났다.

사회적 기업의 과제

2007년 사회적 기업제도가 시행된 후 10년이 지나면서 많은 질적·양적 성장을 이루었다. 그럼에도 불구하고 여러 가지 문제점과 개선방안이 제시되고 있다. 이를 요약하면 문제점의 경우, 첫 번째는 일자리 창출의 목적이 있긴 하지만 신규 채용자 인건비 지원 중심인건비 중심의 지원이 되고 있다는 점이다. 이는 과잉고용을 초래할 소지가 있고 이렇게 될 경우 향후 지원을 중단하게 되면 인력구조조정의 문제를 야기 시킬 소지가 있다는 것이다. 전체 지원 대비 인건비 지원은 2007년 97%였으나 2010년 이후 70%대로 하락하기는 했으나 여전히 높은 편이다. 두 번째는 현행 인증제는 정부의존성을 심화시킨다는 것이다. 인증제란 사회적 기업 신청일 이전 6개월 동안 전체 근로자중에서 취약계층 근로자 비율을 30%이상을 유지해야 한다는 것이다. 인증을 받아야 정부의 지원을 받을 수 있는데 통상 우리가 사회적 기업이라고 하는 것은 이 인증을 받은 기업을 말한다. 세 번째는 정부 부처 간에 지역수요에 상관없는 무분별한 일자리 창출 사업을 경쟁적으로 추진하여 문제가 있다는 것이다. 네 번째는 사회적 기업의 경영능력 부족과 지역사회의 준비도 부족하고 역량도 그렇다는 것이다. 사회적 기업운영자의 경영능력 부족은 심각한 문제로 보아야 한다. 이미 여러 곳에서 문제제기가 되고 있는 형편이다.

종합적으로 현행 사회적 기업은 지나치게 정부의존 형이어서 문제점이 많다는 것이다. 그래서 개산방안으로 제시되는 것이 정부의존형 사회적 기업을 자립형 사회적 기업으로 전환 시켜야 한다는 것이다. 말하자면 위의 문제점을 개선하는 방향, 즉 인건비 중심의 지원에서 경영지원등 간접지원방식으로 전환할 필요가 있고, 인증제 폐지하고 공시제를 도입하자는 것, 부처별로 수행하고 있는 일자리 창출사업의 통합관리 등의 정책추진이 필요하다는 것이다.

더 낳아가 사회기술형 사회적 기업으로 전환하자는 견해도 있다. 사회기술은 시장에서 소외된 이웃을 위한 과학기술을 의미하는 것으로 사회기술형 사회적 기업이란 이윤의 분배가 아닌 이익의 원천인 기술의 활용으로 새로운 가치를 창출하여 복지수준을 제고하는 새로운 복지 모델이라는 것이다. 그러나 사회기술이라는 용어도 그렇고, 사회기술형 사회적 기업을 새로운 복지모델이라고 간주하는 것은 무리가 있어 보인다. 사회적 기업 자체가 새로운 복지 모델로 기존의 비영리기관에 기업경영을 접합시킨 것이다. 따라서 여기서 언급하고 있는 사회기술을 활용하는 것이 복지적 측면에서는 취약계층의 지원을 위한 재원을 마련하는 새로운 방식이 라는 점에서는 새로운 영역일 수 있으나 이는 전통적 기업의 경영활동에 해당하기 때문이다.

그리고 앞서 제시된 개선방안들은 사회적 기업의 역할과 기능을 향상시키기 위한 과제로 간주하여 적용여부를 함께 고민해 볼 필요가 있다. 다만 제시된 방안 중에서 인증제를 폐지하자는 주장에 대해서는 좀 더 논의가 필요가 하다고 본다.

사회적 기업은 취약계층 문제해결의 새로운 방식으로 사회통합이라는 목표를 달성해야 하므로 매우 높은 수준의 도덕성이 요구된다고 하겠다. 그러나 이를 정부의 지원을 받는 그야말로 손 안대고 코를 풀 수 있는, 알짜배기 이익사업으로 간주하고 어떻게든 여기에 발을 드려놓으려는 부류도 있다. 이미 사회적 기업의 경영상의 문제점이 여러 곳에서 드러나고 있음은 주지의 사실이다. 따라서 인증요건을 더욱 강화하여 사회적 기업의 진입장벽을 더 높여야 할 필요가 있다. 사회적 기업의 근로자 수 중에서 취약계층 근로자수 의무비율 30%는 사회적 기업 설립목적을 감안할 때 너무 낮으므로 이 비율을 더 높여야 할 필요가 있고, 경영에 대한 감사와 평가기준을 더욱 강화해야 한다고 본다. 이러한 기준을 엄격히 적용하여 기준에 미달하는 기업은 가차없이 퇴출시켜야 한다. 사회적 기업은 이익을 추구하면 안 될 조직에 이익을 극대화하려는 기업의 기능을 접목시켜 놓은 것이므로 이에 상응한 견제와 감시기능도 함께 작동하도록 해야 한다.

사회적 기업은 실업 및 양극화, 저 출산·고령화에 따른 사회서비스 수요충족과 선진국에 비해 낮은 사회서비스 산업의 발전을 위한 대안으로서 제시되고 있는데 우리나라의 사회서비스업 고용비중은 14.7%로 OECD 평균 24.3%의 60%의 수준이다.[50] 아무튼 역사적으로 보면 취약계층을 지원하기 위한 다양한 사회정책들이 시행되어 왔는데 여기서 검토한 사회적 기업은 가장 최근에 대두된 지원방안이다. 정책 시행과정에서 발견되는 문제점은 꾸준한 개선을 통하여 정책의 목표를 효율적으로 달성할 수 있도록 해야 할 것이다. 아울러 보다 낳은 대안은 없는지 탐구하는 노력도 함께 해야 할 것이다.

제 5 장

교육정책

1. 무즙 파동

지금은 많이 달라지긴 했지만 소위 조국근대화 시기 대학은 신분상승의 상징이었다. 1970년대에 한 가정에 대학생이 있다는 것, 그것은 그 가족의 미래를 약속하는 희망이요 어떤 고통과 역경도 견디고 이겨낼 수 있게 하는 발분의 원천이었다. 그 집안의 대학생은 가족을 젖과 꿀이 흐르는 땅으로 안내할 선지자여야 했다. 당시 '4당5락'이라는 말이 유행했다. 하루에 4시간만 자고 공부하면 명문대에 합격하고 5시간을 자면 떨어진다는 말이다. 그런데 이 유행어는 1960년대 중학교 입시를 앞둔 초등학교 6학년에 해당하는 말이라고 하는 것이 더 적합하다고 할 수 있다. 아니 당시 초등학교 6학년에게는 '3당4락'이 더 현실적이다. 한 가정의 중흥을 위해 막중한 사명감을 띠게 되는 대학생이 되는 길은 초등학생의 중학교 입시가 그 출발점으로 그 경쟁의 치열함이 상상을 초월했다. 그 당시 중학교 입시제도가 폐지되기 전인 1968년까지는 공부를 제일 열심히 하는 것은 초등학생, 그 다음은 중·고등학생, 맨 마지막이 대학생 순이라는 말이 유행일 정도로 중학교 입시는 전쟁과도 같은 치열 그 자체였다.

이 중학교 입시에서 1964년 겨울부터 이듬해 봄까지 온 나라를 들썩이게 한 '무즙 파동'이라는 사건이 발생했는데 그 진상은 이렇다.

1964년 12월 7일에 치른 서울특별시 지역 중학교 입시에서 자연과목 18번이 '엿을 만드는 순서를 차례대로 늘어놓은 다음 마지막에 엿기름을 넣고 잘 섞어서 섭씨 60도의 온도로 5~6시간 두어야 하는데 이때 엿기름 대신 넣어도 되는 것이 무엇이냐?'는 문제였다. 정답을 1번 '디아스타제'라고 발표되자 2번 '무즙'을 답으로 선택한 학생들의 부모가 강력이 항의하면서 생긴 문제이다. 1점 차이로 당락이 결정되는 숨이 막히는 상황에서 이 점수에 걸린 입시학생의 학부모들은 무즙도 정답이라고 강력히 주장했다. 주장의 근거로 초등학교 교과서에 '침과 무즙에도 디아스타제가 들어 있다'는 내용이 있다는 점과 무즙으로 엿을 만들 수 있다며 실제로 무즙으로 엿을 만들어 '이 엿을 먹어보라'며 교육청에 직접 가져오기도 했다.

이에 대해 교육 당국이 제대로 대처하지 못하면서 사태를 수습하기는커녕 더욱 어렵게 만들었다. 시험 다음날인 12월 8일에는 논란의 여지가 없다고 주장하다가, 반발이 가라앉지 않자 12월 9일에는 해당 문제를 아예 무효화한다고 발표했다. 그러자 이번에는 1번을 정답으로 선택한 입시학생들의 학부모들이 들고 일어나자 다시 원래대로 디아스타제만 정답으로 인정한다고 발표하는 등 우왕좌왕했다.

결국 이 사건은 법적 공방으로 이어졌다. 당시 합격기준이 160점 만점에 154.6점이었다. 이 무즙문제가 틀릴 경우 단 1점차이로 명문 중학교에 입학하지 못하게 된 약 40여 명의 학부형이 소송을 제기한 것이다. 1965년 3월 30일, 서울고등법원 특별부가 무즙도 정답으로 봐야 하며, 이 문제로 인해 불합격된 학생들을 구제하라는 판결을 내렸다. 이때 구제받은 학생은 경기중학교 약 30여 명, 서울중학교 4명, 경복중학교 3명, 경기여자중학교 1명이었다.

사건은 여기서 끝난 것이 아니다. 당시 교육위원회는 추가입학을 반대하여 이 학생들은 구제받기가 어렵게 되었다. 이에 학부모들이 다시 시위를 벌였고 판결이 나온 지 약 1달 뒤인 5월 12일에 전입학 형식으로 등교할 수 있게 되면서 사건은 대단원의 막을 내렸다.

그러나 '무즙 파동'은 여기서 그냥 끝난 것이 아니고 커다란 파장을 낳았다. 당시 고위층이 자신들의 자녀를 불법으로 입학시켜 모두 15명의 학생들이 부정입학했다는 사실이 드러난 것이다. 이로 인해 청와대 비서관 2명, 문교부 차관 및 보통교육국장, 서울시 교육감, 학무국장 등이 줄줄이 해임되는 사태가 발생한다.[51] 이것이 소위 무즙파동의 전말이다. 우리사회에서 학벌이 무엇을 의미하는 것인지를 상징적으로 보여주는 사건이라고 하겠다.

학교교육과 사회교육

통상 교육이라고 하면 학교교육을 의미하는 것으로 받아들여지지만 교육은 가정을 비롯한 사회의 모든 분야에서 이루어진다. 여기서는 교육을 크게 유치원과 초등학교에서부터 시작되는 공교육인 '학교교육'과 학교 이외에서 일어나는 모든 교육을 통칭하는 '사회교육'의 두 부문으로 구분하기로 한다.

사실 교육의 질이나 내용면에서 보면 학교교육보다는 사회교육이 훨씬 더 중요하다고 할 수 있다. 왜냐하면 학교교육은 지식위주의 교육이라면 사회교육은 인성에 관한 교육을 포함하고 있기 때문이다. 이런 사례는 우리나라만의 특수성이라 할 수 있는 일제의 식민교육에서 찾을 수 있다. 일본이 우리나라를 35년간 통치하면서 남긴 식민교육의 영향이 반세기가 훨씬 지난 지금까지도 우리사회 곳곳에 남아있고, 이는 1세기가 지난 다음에도 완전히 사라지기가 어려울 것 같은 현실에서 극명하게 드러난다. 우리에게 심어준 식민사관도 여간해서는 지워지지가 않을 것 같다,

이렇듯 교육의 중요성은 새삼스럽게 언급할 필요조차 없지만 교육은 이렇게 중

요하고 엄청난 영향을 미치는 것이다. 따라서 교육의 문제는 국가의 미래를 결정하는 중차대한 문제라고 할 수 있다. 그래서 교육제도 개혁의 필요성이 꾸준히 제기되어 왔고 실제 개혁조치도 꾸준히 해왔고 이 모든 것이 여전히 진행 중이다.

그런데 누구나 공감하고 있는 교육의 개혁이 쉽지 않은 것은 교육의 개혁이 교육만의 문제로 끝나는 것이 아니기 때문이다. 특히 학교교육이 그렇다. 학교공부를 어디 까지 하느냐, 어떤 학교를 졸업하느냐가 그 사람의 평생의 사회생활을 지배할 만큼 사회의 거의 모든 분야와 연결되어 있다. 사회교육이 학교교육보다 더 중요하지만 이와 같은 사유로 현실사회는 정반대가 되어 있다. 이보다 더 큰 문제는 사실 긴 인생에서 보면 학벌은 그 사람의 인생에 생각만큼 큰 영향을 미치는 것은 아니지만 많은 사람들이 절대적인 영향을 미친다고 여긴다는 데 있다. 그래서 가정에서 자녀들에게 가장 많이 하는 말이 '공부해라'는 것일 정도로 사회교육도 학교교육의 연장선상에 있다고 할 만큼 교육이 편향되어 있다.

2. 교육이념과 교육제도의 변천사

교육이념의 변천사

오늘날의 우리나라 교육체계의 기틀이 마련된 것은 1949년 12월 31일에 법률 제86호로 제정된 '교육법'이라고 할 수 있다. 이후 우리나라의 교육이념과 철학 그리고 교육제도는 시대의 변화에 따라 달라져 왔는데 전체적으로 보면 주로 사회교육의 관점에서 설정되어 왔음을 알 수 있다.

1950년대는 '관후고결[86]한 인격도야, 애국애족의 사상고취, 협동심과 책임감의 양성, 근로역작의 정신앙양'을 목표로 하는 도의교육을 강조하여 국민을 계도하는 수준이었다. 1960년대는 군사정권이 들어서면서 조금 낯설기는 하나 '인간개조'를 교육정책의 목표로 삼았다. 교육이 사회의 모든 구악과 부패를 일소하고 퇴폐된 국민도의를 바로잡기 위하여, 청신한 기풍을 진작시키는 국민운동의 선봉이 되어야 한다는 것이다. 1960년대 후반에는 국민교육헌장을 공표하였다. 이는 '민족중흥'을 중심 사상으로 하여 민족과 국가를 강조한 것으로 70년대와 80년대에 걸쳐서 국가의 정신적 이념으로 강조되었으며, 정부에서는 전 국민에게 이를 암기하여 헌장이 제시하는 이념

---

86) 관후고결(寬厚高潔) : 마음이 너그럽고 후덕함(관후). 성품이 고상하고 순결함(고결)

을 실천하도록 계도했다. 그리고 1970년대는 냉전시대로 반공이라는 이데올로기가 강조되었고, 새마을 정신과 새마을 교육이 강화되었다. 1970년대 후반기에 이르러서는 자주와 민족주체성이 주요 교육이념이 되어 국사교육을 강화하였다. 1980년대의 제5공화국은 교육혁신을 위한 전인교육, 정신교육, 과학교육, 평생교육을 4대 지표로 설정했다. 1990년대 초 새 정권이 들어서면서 당시 세계화라는 시대조류에 따라 '신한국 창조'라는 비전을 가지고 국가 경쟁력 강화를 위한 교육의 수월성 제고와 시장원리에 따른 소비자 중심 교육 등 보다 구체적인 교육개혁을 추진했다.[52] 이후 2000년대에 이르러서는 평등주의와 공동체주의가 교육정책의 주요이념이었다. 교육의 공공성 강화와 공교육 내실화, 학벌타파와 경쟁 및 대학 서열완화 등이 교육정책의 이념이자 철학이었다. 2000년대 후반기에는 새 정부가 들어서서 실용주의 기치를 내세우면서 기능적 교육관을 강조했다. 즉, 국가경쟁력 강화, 경제성장, 산업사회의 발전을 위한 교육이 교육정책의 이념이었다. 오늘날은 제4차 산업혁명에 대비하는 교육이 되어야 국가의 미래가 보장된다는 의견이 지배적이다.

교육제도의 변천사

학교교육 제도의 변천의 역사를 살펴보면 우선 1969년부터 시행된 중학교 무시험 진학제도를 들 수 있다. 앞서 무즙파동에서 본 중학교 입시 제도를 아예 없애버린 것인데 당시 입시 제도의 폐지사유를 아동의 정상적인 발달을 촉진하고, 초등학교의 교육을 정상화하고, 가열된 과외공부를 지양하고, 극단적인 학교차를 해소하고, 학부모의 교육비 부담을 감소시키기 위함이라고 적고 있는데 초등학교 관련 부분만 빼면 오늘날의 입시제도 문제와도 일치한다고 볼 수 있다. 이 무시험 진학제도로 인해 1968년에 55.9%였던 중학교 진학률이 점차 증가하여 1972년에는 71.0%로 상승하였다. 뒤이어 1974년에 서울과 부산에서 고교평준화제도를 시범 실시를 시작으로 단계적으로 전국으로 확대했다.

여기서 하나 집고 넘어간다면 위의 중학교 입시 폐지사유의 하나인 '아동의 정상적인 발달을 촉진하기 위해서'라는 것이다. 건강에 문제가 있을 정도로 그저 눌러 앉아 공부를 하는 것은 보통 문제가 아니라는 각성으로 아예 입시를 폐지한 것은 정말 잘한 일로 보인다. 그러나 그렇다고 문제가 해결된 것은 아니다. 무슨 말이냐면 중학교 입시폐지로 초등학교 학생들의 정상적인 발달이 가능하게 했지만 이로부터 반세기가 지난 요즈음은 이젠 20대의 건강이 위협받는 시대가 되었다는 것이다. 취업을 위해, 자격증을 따기 위해 너무나도 많은 젊은이들이 노량진 공시생과 같이 몇 년씩 취업관련 공부를 하느라고 늦은 시간까지 책상에 앉아 있어 운동부족으로 목이나 척추에 이상이 있는 젊은이가 특히 많고, 정신적으로나 육체적으로 비정상 상태에 있는 젊은이가 많은 것은 당연한 일이 아니겠는가. 중학교 입시는 사라졌지만 청년실업이 그 자리를 대신한 것이다.

본론으로 돌아가서 1970년대 고교교육정책의 특징은 실업계 고교를 지원하여 산업의 일군을 양성했다는 점이다. 1971년 '산업교육 진흥법'을 제정, 1972년 '과학기술 교육의 강화', 1973년 '과학기술 교육의 진흥'의 방침으로 기간산업체에 현장실습, 국립사범대학에 과학교육연구소 설치, 1974년 공업고등학교와 공업계 전문학교에 특성화에 의한 기계, 전자, 조선, 화공 등의 분야로 개편, 1975년에는 '국가기술자격법'을 시행 1976년까지 중화학공업 육성에 필요한 인재 양성위해 12개 공업고등학교를 정밀기능사 양성학교로 개편, 1977년 대입예비고사에 실업계열을 신설하여 실업계 졸업생의 진로확대 정책 등이 구체적인 예이다.

1970년 이후의 30여 년간 지속되어 온 고교 평준화제도는 입시 과열화로 인한 학벌주의, 능력주의의 부작용을 해소하기 위한 대책으로 평등성에 기초하여 마련된 제도이다. 이 제도의 근본 취지는 명문고교와 비명문고교의 구분을 아예 없애려는 것이었다. 그러나 이러한 취지와는 달리 수학능력의 차이가 현저히 다른 학생을 같은 교실에서 획일적인 수업을 진행하다보니 많은 부작용이 나타났다. 사교육이 더욱 강화되고 공교육이 황폐화 된 것이 대표적인 예이다. 이에 2004년 교육당국은 전체 초·중·고 학생의 5%인 40만 명을 대상으로 수월성 교육을 실시하는 내용을 골자로 하는 '수월성 교육 종합대책'을 발표하게 된다. '수월성 교육'이란 수학능력이 높은 학생들만 어떤 형태로든지 따로 모아놓고 교육하는 것을 말한다. 수월성 교육의 주요 내용은 2007년 전체 중·고교의 50%까지 수준별 이동수업 실시 및 트래킹87) 도입, 2010년까지 영재학교 추가 설립, 영재교육원 추가신설 등이다.[53] 이미 과학고등학교, 외국어고등학교, 예술고등학교와 같은 특수목적고나, 특성화 고등학교가 운영되고 있으며 2003년에는 부산과학고가 과학 영재고등학교로 지정 운영되고 있다. '수월성 교육 종합대책'은 평준화 제도 하에서 학교교육의 평등성(보편성)과 수월성을 조화롭게 추구하기 위한 고육책이라 할 수 있다. 참고로 각국의 영재교육 대상자 비율을 보면 우리나라는 5%로 했으나 미국 1~15%, 영국 5~10%, 싱가포르1%, 호주 1%, 대만

---

87) 계열화(Tracking) : 몇 개의 과정을 만들어 놓고 학생들이 자신의 특성에 맞는 과정을 따라가면서 교과목을 이수하는 방안

1%, 러시아 1% 라고 한다.

중학교의 교육개혁의 한 방안으로 교육부는 2013년 4월 자유학기제를 도입 시행할 전국 42개 연구학교를 발표했다. 자유학기제란 중학교 재학 중 한 학기 중간·기말고사를 보지 않는 대신 토론·실습수업이나 직장 체험활동과 같은 진로교육을 받는 제도를 말한다. 고교입시에도 자유학기의 성적은 반영되지 않는다. 자율과정은 진로탐색 활동, 동아리 활동, 예술·체육 활동, 선택 프로그램 활동 등으로 채워진다. 또한 한 학기에 두 차례 이상 종일체험 활동을 실시하고 학생이 스스로 진로체험 계획을 세우면 학교가 출석으로 인정하는 자기주도 진로체험도 시행된다. 이 같은 학생들의 진로탐색 활동 내용은 학교생활기록부에 점수 대신 서술형으로 기재된다. 이 제도는 꾸준히 적용대상 학교를 늘려왔으며 2018년에는 1,470개 학교로 확대 시행된다고 한다.

한편 대학입시제도는 원래는 대학별로 입학시험을 치게 했으나 학교가 재정확보를 위해 무자격자까지 부정입학을 시키는 등 부작용이 발생하자 1954년에 대학입학 정원의 140%까지 우선 선발하는 '대학입학연합고사' 제도를 시행하게 된다. 그러나 제도시행 첫해부터 일부 권력층자녀가 낙방하는 사례가 나오자 바로 폐지되고 만다.

1962년에는 대학정원의 100%를 뽑는 '대입자격국가고사'를 시행했으나 성적우수자가 입시에 떨어지고, 정원을 채우지 못하는 대학이 나오는 등 부작용이 크자 이듬해인 1963년에는 국가고사와 대학별 고사점수를 합산하여 학생을 선발하는 제도로 바뀌게 된다. 이 제도 또한 오래가지 못하고 대학이 학생선발권을 가져야 한다는 주장에 의해 본고사 제도로 바뀌게 된다. 그러다가 1969년 대입예비고사제도가 도입된다. 이는 아무나 대학을 응시할 수 있기 때문에 발생되는 입시부조리 문제 등이 심각하여 이를 개선하기 위한 제도로 예비고사에 합격한 학생만이 대학 본고사를 치를 수 있도록 한 제도이다. 예비고사 시행 첫해에는 약 11만여 명이 응시하여 6만여 명이 합격했다고 한다.

이 제도도 1972년부터는 에비고사점수가 지역 커트라인을 넘어야 그 지역 대학에 응시할 수 있게 바뀌었다. 그러다가 1980년 신군부가 등장하면서 '7.30. 교육개혁 조치'라는 획기적인 제도개혁이 이루어진다. '교육정상화 및 과열과외 해소방안'이라는 명분을 걸고 단행되었는데 사교육을 금지하여 과외가 전면 금지되고 본고사를 폐지하고 예비고사를 학력고사로 바꾸어 대학은 학력고사와 논술시험만으로 학생을 선발하게 되었다.

또한 '졸업정원제도'도 시행되었다. 이 제도는 소위 입학은 쉽게 졸업은 어렵게 하여 대학교육을 정상화 하자는 취지인데 신입생을 대학정원의 30~50%를 더 선발하였다. 그러나 이 제도는 중도탈락자에 대한 대비책도 없는데다가 대학생이 되어서도 졸업 정원 내에 들기 위한 점수경쟁을 벌여야 하는 문제점이 드러나게 된다.

이 와중에 1988년에는 입시방법에 큰 변화가 있게 된다. 그 동안 '선시험 후지원'이던 입시 방식이 '선지원 후시험'으로 바뀐 것이다. 먼저 대학에 입시원서를 내고 나중에 시험을 보게 된 것이다. 당시는 지금과 달리 한해에 대학입시 볼 기회가 전기와 후기의 2번밖에 주어지지 않았다. 그래서 해마다 입시철이 되면 원서마감을 앞두고 보다 경쟁력이 낮은 과를 지원하기 위해 온 가족과, 친지, 선배 등 입시생 관련 지인들이 총동원되어 각각 여러 대학에서 진을 치고 앉아 지원율을 파악하는 등 첩보전을 방불케 하는 진풍경이 벌어졌다. 이외에도 과별모집에서 계열별 모집으로 다시 과별모집으로 변화무쌍한 입시제도는 다 기억할 수 없을 만큼 많다.

1980년대에는 교육제도가 가장 많이 바뀌고 신설되었는데 이중에 빼놓을 수 없는 것이 평생교육제도이다. 1972년 서울대 부설기관으로 설립된 방송통신대는 초급대학으로 시작했으나 1981년 5년제 학사과정으로 개편되어 개인사정으로 학업을 중단해야 했던 사람들에게 큰 힘을 주었다. 개방대학도 이때 설립되었다. 2년제 교육대학이 4년제로 바뀐 것도 이때이다.

아무튼 거의 매년이라 할 만큼 끊임 없는 논란 속에 크게 때로는 작게 바뀌어 온 입시제도는 1994년에 오늘날의 입시제도의 근간이 되는 '대학수학능력시험' 제도가 도입된다. 이 제도의 특징은 미국 사트[88]제도를 참고하여 만든 제도로 이전 학력고사가 전 과목을 시험과목으로 한 반면 이 대학수학능력시험은 응시영역을 언어영역, 수리탐구영역, 외국어 영역 등으로 구분하여 통합적인 사고력을 측정하는 방식으로 바뀌었다는 점이다.

수시모집은 1997학년도 대학입시에 처음으로 도입되었다. 처음에는 입학정원의 10% 이내만 선발했으며, 특기자 전형이나 특별 전형 중심이었으나 나중에 '수시모집 1학기, 수시모집 2학기'로 확대 개편했다가 1학기 수시는 폐지되었다. 최근에는 수시로 뽑는 학생 수가 정원의 70%를 넘게 되었다. 2007년부터는 입학사정관제도가 시행되었다. 입학사정관제도를 채택하고 있는 대학은 시행 첫해 10개에서 2016년 현재

---

88) 미국 수학능력시험(SAT, Scholastic Aptitude Test) : 미국 소재 대학 입학 시 지원자들의 학업능력을 평가하는 시험을 말한다. 1년에 모두 7회 시행되며, 전 세계적으로 같은 날 같은 시간에 시험을 실시한다. 2,000개가 넘는 미국 대학 가운데 상당수는 SAT 없이도 입학할 수 있지만 주립대학 이상의 대학 등 명문대학들은 입학사정관제에서 대부분 SAT 성적을 참고한다. SAT는 읽기·쓰기, 수학, 작문 등 3개 영역 시험을 치르되, 작문은 선택으로 치러진다. 이전에는 2400점 만점이었으나 2016년 3월부터 시행된 SAT부터는 1600점 만점으로 바뀌었다.

60개 대학이 채택하고 있다. 입학사정관제도란 대학이 채용한 입학사정관이 입학을 지원하는 학생에 대하여 학업 성적뿐 아니라 소질과 경험, 성장환경, 잠재력 등을 종합적으로 평가하여 선발하는 제도이다. 입학사정관제는 고교교육이 점수경쟁 위주의 학생선발 관행에서 벗어나 창의력, 특기, 리더십, 봉사성 등 다양한 역량을 갖춘 학생을 우수학생으로 인식해야 한다는 점, 획일적인 교육에서 벗어나 학생 개인의 특성 소질 관심에 적합한 다양하고 특성화된 교육을 위한 교육과정의 다양화를 통해 사교육을 억제하고 공교육을 정상화하여야 한다는 점 등을 사유로 도입되었다.[54] 이를 위해 2004년부터 학생부종합전형제도를 도입했는데 이에 대한 비판이 많다.

사실 입시와 관련한 교육의 본래 목표는 교육의 보편성을 확보하면서 수월성 교육을 통해 보편화의 단점을 보완하려는 것으로 누구나 공감하는 목표라 할 수 있다. 그럼에도 불구하고 2000년대 중반에 수시모집 전형에서 일부 학교에서 고교등급제를 실시하여 문제가 된 적이 있다. 고등학교 간 학력의 차이가 엄연히 존재하는 현실에서 실력 있는 학생들을 선발하기 위한 대학 측에서 특목고와 강남 일부 고등학교 학생들에게 배려를 한 것이다. 명문과 비명문의 고교서열화를 없애려는 눈물겨운 노력이 '십년공부 도로아미타불'이 되었다.

그동안 대학입시제도가 너무 단순하고 획일적이어서 다양화해야 한다는 주장이 엊그제 일과 같았는데 이제는 너무 다양하고 복잡하여 단순화해야 한다는 주장이 강력히 대두되고 있다. 2017년 새로 들어선 신정부는 교육정책을 '사교육의 부담 경감'에 맞추어 경쟁, 수월성의 교육보다는 평등하고 행복한 교육으로 추구하는 방향으로 설정하고 대학입시에 절대평가를 도입한다고 하여 많은 논란이 되고 있다.

지금까지 우리는 우리나라의 약 반세기에 걸친 교육이념과 입시제도의 변천사를 개관하였다. 돌이켜 보면 그동안 지구상에 존재하는 모든 교육제도를 다 시행해 보았다고 해도 과언이 아닐 만큼 많은 제도들이 시행되어 왔음을 알 수 있다. 또한 정권이 바뀔 때마다 교육개혁을 단행하였고 그때마다 대학입시 제도는 어김없이 변경되어 왔다는 것도 알 수 있다. 사실 여기에서 개관한 내용 이외에도 미처 언급하지 못한 것들도 많이 있다. 그럼에도 불구하고 여전히 논란이 되고 있다는 것은 놀라운 일이 아닐 수 없다. 그런데 이보다 더 놀라운 것이 있다. 이 와중에도 '3불의 원칙'이라고 해도 될 만큼 끝까지 시행하지 않은 제도가 3개가 있다는 점이다. 본고사폐지 이후 본고사, 고교등급제, 기여 입학제가 그것이다.

아무튼 초등학교에 입학하여 고등학교 3학년까지 12년 동안 공부의 결과의 평가에 따라 대학의 선택이 결정되고 이는 남은 인생에 큰 영향을 미치는 것이기 때문에 학부모들의 신경이 곤두서고 정책당국은 그만큼 더 어려움이 가중되고 있는 것이 아니겠는가 싶다.

이상에서 살펴 본 교육제도의 변천사는 이 시대에만 국한 된 것이 아니다. 사실 학교교육은 인재의 등용방법과 연계되어 있다. 조선시대의 인재등용방법인 과거제도는 고려 4대 임금인 광종(925년~975년)때 공거제라 하여 처음 실시된 것이다. 그런데 당시는 관리가 되는 것이 소위 오늘날의 리더가 되는 유일한 길이기 때문에 과거시험에 모든 것을 걸 수밖에 없었다. 그래서 조선시대까지 올 필요도 없이 고려시대의 과거제도의 변천사 또한 오늘날의 교육제도의 변천사 못지않게 현란하다. 이 인재등용방법을 교육의 연장선상에 있는 것으로 본다면 그야말로 우리나라의 교육변천사는 가히 지구상에서는 찾아 볼 수 없는 장구한 역사의 산물이라고 하겠다.

3. 교육제도 실험이 남긴 폐해들

교육열의 민낯

우리나라의 교육열은 세계최고라든가 이 교육열이 우리나라를 선진국으로 이끌었다든가 하는 자화자찬격인 긍정적 평가가 많다. 이는 어느 정도는 사실이기는 하나 그 속내를 좀 더 깊이 들여다 보면 너무나 수치스럽고 비열하기까지 하여 그냥 덮어 버리고 싶을 정도이다. 아울러 이런 빗나간 교육열을 바로 잡지 못하면 국가의 미래가 암담하다고 해도 반론을 제기하기 어려울 지경이라고 할만하다.

이 교육열의 실체는 내 자식을 명문대에 입학시키려는 부모의 간절한 욕망이라고 할 수 있다. 거기에는 신분을 상승시키거나 부모의 신분을 그대로 물려주려는 계급적 욕망이 투영되어 있는 것이다. 현실 사회는 이 욕망에 대해서는 어느 누구도 탓할 수 없고 그래서도 안 된다고 말해주고 있어 이 현실 사회의 잘못된 부분은 반드시 고쳐야 하지만 어디에서부터 그 실마리를 찾아야 할지 대책이 서지 않는 것 또한 현실이다.

이 와중에서 우선 이 욕망을 달성시키는 방법에서 문제를 찾아 본다고 하면 가장 큰 문제는 경쟁에 있다고 할 수 있다. 어려서부터 성인이 될 때까지 학교교육은 서로 존중하고, 어려운 사람을 도와주고, 무슨 일을 할 때는 서로 돕고, 힘을 합하여 최선을 다하고, 사익보다는 공익을 우선하고, 대의를 위해서는 자신을 희생할 줄 아는 이런 품성을 기르는 것을 우선으로 삼아야 하는 것이 지극히 당연한 교육의 목표가 아니겠는가.

그러나 현행 교육제도 아래에서는 이는 나중에 생각해 볼 문제이다. 같이 공부하는 친구보다 내가 1점이라도 더 받아야 더 좋은 대학을 갈 수 있다. 극단적으로 표현하면 평생의 우정을 쌓고 함께 호연지기를 키워나가야 할 친구를 짓밟아야 내가 설 수 있게 만든 잘못된 교육현장이 있고, 이와 같은 교육현장 뒤에는 이를 든든하게 받치고 있는 사회구조가 있다.

어린 학생시절부터 대학에 진학할 때까지 점수 따기에 혈안이 되다시피 하여 얻고자 하는 결과는 무엇일까? 기껏해야 나 자신과 우리 가족이 잘 먹고 잘 살자는 데 그 목적이 있다고 한다면 잘못 알고 있는 것인가. 나보다 더 나은 학교를 나온 사람에게는 부러움과 열등감, 나보다 더 못한 학교를 나온 사람에게는 우월감과 무시, 나와 비슷하거나 못하다고 생각하고 있는 녀석이 나보다 잘된 경우에는 좀체로 인정하지 않으려는 몰인정 등 이런 잘못된 가치관이 살아오는 과정에서 은연중에 형성된 것이 아닌지 되돌아 볼 일이다. 우리 사회는 반세기가 넘게 이렇게 양성된 사회초년생을 끊임없이 배출하였고 그 결과 이들이 오늘날 우리사회의 중추신경을 이루고 있다. 이들의 사회심리가 오늘날 우리나라의 주된 사회의식이라고 할 수 있다. 건강하지 못한 측면이 보통이 넘게 드러나서 우리사회의 어두운 단면을 형성하게 되었다.

이것을 객관적으로 보여주는 가슴 아픈 통계자료 하나만 살펴보자. 오이시디에서는 2017년 1월 15일 '더 나은 삶의 지수 2017'을 발표했다. 이 자료 중 '어려울 때 믿을만한 친구나 친척이 있느냐?'는 질문에 우리나라 사람은 75.9%만 '그렇다'고 대답했다.고 한다. 이 비율은 응답국 41개 국가 중 가장 낮았다. 오이시디 평균은 88.6%였다고 한다. 어려서부터 친구들과의 우정과 사랑, 섬김과 배려, 이타와 희생 등의 덕목으로 무장시키는 교육을 했더라면 이런 일이 있을 수 있겠는가. 함께 살아가야할 내 동료, 이웃을 이겨야 할 경쟁상대로 알고, 그렇게 배우다 보니 서로가 서로를 믿지 못하는 사회가 되었다. 잘못된 교육의 업보라고 하겠다.

경쟁이 빚어 낸 삐뚤어진 사회심리

"'왜 비싼 등록금을 내면서 그런 학교에 다녀?" 서울 송파구에 사는 이주혁(25·가명)씨가 스무 살 때부터 귀에 못이 박히도록 들은 말이다. 고교 시절 성적이 반에서 중하위권이었던 이씨는 '그래도 대학은 가야한다'는 생각에 대전의 한 사립대에 진학했다. 그러나 입학한 지 얼마 지나지 않아 후회가 밀려왔다. 고교 친구들은 물론 대학 선배와 동기들까지 이씨의 학교를 '지잡대(지방에 있는 잡스런 대학)'라며 비아냥거렸다. 그는 "한동안 친구들이나 친척들을 만날 땐 편입 준비 중이라고 둘러댔다"며 "창피한 것보단 희망이 없다는 생각이 자꾸 들어 힘들다"고 털어놨다. 전북지역 한 국립대에 다니는 신혜빈(22·가명) 씨의 상황도 크게 다르지 않다. 국제협력기구 입사를 꿈꾸며 동아리와 해외봉사, 어학연수 등으로 학창생활을 알차게 꾸려온 신씨는 4학년이 되면서 학교 소재지에 대한 '보이지 않는 벽'이 존재한다고 느꼈다. 그는 한 면접장에서 "수도권 대학원이라도 다녀 학벌을 세탁해야 하지 않겠느냐"는 말을 들은 뒤 꿈을 포기했다.

지방 소재 대학을 졸업했거나 다니고 있는 청년들에게 출신학교는 평생을 따라다니는 '주홍글씨'다. 이들은 대학에 입학하면서부터 취업준비 과정과 그 이후까지 학벌 때문에 놀림거리가 되거나 차별 대우를 받기 일쑤다. 그러나 정부가 지방대생들의 고충을 덜어주려고 내놓는 정책은 약발이 제대로 먹혀들지 않고 있다.」[55]

다음은 광고계의 천재로 일컬어지며 세계적인 명성을 얻고 있는 이제석에 관한 이야기이다.

「이제석 씨는 1982년 대구에서 태어났다. 그림에 소질이 있어 초등학교 때부터 만화만 그렸다. 공부를 못하고 수업태도마저 불량한 그는 의대생 형을 두었다. 집에서 학교에서 그는 어떤 대접을 받으면서 생활했을지는 누구나 짐작할 수 있다. 대학진학반이 되어 그림으로도 4년제 대학에 갈 수 있다는 것을 알고 그림 그리는 것은 물론 수능점수를 올리려고 죽기 살기로 공부하여 당시 400점 만점에 100점대이던 모의고사 점수를 막판에 300점을 넘기게 된다. 드디어 계명대 시각디자인과에 합격하고 4년 후 4.5만점에 4년 평점 4.47로 수석 졸업한다.

대학 1학년 때부터 대학생 광고 공모에 꾸준히 응모했지만 그럴듯한 상하나 받지 못했다. 대학졸업 후에는 국내 굴지의 광고회사는 물론 수십군데 지원서를 넣었지만 모두 낙방한다. 무슨 대단한 수상경력도 없고, 토익 점수도 그저 그런 지방대 출신을 받아주는 회사가 있을 리가 만무하다. 그래서 동네 간판 일을 하다가 굴욕적인 일을 당하면서 유학을 생각하게 되고, 2006년 9월 뉴욕의 비주얼 아트스쿨에 편입한다. 이 학교에 입학하여 6개월이 지나면서부터 세계적인 광고 공모전에서 메달 사냥을 시작한다. 세계 3대 광고제의 하나인 '원쇼 페스티벌'에서 최우수상을 받은 것을 시작으로 광고계의 오스카상이라는 클리오 어워드에서 동상, 미국광고협회의 애디 어워드에서 금상 2개 등 1년 동안 국제적인 광고 공모전에서 29개의 메달을 땄다. 아트디렉터즈 클럽과 원 클럽의 대표이자 지도교수인 알런 비버 씨는 "몇 개도 받기 힘든 상을 1년 만에 수십개를 차지했다는 사실은 실로 믿기 어려울 만큼 드물고 대단한 일이다."라고 극찬했고, 비주얼아트스쿨의 학장 리차드 와일드 씨도 "1947년 개교 이래 처음 있는 놀라운 기록으로 한국인 유학생들의 놀라운 재능과 열정에 감탄을 보낸다"고 말했다. 그는 세계적인 광고회사에서 활동하면서도 수많은 히트작을 내어 '광고천재'라는 국제적 명성을 얻는다. 2009년 귀국하여 '이제석 광고연구소'를 세우고 활동 중이다.」

우리나라에서는 공모전에 입선 한 번 못하고 취직시험에도 번번이 떨어졌던 그가 유학생활 6개월 만에 계속해서 공모전에서 대상을 받았다는 사실에 주목하면서 우리는 짚고 넘어가야 할 것이 몇 가지가 있다.

첫 번째는 사람의 역량을 평가하는 우리의 기준에 대해 생각해볼 필요가 있다. 평가기준이 다르다. 작품을 보고 평가를 해야 하는데 작품이외의 요소, 출신학교 등 작품과 상관없는 요소가 평가기준에 포함되어 있어 이것이 위력을 발휘한다. 두 번째는 사대주의 경향이다. 우리 것을 우습게 알고 거들떠 보지도 않다가, 미국에서 상을 받았다고 하니 이제는 과잉대접이다. 세 번째는 장이 마련되어 있지 않다는 점이다. 난장이 있어야 난장판도 되는 것이다. 네 번째는 끼리끼리만 뭉친다는 점이다. 글로벌 국가사회가 어떻게 되어가든 내편만 생각하는 것이다.

이규태는 한국인은 라이벌을 외부에서 찾지 않고 내부에서 찾는 성향이 있다고 적시하면서 그러한 의식구조를 다음과 같이 설명하고 있다.

「같은 직위나 직책의 동료일수록 반발이 심하고 적대시 한다. 친하던 친구도 동렬에 오르면 그 때부터 적대감이 태동하고, 그 동료가 실수하거나 상관에게 꾸지람이라도 들으면 은근히 속으로 기뻐한다. …(중략)… 이 의식구조상의 표리의 차이는 경쟁의 형태에서도 완연하다.

경쟁상대란 내부에도 외부에도 쌍방에 다 있지만 한국인은 주로 안쪽에서 라이벌을 찾는다. 초등학교에 다니는 아이들의 라이벌은 바로 한 책상에 앉아 공부하는 친구이거나, 이웃집에 사는 가장 가까운 친구이거나, 또는 가까운 친척인 경우가 많다. 부모들이 항상 가까운 친구의 시험점수와 비교하기 때문이다.

서양의 경우는 표[89], 곧 바깥에서 경쟁의 적을 찾는다. 캐나다 작가 루시 몽고메리의 대표작 '빨간 머리 앤'을 보면 교실 안에서 똑같이 공부 잘하는 두 친구가 경쟁

89) 표(表)

을 하지만, 이때 반 아이들은 두 사람의 후원자가 되어 성원을 보낸다. 우리의 경우처럼 특권적이라 하여 상대방의 발을 끌어 내리는 법이 없다. 경쟁하는 두 친구의 공동의 적은 다른 학교의 학생이다. 곧 내부에서는 선의의 경쟁을 하고 참다운 적은 외부에서 찾는 것이다.

그런데 한국인은 동료끼리 합심해서 외부의 적, 상대 학급이나 상대학교보다 성적을 올리고, 상대 과나 상대회사보다 실적을 올리고자 노력하는 법이 드물다. 상급자나 어른 이 저기압이면 그 저기압의 원인을 알아 처리하려는 생각 이전에 그 압력이 하강하여 내부의 불화로 비화한다. 어떤 한 집단이 어떤 외부적인 압력이나 작용을 받으면 합심해서 외부의 압력에 대처할 생각은 않고 그 압력이 내부에 미쳐 분열을 하고 파생을 유발하는 것이다. 한국인의 심한 파생생리도 이 내부에서 적을 찾고 또 잘못되거나 못되거나 그 원인을 내부에서 찾는 배면의식구조의 소치이다. 그렇기 때문에 한국인은 조상 욕을 잘하고, 전통적인 것이면 어떤 것이나 욕을 해도 통하는 유일한 나라이다. 가난하고 후진적이고 비합리적이고 비인간적이고, 비과학적인 모든 부정적 가치의 원인을 조상에 미룬다. 비록 조상이 그렇게 탓 받을 만한 일을 했다 해도 조상으로 하여금 그렇게 하게 한 외적원인을 찾는다든가 탓하는 법이 없다.

또한 배면성 의식구조는 한국인의 눈[90]을 항상 내부나 과거로 굴절시켜 놓기에 외부와 미래로 뻗어 날 여지가 빈약할 수밖에 없었다.」[56]

고쳐야 할 사회심리

이와 같은 배면의식은 여기서 끝나지 않는다. 끼리끼리의 문화가 그것이다. 경쟁 상대가 옆에 있다 보니 함께 대처할 소수의 동지들과는 뜨거운 전우애와 연대감으로 똘똘 뭉쳐 있다. 이 연대의 최소단위는 가족이다. 한국의 끈끈한 가족관계는 세계에서 그 유래가 없을 정도로 끈끈하다고 한다. 이러한 경향은 가족이 모인 사회에도 이어진다. 그래서 주류와 비주류가 생겨난다.

아무튼 이 글을 읽고 생각해 보면 배면성 의식구조에서 나오는 잘못된 경쟁에 문제가 있는 것인지 고구려 시대부터 이어져 온 장구한 학문 숭상의 역사 속에서 이러한 편향적인 배면의식이 형성되었는지, 일본의 식민통치를 겪으면서 형성되거나 심화된 것인지 혼란스럽다. 그러나 이러한 의식구조는 잘못된 것으로 반드시 고쳐야

---

90) 눈(vision)

한다는 것은 틀림없는 사실인 것 같다.

이 경쟁의식뿐만 아니라 우리는 잘못된 학교교육과 사회교육의 결과로 삐뚤어진 사회심리의 한 단면을 드러내는 사건을 만나게 된다.

2017년 9월 9일 티브이 뉴스에서 서울특별시 강서구의 한 지역에 장애인을 위한 '특수학교'를 지으려고 하는데 지역주민이 극구 반대를 하여 공청회가 열렸는데, 공청회가 지리멸렬하게 진행되자 장애인 부모들이 바닥에 무릎을 꿇고 학교를 짓게 해달라고 애원하는 모습을 방영했다. 이 특수학교 설립계획은 3년 전부터 추진하던 것인데 아직까지 한발자국도 나아가지 못하고 있다는 것이다. 이 지역 주민들의 주된 반대 이유가 '집값이 떨어진다.'거나 '자녀의 정서에 지장이 있다.'거나 그런 이유에서다.

오래 전 어느 명사 한분이 텔레비전 방송에 출연하여 1960~70년대 미국 유학시절에 깜짝 놀란 경험을 다음과 같이 얘기했다. 당시 다니고 있던 대학에서 어느 날 그 많은 모든 대학건물의 입구 계단을 부수는 작업을 하는 것을 보고 깜짝 놀라서 무슨 일인가 했다 한다. 그는 휠체어를 탄 장애인 학생이 건물입구가 모두 계단으로 되어 있어 강의실에 들어가기가 매우 불편하다고 호소를 하여 모든 건물의 출입구 일부를 고치는 작업을 진행한 것이라는 것을 알고 놀라움과 충격이 가시지 않았다고 한다. 한 사람의 장애학생을 위해 그 많은 돈을 들여 모든 건물을 고친 것이다. 말하자면 잃어버린 어린 양 한 마리를 찾기 위해 99마리의 양을 놔두고 나선 것이다.

장애인에 관한 예를 하나 더 들자면 수년 전에 해외에 입양시킨 어린이가 가장 많은 나라가 우리나라라고 하면서 입양실태를 특집으로 다룬 프로그램을 어느 티브이에서 방영한 적이 있다. 그 프로그램의 어느 하나에서 유럽의 어느 평범한 가정에서 한국의 장애아이 세 명을 입양하여 키우는 모습을 방영했는데, 한명도 아니고 세 명이나 되는 아이를 목욕시키는 장면은 충격을 주기에 충분했다. 이 어머니의 예쁜 딸을 비롯한 식구들도 함께 보여주었는데 이 어머니는 핏줄과는 전혀 상관도 없는, 장애인이 아니더라도 낯설었을 동양아이, 그것도 장애인을 한 명도 아니고 3명이나 자기 자녀와 함께 키우고 있는 것이었다.

우리는 자기자식이라고 하더라도 3명이나 장애인이라면 키울 수 없을 것 같은 생각이 드는데 이 장면을 본 소감을 말하라고 한다면 '존경한다!'는 말 외에 무슨 할 말이 있겠는가 싶다. 구태여 한마디 더 하라고 한다면 '인본주의 정신을 실천하는 모습을 여실히 보여주는 산교육의 현장'이라는 어이없는 말밖에 할 말이 없을 것 같다.

장애인은 선천적이든 사고 등에 의한 후천적이든 신체나 정신의의 어느 부위에 결함이 있어 정상인과 같은 사회생활을 하기 가 힘든 사람이다. 그래서 이들을 돌보고 각별한 배려를 해야 하는 것이 당연한 일이 아니겠는가. 이걸 모르는 사람이 누가 있는가? 그러나 우리는 장애인을 인간으로 인정하지 않으려는 폐습이 뿌리 깊이 박혀 있다. 이는 장애인을 비하하는 비속어에서도 잘 나타난다. 이 얼마나 잘못된 사회심리인가!

(별표 1) 한국고용직업분류의 세분류

	산업분류	업종 등
A	농업, 임업 및 어업(01~03)	
B	광업(05~08)	석탄, 원유 및 천연가스 광업, 금속광업, 비금속광물 광업, 광업 지원 서비스업
C	제조업(10~34)	식료품, 음료, 담배, 섬유, 의복, 의복 액세서리 및 모피제품, 가죽, 가방 및 신발, 목재 및 나무제품 펄프, 종이제품, 코크스, 연탄 및 석유정제품 화학물질 및 화학제품, 의료용 물질 및 의약품, 고무 및 플라스틱제품, 비금속 광물제품, 1차 금속, 금속가공제품, 전자부품, 컴퓨터, 영상, 음향 및 통신장비, 의료, 정밀, 광학기기 및 시계, 전기 장비, 기타 기계 및 장비, 자동차 및 트레일러, 기타 운송장비, 가구, 기타 제품, 산업용 기계 및 장비 수리업(34개)
D	전기, 가스, 증기 및 공기조절 공급업(35)	전기, 가스, 증기 및 공기조절 공급업
E	수도, 하수, 폐기물 처리, 원료 재생업(36~39)	수도업, 하수, 폐수 및 분뇨 처리업, 폐기물 수집, 운반, 처리 및 원료 재생업, 환경 정화 및 복원업
F	건설업(41~42)	종합건설업, 전문직별 공사업
G	도매 및 소매업(45~47)	자동차 및 부품판매업, 도매 및 상품중개업, 소매업
H	운수 및 창고업(49~52)	육상운송 및 파이프라인 운송업, 수상 운송업, 항공 운송업, 창고 및 운송관련 서비스업
I	숙박 및 음식점업(55~56)	숙박업, 음식점 및 주점업
	정보통신업(58~63)	출판업, 영상·오디오 기록물 제작 및 배급업, 방송업, 우편 및 통신업, 컴퓨터 프로그래밍, 시스템 통합 및 관리업, 정보 서비스업
K	금융 및 보험업(64~66)	금융업, 보험 및 연금업, 금융 및 보험 관련 서비스업
L	부동산업(68)	부동산업
M	전문, 과학 및 기술 서비스업(70~73)	연구개발업, 전문서비스업, 건축기술, 엔지니어링 및 기타 과학기술 서비스업, 기타 전문, 과학 및 기술 서비스업
N	사업시설관리 및 사업지원 및 임대 서비스업(74~76)	사업시설 관리 및 조경 서비스업, 사업지원 서비스업, 임대업
O	공공행정, 국방 및 사회보장 행정(84)	공공행정, 국방 및 사회보장 행정
P	교육 서비스업(85)	교육 서비스업
Q	보건업 및 사회복지 서비스업(86~87)	보건업, 사회복지 서비스업
R	예술, 스포츠 및 여가관련 서비스업(90~91)	창작, 예술 및 여가관련 서비스업, 스포츠 및 오락관련 서비스업
S	협회 및 단체, 수리 및 기타 개인 서비스업(94~96)	협회 및 단체, 개인 및 소비용품 수리업, 기타 개인 서비스업
T	가구 내 고용활동 및 달리 분류되지 않은 자가소비 생산활동(97~98)	가구 내 고용활동, 달리 분류되지 않은 자가소비 생산활동
U	국내 및 외국기관(99)	국제 및 외국기관

(별표 2) 한국표준산업분류표

	직종별 관련 종사자
01	고위공무원 및 기업 고위임원, 경영지원, 행정 및 금융 관련 관리자, 사회서비스 관련 관리자, 문화, 예술, 디자인, 영상 관련 관리자. 건설 및 생산 관련 관리자, 정보통신관련 관리자, 영업, 판매 및 운송관련 관리자, 음식, 숙박, 여행, 오락 및 스포츠 관련, 환경, 청소 및 경비 관리자
02	경영 및 행정 관련 전문가, 회계, 세무 및 감정평가 관련 전문가, 광고, 홍보, 조사, 행사기획 관련, 경영지원 및 행정 관련 사무원, 생산관련 사무원, 무역 및 운송 관련 사무원, 회계 및 경리 관련 사무원, 안내·접수, 고객응대, 통계조사 관련, 비서 및 사무보조원
03	금융, 보험 관련 전문가, 금융 및 보험관련 사무원, 보험 관련 영업원
04	대학교수, 장학관 및 교육관련 전문가, 자연과학, 생명과학 관련 전문가, 인문사회과학 관련 전문가, 자연과학, 생명과학 관련 시험원, 학교교사, 유치원교사, 학원강사 및 학습지 교사
05	법률 전문가, 법률관련 사무원, 경찰, 소방, 교도 관련 종사자
06	의사, 수의사, 약사, 간호사 및 치과위생사, 치료사, 의료장비 및 치과 관련 기술 종사자, 의료 및 보건 서비스 관련 종사자, 의료복지 관련 단순 종사자
07	사회복지 및 상담 전문가, 보육교사, 육아도우미 및 생활지도원, 성직자 및 종교관련 종사자
08	작가 및 출판 전문가, 학예사, 사서 및 기록물관리사, 기자, 창작 및 공연 관련 전문가, 디자이너, 영화, 연극 및 방송관련 전문가, 영화, 연극 및 방송관련 기술 종사자, 연예인 매니저 및 기타 문화/예술 관련 종사자
09	선박, 항공기 조종 및 관제 관련 종사자, 철도, 지하철 기관사 및 관련 종사자, 자동차 운전원, 물품이동장비 조작원, 배달원 및 운송 관련 단순 종사자
10	영업원 및 상품중개인, 부동산중개인, 판매원 및 상품대여원, 계산원 및 매표원, 노점·이동·방문 판매원 및 판매관련 종사자
11	경호원, 청원경찰, 보안 관련 종사자, 경비원, 청소원, 가사도우미, 그 외 청소관련 단순 종사자, 세탁원 및 다림질원, 세탁원 및 다림질원, 계기검침, 수금 및 주차관리
12	이, 미용 및 관련 서비스 종사자, 결혼 및 장례 관련 서비스 종사자, 여행 서비스 관련 종사자, 승무원, 숙박시설 서비스 관련 종사자, 오락 시설 서비스 관련 종사자, 스포츠 및 레크레이션 종사자
13	주방장 및 조리사, 식당 서비스 관련 종사자
14	건축 및 토목 관련 기술자 및 시험원, 건설구조관련 기능 종사자, 건설마감관련 기능 종사자, 배관공. 건설 및 채굴기계 운전원, 토목 및 채굴 관련 종사자, 건설 및 광업관련 단순 종사자
15	기계공학 기술자·연구원 및 시험원, 기계장비 설치 및 정비원, 송장비정비원, 자동차정비원, 금형 및 공작기계 조작원, 냉난방 관련 설비 조작원, 자동조립라인 및 산업용 로봇 조작원, 자동차 및 자동차 부분품 조립원, 운송차량 및 기계 관련 조립원
16	금속 및 재료공학 기술자·연구원, 판금, 제관 및 섀시 관련 종사자, 단조원 및 주조원, 용접원, 도장(도금)기 조작원, 금속가공관련 장치 및 기계 조작원, 비금속제조관련 장치 및 기계 조작원
17	화학공학기술자·연구원 및 시험원, 석유 및 화학물 가공장치 조작원, 화학·고무 및 플라스틱
18	섬유공학기술자·연구원 및 시험원, 섬유제조기계 조작원, 섬유가공관련 조작원, 의복 제조원 및 수선원, 재단, 재봉 및 관련 기능 종사자, 제화 및 기타 직물 관련 기계조작원 및 관련 종사자
19	전기 및 전자공학 기술자·연구원 및 시험원, 전공, 전기, 전자기기 설치 및 수리원, 발전 및 배전 장치 조작원, 전기 및 전자설비 조작원, 전기·전자 부품 및 제품 제조기계, 전기·전자 부품 및 제품 조립원
20	컴퓨터 하드웨어 및 통신공학, 컴퓨터 시스템 설계 전문가, 소프트웨어 개발 전문가, 웹 전문가, 데이터베이스 및 정보시스템 운영 전문가, 통신 및 방송 장비기사 및 설치 및 수리원
21	식품공학 기술자·연구원 및 시험원, 제과·제빵원 및 떡제조원, 식품 가공관련 기능 종사자, 식품 제조 기계 조작원
22	환경공학기술자·연구원 및 관련 시험원, 산업안전 및 에너지, 기타 공학 기술자, 환경관련 장치 조작원, 인쇄 및 사진현상 관련 조작원, 목재, 펄프, 종이가공 및 제조 관련, 가구, 목제품 조립 및 제조 관련 종사자, 공예원, 세공원 및 악기제조원, 간판 제작·설치 및 기타 제조 관련 종사자
23	작물재배 종사자, 낙농 및 사육 관련 종사자, 임업 관련 종사자, 어업 관련 종사자, 농림어업 관련 종사자
24	군인

(별표 3) Statement of Financial Position

As of December 31, 20XX and 20XX

Account	Current	Prior	Account	Current	Prior
Assets			Liabilities		
Current assets			Current liabilities	× × ×	
			Short—term borrowings	× × ×	
Quick assets			Trade payables	× × ×	
Cash and cash	× × ×		Current tax liabilities	× × ×	
equivalents	× × ×		Accruals	× × ×	
Short—term investments	× × ×		Deferred tax liabilities	× × ×	
Trade receivables	× × ×		......		
Prepaid expenses	× × ×		Non—current liabilities		
Deferred tax assets	× × ×		Bonds		
......			Bonds with warrants	× × ×	
			Convertible bonds	× × ×	
Inventories	× × ×		Non—current borrowings	× × ×	
Finished goods	× × ×		Post—employment benefit	× × ×	
Work in progress	× × ×		obligations	× × ×	
Raw materials	× × ×		Long—term warranty provision	× × ×	
......			Deferred tax liabilities	× × ×	
			......	× × ×	
Non—current assets			Sub—total		
Investments	× × ×		Equity		
Investment property	× × ×				
Long—term securities	× × ×		Share Capital		
Investments accounted	× × ×		Ordinary shares		
for using equity	× × ×		Preference shares	× × ×	
method				× × ×	
......			Capital surplus		
			Share premium		
Property, plant and			......	× × ×	
equipment	× × ×		Capital adjustments	× × ×	
Land	× × ×		Treasury shares		
Plants	— × ×		......	× × ×	
(−) Accumulated depre—	× × ×		Accumulated other comprehen—	× × ×	
ciation Construction in	× × ×		sive income		
progress			Gain(loss) on remeasurement of		
......			available—for—sale securities	× × ×	
			Exchange differences on trans—		
Intangible assets	× × ×		lating foreign operations	× × ×	
Goodwill	× × ×		Gain(loss) on remeasurement of		
Industrial property rights			derivatives for cash flow hedges	× × ×	
Development	× × ×		......		
......	× × ×		Retained earnings	× × ×	
			Legal reserve		
Other non—current assets			Voluntary reserve	× × ×	
Deferred tax assets	× × ×		Unappropriated retained earnings	× × ×	
......	× × ×			× × ×	
			Sub—total	× × ×	
Total			Total		

Company name   (Unit : won)

(별표 4) Statement of profit or loss

For the years ended
December 31, 20XX and 20XX

Company name   (Unit : won)

Account	Current		Prior
Revenue			
	× × ×	Gain on disposal of property, plant and equipment	× × ×
Cost of sales	× × ×		
Beginning inventory	(× ×)	Gain on redemption of bonds	× × ×
Purchase (or production)		Gain on prior period error corrections	× × ×
Ending inventory			
		……	
Gross profit(loss)		Non−operating expenses	× × ×
	× × ×	Interest expense	× × ×
Selling and administrative	× × ×	Other bad debt expense	× × ×
expenses	× × ×	Loss on disposal of short−term investments	
Salaries	× × ×		
Post−employment benefits	× × ×	Loss on remeasurement of short−term investments	× × ×
Fringe benefits	× × ×		
Rent expense	× × ×	Inventory loss	× × ×
Entertainment expense	× × ×	Loss from foreign exchange differences on settlement	× × ×
Depreciation	× × ×		× × ×
Amortization	× × ×	Loss from foreign exchange differences on translation	
Taxes and dues	× × ×		× × ×
Advertising	× × ×	Donations	× × ×
Research	× × ×	Loss on investments accounted for using equity method	
Ordinary development	× × ×		× × ×
Bad debt expense		Impairment loss on long−term securities	
……			× × ×
Profit(loss) from operating activities		Loss on disposal of property, plant and equipment	× × ×
Non−operating income		Loss on redemption of bonds	× × ×
Interest income		Loss on prior period error corrections	
Dividend income	× × ×		× × ×
Rental income	× × ×	……	
Gain on disposal of short−term	× × ×	Profit(loss) before tax from continuing operations	× × ×
investments	× × ×		
Gain on remeasurement of		Tax expense(income), continuing operations	× × ×
short−term investments	× × ×		
Gain from foreign exchange			
differences on settlement	× × ×	Profit(loss) from continuing operations	× × ×
Gain from foreign exchange		Profit(loss) from discontinued	× × ×
differences on translation	× × ×	operations (tax effects: × × ×)	
Gain on investments accounted			
for using equity method	× × ×	Profit(loss)	× × ×
Reversal of impairment loss on			
long−term securities			

(별표 5)

〈별표 5-1〉 컴퓨터 용량표시 단위

단위	용량	참고
bit	이진법으로 나타낸 수의 한 자리(0 또는 1)	자료 표현의 최소 단위
byte	bit 8개의 묶음(4bit를 1word라 하여 2word를 1byte로 표현하기도 함)	한 개의 영문자·숫자, 한 개의 기호 등 단일 값을 표현하는 최소단위
KB (kilo−byte)	$1KB = 2^{10} = 10^3$ byte (1024byte)	펜티엄급 미만의 초기 주기억 장치의 용량
MB (mega−byte)	$1MB = 2^{20} = 10^6$ byte (1,048,576byte	최근에 사용되는 PC의 주기억 장치의 용량
GB (giga−byte)	$1GB = 2^{30} = 10^9$ byte (1,073,741,824byte	최근에 사용되는 PC의 하드 디스크 용량
TB (tera−byte)	$1TB = 2^{40} = 10^{12}$ byte (1,099,511,627,776byte	고성능의 슈퍼컴퓨터의 주기억 용량 또는 대규모 데이터 베이스의 용량

〈별표 5-2〉 컴퓨터 처리속도 측정 단위

단위	시간	예
ms (milli−second)	$1/10^3$ 초	야구의 투수가 던지는 시속 150km의 강속구가 1밀리 초에 날아가는 거리는 약 5cm 정도이다.
μs (micro−second)	$1/10^6$ 초	시속 10만 km의 속도로 비행하는 우주선이 1마이크로초에 비행하는 거리는 약 5cm 정도이다.
ns (nano−second)	$1/10^9$(십억)	빛이 1나노초에 진행하는 거리는 약 30cm 정도이다.
ps (pico−second)	$1/10^{12}$ 초(1조)	빛이 1피코초에 진행하는 거리는 약 0.3mm 정도이다.
fs (femto−second)	$1/10^{15}$ 초(1천)	빛이 1펨토초에 진행하는 거리는 약 0.03mm 정도이다

〈별표 5-3〉 컴퓨터의 세대별 발전 과정

구분	1세대	2세대	3세대	4세대	5세대
연대	1950년대	1960년대 초	1960년대 후반	1970년대	1980년대
구성 소자	진공관 (Vt)	트랜지스터 (Tr)	집적 회로 (IC)	고밀도집적회로 (LSI)	초고밀도 집적 회로(VLSI)
계산 속도	$10-3ms$	$10-6μs$	$10-9ns$	$10-12ps$	$10-15fs$
사용 언어	Aassembly language	FORTRAN, COBOL	Pascal, LISP	Ada	AI

제 2 편 출전

[01],[05] : 김병숙(2011). 직업심리학. 서울 : 시그마 프레스

[02],[23] : 송호근(2013). 그들은 소리내어 울지 않는다. 서울 : 이와우

[03] : 손유미 외(2011)

[04] : 한국직업능력개발원(2013)

[06],[54] : 저널종합

[07],[33] : Citro & Michael(1995); Ruggles(1990)

[08] : 타운젠트(Townsend)(1979); 김수현 외(2009).

[09],[11],[18] : 노병일(2013). 빈곤론. 파주 : 양서원

[10] : 김환준 외(2006). 복지국가의 빈곤추세와 변화요인에 관한 비교연구. 경제경영
연구, 1(3)

[12] : klein and Pones, 1989; Fortin, Myriam and Fleury. 2004 외

[13] : 노대명 외(2004); 신은주(2004); 이병희(2012); 김안나(2012); 이시균(2013), 최
상설 외(2013).

[14] : 김교성 · 최영(2006); 김세림(2009); 심상용(2006); 신운주(2004).

[15] : 김영모(2010). 빈곤이론 빈곤정책. 서울 : 고헌

[16],[18] : 김수현 외(2011). 준 · 고령 빈곤층과 청장년 근로빈곤층의 빈곤결정요인 비
교연구. 노인복지연구

[17] : Silver & Miller(2003); 박천용 외(1980); 김영모(2010).

[19] : 한양대학교(2009). 비즈니스 리더쉽(HELP 3)교재 : 초일류조직의 조건

[20] : 윤종군(2012). 「화성성역의궤」에 나타난 조선후기 건설 · 건축 직종분석. 경기대
학교 박사학위논문

[21] : 이덕훈(2009); 박승록(2010); 김양민, 서정일(2014); 위평량(2013); 유철규 외
(2011).

[22] : 이덕훈(2009). 한국의 기업경영, 서울 : 글누리

[24] : 김병숙(2007). 직업발달사, 서울 : 시그마프레스

[25] : 신상진(2016). 직업의 이동. 서울 : 한스미디어

[26] : 한국직업상담협회 연차대회(2014). 고용서비스 발전에 따른 직업상담의 역할

[27] : 복거일(2015.). 역사속의 나그네. 서울 : 문학과 지성사

[28] : 정해영 옮김(2016). 회계는 어떻게 역사를 지배해왔는가. 서울 : 메멘토 Jacob Soll(2014). The Reckoning : Financila Accountability and the Rise and Fall of Nations.

[29] : 와타다 사쿠이치로 저(김현숙 옮김)(1988). 인공지능의 ABC. 서울 : 전파과학사

[30] : 마니클해머 외(안호중, 박찬구 옮김)(1993). 리엔지니어링 기업혁명. 서울 감영사

[31],[32],[34] : 김영태(1994). 정보화시대 대응전략. 서울 : 하이테크 정보출판부

[35] : 네이버 지식백과

[36] : 위키백과

[37] : 한국경영·기술 지도사회(Korea Management Technology Consultant Association)

[38],[39],[41] : 고동수, 조현승(2006), 박승록(2013), 조한대 외(2001), 김양민, 서정일(2014). 위평량(2013), 유철규(2008), 황인학(2008), 조영삼(2006). 기타 저널자료.

[40] : 한국경제신문(2006.07.06.)

[41],[43] : 이병기(2011)

[42] : 조영삼(2006)

[44],[45] : 강순희(2012).

[46],[48] : 양재진(2014)

[47] : 최병호(2014).우리나라 복지정책의 변천과 과제. 예산정책연구 제3권 제1호

[48] : http://www.socialenterprise.or.kr(사회적 기업 진흥원)

[49] : 김을식 외(2011). 사회적 기업과 정부의 역할. 이슈 & 진단 제16호. 경기개발연구원.

[50] : http://www.hani.co.kr/arti/society/labor/

[51] : 김성한(1965). 시사만화로 보는 시대상, 국립중앙도서관

[52] : 피정만(2010). 한국교육사 이해. 서울 : 도서출판 하우

[53] : 교육인적자원부(2004.12.22.). 보도자료. 공보관실

[55] : 차정민(2016). 학생부종합전형의 현황과 개선 방안, 한국교육개발원

[56] : 이규태(2011). 한국인의 의식구조. 서울 : ㈜신원문화사

제 3 편

국가사회

제1장

역사의 비등점

1. 산업혁명

직업사회의 형성과 발전과정에 가장 큰 영향을 미친 사건으로 산업혁명을 들 수 있다. 통상 산업혁명이란 18세기 중반부터 19세기 초반까지 영국에서 시작된 공업기술의 혁신으로 인해 일어난 사회, 경제 등의 큰 변혁을 일컫는 말이다. 이렇게 시작한 산업혁명은 세계 여러 지역으로 확산되었고 21세기가 시작된 오늘날에 이르기까지 지속적인 기술혁신과 신기술 발명을 통하여 인류문명을 비약적으로 발전하게 만든다.

이와 같은 과학기술의 발전은 2016년 3월 세계의 이목을 집중시킨 알파고와 이세돌 9단의 바둑대결에서 알파고가 승리함으로써 그 끝이 어디인지를 모르게 만들었다. 뿐만 아니라 기술발전의 속도 또한 가늠할 수 없게 만들고 있다. 1997년 아이비엠에서 만든 "딥블루"가 세계 체스챔피언을 꺾었을 때 <뉴욕 타임즈>는 "바둑에서 컴퓨터가 사람을 이기기 위해서는 100년 이상이 걸릴지 모른다" [01]고 보도했는데 20년도 채 안되어 인간에게 승리를 거둔 것이다.

이와 같이 산업혁명 후 2세기가 채 지나기도 전에 엄청난 기술혁명을 이루었는데 이 과정에서 산업혁명에 버금가는 기술발전을 이룬 시기를 구분하여 최초의 산업혁명을 제1차 산업혁명이라 하고 제2차, 제3차, 제4차 산업혁명으로 부르고 있다. 우리는 지금 제3차 산업혁명기에 살고 있으며 제4차 산업혁명을 예견하고 있다. 직업사회의 어제와 오늘, 그리고 내일을 이해하기 위해서는 이렇게 구분한 각 산업혁명의 개요를 살펴보는 것이 필요하다고 하겠다.

제1차 산업혁명

제1차 산업혁명에 대해서는 앞서 서구의 근대화를 설명하는 과정에서 기술했으므로 여기에서는 산업혁명의 특징과 산업혁명이 영국에서 주도적으로 진행될 수밖에 없었던 사유, 그리고 산업혁명의 역사적 의의를 살펴보기로 한다.

제1차 산업혁명의 특징은 다음 몇 가지로 요약할 수 있다.

첫째는 철·강철과 같은 새로운 기본소재를 사용하게 된 것이고,

둘째는 석탄·증기기관·전기·석유 및 내연기관과 같은 새로운 에너지원을 이용하게 된 것이고,

셋째는 방적기와 같은 새로운 기계를 발명하여 인력을 대체하여 대량생산을 하게 된 것이고,

넷째는 증기기관차, 비행기, 전신라디오 등으로 교통과 통신이 크게 발전한 것이고.

다섯째는 생산을 증대하기 위해 공장을 효율적으로 관리하기 위한 분업 등 여러 방안들이 연구된 점을 들 수 있다.[02]

사실 산업혁명을 특징짓는 이와 같은 일들은 대부분 영국에서 일어났다. 우리가 잘 알고 있는 1760년 증기기관의 제임스 와트[1]뿐만 아니라 제철분야에서는 1709년 에이브러함 다비가 석탄을 사용한 제철법을, 뒤이어 존 스미턴, 헨리코트가 이를 개선했다. 가장 두드러진 것은 직물산업이었다. 1764년 제니가 방적기를 발명한 이후 1769년에 리차드 아크라이트는 수력방적기의 특허를 얻고 공장을 세웠다. 1767년에 하그리브스[2]는 아크라이트 방적기를 보완하여 다축방적기를 만들었고 크럼프턴, 리쳐드 로버츠[3]가 이를 개선했다. 18세기 초만 해도 100파운드의 면에서 손으로 실을 뽑아내는 데는 5만 시간이 걸렸지만 리쳐드 로버츠가 만든 방적기 자동뮬[4]로는 135시간밖에 걸리지 않았다. 혁신의 물결은 이와 같은 제조업에 국한된 것이 아니고 운하, 도로, 철도의 건설로 교통이 크게 발달하고 이는 산업화를 더욱 가속시키는 계기가 되었다.[03]

여기서 영국에서 왜? 이렇게 산업혁명이 주도되었는지 살펴볼 필요가 있다. 18세기 당시의 프랑스는 영국보다 인구도 많고 기술 인력도 많고 국력도 결코 영국에 뒤지지 않았다. 도로, 교량, 운하 등 사회간접자본도 영국보다 더 많이 투자했다. 그럼에도 불구하고 영국에서 산업혁명이 꽃을 피운 것에 대해 안재욱(2015년)은 다음과 같이 설명하고 있다.

「그것은 1688년 명예혁명 이후 확립된 제도적인 환경과 자유롭고 개방적인 사회 분위기 때문이었다. 영국은 사유재산권을 강화하고, 해외무역에서 정부가 허용했던 독점을 와해시키고 각 산업에 진입장벽을 제거하여 경쟁을 강화시켰다. 그러자 위험을 감수하고 새로운 제품으로 새로운 시장을 개척하려는 모험 기업가가 대거 등장하였다. 그러나 프랑스를 비롯한 다른 유럽 국가들은 중상주의적 산업규제 즉, 특혜와 독점, 정부지원 등 상업규제가 18세기까지 남아 있어 모험적인 기업가 정신이 부족했던 그들이 영국에 뒤진 것이다.

---

1) 제임스 와트(James Watt)
2) 하그리브스(James Hargreaves)
3) 크럼프턴(Samuel Crompion), 리쳐드 로버츠(Richard Robert)
4) 뮬(mule)

또 하나 특기할 만한 사유는 점은 영국의 종교의 자유가 제한적으로나마 보장된 점이다. 프랑스에서는 카톨릭 교도가 아닌 사람들에 대한 무자비한 탄압으로 신교도들은 외국으로 이주하지 않을 수가 없었는데 영국에서는 이들의 종교의 자유를 인정한 것이다. 이들은 상공업에서의 성공만이 사회적으로 인정받을 수 있는 길이였기 때문에 활발한 경제활동을 펼쳤다. 영국의 산업혁명을 이끈 발명가, 기업가의 상당수가 이들 집단에 속한 사람들이었다.」

이와 같이 영국은 제도적으로 사회 환경적으로 자유로운 기업 활동이 보장되어 산업의 각 분야에서 새로운 기계, 기술, 운송수단 등이 개발됨으로써 경쟁적으로 기업 활동이 촉진되었던 것이다. 특히 특허법은 사유재산보호를 강화하여 기업의 경제 활동을 혁신적으로 촉진시킨 결과를 낳았다고 할 수 있다.

한편 산업혁명의 의의는 세계역사를 근대라는 새로운 시대를 여는 자본주의 사회를 성립시켰다는 데 있다고 하겠다. 산업혁명의 영향으로 사회에 큰 변화가 생겼는데 가장 큰 변화는 부르주아지라는 새로운 지배계급의 탄생이다. 그리고 도시화이다. 새로운 도시가 생겨나고 많은 농업인구가 도시에 몰려들어 임금 노동자가 되었다. 도시는 노동문제를 비롯한 모든 사회문제의 진원지가 된 것이다. 또한 공장을 경영하는 신흥 산업자본가, 도시노동자 등으로 뒤엉켜 왕정의 폐지와 복고, 시민혁명의 성공과 진압, 반란과 내전, 그리고 국가 간 전쟁으로 유럽전체가 혼란 속에 빠져들게 된다. 이 와중에서 자본주의가 성립하였고 동시에 사회주의 사상도 형성되었다. 프랑스에서는 생시몽(1706~185) 등이 나타나 빈부격차가 없는 이상적이 사회건설을 주장하였다. 영국에서는 차티스트 노동자 운동(1837~1848)이 일어났고 독일에서는 마르크스와 엥겔스가 그 유명한 공산당 선언(1848년)을 발표하게 된다. 유럽 여러 나라의 식민지였던 미국이 독립하여 3권 분립에 기초한 미합중국이 탄생한 것은 1783년의 일이다.

결국 영국의 산업혁명은 사람과 가축의 힘에 의존하던 농업경제를 기계의 힘에 의존하는 산업경제로 바꾸어 이 책에서 말하고자 하는 직업사회를 만들어 내는 초기 자본주의를 성립시켰다는 데 더 큰 의의가 있다고 하겠다.

제2차 산업혁명

제1차 산업혁명이 국가사회 전반에 미친 영향과 이후 제2차, 제3차 산업혁명을 통해 일어난 사회변화를 보면 제2차 이후는 산업혁명이라기보다는 획기적인 기술진보로 표현하는 것이 더 설득력이 있어 보인다. 제1차 산업혁명은 그 동안 면면이 이어내려 오던 인류문명을 송두리째 바꾸어 버린 것인 데 비해 이후 산업혁명은 이 바탕 위에서 일어난 변화이기 때문이다. 혁명이나 국가 간 전쟁에 의해서나 바꿀 수 있었던 왕과 귀족의 계급을 무너뜨린 것이나, 농사일과 같이 대대로 땀 흘려 일을 해서 해결해 왔던 먹고 사는 문제가 공장이라는 곳에서 기계와 더불어 물건을 만드는 전혀 다른 일을 하는 것으로 대체된 것이나, 이들이 공장을 중심으로 일면식도 없는 많은 사람들과 모여 살게 되면서 도시라는 것이 생겨난 것은 이전의 국가사회에는 없었던 것이다.

이와 같이 제1차 산업혁명은 이후의 산업혁명과는 현격한 차이가 있다. 따라서 기술적 진보를 구분하여 표현하기 위해서 지칭한 제2차 산업 혁명은 제1차 산업혁명과 같이 명확한 현상이나 기간을 나타내기가 쉽지 않다. 그래서 이 시기에 대해서 1865년부터 1900년까지로 보는 견해도 있고 1871년에 시작하여 10년간을 지칭하기도 한다.

기술적인 면에서도 견해가 다양하다. 각 나라마다 산업화의 수준이나 기술수준은 달랐으나 영국에서는 철강업에 지멘스의 평로라는 큰 혁신이 일어났고 독일에서는 고틀리프 다임러가 훗날 자동차에 적용하게 되는 내연기관의 연료로 석유를 사용하였다. 또한 디젤 엔진을 발명하여 산업의 효율화에 크게 공헌했다. 미국에서는 토머스 에디슨의 전기의 이용, 프레드릭 테일러에 의해 추천된 과학적 관리법은 시대를 선도한 것들이다. 이 시대에는 화학, 전기, 석유 및 철강 분야에서 기술 혁신이 진행되었다. 소비재를 대량 생산하는 구조적 측면의 발전도 있었고, 식료품 및 음료, 의류 등의 제조 기계와 더불어 가공, 운송 수단의 혁신을 가져왔다. 또한 영화, 라디오와 축음기가 개발되어 시민의 여가문화를 크게 확대시켜 삶의 방식에 많은 변화를 가져왔다.

그러나 이 시대의 가장 큰 특성은 미국에서 전기에너지를 이용한 대량생산체제를 갖춘 것을 들 수 있다. 이는 석탄에너지가 풍부했고 가스전등과 증기기관 중심으로 기반시설이 충분히 갖춰져 있었던 영국과는 달리 이런 기반시설이 없는 미국은 산업시설을 전기모터를 활용하고 컨베이어 벨트와 같은 시설을 구축하여 대량생산을 위한 공장시스템을 구축한 것이다.

이상을 종합하면 제2차 산업혁명은 석탄 동력의 석유대체와 전기에너지가 실용화된 19세기 후반의 기술진보의 시기를 일컫는 것으로 정리할 수 있다. 그리고 이는 미국이 주도하여 세계사에 새로운 강국으로 등장하게 된 배경이 되었고 산유국인 중동국가를 국제경제사회의 전면에 등장시키게 되는 계기가 되었다고 할 수 있다.

한편 제2차 산업혁명의 시대의 노동자들이 크게 달라진 점은 많은 도시노동자가 대량생산체제를 갖춘 공장노동자로 이행된 점과 소위 화이트칼라 노동자의 수가 현저하게 증가한 점을 들 수 있다. 그리고 변하지 않은 점은 여전히 실업과 저임금에 노출되어 있었다는 점이다.

제3차 산업혁명

영국에서 새로운 기계가 발명되어 사람이 하던 일을 기계가 하게 되고 농사일을 하던 사람이 공장으로 몰려들어 도시라는 것이 생겨나고 해서 이전에는 없던 엄청나게 변한 사회 속에 살게 되었다. 그들은 이렇게 사회가 변화된 계기를 '산업혁명'이라는 용어로 표현했다. 그리고 19세기 말의 전기의 발명과 석유에 의한 동력 등으로 인간생활 환경이 크게 변하게 된 것을 두고 제2차 산업혁명이라고 칭한 것이다. 다시 말하면 영국이 산업혁명이라는 용어를 쓰게 된 것은 농업과 수공업의 경제가 공업과 기계의 제조업 경제로 전환되어 사회 환경이 크게 달라진 것을 설명하기 위해서 1840년에 사용한 용어이고 제2차 산업혁명이라는 용어도 의견이 분분한 가운데 20세기에 와서 지칭한 것이다. 즉, 산업혁명이라는 용어는 상당한 기간이 지난 후 결과적으로 나타난 사회현상의 계기가 된 기술진보에 대해 설명하려는 데서 만들어진 용어이다.

그런데 영국의 산업혁명에 대해서는 이견이 없는 편이지만 제2차 산업혁명에 대해서는 내용과 시기에 대해서 의견이 분분한 편이다. 자본주의 국가 중 오이시디회원국의 지디피총액은 모든 국가의 지디피총액의 반에 불과한 57%이다. 이를 두고 보면 제2차 이후 산업혁명이란 용어는 세계경제의 반에 지나지 않은 자본국가들 중에 소위 선진국으로 일컬어지는 자기나라의 기술진보와 사회 환경 변화를 지구상의 모든 나라에 일반화시키려는 억지가 숨어있다고도 볼 수 있다. 그럼에도 불구하고 제1차 및 제2차 산업혁명이라는 명칭의 의미와 사용된 배경을 고려했을 때 '산업혁명'이란 '역사적으로 어느 한 시대의 경제·사회 환경이 이전 시대에 비해 획기적으로 변화되었을 때 이 변화의 계기가 된 이전시대의 새로운 기술과 기술진보'를 지칭하는 용어로 정의할 수 있다. 그리고 이 개념은 일반화 된 것으로 볼 수 있다.

이러한 관점에서 보면 제3차 산업혁명이라는 용어는 지금 우리가 살고 있는 사회를 지칭하는 것으로 이 표현은 무리가 있어 보인다. 더구나 여기에 한술 더 떠 제4차 산업혁명을 예견하는 일은 도가 지나친 감이 있다. 제3차 산업혁명이라는 용어는 제1차 및 제2차 산업혁명의 명칭의 사용배경을 고려하면 후세 사람들이 자기들의 살고 있는 사회가 이전 시대의 어느 시기의 어떤 새로운 기술과 기술진보가 가장 큰 영향을 미쳤는지를 검토하여 제2차 산업혁명에 버금가는 기술진보를 지칭하여 제3차 산업으로 명명할 일이 아닌가 싶다. 제3차 산업혁명에 대한 견해를 살펴보면 다음과 같다.

미국의 경제학자 제레미 리프킨은 '제3차 산업혁명'이라는 용어를 통해 다가올 미래의 사회를 내다보았다. 그는 그의 저서(2012년)를 통해 지금은 제2차 산업혁명의 종말이 온 시기라고 주장하고 인터넷 기술의 발달과 이러한 커뮤니케이션 기술과 새로운(재생)에너지의 결합이 수평적 권력을 기반으로 하는 제3차 산업혁명을 주도하게 될 것이라고 주장했다.

모든 사람들이 자신의 가정과 직장, 공장에서 직접 녹색 에너지를 생산하여 지능적인 분산형 전력 네트워크, 즉 인터그리드로 서로 공유하는 특징이 석유 동력시대의 소유를 중심으로 한 수직적 권력구조를 공유를 중심으로 한 수평적 권력구조로 재편한다고 주장한다. 리프킨은 3차 산업혁명의 대표산업으로 사회적 기업을 꼽았으며, 주거형태는 주거지와 미니 발전소의 결합, 협업경제·분산자본주의의 경제구조 등 제3차 산업혁명의 핵심요소와 변화할 미래의 사회를 설명했다.[04]

이코노미스트 등은 가상재화 시장은 콘텐츠 중심으로 성장해왔지만 향후에는 제조 및 서비스 시장까지 범위가 확대되면서 성장할 것으로 전망하고 제조업의 디지털화와 쓰리디 프린팅의 활용 등을 예로 들어 이러한 시장변화를 제3차 산업이라고 했다.[05]

크리스 앤더슨은 이러한 변화를 '메이커 스페이스5)'의 출현으로 설명하고 있다. 즉, 글로벌로 연결된 네트워크와 어디서나 가능해진 컴퓨팅 파워가 3디 프린터나 세계 각지의 공장과 연결되면 거대한 메이커 스페이스가 형성되고 메이커 스페이스가 출현하면 이제 제조업에서 제조 부분을 제외한 설계, 유통, 판매, 관리 등의 부분은 모두 네트워크를 통해서 해결 가능해진다. 제조업의 디지털화가 촉진되고 실제 제조를 담당하는 '메이커 스페이스'가 확대되면서 '매스커스터마이제이션6)' 현상이 일어

---

5) 메이커 스페이스(Maker space)
6) 매스커스터마이제이션(MassCustomization) : 대량생산(mass production)과 고객화(customization)의 합성어로서 규격화된 상품을 대량으로 만들어내는 대량생산은 근대산업의 중요한 특징이지만 고객화, 즉 고객의 개별적인 주문생산에 맞출 수 없다는 단점이 있었는데 이를 해결한 새로운 패러다임의 생산방식을 말한다. 성공사례로 미국의 퍼스널컴퓨터(PC) 제조업체인 델컴퓨터는 전화로 고객의 주문을 받아 고객이 요구하는 기능을 갖춘 컴퓨터를 대량생산함으로써 대기업으

나는 것이 바로 제3차 산업혁명이라는 것이다.[06]

　　한편 스마트 혁명이 제3차 산업혁명을 이끈다는 주장도 있다. 스마프 혁명은 개방형 네트워크로의 진전에서 나타나는 새로운 변화로 정의될 수 있다. 오이시디에 따르면, 정보통신기술7)의 도입으로 인해 사회경제적 중요한 변화가 나타날 것으로 기대되는 영역을 스마트하다고 지칭하게 되었다고 한다. 정보통신기술로 인해 촉발된 혁명은 인류가 경험해온 농경 사회, 산업 사회, 정보 사회를 넘어 새로운 사회를 형성하고 있다. 그 기반이 디지털화된 지식에 기반을 두고 있어서 스마트 혁명은 정보혁명과 유사한 측면이 존재한다. 그러나, 스마트 혁명의 가장 큰 특징은 유무선 브로드밴드 네트워크가 빠르게 확산되고 이에 따라 스마트폰과 태블릿을 비롯한 스마트 단말이 빠르게 보급되면서 산업 전반에서의 파급효과가 나타난다는 점이다. 이러한 스마트화는 새로운 비즈니스 기회와 시장을 만들어 내고, 글로벌 경제에 새로운 활력소가 될 수 있을 전망이다. 이렇게, 정보통신기술 컨버전스를 통한 스마트화가 단지 정보통신기술 분야를 넘어 전체 산업 분야에서의 패러다임을 변화시키는 것이 바로 스마트 혁명이라고 할 수 있다.

　　2010년 전후로 본격화되기 시작한 스마트 혁명은 유무선 브로드밴드 네트워크, 클라우드 컴퓨팅, 스마트 단말, 운영체제,8) 플랫폼 등 5가지 요소로 구성되는데 특히 네트워크는 제3차 산업 혁명의 주요 기반이 되고 있다. 유무선 브로드밴드는 혁신 인프라로서 정보통신 전반적으로 발전을 촉진시킨다. 또한, 발전하는 정보통신기술 역량은 교통, 교육, 의료 등 전 산업에 걸친 융합을 이끌어 내는 등 이들 요소는 상호 밀접하게 작용하면서 새로운 양식의 생산, 유통, 소비를 이끌어 내게 된다는 것이다.[07]

　　제3차 산업혁명은 피엘시9) 자동화로 대변된다고 보는 견해도 있다. 이준정(2016년)은 2차 세계대전 이후 1950년대부터 새롭게 구축된 일본 산업계의 현대화는 피엘시 자동화가 근간이라고 했다. 새로 도입한 자동화 설비는 미국이나 유럽보다 훨씬

　　　로 성장한 것을 들 수 있다.

7) 정보통신기술(Information and Communication Technology) : ICT는 정보 기술(Information Technology, IT)과 통신 기술(Communication Technology, CT)의 합성어로 정보기기의 하드웨어 및 이들 기기의 운영 및 정보 관리에 필요한 소프트웨어 기술과 이들 기술을 이용하여 정보를 수집, 생산, 가공, 보존, 전달, 활용하는 모든 방법을 의미한다.

8) 운영체제(OS, Operating System)

9) 피엘시(PLC, Programmable Logic Controller) : 산업 플랜트의 자동 제어 및 감시에 사용하는 제어 장치이다. PLC는 입력을 프로그램에 의해 순차적으로 논리 처리하고 그 출력 결과를 이용해 연결된 외부장치를 제어한다. 순차제어(sequential control)에 사용되는 대표적 장치이다.

더 높은 생산성을 달성했다. 1970년대 이후 일본이 경제대국으로 부상하게 된 이유는 일본의 산업설비가 제3차 산업혁명기술로 무장되었기 때문이다. 1980년대 이후 등장한 산업용 컴퓨터는 인류를 또 다른 문명세계로 인도했다. 흔히 정보화 시대의 출발점이라고 인식하는 이 시기는 모든 사회현상을 디지털로 표현하여 컴퓨터에서 정보 처리할 수 있는 시대를 말한다는 것이다.[08]

　　제3차 산업혁명에 대해 다른 시각에서 접근한 경우도 있다. 호세 바로소는 인류는 이제 곧 '제3차 산업혁명'을 경험하고 저탄소시대를 맞이하게 될 것이라고 했다. 앞으로 다가올 제3차 산업혁명은 과거 두 번의 산업혁명처럼 에너지와 새로운 기술이 핵심적인 역할을 할 것이며, 이후 찾아오는 인류의 삶에는 지금 우리가 상상할 수 있는 그 이상의 변화가 일어나게 될 것이라고 예언했다. 또한 그는 이번 산업혁명이 단순히 에너지와 기술을 바꾸는 것에만 그치지 않고, 인류사회 전반을 근본적으로 혁신하는 계기가 될 것이라고 말했다. 지난 두 번의 산업혁명은 석탄과 석유라는 새로운 에너지원을 얻었지만 이번 혁명은 석탄과 석유를 버려야 할 운명에 처해있다. 그래서 이번에 새로운 에너지원으로 등장한 것이 네가와트[10]라는 제5의 연료다. 석탄과 석유, 천연가스, 우라늄 다음으로 인류가 찾은 다섯 번째 연료라는 것이다. 네가와트는 에너지의 효율적 사용과 절약으로 생기는 잉여 에너지가 곧 새로운 에너지원이라는 개념이다. 에너지 절약운동을 통해서도 많은 양의 네가와트를 만들어 낼 수 있다. 앞으로는 이렇게 해서 남게 되는 에너지를 사용하자는 것이다. 이것은 지금까지의 에너지 사용이 매우 비효율적이고 낭비적이었다는 것을 의미하기도 한다. 네가와트는 오이시디 산하에 있는 국제에너지기구[11]를 비롯한 각 국가의 지구온난화 방지 대책에 활용되는 용어이기도 하다.

　　이상에서 살펴 본 내용들이 제3차 산업혁명에 관한 것들이다. 모든 내용이 미래의 사회 모습에 대해 얘기하고 있다. 이들 주장을 종합해보면 제1차 및 제2차 산업혁명을 정의한 개념에 비해 명쾌히 한마디로 정의하기가 어려운 점이 있다. 따라서 우리가 살고 있는 세상이 기술 진보가 얼마나 빠르고 미래의 사회도 예측하기 어려운

---

10) 네가와트(Negawatts) ; 미국 록키마운틴 연구소(Rocky Mountain Institute)의 환경학자 에머리 로빈스(Amory Lovins)가 지난 1989년 캐나다 몬트리올에서 열린 그린 에너지 학회에서 처음 사용했다. 그는 학회에서 에너지의 효율적 사용과 절약이 생산 연료와 설비에 가져오는 경제적 이익과 환경적 효과를 네가와트로 설명하였고 이를 계기로 세계적인 용어가 됐다. 에너지의 단위인 Watt는 원래 제1차 산업혁명의 원동력인 된 스팀엔진을 발명한 제임스 와트(James Watt)에 따온 것이다.
11) 국제에너지기구(IEA: International Energy Agency)

방향으로 급속히 진화하고 있고 그렇게 될 것이라는 것을 적절한 다른 용어로 설명하는 것이 더 타당성이 있어 보인다. 말하자면 앞서 제1차 및 제2차 산업혁명을 정의한 개념에 의해 현재의 시점에서 '제3차 산업혁명'을 정의하려면 이 시대의 변화는 '컴퓨터 등장과 통신의 발달, 그리고 이 둘의 결합'으로 정의하는 것이 설득력이 있어 보인다. 그것도 일부 자본주의 국가에 한해 통용될 수 있다는 전제하에 그렇다.

　　이와 같은 개념으로 산업혁명을 분류한 경우도 있다. 세계경제포럼[12](2016년)은 제4차 산업혁명을 설명하면서 1784년 영국에서 시작된 증기기관과 기계화를 제1차 산업혁명으로 1870년 전기를 이용한 대량생산이 본격화된 시점을 제2차 산업혁명으로 1969년 인터넷이 이끈 컴퓨터 정보화 및 자동화 생산시스템을 제3차 산업혁명으로 분류하고 제4차 산업혁명을 3차 산업혁명을 기반으로 한 디지털과 바이오산업, 물리학 등의 경계를 융합하는 기술 혁명이라고 설명하고 있다.

제4차 산업혁명

　　제4차 산업혁명 또한 3차 산업혁명 이후의 미래의 사회가 과학기술의 발달로 인해 어떻게 변화할 것인지에 대해 예견한 것이다. 이는 인공지능, 로봇기술, 생명과학이 주도하는 차세대 산업혁명을 말한다. 시사상식사전에서는 정보통신기술의 융합으로 이뤄지는 차세대 산업혁명 즉, 로봇이나 인공지능을 통해 실재와 가상이 통합돼 사물을 자동적, 지능적으로 제어할 수 있는 가상 물리 시스템의 구축이 기대되는 산업상의 변화를 제4차 산업혁명으로 정의하고 이 융합으로부터 새로운 창조가 이뤄질 것으로 예상한다. 대체적으로 인공지능, 3디 프린팅, 자동차의 자율 주행기능, 사물인터넷,[13] 바이오 테크놀로지 등이 제4차 혁명으로 나타나게 될 주요한 기술들로 예시

---

12) 세계경제포럼(세계경제포럼, World Economic Forum) ; 전 세계의 저명한 기업인, 정치가, 학자, 언론인 등이 모여 세계경제에 관해 논의하는 권위 있는 국제민간회의이다. 클라우스 슈바브가 1971년 비영리재단 형태로 창설했으며, 본부는 스위스 제네바에 있다. 현재 미국과 유럽을 중심으로 전 세계 1천 200여 개 이상의 기업이나 단체가 가입하고 있다. 1981년부터는 매년 1~2월 스위스 휴양도시 다보스에서 2천여명의 국제 유력인사들이 참가한 가운데 정치, 경제, 문화 등 광범위한 분야에 걸쳐 토론이 전개돼 일명 다보스포럼(Davos Forum)으로도 불린다

13) 사물인터넷(IoT, Internet of Things) : 초연결사회의 기반 기술·서비스이자 차세대 인터넷으로 사물(Things)간 혹은 개체(Objects)간 인터넷으로 고유 식별이 가능한 사물이 만들어낸 정보를 인터넷을 통해 공유하는 환경을 의미한다. 다시 말하면 시간, 장소, 사물이 제약 없이 모두 연결되어 있는 새로운 차원의 환경 하에서 모든 사물에 인터넷 주소를 부여하고 모바일로 각각의 정보를 인터넷을 통해 공유, 통신하는 시점과 그 환경을 의미한다. 사물IoT의 핵심 기술은 센서이다. 센서는 빛, 소리, 화학물질, 온도 등 내·외부에서 발생한 신호들을 수집하여 과학적인 방

한다.

클라우스 슈밥은 그의 저서 <제4차 산업혁명>에서 제4차 산업혁명으로의 이행을 '모든 것이 연결되고 보다 지능적인 사회로의 진화'라고 요약하고 사물인터넷과 인공지능을 기반으로 사이버 세계와 물리적 세계가 네트워크로 연결돼 하나의 통합 시스템으로서 지능형 시피에스14)를 구축하게 될 것으로 예측했다. 이 상태에서 각각의 하드웨어들은 스마트폰처럼 데이터를 축적해 이를 필요에 따라 해석해가며 스스로 자동 갱신하게 되고 이러한 과정을 통해서 제조업과 인간을 둘러싼 시스템 운용 방식이 크게 변하게 될 것으로 예측한 것이다.

이준정(2016년)은 산업혁명은 온 인류가 함께 겪게 될 모든 삶의 대변혁을 의미한다고 정의하고 제4차 산업혁명을 제조업의 서비스혁명으로 내다보았다. 이는 단순한 기술개발의 문제가 아니고 사회시스템의 전반에 걸쳐 불어 닥칠 엄청난 변화를 예고하는 것이라고 했다. 그는 변하게 될 산업사회의 모습을 다음과 같이 전망했다.

「21세기 들어서 컴퓨터의 미세화가 거듭되자 어느 순간 스마트폰과 같은 작은 전자기기속에 이 세상에 떠도는 모든 정보를 담아낼 수 있는 시대를 맞았다. 소프트웨어는 스마트폰 속에 설치된 앱으로 변신하였다. 스마트폰은 모든 업무를 처리하던 컴퓨터의 기능도 뛰어넘었다. 스마트폰 속엔 오케스트라, 도서관, 은행, 공장, 병원, 슈퍼마켓, 영화관, 방송국 등 없는 게 없다. 앱은 모든 사물의 기능을 대체하기 시작했다. 모바일 경제는 인류가 구축해온 실물경제의 틀을 한꺼번에 무너뜨리며 새로운 산업기반을 요구하고 있다. 즉, 사물인터넷 기반이다. 사물 속에 센서와 컴퓨터를 삽입하면 사물의 상태를 스스로 데이터로 표현할 수 있게 된다. 사물뿐만이 아니다. 사물, 시설, 사업 그리고 사람이 서로 필요한 데이터를 교환하고 공유하는 사물인터넷 세상이 되었다. 제조업은 특정 조업을 클라우드 상에서 처리할 수 있게 되므로 사물인터넷 환경이 확산될수록 원료 조달부터 제품 공급에 이르기까지 비즈니스 효율을 높이고 원가절감 효과를 키울 수 있다.」

이와 같이 '제4차 산업혁명'이라는 용어는 현재 진행되고 있는 기술진보와 이에 따른 미래의 사회를 여러 각도에서 전망하는 것으로 사용되고 있다. 사실 세계경제포럼(2016년)에서도 이 혁명을 주도하는 국가들의 대표적인 사례로는 독일의 '인더스트리 4.0', 미국의 '사물인터넷', 일본의 '로봇신전략', 중국의 '제조 2025' 등을 예로 들었다.

법 등으로 분석하여 내·외부의 각종 상태를 파악하는 장치이다.
14) 시피에스(CPS, Cyber-Physical System)

　　이와 같이 3차, 4차 산업혁명을 주도하는 나라가 자본주의 국가의 일부 선진국으로 각 나라마다 산업화의 수준이 다르고 경제체제나 규모가 달라 이 용어를 자국의 입장에 맞는 방식으로 이해하고 사용하고 있다. 따라서 제4차 산업혁명의 의미는 앞서 말했지만 이전의 제1차 및 제2차 산업혁명을 지칭하는 것과는 다른 의미로 이해할 필요가 있다. 말하자면 미래의 직업사회 변화에 획기적인 영향을 미칠 수 있는 기술들을 예견하고 이러한 기술을 발전시켜 실용화에 성공하였을 때를 가상하여 이 때를 제4차 산업혁명이라고 지칭하려는 것으로 이해할 필요가 있다. 제4차 산업이란 용어가 이런 의미로 사용된다면 세계의 모든 나라가 자국의 산업에 획기적인 변화를 가져온 변화를 혁명으로 지칭하는 것이 타당하고, 그렇다고 한다면 각 나라마다 고유한 제1차부터 수차에 이르는 산업혁명의 역사를 새롭게 정의해야 할 것이다.

산업혁명의 현재와 미래

　　1980년대 이후 등장한 산업용 컴퓨터는 인류를 또 다른 문명세계로 인도했다. 흔히 정보화 시대의 출발점이라고 인식하는 이 시기는 모든 사회현상을 디지털로 표현하여 컴퓨터에서 정보 처리할 수 있는 시대를 말한다. 실리콘 반도체와 함께 등장한 디지털 전자기술은 이전에 구축된 아날로그 전기기술을 송두리째 교체하는 대변혁을 일으켰다.

　　그렇다면 제4차 산업혁명을 주도하고 있는 국가들의 실례를 살펴 보기로 하자. 독일정부는 이런 세상의 변화에 대응하기 위해 제조 산업의 생존전략을 수립했다. 제품의 설계부터 납품까지 가상공장과 생산현장이 항상 데이터를 공유하면서 고객의 요구조건을 상품에 반영시킨다는 스마트 공장 개념으로 제4차 산업혁명이란 프레임을 도입했다. 이는 독일의 낙후된 산업설비를 새롭게 개혁시키는 방향을 제시하는 동시에 독일의 설비엔지니어링 산업이 신흥시장에서 강력한 경쟁력을 갖도록 힘을 실어주는 전략이 숨어 있다.

　　미국은 스마트공장이란 개념으로 제조업의 디지털화를 추구하고 있다. 사물인터넷 기술을 활용해서 설비성능을 최적화 시키고 새로운 서비스를 창출하는 전략이다. 지이[15]의 사례를 보면, 엔진을 제조하는 비즈니스보다 엔진을 설계하고 성능을 관리해주는 서비스의 매출비중이 월등히 높아지도록 기업성장전략을 수정했다. 엔진의

---

15) 지이(GE, General Electric Company)

경우 부가가치가 높은 부품은 직접 제조하여 중산층 엔지니어의 일자리를 보존했다. 또 상품으로 판매하던 엔진을 임대해주고 사물인터넷 기술을 활용해서 엔진의 최고 성능을 보장해주는 서비스의 매출비중을 높였다. 엔진 제조업에서 엔진을 임대해 주고 설비데이터를 관리해 주는 서비스업으로 과감히 변태한 사례다.

일본은 제조업의 경쟁력을 강화하는 방법으로 첨단 산업로봇을 공장에 투입한다는 '로봇 신전략'으로 대응하고 있다. 중국은 '제조 강국 2025'이란 거대목표를 달성하기 위한 세부전략으로 '인터넷 플러스'란 사물인터넷 기술의 확산을 추진하고 있다.

한편 아이티강국으로 알려진 우리나라가 1980년대 이후 정보화 혁명의 물결을 선진국들에 비해 빠르게 습득할 수 있었던 배경은 역설적이게도 디지털 혁명기에 때 맞춰 뒤늦게 산업화가 활발하게 이뤄졌기 때문이다. 선진국들은 이미 아날로그 기술 기반이 완성된 시점이라 새로운 디지털 기술을 받아들이는 데 소극적이었지만 신흥국인 대한민국은 대기업을 중심으로 디지털 기술을 적극 수용해서 산업기반을 컴퓨터 제어 자동화 시설로 구축할 수 있었다. 산업시설이 컴퓨터제어 방식으로 자동화가 되면서 결함이 줄고 생산성이 높아졌으며 상당부분은 무인공정으로 바뀌었다.

제4차 산업혁명에 대비해서는 '제조업 혁신 3.0'이란 전략을 추진 중이다. 2020년까지 스마트공장 1만 개를 구축한다는 것이다. 그러나 많은 중소기업들은 아직도 제2차 산업혁명시대에 있다고 볼 수 있다. 그래서 우선은 대기업의 협력업체를 중심으로 컴퓨터 자동화를 추진하고 시범업체 한 두 곳을 선정하여 독일식 모델을 적용한 스마트공장을 구축해 본다는 것이다.[09]

우리가 알고 있는 제1차 산업혁명은 인류가 안고 있는 '먹고사는 문제' 해결에 한걸음 다가선 그야말로 혁명적인 일대 사건이라 할 수 있다. 꾸준한 기술진보는 20세기에 이르러 복지국가이념이 등장하여 이 문제의 해결을 눈앞에 두게 된 것처럼 보였으나 국가사회는 그런 방향으로 흘러가지는 못했다. 일부 자본주의의 선진 국가들의 산업혁명의 여파로 많은 후발국가의 생활환경을 개선시키고 삶의 질을 향상시킨 것은 분명한 사실이나 이를 뒤쫓아 많은 나라가 근대화를 추진함으로써 공해문제를 비롯한 많은 글로벌 사회문제가 야기된 것이다. 또한 인류가 해결해야 할 빈곤의 문제도 상대적 빈곤이라는 또 다른 형태의 빈곤을 낳아 사회문제 해결의 어려움을 가중시키고 있다.

산업혁명은 직업의 세계에도 많은 변화를 가져와서 않은 사람에게 일자리를 제공하여 생계를 유지하고 자아를 실현하는 계기를 만들어 주었으나 직업 간의 소득불평등이나 산업재해는 못지않은 역기능을 하고 있는 것이다. 세계경제포럼도 4차 산업혁명이 편리한 미래만을 가져오는 것은 아니라고 했다. 세계경제포럼이 발표한 '미래고용보고서'에서 4차 산업혁명을 통한 사회적 변화로 500만 개의 일자리가 사라질 것을 예고했고 제4차 산업혁명으로 자동화와 소비자와 생산자 직거래 등으로 오는 2020년까지 510만 개의 직업이 없어질 것으로 예상했다. 앞서 언급한 알파고와 이세돌 9단의 바둑대결의 결과를 보면 미래의 사회가 공상 과학만화에서나 볼 수 있었던 로봇이 인간을 지배하는 사회가 예상보다 빨리 다가올지도 모를 일이다.

　　여기서 인류사회의 발전과정을 되짚어 보자. [그림 3-1]은 기술발달에 따른 인류사회의 변화과정을 도표로 나타낸 것이다.

[그림 3-1] 인류사회의 발전과정

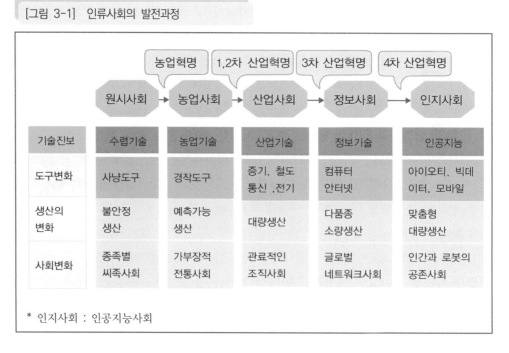

[그림 3-1]에서 보는 바와 같이 인류의 사회는 기술, 즉 사용도구의 발달에 따라 생산양식이 달라지고 이에 따라 사회의 조직체계도 달라져 왔음을 알 수 있다. 이와 같은 사회변화과정은 도구와 인간의 관계변화의 측면에서도 파악할 수 있다. 원시사회에서 산업사회에 이르기까지는 도구가 인간의 노동력을 강화하는 데 사용되었다고 한다면 정보화 사회에 이르러서는 아예 노동력을 대체하는 데까지 이르렀다고 할 수 있다. 그리고 지금은 인공지능사회에 접어들고 있는데 이 사회에서는 도구가 아예 인간의 역할을 대체하게 되는 사회라고 할 수 있다. 인공지능이 더욱 진화하게 되면

로봇이 인간을 지배하게 되는 사회가 될지도 모를 일이다.

그런데 이와 같이 도구의 기능이 획기적으로 바뀌게 되는 매 단계에는 산업혁명이 자리하고 있다. 1, 2차 산업혁명은 농업사회를 산업사회로 바꾸었고 3차 산업혁명은 이 사회를 정보화 사회로 변화시켰다. 4차 산업혁명은 도구를 인간과 동격 내지는 우위에 서게 만들 기세이다. 결론적으로 지금까지 살펴본 산업혁명에 대한 견해와 여기서 살펴 본 기술발달에 따른 인류사회의 변화과정 등을 종합하여 볼 때 산업의 발달을 새로운 산업혁명으로 정의할 수 있기 위해서는 기본적으로 다음의 두 가지 요소를 충족시켜야 한다고 할 수 있다.

첫째는 산업의 변화가 인류의 삶을 바꿔 놓을 만큼 획기적인 것이여야 한다는 점이고, 둘째는 기존산업의 틀을 근본적으로 바꾸어 놓을 수 있는 것이어야 한다는 점이다.

이러한 관점에서 보면 제1차 산업혁명은 이 용어가 생겨날 만큼 이 두요소를 충족하고 있고 제2차 산업혁명 또한 에너지원이 석탄에서 석유로 바뀌고 전기에너지가 등장하여 위 두 요소를 충족시키고 있다. 그리고 컴퓨터와 통신으로 대변되는 정보기술이 인간의 노동력을 대체하게 만들었다는 점에서 이를 제3차 산업혁명으로 간주하는 것에는 무리가 없어 보인다.

그러나 제4차 산업혁명의 경우 앞서 지적한 것처럼 각 나라마다 자국의 기술진보 수준의 현재와 미래에 대해 이 용어를 사용하고 있어 무분별한 용어의 사용으로 보인다. 향후 석유에너지를 대체하는 새로운 에너지 사용의 일반화, 인공로봇의 상용화 등이 실현되어 이전 사회와 확연히 대비되는 새로운 사회가 전개되었을 때 이를 이끈 기술의 진보를 일컬어 새로운 산업혁명, 즉 제4차 산업혁명으로 후세들에 의해 명명되는 것이 타당할 것 같다.

2. 제1차 및 제2차 세계대전

전쟁과 국가사회

앞서 직업사회에 가장 큰 영향을 미친 사건으로 간주되는 산업혁명에 대해 살펴보았다. 그러나 전쟁은 직업사회가 문제가 아니라 국가사회의 존립을 다투는 무엇과도 비교할 수 없는 사건이다. 사실 전쟁이라는 것은 인간세계도 다른 동물들의 세계와 마찬가지로 약육강식의 세계라는 것을 여실히 보여주는 방증에 해당한다. 이는 인류사회가 출현한 이후 오늘날까지 끊임없이 일어나고 있다. 따라서 국가가 전쟁을 예방할 수 있고, 전쟁에서 이기는 역량을 가지는 것은 국가사회의 존립에 관한 근본적인 문제이다.

우리는 여기서 전쟁에 대해 좀 더 살펴볼 필요가 있다. 전쟁은 인류역사상 수없이 많이 일어났지만 근대이전의 전쟁과 이후의 전쟁은 양상이 사뭇 다르다. 근대이전의 전쟁은 지구 전체로 보면 징기스칸과 같은 특별한 경우를 제외하고는 비교적 가까운 이웃 간의 국지전이었다. 전쟁의 주체도 국가나 부족 또는 이들의 연합체였다. 그래서 승자는 당대의 패권을 차지하고 패자는 승자에 편입되거나 아예 소멸되어 버리기도 하고 후일 다시 부활하기도 했다.

그러나 근대이후의 전쟁은 주로 민족이 중심이 된 국가 간의 전쟁이 되었다. 사상자의 수에서도 그렇고 전쟁의 피해도 이전과는 비교할 수 없을 만큼 컸다. 전쟁의 양상도 달라졌다. 유럽의 국가 간에는 근대를 전후하여 특히 많은 분쟁과 전쟁이 일어났는데 제국주의가 확대되면서 침략과 정복, 저항과 투쟁이 끊이지 않게 되어 전쟁은 전 지구촌으로 확대되었다. 결국 20세기에 이르러 두 차례의 세계전쟁이 발발하게 된다.

전쟁은 국가를 완전히 소멸시켜버리기도 하고 새로운 국가를 탄생하게도 만든다. 전쟁은 또한 국가사회에 엄청난 재앙을 가져오지만 새로운 경제 질서를 만들어내기도 하고 특정산업을 발전시키기도 한다. 직업사회의 입장에서 보면 전쟁의 결과 국가는 망할 수가 있지만 직업사회는 직업사회의 울타리가 무너지거나 제거될 수는 있어도 그 속성상 망하는 것은 아니다. 이 모든 것은 전쟁의 아이러니라 할 수 있다. 어쨌거나 직업사회는 국가사회의 한 구성요소로 그가 속한 국가사회가 전쟁의 소용돌이 빠져들게 되면 엄청난 불행과 존립의 위험에서 벗어날 수 없다. 여기에서 우리는 20세기에 발생한 세계대전에 대해 살펴 볼 필요가 있다.

제1차 세계대전

제1차 세계대전은 1914년 7월 28일 오스트리아가 세르비아에 대한 선전포고를 하면서 시작되었으며 영국·프랑스·러시아 등의 협상국(연합국)과 독일·오스트리아의 동맹국이 양 진영의 중심이 되어 싸운 세계적 규모의 전쟁으로 1918년 11월 11일 독일이 항복함으로써 끝이 난 전쟁이다.

이 전쟁은 '유럽의 화약고'라고 불리는 발칸 반도에서 일어났다. 발칸 반도는 유럽과 아시아를 잇는 지점으로 1300년대부터 오스만 제국이 지배했다. 그런데 오스만 제국이 쇠약해진 틈을 타, 1878년에 이곳에 위치한 세르비아가 독립했다. 이 세르비아는 주변 지역을 하나로 합쳐 독립 국가를 세우려 했는데 1908년에 오스트리아가 세르비아 주변 지역인 보스니아와 헤르체고비나를 점령하게 된다. 이에 분노한 세르비아의 한 청년이 1914년에 사라예보(보스니아의 수도)를 방문한 오스트리아 황태자 부부를 암살하는 사건이 일이 일어난다. 이에 오스트리아는 바로 세르비아에 선선포고를 하게 된다. 이 발칸 반도의 전쟁이 발단이 되어 주변국들이 전쟁에 참여함으로써 제1차 세계 대전으로 확대된 것이다.

이 제1차 세계대전을 이해하기 위해서는 18세기 유럽국가의 정세를 파악해 볼 필요가 있다. 1900년대 당시 유럽 국가는 산업혁명으로 대량생산이 가능하게 되어 제품을 만들 원료와 이를 내다 팔 시장이 필요했다. 그래서 특히 이런 조건이 잘 갖추어진 아시아, 아프리카 대륙을 침략하여 식민지를 건설하는 데 혈안이 되어 있었다. 소위 제국주의 국가들 간에 식민지 쟁탈전이 벌어진 것이다.

당시 식민지가 가장 많았던 나라는 영국과 프랑스였다. 뒤늦게 독일도 식민지 쟁탈전에 뛰어 들었다. 독일은 1888년에 빌헬름 2세가 황제 자리에 오르면서 본격적으로 세력을 넓히기 시작한 것이다. 영국, 프랑스, 러시아 등 치열한 경쟁관계에 있는 다른 국가들은 이런 독일의 움직임이 달갑지 않았다. 특히 영국은 식민지 확보 문제로 독일과 갈등을 빚고 있었다.

이러던 차에 사라예보 사건이 발생한 것이다. 오스트리아가 선전포고를 하자 맨 먼저 같은 슬라브족 나라인 러시아가 세르비아 편에 선다. 당시 오스트리아는 독일, 이탈리아 세 나라는 다른 나라로부터 공격을 받으면 군대를 지원한다는 '삼국 동맹'을 맺고 있어 이들 국가 또한 전쟁에 참여하게 된다. 또한 러시아, 영국, 프랑스의 삼국은 서로 연합해서 독일을 견제하기 위한 동맹 관계에 있었는데 이것을 '삼국 협상'이라고 한다. 이러한 배경으로 삼국 동맹의 동맹군과 삼국 협상의 연합군의 양대 진영이 사활을 건 전쟁에 돌입하게 된 것이다.

한편, 우리나라를 식민지로 삼고 중국까지 지배하려는 야심을 가진, 아시아의 제국주의 국가 일본도 전쟁에 참여한다. 대동아공영권의 꿈을 달성하기 위해 중국에 있던 독일 기지를 점령하고 연합군편에 선다. 유럽과 맞닿아 있던 오스만 제국과 불가리아는 동맹군 편에 서서 싸우게 된다. 삼국동맹국이기는 하나 오스트리아와 영토 문제로 사이가 좋지 않았던 이탈리아는 중립을 지키다가 나중에 연합군 쪽으로 돌아서

게 된다. 전쟁 중인 1915년에 독일 해군은 영국의 여객선 루시타니아호를 침몰시켰는데 이 배에 타고 있던 100명이 넘는 미국인들이 목숨을 잃자 중립적이었던 미국은 1917년 4월에 연합군에 가담한다. 그해 10월에 러시아는 사회주의 혁명이 일어나서 전쟁에서 빠지게 되나, 오스트리아가 먼저 항복을 선언하고 뒤이어 독일도 1918년 11월에 항복함으로써 제1차 세계대전은 연합군의 승리로 끝나게 된다. 이렇게 온 대륙의 여러 나라가 전쟁의 소용돌이에 휘말리게 되어 이를 제1차 세계대전이라고 한다. 전후 연합국은 독일과 '베르사유 조약'을 맺어 독일의 식민지를 모두 빼앗았고, 천문학적인 전쟁 배상금을 물리게 만든다. 제2차 세계대전 이후 패망한 일본이 우리나라 6·25 전쟁으로 군수물자를 공급하여 국가재건의 발판이 된 것처럼 미국은 전쟁기간 동안 군수 물자를 공급하여 국부를 쌓음으로써 제2차 세계대전 이후 세계 최강국으로 발돋움 하는 발판이 되었다는 것이 통설이다.[10]

제2차 세계대전

제2차 세계대전은 1939년 9월 1일부터 1945년 8월 15일까지 유럽, 아시아, 북아프리카, 태평양 등지에서 독일, 이탈리아, 일본을 중심으로 한 추축국16)과 영국, 프랑스, 미국, 소련 등을 중심으로 한 연합국사이에 벌어진 전쟁으로, 지금까지의 인류역사상 가장 많은 나라가 참여하고, 가장 큰 인명과 재산 피해를 낳은 세계적 전쟁이다.

제2차 세계대전의 원인은 제1차 세계대전과 달리 명확하게 규명하기가 쉽지 않다. 여기에는 다양한 견해가 있는데 1930년대 미국에서 비롯한 세계경제대공황을 가장 큰 원인으로 삼는 것이 다수설이다. 제1차 대전 후 제국주의 국가 간의 불균형이 심화되어 갈등관계에 있었는데 이 경제대공황으로 대립이 격화된 것이 전쟁의 원인이라는 것이다. 또한 제1차 세계대전 후의 1,320억 마르크의 전쟁배상금 등을 규정한 '바르사유 조약'의 불공정성에서도 그 원인을 찾기도 하고, 신제국주의와 구제국주의 국가 간의 갈등을 그 원안으로 꼽기도 한다. 즉 기존의 열강의 대표격인 영국, 프랑스를 위시한 구 제국주의 국가들이 독일, 이탈리아, 일본 등의 신제국주의 국가를 견제하는 과정에서 충돌이 발생했다는 주장도, 게르만족과 슬라브족의 민족적 대립이 원인이라는 주장 등 복잡한 전쟁양상만큼이나 다양한 견해가 있다.

아무튼 1936년 에스파냐에서 내전이 일어났을 때 파시스트 정권수립을 지원하

---

16) 추축국(樞軸國, Axis Powers)과 연합국(Allied Powers)

면서 독일과 이탈리아가 조약을 맺었고, 얼마 후에는 독일과 일본이 협정을 맺는다. 이들 국가 즉, 독일의 나치스, 이탈리아의 파시스트, 일본의 군국주의는 모두 전체주의[17] 국가들이다. 이들로부터 전쟁이 발발하게 되는데 일본은 1937년에 중·일 전쟁을 일으키고, 독일은 1938년에 오스트리아를, 체코슬로바키아의 수데텐을, 1939년에는 체코슬로바키아를 점령한다. 이어 폴란드를 차지하기 위해 소련과 '상호불가침조약'을 맺는다. 독일이 폴란드를 점령하면 폴란드의 서쪽은 독일이, 폴란드의 동쪽은 소련이 분할 통치하기로 한 것이다.

결국 1939년 9월 1일 새벽 6시 독일의 폭격기들이 폴란드의 수도 바르샤바를 급습하는데, 이로부터 이틀 후 영국과 프랑스가 독일에 선전 포고를 함으로써 제2차 세계 대전이 시작된다. 아프리카, 중동, 동아시아, 오세아니아의 여러 나라들이 이 전쟁의 소용돌이에 빠져 들게 되면서 인류 역사상 가장 큰 규모의 전쟁이 된 것이다.

전쟁초기에는 독일, 이탈리아, 일본을 중심으로 한 추축국이 우세했다. 독일은 서쪽으로 네덜란드, 벨기에를 점령한 후 프랑스로 쳐들어가 1940년 6월 프랑스 영토의 2/3를 손에 점령한다. 프랑스의 드골장군은 런던에 망명하여 임시정부를 세우고 독일에 맞서 싸우며 '자유프랑스운동'을 벌이게 된다. 독일의 히틀러는 유일하게 남은 적인 영국을 물리치려고 유보트를 이용해 영국으로 향하는 배들을 모조리 침몰시켜 큰 피해를 준다. 그러나 영국의 처칠은 전투기에 의한 하늘전쟁에서는 승리한다. 이 와중에 독일은 발칸 반도를 점령하고 아프리카로 진격하면서 전쟁이 복잡한 양상을 띄게 된다. 거의 전 유럽을 평정한 독일은 소련과의 상호불가침의 약속을 깨고 1941년 6월 소련을 기습적으로 침공한다. 이에 소련은 연합국에 가담하게 된다. 이때 미국도 연합국을 지원하여 전쟁이 참여하게 된다.

한편 일본은 중·일 전쟁 후 경제적으로 어려움을 겪자, 자원이 풍부한 동남아시아로 진출해 인도차이나 반도를 점령한다. 그러자 미국이 영국, 중국, 네덜란드와 함께 일본을 압박하게 된다. 이에 일본은 1941년 12월 하와이의 진주만을 기습 공격하여 태평양 전쟁을 일으킨다.

그러나 추축국에게 유리하게 전개되던 전황은 연합국의 총 반격으로 반전이 시

---

17) 전체주의(totalitarianism) : 이 용어가 일반적으로 쓰이기 시작한 것은 1930년대 후반부터인데, 당초에는 이탈리아의 파시즘, 독일의 나치즘, 일본의 군국주의 등을 가리키는 말로 사용되다가 제2차 세계대전 이후의 냉전체제하에서는 공산주의를 지칭하게 되었다. 전체주의에 대한 정의나 속성에 관해서 확정된 정설이 있는 것은 아니나, 전체주의란 개인의 이익보다 집단의 이익을 강조하여 집권자의 정치권력이 국민의 정치생활은 물론, 경제·사회·문화생활의 모든 영역에 걸쳐 전면적이고 실질적인 통제를 가하는 것을 말한다.

작된다. 미국은 미드웨이 해전에서 일본을, 소련은 스탈린그라드에서 독일을, 영국은 아프리카에서 독일을 크게 물리친다. 또한 연합군이 시칠리아 섬에 상륙하면서 1943년 맨 먼저 이탈리아가 항복한다. 무솔리니의 파시스트 정권이 무너진 것이다, 1944년 6월 미국의 아이젠하워 장군이 총지휘한, 우리도 잘 알고 있는 연합군의 노르망디 상륙작전이 성공하면서 연합군은 전쟁에서 확실한 우위를 차지하게 된다. 이로써 프랑스 파리가 독일에서 해방되고 1945년 5월, 연합군은 독일의 베를린을 함락시킨다. 히틀러는 이때 권총으로 스스로 목숨을 끊었다고 전해진다. 일본의 경우 항복하지 않고 끝까지 저항하자 미국은 1948년 8월 히로시마와 나가사키에 원자 폭탄을 투하한다. 결국 일본이 무조건 항복을 선언하면서 인류 역사상 가장 큰 전쟁은 막을 내리게 된다.

제2차 세계 대전은 치열한 전쟁으로 인해 전쟁터에서 많은 군인들이 죽었지만 집단 대량학살에 의해 더 많은 사람들이 죽었다. 독일의 히틀러가 유태인 600만 명을 학살했다고 알려져 있다. 유태인에게는 독일인과 구별하기 위해 노란색의 육각형별을 달고 다니게 했고, '게토'[18]라는 지역에 강제 이주시켰다. 아우슈비츠 수용소의 독가스 처형은, 일본이 만주의 731부대에서 살아있는 사람을 대상으로 생체 실험을 한 것과 더불어 가장 비인간적인 것으로 알려져 있다. 일본은 중국 남경에서 30만 명이 넘는 사람들을 학살했다. 미국이 일본의 히로시마와 나가사키에 떨어트린 원자폭탄으로 약 18만 명이 죽었다고 한다. 이외에도 전쟁이 일어난 세계 도처에서 많은 민간인들이 사망했다.

전후 국제연합[19]이라는 국제기구가 탄생한다. 제1차 세계대전 후 국가 간 분쟁에 어떤 조치를 할 수 없었던 국제연맹의 실패를 거울삼아 분쟁국에 무력을 사용할 수 있는 기구를 두게 된다, '안전보장이사회'의 결정으로 유엔군을 파병할 수 있게 하여 이 국제기구가 국제적인 분쟁에 실질적인 기능을 할 수 있게 했다. 그리고 전범재판을 통해 나치의 핵심인물과 유태인 학살에 관여한 209명중 기 사망한 사람을 제외하고 교수형 37명, 종신형 23명 징역 4명을 선고한다. 그러나 일본에 대해서는 교수형 7명, 종신형 16명, 징역 2명을 선고했는데 전쟁의 책임자인 천황과 남경대학살 관련 지휘관은 피고인 명단에도 오르지 않았다. 이는 731부대의 생체실험결과를 미국에 제공한 대가라는 주장이 있다.

---

18) 게토(ghetto) : 중세 이후 유대인들을 강제 격리시킨 유대인 거주지역에서 비롯된 말로, 주로 특정 인종이나 종족, 종교집단에 대해 외부와 격리시켜 살도록 한 거주지역을 지칭한다.
19) 국제연합(UN, United Nation)

이 제2차 세계대전의 연합군의 승리는 아시아, 아프리카, 남아메리카의 80여 개국이 독립을 성취하는 감격을 안겨주었다. 여기에는 우리나라도 포함된다. 그리고 특기할 만한 것은 이스라엘이 팔레스타인에 실로 2천년 만에 독립 국가를 세우게 되는 기적 같은 감격을 맛보게 된 점이다. 그러나 여기에 2천년이나 살고 있다가 갑자기 삶의 터전을 빼앗기게 된 펠레스타인에게는 청천벽력이었다. 이렇게 하여 이 지역은 오늘날까지 해답 없는 분쟁지역이 된 것이다.

무엇보다도 제2차 세계대전은 세계의 역사가 제국주의 국가중심의 근대사회에서 소련과 미국중심의 현대사회로 넘어가는 계기가 되었고 냉전시대라는 새로운 국제질서가 형성되는 단초가 되었다는 데 의의가 있다고 하겠다.

3. 역사의 비등점

역사의 비등점

서구의 중세 이후의 역사를 보면 대체적으로 대략 1세기마다 역사의 전환점이 되는 사건이 있어왔음을 알 수 있는데, 이는 액체의 비등점과 같다고 할 수 있다. 그래서 이를 '역사의 비등점'으로 정의하고자 한다. 비등점이란 액체가 끓기 시작하는 온도를 말한다. 주변 환경이 액체에 가하는 외부압력과 액체의 증발에 의한 증기압이 같아지는 온도이다. 각 물질의 비등점은 각기 다른데 이것이 그 물질의 특성을 나타나는 것이기도 하다.

물은 100도에서 끓는다. 즉 비등점이 100도이다. 물을 가열하면 100도에 이르는 일정한 시간동안에는 별다른 변화가 없다가 100도에 이르는 순간 끓어올라 증기기관도 움직일 수 있는 폭발적인 에너지가 나오는 것이다. 그런데 물을 가열해서 100도에 이르기까지는 시간만 흐르지 외관상 아무 변화가 없다. 우리는 아무런 변화가 없는 것처럼 보이는 이 현상에 주목해야 할 필요가 있다. 물을 가열할 때 발생하는 열에너지가 액체분자간의 인력을 끊고 기체로 상태변화가 일어나게 하는 데 쓰여지고 있다. 그래서 시간이 필요하다. 외견상 아무런 변화도 일어나고 있지 않은 것처럼 보이나 실상은 내부에서 변화를 위한 치열한 몸부림을 하고 있는 것이다.

역사에서 보면 역사의 비등점에 이르는 시간이 대략 1세기가 소요된다. 중세를 지나 르네상스 시대가 전개되면서 15세기 중엽 코페르니쿠스 자동설이 발표된 지 약

100여 년이 지난 16세기 중엽에 근대과학의 아버지라 일컫는 갈릴레이가 나타난다. 이로부터 이어진 과학문명의 발달은 마침내 100여 년이 지난 18세기 중엽 제1차 산업혁명이라는 역사의 비등점에 도달하게 만든다. 이로부터 다시 100여 년의 세월이 흐른 후인 20세기에 이르러 제2차 산업혁명을 달성한다. 산업혁명을 주도한 국가들이 21세기에 이르러서는 제3차 산업혁명을 이루었다고 자평하고 오늘날은 제4차 산업혁명을 예견하고 이를 준비해야 한다고 주장하고 있다.

산업혁명은 유럽에서 일어났지만 이를 주도한 나라들은 각기 다르다. 제1차 산업혁명을 주도한 나라는 영국과 독일이라고 할 수 있고 제2차 산업혁명은 미국과 독일 그리고 일본이, 제3차 산업혁명은 미국, 독일, 영국, 일본 등이 주도했다고 할 수 있다. 이들 국가를 포함한 오늘날의 선진국들은 보다 나은 국가사회를 건설하기 위해 대략 1세기에 걸친 치열한 투쟁의 과정을 거쳐 비등점에 이른 것이다.

15세기 이후 세계사를 주도한 나라, 자국의 역사상 최고의 전성기를 보낸 가장 대표적인 나라, 다시 말해서 역사의 비등점에 이른 나라는 16세기는 스페인, 17세기는 네덜란드, 18세기는 프랑스, 19세기는 영국, 20세기는 미국을 꼽을 수 있다. 이외에도 역사적 사건이 100년을 전후해 많이 일어났음을 이 책 여기저기에서 적시하고 있다.

이렇게 보면 '역사의 비등점 순환의 법칙'이라고나 할까, 인류의 역사는 역사의 비등점을 지난 나라는 세계사의 무대에서 사라지고 역사의 비등점에 이른 새로운 나라가 주인공이 되어 세계사의 무대 전면에 등장하는 것이 주기적으로 반복되어 온 것이라고 할 수 있다.

오늘날 지구상에는 약 230여 개의 국가가 존재한다. 이들 국가 중 오이시디 회원국은 34개국이다. 여기에는 중동이나 남미국가 등이 빠져있고 꼭 선진국만이 여기에 가입하는 것은 아니어서 지구상의 선진국을 대표한다고 할 수는 없지만 국제경제사회에 영향력이 크고 이를 주도한다는 데는 이의를 달기 어렵다.

그러나 후술하겠지만 이들 국가의 인구수나 과거의 문화유산을 보면 우리보다 낮다고 할 만한 게 없어 우리도 역사의 비등점을 만들 수 있다는 자부심을 갖게 만든다. 더구나 선진국이라고 해서 산업혁명이후 지속적으로 탄탄한 국가사회를 건설하여 매진해 온 것만은 아니라는 사실 또한 우리를 자극시킨다.

그들의 제국주의는 새로 눈을 뜬 피 침략국가의 거센 저항을 받았고, 제국주의 국가들끼리의 분쟁으로 제1차 세계대전을 일으키게 된다. 이후 반세기도 지나기 전에 자본주의의 모순이 드러나는 대공황이 발생하여 제2차 세계대전의 도화선이 된다. 제2차 세계대전 이후에는 많은 신생 독립국가들이 생겨나고, 미국과 소련이라는 새로운 강국이 국제사회에 등장하여 세계를 공산주의와 자본주의로 양분하면서 냉전 시대를 열게 된다. 그러나 이로부터 반세기도 지나기 전인 20세기 말엽에는 공산주의가 몰락하면서 소련이란 강대국은 해체되었고 중국이라는 거대한 국가가 국제경제사회에 등장한다. 중동의 화약고로 불리는 중동국가는 여전히 미국과 서방세계와 적대적인 관계에 있다.

역사를 보는 눈

우리나라의 경우 세계 유일의 분단국가로 남아 있다. 18세기 이후 서구의 근대화 과정에서 자신들의 국가사회의 앞날을 놓고 사회주의와 자본주의를 주장하던 그들이 200년이 지난 후 그런 나라가 있는지도 몰랐던 지구의 반대편에 있는 한 민족국가가 그들의 두 이론을 중심으로 분단되어 21세기 초엽인 오늘날까지 대척점을 이루고 있게 되리라고 상상이나 했겠는가!

그러나 이는 엄연한 역사적 사실이고 분단조국은 우리의 현실이다. 그렇다면 우리나라 분단의 책임은 누구한테 있는가. 물론 일차적으로는 우리의 책임이지만 직접적으로는 미국과 소련에 있다. 이 두 나라를 생각하다가 문득 로마제국의 멸망을 예로 들면서 '인류역사상 영원한 강대국은 없다는 것은 역사가 증명해주고 있다'고 가르치신 고교시절 은사님이 떠올랐다. 은사님은 '역사의 비등점 순환의 법칙'을 말씀하신 것이다.

그렇다. 지구상에 영원한 강대국의 없다는 것은 역사의 필연이다. 특히 분단 한국에 책임이 있는 나라는 반드시 역사의 필연에 따라야 한다. 우리에게 씻을 수 없는 생체기를 내고 말로 표현하기 어려운 민족비극을 안겨준 그들은 반드시 그 대가를 치러야 하지 않겠는가.

사실 제2차 세계대전 이전까지만 하더라도 해가 지지 않는 나라나 게르만 민족의 우수성을 기어이 자랑하고 싶었던 나라를 위시한 제국주의 국가들은 영원한 강대국으로 세계를 지배할 줄 알았으나 1세기가 채 지나기 전에 미국과 소련에 주도권을 내주었다. 주도권을 내준 이 국가들 또한 그 이전에는 스페인이나 포르투갈보다 못한 후진국이었다. 스페인이나 포르투갈도 15세기 이전에는 존재도 잘 모르는 그런 나라였다. 오늘날의 미국은 제2차 세계대전 이전만 하더라도 국제사회에서 무슨 역할을 하는 그런 나라는 아니었다. 전후 엄청난 경제발전으로 경제대국이 되어 현대사의 주역이 되었지만 1776년 이전에는 지구상에 존재하지도 않았던 나라이다. 이와 같은 역사적 사실은 재삼 인류의 역사상 영원한 강대국은 없다는 것을 말해주고 있다. 앞서 언급한 한 나라가 역사의 비등점을 지나면 역사의 무대 뒤로 사라지고 역사의 비등점에 이른 새로운 나라가 무대의 주인공으로 등장하는, 이른바 '역사의 비등점 순환의 법칙'이 적용되고 있는 것이다.

오늘날 우리나라는 개항 이후 1세기 반이 다가오는 시점에 서있다. 해방 이후 1세기가 저만치에 있는 시점에 서있는 것이다. 개항 이후 광복 이전까지의 근대사는 어쩔 수 없었다 하더라도 해방 이후 오늘날에 이르기까지의 역사의 흐름을 조망할 때 우리나라도 국제사회에서 주도적인 역할을 할 수 있는 시대가 다가오고 있음을 감지할 수 있다. 우리나라는 역사의 비등점에 매우 가까이 와 있다. 그 동안의 국가의 성장과 역량을 볼 때 비등점은 전혀 허상이 아니다. 더구나 근대사가 전개되던 당시 제국주의 국가의 수를 따져보면 10개가 채 넘지 않고 여기에는 일본도 끼어 있다는 사실을 상기하면 반드시 비등점에 도달해야 한다는 당위성마저 있다.

우리는 여기서 반드시 짚고 넘어가야 할 것이 있다.

개항을 전후하여 오늘에 이르는 우리의 역사를 되돌아보아야 한다. 그리고 역사에서 배워야 한다. 아울러 우리역사의 비등점을 준비해야 한다. 새로운 역사의 비등점을 만들기 위해, 또한 이를 앞당기기 위해 가장 좋은 가열하는 방법을 찾아내어 스스로를 가열해야 한다. 인류의 긴 역사에서 보면 역사에 비등점에 이르는 1~2세기는 긴 기간이 아니다. 그러나 비등점에 오르기 위한 가열의 시간을 갖지 못하면 매우 긴 기간이 될 수 있다.

제2장

현대사의 갈림길에 선 한국

1. 여명기의 코리아 무엇이 문제였나?

현대사의 갈림길에 선 한국

이 책의 머리말에서 유럽에서 산업혁명이 일어난 18세기 이전의 동·서양 대부분의 국가들은 왕정의 계급사회로 유사한 사회구조를 가지고 있어 동·서양의 문명은 크게 차이가 나지 않았고, 우리나라는 오히려 서양문화를 능가하는 문화수준을 유지하고 있었는데 서구의 근대화시기에 무엇을 어떻게 하고 있었기에 서세동점의 희생양이 되어 경술국치를 당하고 그로부터 1세기도 더 지난 오늘날까지 선진국을 따라하고 배우기에 급급한 처지가 되었는지 이해하기 힘든 현실을 적시하였다. 그래서 이 문제를 화두로 삼아 산업혁명을 전후한 유럽사회의 변화와 근대화 과정을 개관하고 이 시기에 해당하는 조선왕조 후기의 사회를 조망했다. 아울러 오늘날 우리 직업사회가 처한 내·외의 환경을 살펴보고, 중요한 역사적 사실을 중심으로 우리나라와 서구의 역사를 비교해 보았다.

이를 종합해 보면 우리가 지금까지 우리나라의 역사를 어떻게 배웠든, 부정적인 생각을 가지고 있든, 긍정적인 생각을 가지고 있든 적어도 15세기 초까지만 해도 세계의 역사상 가장 강대국이었다는 사실을 알 수 있다. 우리는 이것을 깨달아야 할 것 같다. 사실 이 기간에는 국제간에 큰 교류가 없어서 그렇지 오늘날의 지디피 같은 평가기준을 가지고 세계 모든 나라를 비교해 볼 수 있다면 틀림없이 1위이고 2위와도 상당한 차이가 났을 것이다. 이 기간에는 미국이라는 나라는 지구상에 존재하지도 않았을 뿐만 아니라 우리나라와 같이 장구한 역사를 가진 나라가 별로 없어 비교 대상국가도 많지 않다.

그러나 중요한 것은 자랑스러운 과거의 역사가 아니라 지금 우리가 살아가면서 만들고 있는 이 시대의 역사가 아니겠는가. 문제는 지금까지 살펴 본 역사적 사실만 가지고도 우리나라는 세계 최강국이거나 세계의 역사를 주도하는 나라이어야 함이 마땅함에도 불구하고 현실은 그렇지 못하다는 데 있다. 21세기 초엽에 선 우리는 이에 대한 진단과 처방을 마련해야 하는 시대적 과제를 안고 있는 것이다.

지금의 우리는 여전히 선진국을 따라 하기에 급급하면서 그 뒤를 따라갈 것인지 아니면 국제사회에서 주도적인 역할을 하는 진정한 강대국의 반열에 오를 수 있는 새 길을 개척해 낼 수 있을 것인지의 중대한 현대사의 갈림길에 서 있는 것이다.

이제 다시 한 번 여명기의 한국사회로 돌아가서 도대체 무엇을 어떻게 했기에 근대이후 도도히 흐르는 세계사의 주변을 서성거려야 했는지 그 원인을 찾아보기로 하자.

사회변혁의 유인책

첫 번째로 생각해 볼 수 있는 것은 유럽의 산업혁명에 비견될만한 사회변혁을 가져올 수 있는 어떤 사건이나 조치가 없었다는 데서 그 원인이 있지 않나 하는 점이다.

'혁명'의 의미를 사전에서 찾아보면 '이전의 왕통을 뒤집고 다른 왕통이 대신하여 통치하는 일, 헌법의 범위를 벗어나 국가 기초, 사회 제도, 경제 제도, 조직 따위를 근본적으로 고치는 일, 이전의 관습이나 제도, 방식 따위를 단번에 깨뜨리고 질적으로 새로운 것을 급격하게 세우는 일' 등으로 정의되어 있다. 당초에는 첫 번째 의미로 사용되다가 나머지의 의미는 후에 추가된 듯하다. 말하자면 당시 유럽에서는 가히 산업계에 혁명이라 할 수 있는 사건이 일어난 것인데 우리나라에는 유럽의 공업발전과 중상주의에 필적할 만한 소위 경제정책이나 사회개혁 사상이 없었던 것은 아닌지 의심해 볼 만하다는 것이다.

그런데 이 문제는 결론부터 말하면 그렇지 않다는 것이다. 신라시대의 장보고나 당시에 아랍과도 교역을 했다는 기록을 보면, 오늘날의 무역에 해당하는 상거래가 근대의 훨씬 이전부터 이루어지고 있었다는 것을 알 수 있다. 더구나 앞서 살펴본 바와 같이 1670년에 실학의 효시라 할 수 있는 학자 유형원은 통치제도의 개혁안을 담은 방대한 저술을 남겼고 이후 정약용의 경세유표에 이르기까지 2세기가 넘는 기간에 걸쳐 여러 학자가 국가사회 개혁을 위한 저술을 남겼다. 국가의 정치·경제·사회 모든 분야를 아우르는 이 책들의 내용을 보면, 지구상에 이렇게 치밀하고 정치하게 사회현상을 분석하고, 이처럼 실증적이고, 현실적이고, 구체적이고, 획기적인 사회개혁, 아니 국가개조론을 설파한 책이 또 있을까 싶다. 특히 경세유표의 부국강병과 중상주의 정책을 보면 18세기에 쓴 것이 맞나 싶을 정도이다.

그러나 불행히도 이러한 주창들은 국가정책으로 시행되지 못했다. 당시 유럽에 필적할 만한 경제정책이나 사회개혁 사상이 없었던 것은 아니나 이를 실행에 옮기는 국가차원의 어떤 정책의 시행이나 조치가 없었던 것이다. 여기에 원인이 있는 것은 아닌지 모르겠다.

시민의식

두 번째는 당시 유럽시민들의 자유와 평등의 욕구나 저항의식이 우리 조선의 평민보다 더 강했던 것은 아닌지, 이것이 주된 원인은 아닌지 하는 점이다.

당시 유럽에는 이렇다 할 겨울 의복이 없어 추위에 떨며 겨울나기가 매우 힘들었는데 '울'이라는 충격적인 발명품이 나타나서 사회를 크게 변화시키는 계기가 되었다. 이를 위시한 산업화의 바람을 타고 너도 나도 도시의 공장으로 향했는데 신흥자본가의 횡포가 극심하여 당시 노동자의 삶은 비참하기 짝이 없어 7~8세의 아동까지 혹사시켰다. 또한 당시에 폐병이 만연했는데 노동자가 폐병이 걸리면 가차 없이 해고했다.

"사흘 굶으면 담 안 넘는 사람 없다."는 우리의 속담은 동서고금을 막론하고 통용되는 만국공통의 속담이라고 할 수 있다. 직장에서 쫓겨나서 자기뿐만 아니라 처자식까지 먹고 살기가 막막해진 이들은 도둑이나 강도가 되었다. 파티와 무도회를 다녀오는 귀족들의 마차를 습격하는 일이 비일비재해서 이때 살해당한 귀족이 셀 수가 없을 정도였다고 한다.

한편 이익의 성호사설에는 「새가 궁지에 몰리면 사람을 쪼고, 짐승이 궁지에 몰리면 사람을 후려치고 사람이 궁지에 몰리면 간사함을 부린다. 고려 때 공사노비가 모여 모의하기를 "장수와 정승으로 되는 데에 어찌 다른 종이 있겠는가. 우리들인들 어찌 힘만을 수고롭게 하고 괴롭게 하면서 회초리 밑에서 곤란만 받겠는가." 하였다. 이에 누런 종이를 잘라서 군로를 만들고 먼저 최충헌을 죽인 다음, 이어서 각자 그 주인을 쳐 죽이기로 약속하였다. 그리고 천적(천민의 호적)을 불살라서 삼한에 천한 사람이 없도록 하면 공경·장상을 우리가 모두 할 수 있다고 하였다. 그러나 일이 발각되어 모두 죽임을 당했다. 또한 원종 12년에 관노들이 나라의 벼슬한 자를 죽이기로 모의하다가 또한 죽임을 당했다.」는 기록이 있다.

조선시대 이전부터 이후까지 크고 작은 민중의 봉기가 계속 있어 왔다. 조직적으로 활동하여 가대한 세력이 된 홍경래의 난은 영국의 러다이트 운동이 일어난 해와 같은 년도인 1811년의 일이다. 이런 역사적 사실을 보면 기득권에 대한 민중의 저항의식의 차이에서 원인을 찾아보려는 것은 타당성이 그렇게 많아 보이지는 않는다.

새로운 시대정신

세 번째는 당시 유럽사회에 등장한 새로운 시대정신에서 그 원인을 찾아볼 수 있는 것이 아닌가 하는 점이다. 소위 산업혁명으로 대변되는 근대화 바로 이전의 유럽사회는 기독교에 의해 지배되던 중세의 암흑기를 벗어나는 르네상스운동이 이탈리아에서 비롯되어 전 유럽으로 확산된 르네상스 시대이다.

「이 시기에 그들은 자연과학적 사고라는 새로운 학문의 세계의 문을 열었다. 데카르트는 수학적으로 입증할 수 없는 일체의 지식을 허구로 간주했다. 베이컨은 참된 지식은 우리가 고교시절에 배운 4개의 우상으로부터 탈피해야만 가능하다고 하였다. 이후 낭만주의 시대를 거쳐 실증주의가 대두된다. 이는 오규스트 꽁트에 의해 주창된 것으로 그는 인간의 역사를 1) 종교적 단계, 2) 형이상학적 단계, 3) 과학적 단계의 3단계로 구분하고 그가 당면하고 있는 시대의 사조가 낭만주의라는 이름의 형이상학적인 단계에 있음을 시사하고 자신은 이를 극복하고 새로운 발전적 단계 즉, 과학적 단계를 여는 것임을 암시하고자 하였다.

여기서 과학적 단계의 지식체계가 실증주의이다. 실증주의의 기본적 주장은 사실에 관계된 모든 인식은 경험의 실증적 자료에 근거해야 된다는 것이며, 사실을 초월한 인식은 순수한 논리와 순수한 수학에 근거하여야 된다는 것이다. 또한 실증주의가 원리로 삼고 있는 것은 첫째 현상계를 통하여 주어진 일체의 사실을 있는 그대로 받아들이고, 둘째 이 주어진 사실을 일정한 법칙에 따라 정리하며, 셋째 여기서 인식된 법칙을 토대로 앞으로 현상계에 나타날 제 사실을 예견하여 그에 대처할 준비를 갖추는 것이다.

다시 말하면 실증주의란 자연과학적 방법론을 뜻하는 것으로 마치 자연과학자가 실험이나 관찰을 통하여 자연계의 현상을 객관적으로 파악하고 그 현상 속에서 작용하는 법칙을 발견함으로써 그것을 자연의 개발 및 이용에 적용시키는 것과 동일하게, 사회 또는 역사적 사실을 인식하고자 하는 자세를 뜻한다.」[11]

대륙을 휩쓴 이와 같은 실증주의가 과학문명의 발전을 이끈 것이라고 볼 수 있다.

반면에 우리나라의 경우 고려시대는 불교사상이 조선시대는 유교사상이 지배하였다. 팔만대장경에서 보듯이 고려시대는 불교문화가 발상지보다 더 화려하게 꽃을 피웠고, 유교를 국교로 채택한 조선시대에는 퇴계와 이황이라는 성리학의 창시자를 능가하는 성리학의 대가를 낳았다. 불교나 유교정신은 오늘날까지도 우리사회에 깊숙이 자리하고 있다. 이와 같이 시대를 이끈 불교나 유교와 같은 시대정신은 있었으나 이 시대정신이 관념적이고 규범적이어서 과학문명이 발전할 만한 계기를 만들지 못한 결과로도 볼 수 있다. 이러한 분석은 상당한 개연성이 있어 보인다.

그러나 많은 부분에서도 그렇지만 이러한 분석은 일본 앞에 서면 맥을 잃고 만다. 퇴계 이황을 성리학의 원조로 받들어 모시는 같은 유교문화권인 일본은 메이지 유신을 통해 서구 근대화 시기의 제국주의 국가들과 어깨를 나란히 했다. 어찌 유교를 탓할 일인가 싶기도 하다. 또한 종교의 문제도로 볼 수 있으나 서구는 오늘날까지도 기독교의 영향하에 있으면서도 그러한 변화가 가능했다고 보면 새로운 시대정신을 어떻게 해석해야 할지 모를 일이다.

기술과 과학의 랑데부

네 번째는 유럽이 산업혁명 이래 과학과 기술이 접합하여 만들어 낸 신문명을 주된 원인으로 보는 관점을 들 수 있다.

「20세기 인류사를 특징지우는 희대의 사건은 20세기를 통하여 기술과 과학이 본격적인 랑데부를 시도했다는 사실이다. 많은 사람이 과학을 동일한 것으로 착각하고 '기술과학'이니, '과학기술'이니 하고 무분별하게 말을 뭉뚱그려 사용하지만, 과학과 기술은 개념적으로 확연한 구분이 있는 것이다. 기술이란 본시 삶의 예술의 모든 것을 지칭한다. 즉 기술이란 살아가는 방편으로 필요한 모든 예술 즉 기예를 말하는 것이다. 까치가 휘엉청 거리는 나뭇가지 끝에 태풍에도 견디는 견고한 집을 짓는 것은 분명 까치의 '기술'이다. 그런데 우리는 그것을 까치의 '과학'이라고 말하지는 않는다. 과학이란 인간의 지식을 특징지우는 어떠한 측면이다. 과학이란 본시 기술과는 무관한 인간의 사변이성[20]의 산물인 것이다. 과학의 특징은 인간이 살고 있는 세계를 법칙적으로 파악하는 것이다. 이때 '법칙적'이라는 것은 대강 희랍인들에 의하여 '연역적'인 것으로 이해되었는데, 이 연역적인 인간의 사유의 방법의 대표적인 것이 바로 '수학'이라는 것이다. 이 과학이라는 것은 기술의 전제위에서 발생한 것이 아니다. 과학은 인간의 사변이 고도화되면서 생겨난 하나의 철학체계요, 지식체계와도 같은 것이다. 다시 말해서 원시인들이 토기를 굽는 것은 '기술'이다. 그러나 그들이 토기를 구울 때 과학이라는 연역적 전제를 꼭 필요로 하지는 않는다는 것이다. 그들은 흙과 불에 대한 과학적 일반이론을 전혀 몰랐을지라도, 놀랍게 훌륭한 토기를 구워 내었다

---

20) 사변이성 : Speculative Reason

는 것이다.

이와 같이 인류의 역사에서 과학과 기술은 따로 따로 발전한 것이다. 기술의 역사, 그 정밀성과 고도성을 운운한다면, 아마도 중국문명이나 우리 한국문명이 훨씬 더 서양문명을 앞질렀을 것이다. 몇백년 전만 거슬러 올라가도 이 지구상에서 도자기를 굽는 기술은 우리 조선의 기술이 세계 최고의 수준을 과시하고 있었다. 고려청자나 조선백자의 수준은 기술적 측면에서 분명 송자나 명대의 자기 수준을 훨씬 뛰어넘는 것이다. 그리고 당대 유럽은 1,300℃ 가까운 가마의 기술을 상상할 수도 없었다. 일본의 '아리타 야키'라든가 '사쓰마 야키'가 모두 정확하게 당대 일본에서는 상상도 할 수 없었던 우리나라의 고도의 불의 예술이 전수되어 발전한 것이다. 우리나라의 금속활자 활판인쇄술만 하더라도, 서양 사람들이 아무리 구구한 이설을 내어도 소용없을 정도로, 명백하게 그 자체로서 당대의 최고·최초의 기술이라는 사실은 의심의 여지가 없다. 고려시대에 이미 성행했던 주자인쇄는 차치하고서라도, 세종조의 갑인자같은 것을 가만히 들여다보고 있으면 도무지 그 아름다움에 도취하여 눈을 뗄 수가 없을 정도로 정치하고 단초로운 품위가 곳곳에 스며들어 있다.

우리나라 조선조의 목공예품을 보아도 그것은 디자인적으로나 솜씨21)의 정밀성으로나 가히 세계 최고의 가품들이다. 그런데 이렇게 명백히 세계최고의 기술의 대국인 조선의 후손들의 나라인 대한민국은 왜 이다지도 기술의 시대에 뒤진 모습을 하고 있는가? 왜 기술에 있어서조차 일본의 꽁무니도 따라가기 어려운 수준에 머물러 있는가? 바로 여기에 대답할 수 있는 결정적 열쇠가, '과학과 기술의 랑데부'라는 이 한마디에 있는 것이다. 우리가 자부하던 과거의 찬란한 기술은 곧 과학의 전제 없이 이루어진 것이다. 그것은 삶의 방편으로 개발된 것이다. 그것은 삶의 예술이었던 것이다.

그러나 우리가 소위 개화를 통하여 경험해야만 했던 서양콤플렉스는 바로, 과학과 기술이 본격적인 랑데부를 시작하여 구성한 새로운 문명에 대한 콤플렉스였던 것이다. 19세기 초까지만 하더라도 동양과 서양은 소위 과학기술문명 전반에 있어서 그리 큰 차이를 보이는 문명의 양태들이 아니었다. 서양 역시 우리나라 앞선다 할 것이 별로 없는, 과학적으로, 의학적으로, 종교적으로 매우 미신적인 수준에 머물렀던 그런 문명이었다. 그런데 산업혁명 이래 서양의 문명의 모습은 완전히 그 이전과는 다른 단절의 양상을 과시하기 시작했다. 기술 속으로 과학이 진입하고, 또 과학 속으로

---

21) 솜씨 : Craftsmanship)

기술이 진입하기 시작한 것이다.」[12]

임진왜란과 과학기술의 단절

다섯 번째로 양대 전란으로 인한 과학기술의 단절을 원인의 하나로 꼽을 수 있다. 1392년 새로운 조선왕조가 탄생하여 백성의 복리민복을 위해 의욕적으로 국가를 경영하였다. 그 과정에서 조선건국 초기 세종이라는 걸출한 성군이 나타나 찬란한 문명을 꽃피웠다. 이렇게 역사가 흘러 건국 이후 2세기가 지난 시점인 1592년에 임진왜란이 일어났다. 이 7년 전쟁의 피해는 컸다. 온 나라가 황폐화되고 백성은 도탄에 빠졌다. 전란에 따른 인명의 손상은 말할 것도 없고, 많은 사람이 일본에 끌려갔으며 수많은 우리 문화재를 약탈당했다. 문화재에는 당연히 퇴계집과 같은 서적도 포함되어 있었다. 일본이 퇴계를 우리나라에서보다 더 많이 연구하고 흠모하는 것도 이런 연유이고, 일본의 도자기가 오늘날 세계적으로 명성을 얻고 있는 것은 이때 끌려간 조선의 도공의 후예들 때문이다. 20세기 후반에는 일본의 도공들이 자기 조상의 뿌리를 찾아 전남 강진을 방문한 적도 있다. 사무라이 아니면 내놓을 게 별로 없었던 그들은 전후 조선의 전리품으로 그들의 근대화의 초석을 쌓은 것이라고 단정적으로 말해도 될 것 같다.

이와 반대로 조선은 그 동안 쌓아온 물질문명이 송두리째 무너졌다. 이때의 과학문명의 단절이 2세기 이후 외세에 의해 소위 개화기를 맞게 되었고 일본은 성공적인 메이지 유신을 통한 근대화를 이룬 것으로 유추해 볼 수도 있다. '역사의 비등점' 관점에서 보면 역사에서 1세기는 긴 기간이 아니기 때문이다. 이것이 시련의 끝이 아니다. 불행히도 임진왜란 후 반세기도 채 지나기 전인 1636년에 병자호란이 일어나서 조국산하는 또 한 번 유린당하게 된다.

이 시기의 유럽은 앞서 살펴본 바와 같이 세상 모든 것을 과학적 방법에 의해 재단하려는 실증주의가 유행하여 새로운 과학기술에 의한 신문명을 창조해 내고 있었는데 우리나라는 양대 전란으로 그나마 이룩한 과학문명이 송두리째 파괴당해 과학기술의 기반마저 무너지고 만 것이다. 이러한 문제 제기의 타당성은 차치하고 문명의 발전은 하루아침에 이루어지는 것은 아니기 때문에 그렇다고 보는 것이다.

너무 늦은 한글사용의 일반화

여섯 번째로 생각해 볼 수 있는 것은 앞서 첫 번째의 사회개혁사상과 관련한 것이다. 실학사상이 비록 정책으로 채택되지 않았다 할지라도 백성 스스로 부국강병의 기회를 만들어 낼 수도 있지 않았나 하는 점이다.

미국의 남북전쟁은 노예제도 폐지여부를 놓고 1861년 4월부터 1865년 4월까지 미국의 남부와 북부 간에 벌어진 내전이다. 이 내전에서 가장 헌신적이고 열심히 싸운 군인은 북부의 흑인군인이었다고 한다. 이유는 간단하다. 천형과도 같은 자기들의 노예 신분제도가 폐지된다는 데 이를 위해 목숨이 몇 개라도 다 바치지 않았겠는가.

실학파의 주장에는 이보다 더 파격적인 내용을 담고 있다. 유형원은 「임금은 하늘을 대신하여 사람을 다스리기 때문에 나라는 곧 임금의 나라이며 백성은 곧 임금의 백성이니 어찌 다시 그 사이에 따로 노비를 만들어서 임금의 백성을 해칠 수 있겠는가.」라고 설파하면서 노비제도의 폐지를 주장하였다. 더 나아가 양반도 일을 해야 한다는 것, 기술을 관리하는 부서를 두어 새로운 기술을 개발한 사람에게는 관료의 길을 터주어 양인이나 노비의 신분도 바뀔 수 있는 제도를 시행하야 된다는 것, 서얼의 차별을 없애야 한다는 것, 양반의 토지의 소유를 제한하고 경자유전의 원칙을 적용해야 한다는 것 등과 같은 사회개혁의 내용 하나 하나를 당시 평민이나 노비가 소상히 알게 되었다면 어떻게 되었을까.

만약 이러한 개혁내용을 널리 알릴 수 있었더라면 백성, 그러니까 민중으로부터 사회개혁이 가능하지 않았겠는가 하는 점이다. 이들에게 어떤 계기만 주어졌더라면 미국 흑인군인의 백배도 넘는 에너지를 발산하여 그야말로 우리민족의 소중한 유산인 신명을 다 바쳐 투쟁했을 것이다. 이때가 세종대왕이 한글을 반포한지 200년도 더 지난 시점이다. <반계수록>을 읽기 쉽고, 이해하기 쉽게 한문이 아닌 한글로 써서 당시 발달한 인쇄술로 대량으로 찍어 내어 많은 백성들에게 배포했더라면 하는 진한 아쉬움이 든다. 이렇게 했더라면 위로부터의 개혁이 안 되었더라도 밑으로부터의 개혁은 얼마든지 가능했을 것이라고 생각된다.

<반계수록>의 편찬과정을 보면 더욱 그렇다. <반계수록>은 1670년에 완성되었다. 그 후 1678년(숙종 4년)에 참봉 배상유가, 1694년에는 유생 노사효 등이 이 개혁안의 실시를 촉구하는 상소를 했다. 책이 완성된 지 70년이 지난 1741년에는 승지 양득중이 영조에게 이 책을 추천하였고, 좌참찬 권적이 세자에게 이 책의 간행을 청하였다. 또한 홍계희의 청으로 예문관에서 3부를 찍어 사고에 보관하고, 신하에게도

반포가 허락되었으며 1770년 경상감영에서 26권 13책이 목판으로 인쇄되어 유포되었다. 1783년에 경상감영에서 다시 목판으로 간행되었는데 고서본은 40여 질이 현전하고 있다.

개화기의 근대적인 한국사회사상으로 표상되는 이 책이 그나마 조금 널리 배포되는 데는 1세기, 그러니까 100년이 걸린 것이다. 늦게 발간된 것은 그렇다 치더라도 이 한문으로 된 서책을 읽고 제대로 이해한 사람은 또한 몇 명이나 되었겠는가. 이 책이 한글로 되어 있었더라면 읽는 그 자리에서 바로 알 수 있는 내용들이 아닌가.

너무 늦은 한글사용 일반화는 이뿐만 아니라 우리의 문명발달사에 많은 아쉬움을 남겼다. 그 와중에도 그나마 이익·박제가·박지원·안정복·정약용 등의 걸출한 후학을 낳아 실학이라는 한 학파를 형성할 수 있었다는 것을 위로로 삼아야 할 듯하다.

유형원의 <반계수록>이 완성된 1670년은 유럽 산업혁명이 일어난 때보다 100여 년이 앞선 시기이다. 이때부터 이 개혁정책을 시행했더라면 우리 국민의 역량으로 보아 필연적으로 산업혁명과 같은 대변혁은 우리나라에서 일어났고 이후 우리나라에서 일어나는 모든 일이 인류의 역사가 되었을 것이다. 참으로 통탄스러운 일이 아닐 수 없다.

허준이 동의보감을 편찬할 때 세 가지 원칙을 세웠는데 그 중의 하나가 '국산 약을 널리, 쉽게 쓸 수 있도록 약초 이름에 조선 사람이 부르는 이름을 한글로 쓴다.'는 것이다. 동의보감이 편찬된 것이 1613년의 일이다. 차라리 한글의 유용성을 몰랐다면 몰라도 더욱 더 애석한 일이다. 언젠가 고전을 번역하는 분이 티브이에서 지금과 같은 인력으로 규장각에 있는 고서를 다 번역하려면 100년도 넘게 걸린다는 말씀을 들은 적이 있다. 꿰지도 못하는 구슬이 서 말이 아니라 삼십 말이라 한들 무슨 소용이 있겠는가.

우리나라에 기독교가 전파된 것은 18세기 말엽인데 우리나라는 세계교회사에 유래가 없는 두 가지를 기록하고 있다고 한다. 첫 번째는 세계에 유래가 없을 정도로 폭발적인 성장을 해왔다는 점이고, 두 번째는 천주교가 전래된 이후 이를 선교사들이 전한 것이 아니라 스스로 천주교 신앙을 신봉하는 신자가 늘어난 것은 세계 교회사에서 유일한 일이라는 점이다.

이와 같은 기적 같은 일이 가능했던 것은 엄격한 신분사회에서 지배층에게 차별받고 억눌려 있던 일반 백성들에게 세상의 모든 사람들은 공평하게 태어나서 평등한 지위를 가진다는 '평등사상'은 엄청난 반향을 불어오게 만드는 사회적 요인 등 여러 가지가 있지만 그중에서 가장 결정적인 영향을 미친 것은 한글로 번역한 성경을 보급한 것이었다는 요지의 기록을 보게 된 것이다. 뒤늦은 한글전용이 국가발전에 영향을 미쳤다는 논리에 어느 정도 타당성을 확보해 주는 주장으로 보인다.

한편 외국어 문제는 곰곰이 생각해봐야 할 문제이다. 유럽 사람들은 보통사람도 몇 개 국어는 할 줄 안다고 한다. 그것이 사실이라고 한다면 국가 간 왕래가 자유로워 의사소통을 하기 위한 현실적인 필요에 의해서 그렇게 되었을 것이다. 우리도 외국어는 필요한 사람만 알아서 배우도록 할 필요가 있다. 영어만 해도 그렇다. 오래전에 외교문서의 해석을 잘 못하여 문제가 된 일이 저널에 보도된 적이 있다. 어려서부터 모든 학생에게 마치 의무교육인 것처럼 영어를 가르치고 웬만한 자격시험이나, 입사시험 등에 거의 필수과목이 되어있는 영어를 그것도 전문가라 할 수 있는 사람이 외교문서의 번역을 잘 못하다니 십년공부 도로 아미타불이 아니겠는가. 또한 이렇게 힘들게 끙끙대고 장기간 공부한 학생들이 성인이 되어 실제로 영어를 사용하는 사람이 몇 퍼센트나 되겠는가? 유럽에서 웬만한 사람이 몇 개 국어를 하는 것은 대단한 일이 아니다. 그들은 현실적으로 의사소통을 위해 외국어를 해야 할 환경 속에 있기 때문이다.

말은 사용을 해야 잊어버리지 않는다. 말과 글은 사회 속에서 살아가기 위한 기본적인 것이지 공부로 해서 배워야 할 성질의 것이 아니다. 그런데 우리는 이를 공부로 배우고, 그것도 장기간 배우고 나서 사용하지 않으니 죄다 잃어버린다. 십년공부 도로 아미타불이다. 더 어이없는 것은 그래도 대부분의 국민들은 살아가는 데 아무런 불편이 없다는 현실이다.

지금의 영어를 배우는 것은 과거에 한문을 배우는 것과 같은 이치다. 당대에 강대국의 언어를 열심히 배운 것이다. 앞으로 신흥 강국이 새롭게 등장하면 영어가 그 나라 언어로 대치되어 또 열심히 가르치고 배워야 할 것이다. 외국어 교육문제는 깊이 생각해 볼 필요가 있다. 소수의 전문가만 양성하고 일반인은 필요한 사람만 알아서 배우도록 하는 방향으로 개선할 필요가 있어 보인다.

시장의 한계와 뒤늦은 해외여행 자유화

일곱 번째로 고려해 볼 수 있는 것은 지정학적인 여건에 따른 한계, 요즘의 용어로 말하면 시장의 문제가 아닌가 하는 점이다. 이와 관련해서는 금속활자의 발명과 이의 역사적 의의를 살펴볼 필요가 있다.

그 전에 여기서 한 가지 짚고 넘어갈 것은 세계최초라든지 무슨 유적이 유네스코 문화유산에 포함되었다든지 하는 것에 그렇게 흥분할 일도, 대단한 일도 아니라는 것이다. 그런 것을 자랑하기보다는 그런 결과가 오늘날 이 세상을 살아가고 있는 우리에게 무슨 영향을 미쳤는지, 어떤 가치가 있는지, 지금은 어떻게 되어 있는지 등을 검토하여 교훈으로 삼는 일에 더 신경을 쓰는 게 맞지 않나 싶다.

'백운화상초록불조직지심체요절'은 통상 줄여서 '직지심체요절'로 부르는데 백운화상이 고려시대인 1372년(공민왕 21년)에 저술한 것으로 현재 세계에 남아 있는 금속활자 인쇄본 가운데 가장 오래된 책으로 공인되어 있다. 1455년에 인쇄된 서양 최초의 금속활자인쇄본인 구텐베르크의 성서보다 무려 78년이나 앞선 것이다. 이것은 누구나 아는 사실이다.

그런데 여기서 예로 든 이 금속활자의 경우 유럽에서는 일대 사건이었다. 이와 관련한 여러 저널이나 관련 자료를 종합해 보면 구텐베르크가 금속활자를 발명한 15세기 유럽은 르네상스 시대가 전개되는 시대로 책이 무척 귀했다. 책을 만들 때 양피지를 썼는데 양피지로 만든 히브리어 성경은 부피도 크고, 만들기도 어려워 한 권 만드는 데도 엄청난 돈이 들었다고 한다. 그래서 책은 군주들 혹은 수도원에서나 소유할 수 있는 매우 귀중한 것이었다. 그런데 이 금속활자로 인하여 책의 대량보급이 가능하게 되면서 지식이나 지혜를 순식간에 공유할 수 있게 되어 르네상스의 시대를 꽃피우는 데 결정적인 역할을 했다는 것이다. 결국 이로 인해 인류의 문화가 비약적으로 발전하게 되었다는 것이다. 그래서 혹자는 인류문명에 가장 영향력이 컸던 것으로 이 금속활자를 꼽기도 하고, 토마스 카알라일[22]은 "종이와 인쇄가 있는 곳에 혁명이 있다."라고 주장했다고 한다.

그들은 서구의 자존심과도 같은 이 금속활자 발명을 마음껏 자랑하려다 보니 뜻밖에 잘 알지도 못하는 동방의 어느 한 나라에서 구텐베르크보다 무려 78년이나 먼저 이미 금속활자로 책을 만들었다는 빼도 박도 못하는 결정적인 증거가 있다는 것을 알게 되었다. 고 박병선[23] 박사의 눈물겨운 노력의 결과로 그들은 이를 공식적으

22) Thomas Carlyle(1795~1881) : 영국 비평가 겸 역사가. 대자연은 신의 의복이고 모든 상징·형식·제도는 가공의 존재에 불과하다고 주장하면서 경험론철학과 공리주의에 도전했다. 저서 《프랑스 혁명》(1837)을 통해 혁명을 지배계급의 악한 정치에 대한 천벌이라 하여 지지하고 영웅적 지도자의 필요성을 제창했다
23) 박병선(1928~2011) : 서울대 역사교육과 졸업. 프랑스 소르본대 역사학, 고등교육원 종교학 박사학위 1967년부터 프랑스국립도서관 사서로 근무, 그해 <직지심체요절>을 발견함. 이후 1972년 파리에서 열린 '세계 도서의 해 전시회'에서 이 책이 구텐베르크의 <42행 성서>보다 78년이나 앞서 금속활자로 인쇄된 책자라는 사실을 입증하여 세계의 학계를 발칵 뒤집어 놓으며 국제적 공인을 받게 만듦. 1975년에는 1866년 병인양요(고종 3) 때 약탈해간 도서인 '외규장각 의

로 인정하지 않을 수 없었다. 그래서인지는 모르나 미국의 부통령이었던 고어가 1997년 베를린에서 열린 지세븐 회담에서 자존심은 좀 상하지만 "금속활자는 한국이 세계 최초로 발명하고 사용했지만, 인류 문화사에 영향력을 미친 것은 독일의 금속활자이다."라고 말했는지 모르겠다.

금속활자의 발명이 무슨 인류 문화사에 큰 영향을 끼친 것이 아니라 15세기 당시 그들의 보잘 것 없는 인쇄술과 종이 만드는 기술이 금속활자 발명과 더불어 획기적으로 개선된 것에 불과한 것이다. 그런 걸 가지고 인류발전에 기여한 것처럼 얘기를 하는 것은 근대 이후 자기들의 나라에서 일어난 일들을 곧 인류의 역사로 간주하는 과도한 자부심의 소산으로 보인다. 적어도 이 인쇄술만 놓고 볼 적에는 그렇다는 것이다.

우리나라는 유럽에서 양피지로 책을 만드느라 끙끙대던 시대보다 훨씬 이전인 고려시대에 이미 인쇄술과 종이 만드는 기술이 크게 발전하여 불교경전을 비롯한 많은 책을 만들어 냈던 것이다. 금속활자도 '직지심체요절'을 찍기 훨씬 이전인 1239년에 활자본 '남명천화상송중도가'가 발행되었다. 고려의 종이는 아름답고 질기며 다양하기로 유명하다. 송나라 사람들이 고려 종이를 천하제일이라고 평가하였다. 1894년에 프랑스에서 출간된 <조선서지학>에서는 「조선의 책들에 쓰인 종이는 어느 시대를 막론하고 부드럽고 탄탄한 특성을 가지고 있다. 상당히 얇은 종이로 만든 옛날 책들도 오랜 기일을 견디어 왔다. 절간이나 유럽의 장서고에서 발견되는 고려시대의 책들은 누런빛이 조금도 없고 좀도 도무지 먹지 않은 것을 보아도 알 수 있다. 제지공업이 언제부터 조선에 창설되었는지 알 수는 없으나 글씨를 옮겨 쓰는 데 종이 이외의 것을 이용하였다는 말을 듣지 못하였을 뿐만 아니라 9세기에는 이미 책들이 널리 보급되고 정연하게 조직된 연구기관도 있었다. 그 후 10세기에는 도서관이 설립된 점들로 미루어 보아 조선시대에는 오래전부터 종이가 제조되고 있었다고 하여도 틀림없을 것이다.」라고 적고 있다.

구텐베르크가 살았던 시대의 동양의 어떤 나라는 도저히 따라갈 수 없는 선진문화를 꽃피운 세계 최고의 선진국이었다는 것을 그들이 자인한 셈이다. 우리에게는 이렇듯 찬란한 문화가 계승·발전되지 못한 사례가 너무 많다.

궤'를 프랑스국립도서관 베르사유 별관 창고에서 발견함. 이에 프랑스국립도서관이 비밀을 누설했다는 이유로 사표를 강요하여 이후 10여 년간 개인자격으로 도서관을 드나들며 외규장각 의궤의 내용을 정리하고 반환운동을 벌려 2011년 6월 프랑스 정부로부터 297권의 외규장각 의궤를 145년 만에 대여 형태로 돌려받게 된다.

아무튼 여기서 일곱 번째 원인으로 논의하고자 한 지정학적 요인이라 함은 유럽은 지정학적으로 소위 여러 나라가 거대한 단일시장이 형성될 수 있는 여건이 조성되어 있는 반면, 삼면이 바다이고, 중국과의 무역에 의존하지 않고는 시장형성이 어려운 우리나라의 지정학적 요인이 근대화의 장애요소로 작용하지 않았나 하는 점이다. 당시에는 일반 백성이 국경을 넘는다는 것은 쉬운 일이 아니었다. 이미 종이와 서적문화가 크게 발달한 우리는 시장이 작고 수요도 적어 이를 더 발전시킬 유인이 없었는 데 비해 인쇄술도 저조하고 종이가 없었던 그들은 금속활자의 등장으로 성경을 비롯한 여러 책에 대한 여러 국가로 이루어진 유럽이라는 거대한 시장의 수요를 충족시킬 수가 있었기 때문은 아니었는지 모르겠다. 다른 분야도 마찬가지였을 것으로 유추할 수 있다. 다양성과 규모의 경제 그리고 경쟁의 요건을 갖춘 유럽시장의 특성에서 기인한 것으로 볼 수 있다.

여기에서도 또 하나의 아쉬움이 남는다. 해 뜨는 나라를 찾아 동으로, 동으로 오다보면 인도의 시성 타고르가 말한 "인류역사의 아침, 태양이 태어난 곳", 더 이상 갈 곳이 없는, 동방의 맨 끝에 있는 고요한 아침의 나라 '코리아'를 만나게 된다.

코리아는 신라시대부터 중국은 물론 아랍까지 교류를 했다는 기록이 나온다. 해상왕 장보고는 중국을 비롯한 주변국가와 무역을 했으며 우리가 역사에서 배운 비단길[24]의 끝이 중국이 아니라 신라의 경주라는 견해도 있다. 원효와 의상 대사는 불교의 원류를 찾아 떠나기도 했다. 당나라에 유학 간 최치원은 '토 황소 격문'을 작성하여 당나라 내정에 관여할 만큼 대가로 알려져 있다. 아쉬운 점은 이렇게 오래전부터 서역과 무역과 교류의 경험을 가지고 있으면서 왜 이를 대를 이어 계승·발전시키지 못했느냐는 것이다.

삼국통일 시에 국토가 고구려의 영토까지를 포함되었더라면 리오허강을 중심으로 중국과 국경이 형성되어 중국을 지나, 인도, 중동을 거쳐 유럽에 이르는 무역길이 쉽게 개척되어 종이나 활자, 청자, 건축술 등 셀 수 없이 많은 찬란한 문명을 서구에

---

24) 비단길(Silk Road)이란 용어를 처음 쓴 사람은 독일의 지리학자 리히트호펜(Richthofen, 1833~1905)이다. 그는 중국 각지를 답사(1869~1872년)하고 《China》(1877년~1912년)라는 책을 썼는데, 이 책 1권에서 중국으로부터 중앙아시아를 경유해 스르강과 아무강의 두 강 사이에 있는 트란스옥시아나 지역과 서북인도로 수출되는 주요 물품이 비단(silk)이라는 사실을 감안하여 이 교역로를 비단길(Seiden strassen)로 명명하였다. 이후 시리아에서도 중국의 견직유물이 발견되어 여러 학자들이 여기까지 연장시켰고, 2차 세계대전 후에는 터기 이스탄불과 로마까지 연장하는 등 동서 교역로에 대한 다양한 견해를 나타냈다. 따라서 실크로드란 인류문명의 교류가 진행된 동서간의 통로를 의미하는 상징적인 용어로 이해할 필요가 있다.

전파하여 오늘날은 지리적 한계에서 오는 시장의 한계를 뛰어넘는 강국이 되지 않았을까 싶다. 그렇게 되었다면 근대 이후 적어도 서세동점의 역사가 되지는 않았을 것이다.

어떻게 된 영문인지 고려시대를 지나 조선시대에 이르면서 백성들이 우물 안의 개구리가 되었다. 당시 조선의 선비들은 태어나서 죽을 때까지 좁은 국토를 벗어날 수 없었으며 이를 숙명으로 알고 살았다. 외국에 나간다는 것은 관리조차 힘든 일이었다. 결론적으로 말하면 백성을 우물 안의 개구리로 만든 결과가 근대 이후 우리나라가 세세동점의 희생양이 되는 중대한 원인의 하나가 되었다고 말할 수 있다는 것이다.

우리나라 사람의 해외여행 기록을 보면 19세기 말, 민영환과 윤치호 등이 세계를 돌아보고 기행문을 남겼다. 최초의 여성서양화가인 나혜석은 한국최초 여성세계일주자이기도 했다. 건국 후인 1950년대 세 번의 세계일주 후 쓴 10권짜리 '김찬삼의 세계여행'은 오랫동안 베스트셀러가 되었다.

이후 정부는 1986년 아시안게임과 1988년 올림픽을 유치하면서 당시의 국제화, 세계화, 개방화의 물결 속에서 해외여행 자유화 조치가 검토되었다. 1983년에는 은행에 200만 원 이상 정기예금을 유치하고 50세 이상이면 관광여권을 발급받을 수 있었다.

그러나 1980년대 말까지만 하더라도 대한민국 정부는 외화유출의 방지와 공산권국가의 주민과 접촉방지를 이유로 자국민의 출국을 제한하였다. 따라서 일반 국민들은 유학, 해외취업, 출장과 같은 합당한 이유가 없으면 여권을 발급받을 수가 없었다. 따라서 여권을 발급받았다는 자체가 일종의 특권이었다. 해외여행을 갈 수 있는 계층은 부유층이나 고위직, 언론인 등 극히 제한적이었기 때문이다. 그리고 회사업무로 출장을 가든 해외에 나가는 사람은 반공연명의 소양교육을 받아야 했다. 교육내용은 공산주의 국가 특히 북한 사람을 접촉하면 안 된다는 것과 애국심과 관련한 것이었다.

그러던 것이 1988년 서울올림픽은 동방에 코리아가 있다는 것을 세계에 널리 알린 계기도 되었지만 전 국민이 자유로이 세계를 다닐 수 있도록 한 결정적 역할을 했다. 이후 1989년 1월 1일 해외여행 자유화가 실시된 것이다. 해외여행 자유화 조치가 국익에 미치는 효과는 설명할 수 없을 만큼 크다. 이는 사물놀이의 명인 김덕수가 1960년대 중학생의 신분으로 해외공연을 다니면서 느낀 것을 적어논 것을 보면 잘 알 수 있다. 그 어린 아이가 누가 시키지도 않았는데 일본 등 선진문물을 보고 우리 조국 현실을 얘기하고 있는 데에 이르러서는 가슴이 뭉클해진다. 이는 갑남을녀 누구라도 해외에 나가면 애국심은 저절로 생겨나는 것이며, 보고, 듣고, 맛보는 모든 것이 신기한 것으로 이것을 경험한 모든 사람들에게 충격과 더불어 뭔가 형언하기 어려운 영감을 가져다 준다는 것을 1989년 1월 1일 이후 해외에 다녀온 사람 모두가 한결같이 증언해 준 것이다.

이러한 감동을 우리에게 전해 준 사람은 이보다 훨씬 전인 200여전에 중국을 여행한 연암 박지원이다. 18세기 후반 연암 박지원이 4개월여에 걸친 중국여행은 본인에게도 엄청난 충격이었으며 이 기간의 기행문인 그의 <열하일기>는 당시 조선사회는 물론 지금까지도 영향을 미치고 있지 않은가. 돌이켜 생각해 보면 조국 근대화의 성공은 상당부분 이 해외여행 자유화 조치에 있지 않았나 싶다. 2017년 올해는 해외여행 자유화가 실현된 지 꼭 20년이 되는 해다. 앞서 언급한 삼국시대가 언제적 이야기인가. 그 시대의 왕성한 국제교류의 역사가 왜 시나브로 사라져 버렸는지 가슴 아픈 일이 아닐 수 없다.

진정한 리더의 부재

여덟 번째로 '진정한 리더의 부재'를 그 원인으로 꼽을 수 있다.

이미 발생한 역사적 사실에 대해 가정을 해 본다는 것은 무의미한 일이다. 그럼에도 불구하고 이 여덟 번째의 원인을 구체적으로 살펴보기 위해 우리 역사에서 중대한 전환점이 되었을지도 모를 몇 가지 역사적 사건들에 대해 '만약'이라는 용어를 붙여 새로운 가정을 해 보자.

임진왜란의 경우 율곡의 10만 양병설을 실행했더라면 일어나지 않았거나 일어났다고 하더라도 7년이나 끌지 않고 우리의 승리로 바로 끝났을 확률이 매우 높다. 효종의 뒤를 이은 역대 왕들이 종묘에 극진히 제만 올릴 것이 아니라, 그렇게 구체적으로 계획했던 선대의 '북벌계획'을 신주단지 모시듯 하여 와신상담 충실히 이행했더라면 지금의 우리의 국토는 고구려와 발해의 영역이었던 만주벌판까지였을 것이다. 개화기 이전 임진왜란과 병자호란을 당한 이후 혜안을 가진 인재가 나타나 실학이라는 국가개조론을 주장했을 때 이를 적극 수용하여 추진했더라면 일본이 아닌 우리가 제국주의 국가의 하나가 되었을 것이다. 거기까지는 아닐지 몰라도 적어도 외세에 의한 경술국치는 물론 민족의 비극인 분단의 역사도 생겨나지 않았을 것이다.

현대사로 돌아와 우리사회의 패러다임을 송두리째 바꾼 아이엠에프 외환위기의 전후를 살펴보면 국난을 당하여 우왕좌왕 하던 과거의 역사와 똑 닮아있다. 이미 사태발생 전에 이를 감지하고 예방해야 한다는 목소리가 있었는데도 정쟁으로 거들떠 보지도 않다가 경제적인 경술국치라 해도 할 말이 없는 사태를 맞이한다. 사태 수습 과정은 더 문제였다. 아이엠에프 사태는 불과 4년도 안되어 빚을 다 청산한 단기외채의 급증에 의한 일종의 흑자도산에 불과한 것이었다. 지나치게 가혹한 아이엠에프의 권고를 무조건 따르지 않고 당당히 그들을 설득하여 독자적인 방식으로 우리의 실정에 맞는 정책을 펼쳤더라면, 아예 국가 디폴트를 선언했더라면 오늘날의 사회 양극화 문제가 이렇게까지는 심각하게 전개되지는 않았을 것이다.

정부는 세계 제1차 대전 후 엄청난 전쟁배상금을 물어야 했던 독일의 당당한 대처방안을 배웠어야 했다. 그저 무분별한 인력구조조정을 하지 않으면 '비전측화 주화 매국'인 냥 밀어붙인 것이 오늘날 고치기 힘든 사회구조를 고착화시키는 시발점이 된 것이다. 아이엠에프 사태는 지금이라도 도약하는 우리나라를 주저앉히기 위한 소위 선진국의 음모가 도사리고 있지 않았는지 꼭 복기해 봐야 할 일이다.

이제 더 이상 가정을 해 볼 필요도 없이 지금까지 가정해 본 것만을 가지고도 우리의 역사가 가정대로 흘러가지 못한 데 대해 일관되게 공통으로 적용할 수 있는 하나의 원인을 알 수 있게 되었다. 그것은 사건이 발생한 매 시대마다 당시의 최고의 의사결정권자가 제대로 의사결정을 하지 못했다는 것이다.

이를 좀 더 구체적으로 살펴보기 위해 처음 예로 든 임진왜란으로 다시 돌아가 보자. 전쟁이 무엇인가. 국가의 존망이 달린 문제가 아닌가. 전쟁에 지면 그 당시 국민들은 필설로는 말할 수 없는 고통과 치욕을 당하게 된다. 병자호란에서 항복을 하자 임금은 적장에게 삼배를 올리고 아홉 번이나 머리를 조아리는 능욕을 당하고, 삼학사는 잡혀가서 참형을 당하고, 50만 명이라는 어머어마한 사람, 특히 여자가 볼모로 잡혀가서 노예가 되던지 하여 비참하고 한 많은 삶을 살았다. 전쟁 중에 목숨을 잃은 헤아릴 수 없는 군인과 무고한 백성의 죽음은 전쟁에서 이겼다면 그나마 위로가 되련만 전쟁에 져서 그야말로 허망한 죽음이 되었다.

우리는 여기서 몇 가지 교훈을 얻을 수 있는데, 첫째는 전쟁은 쳐들어 가야 한다는 것이다. 무슨 말이냐면 병자호란이 중국 본토에서 일어났고, 임진왜란도 일본 본토에서 일어났더라면 군인이 전사하는 것은 어쩔 수 없는 일이지만 자국에서 일어나면 무고한 백성이 수없이 죽고 치욕을 당하는 일을 적어도 발생하지 않거나 발생했다 하더라도 최소화 되었을 것이다. 둘째는 이 치욕의 역사적 사실을 절대 잊어서는 안 된다는 점이다. '와신상담'과 같은 속담을 만들어 구전시킴으로서 자손만대에 이르기까지 어제의 일로 기억하도록 해야 한다는 것이다.

본론으로 돌아와서 임진왜란의 발생에는 하늘이 내린 성현이 그렇게 간한 '10만 양병설'을 결국 채택하지 않은 무능한 선조가 있다. 선조의 무능은 여기서 끝나는 것이 아니다. 정세파악을 위해 일본에 파견을 다녀온 서인 황윤길과 동인의 허성은 일본은 전쟁을 일으킬 것 같다고 보고하고, 동인 김성일은 정반대의 보고를 한다. 국난 우려 속에 정적이 문제가 아니어서 동인, 서인이 같은 보고를 한 여기까지는 참으로 훌륭하다.

서애 유성룡이 김성일에게 어찌 그리 보고를 했냐고 하니까 "두 사람이 모두 전쟁을 강하게 논하니 나마저 동조하면 나라가 혼란에 빠질까 걱정이 되어 그리 보고했다"고 답했다고 한다. 동국대전에는 과반수 제도는 없는가. 세 명 중 두 명이 전쟁 위험이 있다고 보고를 했는데 선조는 이를 묵살했다. 그리고 혼란이라니! 전쟁보다 더 큰 혼란이 어디 있겠는가.

알고도 허위보고를 한 김성일과 선조, 선조의 잘못된 의사결정에 관여한 당시의 리더 그룹의 무사안일한 의사결정의 결과는 임진, 정유의 전쟁을 불러왔고 이 전쟁으로 인한 우리의 과학문명의 단절은 500년이 지난 오늘날의 우리 후손들에게까지 영향을 미치고 있다. 16세기말 조선의 한 신하의 엉터리 보고가 300여년 후에 경술국치를 가져오고 이로부터 반세기가 채 지나기 전에 분단 조국의 현실을 가져왔다고 한다면 역사에 대한 지나친 가상의 비약인가.

사실 당시에 율곡이 의사결정권자가 되었어야 했다. 이는 예로든 위의 모든 경우에 해당한다. 어느 시대이건 당대에 권력을 쥔 통치자, 다시 말하면 리더가 그 나라의 운명을 좌우한 것이다. 여기서 우리는 리더를 양성하는 방법을 바꾸어야 한다는 교훈을 얻는다. 해당분야 전문가가 의사결정권자가 되어야 한다는 것으로 이는 후술하기로 한다.

한 나라의 리더가 자기나라를 부국강병으로 이끌었다면 그 리더는 진정한 리더이다. 이와 같은 진정한 리더의 부재는 국민의 삶을 질곡으로 이끌게 되고 결국은 그 국가는 멸망에 이르게 된다. 리더는 최고 권력자만을 의미하는 것은 아니다. 섭정이나 세도정치가 문제가 아니라 섭정이나 세도정치를 하는 자, 즉 리더와 리더 그룹의 역량이 문제인 것이다. 이러한 관점에서 보면 여명기에 세계사의 주역으로 등장하지 못하고 주변을 서성거려야 했던 근본 원인은 중대한 역사의 전환점에서 훌륭한 리더십을 가진 진정한 리더가 없었다는 데 있다고 단정할 수 있다. 이는 앞서 살펴 본 여러 원인을 아우르는 종합적인 결론과도 같은 것으로 정리할 수 있다.

단, 여기서 한 가지 오해가 없어야 할 것은 '진정한 리더'의 의미는 각 시대의 리더들의 치적의 결과로써 나타난 역사적인 사실이 부국강병의 결과로 나타난 경우를 지칭하는 의미로 사용한 것이지 다른 의미가 없다는 점이다. 국민의 복리민복을 위해 애쓰지 않은 리더들이 어디 있겠는가. 대한제국의 마지막 황제 고종만 보더라도 앞서 멸망의 과정에서 살펴보았듯이 제국주의 열강들이 우리나라를 서로 차지하려는 각축장이 된 속에서 어떻게든 독립국가로 살아남으려고 '한일병합조약'에도 끝까지 서명하지 않고, 러시아 공관으로 몸을 옮기고, 헤이그에 밀사를 보내고, 유럽의 산업혁명을 배워보려고 노심초사했다. 꺼져가는 등불을 어떻게든 살려보려고 최선을 다한 것이다.

그럼에도 불구하고 '진정한 리더'라고 할 수 없는 것은, 당시 불과 얼마 전에 우리와 똑같이 강제개항을 당했던 일본은 제국주의 국가의 하나가 되어 우리나라를 쳐들어왔는데 우리는 그들의 먹잇감이 되었다는 역사적 사실에 기초하여 그렇다. 이와 같은 결과로서의 역사적 사실을 놓고 볼 때 자국의 부국강병을 위해 수단과 방법을 가리지 않은 당시의 일본을 이끈 리더를 '진정한 리더'라고 볼 수밖에 없다는 가슴 아픈 논리이다.

2. 단절과 망각의 우리역사

반복되지 말아야 할 역사

민족해방의 기쁨도 잠시 우리나라는 미·소의 분할통치로 조국분단의 시발점이 되었다. 이후 주지하는 바와 같이 남북한 각자 정부수립으로 분단이 되고 해방 이후 5년이 채 지나기 전에 동족상잔의 6·25내전이 일어났다. 이후 전쟁의 폐허 속에서도 조국근대화의 기치를 들고 서구가 수백여 년에 걸쳐 이룩한 산업화를 우리나라는 반세기도 채 지나지 않아 달성하여 당당히 선진국대열에 합류하였다.

그런데 우리나라에서 대통령 선거전이 한창인 2017년 4월에 미국항공모함이 우리나라로 오고 있다는 보도로 떠들썩했다. 임진왜란의 구실을 만든 일본의 '정명가도'를 연상케 하는 갑작스런 미국의 '사드배치' 선언으로 중국이 반발하는 등 남북한 긴장상황을 둘러싼 작금의 국제정세는 구한말의 당시와 흡사한 면이 있다.

구한말 일본을 비롯한 열강의 각축장이 되었던 우리나라는 1866년 프랑스 함대가 군함 7척, 대포 10문, 1,000여 명의 병력을 이끌고 강화도에 침입하여 '병인양요'

를 일으킨다. 1871년 미국은 1866년의 제너럴셔먼호 사건을 이유로 아시아 함대 사령관 로저스로 하여금 군함 5척에 대포 85문을 싣고 1,230명의 해군을 이끌고 초지진에 상륙토록 하는 신미양요를 일으킨다. 이는 앞서 자세히 살펴 본 바다.

일본은 1875년 5월 군함인 운양호로 부산항에 불법침입한 데 이어 같은 해 9월에는 항로를 측량한다는 구실로 강화도 앞바다에 침입시켜 강화도 조약을 맺는다. 이 책에서 '개항'이라 함은 이때를 말한다. 이후의 해방까지 굴욕의 역사는 우리가 다 아는 사실이다.

어쨌거나 신미양요 이후 미국군함이 우리나라로 온 것은 이번이 처음이 아니다. 1968년 1월 23일 오후 1시 45분에 미 해군 정보용 보조함 푸에블로호가 동해안 원산 앞바다에서 북한 초계정 4척과 미그기 2대에 의하여 나포되었다. 미국은 이때도 핵 항공모함 엔터프라이즈호를 우리나라에 진격시켰다. 이 사건은 우여곡절을 겪으면서 미군 육군 소장 길버트 우드워드가 미국 정부를 대표하여 북한 영해 침입 및 첩보행위를 인정하고 재발방지와 사과하는 굴욕적인 문서에 서명함으로써 끝이 났다.

북한은 사건 발생 후 11개월만인 그해 12월 23일에 82명과 유해 1구를 판문점을 통해 송환한 것이다. 나포되었던 푸에불로호는 승무원 83명, 무게 907톤, 함 길이 54미터, 폭 10미터, 시속 12노트의 무전모니터 함이었다고 하는데 미국 군함이 공해상에서 나포되기는 미국사상 106년 만에 처음 있는 일이었다고 한다.[13]

이로부터 10여 년이 채 지나기 전에 이젠 우리나라와 미국과의 불편했던 역사적 사건이 발생한다. 박동선의 코리아게이트가 그것이다. 코리아게이트란 1976년 10월 24일 워싱턴포스트의 「90여 명에 달하는 상하원 의원들이 한국인 박동선으로부터 도합 수백만 달러의 뇌물을 받고 한국에 유리한 의사 결정을 해 줬다.」는 특종 기사가 빌미가 되어 미국에서 본격적인 수사가 진행된 한국의 미국의회 로비사건을 말한다. 90명 의원들 중에는 당시 하원의 리처드 해너 캘리포니아 의원을 비롯해 세출 위원장인 루이지애나 주 하원의원 오토 패스만, 그리고 하원의장 필 오닐도 포함되어 있어 엄청난 사회적 반향을 불러왔고 이후 2년간이나 한·미간의 주요 현안이 되어 세계를 떠들썩하게 만들었던 사건이다.

이 사건의 개요를 파악하기 전에 당시의 한·미관계와 국내정세를 살펴볼 필요가 있다. 1969년 1월, 새로 출범한 닉슨 행정부는 냉전체제에서의 역할 축소를 천명하는 외교정책을 발표한다. 미국은 앞으로 베트남전쟁과 같은 군사적 개입을 피한다면서 아시아의 경우 미국의 소극적인 자세와 보조적 역할을 강조하는 방향으로 정책을 바꾼다는 것을, 이해 7월 25일 괌에서 발표한 것이다. 그래서 괌 독트린이라고도

하는데 이로 인해 국제관계에서 데탕트 분위기가 조성되어 냉전체제가 완화되고, 베트남의 병합, 주한미군의 감축 등의 사건이 일어났다. 한국에서 미군철수는 미국은 아시아에서 더 이상 지상군 개입을 하지 않겠다는 것을 골자로 한 새로운 아시아 방위 전략의 구체적인 실천행위였다.

박정희 대통령은 닉슨 독트린이 발표된 직후인 1969년 8월에 미국을 방문해 닉슨과 정상회담을 갖고 주한미군 철수를 반대했으나 닉슨의 태도는 분명했다. 이듬해 3월 주한 미 대사 포터가 청와대를 방문해 주한미군 1개 사단 20,000명을 삭감하기로 했다고 통보하고, 5개월 후 미국은 애그뉴 부통령을 보내 반발하는 한국 정부를 설득한다. 철군 대신 5년에 걸쳐 15억 달러 이상의 군사 원조와 5,000만 달러의 평화식량 원조를 제공할 것을 약속한 것이다. 하지만 장장 여섯 시간의 회담을 마치고 애그뉴가 서울을 떠난 지 3일 후 10,000여 명의 미군이 이미 철수했다는 사실이 발표되었다.

당시 남한은 1969년 3선 개헌에 이어 1972년 10월 유신으로, 북한은 처음부터 주체사상을 배경으로 남북한 모두 독재체제를 완성시킨 시기이다. 애치슨 라인[25]이 6.25 전쟁을 불러일으키는 도화선이 되었다고 한다면, 괌 독트린은 남북한 독재체제를 강화하는 빌미를 제공한 것이라고도 볼 수 있다.

이런 일련의 사건은 한·미관계에 긴장이 고조되고 무엇보다도 우리나라는 미국에 대한 불신이 깊어지고, 미국의 당시 우리의 체제에 대한 비판적인 시각 등으로 대의회 로비의 필요성이 절실하게 되었다. 이 와중에 박동선 코리아게이트가 터진 것이다.

당시에 수사도 수사이지만 언론의 흥미를 끈 것은 의원들에게 수백만 달러의 뇌물을 준 장본인이 30대 중반의 수수께끼의 한국인 실업가라는 데 있었다.

박동선, 그는 누구인가?

그는 당시 재벌 그룹이었던 미륭상사의 막내아들이다. 1952년 고교시절에 미국으로 건너 가 고등학교를 미국에서 다녔고, 미국의 명문 사립대학인 조지타운 대학에 진학했다. 그는 한국인으로는 물론 동양인으로는 처음으로 조지타운 국제관계대학 학생회장이 됐던 인물이다.

---

25) 애치슨라인(Acheson line) : 미국 국무장관 애치슨이 발표한 미국의 극동방위선. 1950년 1월 12일 애치슨이 전미국신문기자협회에서 행한 '아시아에서의 위기'라는 연설에서 스탈린과 마오쩌둥의 영토적 야심을 저지하기 위하여 태평양에서의 미국의 방위선을 알류산열도-일본-오키나와-필리핀을 연결하는 선으로 정한다고 발언하였다. 즉 방위선에서 제외된 한국과 타이완 등의 안보와 관련된 군사적 공격에 대해 보장할 수 없다는 내용으로 6·25전쟁을 유인하는 듯한 발언이었다.

미국과 중남미 명문가의 자제들이 많이 다녔던 조지타운 대학의 학생회장을 지낸 그는 천부적인 사교술과 세련된 매너로 이미 미국 언론에 사교계에 이름이 오르내리는 워싱턴 사교계의 유명 인사가 되어 있었다. 조지타운 대학을 졸업한 지 3년 후인 1962년 그는 워싱턴에서 조지타운 클럽이라는 사교 클럽을 창설했다. 거물급 정치인들과 변호사들과 사교장을 만든 것이었다. 존슨 전 대통령을 비롯해 오닐 하원의장, 부통령 시절의 제럴드 포드, 험프리 상원의원 등 거물급 정치인들과 금발 미녀가 참석하는 조지타운 클럽은 박동선을 워싱턴 사교 클럽의 총아로 떠오르게 만든 것이다.

미국은 한국정부에 박동선이 한국 중앙정보부의 대리인으로 불법 로비활동을 했으므로 이를 수사해야 하므로 박동선을 보내라고 했다. 한국은 박동선은 한국정부와 무관한 인물이라고 발표를 했는데 이때가 1976년 12월 28일이었다. 1977년 포드의 뒤를 이어 대통령에 취임한 카터가 친서를 보내 박동선의 미국 송환을 종용했지만 박정희 대통령은 여전히 한국 정부가 관여할 일이 아니라고 응답했다. 미국은 전 정보부장 김형욱을 청문회에 등장시켜 한국정부와의 박동선의 연관성을 입증하기 위해 총력을 기울이고 있었다. 이 와중에 미국이 청와대를 도청했다는 소문이 나면서 우리나라 신문 사설에서는 도청 하나 막지 못하다니 그런 기술도 없느냐고 질타하는 등 한미관계가 최악으로 치닫고 있었다.

그런데 사실 박동선의 미국 대 국회로비는 이보다 훨씬 전의 일이다. 앞서 언급한 바와 같이 1969년 7월 닉슨의 괌 독트린으로 대 의회로비가 절실했던 한국은 쌀을 무기로 이를 현실화 한다. 1968년 박동선은 리처드 해너 의원과 당시 중앙정보부장인 김형욱의 도움으로 쌀 중계권을 따내는 데 성공한다. 박동선과 정부, 미 의원들은 쌀을 계기로 연결된 것이다. 이후 1973년부터 박동선에 의한 청와대의 대미 로비는 본격적으로 진행된다.

박동선은 "오히려 미국 5개주 국회의원들이 자신의 출신 주 생산품인 쌀을 사주는 대가로 한국이 원하는 도움을 주겠다."고 먼저 로비를 해 왔고, 전체의 1/3에 해당하는 의원들이 동참했다고 주장했다. 캘리포니아, 루이지애나, 아칸소 같은 쌀 생산지 의원들에게는, 70년 한 해에만 무려 백만 톤을 수입했던 한국을 자기 주의 쌀 시장으로 묶어 둔다면 차기 국회의원은 물론 계속해서 뱃지를 달 수 있는, 더 바랄 수 없을 만큼 좋은 호재였다.

의욕적인 경제개발 5개년 계획의 추진으로 시골인구 대규모 이농현상이 일어나서 쌀 부족 사태를 겪고 있던 한국에서도 쌀 수입은 중요한 정치적 무기로 활용할 수 있는 것이었다. 당연히 이를 중개하는 박동선에게 사람이 모일 수밖에 없었다. 이렇게 하여 쌀 수입과 관련된 막대한 이권은 곧 공화당의 정치자금으로 흘러 들어갔다. 그러다가 이 같은 로비활동이 1976년 10월 워싱턴포스트의 특종기사로 세상에 알려지게 된 것이다.

본론으로 돌아와서 영국에 칩거 중이던 박동선이 한국정부의 요청으로 한국에 돌아와서 사건발생 이후 입을 열어 자신의 결백을 주장했는데 이때가 사건발생 후 거의 1년이 다 되어가는 1977년 8월이었다. 미국 법무성은 그를 무려 36개의 혐의 사실로 그를 비밀 기소한 것도 이즈음이었다. 미국의 박동선의 증언요구는 자국민 보호를 내세운 한국 측의 반대로 무산되면서 수사가 소강상태에 빠져들자 안달이 난 미국은 한국을 계속 압박하게 된다. 결국은 1977년 12월, 한미양국은 서울 심문 후 미국 심문을 하고, 미 법무성에서 박동선에게 면책특권을 부여한다는 요지의 박동선의 증언에 관한 사법공조 협정을 체결한다.

이렇게 우여곡절 끝에 첫 조사가 시작된 것은 1978년 1월 13일 서울에서였다. 한미 양측 검사가 동석한 조사에는 거짓말 탐지기까지 동원됐다. 세 차례의 거짓말 탐지기 조사를 포함해 7차례, 13일간에 걸쳐 조사는 진행됐다. 조사내용은 박동선 로비의 불법여부였다. 그로부터 두 달 후인 1978년 2월 26일 박동선은 사건발생 1년 반 만에 미국으로 돌아왔다. 덜레스 공항에서 내뱉은 그의 첫 마디는 "워싱턴에 돌아와서 기쁘다"는 것이었다. 이틀 후 하원의 비밀 증언을 필두로 초만원을 이룬 방청객들 앞에서 하원윤리위원회의 공개 증언이 계속 이어졌다. 박동선은 파이프 담배까지 피우는 여유를 보이며 증언을 시작했다. 담당 검사는 닉슨대통령의 하야를 몰고 온 워터게이트 사건을 파헤쳤던 제워스키였다.

우리는 잠시 이사건의 종착역에 다다르기 전에 이 코리아게이트와 관련하여 반드시 알고 넘어 가야 할 사건 하나를 더 살펴보기로 하자.

1970년대 후반에 대학을 다녔던 젊은이라면 '나는 자랑스러운 한국인'이라는 제하에 한·영대조본 소책자를 대부분 기억하고 있다. 아울러 그 책자가 주었던 감동 또한 잊지 못한다. 당시 한국의 정가에서는 미국 의회의 한국에 대한 여론을 바꿔 놓을 만한 인물로 박동선과 통일교의 박보희, 볼티모어의 한국인 사업가 김한조를 꼽고 있었다. 지나치게 반한적이었던 미 하원 국제관계소위원회 도널드 프레이저 위원장이 이번에는 통일교회와 박보희를 한국 중앙정보부의 앞잡이임을 밝혀내기 위해 박보희를 청문회에 세웠는데 이 소책자는 박보희가 그 청문회에서 한 연설을 모아 논 것이다.

그는 코리아게이트에 대해 당시 한국은 착실히 경제를 도약시키고 있던 상황에서 갑작스런 주한미군 감축에 대비한 보완책과 한국군의 현대화를 위한 특별지원책이 미국 의회로부터 승인되어야 하는 상황에서 미의회에 대한 로비는 자연스런 생존권을 위한 발로였다고 회상했다.

돌이켜 보면 사건의 본질과 상관없이 당시의 박동선이나 박보희의 언행과 태도는 우리 국민에게 긍지를 심어 주기에 충분했다. 세계 초강대국이라는 미국정치의 심장부라 할 수 있는 워싱턴의 국회의사당에서 누가 누구를 청문하는지 모를 정도로 꾸짖고 훈계하는 듯한 당당한 모습은 정말 '자랑스러운 한국인' 그 자체였다. 실제로 박보희의 지적을 받은 악의적이라 할 만큼 반한적이었던, 소위 반한 3인방으로 알려진 프레이저 의원을 비롯한 이들은 후에 국회의원에서 모두 떨어지고, 남미의 인민사원 사건으로 목숨을 잃은 의원도 있었다.

이 사건의 결말은 다음과 같다.

코리아게이트는 사건 발생 후 1년 반 동안이나 조사와 증언은 계속 됐지만 뚜렷하게 밝혀진 것은 아무것도 없었다. 미국은 조사 결과 박동선이 쌀 중계로 번 돈 900만 달러 중 최소한 87만 달러 이상이 의원들에게 제공했다고 발표했지만, 거명된 90여 명의 의원들 중 실제로 기소를 당한 의원은 단 두 명에 불과하였다. 세계를 떠들썩하게 했던 청문회에 쏠린 관심도 사그라 들었다. 박동선이 중앙정보부의 대리인임은 증명되지 않았다. 별 성과를 얻지 못한 제워스키는 사건 당시 주미 대사였던 김동조의 로비활동을 문제 삼아 증언을 요청했으나 증언은커녕 비난을 받게 되었고, 결국 제워스키는 윤리위원회의 수석직을 사퇴한다고 발표하고 윤리위원회는 사실상의 수사 종결 조치를 취했다. 그리고 같은 날 총 11억 6,000만 달러의 대한 군사원조 승인안이 통과됐다.

사건전체를 평가한다면 '용두사미'도 되지 못한 '용두무미'였다고 할 수 있다. 그리고 쥐도 새도 모르게 미군을 감축한 미국의 처사에 크게 당혹한 한국정부에게는 냉엄한 국제관계에서 아무도 믿을 수 없다는 평범한 진실을 상기시키고, 자주국방의 의지를 더욱 다지는 계기를 안겨 주었다.

이와 같은 사건은 해방 이후 구소련이 해체되고 동구권이 몰락한 20세기 후반까지의 냉전시대에 있었던 일이다. 냉전시대는 우리나라의 남북한이 각각 마치 자본주의와 공산주의 두 세력이 벌리는 이념전쟁의 대표주자로서 38선이라는 최전방의 전선에서 대치하고 있는 형국이었다. 아이러니컬하게도 지금의 상황은 냉전이 끝났는데도 여전히 대치상태이다.

    21세기 초엽에 선 지금의 상황을 좀 더 살펴보면 물론 구한말과 흡사한 면이 있긴 하지만 그 때와는 전혀 다르다. 당시에 우리나라라 함은 당연히 남북한 모두를 의미하는 우리나라다. 그러나 지금의 우리나라는 현실적으로 남한만을 의미한다. 그리고 20세기 후반까지만 해도 남북한은 상호 주적이 명확했다. 그러나 구소련의 해체와 더불어 지구상에서 공산주의가 사라지자 남한의 주적이 모호해졌다. 남북한 상호간에 주적으로 보는 것은 차치하고 대표적 주적이었던 당시 공산주의 중공이라는 나라와는 문호를 개방하고 교류가 시작되어 중국관광객이 넘쳐나고 우리나라 교역량의 30%를 차자하는 뗄 수 없는 교역상대국이 되었다. 이전에 주적의 하나였던 구소련인 러시아와도 교류가 확대되고 있다. 미국의 입장에서도 냉전시대의 종언으로 주적이 사라진 것이 명백하다. 반면에 잇 다른 핵실험과 아이시비엠26) 시험발사를 통하여 국제적으로는 이미 비공식적으로 핵보유국으로 인정받고 있는 북한은 미국본토를 쑥대밭으로 만들겠다고 공언할 만큼 여전히 미국이 주적이다.

    이와 같은 역사적 사실을 놓고 보면 미국의 항공모함이 동해로 향했다는 것은 제2차 세계대전 당시 처지가 우리나라와 비슷했던 중국이 세계사를 주도할만한 신흥 강국으로 떠오르자 이것을 견제하려는 것이라는 외에는 별다른 해석을 할 수가 없어 보인다. 이는 앞서 언급한 대로 인류가 지구상에 출현한 이래 다른 동물들과 마찬가지로 인간사회도 약육강식의 법칙이 적용되어 왔고 여전히 진행 중이라는 것을 보여주는 하나의 사례라 할 수 있다. 약육강식의 법칙은 동물의 세계에 고유한, 보편적인 것이라 할 수 있는데 이 생태계 먹이사슬의 맨 꼭대기에 가장 진화한 동물로서의 인간이 있는 것이 아닌가 싶다.

    우리나라는 한미동맹에 의해 우리나라가 나른 나라와 전쟁을 하게 되면 전시작전통제권이 자동으로 미국에 귀속되어 미국 대통령이 전쟁을 지휘하게 되어있다. 전시작전통제권은 노무현 정부가 2011년에 환수하기로 미국과 합의했으나 이후 정부에서 2020년대 중반까지 연기했다. 북한의 핵보유는 공식화되다시피 되어 있다. 2017년 5월 대선의 대통령후보가 전시작전권환수를 주장하고 사회의 일각에서 우리도 핵을 보유해야 한다는 주장이 대두된 것은 자주적인 독립국가임을 보여주는 일면이라고 생각된다. 우리의 운명을 우리 손으로 결정하지 못했던 치욕의 역사가 반복되어서는 안 될 것이다.

    그러나 반복되지 말아야 할 역사가 반복되고 있는 것인가. 반복의 역사에 약간

---

26) 대륙간 탄도 미사일(ICBM, an InterContinental Ballistic Missile)

다른 점이 있다고 한다면 '역사의 비등점 순환의 법칙'에 의해 중국이 다시 역사의 비등점에 이른 것으로 보인다는 점이다. 구한말 당시 우리와 처지가 비슷했던 중국이 1세기가 채 지나기도 전에 당시의 중국에 치욕을 안겨준 열강들과 같은 지위로 등장한 것이다.

우리는 미국처럼 우리의 군함을 분쟁지역에 보내 해결사를 자처하는 그런 역할을 할 수는 없는 것인가? 할 수 있다면 언제 그렇게 할 수 있겠는가?

선례만 남기는 역사

그래서 우리역사를 되돌아보았다. 우리나라와 서구의 역사적 사실을 비교하다 보면 신기하다고 할 만한 법칙과도 같은 것을 발견하게 된다. 그 하나는 역사의 흐름 속에서 많은 것들이 서구보다 먼저 우리나라에서 만들거나 행해졌으나 정작 이를 발전시키고 널리 일반화한 것은 우리보다 늦었던 서구라는 점이다. 그리고 또 하나는 각 시대를 살아오면서 부딪치는 문제나 사건에 대처하는 방식이나 행동이 동·서양이 대부분의 경우 매우 유사하다는 점이다.

첫 번째 법칙의 예로 우선 이황과 기대승의 철학논쟁을 들 수 있다. 이황과 기대승이 사단칠정에 관해 그렇게 오랫동안 치열하게 논쟁을 벌인 것이 16세기의 중엽의 일인데, 앞서 경제의 역사에서 본 맬더스와 리카도가 벌린 논쟁은 그보다도 200년이 지난 18세기 중엽의 일이다. 이런 예는 얼마든지 있다. 경제학의 아버지라는 아담스미스가 <국부론>을 쓴 것은 1776년의 일이지만 이에 비견할만한 국가개조론의 실학파의 효시와도 같은 <반계수록>은 유형원이 거의 100여 년 전인 1670년에 썼다. 정약용의 <경세유표>는 1801년에 제작되었다. 세계최초의 금속활자는 서양의 쿠텐베르크 보다 200년 이상 앞선 것이다. 어디 그 뿐인가 "거북선이요. 영국보다 300년 앞선 1500년대 이미 철갑선을 만들었소!" 이 말은 고 정주영 현대그룹회장이 1971년에 현대조선소 설립을 위한 차관을 얻기 위해 영국 바클레이 은행관계자에게 우리나라 500원짜리 동전을 보여 주며 한 말이다.

노예반란도 우리나라가 원조다. 노예반란의 경우 로마제국시대인 비시 73년 스타르타쿠스 반란이후 셀 수 없을 만큼 일어났지만 근대이후는 미국의 뉴욕에서 1712년에, 버지니아 주에서 1831년에 발생했다. 우리나라에서 노비 만적이 일으킨 반란은 고려시대인 1198년의 일이다. 근대시민혁명의 경우도 서구와 유사한 시기에 일어났다. 영국의 퓨리턴혁명(1640~1660), 미국의 독립혁명(1775~1783), 프랑스혁명(1789~1794),

독일의 3월 혁명(1848년), 러시아의 2월 혁명(1917년) 등을 들 수 있는데 우리나라도 1811년 홍경래의 평민항쟁이 일어났으며, 1894년에는 전봉준이 동학혁명을 일으켰다.

흉내도 낼 수 없는 창작물도 있다. 세계의 각국에서 사용하고 있는 글자는 고대의 상형문자로 시작하여 장구한 세월이 흐르는 동안 수정·보완을 거치면서 뜻글자, 소리글자의 형태로 발전하여 오늘날에 각 나라나 민족이 나름대로 사용하고 있다고 한다. 그런데 우리나라의 한글은 독창성과 과학성은 물론이고, 유일하게 만든 목적, 원리, 만든 사람, 만든 시기가 알려진 인류역사상 유일무이한 글자라고 한다.

영어만 보더라도 철자와 읽는 법이 다른 경우가 많아 별도로 발음기호라는 것이 있다. 한문은 같은 발음을 하는 문자가 얼마나 많은가. 한문의 결정적인 단점은 외국어 표기에서 나타난다. 뜻글자를 가지고 소리글자를 나타내려 하니 보통 어려운 게 아니다. 예를 들어 대국 아메리카[27]를 표기한다고 하면 주27)에서 보는 바와 같이 앞의 '대'는 뜻글자이고 뒤는 소리만 따온 뜻글자이다. 또 다른 단점은 글자가 너무 많아 배우기도 어렵고 배워도 다 잊어버린다는 점이다. 한 할아버지가 말하기를 "어려서 그렇게 열심히 한문을 배웠는데 지금 아는 글자라고는 내 이름자뿐이고 가족 친지이름도 제대로 다 못쓴다."고 했다. 또 하나의 단점은 뜻글자이다 보니 토씨를 어떻게 붙이느냐에 따라 해석이 달라진다는 점이다. 일본어의 경우는 한자가 없으면 안 되는 문자이다. 글은 두 번째이고 발음 자체가 제대로 안 되는 외국어가 많다.

자전거를 한번 배우면 오랫동안 타지 않아도 언제든지 다시 탈 수 있는 것처럼 한글은 한 번 원리만 터득하면 잊어버리려고 해도 잊어버릴 수가 없다. 외국어도 소리 나는 대로 쓰고, 발음기호도 없이 그대로 읽으면 된다. 배우기는 또 얼마나 쉬운가. 수년 전 한글날 특집으로 유럽에서 비행기를 타고 한국에 오는 외국인을 상대로 그 열 서너 시간 동안에 기내에서 한글을 가르치고, 비행기가 한국에 도착할 즈음 받아쓰기 테스트를 했는데 대부분이 유사하게 썼다고 한다. 이런 글이 인류사에 또 나타날 수 있겠는가. 부지런히 부국강병에 힘써 우리글을 만국 공용어로 만들어야 한다. 이 지구상에는 글을 가진 민족이나 못 가진 민족이나 제 뜻을 능히 시러 펴디 못한 놈이 얼마나 많은가.

시대를 좀 더 거슬러 올라가 보자. 세계 제일의 신비를 간직한 고려청자는 13세기에 제작된 것이다. 고려시인 이규보는 고려청자를 두고 그 아름다움을 다음과 같이 읊었다.[14]

---

27) 대 아미리가(大 亞美理駕) : Big America

「어른거림은 푸른 옥의 빛이요. 영롱함은 수정의 모습이라,
치밀한 옥은 살결과 같고, 손에 대이매 옥 살갗을 만지는 것만 같구나」

이번에는 아예 서구에는 없는 사회관습의 예를 하나 들어 보자. 한동안 성행했고 지금도 여전한 우리나라에만 있는 '계'라는 것이 있다. 이 '계'의 기원을 언제까지 거슬러 올라가야 할지 모르나 담보도 없이 서로 믿고 돈을 맡기고, 주고받는, 선진국이라는 나라에서조차 이해하기 힘들다는 이 제도는 그야말로 앞에서 배운 서구의 자본주의 경제체제 성립이후 오늘날까지 300년이 흐르는 동안 그들이 끝내 달성하지 못했던 신용경제사회의 완결판이라고 할만하다. 물론 사회적으로 큰 물의를 일으킨 계 파탄이 자주 발생하여 문제가 많긴 하지만 적어도 제도 자체는 그렇다.

이제 두 번째 법칙인 어떤 문제나 사건에 대처하는 방식이나 행동이 동·서양이 매우 유사하다고 단정할 수 있게 하는 사례들을 살펴보자.

구텐베르크가 특허를 침해당할까봐 전전긍긍했고 사업화에 실패한 것이나 고려청자 등 우수한 기술이 전승되지 못한 것은 유사하다고 볼 수 있다.

또한 역사적 사실을 보면 권력을 장악하기 위한 권모술수라든가 정적을 제거하는데 무자비한 점이라든가, 왕조와 귀족의 권위와 전통을 중시한 점이라든가, 국난을 당했을 때의 잔 다르크나 우리의 의병장 신돌석이나, 먹고살기 힘든 세상에서는 반란이 일어나는 것 등 모든 게 동·서양이 크게 다를 게 없다.

공자는 "이득을 보면 의로운가 의롭지 않은가"를 생각하라고 했고 "이익만 좇으면 원망을 많게 한다."고 했다. 셰익스피어의 희곡 <베니스의 상인>에 나오는 유대인 샤일록[28]은 '돈만 아는 악덕고리대금업자'의 대명사로 통용된다. 동·서양 공히 고리대금업자를 가장 나쁜 사람으로 묘사했다. 또한 중세에는 이익을 얻는 것을 부끄럽게 여기는 것이 사회풍조였다. 우리도 상도라는 게 있었다.

개화기 이후 경술국치에 이르는 국난의 원인의 하나로 1800년 영조가 승하하자 11세 어린나이에 즉위한 순조와 세도정치를 꼽는 이론도 있으나 세계역사상 이런 예는 많다. 프랑스의 루이 13세는 9세에 즉위하였으며 "짐이 곧 국가다"로 더 잘 알려진 루이 14세는 5세의 나이에 즉위하여 72년간 재임했다. 당연이 순조 때와 같이 섭정이 이루어 질 수밖에 없었다. 먹고살기 힘든 사람이 많은 것은 극히 일부 국가를 제외하고, 예나 지금이나 동·서양이 똑같다.

동·서양의 유사점을 찾아 이렇게 비교를 하다 보니 오히려 머리말에서 언급한

28) 샤일록(Shylock)

바와 같이 적어도 개화기 이전에는 우리가 모든 면에서 서구보다 더 나았다는 것을 새삼 확인할 수 있게 되었다. 전쟁도 우리보다는 서구에서 훨씬 많이 일어났고, 그들의 산업혁명 이전에는 대부분이 가난했으며 '울'이라는 것이 발견되기 전까지 변변한 옷도 없는데다가 난방장치인 벽난로도 우리의 온돌과는 비교도 안 되는 형편없는 것으로 겨울나기가 힘들었다. 결론적으로 굶어 죽고 얼어 죽은 사람이 우리보다 많았다는 것이다. 전쟁으로 죽은 사람도 마찬가지이다.

단절과 망각의 역사

우리의 역사는 단절과 망각의 역사라고나 할까, 지나친 겸손의 역사라고나 할까, 아무리 좋은 것도, 아무리 훌륭한 것도 그 가치를 알지 못하고, 인정할 줄도 몰랐다. 그래서 많은 소중한 것들이 역사 속에 파묻히고 잊혀지고 말았다.

앞서 기술한 맬더스와 리카도가 벌인 논쟁은 그로부터 200년이 지난 오늘날까지도 이어져 영국에서는 물론 세계의 많은 사람들이 배우고 있고 여러 학자들의 연구주제가 되고 있다. 그러나 이황과 기대승의 논쟁의 경우 관심 있는 사람이나 알고 있고, 그것도 그런 사실이 있었다는 것 정도이지 내용까지 아는 이는 드물다. 물론 그들의 논쟁의 주제가 '먹고사는 문제'이고 우리는 그런 것과 상관없는 사상과 관련한 주제여서 그렇다고 할지도 모르겠다. 그러나 꼭 그런 것만은 아니다. 아담 스미스가 흄을 존경한 점, 맬더스가 사상가 루소, 흄, 볼테르 등을 숭배한 점 등도 그렇고, 모두 존경하는 이의 정신적 영향을 받아 현실 문제를 탐구하는 데 영감을 얻었다. 학문도 그렇고 많은 것들이 세대를 통해 계속 이어지면서 성장·발전한 것을 알 수 있다.

학문의 경우를 보면 서구는 이미 16세기경부터 여러 국가에서 온갖 분야의 논문이 발표되고 있음을 알 수 있다. 우리나라도 국민적 학문의 열정은 이미 오래전에 국제적으로 알려져 있었다. 송나라 사신 서긍이 1123년 고려를 방문한 후 저술한 <고려도경>에서 임천각에 수 만권의 책이 도장되어 있다고 하였고, '사민의 업 중에 선비를 귀하게 여기므로 고려에는 글을 알지 못하는 것을 부끄럽게 여겼다.'고 적고 있다. 병인양요 때 강화도에 들어온 프랑스 군대는 문화재를 약탈해 가면서 가난하기 짝이 없는 이 나라에는 우리의 자존심을 상하게 하는 것이 하나 있는데 각각의 잡 선반에 책이 놓여있다는 사실이라고 했다. 1854년 러시아의 곤자로프는 <한국견문록>에서 신기하게도 가난하고도 비천한 사람들까지도 시를 쓸 만큼 학식이 있었다고 적고 있다.[15]

이 학문을 숭상하는 전통은 오늘날까지 이어져 우리나라 청소년 대학진학률은 83%(2012년 기준)로 단연 세계 1위이다. 미국 60%, 일본 47%, 프랑스 41%인 것과 비교하면 매우 높다. 그런데 이렇게 오랜 학문연구의 역사를 가지고 있는 우리나라는 어떠한가. 조선시대에는 중국고전을 근대 이후에는 서양의 사상과 철학을 그리고 과학을 배우고만 있고, 우리의 고전은 소수가 매달려 여태껏 번역만 하고 있다.

어디 이뿐인가 교육기관은 고구려 시대로 거슬러 올라간다. 태학이 있었다는 것은 우리가 역사시간에 배워 모두 잘 알고 있다. 조선시대에는 오늘날 초등학교에 해당하는 서당이 전국에 모든 마을에 있을 정도로 셀 수 없이 많았다. 지방향교는 500개도 넘었으며 서울에는 사학이 있었다. 오늘날까지 이어지고 있는 '성균관대학교'는 조선시대에는 성균관 유생들에게 학비, 조세 및 요역을 면제하여 무상교육은 물론 숙식비도 면제였다. 최근까지 유럽의 여러 대학교 학비가 거의 없었던 것은 우리제도를 본 뜬 것이 아닌가 싶다. 또한 서당은 국가가 운영하는 것이 아닌 사학으로 당시 그 많은 서당이 어떻게 세워지고 운영되었는가를 보면 가히 사학의 모범적 실례라 할 수 있다. 그럼에도 불구하고 우리는 오늘날 학교의 운영 방법이나 학위제도 등을 서구에서 배운 대로 하고 있다. 대학 졸업식 때 쓰는 가운이나 학사모가 이를 상징적으로 대변해 준다고 할 수 있다. 서당에서의 책 걸이라든가 이런 전통은 잊혀지고 사라졌다.

금속활자의 경우 구텐베르크보다 200년이나 앞선 것이지만 세계화 시킨 것은 서구이다. 고려청자 기술은 전승되지 못했다. 서구에서는 도자기의 나라를 일본으로 알고 있다.

세종대왕 시절에 천민출신의 천재과학자 장영실이 있었다. 하늘의 해와 달과 별을 관측하는 간의와 혼천의, 해의 그림자로 시간을 재는 해시계 앙부일구, 빗물을 받아서 비가 온 양을 재는 측우기, 강물의 높이를 재는 수표, 책을 만들 때 사용하는 활자인 아름다운 갑인자, 그리고 스스로 시각을 알려주는 물시계, 자격루 등과 같은 발명품이 모두 그의 손에서 탄생했다. 엄격한 신분사회에서 천민이 임금의 총애를 받아 이런 업적을 이룬 것을 보면 당시의 사회구조가 상당히 유연성이 있었다고 유추할 수 있는데 이와 같은 것을 제도화 시켜 계승·발전시킬 수 있었다면 조선의 역사가 달라지지 않았을까. 그러나 아무리 좋고 훌륭한 것이라 할지라도 대부분 당대에서 끝이 났다.

이순신 장군의 일화를 보면 우리의 잘못된 단절과 망각의 역사가 총체적으로 드러난다. 러일전쟁(1904~1905)을 승리로 이끈 당시 일본함대의 총사령관인 도고 헤이하치로 제독은 일본 역사의 10대 영웅 중의 한 명으로 추앙받는 인물이다.

러일전쟁 전승 축하연에서 한 기자가 도고 사령관에게 그의 공적을 영국의 넬슨 제독과 비견할 수 있는지, 조선의 이순신제독과 비견할 수 있는지를 물었다, 그러자 도고 헤이하치로 "제독은 '자신을 넬슨과 비교한다는 것은 말이 되지만, 자신을 감히 어떻게 이순신제독과 비교할 수 있느냐, 신과 같은 존재인 이순신 제독에게 자신을 비교하는 것은 신을 모독하는 일"이라고 답변을 했다고 한다. 이런 내용이라면 아마 도고 사령관은 노기를 띤 얼굴로 말을 했을 것 같다.

선조는 신과 같은 존재를 잡아다 가두고 고문했다. 그것도 국가의 존망이 달린 전쟁 중에 하늘이 내린 명장을 그렇게 했다. 더 놀라운 일은 1905년 5월 27일 새벽, 러시아의 발틱 함대와 국운을 결정할 결전을 앞둔 일본군은 군함의 갑판 위에 자그마한 제단을 만들어 놓고 일제히 승전을 기원하는 예식을 거행했는데 이때 제단에 모셔진 신이 이순신 제독이었다는 사실이다. 큰 전투 경험이 없어 불안하고 초조한 일본의 병사들은 전쟁의 수호신으로서 우러르며 추앙하던 이순신 제독에게 러시아 발틱함대를 격파할 수 있는 용기와 지혜를 달라고 기원한 것이다.

더 놀랄 일이 또 하나 있다. 일본 해군소장 가와다 이사오[29]는 「이순신 제독은 당시 조선에서 유일하게 청렴한 군인이었고 충성심과 전술전략 운영 능력은 최고의 경지에 이르렀던 인물이었다. 하지만 조선은 이순신 제독의 정신과 전술을 금방 잊어버리고 38년만에 병자호란을 다시 당했다. 조선에서는 이순신 장군의 이름이 까마득히 잊혀 졌지만 일본에서는 그를 존경하여 메이지시기 신식해군이 창설되었을 때 그의 업적과 전술을 연구하였다.」라고 적고 있다.[16]

여기서도 우리는 교육의 중요성, 무엇을 어떻게 가르쳐야 하는지의 문제를 만나게 된다. 사실 박정희 대통령 시절에 이순신 장군을 대대적으로 가르치지 않았다면, 광화문에 이순신 장군 동상을 세우지 않았더라면 우리 국민들이 지금처럼 만큼 이순신 장군을 알지 못했을 것이다.

전쟁에서 진다는 것

차제에 전쟁에서 진다는 것이 무엇인지를 알고 넘어 가도록 하자. 이것을 알기 위해 기와다 이사오가 지적한 이순신 제독의 정신과 전술을 금방 잊어버리고 38년

<hr />

29) 가와다 이사오(川田功) : 저서 "포탄을 뚫고(Penetrate into the shells)"가 있음.

만에 병자호란을 다시 당하여 인조가 항복해야 했던 당시의 처연한 역사의 현장으로 돌아가 보자.

「그 해 섣달 열 나흗날, 조선 조정은 두 왕자와 비빈종실, 그리고 남녀귀족을 우선 먼저 강화로 피난케 하고 임금은 세자와 백관을 거느리고 그 뒤를 따르려 하였으나, 이미 길이 막혔다는 소식을 듣고 허둥지둥 길을 돌려 찾아 들어간 곳이 남한산성이었다. 다행히 남한산성은 10년 전(1626년)에 비상왕궁으로 새롭게 축조되었고, 성 안에는 1만 3천의 군사와 50일분의 식량이 비축되어 있었다. 여기서 그 추운 겨울에 47일을 버티다가 이듬해 정월 그믐날, 성에 가득한 백성들의 호곡 속에 인조는 서문으로 나가 삼전도에서 청나라 황제에게 삼배구고두례[30]을 올리며 항복하였으니 그 치욕이 삼전도비로 지금도 남아있다. 두 왕자가 볼모로 끌려갔고, 후세 삼학사로 칭송되는 홍익한, 윤집, 오달제는 잡혀가 참형을 당하였다. 50여만 명이 포로로 끌려갔다.

이 나라 역사에서 가장 처절했던 장면의 하나가 이 남한산성에서 있었으니 항복 문서를 놓고 울면서 한 사람은 찢고 다른 한 사람은 다시 주워 붙이는 장면이 그것이다. "조선 국왕은 삼가 대청국 관온인성[31] 황제폐하께 글을 올립니다. 소방은 대국에 거역하여 스스로 병화를 재촉하였고 고성[32]에 몸을 두게 되어 위난은 조석에 닥쳤습니다. … 지금 원하는 바는 대국의 명을 받들어 그 번국이 되고자 합니다. …"

여러 차례 퇴고를 거듭한 국서를 이조판서 최명길(1586~1647)이 다시 고치고 있는 것을 예조판서 김상헌(1570~1652)이 들어와서 보고는 그것을 빼앗아 찢어버리면서 "대감은 항복하는 글만 쓰오? 선대부는 선비들 사이에 명망 있는 분이었소. 먼저 나를 죽이고 다시 깊이 생각해주오." 하며 통곡하니 세자 역시 임금 옆에서 목 놓아 울었다.

최명길은 찢은 종이를 다시 붙이며 "찢는 사람도 없어서는 안 되고, 다시 붙이는 사람도 없어서는 안 되오[33]. 찢는 것은 대감으로 마땅히 하실 만한 일이나 종사를 위해서는 다시 붙이지 않을 수 없습니다."하는 최명길 역시 울고 있었다.

그러자 옆에 있던 이성구가 김상헌에게 "대감이 척화하여 국사가 이렇게 되었으니, 대감의 이름은 후세에 남겠지만, 종사는 어떻게 할 것이오?" 하며 달려들자, 김상헌이 "나를 묶어서 적진에 보내주오." 통곡하며 밖으로 나가니, 옆에서 지켜보고 있던 신익성이 "이 칼로 주화자를 목 베리라" 하였다. 그러나 왕은 최명길에게 국서를

---

30) 삼배구고두례(三拜九叩頭禮) : 세 번 절하고 아홉 번 머리를 조아리는 것
31) 관온인성(寬溫仁聖)
32) 고성(孤城)
33) 열서자 불가무, 보습자 불가무(裂書者 不可無, 補葺者 不可無)

다시 초하게 하여 좌의정 홍서봉을 청나라 병영에 보내 화의를 청했다.」[17]

항복했다고 끝이 아니다. 50만 명이 넘는 죄 없는 백성이 이때 끌려갔다. 이와 같이 처절한 능욕을 당하고도 와신상담, 철치부심 고구려의 옛 땅을 회복하고 반드시 되갚아 주겠다고 이를 갈기는커녕, 한 일본인이 지적한 것처럼 금새 잊어버리고 이로부터 또 200년이 지난 후에 경술국치를 당하고 만다.

인조실록 34권에 적힌 당시 전황을 기록한 것을 보면 1636년 12월 2일에 청 태종이 10만 군대를 이끌고 침공하여 12월 12일에는 압록강을 건너고 13일에는 평양, 14일에는 개성까지 진격했는데 인조는 12월 12일에야 청나라가 조선을 침공했다는 보고를 받았다고 한다.

남한산성에서 47일을 버티던 인조는 1637년 1월 30일 항복을 하고 마니 전쟁발발 60일 만의 일이다. 불과 한 달 남짓 전인 1월 2일 쌍령 전투에서는 청나라 기마병 불과 300여 명이 조선군대 4만 명을 대파하였는데 이 전투에서 조선군인 1만 여명이 전사했다고 한다. 그렇게 허망하게 죽은 이들이 누구인가. 우리의 선조들이 아닌가. 누가 그렇게 죽게 만들었는가.

단절과 망각 예를 하나만 더 들어 보기로 하자.

우리의 생활문화의 하나인 결혼이나 장례문화는 그 절차도 그렇지만 그러한 의식이 품고 있는 내용은 너무나 깊고 경건하여 온 세상 사람들이 이를 따르도록 해야 한다고 주장하고 싶을 정도이다. 실제 오래 전에 한 외국인이 세계의 모든 결혼풍습을 조사해 보았는데 한국의 그것이 가장 의미 있고 훌륭하여 한국에 와서 우리 전통 혼례에 따라 결혼식을 했다는 일화도 있다. 그러나 이것도 서구의 의식으로 대체되었다. 어찌어찌 하여 결혼식을 못 올리고 사는 부부의 경우 아내는 하얀 웨딩드레스를 한번 입어보는 것이 평생소원이라고 한다.

이렇게 보면 우리는 우리의 역사를 되돌아보고 다시 찾아내어 우리 생활에 복원시켜야 할 것들이 너무나 많을 것 같은데 그 사실조차 잘 알지 못하니 무엇을 그래야 하는지 짐작조차 할 수 없다.

단절의 역사는 이와 같은 역사적 사실뿐만 아니라 직업사회에서도 여실히 나타난다. 국가별 장수기업 현황을 보면 창업 200년 이상 장수기업은 일본이 3,113개, 독일 1,563개, 프랑스가 331개에 달했다. 반면 한국은 100년 이상 된 기업이 두산과 동화약품, 몽고식품, 광장, 보진재 등 7곳에 불과했고 60년 이상 법인기업도 184곳에 그쳤다.[18] 유럽의 경우 산업혁명 이후 약 300백년의 자본주의 역사 속에서 200년 이상 장수한 기업의 통계이고 우리나라는 개항 이후 200년을 지난 후 100년 이상 장수한 기업을 나타낸 것이므로 비교에 무리는 없으며 장수기업이 유럽에 비해 지나치게 적음을 알 수 있다. 특히 일본은 다른 나라와 비교할 수 없을 만큼 압도적으로 많다.

이미 실학 사상가 박제가는 그의 저서 <북학의>의 '병론'에서 군사제도의 문제점을 지적하면서 「우리나라 사람은 빈말을 잘하면서 실효에는 모자라며, 눈앞의 계교에는 부지런하면서 큰일에는 어둡다.」라고 지적했다. 기업운영은 「큰 일」에 해당한다. 100년 이상 지속되고 있는 기업이 7개에 불과하다는 것은 200년 전에 성현이 지적한 우리의 단점을 별로 개선하지 못한 채 오늘에 이르고 있다고 해도 할 말이 없을 것같다.

문화의 창조보다 더 어려운 계승·발전

단절과 망각의 역사흐름 속에서 참 더디기는 했지만 그래도 계승발전 시킨 것이 하나 있는데 한글전용이 그것이다. 지금 세대들은 우리나라 글을 우리나라 사람이 사용하는 것이 당연한데 한글전용이란 말이 무슨 말이냐고 반문할지도 모른다. 그러나 세종대왕이 한글을 창제하여 반포(1446년)한 이후에도 우리나라는 여전히 한문을 사용했다.

광해군(1608~1623)에 이르러서 최초의 한글소설 '홍길동전'이 나왔다. 한글반포 거의 200년이 지난 후의 일이다. 이후 조선 후기 실학자 중에서 과학자로 더 알려진 담헌 홍대용34)(1731~1783)은 35세 되던 해 숙부 홍억의 자제군관으로 베이징에 다녀오면서(1765~1766) 보고 듣고 느낀 것을 적은 일기체의 기행문 '을병연행록'35) 남겼다. 이 책은 장장 20권 20책 분량으로 무려 2,600쪽에 이르는 이 놀랄 만한 기록인데 한글로 작성되었다는 데에 더 큰 의의가 있다. 이와 같이 백성들 사이에서 한글 사용은 꾸준히 늘었고 특히 부녀자들이 많이 사용했다고 한다. 그러나 조선 말기까지도 양반사회에서는 여전이 한문을 사용했다.

이와 같이 명맥을 이어오던 한글사용은 개화기에 이르러 새로운 전기를 맞게 된다. 1894년 갑오경장이라는 근대적 대개혁이 단행된 과정에서 대한제국은 한글을 공문서의 문자로 채택하였다(1894년 11월 칙령 제1호). 주시경(1876~1914)은 '언문'으로 통용되어온 '훈민정음'을 '한글'이라는 이름으로 바꾸고, 한글을 연구해서 한글의 근대화, 대중화를 위해 노력했다. 1906년 우리말과 글을 바르게 인식하기 위한 글자꼴과 맞춤법

---

34) 홍대용(洪大容)
35) 을병연행록(乙丙燕行錄)

의 본보기 규정 및 음운 이치를 논술한 <대한국어문법>을 펴낸다. 이어 1908년에 <국어문전음학>을, 1909년 2월에 <국문초학>을, 1910년 4월에 <국어문법>을 차례로 펴내게 된다.

그는 <국어문전음학>에서 "오늘날 나라의 바탕을 보존하기에 가장 중요한 자기 나라의 말과 글을 이 지경을 만들고 도외시한다면, 나라의 바탕은 날로 쇠퇴할 것이요 나라의 바탕이 날로 쇠퇴하면, 그 미치는바 영향은 측량할 수 없이 되어 나라 형세를 회복할 가망이 없을 것이다. 이에 우리나라의 말과 글을 강구하여 이것을 고치고 바로잡아, 장려하는 것이 오늘의 시급히 해야 할 일이다."라고 갈파했다. 당시의 시대상황이 한글사용이 독립성과 자주성의 상징으로 부각되게 만든 것이다. 한말에 일어났던 한글운동이 3·1운동 후 다시 일어나면서 1921년 12월 '조선어학회'의 전신인 '조선어연구회'가 창립되었다. 일본은 1939년부터 한글말살정책을 폈고, 1942년에는 한글학자로 더 잘 알려진 독립운동가 최현배(1894~1970) 등을 구속하는 '조선어학회' 사건이 발생한다.

이렇게 외세에 의해서 탄압받던 한글사용은 독립 이후 1948년 제헌국회에서 '한글전용에 관한 법률'이 통과되면서부터 비로소 법적으로 뒷받침 되었다. 이와 같이 한글사용은 점차 일반화 되어 갔으나 여전히 국한문 혼용이 계속되어 학교교육에서도 사용한자 1,300개를 가르쳤으니 이때가 1960년대 초다. 1968년 10월 25일 한글전용은 안 된다는 끊임없는 반론이 제기되었음에도 불구하고 한글전용을 강력히 추진하던 박정희 대통령은 '한글전용 촉진 7개 사항'을 발표하였다. 그중 주요한 것은 '1970년 1월 1일부터 행정, 입법, 사법의 모든 문서뿐만 아니라 민원서류도 한글을 전용하며 구내에서 한자가 든 서류를 접수하지 말 것', '1948년에 제정한 '한글전용에 관한 법률'을 개정하여 1970년 1월 1일부터 전용할 것', '각급학교 교과서에서 한자를 없앨 것', '고전의 한글 번역을 서두를 것' 등이다.

이렇게 하여 그동안 찬반 논란이 심했던 국어 교과서의 국한문혼용을 1971년 3월부터 한글 전용으로 바꿈으로서 역사적인 한글전용시대가 열린 것이다. 세종대왕이 한글을 창제한 이후 실로 525년만의 일이다.

일찍이(1446년) 세종대왕께서 "제 뜻을 능히 시러 펴디 못하는 놈이 하여서, 누구나 쉽게 배워 일상생활에서 편히 쓸 수 있도록" 어린 백성들을 위해 한글을 만들어 주셨다. 대왕님의 뜻은 감사한 일이기는 하지만 단절의 역사가 당연시 되어버린 우리의 장구한 역사에서 보자면 한글은 고려청자처럼 당연히 버려졌어야 했다. 그럼에도 불구하고 이 한글이 5년도 아니고 500년이 넘는 인고의 세월을 견뎌내어 용케도 살아남았다니 이 기적 같은 일에 어디 있는가. 감격스럽기도 하고 한편으로는 속이 상하기도 하여 우리나라의 단절의 역사에 대해 그 원인을 캐보려는 글이 있는지 찾아보았다.

「<불확실성의 시대>로 널리 알려진 갈브레이스는 경제학자인 동시에 인류학자이기도 하다. 처칠은 군인이면서 정치가이 동시에 화가였으며, … 하인리히 슐리만은 품팔이 상인으로 출발해 러시아 국제은행 총재까지 되었다. 영어, 프랑스어, 폴란드어, 고대그리스어까지 익혔고, 그리스어를 익히는 동안에 고대의 전설의 도시 트로이를 찾아 나선다. 그는 트로이가 전설의 도시가 아니라 실재했던 도시라는 신념을 갖고 발굴대를 조직하여 땅속에 완전히 매몰된 트로이를 발견, 발굴해 놓았다. 그는 대 실업가인 동시에 근대고고학의 아버지이기도 한 것이다.

이처럼 서양에서는 분야에 텃세가 없고, 누구나 자유롭게 들기도 하고 나기도 한다. 텃세에 얽매여 외길 인생을 더듬는 한국인의 인생은 그래서 대체로 단조롭고 무미건조하며, 여러 분야의 전문지식이나 상호작용으로 이루어지는 위대한 발상이 불가능하다. 혹시 그런 발상이 가능하다 해도 남의 전공분야에 저촉되는 일이면 자의든 타의든 묵살해 버린다.

이 한국인의 전문 의식은 문화 전승을 중단시키는 반문화 요인으로 우리 문화를 메마르게 했다. 이를테면 고려자기의 비술[36]이 전승되지 않은 것을 비롯하여 한국인의 문화적 슬기는 대체로 당대나 기껏해야 아들 대까지 전승되다가 중단되고 마는 것이 역사적 상식이 되어 버렸다. 강한 전문 의식 때문에 노력 끝에 터득한 비술을 독점화하고, 그 둘레에 성벽을 쌓아 어느 누구도 접근 시키려 하지 않는다. 그러다가 그 독점전문가가 죽고 나면 비술은 사라져 버린다. 기껏 자기 자식에게 전승시킨다 해도 이 전문화·독점화 의식이 작동하는 한 명맥은 거미줄처럼 나약해질 수밖에 없다. 일본만 하더라도 이에모도[37]라 하여 독창적인 벼슬이나 예법이 이루어지면, 그 독창성을 많은 제자들에게 전수시켜 유맥을 형성, 후세에 면면하게 전승시켰다. 우리나라에서와 같은 전문의 독점화는 없었다. 그리하여 우리나라에서 전수해 간 도예가 일본에서는 유맥별로 찬란하게 꽃피웠는데도 그것을 전수해 준 본고장에서는 단속[38]적인 슬럼프를 면치 못하고 만 것이다.」[19]

어떻게든 중지를 모아, 단절의 역사는 더 이상 지속되지 않도록 그 원인을 철저

---

36) 비술(秘術)
37) 이에모도(家元)
38) 단속(斷續)

히 분석하고 대안을 마련하여 시행할 일이 아니겠는가? 그것이 우리의 의식구조를 고쳐야 하는 것이든 그것이 무엇이든지 간에, 설사 자기의 성씨를 갈아야 하는 것이라 할지라도, 버릴 것은 버리고 고칠 것은 고치고 취할 것들은 취해야 하지 않겠는가.

그리고 보니 우리나라에도 세계에서 가장 장구한 계승의 역사를 가진 게 있다. 그것은 왕조의 역사이다. 삼국시대인 고구려와 백제는 한 왕조가 거의 700년이 지속되었고, 신라는 약 천년, 고려와 조선은 약 500년간 지속하였다. 세계사 연표를 보면 로마제국과 페르시아가 400년, 이슬람제국이 약 800년의 비교적 긴 단일 왕조의 역사를 가지고 있을 뿐이다. 영국과 같은 단일국가 몇 나라를 제외하면 우리나라는 세계적으로 자랑할 만한 장구한 단일왕조의 역사를 가지고 있다고 할 수 있다.

그런데 이것이 자랑할 만한 것인지는 생각을 해봐야 할 문제이다. 다른 많은 문명도 단절 없는 계승·발전되었다고 한다면 자랑할 만한 것이겠지만 유독 왕조의 역사만이 그렇다는 것은 많은 해석과 교훈의 여지를 남겨둔다.

3. 독일과 일본에서 배워야 한다

우리는 독일에게서 배워야 한다. 독일의 경우 1918년 11월 제1차 세계대전에서 항복하여 천문학적인 전쟁배상금을 물어야 할 처지[39]에 빠졌으나 이로부터 반세기도 채 지나지 않은 1939년 9월 제2차 세계대전을 일으킨다. 그러나 제2차 세계대전에서 패망한 이후 1세기가 채 지나지 않은 오늘날 자본주의 체제가 송두리째 흔들리고 있는 유럽에서 경제적으로 가장 안정적국가로 평가 받고 있다. 우리는 독일에게서 배워야 한다. 세계대전에서 2차례나 패망하고도 역사의 비등점을 앞당긴 그 원동력이 무

---

39) 독일전쟁배상금 : 1921년에 프랑스가 주도한 연합국 전쟁배상위원회는 총 2690억 금(金)마르크에 달하는 배상금 지불을 결정하였다. 이에 대해 독일정부가 지불을 거부하자 프랑스군이 독일의 공업 중심지인 뒤셀도르프, 뒤스부르크와 루르 지방을 점령하는 사태가 발생하였다. 연합국은 배상액을 1,320억 금마르크로 조정하여 이를 인정하지 않으면 루르 지방에 대한 연합국의 점령이 지속될 것임을 강조하였다. 독일은 이 문제로 수상이 사임하는 등 우여곡절 끝에 전쟁배상액 1320억 금마르크를 연간 20억 금마르크씩 66년 동안 지불기로 결정되었다. 그러나 독일정부는 첫 번째 전쟁 배상액인 35억 금마르크를 지불하고, 12월 14일에 독일의 지불불능을 선언하였다. 이와 함께 러시아와 군사무기 관련 협상을 통해 1921년 5월에 두 나라는 상호통상협정을 맺었다. 이후 1922년 4월16일 라팔로 조약으로 배상권포기, 최혜국 통상조건 등을 체결하여 연합국에 충격을 주게 된다. 이후 복잡한 국제문제로 전쟁배상금은 유명무실한 것이 되었고 나치가 집권하면서 지급거부를 선언하게 된다.

엇인지를 배워야 한다.

우리는 또한 일본에게서 배워야 한다. 근대이전의 동아시아 국제사회에서는 중국과 이웃한 나라들 간에 정치적·군사적인 긴장관계를 완화하고 상호 공존하기 위한 사대교린의 외교정책을 추구하였다. 중국보다 힘이 약한 나라들은 중국에 조공을 보내고, 중국은 이들 나라의 통치자를 책봉해 줌으로써 우호관계를 유지했는데 이 관계를 사대관계라고 한다. 책봉을 받은 중국 주변의 나라들끼리는 대등한 관계를 유지하였는데 이를 교린관계라 한다. 이와 같이 세력이 강하고 큰 나라를 섬기고, 다른 이웃 나라와는 대등한 입장에서 우호적인 관계를 유지하여 국가의 안정을 도모하는 외교정책을 사대교린정책이라고 한다.

15세기 초 조선과 일본은 똑같이 중국에 대해서는 사대, 양국 상호간에는 교린의 외교정책을 추진했다. 조선은 명나라로부터 1403년 4월에 책봉을 받고, 일본은 그로부터 6개월 후인 1403년 11월에 책봉을 받는다. 이듬 해 7월에는 조선과 일본은 국서를 교환한다. 이와 같은 역사적 사실이 사대교린정책을 잘 입증해준다.

이렇게 대등한 관계에 있던 양국은 이로부터 약 500년이 지난 후에는 국제적 국가위상이 달라져도 너무 달라져 있었다. 일본은 사대의 예를 갖추었던 중국을 침략하고 신흥강국으로 국제무대에 등장한 미국과 전쟁을 일으켰다. 대동아 공영권을 표방하고 아시아 여러 나라를 점령했다. 조선은 일본의 식민지가 되었다. 도대체 500년의 역사가 흐르는 동안에 양국에는 무슨 일들이 일어나고 있었단 말인가.

서세동점의 시대가 전개되던 시기. 우리나라가 쇄국정책으로 외세에 맞서던 반세기 전인 19세기 중반에 일본에도 서구 열강이 찾아와 문호개방을 요구했다. 1853년에 미국 동인도함대 사령관 페리[40]제독이 함대를 몰고 와 통상을 요구했고, 1854년에 미국과 통상조약을 체결했다. 이후 일본은 영국과 프랑스, 러시아 등에게도 차례로 문호를 개방했다. 그리고 국운이 풍전등화 같은 시기에 당연히 외세에 대항하는 방법을 놓고 정치적 대립이 발생했다. 우선 막부는 천황과 협력하여 위기를 극복하자는 '공무합체론'을 주장했고, 막부 반대파는 천황의 뜻을 받들어 서양 열강을 물리치자는 '존왕양이'를 주장했다. 이는 '비전즉화 주화매국'의 우리나라 쇄국정책에 해당한다. 여기까지는 개화기의 우리나라와 너무나 흡사하다.

그러나 이후의 일본은 제국주의 국가가 되었고 우리는 그 식민지가 되었다. 여기서 조선초기의 외교정책을 좀 더 구체적으로 살펴볼 필요가 있다. 조선은 건국초기

---

40) 페리(M.C. Perry)

부터 외교정책을 중국에 대해서는 사대정책을 일본 및 유구[41]·여진 등의 나라에는 교린정책을 편 것이다. 조선은 건국 직후인 1392년 7월에 명나라에 사신을 보내어 태조 이성계의 즉위를 알리고 조공을 바치면서 사대의 예를 행했다. 명에서는 조선의 건국과 태조의 즉위를 승인했지만, 조선에 대한 의구심 때문에 곧바로 책봉을 해주지 않았다. 뿐만 아니라 조선의 '여진인 유인사건 및 요동 침범설'에 의혹을 품고 조선사신의 입국을 금지하였다.[20]

이렇게 된 것은 조선왕조가 건국초기부터 국토확장정책을 적극적으로 폈기 때문이다. 우리나라가 본래 만주를 포함한 '만리의 대국'이라고 생각하고 지도나 지리지를 편찬할 때도 만주를 우리 국토에 포함시켰다. 태조는 고려 말의 위화도 회군으로 중단된 요동정벌을 비밀리에 다시 추진했다. 정도전, 남은 등이 주동이 되어 군량미를 비축하고 군사훈련을 강화했는데 이것이 명나라에 감지되어 양국에 시비가 벌어지는데 '요동 침범설의 의혹'이란 이것을 말한다.[21] 이후 표전문제[42] 등 이런저런 외교문제로 양국관계가 원활하지 못하다가 1398년 명태조가 죽게 된다. 이후 명에서는 황위쟁탈전이 일어났으나 성종이 즉위하고 조선에서는 요동정벌계획의 주도자였던 정도전도 피살되면서 양국의 대립관계는 호전되었다. 그리하여 1403년 4월에 책봉을 받게 된다.

일본 또한 위에서 살펴본 바와 같이 우리나라와 같이 사대교린의 외교정책을 폈다. 조선 초기 대등한 교린관계로 시작한 양국의 관계는 조선건국 후 200년이 지난 1592년에 일본이 정명가도를 주장하며 임진왜란을 일으킨다. 이로부터 약 300년이 지난 1894년 6월 일본은 책봉을 받던 나라를 상대로 전쟁을 일으킨다. 청·일 전쟁이 그것이다. 그리고 그로부터 50년이 채 지나지 않은 1937년 7월 아예 중국을 차지할 요량으로 중·일 전쟁을 일으킨다. 제2차 세계대전 발발을 흔히 1939년 9월 1일에 일어난 독일의 폴란드 침공으로부터 보는데 일본은 이미 2년 전부터 시작했다. 이후 독일·일본·이탈리아 3국 동맹을 체결하고, 중국철수를 주장하는 미국에 대해 1941년 진주만 기습공격으로 태평양 전쟁을 일으킨다. 구 강국 중국과 신흥 강국인 미국

41) 유구 : 현재 일본의 영토인 오키나와 군도의 독립적인 나라로 8~9세기에 농업이 발달하면서 계급 사회가 형성되었고, 14세기 초에 이르러 명에 조공하고 책봉 받음으로써 중산국·산남국·산북국의 세 나라가 정립하게 되었다.
42) 표전(表箋)문제 : 조선이 중국에 보내는 외교문서로 국왕이 중국의 황제에게 올리는 글을 표문, 황태후·황후 또는 황태자에게 올리는 글을 전문이라 하는데 우리 사신이 중국 예부에 바치는 자문은 전통적으로 표문과 전문으로 문장을 작성하였다. 그런데 조선 건국 초기 명나라에 보낸 표전문의 글귀가 예의에 어긋났다고 명에서 트집을 잡아 양국 간에 일련의 불화사건이 발생했는데 표전문제란 이를 말한다.

을 상대로 전쟁을 별린 것이다. 여기에 그치지 않고 홍콩, 보르네오, 마닐라, 싱가포르, 바타비아, 랑구운 비롯한 동남아시아는 물론 남태평양의 뉴기니 섬 일대, 북태평양의 알류샨 열도의 요충지도 점령했다. 이것을 합리화하고 정당화하기 위해 일본은 이때부터 '대동아공영권'을 표방하고 나섰다.

일본은 리더가 확고한 국가목표를 수립하고 국민을 이끌었다. 제2차 세계대전에 패배하고도 반세기도 지나기 전에 미국에게 '노—'라고 말할 수 있는 나라로 성장했다. 실학의 박제가 성현이 지적한 것처럼 아무런 대책도 없이 그저 왜놈, 일본 놈 이라는 말로 비하할 것이 아니라 그들이 치열하게 준비하여 역사의 비등점에 이른 그 원동력이 무엇인지를 알아내야 한다.

이미 그들은 제2차 세계대전에서 패망하여 이 땅에서 철수하면서 그들의 미래의 계획을 공공연히 얘기했다. 1945년 우리의 해방당시 마지막 총독이었던 일본의 아베 노부유키가 한 말이 있다. 「우리 일본은 패망했다. 그러나 조선이 이긴 게 아니다. 우리가 조선에 식민교육을 잘 해 놓았음으로 향후 100년 동안은 조선은 제 기능을 못할 것이다. 그리고 100년 이내에 우리는 다시 돌아온다.」[22]

이 얼마나 소름끼치고 전율할 일인가. 실제 그들은 우리나라 점령기간 동안 정말 놀라운 일을 많이 일을 했다. 이계송님은 규장각 도서와 관련하여 놀라운 사실 하나를 전해 준다.

「규장각은 정조 때 만들었는데 창경궁 안에 있습니다. 조선총독부에서 네모난 조선총독부 직인을 만들어 규장각에 소장된 전도서를 장르별로 분류하여 모든 책에 이 직인을 찍고 분류번호와 고유번호를 매겨서 정리해 놓았습니다. 그리고 책이 좀을 먹거나 변질되지 않게 하려고 책과 똑같은 크기로 자른 오동나무 판을 책 몇 권마다 사이에 하나씩 끼워 넣어 전체를 이렇게 보관했습니다. 오동나무는 벌레가 먹지 않기 때문에 단풍나무로 만든 장롱도 내부는 오동나무로 짜 맞춥니다.」

이는 규장각 도서를 완전히 자기들 것으로 간주하고 있는 행위로밖에 볼 수 없다. 이것도 기가 막히지만 이 책 주인보다 더 치밀하게 관리한 사실은 전율을 넘어서서 충격으로 입을 다물지 못하게 한다. 우리나라를 온전히 일본화 하여 자기나라에 편입시키려는 야심을 드러낸 것이다. 야심은 여전히 유효하여 자기들의 주장대로 일본 패망이후 100년도 채 지나기 전인 21세기 초엽부터 독도가 자기들 영토라고 교과서에 싣는 등 공공연히 우기고 있다. 이는 400여년전 임진왜란을 일으키기 위한 명분으로 내세운 '정명가도'와 무엇이 다른가. 일본을 배우는 것도 중요하지만 경계해야 하는 것은 더 중요한 일인 듯싶다. 사실 14세기 말 두 나라는 사대교린이라는 외교정책을 펴야 할 만큼 비슷한 처지의 나라였다. 그러나 그로부터 200년 후 우리나라는 일본의 침략으로 임진왜란을, 이로부터 300여 년 후에는 경술국치를 당하고 만다.

규장각 도서 이야기를 좀 더 들어보자.

「해방 이후 규장각에 있는 도서들을 서울대 도서관의 지하에 보관했었습니다. 그런데 여기에 빗물이 새서 책 일부가 젖었습니다. 그래서 도서일부를 정신문화원 초대원장이신 이선근박사 재임시절에 정신문화원 도서관에 이관했습니다. 당시 서울대 대학원장이 고 삼성 이병철 회장님께 이와 같은 사실을 말씀을 드리자 이를 개탄한 회장님이 규장각 도서를 보관할 건물을 지으라고 합니다. 건물을 다 지은 다음에 두 군데 나누어 있던 도서들을 여기에 옮겨 보관하게 되었는데 이 건물이 호암관입니다.」

제3장

위기의 국가사회

1. 위기의 국가사회

십년공부 도로아미타불

우리나라의 교육비는 오이시디 국가 평균의 3배로 단연 1위이다. 이렇게 고가의 교육을 받아 나온 사람들로 구성된 나라의 국가사회는 다른 나라보다 훨씬 더 성숙된 사회일 것이라는 생각이 든다. 그러나 현실은 전혀 그렇지 못하다.

미국이 남의 나라에서 태어난 어린 아이를 받아들인 입양아 수를 국가별로 조사한 통계를 보면 우리나라는 과테말라, 중국, 러시아, 에디오피아에 이어 5번째로 많은 규모다. 이 4개 나라는 오이시디 미 가입 국가이니 오이시디 국가 중에서는 당연 1위이다. 세계경제 10위권 경제대국이라는 우리나라는 자기나라에서 태어난 아이를 제대로 키우지 못하는 아동수출국가인 셈이다.

또한 우리나라 남녀불평등은 세계최하위권이다. 세계경제포럼43)이 2008년 발표한 '글로벌 성 격차보고서'에 따르면 조사대상 130개국 중 108위다. 이는 이슬람국가인 쿠웨이트나 아랍에미르에이트보다도 낮아 가히 충격적이라 할 수 있다. 이뿐만이 아니다. 인종차별 또한 도를 넘는다. 동남아에서 우리나라에 취업한 외국인 근로자들에 대한 대우나 인식은 미국이나 선진국 사람들에 대한 그것과 너무나 차이가 난다. 외국인 근로자는 불과 50년 전인 1960년대 미국에 불법취업한 우리의 모습인데도 말이다.

한국개발연구원이 2007년 발표한 보고서에 미국의 정치위기관리그룹의 조사결과에 따르면 우리나라 준법 수준은 6점 만점에 4.4점으로 오이시디 국가평균 5.5보다 훨씬 낮고 조사 당시 우리나라보다 낮은 국가는 터키와 멕시코뿐인 것으로 나타나고 있다.

부끄러워서 정말 감추고 싶은 것도 있다. 최근 5년간(2007~2011) 강간·성추행범죄가 무려 8만여 건이 발생하고 어느 집 착한 여대생이 학비를 벌어 조금이라도 가계부담을 덜어 보려고 피자집에서 아르바이트를 하다가 그 피자집 사장에게 겁탈을 당하여 혼자 고민하다가 자살해버린 사건이 발생한 나라가 우리나라이다. 교통사고, 20

---

43) 세계경제포럼(WEF : World Economic Forum) : 세계의 저명한 기업인·경제학자·저널리스트·정치인 등이 모여 세계경제에 대해 토론하고 연구하는 국제민간회의. 1971년 하버드대 클라우스 슈밥이 창립했다. 정식 명칭은 세계경제포럼이지만 스위스 다보스에서 매년 초 총회가 열려 다보스포럼(Davos Forum)으로 더 잘 알려져 있다.

도 이상 술 소비량도 세계최고 수준이고 타인을 위한 개인 기부액은 언급할 만큼도 되지 못할 만큼 적다.

너무 절망적인 사실도 있다. 오이시디 국가 중 자살률이 10여 년째 1위를 고수하고 있는데, 이는 하루 평균 약 37명이 자살하는 것으로 청소년과 노인의 자살이 더욱 심각하여 어이없는 '자살예방법'이 시행되고 있는 현실이다. 이혼율이 상위권에 속하고, 신생아 출산율은 세계에서 가장 낮다.

갈수록 태산이다. 우리나라는 부패도가 높고 국가경쟁력은 낮은 나라라고 할 수 있다. 우리나라 청렴지수(부패인식지수)는 선진국에 한참 못 미친다. 청렴지수[44]는 2008년 조사에서 우리나라는 56점으로 조사대상국 180개국에서 40위였다. 오이시디 국가의 평균 청렴지수는 71.1이다. 2014년에 발표한 자료를 보면 우리나라는 100점 만점에 55점으로 세월이 흘러도 개선된 흔적이 없다. 국가순위를 보면 전체 175개 조사대상국 가운데 43위를 차지하였고, 오이시디 가입 34개국 중에서는 27위로 하위권에 머물렀다. 세계적으로는 덴마크(92점, 1위), 뉴질랜드(91점, 2위), 핀란드(89점, 3위), 스웨덴(87점, 4위) 등이 지난해에 이어 최상위권을 차지하였으며, 아시아에서는 싱가포르(84점, 7위), 일본(76점, 15위), 홍콩(74점, 17위)이 지속적으로 좋은 평가를 받고 있다.

한편 국가경쟁력은 30위권인데 국가경쟁력 순위를 발표하는 스위스 국제경영개발원[45]은 한국의 경제위기 극복 능력에 대해 홍콩, 일본 등 아시아 경쟁국에 비해 턱없이 낮은 것으로 평가했다. 작년에 이러 올해도 미국이 1위 홍콩과 싱가폴이 2, 3위였다. 세계 10대 교역국의 하나라고 자랑하는 우리나라의 대외원조금액은 국민 1인당 년 16달러로 오이시디 국가의 1/8 수준이다.

그렇다면 우리나라 국민의 행복감은 어느 정도일까?

영국신경제재단[46]에서 발표한 '세계행복지수'에서 한국은 102위였다. 2006년 오이시디 국가 '삶의 만족지수' 조사결과에 의하면 조사대상 26개국에서 23위였다. 2012년에는 63위였다고 해서 조금 위안은 되나 '헬조선'이라는 신조어가 생길 만큼 행복과는 거리가 멀다. '행복'이라는 것은 주관적이고 추상인 개념이므로 조사가 쉬운 일이 아니며 조사결과도 당연히 조사기관에 따라 다르게 나타나는데 우리나라의 평

---

44) 청렴지수(CPI, Corruption Perceptions Index) : 독일 베를린에 본부를 두고 있는 세계적인 반부패운동 단체인 국제투명성기구(Transparency International, TI)에서 매년 발표하는 지수
45) 국제경영개발원(IMD, International Institute for Management Development) : 스위스 로잔에 위치한 비영리 실무학교. 상설 부속 기관인 세계경제포럼(WEF)을 통해 1980년부터 해마다 세계 각국의 국가 경쟁력을 종합 평가해 순위를 매기고 있다.
46) 영국신경제재단(NEF, New Economics Foundation)

가는 기관별로 크게 차이가 나지 않는다.

　'잘살아 보세'라는 구호 아래 경제대국이 되면 굶는 사람이 없고 국민 모두가 행복해질 것이라는 꿈과 희망을 가지고, 가족을 위해, 우리 부모님을 위해, 사랑하는 내 동생들은 꼭 가르쳐야 한다는 신앙과도 같은 신념으로 서독광부로, 간호사로, 열사의 중동 건설현장으로, 월남의 전쟁터로 돈을 벌 수 있는 곳에는 죽음도 두려워하지 않고 뛰어 들어 기꺼이 젊음을 불살랐다. 그 결과 정말 세계 230여 개 국가 중 지디피와 수출입 규모가 10위권에 속하는 경제대국이 되었다.

　아하! 행복이 성적순이 아니라는 말도 있어 그러려니 했는데 철석같이 믿고 있었던 경제력 순위도 아니라니! 이게 어찌된 일인가? 측정을 잘못한 것은 아닐까? 그것은 아닌 것 같다. 행복지수가 틀렸다 하더라도 우리는 위에서 살펴 본 바와 같이 거의 대부분의 여러 조사에서 좋은 것은 하위권, 나쁜 것은 죄다 상위권에 링크되어 있다. 그래가지고는 행복할 수가 없는 것이다. 개, 돼지가 많아서인가? 그것도 아닌 것 같다. 우리나라는 세계 제1의 교육국가다. 한 자라도 더 배운 사람이 아무래도 좀 더 낫다고 한다면 개, 돼지는 다른 나라에 훨씬 더 많다.

　곰곰이 생각해보면 오로지 돈 버는 데만, 그것도 남은 아랑 곳 않고 나만, 오로지 내가 돈 버는 일에만 몰두한 결과가 아닌가 싶다. 그것도 수단과 방법을 가리지 않고. 처음에는 나 자신의 '먹고사는 문제' 해결을 위해 '함께 사는 문제'는 전혀 안중에도 없다가 1970년대 중반 이후에는 '이제는 점심 굶는 사람'은 없다고 자인하게 되었다. 이 때 '함께 사는 문제'를 심각하게 고민했어야 했는데 그러기는커녕 한 술 더 떠 탐욕으로 흐른 결과가 아닌가 싶다.

　세상이 약육강식의 동물세계의 법칙이 적용되면 승자보다는 패자가 훨씬 많게 된다. 이는 근대화 초기 탐욕의 자본주의의 모순에 해당한다. 서구에서는 자본주의 시작 때부터 이를 간파한 마르크스, 엥겔스 같은 학자가 나타나서 자본주의의 한계를 극복할 대안으로 제시한 것이 시초가 되어 세상을 자본주의와 공산주의로 양분하게 되었다. 그러나 얼마 되지도 않아 공산주의는 초기자본주의만도 못하다는 것이 실험적 결과로서 들어나서 20세기 후반에 역사 속으로 사라지고 말았다. 그래도 자본주의는 시대의 흐름에 따라 사회주의 요소의 차용 등 많은 변형과 수정을 거침으로써 초기 자본주의와는 매우 다른 모습으로 진화하여 여기까지 온 것이다. 물론 사회주의 또한 자본주의 요소를 차용하여 사회민주주의 형태로 북유럽을 위시한 여러 국가가 이 제도에 의해 운영되고 있다.

　오로지 나의 승리만을 염두에 둔 약육강식의 사회에서 만인의 만인에 대한 투쟁을 하다 보니 소수의 승자와 다수의 패자가 남았다. 양극화가 심화되는 가운데 운 좋게도 승자에 속하게 된 소수를 제외한 다수의 패배자들은 상대적 박탈감, 여기에다 실제생활에서 지나친 경쟁, 일자리 불안, 주거와 생계불안, 노후불안 등으로 불안한 삶을 이어가게 되었다. 이젠 소수도 불안하게 만드는 젊은 세대의 3포니, 7포니 하는 좌절과 상실의 시대가 된 것이다. 이 7포의 내용을 보니 이것들을 다 포기하느니 차라리 살아갈 필요가 없다고 말하는 것이 더 날을 성싶다.

이러한 상황에서 우리 국민은 대체적으로 행복하지 않다는 결론에 이르는 것은 당연하다고 할 것이다. 사람은 행복하기 위해서 산다고 가정한다면 행복하지 않다는 것은 삶의 의의나 목표를 잃어버린 것의 다름 아니겠는가.

그렇다면 행복지수 1위의 나라는 과연 어떤 나라일까? 부탄은 인구 74만여 명에 1인당 국민소득은 3천 달러에도 미치지 못하지만, 전 세계에서 가장 행복한 국가로 꼽힌다. 행복지수가 항상 상위권이고 2010년도, 2017년도 1위에 올랐다. 부탄의 문교부장관 왕축이 2017년 9월 중순 한국에 왔다. 서울에서 열린 '2017 세계시민교육 국제 콘퍼런스'에 참석하기 위해서다. 그는 한국의 치열한 입시경쟁과 뜨거운 교육열에 대해 "한국의 학교생활이 아주 경쟁적이고 힘들다는 것을 잘 안다"며 "그러나 삶은 한 가지 길만 가야 하는 게 아니다. 항상 다른 길이 열려 있다는 점을 잊으면 안 된다"고 말했다.

인구가 100만도 채 안되고 1인당 국민소득이 3천불에 지나지 않는 나라 문교부장관이 국가 간 교역량이 세계 10위권인 경제대국의 나라, 더구나 세계 최고의 교육열과 교육비 지출, 그리고 대학 진학률을 자랑하는, 문맹률이 거의 0%인 우리나라의 교육에 대해 한 말씀을 하신 것이다. 이 책 곳곳에서 언급한, 근대 이후 서구의 선진 문명을 배우고 따라 하기에 급급한 우리나라가 이젠 국민소득 3천불도 안 되는 나라에게 배워야 할 처지가 된 것이다.

교육은 왜 하는가. 행복한 삶을 살게 하기 위함이 아닌가. 교육에 세계에서 가장 투자를 많이 하고 심혈을 기울인 결과가 행복과는 거리가 멀고 오히려 불행한 결과를 가져왔다고 하니 도대체 뭐가 잘못되었단 말인가.

교육은 학교교육이든 사회교육이든 우선 전인교육을 시켜야 한다. 그런데 어려서부터 지식교육, 그것도 지식경쟁교육만을 시켜 온 결과가 아닌가 싶다. 더 기가 막히는 것은 그렇다면 지식이라도 세계 제일이어야 하는데 그것도 아니다. 고등학교 때까지만 해도 수학올림피아드다 뭐다 해서 국제대회에 나가 상을 휩쓸다시피 하는데 딱 거기까지이다. 그것은 노벨과학상 수상자가 한 명도 없다는 데서도 잘 나타난다.

물론 노벨상이 무슨 기준이 되는 것은 아니지만 그래도 세계적인 권위가 있다는 상이라고 하니까 하는 말이다.

이 모든 것이 잘못된 교육의 결과라고 한다면 이에 대한 책임이 누구한테 있는지 따져보는 것은 당연하고 마땅한 일이 아니겠는가? 곰곰이 생각해 보면 아무래도 개, 돼지에게는 책임이 있다고 말할 수는 없을 것 같다. 책임 없는 개, 돼지들이 양산된 결과로써 우리나라가 위와 같이 불행해져가고 있다고 보면, 이미 살펴본 바와 같이 이 나라를 이끄는 리더와 리더 그룹에 가장 큰 책임이 있다고 할 것이다. 또한 다양해진 사회 각층의 리더와 리더에 속한 그룹도 이 책임에서 결코 자유롭지 못하다고 보아야 한다. 후술한 쪽빛·남빛론을 주장한 소이가 여기에도 있다고 하겠다.

꿈은 있는가?

「국민 100명 가운데 98명꼴로 '앞으로 계층 상승이 어려울 것'이라고 생각한다는 조사 결과가 나왔다. 특히 사회에 한창 진출할 나이대인 20대 청년층의 96.3%가 계층 상승 가능성에 부정적인 견해를 나타냈다. 양극화가 뿌리내리면서 계층 상승의 '사다리'가 사라지고 갈수록 역동성을 잃은 '닫힌 사회'로 변해가는 현실을 반영한 것으로 풀이된다.

19일 현대경제연구원이 우리나라 성인 1,011명을 대상으로 실시한 설문조사 결과를 보면, "향후 우리나라에서 중산층이나 고소득층으로 올라가기가 어려워질 것"이라고 답한 응답이 98.1%나 됐다. 연령대별로는 40대(98.9%)가 가장 부정적이었고, 20대(96.3%)도 계층 상승 가능성에 대한 기대를 거의 접은 것으로 나타났다.

계층상승 가능성을 극히 낮은 것으로 보는 이유로는 '양극화의 진행 탓'(36.3%)이 가장 많이 꼽혔다. 다음으로 '체감경기의 지속적인 부진'(21.5%)과 '좋은 일자리의 부족'(12.1%), '과도한 부채'(11.4%) 등이 뒤를 이었다. 연령대별로는 20대가 '좋은 일자리 부족'을 가장 많이 꼽았고, 30·40대는 '양극화'와 '과도한 부채'를 주된 이유로 들었다. 자신의 형편에 대한 주관적 평가도 상당히 낮았다. 정부 집계 기준으로는 중산층이 전체 가구의 64%에 이르지만, 이 조사에선 실제로 자신이 중산층이라고 생각하는 사람은 이보다 적은 46.4%였다. 반면 저소득층이라 생각하는 비율(50.1%)은 절반을 넘었고, 고소득층으로 인식하는 사람은 1.9%에 그쳤다.」[23]

우리는 이 계층사다리를 얘기하기 전에 이 계층사다리의 맨 아래, 즉 계층사다리의 시작점에 있는 계층에 대해 생각해봐야 하지 않겠는가 싶다. 인류의 역사가 자유투쟁의 역사였든, 계급투쟁의 역사였든 간에 하류층은 항상 존재했고, 이들의 존재는 세계 모든 지성들의 아킬레스건이 되어왔다. 어떻게든 국가사회가 아무리 무능하고 비천한 인간일지라도 인간의 존엄이 훼손되지 않도록, 인간답게 살 수 있게 최소한의 실질적인 보살핌을 해야 그 의무를 다했다고 말할 수 있을 것이다.

기업국가와 자유민주주의 위기

해방이후 우리나라는 정권이나 국가사회의 변화의 특성에 따라 군사독재국가, 경찰국가, 검찰국가, 재벌공화국, 자살공화국 등 다양한 수식어가 붙어 왔다. 오늘날에는 기업국가라는 수식어가 붙어있다. 다음은 기업과 국가와의 관계에서 기업의 지나친 비대에 따른 문제점과 향후 국가가 어떤 방향으로 나아가야 할 것인가를 시사하는 글이다.

「… 하지만 우리 시대의 불행은 그 말처럼 권력이 시장으로 넘어갔다는 사실 자체에 있는 것은 아니다. 더 심각한 불행은 아직도 우리가 저 말의 의미와 심각성을 온전히 이해하지 못하고 있으며, 노무현 정권이 그랬듯이 우리 또한 새로운 권력에 속절없이 투항해 버렸다는 사실이다. 사회주의 국가에서는 국가 위에 당이 있다. 그렇다면 자본주의 국가 위에는 무엇이 있는가? 기업이다. 자본주의 국가는 본질적으로 기업국가이다. 그것은 기업에 의한, 기업을 위한, 기업의 국가인 것이다. 지금까지 이것이 은폐되어 왔던 까닭은 기업이 아직 충분히 자라지 못한 상태에 있었기 때문이다. 기업이 국가의 테두리를 벗어나지 못한 채 국가의 후견 아래 있는 동안에는 기업이란 국가를 구성하는 하나의 구성요소에 지나지 않는 것처럼 보인다.

하지만 이는 사실이 아니다. 기업을 통한 생산이란 근대에 이르러 출현한 생산양식이다. 그런데 근대국가와 기업의 관계를 비유로 말해 근대국가가 달걀이라 한다면 기업은 노른자의 중심에 있는 배반과도 같다. 달걀 없이 배반이 없듯이, 근대 국가가 없었다면 근대적 기업도 없었을 것이다. 기업화된 자본주의적 생산양식이 기능하기 위해서는 반드시 근대적 국가의 법질서와 군사력 그리고 화폐 제도와 교육 제도 등이 요구되었기 때문이다. 기업은 근대국가 속에서 잉태되었으며, 근대 국가는 기업이라는 새로운 생명을 낳기 위해 형성되었다. 이런 의미에서 기업은 근대국가의 목적이었다. 기업을 위한 국가가 근대국가였던 것이다. 그런데 기업이 국가의 후견을 필요로 하는 단계에서는 근대국가는 기업을 위한 국가일 뿐 아직 기업에 의한 국가는 아니었다.

그러나 지금은 기업이 자랄 대로 자라 마치 병아리가 알을 깨고 나오듯 국가의 테두리를 넘어가는 시대이다. 이 단계가 되면 기업이 국가의 후견을 필요로 하는 것이 아니라 도리어 국가가 기업의 후견을 필요로 하게 된다. 후견이란 지배의 다른 표현이니, 이 단계가 되면 국가는 단순히 기업을 위한 국가가 아니라 기업에 의한 국가, 곧 기업이 지배하는 국가가 된다. 이것이 지금 우리 시대 국가와 기업의 관계이다. 기업을 위해 국가가 존재하고 기업에 의해 국가가 작동될 때, 국가는 전면적으로 기업에 동화된 기업 국가가 된다. 다시 말해 국가 자체가 기업화되는 것이다. 우리 사회에서 유행하는 '민영화'라는 것은 '기업화'의 다른 이름이다.

과거에 공기업부터 국립대학까지 국가의 관리 아래 있던 공공적 기관이 민영화되는 것은 국가 자체가 전반적으로 기업화되는 과정에 다름 아닌 것이다.

하지만 이것이 왜 문제라는 말인가? 그것은 국가가 기업화되면 될수록 시민의 자유가 억압될 수밖에 없기 때문이다. 사회주의 국가에서는 당이 국가 위에 있는 것처럼, 이제 자본주의 국가에는 기업이 국가 위에 군림한다. 그렇게 되면 공산당이 국가기구를 장악하고 프롤레타리아를 위한 독재를 한다면서 인민의 자유를 제한하는 것처럼, 아니 그보다 훨씬 더 독재적으로 기업 국가는 시민의 자유를 억압하게 된다. 왜냐하면 기업은 공산당 이상으로 독재적인 조직이기 때문이다. 기업이 국가의 한 구성요소에 지나지 않는 단계에서는 기업이 독재적이든 아니든 시민의 정치적 자유는 지켜질 수 있다. 그 단계에서 시민들은 기업을 통해서는 경제적 필요와 욕구를 충족시키면서 국가적 삶의 지평에서 보다 고차적인 정치적 자유를 실현할 수 있기 때문이다.

하지만 국가가 통째로 기업화되어 기업의 지배 아래 놓이게 되면, 더는 시민들이 국가를 통해 정치적 자유를 실현하는 것이 불가능해진다. 왜냐하면 국가 자체가 기업에 의해 도구화되고 노예화 되어버려 국가 자체가 더 이상 시민적 자유의 현실태가 아니기 때문이다.

이렇게 되면 시민들은 이전까지 누리고 있던 정치적 권리 역시 제한되거나 빼앗기게 되는데, 지금 한국 사회에서 노동조합 활동이 실질적으로 불법화되고 집회와 표현의 자유가 갈수록 더 심각하게 위축되는 것은 단순히 대통령 한 사람을 잘못 뽑았기 때문이 아니라 이 나라가 본질적으로 기업에 의해 지배되는 기업 국가의 단계로 접어들었기 때문이다.

지금까지 사람들은 자유민주주의와 자본주의적 기업 활동의 자유가 마치 동전의 앞뒷면처럼 공존하는 것처럼 생각해왔다. 하지만 이제 이런 고정관념은 수정되어야 한다. 자유민주주의와 자본주의적 기업 활동은 양립 불가능한 모순대립의 관계에 있다. 왜냐하면 세상에서 가장 독재적인 조직이 기업이기 때문이다.

기업이 국가의 하부 단위일 때 기업의 독재는 기업 내부의 일로 묵인될 수 있었다. 그러나 기업이 국가의 실질적 지배자로 군림하게 된 지금 기업 독재를 타도하는 것은 우리가 힘들여 이루어 온 자유민주주의를 지키기 위한 가장 절박한 과제이다.」[24]

이 글은 말 그대로 기업이 지나치게 권력이 신장하여 민주주의의 근본을 위협할지도 모른다는 경고의 메시지로 들린다. 오늘날 어느새 급성장 해버린 다국적 기업은 첨단기능을 갖춘 공룡이라고 표현해도 될 것 같다. 이들은 엄청난 부와 막강한 정보력으로 국가의 권력도 좌지우지 할 만큼 성장했다. 국가의 권력은 누가 행사하는가? 국민이 선출한 정치가들이 아닌가? 기업이 이들 위에 군림하여 자기들의 이익을 창출하는 데 협조하도록 할 수 있다면 이는 바로 국민 위에 앉아 있다는 말이 아니겠는가? 그렇다면 민주주의의 근간을 흔들고 있다고 할 수 있지 않겠는가?

그런데 사실 민주주의의 발전과정을 보면 꼭 이런 논리가 타당할 수만은 없다는 혼란에 빠지게 된다. 민주주의 기원은 고대 아테네의 도시국가라는 것이 우리가 알고 있는 상식이다. 이렇게 장구한 역사를 가진 민주주의가 무엇이란 말인가? 그것은 국민이 주인이라는 말이다. 국민이 진정한 주인이 되기 위해서는 '평등과 자유'가 보장된 주체적인 삶을 살 수 있어야 하는데 이는 인류의 이상과도 같은 것으로 민주주의는 실현된 것이 아니라 이상을 향해 발전해온 것이다. 그리고 지금 이 시대에도 이상을 향해 나아가고 있는 것이다.

그런데 사실 민주주의는 그냥 주어진 것이 아니고 사회변화와 더불어 사회의 계층 간에 벌어진 투쟁의 결과로써 얻어진 것이다. 오늘날의 이만큼의 민주주의는 서구의 초기자본주의 형성기인 18~19세기의 초기자본주의 태동으로 인한 급격한 경제·사회적 변화의 산물이라고 할 수 있다. 당시 도시의 발달과 함께 성장한 자본가들이 기존 지배세력인 봉건 귀족들과 충돌하면서, 어떤 의미에서는 그들의 명분을 위해 동원된 민주주의가 오늘날 민주주의의 시초가 되었다고 볼 수 있다.

이와 같은 민주주의의 발전과정을 조망하면 오늘날 기업국가의 현상도 전혀 다른 관점에서 볼 수 있다. 초기 자본주의시기 새로 형성된 자본가와 시민그룹이 봉건귀족과의 투쟁을 벌인 것처럼 국민이 위임한 권력을 놓고 새로 형성된 거대기업과 권력수임자 간에 투쟁이 벌어진 것으로 해석할 수가 있다. 다만, 이미 균형이 무너져 힘의 추가 기업으로 기울고 있다고 할 수 있다. 우리는 여기에서 민주주의에 대해 새롭게 인식할 필요가 있음을 알게 된다.

우리의 민주주의가 최선의 정치제도가 아니라 최선의 정치를 의미하는 상징적인 용어라는 점이다. 그래서 민주주의 체제는 얼마든지 변할 수 있다는 것이다. 이러한 관점에서는 기업국가는 새로운 민주주의의 시발로 볼 수 있다. 초기자본주의 성립시기의 변화의 소용돌이 속에서 투쟁의 결과로, 경제적 민주주의다, 정치적 민주주의다, 풀뿌리 민주주의다 하는 오늘날의 민주주의의 시발이 되었던 것처럼 말이다.

　　우리나라가 위 글에서 우려하는 기업국가라는 것을 단적으로 보여주는 사건 하나를 검토해 보고 민주주의를 새롭게 인식하는 문제에 대해 논의해 보자.

　　「현대차 사내하청 노동자로 일하다 해고된 최병승(36) 씨와 현대차 비정규직지회 천의봉(31) 사무국장은 17일 밤 10시30분께 울산 북구 양정동 현대차 울산공장 명촌 중문 근처에 있는 50m 높이의 송전철탑에 올라가 고공농성을 시작했다. …

　　현대차 사내하청 노동자들의 요구는 간명하다. 고용노동부, 대법원, 노동위원회가 판단한 대로 현대차가 불법파견을 인정하고 법에 따라 사내하청 노동자들을 정규직으로 전환하라는 것이다. 2004년 노동부는 현대차 울산, 충남 아산, 전북 전주 공장 모두에 대해 불법파견이라고 판정했다. 2010년 7월과 올해 2월 대법원은 최씨가 낸 소송에서 '현대차는 불법파견 사업장으로, 최씨는 이미 현대차 직원'이라고 판결했다. 준사법기관인 노동위원회도 울산·아산·전주공장 사내하청 노동자들에 대해 불법파견을 인정했다. 그런데도 현대차는 불법파견을 인정할 수 없다며 버티고 있다. 현대차 비정규직지회는 2005년 1월, 8월 두 차례 파업을 벌였고 최씨를 포함해 해고자만 100여 명이 발생했다. 2010년 11월에는 울산 1공장을 25일 동안 점거했지만, 돌아온 것은 해고 100여 명, 징계 1,000여 명 등 희생뿐이었다.」[25]

이중국적·원정출산 대한 직업사회학적 해석

　　위의 '기업국가와 자유민주주의의 위기'에 대해 다른 관점이 있을 수 있고, 견해가 다를 수도 있다는 점을 설명하기 위해 다소 거리가 있어 보이는 이중국적·원정출산문제로부터 얘기를 시작해 보자. 한때 우리사회에 이슈가 되었던 이중국적취득이나 원정출산은 당사자 입장에서 보면 혹시 모를 부당한 국가권력의 행사로 인한 피해를 방지하기 위한 안정장치의 확보의 수단이라고 할 수 있다. 또한 이러한 행위는 '국가권력행사에 대한 몰인정'으로도 해석할 수가 있다.

　　"나는 죽을힘을 다해서 여기까지 왔다. 그동안 국가가 내게 해준 것이 무엇이 있단 말인가? 아니 도대체 국가권력이란 것이 나에게 있어 무엇을 의미하는 것인가? 국가 권력을 행사하는 사람들은 무슨 근거에 의한 것인가? 그리고 그 근거는 정당성이 있는가? 법? 법은 누가 만들었는가? 권력을 행사하는 사람들은 과연 나보다 나은 사람들인가? 나도 못지않은 역량과 그만한 자격을 갖춘 사람이다. 만약에 국가가 부당하게 내 것을 빼앗아 가려고 할 때 내가 저항할 수 있는 방법은 무엇인가?" 이런 생각, 다시 말하면 '국가권력행사에 대한 몰인정'이 근저에 깔려 있다고 볼 수 있다. 스스로를 국가권력을 행사하는 사람들과 대등하거나 우위에 있다고 생각하여 국가의 정당한 권력행사에 대해서도 부당하다고 느끼는 것 같다. 그래서 자기가 여태 쌓아 온 것을 송두리째 뺏겨 버릴지도 모른다는 다소 망상적인 불안감에 혹시 모를 위험에 대비한 장치를 해 두려는 행위가 이렇게 나타난 것은 아닌가 싶다.

그러나 이중국적이나 원정출산의 근저에 깔린 이 '국가권력행사에 대한 몰인정'의 사고는 처음 나타난 사고가 아니다. 이미 오래 전에 이것이 역사를 바꾼 전례가 있다. 그 예는 봉건사회에서 근대사회로 이행하는 과정의 역사에서 찾을 수 있다. 막스 베버는 '권력은 타인의 저항에도 불구하고 자신의 의지를 관철시킬 수 있는 능력'이라고 정의했다.[26] 봉건사회에서는 왕이 이 권력을 쥐고 있어 절대 권력이라고 했다. 그런데 산업혁명이라는 것이 계기가 되어 새로운 자본가 계급이 탄생하고 노동자 계급도 생겨나서 새로운 시민사회가 형성되었다. 시민사회의 새로운 강자로 등장한 이들은 절대 권력에 대해 회의를 드러내기 시작하더니, 마침내 자신들은 과거의 농노나 노예가 아니라는 각성에 의해 절대 권력에 도전하게 된다. 이와 같이 사회가 급변하면서 절대 권력은 흔들리기 시작하더니 결국 제한을 받게 되고, 분산되고, 다양한 형태로 변형되었다. 이를 가장 명료하게 권력의 소유권이 바뀠다고 표현할 수 있다. 왕과 승려 등 소수가 위임받아 가지고 있던 신이 권력을 국민 각 계층이 나누어 갖게 된 것이다.

여기서 '국가권력행사에 대한 몰인정'의 사고를 다른 한 편에서 보면 미래의 국가사회가 어떻게 변화할지 모른다는 암시의 하나라고 볼 수 있다. 이를 직업사회의 관점에서 보면 직업사회가 국가사회를 능가하던지, 아예 국가사회를 해체하여 새로운 사회를 건설하게 하는, 말하자면 제2의 근대화를 가져오게 하는 기능을 하게 될지도 모른다는 유추를 가능하게 만든다. 지구촌이 글로벌 경제제제로 재편되어 가고 있고, 다국적 기업의 성장과 역할의 확장 등으로 이 가업에 속한 직업인들에게 그들의 국가보다도 더 많은 영향력을 행사할 수 있게 된다면 이와 같은 유추가 전혀 말이 안된다고 치부할 수만은 없다고 할 것이다. 이미 글로벌 경제제제에서는 국경이 사라지는, 말하자면 경계가 무너지는 경제현상이 두드러지고 있다. 국가사회의 개념에 혼란이 올 지경이다. 과거에는 주 교역대상이 상품이고 이에 따른 자본의 이동이 전부였다고 할 수 있으나 이제는 노동력도 이동하고 기업도 다국적기업[47] 등과 같이 다국 적화하여 개인의 입장에서 보면 자기가 속한 사회가 국가사회인지 직업사회인지 애 매하게 되어 가고 있는 것이다. 우리나라의 경우만 보더라도 과거 우리 근로자가 서 독이나 중동에 진출한 경험이 있었으나 우리나라에 외국 사람이 진출한 경우는 흔치 않았다. 그러나 이제는 거의 세계 모든 나라사람이 몰려와 '안산'에는 외국인끼리 작 은 사회를 이루고 살고 있다. 명동이나 건대역 주변, 대방역 일대는 중국어를 모르면 대화가 안 될 지경이다. 이들은 우리나라의 법적보호를 받으며 우리나라의 기업에서 지급하는 급여를 받고 생활한다. 국경이 무의미한 초국적기업[48]의 시대가 도래하고 있다고 여겨지는 것이다.

여기에 '국가권력행사에 대한 몰인정'의 사고가 끼여 들 여지가 있는 것이다. 국 가사회가 탈 국가사회로 방향을 잡은 것처럼 보이기는 하나, 어떤 방향으로 나아갈 지, 어떤 식으로 재편될지 예측하기 힘든 세상이 되어 가고 있는 것이다. 여기에 하 나를 더 추가한다면 머지않은 장래에 인간보다 더 유능한 알파고가 나타나서 이 사 회를 통제하게 된다면 세계가 직업사회를 중심으로 아니면 전혀 새로운 형태의 사회 로 재편될지도 모를 일이다.

앞서의 '기업국가와 자유민주주의'의 논리는 국가권력을 당연한 것이라는 전제하 에서 기업국가의 문제점을 드러낸 것으로 타당성이 있는 논리라고 할 수 있지만, 기 업국가의 모습으로 성장하고 있는 기업의 입장에서 국가권력으로부터의 독립내지는 국가권력보다 우위에 서는 것이 지금의 국가권력에 의해 유지되고 있는 국가사회보 다 훨씬 더 낳은 국가사회를 건설할 수 있다고 주장할 수 있는 여건을 조성한다면 이 는 전혀 다른 얘기가 된다. 오늘날의 사회 환경 변화는 국가사회에서 탈 국가사회로 의 전환을 예고하고 있는지도 모른다.

2. 글로벌 경제시대의 도전과 응전

만국의 경제 처방전 - 자국보호주의

우리나라 경제는 제1차 경제개발 5개년계획을 시작한 1962년 이후 반세기를 지

---

47) 다국적기업(multinatrional coporation)
48) 초국적기업(transnational corporation)

내오는 동안 많은 부침이 있었으나 꾸준히 성장해 왔다. 그러나 1997년 말에 이르러 아이엠에프 구제 금융을 받게 된다. 소위 경제경술국치라 할 수 있는 이 아이엠에프 사태는 우리사회의 패러다임을 근본적으로 바꾸는 시발점이 된다. 이 변화의 방향이 개인의 삶의 질의 향상, 풍요롭고 안정된 가정, 건강하고 성숙한 사회, 이를 바탕으로 나라가 진정한 선진국을 향해 도약을 하는 그런 방향으로 나아가고 있다면 참으로 다행한 일일진대 현실은 그렇지 못하다는 데 있다.

변화의 가장 큰 특징은 '갈수록 먹고 살기가 힘든 가정이 많아지고 있다'는 점이라고 해도 지나친 표현은 아닐 성 싶다. 더욱 심각한 것은 생전에 듣도 보도 못한 구조조정이다, 비정규직이다 뭐다 하여 4·50대 가장들이 직장을 잃고 거리로 나오게 된 현상이다. 4·50대는 가장 활발히 사회활동을 하는 나이이고, 가정적으로는 교육, 자녀결혼 등으로 생활비가 가장 많이 들고, 따라서 소득수준도 높아 노년을 대비해야 하는, 그야말로 인생에서 가장 중요한 시기인데 이런 시기에 반강제로 직장 밖으로 내몰린 것이다. 이와 같은 상황은 아이엠에프를 졸업하고 2000년대 중반을 지나면서 반전되어 우리사회는 다시 르네상스를 맞는 듯 했으나 사태이후 20년이 지난 지금은 사정이 더욱 악화되었다. 이런 경향이 당연한 것처럼 일반화된 것이다.

좀 더 자세히 분석해 보겠지만 20대는 등록금 부담에 취업난, 30대는 전세난 등 주거불안과 고용불안에, 40, 50대는 자녀 사교육비, 가계부채 등 경제 불안, 50대는 은퇴공포, 60대 이후는 노인실업과 생계불안 등 세대에 걸친 총체적인 사회문제가 노정된 것이다.

국가경제환경 또한 만만하지가 않다. 국가경제가 성숙기에 이르러 성장이 둔화된 가운데 글로벌 경제시장이 인터넷과 더불어 거대한 단일시장으로 통합되었다. 수출위주의 대외 의존도가 높은 우리 경제는 이런 국제 경제 환경에 매우 취약하다. 통제권이 우리에게 있지 않다 보니 항상 제2의 경제경술국치를 당하지 않을까 전전긍긍해야 하는 것이다. 또한 경제 환경이 빛의 속도로 급변하는 승자독식의 네트워크 경제시대가 전개되어 자칫하면 국가 간 경제전쟁에서 패자가 될 우려가 매우 큰 경제상황에 처해 있다고 할 수 있다.

이러한 논리는 세계경제의 흐름과 각국의 경제대책을 살펴보면 나름 타당성이 있다. 20세기에 들어서 1930년대 대공황이 있었고 두 차례 세계대전을 겪으면서도 경제역사는 호황과 불황이 반복되면서 지금까지 흘러 온 것이다. 이 과정에서 큰 위기도 여러 차례 있었다. 최근의 경우 2000년대 들어 글로벌 금융위기가 도래했는데 2008년의 금융위기는 미국에서 비롯된 것이고 이후의 위기는 2010년 유럽의 재정적자에서 비롯된 것이다. 자본주의의 본 고장이라 할 수 있는 지역에서 문제가 발생한 것이다.

이렇게 보니 글로벌 경제시대라고는 하지만 지역적, 인종적 여러 면을 고려하면 미국과 유럽 그리고 아시아와 중국, 일본, 중동, 남미 그리고 기타지역으로 구분하여 보는 것이 더 타당성이 있어 보인다.

아무튼 위기극복을 위한 각 지역의 경제정책을 보면 미국은 2012년 9월 '고용이 개선될 때까지'라는 부제를 단 적극적인 경기대책으로 제3차 양적완화[49]를 시행하였고, 유럽의 중앙은행은행[50]은 "국채매입을 무제한으로 하겠다."고 발표를 했다. 이런 미국의 양적완화조치나 유럽의 국채매입은 세계경제를 위해서 시행하는 정책이 아니라 자국의 경기 부양을 위한 것이다. 이처럼 세계 모든 나라가 자기 생존방식을 찾고 있을 뿐만 아니라 자국경제의 보호주의를 강화하고 있다.

이러한 예는 얼마든지 있다. 최근의 삼성과 애플의 특허분쟁과 같은 지적재산권을 둘러 싼 국가 간의 분쟁도 그 한 예이다. 국가 간 자국보호주의의 실상을 좀 더 구체적으로 살펴보면 다음과 같다. 2017년 미국은 정권이 바뀌면서 이전 정권에서 우리나라와 체결한 한·미 에프티에이 재개정협상요구를 관철시켰다. 한·미 에프티에이는 국제조약과도 같은 것인데 이를 무시하고 힘의 논리로 밀어붙인 것이다. 1988년에는 종합무역법을 제정해 환율조작국을 지정해왔는데 기준이 모호하다는 지적에 따라 2015년 교역촉진법을 만들어 환율조작국 기준을 구체화했다. 이에 의하여 미국 재무부는 현저한 대미 무역수지 흑자(200억 달러 초과), 상당한 경상수지 흑자(지디피 대비 3% 초과), 환율시장의 한 방향 개입 여부(지디피 대비 순매수 비중 2% 초과)의 세 가지 기준으로 교역대상국을 분석해 연 2회 환율보고서를 작성한다. 3개를 모두 충족하면 심층 분석 대상국, 즉 환율조작국으로 지정한다. 3개 중 2개 항목에서 기준치를 초과한 경우 관찰대상국으로 분류된다. 미국은 환율조작국으로 지정된 국가에 대해 강력한 수준의 경제적 압박을 가한다. 환율조작국에 투자한 미국 기업에 금융지원을 금지하고 환율조작국 기업의 미국 연방정부 조달시장 진입을 막는다.

우리나라는 2016년 10월에 이어 2017년 4월에도 중국과 일본, 대만, 독일, 스위스 등과 함께 관찰대상국으로 분류됐다. 보고서는 이 기간 지디피 대비 대미 무역흑자는 220억 달러, 경상수지 흑자는 5.7%, 매수 개입규모는 0.3%로 평가했다.[27]

---

49) 양적완화(QE),Quantitative Easing:) : 중앙은행이, 경기 부양을 위해 정부의 국채나 기타 금융자산을 매입해 주는 방법으로 시장에 직접 유동성을 공급하는 통화 정책
50) 유럽중앙은행(ECB, European Central Bank)

아예 미국은 공공연히 자국 우선주의를 내세우고 있다. 이러한 경향은 세계의 모든 나라가 마찬가지이다. 중국의 경우 우리나라와 수교(1992년 8월 24일)가 시작된 이후 우리 기술을 배우기 급급했으나 4반세기만에 세계경제의 주역으로 우뚝 섰다. 우리의 거대시장으로만 알았던 중국이 우리나라 교역량의 30%를 차지하면서 전세는 역전되었다. 1997년 아이엠에프사태 시에도 중국과의 교역량이 증가할 만큼 밀착관계가 형성되더니 2000년에 이르러서는 무역마찰이 생기기 시작한다. 한국이 중국산 마늘에 대해 관세를 높이자 중국은 한국산 휴대폰, 폴리에틸렌 등 수입 중단하는 극단적 조치를 취했다. 한국의 관세인하로 분쟁이 마무리되기는 했으나 교역량이 늘어나는 만큼 분쟁의 씨앗도 커져갈 수밖에 없다.

그리고 분쟁요인은 경제 외적인 것에서도 발생하게 된다. 2002년에는 중국의 '동북공정', 말하자면 고대사 왜곡문제가 발생한다. 그러는 과정에 중국에서 한류스타가 탄생하고 한류열풍은 중국전역을 휩쓸게 된다. 우리나라는 중국관광객들로 넘쳐나게 된다. 2012년에는 양국 수교 20년을 기념하는 행사가 성대히 치루어진다. 그러나 2017년 4월 26일 성주골프장에 기습 배치된 사드[51]문제로 인해 양국 간에는 긴장이 감도는 가운데 중국의 경제보복이 시작되었다. 한국은 사드배치의 정당성을 주장하지만, 중국은 철회를 지속적으로 압박하는 상황으로 중국인의 한국방문을 금지하고 중국에 진출해 있는 기업에 압박을 가하고 있어 우리경제 피해가 갈수록 커지는 상황이 되었다. 중국이 이렇게 강력 반발하는 것은 사드배치가 북핵의 위험으로부터 보호하기 위한 것이 아니라 자국의 미사일발사를 조기 탐지하겠다는, 말하자면 자국을 겨냥하고 있다고 보기 때문인 듯하다. 사드배치는 중국뿐만 아니라 일본, 러시아까지 이해가 걸린 첨예한 국제문제화의 우려가 있어 정부에서는 '임시배치'라는 궁색한 용어를 선택한 것 같기도 하다.

미국과 중국 간의 무역전쟁도 확대될 조짐이다. 2017년 8월 미국무역대표부[52]는 대통령의 명령에 따라 중국의 지식재산권 침해와 강제적인 기술이전 요구 등 부당한 관행을 조사하고 이어 국경조정세 도입, 환율조작국 지정, 반덤핑 조사 등을 준비하

---

51) 사드(THAAD, Terminal High Altitude Area Defense : 고고도미사일방어체계) : 300키로~3,500키로 미터의 중단거리 탄도미사일을 추적하여 요격하는 방어시스템인데 발사대 1기당 8개의미사일이 탑재되어 있다고 한다. 탐지거리는 종말모드의 경우는 600키로 정도이며 전진배치방식은 1,800키로~2,000키로 미터라고 한다(저널종합). 2016년 7월에 한미 간에 사드배치를 발표하고 대통령 탄핵으로 최고 국군통수권자가 공석인 가운데 2017년 4월 26일 성주골프장에 2기가 배치되고, 2017년 9월 7일 4기가 반입되어 사드배치가 완료되었다.
52) 미국 무역대표부(USTR)

고 있다고 발표했다. 이에 대해 중국 상무부는 성명[53]을 통해 미국의 보호무역은 미국과 중국의 무역관계, 양국 기업의 이익에 큰 영향을 미칠 것이라고 경고했다. 중국은 반격 카드로 미국산 제품 불매운동, 세계무역기구에 제소, 반덤핑·상계관세 강화 그리고 중국 내 미국기업에 대한 제재 등을 검토하고 있다. 환율은 중국과 미국이 모두 자국 통화의 평가절하를 단행할 가능성이 크다. 양국 간 무역 전쟁이 현실화되면 우리나라 수출에 불똥이 튈 것으로 전망된다. 중국과 미국은 각각 우리나라 수출대상국 1위와 2위이다.[28]

이상에서 살펴 본 미국의 양적 완화조치나 유럽의 국채 매입은 세계경제를 위해서 시행하는 정책이 아니라 자국의 경기 부양을 위한 것이라는 것을 알았다. 중국과 미국 간의 무역 분쟁 조짐도 그렇고, 영국의 브렉시트[54]도 좋은 예이다. 일본의 경기회복, 즉 20년 가까이 이어져 온 디플레이션과 엔고[55]탈출을 위해 모든 정책 수단을 동원하겠다는 아베노믹스 또한 일본경제를 장기침체에서 탈피시키겠다는 자국의 경제정책이다.

이처럼 세계 모든 나라가 자기들만의 생존방식을 찾고 있을 뿐만 아니라, 자국 경제의 보호주의를 강화하고 있다. 이 모든 것에 직접적인 영향을 받게 되어 있는 '수출위주의 대외 의존도가 높은 경제구조'를 가진 우리나라도 고유의 생존방식을 찾아야 하는 지금이기도 하다.

기업의 양극화와 경제 위기

우리나라의 경제·사회적 위기상황은 양극화라는 한 단어로 표현할 수 있다. 양극화 문제는 특히 대기업의 경제력 집중에서 두드러진다. 보도 자료에 의하면 우리나라 민간 100대 그룹이 2011년 말 기준으로 정부 자산의 95% 수준을 보유한 것으로 나타났다. 민간 부문이 경제 권력 면에서 정부 부문을 능가할 정도로 강력해졌다는

---

53) "If the US side disregards the fact it does not respect multilateral trade rules and takes action to damage the economic and trade relations between the two sides, then the Chinese side will never sit back and will take all appropriate measures to resolutely safeguard the legitimate rights and interests of the Chinese side," said a Commerce Ministry statement.

54) 브렉시트(Brexit) : 영국이 유럽연합(EU)을 탈퇴한다는 의미로, '브렉시트'(Brexit)는 영국(Britain)과 탈퇴(exit)를 합쳐서 만든 합성어이다. 1975년 영국에서는 유럽 경제 공동체(EEC)의 잔류 여부를 묻는 국민투표가 실시됐다. 약 67%가 잔류에 투표했는데 2016년 6월 투표에서 72.2%의 투표율에 51.9%의 찬성으로 영국의 유럽 연합 탈퇴가 확정되었다

55) 엔고(円高)

의미다. 재벌닷컴이 발간한 '대한민국 100대 그룹'에 따르면 공기업과 민영화된 공기업을 제외한, 총수가 있는 자산 상위 100대 그룹의 자산총액 합계는 2011 회계연도 말 기준으로 1천 446조 7천 620억원에 달했다. 이는 기획재정부가 '2011 회계연도 국가결산보고서'에서 공개한 정부의 자산총액 1천 523조 2천억원에 육박하는 수치다. 정부가 보유한 자산이 비교적 느리게 증가하는 점을 감안하면 100대 그룹의 총자산은 머지않아 정부 자산 규모를 뛰어넘을 것으로 보인다.

한편 100대 그룹별의 자산분포는 상위 5대 그룹에 극심한 편중 현상을 드러냈다. 상위 5대 그룹의 자산총액 합계는 754조원으로 100대 그룹 전체자산의 무려 52%를 차지했다. 정부 총자산의 절반에 육박하는 막대한 규모다. 삼성그룹이 자산총액 279조 820억원으로 압도적인 1위였다. 현대차는 154조 7천 140억원, SK는 136조 4천 670억원으로 뒤를 이었다. LG는 100조 7천 750억원, 롯데는 83조 3천 910억원으로 각각 집계됐다. 100위는 신도리코로 자산총액이 1조 3천 150억원이었다. 삼성의 자산총액에 비하면 212분의 1에 불과할 정도로 격차가 컸다.[29]

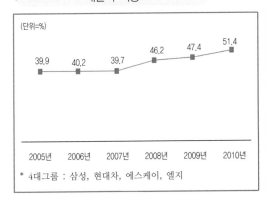

[그림 3-1] 지디피 대비 4대그룹 매출액 비중

(단위=%)

39.9 40.2 39.7 46.2 47.4 51.4

2005년 2006년 2007년 2008년 2009년 2010년

* 4대그룹 : 삼성, 현대차, 에스케이, 엘지

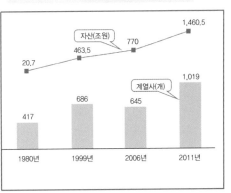

[그림 3-2] 30대 대기업 자산 및 계열사 현황

자산(조원)
20.7 463.5 770 1,460.5

계열사(개)
417 686 645 1,019

1980년 1999년 2006년 2011년

[그림 3-1]과 [그림 3-2]는 자료는 경제개혁연구소(2012.02.08.)의 분석 자료를 가지고 지디피 대비 4대그룹 매출액 비중과 30대 대기업 자산 및 계열사 현황을 그래프로 나타낸 것이다.

이 시계열 도표는 대기업의 지나친 경제력 집중현상이 갈수록 심화되고 있는 것을 보여주는 것으로 동 연구소의 분석에 따르면 30대 대기업 경제력은 1980년대 이후 크게 늘었다. 1980년부터 2006년까지 자산은 38배, 매출액은 27배 늘었고, 계열사는 417개에서 645개로 1.5배 늘었다. 이 같은 현상은 최근 몇 년 사이에 더욱 가속화하여 2006~2011년에 자산과 매출액은 2배 가까이 늘어났고 계열사는 1,019개로 1.6배 늘어나 지난 26년간의 증가분을 넘어섰다는 것이다.

대기업 경제력 집중현상에 대해 정치권은 물론 사회의 각 분야에서 대기업으로 경제력이 집중되고 중소기업과 양극화가 확대되는 현상은 우리경제를 불안하게 하는 요인이 되고 있으므로 이는 우리 경제가 해결해야 할 과제라는 견해를 앞 다투어 발표하고 있다. 대기업에 권력이 너무 집중돼 있으니 이를 개혁해야 한다는 것이다.

경제민주화

위에서 살펴본 바와 같이 기업국가라 할 만큼 대기업의 지나칠 정도의 경제력 집중과 비대해진 권력에 대한 우려의 목소리가 크고 '재벌개혁'과 '경제민주화'를 이루는 것이 마치 시대적 소명인 것처럼 여겨지던 때가 있었다. 2012년 겨울 대선을 앞둔 때였는데 이후 5년이 지난 2017년, 정권이 두 번 바뀐 이때까지 여전히 이슈가 되어있다. 이와 같은 경제민주화에 대한 지나치게 오랜 논의는 국민들에게 잘못된 환상을 심어주고 가뜩이나 어려운 기업에 대한 부정적인 이미지만 확대시키는 역기능의 역할을 하고 있는 것은 아닌지 자문해 볼 일이다.

사실 대기업 문제와 우리경제에 대한 우려의 목소리는 거의 30년 전인 1980년대부터 제시되었던 것들이다. 이 기간 동안에 가히 선진국이라고 자부할 만큼 완벽한 여·야의 정권교체가 있었기 때문에 정책을 크게 바꿀 수 있는 기회가 얼마든지 있었고 또 실제로 변화도 있었다. 그런데 아직도 개혁 운운하는 것은 그 만큼 '경제정의를 세우는 일'이 쉬운 일이 아니라는 것을 역사가 보여주고 있는 것이다.

역대 정권 중 국민의 '복리민복'을 위해 노력하지 않은 정권이 어디 있겠는가. 오늘날 우리가 처한 상황은 오랜 기간 동안 그때그때 국내외 정치·경제적 환경에 대응하고, 때론 시행착오를 겪으면서 나름 최선을 다해온 결과라고 보는 것이 옳다. 다만 매 시기마다 문제가 없었던 것은 아나 최근 자본주의의 위기론이 대두될 만큼 경제위기가 세계 모든 국가의 문제가 되어 있다는 점과 우리나라도 뭔가 치유하지 않으면 안 될 상황에 처해 있다는 것이 다를 뿐이다.

아무튼 '경제민주화'에 대한 한 저널의 조사 자료[30]에 의하면 이 용어의 개념에 대해서는 '경제주체 간의 조화', '글로벌 경제와의 조화', '재벌의 개혁'이라고 응답하여 '경제민주화'의 개념을 대체적으로 '시장경제의 틀 안에서 경제주체 간 공정한 경쟁'으로 본 것으로 정리했다. 또한 현오석 케이아이디 원장은 '시장기능의 존중과 경제제도 및 기업경영의 성숙화', 김주현 현대경제연구원 원장은 '공정한 시장경쟁을 위한 게임의 규칙 확립'으로 정의했다고 한다.

그리고 경제민주화가 필요한 부문은 '대·중소기업 상생과 동반성장'이라는 응답이 가장 많았고, '경제력집중 해소', '대기업집단(재벌)의 변화와 개혁,' '노사상생의 신노사문화 정립' 순이었고, 재벌의 제도개선 방향에 대해서는 '하도급법 개선', '출총제 제한' 및 '순환출자 금지', '금산분리' 등의 방안이 제시됐다고 한다.

이상을 종합하면 '경제민주화'를 '가계·기업·정부의 3대 경제주체 간의 균형 발전이 가능한 시스템을 갖추는 일'이라고 정의할 수 있다. 그리고 정부가 소득불균형 해소, 대기업과 중소기업 간의 불공정문제 해소, 성장을 바탕으로 한 재벌개혁의 추진 등이 '경제민주화'를 이루는 길이라고 보여진다.

어쨌거나 경제민주화는 재벌개혁을 의미하는 것으로 이해되는 경향이 있는데 재벌개혁의 내용을 살펴보기로 하자. 앞서 밝힌 바와 같이 재벌개혁의 주장은 2012년 대선을 앞두고 선거공약과 맞물리면서 사회적 이슈가 되었던 것으로 당시의 주장내용을 보면 순환출자 금지, 출자총액제한 확대, 금산분리법 시행 등을 하라는 것이고, 아예 '재벌의 해체'를 주장하기도 했다. 기업집단법을 개정하여 재벌해체 명령 또는 재벌의 행위규제를 해야 한다는 것이다.

당시 전국경제인연합회에서는 반대의견을 냈는데, 「전국경제인연합회가 최근 새누리당 '경제민주화실천모임'의 경제민주화 정책과 관련해 경제주체끼리 서로 망하는 정책이라고 비판했다. 최근 경실모가 발의예정인 금산분리 규제 강화 입법안 등에 강하게 반대 입장을 표명한 것이다.

"안정 성장, 적정 분배, 지배력 남용 방지 등 기본 취지는 공감한다."면서도 "다만 방법론에 있어서 경제주체가 서로 윈-윈하는 모델로 가야 한다"고 강조했다. 이와 같은 주장에 대해 "한 주체를 견제해서 다른 주체를 살린다는 개념보다는 서로 도와 함께 상생을 이뤄야 한다는 것, 현재 새누리당, 경실모가 내세우고 있는 경제민주화 정책은 어려운 경제 환경 속에서 기업 경쟁력을 악화시키는 데 불과하다고 비판한 것"으로 풀이하기도 했다」.[31]

또한 교수, 변호사 등 지식인 602명이 "우리기업 국제경쟁력을 높일 전략을 짜야할 절박한 시점에 기업의 손발을 묶는 자해법안을 만드는 정치권을 보다 못해 나서게 됐다"며 "순환출자를 금지하는 것은 우리 기업을 외국사냥꾼에 먹잇감으로 바치는 일"이라며 재벌개혁공약을 비판하기도 했다.

자급자족의 경제와 불균형의 해소

「60년대 이래 한국경제의 성장과 변천을 이끌어 온 가장 큰 요소는 정부의 경제개발정책이었고, 한국경제개발정책은 시장과 자본을 해외에 의존하는 외향적 개발전략인 동시에 수출농업부문보다는 공업부문, 내수산업보다는 수출산업, 중소기업보다는 대기업만을 중점적으로 지원하는 불균형 개발전략이었다. 이 결과로 그간 한국은 대기업 위주의 수출산업을 선도 부문으로 하여 높은 실질경제성장률을 나타냈지만 동시에 도시와 공업, 수출산업 및 대기업은 비대하여 온 반면에 농촌과 농업, 내수산업 및 중소영세기업은 몰락하여 왔으며 계층 간 빈부격차가 큰, 대외적으로 의존적이며 대내적으로 양극화된 경제구조로써 심화되어 왔다.

그런데 앞서 이미 지적한 바와 같이 한국의 외향적 불균형 개발전략의 주요수단이 바로 재정지출과 관치금융이었기 때문에 재정과 더불어 관치금융은 고도성장이란 한국경제의 긍정적 주동력임과 동시에 대외 의존성, 대내적 불균형이라는 한국경제의 문제점을 낳은 주 병인이기도 하다.」[32]

이 글은 마치 오늘날의 경제문제의 원인을 정확히 분석하고 대책을 시사하는 것처럼 보이나 실은 약 25년 전인 1980년대 하반기에 당시 경제적 상황을 분석한 글이다. 지금은 당시와는 비교도 안 될 만큼 경제규모가 커지고 환경이 바뀌었는데 구조적인 문제는 그 때나 별반 다른 바 없고, 커진 경제규모만큼이나 문제점도 심화된 것으로 보인다. 본격적인 고도성장을 시작하던 당시부터 잉태된 문제가 여전이 해결되지 못한 채 그대로 드러나고 있는 현실이라고 할 수 있다. 이는 오늘날 우리사회와 경제의 위기를 지적하는 여러 연구에서도 잘 나타나고 있는데 경제위기 상황을 진단한 다음의 글에서도 잘 들어난다.

선대인(2012)은 한국 경제의 위기 요인들은 갖가지 불균형이 해소되지 못하고 쌓여온 결과이고 소득격차와 자산격차, 재벌 총력 지원 체제와 중소기업의 몰락, 과도한 토건개발 사업과 부동산 거품, 노동(사람값)에 대한 멸시와 냉대, 극단적인 수출 지상주의, 경제적 강자에게는 한없이 관대하지만 약자에게는 한없이 가혹한 경쟁의 이중 구조 등이 한국 경제를 위기로 치닫게 하는 불균형들이다고 분석했다. 이어 한국경제위기상황을 신체에 비교하여 몸에 이상이 생기더라도 이를 초기에 해소하면 신체는 자기조절기능이 있어 원래 상태를 회복하는데 이를 무시하고 계속 무리를 하게 되면 병이 커지고 만성화 되어 자기조절기능(불균형 해소)을 상실하여 고칠 수 없는 중병이 된다면서 다음과 같이 우리경제의 불균형 해소방안을 제시하고 있다.

「지금 한국 경제의 위기도 경제의 자기 조절 기능을 가로막고(즉 시장을 교란시키고) 탐욕, 무능, 무책임으로 점철된 지배 세력이 불균형을 지속하거나 심화시켜온 탓이 크다. 가계소득 대비 집값이 너무나 부풀어 올라 생산 경제에 돈이 돌지 않으면서 일자리가 부족해지고 소득이 줄어들며 가계 빚이 폭증해서 집을 사줄 사람이 더 이상 없는데도 억지 부양책을 써온 게 대표적이다. 그 결과 가계 부채와 공공 부채가 매우 위험한 수준에 이르렀다. 재벌을 개혁하기는커녕 재벌 총력 지원체제를 지속해 이제 중소기업은 말할 것도 없이 골목 상권까지 붕괴하는 지경까지 왔다.

지식정보화 시대에 사람에게 투자하지 않고 토건개발에 집중한 결과 막대한 예산 낭비를 초래하면서도 지식정보산업은 충분히 성장하지 못하고 단돈 몇 만원이 아쉬워 자살하는 사람들이 속출하고 있다. 이런 식의 불균형이 지속된다면 한국 경제의 미래는 암울하다. 그러면 한국 경제의 해법은 바로 이 극심해진 불균형을 해소하는 것에서 찾아야 한다. 부동산 거품을 빼고 가계 부채 다이어트를 유도해야 한다. 지나친 토건개발을 자제하고 그 돈을 교육, 문화, 복지 등으로 돌려서 대다수 국민의 삶의 질을 끌어올려야 한다. 재벌 기업의 경제력 집중을 제어하되 중소기업에 적극적으로 지원하고 수출과 함께 내수를 활성화해야 한다. 이미 외환위기 이후 거의 효과가 없는 것으로 드러난 낙수효과 운운하며 대기업과 부유층을 지원하기보다 서민 대다수의 경제 생태계를 복원해서 분수효과를 유도해야 한다.」[33]

한편 한 국가가 독립성을 가지고 안정적으로 성장발전하기 위한 요건은 다음 3가지로 요약할 수 있다.

첫째 자주국방이 가능한 군사력을 확보하여야 한다.

둘째 경제가 안정되고 지속인 성장을 해야 한다.

셋째 소통에 의한 사회통합이 이루어져야 한다.

첫 번째는 국가사회의 안전과 존속을 위한 국가의 책무이고, 두 번째와 세 번째는 각각 직업사회의 경제정책과 사회정책, 다시 말하면 '먹고사는 문제'와 '함께 사는 문제'에 해당한다고 볼 수 있다. 첫 번째의 경우 전쟁과 같은 국가 존립에 관한 문제이므로 여기서는 논외로 하고, 나머지 두 번째와 세 번째를 우리의 일상생활에 적용시켜 보면 국제 경제 환경이 아무리 복잡하더라도, 지구상 모든 나라가 어떻게 돌아가든지 간에 자기나라에서 생산한 것으로만 살 수 있고, 이웃끼리 서로 살피어 아무리 어려운 처지의 사람이라도 굶어 죽는 일이 없다고 한다면, 다시 말하면 어떻게든 '먹고사는 문제'와 '함께 사는 문제'가 나름 어느 수준에서 해결되었다고 한다면 그 나라는 국가 목표가 무엇이든 간에 일단은 그 목표를 달성했다고 볼 수 있다.

　　이러한 관점에서 보면 우리나라의 경제정책은 큰 틀에서 '자급자족의 경제'와 '불균형의 해소'를 목표로 추진되어야 할 필요가 있다. 전자를 외형의 틀이라고 치면 후자는 내부의 질서라고 볼 수 있다.

　　첫 번째의 '자급자족의 경제'는 오늘날의 글로벌 경제시대의 경제 환경에 맞지 않은 주장이라고 할 수 있지만 꼭 그런 것은 아니다. 우리에게 잘 알려지지 않은 스칸디나비아 반도의 국가들, 즉 스웨덴과 핀란드는 1인당 국민소득이 4만 달러가 넘고, 인구는 각각 1천만 명과 5백만 명이다. 노르웨이 또한 1인당 국민소득이 8만 달러가 넘고 인구는 약 5백만 명인데, 스웨덴·덴마크와 더불어 세계 최고수준의 복지국가로, 1971년에 완성된 국민사회보장계획에 따라 전 국민에 대하여 무료교육제도·의료혜택·실업수당·노후연금 등의 완벽한 사회보장시책이 베풀어지고 있다. 이들 국가는 세계 10대 교역국인 우리나라와 별 거래가 없어도 선진국이라 일컬어지면서 나름 잘 살고 있지 않은가? 이 외형의 틀이 견고하면 견고할수록 세계경제환경변화에 휘둘리지 않고 경제주권이 보다 견실하게 확보된다고 보는 것이다.

　　두 번째의 '불균형의 해소'는 이를 주장하는 글을 위에 소개했지만 이는 경제학자가 아니더라도 누구나 공감하고 있는 내부질서의 재편방안이라고 할 수 있다. 이는 오늘날 양극화와 저출산으로 표상되는 우리의 심각한 사회문제 해법의 핵심이라 할 것이다.

　　종합하면 경제가 고도 성장기에 진입한 1980년대부터 지적되어 온 우리나라의 주된 문제점은 '대외 의존성'과 '대내적 불균형'으로 요약할 수 있는데 이는 '자급자족의 경제' 확립과 '불균형의 해소'를 통해 해결할 수 있다는 논리이다.

　　여기서 '자급자족경제'의 확립과 관련하여 우리가 간과하고 있는 중대한 문제 하나를 언급하고 넘어가기로 하자. 그것은 식량자급자족능력이다. 이는 독립국가의 첫 번째 요건인 상대적 군사력 우위만큼이나 중대한 문제라고 할 수 있다. 농산품 시장은 비탄력적인 시장으로 자연재해 등 식량무기화의 위험이 상존하는 시장이다. 에프티에이 등으로 피폐해진 국내농업을 일으켜 세우고 국외에도 농업시장을 개척하여 항구적인 식량안정을 도모해야 한다. 4차 산업혁명은 우선적으로 농업에서 찾아야 한다. 제1의 수출품을 농산품이 될 수 있도록 신기술에 의한 농업혁명을 일으키고, 석유자원을 찾기 위해 가능성이 있다고 생각하는 곳에 시추공을 파는 것처럼 국내는 물론 동남아, 나아가 세계도처에 농산품 생산기지를 건설하는 등의 농업정책을 글로벌 경제시대의 생존을 위한 핵심전략으로 시행해야 할 필요가 있다.

경제예측과 경제정책

경제정책은 이미 발생한 상황에 대처하거나 수습하는 방안으로서의 정책보다는 이를 미리 예견하고 사전에 대비하는 정책이 훨씬 효율적이고 매우 유용하다고 할 것이다. 특히 경제전망이 어두울 때는 더욱 그렇다. 국가경제정책은 그 규모면에서도 그렇고 국민생활에 미치는 영향을 고려할 때 시행의 파급효과는 가늠하기가 어려울 만큼 크고, 한번 시행된 정책은 불가역성으로 인해 부(−)의 효과가 나더라도 그 폐해를 고스란히 떠안을 수밖에 없기 때문에도 그렇다.

'21세기 경제연구소' 최용식 소장은 그가 제시한 경제이론에 근거하여 우리 경제를 비교적 정확히 예측했다. 그는 1996년 10월 '경제 파국이 눈앞에 닥쳤다.'라는 보고서를 15대 한 국회의원에게 제출함으로써 소위 대한민국의 아이엠에프 사태 발생 1여 년 전에 경제위기의 징후를 읽어낸 사람으로 알려져 있다.

그의 경제예측은 여기서 끝난 것이 아니다. 2000년대 주가의 급등락을 정확히 예측했다. 그리고 "향후 증시의 움직임은 환율을 통해 알 수 있다"면서 "미국 달러 대비 원화 환율이 1,000원 밑으로만 떨어지면 코스피 지수는 2,300까지 갈 수 있고 900원 아래로 가면 3,000까지도 가능할 것"이라고 말했다. 코스피지수가 2,300을 넘은 것이 2017년 5월 23일이고, 이날 환율은 1,117.30원이었다. 2017년 11월 23일 현재 환율은 1,086.50원이고 코스피 지수는 2,537.15였다.

그는 2010년에 향후 부동산 시장의 변화도 거의 정확히 예측했다. 당시에는 부동산이 장기간 침체되어 있던 때였는데, 고령화 시대가 되어 소득감소로 집을 팔아야 할 입장에 처한 고령자가 늘어나고, 인구도 감소할 뿐만 아니라 우리나라 경제가 성숙기에 이르러 경제성장도 둔화되고 있고, 무엇보다도 구매력을 가진 계층이 줄어 앞으로는 더 이상 부동산이 오르지 않는다는 것이 지배적인 여론이었다. 그러나 그 당시 최용식 소장은 부동산 가격이 늦어도 3년 안에 다시 상승할 것이라고 전망했다. 그러면서 "집을 팔아야 하는 사람이라면 3년쯤 기다려야 합니다. 반대로 집을 사려는 사람은 1년 이내에 구입을 신중하게 고려해볼 필요가 있습니다. 지나치게 대출을 많이 받아 이자비용을 늘리는 것도 좋지 않지만 한 번 오르기 시작하면 감당하기 어렵기 때문입니다."라고 얘기를 했다. 당시의 일반사람들의 예측과는 사뭇 다른 의견이었다. 그의 예측은 거의 정확히 맞아 떨어졌다, 부동산 시대는 끝났다고 얘기할 만큼 꿈쩍 않던 부동산가격이 2013년부터 꿈틀대더니 계속 상승하여 2017년 새 정부에서는 강력한 부동산대책을 발표하기에 이른다. 어떻게 이렇게 우리나라 경제의 흐름을 거의 정확하게 예측할 수 있단 말인가. 그의 놀라운 경제예측 능력은 그가 새로운 경제이론으로 제창한 <예측 가능한 경제학>에서 그 해답을 찾을 수 있다.

그는 경제현상을 가격과 소득 그리고 체제의 3원 현상으로 파악했다. 그리고 이 3개의 체제가 서로작용하고 충돌하면서 변곡점을 만들어 내기도 하고 다양한 현상을 나타내는데 이들 체제는 모두 카오스원리와 변동원리와 결정원리의 지배를 동시에 받고 있는 것으로 보았다. 한편 경제체는 네 개의 경제주체와 세 개의 시장으로 구성되어 있는 체계로 이해하고, 네 개의 경제주체는 생산기능을 담당하는 기업, 소비기능을 담당하는 가계, 생산과 소비의 기능을 함께 갖는 정부와 무역이고, 세 개의 시장은 생산요소시장과 재화시장과 금융시장이라고 적시했다. 그리고 이 경제체의 네 개의 경제주체는 경제순환의 기본적 기능인 공급과 수요와 분배 등을 일으키고, 세 개의 시장은 이 주체들의 활동이 서로 '동태적 균형'을 이루도록 함으로써 경제의 순환과 성장이 안정적으로 이뤄지도록 기능하는 것으로 보았다.

이상이 최용식 소장의 새로운 경제이론, 말하자면 최용식 경제학의 골격이다.

그는 스스로 "현 경제학이 천문학의 천동설 수준이라면, 최용식 경제학은 지동설 수준"이라고 자평했다. 이는 지금까지의 주류경제학이 경제예측 면에서 예측이 전혀 불가능하여 신의 영역에 속했지만 최용식 경제학은 이것을 과학적인 예측을 가능하게 하여 인간의 탐구영역으로 바꾸어 놓았다는 의미로, 본인은 물론 이 이론을 조금이라도 이해하는 사람 모두가 인정하는 사실이기도 하다.

그런데 최용식 소장은 2017년 이후의 경제를 다음과 같이 예측하고 있다.

「올해로 아이엠에프 사태 20년, 143만 노동자가 일자리를 잃었고, 3만개 이상의 기업이 도산했으며, 30대 재벌 중 16개가 사라지고, 수십만 자영업자가 파산하는 등 혹독한 시련을 겪었지만, 그 교훈은 깡그리 잊혀진 것은 아닌지 심히 우려스럽다. 그런 재앙이 또 눈앞에 펼쳐지려 하고 있기 때문이다.

1998년 당시 경상수지흑자는 지디피의 8%에 달했지만 이것이 적자로 전환한 것은 불과 2년이 지난 1990년이었다. 그리고 외환보유고가 고갈될 위기 즉, 외환위기가 터지는 데까지 불과 6년이 소요되었을 뿐이다. 최근 3년 동안 경상수지 흑자는 지디피의 7%에 달하지만 이것 역시 적자로 전환하는 데는 긴 세월이 필요치 않을 것이다. 그동안 정부가 국제경쟁력을 악화시키는 데 앞장서 왔기 때문이다. 특히 2017년 새로 들어선 정부에서는 그게 더욱 빠른 속도를 보이고 있다. 최저임금인상, 비정규직 제로, 근무시간 단축, 법인세 인상 등을 단행했거나 추진하고 있기 때문이다. 무엇보다도 공무원 증원 등 공공부문의 급팽창 정책은 국제경쟁력을 결정적으로 해칠 것이 뻔하다. 1997년 아이엠에프 사태의 근원도 공공부문의 팽창이었기 때문이다. 밤잠을 설치게 할 정도로 이 문제는 심각하다.」

3. 돌아봐야 할 인재등용방식

우리는 이 장에서 우리 국가사회가 처한 현실과 글로벌 경제의 상황을 분석하여 총체적으로 '위기의 국가사회'로 진단했다. 위기의 국가사회는 우리나라의 고도성장의 이면에 드리운 어두운 그림자이다. 앞만 보고 정신없이 달려오는 동안 부지불식간에 이 그림자의 길이가 너무 길고 짙어 순치하기 어려운 지경에 이르렀음을 뒤늦게 알게 되었다. 다른 것은 다 놔두고라도 언제 어디서부터 무엇이 잘못 되었길래 우리나라가 지구상에서 가장 자살자가 많은 나라가 되고 출산율이 또한 세계 최저인 나라가 되었는지 되짚어 보지 않을 수 없는 현실이다.

그런데 아무리 돌이켜 봐도 이미 한번 검토한 바 있는 결론에 또다시 이르지 않을 수 없다. '진정한 리더의 부재'가 가장 큰 원인으로 꼽아진다. 그렇다면 '진정한 리더'는 왜 부재한가? 그것은 리더를 양성하는 방법이 잘못되어 그리된 것이 아니겠는가. 리더의 양성은 어떻게 하였는가? 그것은 교육을 통해서였다. 결국 위기의 국가사회를 자초한 근본적인 원인은 잘못된 교육에 있었다고 결론지을 수 있다.

우리나라의 교육현실은 어떠한가? 앞서 교육정책에서 살펴본 봐와 같이 우리나라는 세계 제일의 교육제도 실험국이라고 해도 과언이 아닐 만큼 다양한 교육제도를 실험해왔고, 여전히 진행 중이다. 국가장래를 위해 보다 나은 교육 방안을 찾기 위해 이 나라 리더들이 사명감을 가지고 엄청난 노력과 열정을 불태운 것이다. 그렇지만 그 많은 교육제도 실험에도 불구하고 여전히 교육이 뭔가 잘못되어 있어 진정한 인재를 육성하기가 어려운 교육환경이 조성되었고, 여기에 바람직하지 못한 인재등용방식으로 진정한 리더가 될 수 있는 인재를 아예 리더그룹에 들 수조차 없게 막고 있다. 구조적으로 진정한 리더가 나오기 어렵게 되어 있는 것이다. 이것은 오늘날의 문제가 아니다. 얼마나 오래된 일인지를 살펴보자.

「어린 시절 저희 집 사랑방은 갓 쓰고 도포 입은 점잖은 선비들이 모여 재미있는 우스게 소리도 많이 나눈 곳이었지만, 학문과 역사를 논하고 시국에 관한 이야기를 나누는 토론의 방이었습니다. 술상 심부름, 밥상 심부름을 하느라 사랑방을 들락거리며 가끔 얻어 들었던 이야기들이 생각날 때가 있습니다. 그럴 무렵 사랑방의 주인이셨던 저의 할아버지께서 하셨던 말씀이 생각납니다.

"자고로 소인배들은 글 잘하고 말 잘하며 얼굴도 잘생긴 경우가 많다"라는 말씀이 생생하게 기억됩니다. 그렇습니다. 세상을 그르치고, 나라를 위태롭게 하며 역사를 후퇴시켰던 그 많은 소인배들은 대체로 머리도 뛰어나고 공부도 잘했으며 우수한 성적으로 과거시험에 합격한 사람이 많았습니다.

일세의 도덕군자이던 정암 조광조를 허위 사실로 모함하여 30대에 사약을 받고 죽어가게 했던 남곤·심정 같은 사람도 머리 좋고 글 잘하며 잘 생겼던 것은 분명한 사실입니다. 광해군이 쫓겨나도록 패악을 저지르는 일에 주역이던 이이첨 또한 참으로 잘난 소인배였고, 나라를 팔아먹는데 큰 공을 세운 이완용 또한 잘 생기고 글 잘하던 대표적인 소인이었습니다. 머리 좋고 잘난 사람들이 왜 그렇게 소인이 되고 말았을까. 그 점에 대한 다산의 진단을 참고할 필요가 있습니다.

"과거학은 이단 가운데서도 폐해가 가장 혹독하다. 이단의 대표적인 양묵[56]은 고대의 일이고 불로[57]는 현실과는 너무 먼 주장들이다. 그러나 과거학만은 그 해독을 생각해보면 비록 홍수와 맹수라도 비유할 바가 못 된다. 과거 공부를 하는 사람들 중에는 시부가 수천 수에 이르고 의의[58]가 5천수에 이르는 사람도 있는데, 이런 공력을 학문하는 데로 옮길 수 있다면 주자와 같은 학자가 될 수 있을 것이다"라고 말하며 머리 좋고 글 잘하는 사람들이 암기력은 뛰어나 학문과는 거리가 먼 과거시험 과목만 달달 외워 과거시험에 우수한 성적으로 합격하여 벼슬에 임하다 보니 인격의 형성은 뒤쳐져 소인배가 되고 만다는 생각에서 조선시대 과거제도의 폐단을 혹독하게 비판한 다산의 주장이었습니다.

현재의 대한민국은 조선시대의 가장 나쁜 과거제도에서 벗어나지 못하고 사법시험이나 행정고시를 거쳐야만 고관대작이 될 수 있습니다. 머리 좋고 암기력이 뛰어난 사람들은 당연히 좋은 성적으로 합격하여 모든 가치는 팽개치고 오직 권력과 재물의 추구에만 뛰어난 머리를 활용하다 보니, 그들이야말로 옛날의 소인배로 타락할 수밖에 다른 도리가 없습니다. 그렇지 않은 사람이 없는 것은 아니지만 현재 우리의 현실을 살펴보면 대체로 그런 경우가 적지 않다는 것입니다. 머리가 좋으니 유신헌법도 기초하고 출세 길이 열려 있으니 부잣집으로 장가가고 그렇게 해서 권력과 재물에 맛이 들고 보면 모든 가치는 팽개치고 어떻게 해서라도 권력을 쥘 수 있고, 재산을

---

56) 양묵(楊墨)
57) 불로(佛老)
58) 의의(疑意)

모으는 일에 전념하지 않을 수 없고 그러다 보니 세상과 나라를 무너뜨리게 하는 죄악에 빠지게 됩니다. 고대의 공거제도[59]가 과거제도로 타락해 소인과 군자를 구별하기 어려운 제도의 폐단으로 파탄 나는 세상, 시험으로 인재를 고르는 제도가 언제쯤 개선될 날이 올까요. 다산의 탄식이 오늘에 더욱 절실하게 느껴져서 마음이 아플 뿐입니다.」[34]

교육과 인재등용방법을 고쳐 부국강병에 이르게 하자는 개혁론은 이미 18세기에 실학파에 의해 제시되었다. 현실이 지금의 시험과목 점수에 의해 당락이 결정되는 암기위주의 대학입시나 국가고시제도가 한 치의 오차도 없을 만큼 너무나도 똑같다. 위와 같이 제도의 폐해를 지적하고 제도개혁을 부르짖던 당시나 200여 년이 지난 지금이나 달라진 없는 것이다.

실학파가 주장한 인재등용방법의 개혁안은 다음과 같다. 유형원은 <반계수록>에서 과거제도를 폐지하고 덕행과 도예를 기준으로 인제선발을 해야 한다고 주장했고, 정약용은 <경제유표>에서 과거시험 과목에 경서, 중국사 외에 국사를 포함시켜야 한다고 주장했다. 박지원은 사는 반드시 농·공·상[60]에 관한 학문을 겸해야 한다고 했다. 홍대용은 누가 치자인 사가 되고 누가 실무에 종사하는 농공상인이 되느냐는 오직 재주와 능력에 따라야 한다고 주장하였다.[35]

실학파는 교육개혁의 근본이 되는 인재등용방법을 고쳐야 한다고 주장한 것이다. 그러나 교육개혁과 인재등용방법의 개혁은 여전히 현재진행형이다. 우리는 다음에서 사회변화의 동인이 무엇인지, 변화를 위한 개혁이 얼마나 어려운 일인가를 살펴보기로 하자.

4. 사회변화의 동인과 개혁의 어려움

사회변화의 동인

1960년대까지만 하더라도 '엽전들이 하는 일이 다 그렇지'라는 말이 유행했다.

---

59) 공거제(貢擧制) : 고대 중국에서 제후·지방장관이 천자에게 매년 유능한 인물을 추천한 제도.
60) 사농공상(士農工商) : 고려·조선 시대의 직업에 따른 사회계급. 고려 후기에 중국에서 유교(儒敎)가 전래되면서부터 형성되었는데 졌는데, 신분의 귀천은 선비·농민·공장(工匠)·상인의 순이었다. 이러한 신분차별은 수백 년 동안 계속되다가, 조선후기에 그 질서가 무너지기 시작 했고 공식적으로는 1894년(고종 31년) 제1차 갑오개혁으로 폐지되었다.

'엽전'이란 우리 스스로를 비하하여 일컫는 말인데 이런 자조적이고 자학적인 이 말이 언제부터 나돌기 시작한지는 잘 모르겠으나 엽전이 생긴 이후에 나온 말일 테니까 꽤나 오래된 말임에는 틀림없을 것 같다. 아마 개화기 이후에 서구문명을 접하면서 보잘 것 없는 우리의 처지를 비하하면서 생긴 말이 아닌가 싶다. 아무튼 이 말은 '우리도 한 번 잘살아 보자'는 구호와 함께 새마을운동이 시작되고, 경제개발 5개년계획이 본격적으로 시작되면서 '하면 된다'는 말로 대체되면서 시나브로 사라져서 요즈음 젊은 사람은 이 말이 있었는지조차 모르게 되었다. 그리고 이런 '잘살아 보자.'는 명확한 목표와 '하면 된다.'는 개척정신을 바탕으로 한 우리의 '새마을 운동'은 여러 개발도상국가에 수출되어 국제적으로 꽃을 피웠다. 그들에게는 이 새마을운동과 그 기본정신이 우리나라를 상징하는 것으로 뿌리내렸다.

예를 하나 더 들어 보자. 오늘날의 '여아선호'의 사회풍조는 불과 20년전인 1980년대까지만 해도 있을 수 없는 일로 만약 당시 돌아가셨던 어르신들이 이 사실을 안다면 기절초풍할 일이다. 아들을 못 낳아서 생긴 가족적 불편함과 비극적 사연은 아직도 전국 도처에 깔려있다. '남아선호'의 사회풍조는 문제가 있는 것으로 조선시대 후기 이후부터 이미 비판의 대상이 되어 온 것이다. 그럼에도 불구하고 500년 조선시대를 지나 불과 20년 전까지도 이어져 왔다. 그러나 이 풍조가 정반대로 바뀐 것이다. 이 풍조의 영향인지 몰라도 이젠 마누라님의 권한이 막강해져 명절이 다가오면 "작년 명절에는 당신 집에 갔으니 이번 명절에는 우리 집을 가자"고 말을 한다. 이 말을 위 조상님이 들었다면 놀라 자빠졌을 것이다. 그러나 그 다음 장면을 보시면 아예 기절을 하실 것이다. 이 말을 들은 불쌍한 우리 남편들은 "알았어!" 그러면서 마누라님 뒤를 쫄쫄 따라 나서는 것이다. 이 마누라님은 손수 차를 운전하고 가시다가 좀 피곤하다 싶으면 "다음 휴게소에서 부터는 당신이 운전 좀 해!" 라고 명령하신다. 가련한 우리 남편! 누구 안전이라고 감히 이를 거역할 것인가.

사실 우리사회는 가족관계가 시나브로 모계중심으로 변하여 온 것이다. 초등학생들에게 친척이 누구냐고 물었더니 외할아버지, 외할머니, 이모, 외삼촌 그리고 마지막이 강아지였다고 한다. 고모와 삼촌은 친척 범위에 들지도 못했다. 우스갯소리이겠으나 '남아선호'의 다소 과장된 예와 더불어 그만큼 변한 사회풍조를 단적으로 보여주는 것이라고 하겠다.

사회풍조를 이렇게 바뀐 것이 잘된 것인지 아닌지는 잘 모를 일이지만 사실 한 가정이 운영되는 것을 보면 많은 것이 어머니를 중심으로 되고 있는 것을 알 수 있다. 그렇다고 한다면 우리사회의 모든 법과 제도가 모계사회를 뒷받침하는 것으로 운영되어 왔더라면 자랑할 것까지도 없는 여성들의 '한의 문화'가 생겨나지도 않았을 것이고 부계혈통주의의 폐단도 크지 않아 그만큼 더 건강한 사회가 되지 않았을까 하고 추측해 볼 뿐이다.

본론으로 돌아와서 이렇게 '여아선호'의 풍조로 바뀐 것은 그동안 전통처럼 간주되던 사회관습의 붕괴, 여성의 사회 진출 등 사회 환경의 변화의 영향이 크다. 예를 들면 아들이 대를 잇는다는 것, 장남이 부모 노후를 봉양한다는 것 등의 전통이 사라져 가고, 노후에 딸이 실질적, 현실적으로 더 도움이 되고 위로가 된다는 점 등이다.

그런데 오늘날 오래된 '남아 선호' 사회풍조가 '여아선호'로 바뀌는 데는 위와 같은 여러 요인이 작용한 것은 사실이지만 결정적인 역할을 한 것은 '호적법'의 개정과 '남녀고용평등법'의 시행이다. 이전까지만 하더라도 직장에서 똑같이 대학을 나오고 같은 시기에 입사를 해도 우선 여자직원은 남자직원에 비해 급여부터 적었다. 그리고 그 외에도 직급이라든가 승진 등 많은 부분에서 눈에 보이는 차별이 많았다. 이 법 '남녀고용평등법'은 1987년 12월 4일에 제정되어 우리나라에서는 모집·채용에서 퇴직·해고에 이르는 고용의 전 과정에서 발생하는 성 차별이 금지되었고, 여성노동권 보장을 위한 법적·제도적 인프라가 마련되었다. 이후 꾸준히 개정되어 오다가 2007년 8차 개정 때 '남녀고용평등과 일·가정 양립 지원에 관한 법률'로 명칭이 변경되어 오늘에 이르고 있다. 이 법 시행은 엄청난 사회적 반향을 불러 일으켰다,

결론적으로 이 '남녀고용평등법'은 물론 앞서의 '새마을 운동'의 예에서 보는 바와 같이 역사적으로 볼 때도 그렇고 현실적으로 법과 제도를 고치거나 새로 만들어 그 정책을 시행할 때 개혁은 물론 사회변화의 가능성이 가장 크다고 할 수 있다. 그 것이 정(+)의 방향으로 작용하든 부(-)의 방향으로 작용하든 국가사회를 변화시키는 데 결정적인 역할을 하는 것은 국가정책의 시행이라고 해도 이의를 달기 어렵다.

개혁의 어려움

그러나 문제는 이 개혁이 매우 어렵다는 점이다. 다산 정약용은 제도개혁의 어려움을 이렇게 설파했다.

「"진나라 사람의 법은 진나라 사람의 법인데도 한나라가 일어나서 모두 진나라의 법을 이어 받았고 조그만 법도 감히 변경하지 못했으며 100년이 지난 한 무제에 이르러 일부를 조금 변경했다"고 지적하면서 "우리나라도 효종 때 공법을 대동법으로 고쳤고, 영조 때는 노비법을 고치고 군포법과 한림천법을 고쳤는데 이렇게 고치는

것이 하늘의 이치나 인정에도 합당한 것이고, 사계절이 변화는 것과 같이 자연스러운 것임에도 그 당시 모여서 의논하는 신하와 발언하는 사람이 뜰에 가득하여 대단한 기세로 간하고 임금님의 옷깃을 끌어당기고 대궐의 난간을 부수려는 사람도 있었다." 면서, "이를 고쳐 백성이 혜택을 입게 되었는데 만약 두 선왕들이 믿을 수 없는 의논에 미혹되어 시일을 계속 미루면서 이를 고치지 못했더라면 그 이해와 득실도 마침내 또한 천고에 밝혀지지 않았으리라!"」

제도개혁이 얼마나 어려운지는 영조가 균역법을 제정할 때 "나라가 망하더라도 이 법을 고치지 않을 수가 없다"고 했다는 말에 잘 나타나고 있다. 다산의 사자후[61]를 좀 더 들어보자.

「지금의 개혁을 저지하는 사람은 "조종의 법은 비평할 수 없다"고 하는데 조정의 법은 창업초기에 많이 제정되었으므로 이때에는 천명을 환하게 알 수가 없고 안심이 크게 안정되어 있지 않고, 원훈의 대상인 장상들은 사나운 무인이 많고 백관과 사졸은 다른 마음을 품은 간인이 많기 때문에 각각 그 사정으로 자가의 이익만을 구하여 조금이라도 만족하지 못한 점이 있으면 반드시 떼를 지어 일어나서 난리를 일으키게 된다. 이런 연고로 훌륭한 임금과 현명한 신하도 은밀히 모의를 하였더라도 좌우를 돌아보며 앞뒤가 걸려서 마침내 일을 하지 않고 그만 두게 된다. 일을 하지 않는다면 그전대로 답습하게 되며 그전대로 되는 것은 원망을 적게 하는 방법이다. 그런 까닭으로 무릇 창업 초기에는 능히 법을 고치지 못하고 말세의 풍속을 그대로 따라 하면서 경상의 법으로 삼게 되니 이것이 고금에 두루 있는 폐단이다.

그러므로 우리나라의 법은 고려 때의 것을 많이 그대로 답습하여 행하다가 세종 때에 이르러 조금 가감한 것이 있었으나, 임진년에 왜구가 한번 쳐들어온 이후에는 모든 법도가 무너지고 온갖 일이 문란하여 국문이 여러 개가 증가하여 군용이 탕갈되고, 전제가 문란하고, 조세의 징수가 한 쪽으로 치우쳐서 재물을 늘이는 근원을 힘을 다하여 막아버리고 재물을 소비하는 구멍은 뜻대로 뚫리게 되었다. 이에 다만 관서를 혁파하고 인원을 줄이는 것으로써 위급을 구제하는 방법으로 삼게 되니 이익이 되는 것은 승두만큼 적은데도 손해되는 것은 구름처럼 많게 되어 백관이 갖추어지지 못하고 정사가 녹이 없게 되어 탐욕의 기풍이 크게 일어나서 백성들이 시달려 파리

---

61) 사자후(獅子吼) : 사자가 울부짖는 소리라는 뜻으로 진리나 정의를 당당히 설파하는 것 또는 크게 열변을 토하는 것을 말한다. '전등록(傳燈錄)'에 나오는 말로 "부처는 태어나자마자 한 손은 하늘을 가리고, 한 손은 땅을 가리키며 일곱 발자국 걷고 사방을 돌아보면서 '천상천하 유아독존(天上天下 唯我獨尊)'이라 하면서 사자후 같은 소리를 내었다."라고 기록되어 있다.

하게 되었다. 그윽이 이를 생각해보니 대저 조그마한 것도 병들지 않은 것이 없으므로 지금에 와서 고치지 않으면, 그것은 반드시 나라를 망친 후에야 고치게 될 것이니 어찌 충신과 지사가 팔장만 끼고 그저 옆에서 보고만 있을 것인가.」

개혁의 어려움에 대한 실례로 조선시대의 악습 중의 하나인 서얼차별을 살펴보자. 서얼차별은 당시부터 이의 철폐를 주장하는 사람들이 많았고 특히 조선 중기 이후 실학파를 중심으로 강력하게 주장했다. 그러나 이런 악습이 사라진 것은 개회기에 이르러 단발령을 공포하고 이를 금지하면서, 말하자면 500년 조선왕조가 망하고 나서야 비로소 사라지게 되었다. 그런데 실상은 완전히 사라진 것도 아니다 1960년대 혁명정부에서도 이 문제가 논의되었을 정도로 최근까지 남아 있었고 사회환경 변화에 따라 서얼출신이 점차 줄어 들면서 관심 밖에서 사라진 것이다. 이렇듯 일단 시행된 정책은 시행된 기간이 오래면 오랠수록 관습이 되어 폐지가 되어도 이처럼 바꾸기가 힘든 것이기도 하다.

이와 같이 사회의 각 분야에서 어떤 혁신적인 주장이 있다 할지라도 대체로 관심 있는 사람들 사이에만 회자되다가 '찻잔 속의 태풍'으로 끝나는 경우가 허다하다. 이것이 사회 전체로 확산되어 적용되고 보다 나은 새로운 관습을 만들어 내기에는 역부족이다. 뿐만 아니라 이런 정책들이 보다 나은 방향보다는 집권자의 이익에 부합되는 방향으로 추진되는 속성 때문이기도 하다.

물론 오늘날은 사회 환경도 변하여 티브이는 물론 인터넷이란 세계를 하나로 묶는 통신매체가 등장하여 유투브와 같은 개인도 방송이 가능한 세상이 되어 변화를 훨씬 용이하게 할 수 있게 되었다. 그러나 그렇게 되기 위해서는 여전히 국가정책으로 시행되는 것이 결정적인 역할을 한다. 정책을 시행하는 사람은 리더이다. 그래서 훌륭한 리더가 거기에 있어야 한다. 그러기 위해서는 훌륭한 리더를 길러낼 수 있는 사회적 토양을 배양해야 한다. 그 사회의 구성원이 훌륭해야 훌륭한 리더가 배출될 수 있기 때문에 리더는 부단히 그 구성원의 역량을 높이는 데 힘써야 하고 구성원은 훌륭한 리더를 찾아낼 수 있는 능력을 갖추어야 한다. 개혁이라는 것은 그것이 결과적으로 개혁이 잘된 것인지 잘못된 것인지는 차치하더라도 그 자체가 어려운 것이다.

보다 실감나는 예는 2007년 17대 대통령선거에 출마한 허경영 후보의 선거공약이다. 당시에 가정에서 아이를 낳으면 국가에서 출산수당을 지급하고 젊은이들이 결혼을 하면 결혼수당을 지급한다고 하여 온 국민이 실소를 금치 못하였다. 그런데 10년이 채 지나기 전에 이 공약은 현실이 되었다. 개혁은 이만큼 어려운 것이다.

제 4 장

국가사회의 재정립

1. 시스템으로 움직이는 국가사회

우리에게 맞는 국가운영의 틀

지구상의 모든 동물들은 같은 종족끼리 함께 살아가고 있다. 아프리카를 배경으로 하는 다큐멘터리를 보면 수많은 동물들의 종족간의 먹이사슬에 의해 전체 생태계의 평형이 유지되고 있음을 알 수 있다. 이 함께 사는 같은 종족들은 나름대로 질서를 유지하는 체계를 가지고 있다. 어느 동물군을 막론하고 이 체제를 유지하는 최고의 책임자 즉, 우두머리가 있음을 알 수 있다. 가을 하늘을 나는 수많은 기러기 떼도 이를 선도하는 리더가 있고, 벌들도 여왕벌을 중심으로 각자의 역할을 수행하면서 군집생활을 이어간다. 이와 같이 조그만 개미에서부터 사자의 무리에 이르기까지 우두머리가 자기 종족을 이끌고 있음을 알 수 있다. 그런데 이 체제가 유지되지 못하거나 자연환경에 적응하기가 어렵게 된 동물군은 생태계에서 사라진다. 어려서 뒷동산에서 2미터 길이도 넘어 보이는 가느다란 새끼줄과 같은 모양으로 뒤엉킨 개미떼를 본 적이 있다. 같은 종족끼리 전쟁이 벌어진 것이다. 이와 같이 동물의 세계는 다른 종족의 공격을 받기도 하지만 같은 종족끼리도 싸우는 약육강식의 세계라 할 수 있다.

인간의 세계도 마찬가지이다. 다른 동물들과 마찬가지로 처음부터 무리를 지어 생활해 왔기 때문에 우두머리에 의해 질서를 유지해 온 것이다. 다만 다른 동물들과 차이가 나는 것은 무리가 국가라는 틀을 갖추게 된 이후에는 세습에 의해 우두머리 자리를 물려주었다는 점이다. 이를 왕조라고 부르는데 이 왕조는 어떻게든 대를 이어 유지하려 했다. 따라서 여기에 도전하려는 자는 목숨을 담보로 해야 했다. 그렇기 때문에 세습이 어렵게 된 경우는 전쟁에서 졌거나 역성혁명이 성공한 경우처럼 매우 제한적이었다. 그래서 역사적으로 보면 단명한 왕조도 많고 비교적 긴 역사를 가진 왕조도 많다. 그러나 우리나라처럼 장구한 왕조의 역사를 가지고 있는 나라는 많지 않다.

아무튼 왕조시대와 오늘날의 민주국가 시대의 다른 점은 첫 번째는 우두머리를 국민의 손으로 선출하고 임기도 한정되어 있다는 점이고, 두 번째는 왕조시대의 리더 그룹은 왕족과 귀족 등 매우 제한적인 소수그룹이었으나 오늘날은 경제발달에 따른 사회의 계층분화로 리더그룹이 매우 다양하고 광범위 해졌다는 점이다. 세 번째는 왕조시대에는 권력이 집중되어 있었으나 오늘날은 분산되어 있을 뿐만 아니라 권력의 속성도 사회변화에 따라 매우 다양해졌다는 점이다.

하지만 이는 주로 서구의 민주주의가 발달한 나라들의 이야기이다. 우리나라는 최근까지 왕조의 역사였다고 해도 과언이 아니다. 해방 이후 북한의 경우 아직도 3대에 걸친 세습권력체제를 유지하고 있고 남한은 18년간 한사람의 집권체제였기 때문이다. 여야의 완전한 정권교체가 이루어졌을 때를 진정한 민주주의를 이룬 것으로 본다면 남한은 1998년의 일이다. 이렇듯 민주주의의 역사가 일천하여 우리의 것으로 체질화하는 데는 좀 더 시간이 필요할 것으로 보인다.

그러나 이보다 더 근본적인 문제는 조선왕조가 멸망한 후 일제 식민치하를 거친 후 서구에서 확립된 통치제제를 차용했기 때문에 형식만 그렇고 실질적으로는 전혀 다르게 전개될 수밖에 없었다는 점이다. 대통령중심제다, 내각제다, 삼권분립이다 하는 것들은 서구의 자신들의 국가사회발전과정에서 오랜 투쟁과 타협의 결과, 그러니까 피의 대가로 얻어진 산물이다. 그렇다고는 하더라도 이러한 통치제제는 기본적으로 우리나라에는 맞지 않는 것들이다. 예를 들면 미국이라는 나라는 너무 다양한 종족이 모여 국가를 구성하고 있는 다문화 국가이고 국민의 교육수준도 우리나라보다 훨씬 낮다. 그 사회는 법을 바탕으로 사회질서를 유지하는 사회이고 우리는 다소 변질은 되었지만 인륜과 관습이 지배하는 사회이다. 국가를 이끄는 정부의 방법이나 역할도 우리나라와는 다를 수밖에 없다. 그리고 정치·경제적 환경이나 기업의 환경이나 운영방식도 우리와는 다르다.

돌이켜 생각해보면 해방 이후 정부수립 당시 고려왕조 400년, 조선왕조 500년의 통치제제를 참조하여 우리 고유의 통치제제를 확립했어야 할 일이다. 조선시대의 통치제제만 보더라도 이는 삼권분립을 기초로 한 것이 아니었다. 지금이라도 우리는 우리의 현실을 철저히 분석 탐구하여 우리의 방식을 찾아내고 시행착오를 겪더라도 그 방식을 적용해야 한다. 우리에게 맞는 국가운용의 틀을 짜야 한다고 보는 것이다. 이러한 역사관을 가지고 현대사의 갈림길에선 우리의 국가사회가 보다 바람직한 방향으로 나아가기 위해서는 무엇을 어떻게 해야 할 것인가를 찾아보기로 하자. 이는 곧 직업사회의 틀을 견고하게 짜는 일이기도 하다.

웃지 못할 정치현장

앞서 말한대로 우리의 현대사에서 때 진정한 자유민주주의가 성립한 시기를 1998년 김대중 정권의 탄생 때로 보는 것이 일반적이다. 해방이후 서구의 민주주의를 도입한 이래 이때 처음으로 완벽한 여·야의 정권교체가 이루어졌기 때문이다.

그런데 이후 2017년 새 정부가 들어선 지금까지 우리 정치계에서는 웃지 못할 일들이 반복적으로 일어나고 있다. 김대중 정부 탄생이전까지는 여·야의 정권교체라는 것을 경험해 본적이 없었으나 정권교체를 해보니 이제는 정권교체 이전에는 전혀 경험해보지 못한 새로운 경험으로 여·야가 모두 당황해 하는 일들이 계속 발생하고 있는 것이다.

말하자면 야당시절에 아무 생각 없이는 아니겠지만, 무작정 반대주장을 하다가 여당이 되고 보니, 그 반대주장을 반대해야 할 참 당황스러운 상황에 처한 것이다. 처음 정권교체 시절의 예를 하나 들어 보면, 고위공무원의 비위사건이 들어나면 '특별검사제도'를 도입해야 한다고 목이 아프게 주장하던 야당이 막상 정권을 잡고 보니 그게 아닌 것이다. 그래서 정반대의 주장을 하려하니 체면이 말씀이 아닐 뿐만 아니라 반대논리도 스스로 생각하기에도 궁색하기 짝이 없다. 이후 오늘날에 이르기까지 이와 같은, 말하자면 내가 하면 로맨스 남이하면 스캔들과 같은, 국민이 보기에도 민망한 일이 지속되고 있는 것이다. 한술 더 떠서 없애버리면 정말 좋을 것 같은 티브이에서는 정치가들이 야당시절에 한말을 여당시절에 뒤짚는 모습을 그대로 보여주기도 한다.

우리는 여기서 간과하지 않으면 안 될 중요한 사실을 알아 챌 수 있다. 첫 번째는 여당이든 야당이든 국민이 뽑아준 대표임에도 불구하고 국민의 이익(공익)보다는 자기와 자기당의 이익(사익)을 우선으로 생각하고 있지 않나 하는 의구심이다.

두 번째는 그 피해자가 국민이라는 점이다. 국민이 지도자를 뽑은 것은 적재적소에 훌륭한 인재를 배치하여 그 조직을 잘 관리함으로써 전체적으로 나라를 잘 이끌어 모든 국민이 행복하게 살 수 있게 해 달라는 것이지 선거 때 자기를 도와준 사람들에 논공행상을 하라고 그 자리에 대한 임명권을 준 것이 아니다.

정권이 바뀔 때마다 예외 없이 전 정권의 이권사업을 폭로하고, 전 정권의 낙하산인사를 들어내고 새로운 낙하산인사를 실시하는, 말하자면 전 정권의 잘못을 들춰내면서 현 정권은 새로운 잘못을 범하고, 그 다음 정권은 또 전 정권의 잘못을 들춰내는 보복의 악순환이 지속되는 한 국가의 미래는 없다고 할 것이다.

여기서 잠시 중국역사상 가장 위대한 역사적 인물로 추앙받는 진시황의 용인술을 들어보자.

「그는 냉혹한 성품을 지녔다고 한다. 그러나 한편으로 헛된 명분에 얽매이지 않고, 인재를 소중히 여겼으며, 실수를 했다고 깨달으면 체면에 아랑곳없이 곧바로 시정했다. 운하건설을 책임지고 있던 정국이라는 사람이 한나라의 첩자임이 밝혀지자 국내에 머물던 모든 외국인을 추방하도록 했지만, 후일 승상이 되어 천하통일의 일등 공신 역할을 할 이사[62]가 "진나라는 대대로 외국인들을 우대하여 발전해왔다"고 반론을 올리자 이를 받아 들여 자신의 명령을 취소하고, 이전보다 더 외국의 인재를 중시했다. 한비자의 경우 그 한 사람을 얻으려는 마음으로 한나라와 전쟁을 벌였다고도 하고, 장군 왕전의 의견을 받아들이지 않고 그를 좌천시켰다가, 왕전의 말이 맞았음을 알고 나서는 곧바로 몸소 왕전의 거처로 달려가 용서를 빌고 재기용했다고 한다."[36]

진시황은 마오쩌둥과 더불어 중국역사상 가장 위대한 인물로 추앙받는다. 마오쩌둥은 오늘날의 사회주의 중국을 만들었고, 진시황은 세기 전 중국천하를 통일시켜 오는 날의 중국의 기틀을 만들었다고 평가받는 사람이기 때문이다.

시스템으로 움직이는 국가사회

그렇다면 이와 같은 반복되는 악습의 폐단을 없애기 위해서는 어떻게 해야 할까? 국가사회가 시스템으로 움직일 수 있게 하면 폐습의 상당부분을 해소할 수 있다.

시스템이란 용어는 앞서 '경영과 컴퓨터'에서 공부했지만, 사전에서는 '체계적인 방법이나 조직 또는 제도, 체계, 장치, 하나의 기관으로 본 몸, 동물체내의 계통' 등을 의미하는 것으로 정의하고 있다. 또한 각 기관은 '컴퓨터와 같이 필요한 기능을 실현하기 위하여 관련 요소를 어떤 법칙에 따라 조합한 집합체' 또는 '하나의 공통적인 목적을 수행하기 위해 조직화된 요소들의 집합체' 등으로 기관의 특성에 맞게 정의하고 있다. 시스템이론 또한 정립되어 있기는 하지만 주로 경영이론의 하나로 볼 수 있다. 말하자면 이와 같이 부분적인 정의로는 일반화 되고 상용화 된 '시스템'이란 용어의 의미를 충분히 표현하고 있지 못하다고 볼 수 있다.

따라서 이 책에서는 시스템이란 '인적·물적 요소들이 각각 또는 함께 유기적으로 연결되어 상호작용을 통하여 어떤 기능을 수행하는 집합체'를 의미하는 것으로 사용하고자 한다. 여기서 유기적이란 말을 이해하기 위해 '유기체'라는 단어의 개념을 알 필요가 있다. 유기체란 '많은 부분이 일정한 목적 아래 통일·조직되어 그 각 부분과 전체가 필연적 관계를 가지는 조직체 또는 생물처럼 물질이 유기적으로 구성되어 생활 기능을 가지게 된 조직체'를 의미한다. 시스템이란 용어를 이렇게 이해하고 보면 '정보시스템'이라든가 '교육시스템' 또는 '국가운영시스템' 등의 용어가 보다 명쾌하게 다가온다.

앞서 부국강병을 위해서는 훌륭한 리더가 국가사회를 이끌어야 한다는 지극히 당연하고 진부하기까지 한 주장을 했다. 그런데 설사 훌륭한 리더가 있다 할지라도 그가 국가사회를 잘 이끌어 가기는 쉬운 일이 아니다. 왕조시대에는 집권세력과의 관계에서 왕권을 강화하는 것도 큰 문제였고, 생각과는 달리 리더의 의지대로 의사결정하기가 쉽지 않은 환경에 처해 있었다. 조선시대 성균관 학생들이 광화문에 꿇어앉아 '전하 아니 되옵니다.' 하고 오늘날의 데모나 시위와 같은 것을 하게 되면 임금님도 어쩔 수 없었다. 민주주의 시대에는 다수의 횡포나 소위 중우정치라는 치명적 약점이 있어 훌륭한 리더라 하더라도 제대로 역량을 발휘하기도 쉽지 않은 것이다.

그래서 국가가 가급적 시스템적으로 운영되게 할 필요가 있고, 국가운영시스템을 내가하던 남이 하던, 누가하던 로맨스가 될 수 있게 구축해야 할 필요가 있다고 할 것이다. 국가사회가 시스템으로 움직이게 한다는 것의 의미는 국가사회의 모든 조직을 가급적 합리적인 방법으로 구축하여 조직을 운영하는 우두머리의 권한을 자연스럽게 견제하게 되는 것을 의미한다고 할 수 있다.

앞서 모든 사회는 소수의 우두머리와 다수의 추종자로 구성되어 있다고 했다. 고대사회는 힘의 우위자가 우두머리였다면 시대가 변하면서 권력을 가진 자가 우두머리가 되었다고 볼 수 있다. 그러나 사회가 다양해지고 계층적으로 분화하면서 다수의 우두머리가 생겨났다. 그리고 대체적으로는 각 분야에 존경을 받고 따르고 싶은 사람, 말하자면 리더의 자격을 갖춘 사람이 우두머리가 되었다고 볼 수 있다. 그러니까 어떤 사람이 우두머리가 되는 데까지는 어느 정도 합리적인 과정을 가친다고 보아야 한다.

그런데 우두머리가 된 다음이 문제이다. 여기에서 주목하야 할 만 한 점은 우두머리의 권한에 관한 것이다. 어디까지 권한을 행사할 수 있도록 하느냐의 문제이다. 우두머리가 자기의 지위에서 행사할 수 있는 권한에 제한이 없을 만큼 보장하고 있는 제도에 문제가 있다고 할 것이다.

국가사회가 시스템적으로 움직일 수 있게 만들어야 한다는 주장을 하게 된 소이가 여기에 있는바, 이는 우두머리의 의사결정권을 가급적 시스템으로 움직이게 하고 우두머리가 직접 결정할 수 있는 것을 최소화해야 하는 방향으로 국가운영체계를 구축하자는 것이다,

예를 들면 통계청은 국가경영을 위한 기초통계자료를 생성하고 국가의 모든 실적을 수치로 나타내는 일을 하는 곳이다. 그래서 그 생성과 가공이 매우 중요하다. 통계의 정확성은 아무리 강조해도 지나침이 없는 것이다. 그런데 통계라는 것 차체가 가공하는 것이기 때문에 각종 국가통계자료는 의도하는 대로 얼마든지 가공이 가능하다. 그리고 그 가공이 잘못되었는지 여부를 따지는 것도 참 어려운 일이다. 그러므로 어떤 통계자료를 의도적으로 왜곡한다면 이는 중대한 문제가 아닐 수 없다. 따라서 이를 방지하기 위해서는 통계청이 독립적인 기구가 되도록 할 필요가 있다.

그렇게 되기 위해서는 통계청을 행정부가 아닌 다른 권력기관소속으로 하든지, 통계청장은 항상 제1야당에서 임명하도록 하고, 임기도 새 정권의 집권기간과 동일하게 하면 통계의 왜곡을 상당부분 방지할 수 있다. 국가운영시스템을 이런 식으로 구축하자는 것이다.

이와 같은 관점에서 국가사회시스템을 재구축하는 방안을 구체적으로 검토해 보기로 하는데 우선 국가사회의 위기를 초래한 근본원인이라 할 수 있는 교육제도와 인재등용방식의 개혁방안부터 살펴보자.

2. 새로운 교육제도와 인재등용방식

교육사회의 현실과 고민

앞서 교육정책에서도 언급한 바 있는 '지잡대'라는 용어는 '지방에 있는 잡스런 대학교'를 줄인 말이다. '지잡대'란 통상 서울을 제외한 지방에 있는 대학교 중 카이스트, 포항공대, 지방국립대, 의약학계열, 해군 및 공군사관학교, 교대를 제외한 나머지 지방대학을 일컫는 의미로 사용되는데 서울 소재의 중하위권 4년제 대학교들도 여기에 포함시키기도 한다.

우리나라의 교육이 잘못되었다는 증거는 '지잡대'라는 이 용어에서부터 나타난다. 우리사회는 서열의식에 물들여진 어린이가 자라나서 어른이 된 사회이다. 서열의식이 서열이 높은 사람은 낮은 사람을 배려하고 낮은 사람은 높은 사람을 존경하는 그런 사회심리로 연결이 되었으면 이는 문제가 될 것이 없다. 그러나 현실은 정반대이다.

이런 용어가 나오게 된 근본적인 원인은 단군 이래 한 번도 변한 적이 없는 우리

민족의 향학열에 있다. 여기에 삐뚤어진 사회심리와 잘못된 사회구조가 결합되어 이런 잘못된 사회상을 대변하는 용어가 생겨난 것이다.

1960년대 초 경제개발 5개년계획이 시행되고 이것이 성공적으로 추진되어 단군 이래 초유의 고도성장의 기틀이 마련된 1970년에 이후 대한민국의 모든 가정에 종교처럼 자리 잡은, 설사 굶어 죽는 한이 있더라도 내 자식은 4년제 대학을 보내야 한다는 신념을 아무도 막을 수는 없었다. 이는 세월이 흐르면서 점점 더 공고해졌다. 이들의 자녀들을 데려 올 수만 있다면 이런 기막힌 돈벌이가 되는 일이 세상에 또 있을까 싶어 1980년대 이후 우후죽순으로 대학교 설립이 이어져 웬만한 군소 지자체에는 대학이 하나씩 있을 정도로 대학이 많아졌다. 그래서 이름도 잘 모르는 대학이 많게 된 것이다. 이들 대학들 중 일부는 학문을 가르치려는 것보다 돈을 버는 것을 우선으로 하기 때문에 재단비리 문제가 끊이지 않는다. 이는 어쩌면 당연한 일일 것이다.

더 큰 문제는 이렇게 우후죽순처럼 생겨난 대학에서 4년 생활을 마치고 난 학생들의 문제이다. 우선 우리 사회에서 생산직(블루칼라)에는 2년제나 고졸자가 주로 취업을 한다. 그래서 4년제를 나온 이 학생들은 여기에는 취업을 꺼린다. 그렇다고 일반 사기업으로 취업할 가능성이 높은 것도 아니다. 오히려 취업할 확률이 거의 제로에 가깝다고 보아야 한다. 이는 뿌리 깊은 학벌주의도 한몫을 하지만 기업의 학습효과도 크다. 무슨 이야기냐면 1970년대 후반의 우리나라 대학들은 서울대를 제외한 모든 대학이 지방분교 설립에 열을 올린 시기이다. 이들 분교학생들이 졸업할 때에 학교에서는 본교생과 분교생을 구분할 수 없게 졸업장을 주었다. 그렇지만 이런 방식은 오래 가지 못했다. 얼마 지나지 않아 기업의 채용공고에 '본교생에 한함'이라는 문구가 붙었다. 직장에 들어간 분교생의 업무능력이 문제가 된 것이다.

그러자 이러나저러나 취직은 해야 하므로 학력차별을 하지 않는 공무원시험에 도전하기로 맘을 먹고, 공무원 7급이나 9급에 도전한다. 그러나 여기에는 이 '지잡대'에 해당하는 학생들만 응시하는 것이 아니다. 수많은 젊은이가 여기에 매달리다 보니 통상 경쟁률이 200:1을 왔다갔다 한다. 여기에 합격하기는 사기업에 들어가기보다 더 어렵다.

그런데 이보다 더 큰 문제는 처음에 지적한 바와 같이 우리나라의 고질병인 서열의식이 학벌에도 역기능으로 작용하여 자기보다 못한 대학을 나온 사람을 우습게 아는 삐뚤어진 사회심리이다. 이러한 시각이 이들을 더욱 옥죄게 만드는 것이다. 그렇지 않아도 이들은 장기미취업자가 되어 여전히 부모에게 의지하여 불안한 생계를 이어가고 있는데 말이다.

이렇게 보면 '지잡대'는 비싼 등록금을 4년이나 받아가면서 미래의 사회낙오자를 양성하는 기관이라고 악담을 해도 대꾸하기가 어렵게 되었다. 학생의 입장에서 보면 4년간을 비싼 돈을 들여가며 허송세월한 것이 되어 버린 셈이다.

정부에서는 소 잃고 외양간을 고쳐, 더 이상 소를 잃지 않는 방안으로 2011년부터 대학구조조정사업을 벌이고 있다. 그 내용을 보면 매년 각 대학교들의 재정건전성과 취업률, 신입생 충원률 등을 고려하여 부실대학을 가려내어 정부지원제한, 학자금대출 제한, 모집정원의 감축 등의 제제를 주게 된다. 그래도 나아질 기미가 보이지 않으면 아예 대학을 퇴출시키게 된다. 2017년 대학구조개혁평가에서 하위등급을 받고도 구조개혁과제를 제대로 이행하지 못하여 지원의 제한을 받게 되는 대학이 25개에 이르고 아예 퇴출이 결정된 대학도 있다.[37]

오늘날 우리의 교육사회 문제는 지금까지 논의한 소위 '지잡대'의 문제만은 아니다. 그나마 이렇게라도 대학에 진학할 수 있는 경우는 좀 더 낫다. 고교만 졸업한 청소년도 많고 전문대 졸업생도 많다. '지잡대'에 속하지 아니한 대학졸업생 또한 많다. 이들의 공통점은 우선 취업이 어렵다는 것이다. 그리고 취업을 한다 해도 잘못된 사회구조 속에서 비주류로 살아갈 확률이 높다.

이러한 결과로 나타나는 것이 오늘날 양극화와 저출산으로 표상되는 총제적인 난국상황의 우리사회라고 하겠다. 사실 우리나라 국민으로 태어난 이상 능력에 많은 차이가 있다 할지라도 어떻게든 함께 행복하게 살아가야 하지 않겠는가. 그러나 이 책 여기저기에서 살펴본 바와 같이 우리 사회는 '함께 사는 문제'가 갈수록 풀기 어렵게 되어가고 있다. 이렇게 된 원인을 찾아가다가 보면 결국 교육문제에 다다르게 된다. 이는 매 시대의 리더들이 잘 알고 있었기 때문에 이를 어떻게든 고쳐보려고 한 것이 세계 제1의 교육 실험국이 된 것이다.

우리의 학교교육의 문제를 논의할 때 지나친 경쟁이 문제라는 지적이 많다. 또한 이 교육에 기반을 둔 인재등용방법에 대해서도 문제가 제기된 것은 어제 오늘의 일이 아니다. 그렇다고 한다면 경쟁이 없게 교육제도를 바꾸면 되지 않겠는가. 인재등용방법도 새로운 시도를 해봐야 하지 않겠는가. 이러한 관점에서 현행 교육제도의 틀과 인재등용방법을 근본부터 바꾸는 방안을 찾아보기로 한다.

새로운 교육제도와 인재등용방식

논의에 들어가기 전에 교육의 개념을 다시 정립하고자 한다. 앞서 교육을 학교

교육과 사회교육으로 구분하였는데 이는 제도적 교육의 여부에 따라 구분한 것이고, 교육의 내용에 따라 교육을 구분하여 이 세상을 살아가기 위해 갖추어야 할 덕목과 기본지식을 가르치는 교육과 직업생활을 위해 필요한 전문지식을 가르치는 교육으로 구분하여 전자를 '기본교육', 후자를 '전문교육'으로 칭하기로 한다.

　　오늘날 우리나라 교육정책의 방향은 비교적 잘 설정되어 있다. 이를 요약하면 국가 경쟁력을 높여야 한다는 것인데 이는 글로벌 경제체제하에서 기업의 경쟁력을 높이는 것을 의미한다. 기업의 경쟁력은 차별화 등 경쟁우위 확보전략을 통해 얻어질 수 있다. 가장 효율적인 경쟁우위전략은 기술의 비교우위 확보라고 할 수 있다. 지금도 원천기술의 보유를 위해 낮과 밤이 따로 없이 연구에 매진하고 있는 기업의 과학기술인력은 일차적으로 학교에서 공급한다. 우수한 인력을 공급하기 위해서는 경쟁력이 있는 학교가 있어야 한다. 그러기 위해서는 경쟁을 통하여 보다 우수한 학생을 뽑아야 한다. 결론적으로 경쟁을 강화하여 교육의 질을 향상시키려는 것이 교육의 목표라고 할 수 있다.

　　여기까지는 누가 이론을 제기할 만 한 것이 없다. 그러나 이 목표를 달성하기 위한 방법론에서 최근의 수월성교육까지 제자백가가 난립하여 온갖 방법이 다 동원되었음은 앞서 살펴본 바와 같다. 또한 교육결과의 참담함도 마찬가지다.

　　지금처럼 입시위주의 교육은 무엇을 어떻게 바꿔 봐야 별 소용이 없다. 국·영·수 위주로 주요과목만 엄청 많이 가르쳐 봐야, 그 결과 수학올림피아드에서 금상을 수년 째 받아 봐야, 노벨과학상을 받을 수 있는 인재가 탄생하는 것도 아니고, 그렇다고 우리의 국가경쟁력이 나아지기는 것도 아니다. 그러기는커녕 여전히 선진국 따라 하기에 급급한 것이 현실이다.

　　오히려 입시에 중요한 그 과목 몇 개 잘했다고 해서 공부 잘한다고 하여, 그 공부 잘한다는 것의 실상은 암기력이 좀 뛰어나다는 것에 지나지 않는데, 성장과정에서 잘못한 것도 거의 모두 무작정 용서되고, 너무 많은 것을 누리게 만들고, 누리는 것까지는 좋은데, 다 그런 것은 아닐지라도, 조금 과장되게 표현하자면, 사회적 책임은 전혀 가지지도, 그것이 무엇인지도 모르는 채 군림하고 누릴 줄만 아는 그런 인재를 양산하는 지금의 제도는 아무리 바꾸어도 여전히 문제가 내부에 남아 있다.

　　그러나 사실 이보다 더 큰 문제는 사회문제의 시작과 끝이라 할 수 있는 취약계층의 문제이다. 이 계층은 '먹고 사는 문제'와 '함께 사는 문제' 이 두 가지 문제를 다 안고 있어, 이 책에서 화두로 삼고 있는 주제에 가장 가까이에 접근해 있는 계층이다.

　　이들을 직접 상대해 보지 많은 사람은 그들의 실상을 두고 함부로 말을 하면 안 된다. 모택동이 혁명에 성공한 후 어느 소수민족의 시장을 방문했는데 무슨 말을 해도 알아듣지 못하고 쭈그리고 앉아 있는 한심한 모습을 보고 '내가 저런 녀석들을 위해 목숨을 걸고 혁명을 했다는 말인가' 하고 한탄했다는 글을 읽은 적이 있다. 이들 계층에는 도저히 어떻게 할 수 없는 무지와 무개념, 몰염치와 탐욕 등 구제불능의 인간성을 가진 사람들이 존재한다.

이런 부류의 사람들이 포함된 취약계층과 직접 대면하여 일하는 사람들은 대부분 나름 사명감과 봉사정신을 가지고 관련분야에 대한 교육까지 받고 여기에 발을 디딘 사람들이다. 그러나 이분들 중에는 이들과 장기간 접촉하면서 '그러니까 네가 요 모양 요 꼴이지' 하는 말이 입에서 툭 튀어나올 뻔한 것을 참는 경우가 여러 번이었다거나, '소위 서민이니 옛날에 유행했던 민중이니 하는 말 자체에서 연민이 묻어나오는 이런 말에 대한 개념이 바뀌었다'는 등의 의견을 표출하는 분들이 적지 않다. 그래서 이러한 처지에 있어 보지 않은 사람들이나, 이들과 직접, 그것도 장기간 접촉해 보지 않은 사람은 이들에게 이렇다 저렇다 함부로 말해서는 안 될 무언가가 있는 것이다.

아무튼 이 문제에 관해서는 국가이념에서부터 그야말로 다양한 견해가 존재해왔다. 그런데 그 견해가 무엇이든 간에, 도저히 용인하지 못할 문제가 있다 할지라도, 이들도 인간답게 살 수 있는 최소한의 요건을 갖출 수 있도록 하는 데에도 교육의 목표가 설정되는 것이 마땅하다고 여겨지는 것이다. 이와 같이 교육은 그 사회가 어떤 사회인지 그 성격을 결정 짓게 하는 단초를 제공하는 하는 궁극적인 요인이라고 할 수 있다. 교육은 그만큼 중요한 문제인 것이다. 그래서 교육의 나라, 우리 대한민국에서 앞에서 살펴 본 바와 같이 셀 수 없을 만큼 많은 교육제도를 시험해왔지만 아직 만족할 만한 해답을 얻지 못했다. 오늘날 우리 사회현상을 보면 교육이 개혁이 되기보다는 오히려 개악이 되었다고 해도 할 말이 없게 된 것이다.

그래서 현행의 교육제도의 틀을 근본부터 완전히 바꾸는 새로운 교육제도를 제안하고자 한다. 제안하고자 하는 새로운 교육모델은 오로지 우리의 교육 현실만을 감안하여 완전히 새로운 틀로 짜자는 것이다.

이 새로운 교육모델의 특징은 다음 세 가지로 요약할 수 있다.

첫째는 지금의 초·중·고·대학에 이르는 교육체계를 폐지하고 완전히 새로운 틀로 짜자는 것이다. 즉, 교육의 틀을 지금의 초등학교부터 고등학교까지의 교육기간을 단축하여 기본교육과정으로 하고, 전문교육과정은 2년제 대학으로 통일하고, 공부를 더 할 사람은 대학원 대학(가칭)에 진학할 수 있도록 하는 크게 3개의 틀로 짜자는 것이다.

　두 번째는 대학입시와 고급인재를 뽑는 행정고시와 같은 모든 고시를 폐지하는 것이다.

　세 번째는 우리사회의 모든 분야에서 그 분야의 전문가가 리더가 되어 그 분야의 의사결정을 할 수 있도록 하는 사회운영시스템을 구축하자는 것이다.

　이를 구체적으로 설명하면, 지금의 초등학교에서 고등학교까지의 9년의 교육기간을 2~3년 단축하여 기본교육과정 6~7년으로 한다. 기본교육과정과 2년의 전문교육과정을 의무교육으로 하든지 전문교육과정만은 선택적 의무교육으로 한다. 대학원 대학과정은 필요에 따라 교육기간을 정하도록 한다. 그리고 모든 학생이 기본교육만 수료하고 직업사회로 진출하도록 하는 것을 원칙으로 하고, 전문교육은 직업생활을 하는 과정에서 아무 때나 연령에 상관없이 산학을 병행할 수 있도록 한다.

　각 교육과정은 암기위주의 지식습득 교육을 지양하고 철저히 실용교육으로 편성한다. 즉, 기본교육의 과정은 세상을 살아가기 위해 갖추어야 할 덕목과 기본지식을 가르치는 것으로 구성한다. 교육은 지식습득위주의 경쟁교육을 철저히 배제하고 인성과 가치관을 확립시키는 것을 위주로 한다. 우정, 섬김, 존경, 사랑, 위로, 배려 등 살아가는데 필요한 모든 가치관을 기본교육과정에서 터득하도록 가르친다.

　우리 학생들은 경쟁상대가 옆 친구가 아니라 다른 나라 학생이라는 것을 인식하게 만들어 학생들은 서로 협력하여 외국의 경쟁상대를 극복해야 할 책무가 있다는 것을 실제로 인식할 수 있는 교육을 실시하여 이를 체질화 되도록 해야 한다. 나보다는 내 가족을, 내 가족보다는 남의 가족을 먼저 생각하도록 가르쳐야 한다. 또한 기본교육만 받아도 세상을 살아가는 데 전혀 문제가 되지 않도록 교과과정을 짜야 한다.

　그래서 이 기본교육의 교육내용은 주체성을 확립할 수 있는 전인교육과 직업사회에서 당장 필요로 하는 산업교육의 두 개 부분으로 구성한다. 첫 번째의 전인교육은 정신교육과 생활교육으로 나눈다. 이스라엘은 학생들에게 아우슈비츠 강제수용소[63]를 방문시킨다고 한다. 재학 중에 우리문화와 사적지를 반드시 방문토록 하여 역사의식을 고취시키고, 해외 여러 나라를 여행하는 것을 전인교육 교과과정에 포함

---

63) 아우슈비츠(Auschwitz) 강제수용소 : 폴란드 남부, 크라쿠프지방에 있는 화학 공업 도시 아우슈비츠에 있는 나치 독일이 유태인을 학살하기 위하여 만들었던 강제 수용소. 나치가 세운 강제 수용소 중에서 최대 규모였다. 유럽 전체 유대인의 80%에 해당하는 약 600만 명이 살해당한 것으로 추정된다. 1945년 1월 27일 소비에트 연방의 붉은 군대의 진주로 인하여 해방되었다. 현재는 박물관과 전시관으로 꾸며져 있다. 1947년에 세워진 희생자 박물관은 1979년에 유네스코에 의해 세계유산으로 지정되었다(위키백과).

하여 주체성 있는 글로벌 인간으로 성장시키는 것을 교육목표로 한다. 학창시절에 해외를 구경하게 만드는 것은 어떤 다른 것보다 중요하다고 할 수 있다.

세계를 열광하게 만든 사물놀이의 창시자 김덕수가 쓴 자서전 성격의 책을 보면 1960년대 중학생 신분으로 외국공연을 가서 공연을 하면서 보고 느낀 것을 적고 있는데, 특별히 교육을 하지 않아도 모두 애국자가 된다는 것을 알 수 있다. 외국어 공부도 마찬가지이다. 무엇을 왜? 어떻게 공부해야 되는지도 깨닫게 되어 있다.[38]

다른 무엇보다도 경쟁상대는 다른 나라, 다른 기업이고 옆 친구는 함께 난관을 헤쳐 나가야 할 동지로 내부에서 경쟁상대를 찾지 않도록 교육시켜야 한다. 이는 전인교육 교과과정에 어려운 과제를 주고 함께 협력하여 풀어나가도록 하거나, 스포츠교육 등의 프로그램을 개발하여 시행함으로써 저절로 터득하도록 해야 한다.

한편 생활교육은 민법과 금융, 행정 등을 실질적인 기본개념을 가르쳐 사회생활을 하면서 몰라서 불이익을 당하는 일이 없도록 한다. 지금은 많이 나아졌지만 전세 등기제도가 시행되기 이전에는 저당권이 많이 설정된 집에 전세로 입주하여 그 집이 경매처분 될 때 전 재산인 전세금을 날리고 길거리에 나앉게 된 사람이 한둘이 아니었다. 그 당시 이전부터 초등학교 고학년에게 이와 관련한 민법기초를 가르쳤더라면 이런 일은 거의 일어나지 않았을 것이다. 뿐만 아니라 살아가면서 문제가 생겼을 때 어디 가서 뭘 어떻게 해야 한다든지 등의 생활과 연관된 주제들을 가지고 교육을 해서 기본교육만 받으면 사회생활을 하는 데 지장이 없도록 하는 교육을 해야 한다는 것이다.

그리고 산업교육은 암기위주의 지식주입을 벗어나서 대부분을 실험과 실습으로 이루어지게 할 필요가 있다. 학교를 실험실로 하여 뭐든지 만들어 보는 것을 교육하도록 한다. 이 과정에서 수학이 필요하거나 물리가 필요하다는 것을 스스로 깨닫고 알아서 공부할 수 있도록 해야 한다. 현행 특성화 교육에서 목표로 하는 것을 일반화하여 산업교육에서 가르치자는 것이다.

현재 우리나라 대부분의 자영업자는 식당이나 단순 노무에 해당하는, 말하자면 저부가가치의 산업에 종사하고 있다. 어려서부터 암기위주의 교육을 하다 보니 암기력이 좋은 아이는 자기가 다 잘하는 줄 알고, 문과의 경우 사회에서도 암기력이 뛰어난 사람을 선발하는 제도로 이어져 자기에게 무슨 창의력이 있었는지도 모르고, 암기력이 뒤처진 학생은 스스로 무능한 가망 없는 학생으로 낙인을 찍어 감히 자기에게 창의력이 있다는 생각조차 못하고 결국 머리가 좋은 학생이나 그렇지 못한 학생이나 자기에게 빌게이츠 같은 능력이 있었다 할지라도 사장시켜 버리게 되고 만다.

여기서 간과하지 말아야 할 것은 암기력이 좋으면 창의성이라든가 다른 능력도 좋을 확률이 그렇지 않은 경우 보다 높을 수도 있고 아닐 수도 있지만 그런 인재는 많지 않다는 것이다. 지금 우리는 이렇게 많지 않은 인재를 그나마 그의 재능을 사장시켜 버리고 마는 사회제도, 더 구체적으로 아무래도 또 고쳐야 할 교육제도를 논의하고 있다.

아무튼 이와 같이 재능계발자체를 시도조차 못해 본 사람들이 많다 보니까, 다행스럽게 공무원이나 이에 버금가는 안정된 직장을 들어가서 그런대로 지내는 사람들을 제외하고는, 중년이 되어 구조조정 등 이런 저런 사유로 실업상태에 처하게 된 사람들은 참으로 난감한 상태가 된다. 이들이 어떻게든 먹고 살기 위해 무엇이라도 해야 하는 절박한 상황에서 특별한 기술도 없이 누구나 할 수 있는 음식, 숙박, 소매점 등을 저부가가치 사업, 소위 생계형 자영업에 너도 나도 뛰어들다 보니 이 시장이 포화상태가 되어 큰 사회문제가 되어 있는 것이다.

그래서 여기서 제안하는 새로운 교육방식은 어려서부터 함께 무엇인가를 만들어 보도록 하는 창의성교육을 하자는 것이다. 이런 교육방식이 빌게이츠 같은 인재를 만들어 낼 수 있고, 이와 같이 고부가가치의 산업을 일으키는 인재가 많이 나올수록 이들이 실업 등 많은 직업사회의 문제를 해결하는 해결사가 될 수 있고, 결과적으로 국가경쟁력을 향상시키게 된다는 논리이다. 이는 오늘날 우리의 교육목표가 아닌가.

국가고시의 폐지와 사법부 개혁

다시 본론으로 돌아가서 두 번째의 대학입시와 고급인력을 뽑는 행정·사법고시와 같은 모든 국가고시를 폐지하는 문제를 검토해 보자. 전문교육과정은 2년제로 하여 의무교육 또는 선택적 의무교육으로 하면 기본교육을 마친 학생이 취업을 하던 전문교육과정에 의무적 또는 선택적으로 진학하게 되어 현행 입시제도는 자연히 폐지가 되는 셈이다. 지금의 대학을 모두 2년제로 바꾸어 누구나 진학할 수 있게 만들자는 것이다.

초등학교에서 시작하는 기본교육과정과 전문교육과정까지를 의무교육으로 해 놓으면 학생들이 좋은 대학을 가려고 기를 쓰고 공부하지 않아도 된다. 이 제도가 시행되면 소위 명문대도 없고, 있다 하더라도 어차피 좋은 대학을 나와도 고시처럼 고급인력을 뽑는 시험도 없기 때문에 일찍부터 자기적성에 맞는 분야로의 진출을 유인할 수 있어 산업의 각 분야에 인재를 고루 분포하는 효과를 낼 수 있다. 또한 학생

수가 줄어들어 많은 대학이 학생부족으로 문을 닫을 수밖에 없는 현실이 곧 다가올 것이고, 단순 업무의 시장은 머지않아 로봇으로 대체되어 갈 것이기 때문에 교육과정의 개편은 불가피한 시대적 요청이라고 할 수 있다.

고급인력을 뽑는 행정·사법고시와 같은 모든 국가고시를 폐지하자는 것은 인재를 육성하지 말자는 것이 아니다. 이는 세 번째의 교육목표와 연관이 있는 것인데 기본교육만 마치면 사회진출을 하게 제도를 바꾸자는 것이다. 기본교육을 마치면 지금처럼 선발제도를 통해 9급 공무원을 뽑아 경력을 쌓아가는 과정에서 평가와 교육을 통해 승진시킴으로써 고급공무원을 키워내면 된다. 마치 기업에서 신입사원을 뽑아 인적자원을 적재적소에 배치하여 효율을 극대화 하고, 오랜 훈련과정을 거쳐 가장 능력 있는 사람을 경영진, 즉 리더그룹으로 키워내는 것과 같이 하자는 것이다. 이것을 가능하게 하는 것은 같은 조직에서 오랫동안 몸담게 되다 보면, 지금도 그렇듯이 각 조직원의 그릇의 크기라든가 됨됨이는 거의 드러나게 되어 있다. 고급공무원은 공무원 내부에서 유능한 사람을 특진을 시키던지, 지금처럼 승진시험에 의하든지 내부에서 인재를 키워 충당하거나 외부 충원하고 상위직을 행정고시 등의 시험에 의해 따로 뽑지 말자는 것이다.

사법부도 마찬가지다. '절대 권력은 절대 부패한다'는 말이 있다. '기소독점주의'니 '걸어 다니는 입법기관'이니 이런 말은 말 자체에 이런 제도가 있어서는 안 된다는 의미를 담고 있다. 아무리 뛰어난 인간이 있더라도 그는 신이 아니기 때문이다. 또한 우리나라의 역사에서 뛰어난 인재라기보다는 뛰어난 암기력을 가진 사람을 뽑아 이들로 하여금 리더로 삼았다가 국난을 초래한 경우를 여실히 보았기 때문에도 그렇다. 사법부도 이러한 폐단을 없애기 위해 로스쿨 제도 도입 등 개혁을 위해 고심하고 실제 개혁을 단행하고 있으나 또 다른 문제점이 드러나고 있어 논쟁이 되고 있다.

사법부 운용도 여기서 제시한 공무원 선발·운영방식으로 하자는 것이다. 재판에도 누구나 간단히 판결할 수 있는 사건도 있고, 판결이 매우 어려운 전문적인 사건도 있다. 간단한 문제는 사법공무원이 처리할 수 있도록 하고 어려운 문제는 일정 직급 이상의 사람이 맡도록 하되 특히 법원과 같이 조직을 분야에 따라 구분할 필요도 있다. 법조인 양성방법도 전문가 그룹을 통하는 방안을 추진하면 가능한 일이다. 예를 들면 의료사고의 재판은 의료법원에서 맡도록 하게 한다. 의료법조인은 의료인 중에서 일정한 기준을 정하여 선발하여 법학교육 과정을 거쳐 양성하면 된다. 의료사고는 합의부에 의료법조인이 반드시 포함하고 주심은 가급적 전문분야 출신의 법조인이 맡도록 시스템을 구축하자는 것이다. 국가사회의 모든 분야를 대별하여 이와 같은 방식으로 사법부를 구성하여 운용하는 방안을 검토할 필요가 있다고 본다.

사실 법과 관련한 지식이 부족한 사람의 입장에서 의문을 품어 온 것이 있다. 지금의 3심제도가 그것이고, 또 하나는 사회가 복잡하여 전문적인 사건이 많이 발생하는데 이것을 비전문가 판정을 하는 것이 옳은 일인지에 대한 의문이다.

예를 들면, 뉴스에서 1심에서의 판결이 2심에서 뒤집히는 경우를 종종 보게 되는데 이 경우 이것이 끝인가 하는 점이다. 동일한 사건을 놓고 정반대의 판결을 했다고 한다면 이는 1심과 2심 중 어느 한쪽이 잘못 판결한 것으로 중대한 결격사유가 아니겠는가. 솔직히 이렇게 의견이 갈리면 다시 재판을 해야 하는 것이 정당한 것이 아니겠는가. 관점의 차이가 있을 수 있는 경우가 아닌, 명백한 판결오류로 나타난 재판에 대해서는 담당 재판관은 어떤 형태로든지 책임을 지는 것이 옳고, 국가는 피해를 본 소송인에게 배상을 하는 것이 마땅하지 않겠는가 하는 것이다. 현 제도는 2심 기관이 더 높은 기관으로 여기서 결과가 확정되기 때문에 이 과정에서 억울한 사례가 발생할 수도 있기 때문이다.

대법원의 경우 법률심을 하는 곳이라지만 판결내용을 보면 꼭 그런 것만은 아닌 것 같기도 하다. 대법원의 파기환송은 우리나라 사법제도를 보완해야 할 필요가 있다는 것을 여실히 보여 준다. 소송인의 입장에서 보면 억울하여 소송을 했는데 1심과 2심 그리고 대법원까지 장기간을 여기에 매달려 왔는데 대법원에서 다시 재판을 하라고 최종 결론을 낸 것이다.

법조인이 누구인가? 우리나라에서 가장 어렵다는 시험을 통과하여 실무에 종사하면서 역량을 쌓은 최고의 엘리트라는 것을 누가 부인하겠는가? 그런데 이들이 법률에 위반되게 판결을 했다? 그럴 수도 있겠지만 상식에 맞지 않는 상황이다. 결국 제도에 더 큰 문제가 있다는 결론에 도달한다. 물론 소송사건이 다른 사회문제와 달리 판단을 해야 하기 때문에 주관이 개입되지 않으면 안 되는, 말하자면 그 주관이 보편타당해야 한다는 전제가 전제된 누구나 할 수 있는 그런 사건이 아니라는 것에 근본적인 문제가 있는 것이기는 하다.

소송사건은 누구나 해결할 수 있는 사소한 것부터 고도의 전문성을 요구하는 것, 나아가 국익과 관계되는 중대한 것까지 그야말로 사회의 각 분야를 망라하고 있다. 판결로 말하기 어려운 사건이 많은 것이다. 그래서 소송사건 자체가 갖는 특수성에도 불구하고, 오로지 사법시험을 통과한 법조인만이 판결할 수 있도록 되어 있는 현행 제도를 수정·보완할 필요가 있다는 것이다. 오늘날은 고도의 전문화 시대이자 융·복합시대이다. 우선적으로 고려해야 할 일은 법조인의 진입장벽을 허무는 일이라고 생각된다. 동국대전을 펴 놓고 우리의 선조들은 송사문제를 어떻게 해결해왔는지를 검토하여 우리에게 적합한 우리만의 사법제도를 정착시킬 필요가 있다고 본다.

결론적으로 사법부도 공무원사회와 마찬가지로 법조인을 내부에서 양성하자는 것이다. 3심 제도도 개선할 필요가 있고, 소송사건을 일반사건과 특수사건으로 구분하여 특수사건은 위의 예처럼 각 분야 전문가 중에서 법조인을 양성하여 이들과 함께 재판을 담당하도록 해야 할 필요가 있다. 그리고 현행제도에서 꼭 개선이 필요하다고 여겨지는 것이 하나 있다. 사건마다 종결기간을 정하여 고지하는 것을 의무화해야 한다는 점이다. 소송당사자의 애로를 고려할 때, 특히 경제적인 문제가 직결된 사건의 경우, 인력이 부족하면 충원을 해서라도 사건처리기간을 단축시키고 기간을 예측할 수 있게 해야 하지 않겠는가.

기본교육과 전문교육만으로

다시 전문교육과정으로 돌아와서 좀 더 설명을 하자면, 기본교육과정을 마친 사람은 기본적으로는 사회에 나오도록 모든 기업과 기관에서 이들을 상대로 직원을 선발하도록 하고 전문교육과정으로 진학하고 사람은 아무 대학에서나 받아주도록 하자는 것이다. 의무교육이기 때문이다. 일정기준 이상의 중견기업 이상의 기업에서는 사내 또는 사외 2년제 대학을 자율적으로 설립할 수 있도록 하여 원하는 사람은 직장을 다니면서 해당분야의 전문교육을 받도록 하면 된다. 등록금도 조선시대의 성균관 학생처럼 거의 무상에 가깝도록 하고 이것도 장기 저리로 대출하여 평생을 통하여 부담 없이 갚도록 할 필요가 있다.

이 제도의 요체는 현행 고등학교에서는 선행학습으로 고1때 이미 고3 학과를 배우고 나서 고3까지 2년을 쓸데없이는 아니겠지만 그렇게 보내고 또 대학에서 4년을 보낸다. 만족도 등에서 보면 소위 명문대 몇 곳을 제외하고는 거의 모든 대학이 허송세월을 보내게 된다고 해도 크게 틀린 말이 아니다. 여기에 남자의 경우 군대까지 다녀오면 '망건 쓰다 장파'하게 된다. 그뿐인가 이 허송세월을 부모는 학비 대느라고 등골이 휜다. 그렇기 때문에 학기와 학년을 획기적으로 단축한 기본교육과정만 수료시켜 사회에 내보내고 전문교육과정(대학 2년)수료에 상관없이 똑같이 대우하여 학벌에 의한 차별화를 원천적으로 없애고, 자녀가 부모에게 의지하는 기간과 경제적 부담을 최소화함으로써 누구나 각자 자존감을 가지고 다양한 직업에 종사할 수 있도록 시스템을 구축하자는 것이다. 사회전체 시스템이 자기의 공적과 능력에 의해서 평가를 받고 학벌이나 연고에 의해 영향을 받지 않도록 작동된다면 이 사회가 고질병으로 안고 있는 많은 사회문제가 해결될 수 있을 것으로 보인다. 이러한 시스템이 정착될 때 우리나라는 세계사에서 비로소 떳떳한 시민권을 누릴 수 있는 '역사의 비등점'을 앞당길 수 있을 것이라고 본다.

물론 현행교육제도의 폐해를 최소화하기 위해 블라인드 채용이나 엔시에스 제도64) 도입 등 보다 합리적인 인재의 선발이나 육성방법을 찾기 위해 애를 쓰고 있지만 현행입시의 교육제도하에서는 근본적인 해결책이 될 수가 없다고 본다. 만약 새로 제안하는 이 제도를 시행한다면 가장 큰 부하를 받는 곳은 신입직원을 채용하는 기업이나 기관이라 할 수 있다. 기본교육과정만 마친 졸업생을 그야말로 블라인드 채용을 하여 인재로 육성해야 하기 때문이다.

현행 공교육을 좀 더 살펴보면 초등교육의 경우 개혁안으로 내세우고 있는 교육방법에 가장 근접하게 발전하고 있는 것 같다. 시험을 없애거나 창의성을 발달시키려는 교육, 다양한 적성을 찾아볼 수 있게 하는 진로교육, 토론수업을 통해 자신의 의견을 제시할 수 있는 훈련 등 사회적 기술 함량과 성장기에 꼭 필요한 덕목을 모두 갖추게 하려는 것 같다.

반면 중학생이 되면 초등교육의 학습방법은 잠시 접어두고 대학입시에 모든 초점이 맞추어 진다. 선행학습이라 하여 중 2과정을 중1에서 배우고, 다양한 사교육에 치중하게 된다. 정책당국도 문제점 개선을 위해 앞서 살펴본 바와 같이 자유학기제 등 많은 고심을 하고 있으나 현행 대학 입시제도가 유지되는한 근본적인 치유책이 될 수 없다는 것은 자명한 일이다. 선행학습 때문이기도 하지만 중·고등학교 교육기간도 대학교육기간과 마찬가지로 줄일 필요가 있다. 우리나라의 특수성으로 젊은이가 군대를 다녀와야 하기 때문에도 그렇다. 지금 사회생활을 하고 있는 성인직장인에게 대학에서 배운 지식이 직업생활에서 얼마나 활용되었냐고 물으면, 아마 전공을 살려서 일하고 있는 사람인 의사, 약사, 간호사, 법조인, 군인, 경찰 등을 제외하고는 대부분이 전공에 불문하고 별 도움이 안 되었다는 대답이 많을 것이다. 이런 현실을 감안할 때 중·고등학교와 대학교육기간은 너무 길다. 이는 교육제도개혁을 주장하게 된 배경의 하나이기도 하다. 결국 중학생이 되면 세계에서 가장 많은 입시 제도를 시행해 본 이 나라의 학생들은 줄을 세우는 교육을 어떻게든 개선해보려는 국가교육정책의 실험대상자가 되어 있는 것이다.

---

64) 국가직무능력표준(NCS, National Competency Standards) : 산업현장에서 직무를 수행하기 위해 요구되는 지식·기술·태도 등의 내용을 국가가 체계화한 것

암기력위주의 선발방식으로 우리나라의 인재를 뽑아서 그 인재가 우리나라를 최강국으로 이끌게 되었다면 이 교육제도는 쌍수를 들어서 환영할 일이다. 구한말을 연상시키는 2017년, 오늘날 핵보다 더 강한 무기를 개발하여 배치해 놓고 있다면, 사드를 배치하니 마니 하여 국제분쟁의 소용돌이에 빠질 일도 없었을 것이다. 5년 전인 2011년에 미국과 에프티에이를 체결한다고 많은 국민이 데모를 하고, 국회에서는 날치기를 하여 우여곡절 끝에 통과시킨 엄연한 국가 간의 조약을 새로 취임한 미국 대통령의 한마디에 재협상을 하기로 허망하게 합의할 수밖에 없는 국가의 국제적 위상을 볼 때, 외국과 전쟁이 일어나면 국군최고 통치권자인 대통령이 우리나라 군대를 지휘할 권한도 없다는 것을 알았을 때, 아시아의 네 마리의 용이라 하여 주목받은 것까지는 좋았는데, 싱가폴이 소득 5만 달러를 이미 넘어섰는데 10여 년간 3만 달러를 넘지 못하는 답보상태는 그렇다고 치더라도, 국민들이 자녀를 갖지 않으려 하고 아예 결혼을 기피하는 것도 모자라 제계 제1의 자살공화국이 되어 있는 오늘의 국가사회 현상을 볼 때, 이 교육제도로는 안 된다는 것을 국가는 물론, 삼척동자도 다 알게 되었다. 그래서 국가도 어떻게든 이것을 고치기 위해 세계에서 가장 많은 교육제도를 시험해 보았고 새 정권이 들어서자 예외 없이 제도개선을 검토하고 있다.

그렇지만 오늘날 국가위상이 이런 상황에 처하게 된 데 대해서는 그 책임소재를 냉정히 가릴 필요가 있다. 일차적으로는 국민 모두의 책임이라고 할 수 있다. 그러나 가장 큰 책임은 이 나라를 이끌어 온 리더와 리더그룹에 있다고 할 것이다. 이를 양성하는 곳은 교육기관이다. 결국 인재를 양성하고 선발하는 교육제도를, 지금까지도 셀 수 없을 만큼 많이 고쳐왔지만 어떻게든 또 고쳐야 한다는 결론에 이르게 된다.

우리 모두는 대한민국 국민으로 태어난 이상 능력에 상관없이 누구나 '행복하게 함께 사는 국가사회'를 건설해야 하는 의무가 있다고 하겠다. 여기서 제시한 새로운 교육제도는 이와 같은 목표를 달성하기 위한 하나의 방안이라고 할 수 있다. 이러한 바람직한 사회가 건설되기 위해서는 능력이 있는 사람들은 이를 적극적으로 계발할 수 있는 장을 만들어 주고, 능력이 없는 사람들에게는 아무리 능력이 부족해도 최소한의 인간답게 살 수 있는 여건을 만들어 주어야 한다고 보는 것이다. 그리고 이 모든 것은 교육이 바탕이 되어야 가능하기 때문에 능력이 있는 사람들은 그렇지 못한 사람들에 대한 배려와 사랑을, 능력이 없는 사람은 능력이 있는 사람에 대한 존경과 섬김을 몸으로 실천하는 인간을 교육을 통해 키워내자는 것이다.

3. 다시 짜는 국가운영의 틀

4권 분립과 직선제

오늘날 우리나라의 3권 분립에 의한 국가운영체계는 당연히 서구의 소산이다. 3권 분립은 서구에서 초기자본주의가 형성된 이후 200여 년이 흐르는 가운데 4년 중임제와 더불어 수많은 시행착오와 많은 사람들의 희생을 거치면서 정립된 제도이다. 미국은 철저히 이 제도에 기초하여 건국되었다고 볼 수 있다. 또한 많은 나라에서 이와 같은 국가운영체계를 채택하고 있다. 따라서 상당히 합리적인 제도임을 부인할 수는 없을 것이다.

그러나 그것이 아무리 좋다 한들 그것은 어디까지나 서구사람들에게 적합한 제도이지 보편성이 있는 제도는 아니다. 특히 우리나라와 같이 오랜 전통과 고유한 문화를 가진 나라에는 맞지 않는 제도라고 할 수 있다. 이 제도를 운영한지 반세기가 막 넘었을 뿐인데 이미 우리 몸에 맞지 않다는 것이 여러 부문에서 드러났다. 가장 큰 문제점은 대통령에게 권한이 지나치게 집중되어 있어 제왕적 대통령이 된다는 것이다. 대통령중심제의 단점이기도 하다.

그래서 내각제를 거론하는 등 이 제도의 개편의 목소리가 높은바, 국민에게 익숙하고 오랫동안 시행해 온 이 제도를 중심으로 개편하는 편이 더 낫지 않겠는가 싶어 현행제도에 바탕한 개편안을 다음과 같이 제시하고자 한다.

첫 번째 제안은 현행 3권 분립제도를 고쳐 4권(또는 5권) 분립제도로 하자는 것이다. 이는 행정부에 집행과 감독권이 함께 있어 견제기능이 제대로 작동되기가 어렵다는 관점에서 검찰기능의 일부를 따로 떼어내어 독립시키자는 제안으로 특별검사의 기능의 성격을 독립기구로 상시화하자는 것을 말한다. 이 새로운 독립기구에서 모든 선출직과 국회의 수사의뢰 사건, 군대에서 발생한 사건, 국정원 관련사건 등 행정부에서 수사하면 객관성이 저해될 수 있는 사건, 선거행정 등을 담당하도록 하는 것이다. 다시 말하면 현행 검사의 기능을 분할하여 위와 같은 객관성이 필요한 다른 기관의 사건을 담당하는 별도 독립기구로 하고, 검사는 제4부에서 맞는 사건 외의 사건을 현행처럼 담당하고, 감사원에서는 다른 모든 조직과 마찬가지로 스스로의 감시기능만을 수행하도록 하자는 것이다.

특히 선거행정을 이 독립기구에 맡기자는 것은 행정부의 수반을 뽑는 선거를 행정부에서 관리를 하기 때문에 항상 공정성에 의문이 제기되고, 이 문제는 의혹이 있어도 정권이 바뀌지 않은 한 수사하기도 어렵다. 국민의 직접선거는 민주주의의 체제 성립의 근본이라 할 수 있다. 따라서 선거의 공정성확보의 중요성은 아무리 강조해도 지나침이 없다 할 것이다. 선거를 국민을 대표하는 별도의 독립기구에서 관리를 하는 것 하나만으로도 4권 분립의 타당성이 있다고 하겠다.

두 번째 제안은 이 4권의 수반을 대통령과 같이 직선제에 의해 선출하자는 것이다. 대통령만 직선제에 의하니까 국민의 지지를 받는다는 이유로 스스로 권한을 확대하여 입법부와 사법부의 우위에 서려는 경향이 생긴다. 행정부서의 한 기관에서 판사의 성향을 조사했다는 것이 대표적인 예이다. 4권의 수반을 대통령과 같이 직선제에 의해 국민이 직접 뽑으면 정부와 국회 그리고 법원과 제4권의 정당성과 독립성이 대등하게 확보되어 실질적인 4권 분립이 정립될 수 있다고 본다.

선거방법은 4권의 수반을 대통령과 임기를 맞추어 대통령 선거 때 같이 선출하는 것이다. 제4권의 장에 출마할 수 있는 사람에 대한 요건을 정하여 이 요건에 합당한 이력을 가진 사람이 일정 수의 국회의원이나, 국민의 추천만 받으면 출마할 수 있게 하는 등의 방법을 적용하면 된다. 대법원장의 경우 1차적으로 내부에서 3~4명의 후보를 선출하고 이들을 상대로 국민투표를 한다. 후보자의 과거 중요한 판결을 모두 공개하여 법관은 판결로 말하고 국민은 그 판결내용을 보고 선출하는 것이다. 국회의 장도 가장 많은 득표를 한 정당에서 후보를 내어 대법원장 선출과 같은 절차를 거쳐 국민이 뽑도록 하자는 것이다.

리더를 뽑는 방법을 바꾸어야

국가발전에 가장 큰 영향을 미치는 것은 정치행위이다. 정치행위는 정치인이 한다. 따라서 우리는 가급적 훌륭한 사람이 정치를 할 수 있게 시스템을 갖추는 일이 무엇보다도 중요하다. 이것은 오늘날 이 사회가 처한 현실이 그렇게 해야 한다고 요구하고 있다.

그런데 각종 여론조사에서 보면 가장 믿을 수 없는 사람 1위가 정치인이다. 가장 중요한 일을 하는 사람을 가장 믿을 수 없다니 이게 말이 되는가. 더구나 자기들이 뽑은 사람을 가장 믿을 수 없다니 이런 자가당착이 어디 있는가.

국가사회가 바람직한 방향으로 나아가게 하기 위해 첫 번째로 해야 할 일은 우리나라에서 가장 존경하고 신뢰하는 사람을 정치인으로 만드는 일이다. 이는 부국강병을 위한 개혁의 알파요 오메가라 할 수 있다. 이렇게 하기 위해서는 리더가 될 만한 사람이 리더가 될 수 있도록 제도를 잘 갖추어야 한다. 가장 존경하고 신뢰하는, 전문적 지식과 식견을 가진 사람이 정치를 할 수 있도록, 즉 리더가 될 수 있도록 시스템을 구축하는 일이 필요하다. 이는 사회의 모든 분야에서도 해야 할 일이기도 하다. 다시 말하면 앞서 교육모델의 세 번째 목표로 제시한 그 분야의 전문가가 리더가 되어 그 분야의 의사결정을 할 수 있도록 하는 사회운영시스템을 구축할 수 있게 리더를 뽑는 방법을 바꾸자는 것이다.

이와 같은 주장의 당위성을 확보하게 할 만한 사건이 발생했는데 이를 통해 리더를 뽑는 방법을 바꾸자는 것뿐만 아니라 의료계의 개혁방안도 함께 검토해 보자. 2017년 11월 판문점을 통한 귀순과정에서 총격을 받고 쓰러진 북한병사를 신속히 이송하여 수차례의 수술이 성공하여 살려낸 사건이 발생했다. 그냥 이런 일이 있었다는 정도로만 넘어갔을 이 사건이 이 병사의 배속에서 기생충이 나왔다는 것이 보도되면서 사건은 엉뚱한 데로 비화하여 중증환자를 치료하는 의료계의 실상을 전 국민이 알게 되었다. 결론부터 말하자면 이 의료인들 중에서 의료행정 의사결정권자가 되도록 시스템을 바꾸자는 것이다. 사회 모든 분야에서 이렇게 하자는 것이 세 번째 주장의 요지이다.

존경받는, 모든 면에서 부러운 직업을 가진 줄 알았던 담당의사가 거의 날마다 쪽잠을 자야 하고, 거의 집에도 들어갈 시간조차 없고, 한 생명을 살리느냐 죽게 되느냐의 다른 긴장과는 비교조차 할 수 없는 고도의 스트레스 속에 지내면서, 과로로 실명을 하고. 이젠 환자의 치료비까지 떠안아 빚쟁이까지 되어있다. 이는 국민 모두가 알게 된 아주대 병원 권역외상센터 이국종 교수 이야기다. 담당의사가 스스로 말하지 않아도 이런 삼디 업종이 어디 있겠는가. 이것을 개선하는 데 누가 의사결정권자가 되어야 가장 합리적으로 개선되겠는가를 말하려는 것이다.

이 사건은 우리에게 여러 가지를 시사해 준다. 첫 번째는 직업사회의 모든 분야의 리더의 자리가 이렇게 힘든 일을 하는 곳으로 만들어야 한다는 것이다. 리더의 자리는 권한을 행사하는 자리가 아니라 격무에 시달려 자진해서 그만 둘 사람이 나올 만큼 일을 많이 하는 자리로 바꾸어야 한다. 막중한 책임이 있는 중요한 의사결정을 해야 하는 자리이기 때문이기도 하다.

두 번째는 해당전문가가 그 분야의 의사결정권자가 되도록 국가사회 운용시스템을 바꾸자는 것이다. 세계적으로 기술자가 차별받지 않는, 말하자면 이과가 문과와 동등하게 대접받는 나라는 독일과 일본이라고 한다. 우리나라는 유사 이래 학문을 숭상하는 나라이다. 이것이 대를 이어 내려오다가 조선시대에 유교가 국교가 되면서 더욱 강화되었다. 이렇게 해서 우리나라가 개화기에 일본처럼 제국주의 국가가 되고 부국강병의 나라가 되었다면 이런 제도를 더욱 발전시켜야 하겠지만 그렇지 못했다는 것을 우리역사가 보여주고 있지 않은가. 그래서 앞서 행정고시나 사법고시(로스쿨) 제도를 없애자는 것이다. 법은 외우지 않아도 필요한 판결을 할 때 법전을 찾아보고 판례를 찾아보면 누구라도 합리적인 판단을 할 수가 있는 것이다. 사회 모든 분야의 전문가가 법을 이렇게 공부하도록 하면 된다.

현행 제도에서는 법전을 더 잘 외운 사람이 고시에 합격하여 후일 중요한 의사결정권자의 자리에 앉게 된다. 비전문가가 전문가의 얘기를 듣고 전문분야의 의사결정을 하게 되는 것이다. 고시에 합격할 만큼 이렇게 뛰어난 암기력을 가진 사람은 아무래도 창의력이나 다른 능력도 뛰어날 확률도 높지 않겠는가. 이런 능력을 가진 사람들이 빌게이츠와 같이 창의력을 개발하여 뭔가를 새로운 것을 만들어 낼 수 있는 분야에 뛰어들도록 우리사회 운용시스템이 갖추어져 있었다면 우리나라는 오래전에 소위 선진국 대열에 합류하였을 것이라는 논리로 인재의 선발·육성방법의 개선을 제안하고 있는 것이다.

세 번째는 자본주의의 비극이라고나 할까. 사고가 발생하여 생사의 기로에서 촌각을 다투는 환자에게 치료행위를 하기 전에 이 환자의 치료비가 문제가 된다. 돈이 있어야 생존 확률도 그만큼 더 높아지는, 무시하기 어려운 현실적인 문제의 해결방안이 필요하다.

여기서 의료시스템의 개혁방안을 검토해 본다면 의료시설을 국유화하고 각 대학의 의대도 국립으로 할 필요가 있다. 의료 분야를 치료 분야와 의료기술 분야로 나누어 의료기술 분야만 개인사업 내지 기업화할 수 있도록 열어두는 방안을 고려해 볼 만하다. 의대진학자에게는 학비 등 모든 것을 국가가 부담하고 졸업 후 일정기간 국가가 지정한 곳에서 근무하도록 한다. 이렇게 근무하는 과정에서 지금의 성형기술처럼 세계적으로 인정받을 만한 의료기술을 개발한다거나 의료기기를 만들어 낸 사람에게만 개인 사업을 할 수 있도록 하면 수요자와 공급자 모두의 요구를 충족하는 결과가 될 수 있을 것으로 보인다. 이 사건의 담당의사처럼 사람의 생명을 살리는 일에만 몰두하는 것에 삶의 의의를 두는 사람이 의료인을 지망하도록 의료시스템을 구축할 필요가 있다는 것이다. 물론 기업의지를 가진 사람에게도 길을 열어주면 된다.

국회의원 선출제도의 개혁

우리나라는 상당기간 영남지역과 호남지역은 특정 정당의 국회의원이 거의 당선되어 왔다. 이것이 잘못된 것임을 누구나 아는 사실이지만 어떻게 하지 못한 채 지속되다가 최근에 이르러 변화의 조짐이 있는 것이다. 정당이 특정 지역만을 지지기반으로 하는 것은 문제가 있다. 그런데 이것은 처음부터 그런 것은 아니다. 1970년대 초까지만 하더라도 도시지역은 거의 야당이 당선되고 지방은 거의 여당이 당선되었다. 호남의 경우도 마찬가지였다. 그러다가 일당 독재가 길어지면서 점점 여당과 야당이 지역화 되기 시작했다. 특히 양김시대에 이르러는 누구든지 양김의 눈에 들어 공천만 받으면 예외 없이 국회의원에 당선되었다.

사실 이런 지역 당 체제는 의지만 있었으면 얼마든지 인위적으로라도 시정할 수 있었던 것이다. 한 정당은 지역을 권역별로 대분류하여 어느 지역의 하나라도 전체국회의원 수의 20% 이상을 확보하지 못하면 다수당이라 할지라도 교섭단체 등록을 할 수 없도록 법으로 정해 놓았으면 비례대표를 이용하든 공천방법을 바꾸든지 하여 어떻게든 형식적으로라도 전국정당이 되었을 것이고 그만큼 정치선진화를 이루었을 것이다. 이와 같은 관점에서 국회의원 선출제도를 개혁하는 방안을 검토해 보기로 한다.

첫 번째는 국회의원에 출마할 수 있는 자격과 역량을 갖춘 사람이 국회에 진출할 수 있도록 법과 제도를 정비해야 한다는 것이고, 두 번째는 다양하게 전문화된 우리사회의 전 분야를 아우르기 위해서는 국회의원을 직능대표로 구성해야 한다는 것이다.

첫 번째의 경우 리더가 되고자 하는 자는 1차적으로 높은 진입장벽을 통과하도록 해야 한다는 취지이다. 이 요건을 법으로 정하여 여기에 하나라도 저촉이 되는 사항이 있으면 출마 자체를 할 수 없게 만들어야 한다. 예를 들자면, 현역으로 군대를 다녀오지 않은 사람, 정치적인 것 이외의 사유로 금고이상의 형을 받은 사람, 일정금액 이상의 납세실적이 없는 사람 등은 국회의원 후보자가 될 수 없도록 구체적인 기준을 법으로 정하여 진입장벽을 높여야 한다는 것이다. 자기가 리더가 되겠다고 나서기까지의 살아온 삶의 궤적에 따라 이 장벽을 넘을 수 있는 사람만 공천을 받을 수 있도록 해야 한다. 도저히 넘을 수 없는 장벽에 가로막힌 사람까지 친소에 따라, 인연에 따라 공천을 받을 수 있게 해서는 안 된다. 진정한 리더의 출현을 위해서도 누구든지 공천만 받으면 후보가 될 수 있는 제도를 그대로 두어서는 안 된다고 본다.

두 번째의 경우는 국회가 진정한 국민을 대표하는 기관이 되기 위해서는 국회의

원은 다양하게 전문화된 우리사회의 전 분야를 대표하는 사람으로 구성해야 한다는 것이다. 이는 국회의원을 직능대표로 구성해야 한다는 것으로, 교육개혁에서 지적한 해당전문가가 의사결정권자가 되어야 한다는 주장의 구체적인 실행방안이라고 할 수 있다.

우리나라 국회의원의 구성이 편중되어 법조계나 행정의 경험자가 많은 편이다. 사법부개혁에서 논의한 것처럼 우리나라 산업을 대별하여 산업별로 그 분야에 일정 기간 이상을 근무한 사람이 국회의원 후보자가 될 수 있도록 함으로서 국회위원의 구성을 산업의 비중과 규모를 감안하여 일정비율로 배분하여 국회가 전 산업을 대표하도록 하자는 것이다. 비례대표제를 폐지하든지 투표결과 산업별로 미달한 산업분야의 사람을 비례대표로 선출하여 전체적으로 비율을 맞출 수 있도록 제도를 바꾸어야 한다. 최소한 각 당의 전체 후보자 중 특정 직업 종사자수의 상한선을 법으로 정해야 한다고 본다.

언론의 새로운 위상 정립

민주주의가 발전하면서 새로운 권력으로 부동의 위치를 점하게 된 것을 '언론'이라고 해도 이의를 달기 어렵다. 언론의 파급효과가 얼마나 큰지는 축구선수 이동국의 경우에서 잘 드러난다. 국가 대표 급 유망주로 잘 알려진 이동국 선수는 나이 40에 이르기까지 평생 축구를 해 왔지만 이 선수를 아는 사람이 많지 않았는데, 아들 딸들과 함께 티브이에 몇 번 출연하지도 않아 모든 국민이 알아보게 되었다고 한다.

파급효과뿐만 아니라 영향력 또한 지대하다. 우리 국민은 물론 세계에 엄청난 충격을 몰고 온 2017년 3월 10일 오전 11시, 현직 대통령 탄핵결정에 의한 하야 사건은 한 언론매체의 보도로부터 시작된 것이다. 이는 언론이 무엇인지는 더 이상의 논의가 필요 없음을 보여주는 상징적인 사건이다.

'언론'에 대해 논의하기 전에 '언론'의 개념부터 정리하고 넘어가기로 하자. '언론'의 사전적 의미는 '매체를 통하여 어떤 사실을 밝혀 알리거나 어떤 문제에 대하여 여론을 형성하는 활동' 또는 '매체를 통해 자신의 생각을 알리는 행위'이다. 이러한 기능을 하는 대표적인 것이 신문과 방송이다. 이는 인쇄매체와 전파매체를 대변하는 것으로 잡지와 출판, 라디오와 티브이 등 다양하게 많다. 그런데 언론이라 함은 통상 헌법에서 보장된 '언론의 자유'를 떠올리고 '누구나 무슨 말이든지 자유롭게 할 수 있다' 의미로 이해하고 있고 사실이 그렇기도 하다. 그렇지만 여기서의 '언론'이라 함은 이를 전제로 하여 공공에게 영향을 미치는 행위를 의미한다. 그래서 '언론'의 개념을 '매체를 통해서 세상의 모든 관념적이거나 감각적인 사건에 대해 이를 알리거나 의견을 표시하는 행위'를 의미하는 것으로 이해하기로 한다. 그냥 우리가 알고 있는 '언론을 다루는 기관'을 언론이라고 표현한다고 보면 된다.

통상 언론을 사회적 공기[65]라고 하는데 이는 위에서 보는 바와 같이 언론의 역할이 공공성을 넘어 권력을 견제하고 감시하는 데에까지 이르고 있기 때문이다.

그러면 사회적 공기로서의 언론이 우리사회에 어떤 영향을 미치고 어떤 모습으로 존재해 왔는지 해방 이후의 언론사를 조망해보기로 하자. 학창시절에 우리나라의 최초의 신분은 한성순보(1883.10.31.)이고, 최초의 민간신문인 독립신문은 서재필이 창간(1896.4.7.)한 것으로 배웠다. 이후 언론의 역사는 탄압과 통제, 야합의 역사였다고 해도 과언이 아니다. 일제 강점기에는 민족지로 대변되던 동아, 조선을 비롯하여 여러 언론매체가 있었으나 해방 직전에는 철저한 탄압으로 인해 거의 문을 닫고 4~5개 정도 남아 있었다. 해방 이후 혼란기를 지나고, 4·19혁명 이후 1960년 6월 15일 '신헌법'을 공포하여 언론·출판·집회·결사의 자유를 보장하고, 1960년 7월 1일 '신문 및 정당 등의 등록에 관한 법률'을 공포하여 정기간행물의 허가제를 등록제로 바꿈으로써 언론사상 가장 많은 언론자유를 구가할 수 있는 시대가 전개되었다.

이 당시의 언론은 언론탄압이라는 말이 아예 없을 정도로 탄압과는 거리가 멀었고 오히려 언론의 권력남용에 따른 부정비리가 성행했다. 전국 8개도에 신문사별로 지국이란 판매망을 통해 신문보급에 나섰고 열악한 재정난에 시·도 단위로 특파원 형식의 기자를 두고 전국의 시·군 지역을 지국장들에게 보도, 취재, 판매 기능을 맡겨 왔다. 이들 지국장들로 인해 생겨난 온갖 부조리, 즉 공갈협박, 금품갈취 등으로 인해 사이비 기자란 용어가 생겨난 것이다. 그래서 이때를 언론만능의 시대라고 부르기도 하고, 언론을 입법, 사법, 행정에 이은 제4부의 권력으로 부르기도 한 시절이다.[39]

5.16혁명 이후에는 국내의 중앙7대신문(동아, 조선, 대한, 경향, 신아, 서울)과 각 도 단위에 지방지 2개사 등 약 25개 내외의 신문사들이 당시 언론을 주도해왔다. 이 시기에도 언론탄압과 언론윤리 문제가 대두된다. 전국 230여 개소에 달하는 신문사들은 시·군 단위의 행정구역에 지사, 지국, 보급소를 설치하고 신문의 판매와 광고, 취재 등을 이들 지사장, 지국장, 보급소장등이 도맡아 오면서 언론사들이 만든 이 제도에

---

65) 공기(公器)

서 사이비 기자가 전국에 만연된다. 각 신문사마다 광고유치를 위해 광고 담당 기자가 배치되기도 하며 대기업은 물론 중소기업과 영세기업에 이르기까지 비리가 발생되면 신문사의 광고 담당기자가 찾아가 광고 수주 여부에 따라 신문의 보도 여부가 결정되기도 했다.

10월 유신 이전인 1972년 2월에 당시 문공부 보도지침과 관제의 방안으로 프레스카드제가 시행되었는데 이는 한국기자협회 소속 3,000여 명의 기자들에게 정부가 주는 출입증이다. 이 제도로 전국 곳곳에서 난무하던 사이비 기자 척결은 큰 성과를 거두기도 했다. 이 보도증이 없는 기자는 정부 기관과 지방 행정관서의 출입을 제한했으며, 공직자를 상대로 금품수수나 이권 개입 등 부정이 들어날 경우 매년 1회씩 갱신되는 보도증을 제한하는 규제로 기자들의 자율정화에 큰 몫을 했다.

하지만 한편으로는 경영주가 이를 악용하는 역기능도 발생했다. 보도증 갱신 기간만 되면, 편집권 독립과 임금인상, 처우개선을 요구하는 기자들에게는 굴욕적 항복을 강요하는 무기가 된 것이다. 당시 기자들은 이 보도증을 가리켜 '개목걸이 표'라고 불렀다. 또한 보도지침은 문공부가 각 사에 시달하고 지침내용을 위반할 경우 해당신문사에 금융지원 등 경영압박을 가하는 것으로 언론탄압의 수단이 된 것이다.

한편 티브이의 경우 1956년에 최초로 시험방송이 되었으나 본격적으로 언론매체로 자리 잡은 것은 1961년 12월 31일 국영 케이비에스 티브이의 개국이다. 이후 티비시 티브이(1964년), 엠비시 티브이(1969년)[66]의 개국으로 본격적인 텔레비전 시대가 개막되었다.

1972년 10월 유신 이후의 한국 언론은 크게 위축되었다. 유신정권은 체제에 대한 도전이나 국가안보를 헤치는 행위에 대해서는 일체 용납하지 않았다. 이 시대의 언론은 탄압에 의해 획일적인 보도경향을 띠게 된 점이 특징이다. 그러다가 1980년 언론사에 한 획을 그을만한 사건이 발생한다. 10·26사태 이후 집권하게 된 신군부 정권에 의해 가공할만한 언론탄압이 이루어 졌는데 통상 '80년 언론 통·폐합'으로 불리는 이 사건으로 전국의 언론기관 중 신문사 11개, 방송사 27개, 통신사 6개 등 44개 언론매체가 통폐합되었다. 정기간행물도 172종의 등록을 취소하고 1,000여 명의 언론인을 강제 해직시켰다. 그 결과 언론사가 25개만 남게 되었다. 1980년 12월 31일에는 언론을 더욱 위축시키는 '언론기본법'이 공포되었다.

그러나 민주화 운동의 진전으로 1987년 6월 29일 노태우 전 대통령이 국민들의

---

66)   한국방송공사(KBS-TV), 동양텔레비전(TBC-TV), 문화방송(MBC-TV)

민주화와 직선제 개헌요구를 받아들이는 특별선언을 하기에 이른다. 소위 6·29선언으로 이해 11월 28일, 언론기본법이 폐지되고 '정기간행물의 등록 등에 관한 법률(정간법)'이 제정되어 각종 규제가 사라지자 25개사에 불과했던 언론사들이 무려 20배가 넘는 500여 개의 언론사가 신규로 등록되었다. 진보와 보수 가릴 것 없이 언론사들이 우후죽순으로 생겨났다. 1988년 이후에는 새로운 신문과 잡지가 창간됨에 따라 언론인의 숫자도 급속도로 늘어났다. 1989년에는 무려 5,855명이 증가하였으며 1990년에 1,207명, 1991년에 2,220명으로 3년 사이에 1만 명 이상이 늘어났다. 이 시기에 특기할 만한 사건은 1988년 5월 15일에 2만 7천여 명의 주주가 모아준 50억 원의 성금으로 세계최초의 국민신문인 '한겨레신문'이 창간되어 한국 언론사는 물론 세계 언론사에 새로운 이정표를 세우게 된 점이다.

'역사는 반복된다.'고 했던가. 언론은 다시 언론탄압의 단어조차 생소했던 1960년대의 황금시대를 다시 구가하게 된다. 이렇게 되면 그 폐해의 역사도 반복되지 않겠는가. 다시 난립한 언론의 횡포가 도를 넘어 정권을 탄압한다는 말이 나올 정도가 되면서 언론개혁문제가 다시 대두되었다. 아이러니하게도 ''80년 언론 통·폐합'을 언론개혁이었다고 재평가하는 시각도 생겨났다. 당시 언론개혁에 적극적인 의지를 가진 사람은 고 노무현 전 대통령이었다. 여·야 정권교체 이후 새로 들어선 정부는 과거 정권과 같은 극단적인 언론탄압조처는 없었으나 소위 조·중·동의 세무사찰, 부수확보 과당경쟁으로 신문사 지국 간에 발생한 살인 사건 등으로 계속 논란의 중심에 서 있었다.

이후 보수정권이 들어서서는 야합이라고 할 수 있는 권·언 유착의 현상이 나타났다. 가장 상징적인 것이 조선일보, 중앙일보, 동아일보, 매일경제의 종합편성채널(종편)배정이다. 의무전송, 광고, 심의, 채널 배정에 이르기까지 온갖 특혜를 받아 '특혜 종결자'라 불리기도 했다.

지금 이 시대의 언론은 매체간의 영향력이 크게 달라졌다. 무엇보다도 신문의 영향력이 크게 줄었다. 이는 인터넷의 등장으로 언론의 정보독점력이 크게 약화되었고 읽는 신문보다는 듣고 보는 티브이가 영향력이 훨씬 더 커지게 된 데 기인한다. 더 나아가 에스엔에스, 유튜브 등 정보의 소스가 다양해지고 세계 모든 뉴스를 직접 받아 볼 수 있게 된 대중은 기성 대중 매체의 내용을 크로스 체크하여 잘못된 보도는 실시간으로 비판하고 공격까지 하게 되어 대중매체의 공신력도 많이 떨어지게 되었다.

더구나 인터넷의 발달로 쌍방향 통신이 가능하여 포털사이트[67]란 것이 생겨나

서 게시판, 뉴스, 쇼핑, 동호회(카페), 블로그(미니홈피), 게임 등 다양한 서비스를 제공
하여 기존 언론보다 더 영향력을 행사하는 매체가 되었다. 뿐만 아니라 사이버라는
새로운 가상의 세계가 만들어져 전통적 언론이 아니더라도 얼마든지 여론을 조성하
고 이끌 수 있는 시대가 된 것이다.

한편 언론의 성격상 윤리문제에 대해 생각해 볼 필요가 있다. 언론의 윤리란 언
론매체에 종사하는 사람들이 그 일상의 업무를 수행함에 있어 따라야 할 도덕적인
기준을 말한다. 여러 직업윤리 중에서도 특히 언론윤리는 중요시되고 있으며 이를 올
바르게 지켜 나가도록 기대되고 있는데, 이는 언론이 여러 가지 중요한 사회적 기능
을 가지고 있으며 그 영향력도 지대하기 때문이다. 더욱이 현대사회의 고도의 기술과
막대한 자본은 뉴미디어를 등장시켰고, 한편으로 언론의 독점현상을 낳게 됨에 따라
언론의 구실과 책임에 대한 의식이 더욱 요구되었다. 이와 같은 경향은 언론의 '사회
책임이론'을 대두시켰으며 언론의 사회적 책임문제는 언론윤리문제로 귀착되면서 더
욱 중요한 문제로 논의되고 있다.[40] 그래서 일찍이 대부분의 나라에서 윤리강령을 제
정하여 시행하고 있고 이를 강제하는 나라도 있다. 또한 국제기구에서도 논의되고 있
다. 이 강령의 내용은 언론의 기능, 언론의 독립성, 언론인의 도덕성과 사회적 책임,
보도와 논평의 공정성, 타인의 명예를 훼손금지 등을 정하고 있다.

이상에서 살펴본 우리나라의 언론사를 종합해 볼 때 언론은 무엇보다도 사회적
공기로서 권력을 감시하고 견제하는 기능이 가장 크다는 것을 알 수 있다. 또한 언론
이 태생적으로 권력과의 대척점에 있고, 영향력이 너무 크고, 언론자체로 생존을 해
야 한다는 현실적인 문제가 있다는 것을 알게 되었다. 따라서 언론은 무엇보다도 높
은 공공성과 도덕성 그리고 독립성이 요구된다고 결론지을 수 있다. 그래서 국가사회
에서 언론의 위상을 어떻게 가져가야 하는지를 심각하게 고민하지 않을 수 없는 것
이다.

종합적으로 다음의 세 가지 관점을 아우를 수 있는 대안이 마련될 필요가 있다.

첫 번째는 권력과의 관계설정의 문제이고 두 번째는 언론자체의 윤리 문제, 세
번째는 언론이 이윤을 추구하는 기업의 형태로 존재하는 것이 타당한가의 문제이다.

첫 번째의 경우 그동안의 언론과 권력의 관계는 탄압과 저항 그리고 야합의 역

---

67) 포털사이트(Portal Site) : 포털은 차원 이동문, 현관문이라는 의미로, 인터넷 사용자들이 인터넷
    에 접속할 때 기본적으로 거쳐 가도록 만들어진 사이트를 말한다. 우리나라는 Naver, Daum이
    빅 2를 이루고 있으며 그 중에서도 네이버가 75%의 시장 점유율을 차지하고 있다. 그러나 외국
    에서는 Google이 전 세계 검색엔진 시장의 85% 이상을 석권하고 있다.

사였다고 정리할 수 있다. 이는 언론의 숙명과도 같다고 할 수 있다. 그러므로 무엇보다도 언론의 독립성을 보장할 수 있어야 한다. 또한 업무의 성격상 언론인은 높은 수준의 도덕성과 강직함 그리고 역량이 요구된다. 이렇게 보면 언론이 이익을 추구하는 기업의 형태로 존재하는 것이 타당한가의 문제에 직면하게 된다.

무엇보다도 가장 시급한 현실적인 문제는 언론매체가 너무 많다는 점이다.

「우리나라의 기자 수는 인구 2,300명당 1명으로 세계 최고 수준이다. 프랑스 기자 수는 우리의 4분의 1 정도라는데, 이는 우리의 언론 자유나 발전의 수준이 프랑스의 4배라는 걸 의미하는 걸까? 국회를 담당하는 출입기자는 1,747명으로 의원 1명당 평균 6명꼴이다. 이 또한 세계 최고 수준인데, 이는 그만큼 우리의 정치나 정치 저널리즘이 세계 최고 수준이라는 걸 의미하는 걸까? 경제적으로 감당할 수 있는 선을 훨씬 넘어서 언론사들이 난립해 있는 지역들도 많다. 이런 문제 해결을 포함하는 전반적인 언론개혁을 통하여 언론의 새로운 위상정립을 서둘러야 할 필요가 있다.

그러나 언론이 그 어떤 혁신을 추진한다 해도 국민이 아무런 가치 판단도 없이 언론을 공산품처럼 대하고 정부가 언론을 통제의 대상으로만 여기는 한 달라질 건 아무것도 없다. 언론의 정상화 없인 민주주의의 정상화가 불가능하다는 인식에서 출발해 이른바 언국정(언론·국민·정부)이라고 하는 상호 관계 속에서 언론의 문제를 봐야 한다. '면허증을 딴 흡혈귀'의 예방과 퇴치를 위해서라도 이제 우리 모두 언국정에 대해 생각하고 이야기해야 한다.」[41]

끝으로 세 번째의 언론이 기업형태로 운영되는 것이 맞느냐의 문제이다. 언론은 이미 재벌 속에 예속되어 있거나 전통언론은 언론재벌이라 일컬을 만큼 세습체제를 유지하고 있다. 이러한 환경에서 우리가 고려해 볼 수 있는 것은 언론을 아예 하나의 권력기관으로 인정하여 국가운영체제를 입법, 사법, 행정, 앞서 제안한 제4부, 언론의 5권 분립체제로 가져가는 방안이 있다. 우선 당장의 현실에서는 언론의 수를 줄이는 방안을 강구하여 시행해야 한다. 중앙과 지방의 언론 수를 정하여 일정기준에 미달한 언론은 퇴출시키고 언론이 기준 수에 도달하면 허가제 등을 실시하여 언론이 제약 없이 늘어나는 것을 막아야 한다.

또한 윤리강령을 구체화하고 강제성을 추가하여 엄격히 적용해야 할 필요가 있다. 언론이 난립하다보니 일반기업과 같이 이익을 추구하지 않으면 속된 말로 망하기 때문에 무리를 하지 않을 수 없다. 상업성을 추구하지 않을 수 없어 독자의 흥미와 저속한 취미에 영합하는 선정주의로 언론이 대중들의 도덕성을 타락시키는 역기능을 무시하기 어려운 것 또한 현실이다.

공무원이 퇴직 후 일정기간 관련기업에 취업을 제한하는 것처럼 일정직급 이상의 언론의 고위직은 당해정권의 임기에는 정부기관에 취업할 수 없도록 하는 제한조치도 필요하다. 언론의 소유구조를 어떻게 가져가야 하는지에 대해서는 중지를 모아야 한다. 언론은 이익을 추구하는 기관이 아니고 그래서도 안 되기 때문이다. 지나치게 권력이 집중된 대통령제의 폐단을 막는 방편의 하나로 새 정권의 임기에 맞추어 국영방송의 사장 및 경영진의 과반수를 제1야당에서 임명하도록 하는 방안도 검토해볼 필요가 있다.

노블리스 오블리제의 천국

노블리스 오블리제[68]는 우리에게도 익숙한 말로, 사전적 의미로 '높은 신분에 따른 도덕적 의무' 또는 '고귀한 신분에 따른 윤리적 의무'를 의미한다. 지도자가 되려면 그 지위와 신분에 걸맞는 책임과 의무를 솔선수범하여 스스로 이행하여야 한다는 뜻으로, 유럽에서 귀족이나 상류층 인사들이 갖추어야 할 '기본덕목'으로 인식되어 온 것이다. 서양에서는 이 노블리스 오블리제의 사례가 쌓이면서 자랑스러운 전통이 되었다. 거룩한 희생정신이라 할 수 있는 이것은 우리나라 역사에 훨씬 많은 사례가 있다. 다만 지나친 겸손의 문화, 단절과 망각의 역사 속에서 잊혀진 것뿐이다. 여기서 하나 집고 넘어갈 것은 고급공무원의 청문회제도가 언제 생겼는지 모르나, 청문회에서 후보마다, 군대문제, 세금문제, 부동산문제 등에서 안 갈리는 사람이 없을 정도가 되자 우리나라 지도자는 노블리스 오블리제는커녕 거의 범법자 수준으로 인식하게 되었다. 청문회의 역기능이 심각하므로 개선방안을 마련해야 한다.

제2차 세계대전이 끝난 후 전쟁에서 장교가 가장 많은 전사한 나라는 영국과 일본이고, 영국의 경우 이튼스툴 졸업생이 가장 많이 전사했다고 한다. 노블리스 오블리제는 사회를 안정시키고 평소 때는 물론 유사시에 존경심을 가지고 리더들을 추종하게 만드는 매우 중요한 덕목이다. 그래서 전통을 만들어 내는 것이 중요하다. 그것은 우선 자진해서 솔선수범하게 만드는 시스템을 갖추는 데서 부터 출발하면 된다.

예를 들면 군대문제는 분단국가로서 매우 중요한 시대정신에 해당한다. 우리나라 국민이면 누구나 완수해야 할 국방의 의무다. 만약 권력이나 지위 등을 이용하여 국방의 의무를 하지 않았다면 이는 중대한 노블리스 오블리제의 훼손이다. 이 문제에

[68] 노블리스 오블리제(Noblesse oblige) : 귀족(blesse)과 준수하다(obliger)의 합성어

굉장히 아쉬운 점은 5·16 혁명 후 박정희 정권은 당시 만연한 군대기피 현상을 바로 잡고자 대대적인 전수조사를 통하여 군 미필자를 색출하여 처벌하였다. 이때 관련법에 '본인이나 자녀가 현역으로 군대를 마치지 않은 사람은 5급 이상 공무원이 될 수 없다거나, 기업의 임원이 될 수 없다.'는 조항이 있었다고 한다면, 군대의 중요한 무기는 직업군인이 맡도록 하는 제도보완을 통해 군복무기간도 단축하여 시행했더라면, 군대문제에 관한한 우리나라는 노블리스 오블리제의 천국이 되었을 것이다. 뿐만 아니라 사회적으로 귀감이 될 만한 일을 한 사람에게는 과하다 싶을 정도의 보상이 주어지고 이를 기리는 것을 법으로 정해 놓으면 이런 일이 많이 발생하게 되고, 이것이 쌓여 법에서 정하지 아니한 데서도 노블리스 오블리제가 훌륭한 전통으로 정립될 것이다.

4. 키워내야 할 사회심리

우두머리를 길러내는 사회 - 쪽빛·남빛론

우리는 지금까지 국가사회의 위기를 극복하고 부국강병으로 만들기 위한 방안들을 찾아보았다. 이러한 방안들이 성공적으로 수행될 수 있기 위해서는 건강한 사회심리가 바탕이 되어야 한다. 이는 하루아침에 형성되는 것이 아니기 때문에 장기적인 비전을 가지고 잘못된 것은 고치고, 새로운 것은 키워내려는 끊임없는 노력이 필요하다.

우리가 무엇보다도 서둘러야 하는 일은 훌륭한 리더를 배출할 수 있는 사회적 토양을 배양하는 일이다. 국가사회가 훌륭한 지도자를 배출해 낼 수 있느냐, 없느냐의 문제는 국가사회의 운명을 결정하는 중대한 문제임을 수많은 역사의 사례가 보여주고 있다. 아무리 잘 갖추어진 국가사회 운용시스템이 작동된다고 할지라도 이를 운용하는 최고의 권력자가 문제가 있는 경우 이 시스템이 제대로 작동이 되지 않거나 무용지물이 되어버린 사례 또한 역사가 보여주고 있다. 리더란 국가최고 권력자만을 의미하는 것이 아니다. 국가의 리더를 포함한 각계각층의 모든 리더를 의미한다. 리더가 훌륭하면 그 그룹은 건강하고 강해진다. 이와 같은 그룹이 모인 사회는 건강하고 강한 사회가 된다. 이러한 사회로 구성된 국가는 강한 국가이다. 훌륭한 리더는 더욱 강한 국가를 만든다.

그렇다고 한다면 훌륭한 리더를 배출할 수 있는 사회적 토양은 어떻게 배양해야 하는가. 이와 관련해서는 '남빛은 쪽빛에서 나왔지만 쪽빛보다 더 푸르다.'는 고사성어를 준용하여 쪽빛·남빛론을 제창하고자 한다. 쪽빛보다 푸른 남빛이 나오려면 일단 쪽빛이 푸르러야 한다. 어떤 그룹에서 훌륭한 리더가 나오려면 일단 그 그룹의 구성원의 역량이 높아야 한다는 의미이다. 훌륭한 국가의 리더가 나오려면 그 국가를 구성하는 국민 개개인의 역량이 높아야 한다. 국민 개개인의 의식수준을 만적이나 전봉준과 같은 수준으로 끌어올려야 이들을 능가하는 진정한 리더가 배출된다는 논리이다. 이는 세습에 의해 권력이 유지되는 시대에는 그야말로 역성혁명가를 키우는 것과도 같은 대역죄나 천기누설에 해당하는 논리일 수 있으나 오늘날의 세상은 다르다. 각 나라마다 차이는 있으나 과거에는 백성이 관리의 대상이었으나 오늘날은 반대가 되었다.

우리가 살고 있는 현대사회는 국가사회의 최고의 지도자는 물론 모든 각계각층의 리더의 권한이 아무리 막강하다 할지라도 그 권한은 유한하다. 그러나 그 리더가 키운 그룹은 대체로 무한하다. 국가도 마찬가지이다. 세습의 시대에는 어쩌다 현군이 나와야 그 현군이 부국강병을 이끌었지만 지금은 현군을 국민이 찾아낸다. 국민이 매번 현군을 찾아내게 되면 그 나라는 계속해서 현군이 이끌게 된다. 쪽빛을 더욱 푸르게 해야 하는 소이가 여기에 있다.

결국 국가의 리더는 국민의 역량을 키우는 데 심혈을 기울여야 하고 국민은 훌륭한 리더를 배출할 수 있어야 한다. 또한 사회의 각계각층에서 현재의 리더가 자기보다 더 나은 역량을 가진 다음의 리더에게 자리를 물려줄 수 있어야 한다. 국가 사회가 우두머리를 길러내는 사회가 되어야 한다. 쪽빛이 푸르면 푸를수록 거기에서 나온 남빛은 그 보다 더 푸를 수밖에 없지 않겠는가.

인정하는 사회문화 - 오! 여왕폐하!

2014년 소치 동계올림픽 피겨 결승에서 김연아의 연기가 막 끝났을 때의 일이다. 아직 점수도 발표되기 전에 50대쯤 되어 보이는 외국의 여자 해설자의 말을 잊을 수가 없다. 그 여자 해설자도 과거에 유명한 금메달리스트 피겨선수였다고 하는데 그녀는 김연아의 연기에 극찬을 늘어놓다가 맨 마지막에 존경의 눈빛으로 읊조린 말은 "오! 여왕폐하!"였다.

앞서 서양이나 동양이나 같은 인간사회로 생각하고 살아가는 방식이 유사하다는 것을 여러 예를 들어 설명했다. 그러나 다른 점이 있다고 한다면 그들의 '인정하는 문화'를 들 수 있다. 우리는 종종 우리나라 사람이 외국에서 어떤 리더의 자리에 올랐다는 얘기를 듣는다. 대학교 학생회장이 되었다거나, 의원이 되었다거나, 어느 분야에 권위 있는 상을 받았다거나 하는 예는 열거할 수 없을 만큼 많다. 우리나라의 국제적 위상이 높아지면서 세계은행 총재나 성공한 기업가 등 다양한 분야에서 많은 인재들이 배출되고 있다. 그런데 이들의 이력을 들여다보면 한국에서는 이렇게 입지전적인 인물이 도저히 될 수 없었을 것 같은 분들이 많다. 그럼에도 불구하고 그들이 남다른 인재가 될 수 있었다는 것은 분명 우리와는 다른 사회 환경 속에 있었기 때문이다.

그들은 자기들 사회의 구성원 중 어느 하나가 매우 열심히 일을 하고 자신들보다 더 역량이 있다고 판단되면 이를 인정하고 지지해준다. 이와 같은 '인정하는 문화'가 그들의 문명을 세계화시키고 국제사회에서 주도권을 행사하게 만든 원동력이 아닌가 싶다.

우리는 어떠한가. 좀체로 남을 인정하려 하지 않은 모습이 사회 곳곳에서 드러난다. 예를 하나 들자면 원로 철학자 김형석 박사가 1970년대 초 비교적 젊은 시절에 쓴 에세이에 이런 글이 있다. 자기를 두고 주변 지인들이 나눈 얘기를 소개한 글인데 당시는 지금처럼 인문사회학이 크게 발달한 것도 아니고, 이 분야에 베스트셀러가 나오는 시대도 아니었다. 그 당시 철학을 전공했다면 속된 말로 굶어죽기 딱 알맞은 처지라고 보면 된다. 그런데 김형석 교수가 에세이집도 내고 왕성한 활동을 해서 친구들 사이에서 화제에 올랐는지 한 친구가 여기저기 글도 내고 대단한 것처럼 얘기를 하자, 다른 친구가 '적어도 사상계[69]에 글이 실려야 글을 쓴다고 할 수 있지'라고 얘기를 한다. 그러자 다른 친구가 '사상계에 글이 실렸어!'라고 얘기를 했다. 이 친구는 조금 생각해 보더니 '그 친구 공부 좀 했나 보군!' 이렇게 말을 했다는 것이다.

---

69) 사상계(思想界) : 1953년 4월에 창간되어 1970년 5월에 종간된 종합잡지. 이 잡지는 당초 1952년 8월 당시 문교부 산하 국민사상연구원(원장 백낙준)의 기관지였던 ≪사상≫으로 출발하여, 당시 6·25전쟁의 와중에서 국민사상의 통일, 자유민주주의의 확립 및 반공정신앙양 등 전시 하에 있는 지식인층의 사상운동을 주도하는 사상지로 창간되어 통권 4호를 내었다. 그 뒤 장준하가 1953년 4월에 인수하여 ≪사상계≫라는 제호로 시판함으로써 본격적인 종합교양지로 출발하게 되었다. 이 잡지는 창간호 3,000부가 발간과 동시에 매진되고 전후의 사상적 자양으로서 1950년대 지식인층 및 학생층 간에 폭발적인 인기를 모았다. 제3공화국에서 자유언론투쟁에 앞장섬으로써 1962년에는 발행인 장준하가 막사이사이상을 수상하기도 하였다. 1970년 5월에 김지하의 <오적시>를 게재한 것이 문제되어 당국의 폐간처분을 받아 통권 205호로 종간되었다. 최장수의 지령을 기록하고, 학계·문화계에 많은 문필가를 배출한 공적을 남긴 이 잡지는 1950~1960년대의 계몽적 민주주의와 자유민주주의에 기초를 둔 이념지향적인 잡지로 한국잡지사에 한 획을 그은 것으로 평가되고 있다(한국민족문화대백과).

이렇듯 우리에게는 여간해서는 남을 인정하지 않으려는 잘못된 기질이 있는 것 같다. 이렇게 된 데는 이런 악습을 없애기는커녕 더욱 강화하게 만든 통탄의 역사가 있다. 아무 정보도 없는 어떤 사람에게 인도 간디의 전기와 우리나라 도산 안창호의 전기를 읽게 한 다음 어느 분이 더 훌륭하다고 생각하느냐고 물으면 십중팔구는 도산 안창호 선생이라고 대답할 것이다. 두 분이 다 각자 자기나라의 독립을 위해 헌신 하신 분이라 비교한다는 것이 그렇지만 두 분의 삶과 사상 등을 객관적으로 비교해 볼 때 그렇다는 것이다. 인도의 시인 타고르가 시성이라고 일컬어지는 것도 그렇다. 고요한 아침의 나라, 학문의 나라 조선에도 그만한 시인은 얼마든지 있었다. 그럼에 도 불구하고 간디나 타고르는 위대하고 훌륭한 분들로 세계적으로 알려져 있고, 도산 안창호는 한국학을 전공한 외국 사람이나 알까, 우리나라사람조차도 잘 모르는 사람 이 많은 그런 분이 되어 있다.

이렇게 된 사유는 간단하다. 인도는 영국의 식민지였고 우리나라는 일본의 식민 지였다는 점이다. 영국이나 일본 모두 제국주의 국가로 나른 나라를 침략하였으나 영 국은 인도에 서구의 인정하고 칭송하는 문화를 남겼고 우리민족자체를 말살하려 했 던 악랄하고 잔인한 일본은 말못할 여러 가지 폐습을 우리에게 남겼다.

결론적으로 우리는 이들에게서 배워야 한다. 어떻게든 '인정하는 사회문화'가 국 가사회 구석구석까지 번질 수 있도록 적극적으로 배양하여 인정하는 사회문화를 정 착시켜야 한다.

우리 것을 소중히 - 어이없는 로렐라이 언덕

까까머리 중학생 시절을 보낸 세대들은 대부분 음악시간에 '로렐라이 언덕'이라 는 노래를 열심히 부르면서 전설과 더불어 로렐라이 언덕에 대한 어떤 환상과도 같 은 것을 간직했던 기억이 있을 것이다. 이 환상이 얼마나 어이없는 것이었는지를 성 인이 되어 흐르는 강물을 따라 떠가는 배를 타고 이 언덕 아래를 지날 때 해설자가 저것이 로렐라이 언덕이라고 가르킬 때 거기를 쳐다보는 순간 알게 되었다. 이런 감 정은 몽마르뜨 언덕에 가서도 느낀 것이다. 우리나라에는 도처에 있는 언덕이 유럽은 대평원이라 언덕이 귀해서 모처럼 있는 언덕을 그렇게 미화하고 찬양하다시피 하였다.

우리는 여기서 그들의 널리 알리는 문화의 한 단면을 엿보게 된다. 자기 것을 소 중히 알고 이를 북돋우고 널리 알리려는 그들의 열린 문화에 비해 그렇지 않아도 겸 손한 문화를 가지고 있는 우리는 여기에 자기비하까지 곁들여 이와 같은 무분별한 외래문화를 무비판적으로 수용한 결과 외래문화를 숭상하는 사대주의가 우리에게 은 연중에 만연되지 않았나 싶다. 경제학의 아버지로 일컬어지는 아담스미스만 해도 그 렇다. 아담스미스는 인류를 위해 <국부론>을 쓴 것이 아니다. 비참한 도시노동자의 삶과 산업혁명을 전후한 급변하는 사회현상을 보고 경제문제를 어떻게 끌고 가야 사 회정의에 합당한지의 고뇌를 '화두'로 삼아 쓴 불철주야, 용맹정진의 결과물에 다름 아니다. 여기에도 그들의 널리 알리는 열린 문화가 자리하고 있다.

사실 아담 스미스의 국부론을 능가하는 책이 다산의 3서이고 그 중에서도 <경 세유표>다. 그럼에도 불구하고 우리는 <경세유표>보다 <국부론>을 더 잘 알고 있다. 그렇게 된 것은 서양이 근대 이후 세계사의 주도권을 쥐게 되고 그들을 배우고 따라가기 급급하다가 우리 것보다 그들의 것을 더 잘 알게 된 것뿐이므로 이를 부끄 러워 할 필요는 없다.

어떤 훌륭한 완벽한 제도가 있다 할지라도 그 제도를 운영하는 것은 사람이다. 따라서 권력의 남용을 막기 위해서는 최대한 시스템으로 가능한 부분은 시스템으로 견제하고, 나머지는 인간에게 맡길 수밖에 없다. 결국은 사회가 훌륭한 리더를 키워 내는 것이 답이다.

국가사회는 직업사회를 떠받치고 있는 기본 틀이라고 할 수 있다. 따라서 보다 나은 직업사회건설을 위해서는 이 틀을 보다 견고하게 짜 맞출 필요가 있다. 그리고 이러한 노력은 부단히 계속되어야 한다. 역사가 흐른다고 해서 발전만 하는 것이 아 니기 때문이다. 이 책에서는 초기자본주의의 시대를 연 서구의 국가들처럼 21세기는 우리만의 방식으로 국가의 경제·사회의 문제를 풀어나가 세계 모든 국가들이 강요하 지 않아도 우리를 본뜨도록 했으면 좋겠다는 바람이다.

제 3 편   출전

[01] : 에너지경제(2016.03.19). 이선규 과학칼럼니스트

[02] : 위키백과

[03] : 안재욱(2015). 흐름으로 읽는 자본주의의 역사. 서울 : 프리이코노믹북스

[04] : 세계 대백과 사전, 제레미 리프킨 일생과 저서

[05] : Economist(2012.4.21.). "The third industrial revolution"

[06] : 앤더슨 크리스(2013). 《메이커스-새로운 수요를 만드는 사람들》. 서울 : 알에
이치 코리아

[07] : kt경제경영연구소(2013.01.24.). "Virtual goods: 스마트 혁명이 낳은 신성장동력"

[08] : http://book.naver.com/bookdb/publisher_review.nhn?bid=6892675

[09],[15] : 이준정(2016). 미래탐험연구소

[10] : http://www.anigana.co.kr

[11] : 이상현(1981). 서양 역사 사상사, 서울 : 대완도서출판사

[12] : 김용옥(2000). 노자와 21세기(上), 서울 : 통나무

[13] : 저널자료 종합

[14] : 김병숙(2007). 한국직업발달사. 서울 : 프레스시그마

[16] : http://cafe.naver.com/dfgrtbasq/135402

[17] : 김정남(2016). 남한산성에서 있었던 일. 다산연구소. 다산포럼 제711호

[18] : 임병인(2015). 기업하기 힘든 나라 한국. 자유경제원 토론회

[19] : 이규태(2008). 한국인의 의식구조-4. 서울 : ㈜신원문화사

[20],[40] : 한국민족문화대백과(한국학중앙연구원)

[21] : 한영우(2007). 다시 찾는 우리역사. 서울 : 양서원

[22] : 성의경(2016). 명예의 전당-한국현대사를 개척한 21인의 영웅들-, 서울 : 신
산업경영원

[23],[25] : 한겨레(2012.08.20.); (2012.10.19.)

[24] : 김상봉(2009.05.28.). 담론의 장 발제문. 전남대학교 교수협의회

[26] : 이홍균(2002). 사회적 압력과 소외. 서울 : 학문과 사상사

[27],[29] : 연합뉴스(2017.10.18.); (2012.07.01.)

[28] : 글로벌이코노믹(2017.08.16.)

[30] : 월간현대경영(2012). 경제민주화 조사자료

[31] : 이데일리(2012.09.13.)
[32] : 박현채, 정윤형, 이경의, 이대근 편(1987). 한국경제론. 서울 : 까치
[33] : 선대인(2012). 문제는 경제다. 서울 : 웅진지식하우스
[34] : 박석무(2017). 인격은 성적순이 아니다. 다산연구소. 다산포럼 951호
[35] : http://blog.naver.com/pphahaha/220022650655
[36] : 함규진(2009). 인물세계사
[37] : https://www.hibrain.net. 675호
[38] : 김덕수(2007). 신명으로 세상을 두드리다. 파주 : 김영사
[39] : 김동문(2017.11.07.). 언론의 시대별 변천사. Goodnews TV, 조은칼럼
[41] : 한겨레(2016.6.26.). [강준만칼럼] 언론공화국의 그늘

제 4 편

직업사회의 미래

제 1 장

직업사회의 환경변화

1. 직업사회의 외부환경

세계국가들의 인구

〈표 4-1〉 인구수별 국가 순위   (단위 : 명)

순위	국가명	인구수	순위	국가명	인구수
1	중국	1,367,485,388	39	모로코	33,322,699
2	인도	1,251,695,584	40	아프가니스탄	32,564,342
3	미국	321,368,864	41	네팔	31,551,305
4	인도네시아	255,993,674	42	말레이시아	30,513,848
5	브라질	204,259,812	43	페루	30,444,999
6	파키스탄	199,085,847	44	베네수엘라	29,275,460
7	나이지리아	181,562,056	45	우즈베키스탄	29,199,942
8	방글라데시	168,957,745	46	사우디아라비아	27,752,316
9	러시아	142,423,773	47	예멘	26,737,317
10	일본	126,919,659	48	가나	26,327,649
11	멕시코	121,736,809	49	모잠비크	25,303,113
12	필리핀	100,998,376	50	카메룬	23,739,218
13	에티오피아	99,465,819	51	대만	23,415,126
14	베트남	94,348,835	52	호주	22,751,014
15	이집트	88,487,396	53	카자흐스탄	18,157,122
16	이란	81,824,270	54	칠레	17,508,260
17	독일	80,854,408	55	시리아	17,064,854
18	터키	79,414,269	56	네덜란드	16,947,904
19	콩고	79,375,136	57	벨기에	11,323,973
20	태국	67,976,405	58	쿠바	11,031,433
21	프랑스	66,553,766	59	포르투갈	10,825,309
22	영국	64,088,222	60	그리스	10,775,643
23	이탈리아	61,855,120	61	체코	10,644,842
24	미얀마	56,320,206	62	헝가리	9,897,541
25	남아프리카	53,675,563	63	스웨덴	9,801,616
26	대한민국	51,069,375	64	오스트리아	8,665,550
27	탄자니아	51,045,882	65	스위스	8,121,830
28	스페인	48,146,134	66	이스라엘	8,049,314
29	콜롬비아	46,736,728	67	레바논	6,184,701
30	케냐	45,925,301	68	아랍에미리트	5,779,760
31	우크라이나	44,429,471	69	싱가포르	5,674,472
32	아르헨티나	43,431,886	70	덴마크	5,581,503
33	알제리	39,542,166	71	핀란드	5,476,922
34	폴란드	38,562,189	72	노르웨이	5,207,689
35	우간다	37,101,745	73	아일랜드	4,892,305
36	이라크	37,056,169			
37	수단	36,108,853			
38	캐나다	35,099,836			

출처 : 유엔통계자료, 2015년

　　<표 4-1>은 인구수가 약 500만 명이 넘는 국가를 인구가 많은 순위로 정리한 것이다. 이 표에서 첫 번째로 주목할 만한 사실은 국가의 인구가 5,000만 명이 넘는 나라는 30개 국가가 채 안 된다는 점이다. 3,500만 명이 넘는 나라까지 더해도 40개 국이 넘지 않는다. 10억이 넘는 국가는 중국과 인도뿐이고 인구 1억이 넘는 국가도 10개국에 지나지 않는다.

　　두 번째로 우리에게 선진국으로 알려져 있는 나라들 중에는 인구가 적은 나라가 많다는 점을 적시할 수 있다. 덴마크, 노르웨이, 핀란드는 인구가 500만 명에 불과하고 스웨덴, 벨기에는 인구 1,000만 명 내외이고 네덜란드는 이보다 약간 많은 1,700만 명 정도이다. 세계에 가장 영향력이 있다는 이스라엘도 인구 800만 명에 지나지 않는다.

　　세 번째로 적시할 수 있는 점은 우리나라도 인구 면에서는 세계에서 27위고 북한과 합하면 인구가 7,500만 명에 이르러 20위 이내에 드는 인구 강국에 해당한다는 점이다.

　　한편 <표 4-2>는 대륙별 인구 및 면적비율을 보여준다. 이 표에 의하면 아시아는 자구상의 총면적 중 23.4%에 해당하는데 여기에 세계 총인구의 60% 이상이 살고 있고, 세계인구의 10% 정도가 유럽에 살고 있다는 것을 알 수 있다.

〈표 4-2〉 대륙별 인구 및 면적비율　　　　　　　　　　　　　　　　　　(단위 : %)

대륙	인구비율	면적 비율	비고
아시아	60.4	23.4	
아프리카	14.8	22.3	
유럽	10.7	16.9	
남아메리카	8.5	15.1	
북아메리카	5.1	16.1	
오세아니아	0.5	6.3	

출처 : 국제통계연감, 2011

세계국가들의 국민 1인당 지디피

2015년 국가별 국민 1인당 지디피는 <표 4-3>과 같다.

　　이 표에 의하면 지디피가 30,000달러 이상인 나라는 24개국이고, 20,000달러 수

〈표 4-3〉 국가별 1인당 지디피

(기준 : 2015년 10월)

순위	국가	달러($)	순위	국가	달러($)
1	룩셈부르크	103,187	32	타이완	22,083
2	스위스	82,178	33	몰타	21,540
3	카타르	78,829	34	키프로스	21,531
4	노르웨이	76,266	35	슬로베니아	20,712
5	미국	55,904	36	트리니다드토바코	20,380
6	싱가포르	53,224	37	사우디아라비아	20,139
7	오스트레일리아	51,642	38	포르투갈	18,984
8	덴마크	51,424	39	그리스	17,657
9	아이슬란드	51,068	40	에스토니아	17,425
10	산마리노	49,139	41	체코	17,330
11	스웨덴	48,966	42	우루과이	16,092
12	아일랜드	48,940	43	바베이도스	15,912
13	네덜란드	44,333	44	슬로바키아	15,893
14	영국	44,118	45	오만	15,672
15	캐나다	43,935	46	세인트키츠네비스	14,618
16	오스트리아	43,547	47	팔라우	14,600
17	핀란드	42,159	48	세이셸	14,466
–	홍콩	42,097	49	앤티가 바부다	14,391
18	독일	41,267	50	리투아니아	14,318
19	벨기에	40,456	51	라트비아	13,729
20	프랑스	37,726	52	칠레	13,910
21	뉴질랜드	36,963	53	아르헨티나	13,426
22	이스라엘	35,702	54	폴란드	12,662
23	UAE	35,392	55	적도기니	12,541
24	일본	32,481	56	헝가리	12,021
–	EU	32,006	57	레바논	11,945
25	쿠웨이트	29,983	58	파나마	11,850
26	이탈리아	29,847	59	크로아티아	11,551
27	브루나이	27,759	60	카자흐스탄	11,028
28	대한민국	27,513	61	코스타리카	10,672
29	스페인	26,327	62	말레이시아	10,073
30	바하마	24,394	–	북한	583
31	바레인	23,899			

준인 나라는 13개국에 지나지 않음을 알 수 있다. 또한 지디피가 가장 많은 나라는 룩셈부르크 이고 싱가포르가 6위로 50,000달러가 넘고 일본은 24위, 우리나라는 28위에 해당한다.

특기할 만한 점은 14~16세기 중세유럽의 최강국이었던 에스파냐와 포르투갈은 20,000달러가 채 되지 못한다는 점이다. 그리고 중국의 지디피는 10,000달러 미만으로 통계에 잡혀있지는 않으나 중국이 향후 10년 내 미국을 제치고 세계 1위 경제 대국으로 올라설 것이라는 관측이 지배적이다. 21세기 초반만 하더라도 미국은 명실상부 세계 1위 경제대국이었다. 2000년 세계 경제에서 차지하고 있는 미국 경제의 비중은 30.9%였다. 당시 중국의 비중은 3.6%에 불과했다. 당시 양국 간 경제 규모의 차이는 8.5배에 달했다.

그러나 2014년의 경우 미국과 중국의 비중은 각각 22.3%와 13.4%를 기록, 1.7배 차이로 거리를 좁혔다. 블룸버그통신은 중국의 국내총생산(지디피)가 2026년까지 미국을 따라잡을 것이라며 20세기가 미국의 무대였다면, 21세기는 중국의 시대가 될 것으로 예견했다.[01]

세계적 기업

이 세상에는 우리가 알고 있는 빌 게이츠의 회사라든가, 벤츠, 도요타, 아이비엠, 지엠 같은 회사는 얼마나 많을까? 그리고 이렇게 큰 회사는 어느 나라에 제일 많을까?

<표 4-4>는 이 궁금증을 해소해준다. 이 표는 2016년 5월 미국 경제전문지 포브스[1]가 <포브스글로벌 2000>에서 발표한 1위에서 50위까지의 기업을 나타낸 것이다.

이 표를 보면 다음과 같은 몇 가지 사실을 정리할 수 있다. 첫 번째는 1위에서 5위까지가 금융회사이고 그중 1위에서 3위가 중국기업이고 4, 5위가 미국기업이라는 사실이다. 두 번째는 50위 기업 중 미국기업이 22개 업체이고 중국이 11개 업체로 두 나라의 기업이 거의 2/3에 해당한다는 점이다. 세 번째는 우리나라의 경우 삼성전자가 2015년과 같은 18위를 유지했으며, 한국전력이 2015년 171위에서 올해 97위로 올라서서 100대 기업에는 2개가 속했고, 현대자동차는 108위, 에스케이 홀딩스는 247위, 신한금융그룹이 271위를 기록했다는 사실이다.

---

1) 포브스(Forbes) : 1917년에 설립된 미국의 출판 및 미디어 기업이다. '포브스글로벌 2000'은 포브스에서 매년 상장기업의 매출, 순이익, 자산, 시장가치를 종합평가하여 세계 2,000대 글로벌 기업을 선정, 순위를 발표하는 것을 말한다. 이 회사의 경쟁 업체로는 포춘(Fortune)과 블룸버그 비즈니스위크(Bloomberg Business Week)가 있다.

〈표 4-4〉 세계 50대 기업 순위

순위	회사명	국가	매출액	이익	자산	시장가치
01	공상은행	중국	$171.1	$44.2	$3,420.3	$198
02	건설은행	중국	$146.8	$36.4	$2,826	$162.8
03	농협은행	중국	$131.9	$28.8	$2,739.8	$152.7
04	버크셔헤셔웨이	미국	$210.8	$24.1	$561.1	$360.1
05	제이피모건체이스	미국	$99.9	$23.5	$2,423.8	$234.2
06	뱅크오브차이나	미국	$122.1	$27.2	$2,589.6	$143
07	웰스파고	미국	$91.4	$22.7	$1,849.2	$256
08	애플	일본	$233.3	$53.7	$293.3	$586
09	액슨모빌	미국	$236.8	$16.2	$336.8	$363.3
10	도요타	미국	$235.8	$19.3	$406.7	$177
11	뱅크오브차이나	미국	$91.5	$15.8	$2,185.5	$156
12	에티앤티	미국	$146.8	$13.2	$402.7	$234.2
13	씨티그룹	영국	$85.9	$15.8	$1,801	$138.1
14	에이치에스비시그룹	미국	$70.3	$13.5	$2,409.7	$133
15	베리존커뮤니케이션	미국	$131.8	$18	$244.6	$206.2
16	월마트	중국	$482.1	$14.7	$199.6	$215.7
17	삼성전자	한국	$274.3	$5.7	$368.7	$161.6
18	페트로차이나	중국	$177.3	$16.5	$206.5	$161.6
19	차이나모바일	중국	$107.8	$17.1	$219.9	$241
20	중국평안	독일	$98.7	$8.7	$732.3	$90
21	알리안츠	독일	$115.4	$7.3	$926.2	$79.7
22	폭스바겐	미국	$246.2	$7.1	$414.6	$73.1
23	마이크로소프트	프랑스	$86.6	$10.2	$181.9	$407
24	비엔피파리바	독일	$74.9	$7.4	$2,166.3	$66.8
25	다임러	프랑스	$165.7	$9.3	$235.9	$75.4
26	에이엑스에이그룹	미국	$129.8	$5.9	$965.4	$61.9
27	알파벳(구글)	미국	$77.2	$17	$149.7	$500.1
28	세브런	일본	$129.9	$4.6	$266.1	$192.3
29	일본우정사업청	프랑스	$129.8	$4.4	$2,450.7	$62.6
30	토탈	미국	$143.4	$24.5	$121.9	$121.9
31	시노펙	스위스	$283.6	$5.1	$223.7	$89.9
32	존슨앤존슨	일본	$70.2	$15.4	$133.4	$312.6
33	네슬레	미국	$92.2	$9.4	$123.9	$235.7
34	미쓰비시유에프제이금융	중국	$44.2	$7.9	$2,458.8	$73.5
35	캠케스트	스페인	$74.5	$8.2	$166.6	$148.2
36	중국교통은행	중국	$57	$10.6	$1,101.9	$55.7
37	방코산탄데르	미국	$49.8	$6.6	$1,455.9	$72.5
38	중국초산은행		$48.2	$9.2	$843.1	$66.8
39	프로텍터앤갬블	스페인	$69.4	$8.4	$129.1	$218.9
40	포드모터	미국	$149.6	$7.4	$224.9	$54.2
41	아이비엠	중국	$80.8	$12.9	$118.9	$142.7
42	유나이티드헬스그룹	미국	$165.9	$6	$117.9	$127.5
43	제너럴모터스	미국	$152.4	$9.7	$194.5	$49.6
44	앤티티	일본	$94.2	$5.6	$172.5	$94.5
45	비엠더불유그룹	독일	$102.2	$7.1	$197.9	$60.4
46	파이저	미국	$48.9	$7.7	$167.5	$205.7
47	노바르타스	스위스	$49.4	$17.6	$131.9	$203.8
48	메트라이프	미국	$68	$5.3	$884.2	$51.4
49	중국인수	중국	$81.5	$5.6	$377.8	$55.7
50	로열더치셸	네델란드	$264.9	$2.1	$340.2	$210

네 번째는 10위까지의 기업이 10위를 한 일본의 도요다를 제외한 9개 기업이 모두 중국과 미국기업이라는 사실이다.

다섯 번째는 1위를 한 중국공산은행의 자산이 무려 3조 달러가 넘는다는 점이다. 우리나라 지디피가 1.3조 달러인 것과 비교하면 그 규모를 짐작할 수 있다. 16위의 월마트는 매출액이 4,821억 달러로 세계 제1의 매출액을 기록했다. 18위 삼성전자 매출액 1,773억 달러(약 213조원)와 비교하면 거의 2.5배가 넘는 매출규모이다.

여섯 번째는 국가별 기업체 수이다. 2,000개 기업 중 미국기업이 586개로 가장 많고, 중국기업이 249개로 2번째이고, 일본기업이 219개로 3번째이고, 영국기업이 92개로 4번째, 우리나라가 66개로 5번째이다.

일곱 번째로 우리에게 비교적 익숙한 기업의 순위이다. 삼성전자와 경쟁하고 있는 애플은 2014년에는 14위였으나 8위이고, 워런 버핏 회장이 이끄는 버크셔 해서웨이는 4위를 기록했다. 50위 내에 든 아이티 기업은 마이크로소프트, 구글, 아이비엠 등이 있다. 33위 네슬레는 식품회사로는 유일하게 50위 내에 들었다. 지엠은 43위, 비엠더블유는 45위, 지이는 68위, 소프트뱅크는 69위를 기록했다.

끝으로 50위 내의 업종별 기업은 금융과 에너지 관련 기업이 가장 많고 두 번째는 제조업체로 자동차, 전자업체 그 다음으로 통신기기 관련업체가 포진하고 있음을 알 수 있다.

2. 과학기술 발달이 가져올 직업사회의 변화

인공지능은 어디까지 진화할 것인가?

인공지능을 가진 로봇이 인간세상을 지배할 날이 올지도 모른다. 만화나 공상과학소설에서나 그려지던 이런 세상이 머지않았다고 해도 과장된 말이 아닐 성싶다. 물론 인간보다 뛰어난 기계인간이 탄생하기까지는 아직 더 많은 시간이 필요하겠지만 이와 같은 과학기술이 가까운 장래에 우리의 직업사회에 미칠 영향은 매우 커 보인다. 이미 영향을 미치고 있다는 것이 더 현실적인 표현이다. 로봇에게 인간의 일자리를 뺏겨 실업자가 늘어나게 될 것이라는 전망과 함께 로봇에게 세금을 매기는 로봇세를 주장하는 대책도 나오고 있다. 아무튼 인간처럼 보고 듣고 말하고 생각하고 추론하는 로봇이 있다면 이는 인간에 다름없다고 하겠는데 이 로봇이 인간보다 훨씬 정교하게 이와 같은 기능을 수행한다면 인간을 능가하는 것은 당연하지 않겠는가 싶다.

인간은 '먹고사는 문제'를 태초에는 자연 상태의 것을 채취하여 해결하다가, 나중에는 농작물을 기르고, 가축을 키워서 해결하게 되었다. 이런 식으로 장구한 역사를 보내다가 근대에 이르러 소위 산업혁명을 전후 하여서는 법인을 만들어 해결해 왔다고 한다면 이제는 이 문제를 초인[2])을 만들어 해결하려 한다고 할 수 있으려는지 모르겠다.

우리는 이 초인이 어떤 모습으로 나타날 것인지 이세돌과 바둑을 두어 이긴 알파고를 통해 놀라운 마음으로 예견할 수 있게 되었다. 이미 2011년 2월에 미국 아이비엠에서 개발한 왓슨[3])이라는 수퍼 컴퓨터가 미국의 유명한 티브이 퀴즈쇼에 출연하여 역대 최강의 승자들과 대결했다. 그 중 한명은 74번 연속 우승한 캔 제닝스이고, 또 한명은 최고의 상금을 획득한 브래드 리터[4])였다. 대결 결과는 왓슨의 압도적인 승리로 끝이 났다. 왓슨은 두 명의 실력자들보다 2배 이상의 승률로 퀴즈의 정답을 맞췄다고 한다. 왓슨은 90개의 아이비엠 서버[5])로 이루어져 있는데 2,880개의 프로세서와 16테라바이트로 구성되어있다. 1초에 처리할 수 있는 데이터양은 일반 서적 500권 분량에 해당하는 500기가바이트이며, 왓슨이 퀴즈를 풀기위해 참고한 정보는 각종 사전을 포함한 총 2억 페이지 분량이었다고 한다.[02] 인간이 왓슨을 이긴다는 것은 기적에 가까운 일이라고 하겠다.

이와 같은 인공지능이 어디까지 발전할 것인가를 30년 전에 다음과 같이 예측했다.

「인공지능 개발에 필요한 필수지식에는 자연어 처리, 패턴인식, 인공신경망, 컴퓨터 비전, 시맨틱 웹 등의 기술이 필요하고 기존의 반도체에 의한 컴퓨터가 아닌 양자역학을 근거로 한 양자컴퓨터와 같은 새로운 방식의 컴퓨터도 인공지능의 발달에 크게 양행을 미칠 수 있다고 한다. 사람에게는 '지·정·의'라고 하는 세 가지 기본적인 정신이 있는데 '지'는 사물을 판단하고 추론하는 능력이고, '정'은 희·노·애·락 등의 감정이며, '의'는 행동을 규제하는 의지의 작용이다.

인공지능에 의해서 '지'는 실행할 수가 있다. '의'도 정보에 의한 피드백 작용, 즉 사이버네틱스에 의해서 가능하다. 그러나 아마 컴퓨터에 '정'을 심는다는 것은 영원히

---

2) 초인(超人) ; 인간을 뛰어넘는 능력을 가진 기계인간을 의미로 사용함.
3) 왓슨(waston)
4) 캔 제닝스(Ken Jennings), 브래드 리터(Brad Ruter)
5) 서버(Server) : 클라이언트에게 네트워크를 통해 정보나 서비스를 제공하는 컴퓨터 또는 프로그램

불가능할 것이다. 또한 가능해도 안 되는 것이다. 그것이 가능하면 사람을 창조하는 것이 되기 때문이다.」[03]

그러나 이와 같은 예측은 빗나가고 말았다. 컴퓨터에 '지·정·의'를 심는 것이 인간을 창조하는 것이라면 인간은 인간을 창조할 수 있게 된 것이다.

「우리은행은 소프트뱅크 그룹 로봇 관련 업체인 소프트뱅크 로보틱스의 세계 최초 감정인식 로봇 '페퍼'6)를 2017년 10월 11일부터 본점영업부, 명동금융센터, 여의도금융센터에 설치한다고 7일 밝혔다. 해당 지점들에서 기술기능검증 및 시범 사업을 실시하는 것이다.

페퍼는 소프트뱅크 로보틱스가 개발한 애플리케이션(앱)을 탑재했다. 영업점에 방문하는 고객에게 인사하고 창구 안내와 금융상품추천, 이벤트 안내 등을 할 예정이다. 우리은행 관계자는 "기술검증을 통해 로봇이 금융 서비스를 잘 할 수 있는지 검증할 것이다. 문제가 없다면 설치 지점을 확대할 수 있다"고 밝혔다.」[04]

이보다 더 놀라운 일은 이와 같은 인공지능의 빠른 성장 속도이다. 이세돌과 알파고의 바둑 대결로 세상을 떠들썩하게 한지가 엊그제 일인데 이제 알파고 제로(2017.10)가 등장하여 바둑세계를 평정했다. 알파고는 많은 기보를 입력하여 인간과 대결한 것이지만 알파고 제로는 바둑의 기초 원리부터 스스로 습득하여 실력을 쌓은 것이라고 한다.

첨단산업분야에 무슨 일이 일어나고 있나?

첨단산업분야에서 무슨 일이 진행되고 있는지는 세계 최대의 아이티 기업을 이끌고 있는 손정의 회장7)과 그의 회사의 움직임을 통해서 엿볼 수 있다.

---

6) 페퍼(Pepper)
7) 손정의(1957~) : 일본에소프트웨어 유통회사이자 IT투자기업인 소프트뱅크를 설립하여 세계적인 기업j으로 성장시킨 재일교포 3세다. 그는 1957년 8월 11일 조선인들이 모여사는 일본 남단 규슈의 사가현 도수(島栖)시 무허가 판자촌지역에서 태어났다. 그의 할아버지 손종경은 1914년 일본에 건너와 광산노동자로 일했고, 아버지 손삼헌은 생선행상 등으로 겨우 생계를 꾸려나가다가 파칭코와 부동산 사업으로 재산을 모았다고 한다. 어린 시절 '조센진'이라며 차별과 멸시 속에서도 후쿠오카 지역 명문고에 들어갔으나, 고교 1학년 미국으로 유학을 떠났다. 1975년 홀리네임즈대학교에 입학하였다. 1977년 명문 버클리대 분교 경제학부로 편입한 손씨는 1년에 250여 건의 발명을 해냈는데, 일본어를 입력하면 영어로 번역해 주는 번역 장치를 개발해 1백만 달러의 계약금을 받고 팔기도 하였다. 1980년 캘리포니아 오클랜드에 유니손 월드를 설립했으나, 부모와의 약속을 지키기 위해 귀국하여 일본에서 사업을 일군 것이다(시사상식사전).

보도에 의하면 손정의 소프트뱅크 회장은 30년 내에 인공지능이 인류의 지능을 초월하는 싱귤래리티[8] 시대가 올 것으로 확신하고, 이 시장을 선점하기 위해 공격적으로 투자를 하고 있는데 목표는 인공지능과 로봇 비즈니스 생태계를 선점하는 것이라고 한다. 그는 "소프트뱅크는 모바일 이동통신 회사가 아닌, 정보 혁명 회사"라고 밝히고, "오는 30년 동안 5,000개 회사와 제휴를 맺고, 소프트뱅크의 가치를 200조엔(약 2,000조 원)으로 끌어 올리겠다"고 강조하면서 인공지능과 로봇 산업도 플랫폼[9]을 선점한 업체가 생태계를 이끈다고 예견했다. 2014년 말 세계 최초로 출시한 감정 로봇 '페퍼'를 제조비용보다 낮게 판매한 것도 로봇 플랫폼을 구축하기 위해서라는 것이다.

소프트뱅크는 2013년 프랑스 휴머노이드 개발업체 알데바란 로보틱스[10]를 인수해 직원 500명에 달하는 소프트뱅크 로보틱스를 설립하고 페퍼를 개발했다. 페퍼는 에이아이와 로봇, 사물인터넷[11]를 인간의 생활 속으로 가져오는 매개체 역할을 하는데 현재 일본에서 5,000대 이상 팔렸으며, 이들은 영업·판매용, 금융 컨설팅용, 이동통신업체 지점서비스용 등으로 이용되고 있다. 페퍼는 아이비엠의 에아아이 시스템인 '왓슨'을 탑재해 스스로 학습 능력과 데이터를 발전시키는데 앞으로 헬스케어 분야에서도 활약할 전망이다.

또한 이 회사는 2016년 320억 달러(약 36조원)를 들여 영국 반도체 설계회사 에이알엠[12]을 인수했다. 36조 원은 일본 기업의 해외 인수합병 사례 중 사상 최대 금액이다. 2017년 6월에는 구글의 모기업인 알파벳으로부터 로봇 기업 '보스턴 다이내믹스'와 일본 로봇 기업 '샤프트'도 인수했는데 "스마트 로봇공학이 차세대 정보혁명을 주도적으로 이끌어갈 것"이라고 인수 이유를 밝혔다.

소프트뱅크가 에이알엠을 손에 넣은 것은 인공지능·사물인터넷을 비롯한 미래

---

8) 특이점(singularity)
9) 플랫폼(platform) : 플랫폼이란 무언가를 타고 내리는 승강장이다. 본래 기차를 승·하차하는 공간이나 강사, 음악 지휘자, 선수 등이 사용하는 무대·강단 등을 뜻했으나 그 의미가 확대되어 특정 장치나 시스템 등에서 이를 구성하는 기초가 되는 틀 또는 골격을 지칭하는 용어로, 컴퓨터 시스템·자동차 등 다양한 분야에서 사용되고 있다. 이 용어의 신개념은 공급자와 수요자 등 복수 그룹이 참여해 각 그룹이 얻고자 하는 가치를 공정한 거래를 통해 교환할 수 있도록 구축된 환경이다. 플랫폼 참여자들의 연결과 상호작용을 통해 진화하며, 모두에게 새로운 가치와 혜택을 제공해 줄 수 있는 상생의 생태계라고 말할 수 있다(Simon, 2011; 최병삼, 2012; 조용호, 2011).
10) 알데바란 로보틱스(Alderbaran Robotics)
11) 사물인터넷(IoT, Internet of Things)
12) 에이알엠(ARM)

싱귤래리티 시대를 대비하기 위함이다. 에이알엠의 반도체 설계 기술은 스마트폰, 태블릿 피씨 등 모바일 기기는 물론 티브이, 자동차, 서버에 탑재된다. 최근에는 에이알엠은 인공지능 분야에서 기존 모바일 칩보다 성능을 50배 가량 끌어올린 '다이내믹' 기술을 공개했는데 이 다이내믹 기술이 상용화되면 슈퍼컴퓨터가 수행했던 초고속 연산과 머신러닝 등을 스마트폰 등에도 적용할 수 있다고 한다.

이 회사는 위와 같이 직접 로봇·반도체 관련 업체를 인수·합병했을 뿐만 아니라 펀드를 조성해 인공지능과 로봇, 클라우드 등 정보통신분야 벤처에 투자하고 있는데 지난 5월 이를 위해 1,000억 달러(약 110조 원) 규모의 소프트뱅크 비전펀드를 설립해 운용하고 있다.

손 회장은 그의 '연어부화이론'에 따라 이와 같은 공격적인 투자를 하는 것으로 알려졌다. '연어부화이론'이란 한 번에 2,000~3,000개의 알을 낳는 연어이지만 수많은 알 가운데 강하게 생존하는 것은 소수에 지나지 않기 때문에, 기업도 '살아남는 연어'를 간파해야 한다는 것이다. 그는 "필드는 끝없이 넓어지고, 살아남는 연어를 찾는 작업은 점점 더 어려워질 것"이라고 말했다.[05]

여기서 우리는 소프트뱅크에 매각된 '보스톤 다이내믹스'13)가 어떤 회사였는지 알아보자. '보스톤 다이내믹스'는 구글이 소유한 미국이 자랑하는 세계 최고 로봇 기업이었다. 미 국방부 프로젝트에 참여했던 엠아이티14) 연구진이 설립한 이 회사는 2013년 구글에 인수되었으며, 구글은 이후 6개의 로봇 기업을 추가로 인수한 다음 '레플리컨트 프로젝트'15)를 런칭하고 안드로이드 개발자인 앤디 루빈에게 연구 책임을 맡겼다. 그러나 2014년 앤디 루빈이 구글을 떠난 후 후임자를 정하지 못하는 가운데 내부불화설, 도요타에 매각설 등이 흘러 나왔는데 결국 소프트뱅크가 인수하게 된 것이다.

구글의 모기업인 '알파벳'은 '보스톤 다이내믹스'가 개발 중인 2족 및 4족 보행 로봇 프로젝트가 멋지기는 하지만 상용화까지는 아직 멀었고 수익성이나 실용성은 없어 보여 개발 비용을 감당할 수 없다는 판단에 매각을 결정한 것으로 알려지고 있다.

매각회사에는 구글이 2013년에 인수한 기업 '샤프트'16)도 포함시켰는데, '샤프트'는 도쿄대 제이에스케이 로보틱스 연구팀이 설립한 기업으로 2013년 미 고등방위연구계획국이 주최한 세계재난로봇대회 예선에서 1위를 차지한 경력이 있는 회사이다.

---

13) 보스톤 다이내믹스(Boston Dynamics)
14) 매사추세츠공과대학교(MIT, Massachusetts Institute of Technology)
15) 레플리컨트 프로젝트(Replicant Project) : 300명의 엔지니어가 참여한 대규모 프로젝트
16) 샤프트(Shaft)

'샤프트'는 모래밭은 물론 해변 자갈밭, 눈길, 비탈, 계단 등 인간도 걷기 쉽지 않은 험난한 지형에서 균형을 잃지 않고 걸을 수 있는 다양한 기능을 갖춘 2족 로봇을 개발하여 선보인 바 있다.[06]

「손 회장은 2010년 '소프트뱅크의 새로운 30년 비전'을 발표하며 인공지능에 대한 꿈을 처음 제시했다. 당시 "과연 300년 전 사람들은 휴대전화, 인터넷, 비행기는 물론이고 인간의 평균수명이 70세로 늘어난다는 것을 알 수 있었을까"라고 반문했다. 이어 "3백년 뒤 미래에 생겨날 수밖에 없는 인공지능 로봇에 대비해 소프트뱅크가 해야 할 일은 무엇일까"라는 질문을 던졌다. 스마트폰이나 인터넷이 갑자기 등장한 것처럼 인공지능 로봇이 인간의 뇌를 비웃게 될 날도 머지않아 올 것이라고 봤다. 이 과정에서 인공지능 로봇을 인류에게 좋은 방향으로 발전시키는 데 소프트뱅크가 기여해야 한다는 비전을 세운 것이다. 이런 비전은 일본정부의 계획과 맥을 같이한다. 일본 정부는 2035년까지 로봇산업의 시장규모를 100조 원까지 키울 계획이라고 한다.」[07]

첨단산업분야에 종사하고 있는 사람들은 다가오는 미래사회는 인공지능사회가 될 것이라고 내다보고 있다. 우리는 손정의 회장과 그의 회사의 움직임을 통해서 미래사회가 어디를 향하고 있는지 알아보았다. 그는 '소프트뱅크 월드 2017' 콘퍼런스에서 「사물인터넷을 미래의 주역이라고 생각한다. 사물인터넷의 원동력이 되는 것이 인공지능의 진화다. 사물인터넷 시대에 인류와 공존하는 것은 인공지능을 대비한 스마트로봇이다.」라고 했다.[08] 인류와 로봇이 공존하는 전대미문의 새로운 세계를 여는 키워드로 이 세 가지를 꼽은 것이다.

직업사회의 변화

「1965~85년의 20년간 미국의 16세 이상 인구는 1억 2,900만 명에서 1억 8,000만 명으로 40%가 늘어났는데 같은 기간 취업자 수는 7,100만 명에서 1억 600만 명으로 50%가 늘었다. 이 인력을 고용한 3,500만 개의 일자리 중 2,400만 개가 뒤 10년간에 증가했다. 이는 특이한 일로 다른 어떤 나라에서도 일어나지 않았다. 1970~1984년까지 서유럽에서는 300~400만 개의 일자리가 사라졌다. 1970년대만 해도 서유럽의 일자리는 미국보다 2,000만 개나 많았지만 1984년에 들어서는 오히려 1,000만 개나 적었다. 일본의 경우도 1970~1982년까지의 12년간 일자리 숫자는 10%가 증가하여 미국 증가율의 절반에 그쳤다.

미국의 모든 전문가들은 25년 전에 미국경제가 아무리 빨리 성장한다 해도

1940~1950년 소위 베이비 붐 세대에 태어난 애들의 취업시기인 1970~1980년대에는 이 세대를 모두 고용한다는 것은 불가능한 일이라고 예측했다. 그러나 이 시기에 아무도 예측하지 못한 변수가 하나 더 있었는데 1970년대 중반이후 기혼 여성들이 대거 노동시장으로 진출했다는 점이다. 1970년대에는 5명 중 1명이 취업자였는데 1980년대에 이르러 기혼여성의 절반이 취업을 한 것이다. 일자리가 부족하리라는 25년 전의 예상을 벗어나 훨씬 많은 일자리가 제공된 것이다. 더구나 미국은 1970년에 이후 경제성장률이 제로인 기간이었고 탈공업화의 기간이었던 것이다.」[09]

이 글이 작성된 시기는 정보화시대가 전개된 시기이다. 산업혁명 이후 300년간은 기술체계에 의한 기술진보의 시대였다. 기술진보는 곧 마치 기계적 프로세스가 그런 것처럼 좀 더 빠른 속도, 좀 더 빠른 온도, 그리고 좀 더 높은 압력의 달성을 의미했다. 여태까지의 기술의 모델은 유기체의 외부 에너지 중심이었다면 제2차 세계대전 후부터는 유기체의 내부에서 일어나는 생물학적 프로세스 즉, 정보를 중심으로 구축되었다.

보다 구체적으로 얘기하면 제2차 세계대전 후 경제성장을 주도해 온 산업인 자동차, 철강, 고무, 전기장치, 가전제품, 전화 그리고 석유산업은 이제 성숙산업으로 더 이상 진보가 어렵게 되었고, 컴퓨터와 통신, 사무자동화, 로봇, 생물공학, 인공지능 등의 하이테크 산업으로 대체되어 간다는 의미이다.[10]

이렇게 보면 경제성장이나 기업의 성장이 고용과는 비례하지 않는다는 것을 알 수 있다. 이는 우리나라에서도 나타나는 현상이다. 국내 30대 기업의 전체직원 수의 75%가 제조업에 종사하고 있다. 이 중에서 삼성전자와 현대자동차의 직원이 차지하는 비율이 30%에 달한다. 이 30대 기업의 전체매출에서 두 회사가 차지하는 매출비중도 30% 수준이다. 그런데 2005년의 경우 이 두 기업의 매출액 비중은 20%였고 약 10년 후인 2014년에는 10%가 증가한 30%였는데 직원 수의 비중은 10년 전이나 후나 그대로 30%를 유지하였다.

이상에서 살펴 본 바에 의하면 직업사회의 변화가 예측한 대로 흘러가지 않았다는 점이다. 그리고 아무리 부정적인 예측이 있었다 하더라도 나름대로 적절한 대처가 있어 왔다는 점이다. 따라서 앞서 잠깐 언급한 로봇에 의한 인간의 실업문제도 지나친 우려일 수도 있다.

이 문제를 좀 더 검토하여 보기로 하자.

로봇이 점점 인간의 모습으로 급성장하여 사회 각 분야에서 인간의 역할을 대체하는 모습이 현실로 나타나자 세계는 이들에게 일자리를 뺏기지나 않을까 하는 두려

움에 가득 차있다. 그래서 여러 가지 대안을 검토하는 가운데 인간 일자리 빼앗는 로
봇에 대해 로봇고용주가 로봇세를 내야 한다는 주장이 등장하였다.

「2017년 6월, 유럽에서는 유럽의회가 로봇세 도입을 검토하고 있다는 사실이 알
려지면서, 논란의 불씨를 당겼다. 당시 유럽의회는 로봇이 확산되면 대규모 실직이
발생할 수 있어 로봇을 '전자인간'으로 간주해 소유자에게 세금을 물려 인간의 실직
등 손실에 대한 책임을 지게 해야 한다는 내용을 담은 보고서 초안을 작성했던 것.
그러나 결과적으로 로봇세는 우파의 반대로 유럽 의회에서 채택되진 않았다.

한편, 이미 로봇이 인간의 일자리를 위협하고 있다는 사실은 수많은 보고서로 입
증되고 있다. 2013년에 작성된 옥스퍼드대학의 보고서는 2023년에서 2033년까지 인간
일자리의 50%가 로봇으로 대체될 것이라고 전망했고, 2015년 매킨지 보고서는 지금의
기술로도 당장 45%의 인간 일자리를 로봇이 담당할 수 있다고 밝히기도 했다.」[11]

빌 게이츠는 로봇세 도입에 찬성하면서 "사람들이 로봇을 원하는 이유는 우리가
원하는 노동의 고통을 줄이고 우리가 원하는 제품이나 서비스를 더 효과적으로 만들
어 내기 위함이다. 그렇게 해서 우리는 고령층, 교육이 부족한 계층으로 눈을 돌리고
특별한 도움이 필요한 아이들도 지원할 수 있다"고 말했다고 한다.

여기서 주목되는 부분은 '인간과 동등한 수준의 세금'을 이를 도입한 기업주에게
매긴다는 것이다. 그동안 로봇의 인간 일자리 대체는 기업이 인건비를 줄이는데 그
가치를 인정받는 것으로 여겨져 왔다. 하지만 로봇에 대해 인간과 동등한 수준의 세
금을 내게 만든다면 생산원가를 절감하기 위해 로봇을 도입하려는 기업의 입장에서
는 로봇을 사용해야 할지 인간을 고용해야 할지의 문제로 바뀌게 된다. 원가절감의
문제에서 인적자원관리의 문제로 바뀌게 되는 셈이다. 그리고 전체노동시장의 입장
에서 보면 로봇 수만큼 인력공급이 늘어난 것으로 볼 수 있다. 로봇이 더욱 진화하여
감성까지 갖추게 되면 완전히 인간과 똑같은, 아니 인간을 뛰어넘는 새로운 인간의
탄생이 되기 때문이다.

그렇다고 한다면 이 문제는 인간의 일자리 위협이라는 시각보다는 전혀 다른 새
로운 시각에서 바라볼 필요가 있다. 이 책 머리말에서 '함께 사는 문제'는 인류의 역
사와 궤를 함께하지만 여전히 미해결의 과제로 남아 있다고 적시한 바 있다. 말하자
면 인류의 역사는 피지배 계급의 인권신장을 위한 자유투쟁의 역사였다고 말할 수
있는 것이다. 그런데 인간과 같은 로봇이 등장하여 피지배계급이 하는 일과 역할을
대신한다고 한다면 진정한 인류평등을 실현하여 '함께 사는 문제'를 완전히 해결하는
시대가 올 수 있다는 기대를 가질만하다.

이렇게 되면 기업에서는 모든 제품을 최저가격으로 생산할 수가 있다. 인건비는 거의 들지 않으며 원재료를 공급하는 기업도 마찬가지여서 원재료도 더 낮은 가격으로 구입이 가능하기 때문이다. 이것이 현실이 되면 덩달아 '먹고사는 문제'도 해결 될 수 있다. 이렇게 된다면 이윤을 추구하는 기업의 목적부터 바껴져야 한다. 아니 기업의 개념부터 달라져야 할지도 모른다. 나아가 국가의 개념이나 역할도 근본적으로 바뀌는 혁명적인 시대가 전개될지도 모른다.

그렇긴 하나 당장은 로봇기술수준은 나라마다 다르기 때문에 로봇이 중요한 신상품으로써 국가의 경쟁우위를 점유하는 수단이 될 수 있다. 한 국가를 역사의 비등점에 이르게 하는 핵심기술이 될 수 있어 로봇기술은 미래의 역사를 주도하는 새로운 강국의 탄생을 가져올지도 모를 일이다.

3. 직업사회 내부 환경

총인구와 인구성장률

우리나라는 2012년에 세계 일곱 번째로 '2050클럽'[17] 멤버가 됐다. 통계청은 1983년 7월 28일 인구 4,000만 명 시대를 열고, 이어 다시 29년이 흐른 2012년에 5,000만 명을 돌파했으며 같은 시기 세계 인구는 70억 5,000만 명으로 우리나라 인구는 세계 인구의 0.71%에 해당한다고 발표했다.

[그림 4-1]은 통계청의 중위추계[18]에 의해 1965년 이래 2065년까지의 우리나라 총인구와 인구성장률의 변화를 나타낸 것이다. 이 그림에서 보는 바와 같이 우리나라 미래의 총인구는 2015년 5,101만 명에서 2031년 5,296만 명까지 증가한 후 감소하기 시작하여 2065년에는 4,302만 명으로 1990년대의 인구와 비슷하게 될 것으로 전망된다.

인구성장률은 꾸준히 감소하다가 2032년부터 마이너스로 전환되고, 2065년에는 -1.03% 수준에 이를 것으로 전망했다. 인구의 자연증가는 사망자가 출생아보다 많아

---

17) 2050클럽 : 소득 2만 달러, 인구 5,000만 명이 넘는 국가를 말함.
18) 중위추계 : 통계청은 장래인구추계 시나리오를 제공하고 있는데 인구변동요인(출생·사망·국제이동)의 장래 수준을 중위·고위·저위로 설정한 후, 요인별 수준을 조합하여 총 30개의 장래인구추계 시나리오를 작성한다. 기본시나리오는 인구변동요인별 중위 추계, 고위 추계(최대인구), 저위 추계(최소인구)의 3가지이다.

[그림 4-1] 총인구와 인구성장률의 변화(1965-2065)

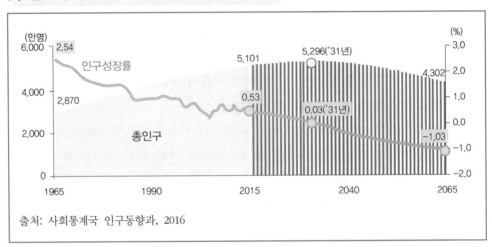

출처: 사회통계국 인구동향과, 2016

지는 2029년부터 멈추게 될 것으로 보인다. 출생아는 2015년 43만 명에서 2065년 26만 명 수준으로 감소하고 사망자는 28만 명에서 2065년 74만 명 수준으로 증가할 것으로 본 것이다.

인구 구조의 변화

<표 4-5>는 2005년부터 2015년까지의 연령별, 성별 인구구조 변화의 추이를 나타낸 것이다. 이를 보면 우리나라 인구의 연령별, 성별 인구구조 변화의 특성을 다음과 같이 요약할 수 있다.

첫 번째는 인구 고령화다. 65세 이상의 인구는 2005년 이후 5년 만에 24.4%가 증가하고 이로부터 5년 후인 2015년에는 21.%가 증가하였다. 특히 85세 이상의 인구는 이 기간에 각각 57.5%, 42.5%가 증가했다. 이와 같은 급속한 고령화 추세로 우리나라는 2000년에 고령화 사회[19]에 들어섰으며 2020년 경에는 고령사회로 전환하고 2026년에 초 고령사회가 될 것으로 예상하고 있다. 65세 이상의 인구가 전체 인구에서 차지하는 비중이 2005년 9.3%에서 2010년에는 11.3%로 2015년에는 24.3%로 급증하여 고령화의 추세가 잘 나타나고 있다.

두 번째는 저출산 풍조이다. 연령대별 인구의 변화를 보면 15세 미만 인구의 경

---

19) UN에서는 65세 이상 노령인구비율이 7%가 넘는 사회는 고령화 사회(aging society), 14%를 넘으면 고령사회(aged society), 20%이상인 사회를 초 고령사회(super aged society)로 분류한다.

우 눈에 띄게 줄어 2010년에는 2005년에 비해 13.3%가 감소하였다. 5년 후인 2015년에는 2010년 대비 11.3%가 감소하여 감소폭은 다소 완화된 감은 있으나 저출산의 풍조를 그대로 보여주는 수치라고 할 수 있다. 2005년 15세 미만의 인구가 전체인구에서 차지하는 비중은 19.1%였으나 5년후 16.2%로 그로부터 5년 후인 2015년에는 13.5%로 감소했다.

세 번째는 생산인구의 감소이다. 인구 고령화와 저출산의 영향으로 생산가능인구(15~64세)는 2005년 이후 5년간 각각 3.2%와 4.2% 증가하는 데 그쳤다. 그러나 고령화 진전에 따라 이후 급격히 감소될 것으로 보인다. 한편 남녀의 성비는 전체적으로 비슷하나 65세 이상의 경우는 여자가 남자보다 생존율이 훨씬 높다는 점이 특기할 만하다.

〈표 4-5〉 연령별, 성별 인구변화의 추이   (단위 : 백만명)

연령별	2005년				2010년				2015년			
	인구	남자	여자	성비	인구	남자	여자	성비	인구	남자	여자	성비
전체	47,041	23,466	23,576	99	47,991	23,841	24,150	98	51,069	25,609	26,461	101
15세 미만	8,986	4,708	4,278	110	7,787	4,040	3,746	107	6,907	3,567	3,340	106
15~64세	33,690	17,021	16,669	102	34,779	17,603	17,176	102	36,230	18,489	17,741	104
65세 이상	4,365	1,736	2,629	66	5,425	2,198	3,227	68	6,569	2,763	3,806	72
85세 이상	233	59	174	33	367	95	272	34	523	132	391	33

출처 : 통계청

생산가능 인구 감소 및 고령화

위에서 살펴 본 바와 같이 우리나라 인구변화의 추이는 인구감소와 고령화로 요약할 수 있다. 이러한 추세가 지속된다면 저 출산으로 생산가능인구로 유입되는 인구는 적고 급속한 고령화로 유출되는 인구는 많아 전체적으로 경제활동인구가 줄어들게 되어 우리사회가 성장 동력을 잃고 표류하게 될 위험이 크다. 결국 인구가 줄고 고령화된다는 것은 정치·경제·사회·문화 전 분야에서 국가운영의 기본 틀을 바꿔야 한다는 뜻이다.

이러한 인구변화의 추이는 노동시장에 가장 큰 영향을 미친다. 한국고용정보원(2012년)은 경제활동인구가 완만히 증가하다가 2020년대 초반부터는 감소하기 시작하고, 감소의 속도도 전체 인구감소보다 더 빠르게 되어 경제성장 잠재력 악화가 그만큼 더 빨리 진행하게 될 것이라고 전망했다. 더구나 초고령사회로 진입하여 사회적 부담이 한층 더 가중될 것으로 보았다.

　<표 4-6>은 2005년 이후 최근까지 경제활동참가율, 실업률, 고용률 변화를 나타내고 있다. 변화의 추이를 보면 경제활동참가율, 실업률, 고용률은 큰 변화가 없으나 근래에 이르러 15세 이상의 인구 증가폭이 둔화되고 있음을 알 수 있다.

　생산가능인구가 1% 감소하면 경제성장률이 5% 하락한다는 연구결과도 있다. 전문가들은 여성과 청년, 노인의 고용률을 높여 생산가능인구 감소세를 완충하고, 어떻게든 출산율을 끌어올릴 필요가 있다고 주장한다. 우수한 외국 인력을 유인할 수 있는 이민정책을 주장하기도 한다. 60년대 인구 축소정책은 50년을 못 내다본 것으로 비판할 수 있으나 출산율이 낮은 것은 정책만의 탓이 아니다. 인구는 1990년대 들어 증가율이 현저하게 감소하였는데 그 후로도 20년이 지나는 동안 계속해서 속수무책으로 감소했다.

〈표 4-6〉 경제활동참가율, 실업률, 고용률　　　　　　　　　　　(단위 : 천명, %)

	15세이상 인구	경제활동 인구	취업자	실업자	비경제활동 인구	경제활동 참가율	실업률	고용률
2005	38,503	23,526	22,699	827	14,977	61.1	3.5	59.0
2008	39,804	24,032	23,245	787	15,772	60.4	3.3	58.4
2011	41,273	24,880	24,125	754	16,394	60.3	3.0	58.5
2014	42,728	26,270	25,384	886	16,458	61.5	3.4	59.4
2016	43,561	27,035	26,168	867	16,526	62.1	3.2	60.1

출처 : 통계청

생산가능 인구 및 고령화 전망

　생산가능 인구는 2016년 3,763만 명을 정점으로 2017년부터 감소하기 시작하여 베이비붐 세대(1955~1963년생)가 고령인구로 진입하는 2020년대부터는 연평균 34만 명, 2030년대부터는 연평균 44만 명, 2065년에는 2,062만 명으로 감소하여 2015년의 55.1% 수준에 이를 것으로 전망했다.

　한편 주요경제활동인구(25~49세)의 비중은 2015년 1,979만 명(52.8%)에서 2065년에는 1,015만 명(49.3%)으로 감소할 것으로 전망했다. 생산가능 인구 중 50~64세 비중은 2015년 29.2%에서 2065년 36.0%로 증가할 것으로 전망했는데 전체인구감소로 인원은 1,092만 명에서 742만 명 수준으로 감소할 것으로 보았다.

65세 이상의 고령인구 구성비는 2015년 12.8%에서 빠르게 증가하여 2026년 20%, 2037년 30%, 2058년 40%를 초과할 것으로 전망했다. 인원수는 2015년 654만 명에서 2025년에 1,000만 명을 넘어서고, 2049년에 1,882만 명까지 증가할 것으로 전망했다.

85세 이상 초고령인구도 2015년 51만 명에서 2024년에는 100만 명을 넘고, 2065년 505만 명으로 늘어날 것으로 전망했다. 이는 2015년 대비 10배 이상 늘어난 것으로 수준으로 구성비가 2015년 1% 수준에서 2065년에는 11.7%로 증가한 셈이다.[12]

부양비 및 노령화지수

[그림 4-2]는 부양비[20] 추이를 나타낸 것이다. 부양비란 크게 유소년부양비와 노년부양비로 구분한다. 유소년부양비는 생산가능인구(15~64세)에 대한 유소년인구(0~14세)의 비를 말하고 노년부양비는 생산가능 인구에 대한 고령인구(65세 이상)의 비를 말한다. 이 부양비는 통상 생산가능 인구 1백명당 부양인구수로 나타낸다. 부양비가 높다는 것은 인구의 구조상 생산가능인구가 유소년이나 노년층에 비해 상대적으로 많지 않다는 의미이다. 유소년부양비가 높다는 것은 생산가능 인구로 진입할 유소년이 많다는 의미이고 노년부양비가 높다는 것은 고령인구가 많아서 그만큼 부양해야 할 고령자가 많다는 의미일 뿐만 아니라 고령자로 진입하는 인구가 많다는 것을 의미한다.

[그림 4-2] 부양비 추이(1965~2065)

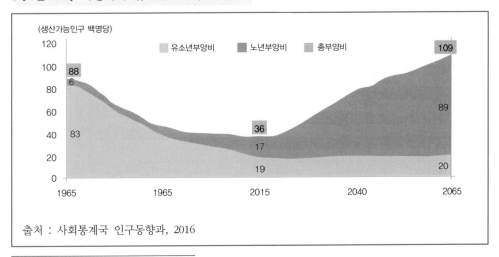

출처 : 사회통계국 인구동향과, 2016

20) 부양비(Dependency ratio) = 유소년비 + 노년부양비

그림에서 보면 생산가능 인구 1백명당 부양할 인구(유소년, 고령인구)인 총부양비는 2015년 36.2명에서 2037년에 70명을 넘고, 2059년에는 100명을 넘어서게 될 것이라는 것을 알 수 있다. 또한 유소년부양비가 1995년 83명에서 2015년 19명으로 감소하였고, 노년부양비는 2015년 17명에서 이후 꾸준히 증가하여 2065년에는 89명이 될 것으로 예측하고 있다. 이는 1965년 이후 출생자수가 꾸준히 감소하고 고령인구는 늘어나고 있다는 의미이다. 말하자면 생산가능인구로의 유입은 계속해서 줄어들고 유출은 계속 늘어나고 있음을 보여주는 것이다.

한편 유소년인구 1백명당 고령인구수를 나타내는 지표가 노령화지수이다. 이 노령화 지수가 2015년에는 93.1명이었는데 2017년 100명을 넘어서고, 2029년 203명, 2065년 442.3명으로 늘어날 것으로 전망하고 있다. 이는 2015년 대비 4배가 넘는 것으로 연령별 인구 구성비의 불균형이 갈수록 심화될 것임을 보여주고 있다.

체류 외국인 현황

우리나라 경제가 급속히 성장하면서 두드러진 특징의 하나는 외국인근로자가 늘어나고 국제결혼이 크게 증가했다는 점이다. 우리나라는 1988년 소위 '88올림픽' 이후 이주노동자가 본격적으로 유입되기 시작하였다. 최근 3년간의 대륙별 체류외국인 현황은 <표 4-7>과 같다.

〈표 4-7〉 대륙별 우리나라 체류 외국인 현황(2013~2015)　　　　　(단위 : 명)

	2013년	2014년	증가율	2015년	증가율
아시아주	1,344,368	1,557,261	15.8%	1,649,030	5.9%
(한국계 중국)	497,989	590,856	18.6%	626,655	6.1%
북아메리카주	158,366	161,016	1.7%	163,837	1.8%
남아메리카주	4,753	5,034	5.9%	2,138	-57.5%
유럽주	40,750	44,040	8.1%	49,817	13.1%
오세아니아주	16,687	17,274	3.5%	17,248	-0.2%
아프리카주	10,880	12,744	17.1%	14,185	11.3%
기타	230	249	8.3%	267	7.2%
총계	1,576,034	1,797,618	14.1%	1,899,519	5.7%

출처: 법무부, 이민정보과

이 표에서 보면 체류외국인은 약 190만 명(2015년 현재)으로 불법체류 외국인까지 합한다면 200만 명이 넘는다. 그리고 체류외국인의 약 87%가 아시아 국가 출신이라는 점이 특징이다. 아시아의 20여 개 국가에서 우리나라에 들어와 있다. 구체적으로 이들 나라는 중국, 베트남, 타이, 필리핀, 일본, 우즈베기스탄, 인도네시아, 캄보디아, 몽골, 네팔, 타이완, 스리랑카, 미얀마, 방글라데시, 홍콩, 파키스탄, 인도, 말레이시아, 카자흐스탄 등이다.

체류외국인을 체류유형별로 살펴보면 <표 4-8>과 같다.

단기체류자는 체류기간이 90일 이하인 사증으로 입국하여 외국인등록을 하지 않은 자이고, 장기체류자는 91일 이상 국내에 체류할 목적으로 외국인등록을 한 자를 말한다. 불법체류자는 체류기간이 지났음에도 불구하고 체류기간 연장허가를 받지 않거나 출국하지 않고 체류하는 자를 의미한다. 불법체류자들의 대부분은 생계를 위해 불법으로 취업하고 있는 노동자들이다. 체류 외국인, 특히 이주노동자는 무시할 수 없는 우리나라의 산업인력이 되었다. 그리고 이들은 계속 늘어날 수밖에 없다. 이들이 국내 노동시장에 미치는 영향은 크다. 이들에 대한 인권침해문제도 간과할 수 없는 사회문제가 되고 있다. 다문화가정도 계속 늘고 있고 대한민국 국적을 취득한 이민자의 수는 2006년까지 3.95만 명에 불과하였지만 2015년에는 그 누적 규모가 15.8만 명으로 약 4배로 증가하였다.

⟨표 4-8⟩ 유형별 체류 외국인 현황 (단위 : 천명)

		2011년	2012년	2013년	2014년	2015년
체류외국인 총계		1,395	1,445	1,576	1,798	1,900
체류외국인	장기	1,117	1,121	1,219	1,378	1,468
	단기	278	325	357	420	432
불법체류 외국인		168	178	183	209	214

출처 : 법무부, 이민정보과

우리나라도 이젠 단일민족국가라고 부르기가 어렵게 되어가고 있다. 다양한 소수민족과 함께 살아가야 하는 것이 현실이 된 것이다. 다문화 공존의 문제를 보다 심도 있게 연구하고 검토하여 실생활에 적용함으로써 새로운 사회문제의 불씨가 되지 않도록 서둘러야 할 필요가 있다.

제 2 장

가계와 직업사회

1. 가계측면에서 본 직업사회

직업사회에서 일어난 일들

「노동자가 한 인간으로 살아가기 위해서는 목숨을 걸어야 하는 나라.」

위 글은 2003년 10월 당시 구조조정을 반대하며 129일간 고공크레인 농성을 벌이다 크레인 난간에 목을 매어 스스로 목숨을 끊은 한진중공업 김주익 노조위원장이 남긴 유서 내용이다.

「존경하는 서울시장 및 공무원 여러분 우리 동네에 자살 방지 프로그램을 만들어주시고 …, 답답하고 어려운 생활을 하는 주민들에게 존엄성과 삶을 포기하지 않도록 도와주세요.」

위 글은 2012년 8월 16일 서울의 영구임대아파트에 사는 한 주민이 서울시 누리집에 올린 글이다. 이 아파트엔 1,780여 가구 4,250여 명이 산다. 지난 5월부터 100여일 동안 주민 6명이 스스로 목숨을 끊었다. 단일 거주환경에서 단기간에 이처럼 많은 이들이 잇따라 자살한 사례는 국내에서 찾기 힘들다. 가중된 경제난과 박탈감 등이 이곳 빈민들의 삶을 무력화한 결과로 분석된다. 이 아파트 단지의 최근 자살률은 1,000명당 1.41명꼴이다. 2010년 전국 평균자살률인 1,000명당 0.31명, 서울시 0.26명과 단순 비교하면 4.5~5.4배 차이가 난다. 경제협력개발기구 회원국 평균(0.11명)의 12.8배다. 자살한 6명 가운데 단 한명도 자치구나 정신보건센터, 서울시 지원을 받는 단지 내 사회복지관의 사례관리·상담 군에 포함돼 있지 않았다.[13]

「주인아주머니께 … 죄송합니다. 마지막 집세와 공과금입니다. 정말 죄송합니다.」

위 글은 2014년 2월 생활고에 시달리던 서울 송파구에 살던 세 모녀가 방안에 번개탄을 피워 놓고 동반자살하면서 현금 70만원과 함께 남긴 유서이다.

「창피하지만, 며칠 째 아무 것도 못 먹어서 남는 밥이랑 김치가 있으면 저희 집 문 좀 두들겨 주세요.」

위 글은 2011년 2월 경기도 안양시의 한 월세 집에서 시신으로 발견된 여 작가가 이웃에 남긴 쪽지이다. 한국예술종합학교를 졸업한 그녀는 갑상선 기능 항진증과 췌장염을 앓고 있었으며 치료도 제대로 받지 못한 상태에서 며칠 동안 식사를 하지 못해 사망한 것으로 알려졌다.

「너무 배가 고파서 막걸리를 훔쳤습니다.」

위 말은 2017년 1월 부산 사하구 한 마트에서 26세 청년이 천백 원짜리 막걸리 한 병을 훔쳤다가 붙잡혀 인근 파출소에서 조사받는 과정에서 한말이다. 이 청년은 최근 울산의 한 조선소에서 실직한 뒤 부산으로 내려와 친구나 지인의 집을 전전하며 이틀간 수돗물로 끼니를 때웠다고 한다.

「제발 때리지 마세요!」

위 말은 1995년 1월 9일 네팔인 산업기술연수생 13명이 명동성당에서 농성을 시작하면서 내건 구호이다. 우리나라에 외국인노동자가 본격적으로 들어오기 시작한 것은 1990년대 초의 일이다. 이후 외국인노동자의 신분과 처우문제가 큰 사회적 이슈가 되어왔다. 마침내 2003년 7월 31일 천신만고 끝에 고용허가제를 골자로 하는 '외국인근로자의 고용 등에 관한 법률'이 통과되어 2004년 8월부터 국내에서 일하는 외국인노동자는 출신국과 숙련수준에 관계없이 근로기준법상 '근로자' 지위를 가지게 되었다.

「17일 아시아나항공 조종사노조가 파업에 돌입했다. 노·사양측이 타협점을 찾지 못해 파업이 지속되자 결국 정부의 긴급 조정권이 발동되어 파업 25일 만에 마무리되었다. 긴급 조정권은 쟁의행위로 인해 국민의 일상생활이 위태로울 만큼 사회적 위해가 클 때에 정부가 발동하는 최후의 수단으로 이제까지 1969년 대한조선공사와 1993년 현대자동차 파업시의 단 두 차례만 발동되었다. 노·사간의 핵심쟁점은 연간 총비행시간의 조정, 장기근속자 퇴직금 누진제, 정년연장, 외국인 조종사 채용 동결 및 채용 시 노조 동의, 노조간부 징계 시 노조동의, 비행 전 약물 및 음주 검사 중단 등이었다고 한다.」

위 글은 2005년 7월 아시아나 조종사노조파업과 관련한 언론매체의 보도를 요약한 것이다.

「최근 10년 동안 발생한 산업재해자수는 매년 9만 명이 넘었고, 재해로 인한 사망자수는 2006년 2,238명이었고 매년 줄어들어 2009년에 1,916명으로 2,000명 밑으로 떨어졌다. 2015년에는 사망자수가 1,810명으로 줄었다.」

위 글은 2006년부터 2015년까지의 산업재해자수에 대한 통계청자료를 요약한 것이다.

「쌍용자동차는 대규모 인력 구조조정을 단행했다. 회사는 경영악화를 이유로 그해 4월 전체 인력의 37%에 이르는 2,646명의 정리해고를 통보했고, 노조는 이에 반발해 평택 공장을 점거한 채 옥쇄파업에 들어갔다. 옥쇄파업이란 공장 출입문을 폐쇄한 채 공장 내에서 조합원들이 숙식을 해결하며 총파업에 나서는 초강경 투쟁 방식을 말한다. 이 파업은 공권력 투입으로 많은 후유증을 남기고 77일 만에 끝났다. 그 과정에서 1,666 명이 희망퇴직 등으로 회사를 떠났고 980명은 정리해고 되었다. 노·사는 정리해고 대상자 다수를 무급휴직·희망퇴직으로 전환했으나, 결국 165명은 정리해고 됐다.[14] 심각한 문제는 이후에 발생했다. 직장을 떠난 이후 2016년까지 7년 동안에 자살하거나 병으로 숨진 이 회사 노동자와 가족은 28명에 이른다.」

위 글은 2009년 4월 쌍용자동차의 정리해고와 관련한 언론매체의 보도를 요약한 것이다.

「2016년 10월말 기준 우리나라 실업자가 101.2만 명으로 100만 명이 넘는 것은 통계가 작성되기 시작한 2000년 이후 처음 있는 일이고, 15세에서 29세까지의 청년실업율도 9.8%로, 이는 89.6만 명으로 최악을 기록한 것이라고 한다. 아예 구직활동 자체를 포기한 '구직단념자'도 2000년 16.5만 명에서 매년 증가하여 49.9만 명으로 3배 이상 증가하였다.」

위 글은 2017년 1월에 통계청이 발표한 실업자에 관한 자료를 요약한 것이다.

「2014년 기준 전체 노인인구 642만 9천여 명 중 독거노인 비율은 20%로 집계되었다. 서울시의 경우 65세 이상 독거노인은 2007년 약16만 명에서 2013년에는 약25만 명으로 늘었다. 그리고 60세 이상 가구주 중 24%가 혼자 사는 것으로 파악됐다.[15] 2015년 통계청 사회조사에서도 앞으로 자녀와 함께 살고 싶지 않다는 응답이 2002년 49.3%에서 2013년 71.4%로 크게 증가한 것으로 나타났다. 실제로 60세 이상을 대상으로 자녀와 동거 여부를 조사한 결과 54.8%가 함께 살고 있지 않다고 답했다. 부모의 노후생계를 주로 누가 돌보아야 하는지에 대해서도 자녀가 해야 한다는 의견은 2002년에는 64.8%였으나 2014년에는 31.2%로 감소했다.」

이상은 2000년 이후 우리의 직업사회에서 발생한 사건들 중에서 상징성이 있다고 보이는 몇 가지를 정리한 것이다. 이 사건들이 말해주는 직업사회의 현실은 다음과 같다.

첫째 21세기를 살고 있는 우리사회에 아직도 굶어죽는 사람이 있다는 믿기지 않는 사실이다.

둘째 근로자가 일자리 문제로 스스로 목숨을 끊는 일이 세월이 흘러도 계속해서 발생한다는 점이다.

셋째 2000년대의 직업사회의 큰 환경변화의 하나로 외국인 근로자의 증가를 들 수 있는데 이들에 대한 차별이 심하다는 점이다.

넷째 상대적으로 고수익이 보장된 직군에서도 파업을 한다는 점이다.

다섯째 산업재해자 수가 많고 좀처럼 줄지 않는다는 점이다.

여섯째 기업의 정리해고의 후유증이 너무 크다는 점이다.

일곱째 갈수록 일자리를 얻지 못하고 있는 사람들이 늘어나고 있다는 점이다.

여덟째 학교를 졸업하고 사회에 첫발을 내딛고 힘찬 출발을 해야 할 청년들 중에서 첫발조차 내딛지 못한 청년들이 심각할 정도로 많다는 점이다.

아홉째 평생 일을 하고 살아 왔음에도 불구하고 노후에 생활고로 신음하다가 스스로 생을 포기하는 노인이 많다는 점이다.

열째 유교문화와 가족중심의 한국사회의 전통문화가 시나브로 사라지고 있다는 점이다.

고달픈 삶의 현주소

오늘날 우리사회의 두드러진 현상은 양극화와 저출산, 그리고 고령화로 요약할 수 있다. 이와 같은 사회문제가 제기되기 시작한지는 대략 2000년대 초반부터이다. 그런데 거의 20년이 다 지나가는 2017년 현재까지도 각종 지표에서 보면 이러한 현상이 낮아지기는커녕 점점 더 심화되어 가고 있다. 우리는 지금 어떤 사회 속에서 어떠한 삶을 살고 있는지 좀 더 구체적으로, 보다 객관적인 시각으로 들여다보기로 하자.

(1) 자살공화국

강북의 영구임대아파트단지에서 2012년 5월 이후 100일 동안 6명이 노인이 스스로 목숨을 끊었다. 대구에서는 2011년 11월 이후 한 해 동안 자살한 학생이 10명이나 된다. 우리나라는 이와 같이 자살하는 사람이 많아 오이시디 국가 중 16년째 단연

1위이다. '단연'이라는 표현을 쓴 것은 2위와는 비교할 수 없을 만큼 심각하게 많기 때문이다.

〈표 4-9〉 인구10만 명당 자살자 수

년도	'83	'95	'01	'02	'03	'08	'09	'10	'11	'12	'13	'14	'15
수	8.7	10.8	14.1	17.6	22.6	26.0	31.0	31.2	31.7	28.1	28.5	27.3	26.5

출처 : 통계청

　　〈표 4-9〉는 인구 10만 명당 자살자수를 나타낸 것이다. 이 표를 보면 해마다 사망자수가 계속 늘어나고 있는 것을 확연히 알 수 있다. 1990년대 초만 하더라도 인구 10만 명당 자살자수가 10명이 넘지 않았는데 1995년도에 10명을 넘어섰고 2003년에는 20명을 2009년에는 30명을 넘어섰다. 2011년에 31.7명으로 최고치를 기록하고 2012년에 다시 20명대로 감소하여 점차 줄어들고 있는 추세이긴 하다. 자살자 수를 보면 2011년에는 15,000명을 넘었고 여전히 13,000명 이상이 스스로 목숨을 끊었다.

　　이 보다 더 충격적인 것은 사망원인별 순위이다.

　　〈표 4-10〉에서 보는 바와 같이 사망원인별 순위에서 2000년도 초반까지만 하더라도 자살이 7~8위였는데 2000년대 중반부터는 3위를 유지하고 있다. 보통 사망원인 1위가 암이고 2위가 뇌혈관질환, 3위가 심장질환, 4위가 자살이었다. 최근에는 다시 4위가 되어서 그나마 다행이긴 하나 이렇게 자살순위가 높다는 통계는 충격적이 아닐 수 없다.

〈표 4-10〉 인구 10만 명당 사망원인별 순위

년도	'99	'00~'02	'03	'04	'05	'06	'07~'10	'11~'15	비고
순위	7	8	4	4	3	4	3	4	

출처 : 통계청

　　호스피스 병동을 오래 지켜온 어느 분이 '대부분의 환자가 죽는 순간까지 삶에 대한 희망의 끈을 놓지 않는다고 하면서 이는 디엔에이에 각인된 본능인거 같다'고 하는 말을 들은 적이 있다. 이렇듯 생에 대한 애착은 본능보다도 더 강렬한 것일진대 이를 포기하고 스스로 자살을 선택하게 만든 그 절박함이 무엇일까? 2011년 1월 영국 비비시 방송은 서울시 종합방재센터 상황실을 취재한 뒤, '자살 공화국'이란 오명을 듣는 한국의 문제점이 무엇인지 심층 분석해 보도했다.

「비비시 방송은 한국 정부 통계에 따르면, 매일 40명 이상 스스로 목숨을 끊고 있어 이런 현상은 그리 놀라울 게 아니라고 전했다. 비비시는 세계 12대 경제 규모를 자랑하는 한국에서 이 같이 자살률이 높아지는 원인을 '돈과 성공에 목매는 끝없는 압박'에 있을 수 있다고 국내 심리학자 등의 말을 인용, 보도했다. 이 방송은 한국은 지하철에서도 인터넷을 이용할 수 있고, 살사클럽에서 밤새도록 춤출 수 있고, 출근 길에는 맛있는 카푸치노를 살 수 있는 나라일 정도로 부유해졌지만, 사람들은 한국전쟁 직후의 어려웠던 시절보다도 덜 행복해 보인다고 지적했다.

아동 심리학자인 홍강희 박사는 이 방송에 "지난 40년 동안 한국 부모들은 '돈과 성공'이라는 단 한 가지의 목적을 위해서 전통적인 가치를 버렸다"며 "어릴 때부터 돈과 성공의 중요성을 강조하다 보니, 부모들은 학교 성적이나 좋은 직장을 얻고 좋은 대학에 들어가지 못하면 '인생은 성공하지 못한 것'이라고 여기는 경향이 있다"고 말했다. 비비시 방송은 "한국 국회도 자살 문제의 심각성을 알고, 정부에게 자살 문제 해결에 적극적으로 개입해줄 것을 주문하고 있다"며 "하지만 자살 문제는 이미 한국 전역으로 급속히 번진 뿌리 깊은 문제이며, 농촌 지역에서도 매우 높은 자살률을 보이고 있다"고 보도했다.」[16]

2016년 오이시디 평균 자살율은 12.0명이고 우리나라는 25.8명이다. 2011년 이후 감소추세에 있긴 하지만 하루 평균 37명으로 여전히 높다. 특히 노인자살과 청소년 자살은 심각하다. 통계청이 발표한 '2009년 사망원인 통계 결과'에 따르면 자살 노인 수는 60대 2,074명, 70대 1,899명, 80대 964명으로 조사됐다. 이는 10년 전인 2000년 60대 796명, 70대 571명, 80대 235명에서 3배 가까이 늘어난 수치다. 2012년 서울시의 '독거노인 전수조사'에 따르면 응답자 3만 6244명 가운데 기초노령연금액을 포함한 월 소득 60만원에도 못 미치는 노인들이 81%에 달했다. 특히 이들 가운데 2만 5795명은 월 소득이 50만원 미만으로 조사됐다. 결국 노인 자살의 주된 원인은 빈곤이라고 할 수 있다.

「청소년 자살의 경우 자살사망률이 10년간 2배로 늘어났는데 청소년의 자살의 주된 원인은 성적비관과 학교폭력이라고 한다. "15~19세 청소년 자살률은 인구 10만 명당 8.3명(2010년 기준)이며, 청소년 사망 원인 중 자살이 차지하는 비중은 지난 2000년 14%에서 2009년 28%로 급증, 청소년 사망원인 1위에 올랐다.」[17]

(2) 저임금 근로자 비중 오이시디 국가 1위

비현실적인 최저임금수준 때문에 우리나라 저임금 근로자비중이 오이시디 국가 중 압도적인 1위라는 불명예를 벗어나지 못하고 있다. 특히 우리나라 근로자 4명 중 1명은 중간임금의 2/3도 받지 못하는 것으로 드러났다. 오이시디 국가의 2012년 고용 전망에 따르면 2010년 기준 우리나라의 저임금고용비중[21]은 전년(25.7%) 대비 0.2% 상승한 25.9%로 나타났는데 이는 오이시디 국가 중 가장 높다. 2010년 기준 오이시디 국가의 평균 저임금고용비중은 16.3%로 우리나라보다 9.6%포인트 낮았다. 특히 이탈리아(9.5%), 스위스(9.2%), 포르투갈(8.9%), 핀란드(8.1%), 벨기에(4%) 등은 저임금 고용비중이 10%에도 못 미치는 것으로 집계되었다. 소비자 물가지수[22]를 고려한 우리 나라의 실질 최저임금은 2010년 기준 3.06달러로 오이시디국가평균(6.66달러)의 47%에 불과했다. 구매력평가지수[23]를 반영한 실질최저임금(4.49달러)역시 오이시디국가 평균(6.86달러)의 65%에 그쳤다고 했다.[18]

문제는 이처럼 낮은 최저임금조차 지키지 않는 사업장들이 많다는 점이다. 고용노동부가 지난해 2만 3,760개 사업장의 최저임금법 준수 여부를 점검한 결과 10곳 중 1곳 꼴인 2,077개 업체가 최저임금 미만을 근로자에게 지급했다. 이와 같은 현실은 2018년부터 최저임금(시급 7,530원) 인상으로 다소 개선될 여지가 있으나, 아파트 경비원 등 감시·단속직 근로자 적용제외 승인여부에 따른 근무시간 산정의 불합리, 가사사용인과 같은 특수고용직 근로자 문제 등 돌아봐야 할 곳이 많은 점 또한 현실이다.

〈표 4-11〉 우리나라 소득분배 추이

	2006년	2007년	2008년	2009년	2010년
10분위 분배율	0.286	0.273	0.271	0.278	0.290
소득 10분위 배율	10.4	10.9	11.1	10.8	10.2

출처 : 통계청, 가계 동향 자료

소득불평등은 <표 4-11>의 최근 5년간의 10분위 분배율이나 소득배율을 보아도 잘 알 수 있다. 10분위 분배율이 통상 35% 이하면 불평등국가로 분류하는데 우리나라는 30% 이하로 소득불평등이 심한 나라에 속한다.

---

21) 저임금고용비중(Incidence of low pay)
22) 소비자 물가지수(CPI, Consumer Price Index)
23) 구매력평가지수(PPP, Purchasing Power Parity)

「김낙년 동국대 교수(경제학)는 <한국의 소득불평등, 1963~2010: 근로소득을 중심으로>란 논문에서 1996년 근로소득 1분위(100% 중 하위 20%)의 물가상승률을 고려한 1인당 연평균 실질 급여가 649만원에서 2010년 492만원으로 24.3% 줄었다고 밝혔다. 이는 같은 기간 소비자물가가 연평균 3.46%씩 상승했지만 명목임금은 410만원에서 82만원 증가한 492만원에 그쳤기 때문이다. 1분위뿐만 아니라 2분위(하위 40~20%)의 실질급여도 같은 기간 10% 가량 쪼그라들었다. 중간지대에 있는 3분위(하위 40~60%)의 근로소득도 소폭 감소했다. 반면에 5분위(상위 20%)의 근로소득은 같은 기간 연간 4,849만원에서 6,856만원으로 41.3%나 늘어난 것으로 조사됐다.」[19]

소득불평등에 의한 양극화는 갈수록 심화되고 있다. 김낙년 동국대 교수의 2000~2013년 국세청 상속세 자료 분석에 따르면 자산 상위 10% 계층이 우리 전체 부의 66%를 소유하고 있으며 하위 50%가 가진 자산은 겨우 2%에 불과했다. 기업의 양극화도 심화돼 지난 2012년 10대 재벌기업의 자산이 지디피의 84%를 차지, 10년 전 48.4%보다 배 가까이 증가했다. 하지만 10대 재벌의 고용비율은 전체 고용의 5%에 불과했다.

그렇다고 한다면 2017년 오늘날의 소득불평등 수준은 얼마나 달라졌을까?

「2016년 소득기준 상위 0.1%의 월평균 근로소득이 중위소득의 30배에 달하는 것으로 나타났다. 특히 상위 0.1%인 약 2만 명의 총 근로소득은 하위 27%인 295만 명이 버는 수준에 육박해 봉급생활자 간 양극화가 두드러졌다. 국세청의 '근로소득 천분위' 자료를 분석한 결과, 지난해 상위 0.1%인 1만 7,000명의 연평균 소득은 6억 5,500만원이었다. 근로소득 천분위는 지난해 국내 근로소득자 1,733만 명의 소득을 백분위보다 더 잘게 쪼개 나타낸 분포다. 소득구간을 백분위보다 10배 더 쪼갠 만큼 구간 내 소득자 간 차이는 줄고 구간별 소득 격차는 더 정밀하게 분석할 수 있다.

소득이 딱 중간인 50% 구간(중위소득)의 근로자들은 연간 2,299만원을 벌었다. 상위 0.1%가 중위 소득자보다 28.5배 더 버는 셈이다. 월평균으로 보면 상위 0.1%는 매달 5,458만원을 벌었다. 중위 소득자의 월평균 근로소득은 192만원이었다. 상위 0.1%의 총 근로소득은 11조 3,539억원으로, 전체 근로소득자 총 급여 562조 5,096억 원의 2.02%에 해당했다. 상위 0.1%가 하위 83.1~100%(294만 7,000명)의 총 근로소득(11조 5,713억원)과 비슷한 소득을 올렸다.

상위 1%(17만 3,000명)의 연평균 소득은 1억 4,180만원, 상위 10%(173만 3,000명)는 7,009만원으로 각각 집계됐다. 상위 1%의 총 근로소득은 40조 7,535억원으로 전체의 7.3%를 차지했고, 상위 10%의 총 근로소득은 전체의 32.4%에 달하는 182조 2,856억원으로 파악됐다.

연간 근로소득이 1억원 이상인 인원은 58만 9,000명으로, 이들은 근로소득 상위 3.4% 안에 들었다. 연간 1억 79만원을 버는 수준으로 매달 840만원씩 월급을 받는 셈이다. 반면 소득이 낮아 각종 공제를 받고 나면 근로소득세가 '0원'이 되는 인원은 523만 5,000명에 달했다. 하위 30.2% 구간에 해당하는 이들의 연평균 소득은 1,408만원 수준에 그쳤다.」[20]

종합하면 소득불평등이 갈수록 심화되고 있음을 알 수 있다. 이는 사회양극화의 주된 요인이라고 할 수 있다. 임금불평등 요인은 다양한 형태로 직업사회에 퍼져있다. 여러 종류의 비정규직, 대기업과 중소기업, 업종 간, 성별 간 임금격차 등이 그것이다.

(3) 하우스 푸어와 깡통주택

우리나라에서 "내 집을 갖는다."는 것은 다른 무엇과도 비교할 수 없는 상상 이상의 의미를 갖는다. 어떤 의미에서는 서민의 평생 소망이라고 해도 과언이 아닐 정도이다. 우리나라에 아파트가 생기기 전에는 대부분 단독주택에서 집주인과 세입자가 같이 사는 경우가 많았다. 공동생활이 되다보니 갖가지 갈등요인들이 표출되어 '집 없는 설움'이라는 말까지 생겨났다. 집주인이 세를 놓을 때 아예 '아이 많은 가족 사절'이라는 단서를 달아 웃지 못할 일들도 많았다. 그래서 국가의 부동산정책은 매우 중요한 의미를 갖는다. 부동산 시장 특히 주택시장은 1960년대 이후 가격상승과 하락을 반복하면서, 즉 사인커브를 그리며 꾸준히 우상향해 왔다. 국가정책도 시장과열 시에는, 주택거래억제 정책을, 시장침체 시에는 주택거래활성화 정책을 반복적으로 수행해 왔다. 이러한 과정에서 부동산정책은 항상 경제정책과 맞물려 많은 논란이 끊이지 않았다.

2000년대 들어서는 저출산과 고령화 등 인구구조변화가 사회적 이슈로 등장하면서 강남불패의 신화도 끝났고 향후 집값은 떨어질 수밖에 없다는 논리가 주를 이루었다. 실제로 주택시장도 침체기에 들어섰다. 부동산 거래도 줄고 꾸준히 집값하락이 이어지더니 2012년에는 하우스 푸어나 깡통주택이라는 용어가 등장했다. 하우스 푸어란 집을 가진 가난뱅이를 말하고, 깡통주택이란 집값에서 대출을 제하고 나면 남은 게 한 푼도 없다는 의미이다. 평생소원인 집을 어렵게 마련했는데 이 집이 평생 골칫거리가 되게 생긴 것이다. 그러나 이렇게 침체를 거듭하던 주택시장이 언제 그랬냐는 듯이 오르기 시작하더니 2017년에는 부동산과열 방지를 위한 종합대책이 나오게 된다.

이와 같이 부동산 특히 주택문제는 직업사회에 미치는 영향이 매우 크다. 그런데 중·장기적으로 주택가격이 우상향하는 추세가 머지않은 장래에 변곡점을 찍을 확률이 매우 높아졌다. 이러한 전망은 과거에도 있어 온 것이지만 우리사회가 저출산, 고령화, 양극화 현상이 일시적인 것이 아니고 고착화 되어가는 경향이 있어 어떤 새로운 전기를 마련하지 않은 한은 이러한 경향은 주택시장에 과거와는 다르게 영향을 미칠 것이기 때문이다.

구체적으로 설명하면 우선 주택은 아무나 살 수 있는 냉장고와 같은 성질의 것이 아니다. 성년이 되어 오랜 경제활동의 결과로 구매력이 생겨 주택을 구입을 하기 때문에 40~50대가 주된 구입자가 된다. 구매자가 한정되어 있는 셈이다. 그런데 오늘날 구매계층에 유입되는 40~50대는 20대부터 취업난에 시달리고 안정적인 직장을 갖지 못한 경우가 많아 과거의 40~50대에 비해 구매력이 낮다. 여기에 장기기간 실업상태로 생활해야 하는 고령자의 경우 고령기간이 길어짐으로 인해 집을 팔아야 할 처지에 처한 사람이 증가하게 된다. 인간수명이 이렇게 연장된 것은 인류역사상 처음 있는 일로 아무도 경험하지 못한 사회현상이기도 하다. 또한 인구도 계속 감소하고 있는데 주택 보급률은 이미 100%가 넘었다. 결론적으로 이와 같은 주택시장의 구조적 특성으로 인해 시간이 흐르면 흐를수록 우하향할 확률이 매우 높은 것이다. 우리는 이러한 사실을 예견하고 주택시장이 변곡점을 찍었을 때 어떤 현상이 나타날 것인지에 대해 주목해야 할 필요가 있다. 그래서 2012년도에 큰 사회적 이슈가 되었던 하우스 푸어와 깡통주택에 대해서 알아보기로 한다.

「집을 담보로 잡히고 대출받은 이자에 월급 절반 안팎을 쏟아 붓는 '하우스 푸어'가 500만 명에 달하고 있다. 주택시장이 몇 년째 회복될 기미를 보이지 않으면서 나타난 현상이다. 살고 있는 집이 무거운 짐이 돼 국가경제를 흔들어 놓을 위협 요인으로 부각돼 있다.

이런 사태는 개인적인 판단 미스가 직접적인 원인이 된 만큼 스스로 책임지고 해결해야 한다는 지적이 나온다. 하지만 워낙 많은 국민이 연관되다 보니 정부 차원의 대책이 요구되고 있다. 여당은 상환비율[24] 규제 완화, 배드뱅크 설립 등 주택거래 활성화 방안을 내놓기도 했다.

---

24) 총부채상환비율(DTI, Debt To Income ratio) : 차주의 금융부채 원리금 상환액이 소득에서 차지하는 비율을 의미하는 것으로 담보대출을 취급하는 하나의 기준이다.

DTI = (해당 주택담보대출 연간 원리금 상환액 + 기타부채의 연간 이자 상환액) ÷ 연소득

주택을 보유한 빈곤층인 이른바 '하우스 푸어'의 가계부채 질 또한 급속도로 나빠지고 있다. 경기침체로 벌이가 시원찮다 보니 은행권에서 빌린 담보대출과 씀씀이를 소득으로 감당하지 못한 결과다. 8월 30일 한국은행에 따르면 지난달 말 현재 은행권 가계대출 총 잔액은 457조 8,000억원으로 전월보다 7,000억원이 증가했다. 한국은행 관계자는 "집을 줄여 주택담보대출을 상환하려 해도 부동산 거래 자체가 원활하지 않아 신용대출로 생활해야 하는 대출자들이 늘어난 데 따른 결과로 보인다"며 "올해 말까지 예정된 원금상환에 대한 부담과 담보인정비율25) 초과분에 대한 상환 압박 등을 감안할 때 이 같은 현상은 더욱 뚜렷해질 가능성이 높다"고 말했다.」[21]

깡통주택문제 또한 심각하다. 「금융계에서는 대출 및 전세금 비율이 집값의 70%가 넘는 주택도 주인이 집을 매각했을 때 손에 쥘 수 있는 현금이 거의 없어 사실상 깡통주택으로 봐야 한다고 지적한다. 이 기준을 적용하면 깡통주택 가구는 36만 8,000가구, 이들의 부채는 102조 9,000억원으로 확 불어난다. 깡통주택 보유가구를 연령별로 보면 40, 50대가 절반 이상을 차지했다. 베이비부머(1955~1963년생)와 대부분 겹친다. 케이비 금융에 따르면 깡통주택 거주가구의 57%가 40, 50대였다. 60대 이상도 30.4%나 됐다. 깡통주택을 다른 사람에게 임대하고 자신도 전세로 살고 있는 가구 가운데 40, 50대가 차지하는 비중은 67.9%로 훨씬 높았다. 김진성 케이비 금융 경영연구소 연구원은 "40~50대는 다른 세대에 비해 자녀 교육 및 결혼, 은퇴준비 등으로 기본 지출이 매우 많다"며 "특히 서울 외곽에 집을 마련하고 자녀교육이나 직장 때문에 서울에서 전세를 살다 자신의 집이 팔리지 않아 오도 가도 못하는 처지에 놓인 사람들이 대부분"이라고 설명했다.」[22]

(4) 가계부채와 중산층의 비애

<표 4-12>는 2012년부터 최근까지의 가계부채 현황이다.

분석 자료를 2012년을 기준으로 한 것은 2012년에 대선이 있었고 2013년 새로운 정부가 들어섰기 때문에 정권변화에 따른 어떤 변화의 조짐이 있는지를 겸해서 보기 위함이었는데 부동산시장에서는 정권의 변화보다는 시장의 변화와 이를 뒤쫓아가는 정책의 영향이 더 크다는 것을 알 수 있었다.

---

25) 주택담보인정비율(LTV, Loan To Value ratio) : 집이나 아파트와 같은 부동산을 담보로 돈을 빌릴 수 있는 액수를 정한 비율. 예를 들어 5억짜리 집의 LTV가 60%이면 3억원까지 대출을 받을 수 있다.

〈표 4-12〉 년도별 가계부채 현황 (단위 : 조)

년도	2012년	2013년	2104년	2015년	2016년
가계부채	964	1,019	1,085	1,206	1,344
증가액	48	55	66	121	138

출처 : 통계청

　　〈표 4-12〉에서 보는 바와 같이 2012년부터 2014년까지의 가계부채는 매년 증가 규모가 비슷한 규모여서 정권교체와는 무관한 것으로 보인다. 그러던 것이 2015년에는 이전 연도에 비해 거의 2배 이상 급증한다. 이것은 주택시장 활황에 따른 주택구입 자금 대출이 급증한 것이 주원인으로 이와 같은 분석을 가능하게 해준다.

　　2002년에만 하더라도 가계부채가 533조 규모였는데 10년 후인 2012년에는 964조로 거의 2배가 되었다. 이로부터 6년 후인 2016년에는 1,344조가 되었고 2017년 말에는 거의 1,500조가 될 것으로 예측하고 있다. 이렇게 가계부채가 급증한 이유는 주택가격상승에 의한 주택구입자금의 증가와 자영업자의 증가에 따른 사업자금의 대출 증가가 주된 원인이라고 할 수 있다. 또한 부동산 투자를 위한 대출이나 집단대출도 한몫을 하고 있다. 가계대출의 급증의 원인은 어떻게 보더라도 대부분 부동산과 관련되어 있다. 부동산 가격이 상승과 하락을 반복해왔지만 전반적으로 우상향 해왔기 때문에 집값 상승기에 너도나도 대출을 받아 집을 사 위험한 풍선효과를 가져온 것이다.

　　이 문제는 따로 후술하겠지만 사회에 갓 진출한 사람들이 미래에 대한 계획을 세워 열심히 저축하여 내 집도 마련하고 노후도 대비하는 직업생활을 영위한다면 시간이 흐를수록 저축은 늘고 부채는 줄어야 맞다. 그래야 건강한 사회라고 할 수 있다. 그런데 우리사회는 정반대의 모습을 보여주고 있다.

　　침체기에서 벗어나지 못하던 주택시장은 2013년 이후 주택가격이 꾸준히 상승하여 위에서 지적한 하우스 푸어 문제는 당장은 해결된 것처럼 보인다. 부채가 없는 가구주에게는 집값의 상승과 하락이 큰 영향을 미치지는 않으나 대출을 받아 집을 산 사람들에게는 집값하락은 치명타가 된다. 하우스 푸어의 전락은 물론, 그동안 지출한 대출이자를 저축할 수 있었다면 노후의 대비도 할 수 있었을 텐데 낭비도 아니면서 헛돈이 되어 버린다. 문제의 심각성은 대출을 안고 있는 가구주가 많고, 이런 가구주 중에는 40~50대가 가장 많다는 데 있다. 구조적으로 부동산 가격이 상승하지 않으면 안 되게 되어 있다. 이는 경제가 성장하지 않으면 안 되는 자본주의 모순과 그 궤를 같이 하고 있는 것이다.

2012년 당시 언론은 중산층의 문제를 다음과 같이 보도하고 있다.

「전체 가구 소득 순위 상 중간에 해당하는 중위소득의 절반도 못 되는 '상대빈곤
층' 비중이 18%를 넘는다. 이들의 월평균 소득은 80만원(연 960만원)이 안 된다. 3년 연
속 상대빈곤층이 증가해 15%를 기록했다는 미국보다 우리 현실은 더욱 절박하다. 한
국보건사회연구원에 따르면 최근 5년 동안 상대빈곤층에 적어도 한 해 이상 포함된
가구가 무려 35%에 달한다. 가구 소득이 해당 연도의 최저생계비에 미치지 못하는
'절대빈곤층' 경험률도 24%나 된다. 4가구 중 1가구가 절대빈곤층을 오르락내리락
한 셈이다.

지금까지 번듯한 집과 직장, 안락한 노후 등이 우리나라에서 중산층을 상징하는
말이 돼 왔다. 하지만 이들과 거리가 멀어지는 가구가 갈수록 늘고 있다. 현대경제연
구원에 따르면 2005~2006년 집값이 급등할 때 무리하게 빚을 내 집을 샀다가 '하우
스 푸어'로 전락한 중산층이 108만 가구에 이른다. 현재 주택담보대출을 받은 사람 5
명 중 4명은 이자만 갚고 있지만 이들이 원금을 갚아야 할 시기가 본격적으로 도래하
면 빚 감당하기가 힘든 가구가 더욱 늘 것이다. 이미 빚 독촉으로 워크아웃[26]을 신청
한 사람이 급증하고 있다.

비정규직과 저임금 때문에 생활비를 마련하기가 벅찬 중산층, '워킹 푸어'[27]도
늘고 있다. 홑벌이로는 생활이 어려워 맞벌이에 뛰어든 가구 비중이 1990년 15.0%에
서 2010년 37.0%로 급증했지만 형편이 팍팍하기는 마찬가지다. 자녀 교육비 지출 때
문에 노후를 준비하지 못한 '리타이어 푸어'[28] 문제도 심각하다. 소득분배 악화로 빈
곤층이 늘어나는 것도 문제지만 이들에게서 꿈이 사라지고 있다는 게 더 큰 문제다.
지금은 형편이 안 좋더라도 나아질 희망이 보인다면 오늘을 긍정적으로 살겠지만 우
리 사회가 그렇지 못한 것으로 나타나고 있는 것이다. 최근 한 조사에 따르면 중산층
부모들은 자녀들이 부유층으로 올라갈 가능성을 저소득층 자녀들이 중산층으로 올라

---

26) 워크아웃(Workout) : 기업이 도산을 피하기 위해 채무자와 채권자가 해결 방법을 모색하는 행
위를 말한다. 우리나라에서는 아이엠에프사태 때 유행한 용어인데 대기업 구조조정을 의미하는
용어로 통용되었다. 즉 워크아웃 대상으로 선정된 기업은 금융기관으로부터 부채상환유예 및 출
자전환, 부채탕감, 신규자금지원 등의 지원을 받고, 자구노력의 일환으로 인력구조조정, 대주주
의 출자 등을 통해 기업회생의 길을 모색하는 것이다. 개인의 신용회복 절차도 개인 워크아웃이
라고 한다.
27) 워킹 푸어(Working Poor) : '근로빈곤'을 말한다. 열심히 일해도 가난에서 벗어나지 못하는 계
층을 의미하는 용어로 미국에서는 1990년대 중반, 2000년대 중반 이후부터 세계적으로 널리 쓰
이고 있다.
28) 리타이어 푸어(retire poor) : 자녀교육 등으로 노후를 대비하지 못하여 은퇴 후 빈곤층으로 전
락한 세대를 일컫는 말이다.

갈 가능성 보다 낮게 보고 있다. 또한 젊은 층일수록 신분상승 가능성을 회의적으로 보고 있다.」[23]

한편 이와 같은 중산층의 붕괴현상에 대해 다음과 같은 처방을 제시하고 있다.

중산층이 탄탄해야 사회 안정성이 확보될 수 있음은 새삼 말할 필요가 없고 중산층에서 빈곤층으로 떨어진 사람들이 많아질수록 사회가 불안해질 수밖에 없다면서 현 상황을 역전시키기 위한 정치적 리더십이 절실히 요청된다고 했다. 빈곤층 확대가 신자유주의의 폐단으로 나타난 세계 공통현상이라고 치부해 버릴 수만은 없는 문제로 빈곤층을 중산층으로 끌어올리고 소득계층 간 적절한 재분배 정책을 취하는 게 필요하다고 강조했다. 구체적인 방법으로 하우스 푸어를 줄이기 위한 주택거래 활성화와 집값 안정이 필요하며, 워킹 푸어를 줄이기 위해서는 비정규직에 대한 처우개선과 업종별 직급별 기업규모별 과도한 임금격차를 시정할 필요가 있고 은퇴자들을 위한 연금제도 확충과 시니어 일자리 창출이 중요하고 공교육 정상화를 통해 사교육비를 줄이고 신분상승의 사다리를 만들어야 한다고 주장했다.

집을 가져서 가난하게 사는 '하우스 푸어', 취직은 했어도 저소득으로 여전히 가난한 '워킹 푸어', 은퇴 후에도 빈털터리인 '리타이어 푸어'가 중산층의 붕괴에 따른 대표적인 신 빈곤층의 푸어 3종 세트라고 할 수 있다.

중산층의 비애의 하나로 '기러기 아빠' 이야기를 빼놓을 수 없다. 기러기 아빠는 1990년대 하반기 이후 조기유학 열풍에서 생겨난 현상이다. 기러기 가족은 자녀들을 조기 유학 보내는 과정에서 부인마저도 자녀와 함께 보내고 국내에 홀로 남아 직장생활을 하면서 가족의 생활비 및 교육비를 송금하는 아버지들, 속칭 '기러기 아빠'들과 외국에서 공부하는 자녀와 이들을 보살피기 위해 따라간 기러기 엄마로 가구가 분리된 아마 세계에서 유례가 없는 독특한 가족형태일 것이다.

1998년 1,562명이던 조기유학생이, 2007년에는 총 2만 9,511명으로 전년도의 2만 400명에 비해 무려 44.6% 증가했다. 조기 유학생 증가뿐 아니라 2003년도에 사상 처음 유학비용이 2조원을 넘어섰고, 2004년 5월까지의 유학비용만 10조원에 이른다. 이 현상이 대두된 초기 기러기 아빠들은 주로 40대 이상의 의사, 교수, 대기업 임원 같은 고소득층이었으나 2006년 조사에서는 중산층 이하의 소득계층까지 확대되었다고 한다.[24]

하지만 가족이 장기간 별거하게 됨으로써 많은 문제점이 노정되었다. 오랜 시간 떨어져 지내면서 부부 관계가 소홀해져 이혼으로 이어지는 경우도 있고, 서구권 문화에서 유학한 자녀들과 아버지가 문화적 갈등을 일으키는 일도 빈번하여 극단적으로는 가족 붕괴로 이어지는 경우도 있다. 최근에는 정신적 외로움과 경제적 중압감을 견디지 못한 기러기 아빠의 자살이 사회 문제가 되기도 한다. 조기유학은 영어문화권인 필리핀이나 중국 등 아시아도 있으나 대부분 미국이라고 보면 된다. 서구의 뿌리 깊은 인종차별의 실상을 잘 모르고 거기에서 주류로 살아갈 확률이 얼마나 어려운지를 모른 채 '기회의 나라, 자녀의 미래의 행복을 보장하여 주는 나라'라는 잘못된 허상을 쫓아간 결과이다. 개똥밭에 굴러도 우리나라가 낫다는 평범한 진리를 알지 못하게 만든 사회 탓인지 개인 탓인지 안타까운 현실이다.

이렇게 된 배경에는 우리나라의 소위 명문대가 아니면 인정받기 힘든 사회현상, 무너진 공교육과 치솟는 사교육비 등으로 피폐해진 교육환경이 자리하고 있다. 차라리 외국에서 학교를 나오면 국내에서처럼 적어도 비교대상은 되지 않고 오히려 인정받을 수 있다는 세계 제1의 교육열의 나라 부모의 간절한 소망이 담겨 있는 것이다. 경쟁사회가 빚어낸 삐뚤어진 사회심리가 이를 뒷받침 하고 있는 것이다. 이것은 잘못된 교육의 결과이다. 잘못된 교육의 책임은 국가에 있다.

이제 중산층을 옥죄는 가계부채에 대해 좀 더 자세히 살펴보자.

〈표 4-13〉 상환능력에 따른 가계부채 규모(2016년 기준) (단위 : 만가구, 조원)

구분	대상가구 수(비율)	부채액(비율)	비고
상환능력 충분(1)	746(68.0%)	724(54%)	
상환능력 양호(2)	313(29.0%)	525(39%)	
상환능력 부족(3)	32(2.9%)	94(7%)	
상환불능(4)		100	추정치

출처 : 가계부채 종합대책(2017) 정부자료 편집

가계부채 차주는 통상 소득·자산 등 상환능력에 따라 소득·자산 모두 충분한 그룹(1)과 자산이나 소득 어느 하나가 충분하여 상환능력이 양호한 그룹(2), 소득이나 자산 모두 부족하여 상환능력이 부족한 그룹(3), 장기연체 등으로 상환이 불가능한 그룹(4)의 4개 그룹으로 분류한다. 이를 나타낸 것이 <표 4-13>이다.

<표 4-13>에서 보면 당장은 상환능력이 부족한 그룹(3)의 32만 가구와 상환불능그룹(4)이 전체에서 차지하는 비중이 낮아 별문제가 없어 보인다. 그러나 주목해야 할 그룹은 상환능력이 양호한 그룹(2)이다. 이 그룹의 차주는 대부분 40~50대이다. 시간이 흐를수록 소득이 줄어들게 되고 만약 부동산경기가 2010년대와 같이 침체

기에 접어들게 되면 소득과 자산 감소라는 쌍방의 직격탄을 맞게 되어 여기서 언급한 하우스 푸어와 깡통주택문제가 다시 심각하게 대두될 소지가 크다. 이 문제가 심각한 것은 여기에 속한 가구가 전체가구의 거의 30%를 차지하고, 전체부채의 40%에 달하기 때문이다. 더구나 부채규모도 2000년대 초반에 비해 거의 두 배로 커졌기 때문이다.

<표 4-14>에서 보는 바와 같이 자영업자의 대출도 심각한 상황이다. 자영업자는 통상 대출규모 및 상환능력 등에 따라 통상 생계형(1)·일반형(2)·투자형(3)·기업형(4)의 4개 그룹으로 분류하는데 생계형(1)·일반형(2)이 대부분이다.

이 표에서 보면 자영업자도 생계형이 가장 큰 문제가 된다. 전체자영업자의 거의 30%를 차지하고 있는데다가 부동산임대업이 전체대출금액의 27%를 차지하고 영세한 도·소매업과 음식점의 대출비중도 28%나 된다.

우리나라의 자영업자비율은 오이시디 회원국 중 가장 높다. 또한 자영업자의 대부분이 음식점과 같은 영세한 업종에 몰려 있어 경쟁이 심하고 그만큼 부실위험도 크다.

〈표 4-14〉 자영업자 대출규모와 소득에 따른 가계부채 규모(2016년 기준) (단위 : 만명, 조원)

구분		대출인원(비율)	부채액(비율)
생계형(1)	대출금액 3억원 이하 & 연소득 3천만원 이하	48.4(30.2%)	38.6(7.4%)
일반형(2)	대출금액 3억원 초과, 10억원 이하 또는 대출금액 3억원 이하 & 연소득 3천만원 초과	84.6(52.8%)	178.0(34.2%)
투자형(3)	주 업종이 부동산임대업	19.1(12.0%)	140.4(26.9%)
기업형(4)	대출금액 10억원 초과	8.1(5.0%)	164.1(31.5%)

출처 : 가계부채 종합대책(2017) 정부자료 편집

자영업자 대출은 2012년 355조원 규모에서 2016년 521조원으로 크게 늘어났다. 이는 저금리 영향도 크지만 50대 이후 명예퇴직이다 뭐다 하여 비자발적인 은퇴자들이 생계를 위해 너도 나도 자영업에 뛰어든 것이 가장 큰 이유라고 할 수 있다.

결과적으로 과당경쟁에 의한 수익은 줄어드는데 여기에 금리마저 상승하게 되면 시한폭탄의 뇌관으로 작용할 소지가 크다. 자영업자의 1인당 평균 대출금액은 3.2억원, 소득대비 대출비율은 7.5배로 비자영업자에 비해 대출규모가 지나치게 크다는 점도 문제이다.

이미 2000년대 초반에 자영업의 과다진출로 홍역을 치룬 바 있다. 아이엠에프 사태의 후유중이라 할 수 있는 자영업자의 증가는 아이엠에프 당시 발생한 대량의 실업자들이 생계를 위해 대거 자영업에 뛰어든 결과 자영업 분야는 특별한 업종을 제외한 일반적인 업종은 예외 없이 과당 출혈경쟁에 시달리게 되었다.

당시의 자영업자 현황을 발표한 보도 자료를 보면 취업자의 30%가 자영업자로 오이시디 회원국 중 1위이고 이는 중소기업의 89%에 해당한다. 이 자영업자의 62%가 종업원이 없고 1~4명을 고용하고 있는 경우가 약 30%이고 5명 이상을 고용하고 있는 경우가 8%에 지나지 않는다. 전체 자영업자의 36%가 도소매 및 음식숙박업에 종사하고 있다. 더 기가 막힌 것은 창업의 30% 이상이 1년 이내에 폐업을 한다는 것이다.

이로부터 10년도 지나기 전에 또 다시 자영업자의 위기가 찾아오고 있다. 그때보다 다른 점이 있다면 60세 이상의 자영업자가 대폭 늘었다는 점이다.

(5) 세대별 근심거리

1997년 말 아이엠에프 사태는 우리사회의 패러다임을 근본적으로 바꾼 엄청난 사건이었다. 이 사태의 잘못된 사태해결방법은 그 동안의 우리의 삶의 방식이 송두리째 흔들리게 만들고 오늘날의 치유하기 힘든 사회문제를 야기시키는 단초가 되었다. 사태해결을 위한 방법 중 가장 잘못된 것이 인력구조조정이다. 우리사회에 노동의 유연성이 마치 시대의 대세인 양 밀어붙인 것이 양극화와 저출산으로 표상되는 오늘날의 심각한 사회문제의 시발점이 된 것이라고 할 수 있다. 직업의 안정성을 헤쳐 만병의 근원은 만들었다.

지금보다 경제력이 훨씬 못했던 1970년대도 고용이 안정되어 있었고 여자는 결혼을 앞두면 직장도 사표를 내는 것이 관행처럼 되어 있었다. 한 가정에 가장만이 일터에 나가는 것이 당연한 시대였다. 외벌이여도 자식 다 가르치고 은퇴 후에는 퇴직금으로 자녀 결혼도 시키고 노후는 자녀의 봉양에 의해서 해결했다. 그런데 오늘날은 맞벌이를 해도 살아가기가 벅찬 세상이 되었다. 백보를 양보해서 그렇게 할 수밖에 없는 상황이었고 선진국에서도 그렇게 해서 우리만 그런 것이 아니라고 치자. 그러나 구조조정제도를 만들어낸 서구의 선진국가도 우리와 같은 불안정한 고용구조를 가지고 있지 않다. 전 세대가 뭔가 불안한 가운데 살아가고 있는 이 시대 상황을 타파할 돌파구를 마련해야 한다. 무엇보다도 꿈을 잃은 젊은 세대에게 희망을 가져다주어야 하지 않겠는가. 시대가 어지럽다보니 세상을 희화화 하고 풍자하는 언어들이 유행한다. 잠시 그 용어들을 들어다 보자.

한때 20대를 상징하는 말로 '88만 원 세대'와 '이태백'이라는 말이 크게 유행하였다. '88만원 세대'란 취업난과 더불어 비정규직 공포에 시달리고 있는 20대를 가리켜 부르는 말인데 2007년 우석훈·박권일이 "취직에 성공한 20대도 대부분은 비정규직"이라며 우리나라 비정규직 20대의 월평균 급여가 '88만 원'이라고 한 데서 유래된 용어이다. 20대의 상위 5%만이 공무원이나 삼성전자, 한전 같은 좋은 직장에 들어갈 수 있고 나머지 95%는 비정규직이며, 비정규직의 평균 월 임금인 119만 원에 성인들에 대한 20대의 평균임금의 비율인 74%를 곱하면 이들의 월 평균임금은 88만 원에 불과하다는 것이다.[25] 그리고 '이태백'은 다 아는 바와 같이 '20대 태반이 백수'라는 한숨을 자아에게 만드는 허탈한 용어이다.

20대의 청년들 고졸자는 고졸자대로, 대졸자는 대졸자대로 하나같이 취업난에 시달리고 있다. 고졸자는 질 낮은 일자리가 더 문제이기도 하다. 대졸자의 경우 취업난의 원인의 하나는 대졸자의 공급과잉을 들 수 있다. 노동시장에서 대졸자의 수요는 정체되거나 줄고 있는데 너도나도 대학을 가야 하니까 공급은 계속 늘어나서 대졸자의 취업난이 가중될 수밖에 없다. 특히 인문계열 졸업자의 취업난은 더욱 심각하다. 정보기술의 발달로 인문계, 즉 사무·행정직 종사자가 하던 일을 컴퓨터가 대신하게 되어 이 부분의 인력수요가 크게 줄었다는 것이 가장 큰 원인이라고 할 수 있다. 그리고 기업 쪽에서는 실무를 위한 경영관련 학과 외에는 수요가 많지 않고, 젊은 인구의 감소로 학교라든가 인문계열 인력을 필요로 하는 기관도 수요가 크게 준 것도 주요 원인이다.

인문계졸업자의 취업이 워낙 어렵다 보니 인문계졸업자 90%가 논다는 의미의 '인구론'이라는 신조어까지 생겨났다, 이런 문제해결을 위해 공학계열의 복수전공이나 기술교육을 통해 해결하자는 논의도 있으나 공학계열의 졸업자들의 미취업자도 30% 가까이 되는 현실에서 근본적인 대책이 될 수는 없는 노릇이다. 대학교육 자체에 대해 전반적인 재검토가 필요한 시점이라고 하겠다. 이는 앞서 새로운 교육제도를 제안하게 된 배경의 하나라고 할 수 있다.

삼불남과 사오정이란 용어도 귀에 익숙하다. 삼불남이란 '30대 불안한 남자'를 의미하는 용어이고 사오정은 '45세가 넘으면 정리해고 대상'이라는 용어이다. 30대는 20대와 40대에 낀 세대로 머지않아 사오정이 될 불안한 세대를 상징하는 말이기도 하다.

우리는 여기서 많은 것을 포기한 사람들을 만나게 된다. 아이엠에프 사태 이후

10여 년이 흐르면서 삼포세대라는 자조적인 용어가 나타났다. 삼포세대란 '불안정한 일자리, 학자금 대출상환, 기약 없는 취업준비, 치솟은 집값 등 과도한 삶의 비용으로 인해 연애도, 결혼도, 출산도 포기하거나 기약 없이 미루는 청년층'을 말하는데 이 용어는 2011년 경향신문의 기획시리즈 <복지국가를 말한다> 특별취재팀이 만든 신조어이다. 이후 각종 미디어를 통해 사회적으로 확산되면서, 오늘날 우리사회 청년층의 삶을 상징적으로 나타내는 용어가 되었다. 젊은이들에 대한 우리사회의 왜곡된 경제적·사회적 압박이 가져온 서글픈 현실이라 하겠다.

많은 젊은이들이 학자금 대출이라는 빚을 안고 대학을 졸업하게 된다. 취직준비 하느라고 여전히 부모에게 의지하여 생활비도 최소화해야 한다. 취직도 어렵지만 어렵게 취직을 했다하더라도 인턴이다 계약직이다 해서 취직을 했는지 안했는지 모르는 애매한 상태로 안타까운 젊은 세월이 흘러만 간다.

"어쨌든 결혼을 하려면 일단 연애를 해야 하지 않겠는가. 최소한 대기업에는 다니고 학벌도 그럴 듯해야 어디나 명함이라도 내밀고 소개라도 받지 내 처지에 연애는 무슨 …." 그래서 연애를 포기하기로 했다. 그래도 어떻게 결혼을 해야 하지 않겠는가 싶어 여기저기 알아보았더니 스펙보다 더 무서운 것이 있다. 집을 사는 것도 아닌데 무슨 전세 값이 그렇게 높은가. 쪽팔려서 보편화된 결혼중매회사에 신청서조차 내기 어렵다. 아예 신분제도에 의한 계급사회인 조선시대에도 신분을 뛰어 넘는 사랑과 결혼에 성공한 사례가 있다. 이 도령과 춘향이가 그 대표적인 예이다. 일단 그들에겐 먼저 첫눈에 반한 사랑이 있었다. 그런데 모든 국민이 법 앞에 평등한 21세기 초엽의 경제대국, 자랑스러운 대한민국에 살고 있는 나는, 사랑보다는 먼저 상호간의 스펙과 각자 집안의 경제력을 따지는 비즈니스와 같은 결혼문화가 보편화 된 현실에서 내 놓을게 별로 없는 나는! 차라리 결혼을 포기하니 맘이 편하다.

결혼은 어떻게 했다 하더라도 맞벌이를 하는 우리가 아이를 가지게 되면 육아가 보통문제가 아니다. 육아자체도 문제이지만 육아비용도 간단히 생각할 문제가 아니다. 아이에게 금수저는 아니더라도 최소한 동수저는 물려주어야 하는데 자신이 없다. 이것은 단기적인 관점에서 그렇다는 것이고 아이의 긴 인생을 그려볼 때 계급사회보다 더 사회적 차별이 심한 현실에서 우월적 직위에서 살아갈 확률보다는 그렇지 못할 확률이 훨씬 높기 때문에 우리와 같은 고달픈 삶을 살게 하느니 차라리 자식이 없는 편이 태어날 그 아이를 위해서도 더 낳지 않겠는가. 그래서 출산도 포기했다. 이와 같이 20~30대는 연애와 결혼 그리고 출산까지도 포기하여 삼포세대라고 불리는 것이다.

오포세대는 여기에다 인간관계와 내집 마련을 포기한 세대를 일컫는 말이다. 여기에 꿈과 희망마저 포기한 세대를 칠포세대라고 한다. 급기야 엔[29]포세대라는 용어 까지 등장했다.

　40~50대는 가장 활발히 사회활동을 하는 나이이고, 사회적 지위도 어느 정도 확 보하게 되는 인생의 황금기라고 할 수 있다. 또한 가정적으로는 교육, 자녀결혼 등으 로 생활비가 가장 많이 들고, 따라서 소득수준도 높아 노년을 대비해야 하는, 그야말 로 인생에서 가장 중요한 시기이기도 하다. 그런데 이 시기에 구조조정이다 명퇴다 뭐다 하여 반강제로 직장에서 내몰리게 된다. 중추신경이 마비되는 이런 현상이 아이 엠에프사태 때 한시적인 것으로 끝났어야 하는데 이것이 오늘날까지 이어져 일반화 된 것이다. 이 세대는 자영업자, 그것도 생계형자영업자가 많다는 게 특징이다. 노후 를 준비하기는커녕 당장의 생활도 걱정해야 할 형편에 처한 사람이 대다수다. 40대를 풍자한 사오정이라는 용어는 앞서의 의미 이외에 45세가 정년이라고도 해석한다. 그 런가 하면 56세 또는 50~60세까지 일하면 도둑이라는 오륙도라는 신조어도 있다. 이 와 같은 세대별 신조어는 셀 수 없을 만큼 많아 하나만 더 소개하고 끝내기로 하자. 십장생이란 신조어가 있다. '10대조차도 장차 백수를 생각해야 한다.'는 의미이다. 가 슴 끔직한 말이 아닐 수 없다. 은퇴를 앞둔 이들은 공포에 질려있다.

　「한국 경제의 중추세력이었던 베이비부머 세대(1955~1963년생)의 은퇴가 본격화 되고 있다. 베이비부머 세대 취업자 532만 명 중 급여소득자 320만 명이 2010년부터 은퇴를 하기 시작했으며 오는 2018년까지 매년 30만~40만 명이 은퇴할 것으로 전 망된다.

　현재 한국 남녀의 평균 기대수명은 90.8세로 급증했다. 55세를 기준으로 은퇴하 면 35년을 더 산다는 얘기다. 시나브로 장수 리스크가 바짝 우리 사회에 다가온 것이 다. 그만큼 은퇴 준비에 대한 필요성이 절실해졌다. 하지만 현실은 캄캄하기만 하다. 지난해 우리나라 가계가 노후를 위해 준비한 은퇴 금융자산은 개인연금 155조원, 퇴 직연금 45조원을 합쳐 200조원으로 추정된다. 지난해 개인 금융자산이 2,120조원이 었던 점을 감안하면 은퇴자산의 비중은 10%에 불과한 것이다.」[26]

　베이비부머 세대들이 노후준비에 취약한 데에는 퇴직금 중간정산제도나 퇴직연 금에 대한 불합리한 세금제도 등 여러 가지 이유가 있다. 물론 본인은 노모를 봉양하 는 유교세대이고 정착 자신이 늙어서는 봉양을 받기 어려운 시대변화의 과도기의 세대로 죽어라 일해서 오직 우리가족, 부모형제로 뒷바라지 하느라고 정작 자신의 노

---

29) 엔(n)

후는 준비하지 못한 채 죽기직전까지 일자리를 찾아 헤매야 하는 세대이기도 하다.

이제는 은퇴자들의 삶을 살펴볼 때다. 은퇴자의 경우 노후준비가 제대로 되지 않은 은퇴자가 많은 데다가 자식의 부모를 봉양하는 미풍양속이 시나브로 사라지고 있다. 사회부조 등 사회보장제도 미흡하여 빈곤상태를 벗어나지 못한 경우가 많다. 반면에 은퇴준비가 비교적 잘 되어 있다 하더라도 장수시대를 맞아 긴 은퇴기간으로 인해 빈곤에 빠질 위험이 높다. 빈곤에 처한 은퇴자들에게서는 다음과 같은 특징이 나타나고 있다.

첫째 직업생애에서 어떤 사유로든지 빈곤에 한번 빠지게 되면 결코 빈곤을 벗어나지 못했다. 둘째 대부분 빈곤에 빠진 이후에는 고용불안과 저임금의 질 낮은 일자리에 종사하였다. 셋째 가구원 중에는 경제활동을 하는 사람이 많지 않고, 공적 부조도 미미한 수준으로 가구소득이 낮다. 넷째 빈곤에 빠진 이후 가족이 해체된 경우가 있고 그 정도는 아니더라도 가족관계가 원만하지 못한 경우가 많다. 다섯째 자녀로부터 전혀 도움을 받지 못할 뿐만 아니라 도와주어야 할 형편으로 빈곤의 세습 경향이 나타나고 있다. 여섯째 남은여생에 대한 대비는 전혀 되어있지 않다. 일곱째 근로노인의 경우 본인이 거의 유일한 소득원이기 때문에 건강에 문제가 생겼을 때는 큰 문제가 되므로 건강에 대한 우려가 가장 크다.[27]

2. 바람직한 직업사회

자존의 사회적 기초가 마련된 사회

존 롤즈는 그의 저서 「정의론」의 모두에서 '정의'에 대해 다음과 같이 갈파했다. 「사상체계의 제1덕목을 진리라고 한다면 정의는 사회덕목의 제1덕목이다. 이론이 아무리 정치하고 간명하다 할지라도 그것이 진리가 아니면 배척되거나 수정되어야 하듯이 법이나 제도가 아무리 효율적이고 정연하다 할지라도 그것이 정당하지 못하면 개선되거나 폐지되어야 한다. 모든 사람은 전체사회의 복지라는 명목으로도 유린될 수 없는 정의에 입각한 불가침성을 갖는다. 그러므로 정의는 타인들이 갖게 될 보다 큰 선을 위하여 소수의 자유를 뺏는 것은 정당화될 수 없다. 다수가 누릴 보다 큰 이득을 위해서 소수에게 희생을 강요해도 좋다는 것을 정의는 용납할 수 없다.」

그리고 그는 '가장 불리한 위치에 있는 계층의 복지를 최대화 할 수 있어야 불평등한 배분은 정당화 될 수 있다'고 했다. 그리고 이를 '자존의 사회적 기초'[30]라고 불렀다. 이 '자존의 사회적 기초'는 '먹고사는 문제'의 최소한의 해결을 통한 '함께 사는 문제', 즉 사회구조의 불평등에 대한 정당성을 확보하려는 개념으로 해석할 수 있다. 그래서인지 그는 <정의론>을 통해서 자유경제사회의 복지주의적 요구를 통합했다는 평가를 받고 있을 뿐만 아니라, 그의 공정으로서의 정의관은 자유주의적 이념과 사회주의적 이념을 가장 체계적이고도 정합적으로 통합한 것으로 평가되고 있다.

아무튼 인간사회는 인간이 집단을 이루어 살면서부터 계급사회였고, 이후 약육강식의 역사가 지속되면서 계층의 사다리가 형성되었는데, 이것이 다양한 형태로 변모하면서 오늘에 이르게 되었다고 해도 별다른 이견이 없을 것 같다. 당연히 이 지구상의 모든 국가사회에는 예외 없이 '자력으로는 먹고 살기가 힘든 계층'이 있다. 세계 모든 지성의 아킬레스건[31]이라 할 수 있는 이들은 계층사다리의 맨 아래에 속한 사람들이다. 우리나라에서는 이들을 취약계층이라고 부르고 법에서도 이들을 구체적으로 나열하고 있다. 이 취약계층의 문제는 우리나라가 가장 심각한 상황이라고 말할 수 있다. 왜냐하면 우리나라는 스스로 목숨을 끊은 사람이 오이시디 회원국 중 가장 많고 그 주된 사유가 빈곤이기 때문이다.

한 개인의 생애주기에서 평생의 경제활동을 통해 생계를 유지하고 그 동안 저축한 재산과 쌓아온 직무능력으로 스스로의 노후를 책임질 수 있고, 가장 부족한 능력을 가진 사람도 어떠한 형태로든지 최소한의 생계는 유지할 수 있도록 직업사회시스템이 작동된다면, 적어도 빈곤으로 스스로의 삶을 포기하는 일은 이 땅에서 사라질 것으로 보인다.

직업사회의 불평등한 배분이 정당성을 확보하려면 취약계층의 삶의 질을 향상시켜야 한다. 이는 어떤 이념이나 논리의 문제가 아니다. 사회구성원 누구에게나 최소한의 소득이 보장 되는 직업사회운용시스템을 구축하여 인간의 존엄성이 훼손되는 일이 없도록 해야 할 것이다.

젊은이가 죽기 살기로 스펙을 쌓지 않아도 되는 사회

「20대 초반의 나이에 진지한 분위기, 읊조리는 듯한 멜로디와 가사, 놀라운 것은 이 모든 음악을 직접 만들고 노래하는 싱어송 라이터라는 점이었다. 정규 교육 체계를

---

30) 자존의 사회적 기초(social bases of self-respect)
31) 아킬레스건(Achilles tendon)

나오지 않고, 부모님과 집에서 홈스쿨링을 통해 성장했다는 점도 인상적이었다. 결국 이 지원자는 오디션 기간에 숙소에서 자신이 만든 자작곡을 가지고 우승을 하였다.

인터넷을 통해 이 자작곡들을 듣고 감상에 빠지면서 여러 가지 생각이 든다. 이 지원자가 왜 그렇게 많은 사람들의 눈길을 끌고 관심과 사랑을 받았던 것일까? 개인적인 매력을 빼고 생각해본다면, 이 지원자가 가지고 있는 진실성과 차별화가 그 답이지 않을까 싶다. 남들과 다른 길을 가며 진실한 삶을 살았다는 점이 가장 큰 매력이었던 것이다. 화려한 사운드와 선곡, 음악 전문 기관에서 습득한 기량으로 잘 무장한 다른 많은 지원자들 사이에서, 자신의 진실된 경험과 감성으로 기타 반주 하나로 덤덤히 자신의 이야기를 노래하는 이 지원자의 매력은 신선한 차별화로 많은 사람들에게 감동을 주었다.」

위 글은 인기 높은 케이 팝 오디션프로그램에서 우승한 지원자에 대한 평가의 글이다. 이글을 언뜻 보면 지원자가 우승할만한 요소를 가지고 있었음을 알 수 있고 수긍할 만하다고 느끼게 만든다. 그러나 자세히 읽어보면 이것은 참으로 일반적이지 못하다는 것을 알 수 있다.

이 글을 자세히 읽어보면 오디션 지원자가 우승을 위해서는 정규교육을 받지 않아야 하고, 음악전문기관에서 기량을 습득하지 않아야 되고, 남과 다른 길을 가야하고, 거기에 진실한 삶을 살아야 한다는 결론에 이른다.

오디션에서 지원자는 그가 부른 노래가 더 많은 감동을 주고, 뭔가 그만의 개성이 잘 드러나서 다른 지원자보다는 관중에게 신선하고 색다른 매력을 주었을 때 우승의 가능성이 높다고 보아야 한다. 그런데 이와 같은 우승을 하기 위해서는 남과는 다른 차별화가 필요하고 그러기 위해서는 정규교육도 받지 않아야 하고 진실한 삶을 살아야 한다니 이런 가시밭길이 어디 있는가? 음악을 하기 위해서는 음악에 대한 기초적인 교육도 받아야 하고 다양한 악기들이 내는 여러 음향과도 교감을 할 줄 알아야 한다. 그리고 우승을 위해서는 진실한 삶을 살아야 하는데 특별한 경우를 제외하고 이 세상에 진실 되지 않은 삶을 살지 않은 사람이 어디 있는가? 더구나 우승이란 것이 무엇인가? 그 분야의 등용문이 아닌가? 우승을 했다고 해서 성공이 보장된 것은 아니다. 단지 그 분야야 들어섰을 뿐인 것이다. 그 분야에서 선택을 받았다고 해도 끝까지 그 분야에만 종사하게 될지, 바로 그만 둘지, 그 분야에서 큰 업적을 남길지는 아무도 모른다. 그런데 그 길에 들어서기가 이렇게 어려워서야 되겠는가?

젊은이가 그렇게 죽기 살기로 노력하지 않아도 쉽게 취직할 수 있는 직업사회를 만들어야 한다. 어학연수를 꼭 다녀와야 하고, 토익점수도 관리해야 하고, 자격증도

따야 하고 이렇게 힘들게 스펙을 쌓지 않아도 직장생활을 쉽게 시작할 수 있는 직업사회를 구축하는 일이 시급하다. 취업이라는 것은 단지 직장생활의 첫발을 내딛는 것일 뿐이다. 직업사회는 비범한 사람도 있지만 평범한 사람이 압도적으로 많다. 비범한 사람을 키울 수 있는 별도 전략이 필요하고 직업사회의 정책은 평범한 사람의 위주로 기획되고 수행되어야 한다.

그것이 무엇이든 자기가 좋아하는 것만을 해도 되는 사회

2017년 10월 노벨과학상 수상자가 발표되었다.

노벨 물리학상은 아인슈타인이 일반상대성이론에서 예측했지만 실제 존재를 확인하지 못했던 중력파를 100년 만에 입증한 물리학자 3인에게 돌아갔다. 라이너 와이스(85) 미국 메사추세츠공과대학 명예교수, 배리 배리시(81) 캘리포니아공과대학 명예교수, 그리고 킵 손(77)[28] 칼텍 명예교수는 중력파 검출을 위해 레이저간섭중력파관측소32)를 설립하고 2015년 9월 중력파의 존재를 처음으로 입증하여 노벨 물리학상을 수상하게 되었다.

노벨 화학상은 생체분자의 구조를 저온전자현미경33)을 이용하여 3차원으로 관찰할 수 있는 획기적인 기술을 개발한 과학자 세 사람이 수상했다. 3명의 수상자는 공동 수상자인 자크 뒤보셰(75) 스위스 로잔대 생물물리학과 명예교수, 요아킴 프랑크(77) 미국 컬럼비아대 생화학분자생물학과 교수, 리처드 헨더슨(72)[29] 영국 케임브리지대 의학연구위원회 연구원이다.

노벨 생리의학상은 '체내 시계'로 불리는 인체의 활동주기34)를 통제하는 분자 메커니즘을 발견한 3명의 과학자에게 돌아갔다. 3명의 수상자는 제프리 홀(72) 미국 메인대 교수, 마이클 로스바쉬(74) 미국 브랜다이스대 교수, 마이클 영(68)[30] 미국 록펠러대 교수이다.

우리는 위 수상자들의 공통적 특징을 하나 찾아낼 수 있는데 나이가 모두 70을 넘긴 고령자라는 점이다. 한 분야에서 평생을 연구에 몰두해오다가 연구의 어느 부분의 업적을 인정받아 상을 받은 것이다. 이는 우리에게 많은 것을 시사해준다.

노벨과학상 수상자들의 또 하나의 특성은 미국출신이 압도적으로 많다는 점이

---

32) 레이저간섭중력파관측소(LIGO : Laser Interferometer Gravitational Wave Observatory)
33) 저온전자현미경(cryo−electron microscopy)
34) 인체의 활동주기(circadian rhythm)

다. 이는 과학자들에게 충분한 대우와 좋은 연구시설을 제공하여 맘 편히 뭐든지 해볼 수 있게 환경을 조성해 주고 있다는 것, 다시 말하면 막대한 투자를 하고 있는 것으로 해석할 수 있다. 뿐만 아니라 미국은 지구상의 오지에 들어가서 이상한 연구를 하는 사람에게도 각종재단이라든가 독지가들이 나서 재정적인 지원을 하는 경우가 많다. 국부를 바탕으로 한 지원시스템이 잘 구축되어 있다고 볼 수 있다.

영재는 많이 태어나지 않는다. 따라서 영재를 잘 관리하여 성장시키는 일은 국가의 장래가 걸린 문제라고 해도 과언이 아니다. 어려서부터 능력이 뛰어난 아이는 잘 살피어 그 아이의 적성에 가장 알맞은 분야의 해안으로 인도해야 한다. 그 아이는 해안의 아름다움에 넋을 잃고 예쁜 조개를 찾느라고 해가 지는 줄도 모르고 뛰놀게 해야 한다. 평생을 이렇게 뛰놀 수 있도록 해야 한다.

여기서 재능 있는 아이를 해안으로 인도하는 문제에 대해서 생각을 해보기로 하자. 앞서 직업생애를 논의할 때 자기가 좋아하는 것에 대한 정의를 다시 내려야 한다고 주장한 바 있다. 결론부터 말하면 청소년기에는 자기가 좋아하는 것이 무엇인지 구체적으로는 잘 알 수가 없으므로 소질이 있고 관심이 있는 분야로 안내하여 이것저것을 해보게 만든 다음 좋아할 만한 것을 찾아내어 그것을 하게 만들어야 한다. 그리하여 이 영재가 그것을 계속 하다 보니 결국 좋아하게 되었다고, 그래서 더 열심히 하다 보니 이렇게 되었다고 말할 수 있게 만들어야 한다는 것이다.

70이 넘어 노벨화학상을 받은 수상자는 어려서는 화학이 무엇인지도 몰랐을 것이다. 당연히 좋아하는 것이 무엇인지를 모르니 화학을 연구하면서 평생을 보내게 될지는 더욱 몰랐을 것이다. 어려서 수학을 남달리 좋아하여 어려운 문제도 곧잘 풀고, 무엇을 보면 그 작동원리에 관심이 많고 하여 집에 있는 가전제품은 죄다 분해하여 망가뜨리고 하는 성향이 있었는데 이를 눈여겨 본 선생님이 대학진학을 앞둔 이 학생에게 화학 분야라는 해변으로 인도를 한 것이다. 과학 분야에 재능이 많았던 미완의 대기, 이 학생의 눈앞에 드디어 구체적인 신천지가 전개된 것이다. 해변을 거닐면서 예쁜 조개를 찾아내고 정신없이 만져보고 뜯어보고 그러다가 이 조개를 좋아하게 되었다. 그래서 여기에서 이 조개를 가지고 평생을 보낸 것이다. 예쁜 조개는 뉴턴만 찾아낸 것은 아니다.

말하자면 영재들이 각 분야에 고루 포진하여 평생을 아무 걱정 없이 연구에 몰두할 수 있도록 국가의 영재관리시스템을 갖추어야 한다는 것이다. 그러나 이것은 사회의 전반적인 인프라가 이것이 가능하도록 구축되어야 하는 일로 하루아침에 될 수 있는 일은 아니다. 그렇다고 손 놓고 있을 일도 아니다. 지금의 영재교육시스템을 고칠 것은 없는지 좀 더 들여다보아야 한다.

　　우리나라에서는 자녀가 공부를 좀 한다 싶으면 대부분의 부모는 의대나 법대로 진학하기를 바란다. 그놈의 '먹고 사는 문제' 때문이다. 이렇게 되어서는 각 분야에 인재가 골고루 퍼지기가 쉽지 않다. 단기적으로는 제도를 고치고 장기적으로는 업종 간 소득격차를 해소하는 노력이 필요하다. 법조인 양성방법이 고시에서 로스쿨제도로 바뀌니까 우선 너무 많은 젊은이들이 여기에 매달려 수년 동안을 기약 없이 책상머리에 앉아 있는 일은 사라지게 되었다. 이것을 보면 제도가 바뀌면 많은 것이 달라진다는 것을 알 수 있다. 의대의 경우 의사의 소득이 다른 업종에 비해 크게 높지도 않게 하고 책임과 의무만을 무겁게 해놓으면 봉사와 희생정신이 높은 사람이 아니면 의대를 지원하기가 쉽지 않게 될 것이다. 이렇게 되면 인재가 널리 분포될 수 있다. 그렇지 않다 보니까 카이스트를 졸업한 학생이 의대로 재진학하는 일도 생기는 것이다. 물론 근본적인 해결책은 모든 산업부분의 소득수준을 높이는 것이지만.

　　영재관리시스템의 일환으로 영재에게 반드시 귀에 못이 박히도록 가르쳐야 할 것이 하나있다. "너는 특별한 재능을 타고 났으니 특별한 삶을 살아야 한다. 나중에 어른이 되면 너는 네 부모를 먹여 살리는 일보다는 국가와 민족을 먹여 살리는 일에 더 신경을 써야한다. 너는 평범한 사람이 아니다."라고 명확한 동기와 목표의식을 심어 주어야 한다. 마치 이스라엘 민족의 선민의식과 같은 것을 심어 주어야 한다. 그리고 실제로 이 아이는 평생을 먹고 사는 일에 걱정이 없도록 국가가 지원에야 한다. 설사 무슨 업적을 내지 못하더라도 그렇게 해야 한다. 그래야 후술하는 직업전장에서 적군편에 서는 병사가 나오는 것을 방지할 수 있다.

　　또한 영재뿐만 아니라 사회생활을 시작하는 모든 젊은이가 자기가 무엇을 좋아할 수 있을 것인지를 찾아 낼 수 있도록 국가가 지원해야 한다. 이 시작은 취업이다. 그 다음은 자기가 좋아하는 일을 우선 직장에서 찾아내도록 권유하는 일이다. 여기에는 근본적으로 전제되어야 할 것이 하나있다. 그것이 무엇이든 자기가 좋아하는 것만을 하고 살아도 먹고 사는 데 지장이 없는 직업사회를 어떻게든 구축하는 일이다. 이는 앞서 구체적으로 검토한 바 있다.

　　노벨과학상 수상자들의 특성을 한 가지만 더 짚어 보기로 하자. 그것은 여러 명이 공동으로 작업을 수행했다는 점이다. 입시위주의 경쟁교육으로 훈련된 학생들이 갑자기 경쟁이 아닌 협동으로 연구를 할 수 있도록 바꾸는 것은 쉬운 일이 아니다. 노벨과학상 수상자들은 우리나라 교육제도를 또 바꾸어야 한다는 과제를 던져주고 있다.

제3장

전장 속의 기업들

1. 끝나지 않은 전쟁

끝나지 않은 전쟁

　제국주의35)란 통상 정치적, 경제적, 군사적 지배권, 다시 말하면 통치권을 다른 민족이나 국가로 확장시키려는 국가의 패권주의 정책을 일컫는 말이다. 따라서 로마 제국과 같이 인류역사상 제국주의 국가는 수없이 존재해 왔다고 볼 수 있다. 그러나 제국주의는 서구의 근대화 시기, 말하자면 19세기 후반부터 20세기 초반까지 서구를 비롯한 미국, 일본 등의 초기자본주의 열강들이 6대륙을 침략하여 여러 나라를 식민지화 한 것을 지칭하는 것으로 거의 고유명사가 되다시피 했다. 제국주의를 고유명사로 간주한다면 제2차 세계대전 이후 제국주의는 사라졌다. 그렇다고 제국주의 성격의 전쟁도 사라진 것은 아니다. 오늘날의 세계는 제2의 제국주의라고나 할까, 국가 간에 또는 기업 간에 눈에 보이지 않은 전쟁, 국경이 없는 전쟁이 여전히 치열하게 벌어지고 있기 때문이다. 이 전쟁을 우리는 무역전쟁 또는 기업전쟁으로 부르는데 통칭하여 경제 전쟁이라고 할 수 있다.

　전쟁의 경우 최전방에서 치열한 전투를 벌이고 있는 각 군의 군대는 야전사령관이 지휘하고 전군은 국군통수권자가 통할한다. 전쟁에서 이기기 위해서는 우선 군사력이 절대적 우위에 있어야 한다. 군사력이란 무기와 일당백의 병사를 말한다. 그런데 이것만으로는 전쟁에서 절대 이길 수 없다는 것은 전쟁의 역사가 증명하고 있다. 국군통수권자는 총사령관으로써 일사 분란한 지휘통제와 속속 들어오는 전장의 상황보고와 각종정보를 종합하여 이를 토대로 최적의 전략과 전술을 구사함으로써 전쟁을 승리로 이끌 책임이 있다. 그렇다고 전쟁의 승리는 총사령관의 훌륭한 전략과 전술만으로 얻어 지는 것도 아니다. 야전사령관이 각 전장에서 자기부대에 속한 인적·물적 모든 자원을 총동원하여 현장의 임기응변적 대응을 겸한 이 전략과 전술을 성공적으로 수행해야만이 승리가 가능한 것이다. 서 말 구슬을 꿰어야 하는 것이다.

　또한 전쟁은 기나긴 전쟁이 될 수도 있고 단기전이 될 수도 있다. 전선 전체를 놓고 보면 어느 전장은 패할 수도 어느 전장은 이길 수도 있고 어느 전장은 소강상태에 빠질 수도 있기 때문이다. 그래서 결국 전쟁에서의 승리는 총사령관으로부터 병사 한명에 이르기까지 그야말로 전군이 승리라는 하나의 목표를 위해 최선을 다하고, 이

---

35) 제국주의(帝國主義, Imperialism)

렇게 할 수 있는 여건이 갖추어져서 적군에 결정적인 타격을 가하여 적군이 항복했을 때 비로소 얻게 되는 것이다.

이와 같은 전쟁을 경제 전쟁에 대입시켜보면 그 실체가 보다 선명히 드러난다. 총사령관은 국가이고 각 군의 야전사영관은 각 기업의 대표이다. 전쟁의 무기는 기업의 제품이고 병사는 그 기업의 구성원이다. 전쟁의 목표는 승리이지만 경제 전쟁의 목표는 시장을 점령하는 것이다. 어떤 시장을 무엇을 가지고 어떻게 점령할 것인가가 전략과 전술에 해당한다.

손자는 '싸우지 않고 이기는 것'이 최상의 전략이고, 적을 알고 나를 알면 백전백승, 적을 모르고 나만 알면 승패는 반반, 적도 모르고 나도 모르면 백전백패라고 했다.[36] 그래서 전쟁에서 백전백승을 위해 적에 대한 정보를 얻는 데 수단과 방법을 가리지 않는다. 적진 깊숙이 스파이를 침투시키기도 하고 적의 후방을 교란시키기도 한다. 첩보전에서 성공하지 못하면 그 전쟁은 패배한 것으로 보아야 한다. 이러한 전략이 성공적으로 수행되면 아무리 강한 군사력이라도 무력화 시킬 수 있으며 절대적으로 불리한 전황도 순식간에 역전시킬 수가 있다. 기업 간의 전쟁에 있어서는 산업스파이가 이 역할을 한다.

전쟁의 승패를 좌우하는 또 하나는 신무기이다. 성능이 월등한 무기로 무장한 군대는 당해 내기 힘들다. 기업에서도 마찬가지다. 기업은 이 신무기의 권리를 일정 기간 보장받을 수 있다는 점에서 실제 전쟁과 약간 차이가 있다. 특허가 그것인데 특허취득을 위한 신무기 개발경쟁이 특허전쟁이라고 할 만큼 치열하게 벌어지고 있는 것이다. 또한 도처에서 특허분쟁이 벌어지고 있는데 이중에는 기업의 사활을 좌우하는 것도 있다. 여기서 잠간 우리 기업의 현주소를 살펴볼 필요가 있다.

경제전쟁의 유형과 우리의 전황

앞서 벤치마킹에는 한계가 있다는 말을 했다. 2016년 우리나라 1인당 국민총소득은 2만 7,561달러였다. 우리나라 1인당 소득이 2만 달러를 넘은 것은 2006년이었다. 그 후 10년이 지나도록 2만 달러 수준을 유지한 채 3만 달러 선을 넘지 못하고 있다. 1인당 소득 4만 달러이상 부자 나라 20여 개국이 2만 달러대 진입 후 3만 달러에 오르기까지 걸린 시간은 평균 8년이었다. 일본과 독일은 5년 만에 2만 달러에서

---

36) 손자병법 모공편(謀攻篇) : 知彼知己 百戰不殆, 不知彼而知己 一勝一負, 不知彼不知己 每戰必敗, - 不戰而屈人之兵 善之善之也.

3만 달러로 뛰어올랐다.[31]

  우리나라는 1960년대 이후 고도성장과정에서 선진국 기술을 얻기 위해 혈안을
벌리던 때가 엊그제 일이다. 일본에서 은퇴한 분을 모셔오고, 견학 간 공장을 몰래
촬영하다가 필름을 빼앗기고 등등 따라하고 배우기에 급급하였다. 소득 3만 달러를
넘지 못하는 답보상태가 이렇게 오래 지속되는 것은 산업의 각 분야에서 눈부신 발
전을 한 것은 사실이지만 아직도 많은 분야에서 원천기술을 확보하지 못하고 낮은
수준의 일만 해온 결과라고 할 수 있다.

  예를 들자면 건설을 하는데 설계도는 그릴 줄 몰라서 설계도를 사와서 이 설계
도에 따라 건설을 하는 이치와 같다고 할 수 있다. 그런데 더 심각한 것은 불과 반세
기전 우리나라와 처지가 비슷한 많은 개발 도상국가들이 우리나라를 벤치마킹하여
맹렬히 추적해 오고 있다는 사실이다. 우리는 선발주자들을 따라잡기는 쉽지 않고 후
발주자 우리를 추월할 기세이다. 이는 현대사의 갈림길에서 딜레마에 빠진 우리나라
의 모습이라고 할 수 있다.

  가장 대표적인 예로 중국을 들 수 있다. 당시 중공과 수교를 앞두고 우리나라는
거대한 시장이 새롭게 열려 이 시장은 우리를 선진국 반열에 올려놓을 것으로 장밋
빛 전망으로 가득 차 있었다. 그러나 1992년 한중수교 후 4반세기만에 중국은 세계
매출액 기준 1위, 2위, 3위의 기업이 모두 자국기업인 강대국의 위치에 올라섰다. 우
리의 기대와는 다른 모습을 보여주고 있는 것이다. 중국이 이 짧은 기간에 우리나라
기술과 인력을 빼내려고 혈안이 된 모습이 다음의 보도 자료에 잘 나타나고 있다.

  「중국이 한국 기업의 우수 인력을 대거 빼가고 있다. 중국의 인력 빼가기는 국내
제조업은 물론 아이티분야, 문화, 연예분야에 이르기까지 다양하게 망라되고 있다.
한국에서 받던 것보다 몇배의 고액연봉을 제시하기도 한다. 특히 국내 에이급 기술
인력에까지 중국의 스카웃 마수가 뻗쳐오고 있다. 그동안 국내기업들은 한 단계 높은
기술의 유출을 막는데 전전긍긍했지만, 이젠 그보다 더 심각한 인력유출을 고민해야
하는 실정이다.

  최근 중국의 인재 영입 전략은 국내 업계에서 수명을 다한 퇴직자들보다는 연구
개발, 소프트웨어, 글로벌 마케팅 등 전문영역에서 핵심 경쟁력을 지닌 '에이급' 인재
들을 겨냥하는 추세다. 업계에 따르면 중국 스마트폰 업체 화웨이[37]가 삼성전자 출
신 앤디 호 전무(시니어 바이스 프레지던트)를 영입해 소비자 사업부문 임원으로 내정했다.

---

37) 화웨이(華爲)

삼성전자는 앤디 호 전무가 임원으로서 계약기간이 만료돼 사임했고 전직 금지기간
이 끝나 화웨이로 옮긴 것뿐이며, 핵심 개발인력에 해당하는 인물이 아니라고 밝혔
다. 하지만, 아이티 전자업계에서는 중국 기업들의 공격적인 '인재 사냥'이 2~3년 전
부터 노골적으로 전개되고 있고 수억원, 심지어 수십억원대 몸값 제안에 관한 소문도
공공연하게 나돌고 있다. 업계에서는 중국의 24개 스마트폰 기업 중 핵심 프로젝트
매니저에 한국인이 없는 회사가 단 한 곳도 없다는 말도 나온다.

반도체 산업을 신 성장산업으로 육성하는 중국은 한국 엔지니어들에게 기존 연
봉의 최대 9배까지 제시했다는 소문도 들린다. 국내 반도체업계관계자는 "전직 금지
기간, 보안유출 금지 등의 조건을 걸기도 하지만 개인의 직업 선택 자유를 제한할 수
는 없는 현실"이라며 "다만 핵심인력에 원하는 커리어를 보장해주고 지속적인 보상
과 성과를 지급하는 방향으로 신경 쓰고 있다"고 말했다. 디스플레이 업계에서 중국
은 이미 국내 인력을 전략적으로 영입해 일정 부분성과를 거뒀다. 중국은 2003년 국
내 엘시디(액정표시장치) 업체 하이디스를 인수해 핵심 기술과 인력을 얻어 세계 5위의
기업 비오이[38]를 육성해 낸 것이다.

한국 인력을 최고경영진에 합류시키기도 했다. 시에스오티[39]가 지난해 말 김우
식 전 엘지디스플레이 부사장을 최고경영자로 선임한 사실이 뒤늦게 알려졌다. 업계
관계자는 "김 전 부사장이 이직까지 3년간의 공백이 있었기 때문에 기술유출 등의 우
려는 크지 않다"며 "다만 상징적인 의미가 크다"고 설명했다. 일각에서는 김 전 부사
장의 임명은 디스플레이 기술과 시장정보, 인재 영입을 염두에 둔 조치일 것이라는
해석도 나온다.

중국에서 '케이-뷰티' 열풍을 일으킨 화장품 업계도 인력 유출이 시작됐다. 중국
유명 화장품 브랜드 '자연당'은 2008~2014년 아모레퍼시픽 계열 대표를 지낸 케이씨
를 최근 최고경영자로 영입하고, 연구소와 마케팅 분야에도 '아모레퍼시픽' 출신을 영
입했다. 이니스프리·에뛰드 같은 가두점 중심의 브랜드숍 사업을 준비하기 위한 것
으로 보인다. 중국 5위권 화장품 업체 프로야[40]그룹 역시 한국 화장품 회사 지분을
인수하고 아모레퍼시픽·엘지생활건강 등에서 일한 경험이 있는 인력을 채용했다.

항공업계에서는 항공기 운항의 핵심인력인 조종사들이 중국으로 이직하는 사례

---

38) BOE Technology Group Co., Ltd : 1993 년 4월에 설립되어 사물 인터넷 기기 및 서비스를 제
공하고 있다. BOE는 태블릿, 노트북, 모니터, TV, 차량용 디스플레이, 디지털 정보 디스플레이,
헬스 케어, 금융 및 웨어러블 장치와 같은 다양한 제품을 제공한다.
39) 시에스오티(CSOT, 화성광전, 华星光电) : 중국의 액정패널업체
40) 프로야(PROYA)

가 수년째 지속해왔다. 중국 항공사들은 한국보다 두 세배 높은 임금으로 국내 조종사 인력에 '러브콜'을 보내고 있다. 중국 항공업계에는 부기장급 인력이 많은데 이들이 기장 자격을 갖추려면 최소 10년 이상이 걸린다는 점에서 숙련도가 높고 문화가 유사한 한국인 조종사들이 영입 1순위로 꼽힌다. 한국인 조종사들도 중국 이직을 꺼리지 않는다. 매력적인 것은 고 연봉이다. 사측의 세금 부담과 주택, 자녀 교육지원 등 다른 혜택을 모두 고려하면 한국에서 일하는 것보다 2~3배 많은 돈을 번다는 계산이 나온다. 양호한 근무환경도 중국 항공사의 장점으로 꼽는다. 우리나라 항공사들은 조종사들에게 연간 최대 1천 50시간의 비행시간을 요구하는 반면 중국 항공사가 요구하는 최대 비행시간은 850시간에 불과하다. 대한항공과 아시아나 등 국적 항공사의 퇴사자 중 일부는 다국적 저비용항공사로 옮겼으나 기장급 인력 대다수는 중국 항공사로 이직했다. 작년 한 해 중국 항공사로 옮긴 조종사는 대한항공이 46명, 아시아나항공이 15명 정도다.

월스트리트저널에 따르면 지난해 중국 내 외국인 비행 기장은 한국이 전체의 20%로 1위를 차지했다. 이어 미국 14%, 멕시코 8.4%, 브라질 8%, 스페인 7% 순이었다.

조선업계에서는 구조조정으로 회사를 떠난 일부 핵심인력이 중국 경쟁사로 옮겨간다는 얘기가 들리고 있다. 한국조선해양플랜트협회에 따르면 조선 3사의 핵심전문인력(설계·연구개발·생산관리 종사자) 퇴직자는 2013년 287명, 2014년 340명, 2015년 1,091명이다. 2015년 조선 3사의 핵심 전문 인력은 총 1만 943명으로 이 가운데 10%가 회사를 떠난 것이다.

삼성디스플레이는 지난 6월 사내방송에서 중국 디스플레이 업계에 대한 진단 프로그램을 내보내면서 인력 유출에 대한 내용을 언급하기도 했다. "당장 눈앞의 좋은 조건에 속아 이직하지 마라. 기술유출 등에 이용만 당할 수 있다"며 "몇 년 안 가서 다시 돌아와야 할 수도 있다"고 전했다. 실제로 최근에는 중국으로 자리를 옮겼다가 난처한 상황에 부닥쳐 돌아온 사례도 있는 것으로 전해진다. 업계 관계자는 "중국 역시 초창기에는 좋은 조건으로 한국 인력을 모셔갔지만, 최근에는 계약직 형태로 고용하는 사례가 많다"며 "높은 연봉과 자녀 국제학교 입학 등 좋은 조건에 혹해서 옮겼다가 기술 이전에 이용된 후에는 1~2년 만에 돌아오기도 한다"고 전했다.」[32]

불가사리를 연상시키는 위와 같은 무차별적 테러에 가까운 점령방식은 그래도 양반이다. 우리나의 불법적 기술유출의 심각성은 다음의 보도 자료에서도 잘 나타난다.

「포스코의 핵심 기술이 경쟁사인 중국 철강사로 유출됐다. 이 회사 전직 연구원

2명이 고부가가치 강판 제조기술을 빼내 50억원을 받기로 하고 팔아넘긴 것이다. 이들은 퇴사하기 직전에 제조기술이 담긴 파일을 통째로 훔친 것으로 드러났다. 유출된 기술은 연구원 150명이 10년 동안 공들여 개발한 것이다. 무려 2조 8,000억원의 손실이 예상된다니 기가 찰 노릇이다.

　기술유출의 피해가 갈수록 커지고 있다. 자동차·조선·철강·휴대전화·생명공학 등 대상 분야도 넓다. 얼마 전 기아자동차 직원들이 쏘렌토 승용차 조립기술을 중국에 넘겼고, 포스데이타 연구원들은 차세대 이동통신 기술인 '와이브로'(휴대인터넷)를 미국에 넘기려다 적발됐다. 중국에선 '짝퉁' 제조뿐 아니라 우리 공장을 통째로 불법 복제하는 일도 벌어지고 있다. 그러는 사이 중국의 기술력은 우리 턱밑까지 추격해 왔다.

　국가정보원에 따르면 2004년부터 올 6월까지 해외 기술유출 적발 건수가 97건, 피해 예상액은 119조원에 달한다. 그나마 빙산의 일각이다. 수법이 은밀하고, 지능화되고 있어 적발이 쉽지 않기 때문이다. 최근에는 외국 정부나 외국상사 주재원과 연계한 '기업형' 기술 유출이 나타나고 있다. 아예 기술 인력을 빼가기도 한다.[33]

　이런 사례가 너무 많다.

　「세계 최고인 국산 에어컨과 휴대전화에 쓰이는 첨단 기술을 중국에 유출시키려던 일당이 적발됐다고 합니다. 하마터면 천문학전인 국가적 손해가 날 뻔했습니다. 알루미늄 판에 물을 뿌려대도 물방울이 맺히지 않고 그대로 흘러내리는 이 기술은 전 세계 시장 점유율 1위인 우리나라 에어컨에 쓰이고 있는 '금속표면처리기술'입니다. 한국과학기술연구원 카이스트의 선임연구원이던 고모 씨 등 6명은 지난 2007년 퇴사한 뒤, 중국에 회사를 만들어 이런 첨단 기술들을 유출하려다 적발됐습니다. 휴대전화 터치 패널에 적용되는 박막증착기술, 손목 컴퓨터에 적용되는 나노파우더기술 등 우리나라가 각국에 특허 출원한 세계 유일의 기술들도 중국에 팔아넘기려 했습니다.」[34]

　이것만이 아니다. 중국은 세계 각국으로 부터 모든 방법을 다 동원하여 무기기술을 빼내오고 있다. 「중국은 다양한 신형 제트 전투기, 미사일, 드론, 헬리콥터, 전차, 잠수함 그리고 전함으로 무기고를 채우고 있습니다. 중국의 군비증강은 급격한 국방비가 뒷받침하고 있으며 거의 20년 동안 매년마다 국방 예산이 대부분 두 자릿수 증가했습니다. 현재 중국 군 기지, 항구와 비행장은 첨단 기술로 가득 채워져 있지만 다른 나라의 눈에는 이들 수많은 현대식 항공기와 무기가 매우 익숙합니다. 그 이유는 미국 또는 일부의 경우 러시아, 유럽 또는 이스라엘의 디자인과 매우 비슷하기 때문입니다. 중국은 부인하고 있으나 군 분석가들은 중국이 다른 나라의 국방 기술을 복사하는 것이 분명하다고 말합니다.」[35]

산업스파이를 통한 기술유출의 문제도 심각하다. 이 문제가 크게 알려진 것은 지난 2000년 삼성전자가 심혈을 기울여 만든 피디피 티브이[41]가 미국에서 도난당한 사실이 보도되면서 부터다. 상용화를 앞둔 이 제품들이 외국 경쟁사에 흘러 들어갈 경우, 회로설계·컬러구현 등 핵심기술이 고스란히 유출될 것은 불을 보듯 뻔한 사실이었다. 이와 비슷한 시기에 삼성과 쌍벽을 이루던 엘지전자도 독일 프랑크푸르트 공항에서 운송 중이던 60인치 피디피 티브이를 도난당했다. 반도체, 휴대폰, 엘시디[42]와 같이 세계적인 기술을 보유한 우리나라 기업이 타깃이 되고 있는 것이다.

아무튼 특허분쟁의 역사는 길다. 비행기를 발명한 라이트형제는 경쟁자가 생기는 것을 방지하기 위해 법적인 조치를 취하였고, 이는 특허분쟁으로 이어졌다고 한다. 전화기를 발명한 알렉산더 그레이엄 벨은 그의 라이벌들을 상대로 11년 동안 600개의 소송을 거친 특허분쟁을 치른 것으로 알려져 있다. 1980년대에 미국과 일본의 기업들 간의 특허분쟁이 많이 일어났다. 2000년대에는 스마트폰을 둘러싼 특허분쟁이 일어나 애플이 경쟁 상대인 구글의 안드로이드 운영 체제에게 스마트폰 특허에 대한 분쟁을 일으켰다. 이때부터 우리나라도 본격적인 특허전쟁에 뛰어든다.

2011년 4월 21일에 삼성전자가 애플을 상대로 대한민국 서울중앙지방법원에 특허 침해 금지 및 손해 배상 청구 소송 5건을 제기했다. 삼성전자는 소장에서 고속 패킷 전송 방식 통신표준 기술, 광대역 부호 다중 분할 접속 기술, 테더링 관련 기술 등의 특허를 침해한 아이폰 3지에스, 아이폰 4, 아이패드 등의 수입, 양도, 전시를 금지하고 제품을 폐기하라고 주장했다. 애플은 2011년 6월 24일에 삼성전자가 삼성갤럭시 에스1, 삼성갤럭시 에스2, 삼성 갤럭시 탭 등의 제품에 자사의 디자인권과 기술특허를 침해했다며 삼성전자를 상대로 대한민국 서울중앙지방법원에 특허권 침해 금지 및 손해 배상 청구 소송을 제기했다.

특허분쟁은 점점 더 증가하고 있다.

역류성식도염 개량신약을 대상으로 2011년 2월 한미약품 대 아스트라제네카의 분쟁, 2011년 10월 씨제이 제일제당과 화이자 간의 분쟁, 미국의 제로사와 우리나라 카엘젬백스의 췌장암 백신의 기술원리인 텔로머라아제를 둘러싼 분쟁, 보령제약과 제일약품이 다국적 제약사 사노피—아벤티스와의 항암제 '탁소텔주'에 대한 특허소송

---

41) 피디피 티브이(PDP TV)
42) 엘시디(LCD, Liquid Crystal Display)

등 눈에 보이지 않은 전쟁이 쉴 새 없이 벌어지고 있는 것이다.

　이 와중에도 손자병법의 싸우지 않고 이기는 최상의 전략을 구사한 경우도 있다. 1996년 1월 우리나라는 시디엠에이43)방식의 디지털 이동통신 서비스를 세계 최초로 상용화에 성공했다. 시디엠에이의 위력은 이 기술이 상용화되기 전까지 313만 명이던 휴대전화 가입자는 3년 뒤인 1999년 2,100만 명으로 급증한 것이 증명해 준다. 시디엠에이 기술은 휴대폰의 통신 칩만 퀄컴 것을 썼고, 나머지 시스템을 구성하는 교환기·제어국·기지국·단말기는 모두 우리가 개발한 것으로 이 기술이 없었다면 우리가 세계 최초로 4세대 이동통신(엘티이)44)기술을 상용화할 수도, 삼성전자가 해외로 나갈 수도 없었을 것이라고 한다. 삼성전자·엘지전자 등 시디엠에이 개발에 참여했던 기업들은 당시에 쌓은 기술력을 바탕으로 국내외 시장에서 입지를 확대할 수 있었던 반면 이를 외면했던 노키아나 모토롤라는 결국 회사가 다른 곳에 인수되는 운명을 맞았다.[36] 여기서 하나 아쉬운 점은 실험실기술에 불과한 퀄컴의 기술을 재개발 하다시피 하여 상용화한 우리나라가 퀄컴사와 어떻게 계약했는지 로얄티를 지급한 점이다.

　셀트리온은 바이오시밀러 시장45)을 선점한 대표적인 기업이다. 셀트리온이 개발한 자가면역질환치료제 '램시마'는 지난 2012년 7월 세계 최초로 식품의약품안전처에서 판매 허가가 결정됐고, 한 달 후인 같은 해 8월 국내 첫 출시됐다. 시장점유율은 30%를 웃돌게 된다. 이후 노르웨이, 캐나다, 일본, 터키 등에서의 판매허가로 이어졌

---

43) 코드분할 다중접속(CDMA, code division multiple access) : 미국의 퀄컴(Qualcomm)사가 보유한 무선통신기술을 우리나라에서 세계최초로 상용화한 기술
44) 4세대 이동통신(4th generation mobile telecommunication) : 이동통신기술의 세대는 기술, 즉 데이터 전송 속도에 따라 구분되는데, 아날로그 이동전화를 1세대, 디지털 이동전화를 2세대, PCS를 2.5세대라 한다. 2001년부터 국내 이동통신업체들은 CDMA2000-1x를 서비스 했는데 국제전기통신연합(ITU)이 144Kbps~2Mbps의 속도와 동영상을 제공하는 서비스를 3세대로 규정했고, 200년 12년 1월 LTE(long term evolution)를 보다 진화시킨 LET-advanced와 WiBro-advanced를 4세대 이동통신의 국제표준으로 채택하였다. 4세대 이동통신은 정지상태에서 1Gbps, 60km이상, 고속 이동 중에 100Mbps의 전송속도를 내는 무선통신 기술이다. 이 속도는 고속이동 중에는 3세대 이동통신(WCDMA)의 50배, 정지 중에는 초고속인터넷의 10배에 달하는 것이다. 또한 유무선 전화망, 위성통신망, 무선랜망, 디지털 방송망 등, 성격이 다른 여러 개의 망을 서로 유기적으로 연동시켜서 사용자가 위치에 관계없이 하나의 단말기로 음성통화, 고화질TV 시청, 인터넷접속을 동시에 할 수 있다.
45) 바이오시밀러(Biosimilar) : 오리지널 바이오의약품의 특허기간이 끝난 뒤 이를 본떠 만든 비슷한 효능의 복제약을 말한다. 오리지널 의약품과 다른 방식으로 비슷한 성분·함량 등을 유지하여 만들기 때문에 오리지널 의약품에 비해 약값이 저렴하다. 최근 2010년을 기점으로 의약품 시장에서 특허권을 가진 미국과 유럽 등 제약업체들의 단백질 의약품의 특허가 끝나는 제품이 많아 바이오산업의 새로운 블루오션으로 주목되고 있다.

고 미국에도 상륙시킨다. 이어 항암제 트룩시마도 세계시장 개척에 성공했다.

다음과 같은 이런 기가 막히는 사건의 경우도 현재 진행형이다.

이헌석 대표는 고성능 터보기계를 발명하고, 1997년 충북 청원에 '한국터보기계'를 설립했다. 기계를 조금이라도 아는 사람은 기계에서 베어링이 무슨 역할을 하는 것인지 잘 안다. 베어링 없는 기계는 상상할 수 없는 것이다. 그런데 이 대표는 베어링이 없이 기계가 작동할 수 있는 기술을 개발한 것이다. 이 획기적인 발명품으로 과학기술부 장관의 엔지니어상, 기술대전 대통령상, 1천만불 수출의 탑 등을 수상하며 성공 벤처기업으로 우뚝 섰다.

이 대표는 2015년 1월 9일 대전 인근 자택 경찰서에 용무를 보러 갔다가 인터폴 수배대상이라는 것이 드러나 그 자리에서 구속·수감되었다. 알고 보니 2012년 미국 검찰은 이 대표를 "연방 정부 및 지방자치단체 상대 사기미수" 등 8개의 협의로 기소했고, 한국정부에 범죄인도요청서를 보낸 상태였다.

이 사건은 2009년 미국 6개 건설사와 정부사업 납품계약을 체결하고 시카고 교외에 설립한 공장에 발명품 고성능 송풍기 수출을 추진한 것인데, 미국에 도착한 선적제품에 '미국내 조립'이라는 문구가 문제가 되어 미국 검찰에 '경기부양법 위반 사례'로 걸려들어, 제품전량을 압류당했다. 말도 안 되는 일이지만 이 대표는 이것으로 큰 손실을 감수하고 사건이 일단락 된 줄 알고 있었던 것이다. 그렇게 지내던 중 위와 같이 경찰서에 일을 보러 갔다가 이런 사단이 난 것이다.

이 사건이 얼마나 어이없는지는 실제 내용을 설명하려다 보면 복잡하여 이해하기가 어려울 수가 있으므로 이해하기 쉽게 다음과 같은 예를 들어 비유로 설명하겠다.

대학교에서 성적 우수자에게 장학금을 지급하면서 이 돈의 용도(학비 등)를 정해 주었다. 이 학생은 용도에 돈을 쓰고도 남은 돈이 있어 용도 외에 해당하는 자동차를 구입했다. 장학금 용도를 위반한 것이다. 이것을 발견한 학교에서는 당연히 학생을 처벌해야 할 것이 아닌가? 그런데 엉뚱하게도 차를 판매한 자동차 회사의 사장을 처벌한 것이다. 여기서 자동차 회사의 사장에 해당하는 사람이 이헌석 대표이고 장학금을 받은 학생은 이 대표와 계약한 미국 지자체이고 학교는 미국 검찰이다. 이 무슨 말도 안 되는 일인가? 아무리 좋게 해석하려 해도 이 대표회사의 기술을 질시한 지극히 악의적인 처사라고밖에는 해석이 되지 않는다.

위와 같은 사건의 개요는 이 대표의 부인 박진명 씨가 미국전역에 방송되는 한인라디오방송 대담프로에 나와서 한 얘기를 듣고 정리한 것인데, 엠비시(2017.04.16.)와 에스비에스(2017.10.09.)에서도 방영된 바 있다. 이헌석 대표는 구속 2년이 넘는 지금도

(2017년 12월 현재) 거주제한을 받은 채 15평 남짓 아파트에서 힘든 싸움을 하고 있다고 한다.

이런 어처구니없는 일이 세상 어디에 있는가? 더 어처구니없는 것은 한국에서 세계를 휩쓸만한 획기적인 발명을 하여 국익에도 일조를 하고 있는 유망한 벤처기업 사장을, 그것도 한국에서 경찰서에 볼일을 보러갔는데 인터폴에서 수배 중이라는 사실을 확인하고 그 자리에서 체포를 했다. 거기까지는 이해가 간다. 자국민을 범죄자로 인도하려면 최소한 이것저것 알아보고 나서 정말 문제가 있다고 한다면 그 때 보내야 할 일이 아닌가? 미국은 이태원에서 살인을 한 자국민 살인범을 10년이 다 되도록 한국에 보내지 않았다. 우리나라 경찰은 어느 나라 국민을 보호하는 경찰인가? 공직에 종사하는 사람들, 특히 국제관계일을 하는 사람들은 자신이 국민의 종복이라는 사실을 남다르게 인식할 필요가 있다. 다시는 이런 일이 일어나지 않도록 해야 한다.

그건 그렇고 바보같이 보낸 것이 실수였다고 하면 국가가 적극적으로 나서 빨리 해결해야 할 일이 아닌가. 미국은 말도 안 되는 법적용으로 자기나라 헌법까지 위반하고 있으면서 마지못해 석방은 했지만 거주제한을 두어 한국으로 돌아오지 못하게 해놓고, 궁색하기 짝이 없는 법을 따지고 있는 분노를 금치 못할 상황에서, 지금 당장 특공대를 조직하여 쥐도 새도 모르게 우리나라에 데려다 놓고 후속조치를 상대나라와 협상을 해야 할 것이 아닌가. 그래야 제대로 된 나라라고 할 수 있지 않겠는가. 그런데 이 대표는 혼자 대응하느라 성경보다 더 두꺼운 3만 페이지가 넘는 관련 법을 다 읽었다고 한다. 그리고 우리나라 국민을 상대로 인터넷을 통해 10만명 서명운동을 벌이고 있다고 하니 이 또한 무슨 기가 막힌 일인가. 그나마 다행인 것은 유능한 변호사를 만났고 정부에서도 적극 관심을 갖고 있다고 한다.

이상에서 우리는 온갖 방법을 다 동원하여 승리하려는 특허전쟁의 실상을 조망했다. 어떻게 보면 직업사회의 성격을 한마디로 전·후방이 따로 없는, 국경 없는 글로벌 전쟁터라고 정의해도 될 것 같다. 전쟁은 국내는 물론 세계도처에서 수행된다. 여기에 인적·물적 자원을 공급해야 하고 전사를 꾸준히 양성하여 전투력을 강화해야 한다. 후방을 교란하기 위해 침투하는 적들이나 스파이도 색출해내야 한다. 우리도 스파이를 보내 적 후방을 교란해야 한다. 참전중인 전사를 둔 가정은 자식의 안부도 걱정이 된다.

보이지 않는 전쟁, 특히 특허전쟁에서 승리하려면 어떻게 해야 하는가? 기술유출 사건이 발생하면 조사하는데도 장기간이 걸리는 경우가 많다. 이와 같은 전문 인력 양성도 중요하고, 고도의 스파이를 양성하는 일도 중요하다. 그리고 방어적 측면에서 기술 유출은 나라를 팔아먹는 범죄라든가 철저한 보완장치, 기술 인력이 유혹에 빠지지 않도록 하는 대우 보장 등 당장 필요한 현실적인 조치를 강화하는 것도 중요하다. 그러나 이것만으로는 부족하다. 장기적인 관점에서 직업사회의 구성원들에게 어려서부터 우리 직업사회에 대한 올바른 가치관을 형성시키는 훈련과 학습이 병행되어야 한다. 조금 힘들더라도 결코 조국을 배반하는 일이 없는 인재를 양성해야 한다. 이보다 더 중요한 것은 그런 인재가 나오지 않도록 하는 직업사회의 풍토를 조성하는 일이다.

무역전쟁

우리는 직업사회를 전쟁 중에 있는 사회라고 정의했다. 전쟁에서 승패는 국가의 존망이 달린 문제 아닌가. 국가 간의 경제문제는 그만큼 심각한 영향을 끼친다는 의미이다. 여기서 미국의 통상압력과 이것이 국내경제에 어떤 영향을 미치는지 보도 자료를 통해 알아보자.

「아메리카 퍼스트(미국 우선주의)」를 부르짖는 도널드 트럼프 행정부가 한국을 겨냥한 통상 압박 수위를 높여 가고 있다. 한국을 압박해 한미 자유무역협정 개정 합의를 이끌어냈고, 한국산 세탁기를 대상으로 한 '세이프가드(긴급 수입제한 조치)' 발동을 예고했다. 두 나라 간 경제 관계를 뒤흔드는 조치가 잇따르고 있지만 북핵 등으로 인해 미국의 협력이 절실한 한국 정부가 갈등을 피하기 위해 제 목소리를 내지 못하고 있는 것 아니냐는 우려마저 나오고 있다. 2017년 10월 산업통상 자원부는 11일 삼성전자, 엘지전자를 포함한 전자업계 관계자들과 대책회의를 연다고 밝혔다. 미국 가정용 전자제품 제조사 월풀의 세이프가드 청원에 대해 미 국제무역위원회[46]가 5일 양사의 세탁기가 미국 전자제품 산업에 피해를 입혔다고 판결했기 때문이다. 동 위원회가 올해 말 트럼프 대통령에게 최종 조치를 건의하면, 이르면 내년 초 세이프가드가 발동된다. 산업부 관계자는 "19일 동 위원회가 개최할 구제조치 공청회에서 한국 기업들의 입장, 세이프가드 조치가 내려졌을 때 미국 소비자들이 받을 피해 등을 상세히 설명할 것"이라고 밝혔다.

또 4일 한미 양국은 한미 에프티에이를 개정하기로 하고, 개정 협상 시작을 위해

---

46) 국제무역위원회(ITC, International Trade Commission) : 대외무역이 국내의 생산, 고용, 소비에 미치는 영향에 관한 모든 요인을 조사하는 미국의 대통령 직속의 준사법적 독립기관으로, USTR(미국통상대표부)와 함께 국제 통상 문제를 담당하는 중요한 기구이다.

두 나라의 국내 절차를 밟기로 했다. 대선 후보 시절부터 한미 에프티에이를 '재앙'이라 불렀던 트럼프 대통령의 협상 전략이 결국 개정을 원치 않았던 한국을 협상 테이블로 끌어낸 셈이다.

이 과정에서 트럼프 대통령은 스스로를 '미치광이'로 포장할 것을 주문하며, 한미 에프티에이 협상을 담당하는 로버트 라이트하이저 미국 무역대표부[47] 대표에게 "이 사람이 너무 미쳐서 당장이라도 손을 뗄 수 있다고 그들(한국인들)에게 말하라"고 지시했다고 한다.

국내 산업계는 세계 최대 소비시장인 미국에서의 연이은 악재에 곤혹스러워하고 있다. 지난달 말 미국은 한국 등이 수출하는 태양광 패널이 미국 산업에 피해를 미친다고 판결했고, 철강 제품에도 반덤핑 관세를 부과하는 등 수입 제한 움직임을 보이고 있다.

여기에 한미 에프티에이 개정이 자동차시장에 포커스를 맞추면 현대자동차그룹을 비롯한 국내 자동차회사들의 대미 수출이 더욱 어려워질 것으로 보인다. 현대차는 올해 1~8월 전체 수출량 65만 7,531대 중 23만 4,563대(35.7%)가 대미 수출이었다. 한미 에프티에이 개정이 가시화되면서 여야 간 쟁점이 될 가능성도 커지고 있다.

황금연휴 기간 국내 산업계에는 미국으로부터 청천벽력 같은 소식이 연이어 날아들었다. 중국의 사드보복과 갈수록 높아지는 글로벌 보호무역 장벽으로 힘겨워하던 국내 기업들에 치명타가 될 수 있다는 우려가 나온다.

7일 현대자동차에 따르면 이 회사의 전 세계 수출량 중 대미 수출 비중은 2014년 29.5%에서 올해(1~8월) 35.7%까지 높아졌다. 국내에서 만들어 해외에 파는 자동차 3대 중 1대 이상이 미국으로 간 셈이다. 한미 에프티에이 재협상으로 자동차에 대한 대미 수출 관세가 높아질 경우 국내 자동차업체들의 경쟁력이 하락할 수밖에 없다. 해외 자동차업체의 국내 공장도 타격을 받는다. 르노삼성 부산공장은 2014년 9월부터 닛산의 대미 수출용 로그를 생산하고 있다. 2015년 11만 대, 지난해 13만 대를 생산해 미국으로 수출했고, 올해도 9월까지 9만 대를 만들었다. 일본보다 미국과 에프티에이를 체결한 한국에서 생산하는 게 유리하다는 판단 때문이었다. 에프티에이의 장점이 사라질 경우 르노닛산 본사가 나라별 생산량 재조정에 나설 가능성이 있다는 얘기다. 르노삼성 관계자는 "닛산 로그 생산으로 인한 1, 2차 협력업체 매출효과만

---

47) 미국무역대표부(USTR, Office of the United States Trade Representative) : 미국의 국제 통상교섭을 담당하는 대통령 직속 정부기관이다. 미국의 무역, 통상정책을 수립하고 집행하며 외국과의 협상을 주도하거나 지휘하는 일을 한다.

연간 1조 원이다. 생산량이 줄면 이들도 악영향을 받을 것"이라고 했다.

　　미국 국제무역위원회가 한국 세탁기에 대해 예고한 세이프가드 발동 조치는 도널드 트럼프 정부의 '미국 제조업 부활' 정책 일환으로 보는 시각이 지배적이다. 당장 삼성전자와 엘지전자는 발등에 불이 떨어졌다. 미국 내 대형 세탁기 시장 점유율은 월풀이 38%, 삼성과 엘지가 각각 16%, 13%다. 삼성과 엘지가 지난해 미국 시장에 수출한 대형 가정용 세탁기 규모는 10억 달러(약 1조 1400억 원) 정도. 세이프가드가 발동되면 두 회사가 태국, 베트남 등에서 생산해 미국으로 수출하는 세탁기는 현재 1%대인 관세가 최대 40%까지 높아질 수 있다. 한국산은 한미 에프티에이 조항으로 세이프가드 조치가 면제돼 '무관세'가 유지된다.

　　전자업계 관계자는 "11월 아이티시가 발표하는 관세 등 수입제한 수준을 지켜봐야겠지만 동남아 생산 물량 전체를 미국과 한국 공장으로 돌려야 할 수도 있다"고 말했다. 이렇게 되면 인건비가 올라 가격경쟁력이 떨어지게 된다. 업계에서는 또 완제품이 아닌 부품별로 관세를 적용하는 것을 최악의 시나리오로 보고 있다. 부품별로 관세가 적용되면 한국, 베트남, 태국 등에서 수입한 부품을 조립하는 미국 공장도 관세를 피하기 어렵기 때문이다. 벌써 조짐이 나타나고 있다. 아이티시는 6일, 2012년 한국산 전력 변압기에 매긴 반덤핑 관세를 5년 기한이 지나서도 연장할지 검토하겠다고 밝혔다. 현대중공업, 효성, 일진 등 국내 기업의 미국 변압기 수출액은 연간 2억 달러(약 2,280억원) 규모다」.[37]

　　무역전쟁이라는 표현이 실감날만한 국가 간 통상마찰은 그만큼 자국경제에 미치는 영향이 크 때문이다. 우리나라는 세계 모든 나라와 무역전쟁을 치루고 있는 셈이다.

2. 백전백승 전략과 신무기 개발

소의 머리에 앉은 쥐의 머리에 앉은 벌

　　위의 '소의 머리에 앉은 쥐의 머리에 앉은 벌'이라는 말은 후술하겠지만 이면우 박사가 그의 저서 '더블유이론을 만들자'에서 우리기업의 경영전략으로 제시한 것이다. 기업의 경영전략이란 '제한된 경영자원을 집중하여 경쟁우위를 확보하고 이를 유지하도록 하는 중요한 실행 작전'이라고 할 수 있다.

먼저 이와 같은 기업경영전략이 시대별로 어떻게 변화되어 왔는지 살펴보기로 하자.

군사용어인 전략이 기업경영전략으로 확대된 것은 1950~60년대 미국의 거대기업들이 다양한 사업 분야를 어떻게 효율적으로 운용할 것인가에 대한 문제에 직면하면서부터이다. 최고경영자가 각 사업단위를 효과적으로 관리하기 위해 매년 매출액과 목표 수익률을 정하고, 투자자금의 각 사업에 적절한 배분의 등의 문제를 중장기적으로 계획을 수립해야 할 필요성이 대두된 것이다. 그래서 기업마다 핵심인력을 경영기획실이나 종합기획실에 배치하였다. 이 당시에는 기업성장의 주요전략은 기업다각화였다. 그래서 1970년대는 제품포트폴리오 메트릭스가 중요한 전략분석 도구였다. 또한 이 시기에는 스왓분석[48]기법이 널리 유행하였는데 이는 모든 조직과 기관에서 감초처럼 애용하는 분석도구가 되어 오늘날도 널리 사용되고 있다.

그런데 1970년대 후반에 이르러 경제의 불확실성이 증대되고, 이 당시의 오일쇼크는 경제예측을 거의 불가능하게 되었다. 그래서 장기전략 계획이 후퇴하면서 포터가 제시한 산업구조분석기법이 1980년대까지 기업들에게 큰 영향을 미쳤다. 이는 기업이 경쟁우위를 갖기 위해서는 산업의 특징을 이해하고 산업 내에서 적절한 포지셔닝을 정하는 것을 전략의 근간으로 해야 한다는 것이다. 그렇지만 이 기법은 기업의 외부환경을 분석한 것으로 이에 대한 기업의 대응방안을 제시하지 못한다는 비판이 대두되면서 1990년대에는 경쟁우위는 기업의 내부의 경영자원과 핵심역량에 기반을 두어야 한다는 논리가 확산하게 되었다.

1990년대 이후는 인터넷이 폭발적으로 성장하고 벤처기업의 약진이 두드러졌다. 그래서 전통적인 굴뚝산업[49]은 이와 같은 시대의 변화에 적응하지 못한 공룡과 같은 존재로 비유되기도 하였다.[38]

2000년대에 이르러 정보통신기술을 기반으로 새로운 유망분야가 출현하거나 확대되고 경제성장과 물가안정의 공존이 지속되는 현상이 10년 가까운 기간 동안 안정 속의 성장을 구가하고 있는 미국경제에서 나타났다. 이는 과거와는 전혀 새로운 경제패턴이라 하여 '신경제'라고 부르면서 마치 기존의 경제이론이나 경영이론이 시대에 맞지 않는 것이라는 주장까지 대두되면서 기세가 등등했다. 인터넷이 소비자에게 많은 정보를 주게 되어 공급자와의 관계에서 프로슈머[50]와 같은 새로운 지위가 형성되

48) 스왓분석(SWOT) : 기업의 강점(strength)과 약점(weskness)과 같은 기업내부 상황과 기회요소(oppotunities)와 위협요소(streats)와 같은 기업외부 환경을 분석하는 가법을 말한다.
49) 굴뚝산업(brick and mortar)

는 등 전통적 시장에서는 볼 수 없는 소비자와 공급자와의 관계가 나타나는 일련의
현상들에 의해 이런 주장이 대두된 것이다. 그러나 인터넷 벤처의 몰락으로 인하여
이런 주장은 퇴색되었다. 다만, 경영전략의 연구주제를 다양하게 만들어 벤처와 기업
가 정신, 네트워크형 기업조직, 블루오션과 같은 다양한 경영전략이 나타났다.

이상에서 우리는 기업의 경영전략이 어떻게 변화되어 왔는지를 개관했다.

이를 종단면적으로 종합해 보면 이와 같은 경영전략의 근간이 되는 것은 제2차
세계대전 후 급속한 산업발전의 원동력이 된 1970년대의 미국과 일본의 경영철학이
었다고 할 수 있다. 1990년대 초 이면우 박사는 이에 대비되는 우리의 고유의 경영철
학으로 '신바람에 바탕한 더블유이론'을 제시하였다.

지금은 삼성전자와 같은 세계적인 기업이 탄생한 2017년으로 이 이론을 제시한
35년전 당시와는 비교할 수 없을 만큼 기업환경이 달라졌으나 이 이론은 여전히 기
업경영의 근간이 되는 경영이념으로 삼아야 한다고 여겨진다. 이 이론의 내용을 살
펴보자.

「우리가 발전의 지표로 자주 인용하는 미국과 일본의 산업발전 과정을 살펴보면
예외 없이 산업발전을 선도하여 온 그들 나름의 이론이나 경영철학이 있었다. 미국제
조업의 발전을 가져 온 경영철학은 엑스이론과 와이이론이며, 일본제품이 세계시장
을 재패한 저변에는 제트이론이 있다.

엑스이론을 간단히 설명하면 사람들의 업무태도는 수동적이므로 직무의 표준화,
관리감독의 강화, 능률급제도의 도입으로 제조업 발전이 크게 이루어진다고 보는 시
각이다. 이에 반하여 와이이론은 사람은 자신에게 적당한 동기만 부여되면 능동적,
창의적으로 일하기를 즐겨하므로, 경영층은 분위기 조성과 업무의 자율성을 지원하
여야 생산성이 향상된다고 설명하고 있다. 이 와이이론은 1970년에 이후의 미국 우주
개발과 1980년대의 컴퓨터 통신혁명을 촉진하는 원동력이 되었다.

일본의 제트이론은 선진국의 기술을 도입하여 이를 일본의 토양에 맞게 철저히
소화함으로써 기술의 효율성을 높인 이론이다. 도쿄올림픽 이후 품질향상운동·원가
절감운동·간판시스템[51]으로 끊임없이 보완되면서 세계시장을 제패하는 추진력이
되었다.

이에 반하여 우리나라는 이에 비견할 만한 이론과 경영철학이 없이 미국의 경제
이론과 일본의 관리기법 사이를 오가며 애썼으나 결과적으로는 부질없는 노력만을

---

50) 프로슈머(prosumer)
51) 간판시스템(看板, Just In Time System)

허비 하여 왔다. …(중략)… 이제 우리국가의 장래를 이끌어 갈 우리 나름의 독자적인
경영철학 더블유이론52)을 만들어야 한다. 우리의 경영철학이 없이 선진국대열에 합
류하기를 기대한다면, 이는 마치 카우보이 복장에 일본도를 차고 판소리를 어설프게
흉내 내는 3류 광대가 세계적인 배우가 되기를 바라는 것과 같다고 할 것이다. …(중
략)… 한편 우리의 궁극적인 산업기술의 정책은 우리고유문화에 입각한, 세계에서 가
장 독특하고 최초·최고의 대상을 찾아야 하며 잠재수요의 개발과 고유시장(틈새시장)
확보에 이어 독점시장을 형성하여야 한다. 이 길만이 우리국가산업의 장기 발전방안
이 될 것이다. 그러나 이와 같은 장기 전략이 수행되는 동안 우리 제조업을 지탱하여
갈 과도기적 중기계획이 당연히 있어야 할 것이다.

　　지난 20세기 후반의 미국과 일본의 기술발전과정을 살펴보면 미국의 첨단기
술53)과 일본의 첨단기술을 응용한 제품54)개발로 나눌 수 있다. 미국이 장기간 대규
모 투자를 계속하여 개발한 첨단기술은 일본 전자산업에서 미국의 약 4배에서 6배의
속도로 제품개발에 연결되었다.

　　이를 비유하여 표현하면 미국의 첨단기술개발은 우람한 체력을 바탕으로 달려
나가는 '소'에 해당하며, 미국이 개발한 첨단기술을 제품개발에 연결시키는 일본의 기
술은 소 머리위에 앉아 있다가 결승점에 먼저 뛰어내리는 '소 머리위에 앉은 쥐'라고
할 수 있다.

　　현재 체력이 약한 우리가 아무리 '소'와 '소 머리위에 앉은 쥐'를 험로에서 뒤쫓
아봐야 별 수가 없다. 이러한 엄연한 현실을 바로보고 여기에 우리의 산업기술 발전
전략이 가미되어야 우리 고유의 영역이 창출될 수 있다.

　　즉 우리는 '소'와 '소 머리위에 앉은 쥐'와 사이좋게 지내면서 '소 머리위에 앉은
쥐의 머리위에 앉은 벌'이 되어야 한다. 미국이 개발한 첨단기술을 이용하여 일본은
첨단제품을 개발하고, 우리는 이 첨단제품에 우리의 창의력과 문화적 특성을 가미하
여 소비자 잠재욕구를 충족시키는 하이터치 제품을 개발하여야 한다. 그리고 국제화
시대를 맞이하여 이러한 우리의 전략은 세계 각국으로 전파해야 한다. 우리도 기여해
야하기 때문이다. 그러나 이들이 우리보다 더 잘하면 어쩔 거냐고 걱정할 필요가 없
다. 왜냐하면 우리의 전략은 우리의 창의력과 문화에 바탕을 둔 것이며, 따라서 이
전략에 의한 경쟁에서 우리가 이길 수밖에 없기 때문이다.」[39]

---

52) 더블유이론(The theory W)
53) 첨단기술(High Tech)
54) 첨단기술을 응용한 제품(High Tech Product)

김치 담그는 법을 서양에서 배워야 할 때가 올지도 모른다

인도는 요가나 명상의 성지로 알려져 있다. 인도의 힌두교나 불교에서 행해 온 자기수련법은 수천 년 동안 전해 내려온 동양철학의 진수라고 할 수 있다. 소수림왕 때 우리나라에 전래된 불교는 고려시대에는 국교가 되었다. 이후 수많은 고승이 탄생했고 많은 사람이 불교를 믿으면서 오늘날까지 이어지고 있다. 당연히 이 자기수련법도 면면이 이어져 왔다. 그런데 이 수련법을 사양사람이 우리나라에 널리 보급을 하고 가르친다니 이것이 어찌된 일인가!

명상을 과학적으로 분석한 사람은 프랑스인 메듀라고 한다. 승려이자 명상가인 메듀는 수련을 하면서 이 수련법의 효능을 과학적으로 입증하고자 했다. 그는 명상의 과학화에 관심이 많은 딜라이 라마를 설득하여 명상을 1만~5만 시간을 수행한 175명의 수행자의 뇌를 엠알아이[55]촬영했다고 한다. 1만 시간의 수행자라 함은 하루 10시간씩 명상했을 때 3년 이상을 수련한 사람을 말한다. 이뿐만 아니라 하버드 의대 내과교수인 허버트 벤슨은 바이오피드백 즉, 훈련으로 혈압을 조절하는 연구를 하고 있었는데 여기서 수학하던 인도계 학생들이 명상수련법을 소개했다고 한다. 이 교수는 그동안 신경계, 내분비계나 홀몬계는 자율신경계로 조절할 수 없는 것으로 간주되어 왔는데 꾸준한 실험을 통해 면역시스템도 학습될 수 있다는 것을 밝혀내게 된다. 이 모든 것은 1970년대 일어난 일이다.

아무튼 이 명상 수련법을 세계화 시킨 사람은 미국 메사추세츠대학교의 분자생물학자인 존 카밧진[56] 교수다. 카밧진은 우리나라 숭산 스님 밑에서 불교와 명상을 오랫동안 공부하기도 했다. 그는 1979년 미국 메사추세츠 의대에 만성질환 말기에 있는 사람 3명을 대상으로 이들을 치유하기 위한 프로그램을 만드는 것을 시작으로 엠비에스알[57]클리닉을 도입 운영하게 된다. 엠비에스알은 남방불교의 위빠사나 수행법과 인도의 요가 등을 융합한 통증 및 스트레스 완화 프로그램을 의미한다. 여기에 기초해 만든 엠비시티[58]는 마음 챙김을 바탕으로 하는 인지치료 프로그램이다. 그가 1990년에 쓴 '마음 챙김 명상과 자기치유[59]'라는 책이 크게 히트를 하면서 명상수련

---

55) 자기공명영상장치(MRI, Magnetic Resonance Imaging) : 자력에 의하여 발생하는 자기장을 이용하여 생체의 임의의 단층 상을 얻을 수 있는 첨단의학기계(두산백과)
56) 존 카밧진(Jon Kabat-Zinn)
57) 엠비에스알(MBSR, Mindfullness Based Stress Reduction)
58) 엠비시티(MBCT, Mindfullness Based Cognitive Theraphy)
59) 마음 챙김 명상과 자기치유(Full Catastrophe Living)

법의 대중화에 성공하게 된다.[40]

이 명상수련법은 반세기도 체 지나기도 전에 미국, 캐나다를 비롯한 세계 여러 나라의 의과대학에서 도입하여 통합의학으로 자리 잡게 된다. 카밧진 박사는 '메사추세츠 클리닉에서 지금까지 2만 여명이 엠비에스알 훈련을 받았으며, 현재 미국 내 300여 곳, 전 세계 750여 곳 의료기관에서 도입·활용하고 있다.'고 말한다.

그는 또한 '의사들은 더 이상 어찌할 수 없는 고통을 호소하는 사람을 우리에게 보냅니다.' 라고 말한다.[41] 미국의 일반인은 물론 미국의 유수의 대학의 많은 교수들도 이 명상 수련을 하고 있고, 불길 현장에서 참상을 목격하고 과로로 시달리는 소방관이나, 경찰의 강력계 수사관, 중환자실에서 환자들을 돌보던 간호사 등 각가지 일터에서 일하는 사람이 정신적 고통을 호소하면 이 센터로 보내서 치료를 받게 한다고 한다.

우리나라에서는 이 엠비에스알의 엠에 해당하는 '마인드 풀리니스[60]라는 용어를 처음에는 '주의 집중'으로 번역했다가 나중에 '마음 챙김'으로 번역했다고 한다. 2천년이 넘는 명상수련의 역사를 가지고 있는, 이 분야의 종주국이라 할 수 있는 우리나라는 용어의 정의부터 서양으로부터 다시 배우고 그들의 수련법에 따라 수련하는 센터가 늘어나고 있다. 이 명상 수련법은 그들에 의해 세계화가 된 것이다. 이는 직업사회학의 입장에서 보면 말로 표현할 수 없을 만큼 엄청난 충격이다.

이 사건을 다른 한편에서 보면 명상 수련법을 대중화 시킨 카밧진은 다산의 수제자임에 틀림없다고 할 수 있다. 400년 전에 다산 정약용 선생이 가르친 이용후생과 실사구시를 완벽하게 수행한 것이기 때문이다.

또 다른 한편으로는 그가 한 일은 우리 직업사회의 일자리 문제해결에 시사해 주는 바가 매우 크다는 것이다. 동양의 명상수련법을 세계화 시키는 방법을 보면 그들이 근대화 과정을 통해서 만들어낸 초기 자본주의 시대의 시장개척방법을 그대로 답습하고 있음을 알 수 있다.

이는 다음과 같이 요약·정리할 수 있다.

첫째 훈련으로 혈압을 조절하는 연구(자율신경 조절)를 하고 있던 도중 우연히 새로운 명상수련법이 있다는 것을 알게 된다.

둘째 그것이 효과가 있는 것인지 실제로 해본다.

셋째 실제 효과 있다는 것을 알고 이를 실증적으로 입증하는 연구를 기획한다.

---

60) 마인드 풀리니스(Mindfullness)

넷째 이 연구를 뒷받침할 경제적인 지원자를 찾아 지원을 받는다.

다섯째 철저히 연구하여 원리와 법칙을 찾아내어 그 효과를 과학적으로 입증해 낸다.

여섯째 연구결과를 가지고 새로운 프로그램을 개발한다.

일곱째 이를 적용하여 성공사례를 발표한다.

여덟째 대대적인 자본투자를 받아 시설을 확충하고 국내외 시장을 개척한다.

아홉째 세계화 한다.

그들은 자본주의 초기, 화폐와 시장이라는 것을 만들어 내고 재화와 용역을 생산하여 여기를 통하여 이를 판매하는 과정을 반복함으로써 부를 축적했다. 과거에는 국가가 전쟁과 식민지 점령을 통해서 강제로 이 순환 사이클을 운용했다고 한다면 지금은 기업이 경영이라는 기법에 의한 마케팅을 통해서 운영한다는 점만 다를 뿐이 아니지 않은가. 그래서 사활을 건 기업의 시장경쟁을 경제 전쟁이라고 해도 과언이 아닌 것이다. 물론 재화가 군사무기인 경우에는 아직도 국가 간에 강제가 남아 있기는 하다. 아무튼 이 명상수련법의 대중화 및 세계화는 우리 직업사회문제의 모든 것을 함축하고 있는 일대 사건임에는 틀림없어 보인다.

여기서 의학의 예를 하나 더 살펴보자. 서구의 의학은 근대 철학의 창시자로 알려진 데카르트(1596~1650)의 정신과 물질을 각각 독립된 실체로 인정하는 물심이원론을 계기로 사람의 육체를 단순히 물질로 바라보는 시각이 형성되어 비약적으로 발전하게 되었다고 한다. 앞서 1628년에는 윌리엄 하비가 <동물의 심장과 혈액의 운동에 관한 해부학적 연구>를 발표하면서부터 중세 이래의 고전의학에 코페르니쿠스적 전환을 이루게 되었다는 것을 설명했다. 오늘날 의과대학에서는 이를 시발로 하여 그들이 구축한 의학의 학문체계를 기본바탕으로 하여 가르치고 배우는 것이다.

이와 관련하여서는 우리는 실학자 이익의 성호사설에 있는 '오장도'를 읽어 볼 필요가 있다.

「옛적에 불초한 남자에게 여동생이 있었는데 병을 앓았다. 앵도를 많이 가져다가 씨째 먹었더니 드디어 좋아졌다. 남자가 '여동생 하나를 죽여 천만 사람을 살려 내겠다' 하고 여동생을 죽여서 보니 간과 명치가 썩어서 문드러졌는데 앵도 씨가 영켜서 새살이 생기고 있었다. 이로써 간을 보호하는 방법이 전해지게 되었다. 그러나 그 천만 사람을 살린 공으로도 한 여동생을 죽인 것을 속죄하기에는 부족하였다.

송나라(960~1279) 숭녕 무렵 사주에서 도둑을 저잣거리에서 참형하였다. 군수 이이간은 의원과 화공을 함께 보내 이 죄수의 복막을 끊고 흉격 막을 따 내어서 자세하게 그리고 장부도 세세하게 그려서 의가에 유익토록 하였다. 또 경력 무렵에는 두기가 광남 도둑 구희범을 잡아서 배를 가르고 창자를 쪼개서 낱낱이 그림을 만들었는데 지금 세상에 전해오는 오장도가 이것이다. 두기는 구희범을 항복토록 꾀여 죽인 공으로 대제로 승진되었다. 그런데 얼마 지나지 않아 두기가 측간을 다녀오다 넘어져 3일 만에 횡사하였다. 대저 항복한 자를 죽임은 의가 아니다. 옛 사람이 의술을 만들어 요사하는 목숨을 구제한 그 뜻은 간절하지 않은 것은 아니지만 어찌 일찍이 죽은 송장을 육시하는 건가. 이런 짓을 하는 사람은 잔인한 자뿐이다. 왕망은 왕경손을 잡아서 백정을 시켜 배를 가르고 오장을 조사하였다. 가는 대쪽으로 혈맥을 통해서 그 시작과 끝을 알아내었다.

우리나라에서는 참판 전유형[61]이 평소부터 의술을 깨쳤다. 의서를 펴내기까지 해서 후세사람들에게 한없이 이롭게 했으니 그 활인한 공이 어떠하겠는가. 그런데 이괄의 난[62]과 관련하여 허물도 없이 참형을 당했다. 어떤 사람이 이르기를 '전이 임진왜란 때 길을 가다가 죽은 송장을 세 번이나 잡아서 보았다. 그 다음부터 의술에 더욱 정통했는데 그가 비명에 죽임을 당한 것도 이것이 앙화가 된 것이다.' 하였다.

나는 이르기를 '정경 12 이외에 또 기경 8맥이 있다 한다. 이것은 후세 사람이 더욱 세밀하게 한 것으로 이것은 사람을 잡아보지 않고는 알 수 없는 것이다. 또 누가 이런 지혜를 시작할지 모르겠다'고 하였다.」

동의보감을 영어로 배워야 하는 때도 올지 모른다

시대의 성현 이익이 '사람을 잡아보지 않고는 알 수 없는 이런 지혜를 또 누가 시작할지 모르겠다.'는 이 토로는 어떠한 심정으로 하신 것일까. 이런 말씀을 하신 때가 서구에서 근대의학이 본격적으로 발전하기 시작한 지 얼마 지나지 않은 때이다. 이후 개화기에 명성왕후의 아들이 항문이 막혀 외과적인 수술이 필요함에도 대원군이 반대하여 수술을 못하고 죽게 되는 사건이 발생한다. 의학의 새로운 방향을 모색하려는 시도는 200년이 지난 이때까지도 단 한발자국도 나가지 못한 것이다.

---

61) 전유형(1566, 명종21 – 1624, 인조2)은 조선 중기의 문신으로 의술에도 조예가 깊어 광해군과 왕비의 병을 고치는 데도 참여했으며 <오장도>도 그렸다. 1624년 이괄의 난이 일어나자 난군과 내응했다는 무고를 받아 성철 등 37인과 함께 참형을 당하였다. 그 뒤 신원되어 이조판서에 추증되었다.
62) 번역본에는 갑자년(1504)변란(연산군이 생모 윤씨의 복위문제로 일으켰던 사화)으로 잘못 기술되어 있어 수정함.

우리는 여기서 어떤 교훈을 얻어야 할지 고민이 된다. 우선 전통의 계승·발전이라는 것에 대해 생각해 볼 필요가 있다. 데카르트(1596~1650)의 영혼과 육체가 별개라는 물심이원론이 제기된 시기와 우리나라 전유형(1566~1624)이 오장도를 그린 것은 17세기 초의 일이다.

이 두 분은 우연일까, 신의 섭리일까. 때어난 시기와 사망시기가 거의 비슷하다. 상상해 보자면 지구를 관장하는 전지전능한 신이 동서양 양 끝에 공평하게 동일한 시기에 '너희는 세상에 나가 의학을 발전 시켜라! 나는 기회만 줄 뿐이고 발전시키느냐 못 시키느냐는 너희 몫 이니라' 라는 천명을 주어 이 두 분을 이 땅에 내려 보내셨다.

이 두 분은 천명을 받들어 한분은 물심이원론을 다른 한분은 오장도를 제시했다. 이전까지만 해도 동서양 끝에 사는 어린 백성은 공히 누가 아프면 그저 기도하는 게 상책이었다. 그러나 이 두 분의 출현이후의 세상은 판이하게 전개되었다.

서쪽 사람들은 이 말씀을 금과옥조처럼 받들어 모셔 비록 인간은 하느님이 창조하셨다 하더라도 사람의 영혼과 신체가 다른 것이므로 영혼이 떠난 육체는 다른 동물과 다를 게 없다는 새로운 이론이 제시되자, 이를 새로운 인간의 개념으로 받아드려 궁금했던 인체의 내부를 들여다 보았다. 그리하여 해부학이 발달하고 이는 의학으로 발전되어 오늘날 세계의 거의 모든 국가에서 이들의 의학을 배우고 있다.

그런데 전유형은 이들보다 먼저 '신체발부 수지부모'[63]지만 감이 훼손하여 배를 가르고 면밀히 살피어 그림으로 그려냈다. 그러나 유교를 통치이념과 국교로 삼았던 조선에서는 '신체발부는 수지부모'라 머리카락도 감히 자르면 안 되는데 감히 배를 가르다니! 몸이 아프면 여전히 기도만 할 줄 알았지 전유형 같은 생각은 꿈에도 받아드릴 수 없었다. 사실 '신체발부는 수지부모'는 '부모가 주신 몸을 소중히 여겨라'는 의미로 그 이상도 이하도 아니다. 다만 '신체'에 '발부'까지 말한 것은 그만큼 소중히 여기라는 구체적 표현이 아니겠는가.

얘기가 조금 옆길로 가지만 한발 더 나아가 공자가 누구인가? 고려시대에는 국교가 불교여서 당시 백성들은 '라마'는 잘 알 수 있었으나 '공자'는 그렇게 잘 알지 못했을 확률이 높다. 그런데 조선이 건국되고 바로 직전 요동을 정벌하려 출정했던 적국, 중국에 대해 사대(교린)정책을 쓰고, 유교를 국교로 삼게 되면서 비로소 주희와 공

---

63) 신체발부 수지부모, 불감훼상, 효지시야(身體髮膚 受之父母, 不敢毀傷, 孝之始也) : 공자(孔子, B.C.551~B.C.479)의 《효경》첫째 장에 나오는 말로 '사람의 신체와 터럭과 살갗은 부모에게서 받은 것이니, 이것을 손상시키지 않는 것이 효의 시작이다.'라는 의미이다.

자 등이 조선에 적극적으로 알려지게 된 것이 아니겠는가. 이후 공자의 예가 생활 속에 자리 잡고 세월이 흐르면서 관습이 되고 이것이 전통이 되어 이어오다가 100년이 흐른 다음에 전유형의 파격이 발생했다. 그리고 이로부터 또 100년이 흐른 다음에 불세출의 실학사상가 이익이 이를 거론하였는데도 거들떠 보지도 않다가 20세기에 이르러 나라가 망한 다음에야 허둥지둥 배우기 시작했고 오늘날은 이 의학 분야가 선망의 대상이 되는 직업의 하나가 되었다. 그리고 우리는 지금 역사의 비등점에 이를 만한 단초가 계속 제공되는데 이를 가열하지 못하는 한탄스럽기 짝이 없고, 안타까운 역사현장을 반추하고 있는 것이다.

오늘날 데카르트는 의학의 아버지로 받들어 모시고 추앙하여 우리나라 사람조차 모르는 사람이 거의 없는 인물이 되었는데 우리의 선조, 그것도 병의 원인을 찾아내려면 인체의 구조를 알아야 한다는 신념으로 당시에 파격이라는 말로도 설명이 안 되는, 직접 산체 내부를 봐야겠다는 어마어마한 발상으로, 실제로 사람의 배를 갈랐던 위대한 실험정신의 소유자, 전유형은 불행히도 아는 사람이 거의 없다. 더 불행한 것은 이 분이 58세 때 이괄의 난에 연류 되었다 하여 천명을 다하지 못하고 참형에 처해지고 만다.

전통이란 계승·발전 시켜야 하는 것이지 고수하라고 있는 것은 아니다. 법고창신[64]이라는 말도 있고 온고지신[65]이라는 말도 있다. 결국 17세기 말엽 지구를 관장하신 신이 주신 '천명'에 대한 동서양의 대결은 동쪽의 완패로 끝이 났다.

물론 그렇다고 의학이 연구되지 않은 것은 아니다. 2009년에 유네스코 세계기록유산으로 등재되기도 한 '동의보감'은 1613년에 허준이 집대성한 동양의학의 보고이다. 이 책을 편찬할 때 앞서 언급한 바와 같이 세 가지 원칙을 세웠다고 한다. 그 원칙의 첫째는 병을 고치기에 앞서 수명을 늘이고 병이 안 걸리도록 하는 방법을 중요하게 여긴다는 것이고, 둘째는 무수히 많은 처방들의 요점만을 간추린다는 것, 셋째는 국산 약을 널리, 쉽게 쓸 수 있도록 약초 이름에 조선 사람이 부르는 이름을 한글로 쓴다는 것이다.[42]

---

64) 법고창신(法古創新) : 옛것을 본받아 새로운 것을 만들어 낸다는 의미
65) 온고이지신, 가이위사의(溫故而知新, 可以爲師矣) : '옛것을 연구하여 새로운 것을 알면 스승이 될 수 있다'는 말

황소가 되는 길 - 전통문화의 글로벌 기업화

이제 여기서 예로든 '마음 챙김'과 '오장도'의 두 사례를 바탕으로 우리나라의 직업정책의 방법과 방향에 대해 논의하고자 한다.

첫 번째 사례는 오늘날 시대적 과제가 되어 있는 일자리 창출은 무엇을 가지고 어떻게 해야 하는 지를 보여준다. 명상수련법의 세계화는 기업의 입장에서 보면 새로운 시장의 개척이고 근로자의 입장에서 보면 일자리 창출이다. 창직에 의해 일자리가 새로 생겨난 셈이다. 새로운 것으로 새로운 시장 즉, 블루오션을 시장을 개척해야 한다고 말해 주고 있다.

이 첫 번째 사례와 같은 일자리 창출 방법은 이 책 직업사회학에서 목표로 하는 보다 낳은 직업세계의 건설을 위한 일자리 창출의 한 방법이다. 따라서 이와 같이 그것이 무엇이든 존재하는 것을 새로운 시각에서 접근하여 일자리를 창출하여 세계화 하는 것을 '전통문화의 글로벌 기업화'라고 부르고자 한다. '전통문화의 글로벌 기업화'란 일자리 창출방법이 직업사회에 이미 존재하는 것을 가지고 새 것을 만들어 내는 방식이라는 점과 글로벌 시장을 목표시장으로 한다는 점에서 다른 여러 일자리 창출방법과 구별되는 방식이라고 할 수 있다.

이 방식을 두 번째 사례에 적용시켜 보면, 첫 번째 사례가 서양에는 없는 명상수련법이라는 것을 처음 보는데서 출발한 것과 같이 한의학은 서양의학에서는 처음 보는 의학이라는 데서 출발한다. 두 의학이 아픈 사람들을 치료하는 의학의 목적은 똑같지만 인체를 보는 시각과 접근방법은 전혀 다르다. 그렇다고 한다면 기 습득한 서양의학에 한의학을 융합시키던지 기 습득한 한의학에 서양의학을 융합시켜 의학의 어느 분야에서 치료효과가 두 의술보다 뛰어난 새로운 치료기법을 만들어 낸다면 이는 세계화가 가능하다. 이렇게 되면 이는 '전통문화의 글로벌 기업화'의 성공사례가 될 것이다.

이미 서양에서 동양의학을 연구하면서 이러한 작업이 진행되고 있는지도 모를 일이다. 만약 이런 일이 첫 번째 사례와 같이 현실화 된다면 우리나라 의과대학생이 동양의학을 영어로 배워야 할 때가 올지도 모른다. 동양문명이 이런 식으로 재개발 된다고 하면 김치 담그는 법을 서양에서 배워야 할 때가 오지 않는다고 어떻게 장담 할 수가 있을까.

사실 침술이다, 민속의학이다 하는 여러 민간치료요법도 의학의 학문체계에 끌어들여 과학적 검증을 통해 입증이 된 것은 새로운 치료기법으로 정립할 필요가 있다. 어느 한부분에서 세계화가 가능한 새로운 치료기법이 개발될지도 모를 일이다. 명상이니 참선이니 하는 것은 깊은 산속에서 수도승이나 세상을 초월한 도사님이나 하는 것으로 알고 지내는 동안 서양 사람들이 이것을 배워보니 효과 있다는 것을 알고 이를 과학적으로 입증하여 대중화, 세계화를 시킨 것이다.

우리는 '전통문화의 글로벌 기업화'를 배워야 한다. 그리고 이를 모든 산업에 적용시켜야 한다. 위 사례는 의학을 예로 들은 것뿐이다. 이 의학 관련 얘기를 좀 더 진행시켜 보자. 한 저널의 보도에 의하면 2011년 2월 프랑스 뚤루즈에서 개최된 '한국행사'66)에서 우리나라 동의보감을 소개하는 일이 있었고, 2012년 5월에 미국에서도 이런 행사가 있어 두 나라가 동의보감에 큰 관심을 가졌다고 한다. 포틀랜드의 엔시엔엠67)은 자연의학과 중의학68)을 함께 교육하는 대학이라고 한다.[43] 이런 일들이 얼마나 활발하게 진행되고 있는지는 모르나 동양의학을 서양에 소개하는 것은 장기적인 비전을 가지고 '전통문화의 글로벌 기업화'로 접근해야 할 것 같은데 걱정이 앞선다.

우리나라에서는 얼마 전에 한의사가 의료기기를 쓰지 못하도록 해달라는 소송을 제기하여 재판이 열렸다. 의사는 병을 치료하는 것이 목적일진대 환자치료를 놓고 양의와 한의 간에 이권 싸움을 하고 있는 현실을 보면서 우리가 이러는 동안 머지않은 장래에 서양에서 동의보감을 과학적으로 분석하여 세계적인 신약을 다수 만들어 내지는 않을까 우려스럽다. 정말 의학을 공부하는 학생이 영어로 된 동의보감을 원서로 공부해야 하는 때가 올지도 모른다.

뉴턴이 자기의 학문적 업적에 대해 "바닷가에서 뛰놀면서 좀 더 둥그스름한 조약돌을 찾았거나, 보통 것보다 더 예쁜 조개를 주웠다고 좋아하는 작은 소년에 불과합니다."라고 고백했다는 것은 우리가 학창시절에 배워 누구나 안다. 서양 사람들 눈에는 동양문명 전체가 모두 조약돌이나 예쁜 조개로 비춰지고 있는 것은 아닌지 모르겠다.

우리 직업사회의 직업인 모두가 '전통문화의 글로벌 기업화'의 마인드를 가지고 모든 산업분야에서, 우리나라에서는 물론 세계도처에 숨어있는 조약돌이나 예쁜 조개를 찾아내야 한다.

'전통문화의 글로벌 기업화'는 아예 황소가 되는 길이 아니겠는가.

---

66) Made in Asia Festival
67) 엔시엔엠(NCNM, National College of Natural Medicine)
68) 자연의학과 중의학(Natural Medicine and Classical Chinese Medicine)

성공사례 - 태권도

4년마다 한 번씩 열리는 올림픽은 그야말로 스포츠의 제전이다. 구기종목에서부터 개인종목에 이르기까지 매우 다양하다. 그런데 종목 하나하나를 보면 우리나라에서 즐겨하던 스포츠는 하나도 없다. 축구, 배구, 농구, 테니스 그리고 개인종목인 수영, 레슬링, 권투, 양궁 등 어느 하나도 개화기 이후 우리나라에 도입된 것이 아닌 것이 없다. 모두 우리에게는 없었던 스포츠다.

그런데 우리교유의 무술인 태권도가 1980년 7월 17일 모스크바에서 열린 국제올림픽위원회[69]총회에서는 태권도를 올림픽경기 종목으로 채택하였다.

이를 '전통문화의 글로벌 기업화'라는 시각에서 보면,

첫 번째 태권도는 우리나라에만 있는 고유의 스포츠다. 원천기술을 확보하고 있는 셈이다.

두 번째 지방마다 여러 가지 명칭으로 각기 다르게 전승되어 내려오던 것을 전국적으로 통일하여 품계 등 체계를 갖추었다. 아울러 그 성격도 무예에서 승부를 펼치는 스포츠의 기능을 강화하였다. 하나의 매력적인 상품을 만들어 낸 것이다.

세 번째 태권도의 포지셔닝을 통해 국내시장개척에 성공했다. 1962년에는 대한체육회의 가맹단체로 승인되었고, 1963년에는 전국체육대회의 정식종목으로 채택되었으며, 1971년에는 태권도의 우수성과 가치를 인정받아 국기로 인정받았다. 국내에 2,500여 개의 도장과 2만여 명의 사범, 그리고 50만 명의 유단자와 250만 명의 수련생이 있다.

네 번째 미국을 위시한 여러 나라에 태권도 사범들이 나아가 태권도를 보급했다. 다른 무술의 방해 등 갖은 고생 끝에 현지에 태권도 도장을 설립하고 수련생을 모집하여 성공적으로 운영하기 시작한 것이다. 이 상품은 다른 나라에는 없는 것이니 이를 사용하기 위해서는 당연히 시작부터 끝까지 한국말을 사용한다. 해외시장의 개척에 성공한 것이다.

다섯 번째 세계대회 등을 개최하여 국제공인스포츠로 인정받기에 이르고 마침내 올림픽 정식종목으로 채택되기에 이른다. 세계화에 성공하여 세계시장의 리딩 컴퍼니가 된 것이다.

이 장에서는 경제전쟁에서 승리하기 위한 전략의 하나로 어떤 신무기를 개발해

---

69) 국제올림픽위원회(IOC, International Olympic Committee)

야 할 것인가를 논의하는 가운데 '전통문화의 글로벌 기업화'를 중요한 전략의 하나로 꼽고, 이는 이미 외국에서 시작한 것으로 위기의식을 가지고 새롭게 도전해야 한다는 것을 역설했다. 우리 모두가 '전통문화의 글로벌 기업화'의 마인드를 가지고 우리나라에서는 물론 특히 동양사회, 나아가 세계도처에 숨어있는 조약돌이나 예쁜 조개를 찾아내어 이를 잘 다듬어 세계화를 시켜야 한다는 것으로 이에 대한 성공사례를 태권도를 예로 들어 설명한 것이다.

곰곰이 생각해보면 '케이 팝'의 세계화에서 보듯이 우리 문화에서 '전통문화의 글로벌 기업화'를 가능하게 할 것들은 얼마든지 있다. 예를 들면 '기타'는 음악에 조금만 관심 있는 사람이면 누구나 하나씩 가지고 있다. 우리도 '기타'와 같이 누구나 조금만 연습하면 다룰 수 있는 국악기를 개발하고 너무 길어 배우기 힘든 판소리나 창의 가사를 대중가요와 같은 크기로 고친 악보를 많이 만들어 국민 누구나 이 악보로 국악기를 연주하면서 노래를 하게 만들 수 있다면 세계화도 시간문제일 것이다. 이 새로운 악기에서 세계의 누구도 흉내 낼 수 없는 5000년 이어온 우리의 정서를 표현하는 고유의 소리를 담아내고 이를 새로 만든 가사와 어우를 수 있게 하면 태권도와 같은 또 하나의 성공사례가 될 수 있을 것 같다.

3. 전사의 양성

기업가 정신

기업가 정신[70]이란 통상 "세상에 존재하지 않았던 새로운 가치를 창조하는 일" 또는 "도전과 열정, 창의와 혁신으로 무에서 유를 만들어 가는 일"을 의미한다. 기업가 정신을 좀 더 이해하기 쉽게 표현하고 보다 넓은 의미로 재정의 한다면 '창업'과 '수성'이라고 할 수 있다.

창업과 수성이란 정관의 치[71]로 오늘날까지 널리 알려진 당태종의 치적을 다룬

---

70) 기업가 정신(enterpreneurship)

71) 정관의 치 : 당나라를 세운 태종 이세민의 통치기간을 정관의 치(貞觀之治: 627-649)라고 하는데 중국역사상 가장 통치를 잘한 임금으로 알려져 있다. 당 태종은 29세에 왕이 되어 국기를 튼튼히 하였고 서쪽으로는 아랄해, 북은 바이칼호 부근, 남은 베트남에 이르는 대제국을 건설하였다. 당시 백성은 길에 떨어진 물건을 주워 갖지를 않고, 도둑이 없으므로 상려(商旅)들은 안심하고 야숙(夜宿)을 할 정도로 태평한 세상이었다고 한다. 태종이 군신들과 함께 정사를 논한 말을 모은 <정관정요(貞觀政要)>는 우리나라에서도 널리 알려졌고, 일본에서는 1970년대 제왕

'정관정요'에 나오는 창업이, 수성난72)을 말한다. 이를 잠시 살펴보기로 하자.

「정관 10년 태종이 신하들에게 이렇게 하문했다.

"제왕의 사업에서, 창업과 수성 중 어느 것이 더 어렵다고 생각하오?"

방현령이 먼저 대답했다.

"창업 초기에는 각지에 군웅이 할거하여 천하가 혼란합니다. 이런 군웅들과의 쟁패전에서 적을 격파해서 항복을 받아 내어 반드시 이겨야 천하 통일의 대업을 성취할 수 있습니다. 이로써 말하자면 창업이 더 어렵다고 할 수 있습니다."

위징이 이에 반론을 펴면서 이렇게 대답했다.

"제왕이 병사를 일으키는 것은 반드시 세상의 도가 쇠잔해져 혼란스러워진 다음입니다. 마침내 무력으로 흉포하고 간악한 세력을 평토해버리면 백성들은 기꺼이 천자로 추대하고, 천하의 인심은 스스로 와서 복종하게 됩니다. 대저 천자의 자리란 하늘이 내리시고 백성들이 받들어 이루어지는 것이기 때문에 창업은 그다지 어려운 것이 아니라고 할 수 있습니다.

그러나 천하를 얻고 나면 뜻이 방자하여 교만하고 방자해지기 쉽습니다. 백성들은 평안하기를 바라지만 요역73)은 그칠 날이 없습니다. 백성들이 피폐해졌는데도 제왕은 사치스러운 토목사업을 멈추지 않고, 여전히 많은 납세의 짐을 지게 합니다. 한 나라가 쇠망의 길을 걷게 되는 것도 언제나 여기에서 비롯되었습니다. 이런 연유로 수성이 더 어렵다고 할 것입니다."

이 두 사람의 주장을 가만히 듣고 있던 태종이 이렇게 결론을 내렸다.

"방현령은 짐을 따라 천하를 평정하면서 모든 간난신고를 겪으면서, 죽을 고비를 수차례 넘겨 간신히 살아남은 까닭에 창업의 어려움을 아는 것이오. 위징은 짐과 더불어 천하를 안정시켜 왔소. 교만과 방종의 병폐가 생기지 않을까 노심초사하고, 그로 인하여 위망의 길로 들어서지 않을까 염려한 까닭에 수성의 어려움을 아는 것이오. 돌이켜 보건대 창업의 어려움은 이제 지나갔소. 앞으로 수성의 어려움은 경들과 함께 신중히 대처하여 뚫고 나아가고자 하오.」[44]

학(帝王學)으로 출판되기도 했다.

72) 창업이, 수성난 : 創業易, 守成難

73) 요역(徭役) : 국가가 백성의 노동력을 무상으로 징발하던 수취 제도. 요부(徭賦)·부역(賦役)·차역(差役)·역역(力役)·잡역(雜役) 등으로도 불린다. 재래의 수취 체제인 조(租)·용(傭)·조(調) 가운데 용에 해당되는 것으로, 전세·공납과 같은 현물 상납의 수취 제도와 관련을 맺고 있다(한국민족문화대백과).

여기서부터 창업과 수성, '창업은 용이하나 수성은 어렵다.'는 말이 나왔다. 창업도 창업이지만 이 수성을 잘한 데서 당태종은 중국역사상 가장 위대한 명군으로 받들어 모시게 되었고, 그의 '정관의 치'가 후세까지 귀감이 되고 있다.

그러나 '정관의 치'가 가능했던 것은 당 태종 한사람 역량 때문만은 아니다. 그는 전술한 바와 같이 사치를 경계하는 등 몸가짐에 진중했을 뿐만 아니라, 훌륭한 참모, 즉 많은 현신을 옆에 두었기 때문이다. 결단력이 있는 뚜렷한 두여회, 계획을 짜는 데 전채적인 재능이 있는 방현령이 좌우의 복야[74]를, 강직한 위징이 비서감장[75]을, 청렴한 왕규[76]가 시중을 맡아 태조의 정치를 잘 보필했기 때문이기도 하다.

말하자면 창업이란 일을 시작하여 일으킨다는 뜻이고, 수성이란 이룩한 사업을 잘 지켜 보존한다는 뜻인데 일을 일으키기는 쉽고 그것을 보존하는 것은 어렵다는 말이다. 이 창업과 수성에 '국가' 대신에 '기업'을 넣으면 기업가 정신이 된다.

여기서 기업가 정신 의미의 하나인 "도전과 열정, 창의와 혁신으로 무에서 유를 만들어 가는 일"을 실행하여 기업가정신의 진수를 보여준 훌륭하다 못해 위대하기까지 한 수성의 사례를 검토해 보자.

다들 망한다던 삼성전자와 현대자동차

위대한 기업가 정신을 발휘하여 무역대국을 이룬 삼성전자와 현대자동차, 두 업체의 오너 경영자의 사례를 적은 한국경제의 김정호 수석논설위원의 글을 일부 편집하여 소개하기로 한다.

「주니어 시절 취재 현장을 뛰어다닐 때, 기업들이 잘된다는 얘기는 도무지 들어본 적이 없는 것 같다. 삼성전자는 반도체 사업에서 죽을 쑤면서 결국 그 탓에 망한다고 했다. 현대자동차는 세계 자동차업계의 합종연횡에서 외톨이가 되면서 10년도 못 버틸 것이라는 말을 들어야 했었다.

반도체는 지금 삼성전자의 가장 든든한 캐시카우다. 하지만 반도체가 돈을 벌어들이기 시작한 것은 10여 년 전에 불과하다. 1974년 시작한 반도체 사업은 20년간 적자에 허덕이다 결국 자본잠식으로 가전 중심의 삼성전자에 합병된 것이 1988년이다. 그러고도 이후 10년은 여전히 고난의 길이었다.

---

74) 복야(僕射) : 재상
75) 비서감장(秘書監長)
76) 두여회(杜如晦), 방현령(房玄齡), 위징(魏徵), 왕규(王珪)

　　현대자동차의 경우 1만 명에 가까운 종업원을 정리 해고한 것이 불과 15년 전이다. 대규모 적자, 캐나다 현지공장 청산 등으로 풍전등화와 같은 처지로 한 치 앞이 안 보일 때였다.

　　사실 한국 기업이 세계 시장에서 얼굴을 들고 다니기 시작한 건 불과 몇 년 이다. 10년 전만 해도 미국 전자양판점인 베스트바이나 서킷시티에서 삼성 제품이 어떤 대접을 받았는지, 현대차가 거리에서 어떤 평가를 들었는지를 생각해 보면 지금도 얼굴이 붉어지는 참으로 보잘 것 없는 수준이었다.

　　그랬던 삼성전자와 현대자동차차가 지금은 글로벌 기업으로 우뚝 서 있다. 참으로 신통방통한 기적 같은 일이다. 무엇이 이들을 그 짧은 시간에 이토록 경쟁력 있는 기업으로 키웠을까. 1992년 이건희 삼성 회장을 그의 남산 집무실인 승지원에서 만날 기회가 있었다. 푸석푸석한 그의 얼굴을 궁금해 하자 이 회장은 사흘째 한 잠도 못 잤다고 털어놨다. 타성에 젖은 삼성을 어떻게 개혁하여 선진기업의 틈바구니를 파고들지를 고뇌하고 있었다. 당시 세상을 깜짝 놀라게 만든 7시 출근, 4시 퇴근이라는 7·4제, 불량이 있다고 휴대폰 수백억 원어치를 소각하는 등 일련의 조치를 통하여 마누라와 자식만 빼놓고 다 바꾼다는 신 경영을 선언했다. 글로벌 삼성은 그렇게 태어난 것이다.

　　한편 정몽구 현대자동차 회장이 모두가 불가능하다던 해외주식예탁증서77) 발행에 나선 것은 1999년이다. 빈사 직전의 현대자동차를 누구도 믿으려 들지 않았다. 바짝 타들어간 입술로 아이알78)을 진두지휘하던 회장을 취재한다는 것 자체가 외환위기의 암울함과 맞물려 고통스럽기만 한 것이었다. 오죽했으면 그의 뚝심으로 해외주식예탁증서발행이 성공하자 현장에 있던 기자들까지 만세를 불렀을까. 이 지디알 발행 직후 런던의 한식당에서 된장찌개를 시켜놓고 그가 내쉰 안도의 숨소리는 지금도

---

77) 해외주식예탁증서(GDR, Global Depositary Receipts) : 전 세계 주요 금융시장에서 동시에 발행, 유통되는 주식예탁증서(DR)로 특정지역의 영향을 받지 않아 신용도가 우수한 기업들이 주로 발행하고 있다. 외국에서의 우리나라 주식거래는 주권의 수송문제, 문화의 차이로 원활한 유통이 어렵다. 따라서 유통편의를 위해 발행주식을 예탁기관에 맡기고 예탁기관이 발행주식을 근거로 발행하는 예탁증서를 주식예탁증서(DR)라 한다(시사경제용어사전).

78) 아이알(IR, investor relations) : 기업이 자본시장에서 정당한 평가를 얻기 위하여 주식 및 사채 투자자들을 대상으로 실시하는 홍보활동을 말한다. 투자자관계·기업설명활동이라고 한다. PR(public relations:홍보)은 일반 사람들을 대상으로 기업활동 전반에 대하여 홍보를 하는 반면, IR은 주식시장에서 기업의 우량성을 확보해 나가기 위해서 투자자들만을 대상으로 기업의 경영활동 및 이와 관련된 정보를 제공하는 홍보활동을 말한다. 또한 PR은 일반 대중을 상대로 하고 회사의 장점만을 전달하는 반면, IR은 기관투자가를 상대로 하고 회사의 장점뿐 아니라 단점까지도 전달한다는 데 차이가 있다(두산백과).

귀에 선하다. 그런 정몽구 회장이 자동차그룹을 출범시킨 뒤에는 하루도 쉬지 않고 현장을 누비며 품질경영을 외쳤다. 그리고 5년 뒤 미국 시장에서 10년·10만 마일 품질보증 프로그램을 들고 나왔다. 모두가 비웃었다. 그러나 권위의 제이디 파워79)가 2011년 현대차 에쿠스를 품질 1위로 평가했다. 렉서스를 앞선 기적과도 같은 일이다. 앨라배마 공장 건설, 에쿠스 미국 진출 등도 내·외에서 모두 반대하던 일이다.

　한국의 기업인들은 모두가 기업가정신으로 무장한 전문경영인이라고 전혀 틀린 말이 아니다. 미국의 모든 은행들까지 삼성이 미쳤다고 할 때 대규모 반도체 투자에 나선 것이 이병철 삼성 선대회장이고, 거북선이 그려져 있는 500원짜리 지폐와 울산의 백사장 사진 한 장 들고 유조선을 수주해낸 것이 정주영 현대 명예회장이다. 이들이 세계 최빈국을 교역규모 1조 달러의 무역대국으로 성장시킨 주역들이다. 누가 이를 부정할 수 있단 말인가. 일부 학자들과 관료들은 미국식 전문경영인 체제를 본받아야 한다며 오너 체제를 맹비난 해왔다.」[45]

　사실 전문경영인 체제를 본받아야 한다는 주장은 여명기 이후 서양 따라하기에 급급한 소산의 한 예에 해당한다. 이 책에서 벤치마킹이나 원천기술을 확보하지 못하는, 따라하기는 한계가 있다는 것, 그리고 우리가 그래왔던 것처럼 후발 국가들이 우리와 같은 방법으로 우리를 맹렬히 쫓아오고 있다는 것, 선진국은 아직 따라잡기 어려운데 후발 국가들은 우리를 거의 다 따라 잡거나 추월할 기세인 상황에서 우리가 이런 어려운 환경을 극복하는 길은 우리가 주체가 되어 우리 식으로 하는 것이라는 것을 주장하고 있다.

　위 글에서도 우리가 반드시 고쳐야 할 사회심리, 즉 자학과 자기비하, 내부로 향하는 경쟁심리가 드러난다. 또한 섬김과 존경의 문화가 부족함도 엿볼 수 있다. 전문경영인이라는 개념은 우리와는 관습과 전통이 다를 뿐만 아니라 국가사회 구성원도 다양하여 인종의 전시장이라고 할 수 있는 미국사회의 현실에서 자기들에게 가장 적합하다고 찾아 낸 기업경영방식에 지나지 않는다. 법이 국가사회의 유지의 가장 중요한 기준이 되는 미국사회에서 정한 방식은 관습과 전통으로 유지되는 우리사회, 더구나 공개념이 극히 희박한 우리의 의식구조에서는 맞지 않은 것은 당연하다. 물론 기업이라는 제도 자체를 서구에서 모방한 것이지만 모방했다고 해서 같아야 할 필요는

---

79) 제이디 파워(JD Power and Associates) : 1968년 J. D. 파워 3세에 의해 미국에서 설립된 소비자 만족도 조사전문기관. 전 세계 수백만 명의 소비자를 상대로 제품과 특정 분야에 대한 상세한 설문조사를 실시해 시장 반응을 파악할 수 있는 자료를 수집한다. 특히 자동차 부문의 조사 결과는 미국 소비자들이 구매기준으로 활용할 정도로 영향력이 크다(시사상식사전).

없는 것이고, 풍토가 다른 이곳에서는 같을 수도 없는 것이다. 오히려 기업제도의 원조라 해서 자기들이 정한 평가 잣대를 들이 대려고 해서 문제인 것이지 잘못된 것은 아니다.

전문경영인 체제가 우리에게 맞지 않을 수도 있다는 것이 이를 뒷받침하는 사례가 현대그룹에 인수되기 전의 기아자동차에서 찾을 수 있다. 이런 예는 많다. 하나만 더 예를 들자면 오늘의 대한항공은 민영화전에는 항상 적자였다. 그러나 주인이 나서서 직접 경영을 하니 1년만에 흑자로 돌아선 것이다. 물론 유한양행과 같이 전문경영인에 의한 경영도 성공적으로 운영되는 예도 있다.

여기서 문제 삼고자 하는 것은 마치 기업경영에서 전문경영인 체제가 절대적 정도경영인 것처럼 확신에 차서 마치 오너 경영이 비합리적인 경영의 대명사라도 되는 것처럼 비난하는 것이다. 오히려 단점을 개선하고 강점을 강화하면 세계의 어떤 나라도 도저히 흉내 낼 수 없는, 단기간에 초고속 성장을 가능하게 하는 우리나라만의 고유한 기업경영방식이 될 수도 있는 것이 아니겠는가. 이는 이미 입증되고 있는 것이기도 하다.

혹자는 오늘날의 대기업은 관의 특혜와 보호 속에 성장한 것이지 자기의 경영능력 때문은 아니라고 주장할지 모른다. 그렇다고 할지라도 1960년 이후 관의 특혜와 보호 속에 자란 기업 중 오늘날까지 살아남은 기업은 삼성과 엘지, 두 기업뿐이라고 한다. 기업은 특혜와 보호만으로 생존과 성장·발전이 가능한 것이 아니다.

방금 위에서 살펴 본 바와 같이 오늘날의 상성전자는 20년 넘게 적자를 면치 못한 반도체 사업을 끝까지 포기하지 않고 매달린 결과이다. 불과 2000년 이전까지만 하더라도 미국에 수출한 대부분의 우리나라 제품들은 싸구려 양판점에서나 구입할 수 있었고, 현대자동차는 돈 없는 서민이나 구매하는 그런 차였다. 오너 경영자는 그런 차를 글로벌 자동차 시장에서 최고급 이미지로 탈바꿈시킨 것이다.

세계에서 그 유래가 없다는 우리의 끈끈한 가족관계개념을 기업에 잘 접목시켜 좀 더 발전시키면 얼마든지 가능한 이야기라고 본다. 세계에는 백두산보다 높은 산이 얼마나 많은데, 백두산보다 더 높은 산을 더 많이 만들려고 노력해야지 백두산이 높다고 이를 깎아 내리려고 해서는 안 되지 않겠는가.

청년창업과 노량진 고시촌의 비애

이제는 기업가 정신의 또 다른 의미인 '세상에 존재하지 않았던 새로운 가치를 창조하는 일', 즉 창업에 대해 알아보자. 다음은 2010년 10월에 설립된 기업가정신재단의 설립 취지문의 일부이다.

「독일의 사상가 괴테는 '젊음'에 대해 이렇게 말한 바 있습니다.

"모든 것은 젊었을 때 구해야 한다.
젊음은 그 자체가 하나의 빛이다.
빛이 흐려지기 전에 열심히 구해야 한다."

하지만 지금 대한민국 청년들은 '빛'과는 정반대의 젊음과 대면하고 있습니다. 수많은 청년들이 등록금을 마련하기 위해 대부업체 문까지 두드리고 있습니다. 더 큰 두려움은 이렇게 어렵게 졸업장을 쥐고도 변변한 일자리를 구하지 못해 발을 동동 굴러야 하는 현실입니다. 우리 청년들에게 젊음이란 그 자체로 한숨과 절망입니다.

이것은 청년들만의 문제가 아닙니다. 이대로 가다가는 대한민국 전체가 시름시름 앓다가 세계무대에서 죽어나갈지 모릅니다. 전도유망한 청년들이 지금처럼 시급 4천 3백원짜리 일자리를 전전하며 청춘을 보낸다면 대한민국에는 희망이 없기 때문입니다. 꿈도, 도전도, 더 나은 발전을 위한 실패도 없는 대한민국이 되어버릴 것입니다. …(중략)… 대한민국은 지금 좋은 취업 자리가 더 이상 나올 수 없는 경제구조를 만들어놓고 청년들을 취업으로만 내몰고 있습니다. 길도 닦아주지 않고 고속도로를 힘차게 달리라고 잔인하게 주문만 하고 있는 건 아닌지 반성해 봅니다.

35년 전 미국의 한 외톨이 청년은 자기 집 차고에서 기업을 만들었습니다. 그렇게 시작된 애플은 지금 세계 최고기업이 되어 수만, 수십만 명을 먹여 살리고 있습니다. 편견을 깨고 새로운 검색시스템을 고안했던 20대 동갑내기 두 친구는 구글을 만들어 수만 명의 후배들에게 자랑스러운 일자리를 만들어주고 있습니다. 10여 년전 벤처 붐 때 우리가 꿈꾸었던 소셜네트워크 서비스는 우리 청년들이 좌절하고 있는 사이 남의 손에서 페이스북 같은 세계적 기업이 되어 세상을 바꾸고 있습니다.

이제 생각을 바꾸어야 합니다. 청년들 스스로 동료들과 함께 일자리를 만들 수 있도록 길을 닦아줘야 합니다. 스스로 리더가 돼서 기업을 만들 수 있도록 도와줘야 합니다. '일자리'로 내몰 게 아니라 '일거리'를 찾을 수 있도록 지원해야 합니다. …」

이 재단은 청년실업이 얼마나 심각한 문제인가를 지적하고 이의 해소를 위한 중요한 한 방법으로 벤처육성을 제시한 것이다. 그런데 오늘날 우리의 기업환경은 벤처기업이 클 수 없는 환경이라고 한다.

「청년 벤처정신이 사라진 데는 여러 요인이 있지만 재벌의 약탈적 행태가 가장 중요한 원인으로 꼽힌다고 했다. 최근 재벌 빵집 논란이 일 때, "빵이 결정적 문제가 아니라 중요한 건 한국의 재벌이 일본이나 독일 스타일의 소규모 전문 기술업체가 양성되는 것을 막고 있다는 점"이라며 "한국 기업가가 혁신 역량을 갖기 시작하면 재벌은 해당업체를 사들여 자산과 인력을 빼앗는다."고 꼬집은 영국의 <파이낸셜 타임스>분석을 소개하면서 매출 1,000억원 이상 벤처기업은 315개에 불과하고, 새로 창업하는 기업은 많지만 대부분 중소기업까지 성장해 정체하거나 다시 도태되는 경우가 대부분」이라고 했다.[46]

노량진 고시촌에는 10대부터 50대가 공무원시험에 매달려 같은 책상에서 종일 시험공부를 하는 진풍경이 벌어지고 있다. 이는 젊은이는 취직 좀 해보겠다는, 나이 든 사람은 안정된 직장에서 걱정 없이 처자식을 먹여 살리겠다는 너무나도 소박한 꿈 때문 아니겠는가!

자기에게 어떤 가능성의 싹이 있는지조차 모르고 공무원 시험 도전에 목을 매어 하루 종일 시험공부를 하고, 이것을 수년간 하면서 혹시 본인에게 있었던 기업가 정신의 싹을 틔워 보지도 못한 채 젊음을 보내버린 젊은이가 얼마나 많은가!

공무원이라는 직업을 폄하해서가 아니라 공무원의 대다수는 국가의 행정 일을 하는 것으로 오늘날 세계적인 기업으로 성장한 애플을 창업한 스티브 잡스 같이 자기 집 창고에서 여러 가지 부품으로 컴퓨터를 조립해 보는 그런 일을 하는 것은 아니지 않는가!

우리사회가 공부 잘하는 학생은 돈 많이 벌고 안정된 직업이라는 이유만으로 무조건 의대나 법대로 진학함으로써 본인이 스티브 잡스 같은 창의력이 있어 이를 살려 수백만 명의 생계를 책임져 줄 수 있는, 국민들로부터 존경을 한 몸에 받는 위대한 기업가로 성장할 가능성을 송두리째 말살시켜 버리고 있는 것은 아닌지 깊이 고민해봐야 할 때이다. 우리는 미래에 수많은 작은 거인들을 키워보지도 못한 채 사장시켜버리고 있는지도 모른다. 노량진 고시촌에는 삼성전자를 능가하는 기업가적 잠재력을 가진 사람도 무척 많은데 말이다.

나이를 불문하고 안정이 보장되는 공무원 시험에 도전하는 작금의 현상을 '노량진 고시촌의 비애'라고 명명하고 싶다. 무척 안타까운 일이다. 이렇게 하면 모든 기업이 한 달 안에 모두 망한다고 할지라도, 모든 기업에서 종업원의 안정성을 공무원 수준으로 확보하도록 법으로 강제해야 하지 않겠는가 싶다. 우리의 국가사회의 미래를 위해서도 그래야 할 것 같다.

벤처육성은 김대중 정부에서 적극 추진한 바 있으나 많은 부작용을 낳은 채 실패한 정책이긴 하다. 그럼에도 불구하고 벤처육성은 중요한 국가정책이 되어야 한다고 본다. 젊은 청년들이 자기도 미래에 삼성전자와 같은 회사를 만들 수 있다는 꿈을 가지고 창업에 도전할 수 있는 여건을 만들어 주어야 한다. 그래서 이 땅에 벤처성공신화를 만들어 내는 수많은 작은 거인들이 탄생하고, 이들이 존경과 흠모의 대상이 되고, 정당한 부의 축적이 용인되는 사회분위기가 조성되어야 우리의 미래가 있다고 본다.

이렇게 되기 위해서는 그야말로 기업가정신을 살릴 수 있는 분야에만 선별적으로 엄격히 지원 대상을 한정해야 한다. 그리고 도전자들에게는 기업가 정신을 철저히 배양시켜 도전의 목적의식을 명확히 갖도록 해야 한다. 그리고 성공적인 기술개발 등을 했을 때는 당사자가 기업의 오너로서 기업을 성공시킬 수 있도록 적극 지원해야 한다. 또한 외국의 백년이상 전통을 가진 기업처럼 대를 이어 기업을 성공할 수 있도록 도와야 한다.

그리고 무엇보다도 중요한 것은 도전에 실패했을 때 퇴로를 순조롭게 열어 주어야 한다. 우리나라는 사업에 한번 실패하면 거의 재기가 불가능할 정도로 가혹한 응징이 뒤따른다. 이래서는 도전자가 나올 수 없다. 실패를 했어도 이 경험을 높이 살 수 있고, 취업에도 불이익을 받지 않고 정상적인 사회생활을 할 수 있도록 해주어야 한다.

그런데 문제는 벤처창업이 어느 분야이든 고부가가치를 창출할 수 있는 분야이어야 하는데 오늘의 현실이 그렇지 못하다는 것이다. 청년자영업자에 관한 청년패널 조사 자료를 분석한 것을 보면 청년자영업자 10명 중 6명이 2년 이내에 폐업하는 것으로 나타났다. 이 조사는 2015년 기준으로 만 23~37세 중에서 혼자 또는 무급가족 종사자와 함께 사업체를 운영한 555명을 대상으로 조사한 것인데 사업별로 도소매·음식업이 40.6%, 직업별로는 영업판매직이 35.5%에 달했고 전문대졸 이상의 학력을 가진 사람이 64.0%를 차지했다.[47] 이는 여기서 얘기하고자 하는 벤처창업과는 거리가 있다. 취업난 등으로 생계를 위한 자영업자가 청년층에도 늘어나고 있는 현상으로 바람직한 일이 아니다. 벤처창업과 도전은 이 지구상에는 없는 새로운 것을 찾아내어 그것을 세계화하려는 것이다.

핵심가치를 지키는 일 - 안랩80)

수성의 입장에서 기업가 정신은 '기업의 지속적인 성장·발전을 위해 기업가가 갖추어야 할 덕목'으로 정의할 수 있다. 우리는 수성의 기업가 정신을 충실히 이행해 오고 있는 한 기업을 만나 이 수상의 입장에서 본 기업가 정신이 무엇인지를 알아보자.

우리가 사용하고 있는 컴퓨터 바이러스를 잡는 백신을 하마터면 이를 가동할 때마다 로얄티를 외국기업에 지불해야 할 뻔했다. 피시가 보급되기 시작하고 얼마 안 되었을 때 컴퓨터 바이러스라는 말이 처음 세상에 알려졌는데 당시에 이 말은 컴퓨터 내부에 실제로 무슨 병원체가 잠입한 것으로 이해한 사람이 많았을 정도로 생소한 단어였다. 컴퓨터에 바이러스가 최초로 발견된 것은 1970년대 초로 알려져 있으나 우리나라에는 엠에스 도스81)운영체제에 였던 1988년에 발견된 것으로 알려져 있다. 당시 국내 최초의 백신프로그램 '브이1'은 당시 회사도 없었던 안철수 의사의 작품이다. 1995년 3월 '안철수 컴퓨터 바이러스 연구소'라는 이름으로 3명의 인원으로 출발한 이 회사는 오늘날 매출액 1,429억원(2016.12.) 주가 5만 원 대를 유지하는 '가장 일하기 좋은 기업'의 하나로 알려져 있다.

그런데 이 기업 초창기에는 백신에 대한 인지도가 낮아 정부에서도 구매해 주지 않았다고 한다. 몇 개월 직원 급여도 주지 못하고 있을 당시 이 기업의 미래가치를 알아 본 외국기업에서 1천만 달러의 인수를 제안해 온 것이다. 만약 이때 회사를 넘겼으면 오늘날 우리는 엄청난 금액의 로얄티를 물고 백신을 사용하고 있을 것이라는 말이다.

당시 안철수 사장은 수성의 입장에서의 기업가정신을 다음 두 가지로 얘기해 주고 있다. 그것은 '기업이 핵심가치를 지키는 것'과 '일에 임하는 태도와 마음가짐'이다.

그는 기업의 핵심가치란 구성원 모두가 믿고 실천하며, 창업자나 최고경영자는 물론 구성원이 바뀌어도 지속적으로 지키고, 유지되어야 할 회사의 원칙이라고 했다. 그리고 이는 사람에 있어 영혼과도 같은 것이라고 했다. 그리고 만약 회사가 사라질 위기에 처했을 때 회사의 핵심가치를 어기면 살아날 수 있는 비즈니스의 기회가 있다고 했을 때 회사를 살리기 위해 핵심가치를 거슬러야 하는지를 스스로에게 묻고, 대답했다. 핵심가치를 거스르느니 차라리 회사가 소멸하는 게 낫다는 것이다. 기업이

---

80) 안랩(AhnLab, Inc)
81) 엠에스 도스(MS-DOS) : 지금의 윈도우 운영제제의 전신인 피시 운영체계(PC의 OS)

스스로 설정한 핵심가치를 지키지 않았다면 그 회사는 존재이유가 사라졌기 때문이다.

안랩의 핵심가치는 '자신의 발전을 위해 끊임없이 노력한다.', '존중과 신뢰로 서로와 회사의 발전을 위해 노력한다.', '고객의 소리에 귀 기울이고 고객과의 약속은 반드시 지킨다.'가 그것이다. 안철수 사장이 이글을 쓴 때는 회사설립 후 20년이 지나는 시점(2004년)이었다. 당시 핵심가치가 가지는 의미가 그 자체도 중요하지만 물러날 수 없는 선을 만들어 준다는데 있다면서 자기가 물러난 후에도 구성원 모두가 핵심가치를 잘 유지하여 설사 회사가 망하더라도 정직한 기업의 이미지를 유지할 것으로 확신했다. 그는 자신의 신념을 충실히 따랐다. 회사가 몇 달째 종업원 급여도 지급하지 못할 정도로 큰 어려움에 처해 있을 때 합법적으로 팔 수도 있었던 '백신'을 팔지 않아 오늘날 우리가 큰 혜택을 받고 있고 국익에도 도움이 된 것이다. 그로부터 10여 년이 지난 지금(2017년) 이 회사는 신뢰받는 회사로 크게 성장하였다.

수성의 입장에서 기업가 정신의 두 번째 '일에 임하는 태도와 마음가짐'에 대해서는 그의 글을 직접 인용하여 알아보기로 한다.

「프리드먼의 <렉서스와 올리브나무[82]>에서 미국사람들이 자신의 신용카드 명세서에 대해서 문의 전화를 하면 그 전화를 인도의 콜센터에서 받는다는 이야기를 읽고 충격을 받은 적이 있다. 더구나 미국의 남부지방에서 전화를 하면 그 지역 사투리교육을 받은 상담원이 응답을 하기 때문에 전화를 건 사람은 자기지역 사람과 이야기 하고 있다고 생각한다는 것이다. 자신의 소중한 비밀인 신용카드 사용내역에 대해서 인도 사람과 이야기 하고 잇다는 것은 꿈에도 생각하지 못하는 것이다.

그 전까지 내가 가지고 있던 상식으로는, 제조업이나 공장은 해외로 이전할 수 있어도 서비스 산업은 힘들다고 생각했다. 제조업은 제품의 사양이나 생산 공정이 표준화하고 자동화 하면서 사업요건이 좋고 인건비가 낮은 국가로 쉽게 이전이 가능하다. 특히 세계화가 급속도로 진행되면서 이러한 현상은 가속화되고 있다.

반면에 서비스 산업은 문화나 언어와 밀접한 관계가 있기 때문에 공장처럼 외국으로 이전하기 어렵다는 것이 그때까지 나의 상식이었다. 그러나 인도의 콜센터의 애기를 기점으로 종래의 그런 관념이 허물어져 버렸다. 아이티 산업의 발달은 통신비용의 감소와 컴퓨터 성능의 향상을 불러와 급속도로 진행되는 세계화가 이러한 아이티 산업의 발달과 맞물리면서 이제는 서비스산업조차도 외국으로 아웃소싱이 가능한 사

---

82) 렉서스와 올리브나무(The Lexus and the Olive Tree)

회가 된 것이다.

　20여 년 전 대학원에 처음 들어갔을 때의 일이다. 대학교를 다녔을 때는 교수님이 공부하라는 것을 하면 되었다. 내 시간을 어떻게 이용해야 하는지 정해져 있었던 셈이다. 그런데 대학원에 진학하면서 그런 제약이 없어졌다. 필요하다고 생각하는 분야를 내가 골라서 공부할 수 있게 된 것이다.

　내가 전공한 분야는 의학 연구 분야였는데 그 분야에서 인정받는 길은 유명한 외국 저널에 논문을 발표하는 것이었다. 그 목표를 향해 열심히 노력하면서 하루하루를 보냈다. 그러다가 어느 날 잠자리에 들어 하루를 정리하는데 문득 이러한 생각이 들었다. 내 경쟁상대들은 세계 각국의 실험실에서 열심히 일하고 있는 비슷한 나이의 사람들이다. 내가 잠을 자고 있는 사이에도 미국에 있는 내 경쟁자들은 열심히 공부하고 있지 않겠는가? 그런 생각이 드는 순간 초조함에 숨이 막힐 지경이었고 잠을 이룰 수가 없었다. 결국 밤중에 일어나 책을 뒤적이게 되었고, 그 이후로는 잠을 줄여가면서 열심히 공부할 수밖에 없었다. 세계 각국에 흩어져 있는 미래의 경쟁자들을 의식하면서 말이다.

　그때 위기감과 함께 느꼈던 것은 공부가 단순히 지식을 얻는 것만은 아니라는 사실이었다. 공부를 하면 할수록 자신이 얼마나 모른 것이 많은지를 절감하게 된다. 또한 세상에는 나보다 뛰어난 사람들이 얼마나 많고, 다른 사람들이 얼마나 열심히 살고 있으며, 또 세상이 얼마나 빠르게 변해가는지를 느끼게 한다.

　이와 정반대의 경험도 해보았다. 군대에 들어가 장교훈련을 석 달간 받고 나서 부대에 배치되었는데, 그러다보니 훈련기간은 물론이고 부대에 배치된 처음 얼마간은 공부와 담을 쌓게 되었다. 그런데 신기하게도 점점 세상이 느리게 흘러가기 시작했다. 그 전까지 그렇게 급박하게 돌아가던 세상이 마치 지구가 자전을 멈춘 것처럼 느리게 움직였다. 마음도 아주 편안해지고 세상에는 걱정할 것이 없는 것 같아 행복하기까지 했다.

　그 때의 경험을 통해서 세상이 얼마나 빨리 변해가는지는 열심히 공부하고 일하는 사람만이 알 수 있다는 것을 깨달았다. 공부하지 않다보면 자신이 얼마나 뒤처져 있는지를 느끼지 못하고 마음 편하게 있다가, 어느 순간에 경쟁에서 밀리고 결국 도태되고 마는 것이다.

　20년이 지난 지금 20년 전에 내가 했던 그 경험은 더 이상 연구직에 종사하는 일부 사람들만의 이야기가 아닌 것 같다. 세계화가 가속화하면서 그리고 서비스 산업까지도 외국에서 아웃소싱 되면서, 직종에 상관없이 이제 나의 경쟁상대는 옆자리 동료나 우리나라의 다른 회사에서 일하는 사람만이 아니게 되었다. 나와 피부색도 다르고 언어도 다르고 한 번도 보지 못한 사람이 나의 일자리를 빼앗을 수 있는 경쟁자가 된 것이다.

사람은 국가를 버리기 무척 어렵다. 이민을 가는 경우도 일부 있지만, 문화와 언어, 가족에 얽혀서 살아가는 경우가 대부분이기 때문이다. 그렇지만 기업은 그렇지 않다. 자본주의하에서의 기업은 생물과 같아서, 끊임없이 자기에게 사장 우호적인 환경을 찾아다니고 환경변화에 가장 빨리 적응한다. 세계화가 진전됨에 따라서 기업 활동 영역과 선택범위가 점점 더 늘어나고 있다. 이러한 상황에서 개인이 살아남는 길은 같은 속도로 글로벌 경쟁력을 갖추는 방법밖에 없다. 이제는 세계를 보고 경쟁력을 키워야 하는 시대가 도래 하고 있다.」[48]

세 번째 기업가 정신 - 사회적 책임

서점 시집코너에서 우연히 '사랑다음'이란 시를 본적이 있다. 사랑에 성공하고 난 다음에 어떻게 해야 한다는 것이 이 시의 내용이다. 문득 우리는 목표를 설정하고 목표를 달성하기 위해서 성과 실을 다해 노력하고, 목표에 이르기 위한 효율적인 방법을 찾아내기 위해서도 최선을 다해 왔는데 정착 목표를 달성하고 다음에는 무엇을 어떻게 해야 하는 지에 대해서는 미처 고민해 보지 못한 것 같다.

여기에서 기업가정신에 또 다른 의미를 부여하고자 한다. 지금까지 살펴 본 기업가 정신은 창업과 수성, 다시 말하면 기업 자체의 생존에 관한 것이었다고 한다면 새로이 추가할 기업가 정신의 의미는 기업의 외부에 관한 것이다. 오늘날의 직업사회의 현실을 고려할 때 새로운 의미의 기업가 정신은 '기업의 사회적 역할과 책임을 다하는 것'으로 정의하고 싶다. 기업가 정신에 과감히 도전하려는 창업 준비생들은 백일몽이라도 좋다, 제2의 삼성전자를 꿈꾸되, 동시에 성공하면 어떻게 하겠다는 계획도 구체적으로 작성해야 한다. 창업과 수성의 단계부터 세 번째 기업가 정신을 구현할 수 있는, 자기 기업에 적합한 구체적인 방안도 함께 설계해야 하고, 국가 또한 세 번째의 기업가 정신을 기업이 수행할 수 있도록 하는 방안을 마련해야 한다. 이는 오늘날 우리의 직업사회현실을 고려할 때 사회통합의 실천적 방안들을 내포하는 것이어야 마땅하다고 할 것이다.

전장의 영웅 - 신명이 난 전사들

우리나라 사람에게만 있는 특질로 신명이라는 것이 있다. 신바람이라고도 하는데 이 용어의 의미를 사전에서 찾아보면 신명은 '흥겨운 신이나 멋', 신바람은 '신이 나서 우쭐우쭐하여지는 기운', 또는 '신 지핌에 따르는 앙분되거나 도취된 정신심리상태' 등으로 정의되어 있다. 전자의 경우 신명을 제대로 설명하고 있지 못하다고 할 수 있고 후자는 신명의 본래의 어원을 의미한다고 볼 수 있다.

오늘날 신명, 즉 신바람의 의미는 여기에서 진화한 것으로 이 용어와 관련된 자료를 찾아 종합해 보면 신명이란 '신령한 내면의 생명력을 함양·분출하고 그 힘을 분배하는 기술에서 쾌감을 느끼는 일종의 미의식, 또는 개인에게 충일한 생의 에너지가 집단으로 전이되어 전체가 흥에 겨워, 신들린 듯이 하나가 되어 경쟁적으로 창의력과 생성력을 발휘하는 상태'를 의미한다고 정의내릴 수 있다.

굿거리와 같은 우리가락을 들으면 저절로 몸이 들썩이고, 국악에 대해 아무 것도 모르는 젊은이들에게 탈춤을 가르치면 금세 흥겹게 따라한다고 한다. 이는 신명이 우리의 디엔에이에 각인되어 있다는 증거라고 할 수 있다. 그건 그렇고 어원적 의미로써의 신명은 <삼국유사>에서 적고 있을 만큼 오래된 전통이다. 그만큼 다양한 의미를 담고 있는데, 이 책 직업사회학에서의 신명의 의미는 '무속의 신명'에서 그 기원을 찾는 것이 합당해 보인다.

여려서 집에서 굿을 하는 것을 보았는데 너무 무섭고 놀라운 것이라 지금도 생생하게 기억하고 있다. 온 동네사람들이 다 와서 구경을 하는 가운데 울긋불긋 고깔모자를 쓰고 장구, 하얀 소복을 한 여인네가 꽹과리와 장구소리에 맞추어 춤을 춘다. 중간 중간에 매듭이 진 하얀 배를 천정에서 바닥까지 여러 갈래로 늘어뜨리고 이 긴 베줄을 당겼다가 늘었다가 하면서 매듭을 푸는데, 어린 눈에는 소리도 그랬지만 알록달록 벽에 붙여 놓은 오색 무늬의 괴이한 형색, 음식을 가득 차린 교자상 아래 쌀을 가득히 담은 떡 시루에 꽂혀있는 작은 댓가지, 언뜻언뜻 보이는 흔들리는 고깔속의 춤추는 여인의 창백한 얼굴! 이 모든 것이 공포를 자아내기에 충분했다. 동네사람이 없었으면 무서워서 바로 도망쳤을 분위기였다.

한참을 그렇게 흥을 돋우던 무당이 나에게 떡시루에 꽂혀있던 댓가지를 잡아보라고 했다. 두렵고 떨리는 마음으로 댓가지를 잡았다. 그러자 꽹과리의 소리가 한층 고조되고 무당의 춤은 더욱 격렬해 졌다. 나의 공포심도 더욱 커졌다. 마지막 절정을 향해 치닫는 몸부림과 같은 제전의 향연이라고나 할까. 이런 순간이 한참을 지나더니 무당이 나에게 댓가지를 놓고 내 동생에게 잡아 보라고 했다. 이것이 신 내림의 절차였는데 아무에게나 신 내림이 되는 것이 아니라는 것을 나중에 알았다. 동생이 댓가지를 잡고 다시 향연이 시작되었다. 귀가 먹먹할 정도로 요란한 타악기의 연주에 맞추어 현란한 무당의 춤사위가 다시 요동을 치면서 구경꾼들의 혼을 빼놓았다. 조금 있으니까 댓가지를 잡은 동생의 손이 흔들리기 시작했다. 점점 더 요동이 심해지더니 나중에는 몸 전체를 흔드는 것이었다. 그러다가 쌀 시루에서 댓가지를 쑥 뽑아들더니 덩실덩실 춤을 추는 것이 아닌가. 나는 무척 겁이 난 가운데에서도 호기심으로 그 모습을 지켜보았다.

그러고 나서 잠시 고요가 찾아왔는데 무당이 동생에게 말을 거는 것이다. '누구시냐?'고 물어 보았다. 동생이 아무 대답이 없자. '누구신데 말씀이 없으시냐? 서운하신 것이 많으시냐? 이제 모셨느니 다 푸시고 말씀을 하시라!' 이렇게 달래자 동생이 울면서 뭐라고 말을 하는 것이다. 우리 조상 중 어느 한분이 동생에게 내려 온 것이다. 말하자면 동생은 신 내림을 받은 것이었다. 나중에 동생이 깨어났을 때 물어 보았더니 내가 본 상황에 대해서, 그리고 무슨 말을 했는지 전혀 기억을 하지 못했다.

무속에서는 무당이 영매[83]로서의 구실을 하는 데 이 예에서 보는 바와 같이 중매자 역할을 하는 경우와 무당이 직접 신 내림을 받아 참여자적인 매체가 되는 두 가지가 있다.

「전자에서 무당은 자신은 신 내림을 받음이 없이 신 내림과 마을 주민 사이의 중개자 구실을 다하고, 후자에서는 일단 자신이 받은 신 내림을 마을 사람들에게 중개하는 것이다. 댓가지를 잡은 마을주민을 옆에 세우거나 앉히고 무당 자신이 춤추고 노래하고 기축[84]하면서 신 내림을 중개하여 마침내 대잡이로 하여금 신 내림을 받게 하는 과정에서, 무당은 혼자서 굿을 할 때 신 지핀 순간의 전형적인 징후들, 말하자면 떡시루를 입으로 물고 들어 올린다거나 하는 징후를 보이게 된다. 대잡이가 당집을 떠나 신을 모시고 마을 안으로 되돌아오면서 마을 굿은 열기를 더하고 본격화된다. 이후 영신을 뺀 나머지 굿거리가 다시 진행되는 동안, 주민들은 거기에 더불어 참례한다.

이 굿판도 한국의 다른 판놀음이 그렇듯, 연행자인 무당과 관중 사이의 거리는 무당의 굿을 노는 솜씨에 의해 가까워졌다 멀어졌다 하는 동안 긴장과 이완, 가속과 지연 등의 기교가 동원되고 그것에 앙분[85]과 진정, 불안과 해소, 기쁨과 슬픔 사이에

---

83) 영매(靈媒)
84) 기축(祈祝)

서 관중들의 마음은 기복과 명암을 되풀이하게 된다. 그러나 초점은 아무래도 연행자와 관중이 한판이 되어 어울리는 데 있다. 감정적 융합이 이루어지는 것이 굿거리 진행이라는 연행자의 중핵이다.

　　한국의 판놀음의 전형이 이 굿판에서 벌어진다. 굿판에서 무당은 이 감정의 융합을 조절, 촉진시키는 연행자 본래의 모습을 드러낸다. 그는 신을 돌면서 사람들의 마음과 감정을 돌리는 것이다. 그의 신명으로 스스로 놀면서 사람들의 신명을 부추겨 자신의 신명을 나누어 더불어 놀게 하는 것이다. 이것이 바로 굿판의 무당이다. 무당은 보이면서 놀되 사람들이 끼어들게 놀고, 관중은 그에 따라 보면서 놀되 끼어들면서 노는 것이다. 이것이 굿판이라는 연행 현장이다. 무당은 보이기만 하는 사람이 아니다. 보는 사람을 더불어 놀게 한다. 굿판의 이 교응성[86] 속에서 신명이 바야흐로 마을 안에 두루두루 퍼져간다. 이것이 신 지핌의 감염이요 신명의 감염이다. 신명이 공동체 안을 가득 채우게 되는 것이다.」[49]

　　우리는 앞서 '전통문화의 글로벌 기업화'에 대하여 살펴보았다. 그것은 직업세계에서 특수한 한 분야에 대한 기업전략을 말한 것이고, 여기서는 경제 전쟁이 일어나고 있는 모든 전장에서 승전고를 울릴 수 있는 만능의 전사 육성방법을 얘기하려는 것이다. 이는 신들린 전사를 양성하는 방법을 논하려는 것으로, 20세기 후반에 이면우 박사가 제시한 더블유 이론에 대한 구체적 전술이라고 할 수 있다.

　　우선 이면우 박사가 중소기업을 컨설팅 한 사례를 보기로 하자.

　　「필자는 기타를 제조 수출하는 공장의 생산성향 연구를 위하여 부평공단에 있는 한 공장에서 작업자들과 4개월간 같이 지낸 적이 있다. 처음 공장에서 일을 시작했을 때, 이곳의 작업자들은 겉으로는 필자를 잘 대우해주는 것 같았으나 실제로는 받아들이지 않고 경계하고 있었으며 현장에서 곤혹스러운 일을 당하는 일이 많았다.

　　예를 들어 아기 몸체를 지지하는 각목을 동그랗게 깎는 공정이 있었는데 필자가 그 옆을 지나갈 때마다 큰 톱날에서 튀어나오는 나무 조각이 묘하게도 꼭 필자 쪽으로만 날아와 몸에 맞는 경우가 많았다. 또한 이 공장에는 항상 목재먼지가 자욱하였는데 작업을 관찰하느라 서 있으면 이상하게도 필자 쪽으로만 먼지가 날아와 쌓이는 때도 있었다.

　　이즈음에 현장 작업자가 상을 당하여 문상을 갔었는데, 문상객이 너무 적어서 차마 나오지를 못하고 그 집에서 밤을 새우게 되었다. 이 때 그 자리에 있던 낯익은

---

85) 앙분(昻奮) : 매우 흥분함.
86) 교응성(交應性) : 신에 이미 지펴 있는 사람이 다른 사람에게 지핌을 전해주는 것

작업자가 다가오더니 미안한 표정으로 "나무 조각 자주 맞게 해서 미안하다"고 하였다. 알고 보니 목재에 전기 톱날의 각도를 장 맞추어 대면 목재파견이 날아가는 방향을 조절할 수 있으므로 기계 옆을 지날 때 얼마든지 지나가는 사람에게 파편이 튀게 할 수 있었던 것이다. 먼지를 뒤집어 쓴 이유도 알게 되었다. 압축공기 통풍구의 방향을 조절하는 데 따라 한 곳으로만 먼지가 쌓이게 할 수 있다고 하면서 다음부터는 공장에서 골탕을 먹이지 않겠다고 하였다.

야간작업이 끝나면 관리자·반장들과 어울려 부평시내에 나가는 경우가 있었는데, 다방이나 술집에서 일하는 종업원들이 이들에게 보통 손님과 달리 공손하게 대하는 것을 자주 보았다. 그 이유를 알아보니 유흥업소에 있는 이들 종업원 상당수가 전에 공장에서 작업자로 일했던 여자들인데 일이 잘못되어 이곳으로 오게 되었다고 하였다.

그 사유를 물었더니 공장근처에 백마장이라는 곳이 있는데 이곳에 사는 불량배들이 공단에서 일하는 여자작업자들을 못살게 굴고, 월급날에는 회사 앞에 대기하고 있다가 월급의 일부를 고정적으로 뺏어가곤 한다고 하였다. 이 과정에서 자칫 잘못되면 나이 어린 작업자들이 임신을 하는 경우도 있고, 어물어물하다가 신세를 망치고 직장을 그만두게 되며, 결국에는 유흥업소에서 일하게 된다고 하였다. 당사 회사의 공장장은 김상철이란 분으로 서울대 법대를 졸업하고 남들이 가기를 주저하는 해병 대장교를 자원입대한 강직한 분이었다.

여자 작업자들에게 행패를 부리고 월급을 가둬가는 불량배들을 계도할 것을 이분에게 건의하였다. 이에 따라 성격이 호탕한 회사의 운전기사와 경력이 화려(?)한 몇몇 작업자들을 모아 월급날 회사 근처를 배회하는 불량배들을 찾아다니며 여자작업자들을 귀찮게 하지 말 것을 집요하게 설득하였다. 필요한 경우에는 불량배가 살고 있는 집을 찾아가서 설득을 반복하였다. 얼마 지나지 않아 이 회사 작업자들을 건드리면 재수가 없다는 소문이 불량배들 사이에 나돌았고, 이 회사의 여자작업자들은 한결 지내기가 수월해졌다고 좋아하였다.

이런 일들을 거치면서 현장에서는 나무토막도 날아오지 않게 되었고 작업자들과 격의 없는 농담도 주고받게 되었다. 한번은 반장들이 일과 후에 회식이 있다고 해서 따라 나갔는데, 옆자리에 있던 반장이 필자에게 아주 딱하다는 듯이 충고를 하였다. 즉, 인간적으로는 서로 친하게 지내고 있으나, 이번 생산성향상운동은 성과가 없을 것이니 적당한 선에서 마무리 짓고 철수하라는 것이었다.

이유인즉, 생산성이 향상되면 이곳 작업자들이 크게 기대를 걸고 있는 시간외 근무가 줄어들 것이고, 따라서 수입이 지금보다 낮아질 것이므로, 생산성향상이 좋은 이야기긴 하나 자신들의 생계를 위협받으면서까지 추진할 수는 없다고 하였다. 그 이튿날 공장장과 만나 생산성이 높아져서 생기는 이익의 한 부분은 작업자들에게 환원할 것을 건의하였다. 또한 작업자들의 생계와 관련된 문제이니 생산성향상에 따른 임금인상폭이 시간외 근무수당으로 받는 금액보다는 한 푼이라도 높아야 생산성향상의 의의가 클 것이라고 하였다.

　　며칠 후 공장장의 주재아래 회사간부와 반장들의 연석회의가 열렸고, 생산성향상에 따른 임금인상 내용이 합의되었으며, 인상수준을 계산하는 합리적인 원칙도 이 자리에서 합의하였다. 합의가 이루어지자 반장들은 공정·설비·작업방법에서부터 환기장치에 이르기까지 즉시 개선되어야 할 사항을 다투어 제안하였고, 개선경비를 줄이기 위하여 회사는 자재만을 지원하고 작업자들이 공사를 담당하는 내부수리가 이루어졌다. 모든 준비가 끝나고 생산성향상을 평가하기로 하였다. 흔히 좋은 말로 대변되는 '기대효과'나 '파급효과'를 따지지 말고, 가장 간단한 방법으로서 8시간 생산한 '최종 완제품'의 숫자만 세어 보기로 하였다.

　　8시간 작업 후에 완제품 수를 세어보니 120%가 더 늘어난 것으로 확인되었다. 이어서 반장들이 참석한 가운데 임금 조정 작업이 이루어졌는데, 반장들이 주제가 되어 결정한 임금인상률은 작업의 특성과 작업자의 기여도에 따라 최소 26%에서 49%에 이르렀다.

　　이러한 임금인상률은 당시로서는 파격적으로 높은 수치였으며, 더욱이 반장들이 고민 고민하면서 결정하였기 때문에 현장의 작업자들도 이를 잘 수용하였으며, 인근 공장에서 큰 화제가 되었다.」

　　이 사례는 1990년대 초에 이면우 박사가 중소기업을 컨설팅한 사례이다. 여기서 갖은 어려움을 극복하고 이루어낸 성공사례를 하나 더 보기로 하자. 이 박사는 1987년부터 1990년까지 산학협동으로 추진된 하이터치 연구팀을 운영하였다. 대상 회사의 각부서 직원 25명으로 구성된 연구팀을 결성하여 당시 가전 및 전자제품의 시제품 12개를 만들게 된다. 그중에서 리모컨으로 작동되는 진공청소기는 미국의 권위 있는 미래상품 전문지인 <2001년에 우리 생활을 변혁시킬 250개>에 선정되기도 했다. 이 연구팀은 많은 산학협동과정에서 체험한 우리사회의 한 단면을 반영하는 기업 내부의 고질적인 증상, 이로 인한 곤경과 좌절을 이렇게 적고 있다.

　　「해외 낙후제품 모방에만 훈련된 젊은 연구원, 공동협력을 저해하는 부서 간 장벽, 실패를 두려워하는 안주의식, 망설이면서 시기를 놓치는 의사결정, 책임회피를 위해 운영되는 각종 운영회의 기능, 수많은 도장이 순서대로 찍혀야 시작되는 지루한 결재과정, 전임자의 잘못은 부서의 책임이 될까봐 덮어두고, 현재의 문제점은 주주총회를 의식하여 보류하는 모든 관행이 한데 어우러져 있다.

구체적으로 실무부서의 기획담당자는 개발일정을 세우면서 과다한 여유시간을 포함시키려 하였고, 회로설계기술자는 신뢰성을 이유로 설계의 해외발주를 주장하였다. 기구담당자는 국내금형의 문제점을 들어 제품의 특성을 살리는 곡면처리를 기피하였고, 산업디자인 담당자는 예술적 감각이 부족한 사람과는 토의가 곤란하다고 하였다. 홍보담당자는 낯익은 외국제품형태를 채택하는 것이 소비자 홍보에 적합하다 하였고, 수출가격 조정에 시달려온 수출담당자는 고부가가치 신제품보다는 가격경쟁력이 좋은 단순제품개발을 주장하였다. 합동회의에 참석한 담당자는 불량률이 높을 것을 우려하여 '신제품 생산은 아직 시기상조'라고 하였다.

하이터치 연구 팀은 이러한 문제들을 모두 극복하였다. 이러한 사회적 문제를 극복하는데 특별한 비법이 있을 리 없었다. 문제가 생길 때마다 연구의 목표 설정에서부터 추진과정·일정계획·개발전략을 놓고 끝없는 수정과 토론을 거쳐 해결방안을 강구하였다. 실무부서와 연구팀사이의 의견조정을 위하여 새벽까지 진행되는 회의를 20, 30회씩 되풀이 하였던 경우가 허다하였다. 모두 탈진한 상태에서 회의를 빨리 끝내고 '잠 좀 자려고' 협력을 약속하기도 하였다. 그러나 결국은 합의하였고 해결방안이 마련되었으며 목표가 더욱 분명해졌고 때로는 개발 일정이 단축된 경우도 있었다.

하이터치 연구팀과 함께 생활하면서 절실히 느낀 점이 있다. 하이터치 연구원 학력을 보면 눈에 익은 명문대학 출신이 많지 않았다. 석·박사출신도 없었다. 열심히 일하는 연구원은 실적을 올려서 좋았고, 소극적인 연구원은 말없이 도와줘서 고마왔고, 평소 실적이 부족했던 연구원은 술좌석에서 심한 주정으로 다른 사람의 스트레스를 일시에 해소해 줌으로써 연구를 촉진시켰다. 하나 같이 없어서는 안 될 보배들이였으며, 모두가 더불어 가야 했다.

…(중략)…

하이터치 연고와 관련하여 함인영 교수이야기도 빼놓을 수 없다. 이분의 키는 190센티미터 쯤 되고 몸무게는 "다이어트를 해서 120킬로그램 남짓 하다"고 한다. 이야기를 하면서 흥이 나면 옆 사람 어깨를 두들기고 등도 쳐준다. 이때마다 맞은 사람은 오장육부가 흔들려서 모두 옆에 앉기를 싫어한다.

함교수는 1989년 12월 12일에 열린 과학기술진흥회에 초청연사로 잠시 고국을 방문하였다. 함교수는 회의에 모인 국내 저명인사 앞에서 "글을 모르는 유아들이 쉽고 재미있게 배울 수 있는 세계최초의 유아용 컴퓨터를 한 달 이내에 개발해 보이겠노라"고 호언장담하였다. 참석하였던 정치가·기업인·학자들이 한번 해보라고 하였다. 이분은 약 일주일 후인 12월18일 김용원 사장을 만나 연구비를 대라고 하였다. 김사장이 지원을 약속하자 즉시 필자를 불러 "한 달 이내에 개발하라"고 명령하였다.

이틀 후인 12월 20일에 하이터치 연구팀에게 함교수 이야기를 하였다. 모두들 웃어넘길 줄 알았는데 이구동성으로 "한번 해보자"해서 어이없이 시작되었다. 크리스마스 휴가, 연말연시 휴가, 설날휴가를 잊고 매일 20시간 이상 일을 하였다. 설날 휴가동안에는 음식점과 상점이 모두 문을 닫아 이틀을 굶는 경우도 있었다.

결국 1990년 1월 30일에 시제품 개발에 성공하였고, 이 소식을 들은 함교수는 미국에서 급히 날아왔다. 2월 5일에는 약 한 달 전의 호언장담이 농담이 아니었다는 것을 보이고자 당시 총리·교육부장관·과기처장관과 서울대 총장을 초청하여 시제품 발표회를 열었다. 이 자리에서 총리·각료와 석학들은 진부한 속설을 되뇌었다. "역시 우리 민족은 우수하다." 함교수가 가르쳐 준 교훈은 "불가능해 보이더라도 자신 있게 시도하라"이다.」[50]

이상에서 예로든 두 기업의 성공사례는 기업경영에 신명이 도입되기 위한 준비를 어떻게 하고 어떻게 해야 성공적으로 작동이 되고 그 결과는 어떻게 나타나는지를 보여주고 있다. 이변우 박사는 위와 같은 여러 성공과 실패사례를 종합해보면 다음과 같은 몇 가지 공통점을 발견할 할 수 있었다고 적고 있다.

「첫째는 그 어느 경우에도 그토록 든든하게 여기던 전공이론이나 전문지식은 생각보다 큰 역할을 하지 못했다.

둘째 구성원의 유대감이 형성되기 전에 진행되었던 업무는 예외 없이 부진하였다.

셋째 공동노력의 분위기가 조성되면 항상 급속한 작업진전이 이루어 졌으며 구성원들의 자발적인 노력과 창의적인 시행착오가 기대이상의 좋은 결과를 낸다는 점이다.

우리겨레는 원대한 목표를 좋아하며 목표에는 포부가 포함되어야 반드시 흥이 나는 것 같다. 적당히 참여하는 일은 조금만 성취를 내어도 이내 자만하여 안주와 정체로 이어지곤 하였다. 우리들은 직급과 학식이 높다고 해도 좀처럼 존경하지 않는 반면에 동고동락하며 '인간적으로 통하는' 지도자에게는 맹신에 가까운 신뢰를 보여준다.

직급과 규정에 의한 권위로는 지도자가 될 수 없으며 구성원들로부터 동정심을 불러일으킬 정도의 투철한 솔선수범 정신이 반복적으로 확인되어야만 비로소 지도자로 인정하기 시작한다. 우리만큼 평등정신에 철두철미한 민족도 없을 것이다. 어려운 일일수록 참여자 전원의 공생공사의 정신이 확인되어야 비로소 지도자의 기능적인 역할이 생긴다. 이와 같은 모든 전제조건이 만족되고 나서야 신바람이 났다. 신이 나서 한 일은 실패한 적이 없었다.」[51]

이 두 성공사례는 놀랍게도 앞서의 우리의 신명이 났을 때의 모습 그대로이다. 우리는 앞서 신명이 무엇이고 이것이 어떻게 공동체에게 전이되어 가득 차게 되는지를 알게 되었다.

이를 정리하면,

첫째 공동체에 신명이 나게 할 어떤 동기가 주어진다.

둘째 어느 무당에게 이를 주관하도록 맡겨진다.

셋째 이 무당은 신명을 나게 할 방법을 찾는다.

넷째 신명을 나게 할 첫 번째 단계로 신 내림을 할 사람을 찾아 신 내림을 시행한다.

다섯째 이를 데리고 공동체 구성원들에게 파고든다. 무당은 자신의 신명으로 스스로 놀면서 관중과 같은 위치에 있는 사람들의 신명을 부추겨 자신의 신명을 나누어 더불어 놀게 한다.

여섯째 신명이 점차 공동체 전체로 퍼지기 시작한다.

일곱째 무당은 보이기만 하는 사람이 아니다. 보는 사람을 더불어 놀게 한다. 무당은 보이면서 놀되 사람들이 끼어들게 놀고, 관중은 그에 따라 보면서 놀되 끼어들면서 논다. 무당과 관중의 입장이었던 이들은 드디어 전체로 하나 되어 신명이 가득 차게 된다. 주체가 객체가 되고 객체가 주체가 되어 그 어떤 난관도 덮어버리는 엄청난 해일이 되는 것이다.

위 두 성공사례와 성공의 요건을 분석한 내용을 방금 정리한 신명에 대입시켜 보면 신기하게도 한 치의 오차도 없이 일치함을 알 수 있다.

물론 이 두 사례는 35년 전 중소기업에서 일어난 일로 세계의 반도체시장을 석권하고 세계적 기업으로 우뚝 선 삼성전자와 같은 회사가 나오기 전의 기업환경에서 일어난 일이다. 그러나 사례에서 드러난 문제점들은 오늘날도 여전히 우리의 많은 중소기업이 마주치고 있는 것들이다. 따라서 사례에서 나타난 문제해결방안 또한 배워야 할 것들이다. 이 책에서는 소개하지 못했지만 정문술 회장의 '미래산업' 등 '신명'에 의한 기업성공사례는 많이 있다. 오늘날 삼성전자와 같은 세계적인 기업의 출현도 그 바탕에 신명이 자리하고 있었음에 다름이 아니라고 단언하고 싶다. 우리는 이 신명을 주관할 많은 무당을 양성하여 이들로 하여금 전사들을 독려하여 기업에 신명이라는 신바람이 몰아치게 해야 한다.

　　35년 전 이면우 박사가 제창한 '소의 머리에 앉은 쥐의 머리에 앉은 벌'의 전략을 지금의 우리 현실에 맞게 조금 수정하면 된다. 세계 10대 경제대국에 걸맞게 황소 전략을 추구할 분야, 쥐의 전략을 추구할 분야, 벌의 전략을 추구할 분야를 면밀히 분석하여 이 세 전략을 동시에 추진하는 것이다.

제 4 장

직업사회정책

1. 고쳐야 할 가계정책

국가정책의 알파와 오메가 - 주택정책

여기서 주장하고자 하는 국가정책은 여러 부동산정책 중에서 주택정책만을 의미한다. 주택정책은 국가경제정책 중 가장 중요한 정책이라고 단언할 수 있다. 아무리 수출이 증대하고 고도성장을 이룩한다 하더라도 주택정책이 잘못되면 다 허사나 다름없게 될 수 있기 때문이다. 현실적으로 그렇게 되었다고도 볼 수 있다고 오늘날 우리사회의 양극화와 저출산풍조가 말해주고 있다. 이는 부동산경기가 침체하면 활성화 정책을, 과열되면 억제정책을 반복적으로 써온 상당부분 잘못된 정책에서 기인한다고 볼 수 있다. 특히 주택정책이 그렇다.

우리사회를 건강하고 안정된 사회로 만들기 위해서는 근본적으로 불로소득을 최소화하는 일이다. 사회전체가 가난하다 할지라도 나의 주변의 대부분의 사람들이 열심히 일을 해서 먹고 살고 있다는 것이 눈으로 확인되면 사회에 대한 불만은 반감된다. 그러나 내 옆 사람이 별다른 노력도 없이도 돈을 쉽게 버는 것을 보게 되면 얘기가 달라진다.

어떤 사람이 어떻게 빚을 내고 하여 집을 하나 샀는데 1년도 안되어 집값이 50퍼센트 올랐다고 치자. 그렇게 되면 그 한 사람은 기쁘겠지만 그 이면에는 운이 없었다거나, 기회를 놓쳤다거나, 능력이 없어 집을 사지 못한, 그래서 기쁘지 못한 사람이 다수가 있는 것이다. 거기까지는 괜찮다. 집값이 상승하면 전세 값도 덩달아 오른다. 세입자 측면에서 보면 월급은 산술급수적으로 오르지만 전세는 기하급수적으로 올라 변두리로 이사를 해야 한다. 이렇게 되면 우선은 교통이 불편하여 직장생활이 고달파진다. 그래도 부부가 열심히 노력하여 5년만 모으면 집을 사서 우리의 보금자리를 멋지게 꾸밀 것이라는 꿈에 부풀어 먹을 것 입을 것 모든 것을 아끼어 알뜰살뜰 하게 생활을 꾸려간다. 이렇게 열심히 살면서 1년이 지났다. 그런데 이 1년 동안에 집값이 많이 올라 이런 추세로 가면 8년이 걸린다는 것을 알게 된다. 그 다음 해에 보니 이젠 10년이 지나도 어렵게 되었다. 전세 값도 덩달아 올라 일부 월세를 내야 할 형편이다.

이것을 지켜 본 젊은 세대는 취직도 안 되는데 취직을 해도 문제라는 것을 인식하게 된다. 그래서 3개를 포기했다가 5개를 포기하더니 급기야 7개를 포기하기에 이른다. 아예 인생을 포기한 사람도 생긴다. 미래에 대한 행복한 꿈이 좌절과 절망, 포기, 고달픔의 극대화와 분노로 대체되는 것이다.

그러면 혼자 기쁜, 집이 한 채만 있는, 그것도 대출을 안고 있는 사람들에 대해 얘기해보자. 기막히게 타이밍을 잘 맞춰 집을 사서 당장은 기분이 좋다. 그런데 집이 한 채만 있는 사람들은 이 집을 팔고 다른 집을 산다면 비슷한 금액이 들어 마찬가지이다. 무슨 얘기냐 하면 집값이 올라 잠시 기분이 좋을 뿐 살아가는 데 아무런 변화가 없다는 것이다. 다른 점이 있다면 매달 대출이자를 기분 좋게 내고 있다는 점일 것이다. 예를 들어 2억에 산집이 10년 후에 10억이 되었다고 치자. 이 사람은 숫자적으로 재산이 늘어난 것 같지만, 다른 집도 그렇게 올랐기 때문에 이집을 팔고 다른 집을 산다면 10억이 들어 집 한 채 가지고 있다는 사실 외에는 변화가 없다.

그러나 성인이 되어 독립된 사회생활을 시작하려는 젊은 세대에게는 높은 집값은 엄청난 장벽이 된다. 이들 뿐만 아니라 집이 없는 사람에게는 미래에 대한 희망을 꺾는 역할을 한다. 운 좋게 집 한 채 잘 사서 기분이 잠시 좋았던 사람도 그에 못지않은 폐해가 자기 자식에게 미친다. 내 집한 채 자식들에게 물려주어 자식이 나누어 가지다 보면, 자식이 많으면 많을수록 어느 자식 하나도 집을 가지기 힘들게 될 확률이 높다. 이렇게 되면 빈곤과 부는 각자 세습되고, 어중간한 소위 중산층은 빈곤층으로 전락하기 쉽다. 이런 현상이 사회의 다양한 분야로 확산되면 사다리와 같은 사회계층을 파괴하여 양극의 계층으로 진화하게 된다. 여기서 대출을 안고 집을 산 사람의 예를 든 것은 다 아시겠지만 우리나라에 이러한 사람이 가장 많기 때문이다. 물론 집을 여러 채 가지고 있는 경우는 얘기가 달라진다.

주택이 우리 젊은 세대의 삶을 어떻게 옥죄이고 삶의 희망을 잃게 만드는지 다음의 보도 자료를 보고 얘기해 보자.

「결혼 7년차 직장인 이모씨(34)는 2017년 서울 강동구에 아파트를 구입해 입주를 앞두고 있다. 명의는 내 집이지만 '온전한' 내 집은 아니다. 환갑이 될 때까지 은행 대출금을 갚을 생각을 하면 까마득해진다. 무리하면서까지 집을 산 이유는 있다. 전세금 3억원에 첫 신혼집을 구할 때까지만 해도 그럭저럭 견딜 만했다. 첫 재계약 시점이 되자 집주인은 월세 전환을 요구했다. 무섭게 뛰는 임대료에 밀려 결혼 이후 두 차례나 이사를 했지만, 현재는 다달이 80만원을 내는 보증부 월세를 산다. 부모님의 신혼 시절은 이렇지 않았다. 이씨의 아버지는 서른 살이었던 1981년 결혼과 함께 서울에 아파트를 장만했다. 그때는 외벌이로도 돈을 어느 정도 모으면 빚 없이도 내 집 마련이 가능했지만, 맞벌이에 대기업에 다니는 이씨 부부에게도 대출 없이 집 사기란 불가능의 영역이다.

이 씨의 경우처럼 치솟는 전·월세 값에 밀려 울며 겨자 먹기로 주택 마련에 나선 30대가 가계대출 급증을 주도하고 있는 것으로 나타났다. 한국은행의 '차주 연령별 가계대출 증감 현황' 자료를 보면, 30대 이하(40세 미만)가 보유한 가계대출은 올해 상반기에만 28.6조원 늘어난 것으로 나타났다. 특히 대출 증가분의 젊은 층 쏠림 현상이 두드러져 30대 이하의 가계대출 증가액은 전체 증가액(46.8조원)의 61.1%를 차지했다. 지난해의 경우 전체 증가액(140.6조원) 가운데 30대 이하가 차지하는 비중이 51.8%(72.9조원)로 절반을 조금 웃돌았는데, 올해 쏠림이 더 심화된 것이다. 반면 고 연령으로 갈수록 가계 빚 증가세는 완화되는 추이를 보였다. 40대는 올해 상반기 가계대출 증가액이 15.8조원이었고, 50대는 40대의 절반 이하인 6.4조원이었다. 60세 이상의 경우는 오히려 가계부채가 4조원 가까이 줄었다.

〈표 4-15〉 최근 5년간 연령대별 평균부채금액 (단위 : 만원)

	2012년	2017.6년	증가액	증가율
20대	1,874	2,374	500	26.7%
30대	4,967	7,398	2,431	48.9%
40대	6,692	8,869	2,177	32.5%
50대	7,464	9,195	1,731	23.2%
60대 이상	6,708	8,196	1,488	22.2%

출처 : 한국은행 국감제출자료

<표 4-15>는 최근 5년간 연령대별 평균부채금액의 변화를 보여준다. 이 표의 두르러진 특징은 30대의 부채증가가 다른 세대에 비해 훨씬 높다는 점이다. 2017년 6월말 기준 30대 대출자의 평균 부채금액은 7,398만원으로 5년 전인 2012년의 4,967만원에 비해 2,431만원 늘어났다. 1인당 평균 부채금액으로 따지면 50대가 9,195만원으로 가장 많았지만, 최근 5년간 증가율로 보면 30대가 48.9%로 급격하게 빚이 늘었다. 이는 전체 대출자의 최근 5년간 평균 부채금액 증가율(33.1%)보다도 가파르다.

젊은 층의 가계 빚 증가 원인은 주택이 주범이다. 서울시의 '2017년 서울 서베이 조사' 결과, 부채가 있는 30대의 10명 중 8명(81.8%)이 주택 구매·임차를 위해 빚을 졌다고 답했다. 2010년 조사(62.7%) 때보다 큰 폭으로 늘어난 수치다. 최근 몇 년 새 전세 값이 급격히 뛰며 내 집을 마련한 자가주택 거주 30대는 2016년 24.8%로 전년

(12.0%)보다 2배로 늘어났다. 그러나 이 역시 세대 내 양극화가 뚜렷하다. 한쪽에서는 저금리를 틈타 과감히 빚을 내 집을 산 반면, 여전히 서울 거주 30대의 10명 중 4명 (45.6%)이 월세주택에 살고 있었다. 2005년 조사 당시 19.4%였던 데 비해 약 10년 사이에 2.4배 월세 비중이 뛴 것이다.

첫 주택구입연령도 점차 늦어지고 있다. 신한은행이 지난 3월 발표한 '보통사람 금융생활 이슈 분석 보고서'를 보면, 1990년대 이전엔 평균 만 29.2세에 생애 첫 주택을 구입했다. 그러나 최근 들어서는(2010~2016년) 구입 시기가 만 34.8세로 늦어졌다. 주된 이유는 역시 집값이 올라서다. 1980년대에는 평균 주택구입금액이 5,275만원이었지만, 지금은 1억 7,117만원으로 뛰었다. 상황이 이렇다 보니 빚을 지지 않고 자력으로 첫 주택을 구입하는 비율은 점점 떨어졌다. 1980년대엔 첫 주택구입금액의 31.8%만 대출로 충당했던 반면, 2000년대부터는 대출 비중이 40%를 넘었고, 최근엔 집값의 거의 절반(49.3%)을 빚을 내서 구입한 것으로 나타났다. 이런 상황이 되고 보니 중·고령층은 집값이 떨어질까봐 불안하고, 집이 없는 젊은 층은 치솟는 집값에 불안하다.

서울연구원은 최근 발표한 <서울시의 주택문제와 부담 가능한 임대주택 정책제언> 보고서에서 "자가거주율이 높은 중·고령층은 노후에 주택을 활용해 안정적인 수익을 확보하고 싶어 하지만 주택가격 하락에 대한 불안감이 존재하는 반면, 주택임차 비중이 높은 청년층은 과거의 청년층보다 더욱 심각한 임대료 및 주거비 부담을 겪고 있는 상황"이라고 진단했다. 보고서에 따르면 55세 이상 중·고령층은 자가거주율 61%에 부동산자산이 총자산의 77% 정도로 높은 반면, 34세 이하 가운데 주택임차비중은 86%에 달하는 상황이다」.[52]

이상에서 우리는 주택가격의 상승이 무엇을 의미하는지를 구체적으로 알게 되었다. 주택가격의 상승은 풍선효과와 같은 것이다. 풍선이 부풀어 오르면 집을 가진 아비지와 집을 갖지 못한 자식 모두가 불안해진다. 연착륙을 시키지 못하면 언젠가는 터지게 되어있다.

세월이 흐르면 국가가 발전하고 국민의 삶이 이전보다 나아지는 게 정상이 아니겠는가. 그런데 우리 직업사회는 거꾸로 가고 있다. 주거와 관련하여 전세제도만 보더라도 이는 우리나라에만 존재한다는 조상의 세덤의 지혜와 같은 사회성이 매우 양호한 제도이다. 그런데 이마저도 저 소득자에게 불리한 월세제도를 외국에서 배워와 우리사회에 적용시켰다. 전세를 산다는 것은 집을 살 경제적인 형편이 되지 못하고 소득도 낮은 사람이라는 것을 의미한다. 그래서 단돈 몇 만원도 아쉬운 소위 서민들에게 월세를 몇 십 만원을 내게 만드는, 그것도 계약기간이 만료되면 감당하기 어려울 만큼 인상해도 그대로 방치하는 사회가 정상적인 사회라고 할 수 있는가 싶다. 아예 집을 사는 것을 포기하더라도 주거비용만은 최소화하도록 하는 정책이 절실한 현실이다. 무슨 타당한 시장논리가 있다 하더라도 저소득자를 더욱 궁지에 모는 이런 악폐를 없애는 것이 양극화나 저출산의 사회풍조를 해소하고 사회통합의 길로 나아가는 길이라고 할 것이다. 절반의 부채를 안고 집을 구매한 사람도 마찬가지이다. 감당하기 어려운 전세금과 월세 때문에 어쩔 수 없이 집을 샀더니 이제 이자가 문제가된다. 저금리기조가 언제까지 지속될지 모르는데 금리라도 오르게 되면, 여기에 집값마저 하락하게 되면 어떻게 해야 할지 해답이 없다.

결론적으로 모든 문제해결의 근본은 앞서 언급한 바와 같이 불로소득을 최소화하는 데 있다. 불로소득에는 부동산 상승에 따른 것도 있지만 지대나 임대료와 같은 자산소득, 이자와 배당 같은 자본소득도 있다. 이와 같은 불로소득의 정당성, 말하자면 공정한 대가는 어느 수준이여야 하는지의 문제는 자본주의 성립 훨씬 이전부터 논란의 대상이었다. 중세에는 이자를 받는 것을 죄악시 하기까지 했다. 그러던 것이 자본주의 성립 후에는 여기에 '공정한 일의 대가'에 대한 문제가 하나 더 추가되었다. 어떤 의미에서 불로소득의 문제는 '함께 사는 사회'의 성격을 다시 정의하게 만들 만큼 해결이 어렵고 그만큼 미해결 역사 또한 길어 간단한 문제가 아니긴 하다.

어쨌거나 오늘날 우리사회에서 불로소득의 주범은 부동산 가격상승, 특히 주택가격의 상승이다. 따라서 부동산 경기와 관련하여 아무리 타당하고 정교한 경제논리가 있다하더라도 이런 논리를 배제하고 주택정책은 주택가격이 100년 이상 안정될수 있도록 추진해야 할 필요가 있다. 이의 당위성은 오는 날 치유하기 힘든 우리사회현상이 뒷받침해 준다.

우리나라는 국토가 작고 국토대비 인구는 많다. 그래서 주택에 관련하여서는 헌법을 고쳐서라도 소유권에 우선하여 공익성을 전제할 필요가 있다. 경제성장과 국제경쟁에서 피 말리는 싸움을 하여 얻은 수익을 국내 부동산 가격상승으로 이어지게해서는 안 된다. 주택을 부의 축적대상이 되게 해서는 안 된다는 것이다. 적어도 주택을 통한 불로소득은 불가능하게 만들어야 한다. 집이라는 것은 조금만 노력하여 저축한 돈으로 얼마든지 마련할 수 있는 그야말로 보금자리라는 인식이 자리 잡도록하는 정책을 시행해야 한다. 그렇게 산 집은 100년이 가도 그 가격이라는 것을 국민모두가 피부로 느끼게 만들어야 한다. 경제부분에서 적어도 주택건설부분은 따로 떼어 놓고 생각해야 한다. 경제성장률 등 각종 경제지표를 산출할 때 주택관련 지수는 아예 제외시켜야 한다. 주택을 각 지방마다 있는 정자와 같은 것으로 보고 또 실제로 그렇게 되도록 하자는 것이다.

여기서 주택장책에 대해서 몇 가지 의견을 제시하자면, 주택만을 짓는 건설회사는 공영제로 하여 무주택자간에 신혼부부 등 우선순위를 두어 평생할부상환제도를 도입하여 무상으로 입주하여 평생 무이자 할부식으로 갚도록 할 필요가 있다. 또한 주택소유 상한제를 도입하는 방안을 적극 검토해야 한다. 이미 주택보급률은 100%가 넘었다. 무턱대고 짓기만 할 것이 아니라 한가구가 가질 수 있는 주택수를 제한하자는 것이다. 당장 이 제도를 시행하면 문제가 될 다주택자들의 퇴로를 열어주면 된다. 상한주택 이상을 보유한 사람들의 주택을 국가가 구매해주는 것이다. 과거 이중 곡가제와 같은 방식을 적용하면 된다. 이 제도를 적극적으로 검토해야 하는 사유는 무턱대고 집을 지어 대다가는 지금과 같은 인구 감소 추세로 볼 때 머지 않은 장래에 빈집이 문제가 될 소지가 크기 때문이기도 하다.

그리고 전세가격은 물가상승률 이상으로 올릴 수 없게 강제하는 방법 등 다양한 제도를 통해서 무주택자의 주거를 안정시켜야 한다. 주택은 투자의 대상이 아니라는 것을 법으로 정해야 한다. 부[87]는 일을 통해서 자기 노력으로 이루어야 한다는 것을 보여주는 사회가 되어야 한다. 그래야 이 사회에서 절망과 분노가 사라지게 된다. 여기에 바탕 하여 기업가 정신으로 무장한 많은 예비기업인이 나타나서 고부가가치의 산업을 창출해내도록 해야 한다.

불로소득이 최소화된 사회! 부의 정당성이 확보되는 사회!

이는 극단으로 치닫는 우리사회문제를 해결하는 올바른 길이라 할 수 있다. 뿐만 아니라 우리 국가사회를 더욱 건강하게 만들어 진정한 사회통합의 길로 나아가게 할 것이다.

제2의 경술국치가 낳은 비극 - 비정규직

제2의 경술국치라 함은 1997년 12월 3일 에이엠에프 구제금융 요청사건을 지칭하는 말이다. 소위 아이엠에프 사태로 일컬어지는 이 사건은 우리사회의 패러다임을 근본적으로 바꾸게 되는 계기가 된 것으로 이 책 여러 곳에서 언급하고 있는바, 이 책 제2의 주제와도 같은 사건이다. 여기서 다루고자 하는 비정규직 문제는 아이엠에

---

87) 부(富, wealth)

프 사태가 우리직업사회에 남긴 가장 큰 폐해라고 할 수 있다. 비정규직이란 한마디로 '고용불안과 저임금의 상징'이라고 표현할 수 있다. 정규직이란 기간을 정하지 아니하고 정년까지의 고용이 보장되며 전일제[88]로 일하는 직위나 직무를 말한다. 따라서 시간제근로자, 파견, 용역, 특수고용, 가내·재택근로자와 같은 비전형 근로자, 그리고 계약직, 임시직, 일용직 등 정규근로형태에서 벗어나는 것은 모두 비정규직이다. 이 비정규직은 고용계약 기간이 정해져 있지 않다. 말하자면 '쉬운 해고'와 '적은 임금'이 비정규직의 가장 큰 특징인 셈이다.

비정규직이 어떤 것인지를 다음 두 사례를 들어 설명하고자 한다.

첫 번째는 홍익대학교의 예이다. 이는 사회적 이슈가 된 사건으로 여러 저널의 관련기사를 요약하면 이 학교에서는 용역업체를 통해 간접 고용한 청소부, 시설관리원, 경비원 즉, 비정규직 노동자들 170명을 집단해고하자 2011년 1월 22일부터 노동쟁의를 시작했다가 49일 만에 용역업체의 전원고용승계로 일단락 된 사건이다. 집단해고된 비정규직 노동자들은 용역업체 소속으로 한달 임금 75만원, 점심 값 300원이란 터무니없는 대우를 받았다. 당시 사건발생 초기에 총학생회는 「학교 측과 공공노조 및 청소노동자들을 만나 입장을 들은 결과 '학교가 최저임금을 지키지 않고 있으며 최저입찰제로 용역업체를 선정하여 청소노동자 복지문제에 소홀하고 있다'는 주장은 사실과 다르다.」는 성명을 내고 집단해고 규탄 집회 장소를 찾아가 "지금은 시험기간이니까 집회를 멈춰 달라. 총학생회가 여러분들의 뜻을 학교 측에 전달해 도움을 드리겠다"며 집회 중단을 요청했다고 한다.

이야기는 여기서 끝이 아니다. 학교 측은 집단해고 철회를 위해 전개된 농성투쟁을 이유로 2억 8천만 원에 이르는 손해배상 청구소송을 제기하였고 2012년 4월 19일 법원에서 기각한 바 있다. 사실 용역업체에 의한 간접고용의 형태는 이 대학뿐만 아니고 거의 모든 대학에서 이와 같은 고용형태를 취하고 있고, 사회의 대부분의 기업과 기관도 마찬가지이다. 이 대학에서 용역업체와의 계약만료에 따른 다른 업체와의 재계약 과정에서 발생한 일로 다른 모든 대학, 기업, 기관에서도 상존하고 있는 문제이기도 하다. 말하자면 비정규직 자체의 문제인 것이다.

지성의 전당에서 굶어죽기 십상인 급여를 받으면서 궂은일을 하는 사람들이 이마저도 쫓겨나게 생겨 집단농성을 벌였는데 이에 대응하는 학교 측이나 학생들의 태도를 보면 일반 회사에서 일어나는 이와 유사한 사건들은 더 이상 언급할 필요조차

---

88) 전일제(full time)

없겠다.

왜? 이런 일이 생기는가? 비정규직을 법에서 정하고 있기 때문에, 형편이나 사회정의나 형평성을 따지기 전에 합법적이기 때문에 양심의 가책 없이 당당히 주장한다. 그래서 이와 같이 문제가 많은 비정규직제도를 개선하는 길은 비정규직제도를 폐지하는 외에는 별다른 방법이 없다.

비정규직을 폐지해야 하는 사유를 좀 더 구체적으로 살펴보면,

첫째는 과거에는 이런 제도가 없었어도 나라가 잘 발전해왔다는 점이다.

둘째는 "일하는 내용만 다를 뿐 같은 학교일을 하는데 왜 화장실 청소를 하고 쓰레기를 치우고 시설경비 일을 하는 사람은 학교직원이 아니어도 되는가?" 하는 문제이다. 이들이 정식직원이 되어도 교수만큼 월급을 줄 수는 없을 것이나 협의하여 얼마든지 급여를 조정할 수 있다. 이들이 해고 불안 없이 정년까지 일할 수 있도록 해야 한다. 그래야 우리 모두가 떳떳하게 살 수 있는 제대로 된 사회가 되고, 자살공화국의 오명도 씻게 될 수 있는 중요한 한 방편이 될 것으로 본다.

아무리 당위성이 있고 꼭 필요하여 시행한 법이나 정책들이라 하더라도 시행과정에서 뜻하지 않게 엉뚱한 방향으로 흐르거나 예기치 못한 결과를 낳게 되는 경우가 종종 있다. 노사관계에 있어 복수노조제도 그렇지만 이 비정규직이라는 제도가 그렇다.

비정규직이란 그야말로 말 그대로 정규근로가 아닌 임시적으로 필요한 임시직을 일컫는 것이었다. 그런데 1997년 말 우리나라가 아이엠에프 관리체제로 들어가면서 기업의 줄도산이 이어지고 실업자가 양산되면서 '고용의 유연성'이라는 말을 내세웠지만, 실제는 그렇게라도 해서 기업의 부담을 줄여주면서 비정규직으로라도 고용을 증대시키려는 고육지책이었다고 볼 수 있다. 이 제도는 아이엠에프 졸업과 동시에 당연히 폐지되었어야 할 한시적인 제도였다.

그런데 이것이 살아남아 변칙적인 형태로 발전되어 비정규직보호법이 생겨나고, 무기 계약직이다 뭐다 하여 복잡한 양상을 띠면서 "2011년 사건 당시는 90여 만 원의 최저임금만 주면 되고(2017년은 약 135만원), 언제든지 해고할 수 있고, 노조 가입도 못하는 고용주와 정규직을 위한 노예제도"와도 같은 것이 된 것이다. 비정규직은 정규직과 같은 일을 해도 정규직의 50~70%만 임금을 지불하면 되고, 편의에 따라 언제든지 해고할 수 있는, 사용자의 입장에서 보면 기가 막히게 좋은 제도이다.

어느 일간지에서 구청 공무원들이 계약직, 즉 비정규직 공무원인 주차단속원에게 정규직으로 전환해 주겠다며 성상납과 금품을 요구했다는 기사를 보고 쓴 윤지영

(2012년 10월)의 글을 인용하여 이 비정규직의 기막힌 실상을 계약직 공무원에서 한 번 더 보기로 하자.

「1997년 외환위기 직후 정부와 지방자치단체는 정규직 공무원을 계약직 공무원으로 대거 전환했다. 그 대상은 주로 하위직, 단순노무, 용역 공무원이었다. 청소, 시설 관리, 운전처럼 상시적인 업무인데도 주로 부수적인 업무로 인식되어온 영역에서 비정규직화가 진행되었다. 이에 맞춰 관련 법령도 개정되었다. 원래 국가공무원법과 지방공무원법은 계약직 공무원을 "일정한 기간 전문지식이 요구되는 특수 업무에 종사하는 공무원"으로 정의하였으나 아이엠에프 사태 직후 여기에 "임용에 신축성 등이 요구되는 업무에 일정 기간 종사하는 공무원"이 추가되었다. 상시적인 업무에도 마음대로 계약직 공무원을 사용할 수 있도록 길을 열어준 것이다. 원래 기능직 공무원이었던 주차단속원이 비정규직으로 전환된 데는 이런 사정이 있다.

그나마 일반 비정규직 노동자는 2년 이상 일을 한 경우에는 기간의 정함이 없는 노동자로 간주된다. 공무원 역시 일하는 대가로 얻는 수입에 의존하여 생활하는 사람이라는 점에서 일반 노동자와 다를 바 없으며 헌법 역시 공무원이 노동자임을 명시하고 있다. 따라서 2년 이상 일한 비정규직 공무원도 정규직 공무원으로 전환되어야 맞다. 그러나 대통령령인 '계약직 공무원 규정'은 5년짜리 계약직 공무원을 사용할 수 있도록 정해 놓았고, '기간제 및 단시간 근로자의 보호 등에 관한 법률'(기간제법)은 계약직 공무원이 5년 넘게 일한 경우에도 정규직으로 전환되지 못하도록 막아 놓았다.

결국 비정규직 공무원이 정규직으로 전환되는 것은 법적으로는 불가능한 일이며 예외적으로 인사권자의 시혜에 따라 특별히 정규직으로 전환될 수 있을 뿐이다. 상황이 이렇다면 기사에 언급된 사례가 아니더라도 계약직 공무원의 정규직 전환을 위해 성상납이나 금품 요구가 없으리란 보장이 없다. 2012년 10월 14일 서울행정법원은 계약직 공무원에 관해 중요한 판결을 내렸다. 1986년 무렵 국가정보원에 행정보조업무 기능직 공무원으로 채용되었던 원고들은 1999년 계약직 공무원으로 전환되었고 이후 2010년까지 10년 넘게 계약직 공무원으로 지내왔다. 이에 대해 서울행정법원은 계약직 공무원에게는 2년 이상 일한 경우 기간의 정함이 없는 근로자로 간주된다는 기간제법 규정이 적용되지 않으며 원고들에게는 정규직 전환의 기대 가능성이 없다고 판결했다. 25년 가까이 일했는데도 계약직 공무원이라니, 상상이나 해보았는가.」[53]

한국경제연구원이 발표한 보고서89)에는 비정규직의 정규직 전환을 의무화할 경

---

89) 보고서(2012) : '정규직 전환 의무가 고용에 미치는 영향'

우 총고용이 약 46~48만 명 줄어들 것으로 예상했다. 또한 줄어든 일자리 모두가 기존 비정규직 일자리이기 때문에, 정규직 전환 의무화 정책은 비정규직 근로자의 고용안정성을 제고하는 비정규직 보호정책도 될 수 없다고 주장했다. 고용조정 비용이 증가하면서 노동수요가 위축되고, 결국 우리나라의 총고용은 줄어들게 될 것이라는 설명이다. 또한 평균 실업기간이 현재 2.6개월에서 1개월 이상 증가해 각각 3.6개월 및 4.2개월이 될 것이라고 전망했다.

이와 같은 주장에 대해 「김성희 고려대 교수는 비정규직의 정규직화가 내수를 증대하고 사회적 순익을 발생시킨다고 주장했다. "과거 '차별금지 해소에 따른 인건비 증가로 고용감소' 주장보다 더 허점이 많다"고 비판했다. 우선 정규직과 비정규직의 생산성 격차 논의로 제기되는 '차별을 제외한 순수한 생산성 격차'가 존재할 수 없다는 지적이다. 김성희 교수는 비정규직 정규직 전환의 예상 효과로 15.9조원의 소비 증대와 12.6조원의 부가가치 증가효과를 가져올 것이라고 구체적인 수치를 들어 설명했다. 내수 증대 및 부가가치 증가를 꼽았다. 또한 비정규직 노동자뿐 아니라 정규직 노동자를 아우르는 노동자 전반의 생산성 증대가 이뤄질 것이라 주장했다.

또한 저임금과 고용불안정에 시달리는 비정규직 노동자 양산을 증가시키는 '노동을 통한 빈곤탈출' 정책이 이미 실패한 만큼, 지금의 내수부진과 경기침체 장기 지속의 핵심원인인 저소득층의 빈곤화에 대한 해결책으로부터 탈출구를 찾아야 한다는 지적도 이어졌다. 김 교수는 "사회적 순익을 가져다줄 수 있는 정규직화와 차별개선 방향의 노동시장정책으로 일대 전환이 출발점이 될 것"이라고 주장했다.」[54]

보도 자료에 의하면 「비정규직에 대한 차별이 없어지면 한국경제의 성장잠재력이 10년간 연평균 1% 가량 높아질 것이라는 국제통화기금의 분석을 소개하면서 올해 우리나라 국내총생산이 1,300조원 안팎인 걸 감안하면, 노동시장 개혁만으로 매년 13조~20조원 이상의 부가가치가 새롭게 창출되는 셈이 된다고 했다. 국제통화기금은 한국관련 보고서[90]에서 정규직·비정규직 병립에 따른 노동시장의 이중 구조가 해소되면 사중손실[91] 감소와 노동공급 증가로 향후 10년간 연 평균 1.1%의 성장률 상승 효과가 나타날 것이라고 예상하고 정부에 비정규직 정책 재검토를 권고했다고 했

---

90) 국제통화기금 : '한국 경제의 지속·포용성장(Sustainable and Inclusive Growth)'
91) 사중손실(死重損失, deadweight loss, excess burden) : 재화나 서비스의 균형이 파레토 최적이 아닐 때 발생하는 경제적 효용의 순손실(純損失)을 의미한다. 사중손실의 원인으로는 독점가격, 외부효과, 세금이나 보조금 그리고 가격상한제, 가격하한제등이 있다. 자중손실, 사중비용, 후생 손실/비용, 초과부담 등은 모두 같은 말이다. 발견자의 이름을 따라 하버거의 삼각형(Harberger's Triangle)이라고 부르기도 한다(위키백과).

다.」[55]

'병주고 약주는' 아이엠에프 권고가 아니더라도 지금 우리나라 사회가 절대빈곤층을 없애야 할 절박한 시점에 있고 과거 지금보다 못한 경제규모와 환경에서도 이런 제도 없이도 잘 성장해왔다는 점을 고려할 때 비정규직제도는 폐지가 마땅하다. 그러나 한시적으로 생겨난 비정규직제도는 끈질기게 살아남아 매년 논란이 되면서 오히려 새로운 변종으로 진화했다. 그러다가 2017년 대통령선거에서 이 문제가 선거 이슈의 하나가 되었다. 새로 들어선 정부에서는 최저임금 상향조정과 더불어 비정규직의 정규직화를 강력 권고하고 있다. 이미 일부금융기관과 공사 등에서 비정규직의 정규직화를 단행하기 시작했다. 이 제도가 시행된 지 실로 20년만의 일이다.

국가의 고용정책은 보통 국민이 어느 회사에 근무하던 직업안정성과 의식주에 지장 없이 살아갈 수 있도록 하는 최소한의 급여를 보장하는 것을 기조로 삼아야 한다. 비정규직은 경제수준으로 볼 때 대부분 하위층에 집중되어 있고 이를 당장 실행에도 경제에 큰 문제가 생기는 것도 아니고 오히려 사회 안정과 통합에 매우 중대한 영향을 끼치는 사안이다. 과거 금융기관은 각 지점의 경비원 또는 순무원이라 하여 본지점간에 업무연락 및 잔무를 담당했던 직원까지 은행원과 급여에만 차이가 있었지 모두 정규직이었다. 지금보다 훨씬 적은 자산규모에서도 이러한 인력관리가 가능했던 것이다.

2. 기업의 안정과 성장을 위한 지원

대우는 망한 것인가, 망하게 한 것인가

우리는 많은 기업의 흥망성쇠를 목도하여 왔다. 우리 귀에 익숙한 대우, 진로, 쌍용, 쌍방울, 뉴코아, 프로야구로 더 알려진 해태, 삼미, 섬유가 주력기업이었던 한일, 갑을, 고합, 건설회사로 더 알려진 한보, 동아, 신동아, 극동건설, 우성건설, 당시 신흥재벌로 알려졌던 나산, 거평, 이 이외에도 대농, 신호, 새한 등 많은 기업이 패망의 길로 들어섰다. 여기서는 대기업의 예만 들었을 뿐이지만 중소기업까지 합친다면 셀 수도 없이 많다.

이렇게 망해버린 기업의 이름을 적다보니 이 기업들이 몇 가지 특징이 있음을 알 수 있었다.

첫 번째는 위에서 언급한 기업 모두에게 '그룹'이라는 단어를 갖다 붙이면 기업의 실체가 보다 명확히 드러난다는 점이다.

두 번째는 부도난 기업이 너무 많다는 점이다.

세 번째는 '기파산하재'[92]라고나 할까. 기업은 망했어도 우리 직업사회는 여전하다는 점이다.

그래서 의문이 떠오르면서 부도의 원인이 궁금해졌다. 여기서 궁금한 부도의 원인을 대우에서 찾아보기로 한다. '세상은 넓고 할 일은 많다'[93]로 더 유명한 김우중 회장이 이끌었던 대우그룹의 경우, 대우자동차는 몇 년 전에 지엠이 인수하여 최근에야 이름이 바꾸었고, 최근까지도 대우증권이 있었고, 대우건설은 여기저기 매각되면서 여전히 그 이름이 살아있다. 아이엠에프 사태 이전까지만 하더라도 '가전 3사'라 해서 '삼성, 엘지, 대우'가 대기업의 대명사와 같았다. 거대기업 부도가 나지 않는다는 대마불패[94]의 신화를 무너뜨린 대우, 대우의 김우중 회장의 입장을 적은 글을 찾아보았다.

「김우중 전 회장은 2006년 법원으로부터 분식회계 등의 혐의로 징역 8년 6개월과 추징금 17조 9253억 원을 선고받았다. 그룹 해체 후 대우 계열사에 공적자금으로 투입한 국민 세금이 30조 원에 달한다. 정부는 그동안 대우 해체와 관련, 언론을 통해 "대우는 무리한 확장 경영으로 부채가 늘어나 시장에 의해 무너졌다"고 밝혔다. 당시 전국경제인연합회장으로 김대중 대통령과 각별한 관계를 유지했던 김 전 회장

---

92) 기파산하재(企破山河在) : 두보가 지은 '춘망(春望)'의 첫 절구의 '국파산하재'에서 첫 자만 바꾼 것으로 '기업은 망해도 직업사회는 의구하다는' 의미로 씀. 이 시는 안사의 난<중국 당나라 중기에 안녹산과 사사명 등이 일으킨 반란(755~763)>때 반란군에게 잡혀 장안(長安)에서 포로로 있으면서 지은 것임. 원문 : 국파산하재 성춘초목심 감시화천루 한별조경심 가서저만금 백두소갱단 혼욕불승잠(國破山河在 城春草木深 感時花濺淚 恨別鳥驚心 烽火連三月 家書抵萬金 白頭搔更短 渾欲不勝簪)
(나라는 망했어도 산천은 의구하네. 성 안에도 봄은 와 초목만이 무성하네. 시절을 생각하니 꽃마저 눈물을 자아내고 이별이 한이 되니 새 소리에도 놀란 가슴이라. 봉홧불이 석 달이나 계속되니 집에서 오는 편지는 천만금이요. 흰 머리를 긁으니 또 짧아져 비녀조차 이겨내기 어렵겠네.)<역:박강석>
유사한 시로 조선 중기의 문신 홍춘경(洪春卿)(1497~1548년)이 지은 <낙화암落花岩>이라는 시가 있다. 원문 : 국파산하이석시 독류강월기영휴 낙화암반화유재 풍우당년부진취(國破山河異昔時 獨留江月幾盈虧 落花岩畔花猶在 風雨當年不盡吹.)
(나라가 망하니 산천도 옛날 같지 않네, 강 위에 달만 홀로 남아 차고 이지러지기 몇 번이던가. 낙화암 틈새에 꽃이 아직 피어 있으니, 당시에도 차마 모진 비바람 다 몰아치진 못했나 보다.)<역: 박강석>
93) 대우 김우중 회장이 쓴 자서전 성격의 책으로 베스트 셀러였다.
94) 대마불패 : '큰 말은 죽지 않는다.'는 바둑에서 나오는 말이다. 미국에는 'too big to fail'이 있다.

이 아이엠에프 외환위기 처방전을 놓고 관료들에게 쓴 소리를 많이 했다. 그래서 "관료에게 맞서다 본보기로 해체됐다"는 주장도 있다. 아이엠에프 극복을 위해 금 모으기 운동 아이디어를 냈던 김 전 회장은 공개석상에서 김 대통령이 "김 회장이 한마디 하라"고 하면 자신감을 되찾아 위기를 빨리 수습해야 한다는 취지에서 열을 내서 이야기를 했는데 그중에는 "자기 할 일을 안 하고 핑계만 댄다. 이래서 나라가 어떻게 되겠나. 자기들이 못하면 자리를 비켜 줘야지 …" 등의 질책성 발언을 관료들에게 많이 했다. 이런 발언이 당시 관료들을 자극한 것이라는 것이다. 국장급이나 실무자들이 회의에서 자기네 장관들이 김 전 회장에게 당하는 걸 보고 장관을 보호하기 위해 대우에 대해 나쁜 보고를 했다는 것이다.

그는 "한국의 아이엠에프 외환위기는 정부가 금융을 잘못해서 온 것이지 기업이 잘못해서 온 것이 아니다"라고 정부와 다른 입장을 표명했다. 또한 자신의 해외도필설과 관련, 정부에서 여러 경로를 통해 "해외에 좀 나가 있어라"는 애기를 했고, 김 대통령과 직접 전화해 "3~6개월만 나가 있으면 정리해서 잘 되도록 하겠다."는 애기를 들었고, 이기호 경제수석도 만나 "잘 처리 하겠다"는 다짐을 받았다고 밝혔다.

그는 창조와 도전을 하려면 "마음일 절실해야 한다."고 말했다. "열심히 노력도 하고 궁리도 하고, 절실하면 꿈속에서도 해답이 나온다. 도전하지 않으면 가능성이 없다"고 덧붙였다. 또한 리더의 역할에 대해 "첫째 능력에서 리더십을 발휘해야 한다. 둘째 자신의 희생하고 모범을 보여야 한다. 셋째 잘하면 인정하고 기회를 더 줘야 한다. 그러나 가장 중요한 점은 사람의 마음을 붙잡아야 한다."고 말했다. 실제 대우는 창조적이고 도전적인 자세로 희생적으로 성실히 일하는 사람을 가장 좋아했다. 국가정책에 대해서는 제조업을 육성하려면 경제정책을 총괄하는 기획원 같은 부처를 만들어 산업 쪽과 금융 쪽 의견을 같이 듣고 결정해야 한다고 조언했고, 현재처럼 기획재정부에 모든 권한을 주면 금융위주의 정책을 추진해 산업 쪽은 갈수록 위축된다는 주장을 했다.

김 전 회장은 베트남에 '글로벌 와이비엠 과정'을 만들어 2012년부터 운영하고 있다. 이 곳은 국제 비즈니스를 제대로 하는 젊은이를 양성하는 기관이다. 교육은 새벽부터 저녁까지 베트남어와 영어, 베트남 문화와 역사, 법과 회계를 교육한다. 마치 사관학교와 같이 규칙적인 생활을 하도록 프로그램이 짜여 있고 일주일에 세 번 씩 단어, 문장 시험, 3개월에 한 번씩 자신의 10년 후, 20년 후의 모습을 글로 적어낸다고 한다.」[56]

이 '글로벌 와이비엠 과정'에 대해 자세히 좀 더 알아보자.

「새벽 5시 30분 베트남 하노이 국립사범대학의 외국인 기숙사동 4·5층에 불이 켜졌다. 4인 1실의 방마다 체육복으로 갈아입은 20대 남녀 청년들이 눈을 비비며 나와 기숙사 앞 공터에 모였다. 체조를 끝낸 후 '하나' '둘' 구령 소리를 내며 구보를 시작했다. 대학 주변을 두 바퀴 도는 2.5키로 코스다.

이 대학에서 와이비엠 연수생들은 '김우중 사관생도'로 불린다. 섭씨 30도를 넘는 날씨에도 아침마다 구보하고 눈에 불을 켜고 공부하는 모습을 보고 현지인들이 붙여준 이름이다. 10개월의 교육과정은 절반 이상이 베트남어 공부이고, 이외 비즈니스 영어와 회계·금융·무역 등의 실무를 배운다. 수업·자습 등 공부하는 시간을 합치면 하루 평균 9시간에 달한다. 하루 세 끼는 현지식이다. 아침에 쌀국수, 점심·저녁은 '껌95)'이라고 부르는 현지식 백반이다. 군대에서나 볼 법한 점호도 있다. 밤 10시 기숙사 방에서 하루 일과를 정리하는 점호를 끝내고 11시 반까지 베트남어로 일기를 쓴다. 김호범 글로벌 와이비엠 교육팀장은 "인내하고 절도 있는 생활을 습관화하자는 것이 김우중 회장의 뜻"이라고 말했다.

생활 규율도 엄격해서 술은 1주일에 맥주 2캔으로 정해져 있다. 한 캔을 더 마실 때마다 5점의 벌점이 매겨진다. 아침 구보에 이유 없이 빠지면 5점, 지각은 3점이다. 이런 식으로 벌점 100점을 넘기면 퇴소당하고 귀국해야 한다. 학생들은 모두 한국에서 대학을 졸업한 뒤 3대1의 경쟁률을 뚫고 선발돼 새로운 기회를 찾아온 젊은이들이다. 연수생들은 이구동성으로 "해외에서 꿈을 찾기 위해 왔지만 그렇다고 나를 친구들과 다른 특별한 사람이라고 생각하지 않는다."고 했다. "한국의 젊은이들은 꿈을 잃어버린 게 아니다. 꿈은 있는데 그 꿈을 펼칠 공간이 없었다."는 말도 나왔다. 전공이 서로 다르고 경험도 다른 연수생들은 나름 꿈이 있거나 여기서 꿈을 키우기도 한다.

작년 말 졸업한 1기생 33명은 100% 현지 기업에 취직했다. 이 글로벌 청년사업가 프로그램96)은 한국 청년들이 베트남 등 해외로 가서 취업·창업할 수 있도록 현지어와 비즈니스 실무를 1년간 압축적으로 가르치는 과정으로 김우중 회장 주도로 대우세계경영연구회에서 비용을 부담하며 주관한다. 작년 배출된 1기 졸업생 33명은 전원 베트남에 진출해 있는 한국 기업에 취업했다. 또 현재 2기 연수생 39명이 국립 하노이사범대에서 교육을 받고 있다. 연수생과 졸업생에게는 대우그룹 전직 임원들이 일일이 멘토97)로 붙어 조언해 준다. 베트남에 이어 내년엔 미얀마에도 연수생을

---

95) 껌(COM)
96) 글로벌 청년사업가 프로그램(YBM, Global Young Business Manager Program)

선발할 예정이다.」[57]

　　우리는 앞서 직업사회의 3대 주체인 국가와 기업 그리고 가계의 책무와 역할에 대해서 공부했다. 우리는 거기서 「직업사회의 구성의 중요한 한 축인 국가는 새로 태어난 기업이 크게 성장할 수 있도록 여건을 조성해 주어야 한다. 또한 이 기업이 성장·발전하는 과정에서 사회적 책임과 의무를 다하는지를 지켜보아야 한다. 그리고 이 기업을 후대에 물려주고자 할 때 이를 순조롭게 물려줄 수 있도록 지원을 아끼지 말아야 한다. 이를 이어 받은 후손은 대를 이어 기업을 존속시키는 것은 물론 성장·발전할 수 있도록 최선을 다해야 한다.」고 배웠다.

기업안정과 성장을 위한 지원

　　우리는 자본주의의 본 고장에서 기업이라는 제도를 가지고 왔지만 내용까지는 다 가져오지 못한 것 같다. 그 중에서도 장수기업을 내지 못한 것은 가장 잘못된 것 같다. 우리는 길지 않은 기업의 역사에서 한 기업이 망했을 때는 얼마나 사회적 파장이 큰 지를 몸으로 체험했다. 그래서 우리는 국가가 기업의 안정성을 보장하기 위해서 무엇을 어떻게 해야 하는지를 논의해 봐야 한다. 이것은 국가의 의무이기 때문이다.

(1) 세무조사제도의 개선

　　세무조사는 제척기간을 경과한 경우 특별한 경우를 제외하고는 세무조사를 할 수 없도록 세법을 개정해야 한다. 5년 제척기간에 대해서도 검토해 봐야 한다. 시기에 상관없이 세무조사를 해야 하는 경우는 부도가 난 경우 외에는 할 수 없도록 해야 한다. 예외적으로 특별한 경우에 세무조사를 해야 할 필요가 있다면 그 경우를 극히 한정하여 열거식으로 정하고, 열거된 경우가 아니면 세무조사를 할 수 없도록 해야 한다. 또한 이 경우에 해당하여 재조사하여 추징세금을 적발할 경우 당초 이를 찾아 내지 못한 당시 담당자에게 응분의 책임을 지도록 제도를 개선해야 한다.

　　그리고 한번 실시한 세무조사 건은 일사부재리의 원칙을 철저히 적용, 제척기간이 지나면 재조사 할 수 없도록 하여야 한다.

　　요약하면 매년 정기세무조사를 하는 것을 원칙으로 하고 제척기간이 경과한 경우는 세무조사 자체를 할 수 없도록 하여 세무로 인한 국가의 조사권 남용을 방지하

---

97) 멘토(mentor)

고, 기업은 세무조사에 대한 불안이 없이 본업에 전념할 수 있도록 시스템을 개선할 필요가 있다는 것이다.

납세는 국민의 의무이지만 제대로 세금을 납부했는지를 확인하는 것은 국가의 의무이다. 제척기간 내에 이를 찾아내어 부과하지 못하면 해당기간에 대한 세금문제는 종결된 것으로 하여 어떤 경우에도 재조사를 할 수 없도록 법으로 정함으로써 기업은 경영의 실패로 인한 기업부도에 의해서만 퇴출될 수 있도록 시스템을 갖출 필요가 있다. 100년 이상 장수하는 기업이 나올 수 있는 기반이 조성의 하나로 기업이 정당하게 납세하면 세무행정에서 자유로울 수 있도록 시스템이 구축되어야 할 것이다.

(2) 기업성장을 위한 지원

한 기업이 태어나서 중소기업을 거쳐 대기업으로 성장하기가 매우 어려운 척박한 환경이 우리의 실정이다. 기업의 양극화가 더욱 심해지는 현상도 그 좋은 예이지만 우선 그 첫 번째로 우선 제도적인 면을 들 수 있다.

「한국은 물론 세계 각국은 경제성장과 고용창출의 선순환 구조를 최우선 정책과제로 인식하고 중소기업을 국가경제성장의 동인으로 보고 정책을 추진하고 있다고 한다. 우리나라도 대·중소기업 간의 분류를 바탕으로 한정된 예산을 중소기업에 지원하며 한편으로는 각종 규제대상의 예외로 규정 지으며 중소기업의 성장정책을 펼치고 있다. 그런데 이 대·중소기업 간의 분류지원정책으로 인해 우수한 중견기업으로 더 나아가 대기업으로 성장할 수 있는 기업들이 비정규직비중을 높이고 사내하청 등 비정상적인 아웃소싱에 힘을 쏟아 계속해서 중소기업에 머무르거나 계열 및 공정 분리를 통하여 여러 개의 중소기업으로 분할되어 중소기업의 성장을 기대하기 어려운 실정이다.」[58]

중소기업청은 2012년 기준 상시근로자수(1,000명 미만)와 자산총액(5,000억원 미만) 두 가지였던 중소기업 상한기준에 자기자본(1,000억원 미만)과 매출액(3년간 평균 1,500억원 미만) 기준을 추가했다. 이에 따라 지난해 7월 대기업 계열사도 중소기업에서 제외하는 관계회사 제도를 시행하면서 897개사가 빠진 데 이어 2년 새 1,500개 가량이 중소기업에서 강제 졸업당해 중견기업이 됐다고 했다.

하지만 기대했던 중견기업 육성책 마련은 더디게 진행되고 있어 이들 새내기 중견기업들의 불만이 커지고 있다고 보도했다. 중소기업의 보호를 위해 구분한 대기업, 중기업, 소기업, 중견기업(산업발전법)이 문턱효과[98] 등으로 인해 중소기업을 육성하고 성장시키기 위한 중소기업제도가 오히려 중소기업의 대기업으로 성장하는 데 발목을 잡는 현상을 초래하고 있다는 분석이 있다.[59]

두 번째는 중소기업의 척박한 생존현장의 현실이다. 우리나라 벤처기업의 성공이 어려운 환경이다. 이와 관련한 한 언론 보도를 보자.

「기업의 창업, 성장, 발전의 경로가 막히게 된 주요한 이유는 납품업체 쥐어짜기, 벤처기업 기술·인력 약탈, 문어발식 사업 확장, 계열사 일감 몰아주기 등 일부재벌의 횡포 때문이다. 국내에서 정작 기업가 정신을 파괴하는 당사자가 재벌이란 것이다. 한 중소기업 임원은 "말로는 상생과 공생을 이야기하지만 정작 기업생태계를 파괴하는 장본인은 재벌들"이라며 "재벌 총수들이 제대로 기업가 정신을 갖추지 못한데다 재벌 중심의 생태계가 되다 보니 젊은 사업가들도 도전적인 기업가 정신을 갖지 못하게 된다."고 말했다.

재벌 중심의 기업생태계는 최근 들어 더욱 굳어지고 있다. 재벌그룹의 신생 계열사들이 일감 몰아주기 등 그룹의 뒷받침에 힘입어 몇 년 만에 대기업으로 급속하게 성장하기 때문이다. 창의력이 뛰어난 중소기업이 대기업으로 성장할 공간이 없다. 실제로 현대차그룹의 물류기업 현대글로비스는 2001년 설립된 지 10년 만인 지난해 매출 8조원을 넘어섰다. 시장 전문가들은 2013년엔 매출 10조원을 넘어설 것으로 전망한다. 이밖에도 삼성그룹의 서울통신기술, 엘지그룹의 써브원 등의 계열사들도 그룹의 지원을 받아 급성장했다. 재벌 중심의 한국적 기업생태계가 중소기업의 성장을 가로막아왔다는 것은 오래전부터 지적된 문제다. 문제는 이런 상황이 갈수록 더 악화되고 있다는 점이다.」[60]

현재 국내의 기업생태계는 0.1%의 대기업과 나머지 영세한 소기업으로 이뤄진 '첨탑형'이다. 정부는 중견기업 개념을 도입하여 육성책은 계획하는 등 나름 위와 같은 문제점을 개선하기 위해 노력하고 있지만 이런 기업성장 지원정책은 문턱효과를 없애는 방향으로 추진되어야 정책추진의 역효과가 감소된다고 본다. 실제로 지난 30년간 창업을 통해 성장한 회사 가운데 매출 1조원이 넘은 곳은 웅진과 엔에이치엔밖에 없다는 데서도 잘 드러난다. 다른 구분기준도 마찬가지이지만 특히 중소기업을 가

---

98) 문턱 효과(threshold effect) : 문지방을 넘어서려면 문턱 높이까지 발을 들어 올리지 않고는 문턱을 절대로 넘어설 수 없다. 이와 같이 문턱효과란 문턱 높이까지 일정한 수준에 이르러야 그 다음 단계로 넘어갈 수 있다는 뜻이다. 세금의 문턱효과는 어느 단계까지의 세금 부담과 그 이후 시점의 세금부담 간에 차이가 큰 경우라고 말할 수 있는데 어떤 사람이 부동산을 팔면서 단 하루 차이로 1년의 기간을 채우지 못했다면 1년의 기간을 채운 사람에 비해 세부담에서 20%의 세금을 더 내야 하는 경우를 말한다.

르는 종업원 수는 숫자로 구분할 것이 아니라 고용인원이 많을수록 더 많은 지원을 받을 수 있도록 추진하는 것이 바람직하고, 기업 간 특히 대기업과 중소기업 간에 공정경쟁이 이루어 질 수 있도록 시스템을 개선할 필요가 있다.

(3) 기업승계를 위한 지원

기업이 노블레스 오블리제를 실천할 수 있는 사회적 책임을 다할 수 있는 법과 제도를 엄격히 시행하면서 동시에 기업을 무리 없이 세습할 수 있도록 하여 대를 이어 위대한 역사를 창조해 나가고 세상 사람들이 그 기업에 대한 존경과 선망의 대상이 될 수 있도록 해야 한다. 부의 세습이 아니라 기업의 세습이라는 관점을 가지고 이 세습이 원활하게 될 수 있도록 관련법을 수정해야 한다. 어떻게든 편법을 동원해서라도 이를 피해보고 싶도록 상속, 증여관련 세금을 과도하게 책정하여 놓고 이를 지키지 못한 경우 사회적 지탄의 대상으로 매도하는 것은 문제가 있다.

「손톱깎기 세계 1위 업체인 쓰리쎄븐은 지난 2008년초 창업주인 김형주 회장이 타계하면서 2년 가까이 극심한 혼란을 겪었다. 당시 사위가 대표이사를 맡고 있었고, 두 아들 중 한 명도 회사에 근무하면서 자연스레 2세가 회사를 물려받을 것으로 보였다. 하지만 창업주 일가는 창업주의 갑작스런 사망 후 150억원에 달하는 상속세를 낼 재간이 없어 결국 회사를 중외그룹에 매각키로 결정했다. 중외그룹은 쓰리쎄븐을 사들인 뒤 회사가 공을 들인 바이오 부문만 가져가고 이듬해 10월 회사를 다시 창업주 일가에 매각했다. 그 기간만큼 허송세월을 보낸 셈이고 바이오를 통한 사업 확장의 꿈도 접어야 했다.」[61]

정부에서는 세법개정안을 내놓았는데 중소·중견기업계와 관련된 부분은 크게 '가업상속공제 대상 확대'와 '중견기업 알엔디 세액공제 구간 신설'의 두 가지다. 정부는 가업상속공제 대상 기업을 기존 연매출 1,500억원에서 2,000억원까지 늘리기로 했고, 매출액 3,000억원 미만 중견기업에 대해서는 8%의 연구개발 세액공제 혜택을 주기로 했다. 그간 중소·중견기업계는 가업상속공제와 관련, 대상을 늘리는 것뿐만 아니라 공제한도와 가업상속공제 혜택에 부가된 각종 조건도 완화해 줄 것을 희망해 왔다. 중소기업 중앙회 관계자는 "가업상속공제 대상을 늘린 것은 가업상속에 대한 관심을 표명한 것으로 긍정적"이라면서도 "가업상속기업이 현실적으로 당면하고 있는 고용유지 조건이나 자녀 1인으로만 한정된 상속 대상 문제 등도 함께 풀어줬어야 한다."고 주장했다.

기업승계를 무턱대고 '부의 대물림'으로 치부해서는 안 된다고 본다. 세상이 많이 변하여 아들이 집안의 대를 잇는다는 개념도 많이 변하여 족보 작성하는 방법도 바꿔야 할 세상이 되었다. 위와 같이 기업승계문제는 정부에서도 고민하고 있고, 업계에서도 다소 미흡하지만 긍정적으로 받아들이는 것은 바람직한 현상이다. 앞서 예에서 보듯이 무엇이 걸림돌인지를 파악하여 기업승계가 보다 원활히 이루어 질 수 있도록 세법 등 관련 법령 개정 등 적극적인 지원제도를 확립할 필요가 있다고 본다.

3. 기업의 사회적 책임 강화

기업의 정리해고제도 폐지와 통합도산법 개정

정리해고는 경영자가 기업의 생존을 위해서 계속되는 경영의 악화방지·생산성 향상 등 긴박한 경영상의 이유가 있을 경우, 종업원을 해고할 수 있는 합법적인 제도이다. 이는 아이엠에프 사태의 상징적인 법조항이라고 할 수 있는데 이 제도에 의하면 기업주는 정리해고에 앞서 기업이 어려움에 처하게 된 원인을 분석하고 종업원에게 정리해고를 할 수밖에 없는 상황을 충분히 설명해야 한다. 그리고 근로자 보호를 위해 해고회피 노력을 다하고 합리적이고 공정한 기준에 따라 대상자를 선정한다. 또해고 60일 전에 해당자에게 알리고 노동부에 신고해야 한다. 즉 법에서 정하는 해고의 요건은 긴박한 경영상의 필요, 해고회피 노력, 대상자의 공정한 선정, 노조 또는 근로자 대표와의 협의 등 4가지인데. 이 가운데 대상자의 선정 기준에 대해서는 법원이나 노동위원회가 엄격한 기준을 고수하고 있다. 법원의 판례나 노동위원회가 결정한 기준은 근로자의 생활보호측면과 기업의 이익 측면을 적절히 조화하되 근로자의 생활보호 측면을 우선하고 있다.

그러나 한진중공업이나 쌍용자동차 사태에서 보듯이 현실은 그렇지 못하다. 따라서 애초부터 기업에서 경영위기를 내세워 정리해고를 자의적으로 할 수 없도록 관련법을 개정하자는 것이다. 요약하면 아이엠에프 때 개정·시행한 근로기준법상의 정리해고조항을 폐지하고 정리해고는 통합도산법을 재개정 하여 화의제도를 부활, 화의개시결정을 받은 경우에 한하여만 정리해고[99]를 할 수 있도록 엄격히 제한하자는 것이다.

---

99) 정리해고 : 경영이 악화된 기업이 경쟁력강화와 생존을 위해서 구조조정을 할 때 종업원을 해고할 수 있는 제도.

현행 통합도산법은 파산위기에 처한 기업과 개인채무자들의 신속한 회생을 도울 목적으로 기존의 파산법·화의법·회사정리법 등 도산 3법을 한데 묶어 2006년 4월 1일부터 개정되어 시행된 법률로 정식 명칭은 '채무자 회생 및 파산에 관한 법률'이다.

이 통합도산법의 가장 큰 특징은 기존의 화의제도를 폐지하고 미국식의 디아이피 제도,[100] 즉 기존 경영진에 원칙적으로 경영권을 유지할 수 있도록 하는 제도를 도입한 점이다. 이는 기존의 회사정리절차에서 대주주의 책임을 지나치게 가혹하게 물었다는 점과 회사부도의 불가피성이 인정되면 회사 회생에는 기존경영진이 관리인을 새로 선임하는 것보다 효율적이라는 관점에서 개정된 것이다. 개정 전의 파산법에서는 회사가 법정관리에 들어가게 가면 기존 경영진이 물러나고 다른 사람이 법정관리인으로 선임된다. 그래서 법정관리를 신청해야 할 기업의 오너나 경영진이 법정관리를 신청하지 않으려고 하여 결과적으로 부실만 더 키우게 되어 종업원과 이해관계인의 피해가 더 커지게 된다는 것이 개정의 주된 사유이다.

그런데 이 디아이피제도는 우리나라의 현실과 맞지 않고, 도덕적 해이문제발생 등의 소지가 있다 하여 개정 시부터 논란이 있었다. 이런 우려는 현실로 들어났다. 디아이피제도가 도입된 후 법정관리를 신청하는 기업 수가 폭증했다. 2006년 76건에 불과했던 법정관리 신청 건수가 2011년에는 712건이나 됐다. 그리고 이로 인해 법정관리 회사는 잡음이 끊이지 않고 있다. 세상에 완벽한 제도는 없다. 이 제도도 파산법에 문제가 있다 하여 도입한 것인데 이 제도 또한 문제가 있는 것으로 나타난 것이다. 그러나 이제는 두 가지를 다 운영해 보았으니 폐해가 더 큰 제도를 개선해야 한다.

정리해고를 쉽게 하여 경영위기의 책임을 외부로 전가하고, 회사가 부도가 발생하여 법정관리에 들어가도 여전히 현 경영진에게 경영을 맡기는 이 디아이피 제도는 지나치게 경영안정성을 보호하는 제도라고 볼 수 있다. 이런 제도는 오히려 기업의 경쟁력을 약화시키고 기업가정신을 후퇴시키는 결과를 가져 올 가능성이 크다고 본다. 그래서 화의제도를 부활하여 그야말로 불가피한 경우에만 화의제도에 의해 회생의 기회를 주고 여기에서도 실패하면 법정관리로 전환하여 기업의 오너나 기존 경영진에게 응분의 책임을 지고 모든 것을 내놓도록 하자는 것이다.

결론적으로 모든 채무를 동결하여 많은 이해관계자의 희생을 통하여 회사의 회생을 도우려는 것은 주된 목적이 공익, 더 엄밀히 말해서 부도로 인한 실업을 방지하려는 사회적 목적에 있는 것이지, 기업의 경영권을 보장하려는 데 있는 것은 아니다.

---

100) 기존관리인 유지제도(DIP, Debtor In Possession)

화의법의 부활과 근로기준법 상의 정리해고 조항의 폐지를 통하여 모든 기업의 정리해고는 회의개시절차를 받은 경우 이외에는 아예 할 수 없도록 하고, 기업이 경영난에 이르러 부도상태가 되면 회의제도를 통해 회사의 회생을 지원함으로써 한 번의 기회를 주자는 것이다.

이 책에서 수차에 걸쳐 계속기업으로서의 기업의 성장·발전을 지원해야 한다는 주장을 한 것은 그래야 그 기업에 속한 종업원의 고용안정을 보장할 수 있고 이는 결국 사회가 안정되는 길이라고 보았기 때문이다. 공공성이 큰 금융기관의 경우 예대마진이 수익의 핵심이기 때문에 이 비율만 조금 조정하면 큰 폭의 수익을 낼 수 있다. 쉽게 부도가 나지 않는다는 것이다. 그런데 너도나도 명예퇴직이다 뭐다 하여 정리해고와 다름없는 제도를 시행하여 한참 일할 나이의 종업원을 몰아낸다. 더 끔직한 것은 한 가정에서 학비다 자녀결혼이다 하여 가정 돈이 많이 들어가는 세대를 정리해고의 주된 표적으로 하고 있다. 그러고서는 어느 금융기관이 천문학적 수익을 올렸다는 보도를 보게 된다. 누구를 위한 이익극대화인가.

아무리 능력이 부족한 사람이라도 정년까지 끌고 가는 것이 기업의 정도라고 할 수 있다. 우리는 함께 살아가야 하기 때문이다. 아무리 작은 회사라도 사람을 한번 채용하면 정년까지 보장해야한다는 기업가 정신을 키워야 한다. 경영이 어려워지면 정리해고를 하면 되고 그래도 안 되겠으면 법정관리를 신청하여 여전히 경영을 하면서 남에게 진 빚은 우선은 안 갚아도 되는 이 제도는 수정되어야 한다.

우리의 직업사회는 조국의 산하와 같이 크고 작은 기업인을 다수 배출하여 크고 수많은 작은 영웅을 탄생시켜야 한다고 주장한 바 있다. 영웅이 누구인가. 수많은 사람들로부터 존경받는 이가 영웅이 아니겠는가. 영웅은 아무나 되는 것이 아니다. 회사의 핵심기술을 개발한 고급인력에서부터 청소를 담당하는 사람까지 모두 자기회사 소속직원으로 하고, 어떤 어려움이 닥치더라도 종업원들과 끝까지 생사고락을 같이 한다는 것을 직접 실행에 옮겨야 영웅이 되는 것이다. 그 과정에서 어려움에 빠지게 되면 전 임직원이 하나가 되어 기꺼이 급여의 반을 반납하고서라도 회사를 살리는 노력에 동참한다. 그렇게 해도 안 되면 국가가 제도로써 회사회생을 뒷받침 해준다. 회사의 위기극복 프로그램이 이렇게 운영되어야 한다.

노동의 유연성이니, 평생직장보다는 평생 직업을 가져야 한다느니 하는 말은 우리가 그런 현실에 있다는 것이지 시대적 조류가 아니다. 우리는 앞서 '사회변화의 동인', '노블레스 오블리주의 천국'에서 알게 된바, 영웅의 탄생은 국가정책으로 얼마든지 가능하게 할 수 있다. 여기서 말한 것은 꿈같은 얘기가 아니다. 특별한 경우가 아니면 누구나 정년까지 근무했던 1970년대 우리기업의 모습이다. 이 당시의 기업을 모델로 하여 일부 제도를 수정하여 시행하면 된다.

기업의 존속과 성장을 위해서는 치열한 기업가정신이 필요하고 최선의 노력을 다해 경쟁력을 키우지 못하면 설 땅이 없다는 것을 제도적으로 뒷받침해야 한다. 부실경영 책임을 외부의 힘에 의해 면제해 주어서는 기업존속을 위한 경쟁력을 약화시키고 역기능의 폐해가 클 수 있다. 기존경영진은 화의기간에도 회사를 회생시키지 못할 경우 기존제도에서와 같이 기존경영진의 책임을 엄격히 묻고 관리인을 선임하여 회사를 회생시키던지 파산절차를 밟도록 하는 것이 사용자나 고용자의 양측의 입장에서 타당성을 인정받을 수 있는 정리절차로 보여 진다. 기업이 계속기업으로서의 성장·발전이 이루어지는 것이야 말로 기업의 사회적 책임을 다하는 근본이라 할 수 있다.

국가균형발전기금 제도 운영

앞서 살펴 본 바와 같이 이미 기업은 국가권력에 버금가는 힘을 가지게 되었다. 따라서 기업이 국가업무와 국가재정의 일부를 담당하도록 함으로써 그 힘에 걸맞는 국가적 역할을 하도록 해야 한다고 본다. 기업 특히 재벌로 일컬어지는 대기업의 사회적 책무를 법으로 정해 의무화해야 한다는 것이다. 그 구체적 방안으로 출연대상기업이 매년 일정 금액을 출연하도록 하여 이 기금을 국가균형발전을 이룰 수 있는 분야에 투입하자는 것이다.

많은 가계가 그냥 놔두어서는 안될 만큼 심각한 경제적 어려움에 처해 있는데 이를 국가재정으로만 해결하려 하면 장기적으로 국가도 빚더미에 올라 앉아 최근 유럽의 여러 나라와 같이 재정적자에 의한 국가부도사태를 야기할 수도 있거니와 기업은 공공의 의무가 있기 때문이다. 말하자면 이 기금의 운영은 출연한 기업에서 운영하도록 하고 정부는 재정과 중복투입 방지를 위한 조정자로써만 참여하도록 하는 관련법을 제정하여 시행하자는 것이다.

지난 올림픽에서 비인기 종목으로 잘 알려지지 않았던 펜싱이나 체조 등의 선수들이 선전하여 국민에게 큰 감동을 주었다. 알고 보니 뜻있는 여러 재벌총수가 오래전부터 이 종목에 꾸준히 지원을 하여 수년이 흐른 후에 빛을 발할 수 있게 된 것이었다. 본 제도의 제안취지는 이런 비인기 분야의 지원을 총수의 개인의 의지에 의해서가 아니라 법에 의해 의무화하고 체계적으로 관리하도록 하자는 것이다. 이렇게 조성된 기금으로 위와 같은 비인기 분야의 지원은 물론 우리사회의 취약계층 등 지원을 필요로 하는 다양한 분야를 체계적으로 관리·지원할 필요가 있다는 취지이다.

예를 들어 이 기금으로 기초생활도 하기 어려운데 국가지원의 사각지대에 놓인 사람들을 지원했더라면 2012년 서울 서민아파트에서 100여 일 만에 노인이 6명이나 자살을 하는 사건은 발생하지 않았으리라고 본다. 또한 인문, 사회, 문화 분야 등에 종사하는 사람들이 먹고 사는 문제 걱정 없이 연구할 수 있도록 지원하는 했더라면 박사학위를 가진 서울대 문리대 강사의 자살이나, 얼마 전의 이름 있는 작가가 생활고로 자살하는 사건도 발생하지 않았을 것이다. 일차적으로 이 기금은 취약계층을 체계적으로 돌보는 것을 목표로 하고 운영 실태를 보아가며 단계적으로 영역을 확대할 필요가 있다. 예를 들면 아직 한 명도 배출한 적이 없는 노벨과학상을 받는 사람이 나올 수 있도록 기초과학분야를 지원하는 일, 미래의 우리경제의 일부로 편입할 수 있는 후발국가 지원 프로그램을 보다 더 체계적으로 지원하는 일, 미래성장산업의 연구개발에 지원하는 일 등 지원 분야를 넓혀갈 필요가 있다는 것이다.

이 제도가 시행된다면 이렇게 훌륭한 일에 출연한 기업의 이름을 모든 국민에게 널리 알리는 일 또한 게을리 하지 않아야 할 것이다. 이런 제도는 그렇게 파격적인 것은 아니다. 이미 대기업에서는 음으로 양으로 여러 형태의 기부를 실천하고 있다. 또한 삼성, 엘지 등 우리나라 대기업들이 저소득층 지원자에 가산점 등을 부여하는 '열린 채용'도 하고 있다.

본 제안은 앞서 밝힌 대로 이런 각종 지원을 합리적인 수준으로 규모를 확대하고 체계적으로 관리할 수 있게 만들자는 것이다. 요즈음(2017년 11월) 각종 기부금을 멋대로 사용하여 문제가 된 사건들이 잇따라 발생하여 우리를 두 번 놀라게 만든다. 그 하나는 살기 힘든 서민들이 많은 것으로 알려진 우리사회에서 알게 모르게 기부를 하는 사람이 무척 많다는 것과 또 하나는 관리체계를 반드시 고쳐야 한다는 것이다.

이 제안을 좀 더 구체적으로 설명하면, 지금도 잊을만하면 고독사 기사가 나오고 생활고를 비관하여 자살한 사건이 보도되고 있는데 우선 이런 일이 생기지 않도록 하는 일부터 해야 한다. 이 기금에 출연하는 기업을 전국의 담당지역을 배정, 인력지원을 통해 해당행정기관과 상시적 공조체제를 갖추면, 취약계층관리의 경우 기업의 모든 인력을 활용할 수 있어 자살방지에도 큰 도움이 되고 많은 부분에서 사회통합의 효과를 낼 수 있다고 본다.

심각한 실업문제와 이에 따른 사회문제를 '고용 없는 성장'이라는 경제구조의 탓으로 돌일 일이 아니고 기업은 더욱 성장하도록 뒷받침하되 성장의 과실을 합리적인 방법으로, 도움을 필요로 하는 곳에 배분하는 정책을 펴야 한다고 본다.

성격은 다르지만 이미 유사한 취지의 동반성장위원회 같은 기구 등 여러 비영리 단체가 운영되고 있다. 자원봉사자부터 관련 기관 모두를 망라하여 체계적으로 관리함으로써 책임과 역할을 명확히 하면 중복이나 배제가 방지되어 훨씬 효율적일 수가 있고, 감시와 통제도 없이 멋대로 운영하는 데 따른 부작용도 최소화 할 수 있다고 본다. 아무튼 우리 정서에 맞는 방식으로 보다 나은 사회통합의 길을 찾아야 할 것이다.

제 5 장

새로운 직업사회의 모색

1. 우리는 누구인가?

문경새재에 핀 일편단심 민들레야

문경새재 아랫마을에는 다음과 같은 실화가 전해내려 온다.

그 마을에는 같은 또래의 여자아이 한 명과 두 명의 남자아이가 자라고 있었다. 이들을 갑순이와 길동1, 길동2라고 해두자. 그런데 두 남자는 사춘기가 되면서 모두 예쁜 갑순이를 흠모했다. 하지만 갑순이는 길동1을 더 좋아했다. 그렇게 세월이 흐르면서 길동2는 갑순이가 자기보다는 길동1을 더 좋아한다는 것을 알아채고 깊은 고민에 빠졌다. 그러다가 두 남자는 과거시험을 보기 위해 마을 사람들의 환송을 받으면서 문경새재를 넘어 한양으로 떠났다. 갑순이와 길동1은 눈물겨운 작별의 시간이 있었지 않았겠는가. 꼭 합격해서 돌아오겠다고. 날마다 정화수 떠 놓고 천지신명께 빌겠노라고!

그런데 과거시험이 끝나고 한 달이 지나도록 두 사람은 아무도 돌아오지 않았다. 마을사람들 모두가 궁금해 하던 차에 길동2가 고향으로 돌아왔다. 마을사람들은 어떻게 된 거냐고, 길동1은 안 오고 왜? 혼자만 돌아왔느냐고 물었다. 길동2는 대답했다. 둘 다 과거시험에 낙방했고, 나는 고향에 돌아갈 면목이 없으니 여기 저기 돌아다니다가 나중에 가겠다고 하니 자기도 그러겠다고 하여 한양에서 서로 헤어졌다는 것이다. 이후 자기는 한양 이곳저곳을 다니다가 이제야 돌아 왔다는 것이다. 그러면서 길동1에게서는 소식이 없었느냐고 되물었다.

그렇게 세월이 흘러 1년이 가고 2년이 가고 무심한 세월은 속절없이 흘러갔다. 문경새재를 바라보며 길동1이 돌아오기를 손꼽아 기다리던 갑순이! 세월의 약은 그녀의 가슴에서 길동1을 시나브로 지워내어 기억조차 희미하게 만들었다.

그렇게 세월이 흐르던 중에 갑순이와 길동2 사이에는 자연스럽게 혼담이 오갔다. 갑순이 입장에서는 길동1을 더 좋아했을 뿐 길동2를 싫어했던 것도 아니고, 어려서부터 잘 아는 사이이고 특별히 다른 사람과 혼담이 오가는 것도 아니어서 결국 두 사람은 혼인하게 된다. 그 이후로도 여전히 길동 1에게서는 소식이 없었다. 이후 길동2 부부는 여러 자녀를 두고 다른 여느 부부와 마찬가지로 열심히 세상을 살았다. 그렇게 하여 드디어 길동2의 환갑이 되었다. 여러 자식과 일가친척, 그리고 이웃의 환대를 받으며 회갑연이 성대히 치러졌다.

모든 잔치가 끝나고 잠자리에든 그날 밤! 길동2는 갑순이 손을 꼭 잡으면서 시집와서 지금까지 고생만 시켰는데 이렇게 잘 살아주어서 고맙다는 감사의 마음을 전했다. 그러면서 "내 하나 고백할 것이 있소'라고 하면서 소싯적 과거시험을 보러 갔을 때의 길동1 이야기를 꺼내는 것이었다.

"사실은 그 당시 내가 당신을 너무 좋아했는데 당신이 길동1을 좋아하는 것을 알고, 어떻게 해야 당신의 마음을 돌릴 수 있을지 정말 너무나 괴로워했었소. 그러나 도저히 그 맘을 돌릴 수 없다는 것을 알고 나서는 절망했었소.

문득 어떻게든 당신을 내 사람으로 만들려면 길동1만 없으면 된다는 생각이 들었소, 그래서 무서운 결심을 했었소. 나는 길동1을 죽이기로 작정하고 과거시험을 보러 떠나 함께 문경새재를 넘을 때 이를 실행에 옮겨 거기에 묻어버렸소. 이제야 이런 사실을 털어 놓게 되어 미안하오. 그렇지만 지금이라도 속죄하게 되어 후련하기도 하오. 이미 오래 전일이고 다 당신을 너무 사랑하여 그리 된 것이니 용서하여 주시기 바라오!"

"……"

이 고백을 들은 갑순이는 말이 없었다. 어두운 방안에는 밤새 깊은 정적만이 감돌았다. 날이 새자 갑순이는 그 길로 관헌에 가서 이 모든 사실을 이실직고하고 문경새재에 올라 목매달아 자결하고 말았다. 후에 길동2가 지목한 곳에서 뼈를 발굴해 내었다고 한다.[62]

한 번 해병은 영원한 해병

우리가 누구인가의 두 번째 이야기는 연암 박지원의 <열하일기>에서 꺼내보려고 한다. 이야기의 배경이 중국이 청나라이므로 이야기를 시작하기 전에 먼저 이전의 명나라와 이어지는 청나라의 역사를 개관해 보기로 하자.

명나라는 한족이 몽골족이 세운 원나라를 멸망시키고 세운 통일왕조(1368~1644)를 말한다. 명나라는 대외적으로 위협이 되는 남부 해안지역에서 출몰하는 왜구를 소탕하고 북방을 정벌하였고, 만주족 등 북방의 세력을 방어하기 위해 만리장성을 축성하였다. 하지만 영락제(재위 1402~1424) 이후 명은 퇴조의 기미를 보이기 시작한다. 대내적으로 관료의 부패, 경제정책 실패 등으로 전국 각지에서 민란이 발생하고, 대외적으로는 몽골족과 왜구의 침입으로 혼란을 겪었으며, 이 혼란 중에 만주족 누르하치가 1616년에 세운 후금이 명나라를 압박하였다. 결국 명나라는 1643년 이자성의 난

이 일어나 16대 277년만인 1644년에 멸망하였다.

후금은 1636년에 국호를 청으로 고치고, 명나라 뒤를 이어 중국본토를 지배하게 된다. 이렇게 시작한 청나라는 강희·옹정·건륭의 3대 130여 년간의 전성기기를 거치면서 [그림 4-3]에서 보는 바와 같이 영토를 크게 확장하고, 각종 제도의 정비 등 일련의 부국강병책으로 나라가 크게 번성한다.

그러나 청나라는 후기에 서양의 제국주의와 만나게 되면서 패망의 길을 걷게 된다. 1840년 6월 아편전쟁이 도화선이 되어 결국 1842년 8월 영국함대의 갑판에서 영국과 청나라 사이에 역사적인 '남경조약'이 체결되는데 홍콩을 영국에 넘겨준다는 것이 이 조약의 제1조이다. 결국 1911년 신해혁명이 일어나 이듬해 선통제의 퇴위로 멸망하게 되니 명나라 멸망(1644년) 이후로부터 269년만의 일이다.

[그림 4-3] 청나라와 주변국가

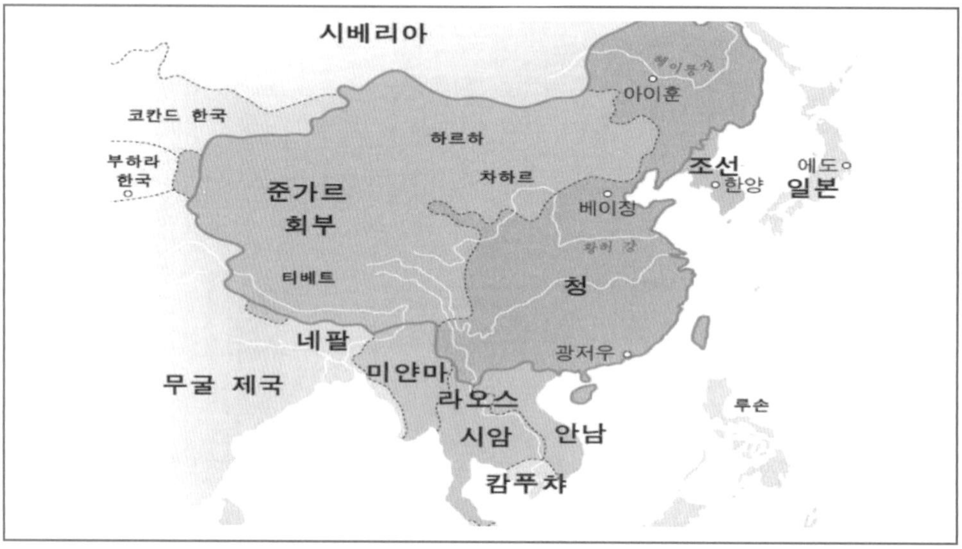

우리가 <열하일기>에서 꺼내려고 하는 이야기는 1780년 청나라 황제 건륭제의 칠순연을 축하하기 위하여 파견된 조선의 사절단이 열하에서 서번의 성승[101] '판첸라마'를 알현하는 과정에서 벌어진 이야기다. 이 이야기를 쉽게 이해할 수 있도록 당시 청나라의 국제정세를 살펴본 후 본론으로 들어가기로 하자.

[그림 4-3]에서 보는 바와 같이 중국은 바다인 동남쪽을 제외하고는 삼사분면 모두가 다른 나라와 민족으로 둘려 쌓여 있어 호시탐탐 중국본토를 차지하기 위한

---

101) 서번(西藩)의 성승(聖僧)

전쟁이 끊이지 않았다.

동북쪽은 우리나라 고구려와 발해, 이후에는 만주족, 북쪽은 몽골족, 서쪽으로는 티베트, 서남쪽은 왜구가 도사리고 있다. 인도·네팔·부탄·미얀마 등의 국가와도 맞닿아 있다.

한족이전의 원나라는 징기스칸의 후예, 몽골족이 중국본토를 차지하였고 명나라 패망이후에는 이제 만주족이 주인이 된다. 이 나라가 청나라이다. 조선에서 건륭황제 칠순연을 축하하기 위하여 외교사절을 파견한 때는 정조 4년인 1780년의 일이니, 청나라 건국 후 130년이 지난 청나라 최전성기이다.

이때의 청나라 국제정세를 연암은 다음과 같이 파악하고 있다.

청나라는 북경에서 250키로나 떨어진 열하라고 하는, 지금의 허베이성 청더[102]에 '피서산장'이라는 거대한 별궁을 짓고 거의 매년 행차하여 몇 개월씩 체류함으로써, 열하를 북경에 버금가는 정치적 중심지로 발전시켰다. 이 피서산장의 담박경선전은 1710년 강희제 49년에 건립된 것으로 청나라 황제는 해마다 맞이하는 만수절과 각종 경축연을 벌릴 때 여러 민족의 우두머리와 왕공대신, 각국사절을 이곳에서 접견하였다. 이는 호시탐탐 노리는 북방의 몽골과 티베트를 견제하고 주변나라와의 관계 유지를 위한 외교 전략이라 할 수 있다.

당시 최강대국인 티베트의 경우 법왕을 맞아 떠 받들고 황금전각을 지어 바첬다. 여기에 티베트 성승이 거주하는데 이분이 바로 서번의 승왕[103]이라는 판첸라마이다. 이 판첸라마를 친견할 때 청나라의 황제는 머리를 조아리고 그의 아들도 머리를 조아린다고 한다. 이것은 당시 몽골보다 티베트가 더 강국이었음을 보여주는 것이라 할 수 있다. 황제와 몽고 그리고 서번, 만주족과 한족의 팽팽한 긴장과 대립관계를 연암은 객관적인 시각으로 설명하고 있다. 이 3국의 관계가 이러하여 청나라 입장에서는 자국의 안녕을 위해 열하에 제2의 수도라 할 만큼 만큼 정성들여 북방외교를 강화하고 있었는데 조선의 건국초기 사대교린의 외교정책과 유사하다고 할 것이다.

이러한 국제관계에서 조선을 끼워 넣으면 상황이 참 복잡하게 된다. 조선은 명나라에는 사대외교를 하는 소중화를 자처하는 나라이다. 그래서 오랑캐 후금이 세운

---

102) 허베이(河北)성 청더(承德)
103) 서번의 승왕 : 서번이란 티베트를 중심으로 한 중앙아시아 지역을 총칭하는 말이고 승왕이란 판첸라마를 말하는바, 반선불 혹은 장려불이라고도 하는데 중국인들은 특히 살아있는 부처, 즉 활불이라 일컫는다. 그는 스스로 42대째 몸을 바꿔태어난 존재로서 전생에 중국에 많이 태어났다고 한다. 청의 황제가 그를 열하로 맞아드려 별도로 그를 위한 궁궐을 짓고 스승으로 섬기고 있다고 하는데 당시 그의 나이는 마흔 셋이었다고 한다.

청나라는 인정할 수가 없는 나라이다. 더욱이 병자호란 때 치욕을 가져다 준 이들을 인정한다는 것은 있을 수가 없는 일인 것이다. 그러나 현실에서는 청나라를 명나라와 같은 대접을 할 수 밖에 없다. 조선은 청나라를 천자의 나라로 받들고 자신은 신하의 나라로 처신할 수밖에 없어 건륭제 칠순연을 축하하기 위하여 외교사절도 파견한 것이다. 이와 같이 청나라도 인정하기 싫은 소중화 조선의 입장에서 항차 몽골이나 서반의 오랑캐임에랴. 이들은 절대로 상종할 수 없는 야만인들이다. 그런데 조선이 천자로 떠받드는 청나라 황제는 이 야만인 오랑캐 서반의 법왕을 스승으로 떠받들고 있는 것이다. 이러한 정치적 상황에서 청나라 황실은 황제가 열하에 있어 북경에 도착한 박지원을 포함한 사절단 일행에게 열하로 오라고 한 것이다. 이로써 박지원 일행은 열하를 방문한 최초의 조선 외교사절이 된다. 이 열하에서 판첸라마를 접견하게 되는데 이때 일어난 일을 기록한 연암의 이야기를 소개하려는 것이다.

이하의 이야기는 고미숙(2017)의 저서 <열하일기>내의 '판첸라마 대소동'에서 발췌한 것이다.

「하루는 군기대신이 황제의 명령을 받들고 와 사신에게 전했다.

"서번의 성승을 찾아가 보겠는가?"

"황제께서 이 보잘 것 없는 사신을 한나라 백성이나 다름없이 보시니 중국인들과는 거리낌 없이 왕래할 수 있지만, 다른 나라 사람과는 함부로 교제할 수는 없습니다. 이것이 우리 조선의 법입니다."

군기대신이 가버리자 사절단은 의견이 분분하다.

"거참, 황제의 분부가 고약하기 짝이 없네. 아주 망해 자빠지려고 작정을 했나. 하긴 오랑캐 일이란 게 그렇지 뭐 명나라 때야 어디 이런 일이 있었겠어?"

점시 후 군기대신이 급히 말을 달려오더니 다시 황제의 명령을 전한다.

"서번의 상승은 중국인이나 마찬가지니 즉시 만나 보도록 하라."

이에 사신들은 서로 의견을 모으는데 어떤 이는 가서 보게 되면 조선에 돌아간 뒤 아주 난처한 지경에 빠질 거라 하고, 어떤 이는 예부에 글을 보내 이치에 맞는지 따져보자고 한다. 이 와중에 연암은 참 좋은 건수라며 이럴 때 사신이 상소라도 한 장 올리게 되면 그 의로운 명성이 온 천하에 울려 펴져 크게 나라를 빛내게 될 것이라고 생각하면서 만약 그리되면 황제가 군사를 일으켜 우리나라를 쳐들어올지도 모르고 최소한 사신들을 운남이나 귀주로 귀양을 보낼 지도 모른다는 상상을 한다.

그리되면 그 지방을 돌아볼 수도 있다는 엉뚱한 기쁨을 표하기도 한다. 그러면서 밖에 나가 술을 한잔하고 오는데 사신들은 여전히 설왕설래 중이다. 예부의 독촉이 빗발 같아 당장 명령을 따르지 않을 수 없어 일행들이 말과 안정을 정돈하다보니 이미 해가 기울었다. 이렇게 하여 출발을 했는데 얼마 가지 않아 황제의 명령이 떨어졌다.

"오늘은 이미 늦었으니, 돌아가서 다른 날을 기다리도록 하라."

이렇게 일단 상황이 종료된 후 박보수가 예부에 가서 이것저것 탐문하고 와서 말해준다.

"황제께서 "그 나라(조선)는 예를 아는데 사신들은 예를 모르는구먼!" 그랬다는 군요."

이 말을 들은 청나라 통역관들은 "아이고! 우린 이제 다 죽었습니다요." 그러면서 모두 가슴을 치고 울부짖는다. 우리나라 역관들 역시 두렵기는 마찬가지였을 텐데도 눈썹하나 까딱하지 않았다.

8월 11일 건륭황제가 사신을 접견하겠다는 명이 내렸다.

먼저 회자(이슬람)의 태자가 앞으로 나와 몇 마디 아뢴 다음 물러가고, 조선의 사신과 세 명의 통관을 나오라고 하매 모두 나아가 무릎을 꿇었다. 무릎이 땅에 닿을 뿐 뒤를 붙이고 앉은 것은 아니다. 황제가 물었다.

"국왕께서는 평안하신가?"

"평안하옵니다."

"만주 말을 잘하는 이가 있는가?"

상통사 윤갑종이 "약간 하옵니다." 하고 만주말로 대답했다.

사신이 반열로 물러서자 무사들이 예닐곱이 차례로 들어와 활을 쏘는데 살 하나를 쏘고는 반드시 꿇어앉아서 고함을 친다. 활쏘기가 끝나자 황제는 바로 돌아갔다. 내시들도 물러나고 사신역시 물러나왔다. 문 하나를 채나오기도 전에 군기대신이 와서 황제의 전갈을 내린다.

"사신은 곧장 찰십륜포로 가서 반선불을 접견하라."

건륭제의 고희연을 축하하기 위해 티베트 6대 판첸라마가 청국에 오게 되는데 건륭제는 이를 기념하기 위해 승덕 피서산장 외곽에 황금사원을 축조하였는데 이것이 찰십륜포다. 이 사원의 모습을 연암은 채색은 신기루를 능가하고 아로새긴 솜씨는 귀신도 부러워할 만하다고 묘사했는데 더 자세한 것은 열하일기에서 직접 확인해 보기로 하고 이 판첸라마를 접견하는 방법을 놓고 청나라 예부와 한바탕 실랑이가 벌어지는데 이것을 살펴보자.

황제가 내무관을 시켜서 옥색비단 한필을 들고 가 판첸라마에게 바치게 했다.

판첸라마는 그 어머니가 향내 나는 수건을 머금은 다음 잉태했다 하여 판첸라마를 접견하는 자는 반드시 수건을 바치는 것이 관습이 되었다고 한다. 황제역시 접견 시에는 누런 수건을 바치고 머리를 조아린다고 한다. 그런데 이런 예법을 놓고 조선 사신과 다툼이 발생한 것이다.

"머리를 조아리는 예절은 천자의 처소에서나 하는 것인데, 어찌 천자에 대한 예절을 오랑캐의 번승 따위에 할 수 있단 말이요!"

"무슨 소리요! 황제 또한 그분을 스승의 예절로 대우하고 있을 뿐 아니라, 사신은 황제의 조칙을 받들고 온 마당에 황제와 같은 예로 처신해야 마땅하지 않겠소!"

이 문제로 이미 한바탕 소동이 있었는데도 사신은 막무가내였다. 화가 머리끝까지 오른 예부의 관리하나가 모자를 젖혀 땅에 집어던지면서 "빨리 가. 빨리 가란 말이야!"하고 소리쳤다.

이렇게 옥신각신 하면서 여기까지 온 것이다. 제독이 사신을 인도하여 판첸라마 앞에 이르니 군기대신이 두 손으로 수건을 받들어 사신에게 넘겨준다. 사신은 수건을 받아서 머리높이로 들어 판첸라마에게 바쳤다. 판첸라마는 꼼짝 않고 앉은 채로 수건을 받아 무릎 앞에 놓으니 수건이 탁자 아래까지 휘늘어진다. 차례를 이런 의식을 마치고 판첸라마가 다시 수건을 군기대신에게 넘겨주니 수건을 받들고 오른 편에 모시고 섰다.

사신이 막 돌아서려고 하자 군기대신이 통관 오름포에게 눈짓을 하였다. 사신에게 절을 하라는 신호를 보낸 것이다. 그러나 사신은 알아차리지를 못하고 머뭇머뭇 물러나더니 검은 비단에 수놓은 요를 깐 몽고왕의 아랫자리로 갔다. 그리고는 조금 허리를 구부리고 손을 대충 들어 올린 다음 털썩 앉아 버렸다. 군기대신은 당혹한 기색이 역력했으나 이미 앉아 버린 뒤라 숫제 못 본 체하였다. 위기일발의 순간이었다.

차를 몇 차례 돌린 뒤 판첸라마가 직접 사신이 온 이유를 물었다. 판첸라마 말을 받아서 몽고왕에게 전하자 몽고왕은 군기대신에게 군기대신은 다시 오름포에게 오름포는 또 우리역관에게 전하니 그야말로 오중의 통역인 셈이다. 상판사 조달동이 일어나 팔뚝을 걷어붙이며 욕지거리를 해댄다.

"흥! 만고에 흉한 작자로군. 어디 제명에 죽나보자" 오죽하면 연암이 민망하여 그만두라고 눈짓을 했을까. 이렇게 무례하고 오만방자한 접견이 끝나자 라마승 수십 명이 여러 색깔의 붉은 보료와 서번의 향과 조그만 황금 불상을 매고 와서 등급대로 나누어 준다. 밖으로 나온 사신 일행은 근처 소나무 그늘이 진 모래 위에 둘러 앉아 점심을 먹는데, 사신이 말을 했다.

"우리들이 번승을 대하는 예절이 너무 소홀하고 거만해서 예부의 지도에 많이 어긋나고 말았네. 저이는 만승천자의 스승인지라. 앞으로 우리에게 뭔가 불이익이 없을 수 없을 게야. 그가 하사한 선물은 거절하면 불경함이 가중될 터이고, 받자니 대의명분에 어긋나니 장차 이를 어찌하면 좋을꼬?"

워낙 순식간에 일어난 일이라 받아야 할지 받지 말아야 할지 혹은 마땅하지 않은 지를 따지고 말고 할 겨를이 없었다. 아 과정에서 예부관리와 사신 간에는 많은 문제가 있었으나 이런 우여곡절 끝에 이 하사품을 가지고 연경(북경)으로 돌아온다. 그런데 이들이 받은 등불은 높이가 한자가 넘는 것으로 호신불이라 한다. 중국에서는 먼 곳을 떠나는 여행자들에게 이것을 선물하는 풍속이 있다. 그러면 여행자들은 이 호신불에 아침저녁으로 공양을 드린다. 서장 풍속에는 해마다 공물을 바칠 때 부처 한구로써 방물을 삼는다. 그러니 이번 이 등불도 법왕이 우리 사신을 위해서 여행의 안녕을 기원하는 아름다운 폐백으로 하사한 것이다. 그러나 우리나라에서는 단 한번만이라도 부처와 인연을 맺으면 평생 동안 허물이 된다.

어쩌지 못하고 이 폐백을 가지고 연경으로 돌아오자마자 사신들은 그 폐백을 모두 역관들에게 주어 버렸다. 그러나 역관들 역시 똥오줌처럼 더럽게 여겨 은 90냥에 팔아 마두배들에게 나누어 주려고 했다. 하지만 마부들조차 펄쩍 뛰면서 이걸로는 술 한 잔도 먹을 수 없다며 법석을 떨었다.

이 사건은 청나라 황실과 조선사신 모두를 당황스럽게 만들었다. 조선이 중화주의를 신봉하는 것은 충분히 알고 있었지만 아무리 그러기로서니 황제의 명령까지 요리조리 피하리라고는 전혀 생각하지 못한 청나라 측으로선 조선사절단이 그토록 명분을 중시할 줄을 미처 예견하지 못했고, 조선 사절단 측에서는 청나라가 그런 식의 황당한 예법을 요구할 줄은 상상조차 하지 못했던 것이다.」

이상이 '판첸라마의 대소동'을 간략하게 요약한 것이다.

명분에 살고 명분에 죽는 우리민족은 한번 아닌 것은 죽어도 아닌 것이다. 조선 건국이후 어찌어찌하여 명나라를 섬기게 되어, 이것이 당시 반상 모두에게 굳어지자 천지가 개벽해도 이 생각이 바뀌지 않는다. 삼학사도 명나라라면 몰라도 오랑캐의 나라, 청나라는 아니라는 것이다. 시세부득이라 청나라에게 굴복은 했지만, 명나라가 망한지 130년이 흘러 청나라가 강대국이 되었지만 당시 사절단 마음속은 여전히 명나라이다. 사절단이 북경을 거쳐 250키로나 떨어진 열하에 가서 강대국 청나라도 두려워하는 서번의 위세를 보고, 넓은 세상을 직접 눈으로 목도했음에도 불구하고, 서번이나 몽고는 애당초 오랑캐들이였으므로 그가 청나라 황제도 머리를 조아리는 천자의 스승이든 말든 오랑캐는 오랑캐인 것이다. 그래서 그 앞에서도 오만방자한 행동이 나오고 죽음 또한 두려워하지 않는다. 중국은 가까이 있어 교류라도 있어 그렇다지만 서번은 지역도 멀고 교류할 기회도 거의 없는 나라인데 어쨌거나 오랑캐이니까 오랑캐인 것이다. 반상할 것 없이 조선백성 전부가 그렇게 생각한다. 한번 해병은 영원한 해병이다.

나라를 훔치려는 놈은 나몰라라, 우리 집 소를 훔치는 놈은 바로 웅징을

우리는 학창시절에 구한 말 대원군의 아버지인 남연군의 묘를 파헤친 충격적 사건인 '오페르트 도굴사건'을 배워서 알고 있다. 이를 좀 더 깊이 알아보자. 오페르트는 중국 상해에 와 살고 있던 유태인이었다. 그는 그곳 영국 상사의 사장 제임스 위탈사장에게 간청하여 쇄국조선의 탐험여행을 제의하여 승낙을 받아 로스호 선장 모리슨과 함께 아산만에 닻을 내리게 되는데 이게 사건의 발단이 된다. 이후 도굴에 이르는 과정은 그의 <금단의 나라—조선기행>에 나오는데 이 과정이 한심하다 못해 어이없기도 하다.

이 사건을 보면 '양이침범 비전즉화 주화매국'의 결연의 의지를 다지고 있는 사람은 우국지사를 제외하면 대원군 한 명뿐이었던 것 같다는 생각이 든다. 관민 모두가 나서 마치 조선이 망하기를 바란 것처럼 오페르트 일행에 적극적으로 협력을 하는 것도 모자라 당당히 앞장을 선다. 도굴도 한국사람 최선일이 알려준 것으로 그는 '대원군이 대권을 쥔 것이 묘 자리를 잘 써서이고, 이 묘안에 비보가 감추어져 있으므로 이를 훔쳐 갖는다면 대원군은 그의 권력을 빼앗긴 것같이 생각할 것이며 이는 사실상 수도 서울을 점령한 것과 같은 효과가 있어 대원군은 이것을 되찾기 위해 개국이나 통상보다 더한 조건과도 맞바꾸려할 것'이라고 오페르트를 꼬드긴 것이다. 아무 것도 모르는 그는 최선일의 말을 듣고 묘를 파헤치기로 한다.

남연군 묘소 도굴을 위해 도굴선을 한 달에 6천냥으로 세내어 대포 6문으로 무장하고, 용병모집으로 중국인 100명, 마닐라 선원 20명으로 말하자면 특공대[104]를 조직하고 안내인으로 최선일을 동승시켜 1868년 4월 30일 오페르트는 페론신부와 함께 상해를 출발한다. 일본 나가사키에 가서 3,600달러를 주고 아스케트 형 소총 두 상자를 구입, 용병을 무장시켰다. 이들은 충청도 덕산 삽교천을 보트를 타고 구만포에 상

---

104) 육전대(陸戰隊) : 육지전투를 위한 부대

륙한 것은 오전 11시였다.

이들은 최선일이 이미 포섭한 천주교도인 김여강 등 8명의 안내로 덕산읍으로 들어갔다. 여기서 일단의 한국병정의 저지를 받는데 길을 비키라는 오페르트의 한마디에 수십명의 병사는 슬금슬금 도망을 가고 지휘관만 혼자 남았는데 그 지휘관의 모습을 이렇게 적고 있다. 「혼자 남게 된 이 지휘관은 역시 뒤돌아보며 도망차려고 눈치를 살피더니 입장이 난처해지자 거짓 웃음을 웃으며 나에게 접근하여 우리가 목적하고 있는 묘소의 가장 가까운 길을 안내해 주며 앞장서서 걷기까지 하였다.」 이 특공대라고 이름붙이기조차 민망한 용병 중의 하나가 일사병으로 쓰러지자 가마까지 내어 주는 등 조선 관리의 융숭한(?) 지원을 받아 묘소에 도착한 것이 오후 5시, 그런데 병석으로 두른 이 묘소를 파헤치려는데 4개의 삽밖에 없었다. 손을 못 대고 당황하고 있을 때 덕산의 관리들은 솔선해서 곡괭이, 지렛대 등을 갖다 바쳤다.

대원군의 증손인 이기용의 증언에 의하면 묘를 이장할 때 어느 풍수가 장래 도굴당할 염려가 있다고 예언을 하여 암반을 파 한길 밑에 관을 안치하고 석회를 무려 300포나 짓이겨 굳혔다고 했다. 이 특공대들은 병석을 무너뜨리고 봉분의 흙을 절반쯤 헐어 밑으로 파들어 갔을 때 이 공고히 굳은 석회층에 부딪히게 된다. 시간은 이미 12시간이 경과되었다. 간만의 차가 심한 서해안에 배를 대놓은 이들은 먼동이 틀 때까지 돌아가지 않으면 안 되었으므로 결국 도굴작업을 포기하고 돌아가게 된다. 마침 짙은 안개가 끼어 무사히 돌아갈 수 있었는데 만일 이 후퇴가 한 시간만 늦었어도 조선의 대군에 포위되어 전멸을 당했을 거라고 적고 있다.

도굴에 실패한 오페르트는 영종도에 상륙하여 대원군의 화를 북돋운다. 그러나 여기의 500여 명의 수비 병사들과 섬마을 사람들은 이들 옆에 접근하여 그들이 주는 술을 얻어 마시면서 대원군과 운현궁의 측근들을 앞 다투어 욕하였다. 욕을 많이 한 사람에게 술을 많이 주니 이젠 서로 싸우기까지 하면서 더 많은 욕을 했다고 한다. 이들은 오래지 않아 외국 사람들이 강력한 군대를 데리고 와서 그들을 해방시켜줄 것이라고 확신하고 있다고 했다 한다. 한 술 더 떠서 그들이 외국군대가 들어오는 것을 갈망했다는 증표를 하나씩 써 달라고 졸랐다는 것이다. 외국군대가 들어오며 그 증표를 보이고 살아남겠다는 심산이었다. 그런 사람들의 대부분이 관리나 병사였다고 이 유태인은 그의 수기에 적고 있다. 이러한 예는 구한말 우리나라를 제국주의에 편입시키고자 나타난 외국인과의 접촉에서 무수히 드러나고 있다.

그런데 반전이 일어났다. 갑자기 영종도의 병사들이 이들에게 총격을 가하기 시작한 것이다. 앞서 일사병에 쓰러졌던 백인수부가 들판에 매어 놓은 소 한 마리를 훔쳐 끌고 간 것을 보았기 때문이다. 500여 명의 병사가 이들을 향해 발사를 했고 섬사람들은 돌을 던지면서 공격했다. 이에 마닐라 수부 2명이 전사하고 문제의 백인 송아지 도둑은 어깨에 총을 맞았다. 이 전쟁(?)은 송아지가 되돌아오자 끝이 났고 이 이양선은 닻을 올려 되돌아 간 것이다.

우리나라를 빼앗으려는 도둑에게는 관심도 없고 오히려 관용하고 도와주기까지 하였으나, 우리가족의 송아지 한 마리를 훔친 도둑에게는 그토록 용감하게 철저히 응징했던 것이다.[63]

서양문화의 원천인 고대 그리스사람들은 폴리스(도시국가)가 가장 소중한 사이의 개체였다. 지리적으로 해적이나 외침 앞에 항상 노출되어 있었기에 그들이 존망이 그들 폴리스 존망과 직결되어 있었기 때문이다.

사막에 사는 사람들은 가족보다 부족이 한결 더 소중하다. 유목생활은 가족단위로 옮겨 다닐 수 있는 것이 아니라 부족단위로 옮겨 다니기 때문이다. 가족이란 규모로는 가혹한 사막적 자연이나 침략자를 당해낼 재간이 없었다. 이스라엘 민족이 유대인이라는 부족에 그토록 집착하는 것도 그들이 사막에서 살아온 유목민이기 때문이다.

아프가니스탄의 쿠치란 유목민에게서는 국민이나 국가의식을 티끌만큼도 찾아볼 수 없다. 그들은 제례절차에 있는 인신희생에 자기 아들을 바치는 것을 영광으로 생각하고 앞 다투어 죽음의 재단에 자기자식을 손수 안아다 얹어 놓는다. 국가는 가족과의 사이는 부족과의 사이에 갖는 가치관에 비하면 거의 무시될 정도이다.

우리나라는 어떠한가? 한국인은 가족과의 사이에 그 무엇보다 강한 중심을 준다. 몬순풍토의 민족에게는 공통적으로 나타나는 경향이긴 하나 우리나라의 가족중심주의는 일본이나 중국보다 한결 더 중심적이고 철저하다. 한국은 위에서 보다시피 가족이의 공동체를 위해 이기심을 희생하는 법이 없지만 가족적 사이에 있어서는 이기심을 희생할 줄 아는, 아마 세계에서 가장 극단적인 민족일 것이다. 부모를 위해 또는 집안의 명예를 위해 목숨을 버린 역사적 사실은 우리 역사에서 아주 쉽게 찾을 수 있으며, 또한 이러한 죽음을 가장 훌륭한 죽음으로 평가해 왔다.[64] 한국 사람은 가장 중요한 다짐이나 맹세를 할 때 성을 건다. 이 세상에서 가장 큰 것을 건 것이다.

중국의 열등감을 자극하는 나라

유럽은 대평원으로 한 나라에서 다른 나라를 가는 것이 간단한 문제였으나 우리나라는 3면이 바다이고 육로로는 압록강을 건너야 중국으로 갈 수 있는데다가 조선

시대는 오늘날의 해외여행은 엄격히 제한되어 있어 보통사람이 외국을 가본다는 것은 꿈조차 꾸기 어려웠다. 보통사람들뿐만 아니라 관리조차도 그랬다. 이는 조선후기 실학파 박제가나 박지원, 홍대용 등이 중국을 얼마나 어렵게 방문할 수 있었는지 그들이 쓴 글에 잘 나타나 있다.

이렇게 다른 국가, 나른 나라 사람들과 교류가 어려운 지리적 요인에다가 제도적으로도 그렇고, 지리적으로는 그렇다 하더라도 일본처럼 어떻게든 대륙으로 진출하려는 리더의 강력한 의지가 잘 계승되지 못해서 우리민족은 시나브로 우물 안의 개구리가 되어가지 않았나 싶다.

그런데 적어도 삼국시대까지는 오늘날 중국의 동북쪽은 우리나라의 무대이었던 것 같다. 고조선 때는 중국과 경계가 어디인지 모를 만큼 동북쪽 전체를 영토로 하고 있었던 것 같다. 진시황이 천하를 통일했다지만 동북쪽을 빼고 하는 이야기다. 삼국지 소설에도 동쪽 땅에 대해서는 언급이 없다. 고구려는 랴오허강을 중심으로 중국과의 국경이 형성된 것 같다. 그러니까 여기서 말하고자 하는 것은 고구려 시대까지는 중국과 맞닿은 대륙이 우리나라여서 무슨 외국과 교류하는 데 지리적 한계 같은 것이 있을 수가 없었다는 것이다. 발해시대까지도 그렇다고 할 수 있다. 그러나 우리나라의 영토가 한반도로 줄어들면서부터 세상의 변화에 깜깜한 우물 안의 개구리가 되어 국가발전의 동력을 잃게 되었다는 것이다.

이는 박지원의 열하일기 등 연행[105]을 기록한 글에서 중국은 물론 서양문물을 접하고 혼절을 넘어선 충격을 표현하고 있는데서 짐작할 수 있다.

이를 다른 측면에서 한번 유추해 보자. 고구려 이전시대에는 수많은 소수민족들이 지금의 중국은 물론 만주 벌판 전역에 걸쳐 서로 다른 말과 글을 사용하면서 살아온 것으로 짐작할 수 있다. 글의 경우 오늘날 한자의 전신이라고 할 수 있는 갑골문자나 상형문자, 또는 그림 같은 것을 나름대로 사용하지 않았나 싶다. 그러다가 중국은 기원전 230년에 진나라 시황은 한나라[106]를 멸망시키고 이후 221년에 제나라를 마지막으로 멸망시켜 천하를 통일하게 된다.

---

105) 연행(燕行) : 조선시대에 공식 직함을 달고 연경, 즉 북경에 가는 것을 말한다. 이때 보고 들은 것을 적은 것을 연행일기라고 한다. 연행이란 용어는 중국의 수도인 북경을 일개 지방정권이었던 "연나라의 수도"로 지칭한 것으로 중국을 낮춰보는 입장에서 청나라 때 주로 고 이전 명나라 때에는 조천, 즉 천조(天朝, 즉 하늘의 왕조)라는 높임의 의미로 썼다. 그래서 북경을 다녀와서 쓴 기행일기를 명나라 때는 스스로 조천일기 청나라 때는 연행일기라는 제목을 붙인 것이다.

106) 한(韓)

인류역사상 셀 수도 없이 많은 나라가 생겨나고 멸망했지만 끝까지 살아남은 나라나 부족(민족)은 같은 말이나 글을 가지고 있는 부족이 아닌가 싶다. 이 말이나 글을 함께 쓰는 부족은 세력이 작더라도 동질성을 잃지 않은 한 어떻게든 살아남았고, 세력이 큰 경우에는 혹시 다른 부족의 지배를 받더라도 이를 자신의 내부로 용해시킴으로써 자체의 역량으로 생명력을 이어 온 것으로 볼 수 있다. 결국 이 부족이 망하고 새로 나라가 세워지고 하는 것은 이 부족 내에서 정권다툼에 불과한 것이고, 이 부족이 해체되었을 때, 말하자면 이 같은 말이나 글을 쓰던 부족이 소수세력으로 전락하여 인근의 큰 부족에 동화·흡수되면서 언어나 글을 잃어버리게 된 경우에 완전히 멸망하여 지구상에서 사라진 것으로 볼 수 있다. 예를 들자면 중국이라는 거대한 나라가 있는 것도 그렇지만 중국내에 많은 소수민족이 있는 것을 예로 들 수 있다. 또한 구소련이 해체되면서 여러 나라로 나누어 질 때도 같은 언어나 글이 분열의 기준이 된 것으로 볼 수 있다. 이와 같은 '부족생존'이론을 중국에 적용시켜 보면 이 이론의 타당성이 어느 정도 확보된다.

천하를 통일하여 거대한 제국을 형성한 중국의 진시황은 한자를 나라 글자로 통일하여 이를 쓰게 하고 북경어를 표준어로 삼았는데, 우리가 배운 춘추전국 시대에 꽃피웠던 제자백가의 사상을 억압하고 모든 책을 불살라 버린 분서갱유[107]가 이런 결과를 낳았다는 견해가 통설이다. 오늘날의 중국은 진시황 때 이르러서 말과 글을 통일함으로써 거대한 영토를 가진 하나의 거대한 부족(민족)을 이루었고, 이후 흥망의 역사는 대체적으로 이틀 안에서 이루어진 정권교체의 역사였다. 결국 오늘의 중국은 진시황에 의해서 기틀이 마련되었다고 말할 수 있다. 이는 진시황의 사망(기원전 210) 이후의 역사가 증명해 준다. 진시황 사망 이후 얼마 되지 않아 진나라가 망하면서 천하는 다시 군웅이 활거 하는 혼란의 시대가 전개되다가 얼마 지나지 않아 천하는 항우와 유방으로 양분된다. 이후 유방이 천하를 재통일(기원전 202)하게 되고 한[108]왕조를 세우게 되니 그가 바로 한고조다. 이후 수, 당, 송, 원, 명, 청[109]으로 이어져 오늘의 중국이 되었다. 자기 고유의 말과 글을 가진 부족이 살아남는다는 '부족생존이론'은 실은 진시황 이후의 중국역사를 보고 논리를 유추해 낸 것이다.

아무튼 이때까지의 우리나라는 고조선(기원전 2333~기원전 108)에 해당하는 시기이다. 그러니까 진시황이 중국을 통일하기 전이나 후에도 여전히 동쪽은 고조선과, 발

---

107) 분서갱유(焚書坑儒)
108) 한(漢)
109) 수, 당, 송, 원, 명, 청(隋, 唐, 宋, 元, 明, 清)

해, 고구려로 이어 오면서 중국과 어깨를 나란히 하는 거대한 강대국이었다. 지금의 남·북한은 휴양지 정도에 해당하지 않았나 싶다.

그런데 여기서 한 가지 의문이 드는 것은 당시 중국 전역과 동쪽 포함하여 여러 부족이(중국은 지금도 소수민족이 많다.) 각자의 말과 유사한 상형문자 등을 문자로 사용했을 텐데 고조선에 관한 글을 적은 것은 왜 전해내려 오지 않았나 하는 점이다. 중국의 제자백가사상이나 '4대 기서'110) 등 중국의 고전에 해당하는 것이 고조선이나 발해에서도 전해 내려오는 있을 법한데 말이다.

유추하건대 한자를 같이 사용하였을 것 같기도 하고 아닌 것 같기도 하다. 상고사를 연구하는 혹자는 한자가 우리 글임을 주장하는 이도 있다. 진시황이 분서갱유를 통하여 문자를 한문으로 통일해서 그 영향으로 한문을 사용하게 되었든지, 일부의 주장처럼 그 이전부터 한문을 우리글로 사용했든지 간에 중국은 진시황이 천하를 통일하기 이전부터 이미 여러 나라에서 제가백가가 난립하여 온갖 종류의 주장과 이론이 넘쳐났다. 당연히 그 당시 중국보다 더 강대한 고조선이나 발해에도 그런 문화가 융성했을 텐데 오늘날 왜? 우리에게 전해지지 못했나 하는 점이다. 한문이 되었던 다른 무슨 문자 같은 것을 사용했던 그 기록이 있어야 할 텐데 오늘날 전해 내려오는 고전은 다 중국고전이다. 그런 점에서 의문이 가시지 않은 것이다.

사실 오늘날 중국의 영토를 보면 진시황 천하통일은 반쪽 통일이었다. 동북쪽은 감히 엄두도 못 내었고, 북쪽은 몽골제국이 버티고 있어 적어도 삼국시대까지는 그랬다. 중국은 진시황의 한나라 이후 수나라와 당나라에 이르러 어떻게든 동·북쪽을 확보하여 진정 천하를 통일하려고 한 것 같다. 그러니까 100만 대군을 일으켜 우리나라 고구려(기원전 37~기원후 668)와 전쟁을 일으킨 것이 아니겠는가. 100만 대군이란 보병선발대가 출발하여 맨 마지막 보병이 움직이는 데까지 몇 달이 걸리는 어마어마한 대부대인 것이다. 그러나 상대가 누구인가. 바로 후술하겠지만 유사 이래 전쟁을 일으켜 한 번도 이겨보지 못한 동북의 강국 고구려이다. 고구여의 명장 을지문덕, 안시성의 양만춘에게 대패를 당하고 결국 나라가 망하는 지경에 이르게 되는 것은 다 아는 사실이다.

본론으로 돌아와서 오늘날 중국은 '동북공정'이라 하여 아예 역사를 날조하여 고조선과 고구려를 자기나라의 일부로 편입시키려고 애를 쓰고 있는 것만 보아도 당시의 문화가 계승되지 못한 점에 대한 의문이 더욱 가시지 않는다. 다만, 다음의 글에

---

110) 4대 기서 : 『삼국지연의(三國志演義)』, 『수호전(水滸傳)』, 『서유기(西遊記)』, 『금병매(金甁梅)』

서 의문의 일부를 다소 해소할 수 있을 뿐이다.

「고려시대 이맥이 지은 <태백일사>111) '소도경전본훈'에 의하면 천부경112)은 우리민족 태동기 때부터 전해져 온 것인데, 표기문자가 없어 구전되어 오다가 단군시대에 이르러 신지113) 혁덕에 의해 녹도문으로 기록되었으며, 한자통용 이후 신라 말의 석학 최치원이 백두산에서 돌비에 새겨진 천부경을 발견하고 한문으로 다시 옮겨 적었다고 한다.

천부경 81자는 우주의 생성과 발전의 원리와 그 속에 깃든 사람과 자연의 도리를 밝히고 있다. 천부경은 만물의 근원이자 귀결인 '한'을 설명한 것이며, 심일신고114)는 '한'에 이르기 위한 방법과 마음 자세를 풀어 놓은 것이다. 참전계경115)은 천부경과 삼일신고의 진리를 생활 속에서 실천하기 위한 계율로 366가지로 나누어 상세히 설명하고 있다. <태백일사>에 의하면 선인들은 단군시대부터 이 3경전을 만인의 수행지침서이자, 백성을 위하고 나라를 다스리는 근본으로 삼았다고 한다.」[65]

여기까지 논의를 하다 보니 우리가 새롭게 인식해야 할 역사적 사실이 있다. 중국은 동북쪽에 있는 우리나라에 대해 콤플렉스를 가지고 있어야 하는 게 맞다는 점이다. 이 말 뜻은 조선시대에 명나라에 사대정책을 써서 마치 중국에 예속된 나라처럼 인식하기 쉬우나 실상은 정반대라는 의미이다. 중국은 진시황이 나라를 통일하기 이전부터 이후까지, 그러니까 인류가 생겨난 이래 우리나라와 전쟁에서 우리나라를 한 번도 이겨본 적이 없는 나라이다. 단, 병자호란 때 인조가 항복을 한 청나라는 한족이 아닌 후금의 야만인이 명나라를 침공하여 세운 정권이기 때문에 이 패배는 제외하고 하는 말이다.

아무튼 이는 매우 중요한 역사적 사실이다. "비록 삼국시대 이후 영토가 압록강 이남으로 줄어들기는 했으나 우리의 피 속에는 여전이 대국의 자부심이라는 디엔에이가 흐르고 있고, 이 디엔에이는 우리의 뼛속에 각인되어 있다."는 사실을 상기해야 한다.

앞서의 연암의 열하일기에서 보면 중국에 볼모로 가서 청나라 황제가 스승으로 모시는 번승 앞에서 이를 도저히 인정하는 않는 오만방자한 행동을 적고 있는데 우리 사신은 물론이고 보통사람들에 이르기까지 죽음을 아랑 곳 않는, 간이 부어 아예

---

111) 태백일사(太白逸史)
112) 천부경(天符經)
113) 신지(神誌) : 문자를 만들고 역사편찬을 담당하는 벼슬의 이름
114) 심일신고(三一神誥)
115) 참전계경(參佺戒經)

배 밖으로 나온 행위를 한 것이다. 이는 우리나라가 시작된 고조선 이래 지금까지 중국은 물론 주변국이 감히 넘보지 못했던 대국의 자부심의 표현이라고 할 수 있다. 이는 우리 조국의 땅 만주벌판은 잠시 잃었다 해도 대국의 자부심은 여전히 피 속에 흐르고 있다는 방증이 아니겠는가. 실제로 고려시대에도 그랬고 조선 초기만 해도 요동을 정벌하기 위해 구체적으로 군사를 일으키기도 했다. 광활한 옛 영토를 회복하기 위한 시도는 효종의 북벌계획으로도 나타난다.

이렇게 보면 조선시대 당시 우리 선조는 잃어버린 강토에 대한 애착을 버리지 못한 것 같다. 우리는 조선 건국 후 200여년이 지난 후에도 살아 있음을 보여주는, 여전히 피 속에 대국의 기질이 흐르고 있음을 유감없이 보여주고 있는 담헌 홍대용을 만날 수 있다. 과학 분야에 남다른 조예를 가진 실학파, 과학실학자라고나 할까, 그가 남긴 시 한수를 감상하기로 하자.

「깊은 겨울의 석양이 산에 내리는 때를 당하여 친정을 떠나 고국을 버리고 만리연사[116]로 향하는 마음이 어찌 굳지 않을 것인가마는, 수십 년 평생의 소원이 하루아침에 이루어져 한낱 서생으로 군복을 입고 말을 달려 이 땅에 이르렀으니, 상쾌한 의사와 강개한 기운으로 말 위에서 팔을 뽐냄을 깨닫지 못하였다. 드디어 말 위에서 한 곡조 미친 노래를 지어 읊었다.

> "하늘이 사람을 내매 쓸 곳이 다 있도다.
> 나 같은 궁생[117]은 무슨 일을 이뤘던가?
> …(중략)…
> 간밤에 꿈을 꾸니 요동들판을 날아 건너
> 산해관[118]잠긴 문을 한 손으로 밀치도다.
> 망해정[119] 제일 층에 취한 후 높이 앉아
> 갈석[120]을 발로 박차 발해[121]를 마신 후에
> 진시황 미친 뜻을 칼 짚고 웃었더니
> 오늘날 초초 행색이 누구의 탓이라 하리오!"

---

116) 연사(燕使)
117) 궁생(窮生)
118) 산해관(山海關) : 만리장성의 시작점인 중국 하북성 진황도에 소재, 오늘날까지 '천하제일문(天下第一門)'이라는 현판이 붙어 있다.
119) 망해정(望海停)
120) 갈석(碣石) : 고구려 영토였던 갈석산을 말함.
121) 발해(渤海)

조선의 편협한 소견을 버리고, 원대한 뜻을 펼쳐보이고자 한 홍대용의 평생소원은 1,200리 요동 벌을 단숨에 날아가서 산해관을 한 손으로 밀어 열치는 것으로 형상화된다. 그것은 옛날 고조선과 고구려의 영토였던 갈석산을 발로 차고 발해를 다 마셔 가슴에 채우는 장엄한 민족서사시로, 민생의 어려움을 생각지 않고 만리장성을 쌓은 진시황의 미친 뜻을 비웃는 역사의식으로 구현되는 것이다.」[66]

파고다 공원 앞에 가면 '대한민국 영토회복 국민운동 본부'에서 대마도, 만주, 간도, 연해주를 반환받자는 프랭카드를 펼쳐놓고 365일 내내 서명운동을 벌이고 있다. 이 본부는 대마도를 대한민국의 왼쪽발이요, 허리라고 주장하고 있다. 우리가 우물 안의 개구리가 아니라는 것을 만천하에 보여주어야 할 때가 아닌가 싶다.

「왜놈, 되놈하며 천하만국이 우리만 못한 것같이 믿고 있다.」는 잘못된 현실인식을 지적하신 초정 박제가 어르신께 곧 그렇게 믿게 만들겠다고 아뢰어야 할 것 같다.

인간적인 너무나도 인간적인

「성종은 글 잘하는 선비를 좋아하여 문장이 특출 난 세 학자를 궁중에 불러 숙식케 하고 독서에 전념하도록 하였다. 그 세 사람이 바로 손순효, 조위, 신종호였다. 선택받은 이 세 사람을 두고 사람들은 영광으로 생각하였으며 무척 부러워하였다.

눈 내리는 겨울밤, 성종은 내시 한 명만을 거느리고 이들이 글을 읽고 있는 옥당에 미행을 했다. 옥당 문전에 이르자 때마침 숙직을 하고 있던 조위의 글 읽는 소리가 낭낭하게 들려왔다. 성종이 창틈으로 보니 조의는 의관을 바로하고 독서에 여념이 없었다. 매우 흡족히 여겨 장려해 주려고 문을 여는 순간 갑자기 한 젊은 궁녀가 옥당 글방의 뒷문으로 들어와 책상머리에 다소곳이 앉는 것이었다. 성종은 들어가려다 말고 숨을 죽이고 그 정황을 지켜보았다. 조위는 글을 읽다 말고 따져 물었다.

"네 모습을 보아 하니 궁녀가 틀림없는데 어찌하여 이 깊은 밤중에 못 들어올 곳을 들어왔느냐?"

"저는 늘 먼발치에서 선비님의 뛰어난 풍채를 보고 사모해오다 오늘 그만 염치를 무릅 쓰고 죽을죄를 지었습니다."

"대궐 안 법도가 매우 엄하고 이목이 번거로운데 만일 이를 아는 사람이 있으면 어찌 죄를 면하겠는가. 당장 물러가거라!"

"일이 이렇게 되었는데 어찌 헛되이 돌아갈 수 있겠습니까? 선비님이 저를 불쌍히 여겨주지 않는다면 이 자리에서 죽어버릴 것입니다."

말을 마친 궁녀는 품속에서 비수를 꺼내어 목에다 대었다. 그러자 당황한 조위는 칼을 빼앗고 촛불을 끄고 잠자리에 들었다. 이를 끝까지 지켜보던 성종은 혹시 다른 사람이 알까봐 경계하다가 궁궐로 돌아왔다. 그리고 내시에 명하여 밤이 추우니 그들에게 왕의 가죽 갓옷을 덮어 주라고 했다. 조위는 꿈속에서 이상한 향기가 온 방에 가득 찬 것에 놀라 깨어보니 임금의 갓옷이 덮여 있어 자지러지게 놀랐다.

이튿날 날이 밝자 조위는 글을 올려 죽기를 청하였으나 성종은 비밀리에 내시를 보내 타일렀다.

"그날 밤 정경을 알고 있는 사람은 오로지 나 혼자뿐이다. 그래서 그것이 네 죄가 아닌 것을 알고 있으니 스스로 책임질 것을 삼가도록 하라."

그 후 조위와 더불어 옥당 삼학사중의 한명인 신종호가 임금님 뵙기를 청해 불러들이니 그가 말하였다.

"조위는 유신으로써 심히 엄한 대궐 안에서 밤에 궁녀를 끌어안고 사사로이 침실에 들었으니 청하옵건대 나라의 법도를 바로 잡으소서."

혼자 알고만 있는 줄 알았던 임금은 놀라지 않을 수 없었다. 놀란 표정으로 어떻게 이 사실을 알았냐고 물었다.

"제가 책을 읽다가 의문 나는 점이 있어 조위에게 물어보고자 늦은 밤 눈길을 밟아 옥당에 이르니 놀랍게도 옥당의 뒷문으로 젊은 궁녀 하나가 머리를 쓰다듬으며 황급히 나가는 것을 보았습니다. 감히 사사로운 정으로 공부를 잘못되게 해서는 안 되겠기에 친구의 정을 무릅쓰고 이렇게 여쭙는 것입니다."

성종은 음성을 낮추고 따로 알고 있는 사람은 없는지 확인을 한 후 이렇게 말하였다.

"이 일은 내가 그대보다 먼저 목격한 것이네. 이는 조위의 죄가 아니니 이를 가지고 더 이상 논하지 마라."

더 이상 이일은 말썽이 되지 않았다. 이를 아는 사람도 당사자인 조위와 젊은 궁녀, 그리고 성종과 신종호로 더 이상 번져나가지도 않았다.」[67]

온 세상 사람들이 우러를 위대한 가문을 가진 나라

서울 지하철 3호선 경복궁 역 3번 출구에서 나와서 보면 건너편으로 경복궁 담벼락이 보인다. 출구에서 좌측으로 가게 되면 사직공원이 나오게 되는데 그쪽으로 가면 안 되고 죽 직진을 해야 한다. 안내서에는 마을버스를 타고 효자동 정류장에서 내리면 된다고 되어 있는데 그냥 걸어가 보기로 했다. 지도를 보면 한참 걸어가다 보면 맞은편에 효자동 주민센터가 있는 사거리가 나오는데 여기서 좌회전을 해야 하는 것으로 표시되어 있다. 사거리에 이르기 전에 이곳이 어디 있는지 아시냐고 상가에 들어가서 두 번을 물었는데 모두 모른다고 한다. 사거리에 도착하여 주민 센터를 찾으려 해도 찾을 수가 없고 어느 쪽이 좌측인지 알 수도 없다. 그래서 상가에 들어가서 또 물었더니 좌측으로 죽 올라가다가 한 번 더 물어 보시라고 한다.

처음으로 이곳을 아는 분을 만나 반가운 마음으로 가르쳐 준 대로 계속 걸었다. 한참을 걸어 온 것 같은데 아무 단서도 찾을 수 없어 지나가는 분을 붙잡고 또 한 번 물어보았는데 모른다고 한다. 목도 마르고 하여 마침 건물 귀퉁이에 조그만 매점이 있어 음료수를 사면서 물었더니 조금 더 올라가면 은행이 나오는데 그 건물을 끼고 돌아 조금만 올라가면 있다고 한다.

제대로 길을 찾은 것 같아 안도의 숨을 내쉬면서 코너를 돌아섰다. 계속 올라가도 나오지가 않아 길을 내려오는 아줌마에게 물었더니 조금만 올라가면 좌로 굽은 듯한 길에 있다는 것이다. 그 분이 말대로 조금 올라가니 차가 다니는 정도 넓이의 길 건너편에는 장애인 학교 교문이 보이고 여기서 몇 발자국 가지 않아서 눈앞에 나타났다. 드디어 찾은 것이다. 경복궁역에서 10분 이상은 걸린 것 같았다.

'서울특별시 종로구 필운대로10길 17'에 소재하는 '우당 기념관'을 찾아 온 것이다. 생각보다는 작은, 2층의 아담하고 깔끔한 느낌의 이 기념관은 1990년에 개관하였고 2017년 3월에 엘지하우시스에서 개보수를 하여 새롭게 단장했는데 국가보훈처 지정 보훈시설이라고 한다.

관리자 분의 설명에 의하면 이 기념관은 6개의 전시 코너로 되어 있다는데 생각보다는 단출했다. 죽 둘러보니 벽에는 우당 선생 6형제의 그림과 신채호, 조완구, 신현상, 김좌진 등의 많은 애국지사의 사진 등이 걸려있고, 안쪽으로 우당 선생님의 흉상이 있다. 이외에도 신흥무관학교 교가, 백범일지, 건국 공로훈장, 우당 선생의 낙관 등 여러 독립운동 관련 자료들이 전시되어 있다.

지금부터 기술하는 우당 6형제의 독립운동에 대한 내용은 김명섭(한국독립운동사연구소)저 <이회영>을 중심으로 하여 <국가보훈처 블로그>, 기타 저널자료 등을 참조한 것이다.

우당 이회영[122]은 경주 이씨로 1867년(고종 4년) 음력 3월 17일 서울 저동(현재의

---

122) 우당(友堂) 이회영(李會榮)

명동 와이엠시에이 건물 옆)에서 삼한 갑족의 한사람으로 태어났다.[123] 그의 가문은 10대 조인 백사 이항복을 비롯하여 영조 때 영의정을 지낸 이종성과 고종 때의 영의정을 지낸 이유원 등 조선조에서 6명의 정승과 2명의 대제학을 배출한 대표적인 사대부집 안이었다. 부친 이유승(1835~1906)역시 고종 대에 이조판서와 의정부 참판을 지냈으며 어머니는 이조판서를 지낸 정순조의 딸이었다. 이회영은 6형제 중 넷째 아들로서, 위 로는 세형인 건영, 석영, 철영이 있었고, 아래로는 두 동생 시영과 호영이 있었다.

1905년 겨울 을사늑약이 체결되자 민영환이 스스로 칼로 목숨을 끊었다. 그의 자결 소식이 전해지자, 원임대신 조병세, 전 참판 홍만식, 학부 주사 이상철, 평양대 김봉학과 그의 인력거꾼 등 많은 인사들도 스스로 목숨을 끊어 죽음으로 일제 침략 에 항거하였다. 누가 책임을 지라고 한 것도 아니고, 그래야 할 의무도 없을진대 후 손에 대한 미안함과 부끄러움으로 짓지도 않은 죄에 대한 속죄를 장렬한 죽음으로 대신하신 것이다.

우당선생은 이상설, 이동녕 등과 함께 종로에 나가 통곡을 했다. 이회영은 을사 늑약 이전인 1904년부터 상동교회를 중심으로 비밀결사대를 조직할 계획을 세웠고 외국에 독립운동 기지를 설립할 계획을 세웠었다. 그리하여 비밀결사 독립운동 단체 '신민회'가 발족하였고, 고종에게 건의하여 '헤이그 밀사' 파견을 주도하였다. 1906년 8월경에는 북간도 용정에 항일민족의 요람인 '서전서숙'을 건립하게 된다.

이와 같이 백방으로 활동하면서 애를 썼으나 일제의 갖은 방해공작으로 인하여 신민회가 점점 기를 쓰지 못하게 되어 갈 무렵 이회영은 만주에 가서 이상설을 만나 게 된다. 이국 만리타향을 찾아온 이회영을 말로 표현하기 어려운 반가움으로 맞은 이상설은 그동안 세계를 돌며 보고 들은 국제정세를 이회영에게 전해주었다. 당시 러 시아는 시베리아 철도에 복선을 부설하고 무기를 서둘러 제조하고 있었다. 또한 만주 와 몽골에 많은 군대를 배치하였는데, 이는 모두 일본에 대한 전쟁준비 때문이었다. 미국은 일본세력이 강성해져 자기들의 동양진출에 장애가 되자 일본을 좌절시키려 했고, 중국 또한 일본을 원수 보듯이 했다.

이상설은 중국과 미국, 러시아가 일본의 북진을 경계하고 있으므로 곧 동양에 큰 전쟁이 일어날 수 있으니 일본과의 대전에 맞추어 그동안 양성한 독립군으로 호

---

123) 삼한갑족(三韓甲族) : 삼한갑족이란 예로부터 대대로 문벌이 높은 집안을 일컫는 말이다. 여기 서 삼한(三韓)은 신라, 고려, 조선의 삼조(三朝)를 가리키는 말이다. 그러므로 우리나라 역사 전 (全)시대에 걸쳐 문무양반에 고관대작과 뛰어난 인물이 많이 배출된 가문을 삼한의 갑족, 벌족 (閥族)이라고 한다.

응하여 조국광복을 기하지고 주장하였다. 두 사람은 토의 끝에 4가지의 운동방침을 정하였다. 첫 번째는 지사들을 규합하여 국민교육을 장려할 것. 두 번째는 만주에서 광복군을 양성할 것. 세 번째는 비밀결사체를 조직할 것. 네 번째는 운동자금을 조성할 것이었다.

채근식은 <무장독립운동비사>에서 이렇게 적고 있다.

「… 1909년 봄에 양기탁의 집에서 신민회 간부비밀회의가 열렸으니 … 이 회의에서 결정한 안건은 독립기지건설건과 군관학교 설치 건이었다. … 그리하여 동년 여름에 간부이회영, 이동녕, 주진수, 장유순, 등을 파견하여 독립운동에 적당한 지점을 매수케 하였다.」

이와 같이 신민회는 만주로의 집단망명과 독립기지건설을 결정하고 행동에 옮기기 시작했다. 이를 지음 8월 29일 한일강제합병이 체결되고 마니 우리는 이날을 경술국치일이라고 부른다.

이 해(1910) 어느 가을 날 우당 이회영이 6형제를 한 자리에 모아 놓고 말씀하신다.

「슬픈 일이외다. 세상 사람들이 우리 가족에 대하여 말하기를 대한공신의 후예여서 국은과 세덕이 일세에 고나하였다고 일컫고 있소이다.

그러므로 우리 6형제는 국가로부터 동휴척[124]할 지위에 있습니다. 이제 한일합방의 궤변을 당하여 산하의 판도가 왜적에 속했습니다. 우리형제가 당당 명족으로 대의소재에 영사[125]일지언정 왜적치하에 노예가 되어 생명을 구도하면 어찌 금수와 다르리오. 이때 우리 형제는 당연히 생사를 막론하고, 처자 노유를 인솔하고 중국으로 망명하여 차라리 중국인이 되는 것이 좋을까 하오이다. 나는 또 동지들과 상의하고 근역[126]에서 운동하던 제사를 만주로 옮겨 실천코자 합니다. 만일 다른 해에 향운이 닥쳐와 왜적을 파멸하고 조국을 광복하면 이것이 대한 민족된 신분이요, 또 왜적과 혈투하시던 이항복 공의 후손된 도리로 생각합니다. 원컨대 백중계 모두는 이 뜻을 좇으시지요!」 이렇게 하여 6형제의 가족은 물론 이 가문에서 함께 생활하던 하인 등의 식솔 59명 전원이 독립운동을 위해 만주로 떠나게 된다.

이로써 인류의 역사가 기록된 이래 당시까지 세계 어느 나라에도 찾아 볼 수 없는 '국가와 민족을 위한 한 가문의 헌신과 희생의 역사'가 기록되게 되고, 이는 그 당

---

124) 동휴척(同休戚) : 함께 괴로워 함
125) 영사(寧死) : 차라리 죽음
126) 근역(槿域) : 「무궁화(無窮花)가 많은 땅」이라는 뜻으로, 우리나라를 달리 이르는 말임.

시 이후 오늘날까지도 세계 어느 나라에도 없는 유일한 역사로 남아 있다. 우당 형제는 그렇다 치더라도 노비 등의 식솔까지 목숨을 거는 일에 따라나선 것은 평소 우당이 이들에게 어떻게 대했는지를 가늠하게 한다. 새로운 서구문물을 접하게 된 우당은 스무 살을 지나면서부터 집안의 노비에 대해 존댓말을 씀은 물론, 평민으로 풀어주기까지 했다. 이런 인품을 가진 어른을 따라나서는 것이 당연한 도리라고 생각하지 않았겠는가 싶다.

월남 이상재 선생은 이를 두고 다음과 같은 말씀을 남기셨다.

「동서역사상 나라가 망한 때 나라를 떠난 충신 의사가 수백, 수천에 그치지 않는다. 그러나 우당 일가족처럼 6형제 일가족 60여 명이 한마음으로 결의하고 나라를 떠난 일은 전무후무한 것이다. 우당 형제는 참으로 그 형에 그 동생이라 할 만하다. 6형제의 절의는 참으로 백세청풍[127]이 될 것이니 우리 동포의 가장 좋은 모범이 되리라!」

이제 우남 6형제의 행적을 살펴보자.

우선 독립자금을 마련하기 위해 6형제의 전 재산을 처분했는데 이 금액이 오늘날의 가치로 환산하면 약 600억 원에서 1,000억 원에 해당하는 금액이라고 한다. 우당 선생은 이 모든 돈을 독립 운동가를 양성하고 독립운동을 하는 데 썼다.

우여곡절을 겪은 1912년 7월에야 중국 지린성 류허현 삼원보의 합니하의 땅을 구입하여 여기에 교사 8동을 신축하여 학교를 정식 설립하게 된다. 신흥무관학교는 이후 1920년까지 약 3,500여 명의 독립군 간부를 배출해 낸다. 님 웨일즈가 출간한 자서전 <아리랑>의 주인공 김 산도 이 신흥무관학교 출신이다. 이 학교 졸업생들은 홍범도의 대한의용군과 김좌진의 북로군정서 등에서 중심적인 역할을 한다. 하지만 1920년 5월부터 시작된 일제와 중국 군경의 서간도 일대 독립운동 세력에 대한 대대적인 탄압으로 학교운영에 적신호가 켜진다. 여기에 우당 6형제가 마련한 거금의 자금도 바닥을 드러내 더 이상 궁핍을 견딜 수 없게 신흥무관학교는 1920년 7월 폐교된다. 하지만 지청천 등은 300여 명의 신흥무관학교 졸업생과 생도들로 교성대를 구성해 김좌진이 이끄는 북로군정서에 참가해 그해 10월 청산리대첩에서 큰 공을 세우게 된다. 이 신흥무관학교는 우리나라 독립운동의 기틀을 만든 곳이라고 해도 과언이 아니다. 경술국치 직후 아무 대책도 없이 허둥대던 그 때 수많은 인재들이 이 학교에서 양성되었고 이들이 국·내외에서 헌신적인 활동을 하게 된다. 국가도 못한 일을 한

---

127) 백세청풍(百世淸風)

가문이 해낸 것이다.

　이 신흥무관학교를 폐교한 때가 우당의 나이는 54세였다. 이후 독립운동의 긴 세월은 가난의 연속이었다. 이회영의 아들 이규창에 따르면 1주일에 세끼를 먹으면 잘 먹을 정도였다고 한다. 베이징에서의 생활은 베이징의 최하층만이 먹는 "짜도미"로 쑨 죽 한사발로 끼니를 때우는 날이 많았다고 한다. 이후 우당선생의 독립운동 행적은 <표 4-16>을 참조하기로 하자. 우당 선생은 1932년 만주에 연락근거지를 확보하고 '무등' 관동군 사령관 암살과 지하 공작망을 조직할 목적으로 만주행을 결심한다. 당시의 정황으로 모두들 반대하였지만 결심을 꺾지 못하자 정화암은 이렇게 당부를 한다. "선생님이 꼭 만주로 가시겠다니 더 이상은 만류를 못하겠습니다. 그러나 지금 이곳 상황이 매우 위험한 것과 마찬가지로, 만주 사정도 과거와는 크게 달라서 위험합니다. 만주에 안착하실 때까지 아무리 친한 사람이라도 만주로 가신다는 말씀을 하지 마십시오!"

　우당은 알았다고 했다. 평생에 독립운동을 하신 분이라 보안은 몸에 벤 분이지만 떠나기 전에 꼭 한번 뵈어야 할 분이 있었다. 생전에 다시 뵐 수 있을지 모르는 둘째형님 이석영이었다. 이회영이 아들 규창을 데리고 찾아갔을 때 이석영은 혼자가 아니였다. 연충렬과 이규서라는 청년이 함께 있었는데 연충렬은 임시정부요인 엄항섭의 처조카였고 이규서는 이석영의 둘째아들의 사촌형이었다. 이회영은 이영석에게 큰절을 하고 작별인사를 했다. 이후 1932년 11월 초 이규창은 상하이 황포강 부두에 정박해 있는 남창호에 올랐다. 배의 맨 바닥 4등 선실에 모시고 큰절을 올린 후 배에서 내렸다. 그리고 기선이 출항하는 것을 보고 돌아가 백정기와 엄형순의 숙소로 돌아가 부친이 떠났음을 전했다. 이후 우당의 행적은 알 수가 없다.

　후일 이 두 청년의 밀고로 우당선생이 배를 뒤쫓아 온 일경에 붙잡히게 되고 안중근 선생이 형 집행을 당했던 만주 뤼순 감옥에서 모진고문을 당한 끝에 순국하셨다는 것을 알게 된다. 두 청년은 잡혀 처형되지만 어찌 이럴 수가 있는가. 당시 우당 선생님의 연세는 66세였다.

　6형제 중 첫째 이건영(1853~1940)의 둘째 아들 이규면(1893~1930)은 신흥학교 졸업 뒤 상해에서 독립운동하다 병사했다. 이건영의 셋째 아들 이규훈(1896~1950)은 만주에서 독립운동한 뒤 귀국, 국군 공군 대위로 복무 중 한국전쟁 때 실종됐다. 제일가는 재산가였던 둘째 이석영(1855~1934)은 전 재산을 팔아 망명생활비와 경학사 · 신흥무관학교 창설 운영 자금으로 사용케 했다. 만석궁이라 할 수 있는 거부가 국가도 하지 못한 일을 하는데 거금을 다 바치고 말년에는 차마 입에 담기 송구스럽지만 거지나

다름없이 되셨다. 80노구를 이끌고 이국땅을 전전 하시다 홀로 굶어 죽으셨다고 한다. 이석영의 장남 이규준(1899~1927)은 김원봉의 의열단원으로 이해명과 함께 밀정 김달하와 박용만을 암살하고 한국에서 독립운동하다 20대 젊은 나이에 병사했다. 신흥학교 교장을 맡아 일한 셋째 이철영(1863~1925)도 병사했다. 넷째인 이회영의 둘째 아들 이규학(1896~1973)은 사촌 이규준과 함께 밀정 암살에 가담했다. 셋째 아들 규창은 친일파 암살사건으로 경찰에 체포, 13년의 징역을 살다가 광복 뒤 석방됐다. 만주북경에서 독립운동을 하던 여섯째 이호영(?~1933)은 1933년 소식이 끊겨 생사를 알 수 없었다. 이호영의 아들 이규황(1912~1933), 이규준(1914~1933)도 함께 실종됐다. 연락이 두절되었던 막내 호영은 일경에 의해 일가족이 모두 살해되었다는 사실이 나중에 밝혀졌다.

너무 많은 분들의 수난사라 옮겨 적기조차 송구스럽다. 정리하면 6형제 중 석영·회영·호영 3형제가 만주와 중국에서 일제의 잔혹한 고문을 당하여 장렬하게 순국했다. 큰형 건영은 비참하게 돌아가시고 철영은 병사했다. 6형제 중 5형제가 사실상 중국에서 순국하신 것이다.

해방이후 6형제 중 유일하게 살아서 고국으로 돌아온 사람은 다섯째 이시영(1869~1953)이다. 1910년 6형제 가족과 식솔 모두 합하여 60여 명이 독립운동을 위해 조국을 떠 난지 35년 만에 꿈에 그리던 광복을 맞아 살아남아 조국에 돌아온 사람은 20여 명밖에 되지 않았다.

1919년 이래로 한시도 대한민국임시정부를 떠나지 않았던, 임시정부의 산증인이자 역사였던 이시형은 해방 후 초대 부통령을 지냈다. 이 6형제분의 이름을 외워야 할 의무가 있을 것 같아 6형제의 이름을 두자씩 나누어 '건석·철회·시호'로 외웠다. 후손으로는 우당의 손자로, 국정원장과 국회의원을 지낸 이종찬과 국회의원인 이종걸이 사촌간이다.

> 님께서 꿈에 오색 비단 옷을 입으시고 문으로 들어오는데 이 세상사람 같지 않더라. 내가 반겨서 당신을 따라 가겠다 하니 말씀하시길 '아직은 나 있는데 못 온다.' 하시고 홀연히 가시는지라 놀라서 깨니 꿈이더라. 일생을 독립운동에 바치시고 일편단심으로 '우리 조국, 우리 민족' 하시고 지내시다가 새 나라를 건설치 못하시고 운명하시니 슬프도다. 이 많은 한을 무슨 말로 위로 하오리까!

이는 위당의 미망인 이은숙 여사가 애절하게 읊은 제문이다. 조선 천지의 모든 어린 백성이 함께 울지 않았으리요. 오늘날 우리가 이 땅에서 걱정도 없이 살고 있는 것은 온 세상 사람들이 우러르는 위대한 가문의 우당 이회영선생님과 그의 일가, 그리고 조국 광복을 위해 목숨을 초개같이 버리신 수많은 선열들의 음덕이 아니겠는가. 우당의 독립운동생애는 전기를 통해서 배우기로 하고 여기서는 우당의 주요행적을 중심으로 한 연보를 싣기로 한다.

〈표 4-16〉 이회영 연보(1867.3.17.~1932.11.17.)

년도	주요 행적
1867	3월 17일 서울에서 출생.
1896	항일의병 활동자금 마련을 위해 풍덕에서 인삼농장 운영.
1907	비밀결사 독립운동 단체 '신민회' 발족 및 '헤이그 밀사' 파견을 주도.
1910	일가족 전체가 독립기지 마련을 위해 만주로 망명.
1911	이주동포 정착과 농업지도를 위한 '경학사'를 조직하고 광복군 양성을 위한 신흥강습소(신흥무관학교)를 설립.
1919	블라디보스토크, 베이징, 상하이를 전전하며 독립운동.
1923	신채호, 이을규, 이정규 등과 무정부주의 운동을 전개.
1924	항일운동 행동조직 '의열단'을 후원하고 제2의 행동조직인 '다물단'을 조직 및 지도.
1929	'재만조선무정부주의자연맹'을 결성하고 김좌진 장군과 함께 '재만한족연합회'를 조직.
1931	'남화한인연맹'을 결성, <남화통신>을 발간, 비밀행동조직 '흑색공포단'을 조직.
1932	상하이에서 다롄으로 배를 타고 가던 도중 상하이 밀정의 밀고로 일본경찰에 적발. 11월 17일 다롄경찰서에서 심한 고문 끝에 옥사.
1962	건국훈장 독립장에 추서.

2. 언젠가는·어떻게든

상제가 인간을 빚어 낼 때 후박함이 없다는 말씀이 맞는 말일까. 동방의 등불, 코리아에는 이렇다 할 지하자원 하나 제대로 주지 않았으나, 그 대신에 뛰어난 인적자원을 주신 것 같다. 이는 물고기를 준 것이 아니라 물고기를 잡는 기술을 주신 것과 같은 것으로 엄청난 축복이라 할 수 있다. 그래서인지 우리나라는 단군 이래 조선 중기에 이르는 수 천년 동안 부국강병의 찬란한 문명을 꽃피웠다. 그런데 상제가 주신 우리의 능력을 제대로 계발하지 못한 탓일까, 조선후기에 이르러 조상에게 물려받은 훌륭한 문화유산을 제대로 계승발전 시키지 못하고 쇄락의 길을 걷게 된다. 세세동점의 역사 흐름 속에서 위태위태한 행보를 보이던 조선왕조는 결국 경술국치를 당하고 만다. 질곡의 세월을 견디어 낸 우리나라는 마침내 민족해방을 맞게 되나, 광복의 기쁨도 잠시, 동족상잔의 내전이 발생하여 조국분단이라는 비극적 사태를 맞게 된다. 근대 이후 굴욕과 좌절의 역사를 써 내려간 것이다.

그러나 전후 국가재건에 온 국민의 역량을 총 집결하여 반세기 만에 세계 10대 경제대국으로 성장하였다. 제2차 세계대전 후 독립한 80여 개 국가 중 이런 나라는 우리나라가 유일하다고 하니 참으로 자랑스러운 일로 자랑할 만하다. 그런데 무엇이 잘못된 것일까? 가난만 벗어나면 유토피아가 전개될 줄 알았던 우리 사회는 피땀 흘리며 일하면서 정신없이 달려오다가 20세기 후반에 뜻밖에 아이엠에프 사태라는 것을 맞게 된다. 사업을 더 크게 해보려다가 빚을 좀 더 진 것 정도로 알고 국채보상운동과 같은 금모으기 등을 통하여 합심하고 허리띠를 좀 더 졸라매면 될 것 같았던 이 사태는 나중에 알고 보니 우리사회의 패러다임이 근본적으로 바뀌게 되는 계기가 된 것으로 제2의 경술국치라 할 만큼 엄청난 충격을 준 사건이었다.

이 사건이 발생한 지 20년이 지난 오늘, 21세기 초반에 선 우리는 전혀 예기치 못한 새로운 시련에 직면해 있다. 문득 돌아보니 전쟁 중에도 이렇게 많은 사람이 스스로 목숨을 끊은 경우가 없었는데 우리나라는 세계에서 자살자가 가장 많은 나라가 되어있다. 또한 자녀를 낳지 않으려 하여 세계에서 가장 낮은 출산율을 기록하고 있다. 그런가 하니 그동안 국가경제를 반석 위에 올려 세운 자랑스러운 고도성장의 신화도 막을 내린 것 같다. 그리고 언제부터 거리에 노인이 이렇게 많아졌는지 모르겠다.

오늘날 우리사회는 양극화와 저출산 그리고 고령화, 여기에 경제성장의 둔화라는 총체적 난국에 처하게 된 것이다. 혼란스러운 가운데 눈을 돌려 앞을 보니 제4차 산업혁명을 예고하고 있는 국제경제사회에 편승해야 하는 만만찮은 앞날이 기다리고 있다.

이 책은 현대사의 갈림길에 선 우리의 모습을 재조명해 보고 어떤 방향으로 어떻게 나아가야 할 것인가를 직업사회학의 관점에서 모색해 본 것이다. 다시 말하면 근대이후 우리나라가 세세동점의 희생양이 되고, 오늘날까지 서구의 문명을 배우고 따라하기에 급급한 처지가 된 원인이 무엇인지를 찾아내어 이러한 굴욕의 역사를 청산하고 세계사를 주도하는 선진강국이 되는 방안을 찾기 위해 노력한 것이다.

그래서 서구의 자본주의 초기의 산업혁명과 사회변화 그리고 아담스미스 이후 현대에 이르기까지 그들의 경제사를 조망하고, 이를 동시대의 조선후기 경제·사회와 비교·분석했다. 그 결과 근대 여명기에 불세출의 실학사상가가 나타나 부국강병론을 주장했음에도 불구하고 이를 국가정책으로 채택하여 시행하지 못한 것이 굴곡진 근대사의 시발점이 된 것으로 파악되었다. 결론적으로 역사의 전환점에서 진정한 리더의 부재는 국가의 운명을 바람 앞의 등불로 만든다는 것을 실증적으로 제시하면서 다시는 이런 우를 범하지 않아야 한다고 경계했다. 이는 이 책의 제1의 주제이기도 하다.

진정한 리더의 부재를 오늘날 우리사회를 총체적 난국에 처하게 만든 원인[128]으로 보았고, 근인[129]으로는 1997년 12월 3일의 아이엠에프 구제금융 신청사건을 지목했다. 소위 아이엠에프 사태를 제2의 경술국치로 규정지은 것이다. 이 사건을 경제주권을 거의 내어 준 것과 다름없는 경제전쟁의 패망으로 보았기 때문이다. 이 사태로 인해 우리사회의 패러다임이 근본적으로 바뀌었을 뿐만 아니라, 이후 20년이 지난 오늘날까지도 그 후유증이 가시기는커녕 누적, 심화되어 왔다. 이 책 여러 곳에서 이 사태를 중복언급하면서 다시는 그런 상황을 가져와서도 안 되고 만약 그와 유사한 상황이 벌어졌을 때는 그 때와 같은 대처방안은 절대 안 된다는 것을 주장하고 있는데 이는 이 책의 제2의 주제라 할 수 있다.

그리고 근대 이후 오늘날까지의 우리역사 속에서 직업사회와 관련한 사건들을 찾아내어 이를 직업사회학의 관점에서 재조명하고 새로운 시각으로 바라보려고 노력했다. 우리역사의 비등점을 찾아 방황한 것이다. 말하자면 우리의 미래는 안정된 직업사회에 있다고 보고, 보다 나은 직업사회건설을 위한 구체적인 방안을 제시하고, 이러한 직업사회를 뒷받침할 수 있도록 국가사회의 틀을 보다 견고하게 짤 수 있는 새로운 방안을 모색한 것이다. 이는 이 책의 제3의 주제에 해당한다.

이러한 탐색과정에서 중요한 몇 가지 사실을 깨닫게 되었다.

그 첫 번째는 우리국가 운영시스템은 우리의 역사를 바탕으로 한 우리만의 방식을 찾아내어 적용할 필요가 있고, 그 구체적 방법은 실사구시의 실학사상에서 찾을 수 있다는 점이다. 실학사상은 오늘날 우리 국가 사회 미래의 방향을 제시하는 이정표이자 보다 나은 직업사회의 설계를 위한 청사진이다. 이 책에서 제시된 여러 제안들은 실학사상에 바탕한 '실사구시' 방법론에 의한 것이다. 앞서 실학사상을 실천하는 방법론으로서 '실시구시'를 '현재의 사회운영체제를 객관적인 관점에서 과학적인 방법으로 분석하고 진단하여 보다 나은 사회운영체제를 찾아내는 일'로 정의하였는바,

---

128) 원인(遠因)
129) 근인(近因)

제안내용의 타당성을 떠나서 이와 같은 사고의 단초를 제공하고자 했다는데 더 큰 의미가 있다고 하겠다.

두 번째는 우리에게는 대륙의 기질을 가진 피가 흐르고 있다는 점과, 무에서 유를 창조하고, 불가능을 가능하게 만드는 신명이라는 것이 디엔에이 속에 각인되어 있다는 점이다. 그래서 세계의 문명을 주도할 역량이 차고도 넘친다는 것을 알게 되었다. 이것은 객관적으로도 인정받은 것이다. 20세기 후반에 미래학자 앨빈 토플러[130]는 향후 세계역사를 주도할 국가로 몇 나라를 지목했다. 지하자원이 풍부한 브라질, 우리나라 카이스트에 해당하는 대학이 200개나 된다는 인도, 그리고 우리나라를 지목한 것이다. 그는 우리나라를 지목한 사유로 끈질긴 민족성[131]을 들었다. 이 석학에게 한국을 지목하라고 누가 시킨 것도 아닐진대 그 혜안이 놀라울 뿐이다. 그렇지 않아도 않아도 세계도처에서 각 분야에서 이름을 빛내고 있는 많은 자랑스러운 한국인들이 이를 증명해 준다.

그래서 우리가 반드시 품고 있어야 하고, 잊어서는 안 될 것은 언젠가는, 어떻게든 4세기 이전의 코리아 옛 국토를 회복하고 세계를 지배하는 초일류의 강국으로 우뚝 서야 한다는 것이다. 이는 황당한 얘기가 아니다. 로마의 지배하에 있던 이스라엘은 기원전 1세기경 로마 티투스 황제의 탄압을 피해 국민들이 세계 각지로 흩어지게 된다. 국가의 구성의 3요소를 국민, 영토, 주권이라고 한다면 국가는 없고 국민만 있던 이스라엘은 거의 2000년 만에 국가를 회복했다. 해석컨대 같은 말과 글을 가지고 있으면 아무리 오랜 세월이 흐르더라도 국토회복이 전혀 불가능한 일이 아니라는 것을 보여준 것이다. 우리는 말과 글은 물론 국가도 가지고 있다.

세 번째는 우리나라는 역사의 비등점에 이르기 위한 치열한 몸부림을 해왔고, 그 비등점이 멀지 않았음을 인식하게 되었다는 점이다. 사실 지금 우리는 우리나라가 21세기 글로벌 시대를 주도하는 국가로 도약할 수 있을 것인지의 중대한 역사의 갈림길에 서 있는 것이다. 그래서 우선 당장 해야 할 일은 우리의 직업사회가 처한 위기를 극복하고 반전시킬 방법, 말하자면 제3주제의 실천방안을 찾는 것이다.

이러한 방안을 찾는 과정에서 직업사회를 경제 전쟁이 벌어지고 있는 전쟁터로 파악했다. 전쟁에서 이기기 위한 요건들은 어떤 것이 있을까? 기나긴 전쟁에서 이기는 힘은 건강이다. 우선 직접 전투를 치루는 병사가 건강해야 한다. 뿐만 아니라 병사의 역량이 높아야 한다. 그래서 병사가 오합지졸이 되지 않고 일당백이 되도록 군

---

130) 엘빈 토플러(Alvin Toffler)
131) 끈질기다는 의미의 harsh

사훈련을 하는 것이다. 두 번째는 무기가 성능이 좋아야 한다. 아무리 잘 훈련된 병사라도 재래식 무기로는 이길 수 없다. 세 번째로 전쟁에 이기기 위해서는 뛰어난 전략과 이를 잘 수행하기 위한 전술이 있어야 한다. 이 전략수립과 작전개시는 장군이 한다. 장군은 이와 같은 전쟁의 3요소를 적재적소에 배치하고 잘 운용하여 전쟁을 승리로 이끄는 것이다. 결국 전쟁의 승패는 장군이 결정한다고 해도 과언이 아니다.

이 책은 이와 같은 논리를 직업사회에 적용시켜 보다 나은 직업사회 건설을 위한 방안들을 찾아본 것이다. 무엇보다도 직업사회는 훌륭한 리더를 배출할 수 있어야 한다. 그래서 쪽빛·남빛론을 제창하고, 리더를 양성하는 방법도 바꿔보자고 한 것이다. 그리고 가계가 안정되어야 일당백의 전사를 키워낼 수 있으므로 이를 위한 국가와 기업의 책임을 강조했다. 전쟁당사자인 기업은 전·후방이 모두 전장이다. 국가는 기업의 성장을 담보할 수 있어야 한다.

결론적으로 가계와 기업 그리고 정부가 각자의 본분을 지키고 의무를 다할 때 직업사회는 보다 바람직한 방향으로 나아갈 수 있다. 부의 정당성이 확보되는 직업사회, 조국의 산하와 같이 크고 작은 수많은 영웅(기업가)들이 탄생하는 직업사회가 구축될 때 진정한 사회통합을 이룰 수 있고 국가사회의 틀은 그만큼 더 견고해진다고 할 수 있겠다.

앞서 언급한 바의 21세기 초엽의 세계는 자본주의의 위기론이 대두되어 자본주의에 대한 근본적인 회의를 드러내는 시각이 일반화되고 새로운 대안을 모색하는 분위기가 형성되어 있다. 다음에서 자본주의 경제체제를 대체할 수 있는 새로운 경제체제이론으로서의 '공유 자본주의'를 소개하고자 한다.

3. 공유 자본주의[132]

자본주의 경제체제의 한계

산업혁명을 기점으로 하여 2세기에 걸쳐 성장·발전하면서 진화해 온 서구의 자본주의 경제체제는 오늘날 그 한계와 모순이 극명하게 드러나면서 위기를 맞고 있다.

---

132) 공유 자본주의(共有 資本主義) : 의암 성성제가 현재가치 중심의 자본주의 시장경제체제의 모순을 극복할 수 있는 대안으로 제창한 새로운 패러다임의 경제이론이다. 여기에서 소개하고 있는 공유자본주의는 그의 저서 '공유 자본주의 시장경제와 한국 미래경제'를 축약한 것이다.

위기의 실체는 통화자산의 인플레이션과 통화팽창을 초래하면서 비롯된 국가 간의 환율, 산업 간의 독점과 분쟁, 개인 간의 소득불균형 등 다양한 모습으로 드러나고 있다. 그중에서도 가장 심각한 것은 빈부의 양극화 사회현상을 초래한 것이다. 이는 이기주의와 개인주의에 기초한 현재가치 중심의 시장경제의 구조적인 운영상의 모순으로 소득불균형을 야기시키는 데 근본 원인이 있다. 이와 같은 시장경제의 구조적인 운영상의 모순이 자본주의 경제발전과 함께 성장하여 사회공동체를 분열과 갈등으로 몰아넣는 역기능으로 작용하고 있는 것이다. 주지하는 바와 같이 서구의 자본주의 경제체제는 오랜 경제발전의 역사에서 문제점을 극복하기 위한 수많은 경제정책들이 수행되어 왔음에도 불구하고 이 역기능에 의한 빈부격차는 더욱 더 심화되어 온 것이다.

자본주의 경제체제에서 일어나고 있는 심각한 빈부격차의 근본원인은 시장경제의 구조적인 운용상의 모순으로 '통화자산의 인플레이션과 통화팽창에 의한 독점자본의 형성'에 있다. 그리고 이는 상품유통시장과 금융자본시장의 구조적 운용상의 모순에서 기인한다.

첫 번째 원인은 상품유통시장의 구조적인 운용상의 모순에 의해 경제객체의 교환매체인 통화자산의 인플레이션을 유발하게 되고 이로 인한 통화가치의 하락은 인플레이션의 경제현상을 초래하며 독점자본을 형성하게 만들기 때문이다.

두 번째 원인은 금융자본시장에서 통화자산의 운용에 대한 구조적 운용상의 모순에 의한 것으로 통화자산에 금리를 적용하고 사용자의 신용등급에 따라 금리를 차등화시킴으로써 이 또한 통화자산의 인플레이션과 통화팽창의 경제현상을 초래하고, 통화자산의 순환이 과도하게 편중되어 독점자본을 형성하게 만들기 때문이다.

종합하자면 상품유통시장과 금융자본시장의 구조적 운용상의 모순에 의해 형성된 독점자본에 의해 빈부격차가 발생하게 된다고 결론지을 수 있다. 기업의 탐욕에 가까운 이윤추구와 두 시장의 운용상의 모순에 의해 유발된 통화자산의 인플레이션과 통화팽창에 의해 독점자본의 형성이 가속화되고 교환가치는 지속적인 마이너스의 가치로 작용하게 된다. 이 두 가지의 현상은 필연적으로 부족현상을 유발하기 때문에 사람들은 극도의 이기주의와 개인주의로 전락하였고 결국 지나친 자본의 편중과 통화가치의 하락으로 빈부격차가 발생하며 이 현상이 끊임없이 지속됨으로써 부익부 빈익빈을 가져오게 된 것이다. 이것이 소위 1%의 부자와 99%의 빈자라는 양극화의 사회현상을 유발시킨 것이다. 그러므로 자본주의 경제체제하에서 돈을 번다는 것은 현재가치 중심의 시장경제에서 통화가치의 인플레이션을 의미하는 것이고 이것은 인플레이션에 의한 통화가치의 하락으로 다른 사람은 손해를 본다는 것을 의미한다. 따라서 이와 같은 상품유통시장과 금융자본시장의 구조적 운용상의 모순을 제거하지 않은 한 빈부의 격차에 의한 양극화 사회현상은 영원히 해소할 수 없다.

빈부격차의 원인 분석

위에서 살펴본 바에 의하면 현행의 자본주의 경제는 현재가치 중심의 마이너스 시장경제로 정의할 수 있다. 이와 같은 경제 환경에서는 누군가 이익을 보게 되면, 이에 관련된 다른 사람이 손해를 보게 되어 있다. 이러한 경제 환경에서 빈부격차 발생은 당연한 것이고 이러한 주범은 상품유통시장과 금융자본시장의 구조적 운용상의 모순에서 기인하는 '통화자산의 인플레이션과 통화팽창에 의한 독점자본의 형성'인 것이다. 따라서 이 두 시장에 대해서는 좀 더 구체적으로 자세하게 살펴볼 필요가 있다.

첫 번째는 상품유통시장이다. 오늘날 현재가치 중심의 자본주의 시장경제에서 상품의 유통시장은 생산자, 총판, 대리점, 소매점, 소비자 등의 구조적인 유통단계에 따라 상품거래가 이루어짐으로써 이에 따른 유통마진을 수반하게 되어 있다. 이러한 유통구조는 반드시 통화자산의 팽창을 가져오고 인플레이션을 수반하게 된다. 통화자산의 인플레이션을 일으키는 주된 원인은 상품의 유통마진이며, 최종 소비자가 그 유통마진을 부담하게 되어있다. 이에 따라 누군가는 통화자산이 인플레이션되는 만큼 이익을 보게 되며, 그 통화가치는 그만큼 떨어지게 됨으로써 손해를 보게 되는 사람이 있게 마련이다. 결국 상품유통시장에서 유통마진은 바로 통화자산에 의한 인플레이션을 의미하며, 이것은 소득의 불균형을 초래하고 빈부격차를 유발시키는 원인으로 작용하게 된다.

특히 인플레이션과 통화팽창의 예는 오늘날의 증권거래시장의 주식상품거래에서 찾을 수 있다. 이는 엄밀하게 표현하자면, 도박장에서 주식들을 이용하여 도박하도록 합법화시킨 것과 다름이 없는 것이다. 우리가 주식에 투자하는 근본적인 목적은 기업 측은 사업자금을 확보하는 것이며 투자측은 투자기업에 의한 주식자본의 배당수익을 얻기 위한 것이다. 그러나 지금의 주식거래시장은 그 근본적인 목적은 간데없고 특정세력에 의한 의도적인 금융기관의 여신운용에 의해 얼마든지 주가의 조작이 가능하게 되어 투기도박시장이나 다름없이 된 것이다. 세계화된 오늘날의 공개주식시장의 큰손은 국제금융자본세력이며, 그들은 자기의 은행여신을 운용하여 주가를 조작하고 그로 인하여 유발하는 주가지수들을 이용해서 수많은 허상의 파생금융상품들을 양산하고 유통시킴으로써 통화자산의 팽창을 극대화하여 거대자본을 형성하고 끊임없이 인플레이션을 야기시키고 있는 것이다. 이와 같은 주식시장의 병폐현상을 바로잡기 위해서는 주식거래를 주식액면가로만 거래하도록 하는 획기적인 조치가 필요하다.

본론으로 돌아가서 상품유통시장의 운용상의 모순을 극복할 수 있는 방안은 경제공동체를 구축하여 회원 간에 상품을 등가원리에 의한 직거래시스템을 운용하는 것이다. 이는 여기서 주장하고자 하는 공유 자본주의의 핵심적인 운용방안의 하나로 후술할 예정이다.

두 번째는 금융자본사장이다. 빈부격차의 주된 원인으로 금융자본시장의 금리와 금리의 차등화를 들 수 있다. 실물자산에 대한 교환가치의 교환매체인 통화자산에 금리를 적용시키고 그 사용자에 따라 금리를 차등화 시키는 금융통화운영시스템의 운용에 의해 빈부격차가 일어나는 것이다. 금융자본시장의 통화자산을 이용하는데 부자에게는 높은 신용도를 주고 낮은 금리를 적용하며, 빈자에게는 낮은 신용도를 주고 높은 금리를 적용하고 있는데 이와 같이 금융자본시장의 불합리한 운용 규정은 거대 독점자본을 형성하는데 기여할 뿐만 아니라 빈부의 양극화 사회현상을 더욱 더 심화시키는 원인으로 작용하게 된다. 오늘날 금융기관들이 금리를 적용하고 그러한 금리를 차등화 시켜 수많은 금융상품과 파생금융상품들을 양산함으로써 통화량의 증가와 이에 따른 인플레이션으로 인하여 빈부의 격차가 더욱 더 가속화되고 있는 것이다.

그러므로 통화자산에 금리를 적용하는 것은 지속적으로 통화자산의 인플레이션을 유발시키고, 금리의 차등화는 낮은 금리를 이용하는 부자에 비해서 높은 금리로 이용하는 빈자에게 금리차이로 발생하는 제반 손실만큼 상대적으로 자본손실을 가져온다. 따라서 빈자는 부자보다 경쟁력이 떨어질 수밖에 없는 것이다. 이러한 금융자본시장운영은 불공정한 분배로 이어지기 마련이고, 이런 결과는 근본적으로 국가, 회사, 개인들 사이에도 당연히 빈부격차를 초래할 수밖에 없다.

이상에서 현재가치 중심의 시장경제로써의 자본주의 경제체제의 한계를 드러내게 만든 상품유통시장과 금융자본시장의 구조적인 운용상의 모순에 대해 알아보았다. 이제 자본주의 경제체제의 한계를 근본적으로 극복할 수 있는 공유 자본주의를 제시하고자 한다. 공유 자본주의란 현재의 자본주의 경제체제를 대체할 수 있는 새로운 패러다임의 자본주의 경제체제를 말한다.

공유 자본주의란 무엇인가?

(1) 우리민족 전통의 사회문화

지구상에 인류가 출현한 이후 수많은 민족과 국가가 명멸해 왔다. 이러한 세계사의 흐름 속에서 우리나라가 단일민족으로써 장구한 역사를 가지고 오늘날까지 존재하고 있는 것은 태초부터 형성된 우리민족전통의 사회문화를 잘 계승·발전시켜온 결과라고 할 수 있다. 우리민족전통의 사회문화는 천부사상인 삼일사상을 바탕으로 만유합일의 진리의 정신문화와 지혜의 생활문화를 이루어 온 것으로 요약할 수 있는데 그 개요는 다음과 같다.

우주만물은 하나에서 비롯되는데 이는 본래부터 존재했던 하나이다. 여기서 하나는 하늘과 땅과 사람의 세 갈래로 작용하여 나오는데 이 천지인의 삼요소가 결합하여 새로운 하나(합일)를 이룬다.[68] 이 삼 요소는 아버지와 어머니 그리고 나를 이름이며 현대물리학에서 말하는 핵을 구성하는 양자와 전자 그리고 중성자를 의미한다. 이 삼요소가 결합하여 나타난 존재가 하나의 핵으로써 이 세상의 존재원리인 것이다. 이 세상은 눈에 보이는 유형(물질)의 존재와 눈에 보이지 않는 무형(정신)의 존재가 하나로 합일되어 있는 합일세계이다. 이런 세계가 존재하는 것은 중도(중용)의 균형의 원리에 의해 상호 작용하면서 진화 발전하여 온 것이다. 이것은 삼일사상133)의 요체인데 이는 자연의 섭리이다. 우리민족은 자고이래로 경천애인하고 인의예지신을 근본으로 하며 자연의 섭리에 순응하고 창조하는 온고지신134)의 생활문화를 이루어 면면히 이어온 것이다. 말하자면 우리민족 고유의 생활문화는 삼합의 조화와 질서에 따라서 실천하는 일상생활을 통하여 창조한 것이다.

이 자연의 섭리에 순응하는 생활문화는 크게 개인과 집단의 두 가지 생활문화로 나누어 볼 수 있다. 전자는 아버지와 어머니에 의해서 자기가 존재한다는 윤리관으로서의 도덕적인 가치관이고, 감사하며 봉양하는 효친사상이며, 후자는 남을 먼저 배려하고 헌신하며 가장 합리적이고 공정한 공유와 분배를 실현하는 이타정신의 경제공동체 생활문화를 말한다. 이 경제공동체 문화가 우리생활 속에 녹아 있다는 것을 잘 보여주는 것이 '두레'와 '품앗이'이다. 두레는 경제공동체의 공동행사를 의미하고 품앗

---

133) 삼일사상(三一思想) : 모든 존재는 삼요소(천·지·인)의 합일로 존재한다는 우리민족의 중심사상이다.

134) 온고지신 : '논어'의 '위정편'에 나오는 온고이지신 가이위사의(溫故而知新 可以爲師矣 : 옛것을 익혀서 새로운 것을 알면 스승이 될 수 있다'에서 유래한 용어.

이는 노동력을 교환매체로 상생의 공동체생활문화를 말하며 이 두 생활문화가 농경사회의 바탕위에 우리민족 전통의 사회문화로 정착된 것이다.

사실 농경사회는 주지하는 바와 같이 우리민족만의 고유한 사회는 아니다. 인류사회는 가족이나 씨족중심의 혈연집단으로부터 시작되어 오랜 수렵과 채취의 생활을 이어 오다가 신석기 시대에 이르러서 식량을 생산하는 단계가 된다. 인류문명의 발전은 인류사회가 수렵사회에서 농경사회로 바뀌게 되는 이때부터 시작되었다고 볼 수 있다. 이 시대에 정착생활이 이뤄지고 물물교환의 상품시장이 조성되었으며, 이러한 물물교환의 시장들을 중심으로 가족공동체의 농경사회의 생활문화가 형성된 것이다. 인류문명은 크고 작은 차이는 있으나 이를 바탕으로 하여 발전하여 왔던 것이다.

그런데 근대에 이르러 서구에서 과학문명의 발전에 의한 산업혁명을 계기로 이러한 농경사회가 산업사회로 전환되었다. 새로운 산업사회가 성장·발전하는 과정에서 사람들이 자연의 순리를 따르기 보다는 인위적인 지식에 의한 이기적인 생활문화가 형성되었다. 이러한 현상은 전통사회의 변화를 가져왔다. 변화의 가장 큰 특징은 핵가족화 또는 개인화에 의해 가족공동체가 붕괴된 점을 들 수 있다. 여기에는 극도의 개인주의와 이기주의가 자리하고 있다. 이는 200년이 넘는 기간 동안 대부분의 국가의 경제를 이끌어 온 서구의 자본주의 경제체제가 인간의 의식 속에 각인시켜 온 것이다. 이러한 개인주의와 이기주의는 모든 인류에게 불행을 가져오는 씨앗으로써 종국에는 세계 인류를 파멸의 길로 견인하는 원흉으로 작용하게 될 것이다. 이미 20세기 후반부터 인간의 탐욕에 의한 자본주의의 몰락의 조짐이 나타나고 있다. 2000년대에 들어서서 유럽이 세계경제 위기의 진원지가 되어 몇 차례 글로벌 금융위기를 겪으면서 자본주의의 위기론이 대두되었다. 자본주의의 피해와 역기능을 설파하고 기업국가와 자유민주주의의 위기를 논하는 등 자본주의에 대한 근본적인 회의를 드러내는 시각이 일반화되고 새로운 대안을 모색하는 분위기가 형성된 것이다.

한편 앞서 살펴 본 바와 같이 우리민족은 고유의 전통사회문화를 창조하고 이를 계승·발전시켜왔다. 유구한 농경생활의 역사 속에서 가족 중심의 경제공동체를 이루고, 일상생활이 우주자연의 이치에 의한 24절후의 태양력과 음력을 같이 사용하며 참으로 위대한 지혜의 생활문화를 창조하여 대대로 이어 온 것이다. 우리민족 고유의 전통사회문화는 효친사상을 중심으로 하는 진리의 실천문화이고, 남을 먼저 배려하는 이타정신의 생활문화이며, 가장 합리적이고 공정한 공유와 분배를 실현하는 경제공동체의 생활문화이다. 우리고유의 생활문화를 실천하여 자연의 물리를 저절로 깨우치고 이를 실행함으로서 항상 지혜로운 경제생활을 영위해 온 것이다.

그러나 우리나라는 개화기 이후 1세기가 넘는 기간 동안에 서세동점의 희생양이 되어 치욕의 경술국치와 참담했던 식민통치, 조국분단의 내전에 이은 산업화 과정에서 우리 고유의 생활문화를 많은 부분에서 왜곡시키고 훼손하여 그 본질을 상실하게 되었다. 특히 서구의 국가들이 200년을 넘는 장기간에 걸친 산업화의 과정을 겪으면서 사회·경제체제를 구축한 반면 우리나라는 불과 수십 년 만에 농경사회에서 산업사회로 전환되었다. 이 과정에서 오랜 기간에 걸쳐 형성된 서구문화의 본질을 꿰뚫지 못하고 개인주의와 이기주의가 생활화되어 있는 이질적인 서구문화를 동경하여 우리의 문화를 야만과 미개로 폄하하면서 그들을 모방하고 답습하는 데 급급하여 우리민족의 진리의 정신문화와 지혜의 생활문화가 터전을 잃고 시나브로 사라져버린 것이다.

그 결과 오늘날의 우리사회는 자본주의 모순이 극대화된 사회라고 할 수 있을 만큼 서구사회보다 더 심각한 사회문제가 노정되고 있다. 이러한 사회현상을 저출산과 양극화로 함축할 수 있다. 저 출산은 미래에 대한 희망이 없다는 방증이기도 하고 양극화는 먹고 살기가 힘든 계층이 많다는 현실을 말해주는 것이라고 할 수 있다. 1960년대 이후 '잘 살아보자'라는 구호 아래 온 국민이 힘을 합쳐 반세기가 넘는 동안 피땀 흘려 노력한 결과가 이렇다고 한다면 너무나 참담하다. 여전히 가난한 사람이 많은 것까지는 그렇다고 치더라도 우리 가슴에 가득 차 있던 희망마저 사라졌다고 한다면 이는 받아들이기 힘든 현실이 아닐 수 없다.

오늘날 우리 사회가 이러한 위기에 처한 근본 원인은 현재의 자본주의 시장경제체제가 갖는 모순에서 기인한 것이다. 따라서 태생적으로 한계가 있는 자본주의 경제체제를 대체할 수 있는 새로운 경제체제가 필요하다는 것이 시대의 요청이라고 할 수 있다. 이에 자본주의 경제체제를 대체하여 위기의 우리 사회를 구제하고 국민누구나 행복한 경제생활을 누릴 수 있는 새로운 패러다임의 경제체제로써 '공유 자본주의'를 제창하게 된 것이다.

(2) 공유 자본주의린 무엇인가

공유 자본주의란 지금의 개인주의와 이기주의의 생활문화를 야기한 자본주의 경제제체를 대체하여 누구나 행복한 상생의 경제생활을 가능하게 하는 생활문화를 창조하는 새로운 경제운영이론이다. 이 경제운영이론은 자본주의의 모순을 극복하고 이를 타파할 수 있는 길은 우리민족의 전통문화인 '남을 먼저 이롭게 배려하고 헌신하는 이타정신의 생활문화'를 복원하는 데 있다는 확신에서 비롯되었다. 우리민족 전통의 사회문화는 함께 살아가는 사회를 가장 이상적으로 가꿀 수 있는 운영시스템이라고 할 수 있다. 그럼에도 불구하고 이와 같이 훌륭한 우리문화를 계승·발전시키지 못한 주된 원인은 자급자족의 경제생활이 되지 못해 전체적으로 가난을 벗어나기가 어려운 농경사회가 지속되고 있었다는 점에서, 또한 산업사회로 탈바꿈한 서구의 과학문명을 '조국의 근대화'라는 이름으로 배우기에 급급한 나머지 우리 전통의 사회문화의 가치를 인식하지 못하고 오히려 버려야 할 부끄러운 문화유산으로 간주해버린 데 있다. 물론 우리가 서구에서 수 세기에 걸친 산업화의 과정을 몇 십년 만에 이뤄 내면서 우리사회에서 절대빈곤을 몰아내는 업적을 이룬 것은 틀림없는 사실이나 앞서 지적한 대로 더 큰 것을 잃어버린 것 또한 엄연한 현실이다. 아무튼 공유 자본주의 시장경제이론은 이러한 문제점들을 근본적으로 해결할 수 있는 새로운 패러다임의 경제운영체제를 제시하고 있다. 이 이론의 특성은 다음과 같다.

첫째는 공유 자본주의는 200년이 넘게 운용되어 온 서구 자본주의 경제제체의 한계를 극복할 수 있는 새로운 경제운영체제에 대한 경제운영이론이다.

둘째 공유 자본주의는 '두레'와 '품앗이'로 표상할 수 있는 우리 고유의 경제공동체를 온고지신하여 오늘날의 산업사회에 알맞게 '공유사업과 품앗이'의 경제로 복원한 것이다.

셋째 공유 자본주의는 현재의 자본주의 경제운영체제의 바탕위에 점진적인 일상생활의 변화과정을 거쳐 새로운 형태의 경제운영체제로 전환하여 바로 운용할 수 있는 실행기능을 가진 경제운영이론이다.

넷째 공유 자본주의는 서구의 자본주의 초기부터 나타난 자본주의와 사회(공산)주의, 다시 말하면 좌편향과 우편향의 생활문화를 서로 융합시켜 상생의 중도(중용)주의의 생활문화를 정착시키는 상생경제이론이다.

다섯째 공유 자본주의는 자기신용에 의한 여신운용으로 만들어 낸 상품들이 등가원리로 운용되어 합리적이고 공정하게 분배하고 공유하게 하는 공유경제이론이다.

여섯째 공유 자본주의는 경제공동체의 회원들이 자기신용으로 창출한 여신한도를 운용하여 그 공동체 안에서 무형의 미래가치 실물자산을 선순환경제에 의해 유형의 현재가치 실물자산을 창조하여 자기의 경제생활을 영위를 할 수 있는 창조경제이론이다.

일곱째 공유 자본주의는 현재 개인주의에 의한 이기주의 생활문화를 새로운 패러다임의 경제공동체에 의한 이타주의 생활문화로 전환시킬 수 있는 경제이론이다.

여덟째 공유 자본주의는 예측 가능한 공유사업을 선순환경제에 의한 합리적이고 공정한 공유와 분배를 실현하며 그 위험성을 최소화하고 국가 국민경제를 향상 발전시키는 경제이론이다.

용어의 정의

(1) 공유·자본주의·시장경제

우리가 살아가는데 공기나 햇빛, 땅과 물 같은 자연을 떠나서는 생존할 수가 없는 것이다. 여기에서 공유의 개념은 우리 모두가 이와 같은 자연을 다 같이 소유하고 생존한다는 뜻에서의 공유를 의미한다. 모든 사람은 누구나 이 세상에 태어나면서 자기가 생존하는데 의식주에 필요한 것들을 자연에서 공유하고 자기의 몫으로 소유할 수 있는 천부의 권리를 가지고 있다.

이러한 자연의 의미는 절대공유에 해당하며 이를 바탕으로 자기의 능력에 따른 차별적 자기의 사유가 인정되는 경제사회체제를 공유 자본주의라고 한다. 여기서 자본주의라 함은 누구나 자연에서 공유하고 자기의 몫으로 소유할 수 있는 천부의 권리와 마찬가지로 자기가 참여하고 있는 경제공동체에서 공유하고 있는 자산과 자본재에 대해서 공정한 자기의 몫을 소유할 수 있는 절대적 사유의 권리제도를 의미하는 것이다. 이를 요약하여 '공유 자본주의'라고 약칭한 것이다. 그리고 시장경제라 함은 사람들이 새로운 것들을 창조하여 그들의 시장을 통하여 서로 등가원리로 교환하고 나누며 상생하고 창조하며 발전하는 시장운영경제제도를 의미한다.

(2) 3차원·5차원·4차원의 시장경제

'3차원의 시장경제'란 모든 경제객체의 교환가치가 현재의 시점에서 그 상품가격이 현재가치로 결정되는 시장경제, 즉 현재의 자본주의의 경제체제를 말한다. 이를 '독점자본 마이너스 시장경제' 또는 '인플레이션 시장경제'와 같은 의미로 사용한다.

'5차원의 시장경제'란 예정된 미래시점의 완성상품에 대한 미래가치의 시장가격을 결정한 상품가격이 등가원리로 순환되는 시장경제를 의미한다. 이를 '공유자본 플러스 시장경제'와 같은 의미로 사용한다. 이는 공유 자본주의가 목표로 하는 최종단계의 시장경제를 말한다.

'4차원의 시장경제'란 여기서 제창하는 '공유 자본주의'의 시장경제를 의미하는 것으로 3차원과 5차원의 시장경제가 함께 공존하는 시장경제를 말한다. 오늘날의 현재가치중심의 마이너스 시장경제(3차원)를 미래가치 중심의 플러스 시장경제(5차원)로 바로 전환시키는 것은 아무런 인프라가 조성되어 있지 못한 현실에서 거의 불가능하므로 이를 가능하게 하는 시장경제체제를 의미한다. 다시 말하면 두 시장의 공존을 통해 5차원의 시장경제로 나아기기 위한 교두보의 역할을 하는 시장경제를 의미한다.

이후 자본주의 경제체제를 '3차원 시장경제'라고 하고 공유 자본주의 경제체제를 '4차원 시장경제'라고 칭하여 사용하기로 한다.

(3) 등가의 원리

등가의 원리란 동일한 상품에 대해서는 동일한 가격이 적용되고 이윤 또한 동일하다는 것이다. 이는 미래가치의 실물자산을 사전에 원금과 이윤을 포함시켜 통화자산을 창출하는 동일한 조건의 유동화증권과 같은 금융상품으로 교환상품권을 의미한다. 이는 일물일가의 법칙[135]을 실현하는 원리로 이해할 수 있다.

(4) 선순환경제

선순환경제는 경제공동체의 회원들이 현재가치 중심의 시장경제 환경에서 창조적 미래가치의 실물자산에 대한 원금과 이윤을 자기신용에 의한 여신운용으로 사전에 통화자산으로 창출하여 운용하는 경제를 말한다. 이것은 미래에 완성될 실물자산의 교환가치만큼 경제공동체의 회원들이 자기들의 신용으로 창출한 여신한도로 사전에 통화자산을 창출함으로써 그 이윤은 사전에 분배하여 이용하고 그 원금은 미래의 실물자산을 완성해서 회원들이 사전에 이용한 은행의 여신한도를 상환하는 새로운 금융여신운영이론을 의미한다. 이와 같이 우리가 여신운영을 하게 된다면 지금과 같은 통화자산의 인플레이션의 현상이 일어나지 않게 되는 것이다.

(5) 5차원의 시장경제

현재가치 중심의 자본주의 시장경제에서는 현재시점을 중심으로 모든 유무형의 존재는 소유주가 있으며 기본적으로 그 소유주에 의해 시장가격이 결정된다. 이에 비해 미래가치 중심의 자본주의 시장경제는 현재에는 아직 존재하지 않는 창조적인 미래가치를 중심으로 사전에 그 상품의 주인과 시장가격을 결정하여 등가의 원리에 의

---

135) 일물일가의 법칙(law of indifference) ; 완전경쟁이 이루어질 때 동일시기, 동일시장에서 품질이 완전히 동일한 상품의 가격은 2개 이상 형성될 수 없다는 사실을 가리켜 일물일가의 법칙이라고 한다. 제본스(Jevons, W.S.)는 이것을 무차별의 법칙이라고 불렀다.

해 운용 되는 시장경제시스템을 말한다. 이 5차원 시장경제는 경제공동체의 회원들에 의해 운영된다. 무형의 존재인 창조적 미래가치의 프로젝트를 회원개인의 '공인된 신용'에 의해 창출된 여신한도를 이용해서 금융상품화 시켜 사전에 현재가치의 유동성 통화자산으로 창출함으로써 경제공동체의 회원들이 가장 합리적이고 공정하게 공유하고 분배를 실현하는 미래가치 중심의 시장경제를 의미하는 것이다.

다시 말하면 경제공동체 참여회원들이 현재의 금융통화운용방법을 그대로 적용하는 새로운 금융통화운용방식, 즉 본인의 공인된 신용에 의해서 창출한 여신한도를 창조적인 미래가치의 프로젝트에 직접, 간접으로 투자하고 생산하며 소비하는 인베스트-프로슈머의 경제로서 가장 합리적이고 공정하게 공유와 분배를 실현하는 새로운 패러다임의 경제운영체제인 것이다.

결론적으로 미래가치 중심의 시장경제는 각자의 공인된 신용에 의해서 무형의 존재에서 유형의 존재를 창조하여, 창조될 실물자산의 교환가치를 사전에 유동성 통화자산으로 만들어 낸 다음, 그 통화자산으로 미래가치의 실물자산을 구매할 수 있는 시장경제로써 자동적으로 가장 합리적이고 공정하게 공유하고 분배하는 시장경제를 의미한다. 현재 운용중인 현재가치 중심의 마이너스 시장경제 환경에서는 항상 부족하므로 그로 인하여 소유욕과 이기심이 일어나는 것이다. 그러나 5차원의 시장경제는 경제공동체 회원 모두가 통화자산의 부족함이 없으며, 항상 플러스의 상태에 있으므로 누구나 이타심이 일어나서 서로 사랑하며 풍요롭고 행복한 경제생활을 누릴 수 있게 되는 것이다. 5차원의 시장경제는 오늘날의 자본주의 경제체제의 한계를 근본적으로 해결할 수 있는 새로운 패러다임의 경제운영체제이다. 지구상의 모든 나라가 5차원의 시장경제운영시스템을 채택한다면 전 세계는 인플레이션이 전혀 없는 새로운 세상을 만나게 될 것이다. 또한 이 세계는 전자단일통화시대가 열릴 것이다.

그런데 우리가 현재가치 중심의 마이너스 시장경제에서 미래가치 중심의 플러스 시장경제로 바로 전환한다는 것은 이를 실행한 인프라가 구축되어 있는 것도 아니고 우리 모두가 지니고 있는 고정관념과 경제생활관습을 하루아침에 바꿀 수 없기 때문에 불가능한 일에 가깝다. 그래서 이를 가능하게 하기 위한 방안으로 교두보로서 3차원 시장경제와 5차원 시장경제가 함께 공존하는 4차원의 공유 자본주의 시장경제를 제창한 것이다.

공유 자본주의 운용시스템

앞서 지금과 같은 현재가치 중심의 마이너스 시장경제 환경에서는 빈부격차에 의한 양극화 사회현상이 필연적으로 나타날 수밖에 없는데 이는 '통화자산의 팽창에 의한 인플레이션'에 그 원인이 있고 이러한 인플레이션 경제현상은 상품유통시장과 금융자본시장의 구조적 운용상의 모순에서 기인한다고 분석했다. 그리고 이를 치유하는 길은 미래가치 중심의 5차원 시장경제 운용 시스템을 적용하는 것인데 이는 현재의 경제 환경에서는 불가능에 가까운 일이기 때문에 5차원의 시장경제체제로 진입할 수 있는 교두보로써 4차원의 공유자본주의 시장경제를 제창하게 되었음을 설명하였다.

공유 자본주의의 시장경제의 핵심은 상품유통시장과 금융자본시장의 구조적 운용상의 모순을 제거시킬 수 있는 새로운 운용시스템을 구축하는 것이다. 이것이 가능하게 하기 위하여 현재의 금융통화운영시스템을 그대로 이용해서 현재가치와 미래가치가 공존하는 완충단계의 시장경제로 운용 하는 방안을 제시한 것이다. 그래서 이를 교두보 시장경제라고 칭하기도 하는데 이를 그림으로 나타내면 [그림 4-4]와 같다. 후술하겠지만 현재와 미래의 시장가치가 공존하는 4차원의 시장경제에서는 거래에 있어 금리의 개념은 존재하지 않고 이윤의 개념만이 존재할 뿐만 아니라 인플레이션과 통화팽창이 일어나지 않게 된다. 지금 우리가 신속하게 추진할 일은 현재가치 중심의 시장경제 환경에서 빈부의 격차를 일으키는 원인들을 정확히 진단하여 그러한 원인들을 제거할 수 있는 새로운 패러다임의 시장경제시스템을 구축하여 3차원 시장경제의 누적된 병폐요인을 제거하는 것이다.

[그림 4-4] 4차원 시장경제

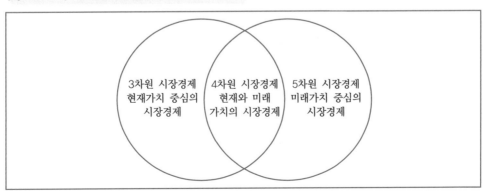

(1) 경제공동체에 의한 직거래 상품유통시스템 운용

이 운용시스템의 핵심은 생산자와 소비자 간의 직거래에 의해 상품이 유통된다는 점이다. 오늘날, 현재가치 중심의 자본주의 시장경제 환경에서의 상품거래는 대부분 유통구조에 따른 유통마진을 수반하고 있으며, 그 유통마진은 바로 최종소비자가 모두 부담하게 되어있다. 이러한 모순에서 빈부의 격차가 유발되며, 그로 인하여 빈부의 양극화 사회현상이 일어나는 것이다. 지금과 같은 상품유통시장의 구조적인 유통마진에 의해 일어나는 빈부격차를 해소하기 위해서는 생산자와 소비자가 등가의 원리로 운용하는 직거래상품에 대한 정산처리의 전산운용시스템을 구축해야 한다. 여기서 언급한 전산운용 시스템이란 생산자와 소비자 그리고 유통관련 서비스 종사자들에 의해서 결성된 경제공동체 내부의 상품정산센터에서 발행한 각종 교환상품권을 관련자 간에 계좌이체로 정산하는 정산은행의 전산운용프로그램을 의미하는 것이다.

여기서 경제공동체의 상품정산센터는 공유 자본주의의 시장경제의 체제 안에서 등가의 원리로 운용하는 새로운 패러다임의 상품유통시장으로서 공존공영 하는 경제공동체의 공유자산이며 유동성 통화자산을 창출하는 곳이다. 또한 이러한 상품정산센터는 오로지 서비스 수수료에 의해서 운용되며, 그 서비스의 수수료는 일정한 계약기간 동안에는 고정되어 있는 하나의 유동성 경제객체이므로 통화자산의 인플레이션을 전혀 일으키지 않고 등가의 원리로 운용할 수 있는 것이다. 그러나 오늘날과 같이 국제금융자본세력과 기득권세력이 상품유통시장을 장악하고 있는 상황에서 그 구조적인 운영상의 모순을 치유한다는 것은 참으로 어려운 일이다. 왜냐하면, 지금의 상품유통시장은 각종 상품들을 불특정다수에게 거래해온 유통업자와 소비자들의 각인된 고정관념과 기득권세력의 저항 때문에 이를 도입·운영하는 것은 현실적으로 매우 어려울 뿐만 아니라 많은 비용과 시간이 소요되며, 이타정신에 의한 부단한 노력이 수반되어야 하기 때문이다. 그러므로 이와 같은 현실적인 문제를 극복할 수 있는 최상의 길은 가족중심의 경제공동체 내에서 그 회원들이 투자하고 생산하며 소비하는 인베스트-프로슈머[136]의 경제체제를 만드는 것이다. 이와 같이 회원제의 경제공동체

---

136) 인베스트-프로슈머(invest-prosumer) : 회원제 경제공동체 안에서 그 회원자신이 투자와 생산 소비하는 경제운영시스템의 경제용어로서 '투자자'를 뜻하는 영어 'investor'와 '생산자'를 뜻하는 영어 'producer'와 '소비자'를 뜻하는 영어 'consumer'의 합성어로써 의암이 그의 저서 '공유자본주의 시장경제의 이론'을 정립하고 이를 기술하면서 처음으로 사용한 경제용어이다. 원시수렵사회에서는 본인이 자기노동력을 투자하여 수렵하고 수렵한 고기를 자기가 직접 가공해서 가

는 투자자의 운영공동체와 프로슈머137)의 운영공동체가 일원화로 결합된 경제공동체로써 동일상품들을 등가원리로 거래할 수 있는 정산시스템을 구축하는 것이다. 이러한 경제공동체의 정산시스템은 바로 회원들의 공유자산을 이용하는 상품정산센터에서 운영되는 것이다. 이와 같은 상품정산센터는 경제공동체의 모든 회원들에게 가장 합리적이고 공정하게 공유와 소득의 균형분배를 실행할 수 있는 것이다. 현재가치 중심의 자본주의 시장경제 환경에서 생산자와 소비자가 등가원리로 운용되는 상품거래의 운영구조도를 도식화하여 나타낸 것이 [그림 4-5]이다.

　이것은 회원제의 경제공동체에서 운영하는 공유사업에 대한 운영공동체를 결성하고 그 회원들은 예측이 가능한 공유사업에 그들의 공인된 신용으로 투자하고 자기들의 기술과 능력으로 생산하고 그 완성한 제품들을 그들이 소비하는 경제생활을 의미하는 것이다. 이와 같은 상품유통시스템은 경제공동체의 모든 멤버들에게 가장 합리적이고 공정하게 공유와 소득 균형분배를 실행할 수 있는 것이다.

[그림 4-5] 생산자와 소비자 간의 직거래 상품유통시스템의 운용 구조도

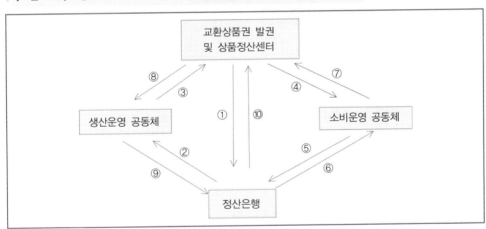

공한 그 고기를 본인이 소비하는 경제생활을 하였다. 이 용어는 현대의 산업사회에 맞추어서 원시반본 하는 경제생활을 영위하는 새로운 패러다임의 경제생활을 의미하는 경제용어인 것이다.
137) 프로슈머(prosumer) : '생산자'를 뜻하는 영어 'producer'와 '소비자'를 뜻하는 영어 'consumer'의 합성어로 생산에 참여하는 소비자를 의미한다. 이 용어는 앨빈 토플러가 그의 저서 '제3의 물결'에서 21세기에는 생산자와 소비자의 경계가 허물어질 것이라고 예견하면서 처음 사용하였다. 프로슈머는 소비는 물론 제품의 생산과 판매에도 직접 관여하여 그 관련제품의 생산단계부터 유통에 이르기까지 제반 권리를 행사한다. 시장의 상품을 선택하여 소비하는 수동적인 소비자가 아니라 자신의 취향에 맞는 물건을 스스로 창조해나가는 능동적인 소비자의 개념에 가깝다고 할 수 있다.

[그림 4-5]는 경제공동체의 구성원들이 자기의 공인된 신용으로 창출하는 여신한도를 운용함으로써 실물자산을 생산하는 창조경제의 여신운용과 순환과정을 도식화시킨 것으로서 각종 상품권의 발행과 유통 및 정산처리 하는 전 과정을 나타내고 있다.

①, ②, ③, ④, ⑤는 상품권의 발행과 그 유통과정을 의미하고, ⑥, ⑦, ⑧, ⑨, ⑩은 상품권정산에 따른 통화자산의 정산과정이다. 여기에서 자기의 '공인된 신용'이라 것은 신용기관인 은행에서 자기가 만든 신용도에 의해 창출한 자기의 여신한도를 의미한다. 위의 상품유통 및 정산과정은 다음과 같다.

① 정산센터는 통화자산을 정산은행에 예치하여 여신한도를 창출한다.

② 정산센터는 여신한도 내에서 생산자의 상품권발행을 지급보증 한다.

③ 생산자는 각 단위별로 생산품목들을 정산센터에서 검증받아 상품권의 발행한도를 확정하여 발권을 준비한다.

④ 정산센터는 검증확정한 생산자의 상품권발행한도 내에서 항공권이나 기차표처럼 사전에 발권하여 소비자에게 발매한다.

⑤ 소비자는 정산은행에 상품권을 정산하는 자기여신계좌를 개설한다.

⑥ 소비자는 본인의 공인된 신용으로 정산은행의 여신한도를 창출한다.

⑦ 소비자는 본인의 여신한도계좌에서 상품권에 대한 정산대금을 정산센터의 발권계좌에 계좌이체방식으로 정산한다.

⑧ 정산센터는 소비자가 발권계좌에 이체한 상품권의 정산대금을 생산자의 여신한도계좌로 이체한다.

⑨ 생산자는 자기상품을 배송한 상품송장을 소비자에게 보내고 회수한 상품권으로 정산은행을 통하여 정산센터의 지급보증을 해제한다.

⑩ 정산센터는 발권한 생산자의 상품권을 회수하면 상품거래가 종료된다.

위의 [그림 4-5]에서 정산센터는 경제공동체의 회원들의 공유자산이다. 그리고 이 정산센터는 생산자에게 지급보증해서 사전에 상품권을 발행하고 상품권에 의해서 통화자산을 창출하는 과정을 설명한 것이다. 이것은 생산자가 '공인된 신용'의 은행여신한도가 없어도 지급보증제도를 이용하여 사전에 통화자산을 창출하여 운영하는 방법을 말한다. 부연하면, 이것은 생산자가 여신한도에서 인출하지 않고 그 여신한도에 의한 지급보증으로 사전에 통화자산을 창출하고 그 통화자산으로 실물자산을 완성하는 것을 의미한다.

이와 같이 사전에 창출한 통화자산은 할인율이나 금리를 전혀 적용하지 않았고 여신한도와 동일하게 운용할 수가 있다면, 이러한 통화자산은 지급보증의 여신한도와 교환상품권과 완성된 실물자산의 교환가치가 동일하기 때문에 인플레이션이 전혀 일어나지 않는다.

한편 생산자가 본인의 여신한도가 없는 경우에도 정산센터의 지급보증에 의해 사전에 상품권을 발행하고, 그 상품권을 정산은행에서 통화자산으로 전환하여 상품을 생산하며, 정산센터는 그 생산품으로 교환상품권을 정산하면 된다.

우리가 이와 같은 정산시스템을 구축하기 위해서는 우리의 경제공동체에서 생산품과 상품권 및 통화자산이 은행여신한도와 동일한 교환가치로 운용하는 상품정산센터를 설립하여 운용하여야 한다. 이러한 상품정산센터는 통화자산을 정산은행에 예치하여 여신한도를 창출하고 그 여신한도에 의해 생산자의 상품권을 발행할 수 있도록 지급보증해서 발권하는 것이다. 우리 경제공동체가 위와 같은 방법으로 정산은행과 상품정산센터에서 교환상품권을 운용하게 되면, 상품유통에 따른 유통마진이 없어지고 모든 거래가 등가원리로 이뤄지는 것이다. 그리고 통화자산은 항상 정산은행에 그대로 예치되어 있는 상태에서 상품권발행의 보증용으로 운용하면, 통화자산의 유동성이 확대되면서도 금리가 발생하지 아니하기 때문에 통화팽창이 일어나지 않는 것이다. 따라서 통화자산의 인플레이션을 염려할 필요가 없다.

그리고 그 통화자산의 보증으로 발행된 교환상품권의 유동성이 확대되면, 그 확대된 만큼 통화자산의 유동성도 확대되어 통화팽창과 이로 인한 인플레이션을 전혀 초래하지 않고서도 그 유동성이 확대된 만큼 새로운 일자리들을 창출하게 되는 것이다.

또한 모든 동일상품은 항상 그 교환상품권에 의해서 등가원리로 유통하게 되며, 그런 상품유통에 관련된 모든 서비스는 그 수수료가 경제객체의 상품이므로 각종 서비스의 상품권들을 기차표를 발권하는 것처럼 운용할 수가 있다. 이와 같은 방법으로 상품유통시스템을 운영한다면, 현재가치 중심의 시장경제의 구조적인 운영상의 모순에 의해 일어나는 통화자산의 팽창과 이에 따른 인플레이션을 방지하게 되는 것이다. 이것은 결국 빈부격차를 해소하고 나아가 양극화 사회현상을 점진적으로 해소할 수가 있다.

그러므로 우리의 경제공동체가 위의 [그림 4-5]와 같이 상품유통시스템을 운용하게 되면 모든 유통과정이 투명하고 등가원리로 운용되며, 정산은행과 상품정산센터는 서비스 수수료에 의해 운용되고, 통화자산의 팽창과 이로 인한 인플레이션의 우려가 전혀 없이 통화자산의 유동성을 확대시키는 효과를 얻게 됨으로써 그 유동성이 확대된 만큼 새로운 일자리들을 창출하게 된다는 결론을 얻을 수 있다. 이와 같은 정산시스템은 경제공동체 안에서 통화자산의 현재가치와 미래가치가 항상 동일가치로 공존하게 운영되므로 공유 자본주의 시장경제는 3차원의 시장경제의 구조적인 운영상의 모순에 의한 빈부격차를 근본적으로 해결할 수 있는 것이다.

(2) 새로운 패러다임의 금융운용메커니즘

'새로운 패러다임의 금융운용메커니즘'은 투자 풀[138)에 의한 프로젝트금융으로 정의할 수 있는데 이는 앞서 '경제공동체에 의한 직거래 상품유통시스템'과 더불어 4차원 시장경제인 공유 자본주의의 시장경제에 대한 운영시스템을 실행하는 양 날개인 것이다.

이 경제이론의 가장 큰 특징은 금융운영에 있어서 금리가 없고 이윤만이 존재하는 점이다. 이 금융운영방법에는 금리개념이 없으며 오직 이윤개념만으로 현행의 금융운영제도를 이용하여 경제공동체 안에서 창조적인 미래가치의 프로젝트를 완성해서 가장 합리적이고 공정하게 공유와 소득의 균형분배를 실현하는 새로운 패러다임의 금융여신운영방법을 말하는 것이다. 이것은 경제공동체를 통하여 무형의 존재인 여신한도를 이용해서 유형의 존재인 프로젝트에 의한 실물자산을 창조하는 창조경제의 운영이론이라고도 말할 수 있다.

여기서 창조경제라 함은 무형의 존재인 여신한도를 운용하여 유형의 존재인 실물자산의 경제객체들을 창조해서 공유하거나 통화자산으로 전환시켜서 가장 합리적이고 공정하게 분배하여 경세제민[139)하는 실물경제를 말한다. 이제 이 창조경제를 구현하는 새로운 금융운영 메커니즘인 '투자 풀에 의한 프로젝트금융'에 대한 운용시스템을 알아보자. 이 운영시스템의 특성과 주요내용은 다음과 같다.

첫째 이 운영시스템은 많은 문제점을 안고 있는 현행 금융자본시장을 새롭게 재편할 수 있는 시스템이라는 점이다. 이 운영시스템은 기능면에서 다음과 같은 특성이 있다.

① 가족중심 또는 기업중심으로 결성한 멤버십의 경제공동체이다.
② 경제공동체 회원들의 공인된 신용을 창출하는 여신창출시스템이다.
③ 금리개념이 전혀 없는 여수신은행의 기능을 하는 은행대행시스템이다.
④ 교환상품권이나 프로젝트금융상품의 발행을 보증하는 보증시스템이다.
⑤ 완성프로젝트에 대한 가장 합리적이고 공정한 공유와 분배시스템이다.

---

138) 투자 풀(Investment pool) : 멤버십으로 구성된 경제공동체를 의미하는 경제신조어이다.
139) 경세제민(經世濟民) : 세상을 다스리고 백성을 구제함

⑥ 본인의 투자, 생산, 소비하는 인베스트-프로슈머 경제운영시스템이다.

⑦ 각 회원의 여신한도를 결집한 정기예금계좌에 의한 여신운영시스템이다.

⑧ 경제공동체의 프로젝트금융에 의한 부외금융시스템이다.

⑨ 경제공동체의 회원들에 의한 비공개자본시장의 운용시스템이다.

⑩ 참여와 협력으로 남을 먼저 배려하는 이타정신의 공익운영시스템이다.

둘째 이 운영시스템의 운영상 특성은 프로젝트의 금융상품에 대해 금리적용을 배제하고 이윤만으로 운영하며 현재가치와 미래가치가 공존한다는 점이다. 그 운영방법은 다음과 같다.

① 경제공동체 내에서 멤버십으로 결성한 투자 풀에 의해 여신한도를 창출해서 그 여신운영으로 창조경제를 실현한다.

② 창조적 미래가치의 프로젝트를 금융상품화[140])시켜서 사전에 유동성통화자산을 창출함으로써 원금은 그 프로젝트를 완성하고 이윤은 운영공동체와 회원들에게 미리 분배하여 이용한다. 이와 같이 창출한 통화자산에는 그 프로젝트의 원금과 이윤이 포함되어 있음을 의미한다.

셋째 수많은 실질적인 일자리를 창출하고 통화자산의 인플레이션이 일어나지 않는 점이다.

하나의 프로젝트를 창출하여 금융상품으로 전환하게 되면 그 프로젝트의 원금은 프로젝트를 완성하는 데 사용하고 그 완성프로젝트는 투자 풀 회원들의 공유자산이다. 그 프로젝트의 이윤은 투자 풀의 운영공동체와 참여회원들에게 배당되는 각 개인 몫의 자산이며 이를 그들에게 미리 배당하거나 그 프로젝트의 성격에 따라서 완성시점까지 여신운영으로 극대화시켜 가장 합리적이고 공정하게 분배할 수 있는 것이다. 이러한 투자 풀의 각 회원들의 개인여신한도는 무형의 존재로서 작지만 투자 풀의 회원들이 계속 증가하게 되면 그 만큼 투자 풀의 여신한도가 커지게 된다. 그래서 이렇게 증가한 여신한도는 그 만큼 실물자산과 통화자산을 창출하게 되는 것이다. 그리고 그 통화자산의 유동성이 확대된 만큼 새로운 일자리들을 창출하게 되는 것이다. 그래서 이와 같은 프로젝트가 많아지면 그 경제효과는 그 만큼 더 커지면서 이러한 통화자산은 통화가치의 인플레이션이 전혀 일어나지 않고 항상 플러스로 작용하는 것이다.

왜냐하면, 공유자본주의 시장경제이론에서 제시하고 있는 새로운 형태의 금융여신운영방법은 여수신은행의 여신운영이 인체의 배설기관 역할과 같은 순환원리로 작

---

140) 금융상품화(Securitization) : 재화가치를 유동화증권이나 수익증권으로 전환시키는 것을 말함.

용하기 때문이다. 이를 부연하여 설명하면 우리가 음식을 먹으면 음식은 소화되어 그 영양소는 혈액에 의해 각 세포에 공급되고 그 잔여물은 배설기관을 통하여 자연으로 돌아가는 것이다. 이와 같이 은행여신운영으로 창출한 그 실물자산과 통화자산 및 금융상품은 은행 내에서 동일가치로 운영된다. 그러므로 통화자산이 실물자산의 교환 역할 마지치고 그 통화자산은 반드시 은행에 예치하고 새로운 여신한도를 창출해서 그 여신한도로 미래가치의 실물자산을 창조하고 이와 같은 여신운영방법으로 통화자산을 순환시키면 빈부의 양극화 사회현상을 해소하고 치유되는 것이다.

(3) 투자 풀에 의한 프로젝트금융의 운용방법

투자 풀에 의한 프로젝트금융의 운용방법을 이해하기 위한 기초단계로 창조적인 미래가치의 프로젝트에 대한 금융상품의 성격에 대해 알아야 한다. 이 금융상품은 선물계약과 같은 하나의 금융상품으로 미래의 일정시점에서 불변의 시장가격(선물가격)을 이미 확정시킨 미래실물상품을 의미한다. 그리고 이러한 금융상품은 그 프로젝트의 완성자금인 원금과 이윤이 포함되어 있으며 투자 풀의 회원들이 자기들의 신용으로 창출한 여신한도를 운용하여 창조적인 미래가치의 프로젝트금융으로 사전에 현재가치의 통화자산을 창출할 수 있는 것이다.

이러한 새로운 패러다임의 금융여신운영메커니즘이 성공적으로 운영되기 위해서는 프로젝트 금융상품이 독자적으로 유통·운영될 수 있는 법적, 정책적 뒷받침이 필요한 것이다. 그렇지 않으면 그 실효성이 떨어지고 수많은 창조적 미래가치의 프로젝트마저도 거대한 독점자본세력들이 운영하는 은행에 예치한 고객예금에 의한 여신한도가 그들의 수중에서 운영되는 것이다.

이는 자기예금에 자기가 이자를 지불하는 현상으로 그들의 경제노예로 전락하는 길인 것이다.

그러므로 이제는 창조적 미래가치의 프로젝트를 어떻게 금융상품화하고 운영해야 국민소득의 증대와 국가경제발전을 도모할 수 있으며, 가장 합리적이고 공정한 공유와 분배를 실천하여 경제정의를 세울 수 있는지, 그리고 우리 국민 모두가 어떻게 생활하는 것이 풍요롭고 행복한 경제생활을 영위할 수 있는가에 대한 그 해답을 그림으로 도식화하여 제시한 경제이론이다.

[그림 4-6]은 공유 자본주의의 시장경제를 실행하는 "투자 풀에 의한 프로젝트금융"의 운영이론을 요약하여 간략하게 도식화시킨 것이다. 이것은 투자 풀의 회원들이 자기들의 공인된 신용으로 창출한 여신한도를 인출하여 여수신은행에 정기예금하

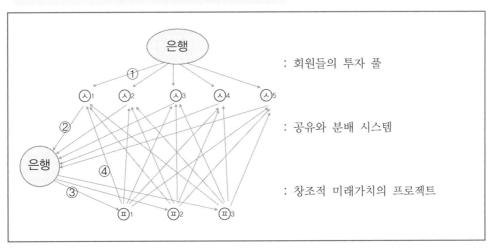

[그림 4-6] 투자 풀에 의한 프로젝트금융의 운영시스템

고 그 정기예금을 담보하여 새로운 여신한도를 창출해서 창조적인 미래가치의 프로젝트를 금융상품화 시킴으로써 사전에 그 프로젝트의 완성자금(원금)과 이윤을 통화자산으로 창출하는 것이 기본원리이다.

[그림4-6]의 ㉘$_1$, ㉘$_2$, ㉘$_3$, ㉘$_4$, ㉘$_5$은 투자 풀(경제공동체)와 참여회원들이며, ㉣$_1$, ㉣$_2$, ㉣$_3$는 경제공동체에 의한 창조한 미래가치의 프로젝트들을 의미한다. 이 시스템은 다음과 같이 운용된다.

① 투자 풀의 회원들이 거래하고 있는 여수신은행에서 개인의 신용대출을 받아서 투자 풀을 결성하여 투자 풀 운용회사(법인) 또는 운영공동체(협동조합)를 설립한다.

② 투자 풀 운영회사가 투자 풀의 자금을 정기예금으로 예치하고 그 정기예금을 담보로 여신 한도계정(마이너스계좌)을 개설하거나 그 자금으로 여수신은행을 인수한다.

③ 투자 풀 회원들은 인수은행에 여신한도계정을 개설하고 여신자금을 인출하여 투자 풀 운영회사의 여신한도계정에 예치해서 이를 보증용이나 인출하여 창조적 미래가치의 프로젝트를 금융상품화 시켜서 그 프로젝트의 원금과 이윤을 사전에 통화자산으로 창출하게 된다.

④ 금융상품화로 사전에 창출한 프로젝트들의 이윤은 사전에 투자 풀 운영회사와 회원들에게 가장 합리적이고 공정하게 미리 분배하고 그 원금은 프로젝트들을 완성하여 미리 이용한 사용여신을 상환한다.

위의 [그림 4-6]은 현재가치 중심의 시장경제 환경에서 현행의 금융통화운용메커니즘을 그대로 이용하여 창조적인 미래가치의 실물자산을 사전에 현재가치의 통화자산으로 창출해서 그 이윤은 투자 풀 운영회사와 회원들에게 미리 배당해 주고 그 원금은 그 실물자산을 완성하게 되면 통화자산으로 전환시켜 사전에 이용한 사용여신을 여신한도계정으로 상환하는 것이다.

이와 같이 운용되는 '투자 풀에 의한 프로젝트금융'의 가장 큰 장점은 현재가치 중심의 시장경제 환경에서 현행의 금융통화운영제도를 그대로 이용해서 운용한다는 점이다. 우리정부가 이와 같은 새로운 형태의 금융여신운영이론을 정책적으로 뒷받침하게 된다면, 이것들은 바로 현실화 시킬 수가 있다. 우리들이 이와 같은 '투자 풀에 의한 프로젝트금융'을 다중복합으로 운용하면 무형의 존재인 금융여신운용으로 수많은 실물자산을 창조하고 그만큼 통화자산을 창출하게 된다.

이 금융여신운용이론은 투자 풀의 운영공동체와 회원들이 그들의 공인된 신용에 의한 창조적 미래가치의 프로젝트금융으로 권리수입과 노동수입을 창출할 뿐만 아니라 수많은 일자리들을 만들 수가 있다. 이와 같이 '투자 풀에 의한 프로젝트금융'으로 창출된 공유자산과 그 이윤은 가장 합리적이고 공정하게 공유하고 분배하며 이를 일상생활화 하게 되면, 그 회원들은 이런 생활문화를 통하여 이기심의 경제생활이 이타심의 경제생활로 의식전환을 가져올 것이다.

이와 같은 금융여신운영이론은 현재가치 중심의 시장경제의 불특정다수의 사람들에게 적용할 수 없으며 회원제 경제공동체에서 그 회원들의 신용에 의한 여신운영으로 실현가능한 것이다.

또한 이것은 현재가치 중심의 금융자본시장에서 일어나는 지속적인 통화자산의 인플레이션과 팽창을 방지하여 통화가치의 안정을 가져오는 것이다. 그리고 모든 국민이 투자 풀의 회원으로 참여하면, 전 국민은 누구나 창조적 미래가치의 프로젝트금융을 통하여 풍요롭고 행복한 기본경제생활을 영위할 수가 있으며 빈부의 양극화 사회현상을 근본적으로 해소하는 것이다.

공유 자본주의의 현실화

(1) 공유 자본주의와 국민경제

공유 자본주의 경제의 핵심은 경제공동체의 회원들이 '새로운 패러다임의 두레와 품앗이의 선순환경제'의 금융운영방법으로 '직거래 상품유통시스템'과 '프로젝트금융'을 통하여 빈부의 양극화 사회현상을 해소하고 누구나 풍요롭고 행복한 기본적인 경제생활을 누리는 것이다.

이 두 시스템의 내용과 운용방법에 대해 살펴 본 결과 공유 자본주의는 상품유통시장과 금융자본시장의 구조적 운영상의 모순으로 통화자산의 인플레이션에 의한 통화팽창과 통화가치의 하락으로 인하여 유발한 빈부격차를 일으키는 오늘날의 자본주의 경제체제의 한계를 극복할 수 있는 새로운 패러다임의 경제운영이론이라고 할 수 있다. 또한 지금의 자본주의 경제체제를 이러한 새로운 경제운영시스템으로 대체하는 방법도 현행 경제운영시스템을 기반으로 하고 있어서 이를 바로 실현할 수 있는 가능성이 높은 경제운영이론이다.

이 공유 자본주의 경제체제를 국민경제 전체에 확대 적용시켰을 경우에 지금의 현재가치 중심의 시장경제 환경에서 '투자 풀에 의한 프로젝트금융'에 의한 통화자산의 순환운용구조를 나타낸 것이 [그림 4-7]이다.

[그림 4-7] 통화자산의 순환운영구조

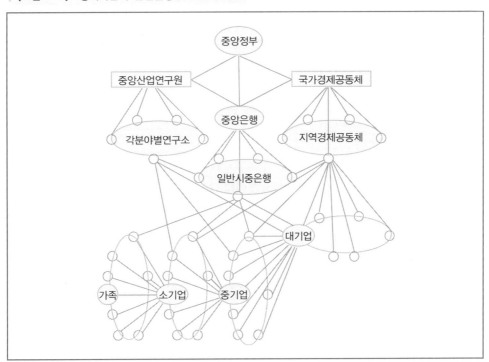

이 [그림 4-7]에서 소기업형태의 투자 풀은 가족을 중심으로 투자 풀을 결성하여 설립한 특수목적운영회사[141]로 투자 풀 운영회사이고, 중기업형태는 소기업형태의 투자 풀이 결성하여 설립한 투자 풀 운영회사를 의미하며, 대기업형태는 중기업형태의 투자 풀이 결성하여 설립한 투자 풀 운영회사를 뜻한다. 말하자면 여기서 기업의 의미는 회원제 경제공동체의 운영공동체를 의미한다.

이와 같이 투자 풀에 의해 설립된 운영회사들은 창조적 미래가치의 프로젝트를 '투자 풀에 의한 프로젝트금융'으로 운용하여 현재가치의 유동성 통화자산과 실물자산의 경제객체를 창출해서 가장 합리적이고 공정하게 공유와 분배를 실현하게 된다.

이는 공유 자본주의 시장경제의 핵심적인 운용이론으로 현행의 현재가치 중심의 금융통화운용제도를 그대로 이용하여 '투자 풀에 의한 프로젝트금융'에 의해 실물자산인 유통 상품과 통화자산이 창출되어 [그림 4-7]과 같이 순환하는 것이다.

이 공유 자본주의 경제체제운용의 의의와 국민경제에 미치는 효과는 다음과 같다.

첫째, 투자 풀에 참여한 회원들은 자기의 여신한도를 이용해서 창조적인 미래가치의 프로젝트에 투자하고 직간접으로 생산·소비하는 인베스트-프로슈머로써 누구나 부족함이 없는 풍요로운 의식주의 기본적인 경제생활을 영위할 수 있다.

둘째, 투자 풀에 참여한 회원들의 모든 경제객체에 대한 금융거래는 투자 풀 은행의 투자 풀의 관리계정을 통하여 전자통화카드에 의해서 전산계좌이체로 이루어지므로 전자단일통화의 경제시대를 조기에 정착시킬 수 있다.

셋째, 창조적 미래가치의 프로젝트들은 기본적으로 각 분야의 연구소들에 의해 창출된다. 이러한 프로젝트 수행은 이러한 연구소들 산하의 투자 풀로 설립한 소기업, 중기업, 대기업과 같은 형태의 운영공동체들이 수행하게 되므로 여기에서 수행에 필요한 수많은 일자리가 만들어지게 된다. 그 참여회원들은 직접 참여하면 권리수입과 노동수입을 동시에 창출할 수 있는 것이다.

넷째, 투자 풀에 의한 프로젝트금융은 현행의 금융통화운영제도를 그대로 이용하기 때문에 회원의 참여를 용이하게 할 뿐만 아니라 통화자산에 대한 금리를 없애고 이윤개념에 의한 프로젝트의 완성자금인 원금과 이윤을 사전에 창출하여 가장 합리적이고 공정하게 공유하고 소득의 균형분배를 실현함으로써 빈부의 양극화 사회현상을 해소시킬 수 있다.

---

141) 특수목적운영회사(SPVC; Special Purpose Vehicle Company) : 메이저은행이나 전주가 특히 조세회피지역에 주식자본금 1$짜리 회사를 설립하여 주로 금융상품을 발행할 때에 이용하는 운영회사를 의미한다. 이런 회사를 일명 페이퍼컴퍼니라고도 한다.

　　다섯째, 투자 풀에 의한 프로젝트금융은 통화자산의 인플레이션에 의한 통화팽창을 방지하고 통화가치의 안정을 유지할 수 있으므로 국가거시경제의 정확한 통화정책을 수립할 수 있으며 예측이 가능한 국가경제성장과 소득의 균형분배를 실현시킬 수 있다.

　　여섯째 투자 풀에 의한 프로젝트금융은 그 프로젝트의 위험성을 최소화할 수 있다. 이는 '투자 풀에 의한 프로젝트금융'에 의해 미래가치 프로젝트의 원금 이윤을 사전에 통화자산으로 창출해서 그 일정지분의 이윤을 공동체의 공유자산으로 적립하여 운용하기 때문에 천재지변이나 실패로 인한 그 손실이 있을 경우에 그 공유자산으로 충당하게 되었다. 그리고 이 공유 자본주의 시장경제에 대한 프로젝트금융은 선순환으로 운용되고 공유자산은 지속적으로 늘어나고 있기 때문에 프로젝트의 실패에 의한 위험성이 현저하게 낮을 뿐만 아니라 정부지원 없이 자치적으로 해결할 수가 있다.

(2) 공유 자본주의가 국가경제에 미치는 영향[142]

　　주142)의 [그림 4-8]은 공유 자본주의 경제체제를 운용했을 경우 국가경제에 어떠한 영향을 미치는지를 알아보기 위한 것이다. 이 시스템에 의한 경제운용 시 얼마만큼의 경제성장의 효과가 있는지를 보기 위해 현재의 현재가치 중심의 시장경제(3차원 시장경제)하에서 미래가치 중심의 시장경제(4차원 시장경제)를 운용했을 때의 국내총

142)

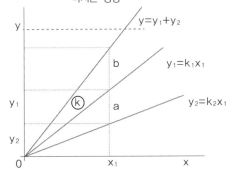

[그림 4-8] 4차원 시장경제가 국가경제성장에 미치는 영향

[그림 4-8]은 3차원 시장경제체제에서의 국민 1인당 국내총생산을 k_1, 그 국내총생산 y_1 이라 하고, 4차원 시장경제에 의해 창출된 국민 1인당 국내총생산을 k_2, 그 국내총생산을 y_2, 총인구를 x_1 라고 했을 때, $k_1 > 0$ $k_2 > 0$인 경우를 전제로 $k_1 > k_2$의 y_1 과 y_2, 그리고 이 양자의 합(y)을 나타내는 함수이다. 이 함수에서 보는 바와 같이 현행 3차원 시장경제체제에서 4차원 시장경제, 즉 창조적 미래가치의 프로젝트금융을 운용하게 되면 이(y_2)로 인한 국내 총생산(y)이 삼각형 0ab 즉, ⓚ만큼 증가하게 된다. 말하자면 그 만큼 더 경제성장을 이루게 되어 새로운 일자리 창출과 합리적이고 공정한 배분 시스템이 자동으로 작동하여 양극화 사회현상을 점진적으로 치유할 수 있게 된다는 것을 보여준다.

이 함수에서 $k_1 > 0$ $k_2 > 0$인 경우를 전제로 $k_1 < k_2$ 가 되었다고 한다면 $y(y_1 + y_2)$는 기울기가 커져 좌 상향하게 된다. 이는 4차원경제운영에 의한 국민총생산이 3차원경제에 의한 국민총생산을 넘었다는 것으로 4차원 경제시스템이 본격적으로 가동되고 있음을 의미한다. 이는 4차원 경제시스템의 공유와 분배의 자동조절작용에 의해 인플레이션이 없는 경제성장으로 지속적인 고용 창출, 합리적이고 공정한 공유와 배분에 따른 사유를 가능하게 함으로써 모든 국민이 행복한 경제생활을 가능하게 하는 정의사회의 건설을 앞당기게 된다는 것을 의미한다.

생산의 변화를 1차 함수로 나타낸 것이다. 이 함수는 주 142)에서 보는 바와 같이 4차원 시장경제가 국가경제성장에 미치는 영향을 보여주고 있다.

(3) 공유 자본주의의 현실화

여기에서 제창한 공유 자본주의의 시장경제는 서구사회가 200여 년 넘도록 지속되어온 과정에서 많은 문제점이 노정된 서구 자본주의 시장경제체제가 드러낸 그 한계를 대체할 수 있는 새로운 패러다임의 경제운영체제이다. 우리는 이 경영운영이론과 운영시스템을 현실화시킴으로써 국가와 국민경제를 개혁하는 새로운 시대를 열어야 한다. 우리나라는 광복 이후 지금까지 서구문명을 배우고 따라하기 급급했던 굴욕의 역사를 청산하고 세계의 역사를 주도할 수 있는 기회가 온 것이다. 이를 단계적으로 작은 단계의 가족중심의 경제공동체부터 운영하여 확대해 나간다면 틀림없이 성공할 것으로 확신한다. 그런데 이와 같은 운영시스템을 운용하기 위해서는 우리 고정관념을 깨뜨리는 의식개혁의 교육과 실천운동이 선행돼야 하는 것으로 절대로 쉬운 일이 아니다. 그러므로 입법화와 정부의 정책지원을 통해 이 운영시스템이 최소한 시범적으로라도 운용될 수 있도록 하는 것이 필요하다. 이 경제운영이론과 운영시스템은 저출산과 빈부의 양극화로 표상되는 우리사회의 참담한 현실을 치유하고 모두가 희망을 가지고 풍요롭고 행복하게 기본적인 경제생활을 영위할 수 있는 새로운 패러다임의 실천적인 경제운용시스템이기 때문이다.

여기에서 다시 한번 현행 자본주의의 경제체제, 즉 3차원의 시장경제의 구조적인 문제점에 대해 되짚어 보자. 본래에 통화자산(화폐)은 실물자산의 교환가치인 교환매체로 통용되었던 것이다. 그러던 것이 자본주의의 성장과정에서 통화자산 자체에 금리를 부가하여 실물자산화 함으로써 지속적인 통화팽창과 이로 인한 인플레이션을 야기시켜 왔다. 앞서 살펴본 바와 같이 빈부격차의 원인이 이와 같은 인플레이션에 의한 이익을 보는 만큼 통화가치의 하락에 따른 손해를 보는 사람이 있기 때문이다. 이와 같은 통화가치의 마이너스 경제구조는 인간을 항상 부족함과 불안 속에서 극도의 이기주의와 개인주의에 의한 탐욕의 세계로 이끌었다. 여기에다 금리차등화는 빈익빈 부익부를 심화시키는 역할을 하게 되었고 나아가 거대한 금융독점자본세력을 구축시킨 것이다. 이것은 통화자산의 순환을 편중시켜 통화자산의 병목현상을 초래하여 더욱 더 빈부격차를 가중시킴으로써 빈부의 양극화 사회현상을 심화시킨 것이다. 그리고 오늘날 현재가치 중심의 시장경제가 가져온 가장 큰 병폐현상이다. 이를 치유할 수 있는 것은 앞에서 설명한 바와 같이 상품유통시장의 유통마진을 제거하고 금융자본시장의 금리와 금리차등화를 배제하고 유통서비스에 대한 수수료와 상품의 생산이윤으로 운용하는 새로운 패러다임의 시장경제의 운용이론과 그 운용시스템이 절실히 필요하게 된 것이다.

이러한 것을 실현할 수 있는 경제운용시스템이 이 장에서 지금까지 설명한 공유 자본주의 경제운용이론과 그 운용시스템이다. 이것은 인체의 혈액이 인체의 모든 세포에 순환하는 원리와 같이 통화자산도 경제공동체의 참여회원 모두에게 한사람도 빠짐없이 순환시킬 수 있는 운용시스템으로 자동조절기능에 의해 공정한 공유와 가장 합리적인 분배를 실현시킴으로써 전 국민이 기본적인 경제생활을 보장하고 자기의 능력에 따른 개인 사유를 가능하게 하는 경제운영이론과 운영시스템인 것이다. 이 운영시스템의 더 큰 장점은 사업실패에 따른 그 위험성을 최소화 할 수 있을 뿐만 아니라 새로운 사업을 운영하는데 경제공동체의 회원들의 신용에 의한 여신한도를 선순환경제에 의해 미래가치의 공유사업과 품앗이로 운영하는 매우 효율적인 새로운 패러다임의 금융여신운영이론에 의한 경제운영시스템인 것이다.

이 공유 자본주의의 시장경제의 운영시스템이 반드시 운용되어야 하는 더 큰 이유가 있다.

현행의 자본주의 경제체제의 가장 큰 구조적인 모순은 지속적으로 성장하지 않으면 안 된다는 데 있다. 이는 부풀어 오르는 풍선과도 같아 언젠가는 터지게 되어 있는 것이다. 이것은 이미 서구의 자본주의 경제의 역사가 이를 증명하고 있다. 경제공황이 그 대표적인 예이다. 그들은 이 문제의 해결을 위한 하나의 방안으로 전쟁도 불사했으며 이미 자본주의 초기부터 소위 제국주의라는 식민지 쟁탈로 팽창주의의 속성을 드러냈다. 이들의 먹잇감이 되었던 것이 불행한 우리나라의 근대사이다. 그런데 상황은 여기서 끝난 것이 아니다. 지금의 21세기 초엽에서 우리나라가 그들에게 둘러싸여 처해 있는 국제정세는 구한말과 흡사하다. 자국의 일을 스스로 결정할 수 있는 나라가 진정한 독립국가가 아니겠는가.

여기에서 제창한 4차원의 시장경제, 즉 공유 자본주의 경제는 우리나라를 진정한 독립국가로 만드는 경제적 기반을 다질 수 있는 이론일 뿐만 아니라 구조적 모순을 가진 자본주의 경제체제를 대체하여 세계의 경제 질서를 새롭게 재편할 수 있는 경제이론이다. 이 이론은 우리가 잊고 있었던 우리조상들의 자연의 섭리에 따른 천부의 농경생활문화를 오늘날의 산업사회에 알맞도록 운영할 수 있는 경제운용시스템을 개발하여 현실에 적합한 새로운 패러다임의 경제생활문화로 재정립한 것이다. 이것은 우리민족의 이타심의 생활문화인 마을공동체의 두레와 품앗이의 경제를 계승·발전시키는 방안을 제시하고 있는 것이다.

　이 공유 자본주의 경제이론의 현실화는 이미 한계점에 이른 서구 자본주의 경제시대에 종언을 고하고 우주자연의 섭리에 따른 새로운 인류문명시대를 열게 할 것이다.

제 4 편 출전 ▶

[01] : http://www.kita.net/newsBoard/foreignNews/view_kita.jsp?sNo=31783

[02],[10] : 신장진(2016). 직업의 이동. 서울 : 한스미디어

[03] : 와타다 사쿠이치로(김현숙 옮김)(1988). 인공지능의 ABC 서울 : 전파과학사

[04],[22],[38] : 동아일보(2017.10.07.); (2012.09.05.); (2017.10.08.)

[05],[16] : 조선일보(2017.07.17.); (2011.11.18.)

[06] : http://purplefrog.tistory.com/139

[07] : 비즈니스 포스트(2016)

[08] : http://www.seoul.co.kr

[09] : (이재규, 2004). 미래사회를 이끌어 가는 기업가 정신. 서울 : 한국경제신문(Peter
    F. rucker(1985). Innovation and Entreneurship 옮김)

[11] : IT TIMES Tuesday, February 21st, 2017

[12] : 통계청(2016). 사회통계국 인구동향과.

[13],[19],[46],[53],[60] : 한겨레신문(2012.08.27.); (2012.10.24.); (2012.02.15.); (2012.
    10.15.); (2012.02.15.)

[14] : http://www.hani.co.kr/arti/society/labor/

[15] : 연합뉴스(2015.05.08.)

[17] : imit@hani.co.kr

[18] : 메트로(2012.07.27)

[20],[21] : 아시아경제(2017.10.11.); (2012.08.30.)

[22] : 매경포럼(2012.02.06.)

[24] : 위키백과(2017.10.18.)

[25] : 우석훈·박권일(2007). 88만원 세대: 절망의 시대에 쓰는 희망의 경제학, 서울 :
    레디앙

[26],[31] : 매일경제(2011.11.06.); (2017.03.29.)

[27] : 박강석(2016). 근로노인의 빈곤분석. 경기대 박사학위논문

[28] : 라이너 와이스(Rainer Weiss), 배리 배리시(Barry C. Barish), 킵 S. 손(Kip S.
    Thorne)

[29] : (Jacques Dubochet), (Joachim Frank), (Richard Henderson)

[30] : (Jeffrey C. Hall), (Michael Rosbash), (Michael W. Young)

[32] : 공감신문(2016.08.04.)

[33] : 중앙일보(2007.10.13.)

[34] : MBC보도자료(2009.08.09.)

[35],[45] : 한국경제(2014.05.13.); (2011.12.07.)

[36] : http://news.chosun.com/site/data/html_dir/2014/04/03/2014040302859.htm

[37] : 장세진(2014). 경영전략. 서울 : 박영사

[39] : 이면우(1992). W이론을 만들자. 서울 : 지식산업사

[40] : 김완석(2012). 명상과 심리치료. 학습자료

[41] : 장현갑, 김교현, 김정호 역(2005). 마음챙김 명상과 자기치유(상). 서울 : 학지사

[42],[49] : 한국민족문화대백과

[43] : http://www.akomnews.com/?p=301608.

[44] : 山本七平(昭和 61年). 帝王學. 東京 : 日本經濟新聞社

[47] : 고용이슈(2017.09). 늘어나고 있는 청년자영업자. 한국고용정보원

[48] : 안철수(2004). 지금 우리에게 필요한 것은. 서울 : 김영사

[50],[51] : 이면우(1992). W이론을 만들자. 서울 : 지식산업사

[52] : 경향신문(2017.10.29.)

[54] : 아웃소싱타임스(2012.09.03.)

[55] : 한국일보(2012.10.23.)

[56] : http://iton.tistory.com/1771

[57] : http://news.chosun.com/site/data/html_dir/2013/04/30/2013043000216.html

[58] : 김승택 외(2009). 고용과 성장. 서울 : 박영사

[59] : 이데일리(2012.07.01.):(2012.07.16)

[60],[61] : 이규태(1977). 한국인의 재발견-서민의 의식구조-. 서울 : 문리사

[62],[63],[64],[67] : 이규태(2011). 한국인의 의식구조 1~4. 서울 : ㈜신원문화사

[65],[68] : 심정숙, 최연실(2008). 천지인. 서울 : 한문화

[66] : http://terms.naver.com/entry.nhn?docId=892042&cid=41708&categoryId=41736

찾아보기

저자소개

박강석은 한양대학교 공과대학 금속공학과를 졸업하고, 연세대학교 경영대학원에서 재무관리석사학위를, 경기대학교 일반대학원 직업학과에서 직업학박사학위를 받았다.

신한(조흥)은행 조사역, 캐피탈 이사, 민국저축은행 사외이사, 오투저축은행 감사 등 금융기관에서 오래 근무하였고, 두웰경영연구소 소장, 세연산업 감사, 경원개발 소장 등 제조업체에서도 근무하였다.

문민정부시절 행정쇄신위원장을 역임하신 고 박동서 교수를 비롯한 각 분야의 전문가와 일반시민들이 창립한 시민단체 「행정개혁 시민연합」의 창립맴버로 참여하여 상임집행위원으로 활동하였고, 이 단체 병설 (사)정부개혁연구소 감사를 역임했다. 종로세무서 「과세 전 적부심사 위원회」 위원, 서울지방고용노동청 권리구제지원팀 민간조정관으로도 활동했다. 현재는 경기대학교 일반대학원 강사로 활동하고 있다.

대학원 석사과정 재학 중에는 '금융연수원 논문공모'에서 「기업의 부실예측모형의 실용화에 관한 연구」로 장려상을, 박사과정 재학 중에는 '새마을금고 창립50주년 기념 논문공모'에서 「새마을금고 차별화 및 경쟁력강화 방안」으로 장려상을 받았다. 발표논문으로 「중·노년층의 재취업의지 및 재취업에 영향을 미치는 요인」(한국산학기술학회, 2015), 「근로노인의 빈곤에 영향을 미치는 직업적 요인」(직업과 자격연구. 2017) 등이 있다.

직업사회학

초판발행	2018년 2월 27일
지은이	박강석
펴낸이	안종만
편 집	전은정
기획/마케팅	정연환
표지디자인	김연서
제 작	우인도·고철민
펴낸곳	(주) 박영사
	서울특별시 종로구 새문안로3길 36, 1601
	등록 1959. 3. 11. 제300-1959-1호(倫)
전 화	02)733-6771
f a x	02)736-4818
e-mail	pys@pybook.co.kr
homepage	www.pybook.co.kr
ISBN	979-11-303-0537-0 93330

copyright©박강석, 2018, Printed in Korea

정 가   29,000원